편집대표 **양 창 수**

제 2 판

민법주해

[IV]

총 칙 (4)

[제 137 조 ~ 제 184 조]

박영사

편집대표 양 창 수(한양대학교 법학전문대학원 석좌교수;

서울대학교 법학전문대학원 명예교수; 전 대법관)

편집위원 김 형 석(서울대학교 법학전문대학원 교수)

오 영 준(서울고등법원 부장판사)

머 리 말

『민법주해』 총칙편의 초판이 그 제1권부터 제3권으로 발간된 것이 1992년 3월이다. 그로부터 세어보면 벌써 30년의 세월이 흘렀다. 그리고 채권편 각론 마지막의 제19권은 불법행위에 관한 민법 규정의 뒷부분, 그리고 「불법행위 후론」으로 인격권 침해·공해·자동차운행자책임을 다뤘는데, 2005년 1월에 나왔다. 그것도 이미 17년 전의 일이다.

이제 『민법주해』의 제2판을 출간하기에 이르렀으니 감개가 없을 수 없다. 돌이켜보면, 곽윤직 선생님이 '제대로 된' 민법 「코멘타르」의 구상을 처음으로 말씀하신 것은 선생님이 서울대학교 법과대학 정년퇴직을 몇 년 앞둔 1987년 말쯤이라고 기억한다. 선생님은 우리나라에서 민법 관련 문헌이 교과서에 일방적으로 치우쳐 있음을 한탄하면서, 이를 바로잡는 하나의 방법으로 우선 우리의 힘으로 민법의 모든 실제의 또는 상정될 수 있는 문제들에 대하여 그 현재의 모습을 포괄적으로 다루는 ―즉, 독일의 wissenschaftlicher Großkommentar에 해당하는― 자료가 나와야 한다고 역설하였다(또 하나는 본격적인 법 관련의 '종합 정기간행물'이다). 그리하여 『민법주해』를 편집하는 작업이 개시된 것이다.

그리하여 곽 선생님은 전체 「머리말」에서, "이 주해서는 각 조문마다 관련되는 중요한 판결들을 인용해 가면서 확정된 판례이론을 밝혀주고, 한편으로는 이론 내지 학설을 모두 그 출전을 정확하게 표시하고, 또한 논거를 객관적으로 서술하여 민법 각 조항의 구체적 내용을 밝히려는 것"으로서, "그 목적하는 바는, 위와 같은 서술을 통해서 우리의 민법학의 현재 수준을 부각시키고, 아울러 우리 민법 아래에서 생기는 법적 분쟁에 대한 올바른 해답을 찾을 수 있게 하려는 데 있다"고 밝힌 바 있다.

이러한 『민법주해』 편집·간행의 '목적'이 이제 발간되는 제2판에서도 조금도 변함이 없음은 물론이다.

그러나 당연히 법은 변화하고 발전하는 것이다. 그 사이에 우리 사회는 1980년대 말의 자취는 거의 찾아볼 수 없을 만큼 엄청나게 변모하였다. 사람의 가치나 사고방식에도 그러한 변화가 적지 않다. 그리하여 민법의 규정은 대체로 전과 같다고 하여도, 이로써 처리되어야 하는 법문제의 양상은 사뭇 달라졌다. 그리고 새로운 법률이 제정·시행되거나 종전의 규정이 개정 또는 폐기된 경우도 드물지 않다. 그에 따라 전에 없던 법문제가 제기되고 추구되어야 할 법이념도 달라져서, 새로운 법리가 이에 답한다. 그리하여 새로운 재판례가 나온다. 그리고 종전의 법리나 판례 등도 다시 검토되지 않을 수 없다.

　또한 지적되지 않으면 안 되는 중요한 사실은, 민법의 해석·적용에 관한 우리의 역량이 전에 비하여 훨씬 충실하여졌다는 점이다. 물론 여전히 개선되어야 할 점이 적지 않음은 인정하지 않을 수 없겠다. 그러나 예를 들자면 비교법적인 시야가 훨씬 넓어져서 어느 외국의 이론에 맹종하는 경향은 많이 청산되었다고 해도 좋을 것이다. 또한 민사재판실무에 대하여도 보다 객관적이면서 비판적인 태도를 취하고, 또한 그 '흐름'에 대한 의식이 날카로워졌다.

　『민법주해』의 개정판은 이러한 변화를 담으려고 노력하였다. 여러 가지의 어려운 고비를 거쳐 이제 드디어 햇빛을 보게 되는 『민법주해』의 개정판이 여러분의 기대에 크게 어긋나지 않기를 바란다.

　　　　　　　　　　　　　　　　　　　　　　　2022년 2월 25일

　　　　　　　　　　　　　　　　　　　　　　　편 집 대 표

　　　　　　　　　　　　　　　　　　　　　梁　彰　洙

총칙편 집필자

구자헌(특허법원 고법판사)

권　철(성균관대학교 법학전문대학원 교수)

권영준(서울대학교 법학전문대학원 교수)

김상중(고려대학교 법학전문대학원 교수)

김시철(서울고등법원 부장판사)

김형석(서울대학교 법학전문대학원 교수)

박인환(인하대학교 법학전문대학원 교수)

양창수(한양대학교 법학전문대학원 석좌교수; 서울대학교 법학전문대학원
　　　명예교수)

오영준(서울고등법원 부장판사)

윤태식(서울동부지방법원장)

이동진(서울대학교 법학전문대학원 교수)

이연갑(연세대학교 법학전문대학원 교수)

이정민(변호사)

제철웅(한양대학교 법학전문대학원 교수)

진현민(서울고등법원 고법판사)

천경훈(서울대학교 법학전문대학원 교수)

최병조(서울대학교 법학전문대학원 명예교수)

최수정(서강대학교 법학전문대학원 교수)

호제훈(변호사)

(이상 가나다 순, 현직은 2022년 3월 1일 기준)

집필내용

범 례

1. 조 문

§ 49 II (iii)　　← 민법 제49조 제2항 제3호

§ 12-2　　← 민법 제12조의2

부칙 § 10　　← 민법 부칙 제10조

2. 재 판 례

(1) 일　　반

대판 80.7.8, 79다1928(집 28－2, 101) ← 대법원 1980년 7월 8일 선고 79다1928
판결(대법원판결집 제28권 2집 민사편 101면)

대결 05.3.15, 2003마1477(공 05상, 391) ← 대법원 2005년 3월 15일 고지 2003
마1477 결정(판례공보 2005년 9634면)

대판 80.9.24, 80다1220(요집 민 I－1, 161) ← 대법원 1980년 9월 24일 선고 80
다1220 판결(대법원판례요지집 민사·상사편 I－1권
161면)

헌재 05.2.3, 2001헌가9(헌집 17－1, 1) ← 헌법재판소 2005년 2월 3일 선고
2001헌가9 결정(헌법재판소판례집 17권 1집 1면)

서울고판 71.12.29, 71나1733(고집 71, 612) ← 서울고등법원 1971년 12월 29일
선고 71나1733 판결(고등법원판결집 1971년 민사편 612면)

대구지판 88.2.10, 87나485(하집 88－1, 226) ← 대구지방법원 1988년 2월 10일
선고 87나485판결(하급심판결집 1988년 제1권 민사편
226면)

서울동지판 07.4.24, 2006가단62400(각공 07, 1875) ← 서울동부지방법원 2007
년 4월 24일 선고 2006가단62400 판결(각급법원 판결공
보 2007년 1875면)

서울고판 06.2.17, 2005나7544(정보) ← 서울고등법원 2006년 2월 17일 선고
2005나7544 판결(법원 종합법률정보 검색)

(2) 기타의 재판법원 및 재판종류의 표시

대판(전) ← 대법원 전원합의체 판결

대구고판 ← 대구고등법원 판결

서울중지판 ← 서울중앙지방법원 판결

밀양지원판 ← 마산지방법원밀양지원 판결

서울가결 ← 서울가정법원 결정

(3) 재판례의 출전

집 ←「대법원판결집」,「대법원판례집」

전집 ←「대법원전원합의체판결집」

공 ←「법원공보」,「판례공보」

고집 ←「고등법원판결집」

하집 ←「하급심판결집」

각공 ←「각급법원 판결공보」

월보 ←「판례월보」

신문 ←「법률신문」

총람 ←「판례총람」

요집 ←「대법원판례요지집」

법고을 ←「법원도서관 법고을 DVD」

정보 ←「대한민국 법원 종합법률정보」

로앤비 ← THOMSON REUTERS LAWnB

미공개 ← 공개되지 아니한 재판례

3. 법령약어

(1) 법　률

가등기담보등에 관한 법률	가담
가사소송법	가소
가사심판법(폐지)	가심
가족관계 등의 등록에 관한 법률	가족등
개인정보 보호법	개정보
개인채무자회생법(폐지)	개회

건설기계관리법	건관
건축기본법	건기
건축법	건축
경매법(폐지)	경매
고물영업법(폐지)	고물
공공기관의 정보공개에 관한 법률	공정보
공공주택건설 등에 관한 특별법	공주
공무원연금법	공연금
공익법인의 설립 및 운영에 관한 법률	공익법인
공익사업을 위한 토지 등의 취득 및 보상에 관한 법률	공토취
공인중개사법	공중개
공장 및 광업재단 저당법	공저
공증인법	공증
공탁법	공탁
관세법	관세
광업법	광업
광업재단저당법(폐지)	광저
국가를 당사자로 하는 계약에 관한 법률	국계
국가를 당사자로 하는 소송에 관한 법률	국소
국가배상법	국배
국가유공자 등 예우 및 지원에 관한 법률	예우
국가재정법	국재정
국민연금법	국연금
국세기본법	국세
국세징수법	국징
국유재산법	국재산
국적법	국적
국제물품매매계약에 관한 국제연합 협약	국연매매
국제사법	국사
국토의 계획 및 이용에 관한 법률	국토
귀속재산처리법	귀재

근로기준법	근기
금융실명거래 및 비밀보장에 관한 법률	금실명
남녀고용평등과 일·가정 양립 지원에 관한 법률	남녀
노동조합 및 노동관계조정법	노조
농지개혁법(폐지)	농개
농지법	농지
대부업 등의 등록 및 금융이용자 보호에 관한 법률	대부
대한민국 헌법	헌
도로교통법	도교
도로법	도로
도시 및 주거환경정비법	도정
도시개발법	도개
독점규제 및 공정거래에 관한 법률	독점
동산·채권 등의 담보에 관한 법률	동담
디자인보호법	디보
문화재보호법	문보
민사소송법	민소
민사조정법	민조
민사집행법	민집
방문판매 등에 관한 법률	방판
방송법	방송
법원조직법	법조
법인세법	법세
변호사법	변
보증인 보호를 위한 특별법	보특
보험업법	보험
부가가치세법	부가
부동산등기법	부등
부동산등기특별조치법	부등특조
부동산소유권 이전등기에 관한 특별조치법	부소특조
부동산실권리자명의 등기에 관한 법률	부실명

부재선고 등에 관한 특별조치법	부재특조
부정경쟁방지 및 영업비밀보호에 관한 법률	부경
불교재산관리법(폐지)	불재
비송사건절차법	비송
사립학교법	사학
산림법	산림
산업재해보상보험법	산재
상가건물 임대차보호법	상임
상법	상
상속세 및 증여세법	상증세
상업등기법	상등
상표법	상표
상호저축은행법	상저
선박등기법	선등
선박법	선박
소득세법	소세
소비자기본법	소기
소송촉진 등에 관한 특례법	소촉
소액사건심판법	소액
수난구호법	수구
수산업법	수산
수표법	수표
신문 등의 진흥에 관한 법률	신문
신용정보의 이용 및 보호에 관한 법률	신용정보
신원보증법	신보
신탁법	신탁
실용신안법	실용
실화책임에 관한 법률	실화
약관의 규제에 관한 법률	약관
어음법	어음
언론중재 및 피해구제 등에 관한 법률	언론

지방세법	지세
지방재정법	지재정
지식재산 기본법	지재
집합건물의 소유 및 관리에 관한 법률	집합건물
채권의 공정한 추심에 관한 법률	추심
채무자회생 및 파산에 관한 법률	도산
출입국관리법	출관
측량·수로조사 및 지적에 관한 법률	지적
토지구획정리사업법(폐지)	토구정
토지수용법(폐지)	토수
토지이용규제 기본법	토규
통신비밀보호법	통비
특허법	특허
파산법(폐지)	파
하도급거래 공정화에 관한 법률	하도급
하천법	하천
할부거래에 관한 법률	할부
항공법	항공
행정규제기본법	행규
행정대집행법	행집
행정소송법	행소
행정심판법	행심
행정절차법	행절
헌법재판소법	헌재
형법	형
형사소송법	형소
호적법(폐지)	호적
화의법(폐지)	화의
환경정책기본법	환기
회사정리법(폐지)	회정
후견등기에 관한 법률	후등

(2) 부칙, 별표는 법명 뒤에 약칭 없이 '부칙' '별표'로 인용하며, 구법의 경우 법령 앞에 '구'를 덧붙인다.

(3) 법률의 시행령 또는 시행규칙은 법률약어에 '령' 또는 '규'를 붙인다.

(4) 외국법률과 모델규칙 등

독민	독일민법
네민	네덜란드신민법
프민	프랑스민법
스민	스위스민법
스채	스위스채무법
일민	일본민법
오민	오스트리아민법
이민	이태리민법
그민	그리스민법
UCC	Uniform Commercial Code
PECL	유럽계약법원칙
DCFR	유럽 민사법 공통기준안
PETL	유럽불법행위법원칙
PICC	UNIDROIT 국제상사계약원칙

(5) 외국법령의 조항 인용도 우리 법령의 인용과 같은 방식으로 한다.
(예)

독민 § 312-b I (iii)	←	독일민법 제312조의b 제1항 제3호
프민 § 17-2	←	프랑스민법 제17조의2
스채 § 22	←	스위스채무법 제22조

4. 문헌약어

(1) 교과서 : 저자명만으로 인용한다.

강봉석, 민법총칙, 제4판, 2014.

강태성, 민법총칙, 제5판, 2013.

고상용, 민법총칙, 제3판, 2003.

고창현, 민법총칙, 2006.

곽윤직·김재형, 민법총칙, 제9판, 2013.

권용우, 민법총칙, 제5전정판, 2003.

김대정, 민법총칙, 2012.

김민중, 민법총칙, 2014.

김상용, 민법총칙, 제2판, 2013.

김용한, 민법총칙론, 재전정판, 1993.

김주수·김상용, 민법총칙, 제7판, 2013.

김준호, 민법총칙, 제9판, 2014.

김증한·김학동, 민법총칙, 제10판, 2013.

명순구, 민법총칙, 2005.

백태승, 민법총칙, 제6판, 2014.

서을오, 민법총칙, 2013.

소성규, 민법총칙, 제4판, 2014.

송덕수, 민법총칙, 제2판, 2013.

이덕환, 민법총칙, 2012.

이영준, 민법총칙, 개정증보판, 2007.

이은영, 민법총칙, 제5판, 2009.

정기웅, 민법총칙, 제3판, 2013.

한삼인, 민법총칙, 2013.

홍성재, 민법총칙, 제5판, 2013.

양창수·김재형, 민법 Ⅰ: 계약법, 2010.

양창수·권영준, 민법 Ⅱ: 권리의 변동과 구제, 2011.

양창수·김형석, 민법 Ⅲ: 권리의 보전과 담보, 제2판, 2015.

(2) 정기간행물

가연 ← 「가족법연구」

민판연 ← 「민사판례연구」

민학 ←「민사법학」

법조 ←「법조」

비교 ←「비교사법」

사론 ←「사법논집」

사법 ←「사법」

사행 ←「사법행정」

신문 ←「법률신문」

월보 ←「판례월보」

재산 ←「재산법연구」

저스 ←「저스티스」

제문제 ←「민사재판의 제문제」

해설 ←「대법원판례해설」

(3) 기   타

구주해 […](집필자) ← 곽윤직 편집대표, 민법주해, 1992~2005 (꺾음괄호 안
    은 권수를 가리킨다)

주석 […](제○판/집필자) ← 김용덕 편집대표, 주석 민법, 제5판, 2019~
    김용담 편집대표, 주석 민법, 제4판, 2010~2016 (꺾음괄
    호 안은 권수를 가리킨다)

5. 외국문헌 및 재판례

(1) 외국문헌 및 재판례의 인용

(가) 외국 문헌과 외국 재판례 등은 각국에서 통용되는 약칭으로 인용하는
것을 원칙으로 한다(연도는 서기로 표기하되, 일본의 경우는 평성, 소화,
대정, 명치 등의 연호에 따른 연도를 괄호 안에 평, 소, 대, 명 및 그 각 연
도로 부기한다).

(나) 외국 문헌의 경우 최초로 인용할 때에 간행연도 및 판수(논문의 경우는,
정기간행물 및 그 권호수 등)를 표시하고, 이후 같은 조항에서 인용할
때는 "저자(또는 필자), 인용면수"의 방법으로 인용하되(같은 필자의 문
헌을 여럿 인용하는 경우에는 최초 인용의 각주 번호에 따라 '(주 ○)'를
필자 이름 아래 붙인다), 다음에 언급하는 주석서는 예외로 한다.

독일 주석서의 경우 "주석서 이름/집필자"

일본 『注釋民法』의 경우 "日注民 […](집필자)" 또는 "日注民 新版 […]
(집필자)"

(2) 재판례의 인용 등

본문 등에서는 각 국의 최고법원에 대하여 다음의 용어를 쓴다.

독일대법원	←	독일의 Bundesgerichtshof
독일헌법재판소	←	독일의 Bundesverfassungsgericht
독일제국법원	←	독일의 Reichsgericht
프랑스파기원	←	프랑스의 Cour de Cassation
스위스대법원	←	스위스의 Bundesgericht

차　례

第6章 期　　間

第7章 消滅時效

第4節 無效와 取消

전   론

I. 개념, 의의 및 종류

1. 개념과 의의

어떤 법률행위의 효력요건이 모두 다 갖추어지지 아니한 경우에는 그 법률행위의 법률행위로서의 효력, 즉 그 내용대로의 법적 구속력이 부인된다. 이때 법률행위의 효력을 부인하는 방법에는 여러 가지가 있다. 그중 법률행위가 행위 당시부터 법률상 당연히 효력을 갖지 아니하는 것을 「무효」(Nichtigkeit, void)라 하고, 효력요건의 흠에도 불구하고 일응 효력을 갖되 일정한 이해관계인이 효력을 부인하고자 하는 의사표시를 한 때에 비로소 그 효력이 부인되는 것을 「취소」(Anfechtung, voidable)라고 한다.[1]

무효·취소개념은 법률행위법 밖에서도 법령, 판례 및 강학상 빈번하게 쓰이고 있다. 가령 법률 기타 입법, 행정청의 처분, 재판상 당사자와 법원의 소송행위의 효력은 물론, 증권 내지 증서의 효력에 관하여도 무효·취소개념이 사용된다. 행위의 효력요건은 모두 다 갖추어졌으나 다른 이유로 행위의 효력이 부인되는 경우에 무효·취소라는 표현을 쓰기도 한다. 그러나 이들은 본절에서 다루는 무효·취소는 아니다.

---

[1] 주석 총칙(3), 254-255(제4판/이주흥). 그 밖의 여러 인접개념에 관하여는 Gernhuber, Bürgerliches Recht. Ein systematisches Repetitorium für Fortgeschrittene, 3. Aufl., 1991, S. 50-56 참조.

　　본절은 다른 규정에 의하여 무효나 취소가 인정되는 경우 일반적으로 적용될 일련의 공통적인 법리를 규정한다. 법률행위의 효력이 부인되는 경우를 무효와 취소로 정리하고 그 일반이론 내지 일반규정을 구축하는 것은 대체로 독일민법전의 성과이고,[2] 아직까지도 보편적인 접근이라고 하기는 어렵다.[3] 민법이 무효·취소에 관하여 따로 절을 마련한 것은 대체로 일본민법과 독일민법의 영향이다.[4] 그러나 이러한 규정을 두고 있지 아니한 나라에서도 오늘날에는 무효·취소의 일반이론이 어느 정도 형성되어 있다.[5]

2. 무효·취소의 종류

(1) 개　　설

　　법률행위가 행위 당시부터 법률상 당연히 효력을 갖지 아니하고 누구든, 또 언제든 무효를 주장할 수 있으며, 추인 등으로 치유되지 아니하는 이른바 절대적·확정적 무효가 무효의 가장 전형적인 형태라면, 취소권자가 재판외의 의사표시로 취소하면 법률행위가 소급하여 절대적·확정적으로 무효가 되는 것이 취소의 가장 전형적인 형태이다. 그러나 넓은 의미의 법률행위의 무효·취소에 해당하지만 위 전형적인 무효·취소와는 다른 유형의 무효·취소도 있다.[6]

---

2) 독민 §§ 121, 124, 139-144. 그 이전의 오스트리아일반민법은 무효·취소에 관하여 일반적으로 적용될 규정을 두지 아니한 채 개별 무효사유와 관련하여 단편적으로 규율하는 데 그쳤고(오민 § 878), 프랑스민법도 무효소권에 관한 규정을 제외하면 대체로 단편적 규율에 그쳤다(제정 프민 §§ 900, 979, 1172, 1338 등 참조. 그러나 2018년 개정 프민 §§ 1181-1187, 1304-1 등은 좀 더 포괄적인 규율을 가하고 있다), 오스트리아일반민법과 스위스채무법의 경우 용어 사용조차 일관되지 못하였다.

3) 별도의 공통규정을 두고 있는 예로는 일본민법, 네덜란드신민법, PECL, DCFR, CESL이 있다. 그러나 독일민법 제정 후에 제정되었어도 스위스채무법은 무효에 관한 일반 규정을 두지 아니한다.

4) 민의원 법제사법위원회 민법안심의소위원회 편, 민법안심의록 상권, 1957, 89 이하.

5) Picod, "Nullité", Repertoire du droit civil, 2013; 남궁술, "프랑스 민법상 무효(nullité)", 재산 30-1, 2013, 1 (프랑스), P. Bydlinski, Bürgerliches Recht Bd. Ⅰ Allgemeiner Teil, 4. Aufl., 2007, S. 143 ff. (오스트리아). 미국에서는 무효와 취소가 개념적으로 구별되고 있고, 일부무효 법리도 있으나(Restatement Contracts 2nd §§ 7, 8; UCC § 1-105), 그 구별 및 일반법리가 일관되게 관철되고 있지는 아니하다. Shaeffer, "Understanding the Nature of Void and Voidable Contracts", 33 Campbell Law Review 193 (2010).

6) 강학상 무효개념을 확정적 무효에 한정할 것인지, 미확정적 무효를 포함시킬 것인지 여부에 관하여는 김천수, "법률행위의 무효", 한국민법이론의 발전: 무암이영준박사화갑기념 논문집 Ⅰ 총칙·물권편, 1999, 151-152(미확정적 무효를 포함하여야 한다고 한다). 넓은 의미의 무효·취소를 포괄하여 효력불발생이라고 하는 것으로 양창수·김재형, 698.

가장 대표적인 예는 재판상 무효·취소이다. 민법상 법인의 설립에 흠이 있거나 이사회나 사원총회의 결의($^{법률행위의}_{일종이다}$)에 하자 있는 경우 이해관계인은 언제든지, 그리고 어떤 방법으로든 그 무효를 주장할 수 있지만,[7] 회사의 설립에 흠이 있거나 주식회사의 주주총회 결의에 취소사유에 해당하는 흠이 있는 때, 신주발행이 무효인 때 등의 경우에는 소(訴)로써만 이를 관철할 수 있다($^{상 §§ 184, 185, 236, 269, 287-6, 287-18, 287-41, 328, 360-14, 360-}_{23, 376, 381, 429, 429, 445, 529, 530-11, 552, 578, 595, 603 등}$).[8] 혼인, 협의이혼, 입양 및 협의상 파양도 법률행위이지만 적어도 그 취소는 소(訴)로써만 할 수 있다($^{§§ 816, 838,}_{861, 884, 904}$). 채권자취소의 경우도 그러하다($^{§}_{406}$).

다른 예로 미확정적 무효와 유동적 무효(schwebende Unwirksamkeit)가 있다. 법률행위의 무효는 확정적이고 후에 추인하여도 효력이 생기지 아니한다($^{§ 139}_{본}$). 그러나 흔히 무효인 법률행위라고 하여도 무권대리행위($^{§}_{133}$)나 무권리자의 처분행위의 경우 추인에 의하여 소급하여 유효가 되는데,[9] 이처럼 무효의 효과가 확정적이지 아니하고, 추인에 의하여 흠이 치유될 수 있는 경우를 미확정적 무효라 한다. 또한 관청의 허가 등이 없어 무효인 법률행위가 그 후 관청의 허가를 받으면 소급하여 유효가 되는 경우를 유동적 무효라고 한다. 판례는 국토이용관리법상 토지거래허가지역 내의 토지에 관하여 관할관청의 허가를 받기 전 체결한 매매계약은 "처음부터 허가를 배제하거나 잠탈하는 내용의 계약"이 아닌 한 허가를 받을 것을 전제로 한 계약이고 이때에는 확정적 무효가 아닌 유동적 무효라고 본다.[10] 이 경우에는 일응 무효이므로 약정기일에 매매대금을 지급하지 아니하더라도 채무불이행이 되지 아니하고 이를 이유

---

7) 대판 00.1.28, 98다26187(공 00, 554). 주식회사 이사회의 결의에 대하여 같은 취지로, 대판 88.4.25, 87누399(공 88, 915). 프랑스민법이 재판상 무효를 원칙으로 하는 것과 다르다.

8) 그러므로 이들 소송은 무효라는 표현을 쓰고 있음에도 불구하고 형성소송이고, 형성력도 가진다. 반대로 무효판결이 확정되기 전까지는 실체법상으로도 유효하다. 주석 총칙(3), 266(제4판/이주흥). 이러한 점에서 이는 사실상 재판상 취소와 다를 바 없다. 김천수(주 6), 159.

9) 주석 총칙(3), 263(제4판/이주흥). 고상룡, 607은 이때에는 효력요건은 충족되었고 단지 귀속요건이 결여되었을 뿐이라고 한다. 이에 대하여는 김천수(주 6), 160-161 참조.

10) 대판(전) 91.12.24, 90다12243(공 92, 642). 그러므로 허가조건부 소유권이전등기청구의 소도 할 수 없고[그러나 사립학교의 기본재산 매매의 경우 감독청의 허가를 조건으로 하는 소유권이전등기청구가 가능하다. 대판 98.7.24, 96다27988(공 65, 2195)], 그에 터 잡은 처분금지가처분도 할 수 없다[대결 10.8.26, 2010마818(공 10하, 1859)].

로 계약을 해제하거나[11] 손해배상을 구할 수도 없으나,[12] 허가를 받거나[13] 아직 유동적 무효인 상태에서 토지거래허가구역지정이 해제되거나 허가구역 지정기간이 만료되었음에도 재지정되지 아니하면[14] 계약이 소급하여 유효가 된다. 그리고 이를 위하여 허가를 받기 전에는 당사자에게 매매계약을 효력 있는 것으로 완성해야 할 (신의칙상) 협력의무가 있어 토지거래허가신청절차이행을 소구(訴求)하거나,[15] 협력의무 불이행을 이유로 하는 손해배상을 구할 수 있다. 그리고 계약에서 계약금을 정하고 있고 그것이 교부된 경우 계약이 확정적으로 무효가 되지 아니하는 한 유동적 무효라는 점만을 들어 부당이득으로 그 반환을 구하지는 못한다.[16] 계약은 관할관청의 불허가처분이 있거나 당사자 쌍방이 허가신청을 하지 아니하기로 의사표시를 명백히 한 때,[17] 또는 그 밖의 사유로 소유권이전등기의무가 이행불능이 된 때에[18] 확정적으로 무효가 된다.

그밖에 무효·취소 중에는 제3자 또는 선의의 제3자에 대하여 「대항」하지 못하는 것이 있는데$\left(\substack{\text{가령 §§ 107 II, 108} \\ \text{II, 109 II, 110 III 등}}\right)$, 강학상 이를 상대적 무효·취소$\left(\substack{\text{제1형의 상} \\ \text{대적 무효}}\right)$

---

11) 대판(전) 91.12.24, 90다12243(공 92, 642); 대판 92.7.28, 91다33612(공 92, 2544); 대판 95.1.24, 93다25875(공 95, 1117); 대판 10.2.11, 2008다88795(검색); 대판 10.5.13, 2009다92685(검색).

12) 대판 00.1.28, 99다40524(공 00, 567).

13) 대판(전) 91.12.24, 90다12243(공 92, 642).

14) 대판(전) 99.6.17, 98다40459(집 47-1, 286); 대판 14.7.10, 2013다74769(검색).

15) 대판 92.10.27, 92다34414(공 92, 3295); 대판 93.1.12, 92다36830(공 93, 691); 대판 93.3.9, 92다56575(공 93, 1159); 대판 10.2.11, 2008다88795(검색). 그 채권자가 대위청구할 수도 있다. 우선 대판 13.5.23, 2010다50014(공 13하, 1098) 참조. 나아가 이를 보전하기 위하여 처분금지가처분을 할 수 있고[대판 98.12.22, 98다44376(공 75, 200)], 매도인을 대위하여 제3자 명의의 소유권이전등기의 말소등기를 구할 수도 있다[대판 94.12.27, 94다4806(공 985, 658)].

16) 대판 93.6.22, 91다21435(공 93, 2091); 대판 93.9.14, 91다41316(공 93, 2740); 대판 95.4.28, 93다26397(공 65, 2195); 대판 95.6.9, 95다2487(공 95, 2381). 그러므로 이에 대하여 위약금 약정을 할 수도 있는데, 토지거래허가 구역 내의 토지에 관한 매매계약의 위약금 약정은 이러한 협력의무에 관한 위약금 약정의 의미를 포함하는 것으로 본다. 대판 98.3.27, 97다36996(공 57, 1180). 나아가 해약금 약정에 의한 해제도 가능하다는 것으로, 대판 97.6.27, 97다9369(공 40, 2345).

17) 대판 95.4.28, 93다26397(공 95, 1950). 그러나 토지거래허가신청이 미비된 요건의 보정을 이유로 또는 약정과 다른 이용목적을 기재하여 신청한 것이 불허가된 때에는 아직 확정적 무효가 되지 아니한다. 대판 10.2.11, 2008다88795(검색); 대판 97.12.26, 97다41318(공 98, 498). 약정에서 허가기간을 정한 경우 유동적 무효임은 물론이다. 이때 허가기간이 도과할 때까지 허가를 받지 못한 경우에도 아직 유동적 무효이고 기간경과만으로 확정적 무효가 되지는 아니한다. 대판 09.4.23, 2008다50615(공 09상, 743).

18) 대판 10.8.19, 2010다31860(공 10하, 1786); 대판 11.6.24, 2011다11009(검색).

라고도 한다.[19] 그 효력에 관하여는 각 조항 주해 및 Ⅲ. 1. 참조. 이러한 「대항불능」(inopposabilité)은 프랑스민법에서 유래한 개념인데, 이처럼 효력이 없다는 점으로 제3자에게 대항하지 못하는 경우뿐 아니라, 법률행위나 권리 또는 항변(이 효력이 있다는 점)으로 제3자 등에게 대항하지 못하는 경우도 포함한다(가령 §§ 8 Ⅱ 단, 60, 359 단, 405 Ⅱ, 426 Ⅰ, 433 Ⅰ, 434, 449 Ⅱ 단, 450, 451, 452 Ⅰ, 458, 492 Ⅱ 단, 496, 497, 498, 502, 506 단, 542, 630 Ⅰ 단, 692, 827 Ⅱ, 829 Ⅳ, Ⅴ, 1049, 상 §§ 11 Ⅲ, 37, 39 등).[20]

강학상으로는 그밖에 특정인에 대하여만 주장할 수 있는 무효(비진의표시, § 107 Ⅰ 단)를 상대적 무효(제2형의 상대적 무효)라고 부르기도 한다.[21]

(2) 특정인만 주장할 수 있는 무효의 인정 여부

한편, 학설상으로는 특정인만 무효를 주장할 수 있다는 의미의 상대적 무효(제3형의 상대적 무효)도 논의되고 있다. 즉, 무효사유가 특정인을 보호하기 위한 것인 경우 그만이 무효를 주장할 수 있고, 그가 무효를 주장하지 아니하는 한 유효로 취급하여야 한다는 것이다.[22] 이는 무효의 이름 아래 취소의 효력을 부여하려는 시도로, 무효사유로 취급되고 있지만 명백히 무효가 적절하지 아니하고 취소가 적절한 경우를 다루기 위하여 이론적으로 도입된 개념이고, 이 점에서 이미 실정법상 인정되는 무효·취소의 유형과는 구별된다. 이러한 논의가 생기는 것은 독일민법 이래 법률행위의 효력을 부인하는 경우를 무효와 취소로 종합·체계화하려는 시도가 충분히 성공적이라고 하기 어렵기 때문이다.[23] 그러나 그렇다고 상대적 무효라는 이름으로 법률이 정하지 아니한 효과를 부여할 것은 아니다. 이미 현행법에서도 부당한 결론은 대부분 종래의 무효 개념 하에 다른 법리를 활용하여 피할 수 있다.[24]

---

19) 주석 총칙(3), 262-263(제4판/이주흥).

20) 무효와 대항불능의 관계에 관하여는 윤용덕, "무효와 대항불능에 대한 고찰—상대적 무효를 중심으로—", 비교 9-4, 2002, 183 이하; Malaurie, Aynès et Stoffel-Munck, Les obligations, 6ᵉ éd., 2013, nᵒ 669; Picod(주 5), nᵒ 12-13 참조.

21) 주석 총칙(3), 263(제4판/이주흥).

22) 의사무능력과 폭리행위에 관하여 고상룡, 592-595; 김주수·김상용, 99; 박찬주, 권리변동론, 2008, 756; 윤장원, "의사무능력을 둘러싼 법률관계", 부산판례연구회 판례연구 22, 2011, 17. 입법론으로 이상욱, "불공정한 법률행위", 영남법학 5-1·2, 1999, 386, 강행법규 위반에 대하여 같은 취지, 이은영, 402-403; 동, "규제법령에 위반된 법률행위의 무효", 제문제 10: 송천이시윤박사화갑기념(상), 1995, 35 이하. 또한 Beckmann, Nichtigkeit und Personenschutz. Parteibezogene Einschränkung der Nichtigkeit von Rechtsgeschäften, 1998.

23) 이동진, 공서양속과 계약 당사자 보호 (서울대학교 법학박사학위논문), 2011, 178. 이와 같은 의미의 상대적 무효가 인정되고 있는 일본과 오스트리아의 경우 우리와는 약간 다른 사정이 있다.

24) 가령 판례는 해고무효의 소를 실효의 법리로 차단, 각하하는 것을 인정하고 있으며[대

II. 본절 규정의 적용범위

1. 개   설

본절의 규정은—규정별로 넓은 의미의 무효 등에 유추되는 것은 별론—본래는 법률행위에 한하여 적용된다. 가령 "무효"라고 규정하고 있어도 그 자체 법률행위는 아닌 변제($\S^{518}_{단}$)에 대하여는 본절의 규정이 적용되지 아니한다. 법률행위인 이상 계약, 이른바 합동행위 기타 단체법상 행위, 단독행위를 가리지 아니하며, 의무부담행위와 처분행위도 가리지 아니한다.[25] 재산법상 법률행위에 본절이 적용됨은 물론, 논란이 없지 아니하나 가족법상의 법률행위에도 본절의 규정이 적용될 수 있다.[26] 법률상 법률행위의 구성요소로서 의사표시의 무효·취소를 정하는 경우($\S\S^{107,\ 108,}_{109,\ 110,}$)에는 개별 의사표시가 무효가 됨에 따라 그 의사표시를 구성요소로 하는 법률행위도 무효가 되고,[27] 이처럼 무효인 법률행위에 대하여 본절의 규정이 적용된다.

나아가 본절의 규정은 법률행위의 확정적 무효·취소에 한하여 적용된다. 미확정적 무효의 경우 적어도 그대로는 적용되지 아니한다.[28] 무효인 이상 절대적 무효인지 상대적 무효인지는 문제되지 아니한다. 취소의 경우 제한능력, 착오, 사기, 강박을 원인으로 하는 취소에 한하여 본조가 적용된다($\S_{140}$).[29] 위험부담에 의한 효력상실, 해제조건성취에 의한 효력상실, 해제, 해지 및 철회

판 05.10.28, 2005다45827(공 05, 1866) 등 다수], 일방 당사자를 보호하기 위한 무효의 경우 그 당사자가 추인을 할 수도 있다. §139 주해 참조. 김천수(주 6), 159-160; 이동진 (주 23), 178-180.

25) Erman/Palm (12. Aufl., 2008), §139, Rn. 2, §140, Rn. 2, 8. 가령 판례는 농개 §19 Ⅱ 위반의 농지매매의 경우 의무부담행위(채권행위)는 무효가 아니지만 그에 터 잡은 소유권변동(물권행위)은 무효라고 한다(채권적 유효·물권적 무효). 대판 94.12.9, 94다 42402(공 94, 460); 대판 02.7.26, 2000다65147(공 02, 2036); 대판 14.2.13, 2012다 45207(공 14상, 575).

26) 윤진수 편집대표 주해친족법 제1권, 2015, 30-32(윤진수).

27) 주석 총칙(3), 261(제4판/이주흥); Erman/Palm (12. Aufl., 2008), §142, Rn. 5. 그러나 의사표시가 취소되는 경우 그 의사표시를 구성요소로 하는 법률행위, 가령 계약은 불성립이 된다는 견해로, 이진기, "의사표시의 취소의 효과", 계약법의 과제와 전망: 모원김욱곤 교수정년퇴임기념논문집, 2005, 287. 이에 따르면 법률행위의 무효와 취소에 관한 본절의 규정은 의사표시가 무효 또는 취소되는 한 적용대상이 없어지게 된다.

28) 아래 §§137, 138, 139 주해 참조. 독일민법의 무효 규정도 확정적 무효인 Nichtigkeit를 규율대상으로 하고, 미확정적 무효를 포함하는 Unwirksamkeit를 직접적인 규율대상으로 하지는 아니한다.

29) 주석 총칙(3), 268(제4판/이주흥); Erman/Palm (12. Aufl., 2008), §142, Rn. 1. 대판 65.11.30, 65다1515(요집 민 Ⅰ-1, 243)도 참조.

에 대하여는 본절의 규정의 적용이 없다. 넓은 의미의 무효·취소 중에서도 재판상 무효, 미확정무효 및 유동적 무효에 대하여는 본절의 규정이 당연히 적용되지는 아니한다. 이른바 후발적 무효, 즉 법률행위의 효력이 발생한 뒤 소급입법 등에 의하여 무효사유가 생긴 경우에 본절의 규정이 적용되는지에 관하여는 논란이 있으나, 무효에 해당하는 한 선험적으로 그 적용을 부정할 근거는 없을 것이다.[30]

법률행위의 불성립에[31] 대하여도 본절의 규정이 적용되지 아니한다는 것이 통설이다.[32]

2. 무효사유와 취소사유

본절은 무효와 취소를 나누어 규정하므로, 본절의 규정을 적용하려면 무효사유와 취소사유를 구별하여야 한다. 어떤 요건의 흠결을 무효사유로 할지, 취소사유로 할지는 입법적 선택의 대상이므로, 이는 법률해석의 문제이다. 학설은 이러한 입법적 선택의 기준과 관련하여 법이 공익적 목적으로 요구하는 요건을 결한 경우, 즉 위법성이 강한 경우에는 무효사유, 당사자의 개인적 이익 보호가 주된 목적인 경우에는 취소사유로 한다고 하나,[33] 명백히 당사자의 개인적 이익 보호가 주된 목적인 규정 중에도 무효로 하고 있는 예가 적지 아니하므로(임 § 10, 상임 § 15 등) 적절하지 아니한 구별이다. 법률행위의 객관적 내용이 위법하거나 이미 보호의 대상인 당사자에게 불이익한 경우에는 무효로 할 수 있으나, 그 성립과정에 흠이 있을 뿐인 때에는 일률적으로 무효로 하는 것이

---

30) 김천수(주 6), 161-162; 이은영, 678 각주 6은 무효사유는 원칙적으로 원시적 무효에 한정되고 일단 효력요건을 갖추어 성립한 법률행위를 사후에 무효로 하는 후발적 무효는 허용되지 아니한다고 한다. 그러나 이들은 (예외적으로 합헌적인) 소급입법 등으로 후발적 무효가 생길 수 있음을 간과하고 있다.

31) 무효와 대비되는 의미의 불성립개념에 대한 비판으로, 신국미, "불성립과 무효개념에 관한 단상―불성립개념의 기능을 중심으로―", 민학 43-1, 2008, 285 이하. 그러나 이 견해는 통설이 쓰는 개념은 불성립이 아니라 성립이고, 불성립은 성립하였으나 무효사유가 있는 경우와 대비하여 성립조차 하지 아니한 상태를 축약한 표현에 불과하다는 점을 간과하고 있다.

32) 고상룡, 594; 곽윤직·김재형, 382-383; 김대정, 1096; 박동진, 계약법강의, 2016, 909; 송덕수, 429-430; 홍성재, 민법총칙, 제6판, 2016, 368; 주석 총칙(3), 257-258(제4판/이주홍). 그 결과 가령 무의식적 불합의의 경우 심지어 그것이 부수적인 사항에 관한 불일치라 하더라도 잔부유효(§ 137)를 인정하기는 어려워진다. 이것이 정당한지는 물론 별개의 문제이다.

33) 고상룡, 590-591; 곽윤직·김재형, 381; 송덕수, 428; 주석 총칙(3), 259-260(제4판/이주홍).

오히려 그 당사자에게 불리할 수 있으므로 취소사유로 하여 선택권을 준 것이라고 이해함이 옳을 것이다.[34]

 법률규정이 일정한 경우 "무효"나 "취소"라고 명언하고 있다면, 각각 본절의 의미의 무효, 취소사유에 해당하는 것이 보통이다. 그러나 항상 그러한 것은 아니다. 예컨대 문언상 "취소"할 수 있다고 되어 있으나 취소가 아닌 철회(Widerruf)에[35] 해당하는 경우가 있다($\begin{smallmatrix} 가령 \ \S\S\,7,\,8 \ ② \ 본,\\ 1024 \ ①,\ 1075 \ ① \ 등 \end{smallmatrix}$). 이때에는 본절의 취소에 관한 규정이 적용되지 아니한다. 또한 "무효"라는 표현을 쓰지 아니하고 법률행위로서의 효력이 제한됨을 밝히거나($\begin{smallmatrix}가령\\ \S\,584\end{smallmatrix}$), "효력이 없다"고 하는 예도 있다($\begin{smallmatrix} 가령 \ \S\S\,608,\,652,\ 주\\ 임 \ \S\,10,\ 상임 \ \S\,15 \ 등 \end{smallmatrix}$). 이들은 대체로 본절의 무효에 해당한다.

 나아가 법률이 일정한 법률행위가 금지됨을 밝히면서 금지된 법률행위를 한 경우 법률행위로서의 효력이 발생하는지 여부를 명확히 규정하지 아니하는 경우도 있다. 주로 규제법령에서 흔한데, 단속법규라면 법률행위의 효력에 별 영향이 없는 반면 강행(효력)법규라면 무효라는 것이 판례·통설이다. 그 구별에 관하여는 §105 주해 참조. 무효로 판단된 경우 본절의 무효인지 재판상 무효나 유동적 무효와 같은 다른 형태의 무효인지는 근거규정의 해석문제이다.

 반면 "취소"할 수 있음이 법문언에 명시되지 아니한 경우에 무효가 아닌 취소를 인정하는 예는 찾아보기 어렵다.[36] (제3형의) 상대적 무효가 주로 이로 인한 불합리를 피하기 위하여 주장된 개념임은 앞서 본 바와 같다. Ⅰ. 2. (2) 참조.

---

34) 이동진(주 23), 178-179; Grigoleit, "Sanktionsmechanismen bei Willensstörungen", in: R. Zimmermann (Hrsg.) Störungen der Willensbildung bei Vertragsschluss, 2007, S. 171-173. 이로부터 폭리행위에 관하여 무효를 인정하면서(§104), 법률행위의 성립과정에 불법이 있을 뿐일 때에는 공서양속 위반(§103)을 인정할 수 없고[대판 02.12.27, 2000다47361(공 02, 495) 등 다수], 주로 법률행위의 성립과정이 문제되는 규제법령 중 상당수를 그에 반하는 법률행위가 무효라는 의미의 강행법규로 볼 수 없는 까닭을 이해할 수 있다.

35) 철회 일반에 관하여는 이병준, "사법상의 철회권", 외법논집 33-2, 2009, 409 이하; 정진명, "사법상의 철회에 관한 연구", 재산 26-1, 2009, 45 이하, 소비자법상 철회권에 관하여는 김진우, "소비자철회권의 정당화사유: 방문판매와 통신판매를 중심으로", 소비자문제연구 40, 2011, 141 이하 참조.

36) 김천수(주 6), 153-154.

III. 무효·취소의 효과 일반

1. 개   설

무효인 법률행위는 당사자가 본래 의도한 대로의 법적 구속력을 갖지 아니한다. 그러므로 의무부담행위가 무효인 경우 채권·채무 기타 권리·의무가 발생하지 아니하고, 이행청구에 응할 필요가 없으며, 처분행위가 무효인 경우 권리변동이 일어나지 아니한다. 형성권 행사가 무효인 때에도 같다.[37] 무효의 효력은 법률상 당연히(ipso iure) 발생하며, 별도의 재판을 필요로 하지 아니한다.[38] 또한 누구나, 누구에 대하여나, 그리고 언제든 무효임을 주장할 수 있다.[39] 재판상으로는 다른 청구를 하면서 그 선결문제로, 또는 다른 청구에 대한 항변으로 주장할 수도 있고 법적 이해관계가 있다면 법률행위 내지 그로 인한 법률관계의 무효 확인의 소를 제기하여 그 확인을 구할 수도 있다. 어느 경우든 요건사실이 제출되고 증명되면 족하고(변론주의) 무효의 이익을 원용할 필요까지는 없다. 그러나 직권조사사항은 아니다.[40] 판결이 확정되더라도 기판력은 당사자 사이에서만 미치는 것이 원칙이다.[41]

만일 무효인 의무부담행위에 터 잡아 급여가 이루어졌다면 그로 인한 이

---

37) 김천수(주 6), 163.

38) 다툼이 있으나, 어떻든 판례·통설은 대세효 있는 무효확인의 소가 규정된 경우 중 소의 방법으로만 주장할 수 있다고 명시되어 있지 아니한 경우[주주총회 결의무효 및 부존재확인의 소(상 §§ 380, 190) 및 혼인무효, 협의이혼무효, 입양무효, 협의상파양무효확인의 소(§§ 815, 883, 가소 §§ 2 Ⅰ (i) 가, 21)도 같다고 본다. 주주총회 결의무효사유에 관하여 비교적 명확한 것으로, 대판 62.5.27, 4294민상1114(요집 민 Ⅱ, 470); 대판 92.9.22, 91다5365(공 92, 2950); 대판 11.6.24, 2009다35033(공 11하, 1459). 또한 대판 78.7.11, 78므7(집 26-2 행, 91); 대판 95.9.29, 94므1553, 1560(집 43-2, 215). 이와 달리 프랑스민법에서는 재판상 무효청구(action en nullité)가 원칙이고, 그 안에서 절대무효와 상대무효를 구별한다. 남궁술(주 5), 9 이하; 윤용덕(주 20), 191 이하; Picod(주 5), n° 29 et suiv.

39) 주석 총칙(3), 254-255, 258-259(제4판/이주흥). 다만, 실효의 원칙에 의하여 무효 주장이 차단되는 경우 있을 수 있다. 이은영, 673(대개 10년 정도가 지나면 무효주장을 하지 못한다고 한다). 다만 이때 무효주장의 차단은 일응은 소송법적인 효력을 가질 뿐인데(앞의 주 24 참조), 실제로는 실체법상의 법률관계도 무효가 아닌 것처럼 취급한다는 점에서 문제가 없지는 아니하다. 남궁술(주 5), 30-31. 이러한 경우를 소권 실효가 아닌 실체법상 권리의 실효로 다루어야 한다는 견해로, 호문혁, 민사소송법 제10판, 2012, 49-50.

40) 주석 총칙(3), 265-266(제4판/이주흥). 공서양속 위반 및 폭리행위와 관련하여서는 이동진(주 23), 173-175; 대판 74.9.24, 74다815(검색); 대판 62.11.8, 62다599(집 10-4, 209).

41) 그러나 단체 및 신분관계에 관하여는 기판력이 제3자에 대하여 확장되는 경우가 있다. 주 38 참조.

익은 "법률상 원인없이"$\binom{\S}{741}$ 얻은 것으로써 부당이득법에 따라 반환하여야 한다$\binom{급여부}{당이득}$. §741 주해 참조. 계약이 해제·해지되었을 때 해제·해지의 효과로 독자적인 원상회복의무$\binom{\S\S\ 548,}{549,\ 550}$가 인정되는 것과 달리 이때에는 급여청산이 부당이득법에 맡겨지고, 무효·취소법은 직접 규율하지 아니한다.[42] 다만 당사자가 계약의 이행을 위하여 자발적으로 급여를 하였다는 점이 부당이득의 요건과 특히 효과에 일정한 영향을 미칠 수는 있다.[43]

　　무효사유가 의무부담행위에만 존재하고, 급여가 권리변동을 목적으로 한 경우, 원인행위가 무효가 됨에 따라 처분행위도 무효가 되어 처분이 없었던 것과 같은 상태가 되는가 하는 점은 물권행위, 채권양도 등 처분행위의 무인성(無因性)을 인정할지 여부의 문제이다. 이에 관하여는 §§186, 187, 188, 449 주해 참조.「물건」의 인도를 목적으로 하는 법률행위의 경우 물권행위의 무인성을 부정하면(판례)[44] 부당이득반환청구권과 물권적 청구권이 경합하게 된다.[45] 그리고 이때에는 점유자와 회복자의 관계에 관한 §§201, 203과 일반 부당이득에 관한 §748 중 어느 것이 우선하는지 문제된다. 학설은 크게 다투어지나[46] 판례는 §§201, 203의 우선 적용을 인정하면서 쌍무계약에는 §587을

---

42) 주석 총칙(3), 270-271(제4판/이주흥). 취소에 관하여서이지만 DCFR Ⅱ.-7:212 (2), (3)과 CESL §54 Ⅲ도 같은 취지를 정한다.

43) 가령 쌍무계약이 무효이거나 취소된 경우 급여 반환의무와 반대급여의 반환의무가 동시이행관계에 있음이 일반적으로 인정되고 있고[대판 93.5.14, 92다45025(공 93하, 1698); 대판 95.2.24, 94다31242(공 95상, 1434); 대판 95.9.15, 94다55071(공 95하, 3380); 대판 96.6.14, 95다54693(공 96, 2166); 대판 01.7.10, 2001다3764(공 01, 1831); 대판 07.12.28, 2005다38843(공 08상, 144)], 일방의 반환의무가 과실 없이 불능이 된 경우 상대방의 반환의무와 관련하여 일정한 배려가 필요하다는 논의가 이루어지고 있다. 고상룡, 595; 김용담, "쌍무계약의 무효·취소와 부당이득", 제문제 3, 1985, 124 이하; 양창수·김재형, 700-701. 이를 무효인 법률행위의 효력으로 설명하려는 시도로, Pawlowski, Rechtsgeschäftliche Folgen nichtiger Willenserklärung. Zum Verhältnis von Privatautonomie und objektivem Recht, 1966(이를 소개한 국내문헌으로는 윤진수, "법률행위의 무효—Pawlowski의 무효개념을 중심으로—", 법률행위론의 사적전개와 과제: 이호정교수화갑기념논문집, 2002, 259 이하). 구주해(3), 301 이하(김용담)은 당사자 일방만 이행한 경우와 당사자가 무능력자인 경우에는 이러한 쌍무적 결합을 부인하여야 한다고 한다.

44) 무효·취소와 관련하여 이 점을 명확히 한 판례는 없으나 해제에 관한 대판 77.5.24, 75다1394(집 25-2, 44)가 이를 분명히 한다.

45) 그러나 물권적 청구권을 부정하는 것으로 김주수, 채권각론, 제2판, 1997, 575. 이에 대한 비판으로, 정태윤, "점유의 부당이득", 민학 38, 2007, 611 이하.

46) 종래 통설은 §§201, 203이 우선 적용된다고 보았다. 주석 채각(5), 439(제3판/임한흠). 그러나 근래에는 급여부당이득의 경우 §748에 의하여 규율되어야 한다는 견해가 유력하다. 김재형, "점유자의 소유자에 대한 부당이득반환범위—민법 제201조와 제748조의 관계를 중심으로—", 민법론 Ⅰ, 2004, 195; 김형석, "점유자와 회복자의 법률관계와 부당이득

유추하여 물건 아닌 반대급여의 반환과 관련하여 균형을 도모하는 방식으로 이 문제를 해결하고 있다.[47]

법률행위가 취소된 경우에는 소급하여 무효인 것으로 보므로, 그때의 효과도 대체로 위와 같다.[48] 법률행위가 취소된 경우 특유의 문제에 대하여는 §141 주해 참조.

무효·취소는 원칙적으로 법률행위의 보충적 해석을 배제하지 아니한다. 당사자가 법률행위 당시 법률행위에 무효 또는 취소사유가 있는 경우 그 사유를 제거하는 방향으로 법률행위를 변경하기로 약정할 수 있는 것처럼, 당사자가 그러한 약정을 마련하지 아니하였다 하더라도 만일 무효 또는 취소사유가 있음을 알았더라면 그와 같은 약정을 하였으리라고 보이는 경우에는 법률행위의 보충적 해석에 의하여 흠을 제거하고 법률행위의 효력을 유지할 수 있다.[49] 즉 법률행위가 무효 또는 취소되었다는 사정도 보충적 해석의 요건으로서 틈 (Lücke)이 생기는 여러 사유 중 하나인 것이다.[50] §§ 137, 138 주해도 참조.

그밖에 무효사유를 정하는 개별규정이 명문으로 또는 그 해석상 무효의 효력을 제한할 수 있음은 물론이다(가령 주임 §4 ①, 상임 §9 ①, 보특 §3 ③ 등). 무효·취소로 선의의 제3자에 대하여 대항할 수 없는 경우(제1형의 상대 적 무효·취소)도 이에 해당한다. 이때에는 선의의 제3자에 대하여는 당해 법률행위가 무효라는 주장을 할 수 없어 제3자에 대하여는 유효인 것처럼 취급되나, 당사자 사이에서는 여전히 무효이다.[51] 한 가지 문제는 선의의 제3자가 무효의 효력을 인정하겠다고 하면 어떻게 되는가 하는 점인데, 학설상으로는 제3자는 당초 의도한 효력을 누리면 족

의 경합", 서울대 법학 49-1, 2008, 249 이하; 최상호, "쌍무계약이 무효·취소된 경우의 반환청구상의 제문제", 민학 13·14, 1996, 86, 98-100; 최수정, "쌍무계약을 청산하는 법리", 심당송상현선생갑년기념논문집, 2002, 136, 141-143; 홍춘의, "계약의 무효·취소의 청산", 고시계 94/8, 30 이하. 통설의 입장에 선 반론으로 김상중, "쌍무계약의 무효·취소에 따른 과실·사용이익의 반환—민법 제201조와 제748조의 관계에 대한 판례 법리의 재조명—", 민학 37, 2007, 147 이하; 동, "민법 제203조의 비용상환청구권과 제741조·제748조의 부당이득반환청구권의 적용관계—계약의 무효·취소, 해제에 따라 반환할 목적물에 지출한 비용의 상환을 중심으로—", 민학 47, 2009, 147 이하.

47) 대판 93.5.24, 92다45025(공 93, 1698). 한편 여기에 해제에 관한 §548 Ⅱ가 유추되지 아니한다는 것으로 대판 97.6.26, 96다54997(공 97, 3225).

48) 이 경우에 초점을 맞춘 서술로, 이진기(주 27), 292 이하.

49) 일부무효에 관하여 비슷한 취지로, 김천수, "일부무효에 관한 민법 제137조의 해석 및 적용범위", 비교 7-1, 2000, 151-152, 156.

50) 윤진수, "법률행위의 보충적 해석에 관한 독일의 학설과 판례", 월보 238, 1990, 20-21 참조.

51) 김천수(주 6), 157-158.

하고 그에게 무효를 인정할 권한을 주는 것은 부당한 선택권을 주는 것이라는 견해와[52] 문언 그대로 대항 여부를 결정할 수 있다고 보아야 한다는 견해가[53] 다투어지고 있다. 위 규정은 「대항불능」, 즉 제3자가 자신의 법률관계의 전제로 문제된 법률행위(의 효력)을 원용할 때 당사자가 무효로 대항할 수 없다고 하고 있을 뿐, 제3자가 무효를 인정하는 것은 막지 아니하고 있고, 제3자에 대하여도 무효를 관철하는 것은 법률행위의 효력을 부인하는 규범의 취지를 더욱 완전하게 실현하는 것일 뿐 부당한 선택이 아니다. 허용함이 옳다.

2. 무효·취소의 효과제한: 특히 소급효의 제한

근래에는 무효·취소의 효과를 어떻게 제한할 것인가 하는 점이 오히려 더 문제되고 있다. 흠이 있더라도 가급적 법률행위, 특히 계약(favor contractus)과 유언(favor testamenti)의 효력을 유지하여 당사자의 의사를 실현하고 법률관계를 안정시키는 것이 중요하다는 것이다. 주관적·객관적으로는 앞서 본 상대적 무효·취소와 뒤에 볼 §§137, 138이 그러한 제도이다. 이들은 다른 곳에서 다루므로, 여기에서는 시적(時的) 제한, 즉 소급효의 제한만을 본다.

계속적 계약 내지 계속적 법률관계에서는 소급적 효력을 갖는 해제 이외에 비소급적 해지가 인정된다. 마찬가지로 무효·취소에서도 소급효가 부정되어야 하는 것은 아닌가 하는 문제가 있다. 예컨대 조합계약에 무효 또는 취소 사유가 존재한다 하여 이미 활동을 개시하여 법률관계를 형성해온 조합계약을 소급적으로 무효로 한다면, 한편으로는 이미 본래의 출자가 이후 조합운영과정에서 대부분 다른 형태로 바뀐 상황에서 소급적으로 급여를 청산하기 어렵다는 점이, 다른 한편으로는 조합의 외형을 믿고 조합과 법률관계를 형성해온 제3자의 법적 지위가 매우 불안해진다는 점이 문제된다. 또한 수년에서 수십년간 지속되어온 근로관계에 무효·취소사유가 존재한다 하여 소급적으로 무효로 한다면, 한편으로는 이미 제공한 노무(service) 자체는 반환할 방법이 없다는 점이, 다른 한편으로는 그 근로자를 통하여 형성된 여러 법률관계에 흠이 생길 수 있다는 점이 문제된다. 회사법과 가족법에서 비소급적 취소 등을 인정하는 까닭이 여기에 있다(§§ 824, 897, 상 §§ 190 단, 194, 240, 269, 287-6, 287-18, 287-41, 328, 360-14, 360-23, 530, 530-11, 552, 603 등). 문제는 이와 같은 규정이 없는 경우인데, 종래 학설은 일응 소급적 무효·취소를 받아

---

52) 김증한·김학동, 424; 김주수·김상용, 350; 이영준, 389.

53) 구주해(2), 377(송덕수); 김천수(주 6), 168-169.

들이되, 그 대신 법률행위법 밖에서 사실적 계약관계(faktisches Vertrags-verhältnis)의 일종인 사실적 조합(faktische Gesellschaft) 또는 사실적 근로관계(faktisches Arbeitsverhältnis)를 인정하여 소급적 청산을 피하려고 시도하였다.[54] 그러나 근래에는 사실적 계약관계이론이 폐기됨에 따라[55] 더는 이와 같이 설명하지 아니하고 규범목적에 비추어 무효·취소의 소급효를 직접 제한하여야 한다는 것이 통설이다.[56] 무효사유의 경우 무효임이 판명된 때부터 비소급적으로 무효가 되고 취소도 장래효만 있다는 것이다. 현행법의 무효·취소는 1회적 급여교환의 청산을 염두에 두고 마련된 것으로 계속적 계약관계, 특히 계속적으로 노무가 제공된 경우 급여청산에 그대로 적용하면 당사자의 신뢰와 특히 그 관계를 준거점으로 하여 형성된 다수의 제3자와의 법률관계를 해친다. 무효·취소사유와 당해 법률관계의 실제 상황에 따라 다르겠으나 이익형량의 결과 그 소급효를 제한하여야 하는 경우가 있을 것이다.[57] 다만, 당연히 소급효가 부정되는 것은 아니고, 사안별로 구체적 이익형량이 필요하다는 점에 유의하여야 한다. 판례도 대체로 그러한 입장이라고 보인다.[58]

---

54) 대표적으로 최종길, "사실적계약관계에 관한 약간의 고찰—법률행위의 무효·취소의 제한이론을 중심으로—", 서울대 법학 5-1·2, 1963, 52 이하.

55) 최광준, "1963년 이후 사실적 계약관계론에 대한 회고", 한국민법이론의 발전: 무암이영준박사화갑기념 논문집 II 채권편, 1999, 773 이하; 동, "독일 법학 이론 연구의 성과와 교훈: 라렌쯔의 「사회정형적 행위론」, 비교 11-4상, 2004, 263 이하.

56) 구주해(2), 505(송덕수).

57) 손지열, "사실적 계약관계론", 재문제 10: 송천이시윤박사화갑기념(상), 1995, 337-340; 주석 총칙(3), 255-256, 272-273(제4판/이주흥). 그 이론적 근거에 관하여는 우선 이동진, "과도하게 긴 계약상 영업금지기간에 대한 규율—근로계약상 퇴직 후 경업금지약정을 중심으로—", 민학 54-1, 2011, 108-109; 동(주 23), 160-163 참조.

58) 대판 72.4.25, 71다1833(집 20-1, 217)은 "조합이 사업을 개시하여 제3자와의 사이에 거래관계가 이루어지고 난 다음에는 조합계약체결 당시의 의사표시의 하자를 이유로 취소하여 조합 성립 전으로 환원시킬 수 없다"고 한다. 또한 "조합계약에 있어서는 조합의 해산청구를 하거나 조합으로부터 탈퇴를 하거나 또는 다른 조합원을 제명할 수 있을 뿐이지 일반계약에 있어서처럼 조합계약을 해제하고 상대방에게 그로 인한 원상회복의무를 부담지울 수는 없"다는 대판 94.5.13, 94다7157(공 94, 1685); 대판 07.4.26, 2005다62006(검색)도 참조. 최근 대판 17.12.22, 2013다25194, 25200(공 18상, 270)은 보다 일반적으로, "근로계약은 […] 기본적으로 그 법적 성질이 사법상 계약이므로 계약 체결에 관한 당사자들의 의사표시에 무효 또는 취소의 사유가 있으면 그 상대방은 이를 이유로 근로계약의 무효 또는 취소를 주장하여 그에 따른 법률효과의 발생을 부정하거나 소멸시킬 수 있다"면서도, "다만 그와 같이 근로계약의 무효 또는 취소를 주장할 수 있다 하더라도 근로계약에 따라 그동안 행하여진 근로자의 노무 제공의 효과를 소급하여 부정하는 것은 타당하지 않으므로 이미 제공된 근로자의 노무를 기초로 형성된 취소 이전의 법률관계까지 효력을 잃는다고 보아서는 아니 되고, 취소의 의사표시 이후 장래에 관하여만 근로계약의 효력이 소멸된다고 보아야 한다"고 한다. 평석으로 권오성, "근로계약의 취소와 소급효

3. 무효 · 취소와 손해배상

무효 · 취소가 인정되는 한 법률행위로서의 효력이 발생하지 아니하므로, 채무불이행 내지 계약책임도 부인된다. 이 점에서 해제$\binom{\S}{551}$와 다르다. 그러나 무효 · 취소사유 자체가 계약외책임의 근거가 되는 경우 그에 따른 손해배상은 인정된다. § 535는 원시적 불능 급여를 목적으로 하는 계약이 무효임을 전제로 신뢰이익 상당의 손해배상을 인정하고 있고, 그밖에 불법행위책임이 인정되는 경우도 있을 수 있다. 물론 불법행위책임의 요건 및 범위와 관련하여서는 당해 무효 · 취소사유의 규범목적과 평가를 고려하여야 할 것이고,[59] 특히 무효 · 취소사유가 상대방의 신뢰와 관계되어 있는 경우에는 § 535의 평가도 고려하여야 할 것이다.[60]

다른 한편, 어떤 법률행위에 무효 · 취소사유가 있고, 그 무효 · 취소사유가 동시에 불법행위를 구성하는 경우에 무효 · 취소를 주장하는 대신 불법행위를 원인으로 하는 손해배상을 주장할 수 있는가 하는 점이 문제된다. 독일판례는 이러한 경우 이른바 계약체결상 과실(culpa in contrahendo)책임의 한 내용으로서 계약해소(Vertragsaufhebung)청구에 의한 원상회복을 인정하고 있어, 이

의 제한", 노동법포럼 23, 2018, 249 이하(판례찬성); 김형배, "경력사칭(기망행위)과 근로계약 취소의 소급효", 노동법논총 42, 2018, 151 이하(판례반대); 이정아, "근로계약의 무효 · 취소로 인한 소급효 제한 및 그 한계", 민판연 41, 2019, 59 이하(판례찬성). 독일판례도 그러하다. 취소에 관한 것으로 BGHZ 3, 291; 13, 34; 55, 5, 8; BAG NJW 1958, 516. 다만 아직 이행이 시작되지 아니한 때에는 소급적 청산이 이루어진다. 가령 BAG NZA 1999, 584. 사기취소의 효력을 외부활동이 개시된 때까지만 소급시킨 것으로, BAG NJW 1985, 646. 독일 학설의 개관 및 분석은, Oetker, Das Dauerschuldverhältnis und seine Beendigung, 1994, S. 424 ff. 프랑스에서도 비슷하다. Picod(주 5), n° 86-87.

59) 곽윤직 · 김재형, 382; 송덕수, 428; 홍성재(주 32), 368-369. 무효에 관하여는 김천수(주 6), 165 이하(§ 535 이외에는 불법행위책임이라고 한다), 취소에 관하여는 이진기(주 27), 307 이하(행위무능력을 이유로 한 취소의 경우에는 불법행위가 될 수 없으나, 착오를 이유로 한 취소의 경우에는 § 535를 유추하여 신뢰이익 상당의 손해배상이 인정되고, 사기나 강박을 이유로 한 취소의 경우에는 불법행위책임이 인정되지만 사기의 경우에는 이행이익 상당의, 강박의 경우에는 신뢰이익 상당의 손해배상이 인정된다고 한다). 한편, 대판 97.8.22, 97다13023(공 97, 2800)은 착오를 이유로 하는 취소가 허용되는 한 취소가 위법하다고 할 수 없다는 이유로 불법행위책임을 부정하였다. 또한 사기에 관한 대판 93.4.27, 92다56087(공 93, 1565)은 "법률행위가 사기를 이유로 취소되는 경우에 그 법률행위가 동시에 불법행위를 구성하는 때에는 취소의 효과로 생기는 부당이득반환청구권과 불법행위로 인한 손해배상청구권은 경합하여 병존"한다면서, "채권자는 어느 것이라도 선택하여 행사할 수 있지만 중첩적으로 행사할 수는 없다"고 한다.

60) 가령 비진의표시의 경우 상대방에게 과실만 있다 하더라도 불법행위책임을 인정하고 과실상계를 할 것이 아니라 아예 불법행위책임을 부정하여야 한다. 구주해(2), 313-314(송덕수). 그러나 과실상계의 대상이 될 뿐이라는 것으로, 이영준, 377.

것이 법률행위법을 잠탈하는 것이 아닌지 크게 다투어졌다.[61] 우리 민법은 원
칙적으로 금전배상만을 인정하므로($\S_{394}$) 이러한 손해배상을 인정하더라도 계약
해소청구는 문제되지 아니하나, 금전배상이 사실상 대가감액, 즉 효력유지적
축소와 같은 기능을 할 수 있어 부당하게 전부무효의 원칙($\S 137\atop 본$)을 잠탈하거
나 효력유지적 축소의 요건을 우회하는 것은 아닌지 문제될 소지가 있다. 그러
나 판례는 폭리행위($\S_{104}$)에서 무효를 주장하는 대신 불법행위를 원인으로 하는
손해배상을 구하여 사실상 대가감액과 같은 결과를 가져오거나,[62] 사기를 이유
로 계약을 전부 취소하는 대신 불법행위를 원인으로 하는 손해배상을 구하여
사실상 대가감액과 같은 결과를 가져오는 것을[63] 인정한다.

[이 동 진]

---

61) BGH NJW 1962, 1196, 1198; 1993, 2107; 1998, 302, 303. 이에 대한 비판으
로 Grigoleit, Vorvertragliche Informationshaftung: Vorsatzdogma, Rechtsfolgen,
Schranken, 1997, S. 14 ff. und passim. 이를 소개한 국내문헌으로는 박인환, "독일법상
정보제공의무위반을 이유로 하는 계약해소청구권", 민학 27, 2005, 133 이하.

62) 대판 11.4.28, 2010다106702(검색)는 "민법 제104조에서 정하는 '불공정한 법률행위'에
해당하여 무효인 경우에도 무효행위의 전환에 관한 민법 제138조가 적용되어 당사자 쌍
방이 위와 같은 무효를 알았더라면 대금을 다른 액으로 정하여 매매계약에 합의하였을 것
이라고 예외적으로 인정되는 경우에는 그 대금액을 내용으로 하는 매매계약이 유효하게
성립할 수 있는 점과 원고가 굳이 이 사건 매매계약의 무효를 주장하고 있지 않은 점 및
[중략] 여러 사정에 비추어 보면, 원고로부터 받은 금액 중 피고1은 이 사건 매매대상토지
를 평당 600만 원씩으로 계산한 금액을 넘는 금액이, 피고2는 원고가 매매대금으로 제시
했던 40억 원을 넘는 금액이 각각 피고들의 불법행위로 인하여 원고가 입은 상당인과관계
가 있는 재산상 손해액이라고 봄이 상당하다"고 한다. 이는 당사자가 수인할 가정적 매매
대금과의 차액을 배상시키는 것으로, 대금감액에 다름 아니다. 위 판결도 법률행위법상의
평가를 원용함으로써 이미 이러한 긴장을 드러내고 있다. 김성주, "이른바 '알박기'의 한
유형인 '버티기'로 인한 불법행위가 성립될 경우 손해배상액의 산정", 해설 87, 2011, 50
이하.

63) 대판 98.3.10, 97다55829(공 98, 993)은 제3자의 사기행위로 인하여 분양계약을 체결
한 경우 계약을 취소하지 아니한 채 그 제3자에 대하여 손해배상청구를 할 수 있다고 한
다. 이것이 실질적으로는 법률행위의 일부무효와 같은 결과를 가져오고, 때문에 법률행위
법적 평가가 고려되어야 한다는 점에 대하여는 이동진, "분양광고에 의하여 유발된 착
오와 표시광고법상 책임", 재산 35-4, 2019, 48 이하.

第 137 條(法律行爲의 一部無效)

法律行爲의 一部分이 無效인 때에는 그 全部를 無效로 한다. 그러나 그 無效部分이 없더라도 法律行爲를 하였을 것이라고 認定될 때에는 나머지 部分은 無效가 되지 아니한다.

I. 의의, 법적 성격, 적용범위

1. 의의와 법적 성격, 민법 개정안

법률행위의 일부무효는 법률행위의 일부에만 무효사유가 있는 경우 또는 그 결과 그 일부만이 무효가 되고 나머지는 유효하게 존속함을 가리킨다. 전자(前者)는 요건 내지 평가대상이 되는 사태, 후자(後者)는 그 효과 내지 평가결과로서 서로 구분된다.[1] 본조는 법률행위의 일부에 무효사유가 있는 경우, 즉 전자의 경우 전부무효가 원칙이나, 예외적으로 일부무효가 되고 나머지 부분은 존속할 수 있다는 점, 즉 후자가 될 수도 있다는 점을 밝힌다. 의용민법에는 본조와 같은 규정이 없었고, 민법 제정 당시 독민 §139를 참고하여 신설되었다.[2]

---

[1] 전자를 일부무효, 후자를 잔부유효로 구분하기도 한다. 구주해(3), 274(김용담). 나아가 이를 이유로 본조의 표제(법률행위의 일부무효)가 부적절하다는 지적으로, 김천수, "일부무효에 관한 민법 제137조의 해석 및 적용범위", 비교 7-1, 2000, 124-125; 신국미, "법률행위의 일부무효", 고려법학 43, 2004, 299-300.

[2] 민의원 법제사법위원회 민법안심의소위원회 편, 민법안심의록 상권, 1957, 87. 같은 곳

　이론적으로는 본조가 없더라도 법률행위의 일부에만 무효사유가 있고, 당사자들이 그러한 사정을 알았더라면 흠이 없는 나머지만을 의욕하였을 것으로 보이는 경우, 보충적 해석으로 하나의 법률행위에 있는 흠을 제거하고 나머지 부분만으로 그 효력을 유지할 여지가 있다. 즉 법률행위에 무효사유가 존재한다는 점도 보충적 해석의 요건으로서 틈(Lücke)이 생기는 여러 사유 중 하나라고 보면 되는 것이다.[3) 명문 규정이 없는 일본에서도 다수의 학설은 (보충적) 해석을 통하여 일정한 경우 일부무효·잔부(殘部)유효의 결과를 도출해왔다.[4] 그러나 본래 보충적 해석은 당사자가 처음부터 규율을 하지 아니하여 생긴 틈을 메우는 것이므로, 무효규범에 의하여 무효가 된 부분에 대해서까지 보충적 해석이 가능하다는 점이 반드시 자명하다고 할 것은 아니다. 본조 신설은 이때에도 보충적 해석이 가능하다는 점을 입법적으로 명확히 한 데 그 의의가 있다.[5]

　나아가 본조는 법률행위의 일부분에 무효사유가 있을 때 전부무효가 원칙이고, 무효부분이 없더라도 법률행위를 하였으리라는, 즉 잔부(殘部)유효의 가정적 의사가 인정될 때에 한하여 일부무효·잔부유효가 됨을 밝힌다. 가정적 의사의 탐구에 실패하였을 때, 즉, 가정적 의사가 불명(不明)이 되었을 때 당사자는 전부무효를 의욕하였을 것이라고 추정하라는, 그리하여 일부무효·잔부유효를 주장하는 자가 반대되는 가정적 의사를 증명 내지 논증할 책임

은 참조입법례로 독민 §139과 함께 스채 §20을 들고 있으나, 본문과 단서, 즉 원칙과 예외의 순서는 독민 §139와 일치하고 스채 §20 Ⅱ과는 반대로 되어 있다.

　3) 윤진수, "법률행위의 보충적 해석에 관한 독일의 학설과 판례", 월보 238, 1990, 20-21 참조.

　4) 일본의 학설·판례는 우선, 윤태영, "일본법에서 법률행위 무효론—무효규정의 입법취지와 우리민법과의 차이점을 중심으로—", 재산 30-1, 2013, 43-45; 大村敦志, 民法讀解(總則編), 2009, 422頁 以下; 平野裕之, "一部無效", 法律行爲無效の硏究, 2002, 185頁 以下. 조건이 무효인 경우에 관한 규정만을 두고 있는 프랑스에서도(제정 프민 §§900, 1172) 당사자의 의사와 공서(公序)를 고려하여 일부무효를 인정해왔다. Picod, "Nullité", Repertoire du droit civil, 2013, n° 98 et suiv. 2018년 개정 프민 §1184는 명문으로 무효인 부분이 결정적 요소(élément déterminant)인 때에 한하여 전부무효임을 정한다.

　5) 보통법상 일부무효의 경우 잔부(殘部)유효가 원칙이었던 독일에서는 전부무효의 원칙을 선언한 독민 §139는 사적 자치의 실현에 기여하는 입법으로 평가되었지만, 전부무효를 자명한 출발점으로 인식한 우리 입법자에게 본조의 신설은 오히려 법률행위의 효력을 유지하는 데 의의가 있었다. 민법안심의록 상권(주 2), 89. 김천수(주 1), 127-128도 비슷하다. 이에 대하여 김대정, 1103-1104; 신국미(주 1), 303-304는 이러한 입법자의 인식이 본조 규정내용과 일치하지 아니한다고 하나, 입법자료에 비추어 보면 입법자의 주된 관심은 오히려 일부무효에서 잔부유효가 허용되는가 하는 점에 있었음을 알 수 있고, 그 한도에서 본조의 신설이 입법의도에 부합하는 것임은 부정할 정도는 아니라고 보인다.

을 진다는 점을 밝힌 것이 본조의 또 다른 의의이다. 따라서 본조는 해석규정 (Auslegungsregel)으로서[6] 증명 및 논증책임(Beweis- und Argumentationslast) 을 배분하는 기능을 한다.[7]

  본조에 관하여는 2009년부터 활동해온 민법개정위원회가 2009.8.21. 전체 회의를 통하여 확정한 개정안이 있다. 개정안은 "법률행위의 일부분이 무효인 때에도 나머지 부분은 효력이 있다. 그러나 그 나머지 부분만으로는 법률행위 를 하지 아니하였을 것이라고 인정될 때에는 전부를 무효로 한다."고 하여 본 조의 원칙과 예외, 즉 증명 내지 논증책임 분배를 뒤집는다. 이는 대체로 2004 년 개정안을 따른 것으로, 오민 § 878, 스채 § 20 Ⅱ, 이민 § 1419, 그민 § 181, PICC § 3.2.13, DCFR Ⅱ.-1:108, 2018년 개정 프민 § 1184 및 일본 債權法改 訂の基本方針 1.5.49(다만 2019년 개정 일본민법은 이 부분을 개정하지 아니하였다)와 일치하고, 독민 § 139와 다르다. 이에 대하여는 이미 2004년 개정안 당시부터 사적 자치의 원칙을 과도하게 제 한한다는 반대가 있었다.[8] 그러나 이 규정에서 문제되는 것은 당사자의 실제 적 의사가 아닌 가정적 의사로서 사실증명보다는 오히려 논증이 주가 되는데, 이는 그 성질상 한계적인 상황에서나 불명(不明)이 되므로 현행법과 개정안의 차이가 반드시 큰 것은 아니다.[9] 법률행위의 일부에 무효사유가 있는 경우 그 부분만을 유효로 하여 나머지 부분의 효력을 유지하는 것이 오늘날 비교법적 으로 널리 지지받고 있는 방향이기도 하다.[10]

2. 적용범위

(1) 개   설

본조의 적용대상은 법률행위이다. 법률행위인 이상 계약과 단독행위는 물

---

6) Erman/Palm (12. Aufl., 2008), § 139, Rn. 1.

7) 이동진, 공서양속과 계약 당사자 보호 (서울대학교 법학박사학위논문), 2011, 154. 통설 은 전부무효의 원칙이 채택되어 일부무효를 주장하는 자에게 증명책임 내지 논증책임이 부과된 점을 강조하여, 일부무효를 강제하는 것을 막는 데서 본조의 의의를 찾는다. 주석 총칙(3), 274(제4판/이주흥).

8) 김천수, "민법(재산편)개정안 민법총칙 일부조항에 대한 연구", 민학 22, 2002, 124 이 하; 황적인 외 29인 공저, 민법개정안의견서, 2002, 48-52(김천수, 박영규, 송덕수, 안법 영, 지원림). 2009년 개정안에 대한 비판으로는, 이진기, "민법중 개정법률안에 대한 의 견", 민학 42, 2008, 14.

9) 이동진(주 7), 154.

10) 최종길, "법률행위의 일부무효와 무효행위의 전환", 법정 25-8, 1970, 45. 해석론으로 같은 결과를 끌어내려고 하는 것으로 김대정, 1105.

론, 단체법상의 법률행위에도 적용된다.[11] 다만, 단체협약의 일부가 무효인 경우에는 무규율상태를 피하기 위하여 일부무효·잔부유효의 가정적 의사를 가급적 너그럽게 해석하거나 본조를 적용하지 아니하고 무효인 조항과 관련된 부분에 한하여 무효로 함이 옳다는 견해가 있다.[12] 본조는 일체인 법률행위의 가분적(可分的) 일부에 무효사유가 존재하는 경우 적용된다. 그 요건에 관하여는 아래 Ⅱ., 본조와 무효행위의 전환의 관계에 관하여는 §138 주해 참조.

그러나 법률행위가 아예 성립하지 아니한 경우에는 본조를 적용할 여지가 없다.[13] 대판 99.3.26, 98다56607도[14] 매매계약을 체결하면서 특정부분을 매매대상에서 제외하기로 특약을 하였다면 이 특약부분은 특약의 이름으로 되어 있다 하더라도 그 부분에 대하여 매매계약을 체결하지 아니하였음을 분명히 한 것일 뿐 어떤 법률행위가 이루어진 것이 아니므로 특약에 관하여 기망이 있었다 하여 특약만 취소하고 그 부분을 매매대상에 넣을 수는 없다고 한다.

대판 15.12.10, 2013다207538은[15] 징발재산정리에 관한 특별조치법에 의한 징발매수결정의 대상이 된 토지 중 일부가 징발재산이 아니어서 당연무효인 경우에도 나머지 부분이라도 여전히 징발하였을 것이라고 보이는 때에는 "민법 §137의 규정에 비추어" 그 나머지 부분 징발매수결정은 유효하다고 하여, 이를 행정처분인 징발매수결정에 유추하고 있다.

(2) 특별규정의 우선

개별 법령이 일부무효에 관하여 특칙을 두고 있는 경우에는 본조의 적용이 없다. 명문으로 일부무효의 특칙임을 밝히는 경우도 있지만, 그렇지 아니한 때에도 무효근거규범의 규율목적에 비추어 특칙으로 해석되어야 할 수 있다.[16]

---

11) BayObLG NJW-RR 1999, 8, 10; BGH NJW 1994, 520, 523. Erman/Palm (12. Aufl., 2008), §139, Rn. 2.
12) 강선희, "단체협약의 성립에 대한 민법 일반규정의 적용 가능성과 법적 효과", 노동연구 22, 2011, 42-43. 독일에서는 일정한 단체협약에 이른바 규범적 효력이 인정되는데, 이에 대하여는 독민 §139가 적용되지 아니한다. BAG 1, 258, 272. 단체의 정관도 같다. BGHZ 47, 179; Erman/Palm (12. Aufl., 2008), §139, Rn. 2.
13) 김천수(주 1), 135.
14) 공 99, 776.
15) 미공간. 검색.
16) 김천수(주 1), 131-132; Erman/Palm (12. Aufl., 2008), §139, Rn. 5-7. 그러한 예로, 대판 04.6.25, 2004다2199(검색, 상호신용금고의 담보제공약정이 효력규정인 구 상호신용금고법 §18-2 (iv)에 위반하여 무효라고 하더라도, 그와 일체로 이루어진 대출약정까지 무효로 된다고는 할 수 없다는 취지); 대판 07.6.28, 2006다38161, 38178(공 279, 1150,

먼저, 근로계약의 일부조항이 근로기준법에 반하는 경우 그 규정만 무효가되고 같은 법의 관련 규정이 이에 적용되며($^{근기\,\S\,15}_{1,\,\mathbb{I}}$), 취업규칙보다 불이익한경우 그 부분만 무효가 되고 취업규칙이 이에 적용된다($^{근기}_{\S\,97}$). 판례는 근로자집단의 동의 없는 취업규칙의 변경 중 일부가 불이익변경으로 무효인 경우($^{근기\,\S\,94}_{단}$)에도 그 부분만 무효이고 유리한 변경은 유효하다고 한다.[17] 보험계약의 일부조항이 상법 보험편의 규정보다 보험계약자, 피보험자 또는 보험수익자에게 불리한 경우($^{\;상}_{\S\,663\,본}$), 임대차계약의 일부조항이 §§ 627, 628, 631, 635, 638, 640, 641, 643, 644, 645, 646, 647에 반하여 임차인이나 전차인에게 불리하거나 주택임대차보호법, 상가임대차보호법상의 임대차로서 각 법률의 규정보다 임차인에게 불리한 경우도 같다($^{\S\,652,\,주임}_{\S\,10,\,상임\,\S\,15}$). 금전대차계약상 이자율이 최고이자율을 초과하는 경우에는 이자약정 중 그 최고이자율을 초과하는 부분만 무효가 되며($^{이자}_{\S\,2\,\mathbb{II}}$), 대물대차 및 대물반환의 약정이 §§ 606, 607에위배된 때에는 위 규정에 위배되는 부분만 무효가 되고 위 규정의 범위 내에서는 효력이 유지된다($^{\S}_{608}$).[18] 대부분 계약의 일방 당사자를 보호하기 위한 규정이다. 그밖에 매매계약상 담보책임면제특약이 무효인 경우 그 부분만 무효가 되며($^{\S}_{584}$), 환매약정상 환매기간이 부동산의 경우 5년, 동산의 경우 3년이넘으면 각 5년, 3년으로 감축되고($^{\S}_{591}$), 최단존속기간에 못 미치는 지상권설정약정, 최장존속기간을 초과하는 임대차계약은 각각 최단존속기간, 최장존속기간으로 변경된다($^{\S\S\,280,}_{289,\,651\,\mathbb{I}}$).[19] 모두 본조와 달리 당사자의 가정적 의사를 따지지 아니한 채 일부무효·잔부유효를 인정하고 있다. 판례는 변호사 아닌 자가당사자로부터 사건을 떠맡아 그 책임 하에 소송대리인 선임 등 일체의 소송수행을 하고 승소의 대가로 소송물 일부를 양도받기로 한 경우, 위 양도약정이변호사법 위반으로 무효라 하더라도 소송대리인 선임권한 위임부분까지 무효

손실보전약정이 주주평등의 원칙에 반하여 무효가 된다 하더라도 그 결과 체결된 신주인수계약이 무효가 되지는 아니한다는 취지); 대판 08.9.11, 2008다32501[검색, 의료법(2007.4.11. 법률 제8366호로 개정되기 전의 것) § 41 Ⅲ에 반하여 의료법인이 허가받은한도액을 초과하여 한 담보제공약정은 허가받은 부분에 한하여 무효가 된다는 취지]. 이들 판결은 모두 전부무효를 인정하면 오히려 당해 규범의 목적을 해하게 될 것임을 지적하고 있다.

17) 대판 94.6.24, 92다28556(공 95, 603). 김치중, "15년까지의 근속기간에 대한 지급율만이 정하여진 퇴직금규정을 15년까지의 지급율은 낮추고 그 이후의 지급율은 새로이 정하는 내용으로 개정한 경우의 효력", 해설 22, 1995, 421.

18) 대판 62.7.26, 62다247(요집 민 Ⅰ, 979).

19) 그밖에 김천수(주 1), 130은 전세권 목적물의 일부멸실에 관한 § 314도 본조의 특칙이라고 하나, 이 규정은 후발적 불능에 관한 규정으로 무효와는 무관하다.

라고 할 수는 없다고 한다.[20]

다음, 약관의 전부 또는 일부조항이 약관규제법에 반하여 무효가 되는 경우 계약은 나머지 부분만으로 유효하게 존속하되, 그 부분만으로는 목적 달성이 불가능하거나 그 유효한 부분이 한쪽 당사자에게 부당하게 불리한 때에는 전부를 무효로 한다($^{약관}_{§16}$). 일부무효가 원칙, 전부무효가 예외로 되어 있고, 당사자의 가정적 의사에 갈음하여 목적 달성 불능이 기준으로 제시되고 있으며, 일방에게 부당하게 불리한 경우가 추가되어 있다.

법률행위 중 조건에 무효사유가 있는 경우 나머지 법률행위에 어떤 영향을 미치는지에 관하여는 §151에서 따로 정하고 있다.[21]

(3) 당사자의 특약 또는 의사

당사자가 법률행위에서 스스로 그중 일부가 무효가 되는 경우 나머지 부분에 어떠한 영향을 미칠지를 직접 규율하는 것은 사적 자치의 원칙상—무효 근거규범의 규율목적상 금지되지 아니하는 한—당연히 허용된다.[22] 가령 당사자는 법률행위의 모든 부분이 중요하고, 일부라도 무효가 되면 전부를 무효로 하겠다고 특약하거나 그러한 의사를 표시할 수 있고, 이는 법적 구속력을 가진다.[23] 그러나 좀 더 흔하고 중요한 것은 당사자가 법률행위의 특정 또는 불특정 일부에 흠이 있어 무효가 되더라도 나머지 부분만으로 효력을 유지하겠다고 특약하거나 그러한 의사를 표시한 경우이다. 이러한 이른바 구제조항(salvatorische Klausel)은[24] 다시 효력유지조항(Erhaltungsklausel)과 효력보충조항(Ersetzungsklausel)으로 나눌 수 있다. 전자는 나머지의 효력을 유지하고, 후자는 (효력유지를 전제로) 무효 부분을 보충한다. 후자는 다시 변경합의를 할

---

20) 대판 87.4.28, 86다카1802(집 35-1, 337). 이 판결은 가정적 당사자 의사를 언급하지 아니한다.

21) 이 규정은 대체로 조건의 무효가 법률행위 전부에 영향을 미치는 것을 전제로 입법되어 있다. 이와 달리 프랑스민법의 경우 무상계약에서는 조건이 무효이면 그 조건이 없는 것(non écrites)으로 간주하나(프민 §900), 유상계약에서는 전체 계약이 무효가 된다(프민 §1172).

22) 통설은 본조가 임의규정임을 그 근거로 든다. 김천수(주 1), 132; 주석 총칙(3), 283(제4판/이주흥). 그러나 본조는 당사자의 가정적 의사를 문제 삼음으로써 이미 실제적 의사에 대하여 보충적 지위를 가짐을 전제하고 있으므로, 임의규정이라기보다는 숨은 보충성 요건의 작용이라고 하여야 할 것이다.

23) 김천수(주 1), 133. 이때에는 이미 당사자의 실제적 의사가 법적 구속력을 갖고 있으므로 그와 반대되는 가정적 의사가 존재하는지 여부는 탐구될 필요가 없고, 또 탐구되어서도 아니 된다.

24) 이 역어(譯語)에 관하여는 우선, 김동훈, "약관조항의 일부무효의 법리—약관규제법 16조의 해석론—", 경희법학 23-1, 1988, 260; 김천수(주 1), 132 참조.

의무만을 지우는 경우(nur obligatorische Ersetzungsklausel)와 직접 계약을 변경하는 효력을 가지는 경우로 나뉜다. 효력유지조항과 효력보충조항이 결합할 수도 있다.[25] 어느 경우든 당사자가 일부무효가 되는 경우에 관하여 직접 정한 이상 본조는 적용될 여지가 없다. 판례도 전부무효인지 일부무효·잔부(殘部) 유효인지는 "민법 제137조에 정한 바에 따라 당사자가 그 무효 부분이 없더라도 법률행위를 하였을 것이라고 인정되는지의 여부에 의하여 판정되어야 하고, 그 당사자의 의사는 실재하는 의사가 아니라 법률행위의 일부분이 무효임을 법률행위 당시에 알았다면 당사자 쌍방이 이에 대비하여 의욕하였을 가정적 의사를 말하는 것이지만, 한편 그와 같은 경우에 있어서 나머지 당사자들이 처음부터 한 당사자의 의사표시가 무효가 되더라도 자신들은 약정내용대로 이행하기로 하였다면 무효가 되는 부분을 제외한 나머지 부분만을 유효로 하겠다는 것이 당사자의 의사라고 보아야 할 것이므로, 그 당사자들 사이에서는 가정적 의사가 무엇인지 가릴 것 없이 무효 부분을 제외한 나머지 부분은 그대로 유효하다"고 한다.[26] 다만, 구제조항 자체가 무효이거나 해결할 수 없는 흠이 생긴 때에는 그러하지 아니하다.[27] 구제조항 중 효력유지조항은 유효하고 효력보충조항만 무효인 때에는 본조의 적용은 배제되고 보충적 해석을 하여야 할 것이다.[28]

독일에서는 당사자의 가정적 의사가 규명된 경우에는 본조에 상응하는 독민 §139가 적용되지 아니한다는 것이 통설이다.[29] 본조는 가정적 의사의 규명에 실패한 때 비로소 적용되는 해석규정, 증명 내지 논증책임규정이라는 점에서 타당한 설명이다. 그러나 실제 가정적 의사가 불명(不明)이 되는 경우는 반드시 흔하지 아니하고, 불명(不明)인지 여부를 밝히기 위해서는 가정적 의사를 탐구해보아야 하므로, 본조 주해에서는 가정적 의사를 밝혀 일부무효인지 여부를 가린 경우를 포함하여 다루기로 한다.

---

25) Erman/Palm (12. Aufl., 2008), §139, Rn. 10. 또한 김천수(주 1), 132.

26) 대판 10.3.25, 2009다41465(공 10상, 795).

27) 계약의 본질적인 부분이 무효여서 급여와 반대급여의 균형이 무너지는 경우가 후자의 예이다. 이때 계약은 장래를 향하여 종료하여야 한다. 주석 총칙(3), 284(제4판/이주흥). Erman/Palm (12. Aufl., 2008), §139, Rn. 10. 그러나 김천수(주 1), 132-133은 이를 구제조항이 무효인 경우의 예로 든다.

28) Erman/Palm (12. Aufl., 2008), §139, Rn. 10.

29) Erman/Palm (12. Aufl., 2008), §139, Rn. 10. 양창수·김재형, 703; 주석 총칙(3), 288-289(제4판/이주흥)도 같다.

(4) 당사자가 행위 당시 일부무효임을 인식한 경우

그밖에 학설 중에는 당사자가 행위 당시 일부무효임을 인식하고 있었던 경우에도 본조의 적용이 없다고 설명하는 것이 있다. 이때 무효부분은 법적 구속의사(Rechtsbindungswille)가 결여되어 법적 의미가 없으므로, 처음부터 잔부(殘部)만으로 법률행위를 성립시킬 의사였다고 보아야 한다는 것이다.[30] 그러나 이를 본조의 적용범위 밖에 두는 것은 그 근거도 의문이고 결론도 반드시 타당하다고 보이지 아니한다. 아래 Ⅱ. 3. 참조.

Ⅱ. 요   건

1. 일체인 법률행위의 가분적 일부: 일체성과 분할가능성

본조는 일체인 법률행위(ein einheitliches Rechtsgeschäft) 중 가분적 일부에 무효사유가 존재할 때에 적용된다. 이와 관련하여서는 하나의 법률행위 중 일부의 무효가 문제되는 경우와 복수의 법률행위들 중 일부의 무효가 문제되는 경우를 나누어 보는 것이 편리하다. 양자의 구별이 늘 명확한 것은 아니다. 대판(전) 16.11.18, 2013다42236에서는[31] 공공건설임대주택 임대차에서 보증금약정이 차임약정과 별개의 약정인지 문제되었고, 별개의견은 독립된 별개의 약정이라고 보았다. 그러나 두 약정은 하나의 법률행위인 임대차의 구성요소들에 불과하고, 나아가 다수의견에 대한 보충의견이 지적하듯 보증금이 차임에 비하여 거액이어서 보증금의 운용이익이 차임의 기능을 함께 하고 있는 우리의 임대차 거래관행에서 분리할 수도 없다고 보아야 할 것이다.

(1) 좁은 의미의 일체인 법률행위: 단일한 법률행위

좁은 의미의 일체인 법률행위, 즉 하나의 법률행위 중 분할가능한 일부에 무효사유가 있는 때에 본조가 적용됨은 당연하다. 이때에는 법률행위가 하나이므로 법률행위의 일체성은 크게 문제되지 아니하고, 분할가능성이 주로 문제된다. 이 사안유형에서 본조의 기능은 잔부유효를 인정하는 데 있다. 반대로 어떤 법률행위의 불가분적 일부에 무효사유가 있는 경우에는—효력유지적 축소의 경우를 제외하면—당연히 그 전부가 무효가 되고, 본조가 적용될 여지는

---

30) BGHZ 45, 376, 379. 김천수(주 1), 133; 주석 총칙(3), 287-288(제4판/이주흥).

31) 공 16하, 1901.

없다.

분할가능성은 다음과 같은 경우에 인정된다.

첫째, 하나의 법률행위, 하나의 계약이 여러 개별조항으로 구성되어 있고, 그중 어떤 조항이 없더라도 나머지 부분만으로 독자적인 법률행위로 존속할 수 있으며, 나머지 부분만으로도 그 행위의 전체적 성격(Gesamtcharakter)이 본질적으로 변하지는 아니하는 경우 분할가능성이 있다(객관적 분할가능성). 매매에 부대된 품질보증 기타 담보약정, 재매매 내지 환매약정 기타 약관규정,[32] 근로계약에 부수하는 경업금지약정, 소비대차에 부수하는 이른바 가치보장약정(Wertsicherungsklausel) 등 부수적 약정은 대부분 주된 약정과 분할할 수 있다.[33] 판례는 채무담보를 위하여 부동산의 소유권이전등기에 필요한 서류를 교부한 경우 대물변제약정과 양도담보약정을 분할할 수 있다고 한다.[34] 주된 급여라 하여 당연히 분할가능성이 배제되는 것은 아니다. 복수의 매매 목적물에 대하여 총액으로 대금을 정하였으나, 각각의 매매 목적물에 상응하는 대금를 분별할 수 있는 때가 그 예이다.[35] 그리하여 판례는 토지와 그 지상건물을 일괄하여 매매[36] 또는 증여한 경우,[37] 토지의 소유권과 임차권을 일괄하여 매매한 경우,[38] 토지(가분적이다)를 매매한 경우,[39] 상해보험에 재해사망특약이 있는 경우에[40] 분할이 가능함을 전제로 일부무효의 법리를 적용하고 있다. 반대로 급여를 분할할 수 있다 하더라도 그에 대응하는 반대급여가 분할될 수 없거나 분할된 급여에 상응하는 반대급여의 범위를 확인할 수 없을 때에는 전부무효를 인정한다. 가령 복수의 실용신안권 및 의장권 침해와 관련하여 손해를 배상

---

32) 약관 §16의 특칙도 이러한 분할가능성을 전제한다.

33) 양창수·김재형, 702-703; 주석 총칙(3), 282(제4판/이주흥).

34) 대판 67.9.19, 67다1460(집 15-3, 119).

35) 이미 RGZ 146, 234. 뒤의 요건에 관하여는 BGH BB 1957, 164; 김민중, "법률행위의 일부무효", 고시연구 04/4, 60; 김천수(주 1), 144-145; 양창수·김재형, 703; 주석 총칙(3), 279(제4판/이주흥). 이에 대하여 뒤의 요건에 반대하는 것으로, 이광न, "매매목적물의 가격에 대한 착오와 법률행위의 일부취소", 부산판례연구회 판례연구 13, 2002, 118-119.

36) 대판 92.10.13, 92다16836(공 92, 3126); 대판 94.1.11, 93다22043(공 94, 685).

37) 대판 90.7.10, 90다카7460(공 90, 1693). 일부취소사안이다.

38) 대판 94.5.24, 93다58332(공 94, 1807).

39) 대판 67.12.26, 67다2405(집 15-3, 429); 대판 70.11.24, 70다2119(집 18-3, 311); 대판 93.12.14, 93다45930(공 94, 366). 특히 대판 67.12.26, 67다2405(집 15-3, 429)는 지적이 정비되어 있지 아니하여 분할할 수 없다는 이유로 곧바로 전부무효를 인정한 원심을, 지적정비 여부와 관계없이 소유권이전등기의 일부말소가 가능하다는 이유로 파기하였다.

40) 대판 13.4.26, 2011다9068(공 13상, 918).

하고 형사처벌을 면하기 위하여 화해계약을 체결한 경우 분할할 수 없고,[41] 주거지역과 자연녹지지역을 한 번에 매도하였는데 자연녹지지역이 토지거래허가를 받지 못한 사안에서 전부무효로 한 근거 중 하나로 주거지역과 자연녹지지역을 함께 매매할 때 주거지역의 단가가 훨씬 높게 책정되는 것이 통례라는 점을 들고 있다.[42] 한편, 대판 98.2.10, 97다44737은[43] 토지를 당초 감정평가 결과에 따라 m^2당 75,000원을 기준으로 대금을 정하여 협의 매수하였는데, 이후 위 감정평가결과가 착오에 의한 것이고 실은 m^2당 40,500원임이 드러난 사안에서, 정정된 감정평가결과에 따른 대금을 초과하는 부분만의 취소를 인정하였다. 그러나 반대급여인 대금은 어디까지나 그에 상응하는 급여, 즉 매매 목적물과 함께만 분할할 수 있고, 매매 목적물은 그대로 둔 채 대금만 분할할 수는 없다는 점에서 이 판결에는 문제가 있다.[44] 쌍방 공통의 착오가 있었던 사안으로 보충적 해석에 의하여 해결하였어야 할 것이다. 그밖에 학설상으로는 혼합증여도 증여부분과 매매부분으로 분할할 수 있다고 한다.[45] 복수 안건에 대한 주주총회 결의도 분할할 수 있다.[46] 그러나 하나의 법률행위를 구성하는 청약과 승낙은 분할할 수 없다. 어느 하나만으로는 독자적 법률행위를 성립시키지 못하기 때문이다.[47] 급여약정과 반대급여약정 사이의 분할가능성도 부정된다. 그중 어느 하나만 부정되면 당해 행위가 무상행위가 되어 그 전체 성격이 본질적으로 바뀌는 것이다.[48]

둘째, 계약기간,[49] 금액 및 수량은 그 성질상 당연히 분할가능하다(양적 분할가능성). 소비대차, 임대차, 고용 등 계속적 계약의 계약기간, 금전 기타 연속물(con-

---

41) 대판 02.9.4, 2002다18435(공 02, 2330).

42) 대판 93.12.14, 93다45930(공 94, 366).

43) 공 98, 686. 평석: 김천수, "가격의 착오와 일부취소", 민학 17, 1999, 305; 이광만(주 35), 85. 그밖에 성수제, "정당한 가격기준 85% 초과한 가격으로 체결한 토지매수계약에 대한 착오를 이유로 한 취소", 법조 48-6, 1999, 169가 있으나, 이 문헌은 일부취소의 문제는 다루지 아니한다.

44) 김천수(주 43), 329-330. 그러나 이광만(주 35), 118은 그처럼 엄격하게 볼 필요가 없다면서 판례를 지지한다.

45) 양창수·김재형, 702; 주석 총칙(3), 279(제4판/이주홍). 독일의 통설이다. Erman/Palm (12. Aufl., 2008), § 139, Rn. 15.

46) OLG Hamburg NJW 1990, 3024, 3025.

47) 김민중(주 35), 60; 김천수(주 1), 147; Erman/Palm (12. Aufl., 2008), § 139, Rn. 15.

48) 김천수(주 1), 147-148; 최종길(주 10), 44.

49) 과거 독일에서는 계약기간도 분할가능한지가 다투어진 바 있으나, 우리나라에서는 분할가능하다는 데 이론(異論)이 없다. 김천수(주 1), 146; 양창수·김재형, 703; 최종길(주 10), 44; 구주해(3), 273(김용담); 주석 총칙(3), 280(제4판/이주홍).

tinuum)의 급여가[50] 그 예이다.[51] 가령 처분능력이나 권한이 없는 자가 건물을 6년의 기간을 정하여 임대차를 한 경우 이를 허용되는 범위인 3년[$\S^{619}_{(ii)}$]과 금지된 3년 초과의 기간으로 분할할 수 있다. 판례도 "연대보증계약에 따른 보증책임이 금전채무로서 채무의 성격상 가분적이고, 원고에게 보증한도를 금 30,000,000원으로 하는 보증의사가 있었던 이상 원고의 이 사건 연대보증계약의 취소는 금 30,000,000원을 초과하는 범위 내에서만 그 효력이 생긴다"고 하여 금전급여의 가분성을 인정한다.[52] 유상계약인 경우 그에 대응하는 반대급여가 함께 분할될 수 있어야 함은 이미 설명하였다. 예견가능하지 아니한 손해에 화해의 효력이 미치지 아니하는 것을 해석을 통하여 합의의 효력을 제한함으로써 양적가분성의 개념에 따라 일부무효를 인정한 것으로 보는 견해가 있으나,[53] 이는 일부무효의 문제라고 할 수 없다.

셋째, 하나의 법률행위에 세 명 이상의 당사자가 참가하고, 그 중 어느 한 당사자에 대한 부분을 제외하더라도 나머지 당사자들만으로 그 법률행위가 존속할 수 있으며, 그로 인하여 당해 법률행위의 전체적 성격이 근본적으로 변하지 아니하는 경우에도 분할가능하다($^{주관적 분}_{할가능성}$). 공동매수나 공동매도, 공동대여 및 대차, 공동보증, 복수의 공유지분에 관하여 이루어진 공동저당권설정, 조합계약[54] 등이 이에 해당한다. 이 경우 분할채권·채무관계인지 불가분채권·채무관계인지 연대채권·채무관계인지 (준)합유관계인지는 묻지 아니한다. 한 사람이 대리인 겸 본인으로 행위한 경우에 대리인으로서 한 부분과 본인으로서 한 부분도 분할할 수 있다.[55] 판례도 "복수의 당사자 사이에 어떠한 합의를 한 경우 그 합의는 전체로서 일체성을 가지는 것이므로, 그 중 한 당사자의 의사표시가 무효인 것으로 판명된 경우 나머지 당사자 사이의 합의가 유효한지의

---

50) 복수의 목적물에 대하여 하나의 총액을 정한 매매계약의 경우 대금지급약정은 양적 분할가능에, 그에 상응하는 목적물 부분은 객관적 분할가능에 해당한다.

51) 김천수(주 1), 146은 양적 분할가능을 급여가 기간, 수량, 액수 등에 있어서 기준초과로 인하여 무효인 법률행위가 허용기준으로 축소함으로써 분할이 가능한지의 문제라고 한다. 그러나 이는 뒤에서 볼 양적인 효력유지적 축소에 해당하고, 본조의 본래의 규율대상으로서 일부무효와는 구별된다. 실례는 드물지만 양적 분할가능성이 늘 효력유지적 축소에서만 문제되는 것도 아니다.

52) 대판 02.9.10, 2002다21509(공 02, 2428).

53) 신국미(주 1), 294.

54) 주석 총칙(3), 277, 281(제4판/이주흥). RGZ 141, 104, 108(조합원 중 1인이 의사무능력자인 경우).

55) BGH NJW 1970, 240; Erman/Palm (12. Aufl., 2008), § 139, Rn. 18. 주석 총칙(3), 281(제4판/이주흥); 이영준, 707-708.

여부는 민법 §137에 정한 바에 따라 당사자가 그 무효 부분이 없더라도 법률행위를 하였을 것이라고 인정되는지의 여부에 의하여 판정되어야 하고, 그 당사자의 의사는 실재하는 의사가 아니라 법률행위의 일부분이 무효임을 법률행위 당시에 알았다면 당사자 쌍방이 이에 대비하여 의욕하였을 가정적 의사를 말하는 것"이라고 하여 공동매도·공동매수계약의 분할가능성을 인정한 바 있다.[56] 한편, 대판 96.2.27, 95다38875는 같은 일반론을 설시하면서 이를 중간생략등기의 합의가 중간매수인 측의 무권대리로 인하여 무효가 된 경우에 적용하고 있으나,[57] 중간생략등기합의는 그 성질상 분할할 수 없는 법률행위라고 봄이 옳을 것이다.[58]

반면 분할이 불가능하거나 분할하면 가치가 현저하게 감소하는 급여는 분할할 수 없다.[59] 객관적으로 가분적인 급여라도 당사자의 의사와 계약 목적에 따라 불가분이 될 수 있다.[60] 부작위채무는 일반적으로 그 성질상 가분성이 부정된다.[61]

(2) 넓은 의미의 일체인 법률행위: 복수의 법률행위의 일체적 결합

나아가 판례·통설은 복수의 법률행위가 결합하여 본조의 의미에서 일체인 법률행위가 될 수 있다고 한다. 「일체인 법률행위(ein einheitliches Rechtsgeschäft)」는 바로 이러한 사안유형까지 본조로 포섭하기 위하여 고안된 개념이다.[62] 이때에는 복수의 법률행위를 법률행위별로 분할하기 어렵지 아니하므로 일체성이 주로 문제된다. 일체가 아닌 복수의 법률행위 중 어느 한 법률행위에 무효사유가 존재하면 그 법률행위만이 무효가 되고 본조는 적용되지 아니한다. 이 사안유형에서 본조의 기능은 오히려 한 법률행위의 무효의 효과

---

56) 대판 10.3.25, 2009다41465(공 10상, 795).

57) 공 96상, 1095.

58) 김천수, "법률행위의 무효와 취소에 관한 판례분석", 사법연구 8, 2003, 211-212. 위 판결도 "피고들이 위 ○○○에게 원고를 적법하게 대리할 권한이 없는 것을 알았다면 아무런 실체적 관계가 없는 피고들 사이에서도 소유권 이전의 합의를 하지 않았을 것"이라고 하여 전부무효를 인정한다.

59) 김증한·김학동, 594; 김천수(주 1), 148. 또한 주석 총칙(3), 279(제4판/이주흥).

60) 김천수(주 1), 148.

61) 김천수(주 1), 148.

62) 김천수(주 1), 135-136; 최종길(주 10), 43. 또한 주석 총칙(3), 275-276(제4판/이주흥). 그러나 김민중(주 35), 64는 이 부분이 일부무효에서 본래 염두에 두고 있는 분야라고 한다. 한편 명문규정이 없는 프랑스에서는 좁은 의미의 일체성이 있는 경우에는 전부무효(nullité totale)·일부무효(nullité partielle), 넓은 의미의 일체성이 있는 경우는 단순무효(nullité simple)·확장된 무효(nullité élargie)로 나누어 설명한다. 후자에 관하여는 Picod(주 4), n° 98, 107 et suiv.

를 다른 법률행위에 옮겨 전부무효로 하는 데 있다.

　　통설은—독일의 학설을 따라[63]—복수의 법률행위가 일체인지 여부는 당사자의 의사와 법률행위의 객관적 의미에 따라 결정된다고 한다. 즉, 당사자가 법률행위 당시 복수의 법률행위를 통하여 하나의 통일적 목적을 추구하였던 경우에는 일체성이 인정되고, 당사자가 일체성에 관하여 별다른 관념을 갖지 아니하였거나 그 확인이 불가능한 경우에는 복수의 법률행위 사이에 객관적 의미관련(objektive Sinnzusammenhang)이 있는지를 살펴보아야 한다는 것이다.[64] 이때 복수의 법률행위 사이의 시간적 관련성, 성립방법의 동일성, 행위 유형의 동일성, 당사자의 동일성 등이 일체성 여부를 판단하는 기준으로 고려될 수 있다. 다수의 약정이나 행위가 시간적으로 분리되어 있다 하여 반드시 일체성이 부정되는 것은 아니나, 복수의 행위가 하나의 문서로 행해졌다는 점이 일체성을 인정하는 중요한 단서(Indiz)가 될 수 있고,[65] 각각 별개의 문서로 행해졌다는 점도 독립성을 인정하는 단서가 될 수 있다.[66] 경제적 관련성이 있다는 사정만으로는 일체성이 인정되는 것은 아니지만 경제적 관련성이 매우 커서 독립적으로는 그 존재 의의가 크게 훼손되는 경우에는 일체성을 인정함이 옳다.[67] 서로 다른 유형의 법률행위도 일체가 될 수 있음은 물론이다.[68]

　　판례도 대체로 같은 취지이다. "여러 개의 계약이 체결된 경우에 그 계약 전부가 하나의 계약인 것과 같은 불가분의 관계에 있는 것인지 여부는 계약체결의 경위와 목적 및 당사자의 의사 등을 종합적으로 고려하여 판단하여야"

---

63) 독일판례는 당사자의 의사를 기준으로 하여야 한다고 한다. 독일판례의 발전과정에 관하여는 우선 이병준, "다수 당사자 사이의 경제적 일체성 있는 계약의 해제, 취소와 반환관계", 민학 42, 2008, 375-377. 그러나 이러한 기준은 실제로 당사자가 어떤 행위를 일체적인지 여부에 관하여 별 관념을 갖고 있지 아니한 경우가 오히려 흔하다는 점에서 지나치게 엄격한 것이다. 최종길(주 10), 43.

64) 김천수(주 1), 137-138; 이병준(주 63), 377; 주석 총칙(3), 276-277(제4판/이주흥). 계약의 경우에는 일방의 의사가 아닌 쌍방의 의사가 고려되어야 한다. 2018년 개정 프민 §1186도 동일한 거래의 실현을 위하여 복수의 계약이 이행되어야 하는데 그중 하나가 실효한 경우 나머지 계약이 실효하기 위해서는 그러한 사정이 결정적 조건이어야 하고, 실효를 주장하는 당사자의 상대방도 그러한 사정을 알아야 한다고 한다.

65) 일체성을 사실상 추정할 수 있다고 한다. BGHZ 54, 71, 72; BGH NJW-RR 1988, 351; 김천수(주 1), 139; 주석 총칙(3), 277(제4판/이주흥).

66) BGHZ 104, 18, 22; 78, 346, 349. 주석 총칙(3), 277(제4판/이주흥). 독일판례는 이때 복수의 행위들이 동시에 이루어졌다는 사정만으로는 독립성의 추정을 번복할 수 없다고 한다. BGH WM 1967, 1131, 1132. 이에 찬성하는 것으로 김천수(주 1), 139-140.

67) 구주해(3), 272(김용담); 김천수(주 1), 139.

68) 최종길(주 10), 43-44.

한다면서, 컴퓨터를 할부로 구입하고 그 컴퓨터로 매일 일정량의 광고를 보면 구독료를 지급하며, 그 구독료로 컴퓨터 할부대금을 충당하는 형태의 결합계약에서 컴퓨터 매매약정과 광고구독료약정은 "결합하여 그 전체가 경제적, 사실적으로 일체로서 행하여진 것"이고,[69] 임차권양도에 수반하는 "권리금계약은 임차권양도계약과 결합하여 전체가 경제적·사실적으로 일체로 행하여진 것"이며,[70] 금전소비대차계약과 그와 함께 그 상환채무를 담보하기 위하여 체결된 근저당권설정계약은 전체가 경제적, 사실적으로 일체로서 행하여진 것이고,[71] 투자자와 증권회사 사이에 체결된 주식매매거래계좌설정약정은 그 당시 함께 체결된 일임매매약정 및 투자수익보장약정과 결합하여 그 전체가 경제적, 사실적으로 일체로 행하여진 것으로 보아야 하며,[72] 건설사가 학교법인에게 두 동의 건물을 한 동은 공사대금 약 101억 원에 신축하고, 다른 한 동은 무상으로 신축, 기증하기로 약정하면서, 학교법인으로부터 따로 28억 원을 받기로 한 경우 공사도급계약, 기증약정 및 별도로 28억 원을 받기로 하는 약정은 일체를 이루는[73] 반면, 주식인수계약을 체결하면서 인수인에게 그 주식에 대하여 풋옵션(put option)을 부여하고 발행회사나 양도인 등에게 파산, 회사정리 등의 절차가 개시된 경우 풋옵션이 자동 행사된 것으로 간주하기로 하는 주식옵션계약을 함께 체결한 경우, "주식인수의 무효, 취소의 주장이 엄격히 제한되는 점"($\frac{\text{상}}{\S 427}$) "등에 비추어 주식인수계약이 주식옵션계약이나 그에 기한 풋옵션의 행사로 체결되는 주식매매계약과 일체로서 불가분의 관계에 있다고

---

69) 대판 06.7.28, 2004다54633(공 06, 1517). 다만 이 판결에서 구체적으로 문제된 것은 컴퓨터 매매약정이 해제되었다는 점이 광고구독료약정의 해제사유가 되는가 하는 것이었다. 평석으로, 구남수, "할부거래에 따른 동시이행항변권과 상계", 부산판례연구회 판례연구 19, 2008, 89; 이병준(주 63), 365. 한편, 같은 문헌, 380-383은 판례가 '경제적, 사실적 일체성'이 인정되면 일체인 법률행위인 것처럼 설시하고 있는 것은 잘못이라고 한다. 요구되는 것은 법률적 일체성인데, 이는 경제적, 사실적 일체성만으로 당연히 인정되는 것은 아니라는 취지이다.

70) 대판 13.5.9, 2012다115120(공 13상, 1032).

71) 대판 94.9.9, 93다31191(집 42-2, 192).

72) 대판 94.5.24, 93다58332(공 94, 1807). 평석: 강용현, "부당권유 및 과당매매로 인한 증권거래와 증권회사의 불법행위책임", 해설 27, 1997, 21; 김건식, "증권회사직원의 이익보증약정과 투자자의 구제", 민판연 19, 1997, 272; 김신, "투자수익보장 약정의 효력", 부산판례연구회 판례연구 8, 1998, 261; 최홍섭, "투자가에 대한 증권회사의 책임", 상사법연구 16-2, 1997, 635. 같은 판결에 대한 또 다른 평석인 권순일, "투자권유와 증권회사의 고객에 대한 보호의무", 저스 31-2, 1998, 141은 일부무효의 문제는 다루지 아니한다.

73) 대판 00.9.5, 2000다2344(공 00, 2090).

는 할 수 없고, 서로 별개, 독립의 계약이라고" 한다.[74]

　　당사자가 서로 다른 수개의 법률행위 사이에 일체성이 인정될 수 있는가. 하급심 재판례로는, 원고가 피고 학교법인에 문화관을 대금 약 101억 원에, 연구관 건물은 무상으로 신축하여 주기로 하는 공사도급계약을 체결하면서, 원고 대리인이 피고에게 문화관 공사와 관련하여 28억 원을 따로 지급하기로 한 사안에서, 뒤의 약정은 이사회의 심의·의결과 관할관청의 허가가 없어 사립학교법 §§ 16 Ⅰ, 28 Ⅰ에 의하여 무효이고, 따라서 앞의 약정도 무효가 된다는 피고의 주장을, 앞의 약정의 당사자는 원고와 피고, 원고 대리인과 피고로 서로 다르다는 이유로 배척한 예,[75] 투자자와 증권회사 사이에 주식매매거래계좌설정약정을 하면서 일임매매약정과 투자수익보장약정을 함께 한 사안에서, 투자수익보장약정이 강행법규[구 증권거래법 § 52 (i)]에 위반되어 무효라면 그와 일체로 체결된 주식매매거래계좌설정약정과 그에 포함된 일임매매약정도 무효라는 주장에 대하여, '투자수익보장약정과 일임매매약정은 원고들과 증권사 직원 사이에서 체결된 것이고, 주식매매거래계좌설정약정(원고들이 말하는 현금예탁계약)은 원고들과 증권회사 사이에서 별도로 체결된 것이므로 투자수익보장약정 및 일임매매약정이 무효라 하여 주식매매거래계좌설정약정도 무효로 된다고 볼 수 없으니, 위 약정들이 1개의 법률행위에 의하여 이루어졌음을 전제로 한 원고들의 주장은 더 나아가 살펴볼 필요 없이 이유 없다'면서 배척한 예가[76] 있다. 그러나 독일의 판례·통설은[77] 계약체결 당시 적어도 당사자 일방이 일체성을 인식할 수 있도록 의도되었고 나머지 당사자들이 이를 용인한 때에는 일체성이 인정된다고 하고, 우리 통설도 적어도 잔부(殘部)행위의 당사자가 일체성을 인식한 때에는 일체성을 인정할 수 있다고 한다.[78] 이 견해가 옳을 것이다.

　　한편, 학설상으로는 독일의 예를 따라 원인행위(의무부담행위)와 이행행위(처분행위) 사이에 일체성이 인정되는지도 논의되고 있고, 실제로 독일판례는 일정한 경우

---

74) 대판 03.5.16, 2000다54659(공 03, 1296).

75) 서울고판 99.12.10, 99나38905(검색). 그 상고심에서 두 약정 모두 원고와 피고가 당사자이고 두 약정 사이에 일체성이 있다는 이유로 파기, 환송되었다. 대판 00.9.5, 2000다 2344(공 00, 2090).

76) 서울고판 94.7.5, 93나24546(검색). 그 상고심에서 두 약정 모두 투자자와 증권회사가 당사자이고 두 약정 사이에 일체성이 있다는 이유로 파기, 환송되었다. 대판 94.5.24, 93다58332(공 94, 1807).

77) BGH BB 1990, 33, 734.

78) 구주해(3), 272(김용담); 김천수(주 1), 140-141.

에 이를 인정하여 물권행위의 무인성(無因性)의 효과를 완화시키고 있다.[79] 그
러나 독일의 통설은 물권행위의 무인성이라는 입법적 결단을 해한다는 이유로
원인행위와 이행행위 사이에 일체성을 인정하는 데 반대하고 있고, 우리의 무
인론도 대체로 같은 입장이다.[80] 판례·다수설인 유인론(有因論)을 취하는 이
상[81] 물권법의 영역에서는 이러한 문제가 아예 제기되지 아니하나, 무인(無因)
행위, 가령 어음(수표)행위에서는 위와 같은 독일의 논의를 참고할 수 있을 것
이다.[82]

2. 무   효

본조는 일체인 법률행위의 가분적 일부에 한하여 무효사유가 존재하는 경
우에 적용된다. 무효사유에는 특별한 제한이 없어서 공서양속 위반($\frac{\S}{103}$), 폭리
행위($\frac{\S}{104}$), 강행법규 위반, 원시적 불능($\frac{\S 535}{참조}$)은[83] 물론($\frac{스채}{\S 20 \, \mathbb{I}}$), 의사무능력이나
(제1형의) 상대적 무효인 비진의표시와 허위표시($\frac{\S\S 107,}{108}$)로 인한 무효에도 본조
가 적용된다. 좁은 의미의 무효에는 해당하지 아니하는 유동적 무효에도 본조
가 적용된다.[84] 판례 중에도 매매대상 토지 중 일부가 국토이용관리법상 토지
거래허가구역에 포함되어 있음에도 허가를 받지 아니한 경우에 본조를 적용한
예가 다수 있다.[85] 하나의 법률행위가 유동적 무효이고, 그와 일체성이 있는
다른 법률행위가 본조 본문에 의하여 무효가 되는 때에는 그 다른 법률행위도
유동적 무효로 봄이 옳을 것이다. 무권대리나 무권리자의 처분행위 등 미확정
적 무효에 대하여도 본조가 적용된다는 것이 통설·판례이다.[86]

---

79) BGHZ 31, 323; NJW 1967, 1128; 1991, 917.
80) Erman/Palm (12. Aufl., 2008), § 139, Rn. 23. 우리 법에 대하여 같은 취지로, 김증한·
   김학동, 물권법, 제9판, 1997, 60.
81) 해제에 관한 대판 77.5.24, 75다1394(집 25-2, 44).
82) 이와 달리 김천수(주 1), 141-142는 원인행위와 이행행위의 일체성을 인정하는 전제 하
   에 무인성을 논의하여야 한다고 한다. 당사자의 의사에 따라 일체성 여부가 달라진다는
   것으로, 주석 총칙(3), 279(제4판/이주홍).
83) 독일의 통설. 주석 총칙(3), 282-283(제4판/이주홍). 다만, 담보책임의 대상이 되는 원
   시적 일부불능의 경우 담보책임 규정이 법률행위의 유효를 전제하므로 이 규정의 적용이
   배제된다. 그 밖의 원시적 일부불능도 후발적 일부불능과 같이 취급하여야 한다는 견해도
   있다.
84) 김천수(주 1), 136.
85) 대판 92.10.13, 92다16836(공 92, 3126). 확정적 무효가 된 뒤의 사안으로는 대판
   93.12.14, 93다45930(공 94, 366); 대판 94.1.11, 93다22043(공 94, 685).
86) 김천수(주 1), 136. 다수 당사자가 관여한 법률행위에서 1인의 무권대리에 관한 대판
   96.2.27, 95다38875(공 96상, 1095); 대판 10.3.25, 2009다41465(공 10상, 795).

　　다만, 무효규범의 규율목적상 본조의 적용이 배제되는 경우가 있다. 판례
도 "민법 §137는 임의규정으로서 의사자치의 원칙이 지배하는 영역에서 적용
된다고 할 것이고, 법률행위의 일부가 강행법규인 효력규정에 위반되어 무효
가 되는 경우 그 부분의 무효가 나머지 부분의 유효·무효에 영향을 미치는가
의 여부를 판단함에 있어서는 [중략] 효력규정 및 그 효력규정을 둔 법의 입
법 취지를 고려하"여야 한다면서, 구 임대주택법상 임대주택의 임대차에서 보
증금과 차임의 상호전환이 임차인 동의 요건을 결하여 무효가 된다 하더라도
임대차계약은 무효가 되지 아니하고,[87] 상호신용금고의 채무보증과 담보제공
을 금지한 상호신용금고법 §18-2 iv는 효력규정이고 그러한 채무보증이나 담
보제공은 무효이지만 그와 일체로 행해진 대출약정에 대해서까지 본조를 적용
하는 것은 위 규정의 입법 목적에 반하며,[88] 회사가 직원들을 유상증자에 참
여시키면서 퇴직 시 출자손실금을 전액 보전해주기로 하는 약정은 주주평등의
원칙에 반하여 무효이지만 신주인수까지 무효로 하면 오히려 주주평등의 원칙
에 반하는 결과가 되므로 신주인수는 유효하다고 한다.[89]

　　법률행위의 일부에 제한능력, 착오, 사기, 강박 등 취소사유가 있어 실제로
취소하면 소급하여 무효가 되므로($\frac{\S\,141}{\succeq}$) 본조가 적용된다.[90] 따라서 일체인 법
률행위의 가분적 일부에 취소사유가 존재하는 경우 그 일부를 취소하면 전부
가 취소되는지, 그 일부만이 취소되는지는 바로 아래에서 볼 당사자의 가정적
의사의 문제이고, 당사자의 가정적 의사에 따를 때 전부가 취소되어야 한다면
취소권자가 일부취소를 원한다고 하여 일부취소가 되지 아니하며, 당사자의
가정적 의사에 따를 때 일부만이 취소되어야 한다면 취소권자가 전부취소를
원한다고 하여 전부취소가 될 수 없다.[91] 판례도 "하나의 계약이라 할지라도

---

87) 대판 10.7.22, 2010다23425(공 10하, 1651). 또한 대판(전) 16.11.18, 2013다42236(공
　　16하, 1901)의 별개의견은 같은 법리를 전개하면서, 이 경우 "임대차계약 전부를 무효로
　　한다면 [중략] 무주택자들 중에서 일정한 절차를 거쳐 당첨된 임차인들을 그 임대아파트
　　에서 퇴출시키는 결과를 초래하게 되어, 무주택 서민들에게 합리적인 가격에 임대주택을
　　공급하려는 관련 법령의 입법 취지를 몰각하게 되고, 표준임대보증금에 관한 규정을 무용
　　화할 것이며, 사회경제적 약자인 무주택 임차인들을 보호한다는 관련 법령의 입법 목적을
　　달성할 수 없게" 될 것이라는 점을 근거로 든다.

88) 대판 04.6.25, 2004다2199(검색).

89) 대판 07.6.28, 2006다38161, 38178(공 07, 1150).

90) 주석 총칙(3), 283(제4판/이주흥). 상세한 논의는 김천수, "의사표시의 일부취소", 저
　　스 31-4, 1998, 23 이하. 유언의 일부취소에 관하여는 오병철, "유언의 취소", 가연 25-3,
　　2011, 313 이하.

91) 김천수(주 90), 29-34, 36.

가분성을 가지거나 그 목적물의 일부가 특정될 수 있다면 그 일부만의 취소도 가능하"다고 하다가,[92] "하나의 법률행위의 일부분에만 취소사유가 있다고 하더라도 그 법률행위가 가분적이거나 그 목적물의 일부가 특정될 수 있다면, 그 나머지 부분이라도 이를 유지하려는 당사자의 가정적 의사가 인정되는 경우 그 일부만의 취소도 가능하다 할 것이고, 그 일부의 취소는 법률행위의 일부에 관하여 효력이 생긴다"고 하여[93] 같은 법리를 인정한다. 문제는 당사자가 전부취소만이 가능한데 일부취소의 의사표시를 하거나 일부취소만이 가능한데 전부취소의 의사표시를 한 경우인데, 의사해석의 문제이나 원칙적으로 아무 효력이 없고,[94] 복수의 법률행위 중 일부를 취소하였는데 의도에 반하여 다른 법률행위에도 그 취소의 효력이 미치는 경우에는 적어도 취소를 (법률효과의 착오를 이유로) 다시 취소할 수 있다고 봄이 옳을 것이다. 판례 중에는 금전소비대차계약과 근저당권설정계약이 일체이고 당사자는 어느 하나가 무효가 된다면 다른 하나도 무효로 하고자 하였으리라고 판단된다면서 원고가 사기를 이유로 근저당권설정계약에 대하여 한 취소의 효력이 금전소비대차계약에도 미친다고 한 것이 있는데, 이는 취소권자의 (진정한) 의사에 반하여 오히려 취소권자에게 더 불리한 결과를 초래한 것으로써, 찬성하기 어렵다.[95]

---

92) 대판 90.7.10, 90다카7460(공 90, 1693), 김영훈, "가. 동기의 착오가 법률행위의 중요 부분에 관한 착오에 해당하는 경우, 나. 계약의 일부에 관하여 취소사유가 있는 경우 그 일부만의 취소가 가능한지 여부", 해설 14, 1991, 71; 대판 92.2.14, 91다36062(공 92, 1028). 그밖에 "법률행위의 일부무효이론과 궤를 같이 하는 법률행위 일부취소의 법리"라고 하는 대판 94.9.9, 93다31191(공 42-2, 192), 두 설시방식을 결합한 대판 13.5.9, 2012다115120(공 13상, 1032)도 참조.

93) 대판 98.2.10, 97다44737(공 98, 686); 대판 02.9.4, 2002다18435(공 02, 2330); 대판 02.9.10, 2002다21509(공 02, 2428, 보증한도에 대한 기망).

94) 김천수(주 90), 34-36. 취소의 경우 취소권자에게 취소 여부의 선택권이 있고, 일부취소와 전부취소는 그 효과가 다르므로, 일부취소의 요건이 갖추어지더라도 당사자가 일부취소의 의사표시를 하여야 일부취소가 된다는 점에서 일부무효와 다르다. 김천수(주 90), 23; 동(주 43), 326-327은 이를 들어 취소권자가 일부만을 취소할 의사를 표시하는 것과, 그 결과 일부만이 취소되는 것을 구별한 다음, 전자(前者)만을 일부취소로 부를 것을 제안한다.

95) 대판 94.9.9, 93다31191(공 94, 2598). 같은 취지, 김천수(주 58), 222-223. 한편 대판 13.5.9, 2012다115120(공 13상, 1032)은 "여러 개의 계약이 체결된 경우에 그 계약 전부가 하나의 계약인 것과 같은 불가분의 관계에 있는 것인지는 계약체결의 경위와 목적 및 당사자의 의사 등을 종합적으로 고려하여 판단하여야 하고, 각 계약이 전체적으로 경제적, 사실적으로 일체로서 행하여진 것으로 그 하나가 다른 하나의 조건이 되어 어느 하나의 존재 없이는 당사자가 다른 하나를 의욕하지 않았을 것으로 보이는 경우 등에는, 하나의 계약에 대한 기망 취소의 의사표시는 법률행위의 일부무효이론과 궤를 같이하는 법률행위 일부취소의 법리에 따라 전체 계약에 대한 취소의 효력이 있"다면서 영업용 건물의 임차

본조는 한 법률행위가 조건이나 행위기초론(Theorie der Geschäfts-grundlage)을 매개로 다른 법률행위에 영향을 미치는 경우와 구별된다.[96] 과실 없는 후발적 일부불능 및 일부해제에도 적용 내지 유추되지 아니한다. 민법은 이에 해당하는 경우—법률행위시의 가정적 의사가 아닌—불능 내지 해제시 목적 달성 불능 여부를 기준으로 한 개별 규정($\S\S\, ^{314\ \mathrm{II},}_{580\ \mathrm{I},}\, ^{575\ \mathrm{II},}_{581\ \mathrm{I},}\, ^{}_{627\ \mathrm{II}}$)을 두고 있으므로 그 밖의 일부불능 내지 일부해제에서도 그 평가를 관철함이 타당하기 때문이다. 판례도 급여의 일부가 불능이면 나머지 부분의 이행만으로 계약 목적을 달성할 수 없을 때에 한하여 계약 전부의 해제가 가능하다고 한다.[97]

3. 당사자의 가정적 의사

일체인 법률행위의 가분적 일부에 무효사유가 존재하는 경우 당사자가 법률행위 당시 그러한 사정을 알았더라면 그 부분을 제외한 나머지 부분으로라도 법률행위를 의욕하였으리라고 여겨질 때에는 그 일부가 유효하게 존속한다. 반대로 당사자가 법률행위 당시 그러한 사정을 알았더라면 아예 법률행위를 하지 아니하였으리라고 여겨지는 경우에는 전부가 무효가 된다. 어느 쪽인지 밝힐 수 없는 경우에도 같다($^{무효}_{추정}$).

당사자의 가정적 의사는 제1차적으로는 당사자의 입장에서 주관적으로 탐구되어야 한다. 당사자가 일부무효사실을 알았더라면 실제로 무엇을 의욕하였을지가—교섭과정에서의 언행 또는 그 전후의 다른 사정으로부터—확인된다면 그것이 기준이 된다.[98] 그러나 당사자가 이러한 경우를 아예 관념하지 못하였거나 관념하였다 하더라도—내심의 사실에 불과하여—어떤 의사를 가졌는

권양도계약에 수반한 권리금계약만 사기 취소를 인정하고 임차권 양도계약의 사기 취소를 부정한 원심판결을 파기하였다. 그러나 위 사안에서 임차권 양수인은 두 약정 모두의 취소를 구하고 있었으므로 둘 다 취소하는 것이 오히려 취소권의 의사에 부합하는 것이어서 특별한 문제는 없었다.

96) 이병준(주 63), 378.

97) 대판 87.7.7, 86다카2943(집 35-2, 266); 대판 92.4.14, 91다43527(공 92, 1585); 대판 95.7.25, 95다5929(공 95하, 2946); 대판 96.2.9, 94다57817(공 96, 887).

98) 주석 총칙(3), 287(제4판/이주흥)은 객관설을 지지하면서 이 맥락에서 당사자의 실제적 의사의 해석에 관한 것이라면 이 조항은 불필요하다는 점을 지적한다. 그러나 본조의 적용을 배제하는 당사자의 실제적 의사란 법적 구속력을 의도하고 표시된 의사, 즉 의사표시가 실제 있었던 경우를 가리키는 것이고, 의사표시로 발해지지 아니하였으나 당사자가 일부무효사유가 존재하는 경우를 관념한 바 있고 그때 어떠한 규율을 원하거나 전제하였는지가 증명될 수 있다면 그러한 의사는 '가정적 당사자 의사(hypothetischer Partiewille)일 뿐 실제적 의사라고 할 수 없다.

지 증명할 수 없는 경우에는 당사자의 입장에서 신의에 따라 성실하게 판단하
는 합리적 평균인이라면 무엇을 의욕하였을지를 탐구하여야 한다.[99] 이에 대
하여 통설은 당사자의 주관적 관점을 고려하면 대개의 경우 쌍방 의사가 일치
하지 못하여 전부무효가 되어 본조 단서의 입법취지에 반한다면서 당사자의
입장에서 거래관행을 고려하여 합리적으로 취하였을 결정, 즉 객관적 기준만
이 적용되어야 한다고 한다.[100] 그러나 본조 단서를 적용하기 전에 법률행위의
보충적 해석이 수행되어야 하는데,[101] 보충적 해석은 당사자의 확인가능한 의
사를 넘어설 수 없고,[102] 확인할 수 있는 당사자의 구체적 의사를 무시하고 당
사자가 의욕한 바 없는 내용의 법률행위를 강제하는 것은 사적 자치의 원칙에
대한 중대한 침해로써―규범목적상 불가피한 경우를 제외하면―허용되지 아
니하므로, 위 비판은 타당하다고 할 수 없다. 물론 두 기준 중 어느 것이 적용
될지는 당사자의 주관적 의사의 증명에 어느 정도의 요건을 설정할 것인지에
달려 있고, 내심의 사실이 확인될 수 있는 경우는 상당히 드물므로, 앞의 견해
를 따르더라도 실제로는 대부분의 사안에서 뒤의 기준이 적용된다. 뒤의 기준
이 적용되는 경우 당사자의 가정적 의사의 탐구는 사실의 증명보다는 합리적
으로 의욕하였을 규율의 구성(construction)이라는 평가적 판단(Wertung)에 해
당한다. 많은 경우 잔부(殘部)만으로도 당사자가 거래전형적으로 추구하였을
이익을 달성할 수 있는지가 기준이 될 것이다.[103]

　　판례 중에는, 주택건설회사가 토지를 매수하였는데 그중 일부가 토지거래
허가를 받지 못한 사안에서, 다른 사정과 함께, 매수목적이 아파트건설인데 남
은 토지만으로는 아파트부지로서 적합하지 아니한 점을 들어 전부무효를 인정
하거나,[104] 국유재산 공개경쟁입찰을 통하여 국유재산을 매수하였는데 그중 일

---

　99) 김천수(주 1), 150 주 146.
　100) 구주해(3), 274(김용담); 김천수(주 1), 149-150. 또한 고상룡, 601; 김상용, 민법총칙,
　　　제3판, 2014, 661; 이영준, 709. 이에 대하여 이은영, 681은 당사자의 추정적 의사로서 법
　　　률행위의 규범적 해석을 통하여 발견된다고 한다. 또한 주석 총칙(3), 289(제4판/이주흥)
　　　도 참조.
　101) 양창수·김재형, 703. 물론 당사자의 주관적 의사를 고려하는 것은 본조의 문제가 아닌
　　　보충적 해석의 문제라고 할 수도 있다. 그러나 그렇다 하더라도 주관적 의사를 무시함으
　　　로써 더 넓은 범위에서 잔부무효가 되는 것은 아니라는 점에서 통설의 설명에는 여전히
　　　문제가 있다.
　102) 윤진수(주 3), 22-23.
　103) 최종길(주 10), 45. 양창수·김재형, 703은 객관적·거래전형적으로 추구하였을, 그리고
　　　상대방이 알 수 있었을 이익을 고려하여야 한다고 한다.
　104) 대판 93.12.14, 93다45930(공 94, 366).

부가 행정재산이었던 사안에서 관할세무서장이 잔여부분이라도 국유재산으로
처분하였을 것이라고 진술하고 매수인도 잔여부분을 매수할 의사가 있음을 진
술하고 있다는 점을 들거나,[105] 도시공원지구 내에 공원시설을 설치할 경우 그
것이 도시계획법 §83 Ⅱ 소정의 공공시설인 때에는 그 소유권이 그 시설을
관리할 국가나 지방자치단체에 무상 귀속하지만 그렇지 아니한 때에는 소유권
이 국가나 지방자치단체에 귀속되지도 아니하고 기부채납하여야 하는 것도 아
닌 점을 들거나,[106] 매도인이 장차 불하(拂下)받을 토지의 소유권과 함께 간
척 중인 토지의 임차권을 매도하였는데 그중 임차권 매도 부분이 토지거래허
가가 없어 무효인 사안에서 위 매매계약의 핵심이 장차 불하받을 토지의 소유
권이고 매수인 스스로 임차권의 양도에는 별 관심이 없고 망인이 장차 불하받
게 되는 특정의 토지의 양도에 계약의 주된 목적이 있다고 주장하며 그 부분
만이라도 계약의 효력을 의욕하고 있는 점을 들면서[107] 일부무효·잔부유효를
인정한 예가 있다. 그러나 구체적인 증거나 사실인정 없이 일반적으로, 채무담
보를 위하여 부동산 소유권이전등기를 해준 경우 대물변제약정이 무효라 하더
라도 양도담보약정은 유효하다거나,[108] "보증책임이 금전채무로서 채무의 성
격상 가분적이고, 원고에게 보증한도를 금 30,000,000원으로 하는 보증의사가
있었던 이상 원고의 이 사건 연대보증계약의 취소는 금 30,000,000원을 초과
하는 범위 내에서만 그 효력이 생긴다"거나,[109] 토지와 그 지상건물을 일괄 매
도한 경우 "토지와 그 지상의 건물은 법률적인 운명을 같이하는 것이 거래의
관행이고, 당사자의 의사나 경제의 관념에도 합치"되므로, 토지 매매부분이 무
효이면 건물만이라도 매매하였을 것이라고 볼 수 있는 특별한 사정이 없는 한
전부무효가 된다는[110] 등 거래 전형적 이해관계 내지 이익의 형량에서 곧바로
결론을 도출한 예도 적지 아니하다.[111] 그밖에 금전소비대차계약과 근저당권설

---

105) 대판 67.12.26, 67다2405(집 15-3, 429).
106) 대판 90.7.10, 90다카7460(집 38-2, 170).
107) 대판 94.5.24, 93다58332(공 94, 1807).
108) 대판 67.9.19, 67다1460(공 15-3, 119).
109) 대판 02.9.10, 2002다21509(공 02, 2428).
110) 대판 92.10.13, 92다16836(공 92, 3126); 대판 94.1.11, 93다22043(공 94, 685).
111) 이들 판례는 일반적으로 '각 법률행위를 한 동기와 경위 기타 제반사정'에 비추어 그러한
    판단을 내리고 있으나, 이때 문제되는 동기와 경위 기타 제반사정은 판결문에는 거의 드
    러나 있지 아니하다. 많은 경우 구체적인 동기와 경위보다는 전형적인 이해관계 내지 이
    익형량이 더 결정적이었을 것으로 보인다.

정계약,[112) 임차권양도계약과 권리금계약,[113) 공사도급계약과 신축건물 중 1동
의 기증약정 및 도급인의 별도의 금원지급약정[114) 등 여러 법률행위가 결합되
어 일체를 이룬 경우 일체를 이룬다는 판단만으로 "어느 하나의 존재 없이는
당사자가 다른 하나를 의욕하지 아니하였을 것으로 보"인다면서 전부무효라
는 결론을 끌어낸 예가 다수 있다. 반면 단지 당사자의 가정적 의사에 대한 주
장·증명이 없다는 이유로 곧바로 전부무효로 판단한 예는 찾아보기 어렵다.

  한편, 당사자가 법률행위 당시 일부무효사유를 알면서도 그 부분을 포함하
여 법률행위를 한 때에는 일반적으로 나머지 부분만으로라도 그 효력을 유지
하고자 하는 의사가 있었다고 봄이 옳다. 판례 중에도 주식매매거래계좌설정
약정, 일임매매약정 및 투자수익보장약정 사이의 일체성을 인정하면서도, 다른
사정과 함께[115) 투자가가 당해 거래 이전에 상당기간 주식거래를 해와 투자수
익보장약정이 무효임을 알았거나 알 수 있었다고 보인다는 점을 들어 주식매
매거래계좌설정약정이나 일임매매약정은 무효가 되지 아니한다고 한 것이 있
다.[116) 그러나 이는 본조의 적용범위의 문제가 아니라 가정적 당사자 의사의
해석 문제이고,[117) 따라서 무효부분이 특별히 문제되지 아니하는 한 법률행위
의 효력을 유지하되 그 부분이 문제되는 경우에는 전부를 무효로 돌릴 의사로
무효부분을 포함하여 법률행위를 한 경우와 같이 극히 예외적으로는 전부무효
를 인정하여야 하는 경우도 있을 수 있음에 유의하여야 한다.

  당사자의 가정적 의사의 탐구에는 어느 정도 불확실성이 있게 마련이다.
이때에는 신의칙 이외에 무효·취소규범의 목적이 고려될 수 있다. 다른 한편
이러한 측면이 고려되는 것은 그 한도에서이다. 당사자의 주관적·가정적 의사
가 확인되는 한 그것이 우선한다. 이 점에서 그러한 예외를 허용하지 아니하는
위 Ⅰ. 2. (2)와 구별된다. 대판 13.4.26, 2011다9068은[118) 상 §732에 반하
여 15세 미만인 사람의 사망을 보험사고로 하는 특약이 포함된 보험계약을 체

---

112) 대판 94.9.9, 93다31191(집 42-2, 192).
113) 대판 13.5.9, 2012다115120(공 13상, 1032).
114) 대판 00.9.5, 2000다2344(공 00, 2090).
115) 투자수익보장약정이 주식투자에 있어서 부수적 약정에 불과한 점, 주식매매거래계좌설정
    약정이나 일임매매약정에 기하여 주식거래가 계속되어 새로운 법률관계가 계속적으로 형
    성되어 온 점.
116) 대판 96.8.23, 94다38199(집 44-2, 106).
117) Pierer v. Esch, Teilnichtige Rechtsgeschäfte, 1968, S. 33 f. 또한 Erman/Palm (12.
    Aufl., 2008), § 139, Rn. 34.
118) 공 13상, 918.

결한 경우 위 사망특약이 무효라 하여 나머지 부분이 무효가 되지 아니한다고 하면서, 본조 단서의 "당사자의 의사는 법률행위의 일부가 무효임을 법률행위 당시에 알았다면 의욕하였을 가정적 효과의사를 가리키는 것으로서, 당해 효력규정을 둔 입법취지 등을 고려할 때 법률행위 전부가 무효로 된다면 그 입법취지에 반하는 결과가 되는 등의 경우에는 여기서 당사자의 가정적 의사는 다른 특별한 사정이 없는 한 무효의 부분이 없더라도 그 법률행위를 하였을 것으로 인정되어야"한다고 한다.

본조의 당사자의 가정적 의사의 탐구에는 사실문제와 법률문제가 불가분적으로 섞여 있게 마련이다. 통설이 이를 포괄하여 법률문제로 다루는 데에는[119] 이러한 관점에서 수긍할 점이 있다. 그러나 당사자의 가정적 의사에 관한 사실심 법원의 판단오류가 상고이유가 되는지는 이 문제가 그 자체 사실인정의 성격을 갖는지, 아니면 법적 판단의 성격을 갖는지 뿐 아니라, (민사)상고심의 기능이 무엇인지도 고려하여 결정하여야 한다. (민사)상고심이 하나의 법질서 내에서 반복 가능하고 후속사건에 영향을 줄 수 있는 법령해석상 쟁점에 관하여 통일적 해석을 기하는 데 본래의 기능이 있고, 바로 그 점 때문에 법률문제를 상고이유로 삼고 있다는 점에 착안한다면, 절차적 위법이 있거나[120] 약관 등 일반적 의미가 있는 경우가 아닌 개별 계약의 일부무효와 관련하여 당사자의 가정적 의사에 관한 판단을 늘 상고이유로 볼 필요는 없을 것이다.

Ⅲ. 효   과

본조의 적용의 결과가 전부무효인 때에는 특별한 문제가 없다.

일부무효인 때에는 나머지 부분만으로 효력을 유지할 수도 있지만, 법률규정이나 보충적 해석을 통하여 일부무효로 생긴 공백을 메울 수도 있다.[121] 다만, 이때에는 본조의 요건으로서 당사자의 가정적 의사를 판단하는 단계에서 일부무효를 인정하는 경우 보충될 규율도 함께 고려하여야 할 것이다. 그 밖에 대판 92.4.14, 91다43527은[122] 매매계약상 급여 일부가 원시적 불능으로 무

---

119) 주석 총칙(3), 290-291(제4판/이주흥).
120) 가령, 당사자의 일치하는 진술을 고려하지 아니한 경우. 김천수(주 1), 149.
121) 김천수(주 1), 151-156.
122) 공 92, 1585.

효이고 그 나머지는 유효한 경우 매도인이 매매계약 전부를 유효로 알고 있는 매수인에게 이행의 최고를 함에 있어서는 계약의 일부이행이 불능임을 알리고 이행이 가능한 나머지 부분의 이행의 제공을 하여 최고하여야지 이를 부인하거나 무시하고 한 이행의 최고는 부적법하고, 매수인으로서는 계약의 전부 무효를 주장할 수 있는 경우에는 그 이행을 거부하는 것이 당연하나, 무효인 부분 없이도 계약을 유지하고자 하는 경우에는 그에 상응한 자신의 채무는 이행하는 것이 옳고 그렇게 하지 아니하면 이행지체의 책임을 진다고 한다.

또한 일부무효를 주장하는 것이 권리남용($\frac{\S 2}{II}$)으로 허용되지 아니하는 경우가 있을 수 있다. 가령 무효부분이 탈락하면 당사자 중 일방에게만 유리하고 상대방에게는 불리한데 상대방이 그 약정의 탈락을 용인하며 계약의 유지를 주장한다면 전부무효를 원용할 수 없고 전부무효 주장은 권리남용이 된다. 무효로 불이익을 입는 당사자가 계약의 효력유지를 선택하는 것은 허용하여야 하기 때문이다. 이때 기준은 현재 불이익을 입는 당사자의 현실적 의사이고, 가정적 의사가 아니다.[123] 반대로 전부무효의 주장이 권리남용이 되는 경우도 있을 수 있다. 가령 임대차계약에서 일방의 의무의 이행이 종료하고 상대방의 경업금지의무만 남은 상태에서 그중 일부의 무효를 이유로 전부무효, 즉 경업금지의무의 무효를 주장한다면 신의칙에 반할 소지가 있다.[124]

〔보론〕 효력유지적 축소

1. 의   의

효력유지적 축소(geltungserhaltende Reduktion; réduction de l'excès)는 법률행위의 일부에 정도에 있어서 과도하다는 이유(Übermaß)로 무효사유가 있을 때 그 부분을 허용한계까지 감축하여 무효사유를 제거함과 동시에 법이 허용하는 한 최대한의 효력을 유지하는 법 기술을 가리킨다. 강행법규 위반에서는 개별 금지규정의 해석으로부터 이러한 효과를 끌어낼 수 있으나, 그 밖

---

123) 김천수(주 1), 134. 설명이 다소 혼란스러우나 이러한 경우를 예정한 것이라고 보인다. 이는 독일의 판례·통설이기도 하다. Erman/Palm (12. Aufl., 2008), §139, Rn. 35.

124) 김민중(주 35), 63.

의 경우에는 이를 이른바 수정(修正) 내지 제한해석, 일부무효, 무효행위의 전환, 보충적 해석으로부터 도출하거나, 아예 독자적인 법제도로 파악하기도 한다.[125] 그러나 수정 내지 제한은 이미 해석이라고 할 수 없고,[126] 효력유지적 축소가 문제되는 사안의 다수는 적어도 당사자 일방의 가정적 의사를 무시한다는 점에서 일부무효, 무효행위의 전환, 보충적 해석과도 구별된다. 이론적 및 법적 근거는 별론, 오늘날 많은 나라에서 효력유지적 축소가 인정되고 있다.[127]

2. 개별 유형

먼저, 정도에 있어 과도한 계약조항을 금지하는 강행법규 위반의 효과가 효력유지적 축소로 해석되는 예가 있다. 주택임대차보호법이나 상가임대차보호법상 최단존속기간에 못 미치는 임대기간은 최단존속기간으로 연장된다(주임§4 I, 상임§9 I). 구 임대주택법(2008.2.29. 법률 제8852호로 개정되기 전의 것)상 공공건설임대주택의 임대보증금이 건설교통부장관이 정한 표준임대보증금을 초과하는 경우 보증금은 표준임대보증금으로 감축된다.[128] 근로계약에 기간을 정한 경우 1년을 넘지 못하며(근기§16), 최저임금에 못 미치는 임금약정을 한 경우 최저임금을 지급하기로 한 것으로 본다(최저임금법§6 III). 금전대차에서 최고이자율을 초과하는 이자를 약정한 경우 그 초과부분은 무효가 된다(이자§2 III). 그밖에 앞서의 규정들과는 그 취지를 달리하지만, 매매계약상 환매약정의 환매기간이 최장기간을 초과하면 최장기간으로 감축되고(§591), 최단존속기간에 못 미치는 지상권설정약정, 최장존속기간을 초과하는 임대차계약은 각각 최단존속기간, 최장존속기간으로 변경된다(§§ 280, 289, 651 I). 명문의 규정은 없으나 의료법인이 그 재산을 처분하고자 할 경우 시·도지사의 허가를 받도록 규정하고 있는 구 의료법 §41 III은 효력규정이지만 그 허가한도를 초과하여 담보제공약정을 한 경우 담보제공약정은 허가한도에서는 유효하고 초과부분만 무효라고 해석된다.[129]

또한 판례상 과도한 계약조항을 감축하는 예가 있다.[130] 가령 근로자가 퇴

---

125) 우리의 학설에 관하여는 이동진(주 7), 152 이하. 독일에서의 여러 구성시도에 관하여는 Uffmann, Das Verbot der geltungserhaltenden Reduktion, 2010, S. 212 ff.
126) 이동진(주 7), 168-171.
127) 이동진(주 7), 79 이하.
128) 대판 (전) 16.11.18, 2013다42236(공 16하, 1901) 참조.
129) 대판 08.9.11, 2008다32501(검색).
130) 판례와 학설의 상세한 소개, 분석은 이동진(주 7), 7 이하.

직 후 일정 기간 종전의 사용자와 경쟁관계에 있는 영업을 하거나 그러한 영
업을 하는 회사 등에 입사하는 것을 금지하는 경업금지약정상 경업금지기간이
과도하게 길어 공서양속$\binom{\S}{103}$에 반하는 경우 판례는 경업금지기간을 상당한 범
위로 감축한다.[131] 이자제한법 부활 전 금전소비대차상 고율의 이자약정은 공
서양속$\binom{\S}{103}$에 반할 수 있는데, 이때에도 이자율이 사회통념상 허용할 수 있는
이율의 상한으로 감축된다.[132] 위약벌 약정이 채권자의 이익에 비하여 과도하
게 무거울 때에는 그 (양적) 일부가 공서양속$\binom{\S}{103}$에 반하여 무효가 되며,[133]
변호사나 회계사의 보수액이 부당하게 과다하여 신의성실의 원칙이나 형평에
반하는 특단의 사정이 있는 때에는 상당하다고 인정되는 범위를 초과하는 보
수액은 지급을 청구할 수 없다.[134]

    앞의 예들이 양적 일부무효라고 할 수 있는 경우인데 비하여 특히 약관조
항과 관련하여서는 질적 일부무효 내지 법률 및 공서합치적 해석이라고[135] 할
만한 처리가 이루어지고 있다. 판례는 신의칙에 반하는 약관조항은 "법원에 의
한 내용통제 즉 수정해석의 대상이 되는 것은 당연하며, 이러한 수정해석은 조
항 전체가 무효사유에 해당하는 경우뿐만 아니라 조항 일부가 무효사유에 해
당하고 그 무효부분을 추출배제하여 잔존부분만으로 유효하게 존속시킬 수 있
는 경우에도 가능하다"면서 무면허운전면책조항을 '무면허운전이 보험계약자
나 피보험자의 지배 또는 관리가능한 상황에서 이루어진 경우에 한하여 적용
되는 조항으로 수정해석'한 이래,[136] 보험계약자 또는 피보험자의 주소변경통보

---

131) 대결 07.3.29, 2006마1303(검색).
132) 대판(전) 07.2.15, 2004다50426(집 55-1, 66); 대판 09.6.11, 2009다12399(공 09하,
    1119).
133) 대판 93.3.23, 92다46905(공 93, 1272); 대판 97.6.24, 97다2221(공 97, 2274).
134) 변호사 보수에 관하여 대판 91.12.13, 91다8739(공 92, 503); 대판 92.3.31, 91다
    29804(공 92, 1404); 대판 93.2.9, 92다30382(공 93, 940); 대판 95.4.25, 94다57626(공
    95, 1945); 대판 09.7.9, 2009다21249(검색), 세무업무대리에 관하여 대판 06.6.15, 2004
    다59393(공 06, 1318), 신탁보수에 관하여 대판 06.6.9, 2004다24557(공 06, 1253), 치
    료비에 관하여 대판 95.12.8, 95다3282(공 96, 336). 이들은 모두 신의칙(§ 2 Ⅰ)을 이유
    로 보수청구권의 '행사'를 제한하나 그 실질은 효력유지적 축소에 다름 아니다. 이러한 경
    우 보수약정의 전부무효를 인정하고 보충적 해석에 의하여 '상당한 보수'를 인정하여도 큰
    차이는 없다는 주장으로 양창수·김재형, 704-705.
135) 헌법합치적 법률해석과 평행성을 보여주기 위하여 의식적으로 선택, 제안된 용어이
    다. J. Hager, Gesetzes- und sittenkonforme Auslegung und Aufrechterhaltung von
    Rechtsgeschäften, 1983.
136) 대판(전) 91.12.24, 90다카23899(공 92, 652). 평석: 양창수, "자동차보험약관의 무면
    허운전면책조항에 대한 내용통제", 민법연구 제4권, 1997, 335; 이기수, "자동차종합보험
    보통약관의 무면허운전면책조항에 대하여 수정해석할 필요가 있는지의 여부", 월보 260,

불이행시 종전 주소지를 보험회사 의사표시의 수령장소로 본다는 보험약관은
'보험회사가 과실 없이 보험계약자 또는 피보험자의 변경된 주소 등 소재를 알
지 못하는 경우에 한하여 적용'되고,[137] 현금 및 귀중품을 고정금고 또는 옮기기
힘든 대형금고에 보관하지 않은 경우 용역경비업자의 면책을 규정한 용역경
비약관은 용역경비업자에게 고의나 중과실이 없는 경우에 한하여 면책을 정한
규정이라고 해석하는 한도에서만 유효하다고 수정해석하여야 한다고 한다.[138]
상세는 약관규제법 주해 참조.

　　판례 중에는 무효행위의 전환이나 일부취소, 불법행위를 원인으로 하는 손
해배상을 통하여 사실상 효력유지적 축소를 행한 것이 있는데, 그 타당성에 의
문이 없지 아니하다. 위 Ⅱ. 1. (1), 前論 Ⅲ. 3. 및 §138 주해 Ⅳ. 3. 참조.

3. 인정근거와 그 한계

　　효력유지적 축소가 인정되어야 하는 이유는 사안유형마다 약간씩 차이
가 있고 완전히 정립된 일반이론이 존재한다고 할 수 없다. 그러나 몇몇 예
외를 제외하면 대부분 당사자 일방을 보호하기 위함이다. 효력유지적 축소가
특히 계속적 계약관계에서 흔한 까닭이 여기에 있다. 일반적으로 계약에 흠
이 있으면 그 계약을 전부 무효로 하여 당사자로 하여금 흠이 없도록 재교섭
(renegotiation)하게 함이 원칙이고 본조 본문의 취지이기도 하다. 그러나 일정
한 경우에는, 특히 계속적 계약관계에서는 흔히, 그러한 방식으로 보호되어야
할 당사자 일방을 보호할 수 없다. 가령 근로계약상 경업금지약정이 과도하거
나 최저임금에 못 미치는 임금을 정하여 무효인 경우 본조를 그대로 적용한다
면 근로계약이 그 자체 전부무효가 될 위험이 있다. 금전소비대차에서 과도한
이자를 정한 경우 본조를 그대로 적용하면 이자약정뿐 아니라 원금에 대한 소
비대차도 무효가 되어 즉시 상환하여야 하는 결과가 될 수 있다. 이것이 근로
자나 차주에게 유리하지 아니함은 물론이다. 그러나 그렇다고 경업금지약정이

　　　1992, 38; 홍복기, "보험계약에 있어서 무면허운전조항의 해석", 동아법학 13, 1992, 313.
　　　또한 무면허운전이 보험계약자가 피보험자 등의 명시적 또는 묵시적 승인하에 이루어진
　　　경우에 한하여 보험자의 면책을 정한 규정이라고 해석하는 한도에서 유효하다고 한 대판
　　　93.3.9, 92다38929(집 41-1, 186); 대판 97.9.12, 97다19298(공 97, 3096). 앞의 판례에
　　　대한 평석으로, 최병조, "자동차손해배상통합공제약관상의 무면허운전면책조항의 해석: 묵
　　　시적 승인의 판단기준을 중심으로", 민판연 18, 1996, 20.
　137) 대판 00.10.10, 99다35379(공 00하, 2297); 대판 03.2.11, 2002다64872(공 03, 791).
　138) 대판 96.5.14, 94다2169(집 44-1, 527); 대판 97.2.25, 96다37589(공 97, 869).

나 이자약정만 떼어 무효로 한다면—이는 이미 본조가 요구하는 바와 구별되는, 사적 자치의 제한에 해당한다—이번에는 상대방에 대하여 과도한 부담을 주는 것이 된다. 약관의 경우에도 계약은 유지하면서 당해 조항을 전부무효로 하면 계약의 균형이 너무 크게 깨어지는 것이 아닌가 하는 점이 문제된다. 물론, 약관법에서 논의되는 바와 같이 효력유지적 축소를 인정하면 상대방 당사자가 처음부터 적법한 한도 내에서 계약을 형성할 유인이 없어지는 문제가 있을 수 있다. 그러나 효력유지적 축소가 인정되고 있는 사안 중 상당수는 판단기준이 그다지 명확하지 아니하여 상대방 당사자가 미리 적절한 예방조치를 취하기 어려운 경우이다. 결국 이러한 사안유형에서 효력유지적 축소를 할지 여부는, 본조를 적용하면 흔히 전부무효가 되고, 보호의 대상이 되는 당사자에게 그 결과가 더 불리하여 무효주장을 꺼리기 쉬우며, 그렇게 되면 보호목적이 사실상 좌절되는 경우인지 여부에 달려 있고, 특히 보호의 대상인 당사자의 의무 내지 부담이 축소대상인 때에는 그 의무 내지 부담을 무효로 함으로써 얻을 일반 예방적 효과와 그로 인한 상대방의 부담, 특히 주관적 등가성의 침해를 참작하여야 한다.[139]

[이 동 진]

---

139) 이동진(주 7), 159 이하. 또한 이동진, "과도하게 긴 계약상 경업금지기간에 대한 규율—근로계약상 퇴직 후 경업금지조항을 중심으로—", 민학 54-1, 2001, 72-73.

第 138 條(無效行爲의 轉換)

無效인 法律行爲가 다른 法律行爲의 要件을 具備하고 當事者
가 그 無效를 알았더라면 다른 法律行爲를 하는 것을 意慾하
였으리라고 認定될 때에는 다른 法律行爲로서 效力을 가진
다.

Ⅰ. 의의, 법적 성격, 적용범위

1. 의   의

당초 의도된 법률행위가 무효라 하더라도 다른 법률행위로서의 요건을 갖
추고 있는 경우 그 무효행위에 유효한 다른 행위로서의 효력을 인정하는 것을
무효행위의 전환(Konversion, Umdeutung)이라고 한다.[1] 이는 법률행위의 경제
성을 달성하고 법에 무지(無知)한 당사자를 보호한다. 본조는 의용민법에는 없
었고, 민법 제정 당시 독민 §140을 참조하여 신설되었다.[2] 그러나 이러한 규
정을 두고 있지 아니한 나라에서도 무효행위의 전환은 인정되고 있다.[3]

---

1) 가령 주석 총칙(3), 291-292(제4판/이주흥).
2) 민의원 법제사법위원회 민법안심의소위원회 편, 민법안심의록 상권, 1957, 89.
3) 일본의 판례·학설에 관하여는 윤태영, "일본법에서의 법률행위 무효론—무효규정
   의 입법취지와 우리민법과의 차이를 중심으로", 재산 30-1, 2013, 41-43; 於保不二雄·奧
   田昌道 編集 新版 注釋民法(4), 2015, 429頁 以下(奧田昌道·平田健治), 오스트리아의 판
   례·학설에 관하여는 KBB/Bollenberger, 2005, §914, Rz. 12; Binder, Zur Konversion
   von Rechtsgeschäften, 1982, 프랑스의 판례·학설에 관하여는 Picod, "Nullité",
   Repertoire du droit civil, 2013, n° 106 각 참조.

2. 법적 성격

무효행위의 전환에 관하여는 일부무효의 일종이고, §137가 양적 일부무효를 규정한 데 비하여 본조는 질적 일부무효라는 견해와,[4] 당사자의 제1차적 의사와 은닉된 예비적 의사를 동일평면에 놓고 이를 일부무효로 보는 것은 타당하지 아니하다면서 무효행위의 전환은 은닉된 예비적 의사에 터 잡은 것이라는 견해가[5] 주장되고 있다. 전설(前說)은 독일의 Flume의 견해의 영향을 받은 것으로, 무효행위에 전환된 유효행위가 완전히 포함될(enthaltenen) 것을 요구함으로써 본조의 적용범위를 좁히기 위한 것이다.[6] 이러한 접근 하에서 본조는 제1차적 의사의 일부구제이므로 후설(後說)의 비판은 부당하나, 그 결과 전환 가능성을 지나치게 제한한다. 후설(後說)은 취지가 분명하지는 아니하나, 만일 '예비적 의사'가 당사자가 실제로 갖고 있던 (제1차적 의사가 효력을 부여 받지 못한 경우의 규율에 관한) 주관적인 의사를 뜻한다면 이미 본조의 적용범위 밖에 있는 사태에 관한 것으로 본조에 대한 설명이 되기 어렵다.[7]

무효행위의 전환도 넓은 의미에서는 보충적 해석의 일종이다.[8] 법률행위가 무효라는 사정도 보충적 해석의 요건으로서 틈(Lücke)이 된다.[9] 본조는 어떤 법률행위가 무효이나 동시에 유효한 법률행위의 요건도 갖추고 있었던 경우 당사자의 의사를 보충하여 그 유효한 법률행위로 바꾸어줄 것을 명한다.[10] 즉, 본조는 당사자가 한 성질결정(Qualifikation)에[11] 일정한 법적 구속력이 있

---

4) 고상룡, 604; 이영준, 715.

5) 이은영, 685.

6) Flume, Allgemeiner Teil des bürgerlichen Rechts. 2. Teil: Das Rechtsgeschäft, 4. Aufl., 1992, S. 589 f. 그러나 김천수, "법률행위의 무효", 한국민법이론의 발전: 무암이영준박사화갑기념논문집 Ⅰ 총칙·물권편, 1999, 173은 이 논의가 특별한 실익이 있는 것은 아니라고 한다.

7) 같은 취지의 비판으로, 김천수(주 6), 175-176.

8) Binder(주 3), S. 49-53; Erman/Palm (12. Aufl., 2008), §140, Rn. 1, 7. 또한 무효행위의 전환을 법률행위 해석의 일종으로서 재성질결정(Um-Qualifikation)으로 보는 Krampe, Die Konversion des Rechtsgeschäfts, 1980, S. 280 ff.; 於保不二雄·奧田昌道 編集 新版 注釋民法(4), 2015, 446頁 以下(奧田昌道·平田健治).

9) 윤진수, "법률행위의 보충적 해석에 관한 독일의 학설과 판례", 월보 238, 1990, 20-21 참조.

10) Erman/Palm(주 8), §140, Rn. 6.

11) 법률행위에서 당사자의 성질결정의 (제한적) 구속력에 관하여는 이동진, "월급에 포함된 퇴직금 지급의 효력과 임금채권 상계제한의 범위", 민판연 33상, 2011, 100-106; 大村敦志, 典型契約と性質決定—契約法研究Ⅱ, 1997, 195頁 以下; Lieb, De Ehegattenmitarbeit im Spannungsfeld zwischen Rechtsgeschäft, Bereicherungsausgleich und gesetzlichen Güterstand, 1970, S. 18 ff. BGHZ 31, 224, 226도 당사자가 고용을 도

음을 전제로, 의도된 법률행위로는 무효이나 그 이외의 다른 법률행위의 요건
은 갖추고 있다면 가정적 당사자 의사에 의하여 새로운 성질을 부여할 수 있
고 부여하여야 함을 정하고 있는 것이다.

3. 적용범위

(1) 개　　설

본조는 일체의 법률행위에 적용된다. 계약, 단체법상의 행위는 물론, 단독
행위에도 적용될 수 있다.[12] 단독행위에는 적용되지 아니한다는 견해가 있으
나,[13] 근거가 없다. 의무부담행위와 처분행위도 가리지 아니한다.[14] 가족법상
법률행위에도 적용된다.[15]

다만, 비밀증서에 의한 유언이 방식에 흠결이 있고, 그 증서가 자필증서의
방식에 적합할 때에는 자필증서에 의한 유언으로 본다거나($\frac{\S}{1071}$), 부(父)가 혼
인외의 자녀에 대하여 친생자출생신고를 한 경우 인지로 본다는($\frac{\mathrm{가족}}{\mathrm{등}\,\S\,57}$) 등 법
률상 전환규정이 있을 때에는[16] 본조의 적용이 배제된다.

(2) 의사해석 및 일부무효와의 관계

법률행위의 설명적(해명적) 해석은 본조에 우선한다. 본조가 적용되기 위
해서는 당사자가 당초 의욕한 법률행위가 무효여야 하는데, 이는 당사자가 의
도한 법률행위의 설명적 해석을 전제하기 때문이다.[17] 또한 당사자가 법률행
위나 법개념에 이름을 잘못 붙인 것에 불과한 때에는 법관은 성질결정의 자유
(Qualifikationsfreiheit)를 누리므로 법률행위 해석의 문제일 뿐이다.[18] 당사자가
법률행위에서 당초 의욕한 바의 법률행위가 무효인 때에는 다른 법률행위로
전환할 것을 예정한 때에도 조건부 법률행위가 있는 것일 뿐, 본조의 적용대상
은 아니다.[19] 본조는 이러한 규율이 없을 때에 적용되는 규정이다.

급으로 성질결정하였다면 그러한 의사가 존중된다고 한다.

12) Erman/Palm(주 8), §140, Rn. 8.

13) 곽윤직·김재형, 389.

14) Erman/Palm(주 8), §140, Rn. 8.

15) 윤진수 편집대표, 주해친족법 제1권, 2015, 30(윤진수).

16) 김천수(주 6), 172 주 107; 주석 총칙(3), 295(제4판/이주흥)은 그 밖에 연착한 승낙
(§530)과 변경을 가한 승낙(§534)을 새로운 청약으로 보는 것도 법률상의 전환의 예로
본다.

17) Erman/Palm(주 8), §140, Rn. 5.

18) 주석 총칙(3), 301-302(제4판/이주흥).

19) 주석 총칙(3), 292, 302(제4판/이주흥). 이를 가리켜 본조를 임의규정이라고 설명하기
도 하나[구주해(3), 276(김용담); 김상용, 민법총칙, 제3판, 2014, 665; 이영준, 714], 본

본조와 일부무효$\left(\begin{smallmatrix} \S \\ 137 \end{smallmatrix}\right)$는 적용영역을 달리한다. 이른바 질적 일부무효가 본조에 포섭될 수 있음은 물론이나, 본조의 적용범위를 그에 한정할 필요는 없다. §137에 의하여 전부무효가 된 법률행위가 본조에 의하여 다른 유효한 법률행위로 전환될 수는 있다. 가분적 법률행위의 일부만이 무효인 때에 그 무효인 부분을 본조에 의하여 유효한 법률행위로 전환하는 것도 가능하다.[20] 그러나 §137에 의하여 일부무효가 된 법률행위의 전부를 본조에 의하여 다른 법률행위로 전환할 수는 없다.[21] 이 점에서 구 임대주택법에 따른 임차인 동의 요건을 갖추지 아니한 보증금·차임 전환은 표준임대보증금을 초과하는 범위에서 일부무효라고 하면서도 차임을 표준임대료까지 증액하려는 가정적 의사가 있다고 보아 본조에 의한 무효행위 전환을 인정한 대판(전) 16.11.18, 2013다42236은[22] 본조를 잘못 적용한 예이다.[23]

II. 요   건

1. 무효인 법률행위

본조를 적용하기 위해서는 법률행위가 존재하여야 한다. (제1차적으로 의도한) 법률행위가 성립조차 하지 못하였거나,[24] 제1차적으로 의도한 법률행위의 성립을 증명하지 못한 때에는 전환될 여지가 없다.[25]

조는 가정적 당사자 의사에 의한 보충을 규정하는 것으로 실제적 당사자 의사가 있을 때에는 이미 본조의 적용요건을 갖추지 못하였다고 보아야 하므로, 임의규정성을 논할 실익이 없다. 김천수(주 6), 173.

20) 주석 총칙(3), 301(제4판/이주흥); Erman/Palm(주 8), §140, Rn. 6.

21) 권영준, "2016년 민법 판례 동향", 민학 78, 2017, 441; MünchKommBGB/Busche (6. Aufl., 2012), §140 Rn. 12; Staundinger/Roth, Neubearbeitung 2003, §140 Rz. 14.

22) 공 16하, 1901.

23) 권영준(주 21), 441은 위 판결이 전부무효를 전제로 무효행위전환을 인정하였다고 한다. 실제 다수의견이 전부무효를 인정한 것인지 일부무효를 인정한 것인지 반드시 분명하지 아니한 점이 있으나, 다수의견도 이러한 경우 임대차계약을 무효로 한다면 강행법규의 규범목적에 반한다는 점을 분명히 하고 있으므로 일부무효를 인정한 것으로 보아야 할 것이다. 다수의견은 일부무효를 명시적으로 인정한 종전 판례를 폐기하지 아니하고 있기도 하다. 별개의견은 물론, 다수의견에 대한 보충의견도 일부무효를 명시적으로 인정한다.

24) 김천수(주 6), 173; 주석 총칙(3), 294(제4판/이주흥); RGZ 93, 300; Erman/Palm(주 8), §140, Rn. 9.

25) 독일에서는 이 점에 관하여 논란이 있으나 증명할 수 있는 다른 법률행위를 예비적으로 주장하면 족하고 이를 무효행위의 전환으로 다룰 필요는 없다. Erman/Palm(주 8), §140, Rn. 11.

　　무효사유에는 별다른 제한이 없다. 요식행위(要式行爲)의 방식요건을 갖추
지 아니하거나 법률이 정한 유형(Typenzwang)을 준수하지 아니하여 무효가
된 경우가 흔하지만 다른 사유로 무효가 된 경우에도 전환이 가능하다. 목적이
강행법규나 공서양속에 반하여 무효인 경우에는 무효행위의 전환이 인정되지
아니한다는 견해가[26] 있으나 근거가 없다. 미확정적 무효나 유동적 무효의 경
우 아직 제1차적 의도가 실현될 가능성이 있으므로 추인이 거절되는 등 확정
적 무효가 되어야 비로소 전환의 대상이 된다.[27] 취소할 수 있는 법률행위는
아직은 제1차적 의도대로 효력을 발휘하고 있으므로 전환대상이 되지 아니하
고, 취소하면($\frac{\S 141}{본}$) 비로소 본조의 적용대상이 된다.[28] 취소된 행위는 다른 법
률행위의 기초가 되기에 부적절하다는 반론이 있으나,[29] 제1차적으로 의욕한
법률행위가 취소되었음에도 불구하고 당사자에게 어떤 다른 법률행위로라도
효력을 일부 실현할 의사는 있고, 취소사유가 그 부분에는 미치지 아니한다면
무효행위의 전환을 부정할 근거가 없다.[30]

　　한편, 당초에는 유효하게 성립하였으나 이후 어떤 사유의 발생으로 효력을
잃은 경우에도 이를 '전환'하여 다른 법률행위로 효력을 유지할 여지가 있으
나, 이때에는 본조가 적용되는 것이 아니라 다른 제도가 활용된다. 쌍방 과실
없는 이행불능의 경우 대상(代償)청구권을 행사함으로써 계약의 내용을 변경하
여 그 효력을 유지할 수 있고,[31] 후발적 사정변경이 있으면 이를 이유로 계약
을 변경할 수 있으며,[32] 유증 대상에 갈음하여 다른 대상(代償)이 생기면 그
대상을 유증의 대상으로 본다($\frac{\S\S 1083,}{1084}$). 명문 규정이 없는 경우에도 이는 일반
적으로 법률행위의 보충적 해석의 문제이고, 본조의 문제는 아니다.[33]

---

26) 서광민·박주영, 민법총칙, 2014, 531.
27) 김천수(주 6), 173; 주석 총칙(3), 294(제4판/이주흥). 독일의 판례·통설도 같다.
　　BGHZ 40, 218, 222; NJW 1994, 1787. 상세한 분석은 Binder(주 3), S. 88-90.
28) 김천수(주 6), 173; Erman/Palm(주 8), §140, Rn. 11.
29) 이영준, 716; 구주해(3), 278(김용담). 다만, 이들은 일부취소의 경우에는 전환을 긍정
　　한다. 일부취소의 경우에도 전환이 인정되지 아니한다는 것으로 김상용(주 19), 666. 이들
　　견해는 모두 Flume(주 6), S. 592 f.의 영향을 받았다고 보인다.
30) 결론에 있어서 같은 취지로 김천수(주 6), 173. 상세는 Binder(주 3), S. 86-87.
31) 대판 95.12.22, 95다38080(공 96, 504).
32) 학설은 다투어지나, 근래에는 인정하는 견해가 유력하다. 권영준, "위험배분의 관점에
　　서 본 사정변경의 원칙", 민학 51, 2010, 252, 255; 김대정, "사정변경의 원칙을 명문화한
　　민법개정시안 제544조의4에 관한 연구", 전북대 법학연구, 22, 2001, 255; 정진명, "사정
　　변경 원칙의 명문화 방안", 비교 18-3, 2011, 693-694.
33) Binder(주 3), S. 83-85.

2. 다른 유효한 법률행위의 요건 구비

무효인 법률행위는 「다른 유효한 법률행위의 요건」을 '구비'하여야 한다. 독일에서는 양자가 「상응(entsprechen)」하여야 한다고 설명한다.[34] 무효인 법률행위에 다른 법률행위의 모든 요건이 포함(enthalten)되어 있어야 한다는 견해가 있으나,[35] 지나치게 엄격하다. 다른 유효인 법률행위의 모든 요건이 무효인 법률행위의 일부일 필요는 없고,[36] 무효인 법률행위에 A와 B의 요소가 있고, 다른 법률행위에 B와 C의 요소가 필요한데 마침 C의 요소도 갖추어진 경우에도 무효행위 전환이 가능하다. 뒤에서 보는 무효인 유언을 사인증여로 전환하는 경우가 그 예에 해당한다. 그러나 상응하여야 하므로 무효인 법률행위에 다른 유효한 법률행위의 요건 중 어느 것도 포함되어 있지 아니하면 전환될 수 없다. 다른 유효한 법률행위가 무효인 법률행위보다 그 효과에 있어 일부(Minus) 내지 약한 것일 필요는 없다. 당초의 법률행위적 행태에서 그 다른 법률행위라도 의욕하였으리라고 볼 만한 준거를 끌어낼 수 있다면 다른 종류(aluid)의 법률행위로 전환하는 것도 가능하다.[37] 처분행위와 의무부담행위 사이의 전환, 계약과 단독행위 사이의 전환도 가능하다.[38] 그러나 당사자가 제1차적으로 의욕한 것보다 전체적으로 더 강한 행위로 전환할 수는 없다.[39] 그러한 전환은 당사자의 가정적 의사에 의한 보충의 한계를 넘는 것이다.

다른 유효한 법률행위의 요건은 이미 구비되어 있어야 하므로, 결여된 요건을 변경, 보충 또는 의제하여서는 아니 된다.[40] 본조에 의하여 존재하지 아

---

34) 김증한·김학동, 597; 구주해(3), 279(김용담).

35) 이영준, 717; 김천수(주 6), 174. 이는 Flume(주 6), S. 593 f.를 따른 것이다. 주석 총칙(3), 295(제4판/이주흥)은 이것이 (우리나라의) 통설이라고 한다.

36) Reinicke, Rechtsfolgen formwidrig abgeschlossener Verträge, 1969, S. 98.

37) Binder(주 3), S. 105-106. 교환계약을 일방 당사자에게 더 부담스러울 수도 있는 매매로 전환하는 경우의 예를 든다. 그러나 독일의 통설은 완전히 이질적인 행위로는 전환될 수 없다고 한다. Reinicke(주 36), S. 97 ff. 반대로 동종의 법률행위여도 되는가 하는 점에 대하여는 논란의 소지가 있다. 아래 Ⅳ. 3. 참조. 동종이어도 된다는 취지로, 곽윤직·김재형, 388.

38) Erman/Palm(주 8), § 140, Rn. 8.

39) BGH NJW 1994, 1787; Erman/Palm(주 8), § 140, Rn. 12.

40) Erman/Palm(주 8), § 140, Rn. 12-13. 또한 주석 총칙(3), 296(제4판/이주흥). 대판 81.7.28, 81다145(공 664, 14206)도, "광업법 제46조의 3, 제46조의 8 및 제46조의 13, 14의 각 규정에 의하면 조광권은 물권으로서 그 설정신청요건이 법정되어 있고 조광권의 득상 변경은 상속이나 사망 또는 광업권의 소멸 등 특정의 경우를 제외하고는 조광원부에 등록함으로써 효력이 발생하도록 되어 있으므로, 원고들과 피고 사이에 체결된 이 사건 공동광업권 설정계약과 이에 따른 공동광업권이전등록을 조광권 설정과 동일하게 볼 수는 없을 뿐 아니라 무효행위의 전환으로 조광권 설정계약으로서의 효력을 인정할 수도 없"다

니하는 증액된 차임약정을 만들어낸 대판(전) 16.11.18, 2013다42236($\frac{주}{22}$)은 이 점에서 본조의 기능을 오해하였다고 할 수 있다. 이러한 보충은, 그것이 허용되는 경우라 하더라도, 보충적 해석에 의하여 이미 달성되어 있어야 하고, 무효행위 전환에 의하여 비로소 달성될 것은 아니다. 나아가 무효행위에 존재하였던 무효사유가 다른 법률행위에는 없어야 한다. 바로 그 무효사유가 여전히 존재하는 다른 법률행위로 전환하는 것은 무의미하기 때문이다. 의사무능력을 이유로 무효가 된 경우는 물론, 당사자가 취한 행위방법 내지 수단이 아닌 그 추구한 결과가 공서양속에 반하는 때($\frac{§}{103}$)에도 전환이 허용되지 아니하는 까닭이 여기에 있다. 폭리행위($\frac{§}{104}$)도 마찬가지인데,[41] 뒤에 보는 바와 같이 판례는 폭리행위에서도 무효행위 전환을 인정한 바 있다. 반면 제한능력($\frac{§§ 5 \, \text{II}, 10}{\text{I}, 13 \, \text{IV} \, 본}$)을 이유로 취소된 법률행위의 경우 법정대리인으로부터 동의를 받은 다른 행위가 있다면 그것으로 전환할 수 있고,[42] 강행법규 위반이나 요식행위(要式行爲)에서 방식위배의 경우에도 다른 행위가 적법하면 전환할 수 있다.[43] 착오, 제3자 사기·강박을 이유로 취소된 경우($\frac{§§ 109,}{110 \, \text{II}}$)에는 그 착오나 사기·강박이 새로운 법률행위에는 미치지 아니하는 요소에 관한 것일 때에 한하여 전환될 여지가 있다. 반면 비진의표시나 허위표시를 이유로 무효가 된 경우($\frac{§}{108}$)는 적어도 당사자 일방이 무효를 알았던 것이므로 보호가치가 없어 본조가 적용되지 아니한다. 은닉행위는 숨어 있지만 실재하는 행위이므로 본조의 적용을 따질 필요가 없다.[44] 원시적 불능으로 무효인 경우에도 급여의 일부를 가능한 것으로 전환할 여지가 있다. 그 밖에 단순히 당사자가 선택한 법률행위의 요건이 갖추어지지 아니하여 무효이나 다른 비슷한 경제적 효과를 갖는 법률행위의 요건은 갖춘 경우에 전환이 허용됨은 물론이다. 한 가지 문제는 새로운 법률행위의 효력요건 중 일부($\frac{가령 \, 인·허가나}{제3자의 \, 승인 \, 등}$)가 무효행위 당시에는 구비되어 있지 아니하였고 그 뒤에 구비된 경우에 전환될 수 있는가 하는 점인데, 그

고 한다.

41) 최종길, "법률행위의 일부무효와 무효행위의 전환", 법정 25-8, 1970, 46; Erman/Palm (주 8), § 140, Rn. 9, 13; BGH Urt. 21.3.1977, II ZR 96/75(폭리유사적 성격이 있어 양속 위반으로 무효가 된 계약에 대하여, 양속 위반은 당해 법률행위 전체에 대한 평가이므로 무효행위의 전환이 허용되지 아니한다고 한 예).

42) Binder(주 3), S. 90

43) 그러나 금지목적에 반하는 경우에는 그러하지 아니하다. 주석 총칙(3), 300(제4판/이주흥).

44) 김대정, 1113; 주석 총칙(3), 302(제4판/이주흥); Binder(주 3), S. 91 f. 독민 § 117 II 는 은닉행위가 유효함을 명문으로 확인하고 있어, 이 한도에서 독민 § 140의 특칙으로 해석되고 있다. Erman/Palm(주 8), § 140, Rn. 9.

불비(不備)된 요건이 무효행위의 요건이기도 한 경우는 별론—이때 전환은 이들 요건이 아닌 다른 요건의 흠만을 제거하는 것이어야 한다—, 새로운 법률행위에만 부대된 요건인 때에는 전환 자체를 인정할 수 없다는 견해도[45] 있으나, 전환이 흠을 감소시키는 한, 가령 확정적 무효에서 유동적 무효로 바꾸거나 이행으로 흠이 치유되는 무효($^{가령}_{특 §3 Ⅲ}$)로 바꾸는 한 전환을 부정할 필요는 없다.[46]

무효인 법률행위와 전환된 법률행위는 원칙적으로 다른 종류 내지 성질의 것이어야 한다. 그러나 질적 일부무효에서와 같이 같은 종류의 법률행위로의 전환이 전적으로 배제되는 것은 아니다.[47]

3. 당사자의 가정적 의사

끝으로 당사자가 당초에 의욕한 법률효과가 발생할 수 없음을 알았다면 그 다른 법률행위를 의욕하였으리라고 인정되어야 한다. 무효행위의 전환은 당사자가 어떤 법률행위를 하는지에 대하여 한 성질결정(Qualifikation)에 원칙적으로 구속됨을 전제로,[48] 그러한 법률행위로서는 무효이지만 다른 법률행위의 요건은 모두 다 갖추고 있고, 당사자가 당초 의도한 법률행위로는 무효임을 알았더라면 그 법률행위라도 원하였으리라고 여겨질 때, 그러한 가정적 당사자 의사에 효력을 부여하여 재성질결정(Um-Qualifikation)을 하는 작업이다($^{주8}_{및 그 본문}$). 그러므로 가정적 당사자 의사는 전환된 법률행위가 아닌 그 법적 형식 내지 성질에 관한 의사에 관계한다.[49] 완전히 같은 성질 및 유형의 법률행위에서 급여가 양적으로 증감할 뿐인 경우에는 양적 일부무효나 보충적 해석의 문제일 뿐이고 재성질결정을 할 여지가 없어 무효행위의 전환의 문제는 제기되지 아니한다.

가정적 당사자 의사를 결정함에 있어서는 무엇보다도 당사자가 무효인 법률행위를 통하여 추구하였던 경제적·사실적 목적이 중요하다.[50] 「다른 법률행

---

45) 김천수(주 6), 174도 같은 취지이다.

46) RGZ 129, 123; Erman/Palm(주 8), §140, Rn. 14.

47) Staundinger/Roth, Neubearbeitung 2003, §140, Rz. 19는 철회불능 대리권의 철회가능 대리권으로의 전환을 예로 든다.

48) 그러한 전제를 부정하고 법관에게 전적인 성질결정의 자유를 인정하면 무효행위 전환은 보충적 해석에 완전히 흡수될 것이다.

49) 이 점에서 무효행위전환의 요건으로서 가정적 의사는 '법 기술적 형식'(juristisch-technische Form)에 관한 의사에만 적용되고, 나머지 의사는 실제 의사(wahre Wille)여야 한다는 설명을 이해할 수 있다. Staundinger/Coing (11. Aufl., 1957), §140 Rz. 3.

50) 김주수·김상용, 472; 김천수(주 6), 176; 이영준, 308-309, 717; 주석 총칙(3), 297-

위」는 무효인 법률행위와 성질을 달리하나 당사자가 주로 염두에 둔 경제적·
사실적 목적은—적어도 부분적으로—실현할 수 있는 것이어야 한다. 다른 법
률행위를 통하여 같은 경제적·사실적 목적을 달성할 수 있다면 가정적 전환
의사를 추정하여도 무방하나, 양자의 경제적·사실적 목적 내지 결과가 다르면
다를수록 가정적 전환의사를 인정함에 신중하여야 한다.[51) 당사자의 가정적
의사는 단순히 객관적 이익형량에 의할 것은 아니고 주관적 평가기초를 반영
하여야 한다. 이렇게 판단하였을 때 당사자의 가정적 전환의사가 인정되지 아
니한다면 아무리 전환이 객관적으로 합리적이라 하더라도 전환은 부정된다.[52)
당사자의 가정적 의사는 무효인 법률행위를 한 때를 기준으로 판단하여야 한
다.[53) 판단방법 일반에 관하여는 §137 주해 Ⅱ. 3. 참조.

　　무효인 법률행위를 할 당시 당사자가, 수인(數人)인 때에는 그 중 적어도
1인이 이미 그 행위가 무효임을 알았다면—보호가치가 없으므로—그 당사자
의 의사는 전환되지 아니한다.[54)

4. 무효규범의 목적

　　그밖에 그다지 논의되고 있지 아니하나 무효규범의 규범목적이 무효행위
의 전환을 금하는 경우에는 무효행위의 전환이 허용되지 아니한다. 대판(전)
16.11.18, 2013다42236($^{주}_{22}$)의 별개의견은 공공건설임대주택의 임대사업자가
임차인의 동의 없이 일방적으로 임대보증금과 임대료를 전환한 조건을 제시하
여 임대차계약을 체결한 경우 표준임대보증금을 초과하는 부분이 무효가 된다
면서, 이때 특별한 사정이 없는 한 임대사업자와 임차인이 보증금과 임대료의
상호전환을 하지 않은 원래의 임대 조건, 즉 표준임대보증금과 표준임대료에
의한 임대 조건으로 임대차계약을 체결할 것을 의욕하였으리라고 봄이 상당하
므로 본조에 의하여 (위 무효인 상호
전환으로 감액된) 약정임대료 대신에 표준임대료를 임대 조건

　　298(제4판/이주흥). 한편, 이은영, 686; 주석 총칙(3), 297(제4판/이주흥)은 '은닉된 의사
　　를 탐구하여야 한다'고 한다.
51) Erman/Palm(주 8), §140, Rn. 16.
52) 최종길(주 41), 46; 주석 총칙(3), 299-300(제4판/이주흥). 따라서 당사자가 당초에 채
　　택한 법형식(Rechtsform)에 특히 중점을 둔 때에도 전환은 부정된다.
53) 주석 총칙(3), 298(제4판/이주흥). 전환 당시에 비로소 전환의사가 생긴 때에는 (묵시
　　적) 변경합의의 문제이고, 본조의 문제는 아니다. 김천수(주 6), 176.
54) Reinicke(주 36), S. 100; Erman/Palm(주 8), §140, Rn. 15. 이 경우에도 알지 못한 당
　　사자의 의사만을 고려하여 전환을 인정할 수 있다. 구주해(3), 279(김용담); 최성경, "사법
　　정책적 관점에서의 무효행위전환 제도", 법과 정책연구 17-1, 2017, 224.

으로 하는 임대차계약으로 전환된다는 다수의견에 대하여 위와 같은 전환이 임차인 보호라는 임대주택법령의 입법 취지에 반한다고 비판하였는데, 규범목적상 전환이 허용되지 아니한다는 취지로 이해된다. 그밖에 대판 93.5.25, 91다41750은[55] "직권해임, 직권휴직 및 징계해임은 모두 근로자에게 불리한 조치이나 각 사유와 절차를 달리하므로 어느 한 처분이 정당한 사유나 절차의 흠결로 인하여 무효인 경우 다른 처분으로서 정당한 사유 및 절차적 요건을 갖추었다 하더라도 다른 처분으로 효력을 발휘할 수 없다"고 한 원심이 무효행위의 전환의 법리를 오해하지 아니하였다면서 이를 유지하였는데, 이 또한 비슷한 취지로 이해해볼 수 있다.

Ⅲ. 효과와 소송상 취급

무효인 법률행위는 유효한 그 다른 법률행위로서의 효력을 갖는다. 이 효력은 무효인 법률행위가 성립하였을 때부터 발생한다.[56] 법관은 제출된 소송자료와 증거자료로부터 전환요건이 충족되었음이 드러난 이상 당사자의 주장 없이도 전환을 행할 수 있고, 또 행함이 원칙이다. 당사자 일방이 무효행위의 전환을 원용하는 경우 전환의 요건은 그가 증명하여야 한다.[57]

Ⅳ. 개별 유형

1. 친 족 법

판례상 무효행위의 전환을 행한 예로 흔히 드는 것은 허위의 친생자출생신고이다. 판례는 대판(전) 77.7.26, 77다492[58] 이래로 "당사자 사이에 양친자관계를 창설하려는 명백한 의사가 있고 나아가 기타 입양의 성립요건이 모두 구비된 경우에 입양신고 대신 친생자 출생신고가 있다면 형식에 다소 잘못이 있더라도 입양의 효력이 있다고 해석함이 타당하다"면서[59] 친생자가 아니어서

---

55) 공 949, 1832.
56) 김천수(주 6), 177은 이를 소급효가 있다고 설명한다.
57) Erman/Palm(주 8), § 140, Rn. 18.
58) 집 25-2, 211.
59) 대판 88.2.23, 85므86(집 36-1특, 260); 대판 90.7.27, 89므1108(공 90, 1791); 대

무효인 친생자출생신고를 입양의 신고로 전환해왔고, 이를 친생자가 아닌 자에 대하여 한 인지신고에까지 확장하고 있다.[60]

   허위의 친생자출생신고는 많은 경우 사실상 입양의 목적으로 행해지므로, 무효행위의 전환과 무관하다고 할 수는 없다. 그러나 입양은 입양신고($\frac{\S}{878}$)라는 방식을 갖추어야 하는 요식행위(要式行爲)이고, 친생자출생신고로 이를 갈음할 법적 근거가 없을 뿐 아니라, 이러한 신고를 하는 당사자는 이것이 허위로 무효임을 알고 한 경우가 많다는 점에서 본조를 직접 적용한 예라기보다는 오히려 법 형성(Rechtsfortbildung)의 예라고 봄이 옳다.[61] 판례도 이 사안에서 무효행위의 전환을 직접 언급하지는 아니하고, 법률행위의 해석과 방식요건의 완화만을 언급하고 있다. 그밖에 이 유형에서는 단독행위의 전환이 문제되었고, 입양에 취소사유만이 존재하거나 추인 가능한 무효사유가 존재하는 경우에도 전환을 허용하고 있다는 점이 주목된다.[62] 2012년 개정으로 입양에 가정법원의 허가가 필요해진 이후에는 친생자출생신고로 가정법원의 허가요건을 충족할 수 없어 더는 전환이 불가능해졌으나, 지금도 그 이전에 이루어진 허위의 친생자출생신고에 대하여는 의미 있는 법리이다.

   또 판례는 의용민법 시행 당시 입양신고가 이루어졌으나, 그 후 입양자가 실종선고를 받아 입양신고 당시에는 사망한 것으로 간주된 경우 사후입양으로 전환할 수 있음을 전제로, 다만 입양 당시 입양자가 호주의 장남에 불과하여 사후양자의 요건을 갖추지 아니하였다 하여 무효행위의 전환을 배척한 바 있다.[63]

2. 상 속 법

   판례상 무효행위의 전환의 또 다른 중요한 예는 상속재산을 공동상속인 1인에게 상속시킬 방편으로 나머지 상속인들이 한 상속포기신고가 §1019 Ⅰ 소정의 기간을 경과한 후에 신고된 것이어서 상속포기로서의 효력이 없었던

      판 91.12.13, 91므153(공 92, 517); 대판 93.4.27, 92므389(공 93, 1571); 대판 01.5.24, 2000므1493(집 49-1, 407).

   60) 대판 92.10.23, 92다29399(공 92, 3230).

   61) 윤진수, "허위의 친생자 출생신고에 의한 입양에 관한 몇 가지 문제", 민법논고[Ⅳ], 2009, 280. 이와 같은 법형성에 대하여 비판적인 것으로 김대정, 1119-1120.

   62) 입양취소사유인 부부공동입양의 원칙[§§ 874, 884 (i)]에 관한 대판 98.5.26, 97므25(집 46-1, 383); 대판 06.1.12, 2005도8427(공 06, 274), 추인 가능한 무효사유인 대락권자의 대락의 결여(§§ 869 Ⅱ, 883)에 관한 대판 00.6.9, 99므1633, 1640(공 00, 1654).

   63) 대판 02.6.28, 2000므1363(공 02, 1820).

경우이다. 판례는 이때 공동상속인들 사이에서는 1인이 그 상속분을 초과하여 상속재산 전부를 취득하고 나머지 상속인들은 이를 전혀 취득하지 아니하기로 하는 내용의 상속재산에 관한 협의분할이 이루어진 것으로 보고 있다.[64] 특히 이 사안은 단독행위이자 요식행위(要式行爲)인 상속포기를 무방식의 계약인 상속재산협의분할로 전환하였다는 점이 주목된다.

그리고 판례는 구수증서(口受證書)에 의한 유증이 방식위배로 무효라 하더라도 사인증여(死因贈與)의 실질적인 요건을 갖추었다면 사인증여로서의 효력을 갖는다고 한다.[65] 유증은 단독행위이고 사인증여는 계약이므로 이때 전환의 가부를 결정하는 관건은 생전에[66] 수유자(수증자)가 유증의 존재와 그 내용을 인식하고 이를 받아들였는지, 즉 승낙을 하였는지에 있게 된다.[67] 요식의 단독행위를 불요식의 계약으로 전환한 예에 해당한다.[68] 그러나 유언에 방식 요건을 둔 취지에 비추어볼 때 수유자(수증자)가 유증의 존재와 내용을 인식하고 받아들이게 된 것이 유증자(증여자)의 의사에 터 잡은 것일 때에 한하여 전환을 고려할 수 있고,[69] 유언은 효력발생 시까지 언제든 철회할 수 있으므로 $\binom{\S}{1108}$ 그 효력발생 시 이전에 철회되지 아니한 채 효력발생 시에 이르러야 비로소 무효행위의 전환이 가능하다고 보아야 할 것이다.

3. 재 산 법

재산법 영역에서 판례가 의식적으로 무효행위의 전환을 인정한 예로는 이른바 알박기 사안이 있다. 판례는 개발예정지의 토지 중 (필수적인) 일부를 그

---

64) 대판 96.3.25, 95다45545, 45552, 45569(집 444-1, 291). 이미 대판 89.9.12, 88누9305(공 89, 1415), 대판 91.12.24, 90누5986(공 92, 707)

65) 대판 05.11.25, 2004두930(공 06, 50). 평석: 조일영, "가. 무효인 구수증서에 의한 유언의 사인증여로의 전환 여부, 나. 상속세의 가산세 면책사유로서의 정당한 사유의 존부", 해설 58, 2006, 486; 최병조, "사인증여의 개념과 법적 성질", 민판연 29, 2007, 803. 또한 대판 96.4.12, 94다37714, 37721(집 44-1, 335)은 "포괄적 사인증여는 낙성·불요식의 증여계약의 일종이고, 포괄 유증은 엄격한 방식을 요하는 단독행위이며, 방식을 위배한 포괄적 유증은 대부분 포괄적 사인증여로 보여질 것"이라고 한다.

66) 무효인 유증을 사인증여의 청약으로 보더라도 유언자 사망 전에 발신은 되어야(§ 111 Ⅱ 참조) 유효하다. 서울중지판 05.7.5, 2003가합86119, 89828(각공 05, 1271).

67) 최두진, "무효인 유언공정증서의 사인증여로의 전환", 인권 365, 2006, 79 이하. 일본 판례도 같다.

68) 김영희, "유언에 관한 형식적 엄격주의와 유언자의 진의", 민판연 30, 2008, 418-420.

69) 무효행위 전환에 대하여 비슷한 의문을 제기하는 것으로, 김형석, "사인증여", 민학 91, 2020, 138 이하. 그러나 같은 문헌은 사인증여에 유언방식에 관한 규정도 준용된다고 봄으로써 사실상 무효행위 전환을 부정한다.

러한 사정을 알고 매입한 뒤 개발과정에서 그 부분 토지를 취득하지 아니하면 사업을 진행할 수 없는 사업자의 처지를 이용, 시가의 수배에 이르는 과다한 매매대금을 받기로 한 경우에 폭리행위($\S_{104}$)가 되는데, 이때 "무효행위의 전환에 관한 민법 §138가 적용될 수 있다"면서 "쌍방이 무효를 알았더라면 대금을 다른 액으로 정하여 매매계약에 합의하였을 것이라고 예외적으로 인정되는 경우에는, 그 대금액을 내용으로 하는 매매계약이 유효하게 성립한다"고 하고, 이때 "당사자의 의사는 매매계약이 무효임을 계약 당시에 알았다면 의욕하였을 가정적 효과의사로서, 당사자 본인이 계약체결시와 같은 구체적 사정 아래 있다고 상정하는 경우에 거래관행을 고려하여 신의성실의 원칙에 비추어 결단하였을 바를 의미"하는바, "어디까지나 당해 사건의 제반 사정 아래서 각각의 당사자가 결단하였을 바가 탐구되어야 하는 것이므로, 계약 당시의 시가와 같은 객관적 지표는 그러한 가정적 의사의 인정에 있어서 하나의 참고자료로 삼을 수는 있을지언정 그것이 일응의 기준이 된다고도 쉽사리 말할 수 없다"고 한다.[70] 그러나 당해 사안에서 가정적 의사가 인정되는지는 별론으로 하더라도, 폭리행위도 전환될 수 있는지, 이처럼 무효행위 전환을 통하여 반대급여를 감축하는, 즉 대금감액을 행하는 것이「다른 법률행위」로의 전환이라고 할 수 있는지는 의문이다. 이는 전부무효를 인정하면 사업자가 다시 사업진행을 할 수 없는 처지로 돌아간다는 점을 고려한 것이나, 사업자에게 법이 정하지 아니한 사적수용(收用, private taking)권을 부여하는 셈이 된다.[71]

한편 대판(전) 16.11.18, 2013다42236($\frac{주}{22}$)은 공공건설임대주택의 임대사업자가 임차인의 동의를 받지 아니하고 일방적으로 임대보증금과 임대료를 전환한 조건을 제시하여 임대차계약을 체결한 경우 표준임대보증금을 초과하는 부분이 무효가 되는데, 이때 특별한 사정이 없는 한 임대사업자와 임차인이 임대보증금과 임대료를 전환하지 않은 원래의 임대 조건, 즉 표준임대보증금과 표준임대료에 의한 임대차계약을 체결할 것을 의욕하였으리라고 봄이 상당하

---

70) 대판 10.7.15, 2009다50308(공 10하, 1566). 평석: 여하윤, "법률행위의 무효·취소 사유와 과다 지급된 대금의 반환", 민판연 34, 2012, 43; 이인경, "불공정한 법률행위와 무효행위의 전환", 서울남부지방법원 재판실무연구 2010(Ⅱ), 160. 또한 대판 11.4.28, 2010다106702(검색). 김성주, "이른바 '알박기'의 유형인 '버티기'로 인한 불법행위가 성립될 경우 손해배상액의 산정", 해설 87, 2011, 50.

71) 이동진, 공서양속과 계약 당사자 보호 (서울대학교 법학박사학위논문), 2011, 155-156. 여하윤(주 70)도 대체로 비슷한 취지이다. 그러나 이를 긍정하는 것으로 박동진, 계약법강의, 2016, 922-923.

므로 본조에 의하여 (상호전환으로 감액된) 약정임대료 대신 표준임대료를 임대
조건으로 하는 임대차계약으로 전환된다고 한다. 그러나 약정임대료만 있는
임대차계약은 그보다 더 큰 액수의 표준임대료를 정하는 임대차계약의 '요건
을 구비'하고 있다고 할 수 없으므로 이러한 보충은—보충적 해석은 별론—무
효행위 전환으로는 정당화되지 아니하고, 만일 위와 같은 보충적 해석이 가능
하다면 이미 일부무효와 보충적 해석으로 표준임대보증금과 표준임대료에 의
한 임대차계약이 인정되므로 굳이 무효행위 전환을 할 필요가 없어진다.[72] 다
수의견에 대한 대법관 박병대, 박보영, 김재형의 보충의견은 무효인 법률행위
와 전환되는 법률행위가 다른 종류의 법률행위여야 한다고 제한하고 있지 않
다고 하나, 적어도 무효인 법률행위는 전환되는 법률행위의 요건을 모두 구비
하고 있어야 하고, 그럼에도 불구하고 그 양적 일부만이 무효가 되는 경우는
아니어야 하며, 이처럼 완전히 동일한 종류의 두 법률행위의 급여의 양적 증감
에 대하여는—어떠한 성질의 변경도 없어—전환이 작동할 여지도 없어지는
것이다. 나아가 이 사안에서는 무효규범의 취지상 당사자의 가정적 의사가 어
땠는지와 관계없이 표준임대보증금과 표준임대료를 조건으로 하는 임대차계약
으로 전환되어야 한다. 일부무효는 물론 무효행위의 전환과도 구별된다. 이 사
안은 무효규범의 직접 적용의 결과로 이해함이 옳을 것이다.[73]

  그밖에 무효인 배타적 사용수익권 포기약정을 사용대차로 전환할 여지가
있고,[74] 무효인 사기취소를 착오취소나 해지로 전환하거나, 무효인 채권양도를
추심위임수권으로 전환하거나, 무효인 어음·수표배서를 지명채권양도 또는 민

---

72) 그러한 취지로, 이계정, "[2016년 분야별 주요판례분석] 3. 민법上(총론·물권)", 신문
   2017.3.2.자, 12.
73) 이동진, "무효인 보증금·차임 전환약정과 증액된 차임의 연체를 이유로 한 임대차계약
   해지", 인권과 정의 467, 2017, 141 이하. 그러나 무효규범의 취지를 고려하여 당사자의
   가정적 의사를 다수의견과 같이 인정할 수 있다는 것으로, 강윤희, "법률행위의 일부가 강
   행법규를 위반한 경우의 법률관계", 저스 160, 2017, 254. 당사자의 가정적 의사를 구체
   적으로 확인하기 어려운 경우 법질서 전체의 평가를 고려하여 이를 구성하는 것은 당연한
   일이다. 문제는 법질서 전체의 평가와 다른 가정적 의사를 가진 경우에 어떻게 할 것인가
   하는 점인데, 위 견해는 이러한 상황에 대하여 별다른 답을 주지 아니한다. 만일 이 경우
   (어느 정도 확인된) 당사자의 가정적 의사보다도 규범적 평가가 더 중요하다는 결론을 내
   린다면 그 근거를 임의규정인 §138에서 찾을 이유는 없다. 양자의 구별에 대하여는 §137
   주해 Ⅰ. 2. (2)와 Ⅱ. 3. 참조. 안병하, "일부무효와 무효행위의 전환", 법조 722, 2017,
   521 이하는 이를 확인하여 당해 사안에서는 일부무효도 무효행위의 전환도 인정될 수 없
   다면서 계약체결상의 과실책임이 인정되어야 한다고 한다. 그러나 당해 무효규범이 그러
   한 결론을 허용하는지는 의문이다.
74) 대판 09.3.26, 2009다228, 235(공 09상, 571) 참조.

법상 보증으로 전환하거나, 무효인 계약인수를 채권양도 및 병존적 채무인수
로 전환하거나, 무효인 특별해지를 통상해지로 전환하거나, 무효인 징계해고를
통상해고로 전환하거나, 무효인 해제 또는 해지를 합의해제 또는 합의해지로
전환하거나, 무효인 비법인사단 또는 사단법인설립행위를 조합설립행위로 전
환하는 것을 생각할 수 있다. 전환이 이루어질지 여부가 개개의 사안의 구체적
사정에 달려 있음은 물론이다.

[이 동 진]

第139條(無效行爲의 追認)

無效인 法律行爲는 追認하여도 그 效力이 생기지 아니한다.
그러나 當事者가 그 無效임을 알고 追認한 때에는 새로운 法
律行爲로 본다.

Ⅰ. 의의, 법적 성격, 적용범위

1. 의의와 법적 성격

　무효행위의 추인, 즉 무효인 법률행위의 추인이라 함은 무효인 법률행위를
유효한 것으로 하는 의사표시를 말한다.[1] 본조 본문은 이러한 의사표시 내지
법률행위도 또한 무효임을 명확히 한다. 본절 및 본조에서 말하는 무효는 확정

---

1) 주석 총칙(3), 303(제4판/이주흥); 박찬주, "무효행위와 취소행위의 추인", 연세대 법학
　연구 18-1, 2008, 160.

적 무효를 가리키므로[2] 당사자의 의사에 따라 그 효력이 좌우될 수 없다는 점을 확인한 것이다.[3]

본조의 의의는 오히려 단서에 있다. 본조 단서는 일정한 요건 하에 이를 (무효인 법률행위와 같은 내용의) 새로운 법률행위로 볼 것을 명한다. 추인을 한 당사자의 의사는 어디까지나 무효인 법률행위를 효력 있게 하려고 한 것이고 새로운 법률행위를 하고자 한 것은 아니지만, 추인으로서는 무효이고, 만일 당사자가 이를 알았더라면($\binom{가정적 \ 당}{사자 \ 의사}$) 새로운 법률행위를 하였을 것이라고 보아 추인을 새로운 법률행위로 전환(umdeuten)하는 것이다.[4] 즉, 이는 무효행위의 전환의 한 예다. 이러한 의미에서 본조는 규정이 없어도 인정될 수 있었던 법리를 명확히 한 셈이다.[5] 비교법적으로는 프랑스민법($\binom{제정 \ 프민 \ \S\S \ 1339, \ 1340, \ 2018}{년 \ 개정 \ 프민 \ \S\S \ 931-1, \ 1180}$), 독일민법($\binom{독민}{\S 141}$)과 일본민법($\binom{\S}{119}$)이 비슷한 규정을 두고 있다. 본조는 직접적으로는 일본민법의, 간접적으로는 프랑스민법과 독일민법의 영향을 받았다.[6]

2. 적용범위

본조는 본래는 좁은 의미의 무효, 즉 확정적 무효(Nichtigkeit)를 적용대상으로 한다. 확정적 무효에 해당하는 한 절대적 무효인지 상대적 무효인지, 채권적 무효인지 물권적 무효인지는 가리지 아니한다. 유동적 무효가 확정적 무효로 전환된 경우도 포함된다. 취소된 법률행위는 무효인 것으로 보므로($\binom{\S 141}{본}$)

---

2) 종래 강학상 무효행위의 추인은 비소급적 추인과 소급적 추인으로, 그리고 후자를 다시 채권적 추인과 물권적 추인으로 구별되어 왔으나, 오히려 확정적 무효의 추인과 미확정적 무효의 추인으로 나누는 것이 바람직하다. 주석 총칙(3), 303 이하(제4판/이주흥). 상세한 근거는 김천수, "법률행위의 무효", 한국민법이론의 발전: 무암이영준박사화갑기념논문집 Ⅰ 총칙·물권편, 1999, 177-178.

3) 대판 95.4.11, 94다53419(공 95, 1839).

4) 김화, "무효행위의 추인—주관적 요건을 중심으로—", 연세대 법학연구 24-3, 2014, 207. 또한 김천수(주 2), 178; 주석 총칙(3), 310(제4판/이주흥).

5) 대판 70.12.29, 70다2484(집 18-3, 447)도 무효인 법률행위를 무효임을 알면서도 이행한 데 대하여 무효인 법률행위의 이행과 관련하여 "새로운 물권변동의 의사를 표시한 것이라고 보여지는 경우에는 다른 특별한 사정이 없는 한 이는 결국 유효라고 해석하여야 할 것"인데, 당해 "합의로써 수분배자인 원고는 그 수분배농지의 상환이 완료된 후에 본건 토지에 관한 물권변동의 새로운 의사표시를 한 것이라고 해석 못할 바 아니"라면 결국 그에 터 잡은 소유권이전등기는 유효하다고 하여, 무효행위의 추인의 법리를 언급하지 아니한 채 같은 결론을 도출하고 있다.

6) 於保不二雄·奧田昌道 編集 新版 注釋民法(4), 2015, 463頁 以下(奧田昌道·平田健治) 참조. 이에 대하여 김대정, 1121은 일본민법의 영향을 인정하면서도 일본민법 §119에 대한 독일민법의 영향은 부정하나, 본조 단서는 독일민법의 영향을 받은 규정이고, 프랑스민법의 영향만으로 설명하기 어렵다.

이를 추인하면 본조에 의한 추인이 된다($^{판례}_{통설}$·).[7] 이에 대하여 본조에 의하여 추인하는 것은 상대방의 신뢰를 해하여 허용되지 아니한다는 견해가 있으나,[8] 취소할 수 있는 법률행위의 추인과 본조의 추인은 구별되고 전자가 후자에 대하여 어떤 신뢰를 야기한다고 볼 수 없다. 가족법상 법률행위의 추인에 대하여는 아래 Ⅳ. 참조.

그러나 본조는 무효행위의 전환의 한 예로서 (의사)해석규칙(Auslegungs-regel)이므로 좁은 의미의 무효에는 해당하지 아니하더라도 재판상 무효나 일방의 철회권 행사로 인한 실효 등에 본조를 유추할 수 있다.[9] 역으로 좁은 의미의 무효인 법률행위의 추인이라 하더라도 새로운 법률행위를 할 의사는 (실제로도, 가정적으로도) 전혀 없고 본래 법률행위와의 관계에서, 그와 결합하여서만 추인하고자 하는 경우라면 본조 단서를 적용하여서는 아니 된다.[10] 본조 단서의 취지에 비추어 볼 때 새로운 법률행위를 할 의사는 전혀 없이 한 추인이라는 점은 본조 단서의 적용을 부정하려는 측에서 주장·증명함이 옳을 것이다.

본조 본문도 분명히 하듯 본조는 미확정적 무효와 유동적 무효에는 적용이 없다.[11] 미확정적 무효의 한 예인 무권대리의 추인에 관하여는 이미 §§ 131-134가 전혀 다른 규율을 정하고 있다. 추인의 대상인 법률행위가 존재하지 아니하여도 본조는 적용되지 아니한다.[12] 대판 92.5.12, 91다26546은[13] "무효인 법률행위는 당사자가 무효임을 알고 추인할 경우 새로운 법률행위를 한 것으로 간주할 뿐이고 소급효가 없는 것이므로 무효인 위 가등기를 유효한 등기로 전용키로 한 위 약정은 그때부터 유효하고 이로써 위 가등기가 소급하여 유효한 등기로 전환될 수 없다"고 하여 아무런 실체관계 없이 마쳐진 무효

---

7) 대판 97.12.12, 95다38240(집 45-3, 360); 조해섭, "취소할 수 있는 의사표시를 취소한 후 다시 추인한 경우 그 추인의 성격 및 효력 등", 해설 29, 1998, 9; 양창수·김재형, 717; 홍성재, 민법총칙, 제6판, 2016, 383; 주석 총칙(3), 304(제4판/이주흥). 독일판례·통설도 같다. BGH NJW 1971, 1795, 1800; Erman/Palm (12. Aufl., 2008), § 141, Rn. 2.

8) 박찬주(주 1), 161.

9) Braunschweig NZG 2003, 1156, 1159(철회); Erman/Palm(주 7), § 141, Rn. 2.

10) 김화(주 4), 208(HKK/Dorn, §§ 139-141 Rn. 45를 인용한다).

11) 김천수(주 2), 179. 독일민법 제정과정에서 무효행위의 추인에 진정한 추인으로서의 효력을 인정하여 오히려 미확정적 무효처럼 취급하려고 했던 Windscheid의 견해에 관하여는 김화(주 4), 207 참조.

12) 주석 총칙(3), 304(제4판/이주흥); 김천수(주 2), 179. 독일의 판례·통설도 같다. BGH NJW 1987, 1699; Erman/Palm(주 7), § 141, Rn. 2.

13) 공 92, 1833.

등기의 전용(轉用) 합의를 무효행위의 추인의 예처럼 설시하고 있으나, 추인의
대상이 되는 법률행위가 없으므로 이는 무효행위의 추인이 아닌 무효등기 전
용(轉用)의 문제일 뿐이다.

II. 요　건

1. 무효인 법률행위의 추인

　본조 단서의 의미에서 '무효인 법률행위'의 의미에 대하여는 위에서 보았
으므로, 이하에서는 추인에 국한하여 살펴본다.

　추인은 무효인 법률행위를 유효한 것으로 하려는 의사표시이다. 논리적으
로 추인의 대상인 법률행위가 무효임을 알아야 추인의사도 성립할 수 있으므
로, 추인은 무효인식을 전제한다. 독민 §141 Ⅰ은 이 요건을 명시하지 아니하
나,[14] 본조 단서는 '무효임을 알고 추인한 때'라고 하여 이 점을 명문으로 확
인하고 있다. 다만 무효라는 점을 확실히 인식할 필요까지는 없고 법률행위의
효력에 의심을 품는 정도면 된다(통설).[15] 판례는 한때 무효임을 알아야 한다
는 듯한 표현을 썼으나,[16] 근래 "그 행위로 처하게 된 법적 지위를 충분히 이
해하고 그럼에도 진의에 기하여 그 행위의 결과가 자기에게 귀속된다는 것을
승인한 것으로 볼 만한 사정이 있어야 할 것"이고,[17] "이전의 법률행위가 무
효임을 알거나 적어도 무효임을 의심하면서"[18] 하여야 추인으로 평가될 수 있
다고 하여 이 점을 분명히 하고 있다.[19] 본조 단서가 '무효임을 알' 것을 요구
하는 한 이러한 해석은 허용될 수 없다면서 일응 객관적으로 추인으로 해석될
수 있는 경우에는 무효인식이 있었다고 추정하고 추인을 부정하는 측이 무효

---

14) 독일의 판례·통설은 적어도 법률행위의 효력에 대하여 의심을 갖고 있어야 한다고 한
　　다. BGH NJW 1977, 1151; 2006, 2116, 2117; BAG 27, 331, 337. 이에 대한, 의사표
　　시 일반에서 표시의식을 요구하지 아니하는 판례의 태도와 모순된다는 비판으로, Erman/
　　Palm(주 7), §141, Rn. 3.
15) 주석 총칙(3), 309(제4판/이주홍).
16) 대판 67.4.18, 67다281(집 15-1, 325); 대판 93.6.11, 92다19316(공 93, 2008); 대판
　　98.12.22, 97다15715(공 98, 184).
17) 대판 09.9.24, 2009다37831(공 09하, 1747); 대판 14.3.27, 2012다16607(공 14상,
　　933).
18) 대판 14.3.27, 2012다16607(공 14상, 933).
19) 독일과 우리 판례·학설상 주관적 요건의 완화에 관하여는 김화(주 4), 214-217.

임을 확실히 인식한 것은 아님을 반증할 수 있게 하여야 한다는 견해가[20] 있으나, '무효임을 알고 추인한 때'라는 문언이 반드시 그렇게 엄격하게 해석되어야 하는 것은 아니고, 무효라는 확신은 없어도 무효일지 모른다는 의심을 품고 있다면 이미 추인의사를 상정할 수 있는데, 확정적 무효의 추인은 그 자체 무효이므로, 이 추인의사는 법률행위의 보충적 해석으로 새로운 법률행위로 볼 여지가 있는바 그렇다면 본조로 포섭함이 간명하며, 무효임을 의심하면서 추인하였는데 그 후 무효임이 밝혀진 경우 무효사유를 명확하게 인식하지 못하였다는 점을 밝혀 추인의 효력을 부정할 수 있게 한다면 결국 추인 여부를 결정할 기회를 한 번 더 주는 셈이 되어 합리적인 규율이 될 수 없다는 점에서 따르기 어렵다. 판례·통설이 옳다. 무효인식은 추인의 효과를 주장하는 자가 증명하여야 한다.[21] 다만, 무효인식이 있었다고 볼 만한 구체적 사정이 있거나 사태의 전형적 경과상 무효사유를 인식하였다고 봄이 타당한 경우에는 무효인식이 있었다고 (사실상) 추정할 수 있을 것이다.

나아가 추인의 의사가 표시되어야 한다. 추인의 의사표시는 명시적이든 묵시적이든 가리지 아니한다. 당사자의 행태로부터 추단될 수도 있다. 그러나 추인의사, 즉 무효인 (또는 무효일 수도 있는) 법률행위의 효력을 완전하게 하려는 의사가 명확하게 도출될 수 있어야 한다.

묵시적 또는 추단적 추인의 가장 대표적인 예는 무효임을 알면서 임의이행을 하고 또 이를 수령한 경우이다. 분배농지에 관하여 상환완료 전 매매계약을 체결하였으나, 매도인이 상환을 완료하고 자기 앞으로 등기를 마친 뒤 매수인에게 인감증명서 등 등기 서류를 교부하거나,[22] 등기해준 경우,[23] 전전매수

---

20) 김화(주 4), 218-219. 이 문헌은 김천수(주 2), 179를 인용하고 있으나, 이 문헌이 무효인식의 증명을 넘어 그 실체적 내용에 관하여도 같은 취지인지는 반드시 분명하지 아니하다.

21) 김천수(주 2), 179. 대판 98.12.22, 97다15715(공 98, 184)도 상가임대분양계약서상 "기부채납에 대한 부가가치세액은 별도" 기재에 관하여 명시·설명하지 아니한 경우 해당 조항은 약관 § 6 Ⅱ (ii), Ⅰ에 의하여 무효가 되고, 고객이 이를 이행하기로 하는 확약서를 작성하였다 하더라도 위 조항이 무효임을 알았다는 점을 증명하지 아니하는 한 추인이 되지 아니한다고 한다.

22) 대판 59.10.29, 4292민상250[민판집 37, 512, 筆者 未見, 김천수, "법률행위의 무효와 취소에 관한 판례분석", 사법연구 8, 2003, 233에서 재인용]. 대판 72.7.11, 72다488(집 20-2, 136)도 농지개혁법 시행 당시 비자경농지였던 토지를 매도한 원고가 그 후 대지화되어 그 소유로 환원된 후 소유권이전등기를 마쳐주기 위하여 등기소요서류를 교부한 일이 있다면 무효인 매도행위를 추인하기 위한 새로운 법률행위를 하였다고 볼 수 있다고 한다.

23) 대판 70.12.29, 70다2484(집 18-3, 447).

인이 상환을 완료한 뒤 매도인이 전전매수인의 상속인 측에게 '위 토지에 수반하는 재산상의 일절 권리를 양도하였음을 이에 증함'이라는 양도증서를 작성·교부하여 그로 하여금 분배농지 소유권이전등기에 관한 특별조치법(실효)에 의한 소유권이전등기를 마칠 수 있게 한 경우는 물론,[24] 이전등기의사를 표시하는 데 그친 경우에도[25] 추인이 될 수 있다. 판례는 세무서장이 국유하천을 매도하여 무효라 하더라도 그 후 그 토지에 대하여 용도폐지처분이 내려지고 국세청이 재산관리청으로서 국(國) 명의의 소유권보존등기를 마친 다음 이를 피고에게 소유권이전등기를 해주었다면 추인이 있다고 볼 수 있다고 한다.[26] 판례는 그밖에 분배농지를 상환완료 전에 매도하고 즉시 인도한 뒤, 상환을 완료하고 상당한 기간이 지나도록 매수인의 점유·경작에 대하여 아무런 이의를 제기하지 아니한 경우에도 묵시적 추인을 인정한다.[27] 다만, 묵시적 추인이 되려면 무효인식이 전제되어야 하는데, 이들 사안의 경우에는 판례가 당해 행위의 전형적 사태경과로부터 무효인식을 사실상 추정하고 있다.

유효임을 전제로 후속행위를 한 경우에도 묵시적 추인이 될 수 있다. 예컨대 부적법·무효인 종중결의를 원고 종중의 결의로 유효한 것으로 인정하고 위 결의에 터 잡은 명의신탁약정이 유효함을 전제로 신탁해지를 원인으로 한 소유권이전등기청구의 소를 제기하였다면 묵시적 추인이 있다고 볼 수 있다.[28] 무효인 약정을 무효임을 알면서도 갱신 또는 변경하기로 하는 경우도 같다.

반면 이사회 결의 없이 이익이 상반하는 기부행위를 한 뒤 회사의 이사회나 주주총회에서 재무제표 및 영업보고서를 승인하는 결의를 하고 회사가 그 영업보고서 등을 근거로 세무신고를 하여 법인세 산정 시 손금산입 처리를 받았다거나 회사의 이사, 주주 혹은 감사가 위 기부행위에 대하여 장기간 이의를 제기하지 아니하였다는 사정 등만으로 회사가 무효인 기부행위를 묵시적으로 추인하였다고 보기 어려우며,[29] 당사자가 이전의 법률행위가 존재함을 알

---

24) 대판 67.4.18, 67다281(집 15-1, 325).
25) 대판 69.6.10, 69다471(검색).
26) 대판 77.9.28, 76다2763(검색).
27) 대판 69.1.21, 68다1644(집 17-1, 26).
28) 대판 91.5.28, 90다16252(공 91, 1738).
29) 대판 07.5.10, 2005다4284(집 55-1, 171). 이 판결은 그 근거로 일반적으로 회사가 이사회의 승인 없는 이사의 이익상반거래를 추인하였다고 보기 위해서는 그 거래에 대하여 승인 권한을 갖고 있는 이사회가 그 거래와 관련된 이사의 이해관계 및 그와 관련된 중요한 사실을 지득한 상태에서 그 거래를 추인할 경우 원래 무효인 거래가 유효로 전환됨으로써 회사에 손해가 발생할 수 있고 그에 대하여 이사들이 연대책임을 부담할 수 있다는

고 그 유효함을 전제로 하여 이에 터 잡은 후속행위를 하였다고 해서 그것만
으로 이전의 법률행위를 묵시적으로 추인하였다고 단정할 수는 없고, 이전의
법률행위가 무효임을 알거나 적어도 무효임을 의심하면서도 그 행위의 효과
를 자기에게 귀속시키도록 하는 의사로 후속행위를 하였음이 인정되어야 하므
로, 어민조합이 적법·유효한 총회 결의 없이 그 소유 토지 지분을 처분한 뒤
에 이를 전제로 담보 설정 등 후속행위를 하였다는 점만으로 묵시적 추인이라
고 단정하기 어렵고,[30] 노동조합이나 근로자가 단체협약 체결시 당시 시행중
이던 보수규정이 유효하다고 여기고 있었다는 점만으로 노동조합이나 근로자
과반수의 동의를 받지 아니한 불이익변경으로 무효인 보수규정 개정을 무효임
을 알면서 추인하였다고 볼 수 없다.[31] 사직서를 내고 퇴직금까지 수령하였다
하여 그 전제가 된 정리해고가 무효임을 알고서 추인하였다고 볼 수 없다.[32]

2. 새로운 법률행위

이상의 요건이 갖추어진 추인은 '새로운 법률행위'로 본다. 그러나 이 법률
행위가 당연히 유효하다는 것은 아니고, 추인 자체가 법률행위의 성립요건과
효력요건을 갖추어야 한다.

그러므로 단독행위의 경우 무효인 법률행위를 한 당사자가 추인하면 되지
만 계약의 경우에는 모든 당사자가 추인하여야 한다.[33] 무효사유가 계약 자체
에 있지 아니하고 그 구성요소인 의사표시 중 어느 하나에 있는 때에는(의사무능력, §107) 그 의사표시를 한 자만 추인하면 된다는 견해가 있으나,[34] 추인의 대상
인 법률행위를 한 뒤 곧바로 추인한 경우는 별론, 상당한 시간적 간격이 있는

점을 용인하면서까지 추인에 나아갔다고 볼 만한 사유가 전제되어야 한다고 한다. 평석:
김원기, "이사의 자기거래와 사후승인", 상사판례연구 20-3(상), 2007, 297; 김용재, "이사
의 자기거래와 이사회의 사후승인", 상사판례연구 20-4, 2007, 1; 김종기, "이사의 이익상
반거래에 대한 승인 또는 추인", 부산판례연구회 판례연구 20, 2009, 85; 홍복기, "이사회
의 자기거래의 추인", 상사판례연구 20-3(하), 2007, 939. 이후 상법 개정으로 더는 추인
이 허용되지 아니한다고 해석되고 있다는 점도 주의.

30) 대판 14.3.27, 2012다106607(공 14상, 933).
31) 대판 92.9.14, 91다46922(공 92, 2858).
32) 대판 90.3.13, 89다카24445(공 90, 881). 요건을 갖추지 아니하여 무효인 정리해고는
당사자의 의사만으로 요건이 갖추어질 수 없으므로 유효하게 추인할 수 없음은 당연하다.
당해 판결에서 문제된 것은 무효인 정리해고를 근로계약의 해지의 청약으로, 근로자가 제
출한 사직서를 그 승낙으로 전환(§138)하여 근로계약의 합의해지가 이루어진 것으로 볼
수 있는가 하는 점이다. 김천수(주 2), 240.
33) Erman/Palm(주 7), §141, Rn. 5. 이 한도에서 박찬주(주 1), 169-170.
34) 주석 총칙(3), 308(제4판/이주흥).

경우에는 상대방 측의 의사표시가 이미 실효하였다고 보아야 하고($\frac{\S529}{참조}$), 그 사이 상대방이 무효를 신뢰하고 새로운 법률관계를 형성하였을 수도 있으므로, 상대방의 추인도 필요하다고 볼 것이다. 이렇게 보더라도 상대방의 추인이 묵시적 또는 추단적 행위에 의하여 행해질 수 있고, 또 그러한 경우가 많으므로 부당한 결과가 되지 아니한다.

추인의 대상인 법률행위가 요식행위(要式行爲)라면 추인도 같은 방식을 준수하여야 한다. 추인의 대상이 되는 법률행위가 방식위반으로 무효가 된 경우는 물론, 그렇지 아니한 경우도 같다.[35] 이에 대하여 추인의 대상인 법률행위가 방식은 준수하였으나 다른 사유로 무효가 된 때에는 추인 자체가 방식을 준수할 필요는 없고 단지 묵시적 추인만이 허용되지 아니한다는, 즉 명시적으로 추인하여야 한다는 견해가 있으나,[36] 별다른 근거 없이 방식요건($\frac{의 경고 및}{신중기능}$)을 명시적 표시 요건($\frac{의 경고 및}{신중기능으}$)로 대체하는 것으로써 찬성하기 어렵다.

추인은 새로운 법률행위로서 그 밖의 효력요건을 모두 갖추어야 한다. 그러므로 무효사유가 소멸하지 아니한 상태에서 추인을 하면 다시 무효가 될 수밖에 없다.[37] 판례도 불공정한 법률행위($\frac{\S}{104}$)는 추인하여도 무효이고,[38] 시효취득기간이 완성된 후 마쳐진 제3자 명의의 등기가 배임행위에 적극 가담한 것으로 무효($\frac{\S}{103}$)라면 시효완성 당시의 소유자가 추인하여도 효력이 없으며,[39] 학교법인이 관할관청의 허가 없이 의무부담행위를 하였다면 그 후 추인한다 하여 효력이 생기지 아니하고,[40] 세무서장이 행정재산으로 용도폐지가 되지 아니한 국유재산을 잡종재산으로 오인하여 매각한 뒤 국세청이 관리청을 국세청으로 등기하고 매수인에게 소유권이전등기를 마쳐주었다 하여 추인될 수 없으며,[41] 사망한 자가 호주가 아니어서 무효인 사후양자의 신고는 추인될 수 없

---

35) 주석 총칙(3), 308(제4판/이주흥); Erman/Palm(주 7), §141, Rn. 5.
36) 김상용, 663; 박찬주(주 1), 174; 이영준, 701.
37) 통설은 본조 단서의 적용요건으로 추인이 허용되는 무효사유일 것 내지 무효사유가 소멸한 뒤 추인할 것을 요구한다. 주석 총칙(3), 304-305(제4판/이주흥); 박찬주(주 1), 170-172. 그러나 이는 본조 단서의 요건이 아니라 그렇지 아니한 경우에는 이 새로운 법률행위에도 무효사유가 있어 무효가 될 수밖에 없다는 점을 별도의 요건처럼 설명한 것이다.
38) 대판 94.6.24, 94다10900(공 94, 2074). 다만, 이 판결은 추인할 당시에도 여전히 불공정성이 남아 있었던 사안이라고 이해된다.
39) 대판 02.3.15, 2001다77352, 77369(공 02, 891).
40) 대판 00.9.5, 2000다2344(공 00, 2090).
41) 대판 92.7.14, 92다12971(공 92, 2405).

다고 한다.[42) 반면 약관의 명시·설명의무를 위반하여 무효인 약관조항은 명시·설명의무를 이행한 뒤 추인하면 유효가 되고, 단체의 행위에 필요한 기관의 결의가 결여되어 무효라면 기관의 결의가 있은 뒤에 추인하면 유효가 되며, 원시적 불능으로 무효인 계약은 불능상태가 해소된 뒤 추인하면 유효가 될 수 있다. 분배농지의 매매의 경우 상환이 완료되면 추인이 가능하고, 강행법규 위반으로 무효인 행위는 강행법규가 폐지된 뒤 추인할 수 있다. 학설 중에는 공서양속 위반($\frac{§}{103}$)이나 불공정한 법률행위($\frac{§}{104}$)는 추인할 수 없다거나[43) 강행법규 위반 내지는 공익적인 성격의 강행법규 위반의 경우에도 추인할 수 없다는 견해도[44) 있으나, 본조에서는 추인 시 무효사유가 존재하는지 여부만이 문제될 뿐인데,[45) 공서양속 위반이나 폭리행위의 요건 중 일부가 추인 시에 탈락할 수 있고,[46) 강행법규 위반 중에도 일정한 요건이 충족되면 금지가 해제되는 경우가 있는데 추인 시 이러한 요건을 갖출 수 있으므로 타당하지 아니하다. 무효규범이 추완 자체를 금하고 있는 경우는 추인하여도 효력이 없음은 물론이다. 판례는 상 §731 Ⅰ이 타인의 생명보험에서 피보험자가 서면으로 동의의 의사표시를 하여야 하는 시점을 보험계약 체결 시까지로 정하고 있는 이상 서면 동의 없이 타인의 생명보험계약을 체결한 경우에는 확정적으로 무효가 되고 피보험자가 추인하여도 유효가 되지 아니한다고 한다.[47)

그러나 본래의 의미의 무효사유가 있는 경우가 아니라 취소사유가 있는 법률행위를 취소함으로써 무효가 되었고 이를 다시 추인한 경우는 달리 보아야 한다. 판례·통설은 이때 추인은 본조의 추인($\frac{무효행위}{의 추인}$)이지만, 무효사유가 소멸한 뒤 비로소 추인할 수 있으므로 취소사유가 종료한 뒤, 가령 강박으로 인한 법률행위라면 강박상태가 종료한 뒤에 한 때에만 유효하다고 한다($\frac{주}{7}$). 무효사유의 소멸은 본조의 추인의 독자적 효력요건이 아니라는 점에서 그 논거는 의문이나, 이 경우를 단순한 취소사유로 본다면 취소할 수 있는 법률행위를

---

42) 대판 02.6.28, 2000므1363(공 02, 1820).
43) 김윤찬, "반사회질서의 법률행위에 관한 연구", 민학 20, 2001, 557; 박동진, 계약법강의, 2016, 919.
44) 이은영, 689; 서광민, 민법총칙, 2007, 481; 박동진(주 43), 919.
45) 명순구, 522-524.
46) 주석 총칙(3), 304-305(제4판/이주흥); 이동진, 공서양속과 계약 당사자 보호(서울대학교 법학박사학위논문), 2011, 179-180.
47) 대판 06.9.22, 2004다56677(공 06, 1790); 대판 10.2.11, 2009다74007(공 10상, 535); 대판 15.10.15, 2014다204178(공 15하, 1660).

추인하게 하는 대신 취소($\begin{smallmatrix}\text{취소사유가 소멸하지}\\\text{아니하여도 할 수 있다}\end{smallmatrix}$)한 뒤 (무효행위의) 추인을 하게 함으로써 §144 Ⅰ을 잠탈할 우려가 있으므로, 결론에 있어서는 수긍할 만하다.

Ⅲ. 효　과

본조 단서는 추인을 새로운 법률행위로 보므로, 추인시점에 새로운 법률행위가 행해진 것이 된다. 그러므로 그 효과는 당초 무효인 법률행위를 한 시점으로 소급하지 아니한다.[48] 그 결과 무효인 가등기를 유효한 등기로 전용하기로 하는 약정은 그때부터 유효하고 이로써 그 가등기가 소급하여 유효한 등기가 되지는 아니하며,[49] 따라서 추인 전 이루어진 중간처분에는 아무런 효력도 미치지 못한다.

그러나 당사자 사이에서 채권법적으로 소급적으로 추인된 것과 같은 법률관계를 만드는 것은 사적 자치의 원칙상 당연히 허용된다. 나아가 당사자가 '새로운 법률행위'를 반복하지 아니하고 '추인'을 할 때에는 오히려 그러한 의사가 있는 것이 보통이다. 독민 §141 Ⅱ는 이 점을 고려하여 당사자가 무효인 계약을 추인하면 의심스러울 때에는 서로 상대방에 대하여 계약이 처음부터 유효하였던 것처럼 해줄 의무를 지는 것으로 추정하고 있다.[50] 우리 법에서도 의사해석으로부터 같은 결론을 도출할 수 있을 것이다. 통설은 그밖에 제3자를 해하지 아니할 때에는 확정적 무효인 물권행위에 대하여도 소급적 추인을 인정한다.[51]

Ⅳ. 특수한 문제: 가족법상 법률행위의 추인

가족법상 법률행위도 추인할 수 있는가, 그리고 그에 대하여도 본조가 적용되는가. 판례는 무효인 가족법상 법률행위의 추인을 인정한다. 가령 혼인이

---

48) 대판 83.9.27, 83므22(집 31-5특, 104); 대판 95.4.11, 94다53419(공 95, 1839); 주석 총칙(3), 310(제4판/이주흥); 김천수(주 2), 179-180.
49) 대판 92.5.12, 91다26546(공 92, 1833).
50) Erman/Palm(주 7), §141, Rn. 7. 이 규정은 단독행위에는 적용되지 아니한다.
51) 주석 총칙(3), 311(제4판/이주흥); 김천수(주 2), 180.

혼인신고에도 불구하고 일방 또는 쌍방의 혼인의사의 결여로 무효[$^{§815}_{(i)}$]인 경우에도[52] 그 후 양쪽 당사자가 그 혼인에 만족하고 그대로 부부생활을 계속하였으면 그 혼인이 추인에 의하여 유효하게 되나,[53] 위조서류에 의한 혼인신고 후 몇 차례 육체관계가 있었다고 하여 추인으로 볼 수는 없다고 한다.[54] 또한 일반적으로 무효인 혼인신고행위에 상응하는 신분관계가 실질적으로 형성되지 아니하였고 또 앞으로도 그럴 가망이 없는 경우에는 추인의 의사표시가 있었어도 추인에 의하여 무효인 혼인이 유효가 될 수는 없다고 해석되고 있다.[55] 이 경우의 추인은 본조의 추인과 달리 소급효가 인정되어 그 혼인신고 시로 소급하여 유효가 된다고 한다.[56] 또한 판례는 대락권자($^{§869}_{II}$)의 대락이 흠결되어 무효인 입양이라도 그 후에 본인 또는 대락권자가 추인할 수 있다면서, 태어난 지 3개월여 만에 기아(棄兒)로 발견되어 경찰서에서 보호 중이던 자에 대하여 입양할 의사로 허위의 친생자출생신고를 한 뒤 양육하여왔고, 그 양자(養子)가 15세가 된 후 이러한 경위를 알면서도 양모(養母)가 사망할 때까지 아무런 이의를 하지 아니하였다면 묵시적으로 입양을 추인하였다고 볼 수 있고,[57] 독신인 망인이 사고무친(四顧無親)인 6세 여아를 데려다 딸처럼 양육하다가 허위의 친생자출생신고를 하였으며, 양자가 약 15세까지 망인을 어머니로 모시고 동거 생활하였고 해녀생활을 위해 타지로 떠난 뒤에도 약 17세까지 왕래·연락이 이어졌다면 그 후 망인이 양자의 결혼에 반대하면서 사이가 소원해져 망인의 사망사실조차 알지 못하였다 하더라도 묵시적 추인을 인정할 수 있고,[58] 부(夫)가 혼인 전 낳은 혼인 외의 자녀에 대하여 처가 자신의 친생자로 출생신고를 한 뒤 생모가 처에게 자에 대한 친권 및 양육권 포기각서를 작성하여 준 때에는 입양을 추인하였다고 볼 수 있다고 한다.[59] 그러나 단지 추인을 한 것만으로는 부족하고 양친자로서의 신분관계가 실질적으로 형성되어 있어야 하며, 그 효력은 입양($^{즉, 허위의}_{친생자출생}$)신고 시로 소급한다고 한다.[60] 학설은 이

---

52) 그 밖의 혼인무효사유는 성질상 유효한 추인을 상정할 수 없다. 윤진수 편집대표 주해친족법 제1권, 2015, 163(윤진수).

53) 대판 65.12.28, 65므61(집 13-2, 306); 대판 95.11.21, 95므731(공 95, 56).

54) 대판 83.9.27, 83므22(집 31-5특, 104).

55) 가령 윤진수(주 52), 164.

56) 대판 65.12.28, 65므61(집 13-2, 306).

57) 대판 90.3.9, 89므389(집 38-1특, 450).

58) 대판 97.7.11, 96므1151(공 97, 2513).

59) 대판 00.6.9, 99므1633, 1640(공 00, 1654).

60) 대판 91.12.27, 91므30(공 92, 782); 대판 00.6.9, 99므1633, 1640(공 00, 1654); 대판

혼합의 없이 협의이혼신고가 이루어진 경우에도 당사자가 소급적으로 추인할 수 있다고 한다.[61]

이상과 같은 가족법상 법률행위의 추인은 많은 경우 법률효과에 지향된 추인의사보다는 그에 상응하는 신분관계의 실질 내지 행태로부터 묵시적 추인의사를 도출하고, 대체로 소급효가 있으며, 특히 신분관계를 형성하는 혼인·입양의 추인의 경우 추인의사와 별도로 신분관계의 실질 형성을 요구하고 있다는 점에서 본조의 추인과 다르다. 이는 가족관계의 특수성을 고려한 법 형성(Rechtsfortbildung)에 해당한다고 봄이 옳을 것이다.

〔보론〕 무권리자의 처분의 추인, 처분수권, 무권리자의 처분과 상속

1. 무권리자의 처분의 추인과 처분수권

(1) 무권리자의 처분의 추인

권리·의무를 직접 변동시키는 법률행위, 즉 처분행위는 당사자의 처분권을 전제한다. 처분권한이 없는 자의 처분행위는 무효이다. 문제는 사후에 권리자, 즉 처분권한자가 추인하여 이를 유효로 할 수 있는가 하는 점이다. 학설은 다투어지고 있다. 무효행위의 추인이라거나,[62] 처분수권이 사후에 이루어진 경우라거나,[63] 무권대리의 추인이 유추되어야 한다거나,[64] 사적자치의 원리에 기초한 제3자에의 권리귀속에 대한 동의라고 하여[65] 결과적으로 무권리자의 처분의 추인을 인정하는 견해가 지배적이나, 법률규정이 없는 한 무효는 확정적 무효이므로 추인할 수 없다는 반대견해도 있다.[66] 반면 판례는 확고하게 이를

　　04.11.11, 2004므1484(공 04, 2036). 상세는 윤진수 편집대표 주해친족법 제1권, 809-810(현소혜).

61) 윤진수 편집대표 주해친족법 제1권, 2015, 313(이동진); 법원실무제요 가사[Ⅰ], 2010, 516. 일본판례도 같다. 日最判 67(昭 42).12.8, 家事月報 20-3, 55.

62) 곽윤직, 민법총칙, 재전정판, 1985, 489 등.

63) 이영준, 702.

64) 김증한·김학동, 575; 고상룡, 608.

65) 양창수, "무권리자의 처분과 권리자에 의한 추인", 민법연구 제2권, 1988, 31 이하.

66) 김규완, "권리의 무단처분과 권리자의 추인", 고려법학 55, 2009, 218 이하. 따라서 추인할 수 있는 무권대리의 요건을 갖추어야 한다고 한다.

인정하고 있다. 다만, 처음에는 타인의 권리를 자기 이름으로 처분한 경우 본
인이 그 처분을 인정하면 무권대리의 추인과 같이 취급하여야 한다고 하였으
나,[67] 이후에는 근거에 대한 설시 없이 무권리자의 처분의 추인이 유효하다는
결론만을 원용하였고,[68] 근래 들어서는 "무권리자가 타인의 권리를 자기의 이
름으로 또는 자기의 권리로 처분한 경우에, 권리자는 후일 이를 추인함으로써
그 처분행위를 인정할 수 있고, 이러한 경우 특별한 사정이 없는 한 권리자 본
인에게 위 처분행위의 효력이 발생함은 사적 자치의 원칙에 비추어 당연하다
할 것"이라고 한다.[69]

　　무권리자의 처분행위의 추인을 위해서는 무권리자가 자기 이름으로 처분
행위를 하였어야 한다. 처분자는 무권리자여야 한다. 처분대상인 권리의 보유
자가 아니거나 적어도 그 처분권이 박탈 또는 제한되어 있어야 한다. 파산 또
는 회생절차가 개시된 채무자, 합유권자 중 1인은 물론, 소유권을 처분하였으
나 제한물권이 설정되어 있었던 경우, (가)압류·가처분에 의하여 처분권이 상
대적으로 제한된 권리자가 이에 해당한다. 무권리자는 자기 이름으로 처분하
여야 한다. 권리자의 이름으로 처분한 때에는 (권한이 없다면 무권)대리가 될
뿐이다.[70]

　　끝으로 권리자가 추인을 하여야 한다. 추인은 단독행위로써 수령이 필요한
의사표시이다. 처분을 한 무권리자와 그 행위 상대방 중 누구에게 하여도 무방
하다.[71] 추인의 대상이 되는 행위가 요식행위(要式行爲)라 하더라도 추인은 무
방식이다. 명시적으로도, 묵시적으로도 할 수 있다.[72] 판례는 무권리자의 처분
임을 안 매수인이 권리자 앞으로 매매대금을 공탁하였고 진정한 권리자가 이

---

67) 대판 81.1.13, 79다2151(공 651, 13577). 양창수(주 65)가 그 평석이다.
68) 대판 88.10.11, 87다카2238(공 88, 1406); 대판 92.9.8, 92다15560(공 92, 2842); 대판
　　92.2.28, 91다15584(공 92, 1150). 위 92년 판결에 대한 평석으로 양창수, "무권리자의
　　처분에서 권리자의 물권적 청구권과 부당이득반환청구권의 긴장관계", 민법연구 제7권,
　　2005, 105.
69) 대판 01.11.9, 2001다44291(공 02, 7). 그러나 위 판결은 "이 경우 추인은 명시적으로
　　뿐만 아니라 묵시적인 방법으로도 가능하며 그 의사표시는 무권대리인이나 그 상대방 어
　　느 쪽에 하여도 무방하다"고 함으로써 무권대리의 유추의 흔적도 남기고 있다. 노태악,
　　"원인무효의 등기가 마쳐진 부동산에 대하여 공공용지의취득및손실보상에관한특례법에 의
　　한 협의취득의 효과", 해설 38, 2002, 69 이하, 특히 75-76 참조.
70) 이상 이상영, "처분수권의 개념과 요건—독일민법상 처분수권의 기초이론을 중심으
　　로—", 비교 19-4, 2012, 1154 이하; Erman/Palm(주 7), §185, Rn. 2-7.
71) 대판 01.11.9, 2001다44291(공 02, 7).
72) 대판 01.11.9, 2001다44291(공 02, 7). 또한 노태악(주 69), 76.

를 수령하거나,[73] 진정한 권리자가 권리자임을 주장하여 매수인으로부터 직접 매매대금을 수령한 경우에[74] 묵시적 추인을 인정하였다. 무권리자를 상대로 부당이득반환을 청구하려면 추인을 전제하여야 하므로 이러한 청구 자체가 묵시적 추인을 포함한다고 볼 여지가 있다.[75] 공동상속인 중 1인이 권한 없이 다른 상속인의 상속지분을 처분하여 제3자 명의로 소유권이전등기가 되었는데도 정당한 상속지분권자인 상속인이 제3자를 상대로 말소등기청구를 하지 아니하거나 소를 제기한 뒤 취하하였다 하여 추인하였다고 볼 수는 없으나,[76] 무권리자가 임야를 처분한 뒤 수년 뒤에 진정한 권리자들이 이의를 제기하지 아니한 채 임야 위의 분묘를 이장하여 간 경우 묵시적 추인이 있었다고 볼 여지가 있다고 한다.[77]

무권리자의 처분행위를 추인하면 처분권한의 흠이 소급하여 치유된다. 그 결과 그 상대방이 권리를 취득하게 된다. 특히 하나의 목적물이 전전 양도되었는데 그것이 무권리자의 처분이어서 모두 무효인 경우 어느 한 처분을 추인하면 다른 모든 처분이 추인된다. 추인은 사람이 아닌 대상에 관계된(gegenstandsbezogen) 것이기 때문이다.[78]

권리자는 무권리자의 처분행위를 추인하지 아니하고 권리 자체의 회복을 꾀할 수도 있지만 이를 추인하고 대신 무권리자가 받은 처분대가를 부당이득으로 반환받을 수도 있다.[79] 바꾸어 말하면 무권리자의 처분의 추인은 무권리자와 진정한 권리자 사이에서 그 처분이 무권리자의 처분이었다는 점에는 어떤 영향도 주지 아니한다. 복수의 무권리자가 있는 경우 권리자는 그중 어느 한 사람을 선택하여 부당이득반환을 구할 수 있을 것이다. 그러나 이렇게 하더라도 진정한 권리자가 실현 여부가 불확실한 부당이득반환청구를 하기 위하여 목적물에 대한 권리를 포기하여야 한다는 점이 문제가 되는데, 이를 해결하기 위하여 무권리자 중 누구에게서도 반환받지 못하는 경우를 해제조건으로 추인할 수 있다고 보아야 한다는 견해가 있다.[80]

---

73) 대판 64.6.2, 63다880[양창수(주 65), 41-42].
74) 대판 92.2.28, 91다15584(공 92, 1150).
75) 대판 92.9.8, 92다15560(공 92, 2842) 참조.
76) 대판 92.11.10, 92다21425(공 93, 78).
77) 대판 93.7.13, 93다19146(공 93, 2277).
78) 양창수(주 68), 141-144.
79) 대판 92.9.8, 92다15560(공 92, 2842).
80) 양창수(주 65), 133-139, 144-145.

(2) 처분수권

처분수권(Verfügungsermächtigung)은 무권리자가 본인의 이름으로 목적물을 처분하는 데 대하여 권리자가 사전에 동의해주는, 즉 그러한 권한을 부여하는 단독행위를 가리킨다. 독민 §185는 이를 허용하는 명문의 규정을 두고 있으나, 우리 법에는 그와 같은 규정이 없어 이와 같은 수권이 가능한지, 즉 수권이 있으면 무권리자의 처분행위가 유효한지가 다투어진다. 통설은 처분권한이 있는 자는 그의 처분권한을 다른 사람에게 줄 수도 있으므로 당연히 허용된다고 하나,[81] 법률에 없는 법 개념을 우리 사법체계에 들여온다고 비판하는 견해도 있다.[82] 그러나 무권리자의 처분행위의 추인을 인정하는 한 처분수권을 부정할 까닭은 없을 것이다. 대판 14.3.13, 2009다105215도[83] "소유자는 제3자에게 그 물건을 제3자의 소유물로 처분할 수 있는 권한을 유효하게 수여할 수 있다"면서 "그와 같은 이른바 '처분수권'의 경우에도 그 수권에 기하여 행하여진 제3자의 처분행위[…]가 대세적으로 효력을 가지게 되고 그로 말미암아 소유자가 소유권을 상실하거나 제한받게 될 수는 있다고 하더라도, 그러한 제3자의 처분이 실제로 유효하게 행하여지지 아니하고 있는 동안에는 소유자는 처분수권이 제3자에게 행하여졌다는 것만으로 그가 원래 가지는 처분권능에 제한을 받지 아니한다"고 하여 이 개념을 인정하고 있다.

처분수권의 요건은 대체로 무권리자의 처분행위의 추인과 같고, 진정한 권리자가 사전에 동의를 하였다는 점만 다르다. 동의는 단독행위이고, 실제로 처분이 이루어지기까지는 철회할 수 있다($\frac{독민}{§185}$). 처분수권은 권한부여에 불과하므로 그 자체로 처분수권자가 권리 또는 처분권을 잃지는 아니한다. 처분수권을 인정하는 한 추심수권(Einziehungsermächtigung)과 변제수령권의 부여도[84] 인정되어야 한다. 임의적 소송담당은 처분수권과는 구별된다.[85]

(3) 개정안 § 139-2

2009년 민법 개정위원회는 2009.8.21. 전체회의를 통하여 §139-2로 "① 무권리자가 권리자의 동의를 얻어 한 처분은 효력이 있다. ② 권리자가 무권리

---

81) 구주해(3), 286(김용담).
82) 이은영, 346.
83) 공 14상, 823.
84) 전자(前者)는 청구할 권한을 포함하나, 후자(後者)는 그렇지 아니하다. 다만, 변제수령행위의 추인 또는 변제수령권의 부여가 그 자체 무권리자의 처분의 추인이나 처분수권에 해당하는 것은 아니다. 김규완(주 66), 211; 양창수(주 65), 51-52.
85) 이상 이상영(주 70), 1154 이하; Erman/Palm(주 7), §185, Rn. 2-7.

자의 처분을 추인하면 그 처분은 소급하여 효력이 있다. 그러나 제3자의 권리
를 해하지 못한다"는 규정을 신설하기로 하였다.[86] 이는 2004년 개정안을 그대
로 따른 것이다.

2. 무권리자의 처분과 상속

통설은 무권리자가 처분을 한 뒤에 무권리자가 진정한 권리자를 상속한
된 경우 무권리자의 처분의 효력에 관하여 무권대리와 상속에 관한 논의를 원
용하거나, 결여되었던 처분권한이 추완되었다는 이유로 당연유효,[87] 또는 신의
칙상 추인을 거절할 수 없다고 한다.[88] 다만, 그 효력은 소급하지 아니하고,
무권리자가 진정한 권리자의 공동상속인이 되는 경우에는 자신의 지분에 한하
여 유효하게 되며, 한정승인이나 재산분리를 한 때에는 지위의 혼동이 발생하
지 아니하는 결과($\substack{\S\S\ 1031, \\ 1050\ 참조}$) 아예 유효가 되지 아니한다.[89]

무권리자가 처분을 한 뒤에 권리자가 무권리자의 지위를 상속한 경우에
는 무권리자의 지위를 상속하였다는 사정만으로 권리자가 갖고 있던 추인 여
부의 선택권이 없어질 수는 없고, 이때 추인을 거절하는 것이 당연히 신의칙에
반한다고 할 수도 없다. 무권리자가 처분을 한 뒤 제3자가 무권리자와 권리자
의 지위 모두를 상속한 경우에도 같다.[90] 판례도 무권리자가 자기 이름으로 권
리를 처분하기로 하는 계약을 체결하고 그 이행을 하지 못한 채 사망하여 권
리자가 무권리자를 상속한 사안에서 권리자는 원칙적으로 이행 여부를 선택할
수 있으나 신의칙에 반하는 특별한 사정이 있을 때에는 이행거절이 허용되지
아니한다고 한다.[91]

[이 동 진]

---

86) 윤철홍, "한국민법의 개정작업과 과제", 숭실대 법학논총 23, 2010, 8-9.

87) 가령 제철웅, "상속이 무권대리 또는 무권리자의 처분행위에 미치는 효력", 현대민사법
　　연구: 최병욱교수정년기념논문집, 2002, 25.

88) 양창수·김재형, 247-248; 김봉수, "무권리자의 처분행위와 상속—무권대리사례와의 차
　　별적 이해—", 부산대 법학연구 51-1, 2010, 21.

89) 제철웅(주 87), 27-28.

90) 양창수·김재형, 248-249; 김봉수(주 88), 573-575.

91) 대판 94.8.26, 93다20191(공 94, 2510); 대판 01.9.25, 99다19698(공 01, 2315). 그러
　　나 이들 사안에서는 실제 이행이 이루어지기 전, 즉 처분이 있기 전에 상속이 일어났으므
　　로, 무권리자의 처분과 상속이 문제된 것이 아니라 실은 타인 권리 매매(§ 569, 유효하다)
　　내지 그에 준하는 계약상 지위의 상속에 있어 권리자가 상속을 포기하거나 한정승인하지
　　아니하고도 이행을 거절할 수 있는지가 문제된 것이었다.

제 140 조(법률행위의 취소권자)

취소할 수 있는 법률행위는 제한능력자, 착오로 인하거나 사기 · 강박에 의하여 의사표시를 한 자, 그의 대리인 또는 승계인만이 취소할 수 있다.

Ⅰ. 의의와 적용범위

본조는 법률행위에 취소사유가 있는 경우 누가 취소권자인지를 정한다. 취소사유에 관한 개별규정($\S\S 5$ Ⅱ, 10 Ⅰ, 13 Ⅳ, 109 Ⅰ 본, 110 Ⅰ, Ⅱ)은 "취소할 수 있다"고만 하고 누가 취소할 수 있는지를 정하고 있지 아니한데, 본조가 이를 보충한다. 일민 § 120을 따른 것이다.

본조에서 말하는 "취소할 수 있는 법률행위"란 본절의 의미의 취소사유가 있는 법률행위, 즉, 제한능력, 착오, 사기, 강박을 이유로 취소할 수 있는 법률행위를 말한다.[1] 계약은 물론이고, 단체법상의 행위와 단독행위에 대하여도 적용된다. 형성권 행사의 의사표시도 단독행위로 이에 해당한다($\S\S 5$ Ⅱ, 10 Ⅰ, 13 Ⅳ, 109 Ⅰ 본, 110 Ⅰ, Ⅱ, $\S\S 733$ 단, 852, 1024 Ⅱ, 1075 Ⅱ도 참조). 의사표시가 취소의 대상인 경우($\S\S 109$ Ⅰ 본, 110 Ⅰ, Ⅱ) 의사표시가 취소되는 결과 그 의사표시를 필수적 구성요소로 한 법률행위도 취소된다. 가령 두 개의 대립하는 의사표시로 구성된 계약의 경우 한 의사표시가 취소되면 법률행위도 취소되는 것이다. 그러나 셋 이상의 의사표시로 구성된 다면(多面)계약이나 단체법상의 행위에서 그중 한 의사표시가 취소된다 하더라도 나머지 의사표시만으로 법률행위가 존속할 수 있는 경우에는 법률행위 자체는 취소되지 아니할 수도 있다. 그밖에 일부무효의 법리에 의하여 효력이 유지되는 경우가

---

1) 구주해(3), 289(김용담); 주석 총칙(3), 315-316, 320(제4판/이주흥).

있을 수 있음은 물론이다. 前論 Ⅱ. 1. 및 § 137 주해 참조.

　　반면 채권자취소($\S_{406}$)나 주식회사 결의취소의 소($\S_{376}^{상}$) 등에 대하여는 본조의 적용이 없다. 제한능력이나 사기, 강박을 원인으로 하는 경우라 하여도 소(訴)의 방법으로만 행사할 수 있고, 제소권자와 상대방에 대하여 따로 규정을 두고 있는 혼인취소($\S_{816}$), 이혼취소($\S_{838}$), 인지취소($\S_{861}$), 입양취소($\S_{884}$)에 대하여도 본조의 적용이 없다.[2]

Ⅱ. 취소권자

1. 제한능력자, 착오로 인하거나 사기·강박에 의하여 의사표시를 한 자 본인

　　제한능력, 착오, 사기, 강박을 이유로 법률행위를 취소하는 경우 원칙적인 취소권자는 각각 제한능력자, 착오에 빠진 자, 사기나 강박을 당한 자 본인이다. 2011년 개정 전에는 "취소할 수 있는 법률행위는 무능력자, 하자있는 의사표시를 한 자, 그 대리인 또는 승계인에 한하여 취소할 수 있다"고 규정하고 있었으나, 새로운 성년후견제의 도입과 함께 2011년 개정으로 "무능력자"를 "제한능력자"로 변경하고 그 기회에 종래부터 부정확한 표현으로 지적받아 온 "하자있는 의사표시"를 "착오로 인하거나 사기·강박에 의하여 의사표시를 한 자"로 고쳤다. 이는 표현상의 수정에 불과하고 규율의 실질적인 내용에 어떤 변화가 있는 것은 아니다.[3]

　　특히 제한능력자의 경우 법정대리인의 동의가 없이 단독으로 취소할 수 있고, 법정대리인의 동의가 없었음을 이유로 취소를 다시 취소할 수 없다는 것이 통설이다. 취소권의 행사도 법률행위에 해당하지만, 어디까지나 제한능력자가 제한능력에도 불구하고 한 법률행위를 부인하기 위한 것이고, 제한능력자와 거래한 상대방도 보호할 필요가 있기 때문이다.[4]

---

2) 주석 총칙(3), 316(제4판/이주홍)은 친생자승인의 취소(§854)에도 본조가 적용되지 아니한다고 한다.

3) 주석 총칙(3), 315(제4판/이주홍). 개정 전 민법이 취소권자에서 '하자 있는 의사표시를 한 자'라고만 하여 착오자가 배제되는 것처럼 읽힐 수 있었던 것은 착오를 무효사유로 하고 있던 의용민법의 규정을 부주의하게 답습한 데서 비롯되었다. 고상룡, 612-613.

4) 고상룡, 612; 곽윤직·김재형, 391; 김대정, 1130; 박동진, 계약법강의, 2016, 994; 송덕수, 449; 양창수·김재형, 713; 홍성재, 민법총칙, 제6판, 2016, 380; 주석 총칙(3),

2. 그 대리인

대리인도 취소권을 행사할 수 있다. 임의대리인인지 법정대리인인지는 가리지 아니한다.

취소권의 행사가 그 자체 법률행위인 이상 대리의 대상이 됨은 당연하다. 문제는 본조가 이를 넘어 대리인의 대리권에 취소권 행사가 포함된다는 뜻인가 하는 점인데, 부정하는 것이 통설이다. 따라서 임의대리인의 경우 본인으로부터 취소의 대리를 수권 받아 취소를 대리하여 할 수는 있겠지만, 그러한 수권 없이 당연히 본인을 대리하여 취소할 수 있는 것은 아니다. 임의대리인이 한 법률행위에 취소사유가 있는 경우에도 취소권은 본인에게 귀속하므로 별도의 수권 없이 당연히 취소까지 대리하여 할 수는 없다.[5] 다만 무권대리인이 한 법률행위에 착오, 사기, 강박의 취소사유가 있는 경우 적어도 본인이 추인을 거절하여 무권대리인의 책임($\S_{135}$)을 추궁 당하게 되었을 때에는 본인 대신 취소할 수 있다고 볼 것이다.[6] 복대리인이 취소할 수 있는지 여부에 관하여도 대리인에 대한 것과 같은 법리가 적용된다. 법정대리인의 경우에는 그의 대리권에 취소권이 포함됨이 보통이나, 특별한 제한이 있을 수 있다. 가령 부모가 공동친권을 행사하는 미성년자의 법률행위를 취소하려면 원칙적으로 부모 쌍방의 의사가 일치하고 대외적으로 공동대리를 하여야 하며($\S_{920-2}$),[7] 제한능력자의 법률행위의 취소에 관하여 법정대리인인 친권자와 그 미성년자 사이 또는 그 친권자의 친권에 따르는 수인(數人)의 자녀들 사이에 이해가 상반되거나 미성년·성년·한정후견인과 그 피후견인 사이에 이해가 상반되는 경우에는 그 법정대리인에게는 취소권이 부인된다($\S\S_{3,\ 959-6}^{920,\ 949-}$).

3. 포괄 및 특정승계인

본조는 그밖에 "승계인"도 취소권을 행사할 수 있다고 규정한다.

먼저, 본인의 포괄승계인이 본조의 의미의 승계인에 해당한다는 데는 이론(異論)이 없다. 상속인($\S_{1005}$), 포괄수유자($\S_{1078}$), 합병 후 존속회사($상\ \S\S_{287-18,\ 530}^{235,\ 269,}$

---

5) 김대정, 1130; 박동진(주 4), 924; 송덕수, 449; 홍성재(주 4), 380; 주석 총칙(3), 324(제4판/이주흥). 그러나 이은영, 696은 반대한다.
6) BGH NJW 2002, 1867, 1868; Erman/Palm (12. Aufl., 2008), § 179, Rn. 5.
7) 그러나 통설은 내부적인 의사일치만 있으면 되고 대외적으로 공동으로 할 필요는 없다고 한다. 주석 총칙(3), 324-325(제4판/이주흥).

$\binom{1}{603}$, 분할회사, 분할합병후의 회사($\S\S^{상}_{530-10}$)는 취소사유가 있는 법률행위를 승계함과 동시에 그 취소권도 당연히 승계한다. 계속적 보증계약의 경우 보증인의 사망만으로 보증계약이 종료하지 아니하는 경우는 물론,[8] 보증계약은 종료한 경우에도[9] 취소의 대상으로서 종료된 보증계약은 확정된 보증채무와 함께 상속인에게 상속되어[10] 상속인이 취소할 수 있다. 한 사람의 취소권이 수인(數人)에게 공동승계된 경우($\binom{가령 \ 공}{동상속}$)에는 §547을 유추하여 수인(數人)이 공동으로만 취소권을 행사할 수 있다고 봄이 옳을 것이다.

다음, 본인의 특정승계인이 본조의 의미의 승계인에 해당한다는 데도 대체로 견해가 일치한다. 법률행위의 당사자 지위를 특정승계한 경우가 이에 해당한다는 데는 이론(異論)이 없다. 계약인수인이 대표적이다.[11] 계약인수와 같은 효력을 갖는 다른 경우, 가령 임대 목적 부동산을 양도하면서 하는 임대인지위의 이전($\binom{임대차의 \ 대항력, \ 주}{임 §3 \ Ⅳ, 상임 §3 \ Ⅱ}$), 임차권 양도, 양업양도에 따른 고용계약상 지위승계, 보험 목적물의 양도에 수반한 보험계약상 지위승계($\S^{상}_{679}$), 금융관계법상 계약이전명령($\binom{보험 §140 \ Ⅰ, 금융산업의 \ 구조}{개선에 \ 관한 \ 법률 \ \S\S 10 \ Ⅰ, 11 \ Ⅰ}$) 등에서 승계인도 본조의 승계인에 해당한다.[12]

문제는 법률행위의 당사자로서의 지위는 승계하지 아니한 채 취소할 수 있는 권리·의무만을 특정승계한 때에도 취소할 수 있는가, 나아가 취소권만 승계할 수도 있는가 하는 점이다. 통설은 취소권은 취소의 대상인 법률행위와 분리하여 이전하지 아니하므로 채권양수인 내지 채무인수인은 취소권을 갖지 아니하고, 또한 취소권을 이전할 수도 없다면서[이른바 계약관련적 (vertragsbezogene) 형성권],[13] 이들은 본조의 특정승계인이 아니라고 한다.[14] 그러나 취소의 대상인 채권의 양수인이나 채무의 인수인, 급여 목적물의 양수인은 취소권도 이전 받는다는 견해가 있

---

  8) 이른바 유한보증의 경우. 대판 99.6.22, 99다19322, 19339(공 99, 1483). 또한 대판 98.2.10, 97누5367(공 98상, 796). 평석: 최수정, "계속적 보증채무의 상속", 가연 14, 2000, 227 이하.

  9) 이른바 무한보증의 경우. 대판 01.6.12, 2000다47187(집 49-1, 442); 대판 03.12.26, 2003다30784(공 04, 226). 신원보증에 관하여는 신보 §7, 대판 72.2.29, 71다2747(집 20-1, 130).

 10) 최수정(주 8), 240 이하.

 11) 양창수·권영준, 216.

 12) 이동진, "계약이전의 연구—상대방의 동의 요건의 기능과 위치를 중심으로—", 서울대 법학 53-1, 2012, 670, 677 이하.

 13) 김용담, "계약인수의 요건", 민판연 4, 1982, 85-87. 김영희, 형성권 연구, 2007, 146도 참조.

 14) 구주해(3), 293(김용담); 주석 총칙(3), 325(제4판/이주홍).

고,[15] 나아가 일정한 요건 하에서 계약관련적 형성권의 분리 양도가 가능하다
는 견해도 있다.[16] 일반적으로 채권양수나 채무인수에 취소권 이전이 수반한다
고 보기는 어렵다. 본조의 의미의 "취소"는 어느 것이나 법률행위 당사자의 의
사자유를 보호하기 위한 제도이므로 어디까지나 그의 의사자유가 침해된 법률
행위의 당사자의 권리이고, 채권양도나 채무인수만으로 이러한 결정권한까지
이전할 의사가 포함되어 있다고 하기 어려우며, 오직 법률행위 당사자의 지위
전부를 이전해주는 경우에만 그와 함께 취소권도 이전할 의사가 있다고 보아
야 한다.[17] 채권양도의 경우 원인행위의 취소의 효과 중 상당부분이 양수인에
게 미침에도 불구하고 이미 채권을 양도한 양도인이 단독으로 취소하는 것을
허용하여서는 아니 되고 양수인에게 취소권을 인정하거나 적어도 취소에 양수
인의 동의가 필요하다는 반론이 있을 수 있으나,[18] 적어도 쌍무계약의 경우 양
도인에게도 여전히 취소 여부에 관한 법적 이해관계가 있음을 부정할 수 없고,
원인행위의 취소로 인한 양수인의 법적 지위변동은 양도인과 사이에서 청산하
게 하여도 충분하다. 반면 당사자가 취소권만 명시하여 분리 양도한 경우에 그
효력을 굳이 부인하여야 할 까닭은 찾아보기 어렵다.[19] 취소권만의 처분의 효
력을 부인한다 하더라도 어차피 취소의 대리를 수권하면 그 효력을 부인할 수
없는 것이기도 하다.

　　제한물권, 가령 저당권이나 지상권의 설정행위에 소유자에게 취소사유가
있었는데 이후 그 목적물이 양도되었다면, 양수인인 신소유자가 취소권도 승
계한다는 견해가 있다.[20] 소유자와 제한물권자 사이의 물권적 법률관계는 소유
권이나 제한물권의 이전과 함께 양수인에게 완전히 이전되므로 물권행위로서

---

15) 김대정, 1131; 송덕수, 450; 이영준, 723; 이은영, 696.

16) 김영희(주 13), 157 이하, 221. 독일법권의 논의에 관하여는 우선 P. Bydlinski, Die
　　Übertragung von Gestaltungsrechten, 1986, S. 95 ff. 참조.

17) 채권양도에 국한된 논의이지만 비교적 상세한 것으로, 최수정, "지명채권양도에 있어서
　　다수인 사이의 부당이득반환", 민학 30, 2005, 303-308. 또한 Erman/Palm(주 6), § 143,
　　Rn. 4.

18) 가령 Dörner, Dynamische Relativität. Der Übergang vertraglicher Rechte und
　　Pflichten, 1985, S. 321 f.; Schwenzer, Zession und sekundare Gläubigerrechte, AcP
　　182 (1982), 251 등.

19) 그러나 최수정(주 17), 305-306은 취소권만 독립적으로 양도할 이익상황을 상정하기
　　어려울뿐더러, 취소권만을 양도하게 되는 경우 법률관계가 지나치게 복잡하게 되고, 취소
　　제도의 본래적 취지에도 반한다는 이유로 이에 반대하고, 채권양도시 특약에 의하여 양도
　　하는 것만을 인정한다.

20) 곽윤직·김재형, 392; 송덕수, 450; 주석 총칙(3), 325(제4판/이주흥). 그러나 김용한,
　　406은 이에 대하여 의문을 표한다.

제한물권 설정행위에 관한 한 수긍할 바가 없지 아니하다. 그러나 그렇다고 하
여 원인관계가 당연히 수반하여 이전하지는 아니하고,[21] 그러한 이상 원인관계
의 취소권도 이전하지 아니하는데, 물권행위의 유인성(有因性)을 인정하는 한
원인관계의 취소는 제한물권 설정행위에 영향을 주나 제한물권 설정행위만 취
소된 것으로는 여전히 원인관계상 제한물권 설정의무가 남으므로 적어도 원인
행위에 취소사유가 있는 한 이러한 구성에 큰 실익이 있는 것은 아니다. 필요
한 경우 양수인으로서는 양도의 원인관계에 터 잡아 양도인을 대위하여 원인
관계상의 취소권을 행사할 수 있을 것이다.

    그밖에 특정승계가 그 자체 추인이 되어 취소사유가 소멸하는 경우가 있
음에 유의하여야 한다. 취소권자가 취소사유가 있음을 알면서도 그 법률행위
로 취득한 권리의 전부나 일부를 양도한 경우$\left[{}^{\S\,145}_{(v)}\right]$가 대표적이다.[22]

    보증인은 주채무자의 승계인이 아니므로 취소권을 대신 행사할 수는 없
고,[23] 주채무자가 취소한 뒤 그 효과를 원용하거나$\left({}^{\S}_{433}\right)$, 주채무자가 취소권을
행사하지 아니하고 있는 동안에 채무의 이행을 거절할 수 있을 뿐이다$\left({}^{\S}_{435}\right)$.
§435 주해 참조.

4. 기   타

    유언에 취소사유가 있는 경우 유언자가 생존하고 있다면 유언자 본인이
취소할 수 있다. 유언자는 언제든지 유언을 철회할 수 있으므로$\left({}^{\S}_{1108}\right)$ 취소권을
인정할 필요가 없다는 견해가 있으나,[24] 취소권을 부정할 만한 근거는 되지 못
한다. 문제는 유언자가 이미 사망한 뒤에는 누가 취소할 수 있는가 하는 점이
다. 독민 §2080은 특칙을 두어 그 취소로 직접 이익을 받을 자가 취소권을 갖
는다고 규정하고 있으나, 그와 같은 규정이 없는 우리 법에서는 유언자의 포괄
승계인인 상속인이 취소권을 갖는다고 보는 수밖에 없다. 다만, 그 상속인이
상속결격인 때에는 이미 상속인이 아님에 유의하여야 한다.[25] 공동상속인이 있

---

21) 대판(전) 94.1.25, 93다16338(공 94, 798). 평석: 윤진수, "소유권을 상실한 저당권설정
    자의 저당권설정등기 말소청구의 가부", 법조 44-2, 1995, 166 이하.
22) 주석 총칙(3), 325(제4판/이주흥). 그 밖의 예로는 이동진(주 12), 709.
23) 주석 총칙(3), 325-336(제4판/이주흥). 그밖에 보증인에게 취소권을 인정하면 보증의
    담보적 작용을 약화시킨다는 지적으로, 고상룡, 614.
24) 독일민법이 그러한 태도이다.
25) 오병철, "유언의 취소", 가연 25-3, 2011, 306-307.

는 경우에는 상속분의 과반수로 정하여야 한다는 견해가 있다.[26] 어떻든 대외적인 행사는 전원이 공동으로 하여야 할 것이다. 그밖에 유언집행자도 취소권을 갖는지도 다투어지는데, 부정하는 견해도 있으나,[27] 긍정함이 옳을 것이다 $\left(\begin{smallmatrix}\S 1103 \\ I\end{smallmatrix}\right)$.[28]

본조의 취소권자가 아니라 하더라도 채권자대위권자$\left(\begin{smallmatrix}\S \\ 404\end{smallmatrix}\right)$로서 본인 등의 취소권을 대위행사할 수 있음은 물론이다.

[이 동 진]

제 141 조(취소의 효과)

취소된 법률행위는 처음부터 무효인 것으로 본다. 다만, 제한능력자는 그 행위로 인하여 받은 이익이 현존하는 한도에서 상환(償還)할 책임이 있다.

I. 본문: 취소의 효과 일반

취소된 법률행위는 처음부터 무효인 것으로 보므로, 무효의 효과가 취소에 대하여도 타당하다. 일반적 효과는 물론,[1] 그 제한도 적용된다. 前論 II, III. 및 §§ 137, 138 주해 참조.

---

26) 오병철(주 25), 307-308.
27) 김주수·김상용, 친족상속법, 제13판, 2016, 814; 오병철(주 25), 308-309.
28) 곽윤직, 상속법, 2004, 247.
 1) 취소의 효과에 초점을 맞춘 설명으로는 주석 총칙(3), 326-335(제4판/이주흥); 이진기, "의사표시의 취소의 효과", 계약법의 과제와 전망: 모원김욱곤교수정년퇴임기념논문집, 2005, 292 이하.

다만 무효와 같이 처음부터 당연히 효력이 없는 것이 아니고, 취소함으로써 소급하여 효력이 없어지므로, 법률행위가 취소되기 전 취소사유의 존재를 알고 있었거나 알 수 있었던 자를 실제로 법률행위가 취소된 뒤 법률행위 후 취소시까지 무권리 내지 무권한 등에 관하여 악의 또는 과실이 있는 것으로 취급하여야 하는지, 아니면 그 당시에는 아직 유효하였으므로 선의로 취급하여야 하는지 문제될 수 있다. 독민 § 142 Ⅱ는 "취소사유를 알았거나 알았어야 했던 자는 취소가 행해지면 그가 법률행위의 무효를 알았거나 알았어야 했던 것으로 본다"고 규정하여 이 문제를 입법적으로 해결한다. 우리 민법에는 이러한 취지의 명문 규정이 없으나 적어도 권리취득에 관한 선의자 보호규정에서는 개별 규정의 해석상 같은 결론을 인정할 수 있을 것이다.[2] 그리하여 가령 양도인의 법률행위에 취소사유가 있음을 알면서 동산을 양수하였는데, 그 후 양도인의 취득권원이 취소된 경우 양수인은 선의취득($\S_{249}$)을 할 수 없고, 부동산을 양수하였는데 그 후 양도인의 취득권원이 취소된 경우 단기취득시효($\S_{\,\parallel}^{245}$)를 원용할 수 없다. 이때에는 취소사유의 존재를 인식하면 족하고, 그로 인하여 그 법률행위를 취소할 수 있다는 사정까지 인식하여야 하는 것은 아니다. 대리인 등 보조자를 사용한 경우 인식귀속(Wissenszurechnung)의 법리가 여기에 적용된다.[3] 다만 이상의 법리는 부당이득의 반환범위($\S_{748}$) 내지 점유자와 회복자의 관계($\S\S_{203}^{201,}$)에는 적용되지 아니한다. 이들 규정에서는 반환의무를 기초지우는 사실관계뿐 아니라 그 결과 반환의무가 발생한다는 점도 인식하여야 악의로 취급되고,[4] 단지 취소가능성을 인식한 것만으로 악의로 보아야 하는지에 관하여도 취소사유가 무엇인가에 따라 달리 취급할 여지가 있다.[5] 어떻든 이들 모두는 현행법에서는 개별 인식규범의 해석 문제이고, 취소법의 문제는 아니다.

---

2) 그러므로 양도인의 취득권원에 무효사유와 취소사유가 병존하는데 양수인이 무효사유에 대하여는 선의이고 취소사유에 대하여만 악의라면 양도인으로서는 양수인의 선의취득 등을 배제하기 위하여 무효에도 불구하고 따로 취소를 하여야 할 수 있다. 무효와 취소의 이중효(Doppelwirkung)가 인정되어야 하는 여러 이유 중 하나이다. Kipp, Über Doppelwirkung im Recht, insbesondere über die Konkurrenz von Nichtigkeit und Anfechtbarkeit, Festschrift für Martitz, 1911, S. 211.

3) Erman/Palm (12. Aufl., 2008), § 142, Rn. 11.

4) 대판 10.1.28, 2009다24187, 24194(공 10상, 398); 대판 18.4.12, 2017다229536(공 18상, 889).

5) Erman/H.P. Westermann/Buck-Heeb (12. Aufl., 2008), § 819, Rn. 2.

II. 단서: 제한능력자의 반환범위의 특칙

1. 의의와 효과

법률행위에 터 잡아 급여가 이루어졌는데 그 법률행위가 취소되면 부당이득반환, 그리고 경우에 따라서는 점유자와 회복자 사이의 관계가 발생한다. 前論 Ⅲ. 1. 참조. 부당이득법상 수익자의 반환범위는 수익자가 법률상원인없음에 대하여 선의인지 악의인지에 따라 달라진다. 선의인 경우에는 현존이익에 한하지만 악의인 경우에는 받은 이익 전부와 이자 및 손해배상을 포함함이 원칙이다($\frac{\S}{748}$). 점유자와 회복자 사이의 관계에서도 선의와 악의는 달리 취급된다($\frac{\S\S 201,}{203}$). 본조 단서는 제한능력자의 경우 선의, 악의를 묻지 아니하고 반환범위가 현존이익으로 제한된다는 취지를 밝힘으로써 이러한 규율을 수정한다. 제한능력자 보호를 위하여 그에게는 악의의 부당이득자에 대한 반환책임 가중의 법률효과를 귀속시키지 아니하겠다는 것이다. 이 점에서 본조 단서는 § 748의 특칙이라고 이해된다.[6] 그러나 §§ 201, 203이 적용될 때에도 반환범위가 현존이익을 넘을 수는 없다고 봄이 옳다. 본조는 프랑스민법의 관련 규정이 일본민법을 거쳐 우리 법에 계수된 것인데($\frac{제정 프민 \S 1312.}{일민 \S 121 단서}$),[7] 그러한 규정이 없는 독일민법에서도 미성년자가 법률상원인 없음을 인식하였다 하여 그에게 악의의 이득자에 대한 강화된 책임($\frac{독민}{\S 819}$)을 지울 수는 없다고 해석되고 있고,[8] 미국 계약법에서도 미성년자는 현존이익만 반환하는 것이 원칙이다.[9] 나아가 "약자의 절대적 보호를 목적으로 하는 제한능력제도의 취지에 비추어 무능력자의 상대방에게는 § 748 Ⅰ이 적용될" 수 없다는 견해도 있으나,[10] 무능력자 보호를 위하여 그의 책임을 경감하는 것은 별론, 상대방의 책임을 가중하거나 상대방의 책임경감을 부정할 근거는 부족하고, 해석의 한계를 넘는다.

종래 "무능력자"로 되어 있었던 것은 2011년 개정으로 "제한능력자"로 바

---

6) 주석 총칙(3), 355-356(제4판/이주흥).

7) 於保不二雄·奧田昌道 編集 新版 注釋民法(4), 2015, 506頁 以下(奧田昌道·平田健治). 2018년 개정 프민으로는 § 1352-4이다.

8) Erman/H.P. Westermann/Buck-Heeb(주 5), § 819, Rn. 6. 가령 법정대리인의 인식을 기준으로 하는 견해, 미성년자 및 감독의무자의 책임에 관한 독민 §§ 827, 828을 유추하는 견해, 급여부당이득에 대하여는 전자를, 침해부당이득에 대하여는 후자를 적용하려는 견해가 있다.

9) 그러나 미성년자가 아닌 무능력자는 받은 이익을 반환하여야 한다. Farnsworth, Contracts, 4th ed., 2004, pp. 224 ff. and 232 ff.

10) 이진기(주 1), 297.

꿔었다. 그러나 새로운 성년후견법에 따라 표현을 정비한 것일 뿐 규율내용에 변경이 있었던 것은 아니다.

2. 적용범위, 요건 및 증명책임

(1) 적용범위와 요건

본조 단서는 제한능력자가 제한능력을 이유로 적법·유효하게 법률행위를 취소한 경우에 한하여 적용된다. 미성년자로서 행위능력이 제한된 법률행위를 하고(즉, 성년의제가 되거나 처분을 허락받거나 영업을 허락받지 아니한 채 권리만을 얻거나 의무만을 면하는 경우에 해당하지 아니하는 행위를 하고: §§ 5, 6, 826-2) 법정대리인의 동의나 추인도 없었던 경우, 성년후견 또는 한정후견이 개시된 피성년후견인, 피한정후견인이 단독으로 할 수 없는 법률행위를 하고(성년후견인의 경우는 원칙, 한정후견의 경우에는 예외: §§ 10, 13) 법정대리인의 동의나 추인도 없었던 경우로서, 바로 그 점을 이유로 실제로 법률행위를 취소한 경우여야 한다. 가령 미성년자가 사기를 당하여 사기($\frac{\S}{110}$)를 이유로 취소하였다면 본조 단서가 적용되지 아니한다. 따라서 제한능력자는 무효이거나 이미 다른 사유로 취소된 법률행위라 하더라도 본조 단서의 요건을 갖추기 위하여 제한능력을 이유로 다시 취소할 수 있다고 보아야 할 것이다. 이른바 취소의 경합이 가능하다. 이미 제한능력을 이유로 취소하였다면 상대방이 사기 등 다른 사유를 이유로 취소하더라도 본조 단서의 적용은 배제하지 못한다.[11]

나아가 의사무능력 개념을 인정하는 한—§ 1063는 유언에서 의사능력에 대하여 규정하고 2016.2.3. 개정 민사소송법 § 62-2는 의사무능력자를 위한 특별대리인의 선임에 관한 규정을 두고 있다—의사무능력자의 반환범위에 대하여도 본조 단서를 유추함이 타당하다.[12] 판례도[13] "무능력자의 책임을 제한하는 민법 § 141 단서는 부당이득에 있어 수익자의 반환범위를 정한 민법 § 748의 특칙으로서 무능력자의 보호를 위해 그 선의·악의를 묻지 아니하고 반환범위를 현존 이익에 한정시키려는 데 그 취지가 있으므로, 의사능력의 흠결을 이유로 법률행위가 무효가 되는 경우에도 유추적용되어야 할 것"이라고

---

11) 송덕수, 456; 구주해(3), 303(김용담); 주석 총칙(3), 337(제4판/이주흥).

12) 이미 고상룡, 595.

13) 대판 09.1.15, 2008다58367(공 09상, 155). 이흥권, "무능력자의 부당이득의 반환 범위", 해설 79, 2009, 22; 윤장원, "의사무능력을 둘러싼 법률관계—대법원 2009.1.15. 선고 2008다58367 판결—", 부산판례연구회 판례연구 22, 2011, 1; 이준현, "의사무능력자의 법률행위", 인권과 정의 404, 2010, 94.

하여 이를 인정한다.

본조 단서는 침해부당이득에는 직접 적용되지 아니한다. 의사능력·행위능력은 법률행위법상의 개념이고, 비법률행위적 권리침해에 대하여는 별도의 대응개념이 있다(주 7 참조).

(2) 증명책임

이때 이득은 (급여한 그대로) 현존하는 것으로 추정되고 반환의무자, 즉 제한능력자 측에서 이득이 소멸하였음을 주장·증명하여야 하는지, 아니면 현존하는 이득의 범위를 반환청구권자 측에서 주장·증명하여야 하는지 문제된다. 이 점은 부당이득법 일반에 관하여도 다투어지는 바인데, 현존하는 것으로 추정하고 반환의무자가 이득소멸을 주장·증명하여야 한다는 통설이[14] 대하여, 특히 본조 단서의 경우에는 제한능력자를 보호하기 위하여 상대방이 현존이득을 주장·증명하여야 한다는 반론이[15] 있고, 적어도 의사무능력의 경우에는 더욱 현존이득의 증명책임을 상대방에게 지워야 한다는 견해도[16] 있다. 판례는 "미성년자가 신용카드발행인과 사이에 신용카드 이용계약을 체결하여 신용카드거래를 하다가 신용카드 이용계약을 취소하는 경우 미성년자는 그 행위로 인하여 받은 이익이 현존하는 한도에서 상환할 책임이 있"다면서 이때 신용카드이용계약(만)이 취소되었다면 미성년의 회원은 "자신의 가맹점에 대한 매매대금 지급채무를 법률상 원인 없이 면제받는 이익을 얻었"는데, "이러한 이익은 금전상의 이득으로서 특별한 사정이 없는 한 현존하는 것으로 추정된다"고 하고,[17] "법률상 원인 없이 타인의 재산 또는 노무로 인하여 이익을 얻고 그로 인하여 타인에게 손해를 가한 경우에 그 취득한 것이 금전상의 이득인 때에는 그 금전은 이를 취득한 자가 소비하였는가의 여부를 불문하고 현존하는 것으로 추정"된다는 법리는 의사무능력자에 대하여도 적용되므로, "이익이 현존하지 아니함은 이를 주장하는 자, 즉 의사무능력자 측에 입증책임이 있다"고 한다.[18]

---

14) 고상룡, 616; 곽윤직·김재형, 394; 송덕수, 456; 양창수·김재형, 716; 홍성재, 민법총칙, 제6판, 2016, 386; 주석 총칙(3), 336-337(제4판/이주흥); 조병구, "미성년자의 신용카드 이용계약이 취소된 경우 부당이득의 문제", 민판연 28, 2006, 381.

15) 김용한, 410; 이영준, 729; 구주해(3), 302(김용담). 이진기(주 1), 297도 이를 지지한다.

16) 이준현(주 13), 107 이하. 윤장원(주 13), 29 이하는 행위무능력의 경우에는 통설이 타당하지만 의사무능력의 경우에는 개별적인 사정을 고려하여 사실상 추정의 법리로 해결함이 옳다고 한다.

17) 대판 05.4.15, 2003다60297, 60303, 60310, 60327(공 05, 735). 조병구(주 14)가 그 평석이다.

18) 대판 09.1.15, 2008다58367(공 09상, 155, 주 9).

　　이러한 논란은 주로 금전적 이익이 급여된 경우 이득소멸을 증명하기가 매우 어렵기 때문에 생긴 것이다. 그러나 반대로 금전적 이익이 급여된 경우 상대방에게 이득의 현존을 구체적으로 주장·증명하라고 한다면 그에게 사실상 불가능한 것을 요구하는 셈이 된다. 제한능력자가 이득소멸을 증명하기가 어려운 까닭은 소멸사실을 증명하기 어려워서라기보다는 오히려 그 사실이 반환의 대상이 되는 이득공여에 귀속된다는 점을 증명하기 어려워서이다. 제한능력자 측에 지출 등이 있었음이 증명된 경우 개별적으로 그 지출의 급여에의 귀속판단을 너그럽게 해줌으로써 대응함이 좋을 것이다.[19)]

3. 이득현존의 기준시기

　　이익의 현존 여부 및 범위를 정하는 기준시기에 관하여 논하는 학설은 예외 없이 반환시가 아니라 취소시라고 한다.[20)] 취소 후에는 악의의 부당이득자의 책임을 지우기 위한 구성이다. 그러나 이러한 해석은 법문상 근거가 없을 뿐 아니라 그러한 논리는 당연무효인 의사무능력자에 대하여는 아예 적용할 수도 없다. 법정대리인의 인식이 기준이 되어야 할 것이다.[21)]

[이　동　진]

第 142 條(取消의 相對方)

　　取消할 수 있는 法律行爲의 相對方이 確定한 境遇에는 그 取消는 그 相對方에 對한 意思表示로 하여야 한다.

---

19) 윤장원(주 13), 29 이하가 대체로 그러한 취지이다.
20) 고상룡, 616; 이은영, 708; 홍성재(주 14), 386.
21) Erman/H.P. Westermann/Buck-Heeb(주 5), §819, Rn. 6.

I. 취 소 권

1. 개　　설

취소권은 이미 발생한 법률행위의 효력을 일방의 의사표시에 의하여 소급적으로 소멸시킬 수 있는($\frac{\S}{141}$) 권리로써 형성권의 일종이다.[1]

취소권은 취소사유별로 별도로 존재한다. 어떤 법률행위에 제한능력, 착오, 사기, 강박 등 취소사유가 경합하는 경우 각각 별개의 취소권이 발생한다. 독자적으로 취소권을 발생시킬 수 있는 수개의 착오 또는 수개의 사기가 있었을 때에는 각 사유별로 복수의 취소권이 생긴다. 각각의 취소권은 따로 행사될 수 있고, 그 행사기간도 각기 따로 진행하며($\frac{\S}{146}$), 따로 추인될 수 있고($\frac{\S}{143}$), 부당이득반환과 관련하여서도 제한능력자의 특칙($\frac{\S 141}{단}$)이나 악의 여부($\frac{\S}{748}$) 등의 적용요건 내지 시점을 각각 따로 판단하여야 한다.

2. 무효 · 해제 및 취소와 취소의 경합

복수의 취소권이 경합하는 경우 당사자는 그중 어느 것이든 선택하여 행사할 수 있다.

나아가 당사자는 이미 계약이 다른 사유로 무효이거나 다른 사유로 취소되었거나 해제된 경우에도 취소할 수 있다. 바꾸어 말하면 이미 계약에 무효사유가 있다거나 다른 사유로 취소되었다거나 해제되었다는 점은 취소 주장에 대한 적법한 항변이 되지 아니한다는 것이다. 이 점은 종래 특히 무효와 취소의 이중효(Doppelwirkung)라는 이름으로 논의되어온 문제인데, T.Kipp이 유명한 논문에서[2] 무효인 법률행위가 무(無)라고 여겨 이를 다시 취소할 수 없다는 주장을 통렬하게 반박한 이래 오늘날은 무효와 취소의 경합이 가능하여 이미 무효인 행위도 취소할 수 있고, 한 사유로 취소한 법률행위도 다른 사유로 다시 취소할 수 있으며, 해제된 계약도 취소할 수 있다고 보는 것이 통설이다.[3]

---

1) 주석 총칙(3), 317, 321(제4판/이주흥).
2) Kipp, Über Doppelwirkung im Recht, insbesondere über die Konkurrenz von Nichtigkeit und Anfechtbarkeit, Festschrift für Martitz, 1911, S. 211 ff. 이에 관한 소개로 고상룡, "민법상 이른바 「이중효」의 의미", 민사법학의 제문제: 소봉김용한교수화갑기념논문집, 1990, 1; 소재선, "T.Kipp이 주장한 소위 이중효론(Doppenwirkungstheorie)의 전개와 한계", 경희법학 37-1, 2002, 77; 현병철, "무효와 취소의 이중효와 상대적 무효", 한양대 법학논총 19, 2002, 71.
3) 고상룡, 592-593; 곽윤직 · 김재형, 381-382; 송덕수, 428, 452-453; 주석 총칙(3),

소송 당사자의 취소 주장에 대하여 다른 사유로 이미 무효이므로 취소할 수 없다는 항변을 허용하거나 무효사유가 존재하지 아니한다는 점을 주장·증명하게 하는 것은 무효·취소규범의 목적을 벗어난다. 또한 무효·취소 중에는 악의의 제3자에게도 대항할 수 있는 것($\begin{smallmatrix}§§\,5,\,10,\,13,\,103,\,104,\,535,\\ \text{강행법규 위반, 의사무능력}\end{smallmatrix}$)과 없는 것($\begin{smallmatrix}§§\,109,\\110\end{smallmatrix}$), 손해배상의무가 있는 것($\begin{smallmatrix}§\\535\end{smallmatrix}$)과 없는 것이[4] 있고, 현존이익만 반환하면 되는 것($\begin{smallmatrix}§\,141\\단\end{smallmatrix}$)과 악의인 때에는 받은 이익에 이자와 손해배상을 보태어 반환하여야 하는 것도 있으며, 무효·취소사유별로 악의가 되는 시점이 달라질 수 있다. 해제는 선·악의를 불문하고 제3자에 대하여 대항할 수 없고 반환범위도 받은 이익에 이자 내지 사용이익을 가산하여 반환하여야 하며 손해배상의무도 남는다($\begin{smallmatrix}§§\,548,\\551\end{smallmatrix}$). 이처럼 각기 그 효과가 다르므로 이미 무효이거나 취소된 법률행위, 해제된 계약이라 하더라도 다시 다른 사유로 취소할 실익이 있다. 판례도 허위표시로 무효인 법률행위도 채권자취소권의 대상이 되고,[5] 해제된 계약을 취소할 수 있다고 하여[6] 대체로 같은 취지이다.

　　다만 어디까지 무효·해제 및 취소와 취소가 경합하는지와 관련하여서는 각 효력상실규범의 적용순위를 고려하여야 한다.[7] 가령 §§ 5, 10, 13, 141 단의 보호목적을 고려할 때 제한능력자는 다른 사유로 무효이거나 이미 취소된 법률행위도 제한능력을 이유로 취소할 수 있고, 이미 제한능력을 이유로 취소된 법률행위에 대하여는 상대방이 다른 사유로 이를 재차 취소하더라도 여전히 취소의 절대적 효력과 §141 단이 적용된다고 봄이 옳다. §141 주해 Ⅱ. 2. 참조. 상대적 무효·취소는 거래안전을 위한 무효·취소의 효과제한에 불과하므로 (제3자가 악의이거나 절대적 무효·취소여서) 제3자에게 대항할 수 있는 무효·취소사유가 존재하는 경우 그 사유를 들어 제3자에게 무효·취소의 효과를 관철하는 것을 막지 못한다. 반면 해제는 유효한 계약을 전제하므로 무효·취소된 계약은 해제할 수 없다. 법률행위가 불성립에 그친 경우도 같다.

　　273, 321-323(제4판/이주흥).

　4) 가령 착오에 관한 대판 97.8.22, 97다13023(공 97, 2800) 참조.

　5) 대판 61.11.9, 4293민상263(집 9, 65); 대판 63.11.28, 63다493(집 11-2, 265); 대판 75.2.10, 74다334(공 75, 8361); 대판 75.2.25, 74다2114(공 75, 8349); 대판 91.11.8, 91다14079(공 92, 73) 등. 채권자취소의 효과에 관하여 판례·통설인 상대적 무효설에 따르는 한 이중효의 예에 해당한다.

　6) 대판 91.8.27, 91다11308(공 91, 2422). 송진현, "계약의 해제와 법률행위의 취소의 경합", 해설 16, 1992, 145. 같은 취지: 대판 96.12.6, 95다24982, 24999(공 97, 180). 해제의 효과에 관한 판례·통설인 직접효과설·물권적 효과설에 따르는 한 이중효의 예에 해당한다.

　7) 소재선(주 2), 80 이하.

II. 취소의 의사표시

1. 취소의 방식

취소의 의사표시는 그 자체 단독행위로서 법률행위이다. 재판외로든 재판상으로든 할 수 있고 특별한 방식을 요하지 아니한다.[8] 다만 재판상 행사된 때에는 사법상 의사표시와 소송상 주장을 동시에 한 것이 된다.[9] 형성권이므로 조건과 기한에 친하지 아니하고, 조건과 기한을 붙인 취소의 의사표시는 원칙적으로 효력이 없으나, 소송상으로는 주위적으로는 무효를 주장하고 예비적으로(즉 주위적 주장이 받아들여지는 것을 해제조건으로 하여) 취소를 주장하거나 주위적으로 법률행위 해석에 관하여 특정한 주장을 하고 예비적으로 착오취소를 주장하는 것과 같은 조건부 주장이 허용된다.[10]

취소의 의사표시는 명시적으로 할 수도 있지만 묵시적이나 추단적으로 할 수도 있다. 소송 중 취소를 전제로 반환을 구하거나 원고의 이행청구에 응할 수 없다고 답한 경우에는 취소의 의사표시가 포함되어 있다고 해석할 수 있다.[11] 가령 소유권이전등기가 강박으로 인한 것임을 이유로 매도인이 매수인을 상대로 그 말소를 구하는 소장을 제출한 때에는 강박에 의한 의사표시를 명시적으로 취소한 일이 없다 하더라도 소장에 취소의 의사표시가 담긴 것으로 볼 수 있고,[12] (재판외) 이행최고에 대하여 취소사유를 들면서 이행을 거절하였을 때도 같다. 또한 신원보증서류에 서명날인하는 것으로 잘못 알고 이행보증보험약정서를 읽어보지 않은 채 서명날인한 것일 뿐 연대보증약정을 한 사실이 없다는 주장은 위 연대보증약정을 착오를 이유로 취소한다는 취지로 볼 수 있다.[13] 다만, 당사자의 언행으로부터 그 법률행위의 효력을 소급적·영구적으로 부인하려는 의사를 끌어낼 수 있어야 한다.[14] '해제', '해지' 또는 '철회'를 주장한

---

8) 주석 총칙(3), 321, 337-338(제4판/이주흥); 대판 93.7.27, 92다52795(공 93, 2397). 취소를 독립한 법률행위로 볼 수 없다는 견해로, 이은영, 692. 그러나 법률행위라는 점 자체를 부정하는 취지인지는 분명하지 아니하다.

9) 주석 총칙(3), 317(제4판/이주흥). 주지하는 바와 같이 이때 당해 소송에서 주장이 받아들여지지 아니하거나 아예 실체 판단을 받지 못한 경우 실체법상 취소의 의사표시는 어떻게 되는 것인가 하는 점에 대하여는 다툼이 있다. 김홍엽, "민사소송상 형성권의 행사", 성균관법학 21-3, 2009, 419 이하.

10) 구주해(3), 304(김용담); 주석 총칙(3), 338(제4판/이주흥).

11) 대판 93.9.14, 93다13162(공 93, 2767).

12) 대판 57.10.7, 4290민상518(집 26, 154).

13) 대판 05.5.27, 2004다43824(공 05, 1025).

14) Erman/Palm (12. Aufl., 2008), §143, Rn. 1.

데 그치는 경우 그 효과가 다르므로 당연히 취소로 해석되지는 아니한다. 형사
고소를 하거나 청구기각을 구하거나 손해배상을 구한 때에도 그것만으로 당연
히 취소의 의사표시가 있었다고 보기 어렵다.[15]

2. 취소의 상대방

본조는 취소할 수 있는 법률행위의 상대방이 확정한 경우에는 그 상대방
에 대한 의사표시로 취소하여야 한다고 규정한다. 그러므로 계약의 경우 상대
방 당사자에 대하여 취소의 의사표시를 하여야 한다.[16] 제3자의 기망이나 강
박에 의하여 계약이 체결되거나 그 실질적 이익을 제3자가 얻은 때에도 취소
의 의사표시는 계약 당사자인 상대방에게 하여야 한다. 가령 제3자를 위한 계
약에서 낙약자가 취소하고자 하는 경우 그 상대방은 수익자가 아닌 요약자이
다.[17] 취소권자의 상대방 측에서 계약인수가 이루어진 경우 상대방은 새로운
당사자, 즉 계약인수인이 될 것이다. 계약인수 자체에 취소사유가 있는 경우는
어떠한가. 인수인이 취소권자인 경우 탈퇴 당사자와 잔존 당사자 모두에게, 잔
존 당사자가 취소권자인 경우 인수인과 탈퇴 당사자 모두에게 취소의 의사
표시를 하여야 한다는 견해가 있으나,[18] 인수인이나 탈퇴 당사자가 취소권자
인 경우에는 서로 상대방에게 취소의 의사표시를 하면 족하다.[19] 다만 이때
취소권자가 인수에 동의함으로써 묵시적 추인이 이루어지는 경우가 있을 수
있음에 주의하여야 한다.[20] 채권양도나 (면책적) 채무인수가 있는 경우에도 계
약 당사자가 바뀌지는 아니하므로 본래의 계약 당사자가 취소 상대방이 된

---

15) RGZ 105, 207(해제); BGH NJW 1991, 1674(손해배상청구); BGH MDR 1955, 25(기각
    답변); BGH WM 1975, 1002(형사고소). Erman/Palm(주 14), §143, Rn. 1.
16) 대판 99.11.26, 99다36617(공 00, 41)도 같은 취지에서 전문건설공제조합이 구 전문
    건설공제조합법에 의하여 하는 보증은 조합과 조합원 사이에 체결되는 보증위탁계약의
    제3자에 대한 효력으로 성립하는 것이 아니라, 조합원의 신청에 따라 보증채권자를 위하
    여 보증서를 발급하는 방식으로 조합이 보증채권자에 대하여 직접 보증의 의사표시를 함
    으로써 성립하는 것이므로 취소의 의사표시도 조합원이 아닌 보증의 의사표시의 상대방인
    보증채권자에 대하여 하여야 한다고 한다.
17) 주석 총칙(3), 341(제4판/이주흥). 김대정, 1135는 수익자에게 취소의 의사표시를 할
    수 있다는 규정을 둔 독일민법(독민 §143 Ⅱ)과 달리 우리 민법에서는 상대방에게 할 수
    밖에 없다고 한다. 그러나 이은영, 700은 수익자도 취소의 상대방이 된다고 한다.
18) 양창수·권영준, 218. 독일의 판례·통설도 같다. BGHZ 96, 302, 310; 137, 255, 260;
    Erman/Palm(주 14), §143, Rn. 6. 탈퇴 당사자가 취소권자인 경우도 같을 것이다.
19) 이동진, "계약이전의 연구—상대방의 동의 요건의 기능과 위치를 중심으로—", 서울대 법학
    53-1, 2012, 710-711. Dörner, Anfechtung und Vertragsübernahme, NJW 1986, 2916.
20) 이동진(주 19), 709.

다.[21] 다면(多面)계약이나 단체법상 법률행위의 경우 취소의 의사표시는 나머지 전원에 대하여 함이 원칙이지만, 상대방 중 일부에 대하여만 취소사유가 있고, 그에 대한 법률관계만 분리 취소될 수 있는 경우에는 그에 대하여만 취소의 의사표시를 하여도 취소의 효과가 발생한다. 취소사유가 있는 상대방과의 법률관계와 나머지 당사자와의 법률관계가 분리될 수 있는지 여부는 일부무효($\binom{\S}{137}$)의 법리가 정한다.[22]

어음행위에 취소사유가 있는 경우는 특별한 배려가 필요하다. 민법상 원칙대로 당해 어음행위의 상대방에 대하여 취소의 의사표시를 하여야 한다고 하면,[23] 대부분 발행인 내지 인수인과 소지인 사이에 이루어지는 어음금지급청구에서 취소 항변을 하기 몹시 불편해지기 때문이다. 학설상으로는 현 소지인에 대하여 취소의 의사표시를 하는 것도 가능하다는 견해, 중간소지인에 대하여 취소의 의사표시를 하는 것도 가능하다는 견해 등이 주장되었고, 판례도 현 소지인을 상대로 취소의 의사표시를 하는 것은 허용한다.[24] 어음행위의 특성에 비출 때 수긍할 만하다.[25] 수표행위에 대하여도 같이 볼 것이다.

그 밖에 상대방 있는 단독행위의 경우 상대방에게 취소의 의사표시를 하여야 한다. 상대방이 없는 단독행위, 가령 유언의 취소에 대하여는 특정인에게 의사표시를 할 필요는 없고 적당한 방법으로 외부에 객관적으로 표시하면 된다는 견해가 통설이나,[26] 수익자가 있는 경우에는 그에 대하여 취소의 의사표시를 하여야 한다는 견해,[27] 유언집행 전에는 원칙적으로 유언집행자에게, 그 후에는 직접 이익을 얻은 수익자에게 하여야 한다는 견해,[28] 이해관계를 맺은 자가 있으면 그에게 하여야 하고, 그러한 자가 없는 때에도 취소의 대상인 행위가 광고 등으로 표시된 때에는 취소도 같은 방법으로 하여야 한다는 견해도[29] 있다.

---

21) 구주해(3), 305(김용담); 주석 총칙(3), 341(제4판/이주흥). 최수정, "지명채권양도에 있어서 다수인 사이의 부당이득반환", 민학 30, 205, 306-307. 독일 판례도 같은 입장이다. 이동진(주 19), 711.

22) 이영준, 726; 주석 총칙(3), 342(제4판/이주흥).

23) 일본 판례가 이러한 입장이다. 日大判 22(大 11).9.29, 民集 1, 564.

24) 대판 97.5.16, 96다49513(공 97, 1833). 평석: 김태창, "어음행위 취소의 상대방과 효력의 범위", 부산판례연구회 판례연구 8, 1998, 625 이하; 임재호, "하자있는 어음행위의 취소", 상사판례연구 10, 1999, 175 이하.

25) 주석 총칙(3), 343(제4판/이주흥).

26) 고상룡, 615; 곽윤직·김재형, 393; 양창수·김재형, 714.

27) 송덕수, 455; 이영준, 726; 홍성재, 민법총칙, 제6판, 2016, 381.

28) 오병철, "유언의 취소", 가연 25-3, 2011, 309-310.

29) 송덕수, 455. 김대정, 1135도 독민 §143을 참고하여 '그 법률행위에 의하여 직접 법적

취소의 의사표시에 상대방이 있는 경우 그 의사표시가 상대방에게 도달하여야 효력이 있음은 물론이다.[30] 학설 중에는 상대방이 소재불명(所在不明)인 때에도 취소의 의사표시를 공시송달(公示送達)할 수는 없다는 견해가 있으나,[31] §113이 "표의자가 과실없이 상대방을 알지 못하거나 상대방의 소재를 알지 못하는 경우에는 의사표시는 민사소송법 공시송달의 규정에 의하여 송달할 수 있다"고 규정하고 있음을 간과한 것으로 보인다.[32]

3. 취소사유의 제시

취소권을 행사할 때, 즉 취소의 의사표시를 할 때 취소사유를 제시하여야 하는가. 사유에 따라 취소의 효과가 다르고 취소권이 경합하는 경우도 있으므로 제시하여야 하되, 구체적으로 명시할 필요까지는 없고 그 사유를 인식할 수 있을 정도면 족하다는 견해가 있다.[33] 방어준비 등을 위하여 상대방에게 취소권자가 주장하는 취소사유에 관하여 알 필요가 있음은 물론이다. 그러나 그렇다고 하여 취소사유의 제시를 취소의 효력요건으로 할 필요까지는 없고, 그렇게 할 실정법상 근거도—적어도 일반적으로는—없다. 취소사유를 제시하거나 인식가능하게 하여야 비로소 적법·유효하게 취소할 수 있다는 것은 거래계의 기대에도 반한다. 일반적으로는 취소사유의 제시는 요구되지 아니한다고 보아야 할 것이다. 판례도 취소원인의 진술이 없더라도 취소의 의사표시는 유효하다고 한다.[34] 취소권이 경합하지 아니하는 경우 상대방의 이익은 그가 취소사유를 문의하였음에도 취소권자가 답을 하지 아니하였다면 그로 인하여 입은 불이익에 대하여 취소권자에게 책임을 지움으로써($\frac{민소}{§99}$ 등) 대응하면 되고, 취소권이 경합하는 경우 단순한 취소의 의사표시로 어떤 사유에 터 잡은 취소권이 행사된 것인지는 의사표시해석으로 해결하면 족하다.[35] 가능한 모든 취소사유

이익을 얻은 자'를 상대로 취소의 의사표시를 하여야 하고 입법론적으로는 명문의 규정을 두어야 한다고 한다.

30) 구주해(3), 305(김용담); 주석 총칙(3), 341(제4판/이주흥).

31) 주석 총칙(3), 341(제4판/이주흥). 日最判 32(昭 7).12.21, 民集 11, 2480을 전거로 든다.

32) 영국 판례도 취소권자가 경찰에 알리는 등 합리적 조치를 다하였으나 상대방이 통지수령을 피하였다면 통지가 필요 없다고 한다. Car & Universal Finance Co. Ltd. v. Caldwell [1965] 1 QB 525.

33) 주석 총칙(3), 339(제4판/이주흥).

34) 대판 05.5.27, 2004다43824(공 05, 1025).

35) Erman/Palm(주 14), §143, Rn. 1. RGZ 65, 88이 이러한 입장이었다. 그러나 BGH NJW 1966, 39는 이 문제에 관하여 명확한 입장을 취하지 아니한다. 한편 DCFR Ⅱ.-7:209 cmt는 이에 관하여 상대방에게 취소사유가 명백하지 아니한 때에는 신의성실의 원

에 터 잡아 모든 취소권을 경합하여 행사한 것으로 보아야 하는 경우도 있을 것이다. 취소사유를 특정하지 아니한 채 취소의 의사표시를 한 다음 상대방이 취소사유를 문의하자 가능한 취소사유 중 일부만을 취소사유로 제시한 경우 그 취소사유에 터 잡아 취소권을 행사한 것으로 보아야 하는지도 의사표시해석의 문제이다.[36]

취소사유를 특정하여 취소권을 행사한 경우 그 취소사유에 터 잡은 취소권만이 행사된 것으로 해석됨은 물론이다. 다른 취소사유를 주장하는 경우에는 그 사유의 제척기간($\S_{146}$) 내에 있어야 한다.

4. 일부취소

법률행위의 일부에 취소사유가 존재하는 경우 당사자는 일부취소를 원하는지, 전부취소를 원하는지를 취소의 의사표시에서 함께 밝혀야 한다. 일부취소에 관하여는 § 137 주해 Ⅱ. 2. 참조.

5. 기   타

취소는 법률행위이므로 그 자체 법률행위의 효력요건을 충족하여야 한다. 취소에 무효사유가 존재하는 경우 무효임은 물론이고, 취소사유가 존재하는 경우에는 취소를 취소하는 것도 가능하다.[37] 다만, 제한능력을 이유로 취소한 경우에는 법정대리인의 동의가 없었다 하더라도 법정대리인의 동의 결여를 이유로 취소를 재차 취소할 수는 없다는 것이 통설이다.[38]

[이 동 진]

칙(good faith and fair dealing)상 일상어로라도 이를 지적할 의무가 있을 수 있다고 한다. Ch. von Bar and E. Clive (Eds.), Principles, Definitions and Model Rules of European Private Law. Draft Common Frames of Reference (DCFR) Full Edition, Vol. Ⅰ, 2010, p. 518.

36) 김대정, 1133도 취소사유의 제시는 필요하지 아니하다고 한다. 한편 송덕수, 452는 취소원인을 진술하여야 한다면서도 취소원인의 진술이 없어도 취소가 무효는 아니고 취소자가 어느 것을 이유로 하여 취소하는지를 법원이 해석에 의하여 탐구하여야 하며, 해석으로도 판단할 수 없을 때에는 법원이 어느 쪽인지를 석명하여야 한다고 하는데, 대체로 비슷한 취지로 이해된다.

37) 이영준, 730; 주석 총칙(3), 338(제4판/이주흥).

38) 이영준, 722; 주석 총칙(3), 338(제4판/이주흥).

第 143 條(追認의 方法, 效果)
① 取消할 수 있는 法律行爲는 第140條에 規定한 者가 追認할 수 있고 追認後에는 取消하지 못한다.
② 前條의 規定은 前項의 境遇에 準用한다.

Ⅰ. 의의, 법적 성질 및 효과

본조의 추인은 취소할 수 있는 법률행위이지만 그 법률행위를 유효한 것으로 확정시키는 행위이다. 취소할 수 있는 법률행위는 취소 전에도 일응 유효하므로 그 효과는 추인 후에 더는 취소할 수 없다는 데 의의가 있을 뿐이다($^{본조}_{1\ 후단}$). 추인에 관하여 명문의 규정을 둔 입법례가 많지 아니하지만 이를 부정하는 예 또한 찾아볼 수 없는 이유이다. 추인의 효력은 추인한 때에 발생하고 소급하지 아니한다.[1] 다만, 주채무자가 추인한 경우 보증인은 더는 주채무자의 취소권을 원용하여 채무의 이행을 거절할 수 없게 된다($^{§435}_{참조}$).[2]

추인의 법적 성질은 취소권의 포기이다.[3] 법률행위로서 단독행위이고 처분행위이다.[4] 취소한 뒤에는 더는 '취소할 수 있는 법률행위'가 아니고 취소권도 행사되어 소멸하므로 추인해도 본조의 추인은 아니고 무효행위의 추인($^{§}_{139}$)이 될 뿐이다.[5] §139 주해 참조. 취소사유가 동시에 불법행위 등 계약외

---

1) 주석 총칙(3), 343, 345(제4판/이주흥).
2) 주채무자의 추인은 §433 Ⅱ의 의미의 항변의 포기에 해당하지 아니한다.
3) 추인은 흠에도 불구하고 효력발생을 인정하는 의사표시이고 포기는 취소권의 소멸 자체를 목적으로 하는 법률행위로 양자가 이론적으로 구별되나 구별의 실익은 없다는 견해로 양창수·김재형, 717.
4) 대판 97.6.27, 97다3828(공 97, 2334) 참조. 이에 대하여 추인은 소극적으로는 취소권의 포기이지만 적극적으로는 법률행위를 확정적으로 유효하게 하는 의사표시라는 견해로, 주석 총칙(3), 343(제4판/이주흥), 법률행위를 확정적으로 유효하게 하는 의사표시이고, 취소권의 포기는 그 반사효에 불과하다는 견해로, 박찬주, "무효행위와 취소행위의 추인", 연세대 법학연구 18-1, 2008, 177. 이들 학설이 말하는 적극적 측면에 어떤 법도그마틱적 또는 실천적 이익이 있는지 의문이다.
5) 대판 97.12.12, 95다38240(공 98, 243).

책임을 성립시키는 경우 추인하였다 하여 계약외책임도 소멸하는 것은 아니다 ($^{스채 §31}_{III \, 참조}$). 계약외책임은 면제($^{§ 506, \, 단}_{독행위이다}$)에 의하여 소멸될 수 있을 뿐이다. 추인에 면제의 의사표시가 포함되어 있는지는 의사표시의 해석의 문제이다.[6]

II. 추인의 방법

추인은 취소권의 포기이므로 취소권자가 할 수 있다($^{본조}_{1 \, 전단}$). 취소권자가 수인(數人)인 경우 그중 1인의 추인은 다른 취소권자의 취소권에 영향을 미치지 아니함이 원칙이다. 그러나 대리인은 본인의 추인권을 대리 행사하는 것이므로 대리인이 추인하면 본인의 취소권이 소멸하고 본인이 추인하면 그 대리인의 취소권이 소멸한다.[7] 수인(數人)이 공동으로만 취소할 수 있는 경우에는 추인도 공동으로만 할 수 있다.

취소가 상대방에 대한 의사표시로 행해져야 하는 경우에는 추인도 그 상대방에 대한 의사표시로 하여야 하고, 취소가 상대방 없는 단독행위인 때에는 추인도 마찬가지이다($^{본조}_{II}$).[8] 공시송달에 의한 추인은 인정되지 아니한다는 견해가[9] 있으나 수긍하기 어렵다. §113에 의하여 추인의 의사표시를 송달할 수 있다고 봄이 옳다.

추인의 의사표시는 명시적으로도 할 수 있지만 묵시적·추단적으로도 할 수 있다. 그러나 추인의 의사표시로 해석되기 위해서는 취소권자의 언행으로부터 취소권을 포기하는 뜻이 명백히 도출될 수 있어야 한다. 취소할 수 있음을 알면서도 장기간 취소하지 아니하였다는 사정은, 취소권의 행사가 권리남용이 될 수 있음은 별론, 추인으로는 해석되지 아니한다.[10] 취소할 수 있음을

---

6) Erman/Palm (12. Aufl., 2008), § 144, Rn. 4.

7) 박찬주(주 4), 177-178. 주석 총칙(3), 346(제4판/이주흥)이 누군가가 추인하면 다른 취소권자의 취소권은 소멸한다고 하는 것은 이 경우를 가리킨다.

8) 이와 달리 독일의 판례·통설은 추인을 상대방 없는 의사표시라고 본다. RGZ 68, 399; Erman/Palm(주 6), § 144, Rn. 1.

9) 주석 총칙(3), 345(제4판/이주흥).

10) 무권대리에 관한 것이지만, 대판 67.12.18, 67다2294, 2295(집 15-3, 384). 다만, 무권대리에서는 장기간의 침묵이 묵시적 추인으로 취급되는 예도 종종 보이는데, 대체로 무권대리인과 본인 사이의 가족 내지 친인척관계로 인하여 침묵이 그 흠을 문제 삼지 않겠다는 뜻으로 해석된 경우이다. 가령 대판 66.10.4, 66다1078(집 14-3민, 124); 대판 91.1.29, 90다12717(공 91, 863).

알면서도 계약을 해제하였다 하여 그것만으로 추인하였다고 볼 수 없다.[11] 판례는 취소사유와 관련하여 형사고소를 하였다가 고소를 취소하였다 하더라도 그것만으로는 사법상 법률행위까지 추인하였다고 보기 어렵다고 한다.[12]

취소권이 경합하는 경우에는 각 취소권에 대하여 따로 추인할 수 있다. 경합하는 취소권 중 어느 것을 포기하였는지는 의사표시해석의 문제이다. 일부 취소권만 포기한 경우 나머지 취소권은 존속한다.[13]

법률행위의 일부에 대하여만 취소사유가 존재하는 경우 일부추인에 대하여는 일부무효의 법리가 준용된다는 견해가[14] 있다. 그러나 법률행위의 일부에 존재하는 흠 전체를 추인하는 것은 전부 추인에 다름 아니고, 추인권자가 존재하는 단일한 흠 중 일부만을 임의로 나누어 추인하는 것은 그 자체 부적법하여 무효이다. 여기에 일부무효의 법리를 준용할 여지는 없다.

추인의 대상인 법률행위가 요식(要式)행위라 하더라도 추인은 무방식으로 할 수 있다.[15]

Ⅲ. 추인 여부의 최고

취소할 수 있는 행위의 추인 일반에 대하여는 §§ 15, 16이나 § 131과 같은 규정이 없다. 2018년 프민 § 1183이 이를 명시하는 것과 구별된다. 그러므로 추인 여부를 최고하고 상대방이 그에 응하지 아니하여도 취소권이 소멸하거나

---

11) 주석 총칙(3), 344-345(제4판/이주흥). 김종국, "물권행위이론에 미치는 법정추인제도의 영향", 경희법학 41-1, 2006, 130-131; 박찬주(주 4), 180-181은 취소권자가 하자담보책임을 묻거나 목적물을 사용한 경우에는 묵시적 추인을 인정할 수 있다고 하나, 이들 행위는 취소권의 유보와 모순되지 아니하므로 그것만으로 묵시적 추인을 인정하기 어렵다. 독일판례도 취소할 수 있는 법률행위에 의하여 제공받은 목적물의 유보 없는 이용은 경우에 따라 추단적 추인이 될 수 있으나, 그것이 경제적 필요나 더 큰 손실을 피하기 위한 것일 때에는 그러하지 아니하고(RG JW 1910, 573; BGH NJW 1971, 1795; NJW-RR 1992, 780), 매수인이 취소권이 있음을 알면서 하자담보책임을 물은 것만으로는 추인하였다고 볼 수 없으며(BGHZ 110, 220; NJW 1958, 177), 취소할 수 있는 근로계약에 대하여 해지(해고)를 통보하였다는 점만으로 추인하였다고 볼 수 없다(BAG NZA 2006, 624)고 한다. Erman/Palm(주 6), § 144, Rn. 3.
12) 무권대리에 관한 것이지만, 대판 97.6.27, 97다3828(집 45-2, 318).
13) 구주해(3), 306(김용담); 주석 총칙(3), 345(제4판/이주흥); 이영준, 733.
14) 박찬주(주 4), 181; 주석 총칙(3), 345(제4판/이주흥). Erman/Palm(주 6), § 144, Rn. 3도 비슷하다.
15) 박찬주(주 4), 180.

취소한 것으로 되지 아니한다.

[이　동　진]

제 144 조(추인의 요건)

① 추인은 취소의 원인이 소멸된 후에 하여야만 효력이 있다.

② 제 1 항은 법정대리인 또는 후견인이 추인하는 경우에는 적용하지 아니한다.

Ⅰ. 추인의 특별효력요건

1. 취소원인의 소멸

추인은 취소의 원인이 소멸된 후에 하여야 효력이 있다($^{본조}_{Ⅰ}$). 가령 제한능력자 본인이 추인하는 경우 제한능력을 벗어난 뒤에 추인하여야 한다.[1] 다만 동의권자의 동의를 얻어 법률행위를 할 수 있는 경우에는($^{\S\S\,5\ Ⅰ,}_{13\ Ⅰ,\ Ⅳ}$) 제한능력을 벗어나지 못하였어도 법정대리인의 동의를 얻어 추인할 수 있다. 착오에 빠지거나 사기를 당한 당사자가 추인하는 경우 착오에서 벗어난 뒤에, 강박을 당한 당사자가 추인하는 경우 그로 인한 공포 상태를 벗어난 뒤에 추인하여야 한다.[2] 제한능력자의 법정대리인이 본인을 대리하여 법률행위를 하는 과정에서 착오에 빠지거나 사기를 당하였거나 강박을 당하였고 법정대리인이 이를 취소하고자 하는 경우에는 법정대리인이 착오 또는 공포 상태를 벗어나야 추인할

---

1) 법정대리인의 무권대리의 추인에 관한 것이지만 대판 97.6.27, 97다3828(공 97, 2334).
2) 대판 73.7.24, 73다114(집 21-2, 150); 대판 82.6.8, 81다107(집 30-2, 96); 대판 97.5.30, 97다2986(공 97, 2017).

수 있을 것이다.[3] 그러나 본인이 직접 법률행위를 하였고 그 법률행위에 취소사유가 있었던 경우 그 취소사유의 영향을 받지 아니한 법정대리인 또는 후견인이 본인에 대하여 취소사유가 소멸한 뒤에야 취소할 수 있다고 볼 필요는 없다. 이때에는 즉시 취소할 수 있다($\substack{본조\\II}$). 종래 "① 추인은 취소의 원인이 종료한 후에 하지 아니하면 효력이 없다. ② 전항의 규정은 법정대리인이 추인하는 경우에는 준용하지 아니한다"고 규정되어 있었던 것이 2011년 개정으로 현재와 같이 바뀌었다. 본조 II에 '후견인'이 추가된 것은 새로운 후견법 하에서 한정후견인은 동의가 유보된 행위가 동의 없이 행해진 때에는 취소권을 가지지만 원칙적으로 법정대리권은 갖지 아니하므로 법정대리인이 아닐 수 있기 때문이고($\substack{\S\S\ 10\ I,\\IV,\ 959-4}$), 그밖에는 표현상의 수정에 불과하다.

추인은 취소권을 포기하는 의사표시로서 법률행위이므로 착오 또는 사기로 의사표시를 한 자가 아직 착오상태에서 벗어나지 못하였다면 추인의 의사가 존재하기 어렵고,[4] 제한능력이나 강박 상태에서 벗어나지 아니한 채 한 추인의 의사표시에는 그 자체 취소사유가 있다. 그러나 이처럼 흠 있는 추인의 효력을 일응 인정하는 것은 법률관계를 불안정하게 할 뿐이므로 본조는 취소사유와 동일한 흠이 존재하는 추인은 아예 당연 무효로 규정하고 있는 것이다.[5]

2. 취소가능성의 인식

나아가 판례·통설은 취소사유의 인식도 추인의 요건으로 든다.[6] 논리적으로 취소권이 존재한다는 인식이 전제되어야 이를 포기한다는 의사가 성립할 수 있기는 하나, 의사표시에서는 표의자 측에 실제로 그러한 의사가 있을 필요는 없고, 상대방의 입장에서 그와 같이 해석되면 족하므로($\substack{표시의식\\불요설}$) 이 또한 특

---

3) 박찬주, "무효행위와 취소행위의 추인", 연세대 법학연구 18-1, 2008, 178-179; 주석 총칙(3), 348(제4판/이주흥). 이은영, 711, 각주 46에서는 제한능력자가 법정대리인의 동의를 얻어 추인하는 것은 법정대리인의 추인의 의사표시를 사자(使者)로서 전달하는 데 지나지 아니한다고 하나, 찬성하기 어렵다.

4) 다만 수령자시계(受領者視界; Empfängerhorizont)에서 추인의 의사표시로 해석되는 특별한 사정이 있을 때에는 일응 추인이 성립하고 단지 착오취소사유가 생길 뿐이라고 볼 수도 있을 것이다.

5) 대판 82.6.8, 81다107(집 30-2, 96); 박찬주(주 3), 178; 주석 총칙(3), 347(제4판/이주흥).

6) 대판 97.5.30, 97다2986(공 97, 2017); 박찬주(주 3), 179; 주석 총칙(3), 345, 349(제4판/이주흥). 이는 명문의 규정이 없으나 당연한 법리라고 한다. 또한 김천수, "법률행위의 무효와 취소에 관한 판례분석", 사법연구 8, 2003, 242.

별요건에 해당한다. 명문의 규정은 없으나 취소사유가 소멸할 것을 요구하는 본조의 취지에 비추어 볼 때 수긍할 만하다. 나아가 그 결과 취소권이 존재한다는 점 또는 그럴 가능성이 있다는 점도 인식하여야 할 것이다.[7] 이러한 사정은 추인을 주장하는 측이 주장·증명하여야 한다. 다만, 취소사유를 인식하였다면 취소가능성이 있다는 점도 인식하였다고 추정하여야 할 것이다.[8]

Ⅱ. 추인의 일반효력요건

추인도 법률행위이므로 법률행위의 일반효력요건을 갖추어야 한다. 취소사유와 별개의 흠이 생기면 법률행위법의 일반 법리에 따라 추인이 무효가 되거나 취소할 수 있다.

[이　동　진]

---

7) 프랑스의 판례·통설도 상대무효(nullité relative)사유를 적법하게 추인하려면 상대무효 사유를 정확히 인식하고 있어야 한다고 한다. Cass. com. 29 mars 1994, D. 1994, 611, note par Gavalda; Cass. civ. 3ᵉ, 2 juill. 2008, RTD civ. 2008, 675, obs. par Fages; Picod, "Nullité", Repertoire du droit civil, 2013, n° 50. 또한 2018년 개정 프민 § 1182. 독일의 판례·통설 역시—의사표시에 관하여 일반적으로는 표시의식을 요구하지 아니함에도 불구하고—취소할 수 있는 법률행위의 추인에 관하여 취소권이 있거나 적어도 법률행위를 취소할 수 있을지 모른다는 점을 인식하여야 한다고 본다. BGH NJW 1971, 1800; 1995, 2290, 2291. 이에 대하여 일반적인 의사표시의 경우 표시의식을 요구하지 아니하는 것과 모순된다는 비판으로, Erman/Palm (12. Aufl., 2008), § 144, Rn. 2.

8) Erman/Palm(주 7), § 144, Rn. 5.

第 145 條(法定追認)

　　取消할 수 있는 法律行爲에 關하여 前條의 規定에 依하여 追認할 수 있는 後에 다음 各號의 事由가 있으면 追認한 것으로 본다. 그러나 異議를 保留한 때에는 그러하지 아니하다.

　　1. 全部나 一部의 履行

　　2. 履行의 請求

　　3. 更改

　　4. 擔保의 提供

　　5. 取消할 수 있는 行爲로 取得한 權利의 全部나 一部의 讓渡

　　6. 强制執行

Ⅰ. 개　　설

1. 의　　의

　　본조는 일정한 사유가 있으면 추인권자에게 취소의사가 있었는지, 또 상대방의 입장에서 구체적으로 취소의사가 있었던 것으로 해석되는지를 따지지 아니하고 추인한 것으로 간주하고 있는데, 이를 법정추인이라고 한다. 본조가 규정하는 사유는 대개 본조와 같은 규정이 없어도 추단적 행위에 의한 추인으로 인정될 소지가 많은 것이고, 실제로 독일민법에서는 그와 같이 처리하고 있다.[1] 그러나 법정추인을 인정하면 당사자의 행태나 추인권자의 의사를 구체적으로 따질 필요가 없이 일정한 외적 표지만으로 추인의 효과가 발생하므로 법

---

1) 가령 임의이행에 대하여, RGZ 104, 3; Koblenz FamRZ 1983, 720. Erman/Palm (12. Aufl., 2008), §144, Rn. 3.

률관계가 더욱 명확해진다. 우리 민법이 법정추인제도를 둔 것은 일본민법의 영향이지만, 프랑스민법$\left(\substack{\text{제정 프민 § 1338 II.,}\\\text{2018년 개정 프민 § 1182}}\right)$도 비슷한 제도를 두고 있다.

2. 적용범위, 법적 성질, 일반요건 및 효과

본조는 '취소할 수 있는 법률행위'에 한하여 적용된다. 본조는 무효인 법률행위나 무권대리에는 적용되지 아니한다.[2]

법정추인사유가 있으면 '추인한 것으로 본다.' 그 결과 취소권이 소멸하고 취소사유가 있는 법률행위가 확정적으로 유효가 된다. 의제된 법률행위(fingiertes Rechtsgeschäft)의 대표적인 예로써[3] 의사표시를 의제하는 것이 아니라 그 법률효과만을 원용한다. 결국 이는 법률규정에 의한 취소권의 배제이고, '추인한 것으로 본다' 함도 이 점을 표현하는 방법에 불과하다.[4]

의사표시가 아니므로 법률행위에 관한 규정은 적용이 없다. 법정추인사유에 해당한다는 점을 알지 못한 채 법정추인사유에 해당하는 행위를 하더라도 착오$\left(\substack{\S\\109}\right)$를 이유로 취소하지 못한다. 취소사유를 인식하거나 취소권이 있음을 의식하지 못한 채 법정추인사유에 해당하는 행위를 한 경우에도 같다. 묵시적 추인 대신에 법정추인을 인정하는 까닭 중 하나가 이러한 경우의 법적 불확실성을 없애는 데 있기 때문이다.[5] 그러나 취소사유는 소멸한 뒤에 하여야 하고 $\left(\substack{\text{본조의 '전조의 규정에 의하여 추}\\\text{인할 수 있는 후'가 그러한 뜻이다}}\right)$,[6] 추인권자가 이의를 보류하지 아니하여야 한다 $\left(\substack{\text{본조}\\\text{단서}}\right)$.[7] 또한 의제된 의사표시라 하더라도 사기나 강박 등에 의하여 행해진

---

2) 주석 총칙(3), 354(제4판/이주흥). 무효인 법률행위에 관하여는 대판 94.6.24, 94다10900(공 94, 2074), 무권대리에 관하여는 日最判 1979(昭 54).12.14, 判時 953, 56 참조.

3) 김종국, "물권행위이론에 미치는 법정추인제도의 영향", 경희법학 41-1, 2006, 132.

4) 구주해(3), 311(김용담); 이영준, 735.

5) 통설이다. 주석 총칙(3), 353(제4판/이주흥); 김종국(주 3), 136. 일본판례도 그러한 취지이다. 日大判 1923(大 12).6.11, 民集 2, 396. 이에 대하여 취소가능성의 인식도 본조의 유효요건 중 하나라는 견해로, 김천수, "법률행위의 무효와 취소에 관한 판례분석", 사법연구 8, 2003, 244-245. 한편 대판 97.5.30, 97다2986(공 97, 2017)은 "추인은 취소권을 가지는 자가 취소원인이 종료한 후에 취소할 수 있는 행위임을 알고서 추인의 의사표시를 하거나 법정 추인사유에 해당하는 행위를 행할 때에만 법률행위의 효력을 유효로 확정시키는 효력이 발생"한다고 하나, "취소할 수 있는 행위임을 알고서" 부분은 "추인의 의사표시"만을 수식하는 것으로 읽어야 한다. 김종국(주 3), 136 주 33도 같은 취지.

6) 대판 73.7.24, 73다114(집 21-2, 150); 대판 82.6.8, 81다107(집 30-2, 96); 대판 97.5.30, 97다2986(공 97, 2017).

7) 이영준, 737은 취소권의 존재를 모르는 경우에는 이의를 보류할 여지가 없고 취소권의 존재를 아는 경우에는 취소권을 행사하지 아니하고 본조에 해당하는 행위를 할 여지가 없으므로 본조 단서는 입법론적으로 문제라고 한다. 그러나 상대방이 이미 집행권원을 갖

때에는 그 규범목적상 법률효과를 배제함이 옳다. 그러므로 추단적 행위에 의한 추인과 법정추인은 주로 취소사유의 존재 내지 취소권의 존재를 인식하지 못한 채 법정추인사유에 해당하는 행위를 한 경우 착오취소를 하지 못한다는 점에서나 차이가 생긴다.

법정추인은 그것만으로 이미 취소권을 배제하고 더 효과가 강력하므로 추단적 행위에 의한 추인에 우선한다.[8]

법정추인사유가 존재한다는 점과 그것이 취소사유가 소멸한 뒤에 있었다는 점은 법정추인의 효과를 주장하는 자가 주장·증명하여야 한다.[9]

II. 법정추인사유

1. 전부나 일부의 이행(i)

추인권자가 취소할 수 있는 법률행위로 생긴 자기의 상대방에 대한 채무의 전부 또는 일부를 이행하는 경우를 말한다. 취소권자의 대리인 내지 이행보조자가 한 경우는 물론, 취소사유가 제한능력인 경우에는 제한능력을 벗어난 뒤 본인이 한 이행 이외에 제한능력을 벗어나지 아니한 채로 법정대리인의 동의를 받아 본인이 한 이행, 법정대리인이 한 이행도 본호의 법정추인사유가 된다.[10] 변제공탁, 상계도 본호의 적용을 받는다. 그러나 제3자 변제($\binom{\S\,469,\ \text{또는}}{\text{제}3\text{자 공탁}}$)는 본호의 법정추인사유에 해당하지 아니한다. 또한 취소할 수 있는 법률행위가 복수인 경우 그중 어느 하나로부터 생긴 채무의 이행은 그 법률행위에 대하여만 법정추인의 효과를 발생시키고, 다른 법률행위에는 영향이 없다.[11]

고 있다거나 취소주장이 받아들여지지 아니할 때 입을 손해를 피하기 위해 일응 법정추인사유에 해당하는 행위를 하면서 이의를 보류하는 경우가 있을 수 있다. 김용한, 415; 이은영, 713; 주석 총칙(3), 353(제4판/이주흥).

8) 주석 총칙(3), 350(제4판/이주흥)은 판례상 법정추인이 문제된 예는 적고 대부분 추단적 행위에 의한 추인으로 해결하고 있다고 하나, 판례가 추인의 효과를 인정하는 경우 그것이 반드시 추단적 행위에 의한 추인을 뜻하고 법정추인이 아니라고 해석할 근거는 없다. 주 6의 판례 참조.

9) 주석 총칙(3), 352(제4판/이주흥).

10) 김종국(주 3), 135 참조.

11) 그러므로 일시에 여러 장의 수표를 발행하였고, 그들에 공통의 취소사유가 있는 경우 그중 어느 한 수표의 수표금이 지급은행에서 지급되게 하였다 하여 나머지 수표채무의 일부를 이행한 것이라고 할 수 없고, 나머지 수표의 발행행위에 관하여 추인을 하였다거나 법정추인이 되었다고 할 수도 없다. 대판 96.2.23, 94다58438(공 96, 1043).

통설은 추인권자가 상대방의 채권자로서 상대방이 한 이행의 전부나 일부를 수령한 경우에도 법정추인이 된다고 한다.[12] 상대방이 변제공탁을 하였다면 그 출급이 이에 해당할 것이다. 그러나 추인권자의 의사가 개입할 여지가 없는 상대방의 상계는 이에 해당하지 아니한다. 이에 대하여 변제수령은 변제와 다르다면서 아예 법정추인을 인정하지 아니하는 견해도 있다.[13] 변제수령이 본호의 문언에 직접 포섭되는 것은 아니고, 상대방의 임의이행에 대하여 이의를 유보한 수령을 할 것을 기대하기는 어려우며, 상대방의 신뢰보다 취소권자의 의사결정의 자유가 보호가치가 높으므로 부정설이 타당하다. 개별·구체적으로 상대방의 신뢰를 특히 보호할 필요가 있는 때에는 이미 추단적 행위에 의한 추인이 인정될 수 있을 것이다.

2. 이행의 청구(ii)

추인권자가 채권자로서 취소할 수 있는 법률행위에서 생긴 채무의 이행을 청구한 경우를 말한다. 그 대리인이 이행을 청구한 경우도 포함한다. 반면 상대방이 취소권자에 대하여 이행을 청구한 경우는 이에 해당하지 아니한다.[14]

3. 경　　개(iii)

추인권자 또는 그 대리인이 채권자 또는 채무자로서 경개한 경우를 말한다.

4. 담보의 제공(iv)

추인권자 또는 그 대리인이 채권자로서 담보를 제공받는 경우 또는 채무자로서 담보를 제공하는 경우를 말한다. 물적 담보는 물론,[15] 인적 담보도 포함한다.

5. 취소할 수 있는 행위로 취득한 권리의 일부나 전부의 양도(v)

추인권자 또는 그 대리인이 취소할 수 있는 법률행위로 취득한 권리의 일

---

12) 고상룡, 620; 곽윤직·김재형, 396; 송덕수, 459; 양창수·김재형, 718; 홍성재, 민법총칙, 제6판, 2016, 389; 구주해(3), 311(김용담); 주석 총칙(3), 350(제4판/이주흥); 이영준, 736. 이미 본조 (ii)가 있으므로, 이는 추인권자가 이행을 청구한 바 없는데 상대방이 임의이행을 한 경우에 대한 논의이다.

13) 이은영, 713.

14) 日大判 1906(明 39).5.17, 民錄 12, 837.

15) 대판 88.9.13, 86다카563(집 36-2, 104).

부나 전부를 양도하는 경우를 말한다. 양도 이외에 제한물권의 설정 등도 포함된다. 별로 논의되고 있지 아니하나 의무부담행위로는 부족하고 실제로 처분행위가 행해졌어야 할 것이다. 그러나 취소하면 취득하게 되는 장래의 부당이득반환청구권이나 손해배상청구권 등의 양도 기타 처분은 이에 해당하지 아니한다. 상대방 측의 양도 기타 처분이 이에 해당하지 아니함은 물론이다.

6. 강제집행(vi)

추인권자가 취소할 수 있는 법률행위에서 발생한 권리에 터 잡아 강제집행을 한 경우를 말한다. 추인권자가 직접 상대방을 상대로 판결을 받아 그 판결을 집행권원으로 강제집행을 한 경우는 이미 본조 (ii)에 해당하지만, 집행증서에 의한 강제집행이나 그밖에 추인권자가 상대방에게 이행을 청구하지는 아니하였으나 집행을 한 경우[가령 계약인수인이 변론종결 후 승계인(민소 § 218)으로 승계집행문(민집 § 31)을 받아 강제집행을 한 경우]에는 본호에 해당한다.

반대로 추인권자가 상대방으로부터 강제집행을 당한 경우도 법정추인이 되는가에 관하여는 다툼이 있다. 다수설은 이를 긍정하나[16] 부정하는 견해,[17] 확정판결에 의한 집행의 경우 이미 기판력에 의하여 취소권 행사가 상당부분 차단되고 기판력이 미치지 아니하는 경우에 한하여 취소권을 행사하겠다는 의사가 있다고 보기는 어려우므로, 집행증서에 의한 집행의 경우에도 취소권자가 집행절차에서 취소 주장을 할 수 있으므로 각 법정추인이 되었다고 볼 수 있으나, 제1심 가집행선고부판결에 기한 강제집행의 경우에는 항소심에 이르러 취소권을 행사할 수도 있으므로 법정추인을 인정할 수 없다는 견해도[18] 있다. 부작위인 집행의 수인(受忍)에 대하여 명문의 근거도 없이 추인의 효과를 인정하는 것은 의문이다. 집행절차상 이의하지 아니하고 일단 집행을 수인하는 데는 그 나름의 합리적인 이유가 있을 수도 있고,[19] 기판력은 당사자의 의

---

16) 구주해(3), 312(김용담); 김종국(주 3), 134; 송덕수, 460; 이영준, 736; 홍성재(주 12), 390.

17) 고상룡, 621-622; 곽윤직·김재형, 396-397; 양창수·김재형, 719; 이은영, 713.

18) 주석 총칙(3), 352(제4판/이주흥).

19) 가령 제1심 가집행선고부 판결의 경우에도 항소함과 동시에 집행정지를 신청하여 집행을 저지할 수 있다[민소 §§ 501, 500, 민집 § 49 (i)]. 그러나 제1심에서 패소한 피고로서는 담보공탁(민소 §§ 500, 502) 등의 부담을 고려하여 일응 집행을 수인하고 상소심에서 제1심 판결을 취소시켜 원상회복 내지 손해배상(민소 § 215)을 받는 쪽을 선택할 수도 있다.

사와 무관하게 확정판결의 효력을 유지하기 위하여 소송법상 제한된 범위에서 인정되는 것이므로 실체법상 추인과는 무관하다. 상대방의 입장에서 추인으로 신뢰할 만한 사정이 있다면 어차피 추단적 행위에 의한 추인을 인정할 여지도 있다. 부정설이 타당하다.

[이 동 진]

第 146 條(取消權의 消滅)

　　取消權은 追認할 수 있는 날로부터 3年內에 法律行爲를 한 날로부터 10年內에 行使하여야 한다.

Ⅰ. 의의와 법적 성질, 적용범위

1. 의의와 법적 성질

　　본조는 취소권의 소멸기간을 정함으로써 미확정적 법률관계로 인한 취소권자의 상대방의 불안정한 지위를 완화한다. 본조는 단지 행사하여야 한다고 규정하고 있을 뿐이나, 기간경과로 권리가 소멸한다는 점에 대하여는 이론(異論)이 없다. 본조의 기간은 제척기간이다.[1]

　　비교법적으로 취소를 인정하는 한 이러한 기간을 두는 것이 보통이다. 독민 §§ 121, 124는 착오에 대하여는 착오를 안 때부터 유책한 지연 없이, 그 이외에는 그 사유에서 벗어난 때부터 단기 1년, 장기 10년 내에 취소권을 행사

---

1) 주석 총칙(3), 354-355(제4판/이주흥).

할 수 있게 한다. 스채 §31 I 도 위 시점부터 1년 내에 계약이 구속력이 없다고 밝히거나 급여반환을 구하지 아니하면 추인한 것으로 본다고 규정한다. 한편, 제정 프민 §1304는 강박은 강박이 종료한 날부터, 착오 또는 사기는 그것이 발견된 날부터, 미성년의 경우 성년이 되거나 친권이 해제된 날부터, 피보호성년의 경우 유효하게 행위할 수 있게 되었고 문제의 사실을 안 날부터 각 5년($^{2018년 개정 프}_{민 \S\S 1144, 1152}$) 내에 (상대적) 무효소권을 갖는다고 정하고, 이러한 규정이 없는 미국계약법에서도 상당한 기간 내에 취소하지 아니하면 더는 취소할 수 없다.[2] 본조는 일민 §126을 참조한 것인데, 일민 §126이 단기 5년, 장기 20년의 '소멸시효'기간을 정한 것과 달리 단기 3년, 장기 10년의 제척기간을 정하고 있다.

2. 적용범위

본조는 원칙적으로 좁은 의미의 취소, 즉 제한능력($^{\S\S 5\ II,\ 10}_{1,\ 13\ IV}$), 착오($^{\S 109}_{1}$), 사기·강박($^{\S 110}_{1}$)을 이유로 한 취소에 대하여 적용된다. 제한능력자의 거래 상대방의 보호를 위해서는 그밖에 최고권·철회권이 있으나($^{\S\S 15,}_{16}$), 이는 거래 상대방이 제한능력을 알아야 도움이 되는 것이므로 제척기간의 적용을 배제할 까닭은 없다. 새로운 성년후견법 시행 전의 판례는 "미성년자 또는 친족회가 §950 II 에 따라 제1항의 규정에 위반한 법률행위를 취소할 수 있는 권리는 형성권으로서 민법 §146에 규정된 취소권의 존속기간은 제척기간이라고 보아야 할 것이지만 그 제척기간 내에 소를 제기하는 방법으로 권리를 행사하여야만 되는 것은 아니고, 재판 외에서 의사표시를 하는 방법으로도 권리를 행사할 수 있다"고 하여, 이를 2013년 개정 전 §950 II 의 취소권에도 적용하였다.[3] 이러한 판례는 현행법 §950 III 의 취소권에도 원용될 수 있을 것이다.

II. 기간의 진행

1. 기산점과 기간

취소권은 추인할 수 있는 날부터 3년, 법률행위를 한 날부터 10년내에 행

---

2) Merrill v. DeMott, 951 P.2d 1040 (Nev. 1997); Farnsworth, Contracts, 4th ed., 2004, p. 253.
3) 대판 93.7.27, 92다52695(공 93, 2397).

사하여야 한다.

(1) 단기제척기간

추인할 수 있는 날은 착오나 사기의 경우 착오에서 벗어난 때,[4] 강박의 경우 강박으로 인한 공포상태에서 벗어난 때,[5] 제한능력의 경우 본인이 제한능력을 벗어나거나 법정대리인이 제한능력자의 법률행위를 안 날,[6] 제한능력자의 성년후견인 또는 대리권 있는 한정후견인이 후견감독인의 동의를 받지 아니한 채 일정한 행위를 한 경우에는($^{\S}_{950}$) 본인이 제한능력을 벗어나거나[7] 후견감독인이 성년후견인이나 대리권 있는 한정후견인이 동의 없는 행위를 한 사실을 안 때를 가리킨다. 나아가 취소사유를 알아야 하는가. 판례 중에는 "취소할 수 있는 법률행위임을" 안 시점을 문제 삼은 것이 있다.[8] 본조의 단기제척기간은 취소권자에게 취소 여부를 정할 기회를 주기 위한 것이고, 추인에 관하여 취소사유의 인식을 요구하고 있으므로, 취소가능성의 인식도 필요하다고 봄이 옳을 것이다. 그러나 확신에 이를 필요는 없고 상당한 의심을 품은 정도면 된다.[9]

제한능력자가 사기를 당한 경우나 각기 취소권을 부여할 만한 서로 다른 착오가 있는 경우와 같이 복수의 취소사유가 병존할 때에는 각각 별도의 취소권이 성립하고, 기산점도 취소권별로 따로 정해진다.[10] 반면 제한능력자와 법정대리인이 모두 취소권을 갖는 경우 어느 한쪽의 기간이 도래하면 다른 한쪽의 취소권도 소멸한다는 것이 통설이다.[11]

---

4) 대판 96.9.20, 96다25371(공 96, 3152).

5) 판례는 1980.5. 실시된 비상계엄하 합동수사단 수사관 등의 강박에 의하여 국가에 대하여 재산 양도의 의사표시를 한 자에 대한 강박의 상태가 종료된 시점은 석방된 날이 아니라 전국적으로 실시되고 있던 비상계엄이 해제되어 헌정질서가 회복된 1981.1.21. 이후이고, 국군보안사령부가 제5공화국의 출범과 그 이후의 권력유지에 중추적인 역할을 담당하였다는 사정만으로는 위 외포상태가 제6공화국이 출범한 1988.2.25.경까지 계속되었다고 단정할 수는 없다고 한다. 대판 91.9.10, 91다18989(공 91, 2518); 대판 92.11.27, 92다8521(공 93, 243); 대판 93.2.23, 92다14632(공 93, 1056); 대판 96.10.11, 95다1460(공 96, 3285); 대판 97.12.12, 95다38240(공 98, 243).

6) 주석 총칙(3), 354(제4판/이주흥).

7) 대판 97.6.27, 97다3828(공 97, 2334) 참조.

8) 대판 96.9.20, 96다25371(공 96, 3152).

9) Erman/Palm (12. Aufl., 2008), §121, Rn. 2, §124, Rn. 2.

10) 주석 총칙(3), 354-355(제4판/이주흥).

11) 주석 총칙(3), 354(제4판/이주흥). 그러나 제한능력자 보호를 위하여 제한능력자 본인이 능력자가 된 때를 기산점으로 하여야 한다는 견해도 주장될 수 있고, 숙고해볼 만한 문제라는 지적으로 송덕수, 461.

한편, 판례는 강박에 의하여 증여계약이 체결되고 제소전화해를 한 경우 제소전화해조서의 기판력이 존속하는 동안은 재산권을 원상회복하는 실효를 거둘 수 없어 증여계약을 취소하는 데 법률상 장애가 있다고 보아야 하므로 제소전화해조서를 취소하는 준재심사건 판결이 확정되어 제소전화해조서의 기판력이 소멸한 때부터 3년의 취소기간이 진행한다고 하여,[12] 이에 대하여 예외를 인정한다. 본조의 제척기간은 취소권에만 미치는데(판례),[13] 취소권은 재판외의 의사표시만으로 행사할 수 있고, 제소전화해가 취소권 행사에 어떤 장애가 되지 아니함에도 별개의 원상회복의 법률상 장애를 이유로 제척기간의 진행을 미룬 것이어서 주목된다. 그러나 어차피 원상회복을 구할 수 없는 (법에 무지한) 당사자가 제척기간 내에 취소권만 행사할 것을 기대하기 어렵다는 점에서 수긍할 만하다.

단기제척기간은 위 기산일로부터 3년이다. 초일(初日)은 산입하지 아니하며($\frac{\S}{157}$), 말일의 종료로 만료한다($\frac{\S}{159}$). 3년의 기간이 짧다는 주장이 있으나,[14] 적어도 착오취소의 경우에는 오히려 너무 길어 취소권자가 취소권이 있음을 기화로 투기를 할 수 있게 해줄 우려가 있다. 입법론적으로는 단축함이 바람직하고,[15] 해석론으로는 적어도 취소사유를 핑계 삼아 후회하는 법률행위로부터 벗어나려는 경우 취소주장을 신의칙 위반($\frac{\S 2}{1}$)으로 차단하여야 할 것이다.

(2) 장기제척기간

취소권은 법률행위를 한 날로부터 10년내에 행사하여야 한다. 판례는 제소전화해가 있었던 경우에도 그 준재심판결이 확정된 때에 기산하지 아니하며, 그러한 해석이 신의칙에 반하는 것도 아니라고 한다.[16] 기간의 계산은 단기제척기간의 경우와 같다. 단기제척기간과 장기제척기간 중 어느 하나라도 완성되면 취소권은 소멸한다.

---

12) 대판 98.11.27, 98다7421(공 99, 33).

13) 취소권의 행사로 인한 부당이득반환청구권은 본조의 제척기간이 아닌 취소권이 행사된 때부터 시효가 진행한다. 가령 대판 97.12.12, 95다38240(공 98, 243).

14) 명순구, "1980년 계엄당국의 강박에 의한 증여계약의 효력과 취소권의 제척기간", 고려법학 37, 2001, 327-328.

15) 독민 §§ 121, 124는 착오와 사기·강박을 구분하여 사기·강박의 경우에는 2년의 제척기간을 정하나, 착오의 경우에는 '지체 없이' 취소할 것을 요구한다.

16) 대판 02.11.22, 2001다13952(공 03, 137).

2. 중단·정지 및 신의칙 위반

판례는 국가기관의 강박에 의하여 증여를 하고 제소전화해조서를 작성하여 소유권이전등기가 마쳐진 경우 준재심판결이 확정될 때까지 "그 제척기간의 진행이 중단되거나 정지"되는 것은 아니고,[17] "제척기간 경과 전까지 위 증여의 의사표시의 취소를 하지 아니한 것은 물론 그 증여의 의사표시의 취소에 해당하지는 아니할지라도 그 취소에 대한 법률상 장애가 되는 위 제소전 화해조서에 따른 기판력을 배제하기 위하여 준재심청구를 하는 등의 최소한의 권리행사를 하지도 아니한 이상, 앞에서 본 증여의 경위 및 화해조서의 작성경위에 관한 사정만으로 신의성실의 원칙을 적용하거나 법률이 정하는 바에 따른 재산권 보장을 규정한 헌법 §23의 규정에 의하여 위 법조항 소정의 제척기간이 그 법조항의 문언과 달리 원고가 주장하는 시점부터 비로소 진행한다고 볼 수는 없다"고 하여,[18] 일응은 중단·정지 및 신의칙 위반을 인정하지 아니하고 있다. 그러나 2002년 개정 독민 §124 II는 명문으로 시효정지와 완성유예에 관한 규정을 준용한다. 제척기간의 중단·정지 및 신의칙 위반에 관하여는 소멸시효 前論 참조.

III. 기간완성의 효과

1. 개　　설

본조의 기간은 소멸시효기간이 아닌 제척기간이므로 당사자의 「원용」은 필요하지 아니하고 소송자료상 제척기간 경과사실이 드러나면 취소권 소멸을 인정하여야 한다. 다만 당사자가 이 관점을 전혀 고려하지 아니한 채 변론이 진행되었다면 법적 관점을 시사(示唆)하여 변론기회를 주어야 할 것이다 (민소 §136 IV). 판례는 나아가 "기간이 도과하였는지 여부는 당사자의 주장에 관계없이 법원이 당연히 조사하여 고려하여야 할 사항"이라고 하나,[19] 제소기간(提訴

---

17) 대판 02.11.22, 2001다13952(공 03, 137). 이 판결이 중단과 정지를 부정하는 취지라는 해설로, 최복규, "민법 제146조 후단 소정의 제척기간과 신의성실의 원칙", 해설 42, 2003, 130-132.

18) 대판 02.12.10, 2002다56031(공 03, 368).

19) 대판 96.9.20, 96다25371(공 96, 3152). 인용한 공간 판례집의 판시사항란은 이를 본조의 "제척기간이 법원의 직권조사사항인지 여부(적극)"으로 정리하고 있다.

期間)이 아닌 재판외 권리행사기간으로서 소송요건이 아닌 본안요건이고, 일반
이익이나 법원이익이 아닌 상대방 당사자 보호를 위한 제도이므로 이를 직권
조사사항으로 볼 근거가 없다.

　기간이 경과한 뒤에는 취소권을 행사하여도 효력이 없다. 반면 기간이 경
과하기 전 취소권을 적법·유효하게 행사하였다면 일단 기간은 준수한 것이
고, 그로 인한 부당이득반환청구 등의 시효는 본조의 직접적 규율대상은 아니
다.[20] 부당이득반환청구권의 소멸시효가 취소할 수 있었던 때부터 기산하는지
아니면 취소한 때부터 기산하는지에 대하여는 소멸시효 前論 참조.

2. 이른바 항변권의 영구성

　법률행위의 효력요건에 흠이 있음에도 무효 대신에 취소권을 인정하는 까
닭은 흠이 내용이 아닌 성립과정에만 관계하고 있어 보호의 대상이 되는 당사
자에게 취소가 유리하지 아니할 수도 있으므로 그에게 선택권을 주기 위함이
다. 여기에는 불확실한 피해자의 효력 부인 여부를 명확히 할 장치를 마련해주
는 의미도 있다.[21] 그런데 착오와 같이 착오자 보호 못지아니하게 상대방 보호
도 문제되는 경우는 별론 하더라도, 사기·강박과 같이 본래는 무효를 하여야
하나 피해자 보호를 위하여 취소권을 인정한 경우에 피해자가 반환받을 급여
가 있다면 별론, 아직 미이행이고 상대방도 불법성을 의식하고 있다는 등의 이
유로 제척기간 내에 청구를 하지 아니하였다면 피해자가 취소권을 행사하여야
함을 알지 못하거나 적어도 취소할 계기를 갖지 아니한 채 제척기간을 도과할
수 있다. 그 뒤에 가해자가 이행을 구해오면서 취소가 제척기간이 도과하여 허
용되지 아니한다고 주장한다면 그 불법성에 비추어 부당한 결과가 도출된다.

　이 점을 잘 보여주는 예가 대판 02.12.27, 2000다47361이다.[22] 강박에 의
하여 원고에게 부동산을 증여한 피고가 그 취소권을 행사하지 아니한 채 일단
재산권을 실질적으로 확보하기 위하여 그 부동산을 제3자에게 이중 양도하였
고, 이후 원고가 수년간 증여의 이행을 구하지 아니하다 취소권의 제척기간을
도과한 뒤 이행불능을 이유로 손해배상을 구한 사안에서, 법원은 피고의 원고

---

20) 양창수·김재형, 720.
21) 이동진, 공서양속과 계약 당사자 보호 (서울대학교 법학박사학위논문), 2011, 221-222.
　　또한 Grigoleit, "Sanktionsmechanismen bei Willensstörungen", in Zimmermann (hrsg.)
　　Störungen der Willensbildung bei Vertragsschluss, 2007, S. 171-173.
22) 공 03, 495.

에 대한 증여에 대한 채무불이행이 성립하고, 피고의 이중양도행위가 사회상
규에 위배되지 않는 정당행위 등에 해당하여 위법성이 조각된다고 볼 수 없다
면서 강박 피해자인 피고의 책임을 인정하였다. 그러나 강박을 취소사유로 한
취지와 피해자와 상대방의 보호가치, 반환을 구할 것이 없어 대개는 상대방이
이행을 구해올 때 비로소 방어방법을 강구하고 취소권을 행사하게 마련인 피
해자의 상황에 비출 때 이러한 결론은 선뜻 받아들이기 어렵다. 독민 § 853은
불법행위가 성립하는 경우에는 채권소멸의 청구권이 시효로 소멸한 뒤에도 그
이행을 거절할 수 있다고 하여 이른바 항변권의 영구성을 제한적으로 인정하
고 있고,[23] 2018년 개정 프민 § 1185도 이행 전의 계약에 관한 무효항변은 시
효로 소멸하지 아니한다고 하여 이를 확인한다. 개정 전 프랑스민법에는 명문
규정이 없었으나, 판례는 무효소권(action en nullité)의 시효소멸 뒤에도 이행
거절의 항변은 할 수 있다고 보고 있었다.[24] 우리 법에서도 제척기간이 경과한
뒤에 계약이행을 구하거나 채무불이행책임을 묻는 것은 신의칙에 반할 수 있
다고 보아야 할 것이다.[25] 이처럼 제척기간이 경과한 뒤에 취소사유를 주장하
는 것이 허용되었을 때에는 상대방도 당해 법률행위의 효력을 부정할 수 있음
은 물론이다.

[이 동 진]

---

23) Erman/Schiemann(주 9), § 853, Rn. 1-2. 이는 권리남용의 한 예라고 한다.
24) Cass. civ. 1re, 3 juillet 2001, n° 99-19084; civ. 3eme, 10 mai 2001, n° 99-11762 =
   Bull. civ. Ⅲ, n° 61 = D. 2001, 3156 note par Lipinski. 또한 Picod, "Nullité", Repertoire
   du droit civil, 2013, n° 76-79.
25) 이미 구주해(3), 430(윤진수). 또한 이동진(주 21), 222-223. 본조의 권리행사기간을 소
   멸시효로 정하는 일본민법에 관하여 같은 취지로, 於保不二雄·奧田昌道 編集 新版 注釋民
   法(4), 2015, 541頁(奧田昌道·金山直樹).

第5節 條件과 期限

전   론

I. 법률행위의 부관(附款)

1. 부관(附款)의 의의와 성질

(1) 부관(附款)의 개념

넓은 의미에서 법률행위의 부관(附款)이란, 이자약관, 담보약관, 환매약관,

면책약관과 같이 통상의 법률행위에 부수하는 특정사항에 관한 개별조항(약관)을 의미한다. 그러나 본절에 있어서 법률행위의 부관(附款)이란, 법률행위의 당사자가 법률행위의 효력 발생 또는 소멸을 장래에 발생하는 사실에 좌우되도록 법률행위의 내용의 일부로 부가시킨 개별조항(약관)을 말한다.[1] 본절은 부관으로서 조건과 기한에 관한 규정을 두고 있다.

(2) 효과의사의 일부로서의 부관

부관은 본질적으로 의사표시의 일부로서 효과의사와 일체를 이룬다. 주된 의사표시에 부수하여 그 통상의 효력 발생을 제한하는 별개의 의사표시로 존재하는 것은 아니다.[2] 법률행위를 함에 있어서 당사자의 의사에 의하여 그 효과의 발생이나 소멸에 관하여 특별한 제한을 두는 것은 사적자치와 계약자유의 원칙상 당연히 허용된다. 부관은 본질적으로 효과의사와 결부되어 법률행위의 일부를 구성한다는 점에서 다른 법률행위의 내용과 다를 바 없으나, 그 중에서도 조건과 기한은 법률행위의 효력 발생과 소멸을 장래의 사실의 성부(成否)에 결부시킴으로써 법률행위의 효력을 제한한다는 점에서 고유한 의의를 갖는다.

(3) 법률행위의 구성과 부관

로마법 이래의 고전적 분석에 따르면, 법률행위의 객관적 구성부분은 요소($\substack{要素,\ \text{essentialia}\\ \text{negotii}}$), 상소($\substack{常素,\ \text{naturalia}\\ \text{negotii}}$), 우소($\substack{偶素,\ \text{accidentalia}\\ \text{negotii}}$)로 분류된다. 요소(要素)는 법률행위의 성질을 결정하는 불가결한 부분으로 매매에 있어서 목적물과 대금에 관한 의사의 합치가 여기에 해당한다. 요소의 흠결은 법률행위를 성립시키지 못한다. 상소(常素)는 당사자가 특히 배제하지 않는 한 통상 그 유형의 법률행위의 내용을 구성하는 것으로 당사자의 반대의 의사표시로 제거할 수 있다. 가령 하자담보책임과 같은 것이 여기에 해당한다. 우소(偶素)는 당사자의 특약으로서 상소, 즉 통상 그 유형의 법률행위에 인정되는 내용을 변경하기 위하여 법률행위에 부가한 부분으로 조건과 기한이 여기에 해당한다. 조건($\substack{\text{condicio, dies}\\ \text{incertus an}}$)과 기한($\substack{\text{dies, dies}\\ \text{certus an}}$)은 우소로서 상소에 변경을 가하는 법률행위의 객

---

1) 좁은 의미의 부관에 대하여 법률행위에 따르는 독립한 약관(광의의 부관)이 아니라 법률행위의 효과의 발생 또는 소멸을 제한하기 위하여 법률행위의 내용으로 덧붙여지는 약관으로 구분하기도 하지만(곽윤직·김재형, 398 이하), 독립한 약관인지 법률행위의 내용으로 덧붙여진 약관인지를 구별할 이론적 근거가 분명하지 않다는 지적이 있다(이영준, 656).

2) 新版注釋民法(4), 有斐閣, 2015, 555(金山).

관적 구성부분이다.[3)]

(4) 법률행위의 효력요건성(유효요건)

조건과 기한은 효과의사와 결부되어 효과의사와 일체를 이루지만, 효과의사 그 자체가 조건부 또는 기한부로 성립하는 것은 아니므로 법률행위의 성립요건은 아니다. 조건부 또는 기한부 법률행위는 조건이나 기한의 성취 전이라도 확정적으로 성립하고, 그 효력 발생만이 조건 또는 기한에 의해 제약을 받는다. 그러한 의미에서 조건과 기한은 효력요건이다. 그러나 이를 법률행위 일반적 효력요건이라고는 할 수 없다. 조건과 기한이 부가되지 않았다면 법률행위는 그 법률행위의 성질에 따른 본래의 효력을 발생시켰을 것이기 때문이다. 따라서 조건과 기한은 법률행위의 성질에 따른 일반적 효력요건 외에 당사자의 의사에 의하여 임의로 법률행위에 부가된 특별효력요건이라고 할 수 있다.[4)] 특별효력요건으로 대리행위에 있어서 대리권의 존재, 미성년자의 법률행위에 있어서 법정대리인의 동의, 유언에 있어서 유언자의 사망 등도 여기에 해당하며, 그 밖에 토지거래허가구역 내 토지 거래행위에 있어서 시장, 군수, 구청장의 허가($\substack{국토 \\ §18 \, 1}$), 학교법인의 기본재산 처분에 있어서 관할관청의 허가($\substack{사학 \\ §28}$) 등도 여기에 속한다. 이들 특별효력요건이 있는 법률행위에 대하여 정지조건이나 시기(始期)가 부가된 경우에는 조건이나 기한의 성취뿐 아니라 모든 효력 발생요건이 갖추어져야 비로소 법률행위로서 효력이 발생할 수 있고, 어느 하나의 요건이라도 충족하지 못하면 효력을 발생시킬 수 없음은 물론이다.

(5) 조건부 권리·기한부 권리

조건과 기한의 직접 대상은 법률행위이지만 이를 권리 평면에 투영시켜 조건부 권리 또는 기한부 권리라는 용어도 사용된다. 가령 보험계약과 같이 계약 자체는 불확실성이 없으나 그 보험금청구권이나 보험금 지급의무는 보험사고의 발생이라는 조건에 좌우된다는 점에서 조건부 법률행위와 조건부 권리의무를 구별할 수 있다.[5)]

2. 종　　류

일반적으로 법률행위의 부관으로는 조건과 기한이 있고 그 밖에 부담(負

---

3) 현승종·조규창, 로마법, 법문사, 2004, 454 이하, 新版注釋民法(4), 550(金山).
4) 구주해(3), 317(민형기), 곽윤직·김재형, 261, 김증한·김학동, 312, 김주수·김상용, 312, 송덕수, 민법총칙(제3판), 박영사, 2015, 163.
5) 新版注釋民法(4), 554(金山).

擔)을 드는 견해도 있다.[6]

(1) 조건(條件)과 기한(期限)

법률행위를 함에 있어서 그 효과를 곧바로 발생시키지 않고 어떤 사실이 발생했을 때 혹은 일정한 시기(時期)가 도래했을 때 비로소 효력이 발생하기를 원하는 경우가 적지 않다. 반대로 법률행위의 성립시에 본래의 효력이 발생하지만 특정 사실의 발생이나 특정한 시기가 도래하면 법률행위의 효력을 소멸시키기를 원하는 경우도 있다. 이러한 경우에 법률행위의 당사자는 법률행위의 효력 발생 또는 소멸을 특정한 사실의 발생 여부 또는 일정한 시기의 도래 여부에 좌우되도록 법률행위의 내용으로 정할 수 있다. 이것이 본절에서 규율하는 법률행위의 조건과 기한이다.

조건(條件)이란, 법률행위의 효력 발생 또는 소멸을 장래에 그 발생이 불확실한 사실의 실현 여부에 좌우되도록 하는 것이고, 기한(期限)이란 장래에 그 실현 또는 도래가 확실한 사실에 좌우되도록 하는 것이다. 가령, 새해 첫날에 눈이 오면 경품(景品)을 지급한다고 하면 조건이지만, 올해 서울에서 첫눈 오는 날에 경품을 지급하겠다고 하는 것은 기한이다. 새해 첫날 서울에 눈이 올지 안 올지는 알 수 없는 반면, 올해 서울에서 첫눈이 오는 날은 언제인지는 알 수 없으나 서울에 첫눈은 반드시 올 것이기 때문이다.

(2) 부담(負擔)

부담이란, 무상의 출연(出捐) 행위에 부가되어 수익자에게 특정한 의무를 지우는 개별조항이다.[7] 부담은 수익자에게 일정한 의무, 즉 채무를 부담시킨다는 점과 부담에 의하여 법률행위의 효력 자체가 좌우되는 것은 아니라는 점에서 조건이나 기한과는 다르다. 특히, 부담은 무상행위의 성질을 변경하지 않으면서 무상으로 이익을 받는 상대방에게 일정한 의무를 부과할 수 있다는 점에서 무상행위에서 중요한 기능을 한다. 조건이나 기한은 조건이나 기한에 친하지 않은 일부 법률행위를 제외하고 모든 법률행위에 부가시킬 수 있다. 이 점

---

6) 곽윤직·김재형, 399, 김상용, 민법총칙(제3판), 화산미디어, 2014, 681, 백태승, 민법총칙(제7판), 집현재, 2016, 523, 송덕수(주 4), 463.

7) 부담은 수증자 또는 수유증자가 증여자에 대하여 부담하는 일정한 급부를 하여야 하는 채무를 말하는 것, 즉 부담은 법률행위의 내용을 이루는 약정의 효력으로 발생하는 채무를 가리키는 용어이지 약정 그 자체는 아니라는 점에서 조건이나 기한과 같은 평면에서 부관의 일종으로 논하는 것이 타당하지 않다는 의견도 있다. 김대정, 1149. 여기서 개별약정으로서의 부담과 부담으로 정해진 의무 그 자체로서의 부담은 구분될 수 있으므로 이러한 지적이 전적으로 타당한 것은 아니라고 생각된다.

에 있어서 조건과 기한은 법률행위의 일반에 관한 것이므로 이를 총칙편에 규정하고 있다. 반면에 부담은 주로 무상행위와 관련하여 고유한 기능을 하므로, 부담부증여 또는 부담부유증에 관한 개소(個所)에서 개별적으로 규정하고 있다. 즉 상대방의 부담 있는 증여에 관하여는 쌍무계약에 관한 규정을 준용한다고 규정하고($\S_{561}$), 부담 있는 유증을 받은 자는 유증의 목적의 가액을 초과하지 아니한 한도에서 부담한 의무를 이행할 책임이 있고($\S_{\text{I}}^{1088}$), 유증 목적의 가액이 한정승인 또는 재산분리로 인하여 감소된 때에는 수증자는 그 감소된 한도에서 부담할 의무를 면한다고 규정하고 있다($\S_{\text{II}}^{1088}$).

부담과 조건의 성질상의 차이를 살펴보면, 가령, 부양을 부담으로 하는 부담부 증여의 경우 수증자가 부담한 부양의무를 임의로 이행하지 않으면 증여자는 부담의 이행으로서 부양을 청구할 수 있고, 그 불이행을 이유로 증여계약을 해제할 수 있다. 이에 반하여 부양을 조건으로 하는 조건부 증여의 경우에는 조건사실인 부양을 이행하지 않으면, 증여계약이 효력을 발생하지 않거나($^{\text{정지}}_{\text{조건}}$) 증여의 효력이 소멸한다($^{\text{해제}}_{\text{조건}}$). 그러나 수증자가 부양에 대한 의무를 지는 것은 아니므로,[8] 그 이행을 청구할 수는 없다. 그 성취 여부에 따라 증여의 효력이 좌우될 뿐이다. 부담은 조건이나 기한과는 달리 의무를 지우는 것이므로 부담은 의무로서 이행에 적합한 것이어야 한다. 반면에 조건은 반드시 그러한 구애를 받지 않는다는 점도 다르다.[9] 이점에서 조건부 법률행위인지 부담부 법률행위인지가 명확하지 않은 경우에는 효과의사에 결부된 사실($^{\text{조건사실}}_{\text{또는 부담}}$)이 상대방에게 그 이행을 강제할 수 있는 채무로서 평가될 수 있는가가 판단의 기준이 될 수 있다.

그 밖에 학설로서, 부담이, 법률행위의 효력에 관하여 시간적으로 특별한 제한을 부가하는 조건이나 기한과는 법률요건으로서의 의미가 달라서 개념상 구별해야 한다는 견해,[10] 부담은 법률행위의 효력에 영향을 주지 않는다는 점에서 좁은 의미의 부관에는 속하지 않는다는 견해,[11] 부담부 법률행위는 '부담부'이기는 하지만 바로 법률행위로서 효력이 발생하므로 이에 의하여 완성된 권리가 발생하는 데 반하여, 조건부 또는 기한부 법률행위의 경우에는 조건의 성취나 기한 도래 전까지는 '기대권(期待權)'만이 발생할 뿐이고, 부담부 법

---

8) 新版注釋民法(4), 552(金山).

9) 新版注釋民法(4), 553(金山).

10) 고상룡, 626.

11) 명순구, 539.

률행위에 있어서는 출연이 부담하에 이루어지므로 부담의 이행에 의하여 출연의 수령이 법률상 원인을 갖는다는 점에서 양자를 구별하는 견해,[12] 부담은 부관이라는 점에서는 조건이나 기한과 같지만, 그 기능이 전혀 다르기 때문에 부담을 부관으로 인정하더라도 양자를 같이 논할 실익은 별로 없다고 보는 견해[13] 등이 있다.

이하에서 부관에 관한 논의는 본절 조건과 기한에 한하여 설명한다.

3. 부관의 성질

(1) 임의성(任意性)

조건과 기한은 당사자의 의사에 의하여 효과의사에 부가된 것으로 임의성(任意性)이 있는 것이다. 그러므로 법률이 어떤 법률행위의 효력 발생이나 소멸에 관하여 정하고 있는 법정조건이나 법정기한은 당사자의 의사에 의하여 부가된 조건이나 기한과는 성질이 다르다. 다만, 법정조건의 경우에도 그 성질이 허용하는 범위에서는 본절의 규정이 유추적용될 수 있다.[14] 특히 법정조건의 성취를 당사자의 의사로 조건으로 삼는 경우도 적지 않다. 가령 토지거래허가구역 내 토지를 매매하면서 관할청의 토지거래허가를 받을 것을 조건으로 하는 경우 등이 그러하다.

조건이나 기한은 법률행위의 일부이므로 어떤 사실이 조건 또는 기한으로 되어 있는지 또는 그것이 효력이 있는지 여부 등은 모두 법률행위의 해석 문제이다. 이 점에 있어서 본절의 규정들은 조건과 기한에 관하여 합리적인 해석기준을 정하고 있는 임의규정이다.[15]

(2) 일체성(一體性)

조건이나 기한은 법률행위의 효과의사와 합치되어 그와 일체를 이루어 (일체성), 법률행위의 효력 발생이나 소멸을 제약한다. 조건과 기한은 법률행위의 성립요건은 아니므로 조건부 또는 기한부 법률행위는 조건이나 기한으로 정한 사실이 실현되지 않았더라도 법률행위로서 성립하는 데에는 지장이 없다. 다만 조건이나 기한에 의하여 그 효력의 발생이 제약될 뿐이다. 따라서 법률행위

---

12) 이영준, 656.
13) 구주해(3), 317(민형기), 곽윤직·김재형, 399, 김상용(주 6), 681, 백태승(주 6), 523, 송덕수(주 4), 463.
14) 대판 62.4.18, 4294민상1603(집 10-2, 134).
15) 곽윤직·김재형, 399.

성립요건과 조건이나 기한 이외의 일반적 효력발생 요건의 구비 여부는 조건
부 또는 기한부 법률행위 당시를 기준으로 한다.[16] 조건이나 기한은 법률행위
와 일체를 이루는 것이므로 조건이나 기한에 무효사유가 있는 경우에는 조건
또는 기한만 무효가 되는 것이 아니라 조건부 또는 기한부 법률행위 전부가
무효가 되는 것이 원칙이다($\S\S\ 137,\ 151\ I$).[17] 가령 부부생활 종료를 해제조건으로 하
는 양속에 반하는 증여는 조건만 무효가 되는 것이 아니라 증여계약 자체가
무효가 된다.[18] 다만 법률행위 성질이나 부관의 유형에 따라 조건이나 기한만
이 무효가 되는 경우도 있다. 가령 해제조건부 또는 종기부 혼인의 합의는 혼
인의 본질 또는 강행법규 및 사회질서에 반하지만, 그러한 조건이나 기한만 무
효이고 혼인 그 자체는 무조건 무기한으로 성립한다고 본다.

(3) 동시성(同時性)

그 밖에 조건과 기한은 법률행위의 효과의사와 일체적 내용을 이루는 것
이므로 그 법률행위와 동시에 부가되어야 한다. 조건이나 기한 없이 성립한 법
률행위에 대하여 당사자들이 그 후에 조건이나 기한을 부과하는 경우에는 법
률행위의 내용을 변경하는 새로운 법률행위로 보아야 하고 사후 부관의 개념
은 인정되지 않는다.[19]

(4) 효력 제약성

조건이나 기한은 법률행위의 효력을 제한하는 것일 뿐 법률행위의 성립에
는 영향이 없다. 따라서 조건부 또는 기한부 법률행위에 있어서 그 성립요건의
충족 여부는 조건 성취나 기한 도래시가 아니라 법률행위시를 기준으로 판단
되어야 한다.

(5) 장 래 성

장래 발생할 사실에 관한 것으로 기성(既成)의 사실은 진정한 의미의 부관
이 될 수 없다. 우리 민법은 이에 대하여 별도의 규정을 두고 있다. 즉, 기성조
건이 정지조건이면 무조건의 법률행위가 되고 기성조건이 해제조건이면 조건
부 법률행위는 무효가 된다($\S\ 151\ II$).

---

16) 구주해(3), 317(민형기).
17) 구주해(3), 318(민형기).
18) 대판 66.6.21, 66다530(집 14-2, 73).
19) 구주해(3), 318(민형기).

4. 기능적 비교

(1) 동기(動機)

장래 발생 여부가 불확실한 어떤 사실에 대하여 그것의 발생 또는 불발생에 대하여 기대를 가지고 법률행위를 하면서도 이를 조건으로 삼지 않은 경우도 적지 않다. 이러한 경우에 만약 기대와 다른 사실이 실현되면 표의자는 그러한 법률행위의 구속으로부터 벗어나기를 원하게 된다. 이때 표의자는 흔히 착오를 이유로 하는 취소를 주장한다. 그러나 그것을 법률행위의 내용으로 삼은 것이 아닌 한 그 법률행위를 취소할 수 없다. §109는 단순한 동기와 법률행위의 내용을 준별하는 것을 기초로 '법률행위의 내용의 중요부분'에 착오가 있는 경우에만 취소를 허용하기 때문이다(다수설). 표의자가 기대를 가지고 있던 그러한 사실은 조건으로 명시적으로 표시되어 합의되지 않는 한 법률행위의 내용이 될 수 없고, 법률행위를 하게 하는 동기에 지나지 않는다. 판례에 따르면, 동기의 착오는 원칙적으로 법률행위의 내용이 되지 않지만, "그 동기가 상대방에게 표시되고 의사표시 내용의 중요부분의 착오로 인정된 경우" "당사자 사이에 특히 그 동기를 계약 당시에 상대방에게 표시함으로써 계약의 내용으로 삼은 때에 한하여[20]", 또는 "표의자가 그 동기를 당해 의사표시의 내용으로 삼을 것을 상대방에게 표시하고 의사표시의 해석상 법률행위의 내용으로 되어 있다고 인정되면─충분하고 당사자들 사이에 별도로 그 동기를 의사표시의 내용으로 삼기로 하는 합의까지 이루어질 필요는 없다[21]─§109가 적용되어 의사표시를 취소할 수 있다고 하며,[22] 다수설도 이에 찬동한다.[23]

그러나 표의자가 동기를 표시하여 '법률행위의 내용'이 된다는 것이 어떤 사태를 의미하는지가 분명하지 않다.[24] 법률행위의 내용이란, 결국 표의자가

---

20) 대판 95.5.23, 94다60318(공 95, 2234).

21) 대판 89.12.26, 88다카31507, 대결 90.5.22, 90다카7026, 대판 95.11.21, 95다5516, 대판 97.9.30, 97다26210, 대판 98.2.10, 97다44737, 대판 00.5.12, 2000다12259.

22) 나아가 그 법률행위의 중요부분의 착오라 함은 표의자가 그러한 착오가 없었더라면 그 의사표시를 하지 않으리라고 생각될 정도로 중요한 것이어야 하고 보통 일반인도 표의자의 처지에 섰더라면 그러한 의사표시를 하지 않았으리라고 생각될 정도로 중요한 것이어야 한다. 대판 96.3.26, 93다55487, 대판 89.1.17, 87다카1271, 대판 97.9.30, 97다26210, 대판 98.2.10, 97다44737, 대판 00.5.12, 2000다12259 등.

23) 다수설은 이른바 동기의 불법과 같이 동기가 표시되고 상대방이 알고 있는 경우에는 그 동기는 의사표시의 내용이 되므로 그 범위 안에서는 표시행위의 내용의 착오가 된다고 한다. 구주해(2), 428(송덕수).

24) 같은 취지의 지적으로 양창수·김재형, 668.

의사표시를 통하여 의욕하는 법률효과$\binom{효과}{의사}$ 그 자체를 의미하는데, 동기가 법률행위 외부의 어떤 사실인 경우, 그 사실$\binom{동}{기}$을 표시하였다 한들 그것이 곧바로 법률효과가 될 수 있는 것은 아니다.[25] 어떤 사실의 실현 여부에 따라 법률행위의 효력이 좌우되도록 하기 위해서는 이를 명시적으로 효과의사에 연결하여야 한다. 어떤 사실이 장래 그 실현 여부가 불확실한 사실이라면, 그 사실을 법률효과 발생의 조건으로 삼음으로써 외부적 사실이 법률효과와 연결되어 법률행위의 내용이 될 수 있다. 판례도 같은 취지에서 "조건은 법률행위의 효력의 발생 또는 소멸을 장래의 불확실한 사실의 성부에 의존하게 하는 법률행위의 부관으로서 해당 법률행위를 구성하는 의사표시의 일체적인 내용을 이루는 것이므로, 의사표시의 일반원칙에 따라 조건을 붙이고자 하는 의사 즉 조건의사와 그 표시가 필요하며, 조건의사가 있더라도 그것이 외부에 표시되지 않으면 법률행위의 동기에 불과할 뿐이고 그것만으로는 법률행위의 부관으로서의 조건이 되지는 아니한다"고 한다.[26] 이와 같이 조건으로 표시되어 합의되지 않은 사실은 기껏 해야 그러한 기대를 가진 표의자의 동기에 지나지 않아 §109에 의해서도 구제를 받을 수 없다.

(2) 전제(前提)

그 어떤 사실이 법률행위 당시 또는 과거의 어떤 사실인 경우, 법률행위의 당사자가 법률행위 당시 또는 과거의 어떤 사정의 존재를 전제로 하여 법률행위의 내용을 정할 수 있고, 이러한 사정이 존재하지 않는 것으로 밝혀진 경우에는 해제의 기성조건에 준하여 법률행위를 무효로 할 수 있다$\binom{§151}{III}$.[27] 전제로 삼는 사실이 법률행위 당시 또는 과거의 사정으로 제한된다는 점에서 조건과 구별된다. 당사자 일방이 전제한 사실 또는 쌍방이 전제한 사실이 부존재한 경우에도 당사자는 동기의 착오를 주장할 가능성이 열려 있다. 다만 여기서 전

25) 결국 그 사실(동기)을 합의를 통하여 법률행위의 조건이나 전제 혹은 보증한 경우에만 법률효과의 발생 불발생 또는 그 내용과 연결되어 '법률행위의 내용'이 될 수 있다. 그에 따르면 동기가 각각 장래의 불확실한 사실에 관한 경우에는 조건으로, 동기가 현재 또는 과거의 불확실한 사실에 관한 경우에는 전제로서, 동기가 목적물의 성질 유무나 결과의 실현에 관한 것인 경우에는 보증의 방법으로 합의가 이루어지고, 합의된 사실에 착오가 있어 그 사실이 실현되지 않은 경우에는 그 합의가 조건이나 전제인 경우에는 계약 효력의 불발생, 결과 실현의 보증의 경우에는 채무불이행의 책임이 각각 발생할 수 있다. 山本敬三, 民法講義 I (有斐閣, 2001), 172.
26) 대판 03.5.13, 2003다10797(공 03, 1292), 대판 09.7.23, 2008다46210(미간행), 대판 12.4.26, 2011다105867(미간행), 대판 15.10.29, 2015다219504(미간행) 등.
27) 山本敬三(주 25), 172.

제라는 용어가 실제에 있어서 반드시 법률행위 당시 또는 과거에 존재하는 사실에 엄밀히 한정하여 쓰이는 것은 아님에 주의하여야 한다. 가령 장래의 사실에 대하여 그 실현을 전제로 법률행위를 할 수 있고 이때에는 그 본질은 조건이라고 보아야 한다. 가령, 아직 이혼하지 않은 당사자가 장차 협의상 이혼할 것을 약정하면서 이를 전제로 하여 위 재산분할에 관한 협의를 하는 경우 협의상 이혼을 조건으로 한 재산분할협의로 본다.[28]

(3) 보증(保證)

법률행위를 통하여 실현하려는 경제적 결과의 발생 여부가 불확실한 경우, 계약 당사자는 목적물의 성질이나 법률행위의 결과에 대하여 채무자에게 결과 실현을 보증하도록 함으로써 법률행위의 효과로서 기대하는 경제적 결과의 실현을 확보할 수 있다. 이와 같이 보증된 급부 결과에 대하여는 채무자는 무과실의 항변으로 채무불이행 책임을 면할 수 없다.

(4) 행위기초(行爲基礎)

당사자들이 법률행위 당시에 전제로 하였던 사정이 그 후에 변경된 경우에 대하여는 신의칙상 이른바 행위기초론의 적용 여부가 문제된다.[29] 독일민법 §313 Ⅰ은 "계약의 기초가 된 사정이 계약체결 후에 현저히 변경되고, 그 변경이 만일 당사자들이 이를 예견할 수 있었다면 계약을 체결하지 아니하였거나 다른 내용으로 계약을 체결하였을 것인 경우에, 개별적인 경우의 모든 사정, 특히 계약상 또는 법률상의 위험분배를 고려하면 당사자 일방에게 원래의 계약에 구속되는 것을 기대할 수 없는 때에는, 계약의 변응(變應)을 청구할 수 있다."고 규정하고 있다.[30] 이에 관한 규정을 두고 있지 않은 우리 민법의 해석론으로는 신의칙의 파생원칙으로 사정변경의 원칙에 의한 처리가 시도되고 있다. 착오의 시간적 요소를 중시하지 않는 학설과 판례는 착오법, 특히 동기의 착오의 문제로 처리되는 경우도 적지 않다.[31]

---

28) 대판 95.10.12, 95다23156(공 95하, 3735), 대판 00.10.24, 99다33458(공 00하, 2383), 대판 01.5.8, 2000다58804(공 01하, 1344), 대판 03.8.19, 2001다14061(공 03, 1859).

29) 이영준, 658, 같은 면은 법률행위 당시에 존재하는 것으로 전제되었던 상황이 존재하지 않았던 경우를 포함하여 설명하고 있다.

30) 역문은 양창수, 독일민법전(박영사, 2015)에 의함(이하 같다).

31) 이에 대한 비판에 대해서는 전원열, "錯誤 개념의 定立을 위한 小考", 저스 146-1, 2015.2, 특히 169 이하. 이 견해는 착오제도는 본래 법률행위 당시에(의사표시에) 원시적 흠이 있는 경우에 대한 구제수단으로서, 그 의사표시 시점에서 표의자의 인식과 그 인식 대상인 객관적 사정이 불일치한 경우에 관한 것이므로 법률행위 후의 장래의 사정이 애초의 예상과 달리 전개된 경우에 대한 구제수단이 아니라는 것이다. 그러나 우리 민법이 계

Ⅱ. 조건(條件)

1. 조건의 의의와 성질

(1) 의   의

조건은 법률행위 효력의 발생 또는 소멸을 장래의 불확실한 사실의 실현 여부에 좌우되도록 하는 법률행위의 부관이다. 이와 같이 조건이 붙은 법률행위를 조건부 법률행위라고 한다. 조건이라는 용어는 민형사 책임의 성립요건으로서 인과관계에서 원인을 의미하기도 하는데(이른바 조건설), 부관으로서의 조건과는 전혀 다른 개념이다. 조건으로 지정된 장래 발생 여부가 불확실한 사실 그 자체를 조건이라고 부르기도 하지만,[32] 엄밀하게는 조건으로 지정된 사실(조건 사실)일 뿐이다.[33]

조건부 법률행위에 있어서 조건이 법률행위의 내용을 이루는지 또는 효과의사가 조건적인 것인지, 조건의 성취가 법률행위의 성립 요건인지와 같은 문제들이 19세기 독일보통법학에서 크게 논의되었고, 독일 보통법학자들은 조건부 법률행위에서는 효과의사가 조건적으로 존재한다고 설명하였다. 그러나 오늘날 조건부 법률행위에서 조건은 법률행위의 일부로서 법률행위의 효과를 제한하기는 하지만, 효과의사 그 자체는 조건적인 것이 아니라는 것이 이론상 확립되었다.[34] 가령 정지조건부 의사표시를 하더라도 그 의사표시는 일단 법률행위로서 성립하고 그 효력 발생이 제한되는 것일 뿐 정지조건으로 인하여 조건이 실현될 때까지 법률행위로서도 성립되지 않는 것은 아니다. 조건은 효과의사의 내용을 이루는 것[35]으로 판례도 "조건은 법률행위의 효력의 발생 또는 소멸을 장래의 불확실한 사실의 성부에 의존케 하는 법률행위의 부관으로서 법률행위에 있어서의 효과의사와 일체적인 내용을 이루는 의사표시 그 자체이고, 따라서 조건의사가 법률행위의 내용으로 외부에 표시되어야 한다"고 한다.[36]

약 당시에 계약의 전제(기초)로 삼은 사실이 장래에 있어서 변경된 경우에 관하여 이를 규율하는 명문의 규정을 두고 있지 않은 상황에서 법률행위 당사자의 정보리스크 분배라는 문제 해결의 기능적 측면에서는 장래 발생 사실에 대한 착오법의 적용 또는 유추적용을 반드시 부당하다고는 할 수 없을 것이다.

32) 이영준, 659.
33) 구주해(3), 321(민형기), 송덕수(주 4), 464.
34) 이영준, 659.
35) 곽윤직·김재형, 399, 김증한·김학동, 617, 명순구, 523.
36) 대판 00.10.27, 2000다30349(공 00, 2407).

(2) 요   건

전술한 부관에 공통된 요건 외에 조건에 특유한 요건을 살펴본다.

⑺ 장 래 성   조건은 법률행위의 효력 발생 및 소멸을 장래 그 실현 여부가 불확실한 사실의 실현 여부에 좌우되도록 법률행위의 당사자가 법률행위의 내용으로 부가한 것이다. 조건은 장래의 사실에 관한 것이므로 법률행위 당시에 이미 그 존부가 확정되어 있는 사실은 당사자가 이를 모르고 조건으로 삼는 의사를 표시하더라도 이는 기성(旣成) 조건으로 본래의 의미의 조건이 아니다.

⑷ 불확실성   나아가 장래의 사실 중에서도 법률행위 당시에 그 발생 여부가 객관적으로 불확실하다는 점에서 부관의 다른 종류인 기한과 구별된다. 법률행위의 당사자에게는 불확실한 사실이라도 법률행위 당시에 객관적으로 발생 여부가 확정되어 있는 사실은 조건이 될 수 없다. 판례 역시 같은 취지에서 조건은 법률행위의 효력 발생 또는 소멸을 장래의 불확실한 사실의 성부에 의존하게 하는 법률행위의 부관으로 장래의 사실이더라도 그것이 장래 반드시 실현되는 사실이면 실현되는 시기가 비록 확정되지 않더라도 이는 기한으로 보아야 한다고 한다.[37] 법률행위 당시에 이미 장래 그 실현이 확정되어 있는 사실을 조건으로 하는 필성(必成) 조건은 조건이 아니라 불확정기한이다. 나아가 장래에 있어서 객관적으로 그 실현이 불가능한 사실을 조건으로 하는 불능(不能)조건은 법률행위 당시에 이미 무조건의 법률행위($\binom{불능의}{해제조건}$) 또는 무효의 법률행위($\binom{불능의}{정지조건}$)로 확정되므로 본절에서의 조건이 아니다.

구체적 사안에 있어서 조건인지 불확정기한인지를 구별하는 것이 언제나 명확한 것은 아니다. 부관에 표시된 사실이 발생하지 아니하면 채무를 이행하지 아니하여도 된다고 보아야 하는 때에는 정지조건으로 정한 것으로 보아야 하고, 표시된 사실이 발생한 때는 물론이고 반대로 발생하지 아니하는 것이 확정된 때에도 그 채무를 이행하여야 한다고 보는 것이 타당한 경우에는 표시된 사실의 발생 여부가 확정되는 것을 불확정기한으로 정한 것으로 보아야 한다.[38] 가령 사업에 성공하면 지원받은 창업지원금을 반환하겠다고 약정한 경우, 그 취지가 사업에 성공하지 못하면 반환하지 않아도 된다는 것이라면 조건

---

37) 대판 18.6.28, 2018다201702(공 18하, 1461).
38) 대판 03.8.19, 2003다24215(공 03, 1870), 대판 09.11.12, 2009다42635(미간행), 대판 11.4.28, 2010다89036(공 11상, 1026) 등.

이다. 반면에 언젠가는 반환하여야 하지만 그 반환 시기가 사업이 성공한 때라는 취지라면 불확정기한이고, 따라서 사업이 성공한 때는 물론 사업이 성공하지 못한 것으로 확정된 때에도 창업지원금 반환의무가 발생한다. 특히 이미 부담하고 있는 채무의 변제에 관하여 일정한 사실이 부관으로 붙여진 경우, 특별한 사정이 없는 한 그것은 변제기를 유예한 것으로서 그 사실이 발생한 때 또는 발생하지 아니하는 것으로 확정된 때에 기한이 도래한다.[39] 나아가 도급계약의 당사자들이 '수급인이 공급한 목적물을 도급인이 검사하여 합격하면, 도급인은 수급인에게 그 보수를 지급한다.'고 정한 경우, 도급인의 수급인에 대한 보수지급의무와 동시이행관계에 있는 수급인의 목적물 인도의무를 확인한 것에 불과하고, '검사 합격'은 법률행위의 효력 발생을 좌우하는 조건이 아니라 보수지급시기에 관한 불확정기한이다. 따라서 수급인이 도급계약에서 정한 일을 완성한 다음 검사에 합격한 때 또는 검사 합격이 불가능한 것으로 확정된 때 보수지급청구권의 기한이 도래한다.[40] 결국 조건인지 불확정기한인지의 여부는 당사자의 의도와 법률행위 당시의 제반 사정을 고려한 법률행위의 합리적 해석에 의하여 확정하여야 한다.[41] 불확실한 사실은 그 원인이 자연현상에서 비롯된 사실이든 사회현상으로서의 사실이든 특정한 사람의 의사에 의하여 영향을 받는 인위적 사실이든 상관없다. 다만 법률행위의 일방 당사자의 의사만을 조건으로 하는 순수수의조건의 효력에 대하여는 학설상 다툼이 있다(후술).

㈐ 표 시 성   조건은 법률행위에서 효과의사와 일체적인 내용을 이루는 의사표시 그 자체이다. 조건을 붙이고자 하는 의사는 법률행위의 내용으로 외부에 표시되어야 하고, 조건을 붙이고자 하는 의사가 있는지는 의사표시에 관한 법리에 따라 판단하여야 한다.[42] 가령 부동산 증여계약 당시 증여자가 그 지상에 신사옥이 건축될 것으로 예상하였던 것으로 보이지만, 처분문서인 기증서에 그 기증목적이나 사용용도 등이 전혀 기재되지 않았던 경우, 증여계약 당사자 사이에 증여 부동산 지상에 신사옥이 건축되어야 비로소 그 증여의 효력이 발생된다는 점에 대한 의사의 합치가 있었다고 단정하기는 어렵다는 이유에서 그 지상에 신사옥이 건축될 것을 정지조건으로 하는 법률행위라

---

39) 대판 09.11.12, 2009다42635(미간행).
40) 대판 03.8.19, 2003다24215(공 03, 1870), 대판 06.10.13, 2004다21862(공 06, 1900), 대판 19.9.10, 2017다272486, 272493(공 19하, 1962).
41) 곽윤직·김재형, 400, 김증한·김학동, 618.
42) 대판 00.10.27, 2000다30349(공 00, 2407), 대판 12.4.26, 2011다105867(미간행).

는 원심의 인정을 파기한 판례가 있다.[43] 그러나 생각건대 부관이 본질적으로
효과의사의 일부인 이상 법률행위로 성립하기 위하여 그 내용이 표시되어야
한다는 점은 법률행위의 성질상 당연한 것이므로 이를 특별히 조건의 요건으
로 들 필요는 없다. 조건에 있어서 표시성을 특별히 강조하는 것은 당사자들의
법률행위의 효력 발생을 저지하기 위하여 흔히 표시된 바 없는 사실을 조건으
로 주장하는 경우가 흔하기 때문이 아닌가 짐작된다. 그러므로 조건을 붙인다
는 의사를 명시적으로 표시하지 않더라도 그 표시에 특별한 방식을 요하는 것
은 아니므로 조건을 붙이는 묵시적 의사표시나 묵시적 약정이 인정될 수 있다.
다만, 이를 인정하려면, 법률행위가 이루어진 동기와 경위, 법률행위에 의하여
달성하려는 목적, 거래의 관행 등을 종합적으로 고려하여 법률행위 효력의 발
생 또는 소멸을 장래의 불확실한 사실의 발생 여부에 따라 좌우되게 하려는
의사가 인정되어야 한다.[44]

2. 종   류

(1) 정지(停止)조건 · 해제(解除)조건

(개) 의   의   법률행위의 효력 발생을 장래의 불확실한 사실의 발
생에 좌우되도록 하는 조건을 정지조건이라고 하고, 법률행위의 효력 소멸을
장래의 불확실한 사실의 발생에 좌우되도록 하는 조건을 해제조건이라고 한
다. 특히, 전자를 정지조건부 법률행위, 후자를 해제조건부 법률행위라고 한다.

(내) 정지조건   정지조건은 조건이 성취될 때까지 법률행위의 효력이
정지된다는 의미이지만, 조건의 성취로 비로소 법률행위의 효력이 발생한다는
점에서 효력발생요건이라고 할 수 있다. 나아가 정지조건부 법률행위는, 법률
행위는 성립되었으나 그 효력의 발생을 조건의 성취 여부에 좌우되도록 한다
는 점에서, 장래 계약을 체결할 것을 약정(예약)하고 그 예약 완결의 의사표시에
의하여 비로소 본계약을 성립시켜 본래 의도한 법률효과를 실현하는 예약과
다르다.[45]

대표적인 예로서, 동산을 매매하면서 매도인이 동산을 선인도하고 매매대
금을 계약 체결 후 할부로 지급하기로 약정하되, 동산의 소유권 취득은 할부대

---

43) 대판 09.7.23, 2008다46210(미간행).
44) 대판 18.6.28, 2016다221368.
45) 구주해(3), 323.

금의 완납을 정지조건으로 하는 경우(부 할부매매), 매매계약의 효과로서의 동산 소유권이전은 동산의 인도라는 공시방법을 갖추었더라도 매매대금 완납이라는 조건을 충족하지 않으면 효력이 발생하지 않는다는 점에서 정지조건부 법률행위이다.[46] 이때 할부대금 완납의 조건이 실현되면 법률행위 당사자들의 별도의 새로운 의사표시 없이 동산의 소유권은 매수인에게 이전한다.

그 밖에 정지조건부 법률행위를 인정한 판례는 다음과 같은 것들이 있다.

먼저 유효한 법률행위가 되기 위한 법정조건에 관하여 이를 조건으로 삼은 계약의 유효성을 인정한 판결들이 있다.

구 농지개혁법상 상환완료 전의 농지매매는 원칙적으로 무효이지만, 다만 상환을 완료하지 아니한 농지를 현실로 매수인에게 인도하지 아니하고 분배받은 자 스스로 상환을 완료하여 소유권을 취득할 것을 정지조건으로 하는 경우와 비농지화를 정지조건으로 하는 경우에 한하여는 유효하다.[47] 구 농지개혁법 §19 (iii) 소정 소재지 관서의 증명을 얻을 것을 정지조건으로 한 농지매매계약은 유효하다.[48] 사찰소유 토지상에 송목(松木)을 관할 관청의 처분허가를 정지조건으로 매수하기로 하는 계약을 체결할 수 있다.[49] 귀속재산을 매수한 자가 귀속재산처리법에 의하여 소유권을 취득하기 전에 귀속 대지의 대금을 나라에 납부하고 장래 취득할 소유권을 제3자에게 매도하는 계약을 체결한 경우, 이는 귀속재산 매수인의 소유권 취득을 정지조건으로 하는 매매계약이다.[50] 구 국토이용관리법 소정의 토지거래 등 규제구역에 위치한 토지의 매매계약을 체결함에 있어서 관할청의 거래허가를 받으면 위 계약을 유효로 하고 거래허가를 받지 못할 때에는 무효로 하여 해약키로 약정한 경우, 매매계약은

---

46) 대판 96.6.28, 96다14807(공 96, 2358), 대판 99.9.7, 99다30534(공 99, 2088), 대판 10.2.11, 2009다93671(공 10상, 565) 등. 독민은 정지조건부 법률행위로서 동산 소유권 유보부 매매와 시험매매에 대하여 규정하고 있다. "동산의 매도인이 대금이 지급될 때까지 소유권을 유보한 경우에는, 의심스러운 때에는, 소유권은 대금의 완납을 정지조건으로 하여 이전한다(소유권유보)"(독민 §449 Ⅰ), "시험매매 또는 점검매매에서 매매목적물의 시인(Billigung)은 매수인이 임의로 이를 한다. 이 매매는 의심스러운 때에는 시인을 정지조건으로 하여 체결된다."(독민 §454).

47) 대판 99.8.20, 99다19711(공 99, 1882), 대판 64.4.21, 63다707, 대판 66.4.6, 66다329(집 14-1, 197), 대판 69.1.28, 68다1298(집 17-1, 95), 대판 82.8.24, 81다카1263(공 82, 872), 구 농지개혁법(1994.12.22. 법률 제4817호 농지법 부칙 §2로 폐지) §16 참조.

48) 대판 91.8.13, 91다10992(공 91, 2341), 동 소재지 관서 증명은 매로 인한 소유권이전의 효과 발생을 위한 법정 효력발생요건이지만, 이를 채권계약인 매매계약의 정지조건으로 삼은 경우에는 정지조건부 매매계약으로 유효하다.

49) 대판 67.12.26, 67다1112(집 15-3, 410)(법정조건의 사례임).

50) 대판 69.12.9, 69다1785(집 17-4, 172).

거래허가를 받는 것을 정지조건으로 한 계약으로 유효하다.[51] 그 밖에 혼인 중 부부가 각자 소유 재산의 반을 서로에게 분배하고 재산분배가 완료된 후 이혼하기로 약정한 경우, 그 재산분할약정은 재산분할에 관한 협의로서 여전히 협의이혼의 성립을 조건으로 하는 것,[52] 백지어음의 어음행위는 백지의 요건이 후일 보충될 것을 정지조건으로 성립되는 것,[53] 소정의 기간 내에 이행이 없으면 계약은 당연히 해제된 것으로 한다는 뜻을 포함하고 있는 이행청구는 이행청구와 동시에 그 기간 내에 이행이 없는 것을 정지조건으로 하여 미리 해제의 의사를 표시한 것이라고 인정한다.[54]

그 외에도 계약의 당사자들 사이에 채무자인 회사의 재산상태가 장래 악화될 때에 대비하여 지급정지, 회사정리절차의 개시신청, 회사정리절차의 개시와 같이 도산에 이르는 과정상의 일정한 사실이 그 회사에 발생하는 것을 당해 계약의 해지권의 발생원인으로 정하거나 또는 계약의 당연 해지사유로 정하는 특약을 두는 경우가 있다. 이러한 도산해지조항은 해지권 발생 또는 해지의 법률상 효력 발생의 정지조건이라고 할 수 있는데, 구 회사정리법에서 규정한 부인권의 대상이 되거나 공서양속에 위배된다는 등의 이유로 효력이 부정되어야 할 경우를 제외하고, 이와 같은 도산해지조항은 유효하다.[55] 그 밖에 도급인이 수급인에게 도급 준 공사가 일부 진행된 상태에서 기성공사의 공사비 잔액과 잔여공사의 공사비지급을 담보하기 위하여 대물변제예약의 형식으로 체결한 아파트분양계약은 수급인이 잔여공사를 완성하는 경우 피고인의 공사대금 잔액의 불지급을 정지조건으로 하는 대물변제예약이었다고 본 사례,[56] 갑 주식회사의 보통주를 기초자산으로 하여 중간평가일의 종가인 평가가격이 발행일의 종가인 기준가격보다 높거나 같을 경우 중도상환금을 지급하는 주가연계증권의 중도상환조건을 정지조건이라고 본 사례,[57] 구 주택공급에관한규칙이 정하는 바에 따라 등록업체들이 아파트의 준공과 그 대지의 저

---

51) 대판 91.2.26, 90다11493(집 39-1, 208).
52) 대판 01.5.8, 2000다58804(공 01, 1344), 대판 00.10.24, 99다33458(공 00, 2383), 대판 03.8.19, 2001다14061(공 03, 1859).
53) 대판 65.8.31, 65다1217(집 13-2, 112).
54) 대판 70.9.29, 70다1508(집 18-3, 128), 대판 81.4.14, 80다2381(집 29-1, 163), 대판 92.12.22, 92다28549(공 93, 563), 대판 92.12.22, 92다28549(공 10상, 1108).
55) 대판 07.9.6, 2005다38263(공 07, 1530).
56) 대판 84.7.24, 84도815(집 32-3, 848).
57) 대판 15.5.14, 2013다2757(공 15상, 785).

당권 말소를 입주시까지 이행할 것을 연대보증한다는 내용이 기재된 공중서를 소관청에 제출한 경우, 달리 특별한 사정이 없는 한 건설회사와 등록업체들은 장래의 불특정 분양계약상의 입주자를 위하여 건설회사가 그 아파트의 준공과 대지의 저당권 말소를 이행하지 아니하는 경우에 등록업체들이 이를 대신 이행하여 건설회사와 사이에 적법하게 분양계약을 체결한 자들에게 분양계약상의 주택공급의무를 이행하기로 하는 조건부 제3자를 위한 계약을 체결하였다고 본 사례,[58] 아파트 공급계약서에 신탁계약종료와 동시에 부동산신탁회사의 모든 권리와 의무가 위탁자에게 면책적으로 포괄승계된다고 규정하고 있는 경우, 이는 그 약정의 취지와 문언의 내용에 비추어 볼 때 신탁계약 종료를 정지조건으로 하여 분양계약상 지위를 부동산신탁회사에서 위탁자로 이전하기로 하는 내용의 계약인수 합의에 해당한다고 본 사례,[59] 임대인과 임차인이 임대차계약의 내용에 관하여 임대인이 제소전 화해신청을 하고 임차인은 반드시 위 화해에 응하여야 하며 제소전 화해조서가 작성됨으로써 계약의 효력이 발생하는 것으로 약정한 경우, 위 임대차계약은 제소전 화해조서가 작성됨을 조건으로 하여 효력이 발생되도록 하는 정지조건부 계약이라고 한 사례,[60] 주식회사의 발기인이 회사의 설립을 위하여 필요한 행위로 인하여 취득 또는 부담하였던 권리의무는 회사 불성립의 확정을 정지조건으로 하여 발기인에게 귀속됨과 동시 같은 사실을 해제조건으로 하여 설립될 회사에 귀속되는 것이고 형식적으로 회사성립을 해제조건으로 하여 발기인에게 귀속됨과 동시에 같은 사실을 정지조건으로 하여 설립된 회사에 귀속된다고 본 사례,[61] 산업재해보상보험법상 지정 의료기관이 피재근로자에 대하여 요양 등을 실시하더라도 그로 인한 진료비채무를 국가가 당연히 부담하는 것이 아니라 그에 관한 요양결정 내지는 추인이 이루어진 경우에 한하여 국가가 진료비채무를 부담하기로 하는 내용의 요양담당계약이 체결되어 있는 경우, 요양결정이 있은 후에 요양급여의 진료행위가 행하여졌다면 그 진료비상환청구권의 소멸시효는 원칙적으로 개개의 진료행위가 행하여진 때로부터 진행되나, 진료행위가 먼저 행하여지고 후에 그에 관한 요양결정 내지는 추인이 이루어졌다면 그 진료비상환청구권은

---

58) 대판 96.12.20, 96다34863(공 97, 360), 대판 97.6.27, 96다36647(공 97, 2318), 대판 96.5.28, 96다6592, 6608, 6615, 6622, 6639(공 96, 1988).
59) 대판 17.7.11, 2017다8395(미간행).
60) 대판 90.11.13, 90다카24731, 24748(공 91, 90).
61) 대판 70.8.31, 70다1357(집 18-2, 298).

처음부터 요양결정 내지는 추인을 정지조건으로 하여 발생하였다고 할 것이므로, 그에 대한 시효기간은 각각의 요양결정 내지는 추인이 있은 다음날부터 진행한다고 본 사례[62] 등이 있다.

　　㈐ 해제조건　　　해제조건은 이미 발생한 법률행위의 효력을 장래의 불확실한 사실의 발생으로 소멸시킨다는 의미에서 해제조건이라고 불리지만, 이미 발생한 효력을 소멸시킨다는 점에서 정지조건과는 반대로 소멸요건이라고도 할 수 있다.[63] 연혁적으로 해제조건은 정지조건에 비하여 나중에 형성된 개념이다. 즉, 정지조건이 로마법상 발달한 개념인 데 반하여 해제조건은 로마 시민법상 법률행위의 요식성으로 인해 발달하지 않았다.[64] 해제조건을 붙인 법률행위의 효력은 무조건으로 발생하지만, 법무관은 해제의 합의를 악의 항변 또는 약속이 있었다는 취지의 항변을 승인하여 구제하였다. 따라서 해제조건은 해제에 관한 합의의 효력을 정지시키는 조건으로 이해하였다.[65] 독일보통법에서도 주된 법률행위의 해소에 관한 정지조건부 부수약정으로 이해되다가 독일민법 제정에 의하여 비로소 해제조건이 정지조건과는 별개의 독립적인 개념으로 인정되었다.[66]

　　해제조건부 법률행위는 그 조건의 성취로 법률행위의 효력이 당연히 소멸한다는 점에서 당사자의 의사표시에 의하여 비로소 법률행위가 실효되는 취소, 해제, 해지와는 구별된다. 해제조건은 법률행위의 효력을 즉시 발생케 하여 장래의 불확실한 사실이 성취될 때까지 지속케 하는 것이므로 이는 일회적 급부를 내용으로 하는 법률행위에는 별 의미가 없고 계속적 채권관계(임대차, 고용, 조합 등)에 있어서 기능을 발휘한다는 견해가 있다.[67] 그러나 일회적 급부를 목적으로 하는 증여나 매매 등에 있어서도 해제조건을 붙일 수 있고 해제조건이 성취된 경우에는 이행된 급부는 효력을 상실하고 이를 원상회복시켜 주어야 할 의무가 발생한다. 계약해제의 경우에는 해제권자의 해제의 의사표시가 필요하고 그 효과에 있어서도 소급효가 있는 데 반하여 해제조건 성취로 인한 법률행위의 효력 상실은 의사표시를 요하지 아니하고 소멸의 효력도 소급효가

---

62) 대판 98.2.13, 97다47675(집 46-1, 90).
63) 주석 민법(3), 567(제5판/남성민).
64) 현승종·조규창(주 3), 459.
65) 船田享二, ローマ法 第2卷, 岩波書店, 1969, 257.
66) 구주해(3), 323(민형기).
67) 구주해(3), 323(민형기), 주석 민법(4), 567(제5판/남성민).

없다는 점에서 다르다.

해제조건부 법률행위를 인정한 판례는 다음과 같은 것들이 있다.

토지를 매매하면서 그 토지 중 장차 공장부지 및 그 진입도로부지에 편입되지 아니한 부분 토지를 매도인에게 원가로 반환한다는 약정은, 공장부지 및 진입도로로 사용되지 아니하기로 확정된 때에는 그 부분 토지에 관한 매매는 해제되어 원상태로 돌아간다는 일종의 해제조건부 매매라고 봄이 상당하고, 조건부 환매계약이라고 볼 수 없다는 사례,[68] 주택건설을 위한 원·피고 간의 토지매매계약에 앞서 양자 간의 협의에 의하여 건축허가를 필할 때 매매계약이 성립하고 건축허가 신청이 불허되었을 때에는 이를 무효로 한다는 약정 아래 이루어진 계약을 해제조건부 계약이라고 한 사례,[69] 회사 채권자가 회사의 경영 정상화를 위한 투자 약정을 한 후 자신의 그 회사에 대한 대여금채권에 대해 연대보증을 해주지 않으면 투자하지 않겠다고 하여 그 회사의 대표이사가 연대보증을 한 경우, 그 연대보증계약은 회사 채권자가 약정 투자금을 투자하지 않을 것을 해제조건으로 하는 조건부 계약으로 본 사례,[70] 매도인으로부터 매매계약의 해제를 해제조건부로 전세 권한을 부여받은 매수인이 주택을 임대한 경우, 매도인과 매수인 사이의 매매계약이 해제됨으로써 해제조건이 성취되어 그 때부터 매수인이 주택을 전세 놓을 권한을 상실하게 된다는 사례,[71] 공사도급계약을 해지하면서 그 동안의 기성고액을 수급인이 모두 수령한 것으로 하고, 그 대신 도급인이 수급인의 하수급인들에 대한 채무를 직접 지급하기로 정산합의를 한 경우, 당사자의 의사는 정산합의 시점에서 확정적으로 수급인의 기성금청구채권 포기의 효력이 생기도록 하고, 다만, 도급인이 하수급인들에 대한 채무의 이행을 하지 아니하는 것을 해제조건으로 한 것이라고 본 사례,[72] 의무사용약정에 따른 이동전화 요금 등의 할인은 이용자의 중도 해지를 해제조건으로 하는 조건부 할인이라고 본 사례,[73] 약혼예물의 수수는 약혼의 성립을 증명하고 혼인이 성립한 경우 당사자 내지 양가의 정리를 두텁게 할 목적으로 수수되는 것으로 혼인의 불성립을 해제조건으로 하는 증

---

68) 대판 81.6.9, 80다3195(집 29-2, 99).
69) 대판 83.8.23, 83다카552(공 83, 1416).
70) 대판 96.2.9, 95다47756(공 96, 922).
71) 대판 95.12.12, 95다32037(공 96, 374).
72) 대판 01.10.26, 2000다61435(공 01, 2536).
73) 대판 19.9.10, 2017두61119(공 19하, 1998).

여와 유사한 성질을 가진다고 본 사례,[74] 건물임대차보증금의 반환채권에 대한 전부명령의 효력이 그 송달에 의하여 발생한다고 하여도 위 보증금반환채권은 임대인의 채권이 발생하는 것을 해제조건으로 하는 것이므로 임대인의 채권을 공제한 잔액에 관하여서만 전부명령이 유효하다고 본 사례[75] 등이 있다. 그러나 임대주택건설촉진법에 의하여 건설된 아파트의 임차권 양도가 법률상 금지되어 있다는 것을 알면서도 사실상 임대아파트의 매매나 전대차가 흔히 이루어지고 있고 당국의 규제가 미비한 점을 틈타거나 관리인의 묵인 등을 이용하여 입주하는 사례가 있다는 점에 착안하여 아파트에 입주하는 것이 가능할 것으로 기대하고 임차권 양수인이 입주하여 사는 것을 전제로 임차권 양도계약을 체결한 경우, 임차권 양도계약 자체는 그 당사자 사이에서는 유효한 것이므로 임차권의 양도가 금지되었다는 사정만으로 임차권 양도계약이 해제조건부라고 볼 수 없다는 사례도 있다.[76]

(2) 적극조건 · 소극조건

적극조건과 소극조건의 구별은 로마법 이래의 구별이다. 적극조건이란, 법률행위 효력 발생을 장래의 특정 사실의 실현($^{현상의}_{변경}$)에 좌우되도록 하는 의사표시이고, 소극조건이란, 법률행위 효력 발생을 장래의 특정 사실의 불실현($^{현상의}_{불변경}$)에 좌우되도록 하는 것이다. 정지조건은 통상 적극조건인 경우가 많다. 소극조건을 정지조건으로 한 법률행위에서는 기간의 정함이 있으면 그 기간 중 사실이 실현되지 않은 경우 기간 만료시에 소극조건이 성취되어 법률행위의 효력이 발생한다. 기간을 정하지 않은 소극조건을 정지조건으로 한 경우에는 조건 사실이 실현되지 않는 것으로 확정되었을 때 법률행위의 효력이 발생한다.[77] 적극조건, 소극조건 모두 정지조건이나 해제조건으로 삼을 수 있으므로 특별한 구별의 실익은 없다.

(3) 수의조건 · 비수의조건

⑺ 우성(偶成)조건 · 수의(隨意)조건 · 혼성(混成)조건   로마법에서는 조건이 되는 사실을 당사자의 의사와의 관계에 따라 우성(偶成)조건($^{condicio}_{casulis}$), 수의(隨意)조건($^{condicio}_{postestaiva}$), 혼성(混成)조건($^{condicion}_{mixta}$)으로 구별하였다. 이러한 분

---

74) 대판 76.12.28, 76므41,76므42(공 77, 9825), 대판 94.12.27, 94므895(공 95상, 674), 대판 96.5.14, 96다5506(공 96, 1858).
75) 대판 88.1.19, 87다카1315, 대판 87.6.9, 87다68.
76) 대판 93.11.9, 92다43128(공 94, 59).
77) 현승종 · 조규창(주 3), 457.

류 방식은 프랑스민법[78]에 의하여 계승되었으나 독일민법에서는 이러한 분류를 채용하지 않고 우리 민법과 일본민법도 독일민법의 태도를 따르고 있으나 강학상으로는 위와 같은 분류가 사용되기도 한다.[79]

우성조건은 조건 사실의 성취 여부가 우연한 객관적 사정에 따라 결정되는 것을 말하고, 수의조건은 조건 사실의 성취 여부가 법률행위 당사자의 임의의 의사에 의하여 결정되는 것을 말하며, 혼성조건은 조건 사실이 당사자의 임의의 의사와 우연한 사정에 의하여 결정되는 것을 말한다. 이중에서 우성조건과 혼성조건은 비수의조건이다.

(나) 수의조건   수의조건은 다시 순수수의조건과 단순수의조건으로 나뉜다. 순수수의조건은 법률행위의 효력이 오직 당사자의 임의의 의사에 좌우되도록 하는 조건이고, 단순수의조건은 법률행위의 효력이 당사자의 임의의 의사에 기하여 실현되는 일정한 사실 상태에 좌우되도록 한 것이다. 단순수의조건은 당사자의 의사 외에 그 의사에 기한 일정한 사실상태를 요구한다는 점에서 순수수의조건과 구별된다. 가령, "너의 행동이 내 마음에 들면 내가 타던 자동차를 너에게 주겠다." "네가 내 자동차를 사용하되, 내가 원하는 때에는 반환하여야 한다."라고 약정하는 경우라면 순수수의조건이다. 반면에서 "내가 새 자동차를 구입하면 너에게 내가 타던 낡은 자동차를 주겠다." 또는 "내가 해외에 체류하는 동안에는 내 자동차를 사용하되 내가 귀국하면 반환하여야 한다."라고 약정하면 단순수의조건이 된다.

(다) 순수수의조건   의용민법 §134는 "조건부 법률행위는 그 조건이 단순히 채무자의 의사에만 관계되는 때에는 무효로 한다."고 규정하였으나[80]

---

78) 프민 §1169 우성조건은 우연에 의존하고 채권자 및 채무자의 힘에 의존하지 않는 조건이다. §1170 수의조건은 합의의 이행을 계약 당사자 일방 또는 타방의 힘에 의하여 발생시키거나 발생을 저지시킬 수 있는 사건에 의존하게 하는 조건이다. §1171 혼성조건은 사건의 발생이 계약 당사자 일방의 의사와 제3자의 의사에 의존하는 조건이다.

79) 이영준, 667.

80) 원래 의용민법 §134는 일본 구민법 재산편 §415의 주의(主義)를 완전히 변경한 것으로 일본 구민법 재산편 §415는 "조건이 완전히 당사자 일방의 수의(隨意)인 때에는 다른 일방은 그 성부를 결정하기 위한 기한을 정할 것을 재판소에 청구할 수 있다"라는 규정을 두었다. 이 규정은 수의조건의 유효를 전제로 상대방의 법적 불안정성을 제거하기 위하여 기한을 정한 최고를 인정하는 취지로 이해되고 이는 브아소나드의 독자적인 견해라고 평가된다(新版注釋民法(4), 742(金山)). 그러나 일본민법의 입법과정에서는 보통법학의 전통에 따른 독일민법 제1초안 제138조["조건은 채무자의 수의(隨意)에 맡겨진 소위(所爲)일 수 있다. 정지조건이 채무자의 단순 의사인 때에는 그 채무는 효력이 없다."(제2초안에서는 삭제)]를 참고하여 의용민법 제134조를 두었다{新版注釋民法(4), 743(金山)}. 일본의 입법자들은 이유에 대하여 "요건이 단지 사람의 의사인 때에는 매우 불확정적이어서 아무

우리 민법 제정과정에서 "이론상 당연히 그렇게 되는 것이고 다른 외국입법례에도 그 예를 발견할 수 없"다고 하여 이를 삭제하였다.[81] 그 밖에 입법례로서는 프랑스민법 §1170 "수의조건은 합의의 이행을 계약 당사자 일방 또는 타방의 힘에 의하여 발생시키거나 발생을 저지시킬 수 있는 사건에 의존하게 하는 조건이다." §1174 "의무를 부담하는 당사자의 수의조건에 따라 체결된 채무는 무효이다."라고 규정하고 있다.[82]

통설도 채무자의 순수수의조건은 표의자가 법적 구속력을 발생시키려는 의사가 없으므로 언제나 무효라고 한다.[83] 그러나 일방적 법률행위뿐만 아니라 쌍방적 법률행위도 당사자가 원하는 경우에 한하여 효력을 발생하도록 약정하는 것은 사적자치의 원칙상 가능한 것이고, 순수수의조건은 민법의 전체질서에 합치되는 제도이며 또한 독특한 사회적 기능을 담당하고 있는 것이므로 이를 무효라고 하여 조건의 관념으로부터 추방하는 것은 이론적으로나 실제의 필요에 있어서나 납득하기 어렵다는 견해가 있다.[84] 이에 대하여 통설에 의하더라도 순수수의조건이 무효로 되는 것은 채무자가 이를 정지조건으로 하는 경우이며, 해제조건부 법률행위에 있어서 해제조건의 성부를 당사자 일방의 의사에 의존케하는 경우에는 그 조건부 법률행위 자체에 효과의사가 인정되어 진정한 조건으로 유효하게 성립되므로 그 법률행위는 유효하다고 한다.[85] 순수수의조건이 해제조건인 경우 해제권의 유보와 유사한 기능을 한다.[86] 그러나 정지조건부 법률행위라도 조건의 성부가 채권자의 의사에만 걸려 있는 때는 효과의사의 존재를 인정할 수 있으므로 유효하고, 해제조건부 법률행위에 있어서는 조건의 성부가 채권자의 의사에만 걸려 있든 채무자의 의사에만 걸려 있든 불문하고 당사자가 의사표시를 하기까지는 그 법률행위는

런 구속력이 생기지 않거나 법률상 아무런 효력도 가지게 할 수 없다. 가령 예를 들면 어떤 사람이 자기가 원한 때에 어떤 물건을 주겠다고 하는 것과 같은 것은 적어도 법률상 가치를 가지지 않으므로 이와 같이 불확정적인 조건을 가진 법률행위의 효력은 이를 인정하지 않는 것이 당연하다"고 설명하였다{廣中俊雄編, 民法案修正案(前三編)理由書(有斐閣, 1987), 181}.

81) 민의원 법제사법위원회 민법안심의소위원회 편, 민법안심의록 상권, 1957, 97.

82) 역문은 명순구, 프랑스민법전, 법문사, 2004에 의함(이하 같다).

83) 곽윤직·김재형, 401.

84) 이영준, 755.

85) 김용한, 민법총칙, 박영사, 1997, 423. 구주해(3), 325(민형기), 강태성, 956, 김대정, 1160, 김주수·김상용, 506, 김준호, 370 등.

86) 이영준, 755.

효력이 있으므로 효과의사의 존재가 인정되어, 유효하다는 견해도 있다.[87] 가령 매매목적물이 매수인의 마음에 들 것을 조건으로 하는 시험매매나 제3자의 수익의 의사표시를 조건으로 하는 제3자를 위한 계약의 체결이 그 예라고 한다.[88] 통설이 설명하고 있는 바에 의하면, 순수수의조건을 무효로 하는 이유는 법률행위의 구속력을 인정할 수 없어, 법률행위의 본질에 반하기 때문이라는 것이다. 하지만 순수수의조건으로서 법률행위의 구속력을 전혀 인정할 수 없게 되는 것은 법률행위의 효력을 의무자의 의사에 좌우되도록 정한 경우일 뿐이다. 따라서 증여자의 의사를 순수수의조건으로 하는 증여는 편무계약이므로 전체 법률행위가 효력이 없다. 쌍무계약인 매매의 경우에는 자신의 순수의사를 정지조건으로 붙인 자의 의무(그에 관한 상대방의 권리)는 무효이지만 상대방의 의무는 일응 유효하게 존속할 수 있다. 가령, 매도인이 내가 원하면 목적물을 특정 가격에 매도하겠다고 약정한 경우, 매도인의 소유권이전채무 및 매수인의 소유권이전청구권은 법률상 구속력이 없으나 매도인이 임의로 조건의 성취를 주장하는 경우에 매수인은 이에 따라야 할 의무가 있다고 볼 수 있다. 이때 쌍무계약의 존속상의 견련성에 따르면, 매수인의 의무도 효력이 없으므로 매매의 법률행위는 전체로서 효력이 없다고 보아야 한다. 그러나 쌍무계약의 견련성은 강행성이 있는 것은 아니므로 당사자가 순수수의조건에도 불구하고 다른 상대방의 의무만으로 구속력 있는 법률행위를 성립시킬 의사가 인정되는 경우에는 매매 전체를 무효로 할 필요는 없을 것이다. 이러한 경우 당사자들의 법률관계는 일방예약권이 있는 매매의 예약과 유사하다.

결론적으로는 부인되었으나 드물게 순수수의조건이 문제가 되었던 사례로서, 제작물공급계약의 당사자들이 보수의 지급시기에 관하여 "수급인이 공급한 목적물을 도급인이 검사하여 합격하면, 도급인은 수급인에게 그 보수를 지급한다"는 약정은 도급인의 수급인에 대한 보수지급의무와 동시이행관계에 있는 수급인의 목적물 인도의무를 확인한 것에 불과하므로, 법률행위의 효력 발생을 장래의 불확실한 사실의 성부에 의존하게 하는 법률행위의 부관인 조건에 해당하지 아니할 뿐만 아니라, 조건에 해당한다 하더라도 검사에의 합격 여부는 도급인의 일방적인 의사에만 의존하지 않고 그 목적물이 계약내용대로 제작된 것인지 여부에 따라 객관적으로 결정되므로 순수수의조건에 해당하지 않

---

87) 김기선, 한국민법총칙, 법문사, 1991, 359.
88) 구주해(3), 326(민형기).

는다고 한 판례가 있다.[89]

3. 구별할 개념

(1) 법정조건

㈎ 의   의   법정조건이란, 법률행위의 효력 발생을 위하여 법률이 특별히 요구하는 요건을 말한다.[90] 조건은 본래 당사자의 의사에 의하여 부가되는 임의성을 요건으로 하므로 법률에 의하여 요구되는 법정조건은 법률행위의 부관으로서의 조건이 아니다. 따라서 본절에서의 조건과는 다른 성질의 개념이다. 이점에서 법정조건을 아래에서 살펴보는 불법조건, 기성조건, 불능조건과 같은 차원에서 설명하는 것은 논리적이지 못하다는 견해도 있다.[91] 그러나 법정조건 있는 법률행위에 대하여는 본절의 조건에 관한 규정이 유추 적용될 수 있다는 점[92]에서 조건과 같이 설명하는 것이 유용할 수 있다. 판례도 "농지매매에 있어서의 소재지 관서증명은 당사자가 임의로 정하는 법률행위의 부관이 아니므로 민법이 정한 바 조건에 해당한다고는 할 수 없으나 농지개혁법이 농지 매매 효력발생요건으로 정하여 조건에 관한 민법의 규정이 농지개혁법에 배치되지 않는 한 유추적용되어야 할 법정조건이라고 해석되는 것"이라고 한다.[93] 학설 가운데에는 조건에 대하여 당사자의 의사에 의하여 소급효를 인정할 수 있도록 하는 §147 Ⅲ은 원칙적으로 유추적용을 부정하고 조건부 권리 침해의 금지에 관한 §148, 조건부 권리의 처분에 관한 §149, 조건의 성취·불성취에 관한 반신의행위에 관한 §150는 구체적인 법정조건을 개별적으로 고찰하여 유추적용 여부를 판단하여야 한다고 한다. 이 학설은 구 국토이용관리법 이래 토지거래허가에 관해서도 민법상의 조건에 관한 규정을 유추적용하는 것이 타당하다고 한다.[94]

법정조건의 예로서 법인 설립행위의 경우 주무관청의 허가($\frac{\S}{32}$), 유언의 경

---

89) 대판 06.10.13, 2004다21862.

90) 곽윤직·김재형, 402, 김기선(주 87), 370, 김용한, 424, 김증한·김학동, 619, 송덕수(주 4), 469. 주석 민법(4), 576(제5판/남성민)은 법률행위의 성립을 위한 요건을 포함하여 법정조건을 설명한다.

91) 명순구, 542.

92) 곽윤직·김재형, 402, 김기선(주 87), 370, 김증한·김학동, 619, 백태승(주 6), 526, 송덕수(주 4), 469, 이영준, 749.

93) 대판 62.4.18, 4294민상1603(집 10-2, 134).

94) 김대정, 1155.

우 유언자의 사망($\S_{1073}$), 유증의 경우, 수증자의 생존($\S_{1089}$) 등을 그 예로 들고 있는 견해가 있고,[95] 법정조건의 개념을 법률이 규정한 조건(법률행위의 유효요건)에 한정하지 않고 넓게 법률행위의 성질상 당연히 존재하는 요건도 포함하여야 한다는 견해도 있다. 이 견해는 예컨대, 담보물권의 설정은 장래 채권의 존재를 조건으로 하는 경우도 법정조건의 개념에 포함된다고 본다.[96] 그러나 이러한 것들은 법률행위의 일반적인 요건에 지나지 아니하므로 이를 법정조건으로 구분하여 이에 별다른 의미를 부여할 필요가 없다는 견해도 있다.[97] 그 밖에 물권행위의 효력발생요건으로서 등기나 인도를 예로 드는 견해($\S\S^{186,}_{188}$)[98]도 있다. 이와 같이 법률행위의 효력 발생을 위하여 법률상 요구되는 조건 가운데에 어떤 것들이 법정조건에 해당하는지 학설은 일관되지 않고 법률행위 부관으로서의 조건에 관한 규정을 유추적용할 수 있다는 것 외에 법정조건이라는 법개념에 부여된 규범적 함의가 무엇인지 분명하지 않다.

   ㈑ 법정조건을 조건으로 삼은 경우   법정조건을 당사자가 법률행위의 조건으로 정하는 경우가 있다. 법정조건은 법률 규정에 의하여 법률행위의 효력을 제한하는 것으로 당사자의 의사에 의해 영향을 받지 않으므로 법정조건을 법률행위의 조건으로 약정하더라도 주의적(注意的) 의미를 가질 뿐 법정조건의 성질에는 영향을 미치지 않는다.[99] 가령, 법정조건인 농지개혁법 § 19 Ⅱ 소정의 소재지관서의 증명을 얻을 것을 농지 매매 당사자들이 정지조건으로 약정하는 경우가 있다. 이를 정지조건으로 하더라도 농지 매매계약[100]은 확정적으로 유효하다. 농지매매증명은 농지의 소유권취득 요건일 뿐 농지 매매계약 체결 자체를 제한하는 것은 아니라고 보기 때문이다. 또한 매매 당사자들이 유치원 부지에 대하여 유치원을 다른 곳으로 이전하거나 폐원함으로써 매매 목적 토지 상에 유치원이 존재하지 않을 것을 조건으로 하여 매매계약을 체결한 경우, 당해 유치원의 이전이나 폐원이 불가능하지 않다면 사학 § 28 Ⅱ의 규정에도 불구하고 그 매매계약은 효력이 있다고 본다.[101] 반면에 토지거래허가구역 안에 있는 대지에 대하여 매매계약을 체결함에 있어 계약당사자 사

---

  95) 곽윤직·김재형, 402, 김용한(주 85), 424, 김증한·김학동, 619.
  96) 김대정, 1152.
  97) 구주해(3), 326(민형기).
  98) 김기선(주 87), 370.
  99) 주석 민법(3), 578(제5판/남성민).
 100) 대판 91.8.13, 91다10992(공 91, 2341).
 101) 대판 97.5.28, 97다10857(공 97, 1985).

이에 대지에 대한 토지거래허가를 받지 못할 경우 매매계약을 무효로 하기로 하는 약정을 하였더라도 이는 토지거래 불허가를 해제조건으로 하는 매매계약으로서 그 효력이 없다.[102] 왜냐하면 위 법의 취지가 투기억제, 지가폭등의 진정 등의 목적을 달성하기 위하여 거래허가 전에 당사자 사이에 채권적 구속력을 가지는 계약의 체결도 금지하는 취지이기 때문이다. 어떤 경우에나 당사자가 이를 조건으로 하더라도 법정조건의 본래의 효력에 영향을 미칠 수 없고 이는 강행규정의 취지상 당연하다. 법정조건의 입법취지를 잠탈하는 계약은 무효지만 그에 반하지 않는 한 법정조건의 대상이 되지 않을 것을 조건으로 하는 계약은 유효하다. 가령 농지개혁법상 분배받은 농지는 그 상환완료 전 매매가 금지되어 있으나 상환완료를 정지조건으로 하여 매수인에게 상환완료시(까지) 농지를 현실적으로 인도하지 아니한 경우나 농지개혁법의 적용을 받지 않는 비농지화를 정지조건으로 하는 매매계약은 유효하다.[103]

　　법정조건에 관한 주요 재판례를 살펴본다.

　　　㈐ 농지개혁법상의 농지매매증명과 농지법상 농지취득자격증명

해방 후 농지개혁을 위하여 1949년 제정된 구 농지개혁법($\frac{1994.12.22.\ 법률\ 제4817}{호로\ 폐지되기\ 전의\ 것}$)은 농지개혁의 목적을 달성하기 위하여 분배농지에 대하여 상환 완료 전까지 농지의 처분을 금지하면서($\frac{농개}{§16}$) 1950년 개정을 통하여 농지개혁법상 분배받지 않은 농지나 상환을 완료한 분배농지에 대하여 소재지 관서의 증명을 얻어 당사자가 직접 매매할 수 있는 예외 규정을 신설하였다.[104] 이에 대하여 판례는 초기에는 "농지매매에 있어서의 소재지 관서증명은 당사자가 임의로 정하는 법률행위의 부관이 아니므로 민법이 정한 바 조건에 해당한다고는 할 수 없으나 본법이 농지매매 효력발생요건으로 정하여 조건에 관한 민법의 규정이 본법에 배치되지 않는 한 유추적용되어야 할 법정조건이라고 해석된다"라고 하면서,[105] 농지 매매증명 없이는 소유권양도의 효력이 발생되지 않는다고 하

---

102) 대판 91.6.14, 91다7620(집 39-3, 59).

103) 대판 62.3.8, 4294민상890, 891(집 10-1, 177), 대판 89.5.23, 88다카5331(공 89, 976), 대판 93.3.26, 92다25472(공 93, 1288), 대판 15.7.23, 2013다86878, 86885(미간행) 등.

104) 제19조 상환을 완료하지 아니한 농지수분배자가 절가·전업·이거로 인하여 이동하거나 또는 농지의 전부 혹은 일부를 반환할 때에는 정부는 기상환액의 전액 혹은 일부, 지상물 또는 농지의 개량시설이 있을 때에는 전액을 보상하여야 한다. 〈개정 1950.3.10.〉 1. 삭제 〈1950.3.10.〉 2. 삭제 〈1950.3.10.〉 3. 본법에 의하여 분배받지 않은 농지 급 상환을 완료한 농지는 소재지 관서의 증명을 얻어 당사자가 직접 매매할 수 있다.

105) 대판 62.4.18, 4294민상1603(집 10-2, 134).

였다.106) 그러나 그 후에 관련 판결들은 농지매매증명을 농지 매매의 유효요건
이 아니라 농지의 소유권 취득(^이_전) 요건, 즉 물권변동의 요건이라는 취지로 판
시하였다. 즉, 농지소재지관서의 증명은 농지소유권 이전의 유효요건일 뿐이므
로 그 증명이 없다 하여 채권계약인 매매나 교환계약도 무효가 되는 것은 아
니라고 하고,107) 나아가 농지매매 증명은 물권변동의 요건이므로 농지매매로
인한 소유권이전등기의 청구에 대하여 농지매매증명은 사실심의 변론종결시까
지 구비되면 충분한 것이라고 보았다.108) 결국 대법원은 "농지개혁법 §19 Ⅱ
소정의 농지매매에 관한 소재지관서의 증명은 농지소유권의 취득요건일 뿐으
로 농지매매 자체의 유효요건은 아니라는 것이 당원 판례"라고 하기에 이르렀
다.109)

농지개혁법상 농지매매증명을 농지에 관한 소유권취득요건으로 해석하는
판례의 태도는 이후 농지개혁법을 폐지하고 제정된 농지법 §8 농지취득자격
증명110)에도 이어져서 판례는 "농지법 §8 Ⅰ 소정의 농지취득자격증명은 농지
를 취득하는 자가 그 소유권에 관한 등기를 신청할 때에 첨부하여야 할 서류
로서(^{농지}_{§8 Ⅳ}), 농지를 취득하는 자에게 농지취득의 자격이 있다는 것을 증명하는
것일 뿐 농지취득의 원인이 되는 법률행위(^{매매}_등)의 효력을 발생시키는 요건은
아니다"라는 태도를 분명히 하였다.111) 따라서 농지에 대한 소유권이전등기절
차이행의 소송에서, 비록 원고가 사실심 변론종결시까지 농지취득자격증명을
발급받지 못하였다고 하더라도 민사소송절차의 종료 후 얼마든지 농지취득자
격증명을 발급받아 농지의 소유권을 취득할 수 있으므로, 원고가 농지취득자
격증명을 발급받은 바 없다는 이유로 그 청구가 배척되지는 않는다고 하였
다.112) 그 이유는 농지법 §8 Ⅰ 소정의 농지취득자격증명은 농지를 취득하는
자가 그 소유권에 관한 등기를 신청할 때에 첨부하여야 할 서류로서, 농지를

---

106) 대판 62.11.8, 62다602(집 1-4, 220), 대판 64.4.28, 63다900(집 12-1, 57).
107) 대판 65.9.7, 65다1293(집 13-2, 123).
108) 대판 66.2.22, 65다2300(집 14-1, 93), 대판 68.6.18, 68다646(집 16-2, 156), 대판
    68.7.16, 65다1115, 1116(집 16-2, 243).
109) 대판 69.6.24, 69다469(집 17-2, 226).
110) 농지법 §8 ① 농지를 취득하고자 하는 자는 농지의 소재지를 관할하는 시장(괄호생
    략)·구청장(괄호생략)·읍장 또는 면장(괄호생략)으로부터 농지취득자격증명을 발급받아
    야 한다. 다만, 다음 각 호의 1에 해당하는 경우에는 농지취득자격증명을 발급받지 아니하
    고 농지를 취득할 수 있다. (이하 각호 생략).
111) 대판 98.2.27, 97다49251(공 98, 897), 대판 05.7.29, 2003다14133, 14140(미간행).
112) 대판 98.2.27, 97다49251(공 98, 897), 대판 06.1.27, 2005다59871(공 06, 331).

취득하는 자에게 농지취득의 자격이 있다는 것을 증명하는 것일 뿐 농지취득의 원인이 되는 법률행위의 효력을 발생시키는 요건은 아니라고 할 것이라는 것이다.[113] 나아가 농지를 취득하려는 자가 농지에 관하여 소유권이전등기를 마쳤다고 하더라도 농지취득자격증명을 발급받지 못한 이상 그 소유권을 취득하지 못하고, 농지에 관한 경매절차에서 농지취득자격증명의 발급은 매각허가요건에 해당한다고 한다.[114]

㈑ 토지거래허가구역 내 토지거래에 대한 지방자치단체장의 허가

1979년 구 국토이용관리법의 개정[115]으로 토지의 투기적 거래가 성행하거나 성행할 염려가 있고 지가가 급등하거나 급등할 염려가 있는 구역을 토지거래허가구역으로 지정하고, 규제구역 내에 있는 토지에 관한 소유권 또는 지상권 기타 사용·수익을 목적으로 하는 권리로서 대통령령이 정하는 권리를 이전 또는 설정하는 계약을 체결하고자 하는 당사자는 공동으로 관할도지사의 허가를 받도록 하는 제도가 도입되었다. 동 규정들은 2003년 국토의 계획 및 이용에 관한 법률(2002.2.4. 법률 제6655호) 제10장 §117 이하에 규정되었다가 2017년부터는 부동산 거래신고 등에 관한 법률(2016.1.19. 법률 제13797호) 제4장 §10 이하에 규정되어 있다.

구 국토이용관리법 시행 이후 90년대 들어 토지거래허가구역 내 토지거래행위로서 시도지사의 허가를 받지 않은 계약의 효력에 관한 다수의 판결이 나오면서 유동적 무효라고 불리는 고유한 판례법리가 형성되었다. 그에 따르면, "국토이용관리법상의 규제구역 내 … 토지등의 거래계약은 관할 관청의 허가를 받아야만 그 효력이 발생하고 허가를 받기 전에는 물권적 효력은 물론 채권적 효력도 발생하지 아니하여 무효라고 보아야 하지만, … 허가받을 것을 전제로 한 거래계약일 경우에는 허가를 받을 때까지는 법률상 미완성의 법률행위로서 소유권 등 권리의 이전 또는 설정에 관한 거래의 효력이 전혀 발생하지 않음은 위의 확정적 무효의 경우와 다를 바 없지만, 일단 허가를 받으면 그 계약은 소급하여 유효한 계약이 되고 이와 달리 불허가가 된 때에는 무효로

113) 대판 98.2.27, 97다49251(공 98, 897), 대판 05.7.29, 2003다14133, 14140(미간행), 대판 06.1.27, 2005다59871(공 06, 331) 등.

114) 대판 18.7.11, 2014두36518(공 18, 16060).

115) 구 국토이용관리법(1978.12.5. 법률 제3139호로 개정 된 것) §21-3 ① 규제구역내에 있는 토지에 관한 소유권 또는 지상권 기타 사용·수익을 목적으로 하는 권리(생략)로서 대통령령이 정하는 권리를 이전 또는 설정(생략)는 계약(생략)을 체결하고자 하는 당사자는 공동으로 대통령령이 정하는 바에 의하여 관할도지사의 허가를 받아야 한다. 허가받은 사항을 변경(생략)하고자 할 때에도 또한 같다.

확정되므로 허가를 받기까지는 유동적 부효의 상태에 있다고 보는 것이 타당하므로 허가받을 것을 전제로 한 거래계약은 허가받기 전의 상태에서는 거래계약의 채권적 효력도 전혀 발생하지 않으므로 권리의 이전 또는 설정에 관한 어떠한 내용의 이행청구도 할 수 없으나 일단 허가를 받으면 그 계약은 소급해서 유효화되므로 허가 후에 새로이 거래계약을 체결할 필요는 없다"고 하고, 이 허가의 성질은 "허가 전의 유동적 무효 상태에 있는 법률행위의 효력을 완성시켜 주는 인가적 성질을 띤 것"이라고 한다.[116] 이와 같이 토지거래허가구역 내 허가를 받을 것을 전제로 한 토지거래행위는 허가를 받을 때까지는 채권적 효력도 발생하지 않는 무효라고 보는 것은 위 법의 취지가 거래허가 전에 당사자 사이에 채권적 구속력을 가지는 계약의 체결을 금지하여 투기억제, 지가폭등의 진정 등의 목적을 달성하기 위한 것이므로 관할 도지사의 허가를 받기 전의 매매계약은 동법 §21-3 Ⅶ에 의하여 또는 위 법 §31-2에 위배된 범법행위로서 그 효력이 없다.[117]

토지거래허가구역 안에 있는 대지에 대하여 매매계약을 체결함에 있어 계약당사자 사이에 대지에 대한 토지거래허가를 받지 못할 경우 매매계약을 무효로 하기로 하는 약정을 하였더라도 이는 토지거래 불허가를 해제조건으로 하는 매매계약으로서 무효이다.[118] 같은 취지에서 토지거래허가를 받기 전에는 채권계약도 무효이므로 계약상 권리의 이전청구는 물론 허가받을 것을 조건으로 하는 소유권이전등기청구도 불가하다.[119] 다만, 유동적 무효상태에서도 당사자는 토지거래허가 신청에 협력할 의무를 지고 허가신청절차에 협력하지 않는 상대방에 대하여 협력의무의 이행을 소구할 수 있으며,[120] 대금지급과 협력의무 이행은 동시이행관계에 있지 않으므로 대금 불지급을 이유로 협력의무 이행을 거절할 수 없다.[121] 나아가 유동적 무효 상태에서는 협력의무의 불이행 기타 채무불이행을 이유로 거래계약을 해제할 수도 없다.[122] 반면에 해약

---

116) 대판(전) 91.12.24, 90다12243(공 92, 642).
117) 대판 91.6.14, 91다7620(집 39-3, 59).
118) 대판 91.6.14, 91다7620.
119) 대판(전) 91.12.24, 90다12243(공 92, 642), 대판 92.9.8, 92다19989(공 92, 2846), 대판(전) 99.6.17, 98다40459(집 47-1, 286).
120) 대판(전) 91.12.24, 90다12243(공 92, 642), 대판 92.10.27, 92다34414(공 92, 3295), 대판 93.1.12, 92다36830(공 93, 691), 대판 93.3.9, 92다56575(공 93, 1159).
121) 대판 93.8.27, 93다15366(공 93, 2620), 대판 96.10.25, 96다23825(공 96, 3428), 대판 06.1.27, 2005다52047(미간행).
122) 대판(전) 99.6.17, 98다40459(집 47-1, 286).

금 해제를 하거나,[123) 매매 잔금의 미지급을 해제조건으로 하는 약정은 가능하다.[124) 나아가 허가 전에는 채무불이행을 이유로 하는 손해배상[125)이나 약정위약금 청구도 불가하다.[126) 그러나 협력의무 불이행을 이유로 하는 손해배상청구는 가능하다.[127) 토지거래허가 구역 내 허가를 받기 전 유동적 무효상태의 계약은 불허가가 확정된 경우 외에 쌍방이 허가를 신청하지 않을 의사를 명백히 하거나[128) 계약 자체의 다른 무효, 취소 사유를 들어 협력의무 이행거절의 사를 분명히 한 경우에는 무효가 확정된다.[129) 무효가 확정된 경우에는 그에 관한 귀책사유 있는 상대방에 대하여 손해배상을 청구하거나[130) 이미 이행된 매매대금 등에 대한 부당이득반환을 청구할 수 있다.[131)

　　㈐ 사립학교 기본재산의 처분과 관할청의 허가　　사학 § 28에 의하면, 학교교육에 직접 사용되는 학교법인의 재산 중 대통령령이 정하는 것은 이를 매도하거나 담보에 제공할 수 없고($_{§28\,Ⅱ}^{사학}$), 학교법인이 그 기본재산을 매도·증여·교환 또는 용도변경하거나 담보에 제공하고자 할 때 또는 의무의 부담이나 권리의 포기를 하고자 할 때에는 관할청의 허가를 받아야 한다. 다만, 대통령령이 정하는 경미한 사항은 이를 관할청에 신고하여야 한다($_{§28\,Ⅰ}^{사학}$). 이와 같이 학교법인의 기본재산 매도·증여·교환 또는 용도변경하거나 담보 제공 등에 관할청의 허가를 받도록 하는 취지는 사립학교의 설치경영을 위하여 설립된 학교법인이 그 기본재산을 부당하게 감소시키는 것을 방지함으로써 학교법인이 항상 당해 학교의 경영에 필요한 재산을 갖추고 있도록 하여 사립학교의 건전한 발달을 도모하고자 하는 데 그 목적이 있다.[132)

　　사학 § 28 Ⅰ 관할청의 허가는 반드시 기본재산의 매매 등 계약 성립 전에 받아야만 하는 것은 아니고, 매매 등 계약 성립 후에라도 감독청의 허가를 받

---

123) 대판 97.6.27, 97다9369(집 45-2, 360).
124) 대판 10.7.22, 2010다1456(미간행).
125) 대판 94.1.11, 93다22043(공 94, 685).
126) 대판 91.6.14, 91다7620(집 39-3, 59).
127) 대판 95.4.28, 93다26397(집 43-1, 218).
128) 대판 00.6.9, 99다72460(공 00, 1630).
129) 대판 96.11.8, 96다35309(공 96, 3555).
130) 대판 97.7.25, 97다4357, 4364(공 97, 2682), 대판 97.2.28, 96다49933(집 45-2, 23), 대판 98.3.27, 97다36996(공 98, 1180).
131) 대판 96.6.28, 95다54501(공 96, 2340), 대판 96.11.8, 96다35309(공 96, 3555), 대판 97.11.11, 97다36965, 36972(공 97, 3777).
132) 대판 83.11.8, 83다549(공 84, 24).

으면 그 매매 등 계약이 유효하게 된다.[133] 그리고 사학 §28는 강행규정이므로 특별한 사정이 없는 한 사립학교 경영자가 매도나 담보제공이 무효라는 사실을 알고서 매도나 담보제공을 하였다고 하더라도 강행규정 위배로 인한 무효 주장을 신의성실 원칙에 반하거나 권리남용으로 볼 것은 아니다.[134] 따라서 학교법인이 타인으로부터 금원을 차용하면서 사학 §§16, 28의 규정에 의한 이사회의 결의와 감독청의 허가절차를 거치지 않았다면 그 차금행위는 무효이다.[135] 학교법인이 타인으로부터 금전을 차용하는 행위는 학교운영상 통상적인 거래행위도 아닐 뿐 아니라 그로 인하여 학교법인은 일방적인 의무부담의 대가로 소비에 용이한 금전을 취득하는 결과가 되어 이를 감독하지 않으면 학교재산의 원활한 유지·보호를 기할 수 없음이 분명하기 때문이다.[136] 그리고 사학 §28 Ⅰ에 학교법인이 의무를 부담하고자 할 때는 감독청의 허가를 받아야 한다는 규정은 기본재산 자체에 관한 부담행위만을 의미하는 것은 아니다.[137] 따라서 학교법인이 체결한 학교시설에 관한 공사도급계약도 관할청의 허가를 받아야 하는 의무부담행위에 해당할 수 있다.[138] 그러나 사건 처리를 위임한 변호사에 대한 보수지급의무는 감독관청의 허가를 요하는 '의무의 부담'에 해당하지 않는다.[139] 그리고 학교법인의 정관에 감독청의 허가 없이 차입을 할 수 있다는 취지의 규정이 있고 동 정관이 사학 §10에 의하여 문교부장관의 허가를 받았다고 해서 곧 정관에서 정한 차입에 관해서 사학 §28에 의한 문교부장관의 허가가 있었다고 할 수 없고,[140] 관할청의 허가 신청에 관하여 학교법인의 금전채권자가 학교법인을 대위하여 관할청에 기본재산의 처분허가신청을 할 수 없다.[141] 부동산이 학교법인에게 명의신탁된 것이라 하여도 그 부동산이 학교법인의 기본재산에 편입된 것이라면 명의신탁자로서는 사학 §28 Ⅰ 소정의 관할청의 허가 없이는 명의수탁자인 학교법인을 상대로 하여 명의신탁 해지를 원인으로 하는 소유권이전등기를 청구할 수 없다.[142] 따라

---

133) 대판 98.7.24, 96다27988(집 46-2, 23).
134) 대판 00.6.9, 99다70860(공 00, 1624).
135) 대판 74.5.28, 74다244(집 22-2, 49).
136) 대판 87.4.28, 86다카2534(집 35-1, 343), 대판 98.12.8, 98다44642(공 99, 107).
137) 대판 77.10.11, 77다1357(집 25-3, 213).
138) 대판 00.9.5, 2000다2344(공 00, 2090).
139) 대판 78.5.23, 78다166(집 26-2, 59).
140) 대판 77.12.27, 77다511, 584(집 25-3, 414).
141) 대판 11.12.8, 2011두14357(공 12상, 143).
142) 대판 95.5.9, 93다62478(공 95, 2076), 대판 99.10.22, 97다52400(공 99, 2399).

서 명의신탁을 해지한 명의신탁자는 학교법인이 사학 §28의 규정에 따라 감독청의 허가를 받아야만 이를 반환받을 수 있다.[143] 학교법인이 그 의사에 의하여 기본재산을 양도하는 경우뿐만 아니라 강제경매절차에 의하여 양도되는 경우에도 감독청의 허가가 없다면 그 양도행위가 금지된다고 할 것이고, 따라서 학교법인의 기본재산이 감독청의 허가 없이 강제경매절차에 의하여 경락되어 이에 관하여 경락을 원인으로 하여 경락인 명의의 소유권이전등기가 경료되었다 하더라도 그 등기는 적법한 원인을 결여한 등기이다.[144] 그러나 토지의 지분이 학교법인의 기본재산이라고 하더라도 공유물 분할방법으로서 경매를 명하는 경우는 사학 §28 Ⅰ 소정의 감독청의 허가를 요하지 아니한다.[145] 또한 학교교육에 직접 사용되지 않는 학교 기본재산인 토지를 점유로 인하여 시효취득하는 것은 사학 §28에 저촉되지 않는다.[146] 나아가 이러한 조건이 제3자의 학교시설에 대한 권리행사를 제한하는 규정은 아니므로 남의 토지 위에 세워진 건물이 학교의 교육시설이라 하여 그 토지 소유자가 그 건물의 철거를 청구하지 못하는 것은 아니며,[147] 학교법인 명의의 예금채권 중에 학교법인의 교비회계의 수입에 해당하는 입학금·수업료 등을 예치한 것으로서 학교교육에 직접 사용하도록 되어 있는 재산이 포함되어 있다고 하더라도 학교법인의 채권자가 그러한 예금채권에 대하여 압류 등의 강제집행을 하는 것이 위 법령 등에 의하여 금지되어 있다고 볼 수 없다.[148] 그러나 기본재산인 채권에 대하여 압류 및 추심명령의 신청이 있는 경우, 집행법원으로서는 그 처분을 금지하는 압류명령은 발할 수 있지만, 관할청의 허가가 없는 이상 현금화(환가)를 명하는 추심명령을 발할 수는 없다고 봄이 상당할 것이고, 압류명령이 발하여진 경우에도 피압류채권이 사립학교의 기본재산임이 밝혀지고 나아가 관할청의 허가를 받을 수 없는 사정이 확실하다고 인정되거나 관할청의 불허가가 있는 경우 그 채권은 사실상 압류적격을 상실하게 된다고 봄이 상당하다고 할 것이므로, 채무자는 그 결정에 대한 즉시항고를 하여 압류명령의 취소를 구하거나, 민집 §246 Ⅱ에 따라 위와 같은 이유를 들어 압류명령의 전부 또는 일

---

143) 대판 83.11.8, 83다549(공 84, 24).
144) 대판 94.1.25, 93다42993(공 94, 805).
145) 대판 79.9.25, 79다658(집 27-3, 46).
146) 대판 77.9.28, 77다1060(집 25-3, 102).
147) 대판 78.8.22, 78다1205(집 26-2, 335).
148) 대결 98.3.16, 97마966, 967(공 95, 1126), 대결 02.9.30, 2002마2209(공 03, 1340).

부의 취소를 신청할 수 있다.[149] 학교법인이 타인으로부터 금원을 차용하면서 이사회의 결의를 얻지 아니하거나 감독청의 허가를 받지 아니하면 사학 §§ 16, 28에 위반하여 효력이 없는 경우 학교법인의 피용자가 그 업무집행에 관하여 제3자에게 손해를 가함으로써 불법행위가 성립되어 사용자로서 손해배상책임이 인정될 수 있다.[150] 이사회의 결의를 거치지 아니하고 감독관청의 허가를 받지 않은 잘못으로 인하여 타인이 입은 손해를 불법행위자로서 배상할 의무가 있고 금원을 법인에게 대여함에 있어서 사학법이 정하는 절차를 거쳤는지 여부를 알아보지 아니한 과실이 있는 금원 대여자에 대해서는 과실상계를 할 수 있다.[151] 학교법인의 기본재산을 매도함에 있어서는 그 매도처분 자체에 관하여 감독청의 허가를 받으면 족하고 매도가격문제는 처분하는 학교법인의 자유재량에 일임된다.[152] 나아가 법령상 주무관청의 허가가 있는 경우에 한하여 처분이 허용되고 그 허가 없이는 처분이 금지된 학교법인의 기본재산에 대하여 처분허가가 없다는 것을 알면서 점유하는 자는 이미 자신이 그 부동산의 진정한 소유자의 소유권을 배제하고 마치 자기의 소유물처럼 배타적 지배를 할 수 없다는 것을 알면서 점유하는 것이므로, 점유 개시 당시에 그 부동산에 대하여 학교법인의 소유권을 배제하고 자기의 소유물처럼 배타적 지배를 행사한다는 의사가 있었다고 볼 수 없다.[153] 반면에 기존 학교법인의 교지 및 체육장으로서 학교 교육에 직접 사용되어 온 기본재산일지라도 더 이상 학교 교육에 직접 사용되는 재산이 아닌 경우에는 제1항의 기본재산으로 관할청의 허가를 받아 처분할 수 있다.[154]

　　㈐ 기　　타　　위의 경우 외에도 외국인이 군사기지 및 군사시설 보호구역 내에 있는 토지를 취득하는 계약시 지방자치단체장 등 신고관청에의 허가,[155] 전통사찰의 주지가 전통사찰의 전통사찰보존지에 있는 그 사찰 등 소

---

149) 대결 02.9.30, 2002마2209(집 50-2, 181).
150) 대판 80.4.8, 79다1431(공 80, 12774), 대판 81.9.22, 80다1317(공 81, 14369).
151) 대판 75.8.19, 75다666(집 23-2, 220).
152) 대판 69.10.14, 69도1420(집 17-3, 57).
153) 대판 96.11.8, 96다29410(공 96, 3547).
154) 대판 98.4.24, 97다54284(공 98, 1453).
155) 부동산 거래신고 등에 관한 법률 제9조 ① 제3조 및 제8조에도 불구하고 외국인등이 취득하려는 토지가 다음 각 호의 어느 하나에 해당하는 구역·지역 등에 있으면 토지를 취득하는 계약(이하 "토지취득계약"이라 한다)을 체결하기 전에 대통령령으로 정하는 바에 따라 신고관청으로부터 토지취득의 허가를 받아야 한다. 다만, 제11조에 따라 토지거래계약에 관한 허가를 받은 경우에는 그러하지 아니하다. 1.「군사기지 및 군사시설 보호법」제2조제6호에 따른 군사기지 및 군사시설 보호구역, 그 밖에 국방목적을 위하여 외

유의 동산이나 부동산을 양도하려는 경우 문화체육관광부장관의 허가, 동산
또는 부동산을 대여하거나 담보로 제공하는 경우 시·도지사의 허가,[156] 택지
개발촉진법상 이주대책용으로 공급하는 주택건설용지 등을 전매하는 경우에
시행자의 동의,[157] 향교재산인 동산이나 부동산을 처분하거나 담보로 제공하는
경우 특별시장·광역시장·도지사의 허가,[158] 여객자동차 운송사업의 양도·양
수에 대한 국토교통부장관 또는 시도지사의 인가[159] 등이 있다.

국인등의 토지취득을 특별히 제한할 필요가 있는 지역으로서 대통령령으로 정하는 지역,
2.「문화재보호법」제2조제2항에 따른 지정문화재와 이를 위한 보호물 또는 보호구역, 3.
「자연환경보전법」제2조제12호에 따른 생태·경관보전지역, 4.「야생생물 보호 및 관리에
관한 법률」제27조에 따른 야생생물 특별보호구역.

156) 전통사찰의 보존 및 지원에 관한 법률 §9(동산·부동산의 양도 등 허가) ① 전통사찰의
주지는 동산이나 부동산(해당 전통사찰의 전통사찰보존지에 있는 그 사찰 소유 또는 사찰
이 속한 단체 소유의 부동산을 말한다. 이하 이 조에서 같다)을 양도하려면 사찰이 속한
단체 대표자의 승인서를 첨부(사찰이 속한 단체가 없는 경우에는 제외한다)하여 문화체
육관광부장관의 허가를 받아야 한다. ② 전통사찰의 주지는 동산 또는 부동산을 대여하거
나 담보로 제공하려면 사찰이 속한 단체 대표자의 승인서를 첨부(사찰이 속한 단체가 없
는 경우에는 제외한다)하여 시·도지사의 허가를 받아야 한다. 허가받은 사항을 변경하려
는 경우에도 같다. ③ 제1항 및 제2항에 따른 허가를 받지 아니하고 부동산을 양도 또는
대여하거나 담보로 제공한 경우에는 이를 무효로 한다.[전문개정 2012.2.17.] 구 전통사찰
보존법 §6Ⅰ(ⅱ)에 관한 것으로 대판 98.7.28, 96다50025, 대판 99.10.22, 97다49817, 대
판 00.10.13, 99두653, 대판 02.4.12, 2002도150 등.

157) 택지개발촉진법 §19-2 ① 이 법에 따라 조성된 택지를 공급받은 자는 소유권 이전등
기를 하기 전까지는 그 택지를 공급받은 용도대로 사용하지 아니한 채 그대로 전매(轉
賣)(명의변경, 매매 또는 그 밖에 권리의 변동을 수반하는 모든 행위를 포함하되, 상속
의 경우는 제외한다. 이하 같다)할 수 없다. 다만, 이주대책용으로 공급하는 주택건설용지
등 대통령령으로 정하는 경우에는 본문을 적용하지 아니할 수 있다. 동시행령 §13-3 법
§19-2 제1항 단서에서 "대통령령으로 정하는 경우"란 다음 각 호의 어느 하나에 해당되
어 시행자의 동의를 받은 경우를 말한다. 다만, 제1호·제2호·제5호 및 제7호의 경우에
는 시행자로부터 최초로 택지를 공급받은 자의 경우에만 해당한다. 각 호 생략. 이에 관
한 판례로 대판 17.10.12, 2016다229393, 229409, 대판 17.10.12, 2017다222153, 대판
17.10.12, 2017다230277 등.

158) 향교재산법 §8(허가 사항) ① 향교재단은 다음 각 호의 어느 하나에 해당하는 때에는
대통령령으로 정하는 바에 따라 특별시장·광역시장·도지사 또는 특별자치도지사(이하
"시·도지사"라 한다)의 허가를 받아야 한다. 다만, 제3호부터 제5호까지의 규정 중 어느
하나에 해당하는 경우로서「문화재보호법」§34 제3호에 따른 현상변경 허가를 받은 때
에는 허가를 받지 아니하여도 된다. 1. 향교재산 중 동산이나 부동산을 처분하거나 담보로
제공하려는 때 (이하 생략) 동법 시행 전의 판례로서 대판 66.7.12, 66다572, 대판 81.9.8,
81다532.

159) 여객자동차 운수사업법 §14(사업의 양도·양수 등) ① 여객자동차운송사업을 양도·양
수하려는 자는 국토교통부령으로 정하는 바에 따라 국토교통부장관 또는 시·도지사에게
신고하여야 한다. 이 경우 국토교통부장관 또는 시·도지사는 대통령령으로 정하는 여객자
동차운송사업의 질서를 확립하기 위하여 필요하다고 인정할 때에는 국토교통부령으로 정
하는 바에 따라 양도·양수의 지역적 범위를 한정할 수 있다. 대판 10.4.8, 2009두17018,
대판 10.11.11, 2009두14934.

(2) 가장(假裝)조건

당사자가 임의로 법률행위의 효력 발생을 제한하기 위하여 결부시킨 사실 가운데에 조건으로서의 적격을 갖추지 못한 것을 가장조건,[160] 혹은 하자 있는 조건[161]이라고 한다.

㈎ 기성(旣成)조건   기성조건이란, 조건으로 정한 사실이 법률행위 당시에 이미 실현되어 있는 경우를 말한다. 조건은 장래에 그 발생 여부가 불확실한 사실이어야 하는데, 그것이 법률행위 당시에 이미 실현되어 있다면 당사자가 이를 몰랐다고 하더라도 조건으로서의 본래의 효력은 가질 수 없다. 이에 대하여 우리 민법은 별도의 규정을 두고 있는데, 그 기성조건이 정지조건인 경우에는 무조건의 법률행위로 즉시 효력이 발생하고, 기성조건이 해제조건인 경우에는 그 법률행위는 무효가 된다($\S\frac{151}{\mathrm{I\!I}}$).

이에 관하여는 §151 Ⅱ 주해 참조.

㈏ 불능(不能)조건   불능조건이란 객관적으로 실현이 불가능한 사실을 내용으로 하는 조건을 말한다. 이는 단지 조건의 불성취가 법률행위 당시에 확정되어 있는 경우와는 개념적으로 구별된다.[162] 불능의 여부는 법률행위 당시를 기준으로 법률행위 해석의 일반원칙에 따라 물리적인 불능일 뿐 아니라 사회통념상 불능인 경우를 포함한다.[163] 불능조건이 정지조건인 경우에 법률행위는 무효이고 불능조건이 해제조건인 경우에는 조건 없는 법률행위로 효력을 발생한다. 의용민법은 기성조건에 관한 규정($\frac{의용민법}{\S131\ \mathrm{I\!I}}$)과는 별도로 불능조건에 관한 명문의 규정을 두었으나($\frac{의용민}{\S133}$), 우리 민법은 이론상 당연히 그렇게 된다는 이유에서 불능에 관한 규정을 삭제하고,[164] 그 대신 불능이 조건부 법률행위 성립시에 이미 확정되어 있다는 점에 착안하여 이를 기성조건에 관한 §151 Ⅲ("조건이 법률행위의 당시 이미 성취할 수 없는 것인 경우")을 적용하여 처리한다.[165]

---

160) 곽윤직·김재형, 402, 김기선(주 87), 368, 김용한(주 85), 424, 김주수·김상용, 501, 김증한·김학동, 619. 백태승(주 6), 525, 송덕수(주 4), 469, 이영준, 749.

161) 이영준, 756, 구주해(3), 328(민형기).

162) 新版注釋民法(4), 728(金山).

163) 구주해(3), 328(민형기), 곽윤직·김재형, 402, 김기선(주 87), 368, 김용한(주 85), 424, 김주수·김상용, 501, 김증한·김학동, 619, 백태승, 525, 송덕수, 469, 이영준, 749.

164) 민의원 법제사법위원회 민법안심의소위원회(주 82), 97. 독민도 같은 이유에서 제1초안 이래 이에 관한 규정을 두고 있지 않다. 新版注釋民法(4), 728(金山).

165) 구주해(3), 329(민형기), 주석 민법(4), 686(제5판/남성민), 곽윤직·김재형, 402, 김기선(주 87), 368, 김대정, 1156, 김용한(주 85), 424, 김주수·김상용, 501, 김증한·김학동, 619, 백태승(주 6), 525, 송덕수(주 4), 469, 이영준, 749.

㈐ 불법조건   조건으로 정한 사실이 강행법규 또는 선량한 풍속 기타 사회질서에 반하는 것을 말한다.

조건이 불법인 경우 원칙적으로 조건뿐 아니라 불법조건이 붙은 법률행위 전부가 무효가 된다($\S_1^{151}$). 이에 관하여 보다 상세히는 §151 Ⅰ 주해 참조.

4. 조건에 친하지 않은 법률행위

일반적으로 법률행위에 조건을 붙이는 것은 법률행위 자유의 원칙에 의하여 허용되는 것이지만, 조건을 붙이는 것이 적당하지 않은 법률행위가 있다. 이를 조건에 친하지 않은 법률행위라고 한다. 조건은 장래 그 실현 여부가 불확실한 사실에 법률행위의 효력 발생 또는 소멸을 좌우되게 함으로써 법률행위의 효력에 관한 법적 불안정성이 발생한다. 따라서 법률관계를 불안정하게 하는 것이 적당하지 않은 법률행위, 즉, 일방적 의사에 의하여 법률관계를 변동시키는 단독행위, 가족법상의 법적 지위에 관한 신분행위, 객관적 정형적으로 행해지는 어음·수표행위, 소송행위 등에는 조건을 붙이지 못하고, 물권행위에도 조건을 붙이지 못하게 하는 입법례도 있다.[166] 조건을 붙이는 것이 허용되지 아니하는 법률행위에 조건을 붙인 경우 그 조건만을 분리하여 무효로 할 수는 없고 그 법률행위 전부가 무효로 된다.[167] 조건에 친하지 않은 법률행위에 조건을 붙인 경우 원칙적으로 승낙과 그에 붙인 조건이 모두 무효가 된다. 그러나 §137 일부무효의 법리가 배제되는 것은 아니므로 조건이 없더라도 법률행위를 하였을 것이라고 인정될 때에는 조건만 무효이고 무조건의 법률행위로 유효한 경우도 있을 수 있다.[168] 특히 어음 수표에 조건을 붙이거나 근로계약에 허용되지 않은 조건을 붙인 경우에는 조건만이 무효가 된다.[169]

(1) 단독행위

단독행위는 행위자의 일방적 의사표시에 의하여 법률관계를 변동시키는 행위이므로 이러한 행위에 조건을 붙이게 되면 상대방의 법률상의 지위가 매우 불안정해지는 문제가 있다. 이와 같은 이유에서 §493 Ⅰ은 상계의 의사표시에 조건을 붙이지 못하게 규정하고 있다(동조는 기한도 붙이지 못한다고 규정

---

166) 독민 §925 Ⅱ.

167) 대결 05.11.8, 2005마541(공 06, 89).

168) 송덕수, "지명채권 양도에 대한 채무자의 승낙 등", 이화여대 법학논집 18-4, 2014, 488.

169) 김주수·김상용, 502, 이영준, 675.

하고 있는데, 이는 상계는 소급효가 있으므로 기한을 붙이더라도 의미가 없기 때문이다). 명문의 규정은 없으나 법률행위의 취소와 추인($\S\S^{15,}_{141, 143}$), 철회($\S_{134}$), 선택채권의 선택($\S_{382}$), 해제·해지($\S_{543}$), 환매($\S_{590}$), 주식인수의 청약($\S^{상}_{302}$), 발기인의 주식인수($\S^{상}_{293}$) 등도 마찬가지로 원칙적으로 조건을 붙일 수 없다.[170]

단독행위에 조건을 붙이지 못하도록 하는 것은 상대방의 법적 지위가 불안정해지는 것을 막기 위한 것이므로 그로 인한 불이익이 발생하지 않는 경우에는 굳이 이를 금지할 필요가 없다. 그러한 경우로 단독행위가 상대방에게 이익만을 주는 경우, 상대방이 결정할 수 있는 사실을 조건으로 하는 경우, 상대방이 조건을 붙이는 것에 동의한 경우가 그러하다.

⑺ 상대방에게 이익만을 주는 경우　　상대방에게 이익만을 주는 단독행위, 가령 유증, 채무의 면제, 권리를 포기하는 행위에는 조건을 붙일 수 있다.[171]

⑻ 상대방이 결정할 수 있는 사실을 조건으로 하는 경우　　가령 이행 지체에 빠진 채무자에 대하여 일정한 기한을 정하여 채무의 이행을 최고하면서 기한 내에 이행이 없을 때에는 계약이 해제된다는 의사표시를 하는 경우, 이와 같은 정지조건부 해제의 의사표시는 유효하다.[172]

⑼ 상대방의 동의가 있는 경우　　단독행위의 상대방이 그 행위에 조건을 붙이는 것에 동의한 경우에는 상대방이 조건으로 인한 법률관계의 불안정을 용인한 것이므로 이를 금지할 필요가 없다. 다만 상대방이 조건에 동의하면서 다시 거기에 조건을 붙이는 것은 다시 법률관계 불확정의 위험이 발생하므로 허용되지 않는다는 견해가 있다.[173]

(2) 신분행위

혼인, 이혼, 인지, 입양, 친생부인 등 가족법상의 법적 지위에 관한 법률행위에는 신분관계의 안정을 위하여 조건을 붙이는 것이 허용되지 않는다. 신분관계의 불안정을 초래할 뿐 아니라 선량한 풍속 기타 사회질서에 반하는 결과가 될 수 있기 때문이다. 그러나 약혼은 선량한 풍속 기타 사회질서에 반하지

---

170) 구주해(3), 330(민형기).
171) 구주해(3), 331(민형기).
172) 대판 70.9.29, 70다1508(집 18-3, 128), 대판 79.9.25, 79다1135, 1136(공 79, 12263), 대판 81.4.14, 80다2381(집 29-1, 163), 대판 92.12.22, 92다28549(공 93, 563), 대판 96.11.26, 96다35590, 35606(공 97, 68) 등.
173) 구주해(3), 330(민형기).

않는 한 조건을 붙일 수 있다는 견해도 있다.[174)]

상속의 승인과 포기도 상속을 둘러싼 법률관계의 불안정성을 피하기 위하여 조건을 붙이는 것이 허용되지 않는다. 피상속인의 채권자나 채무자 또는 상속인의 채권자나 채무자 등의 권리관계에 중대한 영향을 미치기 때문이다. 반면에 유언의 경우에는 조건을 붙일 수 있다. §1073 Ⅱ은 유언에 정지조건을 붙일 수 있음을 명시하고 있다. 따라서 유증의 경우에는 조건을 붙이는 것이 허용된다. 그러나 §1073 Ⅱ에도 불구하고 유언에 의한 인지나 친생부인 등은 조건부로 할 수 없다. 생전 신분행위에서 조건을 붙일 수 없는 것과 같은 이유이다.

상속재산분할협의에도 조건을 붙일 수 있다는 견해도 있다.[175)] 판례는 상속재산 분할협의의 전부 또는 일부를 전원의 합의에 의하여 해제한 다음 다시 새로운 분할협의를 할 수 있다고 보는데,[176)] 상속재산 분할 협의를 인정한 이상 해제조건부 상속재산분할의 효력을 부정할 이유가 없다는 것이다. 부부가 혼인 전에 체결하는 부부재산계약($\S_{829}$)에도 조건이 허용된다. 다만 조건이 선량한 풍속이나 사회질서에 반하는 경우에는 불법조건으로 부부재산계약의 효력이 문제될 수 있다.[177)] 판례는 아직 이혼하지 않은 당사자가 장차 협의상 이혼할 것을 약정하면서 이를 전제로 하여 재산분할에 관한 협의를 하는 경우, 특별한 사정이 없는 한 장차 당사자 사이에 협의상 이혼이 이루어질 것을 조건으로 한 것으로 본다.[178)]

(3) 어음 · 수표 행위

어음 수표는 유통성을 보장하여야 하므로 객관적 획일적으로 행해지지 않으면 안 된다. 따라서 어음 또는 수표행위에는 조건을 붙이는 것이 허용되지 않으며 어음법과 수표법에서는 어음과 수표의 발행, 배서 등에 있어서 단순성을 요구하고 있다. 즉, 어음법은 어음의 발행($\S\S^{어음}_{1, 75}$), 배서($\S^{어음}_{12 \, Ⅰ}$), 인수($\S^{어음}_{26 \, Ⅰ}$)에 있어서 수표법은 수표의 발행($\S^{수표}_{1}$), 배서($\S^{수표}_{15}$), 지급보증($\S^{수표}_{54 \, Ⅰ}$)에 있어서 조건을 붙일 수 없다는 취지를 명시하고 있다. 가령 배서에 조건을 붙인 경우 어음이나 수표행위 전체가 무효가 되는 것은 아니고 그 조건은 없는 것으로

---

174) 김주수 · 김상용, 501.
175) 주석 민법(3), 591(제5판/남성민), 新版注釋民法(4), 572(金山).
176) 대판 04.7.8, 2002다73203(집 52-2, 3) 단, §548 Ⅰ 단서의 규정상 이러한 합의해제를 가지고서는 그 해제 전의 분할협의로부터 생긴 법률효과를 기초로 하여 새로운 이해관계를 가지게 되고 등기 · 인도 등으로 완전한 권리를 취득한 제3자의 권리를 해하지 못한다.
177) 주석 민법(3), 591(제5판/남성민).
178) 대판 00.10.24, 99다33458(공 00, 2383).

본다(어음 제12 Ⅰ·). 다만, 어음법상 보증의 경우에는 발행, 배서 등에서와 같은 단순성을 명시하고 있지 않다. 뿐만 아니라 채무부담행위인 점에서 보증과 유사한 환어음의 인수에 불단순인수를 인정하고 있다는 점에서 조건부 어음보증은 유효하고 조건에 따라 보증인의 책임이 발생한다.[179]

(4) 조건부 물권행위

물권행위는 물권변동의 효력 발생을 목적으로 하는 처분행위로서 대세적 효력을 가지므로 조건을 붙이는 것이 적당하지 않다고 볼 수 있다. 제3자로서는 잘 알 수 없는 조건의 존재와 그 실현 여부에 의하여 대세적 효력의 물권변동이 좌우되기 때문이다. 독민 § 925 Ⅱ은 부동산소유권이전의 합의(Auflassung)에는 조건이나 기한을 붙이지 못한다고 규정하고 있다.[180] 그러나 우리 민법에는 이를 금하는 규정이 없으므로 학설은 물권행위에도 조건을 붙이는 것이 허용된다고 본다.[181] 특히 물권행위의 무인성을 주장하는 견해는 채권행위의 유효를 조건으로 하는 특약을 함으로써 물권행위가 유인성을 띠게된다고 한다. 그리고 해제권을 유보한 채권계약의 이행으로 물권계약을 한 때에는, 물권계약은 해제권의 행사를 해제조건으로 한 것으로 해석한다. 다만, 이와 같은 물권행위의 조건은 동산의 경우에는 묵시적으로도 가능하지만 부동산의 경우에는 그와 같은 조건은 명시적이어야 할 뿐만 아니라 등기하지 않으면 효력이 생기지 않는다고 한다.[182] 동산 물권변동에서는 조건이 전면적으로 허용되는 반면, 부동산등기법상 정지조건이나 해제조건은 등기할 수 없으므로 정지조건 또는 시기를 붙일 수 없다는 견해도 있다.[183] 판례도 소유권유보부 동산 할부매매에 있어서 대금 완납을 정지조건으로 하는 소유권이전을 인정하고 있다. 즉, 동산의 매매계약을 체결하면서, 매도인이 대금을 지급받기 전에 목적물을 매수인에게 인도하지만 대금이 모두 지급될 때까지는 목적물의 소유

---

179) 대판 86.3.11, 85다카1600(집 34-1, 117), 단 판시 내용 중 어음보증이 위조된 경우에 위조자의 사용자인 피위조자에 대한 손해배상 청구를 부인한 부분은 대판(전) 94.11.8, 93다21514에 의하여 폐기되었다.

180) 그 취지는 부동산에 관하여 조건부, 기한부 소유권을 인정하지 않으려는 데에 있다고 한다. 그러나 실무에 있어서는 광범위하게 조건부 기한부 물권행위가 행하여질 뿐 아니라 법정조건에 관하여는 독민 § 925 Ⅱ의 적용이 없다고 해석한다고 한다.

181) 곽윤직·김재형, 물권법, 박영사, 2014, 42, 송덕수, 물권법, 박영사, 2017, 54, 이영준, 물권법, 박영사, 2009, 91, 반면에 이은영, 720은 물권행위는 조건부로 할 수 없음이 원칙이라고 한다.

182) 김증한·김학동, 물권법, 박영사, 2004, 59.

183) 지원림, 민법강의, 홍문사, 2020, 458.

권은 매도인에게 유보되며 대금이 모두 지급된 때에 그 소유권이 매수인에게 이전된다는 내용의 소유권유보의 특약을 한 경우, 목적물의 소유권을 이전한다는 당사자 사이의 물권적 합의는 매매계약을 체결하고 목적물을 인도한 때 이미 성립하지만 대금이 모두 지급되는 것을 정지조건으로 하므로 … 대금이 모두 지급되었을 때에는 그 정지조건이 완성되어 별도의 의사표시 없이 목적물의 소유권이 매수인에게 이전된다.[184] 소유권유보부 동산 할부매매의 본질은 할부 대금 완납을 정지조건으로 하는 동산 소유권이전의 물권적 합의인 것이다. 소유권유보부 동산 할부매매가 널리 이용되는 확립된 거래방법인 데 반하여 부동산 물권행위에 있어서 원인행위인 채권행위가 아니라 부동산 물권행위 자체에 조건을 붙이는 사례는 찾아보기 어렵다. 따라서 특히 부동산 물권행위에 조건을 붙일 수 있는가의 문제는 우리 법제하에서는 이론적인 문제에 지나지 않는가 생각된다. 원인행위에 조건을 붙이고 그 조건의 성취에 의하여 물권행위가 영향을 받는 문제와는 별개로 물권행위 자체에 조건을 붙이는, 조건부 부동산 물권행위의 실제적 의의를 찾기가 어렵기 때문이다. 그것은 무엇보다도 부동산 물권행위의 효력 발생에 등기를 요한다는 점과 물권행위가 거래계에서 의식적으로 행해지지 않는 점과 관련이 있다. 가령, 정지조건부 부동산 물권행위라는 개념을 상정한다면, 물권적 합의에 의한 효력($_{변동}^{물권}$)을 장래의 조건 사실의 실현 여부에 좌우되도록 하는 것이다. 조건이 실현되면 물권행위의 당사자들이 새로운 의사표시나 행위 없이 물권변동의 효력이 발생하여야 한다. 그런데 부동산 물권변동은 등기하지 않으면 효력이 없고, 조건부 물권변동을 등기할 방법이 없다. 부동산등기법 §88는 권리의 설정, 이전, 변경 또는 소멸의 청구권이 시기부(始期附) 또는 정지조건부(停止條件附)일 경우에는 가등기를 할 수 있음을 명시하고 있을 뿐이다. '조건의 성취가 미정인 물권'은 그 보전에 관한 한 동조의 가등기의 대상이 되는 청구권에 준하여 취급된다.[185] 결국 조건이 실현되더라도 가등기에 기한 본등기를 경료하여야 하므로 원인행위에 기한 조건부 청구권을 가등기한 경우와 조건부 물권행위에서 발생하는 '조건부 물권'을 등기한 경우와 실질적인 차이가 없다. 요컨대 조건부 물권 그 자체를 등기하지 않는 한 조건의 성취만으로 물권변동의 효력이 발생하지 않기

---

184) 대판 96.6.28, 96다14807(공 96, 2358), 대판 99.9.7, 99다30534(공 99, 2088), 대판 10.2.11, 2009다93671(공 10상, 565).
185) 양창수, "해제조건부 매도인의 권리 재취득의 보전", 민법연구 5, 박영사, 1999, 210.

때문에 원인행위인 채권행위에 소건을 붙이는 경우나 물권행위 자체에 정지조
건을 붙이는 것이나 본등기를 경료하여야 물권변동의 효력이 발생한다는 점에
서 실제상의 차이가 없고, 거래관념상 물권행위가 의식적으로 행해지지 않기
때문에 부동산 물권행위에만 조건을 붙이는 거래관계를 상정하기도 어려운 것
이다. 해제조건부 물권행위의 경우에도 마찬가지이다. 원인행위를 해제조건으
로 하는 것과 물권행위 자체를 해제조건으로 한 경우에 어떤 차이나 실익이
있는지 분명하지 않다.[186] 해제조건부 물권행위에서 해제조건이 성취되면 그
때로부터 물권행위에 의하여 이전된 권리는 소멸하고 원래의 소유자에게 물권
이 복귀한다고 해석되는데, 이는 물권행위의 원인행위에 해제조건을 붙인 경
우의 해석과 차이가 없다.[187] 나아가 해제조건 성취 전에 중간처분이 있는 경
우 조건성취의 효력을 가지고 중간처분에 대항하기 위해서는—중간 처분을 무
효로 보든 유효로 보든—이를 등기하지 않으면 안 된다. 이와 관련하여 부동
산등기법 §54는 권리소멸의 약정에 대하여 등기할 수 있다고 규정하고 있다.

　이와 같은 법리는 물권행위의 해제조건이든 그 원인행위인 채권행위의 해
제조건이든 모두 마찬가지이다. 결국 해제조건에 있어서도 원인행위인 채권행
위가 아니라 물권행위에 해제조건을 붙일 필요나 실익이 없고, 해제조건부 부
동산 물권행위라는 개념의 독자적인 의의를 찾기 어렵다. 동산에 관한 물권행
위에 해제조건을 붙인 경우에도 원인행위의 실효로 동산물권이 원래의 권리자
에게 당연히 복귀한다고 보는 한 원인행위에 해제조건을 붙인 경우와의 차별
성이 없다. 결국 조건부 물권행위의 개념이 이론적으로 부인되는 것은 아니더
라도 등기나 인도를 물권변동의 효력 발생요건으로 하는 우리 법제하에서는

---

186) 주석 민법(3), 620(제5판/남성민)은 해제조건부 물권행위의 경우 해제조건의 성취로 권
　　리관계는 종전 상태로 회복한다고 하면서 그 예로 국가가 구 농지개혁법에 따라 매수한
　　농지는 농지 미분배를 해제조건으로 한 경우[대판 11.7.28, 2011다15094 판결(공 11하,
　　1776)]를 들고 있으나 그 문언으로 보아 판례가 농지의 매수행위가 아니라 물권행위가 해
　　제조건부로 행해진 것으로 보았다고 단정할 근거는 없다.

187) 판례는 해제조건부 증여에서 조건이 성취되면 "당사자 간에 별단의 의사표시가 없는 한
　　그 조건성취의 효과는 소급하지 아니하나, 조건성취 전에 수증자가 한 처분행위는 조건성
　　취의 효과를 제한하는 한도 내에서는 무효라고 할 것이고, 다만 그 조건이 등기되어 있지
　　않는 한 그 처분행위로 인하여 권리를 취득한 제3자에게 위 무효를 대항할 수 없다."고
　　판시하고 있다. 대판 92.5.22, 92다5584(공 92, 1981). 이에 대하여 독민 §161와 같이 중
　　간처분의 실효에 관한 명문의 규정이 없고, 원칙적으로 조건성취에는 소급효를 인정하지
　　않는데도 해제조건 성취 전 처분행위가 있는 경우, 적법한 처분행위가 왜 사후적으로 그
　　효력을 상실하는지 그 근거가 분명하지 않다는 비판이 있다. 양창수(주 185), 202. 나아가
　　소급효를 인정한다 하더라도 당사자의 합의만으로 제3자에 대한 처분행위의 효력이 좌우
　　될 수 있는지는 의문이다.

동산 소유권 유보부 매매의 경우 외에 이를 인정할 실제상의 의의는 별로 없다.

(5) 소송행위

민법상 법률행위에 관한 규정은 특별한 사정이 없는 한 민사소송법상의 소송행위에는 그 적용이 없으므로 소송행위에 조건을 붙일 수 없다.[188] 소송행위에 조건을 붙이는 것은 소송절차의 진행은 물론 소송상 상대방이나 법원의 지위를 불확실 불안정하게 하기 때문이다. 특히 소의 제기나 취하, 상소 및 그 취하와 같은 소송행위에는 조건을 붙일 수 없다. 그러나 소송진행 중 판명될 사실을 조건으로 하는 예비적 청구나 주장은 허용된다. 소송절차의 안정을 해할 우려가 없고 오히려 당사자의 편의와 소송경제에도 부합되기 때문이다. 따라서 본소 청구의 인용이나 기각에 대비하여 제기하는 예비적 반소나 채권의 존재가 인정되는 것을 전제로 하는 예비적 상계의 항변은 적법하다.[189]

그리고 소송행위 중 주장의 내용에 조건을 붙이는 것도 허용되지 않지만, 그 주장을 제출하는 데에 있어서 조건을 붙이는 것은 허용된다.[190] 그 밖에 화해조서에 실효 조건을 정하는 실효약관부 화해도 허용되고 그 실효의 효력은 소송 외에서 주장할 수 있다.[191]

5. 준법률행위와 조건

의사표시가 아닌 준법률행위에도 조건을 붙일 수 있는지가 문제된다. 법률행위가 당사자가 의욕한 바에 따라 법률효과가 부여되는 데 반하여 준법률행위는 당사자의 의사와 관계없이 일정한 표현행위나 사실행위에 법률이 정한 효과를 부여하는 것이다. 표현행위에는 이행의 청구($\S 387 \atop \text{II}$), 거절($\S\S 16 \atop \text{II, 132}$), 확답의 촉구($\S 15$) 및 각종의 최고($\S\S 88, 131, 174, \atop 540, 552 \text{ 등}$)와 같은 '의사의 통지', 사원총회의 소집통지($\S \atop 71$), 대리권수여의 표시($\S \atop 125$), 시효중단 사유로서의 채무의 승인($\S 168 \atop \text{iii}$), 채권양도의 통지 및 승낙, 공탁의 통지($\S \atop 488$), 승낙 연착의 통지($\S \atop 528$)와 같은 '관념의 통지', 수증자의 망은행위에 대한 용서($\S \atop 556$), 배우자의 부정행위에 대한 용서($\S \atop 841$)와 같은 '감정의 표시'가 있고, 사실행위에는 주소의 설정($\S \atop 18$), 매장물의 발견($\S \atop 254$), 가공($\S \atop 259$), 사람의 행위에 의한 부합($\S \atop 256$)이나 혼화($\S \atop 258$) 등이 있다. 통상 법률행위($\text{의사} \atop \text{표시}$)에 관한 규정은 그 성질이 허용하는 한 준법률행위에

---

188) 대판 67.10.31, 67다204(집 15-3, 244), 대판 07.6.15, 2007다2848, 2855(미간행).
189) 구주해(3), 332(민형기), 주석 민법(3), 589(제5판/남성민).
190) 구주해(3), 333(민형기).
191) 대판 65.3.2, 64다1514(집 13-1, 65), 대판 96.11.15, 94다35343(공 97, 1).

도 유추적용된다.[192] 조건은 당사자의 의사에 의하여 부가되는 것이므로 표현
행위인 준법률행위에서만 유추적용 여부가 문제된다. 표현행위 중에서 먼저
의사의 통지의 경우에는 조건을 붙일 수 있다. 따라서 조건부 청구나 조건부
최고는 허용된다.[193] 판례는 지명채권 양도의 대항요건인 채무자의 승낙도 채
권양도 사실을 채무자가 승인하는 의사를 표명하는 채무자의 행위로서 채권양
도를 승낙하면서 조건을 붙여서 할 수 있다고 한다.[194] 이에 대하여는 준법률
행위 중에서도 일방적 행위인 단독행위적 행위에 조건을 붙이는 것은 상대방
의 지위를 불안정하게 한다는 점, §451가 이의를 보류하고 승낙할 수 있도록
하고 있으나 이는 그 이의에 의하여 승낙 자체의 효력이 영향을 받지 않으므
로 조건과는 다르다는 점[195] 그리고 승낙은 채권양도 사실에 대하여 인식하고
있음을 표명하는 행위로서 조건을 붙이는 것이 부자연스럽다는 점에서 조건을
붙일 수 없다는 비판이 있다.[196] 이에 관한 판결을 살펴본다. 갑 회사가 수급
인 을 회사에 공사자재를 공급하면서 도급인 병 회사에 자재대금 상당액을 갑
회사에 직불하겠다는 내용의 직불 확인서($^{제1확}_{인서}$)를 받아올 것을 요구하자, 병
회사가 같은 내용의 확인서를 작성하여 주는 조건으로 을 회사가 일정 날짜까
지 공사를 완료하지 못할 경우 그 확인서($^{제1확}_{인서}$)를 무효화하기로 하는 내용의
확인서($^{제2확}_{인서}$)를 을 회사에 요구하여, 병, 을 회사가 각각 제1, 2확인서를 작성
하여 주었는데, 을 회사가 병 회사에게서 받은 제1확인서를 갑 회사에 전달하
고 을 회사가 병 회사에 대한 공사대금채권을 갑 회사에 양도하는 내용의 채
권양도계약이 체결된 사안에서, 이는 해제조건이 붙은 채권양도의 승낙인데
을 회사가 위 날짜까지 공사를 완료하지 못함으로써 그 효력을 상실하여　갑
회사는 채권양도로써 병 회사에 대항할 수 없다고 보았다.[197] 이에 대하여 비
판하는 학설은 채권양도의 승낙은 관념의 통지로서 조건을 붙이는 것이 적당

---

192) 김대정, 771, 김주수·김상용, 285, 김증한·김학동, 300.

193) 주석 민법(3), 594(제5판/남성민).

194) 구주해(10), 582(이상훈), 대판 89.7.11, 88다카20866(집 37-2, 200), 대판 11.6.30,
　　2011다8614(공 11하, 1525)

195) 대판 89.7.11, 88다카20866(집 37-2, 200)은 채권양도 승낙에 조건을 붙일 수 있음을
　　설시하며 채권양도의 승낙에 이의를 보류할 수 있음을 언급하고 있다.

196) 송덕수(주 168), 488.

197) 대판 11.6.30, 2011다8614(공 11하, 1525), 동 판결은 같은 사안에 대하여 제1 확인서
　　작성 당시 병 회사와 을 회사와의 사이에 갑 회사로 하여금 병 회사에 대하여 직접 채권
　　을 취득하게 하는 의사가 내포되어 제3자를 위한 계약의 성립을 인정하면서 을 회사에 의
　　해 공사가 기한 내에 완료되지 못할 것을 해제조건으로 한 것이라고 인정하였다.

하지 않을 뿐 아니라 애당초 채무자인 병 회사의 제1확인서는 채무자의 승낙
이 아니라 갑 회사와 을 회사 사이의 채권양도에 대한 사전 동의로서 채권양
도의 효력이 발생하기 위하여 필요한 요건으로 그 채권양도의 효력을 발생시
키려는 의사표시이고 병 회사가 제2확인서를 요청하여 받음으로써 해제조건
을 붙여서 법률행위를 한 것으로 을 회사가 기한 내 공사를 완료하지 못함으
로써 해제조건의 성취로 갑 회사와 을 회사 사이의 채권양도의 효력이 무효가
되어 갑 회사는 채무자인 병 회사에 대하여 채권을 행사할 수 없다고 본다.[198]
감정의 표시에 대해서도 조건을 붙이는 경우를 예상할 수 있다. 가령 불륜관계
를 청산할 것을 조건으로 배우자의 부정행위를 용서하는 경우이다. 이러한 조
건을 붙이는 것을 금지할 필요는 없을 것이다. 따라서 준법률행위에 있어서
도 그 성질이 허용하는 한 조건과 기한을 붙일 수 있고 이때에는 조건에 관한
규정을 유추적용하여야 한다. 다만 조건에 친하지 않은 법률행위와 마찬가지
로 조건을 붙이는 것이 적당하지 않은 것도 있으므로 결국 개별적 검토가 필요
하다.

6. 주장·증명책임

구체적인 사실관계가 어느 법률행위에 붙은 조건의 성취에 해당하는지 여
부는 의사표시의 해석에 속하는 경우도 있지만, 어느 법률행위에 어떤 조건이
붙어 있었는지 아닌지는 사실인정의 문제로서 그 조건의 존재를 주장하는 자
가 이를 입증하여야 한다.[199]

정지조건의 경우와 해제조건의 경우를 나누어서 살펴 볼 필요가 있다.

정지조건부 법률행위의 증명책임에 대해서는 전통적으로 항변설과 부인설
의 대립이 있다. 항변설은 권리 발생을 다투는 자가 정지조건의 존재만 증명하
면 되고 조건불성취까지 증명할 필요는 없다는 것이고 부인설은 권리의 효과
를 주장하는 자가 정지조건의 존재뿐 아니라 그 성취까지 증명하여야 한다는
견해이다.[200] 우리 판례는 대체로 항변설에 따르는 것으로 이해된다.[201] 그에
따르면, 어떠한 법률행위가 조건의 성취시 법률행위의 효력이 발생하는 소위

---

198) 송덕수(주 168), 493.
199) 대판 06.11.24, 2006다35766(미간행), 대판 11.8.25, 2008다47367(미간행).
200) 항변설과 부정설의 차이와 문제점에 대해서는 정갑주, "조건과 기한의 증명책임", 민사
　　 증거법(하), 법원행정처, 1985, 47 이하.
201) 주석 민법(3), 599(제5판/남성민).

정지조건부 법률행위에 해당한다는 사실은 그 법률행위로 인한 법률효과의 발생을 저지하는 사유로서 그 법률효과의 발생을 다투려는 자에게 주장입증책임이 있다.[202) 반대로 정지조건부 법률행위에 있어서 조건이 성취되었다는 사실은 이에 의하여 권리를 취득하고자 하는 측에서 그 증명책임이 있다.[203) 다만, 상대방의 채무불이행을 정지조건으로 하는 해제의 의사표시가 있는 경우에는 정지조건이 불이행이라는 소극사실이라는 점에서 정지조건부 해제의 의사표시를 한 채권자가 그 최고기간의 도과 사실을 증명하면 해제의 효과를 다투는 상대방이 최고 기간 내에 채무의 이행 사실($\binom{정지조건}{의 미성취}$)을 증명하도록 하는 것이 타당하다.[204)

이와 달리 해제조건부 법률행위에 있어서는 조건의 성취로 권리가 소멸하는 효과가 발생하므로, 해제조건의 존재는 물론 그 성취에 대해서도 법률행위의 효력을 다투는 자가 주장·증명하여야 한다.[205)

Ⅲ. 기   한

1. 기한의 의의와 성질

(1) 의   의

기한이란 법률행위의 효력 발생 또는 소멸, 채무의 이행을 장래 그 발생이 확실한 사실의 실현 여부에 좌우되도록 하는 법률행위의 부관이다. 장래에 발생할 사실이라는 점에서 조건과 같지만, 그 사실의 발생이 확실하다는 점에서 조건과 다르다. 기한이 붙은 법률행위를 기한부 법률행위라고 한다.

(2) 성   질

기한도 조건과 마찬가지로 법률행위 부관으로서의 성질을 공유하므로 기한은 당사자가 임의로 부가한 것이어야 한다. 따라서 당사자의 의사와 관계없이 법률의 규정에 의하여 설정된 법정기한이 부관으로서의 기한이 아님은 물론이다($\binom{임}{의성}$). 기한은 장래 그 발생이 확실한 사실이어야 한다. 그러나 발생 시점이 확정되어 있을 필요는 없다($\binom{확}{실성}$).

---

202) 대판 93.9.28, 93다20832(공 93, 2960).

203) 대판 83.4.12, 81다카692(공 83, 809), 대판 84.9.25, 84다카967(공 84, 1721).

204) 주석 민법(3), 600(제5판/남성민).

205) 주석 민법(3), 600(제5판/남성민).

2. 종   류

(1) 확정기한 · 불확정기한

몇 년 몇 월 몇 일과 같이 曆法상 날짜가 확정되어 있거나 만 20세가 되는 날과 같이 객관적으로 그 실현을 확정할 수 있는 기한을 확정기한이라고 하고, 내년 수능일 또는 당사자 일방이 사망한 때와 같이 그 실현은 확실하지만 그 시기는 확정되지 않은 기한을 불확정기한이라고 한다. 장래 그 실현이 확실한 사실을 조건으로 하는 필성조건은 조건이 아니고 불확정기한이며, 기한을 지정하였으나 그 실현 여부가 불확실하다면 기한이 아니라 조건이다. 가령 임대차계약을 체결함에 있어서 임대기한을 "본건 토지를 임차인에게 매도할 때까지"로 정하였다면 별다른 사정이 없는 한 그것은 도래할지의 여부가 불확실한 것이므로 기한을 정한 것이라고 볼 수 없다.[206] 판례에서는 "일반적으로 건축중인 상가건물의 특정 점포를 임차하면서 계약서에 그 점포의 인도시기(임철시기)를 기재하지 아니하고 건물의 준공예정일에 관한 설명만을 듣고서 그 점포에 관한 임대차계약을 체결한 경우, … 그 점포의 인도시기에 관하여 불확정기한을 이행기로 정하는 합의가 이루어진 것으로 보고, 그 불확정기한의 내용은 그 건설공사의 진척상황 및 사회경제적 상황에 비추어 예상할 수 있는 합리적인 공사지연기간이 경과한 때로 보아야 한다"고 한 사례,[207] "상가건물의 점포를 분양하면서 분양대금을 완납하고 건물 준공 후 공부정리가 완료되는 즉시 소유권을 이전하기로 약정한 경우, 불확정기한을 이행기로 정하는 합의가 이루어진 것으로 보아 … 건설공사의 진척상황 및 사회경제적 상황에 비추어 분양대금이 완납되고 분양자가 건물을 준공한 날로부터 사용승인검사 및 소유권보존등기를 하는 데 소요될 것으로 예상할 수 있는 합리적이고 상당한 기간이 경과한 때 그 이행기가 도래한다"고 본 사례, 재건축사업을 추진하던 자들과 사업 진행에 필요한 운전자금을 출자하고 사업상의 이익에 참여하기로 하는 등의 공동사업계약을 체결하고 그들에게 운전자금을 지급한 자가, 그 후 사업진행이 순조롭지 않자 공동사업관계에서 탈퇴하면서 '스폰서가 영입되거나 사업권을 넘길 경우나 사업을 진행할 때'에는 위 출자금을 반환받기로 하는 청산약정을 체결한 경우, 위 부관의 법적 성질을 불확정기한으로 보아, 출자금 반환의무는 위 약정사유가 발생하는 때는 물론이고 상당한 기간 내에 위 약정

---

206) 대판 74.5.14, 73다631(집 22-2, 1).
207) 대판 00.11.28, 2000다7936(공 01, 149).

사유가 발생하지 않는 때에도 성립한다고 해석하는 것이 타당하다고 한 사례[208] 등이 있다. 불확정기한과 조건을 구별하는 것이 미묘한 경우가 적지 않다. 그에 대해서는 전술한 조건의 의의와 성질(불확실성) 참조.

(2) 시기(始期)·종기(終期)

법률행위의 효력 발생에 관하여 기한을 붙인 것을 시기라고 하고 법률행위의 효력의 소멸에 관하여 기한을 붙인 것을 종기라고 한다. 전자는 정지기한, 후자를 해제기한이라고도 한다.[209] 전자의 법률행위를 시기부 법률행위, 후자의 법률행위를 종기부 법률행위라고 한다.

시기에는 법률행위의 효력 발생을 정지하는 정지기한과 채무의 이행 시기를 유예하는 이행기한이 있다. 법률행위에서 발생하는 기본적 효력인 급부청구권을 행사할 수 없다는 점에서 양자를 엄격히 구별할 필요는 없고 채무자가 기한의 이익을 포기하고 즉시 채무를 이행할 수 있다는 점에서도 양자는 차이가 없다.[210] 다만 이행의 문제가 없는 물권행위나 채권양도 등에는 법률행위의 성질상 정지기한만을 붙일 수 있다.

3. 기한에 친하지 않은 법률행위

기한에 친하지 않은 법률행위는 기한을 붙이는 것이 적합하지 않은 법률행위로서 조건에 친하지 않은 법률행위와 겹치는 경우가 적지 않다.

가령 법률행위의 성질상 그 효과가 즉시 발생할 것을 요하거나 그 효과 발생과 그 이행시기를 달리 정할 수 없는 법률행위는 기한에 친하지 않은 법률행위이다. 대체로 가족법상의 법률행위는 가족법상 신분관계 형성이란 법률행위의 성질상 기한을 붙일 수 없다. 가령 혼인, 이혼, 입양, 파양, 인지, 친생부인 등은 모두 기한을 붙일 수 없다. 가령, 장래 특정 일에 혼인하기로 합의를 하였더라도 이는 약혼의 합의에 불과하고 혼인의 시기라고는 할 수 없으며, 혼인에 종기를 붙인 것은 선량한 풍속 및 사회질서에 반한다. 나아가 법률행위의 효력에 소급효가 있는 경우에는 시기를 정하는 것이 법률행위의 성질과 모순된다.[211] 법률행위의 취소, 추인, 상계($\frac{\S 493}{1}$) 등과 같은 것이 그러하고 상속의 승인 또는 포기도 마찬가지이다.

---

208) 대판 09.5.14, 2009다16643(공 09상, 842).
209) 구주해(3), 335(민형기).
210) 구주해(3), 335(민형기).
211) 구주해(3), 337(민형기).

　　상대방 있는 단독행위에 조건을 붙일 수 없는 것과 마찬가지로 기한도 붙일 수 없는 경우가 많다. 가령, 법률행위의 취소, 해제는 소급효가 있으므로 시기를 붙일 수 없다. 그러나 해지의 경우에는 장래 일정 시점부터 해지하는 것이 오히려 흔한 경우로서 시기를 붙이는 것이 허용된다.

　　채무의 면제는 조건에서와 마찬가지로 상대방에게 이익만을 주는 행위이므로 기한을 붙이는 것도 허용된다. 가령 특정 시기까지만 이자를 받고 그 이후에는 원리금 채무를 면제하겠다는 취지의 의사표시는 유효하다. 나아가 어음 수표행위에는 조건을 붙일 수 없으나 이행기를 붙이는 것은 오히려 통상의 경우로서 허용된다. 물권행위나 채권양도와 같은 처분행위에도 시기를 붙일 수 있다. 그러나 그 성질상 종기는 붙일 수 없다고 하여야 할 것이다.

4. 기한의 주장 증명책임

　　기한의 주장 증명책임은 조건의 경우에 준하여 판단하면 족할 것이다.

[박　인　환]

第147條(條件成就의 效果)

　① 停止條件있는 法律行爲는 條件이 成就한 때로부터 그 效力이 생긴다.

　② 解除條件있는 法律行爲는 條件이 成就한 때로부터 그 效力을 잃는다.

　③ 當事者가 條件成就의 效力을 그 成就前에 遡及하게 할 意思를 表示한 때에는 그 意思에 依한다.

Ⅰ. 본조의 의의

　　본조는 제3항에 있어서 '효과'를 효력으로 수정하였을 뿐 의용민법 § 127를 좇은 것이다.[1) 의용민법 § 127의 입법이유에 따르면 일본 구민법 재산편 § 408는 조건의 정의를 규정하였으나 개념이나 정의에 관한 규정을 두지 않는다는 새로운 입법방침에 따라 의용민법은 조건성취의 효과에 대해서만 규정하였다.[2) 조건성취의 효과의 소급 여부에 대해서는 입법례가 다양하고 일본 구민법 재산편 § 409는 프랑스민법의 영향에 따라 조건의 소급효를 인정하였으나[3) 동조에 있어서는 정반대의 태도를 취하여 소급하지 않는 것을 원칙으로 하였다. 이는 독일민법의 입법 태도를 좇은 것으로 이해된다.[4) 독일민법

---

1) 민의원 법제사법위원회 민법안심의소위원회 편, 민법안심의록 상권, 1957, 94.
2) 廣中俊雄編, 民法修正案(前三編)の理由書, 有斐閣, 1987, 176.
3) 프민 § 1179.
4) 독민 § 158.

에서는 조건의 내용에 따라 예외적으로 소급효를 인정하는 데 반하여[5] 의용민법 § 127 Ⅲ은 당사자가 조건성취의 효과를 기왕에 소급시킬 의사를 가진 때에는 그 의사에 따르도록 한다는 취지에서 마련되었다. 그 이유에 대하여 일본민법 입법이유는 조건은 단지 하나의 사실로서 법리상 당연히 기왕에 소급하여 효력이 발생하는 것이 아님이 명백할 뿐 아니라 본 항은 당사자가 기왕에 소급시킬 의사가 있었는지 여부에 대해서는 명시적 또는 묵시적 표시는 물론 사정에 의해서도 이를 인정할 수 있으므로 실제상의 불편이 없고 일본의 관습에 있어서도 조건성취의 효과가 당연히 기왕에 소급하는 것은 아니므로 본항의 규정은 당사자의 의사에 가장 적합한 것이라고 하였다.[6] 본조의 입법취지에 비추어 보면, 조건은 법률행위의 부관으로서 그 효력 발생을 제한하는 효과의사의 일부로서 부관의 효력을 어떻게 정하는가 역시 당사자의 의사에 근거하지 않을 수 없다. 따라서 본조의 제1항, 제2항은 의사해석에 관한 규정으로서 통상의 경우를 규정한 것에 지나지 않고 제3항은 의사해석에 관한 주의적 규정에 지나지 않는다. 따라서 제3항의 '그 성취 전에 소급하게 할 의사를 표시한 때'는 당사자의 명시적 묵시적 표시 또는 법률행위를 둘러싼 제반 사정에 따라서도 인정할 수 있다고 보아야 한다.

Ⅱ. 조건의 존재

1. 조건의 인정

본조의 적용을 위해서는 법률행위에 조건이 부가되어 있을 것, 즉 조건부 법률행위임이 인정되어야 한다. 판례에 따르면, 조건은 법률행위에서 효과의사와 일체적인 내용을 이루는 의사표시 그 자체이므로 조건을 붙이고자 하는 의사는 법률행위의 내용으로 외부에 표시되어야 하고, 조건을 붙이고자 하는 의사가 있는지는 의사표시에 관한 법리에 따라 판단하여야 한다. 조건을 붙이고

---

5) 독민 § 159.
6) 民法修正案(前三編)의 理由書(주 2), 177. 원안의 문언은 "当事者が条件成就の効果を其成就以前に遡らしむる意思を有したるときは其意思に従ふ"라고 되어 있었다. 그런데 그 후 법전조사회에서의 논의에서 '의사를 가진 때(有したる)'라고 하면 의사(意思)가 내부에 있을 때처럼 보이므로 '표시한 때(表示したとき)'로 문언의 수정이 제안이 되었고 그 제안은 그 시점에서는 채용되지 않았으나 최종적으로 정리회(整理會)에서 채용되었다. 新版注釋民法(4), 有斐閣, 2015, 599(金山) 수정이유에 비추어 규정 취지의 변경은 없다.

지 히는 의사의 표시는 그 방법에 관하여 일정한 방식이 요구되지 않으므로 묵시적 의사표시나 묵시적 약정으로도 할 수 있다. 이를 인정하려면, 법률행위가 이루어진 동기와 경위, 법률행위에 의하여 달성하려는 목적, 거래의 관행 등을 종합적으로 고려하여 법률행위 효력의 발생 또는 소멸을 장래의 불확실한 사실의 발생 여부에 따라 좌우되게 하려는 의사가 인정되어야 한다.[7] 다만 조건의 존부의 인정 문제는 본질적으로는 의사표시의 해석문제가 아니라 사실인정의 문제로서 그 존재를 주장하는 자의 입증을 요한다. 즉, "구체적인 사실관계가 어느 법률행위에 붙은 조건의 성취에 해당하는지 여부는 의사표시의 해석에 속하는 경우도 있다고 할 수 있지만, 어느 법률행위에 어떤 조건이 붙어 있었는지 아닌지는 사실인정의 문제로서 그 조건의 존재를 주장하는 자가 이를 입증하여야 한다. 따라서 조건이 있었는지 여부를 사실인정을 통하여 확정하지 아니한 채 의사표시의 해석 내지 법률적 평가를 통하여 정지조건이 있었던 것으로 인정하는 것은 허용되지 않는다."[8] 그러나 이러한 조건의 존재의 인정과 그 해석은 법관의 구체적 판단에 좌우되는 경우가 많아 실제적인 관점에서는, 조건이라는 법장치의 특징이 구체적인 경우에 법관이 달성하고자 하는 사건 해결의 결과를 보장하여 주는 데에 있고, 법률행위의 해석이 일반적 객관적 법해석에서와는 달리 일반성에의 구속이 없다는 점에서 '법률행위의 해석으로의 도피'에 활용되고 있다고 지적되기도 한다.[9]

2. 정지조건의 인정

조건은 법률행위의 일부이므로 조건이 표시되고 그에 관한 합의가 인정되어야 하지만, 어떤 사실을 법률행위의 효력 발생과 결부시키는 외부적 표시가 없는 경우에도 법률행위 전후의 제반사정을 고려하여 특정 사실을 조건으로 한 법률행위가 인정될 수 있다. 가령, 구 농지개혁법상 대지화를 정지조건으로 하는 농지의 매매인지의 여부는 당사자 간에 명시의 약정이 없는 경우라도 그 토지의 위치, 매매가격, 그 토지가 토지구획정리 중에 있는지 여부, 기타 제반 사정을 참작하여 결정할 수 있다고 본다.[10] 나아가 주택재건축정비사업조합이 조합설립에 동의하지 않는 자에게 매도청구권을 행사하여 그에 따른 소유권이

---

7) 대판 18.6.28, 2016다221368(공 18하, 1448).
8) 대판 06.11.24, 2006다35766(미간행).
9) 양창수, "부동산소유권의 양도에 관한 조건과 등기", 민법연구 5, 2006, 201.
10) 대판 81.3.24, 80다2506(집 29-1, 137).

전등기절차 이행을 구하는 소를 제기하면서 그 소장 부본에 재건축 참여 여부에 대한 회답 최고서를 첨부한 경우, 조합이 최고서를 첨부한 소장 부본의 송달로써 상대방에게 매도청구권에 관한 최고를 한 점을 고려하여 상대방이 최고기간 내에 재건축사업에 불참가할 것을 정지조건으로 회답기간 만료 다음날 매도청구권을 행사한 것과 동일한 효과가 발생한다고 본 사례,[11] 갑이 을 교회의 담임 목사직을 자진 은퇴하겠다는 의사를 표명한 데 대하여 을 교회에서 은퇴 위로금으로 부동산을 증여하기로 한 경우, 그 증여는 갑의 자진 사임을 조건으로 한 증여라고 본 사례가 있다.[12]

어떤 사실을 법률행위 효력에 연결하였으나 그것이 조건인지의 여부가 명확하지 않은 경우에도 제반 사정을 고려하여 조건부 법률행위임을 인정하기도 한다. 가령, 금전소비대차약정서에 대출원금의 경우 단순히 상환하는 것으로 규정한 것과 달리, 원금화된 이자는 '대출원금 상환 후 가스전 및 기타 광구 수익금으로 상환가능시' 상환하도록 명시적으로 달리 규정한 이상, 위 예상 수익방안에 따른 상환가능한 수익금의 발생을 조건으로 그 상환의무가 발생한다고 본 사례,[13] 도급인이 수급인에게 도급 준 공사가 일부 진행된 상태에서 기성공사의 공사비 잔액과 잔여 공사의 공사비지급을 담보하기 위하여 대물변제 예약의 형식으로 아파트분양계약을 체결한 경우, 비록 도급인이 청산하지 아니한 기성공사의 대금 잔액도 함께 담보하기 위하여 체결된 것이라 하더라도 수급인이 잔여 공사에 관한 의무를 이행하지 않는 경우에도 도급인은 무조건 기성공사대금 잔액의 지급담보를 위해 아파트의 소유권을 수급인에게 넘겨주기로 한 약정이었다고 볼 수 없고 오히려 수급인이 잔여 공사를 완성하는 경우 피고인의 공사대금 잔액 불지급을 정지조건으로 하는 대물변제예약이라고 본 사례,[14] 나아가 갑이 을 주식회사를 상대로 물품대금의 지급을 구하는 소를 제기하고, 을 회사는 갑을 상대로 채무부존재확인 등을 구하는 소를 제기하였는데, 소송 계속 중 갑과 을 회사가, 갑은 을 회사의 채무자인 병 주식회사 등으로부터 미지급 물품대금 액수에 해당하는 금액을 지급받고, 을 회사에 대한 나머지 청구를 포기하며, 이후 어떠한 이의도 제기하지 않기로 하는 등의 합의를 하면서 '모든 합의사항의 이행은 갑이 제3채무자들로부터 위 금액을 모

---

11) 대판 10.7.15, 2009다63380(미간행).
12) 대판 84.9.25, 84다카967(집 32-4, 36).
13) 대판 08.11.13, 2008다46531(미간행).
14) 대판 84.7.24, 84도815(집 32-3, 848).

두 지급받은 후 효력이 발생한다'라고 정한 경우, 갑이 위 돈을 지급받는다는 것은 장래 발생 여부가 불확실한 사실로서 위 합의는 이를 정지조건부 합의로 볼 여지가 크고, 위 합의가 화해계약의 성격을 가진다고 하여 달리 볼 이유가 없다고 한 사례도 있다.[15]

반대로 법률행위의 객관적 사정에 비추어 조건성이 인정되지 않는 한, 일방 당사자가 내심에 어떤 사실을 조건으로 할 의사가 있더라도—이것이 법률행위의 내용으로 표시되지 않는 한—조건으로 인정되지 않는다. 가령, 병의 오빠 갑이 을에게 병의 횡령금 중 일부를 지급하기로 약정하면서 '변제하고 선처를 받기로 한다.'라는 문구를 기재한 경우, 을의 정식 고소나 병의 처벌이라는 사실의 발생만으로 당연히 소멸된다는 의미의 조건이 쌍방의 합의에 따라 위 약정에 붙어 있다고는 볼 수 없으며, 오히려 위 각서 기재는 갑과 병이 위 약정을 예정대로 이행하면 병이 선처를 받을 수 있도록 을이 협조한다는 취지에 불과한 것으로 본다.[16] 나아가 하나의 사업 프로젝트를 구성하는 여러 법률행위 가운데 일부가 차질을 빚은 경우, 이를 다른 법률행위의 조건으로 볼 수 있는가에 대하여는 이를 부인한 사례가 있다. 즉, 을 부동산회사가 금융기관들로부터 53억 원을 대출받아 X 부동산에 설정된 기존 근저당권의 피담보채무를 모두 변제하고, 제한물권이 없는 X 부동산을 병 신탁회사에게 신탁하며, X 부동산 지상에 전문상가 신축을 갑 또는 갑이 지정하는 자에게 도급주기로 하는 구도로 X 부동산 개발사업이 추진되었고, 그 사업약정과 대출계약 및 신탁계약이 같은 날 같은 장소에서 체결된 사실이 인정되는 경우, 이러한 사정은 위 각 계약이 이 사건 사업의 추진이라는 공동의 목표 아래 어느 정도 연관성을 가지고 체결되었다는 것에 불과하고, 그로 인해 위 대출계약 및 신탁계약의 효력발생이 이 사건 사업약정에 관한 정지조건으로 결부되었다고 볼 수는 없으며, 설령 그와 같은 정지조건이 있다고 하더라도, 대출계약에 따른 대출 실행이 되지 않고 신탁계약이 실효에 이르게 된 것은 을이 스스로 대출받기를 포기하고 대출 실행을 위한 선행조건을 이행하지 않았기 때문이므로, 을이 그 조건의 불성취를 주장할 수도 없다고 본 사례가 있다.[17]

그 밖에도 어떤 사실이 채무의 이행과 결부되어 있으나 행위 전후 사정에

---

15) 대판 18.6.28, 2018다201702(공 18하, 1461).
16) 대판 03.5.13, 2003다10797(공 03, 1292).
17) 대판 16.1.28, 2015다239324(공 16상, 353).

따라 쌍무계약상 반대채무를 정하는 합의에 불과한 것으로 본 사례도 있다. 토지 매도인이 토지대금의 지급을 담보하기 위하여 토지 매수인이 그 토지상에 신축한 연립주택에 관하여 소유권보존등기를 마친 후 그 일부 세대에 대하여 토지 매수인 명의로 소유권이전등기를 마쳐주면 이를 담보로 대출을 받아 토지대금을 지급하겠다는 토지 매수인의 제의에 따라 소유권이전등기를 마쳐준 경우, 그 소유권 이전의 합의는 토지 매수인이 그 일부 세대를 담보로 대출을 받아 토지대금을 지급하는 것을 정지조건으로 한 법률행위가 아니라 토지 매도인이 소유권이전등기를 마쳐주는 선이행 채무를 부담하고 이에 대하여 토지 매수인이 토지대금을 지급하는 반대채무를 부담하는 것을 내용으로 하는 무조건의 쌍무계약이라고 본다.[18]

3. 해제조건의 인정

해제조건의 인정에 있어서도 명시적 합의 없이 법률행위의 제반 사정을 고려하여 조건성이 인정될 수 있다. 가령, 구 농개(1994.12.22. 법률 제4817호 농지 부칙 §2 (i)로 폐지) §5는 정부가 자경하지 않는 자의 농지를 매수하여 취득한다고 정하고 있는바, 이는 정부가 자경하는 농가 등에게 농지를 분배하기 위한 것이므로 농지를 분배하지 않기로 확정된 경우에는 농지가 원소유자에게 환원될 것이 매수 당시부터 예정되어 있었다고 볼 수 있으므로 정부가 자경하지 않는 자의 농지를 매수하여 취득한 것은 나중에 그 농지가 분배되지 않을 것을 해제조건으로 한 것으로 본다고 한 사례,[19] 공사도급계약을 해지하면서 그 동안의 기성고액을 수급인이 모두 수령한 것으로 하고, 그 대신 도급인이 수급인의 하수급인들에 대한 채무를 직접 지급하기로 정산합의를 한 경우, 당사자의 의사는 정산합의 시점에서 확정적으로 수급인의 기성금 청구채권 포기의 효력이 생기도록 하고, 다만, 도급인이 하수급인들에 대한 채무의 이행을 하지 아니하는 것을 해제조건

---

18) 대판 00.10.27, 2000다30349(공 00, 2407).

19) 대판 64.12.24, 64다907(집 12-2, 216), 대판 65.10.19, 65다1517(집 13-2, 207), 대판 70.4.28, 70다258(집 18-1, 378), 대판 72.8.29, 72다1028(집 20-2, 188), 대판 77.11.22, 77다1131(집 25-3, 298), 대판 79.4.10, 79다311(집 27-1, 303), 대판 93.11.23, 93다29471(공 94, 182), 대판 01.8.21, 99다55878(공 01, 2032), 대판 02.5.28, 2000다45778(공 02, 1500), 대판 11.7.28, 2011다15094(공 11하, 1776), 대판 14.6.26, 2014다13808(미간행), 대판 15.11.26, 2015다200852(미간행), 대판 16.11.10, 2014다229009(공 16하, 1897), 대판 17.3.15, 2013다209695(공 17상, 735), 대판 19.10.31, 2016다243306(공 19하, 2188).

으로 하였다고 본 사례,[20] 갑 주식회사가 아파트를 건축하여 분양하는 사업을
시행하기 위하여 을 주식회사와 사업부지 양도·양수 및 정산에 관한 약정을
체결하였는데, 그 후 갑 회사로부터 위 사업의 모든 시행 권한을 양수한 병 주
식회사가 위 약정에 따라 사업부지 매입 작업을 수행한 을 회사와 정산합의를
하면서 '아직 매수하지 못한 토지 중 일부 토지에 대하여는 당사자 간 합의된
금액으로 정산한다'고 정한 사안에서, 제반 사정에 비추어 을 회사와 병 회사
가 묵시적 약정으로 '위 정산합의는 병 회사가 토지에 관하여 매매계약을 체결
할 수 없는 것이 확정되거나 그 매매계약 체결이 사실상 불가능한 것으로 확
정되는 것을 해제조건으로 한다'고 표시하였다고 볼 수 있다고 한 사례,[21] 이
미 확정적으로 취득한 폐기물 소각처리시설 관련 권리를 포기하는 대신 상대
방이 수주할 수 있는지 여부가 분명하지 않은 매립장 복원공사를 장차 그 상
대방으로부터 하도급받기로 하는 내용의 약정을 체결한 경우, 위 약정은 상대
방이 위 복원공사를 수주하지 못할 것을 해제조건으로 한 경개계약이라고 해
석함이 상당하므로, 상대방이 위 복원공사를 수주하지 못하는 것으로 확정되
면 위 약정은 효력을 잃게 되어 신채무인 위 복원공사의 하도급 채무는 성립
하지 아니하고 구채무인 소각처리시설 관련 채무도 소멸하지 아니한다고 본
사례가 있다.[22] 반대로 임대주택건설촉진법에 의하여 건설된 아파트의 임차권
양도가 같은 법에 의하여 금지되는 것이라 하여도 임차권 양도계약 자체는 그
당사자 사이에서는 유효한 것이므로 임차권의 양도가 금지되었다는 사정만으
로 임차권 양도계약이 해제조건부라고 볼 수 없다고 한 사례도 있다.[23] 나아가
임대차계약을 체결할 때 임차인이 임대인에게 지급하는 임차보증금은 계약 존
속 중의 차임뿐만 아니라 임차목적물이 반환될 때까지 발생한 손해배상채권등
임대인이 임대차계약에 따라 임차인에 대하여 갖게 되는 일체의 채권을 담보
하는 것이므로 임대인의 임차인에 대한 채권의 발생을 해제조건으로 성립하는
것이어서 임차인의 임대인에 대한 이와 같은 임차보증금의 반환청구채권에 대
하여 전부명령이 있는 경우에 그 명령의 효력은 제3채무자에게 송달된 때 생
긴다고 하더라도 임대인의 채권을 공제한 잔액에 관하여만 전부명령이 유효하

---

20) 대판 01.10.26, 2000다61435(공 01, 2536).
21) 대판 18.6.28, 2016다221368(공 18하, 1448).
22) 대판 07.11.15, 2005다31316(공 07하, 1991).
23) 대판 93.11.9, 92다43128(공 94, 59).

다고 한다.[24] 그러나 관점을 달리 하면 임대차종료 후에 임차 목적물을 임대인에게 반환할 때에 미지급 차임 등 모든 피담보채무를 공제한 잔액이 있을 것을 정지조건으로 하여 그 잔액에 대하여 보증금반환청구권이 성립한다고 볼 수도 있다.[25] 어떤 사실의 실현 여부에 따라 권리의 귀속 주체가 변경되는 경우에도 권리 주체에 따라 정지조건이면서 동시에 해제조건이라고 할 수 있다. 가령, 주식회사의 설립과정에 있어서 발기인이 회사의 설립을 위하여 필요한 행위로 인하여 취득 또는 부담하였던 권리의무는 실질적으로는 회사 불성립의 확정을 정지조건으로 하여 발기인에게 귀속됨과 동시에 같은 사실을 해제조건으로 하여 설립될 회사에 귀속되는 것이고 형식적으로는 회사성립을 해제조건으로 하여 발기인에게 귀속됨과 동시 같은 사실을 정지조건으로 하여 설립된 회사에 귀속된다고 본다.[26] 그 밖에 해제조건인지 판단이 미묘한 경우도 있다. 가령, 임대인과 임차인이 임대차계약의 내용에 관하여 임대인이 제소전 화해신청을 하고 임차인은 반드시 위 화해에 응하여야 하며 제소전화해조서가 작성됨으로써 계약의 효력이 발생하는 것으로 약정한 경우, 위 임대차계약은 제소전화해조서가 작성됨을 조건으로 하여 효력이 발생되도록 하는 정지조건부 계약이라고 풀이하여야 할 것이고, 이것이 해제조건부 계약이라고 볼 것이 아니라고 한다.[27] 사적 정리절차에 따른 기업개선작업약정은 민법상 화해계약에 유사한 성질을 갖는 것이어서 채권금융기관들이 양보한 권리는 기업개선작업약정의 효력이 발생한 시점에 소멸하고 당해 기업 등은 그에 갈음하여 그 약정에 따른 새로운 권리를 취득하게 되는 것이므로, 보통 채권금융기관들이 기업개선작업의 성공을 기대하면서 양보를 하기 마련이라고 하더라도 채권금융기관들과 당해 기업 사이에 기업개선작업의 중단이 기존 양보한 권리에 미치는 효과에 관하여 달리 특별한 합의를 하였던 경우를 제외하고는 기업개선작업이 중단되었다는 사정만으로 채권금융기관들이 종전에 양보한 권리가 당연히 되살아난다고 할 수 없다고 보아 위 사정을 해제조건으로 본 원심판결을 파기한 사례가 있다.[28] 나아가 토지형질변경허가처분의 부관에 따라 도시계획

---

24) 대판 87.6.9, 87다68(집 35-2, 135), 대판 88.1.19, 87다카1315(공 88, 408), 대판 89.10.27, 89다카4298(공 89, 1784), 대판 90.4.10, 89다카25936(공 90, 1053), 대판 98.4.24, 97다56679(공 98, 1459).

25) 대판 87.6.9, 87다68(집 35-2, 135), 대판 88.1.19, 87다카1315(공 88, 408).

26) 대판 70.8.31, 70다1357(집 18-2, 298).

27) 대판 90.11.13, 90다카24731, 24748(공 91, 90).

28) 대판 07.4.27, 2004다41996(공 07, 775).

시설결정에 저촉되는 토지에 대한 기부채납이 있었는데, 그 후 도시계획사업이 실시되지 아니한 채 도시계획시설결정이 폐지된 경우, 그러한 사정만으로 기부채납 당시 행정청과 기부채납자 사이에 도시계획시설결정이 폐지되는 것을 해제조건으로 하는 묵시적 합의가 있었다고 보기 어렵다고 본 사례도 있다.[29]

Ⅲ. 조건의 성취·불성취

1. 의   의

조건으로 정한 장래 불확실한 사실이 실현된 것을 조건의 성취라고 한다. 적극조건은 현상을 변경하는 사실이 발생한 것, 소극조건은 현상을 변경하는 사실이 발생하지 않은 것이 조건의 실현이 된다. 소유권유보부 동산할부매매에서 매수인의 할부매매대금 완납은 적극조건이고, 기한 내 대금 미지급을 해제조건으로 하는 계약에서는 기한 내 대금 미지급이 소극조건이다.

2. 정지조건의 성취

정지조건의 성취는 그 성질상 법률행위의 효력발생요건이다.[30] 정지조건부 법률행위의 효력 발생을 위하여 조건의 성취 이외에 법률행위의 일반적 효력발생요건이 충족되어 있어야 함은 물론이다. 조건 외에 법률행위의 효력발생 요건은 원칙적으로 법률행위의 성립시를 기준으로 판단한다. 다만, 법률행위 성립 시에는 강행법규 위반으로 무효 또는 불능의 법률행위라도 조건의 성취 전에 입법목적의 소멸 등으로 강행법규가 폐지된 경우에는 무효행위가 치유 또는 가능하게 되어 유효하게 될 수 있다.[31] 다음과 같은 경우에는 조건이 성취된 것으로 본다.

경찰이 탈옥수를 지명수배하면서 '제보로 검거되었을 때에 신고인 또는 제보자에게 현상금을 지급한다.'는 내용의 현상광고를 한 경우, 현상광고의 지정행위는 탈옥수의 거처 또는 소재를 경찰에 신고 내지 제보하는 것이고 탈옥수

---

29) 대판 06.9.14, 2006다30785(공 06, 1742).

30) 행위능력이나 사회적 타당성과 같은 다른 법률행위의 효력발생요건이 모두 법률행위 성립시를 기준으로 하고 있다는 점에서 조건을 권리 행사 요건이라고 보는 소수 견해도 있다. 이은영, 729 이하.

31) 주석 민법(3), 619(제5판/남성민).

가 ‘검거되었을 때’는 지정행위의 완료에 조건을 붙인 것이므로, 제보자가 탈옥수의 소재를 발견하고 경찰에 이를 신고함으로써 현상광고의 지정행위는 완료되었고, 그에 따라 경찰관 등이 출동하여 탈옥수가 있던 호프집 안에서 그를 검문하고 나아가 차량에 태워 파출소에까지 데려간 이상 그에 대한 검거는 이루어진 것이므로, 현상광고상의 지정행위 완료에 붙인 조건도 성취되었다고 본다.[32] 근로자들이 미지급 상여금을 포기한다는 동의서에 서명하면서 고용승계를 보장받는 것을 목적으로 갑 회사에 회사가 매각되는 것을 조건으로 한 경우, 갑 회사에의 회사 매각은 결렬되었으나 을 회사가 동일한 조건으로 고용승계를 보장하여 회사를 인수하면 합목적적으로 해석하여 그 조건이 성취된 것으로 볼 수 있다. 그러나 갑 회사의 인수가 결렬되고 그 후 을 회사가 인수되기 전에 퇴직한 근로자들에게는 위 조건이 성취된 것으로 볼 수 없다.[33] 정지조건부 법률행위에서는 정지조건의 성취에 의하여 비로소 권리가 발생하고 권리를 행사할 수 있으므로 조건부 권리의 소멸시효의 기산점은 조건이 성취한 때이다.

다음과 같은 경우에는 조건이 성취되지 않은 것으로 본다.

을이 갑에게 수출한 제품에 하자가 있어 이에 대한 손해배상의 약정을 함에 있어서 갑이 앞으로도 을과 거래를 계속한다는 것을 조건으로 을이 일정량의 제품을 갑에게 무상지급하기로 한 경우, 그 후 갑이 임의로 을과의 거래를 중단하면, 갑은 을에게 무상지급의 손해배상책임을 물을 수 없다.[34] 제소자가 변호사를 소송대리인으로 선임하면서 그 보수로서 어느 심급에서 확정되든지 확정될 때에 승소한 금액의 3할을 지급하기로 하였다면 원심변론종결 당시로서는 이러한 변호사 보수채권은 기한 미도래 또는 조건 미성취로 말미암아 아직 청구할 수 없다.[35] 갑과 을이 이혼 당시 갑이 자녀들을 양육함을 조건으로 을이 양육비를 지급하기로 약정한 경우, 을의 양육비 지급의무는 갑이 자녀를 양육함을 조건으로 하는 것이므로 갑은 그 조건이 이루어지지 아니한 장래의 양육비는 청구하지 못한다.[36] 사찰 소유의 특정 필지의 지상 송목(松木)에 대하여 관할관청의 처분허가를 조건으로 매매계약을 체결하였으나 관할관청의

---

32) 대판 00.8.22, 2000다3675(공 00, 2000).
33) 대판 02.11.8, 2002다35867(공 03, 35).
34) 대판 78.2.28, 77다2209(미간행).
35) 대판 71.1.12, 70다2568(미간행).
36) 대판 79.6.12, 79다249(미간행).

허가 내용이 해충으로 말라 죽은 고사목의 처분을 허가하고 그 가격은 도교육
감과 종단과 협의하여 공정 타당한 최고가로 처분하되 매각대금에 당초 사업
계획에서 예정된 가격을 초과할 때는 별도 승인을 얻으며 매각대금의 사용 등
에도 제한을 붙여 처분허가를 한 경우, 이는 당초의 입목 매매계약에 대한 처
분허가라고 볼 수 없다.[37] 아직 이혼하지 않은 당사자가 장차 협의상 이혼할
것을 약정하면서 이를 전제로 하여 재산분할에 관한 협의를 하는 경우, 특별한
사정이 없는 한 장차 당사자 사이에 협의상 이혼이 이루어질 것을 조건으로
하여 조건부 의사표시가 행하여지는 것이라 할 것이므로, 그 협의 후 어떠한
원인으로든지 협의상 이혼이 이루어지지 아니하고 혼인관계가 존속하게 되거
나 당사자 일방이 제기한 이혼청구의 소에 의하여 재판상 이혼($\substack{\text{화해 또는 조정에 의}\\\text{한 이혼을 포함한다}}$)
이 이루어진 경우에는 위 협의는 조건의 불성취로 인하여 효력이 발생하지 않
는다.[38] 갑이 A 건설회사와 기존 건물 철거 및 주택 신축 도급계약 체결시 A
회사로부터 이주비용을 차용하면서 입주 전에 이를 변제하되 준공검사를 받지
못하는 경우에는 예외로 하기로 약정하고 그 지급담보를 위하여 약속어음을
발행 교부한 경우, 계약상 건물의 준공검사를 차용금 지급의 조건으로 하고 있
는 것은 A 회사가 자신의 계약상의 의무를 모두 이행한 결과로서 준공검사를
마친 것을 의미하는 것이지 A 회사가 자신의 계약상의 의무를 이행하지 않더
라도 준공검사를 마치기만 하면 차용금을 지급하여야 한다는 취지는 아니므로,
A 회사의 의무이행 여부가 불확실한 상황에서 단순히 준공검사가 마쳐지는 것
만을 조건으로 하여 갑에게 장래이행의 판결을 명할 수는 없다.[39]

3. 해제조건의 성취

해제조건의 성취에 관한 재판례를 살펴본다.

구 농개 §5에 의한 정부의 농지 취득은 분배되지 않을 것을 해제조건으로
하는 것이므로 농지분배의 목적으로 정부에 매수된 농지가 분배됨이 없이 그
소유권이 다시 원소유자에게 돌아가게 되었다는 청구는 나라(國) 명의의 소유
권이전등기가 원인무효의 것이라는 것만으로 곧 당연히 인용될 수 없고 적어
도 그 누구에게도 분배되지 아니하였다는 사실이 확정되어야만 인용될 수 있

---

37) 대판 67.12.26, 67다1112(집 15-3, 410).
38) 대판 95.10.12, 95다23156(공 95하, 3735), 대판 00.10.24, 99다33458(공 00하, 2383),
    대판 01.5.8, 2000다58804(공 01하, 1344), 대판 03.8.19, 2001다14061(공 03, 1859).
39) 대판 94.12.22, 94다20341(공 95, 625).

다.[40] 갑과 을이 국민주택건설을 위한 토지 매매계약을 체결하면서 건축허가를 필할 때 매매계약이 성립하고 건축허가 신청이 불허되었을 때에는 이를 무효로 한다는 약정을 한 경우, 갑의 건축허가신청의 포기가 원고 자의에 의한 것이 아니라 입주희망자가 없어 시(市)가 건축허가를 신청한 갑과 을을 비롯한 건축업자들의 포기각서를 받아 도(道)에서 배정된 건축자금을 반환하는 데 따른 부득이한 것이라면, 매매계약은 해제조건 성취로 해제된 것으로 본다.[41] 도시계획법상 주택지 조성사업 시행을 위하여 토지를 협의 매수하여 대지화한 후 그 면적의 일부를 원래의 토지소유자가 되살 수 있는 매수연고권을 주어 보상하는 방법을 써 오던 중, 갑 시장(市場) 주식회사와 을 시(市) 사이에 갑 회사 소유 시장 부지 415평이 포함된 부근의 1,000평 가령을 타 시장 부지에 준하여 갑 회사에게 불하하여 주기로 의논이 되어 위 415평의 매매대금은 차후 위 1,000평 불하시 그 대금에서 공제하여 정산하기로 하여 매도하고 이에 기하여 을 시(市)에게 위 415평에 관한 소유권이전등기가 경료된 경우, 415평 시장 부지에 대한 매도는 위 1,000평의 시장부지를 불하하여 줄 것(^{'불하해 주지 않}_{을 것'의 오기로})을 조건으로 한 해제조건부 매매이므로, 갑 회사가 을 시(市)에 대하여 _{다. 저자} ^{보인} 위 415평의 소유권이전등기의 원인무효를 주장하는 청구에 대하여, 그 청구원인이 약정해제에 따른 원인무효인지 또는 해제조건부 매매에 있어서의 조건성취도 포함되는 것인지 여부를 구체적으로 석명하여 밝혀야 하고, 갑 회사가 여전히 위 1,000평의 시장부지에 대하여 현재의 시가에 따른 매매계약의 체결을 바라고 있다고 하더라도 위 415평 매매계약의 해제조건의 미성취를 단정할 수 없으므로 을 시(市)가 위 1,000평을 타 시장에 준하는 시가(^{감정}_{가격})로는 매도의 이행을 하지 아니할 의사를 명백히 하였는지 등 그 원인의 무효 여부를 가려야 한다고 한 사례가 있다.[42] 갑 회사와 을 사이에 을 소유 토지상에 건물 신축 도급 공사계약을 체결하였으나 을이 건물이 완공될 무렵 공사상의 하자를 문제 삼아 건물의 인수를 거절하면서 갑 회사에게 당해 건물 및 토지를 매수할 것을 요구하여 갑 회사가 을의 요구를 받아들여 을과 공사 도급계약상의 채권·채무를 소멸시키고, 그 건물 및 토지를 매수하기로 하는 내용의 경개계약을 체결하였다. 경개계약 §3는 "본 합의서 내용(^{융자금 연체}_{이자 포함})이 불이행된 때는

---

40) 대판 72.8.29, 72다1028(집 20-2, 188).
41) 대판 83.8.23, 83다카552(공 83, 1416).
42) 대판 86.2.11, 84다카2454(집 34-1, 34).

합의 내용 전부 무효 소멸함. 갑은 건축주한테 모든 요구 사항을 포기하고 건축주의 의사에 따르기로 한다(건축주가 불이행시 갑 회사 요구 의사에 따르기로 한다)."고 기재되어 있었다. 그 후 갑 회사에 부도가 발생하고 공사대금채권 중 일부를 갑 회사의 채권자에게 양도한다는 채권양도통지서를 받자, 을은 갑 회사에 위 신계약을 해제한다는 내용의 통지를 하였고, 갑 회사 역시 을에게 이 사건 신계약상의 의무를 이행할 능력이 없음을 이유로 이를 해제한다는 내용의 통지를 하였다. 이에 대하여 원심은, 위 합의서 §3의 취지는 해제권의 유보로서, 갑 회사와 을의 계약 해제의 의사표시가 채무불이행을 이유로 한 것이 아니고 각 해제의 의사표시만으로 을과 갑 회사 사이에 신계약을 해제하고 구 채무를 부활시키기로 하는 의사의 합치가 있었다고 보기에 부족하다고 하였다. 그러나 대법원은 위 합의서 §3 문언은 단순히 계약을 해제할 권한을 유보하였다고 볼 수 없고, 갑 회사가 부도가 났고 을에게 위 합의서상의 채무를 이행할 수 없다고 통고하였다면, 갑 회사는 위 의사표시에 의하여 합의서상의 채무가 이행될 수 없음을 명백히 한 것이니, 이로써 '합의서 내용이 불이행된 때'라는 조건이 성취되었다고 보는 것이 상당하다고 판단하였다.[43)]

4. 조건의 일부 성취

조건 사실이 가분(可分)이고 조건 사실의 일부만 실현되거나 일부가 실현되지 않은 경우, 조건이 실현된 것으로 볼 것인지, 실현되지 않은 것으로 볼 것인지가 문제이다. 조건의 성취 여부는 본질적으로 법률행위의 해석에 속하는 문제로서 조건부 법률행위의 목적에 따라 합목적적으로 조건의 성취 여부를 판단하여야 한다. 가령, 동산 소유권 유보부 할부매매에서는 대금 전부를 변제하여야 소유권을 취득하는 반면, 기한 내 대금채무 미이행을 정지조건으로 하는 해제의 의사표시의 경우에는 기한 내 대금채무의 일부만을 미이행하더라도 해제의 효력이 발생한다. 조건 사실의 일부만이 실현되었거나 불실현된 경우 이는 조건의 성취 또는 불성취를 인정할 것인가의 해석문제로서 법률행위 전부에 대하여 효력의 발생 또는 불발생의 효과가 승인된다. 이와 달리 조건 사실의 일부만의 실현 또는 불실현에 대하여 그에 상응하여 법률행위의 부분적 효력을 인정할 것인가 하는 문제가 있다. 이것은 조건의 일부 성취의 고유한 문제로서 조건 사실이 가분일 뿐 아니라 법률행위의 효력도 가분인 경

43) 대판 97.11.11, 96다36579(공 98, 365).

우에 발생한다.[44) 조건부 법률행위의 목적과 당사자의 의사에 반하지 않는 한 조건의 일부 성취를 인정하여 법률행위의 일부만의 효력 발생 또는 불발생을 인정할 수 있다. 같은 맥락에서 환지예정지를 대상으로 하여 매매계약이 체결된 경우 다른 특약이 없는 이상 그 매매목적물은 장차 확정될 환지지적을 대상으로 한 것으로 보는데, 환지예정지 중 일부를 그 위치와 지적을 특정하여 매매목적물로 한 경우에는 장차 환지확정시 그 토지 부분이 환지지적에 포함될 것을 정지조건으로 하여 매매계약이 체결된 것으로 보므로 이때 확정된 환지지적에서 제외된 토지에 관하여는 특약이 없는 한 위 매매계약의 효력이 당연히 미친다고는 할 수 없어 환지지적에서 제외된 토지에 관하여는 감축비율에 따라 환지청산금을 수령함으로써 정산하여야 한다고 한 사례가 있다.[45) 매매계약의 목적인 환지예정지 중 환지지적에 포함된 일부 토지에 대해서만 정지조건이 실현된 것으로 보아 계약 일부의 효력을 인정한 것이다. 이때 법률행위의 일부 무효에 관한 §137 제2문의 취지를 참고하면, 조건의 일부 성취만이 예상된 경우라면 계약을 체결하지 않았을 것이라고 인정되는 경우에는 조건의 불성취로 다루어 계약 전부에 대하여 효력이 발생하지 않는다고 보아야 할 것이다.

5. 조건의 불성취

조건 사실이 실현되지 않은 것을 조건의 불성취라고 한다. 적극조건은 현상을 변경하는 조건 사실이 실현되지 않은 것이고 소극조건은 현상을 변경하는 사실이 실현된 것이다.

정지조건의 불성취가 확정된 경우, 법률행위는 더 이상 효력을 발생시킬 여지가 없으므로 효력을 잃게 된다. 가령, 토지거래허가 전의 거래계약이 정지조건부 계약인 경우에 있어서 그 정지조건이 토지거래허가를 받기 전에 이미 불성취로 확정되었다면 장차 토지거래허가를 받는다고 하더라도 그 거래계약의 효력이 발생될 여지는 없게 되었다고 할 것이므로, … 허가 전 거래계약의 유동적 무효 상태가 더 이상 지속된다고 볼 수 없고 그 계약관계는 확정적으로 무효가 된다.[46) 동산소유권 유보부 할부매매에서 매수인이 할부 기간 내에

---

44) 구주해(3), 339(민형기).
45) 대판 97.2.14, 96다31673(공 97, 746).
46) 대판 98.3.27, 97다36996(공 98, 1180).

할부대금을 완제하지 못한 경우, 곧바로 조건의 불성취가 확정되지는 않는다. 이행기 후라도 매도인이 매매계약을 해제하기 전에는 매수인이 미지급 대금과 지연이자를 납입하여 조건을 실현할 수 있기 때문이다. 매도인이 할부대금 미지급을 이유로 매매계약을 해제하면 비로소 조건의 불성취가 확정되어 매수인은 더 이상 소유권을 취득할 수 없다. 일방 당사자의 기한 내 채무 미이행을 해제조건으로 한 계약의 경우에는 그 당사자가 기한 내에 채무를 이행하면 해제조건의 불성취가 확정되어 조건에 의하여 법률행위의 효력이 소멸할 여지는 없어진다. 특히 조건의 성취에 의하여 이익을 받는 당사자가 신의성실에 반하여 조건을 성취시킨 때에는 상대방은 조건이 성취하지 아니한 것으로 주장할 수 있다($\S\frac{150}{\text{II}}$).

6. 조건부 법률행위 후 사정변경

조건은 법률행위 당시에 장래 그 발생이 불확실한 사실의 성부에 계약의 효력이 좌우되도록 하는 것인데, 조건부 법률행위 이후 예상하지 못한 사정변경으로 조건이 실현될 수 없는 것으로 확정된 경우에 조건부 법률행위의 효력이 문제된다. §151 Ⅲ은 불능조건에 관하여 규정하고 있으나 이는 법률행위 당시에 이미 불능이 확정된 경우를 규정한 것이므로 조건부 법률행위 성립 후 사정이 변경된 경우에는 적용할 수 없다. 법률행위 성립 후 사회적 기초나 법률의 변경에 의하여 그 조건사실을 실현시킬 수 없는 때에는 조건부 법률행위를 할 당시의 당사자의 의사의 범위 내에서 그 새로운 사정을 고려하여 그 법률행위의 효력을 정하여야 한다는 견해가 있다.[47] 가령 일제하 부동산 매매계약을 체결하면서 당시 시행되던 국가총동원법의 위임에 의한 택지 및 건물 등 가격통제령의 적용을 받는 목적물인 관계로 당국의 가격인가를 정지조건으로 하는 매매계약을 체결한 것으로 인정된 사안에서, 해방 후 위 가격통제령이 폐지되어 가격에 대한 당국의 인가를 필요로 하지 않게 되면, 정지조건이 없는 매매계약이 된다고 본 사례가 있다.[48]

조건부 법률행위의 성립 후 사정변경 가운데에 수의조건부 법률행위의 당사자가 조건의 미성취 동안에 사망한 경우, 조건의 성취 여부도 문제된다. 적극조건인 경우에는 본인이 조건을 실현하지 못하고 사망하였으므로 대체로 조

---

47) 구주해(3), 340(민형기).
48) 대판 63.1.24, 62다783(집 11-1, 27).

건의 미성취로 취급할 수 있다.[49] 반면에 소극조건인 경우, 당사자의 사망의 결과 소극조건이 실현된 경우, 이를 조건의 성취로 볼 것인가가 문제이다. 가령 회사가 경업금지를 목적으로 퇴직자에 대하여 일정 기간 동종 업계에 취업하지 않을 것을 조건으로 보상금의 지급을 약정하고 그 기간 중에 퇴직자가 사망한 경우라면, 퇴직자의 사망으로 경업금지의 목적이 실현되었으므로 그 상속인이 보상금의 지급을 청구할 수 있다는 견해도 있다.[50] 보상금의 지급이 취업제한으로 인한 퇴직자의 경제활동의 제한에 대한 기회비용의 보상의 성격이라면 취업 제한 이외의 원인으로 인하여 경제활동을 할 수 없게 된 경우까지 보상금 지급조건을 충족한 것으로 볼 수 있는지는 의문이 있다. 어느 경우나 조건부 법률행위의 목적과 당사자의 의사해석에 의하여 판단할 문제이다.

Ⅳ. 조건성취의 효과

조건부 법률행위의 효력 발생 또는 소멸은 조건의 성취 여부에 좌우된다. 조건성취 전에는 법률행위 효력의 발생 또는 소멸은 일어나지 않고 유동적 상태에 있다가 조건의 성취에 의하여 비로소 법률행위의 효력이 발생($\frac{정지}{조건}$) 또는 소멸하여($\frac{해제}{조건}$) 법률행위의 효력이 확정된다.

1. 정지조건 성취의 효과

정지조건부 법률행위는 법률행위로서 성립하더라도 조건성취 전에는 효력이 발생하지 않는다. 정지조건의 성취에 의하여 비로소 효력이 발생하며 권리를 행사할 수 있다. 가령 조건성취 전에 소를 제기할 수 없다. 조건성취 전에는 권리를 행사할 수 없으므로 소멸시효가 진행되지 아니한다.[51] 다만 조건부 권리라도 상대방이 계약의 무효를 주장하는 등 다툼으로 인하여 조건이 성취되더라도 상대방의 임의의 이행을 기대할 수 없는 경우에는 장래이행의 소로 미리 청구할 수 있다.[52] 다른 한편 조건 미성취로 청구가 기각되었다 하더라도

---

49) 주석 민법(3), 147(제5판/남성민).
50) 주석 민법(3), 147(제5판/남성민).
51) 대판 82.1.19, 80다2626(공 82, 257), 대판 92.12.22, 92다28822(공 93, 564), 대판 06.12.7, 2005다21029(미간행), 대판 09.12.24, 2007다64556(미간행) 등 참조.
52) 대판 70.5.12, 70다344(집 18-2, 22), 대판 91.6.28, 90다카25277(집 39-3, 119), 대판

변론종결 후에 그 조건이 성취되었다면, 이는 변론종결 후의 취소권이나 해제권과 같은 형성권 행사의 경우와는 달리 동일한 청구에 대하여 다시 소를 제기할 수 있다.[53] 조건의 실현에 의하여 법률행위의 효력이 발생하는 것은 정지조건부 법률행위의 당사자가 효과의사로써 조건의 실현에 법률행위의 효력 발생이 좌우되도록 하였기 때문이다. 조건의 성취 이외에 법률행위 당사자의 의사표시나 행위는 요하지 않는다. 소유권의 이전에 관하여 정지조건부 매매계약을 체결한 경우, 정지조건이 성취되면 비로소 매수인은 소유권의 이전을 청구할 수 있다. 소유권 유보부 매매에 있어서와 같이 소유권이전의 물권적 합의에 정지조건을 붙인 경우에는 공시방법으로서 인도를 갖춘 때에 한하여 조건의 성취에 의하여 즉시 소유권이전의 효력이 발생한다. 물권적 합의에 정지조건을 붙였다 하더라도 조건성취 시에 공시방법을 갖추지 않았다면 원인행위인 매매계약에 정지조건을 붙인 경우와 실제적인 차이는 없다. 어느 경우에나 등기나 인도를 하여야 비로소 소유권이전의 효력이 발생하기 때문이다. 따라서 정지조건의 성취 전에 동산의 인도가 이루어지는 소유권 유보부 동산할부매매의 경우 외에 가령, 부동산 소유권이전의 물권적 합의에 정지조건을 붙인 경우에는—조건부 권리를 가등기할 수 있다는 것과 관계없이—본등기를 하여야 비로소 온전한 소유권 취득의 효력이 발생하므로 이는 원인행위인 채권행위에 조건을 붙인 경우와 실제상 차이가 없다. 원인행위인 매매에 조건을 붙인 경우에는 조건성취에 의하여 소유권이전청구권을 행사할 수 있고 인도 외에 새로운 물권적 합의를 하여야 소유권이전의 효력이 발생하지만, 등기나 인도와 별도로 물권적 합의를 의식적으로 행하지 않는 것이 보통이기 때문에 양자 간에 차이가 없다. 참고로 이와 같은 귀결은 물권변동에 있어서 의사주의를 취하고 공시방법을 대항요건으로 보는 일본민법의 해석론과는 다르다. 일본민법상 매매계약에 있어서 소유권취득에 관하여 정지조건을 붙인 경우, 조건을 성취하면 곧바로 매매계약의 효력이 생기고 특정물에 대해서는 원칙적으로 곧바로 소유권이전의 물권적 효력이 발생한다고 본다. 일본에서는 공시방법은 제3자에 대한 대항요건으로서 소유권 취득의 효력과는 별개로 파악되기 때문이다. 다만 일본에서도 조건부 처분행위의 선행을 전제로 조건성취에 의하여—별도

93.7.27, 92다13332(공 93, 2379), 대판 97.11.11, 95누4902, 4919(공 97, 3864), 대판 04.1.15, 2002다3891(공 04, 333) 등.

53) 대판 02.5.10, 2000다50909(공 02, 1342).

로 권리이전을 위한 당사자의 행위를 요하지 않고—그 효력이 생긴다는 의미
라고 설명한다.[54]

2. 해제조건 성취의 효과

해제조건부 법률행위에서는 조건의 성취에 의하여 법률행위의 효력이 소
멸하는 효과가 발생한다. 유효하게 성립한 법률행위의 효력을 상실시킨다는
점에서 계약의 해제와 유사하지만, 해제조건의 성취만으로 법률행위의 효력이
상실된다는 점에서 해제의 의사표시를 요하는 계약의 해제와는 구별된다. 해
제조건이 성취되면 이미 발생한 법률행위의 효력은 소멸한다. 그 결과 그 법률
행위에 의하여 취득한 권리 역시 소멸하여 더 이상 행사할 수 없고, 권리가 이
미 이행된 경우에는 이전의 권리관계가 회복된다. 독민 § 158 Ⅱ은 그 취지를
명문으로 규정하고 있다. 우리 민법은 명문의 규정이 없으나 같은 결과를 인정
한다.[55] 따라서 해제조건부 법률행위에 의하여 발생한 채권의 이행으로 소유
권이 이전된 경우, 원래의 소유자는 조건의 성취로 회복된 소유권에 기하여 그
반환을 청구할 수 있다. 이때 원인행위의 실효에 소급효가 있는 계약의 무효,
취소, 해제 등에서와는 달리 본조 명문의 취지로부터 해제조건 성취에 의하여
실효의 효력이 당연히 소급하는 것은 아니다. 따라서 해제조건부 법률행위에
의하여 소유권이 이전된 경우, 조건이 성취되더라도 원래의 소유자는 소유권
이전등기의 말소가 아니라 새로운 소유권이전등기를 청구하여야 한다. 해제조
건에 조건성취의 효력을 소급시키려는 의사가 없는 한 해제조건부 법률행위에
의한 소유권의 취득은 해제조건이 성취되기 전에는 유효한 것이기 때문이다.
다만, 조건성취로 인하여 소유권은 원래의 소유자에게 복귀된다고 보기 때문
에 여기서의 소유권이전등기는 진정명의 회복을 위한 소유권이전등기의 성질
을 갖게 된다.[56] 판례는 해제조건의 성취 전에 취득한 소유권이 제3자에게 처
분된 경우에도 해제조건의 성취에 의하여 당연히 원래의 소유자에게 복귀한다
고 본다. 그러나 이러한 귀결에는 의문이 없지 않다. 당사자가 조건성취의 소
급효에 관하여 표시하지 않는 한 해제조건의 성취 전까지 해제조건부 법률행
위에 의하여 권리를 취득한 자는 적법하게 처분행위를 할 수 있고 그 상대방

---

54) 新版注釋民法(4), 595(金山).

55) 이영준, 682.

56) 양창수(주 9), 208.

도 적법하게 소유권을 취득하였다고 볼 수 있기 때문이다. 따라서 적법하게 권리를 취득한 제3자가 왜 사후적으로 권리를 상실하는지 그 근거가 분명하지 않다. 우리 민법에는 독민 §161와 같이 조건성취 전 처분행위의 실효를 규정하고 있지 않기 때문이다. 그러나 판례는 "해제조건부 증여로 인한 부동산소유권이전등기를 마쳤다 하더라도 그 해제조건이 성취되면 그 소유권은 증여자에게 복귀한다고 할 것이고, 이 경우 당사자 간에 별단의 의사표시가 없는 한 그 조건성취의 효과는 소급하지 아니하나, 조건성취 전에 수증자가 한 처분행위는 조건성취의 효과를 제한하는 한도 내에서는 무효라고 할 것이고, 다만 그 조건이 등기되어 있지 않는 한 그 처분행위로 인하여 권리를 취득한 제3자에게 위 무효를 대항할 수 없다"[57]고 한다. 독민 §161와 같은 명문의 규정 없이도 사실상 같은 귀결을 도출한 것이다. 그 대신 중간 취득자 보호를 위하여 해제조건의 등기($\frac{부등}{§54}$)를 요구한다. 이에 대해서는 해제조건 성취 전 수증자의 중간처분이 무효라고 하는 근거가 분명하지 않다는 점을 지적하면서, 오히려 해제조건 성취로 인하여 권리를 재취득하게 되는 매도인의 권리를 보전하기 위하여 가등기를 활용하여야 한다는 비판이 있다.[58] 해제조건 성취 전의 처분행위가 유효한 이상 그 후에 해제조건이 성취되었더라도 이미 적합하게 소유권을 취득하여 등기를 마친 제3자의 권리를 해할 수 없고, 해제조건 성취에 의하여 장차 소유권을 회복할 지위에 있는 전 소유자[59]는 자신의 조건부 권리의 순위를 보전하기 위해서는 이를 가등기의 방식으로 보전하여야 한다는 취지이다. 그 밖에도 판례는 해제조건 성취에 의한 물권의 복귀를 인정한 위 사안 이외에도 해제조건 성취 전 처분행위의 효력을 부인하는 태도를 유지하고 있다. 즉, 매도인으로부터 매매계약의 해제를 해제조건부로 전세 권한을 부여받은 매수인이 주택을 임대한 후 매도인과 매수인 사이의 매매계약이 해제됨으로써 해제조건이 성취된 사안에서도, 판례는 그 때부터 매수인이 주택을 전세 놓을 권한을 상실하게 되었다면, 임차인은 전세계약을 체결할 권한이 없는 자와 사이에 전세계약을 체결한 임차인과 마찬가지로 매도인에 대한 관계에서 그 주

---

57) 대판 92.5.22, 92다5584(공 92, 1981), 대판 15.5.14, 2014다36443(미간행).

58) 양창수(주 9), 202 이하, 205 이하.

59) 해제조건의 성취에 의하여 권리 취득의 법률효과를 얻는다는 점에서 전소유자는 해제조건 사실을 정지조건으로 하는 권리를 갖는다고 할 수 있다. 이와 같이 해제조건부 법률행위에 있어서 해제조건은 관점에 따라 정지조건으로 파악될 수 있는데, 이는 로마법 이래 독일보통법에서 해제조건의 고유한 법적 의의를 인정하기까지 정지조건의 관점에서 해제조건을 파악해 온 것과 유사한 맥락이라고 생각된다.

택에 대한 사용수익권을 주장할 수 없게 되어 매도인의 명도 청구에 대항할 수 없게 되었고, 이러한 법리는 임차인이 그 주택에 입주하고 주민등록까지 마쳐 주택임대차보호법상의 대항요건을 구비하였거나 전세계약서에 확정일자를 부여받았다고 하더라도 마찬가지[60]라고 하고 있다.

한편 해제조건 성취의 조세법상의 효력에 대하여는 가령, 부동산 취득세는 부동산의 취득행위를 과세객체로 하는 행위세이므로, 그에 대한 조세채권은 취득행위라는 과세요건 사실이 존재함으로써 당연히 발생하고, 일단 적법하게 취득한 이상 이후에 계약이 합의해제되거나, 해제조건의 성취 또는 해제권의 행사 등에 의하여 소급적으로 실효되었더라도 이는 이미 성립한 조세채권의 행사에 아무런 영향을 줄 수 없다.[61]

3. 조건성취의 효력 발생시기

본조 제1항과 제2항은 정지조건과 해제조건을 구별하여 조건성취의 효력이 각각 조건을 성취한 때 비로소 그 효력이 생기거나 상실한다는 취지를 규정하고 있다. 일본 구민법 재산편 §409는 프민($\S_{1179}$)을 본받아 조건성취의 소급효를 인정하였으나 의용민법 §127는 독민 §158를 본받아 조건성취의 소급효를 규정하지 않았다. 본조는 의용민법 §127와 동일한 취지이다. 의용민법 §127의 입법 경위에 비추어 본조가 조건성취의 소급효를 규정하지 않은 것은 조건의 성취의 효력을 법률로 제한하려는 취지는 아니다. 오히려 그 반대로서 소급효를 포함하여 조건성취의 효력을 당사자의 의사에 맡겨둔다는 것이 입법취지이다.[62] 그리하여 제3항에 있어서 당사자가 조건성취의 효력을 그 성취 전에 소급하게 할 의사를 표시한 때에는 그 의사에 따라 소급효가 인정된다고 규정하고 있다. 이와 같은 입법태도는 법률행위의 일부인 조건의 성질에 비추어 당연하다. 법률행위의 부관인 조건은 본질적으로 효과의사의 일부로서 법률행위를 구성하며 조건이나 기한에 따른 법률행위의 효력을 어떻게 제한할 것인가 하는 것은 본질적으로 사적자치의 본질에 속하는 문제이기 때문이다. 따라서 조건성취의 효력의 발생 시기에 관한 본조 제1항, 제2항과 제3항은 모두 의사표시의 해석에 관한 규정에 지나지 않는다. 조건부 법률행위의 당사

---

60) 대판 95.12.12, 95다32037(공 96, 374).
61) 대판 18.9.13, 2015두57345(공 18하, 2006), 대판 18.9.13, 2018두38345(공 18하, 2012).
62) 民法修正案(前三編)の理由書(주 2), 177.

자가 조건성취의 효력을 소급시킬 의사를 표시한 경우 소급의 시기 역시 당사자가 이를 정할 수 있음은 물론이다. 당사자가 소급의 의사를 표시하면서 소급의 시기를 정하지 않은 경우에는 통상 조건부 법률행위의 성립시로 소급하는 것으로 해석된다. 당사자가 소급의 의사를 표시하지 않더라도 행위의 성질상 당연히 소급효를 발생시키는 경우가 있다. 판례는 변제공탁이 적법한 경우에는 채권자가 공탁물 출급청구를 하였는지 여부와는 관계없이 공탁을 한 때에 변제의 효력이 발생하나, 변제공탁자가 공탁물회수권의 행사에 의하여 공탁물을 회수한 경우에는 공탁하지 아니한 것으로 보아 채권소멸의 효력은 소급하여 없어진다고 본다.[63]

　조건부 법률행위의 효력은 조건성취에 의하여 비로소 발생하므로 조건성취 전에는 권리와 의무를 행사할 수 없다. 따라서 소유권이전에 관하여 정지조건부 매매계약을 체결한 경우, 당사자가 조건성취의 효력에 관하여 달리 정하지 않는 한―조건성취 전 권리관계의 내용 역시 당사자의 약정으로 달리 정할 수 있음은 물론이다. 가령, 소유권유보부 동산할부매매의 경우, 소유권은 매도인에게 유보되어 있으나 매매목적물은 매수인에게 인도되어 매수인이 사용·수익하는 것이 통상이다.―조건성취 전에 매수인은 소유권의 이전을 청구할 수 없고 매도인이 소유자로서 목적물을 계속해서 사용·수익할 수 있다. 정지조건성취 전 매도인이 소유권을 이전한 경우에는 비채변제로서 부당이득 반환의 문제가 된다. 예외적으로 한정승인자는 기한 미도래의 채무나 조건 미성취의 채무에 대해서도 연금채권과 같이 존속기간이 분명하지 아니한 채무도 즉시 변제할 수 있다($^{\S\,1035}_{\textrm{\small{1}}}$). 이는 한정승인절차가 지나치게 길어지는 것을 막기 위한 것[64]으로 추후 조건이 성취 또는 불성취 되더라도 변제의 효력에는 영향이 없다.[65] 이와 달리 프랑스에서는 기한 도래, 조건성취 여부의 확정을 기다려야 한다는 것이 통설이라고 한다.[66] 특히 조건의 성취 여부는 장래 발생 여부가 불확실한 사실에 의해 좌우되므로 현재 시점에서 가치 평가가 매우 곤란하다는 점을 고려한 것으로 이해된다. 우리 민법에서는 한정승인시 조건부 채무의 변제와 관련하여 조건성취의 가능성과 조건의 성취 또는 성취되지 아니

---

63) 대판 81.2.10, 80다77(공 81, 13677), 대판 14.5.29, 2013다212295(공 14하, 1314), 新版注釋民法(4), 600(金山).
64) 주해상속법, 박영사, 2019, 514(이동진).
65) 구주해(3), 354(민형기), 주석 민법(3), 623(제5판/남성민).
66) 주해상속법, 514(이동진).

한 경우의 가치 등에 대하여 가정법원이 선임한 감정인이 현재의 가치를 평가한다($^{\text{가소 § 2 Ⅰ (ⅱ) 가,}}_{\text{33 라류 가사비송사건}}$). 정지조건 성취 전 매도인이 목적물을 처분한 경우에는 조건부 권리의 침해가 문제된다($^{\S 148}_{\text{참조}}$).

V. 조건성취의 증명책임

정지조건부 법률행위에 있어서 조건이 성취되었다는 사실은 이에 의하여 권리를 취득하고자 하는 측에 그 입증책임이 있고, 해제조건의 성취에 대해서는 법률행위의 효력을 다투는 자가 주장·증명하여야 한다. 보다 상세히는 조건과 기한 총설 Ⅱ. 6. 참조.

[박 인 환]

第 148 條(條件附權利의 侵害禁止)
條件있는 法律行爲의 當事者는 條件의 成否가 未定한 동안에 條件의 成就로 因하여 생길 相對方의 利益을 害하지 못한다.

Ⅰ. 의 의

조건부 법률행위에 있어서 조건이 붙어 있는 권리와 의무는 조건의 내용 및 §147에서 정하고 있는 바에 따라 조건성취 전에는 본연의 효력이 발생하지 않는다. 그러나 조건이 성취되기 전이라도 법률행위의 당사자는 조건이 성취되면 법률행위의 효력이 완전히 발생하여 당초 의도한 권리와 이익을 얻을 것으로 기대한다. 이러한 기대가 법적으로 보호가치 있는 것인가에 대해서는 논란이 있을 수 있다. 이에 관하여 본조는 조건부 법률행위의 당사자가 조건의 성부가 미정인 동안에도 조건의 성취로 인하여 생길 상대방의 이익을 해하지 못한다고 규정함으로써 조건성취에 의하여 권리 취득의 기대를 갖는 당사자의 이익이 법적으로 가치 있는 것으로 보호된다는 점을 분명히 하였다.[1] 그리고 조건부 권리의 침해금지라는 표제를 통하여 조건의 성취 여부가 미정인 동안 장래 조건의 성취로 권리를 취득할 당사자의 이익을 조건부 권리로 칭하고 있다. 본조는 의용민법 §128의 취지를 답습한 것으로 독민 §160에도 조건성취 전 상대방이 과실로 이를 소멸 침해한 경우에 조건성취시 상대방에 대한 손해배상의무를 규정하고 있다.

다만 민법안심의소위원회에서는 "통설의 내용을 명백히 하기 위하여 조건부 권리침해(불법행위)로 인한 손해배상청구권과 침해의 처분행위 자체의 무효를 명문으로 규정하는 것이 좋았을 것 같다."라는 기술을 남기고 있다.[2] 이는 당시 의용민법 §128에 관한 통설적 견해에 기초한 것으로 조건부 권리에 반하는 중간처분의 실효에 관한 논의가 있었음을 알 수 있다. 그러나 구체적인 개정안은 이후의 심의과정에서 제안되지 않았고 당초의 입법안 그대로 본조가 성립하였다.[3]

본조의 규정은 법정조건의 실현에 관하여 법률행위의 당사자가 갖는 기대를 보호할 필요가 있는 경우에도 유추적용할 수 있다.[4]

II. 조건부 권리

1. 의   의

조건의 성취 여부가 미정인 동안에도 장래 조건의 성취로 일정한 권리를

---

1) 주석 민법(3), 627(제5판/남성민).
2) 민의원 법제사법위원회 민법안심의소위원회 편, 민법안심의록 상권, 1957, 95.
3) 명순구, 실록대한민국민법(1), 2008, 396.
4) 주석 민법(3), 639(제5판/남성민).

취득하거나 이익을 얻을 수 있는 법률상의 지위 또는 기대를 조건부 권리라고
한다. 전형적으로 소유권 유보부 동산할부매매에서 매수인은 할부대금을 완납
함으로써 매도인의 추가적인 행위 없이 소유권을 취득한다는 기대를 갖는다.
반대로 해제조건부 매매의 매도인은 해제조건의 성취로 매매의 효력이 상실됨
으로써 소유권을 회복한다는 기대를 갖는다. 이러한 조건성취 전의 기대를 법
적으로 보호하는 경우, 이를 조건부 권리라고 한다. 이러한 의미에서 조건부
권리는 일종의 기대권(Anwartschaftrecht)이라고 할 수 있다.[5] 정지조건부 매
매에서는 매수인, 해제조건부 매매에서는 매도인이 조건부 권리를 갖는다. 기
대권으로서의 조건부 권리는 현재 즉, 조건성취 전의 권리로서 조건의 성취로
발생하는 장래의 권리와는 개념상 구별된다.[6] 그러나 조건부 권리는 장래 조
건성취에 의하여 발생할 권리에 대한 기대를 현재 시점에서 보호하기 위하여
인정하는 개념이므로 조건성취를 전후하여 동일성을 유지하며 그 성질을 달리
할 뿐이라고 보아야 한다. 기대권은 장래 조건 사실이 성취될 때까지만 존속하
고 조건 사실이 발생하는 경우에는 조건부 법률행위가 목적으로 한 본래의 권
리로 전화(轉化)되고, 조건 사실의 불발생이 확정되면 소멸하게 된다. 따라서
기대권은 잠정적 유동적 상태의 권리이다. 그럼에도 불구하고 조건부 권리 그
자체로 재산적 가치를 가진 것으로 평가되며,[7] 법적 보호의 가치가 없는 사실
상의 기대와는 구별된다.[8]

2. 조건부 권리의 행사와 시효

(1) 조건부 권리의 행사

　　장래 조건성취로 인하여 발생할 권리는 아직 권리가 발생하지 않았다는
점에서 이를 행사할 수 없고, 현재의 조건부 권리는 조건성취 전까지는 미확정
이므로 성질상 이를 행사할 수 없다. 조건부 권리의 상대방이 조건성취 전에
이를 이행하고 권리자가 수령하면 부당이득의 문제가 발생하고, 채무 없음을

---

　5) 곽윤직·김재형, 405, 김기선, 한국민법총칙, 법문사, 1991, 360, 김대정, 1170, 김상용,
　　민법총칙, 화산미디어, 2014, 693, 김용한, 민법총칙, 박영사, 1997, 429, 김주수·김상용,
　　507, 김증한·김학동, 627, 송덕수, 민법총칙, 박영사, 2015, 475, 명순구, 545, 백태승, 민
　　법총칙, 집현재, 2016, 527.
　6) 구주해(3), 345(민형기), 주석 민법(3), 629(제5판/남성민), 고상룡, 637, 김기선(주 5),
　　360, 김상용(주 5), 693.
　7) 김증한·김학동, 627.
　8) 구주해(3), 346(민형기).

알고 변제한 경우에는 비채변제로서 반환을 청구할 수 없다($\frac{\S}{742}$).

 (2) 조건부 권리의 시효

　조건성취에 의하여 장래 발생할 권리는 조건성취 전에는 이를 행사할 수 없으므로 소멸시효도 진행되지 않고 조건성취시부터 시효가 진행한다. 이에 반하여 기대권 그 자체가 재산권인 때에는 소멸시효의 대상이 되며, §162 Ⅱ에 따라 그 기대가 생긴 때로부터 20년간 조건이 성취되지 아니하면 시효에 의하여 소멸한다는 견해가 있다.[9] 다만, 조건사실이 그 시효기간을 넘어 발생하는 것을 내용으로 하는 때에는 시효의 이익을 미리 포기하지 못하도록 하는 취지에 비추어 시효의 대상이 되지 않는다고 본다. 이에 대하여 소멸시효는 권리를 행사할 수 있는 때로부터 진행하는 것인데, 기대권은 그 개념상 권리의 행사라는 것을 상정하기 어려우므로 재산적 가치가 있더라도 행사할 수 있는 권리가 아닌 한 소멸시효의 진행이 문제되지 않는다고 보는 견해가 있다. 이 점에서 기대권은 소멸시효와 친하지 않다는 것을 뜻한다고 한다.[10]

　이와 같이 조건부 권리가 시효로 소멸하지 않는다고 보게 되면, 조건의 성취에 기한이 있거나 조건의 성질상 불성취가 확정되지 않는 한 조건부 법률관계가 언제까지나 종료되지 않는 문제가 발생하게 된다. 반면에 조건부 법률행위에 의하여 발생하는 조건부 권리에 관하여 그 조건성취 전에도 소멸시효가 진행된다고 보면 시효는 권리를 행사할 수 있을 때부터 진행한다는 원칙에 반하게 된다. 조건부 권리는 그 성취 전에는 행사할 수 없기 때문이다. 그럼에도 불구하고 조건부 권리에 시효의 진행을 인정하면 결국 객관적으로 조건이 실현될 수 있는 가능성이 있는 때로부터 시효가 진행된다고 볼 수밖에 없고 결과적으로 조건부 권리에 존속기간을 인정하는 것과 유사한 법상태가 된다. 생각건대, 법률행위의 당사자가 장기의 조건성취 기간을 상정하는 것을 금지할 필요는 없다고 생각되므로 조건부 법률행위의 기대권은 시효에 걸리지 않는다고 볼 수밖에 없다.

---

　9) 구주해(3), 346(민형기).

　10) 구주해(3), 630(제5판/남성민), 新版注釋民法(4), 有斐閣, 2015, 623.

Ⅲ. 조건부 권리의 침해

1. 침해의 의의

본조는, 조건부 법률행위의 당사자는 … 조건의 성취로 인하여 생길 상대 방의 이익을 해하지 못한다고 규정하고 있다. 그 취지는 기대권에 저촉되는 행 위를 금지한다는 취지이다.[11] 기대권은 조건성취에 의하여 장래 발생하는 권 리의 실현에 대한 기대를 법적으로 보호하기 위한 개념이므로 결국 장래 조건 성취로 발생할 권리의 실현을 저해하는 행위가 기대권에 대한 침해이다. 가령 정지조건부로 매매계약을 체결한 목적물을 멸실 훼손하거나 이를 타에 처분하 여 조건이 성취되더라도 소유권을 취득하지 못하게 하거나, 해제조건부 매매 에 의하여 목적물을 인도받은 후 조건의 성취 여부가 확정되기 전 이를 멸실 훼손하거나 이를 타에 처분하여 해제조건이 성취되더라도 매도인이 소유권을 회복할 수 없도록 하는 경우 조건부 권리의 침해가 문제된다.

체계적 관점에서 본조는 §§ 149, 150와 함께 모두 조건부 권리의 보호에 관한 것이다. § 149가 조건부 권리의 처분 가능성을 인정함으로써 이를 적극적 으로 보호하는 것인 데 반하여, 본조는 그 침해를 금지함으로써 소극적으로 보 호한다. § 150는 특히 조건성취 자체를 방해 또는 조장하는 방법으로 기대권을 침해하는 경우에 관하여 규정한다.[12]

2. 침해에 대한 책임의 성질

조건부 권리의 침해에 대한 구제수단으로 손해배상청구권이 발생한다는 데에 학설은 일치한다. 독민 § 160가 참고가 될 수 있다. 손해배상청구권 발생 의 근거로서 조건부 권리 침해에 대한 책임의 성질에 대하여 논의가 있다. 조 건의 성취는 계약상 채무의 본지에 따른 이행의 문제가 아닐 뿐 아니라 제3자 에 의한 침해도 가능하므로 불법행위에 의한 손해배상청구권이라는 견해가 있다.[13] 그러나 법률행위에 있어서 급부를 가능하게 할 채무자의 충실의무 (Loyalitätspflicht) 및 보호의무(Schutzpflicht)는 조건성취시에 발생하는 것이 아

---

11) 구주해(3), 347(민형기).
12) 구주해(3), 347(민형기).
13) 구주해(3), 347(민형기) 이하, 곽윤직·김재형, 406. 김대정, 1172도 법률행위의 당사자 에게 충실의무나 보호의무를 인정한다고 하더라도 당사자에게 채권·채무도 없는 상태에 서 채무불이행책임이라고 보기는 어렵다고 한다.

니라 법률행위 성립시에 이미 발생하고, 본조 의무 위반으로 인한 손해배상청구권은 채무자가 위와 같은 의무를 이행하지 아니한 데에 기초하고 있는 것이므로 그 성질은 채무불이행으로 손해배상청구권이라는 견해가 있다.[14] 그 밖에 조건부 권리 침해로 인한 손해배상책임은 본질적으로 채무불이행책임이지만, 계약 당사자 사이라도 불법행위로 인한 손해배상책임과 채무불이행으로 인한 손해배상책임이 경합할 수 있으므로 조건부 법률행위에 따른 기대권을 그 법률행위 당사자가 침해하는 경우, 고의·과실, 위법성 등 불법행위 성립요건을 충족한다면 채무불이행책임 뿐만 아니라 불법행위로 인한 손해배상책임을 경합적으로 인정할 수 있다는 견해도 있다.[15]

법률행위 당사자에 의한 조건부 권리의 침해는 장래 조건의 성취로 성립하는 권리의 실현을 침해하는 행위로서 성질상 채무불이행책임으로 보는 것이 타당하다. 채무불이행책임설은 조건부 권리를 침해하지 않을 의무를 보호의무의 일종으로 보고 있으나 기대권의 보호는 장래 조건성취시에 발생하는 구체적인 급부이익의 실현을 위하여 인정되는 것이므로 본질적으로 급부의무 위반의 성질을 갖는다. 가령, 급부청구권이 아직 발생하지 않았더라도 조건성취시 급부이익이 실현될 수 있도록 필요한 주의와 행위를 하여야 할 부수적 의무를 인정할 수 있고 법률행위 당사자의 조건부 권리 침해는 이러한 급부의무에 부수한 의무 위반으로 파악할 수 있다. 급부이익의 실현을 위한 이러한 부수의무 위반은 채무불이행의 성질을 가지므로 채무불이행책임으로서 손해배상의무가 발생한다고 보아야 한다. 특히 불법행위로 인한 손해배상의무라고 주장하는 견해의 주된 논거는 조건부 권리 침해 당시에 아직 급부의무가 발생하지 않았기 때문이라는 것인데, 조건부 권리침해에 대한 손해배상책임이 역시 조건부로 발생하여 조건성취에 의하여 비로소 확정된다고 본다면, 결국 손해배상책임이 발생하는 시점에서는 급부의무가 발생하는 것이어서 그 논거는 설득력이

---

14) 이영준, 772, 고상룡, 638, 김상용(주 5), 693, 명순구, 547 이하, 백태승(주 5), 527 이하, 법률행위가 이미 성립되어 있고 손해배상청구권이 조건의 성취에 의하여 법률행위의 효력이 발생한 때에 현실적으로 발생한다는 점을 그 이유로 드는 견해도 있다. 김증한·김학동, 626.

15) 김주수·김상용, 507, 김증한·김학동, 626, 송덕수(주 5), 475, 주석 민법(3), 636(제5판/남성민) 같은 면은 '채무불이행책임 뿐만 아니라 손해배상책임'이라고 기술하고 있으나 후자의 손해배상책임은 불법행위로 인한 손해배상책임을 의미하는 것으로 이해된다.

적다.16)

　　조건부 권리 침해를 채무불이행으로 보는 것은 소유권 유보부 동산할부매매와 같이 소유권 취득의 물권변동에 정지조건이 붙어 있는 경우에도 마찬가지이다. 소유권 유보부 동산할부매매의 매도인은 법률행위 성립시 목적물인 동산의 소유권을 (조건부로) 이전하는 합의를 하고 이를 상대방에게 인도함으로써 매도인에게 요구되는 급부의무를 모두 이행하였으나 조건의 성취로 매수인이 완전한 소유권을 취득하여 급부이익이 실현될 때까지 그 실현을 저해하는 행위를 해서는 안 되는 부수의무를 지고, 이를 위반하여 목적물을 멸실·훼손하는 경우에는 채무불이행책임을 진다고 보아야 한다.

　　법률행위의 당사자 아닌 제3자에 의한 조건부 권리의 침해는 침해의 태양 등을 고려하여 제3자 채권침해의 요건을 충족하는 경우에 한하여 그에 준하여 불법행위책임이 성립할 수 있다.17) 정지조건부 매매의 목적물을 조건성취 전에 제3자가 과실로 멸실·훼손한 경우, 제3자는 통상 소유자인 매도인에 대해서만 손해배상책임을 진다. 소유권유보부 매매에 있어서도 조건부 소유권이라는 개념을 인정하지 않는 한 조건부 권리는 채권적 성질의 것이라고 하지 않을 수 없으므로 마찬가지로 제3자 채권침해에 준하여 처리하는 것이 타당하다. 매도인에게 귀책사유가 없는 경우에는 조건부 권리자인 매수인과 매도인 사이에는 위험부담의 문제가 발생할 뿐이다. 이때 매수인은 매도인의 손해배상청구권에 대하여 대상청구권을 행사할 수 있을 것이다. 따라서 통설이 제3자에 의한 조건부 권리 침해와 그에 대한 불법행위책임을 인정하고 있으나 그 취지가 법률행위 당사자에 있어서와 같은 태양으로 조건부 권리에 대한 침해를 인정하는 취지라면 납득하기 어렵다. 앞서 본 바와 같이 조건부 권리는 소유권 유보부 동산매매에서와 같이 물권행위에 조건을 붙인 경우에도 본질적으로 채권적 권리에 지나지 않고, 조건부 권리를 무조건의 채권보다 더 두텁게 보호하여야 할 이유를 찾기 어렵기 때문이다.18)

　　법률행위 당사자의 이행보조자가 조건부 권리를 침해한 경우에는 그 당사자가 채무불이행책임에 기한 손해배상책임을 진다. 그리고 손해배상의 범위 역시 채무불이행책임의 성질상 이행이익의 배상을 내용으로 하여야 한다.

---

　16) 김대정, 547.
　17) 주석 민법(3), 638(제5판/남성민).
　18) 주석 민법(3), 638(제5판/남성민).

3. 침해의 태양

(1) 사실행위에 의한 침해

대표적으로 조건부 권리의 목적물을 멸실 훼손하는 경우이다. 가령 정지조건부로 매매 또는 양도한 목적물을 매도인이 멸실 훼손하거나 해제조건부로 매수 또는 양수한 목적물을 매수인이 멸실 훼손한 경우, 또는 제3자가 조건부 권리를 해할 목적으로 목적물을 멸실 훼손하여 제3자 채권침해의 불법행위 요건을 충족한 경우 등이 여기에 해당한다.

(2) 의무자의 처분행위

조건부 법률행위의 당사자가 조건부 권리의 목적물을 양도하거나 담보를 설정하는 등 처분행위를 한 경우, 이러한 처분행위에 의하여 장래 조건이 성취되더라도 조건부 권리자가 권리를 취득할 수 없게 된다면 이는 조건부 권리에 대한 침해가 된다. 그러나 이러한 처분행위에도 불구하고 조건부 권리자가 조건성취에 의하여 권리를 취득하는 데에 지장이 없다면 조건부 권리의 침해 문제는 발생하지 않는다. 이와 관련하여 판례와 다수의 견해는 조건부 법률행위 당사자의 제3자에 대한 처분행위는 조건부 권리를 침해하는 범위에서 무효라고 보고 있다.[19] 그렇게 새기더라도 제3자를 부당하게 침해할 염려가 없기 때문이라고 한다. 즉, 제3자에 대한 관계에서는 조건부 권리의 목적물이 부동산인 때에는 조건부 권리를 등기(가등기)하여야 하고, 조건부 권리의 목적물이 동산인 때에는 선의취득이 인정되므로 역시 제3자에게는 영향이 없다는 것이다.

우리 민법에는 독민 § 161 I, II과 같은 명문의 규정이 없으나 기대권의 처분행위에 관하여도 순위의 원칙이 적용되어 독민과 동일하게 해석하여야 한다는 견해도 있다.[20] 이에 대하여 이러한 처분행위를 무효라고 할 이유가 없다는 견해도 있다. 조건부 권리에 대한 의무자는 조건이 성취될 때까지는 완전한 권리자이며 장래 권리를 취득할 것이라는 불확정한 조건부 권리자가 존재한다는 하나의 사유만으로 무효라고 하는 것은 타당하지 않다는 것이다. 목적물의 권리취득의 여부는 조건의 성취로 권리를 취득할 (조건부) 권리자와 조건부 권리에 대한 의무자의 중간처분행위로 권리를 취득하는 제3자 가운데에 누가 먼저 물권취득의 요건을 갖추느냐에 따라 결정해야 하며, 조건부 권리자는 순위보전

---

19) 곽윤직·김재형, 406, 김기선(주 5), 361, 김대정, 1172, 김상용(주 5), 694, 김용한(주 5), 329, 김주수·김상용, 507, 송덕수(주 5), 476.

20) 이영준, 684.

의 효력이 있는 가등기제도에 의하여 보호될 수 있다고 한다.[21] 전설(前說)에 대하여 일반적인 이중매매에 있어서도 제1매수인과 제2매수인 중 먼저 등기 또는 인도를 받은 사람이 물권을 취득하게 되는데, 제1매수인의 권리가 조건부 권리에 지나지 않는 것임에도 불구하고 조건성취로 인하여 제2매수인의 권리에 우선하는 것으로 보는 것은 균형에 맞는 해석으로 보기 어렵다는 비판도 있다.[22]

　　본조와 같은 일민 §127의 해석에 있어서 일본민법학도 독민 §161가 조건성취시 중간처분의 효력을 부인하는 규정을 근거로 다수설과 같은 해석을 하고 있다. 이와 같은 해석론은 이른바 일본민법학 특유의 학설계수에 의한 독일민법학의 압도적 영향하에 형성된 것으로 보인다.[23] 그러나 독일민법에 있어서 특히 중요한 부동산소유권이전의 합의(Auflassung)에는 조건과 기한을 붙일 수 없다는 점에 유의할 필요가 있다.[24] 처분행위의 순위의 원칙이 기대권에도 그대로 적용된다는 것을 근거로 제시하기도 하지만, 등기나 인도와 같은 물권행위의 효력발생 요건을 갖추지 않은 조건부 처분행위에도 순위의 원칙을 적용할 수 있는지 나아가 해제조건부 처분행위에도 같은 원칙이 적용될 수 있는지는 의문이다. 따라서 독일민법의 규정이 우리 민법의 해석론에 직접 영향을 줄 수는 없다. 따라서 권리를 취득한 제3자에 대하여 영향이 없으므로 조건성취 전 중간처분이 무효라고 하는 다수설의 설명은 논리적이지 못하다. 등기나 인도 등 공시방법의 선후에 의하여 권리 귀속의 우열을 가리게 되는 점에서 양설에 따른 법적 귀결에 있어서는 차이가 없더라도 소수설의 지적이 타당하다. 중간처분의 효력이 문제되는 사실관계를 유형별로 검토한다.

　　정지조건부로 매매계약을 체결한 후 등기나 인도를 하지 않고 있던 중 조건부 법률행위의 당사자가 조건의 성취 전에 그 목적물을 타에 처분하여(중간처분) 제3자에게 등기나 인도를 갖추어 준 경우, 그러한 처분행위는 부동산 이중매매에서와 같이 반사회성을 띠는 경우가 아니라면 언제나 유효하다. 조건부 권리자는 어느 모로 보나 채권자의 지위에 지나지 않으므로 조건부 법률행위의 당사자로부터 조건부 법률행위의 목적물에 관하여 먼저 등기나 인도를 갖춘 중간처분의 상대방이 권리를 취득하는 것이 당연하다. 그 결과 조건성취에 의하여 장래 발생할 권리는 이행불능이 되고 조건부 권리에 이행불능을 초래함

---

21) 고상룡, 638.
22) 명순구, 550.
23) 新版注釋民法(4), 605(金山).
24) 독민 §925 Ⅱ.

으로써 이를 침해한 조건부 법률행위의 당사자는 조건부 권리자에 대하여 손해배상책임을 진다. 조건부 권리자가 조건부 법률행위 당사자의 중간처분으로부터 조건부 권리를 보전하기 위해서는 정지조건부 권리를 가등기하여야 한다. 그러나 이는 조건부 법률행위의 목적물이 부동산인 경우에만 가능하다.

이와 달리 소유권유보부 동산 할부매매에서와 같이 채권행위인 매매가 아니라 소유권의 취득(물권행위)에 정지조건이 붙은 경우에는 물권적 합의를 하고 목적물을 매수인에게 인도한다. 이러한 상태에서 소유권유보부 동산할부매매의 매도인이 자신에게 소유권이 유보되어 있음을 기화로 이를 타에 처분한 경우 그 처분행위가 유효한가가 문제될 수 있다. 먼저 조건성취에 소급효가 없다는 점에서 나중에 조건이 성취되더라도 매수인의 소유권 취득은 소급되지 아니하므로 조건성취 후에 돌이켜 보더라도 중간처분시에 소유권을 유보하고 있던 매도인에게 처분권이 없다고 보기는 어렵다. 나아가 설사 정지조건의 합의 당시에 조건성취의 효력을 법률행위 당시로 소급시키기로 합의를 하였다고 하더라도 그것이 중간처분의 효력을 좌우할 수는 없다. 왜냐하면 그러한 합의는 조건부 법률행위의 당사자들 사이에서만 즉, 채권적 구속력만 있고, 조건부 법률행위의 당사자가 조건부 권리자에 대한 의무에 반하여 처분행위를 하더라도 그것이 처분행위의 효력을 좌우할 수는 없기 때문이다(단, 부동산이중매매에 있어서와 같이 반사회성을 띠게 되는 경우에는 물론 예외이다). 본조의 취지 또한 조건부 권리의 의무자에게 조건성취 전에 이를 침해해서는 안 된다는 일종의 채무를 지우는 것에 지나지 아니하고 그 의무에 반하는 처분행위의 효력을 규정한 것은 아니다. 결국 중간처분의 유효성은 조건성취의 소급효 유무에 의하여 좌우되는 성질의 것이 아니다. 따라서 중간처분의 물권적 합의 자체가 무효라고 볼 근거는 없다. 그런데 소유권유보부 동산할부매매에서는 그 법률행위의 경제적 목적에 따라 매도인에게 소유권을 유보한 채로 매수인에게 목적물을 인도하여 사용 수익하게 하므로, 매수인은 이미 매매 목적물에 관한 점유를 취득하고 있는 경우가 보통이다. 따라서 소유권유보부 동산할부매매에서 매도인이 정지조건 성취 전에 이를 제3자에게 처분하는 법률행위를 하더라도 목적물반환청구권의 양도의 방법으로 인도할 수밖에 없다. 그러나 할부 매수인의 할부 대금의 미납 등으로 할부매매계약에 해제되지 않는 한 적법한 매매계약에 의하여 인도된 목적물에 관하여 매도인은 목적물의 반환을 청구할 수 없다. 결국 매도인이 이를 처분하더라도 그 처분행위의 상대방은 점유나 인도의 공시방법을 갖출 수 없으므로 조건부 권리를 해할 수 없다.

 해제조건부 증여를 하고 소유권이전등기를 마쳐 준 다음 수증자가 이를 제3자에게 처분한 후 조건의 성취로 수증자의 소유권이 소멸한 경우, 판례는 조건성취의 소급효를 부인하면서도 조건성취 전 처분행위는 조건성취 효과를 제한하는 범위에서 무효라고 본다. 다만 이때 해제조건에 관하여 등기하지 않으면 중간처분의 제3자에게 대항할 수 없다고 본다.[25] 학설도 대체로 이를 지지한다. 그러나 위에서 살펴 본 바와 같이 해제조건의 성취에 의하여 이와 모순되는 중간처분이 효력이 무효가 된다는 근거는 없다. 이는 해제조건의 성취에 소급효를 인정하든 그렇지 않든 관계가 없다. 그러나 중간처분을 무효라고 보든 유효라고 보든 해제조건에 관한 (가)등기를 경료하지 않으면 이를 가지고 중간처분에 의하여 물권을 취득한 제3자에게 대항할 수 없다. 그러한 등기로서 부등 §54 권리소멸약정에 관한 등기를 하거나 해제조건 성취로 소유권을 회복하게 되는 양도인의 권리를 가등기해 둘 수 있다.[26] 만약 이러한 해제조건의 약정 또는 해제조건 성취로 발생하게 된 원 소유자의 소유권이전등기청구권을 가등기하지 않은 경우에는 원소유자는 중간처분으로 소유권을 취득한 자로부터 소유권을 이전받을 수 없다. 이러한 경우에 해제조건부 법률행위로 소유권을 취득한 양수인의 처분행위는 양도인의 조건부 권리를 침해하여 손해배상책임이 발생한다.

 (3) 조건성취의 방해

 조건부 권리의 침해로서 조건성취로 불이익을 받는 자가 신의성실에 반하는 방법으로 조건성취를 방해하는 행위를 할 수 있다. 이에 대하여 조건부 권리자는 §150에 따라 조건의 성취를 주장할 수 있으나 조건부 권리 침해에 대하여 손해배상을 청구할 수도 있다. 이에 조건부 권리의 목적(물)을 침해하는 경우에 있어서는 손해배상청구권 역시 조건성취를 조건으로 성립하는 데 반하여 조건성취 방해로 인한 손해배상은 조건성취 여부를 기다릴 필요 없이 곧바로 확정적으로 발생한다고 본다.[27] 조건성취의 방해로 성취가 불가능하게 된 경우에는 조건성취 불능이 확정되면서 곧바로 손해배상청구권이 확정됨은 물론이다. 반면에 조건성취의 가능성을 저하시킨 경우에는 그 저하된 가능성에

 25) 대판 92.5.22, 92다5584(공 92, 1981), 대판 15.5.14, 2014다36443(미간행).
 26) 양창수, "부동산소유권의 양도에 관한 조건과 등기" 민법연구 5, 2006, 210.
 27) 주석 민법(3), 637(제5판/남성민).

대하여 조건성취 전이라도 손해배상을 청구할 수 있다는 견해도 있다. 이러한 손해배상은 조건이 성취되어 권리가 실현된 경우에도 인정된다는 것이다.[28] 조건성취의 방해가 성공하지 못하였더라도 방해행위의 태양과 결과에 따라 손해가 발생할 수 있고 이는 조건성취 확정 전이라도 청구를 인정할 수 있는 경우를 처음부터 배제할 필요는 없다.

Ⅳ. 조건부 권리 침해의 효과

조건부 권리는 조건성취 전에도 기대권으로서 상대방 등의 침해로부터 보호되지만, 조건성취 전에는 잠정적 유동적인 상태에 있으므로 그 침해에 대한 구제 역시 조건성취 전에는 잠정적 유동적 상태에 있게 된다. 조건부 권리의 침해로 인한 손해배상청구권 역시 원칙적으로는 조건부 권리의 확정에 의하여 비로소 확정된다. 따라서 조건부 권리 침해의 구제로서의 손해배상청구권도 조건성취 전에는 행사할 수 없다.[29] 조건성취 전에 잠정적 유동적 상태의 권리 침해를 이유로 손해배상청구권을 인정하게 되면 조건불성취로 확정되는 경우에도 배상을 받는 결과가 되어 본래의 권리 이상으로 기대권을 보호한다는 점에서 부당하다.[30] 나아가 조건불성취로 확정되는 경우에는 조건부 권리 침해로 인한 손해 발생이 불능이기 때문이라고 한다.[31] 결국 조건부 권리 침해로 인한 손해배상청구권도 조건부 권리로 성립하며 조건성취에 의하여 비로소 확정되어 손해배상청구권을 행사할 수 있게 된다. 따라서 조건부 권리 침해로 인한 손해배상청구권의 시효의 진행도 조건의 성취시부터 진행한다. 그러나 바로 위에서 살펴 본 바와 같이 조건성취를 방해하는 행위에 대하여 조선 성취의 의제를 주장하는($\frac{\S}{150}$) 대신에 손해배상을 청구하는 경우에는 조건성취 전이라도 확정적으로 손해배상을 청구할 수 있다.

[박 인 환]

---

28) 新版注釋民法(4), 632(金山).
29) 구주해(3), 351(민형기), 곽윤직·김재형, 406, 고상룡, 639.
30) 주석 민법(3), 636(제5판/남성민), 김기선(주 5), 362, 김상용(주 5), 507, 김주수·김상용, 508.
31) 新版注釋民法(4), 629(金山).

第149條(條件附權利의 處分 等)

條件의 成就가 未定한 權利義務는 一般規定에 依하여 處分,
相續, 保存 또는 擔保로 할 수 있다.

Ⅰ. 본조의 의의

본조는 조건성취 미정의 불확정적인 권리도 일반규정에 따라 처분, 상속,
보존 또는 담보로 할 수 있다는 취지를 규정하고 있다. 전조가 조건부 권리
를 기대권에 대한 침해금지라는 소극적인 관점에서의 보호를 규정하고 있는
데 반하여 본조는 적극적 관점에서 이를 처분, 상속, 보존, 담보의 대상으로 거
래의 목적으로 할 수 있음을 규정한 것이다.[1] 본조는 의용민법 §129의 취지
를 좇은 것이다.[2] 의용민법 §129의 입법취지에 따르면, 여기서 일반규정은 같
은 목적을 갖는 무조건의 권리에 관한 규정을 의미한다.[3] 즉, 조건부 권리의

---

1) 구주해(3), 352(민형기), 주석 민법(3), 642(제5판/남성민).
2) 민의원 법제사법위원회 민법안심의소위원회 편, 민법안심의록 상권, 1957, 95.
3) 新版注釋民法, 有斐閣, 2015, 639(金山) 의용민법 §129 원안은 "조건부 권리의무는 …
　무조건의 권리의무에 관한 규정에 따라…"라고 되어 있었다(같은 면).

처분, 상속, 보존 또는 담보를 붙임에 있어서 그 조건의 성취에 의하여 취득할 권리와 동일한 방법에 의하여야 함을 의미한다.[4] 조건부로 취득할 권리가 부동산 소유권, 동산소유권 또는 채권이라면 각각 부동산소유권, 동산소유권 또는 채권에 관한 것과 동일한 방식에 따라 처분, 상속, 보존하고 또 담보를 붙일 수 있다. 만약 조건성취로 발생할 권리가 부동산 물권인 경우에는 이 역시 등기를 통하여 처분 등을 할 수 있다. 의용민법의 기초자들에 따르면, 만약 그 권리가 부동산에 관한 것으로 … 등기하여 처분할 성질의 것인 경우에는 그 부동산을 취득할 조건부권리 역시 등기규칙에도 미쳐서 그 조건부로 등기하는 것도 가능하다라고 설명하고 있다.[5] 그러나 등기에 대해서는 조건부권리에 관하여 부동산등기법 등에 특별한 방법이 정해져 있으므로 그에 따라야 한다.[6]

본조에 관한 해석에 있어서도 통설은 대체로 의용민법 §129와 동일한 취지로 이해한다.[7] 본조에서 말하는 "조건의 성부가 미정한 권리의무"는 전조의 "조건의 성취로 인하여 생길 상대방의 이익"과 같은 성질의 것으로 조건부 권리의무를 가리킨다. 즉, 조건부 권리는 조건성취에 의하여 발생할 권리를 취득할 권리를 말하고 조건부 의무는 조건의 성취에 의하여 발생할 권리를 상대방에게 취득시켜 줄 의무를 말한다.[8]

본조의 규정은 그 성질이 허용하는 한 법정조건의 경우에 유추적용된다.[9]

II. 조건부 권리의 처분

1. 의   의

처분은 직접 권리 귀속의 변경을 목적으로 하는 법률행위이다.[10] 원래 처분행위는 목적물의 귀속관계를 직접 변경하는 행위이므로 의무부담행위와는

---

4) 我妻榮, 新訂民法總則, 岩波書店, 1965, 418.
5) 法典調査會 民法議事速記錄 제1권(商事法務), 1985, 269 이하.
6) 我妻榮(주 4), 418.
7) 구주해(3), 352(민형기), 주석 민법(3), 642(제5판/남성민), 고상룡, 639, 김기선, 민법총칙, 법문사, 1991, 362.
8) 新版注釋民法(4), 640(金山).
9) 구주해(3), 352(민형기), 주석 민법(3), 660(제5판/남성민).
10) 구주해(3), 352(민형기), 주석 민법(3), 644(제5판/남성민)은 내용의 변경을 포함하여 설명한다.

달리 목적물이 특정되고 현존하여야 하는데, 본조는 아직 미확정한 권리의무도 처분할 수 있도록 하는 것으로서 처분행위의 요건에 대한 중대한 완화라고 보기도 한다.[11] 대체로 물권행위를 염두에 둔 설명으로 이해된다. 다른 한편으로 여기서의 처분에는 조건부 권리뿐만 아니라 조건부 의무도 포함한다. 그러나 의무에 대해서는 권리와는 달리 일반적으로 임의처분이 가능하지 않다. 이점에 있어서 여기의 처분은 조건부 의무에 대하여는 적용되지 않는다고 보기도 한다.[12] 그러나 조건부 채무 역시 무조건 채무와 마찬가지 방법으로 그 귀속을 변경할 수 있다. 가령, 조건부 채무를 면책적 채무인수의 대상으로 하기 위해서는 무조건 채무의 면책적 채무인수의 경우와 마찬가지로 채권자의 승낙이나 채권자와의 삼면계약 등의 방법에 의하여야 한다. 따라서 조건부 의무도 조건부 권리와 마찬가지로 일반규정에 따라서 처분할 수 있다.[13]

조건부 권리는 장래 조건이 성취되었을 때에 발생하는 권리를 취득할 수 있는 지위를 처분하는 것이다. 조건부 권리와 장래 조건성취로 발생하는 권리는 개념상으로는 구별되지만 조건성취를 전후로 동일성이 인정된다. 따라서 조건부 권리의 처분은 장래 발생할 권리를 현재의 시점에서 처분하는 것에 다름 아니다. 조건부 권리의 처분을 조건성취로 발생하는 권리의 처분 방법에 따르게 하는 이유도 여기에 있다. 장래 발생할 권리가 물권인 경우에는 등기나 인도를 갖추어야 비로소 처분의 효력이 발생하고, 채권의 경우에는 채무자에 대한 통지나 승낙을 얻어야 대항할 수 있다.

2. 양   도

양도는 법률행위에 의한 권리의 이전으로서 부동산 물권의 양도의 경우에는 등기, 동산 물권의 양도는 인도, 즉 점유의 이전을 갖추어야 효력이 발생하고, 채권양도의 경우에는 당사자의 합의만으로 효력이 발생하지만 이를 채무자에게 통지하거나 승낙을 얻지 못하면 채무자 등에 대하여 양도로 대항할 수 없다.

(1) 부동산에 관한 조건부 권리의 양도

부동산에 관한 조건부 권리는 부동산에 관한 매매나 증여 등 채권계약

---

11) 김증한·김학동, 627.
12) 구주해(3), 352(민형기).
13) 주석 민법(3), 644(제5판/남성민), 新版注釋民法(4), 640(金山).

에 정지조건이나 해제조건이 있는 경우 또는 부동산에 관한 소유권이전의 합의 등과 같은 부동산 물권행위에 정지조건이나 해제조건을 붙임으로써 발생하는 권리를 상정할 수 있다. 전자는 채권적 성질의 조건부 소유권이전등기청구권이 발생하는 데 반하여 후자는 가령, 조건부 소유권과 같은 가상(假想)의 법적 지위를 관념할 수 있다. 조건부 소유권이전등기청구권은 채권적 권리이지만, 단순한 채권양도의 방법으로는 양도할 수 없고 중간생략등기에 관하여 확립된 판례 법리에 좇아 양도인과 양수인의 합의 외에 매도인의 동의를 얻어야 한다.[14] 소유권이전등기청구권이 가등기에 의하여 순위가 보존되어 있는 경우에는 가등기에 대한 부기등기로 소유권이전등기청구권 보존을 위한 가등기를 이전할 수 있다. 가등기는 원래 순위를 확보하는 데에 그 목적이 있으나, 순위보전의 대상이 되는 물권변동의 청구권은 그 성질상 양도할 수 있는 재산권일 뿐만 아니라 가등기로 인하여 그 권리가 공시되어 결과적으로 공시방법까지 마련된 셈이므로, 이를 양도한 경우에는 양도인과 양수인의 공동신청으로 그 가등기상의 권리의 이전등기를 가등기에 대한 부기등기의 형식으로 경료할 수 있다.[15]

반면에 부동산 소유권이전에 관하여 정지조건부 물권적 합의를 하더라도 그에 기하여 발생한 '조건부 소유권'에 관해서는 소유권과 같은 방법으로 등기할 수 있는 절차는 마련되어 있지 않다. 여기서 '일반규정에 의하여'의 의미는 무조건의 권리와 같은 방식의 본등기를 한다는 의미는 아니다. 즉, 여기서 '일반규정에 의하여'의 의미는 부동산에 관한 권리라면 등기에 의한다 라는 정도의 의미이고, 등기절차가 어떻게 행해져야 하는가는 절차법($\frac{등기}{법}$)의 논리에 좇아야 한다. 그에 따르면 등기절차상 정지조건부 기타 장래 현실화될 물권은 … 부동산 물권 등에 관한 청구권에 준하여 가등기를 할 수 있을 뿐이다.[16] 그 이외에 정지조건부 물권행위에 기하여 발생한 가령 조건부 소유권과 같은 것은 등기를 할 방법이 없다. 따라서 물권변동을 효력발생요건으로 하는 우리 물권법제상 조건부 물권적 합의에 기초하여 발생한 권리($\frac{조건부}{소유권}$)는 소유권 이전을 위한 청구권에 준하여 양도할 수밖에 없다. 이점에 있어서 본조의 '일반규정에 의한 처분'의 적용은 제한적 의미만을 갖는다.

---

14) 대판 94.5.24, 93다47738(공 94, 1800), 대판 95.8.22, 95다15575(공 95, 3249).
15) 대판(전) 98.11.19, 98다24105(집 46-2, 296).
16) 양창수, "부동산소유권의 양도에 관한 조건과 등기", 민법연구 5, 2006, 210.

해제조건부 증여나 매매 또는 해제조건부로 소유권이전의 합의를 한 경우, 해제조건의 성취로 인하여 원래의 소유자는 부동산에 관한 소유권을 회복하게 되므로 해제조건 성취에 대하여 소유권회복에 관한 조건부 권리를 갖는다. 부동산 소유권 이전에 해제조건이 있는 경우 권리소멸의 약정을 할 수 있으나 해석상 해제조건 성취에 의하여 원래의 소유자가 회복할 소유권에 관하여 가등기를 하는 것도 가능하다.[17] 따라서 만약 소유권 회복에 관한 조건부 권리를 갖는 원래의 매도인이 그 조건부 권리를 처분하기 위해서는 그 가등기에 대한 이전의 부기등기의 방법으로 이를 양도할 수 있다.

(2) 동산에 관한 조건부 권리의 양도

정지조건부 동산매매나 증여에 따라 발생하는 권리는 채권적 지위에 지나지 않으므로 채권양도의 방법으로 이전할 수 있음은 물론이다. 소유권유보부 동산할부매매에서와 같이 정지조건부 소유권이전의 합의를 하고 동산의 점유를 인도한 경우, '조건부 소유권'을 양도하기 위해서는 동산 소유권이전의 합의 외에 동산의 점유를 이전하여야 한다. 물론 이와 같은 방식으로 동산에 관한 조건부 소유권이 이전되었다 하더라도 조건부 소유권을 양도한 할부 매수인이 할부대금을 미지급하여 할부 매도인의 해제로 조건의 불성취가 확정되면 조건부 소유권의 양수인은 권리를 잃게 된다. 그와 같은 리스크를 배제하기 위하여 정지조건부 소유권의 양도와 함께 할부매매대금 채무에 대한 채무인수의 합의가 함께 행해질 수 있다. 이때 면책적 채무인수의 합의에는 채권자인 할부 매도인의 동의가 있어야 함은 물론이다.

해제조건부로 동산에 관한 소유권이 이전된 경우 해제조건의 성취로 인하여 원래의 소유자가 보유한 소유권 회복에 관한 조건부 권리의 양도는 조건부 동산소유권 이전에 관한 합의 외에 선행하는 법률행위의 해제조건 성취를 정지조건으로 하는 목적물 반환청구권의 양도의 방법으로 인도할 수 있다.

(3) 조건부 채권의 양도

조건부 채권은 무조건의 채권양도와 마찬가지로 채무자에 대한 통지나 승낙을 하여야 채권양도를 가지고 대항할 수 있다. 임차보증금 반환채권은 임대차관계 종료시 임차인이 차임을 지급하지 아니하거나 목적물을 멸실·훼손하여 부담하는 손해배상채무 또는 임대차종료 후 목적물 반환시까지 목적물 사용으로 인한 손해배상 내지 부당이득반환채무 등을 부담하고 있다면 임대인은

---

17) 양창수(주 16), 212 이하.

그 보증금 중에서 이를 공제하고 나머지 금액에 대해서만 성립하므로,[18] 그 성질상 임차인의 채무를 공제하고 잔액이 있을 것을 정지조건으로 성립하는 조건부 채권이다. 임차인은 임대차계약이 존속하는 동안에도 이를 제3자에게 양도할 수 있고 채권 양도인인 임차인이 이를 채무자인 임대인에게 통지를 하거나 승낙을 받음으로써 장래 임대차관계 종료 후 조건부로 성립할 임차보증금반환채권을 현재 양도할 수 있다. 전세권이 존속하는 동안은 전세권을 존속시키기로 하면서 전세금반환채권만을 전세권과 분리하여 확정적으로 양도하는 것은 허용되지 않지만, 전세권 존속 중에도 장래에 그 전세권이 소멸하는 경우에 전세금 반환채권이 발생하는 것을 조건으로 그 장래의 조건부 채권을 양도할 수도 있다.[19] 만약 채권양도 자체를 조건부로 하는 경우에는 통지를 하더라도 채무자가 조건성취 여부를 알기 어렵기 때문에 조건성취되어 채권양도 합의의 효력이 확정되었을 때 양도인이 이를 채무자에게 통지함으로써 채권양도의 대항력을 취득한다는 견해가 있다.[20] 조건이 성취되면 이미 무조건의 채권양도의 합의가 있는 것이므로 이 견해에 따르면 조건부 채권양도에 대해서는 채권양도의 통지를 할 수 없다는 것이 된다. 이러한 견해를 뒷받침하는 것으로 채권양도의 합의를 하더라도 조건이 성취되기 전에는 채권양도의 효력이 발생하지 않아 결과적으로 채권 양도의 효력 발생 전에 사전 통지하는 것이 되어 허용되기 어렵지 않은가 하는 문제도 있다.[21] 그러나 조건부 채권양도 사실을 조건의 성취 전에 채무자에게 통지하면 채무자는 채권 양수인에 대한 변제에 있어서 조건의 성취 사실을, 채권 양도인에 대한 변제에 있어서는 조건불성취의 확정 사실을 조건으로 할 수 있다. 채무자의 변제를 채권양도의 조건성취 여부에 의존시키는 경우에는 채권양도의 사전 통지를 불허하는 사유, 즉, 채무자가 채권 양도시기를 알 수 없다는 문제도 생기지 않는다. 따라서 정지조건부 채권양도로 인한 채무자에 대한 통지를 반드시 조건성취 후에야 할 수 있다고 볼 필요는 없다. 조건부 채권양도의 통지를 받은 채무자는 조건성취 또는 불성취의 확정 여부에 따라 채권 양수인 또는 양도인에게 변제할 수 있고, 조건성취 또는 불성취의 확정 사실에 대한 증명은 채권의 변제를 청구하는 자가 부담한다고 보면 족하다.

---

18) 대판 87.6.23, 87다카98(공 87, 1232), 대판 02.12.10, 2002다52657(공 03, 361).
19) 대판 02.8.23, 2001다69122(공 02, 2196).
20) 주석 민법(3), 645(제5판/남성민).
21) 대판 00.4.11, 2000다2627(공 00, 1181).

3. 포   기

조건부 권리의 포기 역시 무조건의 권리와 같은 방식으로 포기할 수 있다. 권리의 포기는 권리자의 일방적 의사표시로 할 수 있다. 다만, 조건부 권리가 부동산 소유권에 관한 것으로 가등기에 의하여 보존되어 있거나 해제조건으로 권리소멸의 약정이 있는 경우에는 이를 말소하여야 한다. 소유권유보부 할부매매로 동산을 인도받은 매수인이 그 권리를 포기하기 위해서는 동산을 매도인에게 반환하여야 한다. 조건부 채권의 경우에는 무조건의 채권의 포기와 마찬가지로 채권자가 채무자에 대하여 포기의 의사표시를 함으로써 포기할 수 있다. 다만, 조건부 채권이 그에 상응하는 의무와 불가분적으로 견련되어 있는 경우에는 채무자의 동의를 얻어 포기하여야 한다. 가령, 정지조건부 경개계약에서는 조건의 성취로 구채무가 소멸하고 새로운 채무가 생기므로 조건부 권리를 포기한다면 구채무가 존속하게 된다. 따라서 조건부 권리의 포기에는 채무자의 동의를 요한다.[22]

Ⅲ. 조건부 권리의 상속등

1. 상   속

상속은 포괄승계의 일종이다. 명시적 규정은 없으나 상속 이외에 포괄승계에 있어서도 조건부 권리와 의무는 일반규정에 따라 승계의 대상이 된다. 따라서 조건부 권리와 의무도 상속, 회사합병, 영업양도에 의하여 상속인, 합병 후 회사, 영업양수인에게 승계된다.

상속은 포괄승계로서 피상속인의 일체의 권리와 의무를 상속인이 승계하므로 조건부 권리와 의무도 당연히 상속인에게 이전된다. 권리의 목적이 일신전속적인 권리는 무조건의 것도 상속의 대상이 되지 않고 조건부의 것이라도 마찬가지이다. 일신전속적 권리는 본인의 사망으로 목적 달성이 불능이 되는 경우 권리 자체가 소멸하기 때문이다. 조건이 일신전속적인 경우, 가령, 영화감독이 세계적 영화제에서 감독상을 수상하면 자서전을 출간하기로 출판사와 약정을 한 경우, 영화감독이 감독상을 수상하지 못하고 사망하면, 조건은 불성

---

22) 구주해(3), 353(민형기), 주석 민법(3), 645(제5판/남성민).

취로 확정되어 영화감독의 감독상 수상을 조건을 하는 자서전 출간청구권은 소멸한다. 조건부 권리와 의무를 상속한 상속인은 피상속인과 마찬가지로 조건의 성취 여부에 따라 권리를 취득하거나 의무를 부담하게 된다. 다만, 조건부 채무를 승계한 상속인이 한정승인을 한 경우에는 조건성취 전이라도 법원이 선임한 감정인의 평가에 의하여 변제를 하여야 한다($\S_{1035}$). 이는 한정승인절차가 지나치게 길어지는 것을 막기 위한 것[23]으로 추후 조건이 성취 또는 불성취 되더라도 변제의 효력에는 영향이 없다고 본다.[24]

2. 유　증

　　포괄유증의 수증자 역시 상속에 준하여 조건부 권리와 의무를 포괄적으로 승계한다. 한편, 특정유증은 포괄승계가 아니므로 조건부 권리를 특정 유증한 경우에는 법상태가 다르다. 특정 유증의 목적인 권리가 정지조건부인 경우 유증자의 사망 전에 조건이 성취된 때에는 무조건의 유증이 되고 조건이 불성취로 확정되면 유증의 효력도 발생하지 않는다. 유증의 목적이 해제조건부 권리인 경우 유증자의 사망 후 유증이 이행된 다음 해제조건이 성취된 경우에는 수증자는 조건성취시 또는 유증자가 정한 바에 따라 권리를 상실한다.[25]

　　관련된 문제로 조건부 권리를 유증한 경우와는 달리 유증 자체에 조건을 붙일 수도 있다. 이에 대하여는 §1073 Ⅱ과 §1089에 특별규정을 두고 있다. §1073 Ⅱ은 "유언에 정지조건이 있는 경우에 그 조건이 유언자의 사망 후에 성취한 때에는 그 조건성취한 때로부터 유언의 효력이 생긴다"고 규정하고 있고, §1089는 "정지조건 있는 유증은 수증자가 그 조건성취 전에 사망한 때에는 그 효력이 생기지 아니한다."고 규정하고 있다. §1073 Ⅱ에 의하면 유언자가 사망하더라도 조건성취된 때에 유증의 효력이 발생하므로 수증자는 조건성취시로부터 유증에 관한 권리를 행사할 수 있다. 다만 유증자의 사망시에 유언의 효력이 발생하므로 유언의 효력이 발생하였다면 아직 정지조건이 성취되지 않았더라도 조건부 권리를 취득한다고 볼 수 있다. 따라서 수증자는 유증 목적물에 관하여 보존행위를 하거나 재산분리를 청구할 수 있다($\S_{1045}$). 유증자의 사망 후 조건성취 전 수증자가 사망한 경우에는 유언의 효력 발생시 수증자가

---

23) 편집대표 윤진수, 주해상속법, 박영사, 2019, 514(이동진).
24) 구주해(3), 354(민형기), 주석 민법(3), 623(제5판/남성민).
25) 구주해(3), 354(민형기).

이미 사망한 경우와 마찬가지로 §1089에 따라 유증은 효력을 발생하지 않는다. 따라서 수증자의 지위는 수증자의 상속인에게 상속되지 않는다. 유언의 효력 발생시에 이미 정지조건이 성취된 경우에는 유언의 효력 발생시 무조건의 유증과 마찬가지로 수증자가 권리를 행사할 수 있다.

나아가 포괄유증에 정지조건이 붙어 있는 경우 포괄적 수유자는 조건성취 전에 상속재산분할협의에 참여할 수 있는지가 문제이다. 상속재산분할에 참가할 수 없다는 견해가 있다.[26] 조건부 포괄수유자가 있고 조건이 아직 성취되기 전에 상속재산분할을 하는 경우에는 강학상 상속인인지 여부가 불분명한 자가 있는 경우에 법적 처리가 참고가 될 수 있다. 그 중에서도 조건성취의 효력이 원칙적으로 소급하지 않는 점을 고려하면 상속재산분할협의시에는 권리를 행사할 수 없으므로 상속재산분할협의에 참가할 수 없다고 보아야 한다. 만약 조건부 포괄유증의 취지가 조건성취시 유증자의 사망시에 소급하여 권리를 취득시킬 의사인 경우에는 조건부 포괄수유자를 제외한 상속재산분할협의는 결국 조건부 포괄수유자의 권리를 해치는 것이 된다($\frac{\S}{148}$). 이러한 경우에는 상속인의 지위가 다투어지고 있는 자에 준하여 상속재산분할협의를 조건성취시까지 기다리거나[27] 조건부 포괄수유자가 받을 몫의 인도를 보류하거나 담보제공을 조건으로 분할을 하는 방법[28]을 고려할 수 있을 것이다. 실무적으로는 조건부 포괄수유자가 상속재산분할 협의에 참가를 요구하는 경우, 상속재산분할은 심판분할에 의할 수밖에 없고 이러한 경우에는 담보의 제공 등을 조건으로 분할을 명할 수 있다고 보아야 한다.[29] 포괄수유자의 참여 없이 상속재산이 분할되고 나중에 조건이 성취된 경우에는 조건부 포괄수유자는 상속인들을 상대로 상속회복청구의 소를 제기할 수 있는지가 문제이다. 이러한 경우에는 §1014를 유추하여 가액지급청구권만이 발생한다는 견해가 있다.[30] 일반적으로 조건성취의 소급효가 없는 경우에는 그와 같이 해석하는 것이 자연스럽다. 그러나 위와 같이 조건부 포괄유증의 취지가 조건성취의 효력을 유증자의 사망시로 소급시키는 것이라면 상속회복청구를 허용하고 권리행사기간은 조건성취시로부터 진행하는 것으로 취급하는 것이 타당하다.

---

26) 주해상속법(주 23), 731(현소혜).
27) 곽윤직, 상속법, 2004, 142.
28) 김주수·김상용, 친족상속법, 법문사, 2016, 715.
29) 윤진수, 친족상속법, 박영사, 428.
30) 김재호, "포괄적 유증" 재판자료 제78집, 1998, 372.

해제조건부 유증의 경우, 일반원칙에 따라 유증의 효력 발생시에 권리를 취득하고 해제조건의 성취로 권리를 상실한다. 유언의 효력 발생시 이미 조건이 성취된 경우에는 해제조건부 유증은 효력이 발생하지 않는다.

Ⅳ. 권리의 보존

조건부 권리의 현상을 유지하고 장래 조건이 성취되었을 때 조건부 권리자의 이익을 확보하기 위한 조치를 말한다.

1. 대항력의 구비

(1) 조건부 채권

조건부 채권을 양도한 경우, 무조건의 채권양도와 마찬가지로 조건부 채무자에 대한 통지와 승낙으로 대항력을 갖출 수 있다. 채권양도가 조건부로 이루어진 경우에는 조건성취 전에는 양도의 효력이 발생하지 않아 통지할 수 없고 조건성취 후 채무자에게 이를 통지하여 대항력을 갖추어야 한다.[31]

(2) 부동산에 관한 권리

정지조건부 부동산 매매 또는 증여를 한 경우, 조건부 권리자는 조건부 소유권이전등기청구권을 가등기할 수 있다. 소유권 이외에도 지상권, 지역권, 전세권, 저당권, 권리질권, 채권담보권, 임차권에 대한 조건부 권리에 대하여 가등기를 경료할 수 있다($\S\S 3, 88$ 부동). 정지조건부 물권행위에 의하여 조건부 권리를 취득한 경우에도 가등기를 할 수 있다. 부동산에 관한 해제조건부 법률행위의 경우에는 권리소멸의 약정으로 등기할 수 있고($\S 54$ 부동), 해제조건 성취로 부동산의 소유권 등 권리를 회복하는 자는 조건부 소유권이전등기청구권의 보존을 위하여 가등기를 하는 것도 가능하다[32].

이와 같이 조건부 소유권 등에 관하여 가등기를 경료한 경우, 조건성취 후 가등기에 기한 본등기를 경료하면 가등기의 순위보전적 효력에 따라 가등기 이후 부동산에 관하여 등기상의 권리를 취득한 제3자에 대하여 조건성취로 취득한 권리로 대항할 수 있다. 나아가 가등기에 의해 보존된 조건부 권리를

---

31) 주석 민법(3), 645(제5판/남성민).
32) 양창수(주 16), 212, 주석 민법(3), 650(제5판/남성민).

제3자에게 양도하는 경우에는 가등기에 대한 부기등기의 방식으로 가등기상
의 조건부 권리의 양도를 등기함으로써 그 양도 사실로 제3자에게 대항할 수
있다.[33]

2. 보전처분

(1) 가 압 류

조건부 채권이 금전채권이거나 금전채권으로 환산할 수 있는 채권에 관한
것인 때에는 조건성취시 그 강제집행을 보전하기 위하여 가압류를 할 수 있다.
가압류의 피보전권리는 가압류신청 당시 확정적으로 발생되어 있어야 하는 것
은 아니고, 이미 그 발생의 기초가 존재하는 한 조건부 채권이나 장래에 발생
할 채권도 가압류의 피보전권리가 될 수 있다($\genfrac{}{}{0pt}{}{\text{민집}}{\S 276\,\text{II}}$).[34]

(2) 가 처 분

가처분은 금전 채권 이외에 특정의 지급을 목적으로 하는 청구권을 보전
하거나 또는 다툼 있는 권리관계에 관하여 임시의 지위를 정하기 위한 조치이
다. 가압류에 있어서와 마찬가지로 가처분의 피보전권리 역시 가처분 신청시
에 확정되어 있을 필요는 없고 발생의 기초가 존재하는 것으로 충분하므로,[35]
조건부 청구권을 피보전권리로 하여 가처분할 수 있다.[36]

3. 재판상 청구

조건부 권리에 관하여 조건의 성취 전에 단순 이행청구소송을 제기하는
경우에는 기각될 수밖에 없으나 동 판결이 확정되더라도 변론 종결 후 조건이
성취되면 다시 소를 제기할 수 있다.[37] 그러나 민소 §251는 미리 청구할 필요
가 있는 경우에는 장래에 이행할 것이라도 미리 청구할 수 있다. 따라서 조건
미성취의 청구권에 대하여 채무자가 미리 채무의 존재를 다투는 등 조건이 성
취되더라도 채무자의 임의의 이행을 기대할 수 없는 경우에는 조건성취 전이
라도 소를 제기할 수 있다.[38] 그러나 조건이 성취될 때에 채무자의 무자력으로

---

33) 대판(전) 98.11.19, 98다24105(집 46-2, 296).
34) 대판 93.2.12, 92다29801(공 93상, 969).
35) 대결 02.9.27, 2000마6135(공 02, 2543), 대결 13.6.14, 2013마396(공 13하, 1441).
36) 주석 민법(3), 649(제5판/남성민), 대판 02.8.23, 2002다1567(공 02, 2204).
37) 대판 02.5.10, 2000다50909(공 02상, 1342).
38) 대판 04.9.3, 2002다37405(공 04하, 1640).

말미암아 집행이 곤란해진다든가 또는 이행불능에 빠질 사정이 있다는 것만으로는 미리 청구할 필요가 있다고 할 수 없다.[39] 조건부 권리자는 장래이행의 인용판결을 받더라도 곧바로 집행할 수 없고 조건의 성취를 증명하여야 집행문을 부여받을 수 있다($\S 30 \text{ 민집} \text{ II}$).

4. 채권자대위권 및 채권자취소권의 행사

§404 Ⅱ은 기한 미도래의 채권에 대해서는 법원의 허가를 얻어 채권자대위권을 행사할 수 있도록 규정하고 있으나 조건 미성취의 채권에 관해서는 달리 규정이 없다. 학설로서는 조건부 권리는 조건성취 전에는 보전할 채권이 확정되지 않으므로 보전의 필요가 인정되지 않는다는 견해가 있다.[40] 그러나 판례는 조건부 채권이라도 보전 필요성을 개별 구체적으로 평가하여 판단하는 태도를 취하고 있다.[41]

나아가 조건부 채권을 피보전권리로 하여 채권자취소권을 행사할 수 있는지도 문제이다. 채무자의 법률행위가 자력의 감소를 가져오더라도 피보전권리의 침해 여부가 조건성취에 의하여 비로소 확정될 수 있다는 점에서 조건 미성취의 채권을 피보전권리로 하는 채권자취소권의 행사를 부인하는 견해가 있으나,[42] 취소채권자의 채권이 정지조건부채권이라 하더라도 장래에 정지조건이 성취되기 어려울 것으로 보이는 등 특별한 사정이 없는 한, 정지조건 성취 전이라도 이를 피보전채권으로 하여 채권자취소권을 행사할 수 있다.[43]

조건부 권리가 채권자대위권이나 채권자취소권의 대상이 되는지도 문제이다. 조건부 권리는 조건성취 전에는 권리 그 자체를 행사할 수 없으나 조건부 권리의 보존을 위한 조치는 대위 행사할 수 있다고 보아야 한다. 조건부 법률행위라도 그 조건의 성취로 무자력이 되는 때에는 이를 사해행위로 취소할 수 있다. 판례는 채무자의 재산처분행위가 사해행위가 되는지는 처분행위 당시를 기준으로 판단하여야 하며, 이는 재산처분행위가 정지조건부인 경우라 하더라도 특별한 사정이 없는 한 마찬가지라고 본다.[44]

---

39) 대판 00.8.22, 2000다25576(공 00, 2013).
40) 구주해(3), 358(민형기).
41) 대판 07.5.10, 2006다82700, 82717(공 07상, 857), 주석 민법(3), 654(제5판/남성민).
42) 구주해(3), 358(민형기).
43) 대판 11.12.8, 2011다55542(공 12상, 113).
44) 대판 13.6.28, 2013다8564(공 13하, 1329).

5. 도산절차의 참가

(1) 회생절차의 참가

회생채권자로서 회생절차에 참가하기 위해서는 회생절차 개시 전의 원인으로 생긴 재산상 청구권($^{회생}_{채권}$)이 인정되어야 한다. 따라서 회생절차 개시 전에 성립된 조건부 법률행위에 의하여 조건부 채권이 발생하였다면 조건성취 전이라도 회생채권자로서 회생절차에 참가할 수 있다. 다만 회생절차에서 행사할 수 있는 의결권의 액수는 회생절차 개시 당시를 기준으로 평가한 금액이다($^{도산}_{§138}$).

(2) 파산절차의 참가

채무자가 파산선고를 받으면 조건부 채권자는 파산절차에 참가할 수 있다. 회생절차에서와는 달리 파산절차에서는 조건부 채권 전액을 가지고 파산채권액으로 한다($^{도산}_{§426}$). 조건부 파산채권자는 무조건의 채권과 마찬가지로 채권 전액에 대하여 파산채권으로 확정을 받지만, 배당절차에서 파산관재인은 정지조건부 파산채권에 대한 배당액을 임치하여야 한다($§519^{동법}_{(iv)}$). 그리고 최후의 배당에 관한 제척기간 내에 그 조건이 성취되지 않으면 그 조건부 채권자는 최종적으로 배당에서 제외된다($^{동법}_{§523}$). 해제조건부 파산채권자의 경우에는 배당을 받기 위하여 담보를 제공하여야 한다($^{동법}_{§516}$). 해제조건이 최후의 배당을 위한 제척기간 내에 성취되지 않은 때에는 제공하는 담보는 효력을 상실하고 파산관재인은 임치한 담보금을 조건부 채권자에게 지급하여야 한다($^{동법}_{§524}$).

6. 압   류

장래 발생할 조건부 채권이라도 현재 그 권리의 특정이 가능하고 그 가까운 장래에 발생할 것임이 상당 정도 기대되는 경우에는 압류할 수 있다.[45] 나아가 정지건부 채권에 대하여 전부명령을 받았더라도 전부명령의 효력은 조건의 성취시에 발생하므로 정지조건부 채권에 대한 전부명령의 집행만으로 채권자의 채권은 확정적으로 소멸한 것으로 볼 수 없다.[46]

---

45) 대판 82.10.26, 82다카508(공 83, 61).
46) 대판 78.5.23, 78다441(집 26-2, 84).

V. 조건부 권리를 위한 담보설정

1. "담보로 할 수 있다"의 의미

본조 "조건의 성취가 미정한 권리의무는 … 담보로 할 수 있다." 문언의 의미 자체는 분명하지 않다. 대체적인 견해는 조건부 권리를 담보로 제공하는 것이 아니라 조건부 권리를 위하여 담보가 제공될 수 있음을 의미하는 것으로 해석한다.[47] 반면에 문언이 불분명한 만큼 조건부 권리를 담보의 목적으로 제공할 수 있다는 점도 아울러 규정한 것으로 이해하는 학설도 있다.[48] 그렇게 해석하지 않더라도 조건부 권리를 담보의 목적으로 제공하는 것은 조건부 권리에 대한 처분의 일종으로 허용된다는 점에는 차이가 없다.[49] 무엇보다도 본조가 좇고 있는 의용민법 § 129는 "… 당사자의 권리의무는 … 그를 위하여 담보를 제공할 수 있다($\begin{smallmatrix}\text{そのために担保を供}\\\text{することができる}\end{smallmatrix}$)"라고 하여 그 취지를 명확히 하고 있는데, 입법과정에서 이와 다른 의미를 부여한 것이라고 볼 근거가 없다.

조건부 권리나 기한부 권리는 장래의 시점에서 권리 발생이 확정되어 이를 행사할 수 있게 된다. 종기의 도래 또는 해제조건의 성취로 처분한 권리를 회복하게 되는 경우에도 마찬가지이다. 따라서 법률행위 성립시로부터 장래 조건의 성취로 인한 권리 확정시까지의 소요 시간에 따른 불이행의 리스크를 배제하고 조건부 법률행위의 장래 이행을 확보하기 위하여 담보 제공의 필요성이 크다. 그리하여 본조에서 조건부 권리를 위하여 담보가 제공될 수 있음을 일반적으로 규정하는 한편, 그 밖에 장래의 채권에 대하여 담보를 청구할 수 있음을 규정하고 있다($\begin{smallmatrix}\S\S\,206,\\443,\ 671\end{smallmatrix}$ 등). 따라서 조건부 권리를 위하여도 물적 담보를 제공할 수 있다. 독일민법은 조건부 권리를 위하여 저당권이나 질권이 설정될 수 있음을 명시적으로 규정하고 있다.[50] 이 점에 있어서 본조는 조건부 권리에 관하여 담보물권의 부종성의 원칙을 완화하고 있다고 이해할 수 있다.

---

47) 구주해(3), 358(민형기), 고상룡, 640, 김기선(주 7), 365, 김주수·김상용, 508.

48) 주석 민법(3), 658(제5판/남성민), 고상룡, 640, 김상용, 화산미디어, 2014, 695.

49) 김주수·김상용, 508.

50) 독민 § 1113 Ⅱ 저당권은 장래의 채권 또는 조건부 채권을 위하여도 설정할 수 있다. 동법 § 1204 Ⅱ 질권은 장래의 채권 또는 조건부 채권을 위하여도 설정할 수 있다. 양창수, 독일민법전, 박영사, 2015.

2. 조건부 권리를 위한 담보의 종류

(1) 인적담보

조건부 권리를 위하여 보증인을 세워 인적담보를 설정할 수 있다. 주채무가 조건부이므로 보증채무도 조건부로 성립하고 장래 조건성취로부터 보증채권을 행사할 수 있다. 채권 이외의 권리 담보를 위하여 보증인을 세운 경우에는 손해담보계약의 성질을 갖는다.[51]

(2) 물적담보

물적담보는 부종성의 원칙의 지배를 받지만, 유치권과 달리 약정담보물권의 설정에 있어서는 부종성의 원칙을 완화하여 조건부 채권과 같이 장래 발생할 채권을 피담보채권으로 하는 저당권이나 질권의 설정이 가능하다.[52] 본조에 의하여 장래 조건성취시 발생할 조건부 채권의 담보를 위하여 현재 물적담보를 설정할 수 있다. 이때 조건부 채권을 피담보채권으로 하는 저당권과 질권이 언제 효력을 발생하는가가 문제인데, 채권이 성립하지 않으면 우선변제권을 행사할 수 없기 때문이다. 그러나 조건부 채권을 피담보채권으로 하는 담보권 전부가 조건부로 성립하는 것은 아니어서 우선변제권을 제외하고는 담보설정시부터 담보권의 일반적 효력을 갖는다고 보아야 한다.[53]

조건부 권리자가 그 의무자에 대하여 조건성취시의 권리 실현을 확보하기 위하여 담보제공을 요구할 수 있는지가 문제인데, 법률에 특별한 규정이 없는 한 담보제공에 관한 당사자의 합의가 있어야 한다. 가령 점유자가 점유의 방해를 받을 염려가 있는 때에는 손해배상의 담보를 청구할 수 있고($\S^{206}_1$), 수탁보증인의 사전구상으로 주채무자가 보증인에게 배상하는 경우, 주채무자는 그 보증인에게 담보를 제공할 것을 요구할 수 있으며($\S_{688}$), 수임인이 위임사무 처리에 필요한 채무를 부담한 때에는 그 채무가 변제기에 있지 아니한 때에는 위임인에게 상당한 담보를 제공하게 할 수 있고($\S_{688}$), 이는 사무관리자가 본인을 위하여 필요 또는 유익한 채무를 부담하는 때에도 마찬가지이다($\S^{739}_{II}$).

[박 인 환]

---

51) 주석 민법(3), 659(제5판/남성민).
52) 곽윤직·김재형, 물권법, 박영사, 2014, 401.
53) 주석 민법(3), 659(제5판/남성민), 곽윤직·김재형(주 52), 439.

第 150 條(條件成就, 不成就에 對한 反信義行爲)

① 條件의 成就로 因하여 不利益을 받을 當事者가 信義誠實
에 反하여 條件의 成就를 妨害한 때에는 相對方은 그 條
件이 成就한 것으로 主張할 수 있다.

② 條件의 成就로 因하여 利益을 받을 當事者가 信義誠實에
反하여 條件을 成就시킨 때에는 相對方은 그 條件이 成就
하지 아니한 것으로 主張할 수 있다.

Ⅰ. 본조의 의의

본조에 관하여, 입법 당시 법제사법위원회 민법안소위원회에서의 원안은
'성취한 것으로 간주할 수 있다'를 '주장할 수 있다'로 수정한 것 외에는 의용
민법 §130의 취지를 그대로 답습하여 "조건의 성취에 의하여 불이익을 받을
당사자가 고의로 조건의 성취를 방해한 때에는 상대방은 그 조건이 성취한 것
으로 주장할 수 있다."고 규정되어 있었다.[1] 이에 대하여 민법안소위원회에서
는 '성취에 의하여'를 '성취로 인하여'로 자구를 수정하고, "草案은 現行法의
用語에 따라「故意로」로 規定하였으나 獨民法 第162條, 瑞債權法 第156條等의
例에 의하면「信義誠實에 反하여」로 되어 있고 中民은「正當하지 아니한 行爲
로」로 되어 있고, 滿民은「不當히」로 되어 있다. 이것은 亦是「故意로」보다는
「信義誠實에 反하여」로 修正하는 것이 좋을 것이다."라는 의견하에 의용민법
§130 중 '고의로'를 '신의성실에 반하여'로 수정하고, 이어서 독민 §162 Ⅱ,
중민 §101 후단, 민주국민법 §144 Ⅱ에도 입법례가 있고 또 종래 학설상 인

---

1) 민의원 법제사법위원회 민법안심의소위원회 편, 민법안심의록(상), 1957, 96.

정되어 온 것이라는 이유에서 제2항의 신설에 합의하였다.[2] 수정안은 국회 본
회의 심의에서도 별다른 이견 없이 통과되어 본조에 이르게 되었다. 외국의 입
법례들이 '간주한다'($^{독일, 스위}_{스, 중화민국}$)나 '간주할 수 있다'($^{일본}_{만주국}$)로 규정하는 것과 달리
원안과 수정안은 모두 '주장할 수 있다'로 규정하고 있는데 이는 당시의 학설
을 반영한 것이다.[3]

　　본조의 취지를 살펴본다. 조건부 법률행위의 효력은 조건의 성취 여부에
좌우되고 그로 인하여 권리를 취득하거나 의무를 면하는 당사자는 조건의 성
취 여부에 큰 이해관계를 갖게 된다. 그로 인하여 조건부 권리의무의 당사자에
게는 부정 부당한 방법으로 조건을 성취시키거나 방해하려는 부적절한 유인이
발생한다. 본조는 이러한 부적절한 유인에 의하여 조건부 법률행위 체결의 목
적이 좌절되지 않도록, 선의성실에 반하여 조건성취를 방해하거나 조건을 성
취시킨 때에는 상대방이 조건의 성취 또는 불성취를 주장할 수 있다고 규정하
고 있다. 부정 부당한 방법으로 조건의 성취 또는 불성취를 달성시킨 경우에
그에 따른 법률효과를 인정하여 부정 부당한 수단을 사용한 당사자가 이득을
얻도록 하는 것은 신의성실의 원칙에 반하여 허용될 수 없기 때문이다. 본조가
신의성실의 원칙에 관한 일반규정인 §2의 취지를 조건성취와 관련하여 구체
적으로 표현한 것이라고 설명하기도 한다.[4]

　　부정 부당한 방법으로 조건을 성취하거나 방해하는 것은 조건부 권리에
대한 침해의 한 형태이고, 부정 부당한 방법으로 조건성취를 방해하거나 조건
을 성취시킨 자가 조건부 계약의 당사자인 경우에는 채무불이행에 해당한다.
따라서 본조는 §148에 대한 특별규정에 해당한다. §148가 조건부 권리의 침

---

2) 민법안심의록(상)(주 1), 96. 2017년 일본민법 개정으로 동 §130 Ⅱ에 의하여 본조
제2항과 거의 같은 취지의 규정이 신설되었다. "条件が成就することによって利益を受ける
当事者が不正にその条件を成就させたときは、相手方は、その条件が成就しなかったものとみ
なすことができる(조건이 성취함으로써 이익을 받는 당사자가 부정하게 그 조건을 성취시
킨 때에는 상대방은 그 조건이 성취하지 않았던 것으로 볼 수 있다) 이 규정의 신설 경위
에 비추어 '不正に'라는 문언은 신의칙위반행위로 한정하는 취지이다. 입법과정에서 §130
Ⅰ과 Ⅱ의 균형상 제1항에 대해서도 '不正に'라고 규정하는 것을 검토하였으나 종전과 의
미 내용에 있어서는 달라지는 것이 없음에도 규정을 변경함으로써 오해를 낳을 가능성이
있으므로 제1항의 문언에는 변경을 하지 않기로 하였다. 그 때문에 제1항은 '고의로 조건
의 성취를 방해한 때' 제2항에서는 '부정하게 그 조건을 성취시킨 때'로 다르게 규정되게
되었다. 다만 제2항의 신설이 제1항의 해석에도 영향을 미칠 가능성이 있다고 한다. 潮見
佳男 외 편, Before/After 民法改正, 弘文堂, 2017, 57.
3) 명순구, 실록대한민국민법(1), 법문사, 2008, 400.
4) 주석 민법(3), 663(제5판/남성민).

해에 대하여 조건성취로 인한 법률효과의 발생 대신에 조건의 성취에 상응한 손해배상($^{이행이익}_{의 배상}$)을 통하여 조건부 권리를 소극적으로 보호하는 취지인 데 반하여, 본조는 조건성취로 인하여 당사자가 의도한 법률효과를 인정함으로써 보다 적극적으로 조건부 권리를 보호하는 취지라고 이해할 수 있다. 특히 본조는 §148에 의한 보호의 경우에 손해입증의 부담 내지 곤란으로 조건부 권리 보호가 불완전해 지는 것을 보완한다는 점에서도 그러하다.[5]

II. 조건성취의 의제

본조의 적용 대상인 조건부 법률행위는 전정한 조건부 법률행위에 한한다. 불법조건이나 기성조건 또는 불능조건과 같은 하자 있는 조건의 법률행위는 그 조건의 성부가 이미 확정되어 있어서 그 성취를 방해한다거나 성취한다는 것을 상정할 수 없기 때문이다.[6] 조건은 정지조건이든 해제조건이든 묻지 않는다.

1. 당 사 자

본조 제1항 조건의 성취로 인하여 불이익을 받을 당사자란 조건성취로부터 직접 불이익을 받는 당사자를 가리킨다. 가령 조건의 성취에 의하여 권리를 상실하거나 채무를 부담하게 되는 자이다. 이는 정지조건에 있어서나 해제조건에 있어서나 마찬가지이다. 가령, 정지조건부 매매나 증여에 있어서 매도인, 해제조건부 매매나 증여에 있어서 매수인이 여기에 해당한다. 조건부 법률행위 체결 당사자뿐 아니라 해제조건부 제3자를 위한 계약에 있어서 제3자,[7] 조건부 채무의 보증인도 조건의 성취에 의하여 직접 불이익을 받는 자이다.[8] 나아가 이러한 자의 포괄승계인도 역시 조건의 성취에 의하여 불이익을 받는 자에 해당한다.[9] 반대로 해제조건부 법률행위로 권리를 취득한 자의 채권자와 같이 조건의 성취로 인하여 간접적으로 불이익을 받는 자는 여기에 해당하지

---

[5] 구주해(3), 360(민형기).
[6] 구주해(3), 361(민형기).
[7] 주석 민법(3), 665(제5판/남성민).
[8] 대판 98.12.22, 98다42356(공 96상, 198).
[9] 구주해(3), 361(민형기).

않는다.[10)

그러나 정지조건부 매매 또는 증여에 있어서 조건부 매도인이나 조건부 증여자로부터 목적물을 취득한 자 또는 해제조건부 매매나 증여에 있어서 조건부 매수인이나 조건부 수증자로부터 목적물을 취득한 전득자나 이를 압류한 채권자가 본조가 적용되는 '당사자'에 해당하는지 여부에 대하여는 명확하지 않다.[11) 조건부 소유권이전등기청구권의 목적물을 매수한 자는 정지조건의 성취로 직접 그 소유권을 상실하는 자가 되므로 당사자에 포함되어도 무방하다거나[12) 해제조건부 계약으로부터 발생한 권리를 취득한 제3자가 조건성취를 방해하는 경우에는 본조의 적용을 받는다는 견해도 있다.[13) 먼저 학설이 제3자를 위한 계약의 제3자와 조건부 채무의 보증인도 조건성취에 의하여 직접 불이익을 받는 자라고 하는 이상, 본조의 당사자를 조건부 법률행위의 당사자로 한정해서 해석하기는 어렵다. 뿐만 아니라 조건부 권리가 등기나 인도에 의하여 공시방법을 갖춘 경우 위 취득자나 전득자, 압류 채권자는 조건의 성취로 인하여 직접 불이익을 받는 자임에는 의문이 없다. 조건성취로 인하여 곧바로 취득한 권리를 잃고 조건부 권리자에게 대항할 수 없기 때문이다. 따라서 이러한 자들을 당사자로 보아 본조를 적용하는 것은 신의성실의 원칙에 근거한 본조의 입법 목적에 비추어도 부당하다고 할 수 없다.

2. 신의칙에 반하는 방해행위

(1) 방해행위의 태양

방해행위의 태양에는 제한이 없다. 법률행위이든 사실행위이든 작위이든 부작위이든 따지지 않는다. 가령, 갑이 을로부터 대지를 매수하되 그 대지 위에 있는 건물이 타인 소유로서 매매계약시에 철거소송을 하지 않고서는 그 건물의 철거가 어려우리라는 점을 예상하고 을이 약정된 날까지 철거해 줄 것을 조건으로 매매계약을 체결하였는데, 을이 대지의 소유 명의를 소외 A 앞으로 이전하여 철거소송을 제기하였으나 당시 건물 소유자가 항의한다는 이유로 위

---

10) 곽윤직·김재형, 404.
11) 일본의 대표적인 주석서인 (구판)주석민법(4), 361과는 달리 신판주석민법(4), 663 이하는 특히 각 전득자가 일민 §1309 조건이 성취됨으로써 불이익을 받는 당사자에 해당한다고 본다. 다만, 조건성취의 의제로 권리를 취득하는 자와 고의로 조건성취를 방해한 전득자 사이의 권리 귀속의 우열관계는 대항력의 문제로서 다룬다.
12) 고상룡, 634.
13) 주석 민법(3), 665(제5판/남성민).

A에게 법원에 출석하지 말라고 한 결과 그 소송은 취하 간주로 종결되고 건물 소유자에게 자진철거를 권유하지 아니하여 조건 불성취의 결과를 초래하였다면, 갑의 조건이 성취된 것으로 볼 수 있다고 하여 부작위에 의한 방해행위를 인정한 사례가 있다.[14]

(2) 신의성실에 반할 것

방해행위가 신의칙에 반하는 것이어야 한다. 의용민법 §130는 '고의'의 방해행위를 요구하였으나 본조에서는 신의성실에 반한 방해행위로 충분하고 반드시 고의를 요구하지 않는다. 판례도, 상대방이 하도급 받은 부분에 대한 공사를 완공하여 준공필증을 제출하는 것을 정지조건으로 하여 공사대금채무를 부담하거나 위 채무를 보증함으로써 조건의 성취로 인하여 불이익을 받을 당사자의 지위에 있는 사람이 위 공사에 필요한 시설을 해주지 않았을 뿐만 아니라 공사장에의 출입을 통제함으로써 위 상대방으로 하여금 나머지 공사를 수행할 수 없게 하였다면, 그것이 고의에 의한 경우만이 아니라 과실에 의한 경우에도 신의성실에 반하여 조건의 성취를 방해한 때에 해당한다고 본다.[15]

반대로 조건성취를 방해하는 행위라도 상대방의 동의가 있거나 수의조건인 때에는 신의칙위반이라고 하기 어렵다.[16]

그 밖에 신의칙에 반하는 방해행위에 관한 재판례를 본다.

갑 주식회사의 보통주를 기초자산으로 하여 중간평가일의 종가인 평가가격이 발행일의 종가인 기준가격보다 높거나 같을 경우 중도상환금을 지급하는 주가연계증권을 발행하여 을등 투자자에게 판매한 병 증권회사가 중간평가일의 장 종료 무렵 기준가격에 미치지 못하는 가격으로 대량의 매도 주문을 함에 따라 장 종료 10분 전까지 기준가격을 상회하던 갑 회사의 보통주 가격이 기준가격 아래로 떨어져 중도상환조건의 성취가 무산된 사안에서, 병 회사의 행위가 을등에 대한 투자자보호의무를 게을리한 것으로서 신의성실에 반하여 주가연계증권의 중도상환조건 성취를 방해한 것이라고 볼 여지가 충분하다고 보았다.[17]

갑이 A 주식회사의 을 대주주들과의 사이에 적자경영상태의 A 회사를 흑자경영으로 전환시키면 을들이 소유하는 A 회사의 주식 5퍼센트를 공로주로

---

14) 대판 67.12.5, 67다2231(미간행).

15) 대판 98.12.22, 98다42356(공 99, 198).

16) 구주해(3), 362(민형기).

17) 대판 15.5.14, 2013다2757(공 15상, 785), 대판 15.5.14, 2013다3811(미간행).

양도하기로 약정을 하였는데, 갑이 대표이사 취임 후 거래은행으로부터 융자 내락을 받아 회사가 재건될 조짐을 보이자 을들이 조건성취를 방해할 목적으로 갑의 사퇴를 강요하여 갑을 대표이사직에서 강제로 사퇴케 함으로써 신의 성실원칙에 반하여 흑자경영이라는 조건을 성취 못하게 하였으므로 위 조건을 성취된 것으로 간주하여야 한다고 갑이 주장한 사안에서, 판례는 갑이 대표이사직을 사임하고 회사 부회장에 취임하여 근무한 사실에 비추어 을들이 갑으로부터 대표이사직을 박탈하였거나 갑을 대표이사직으로부터 강제 해임하였다고 보기 어려우므로 을들이 신의성실원칙에 반하여 위 공로주양도약정상의 조건의 성취를 방해하였다고 단정할 수 없다고 보았다.[18]

그 밖에 승소 조건부 보수약정에 부수하여 소취하시는 승소로 간주하여 사금(謝金)을 지급한다는 변호사와 사건의뢰인 간의 특약은 의뢰인의 신의에 반한 행위를 제지하기 위한 것이므로, 승소의 가망 있는 소송을 부당하게 취하하여 변호사의 조건부 권리를 침해하는 경우에 한하여 적용되고, 승소 가망이 전혀 없는 소송취하의 경우에는 적용이 없다고 보아, 본조와 같은 취지의 특약에 대하여 신의칙 위반을 부인한 예가 있다.[19]

(3) 방해행위와 조건불성취의 인과관계

방해행위와 조건의 불성취 사이에는 인과관계가 있어야 한다. 방해행위가 있더라도 조건이 성취된 경우에는 본조의 적용이 없다. §148 조건부 권리 침해로 인한 손해배상만이 문제될 수 있다. 방해행위가 있었으나 다른 원인으로 조건이 성취되지 않은 경우에도 본조의 적용은 없다.

3. 효   과

(1) 조건성취의 주장 가능성

의용민법에서는 조건성취를 고의로 방해하는 경우에 조건성취로 의제하였으나 본조는 상대방은 조건이 성취한 것으로 주장할 수 있다고 규정하고 있다. 조건성취로 의제하기 위하여 상대방의 의사를 요하는 것이다. 통설은 상대방의 일방적 의사로 조건성취 의제의 효력이 발생한다는 점에서 형성권으로 본다.[20] 이에 대해서는 우리 민법에 있어서도 신의성실에 반하는 조건성취의 방

---

18) 대판 90.3.27, 88다카2868(공 90, 949).
19) 대판 79.6.26, 77다2091(공 79, 12035).
20) 구주해(3), 363(민형기), 주석 민법(3), 671(제5판/남성민), 고상룡, 635, 곽윤직 · 김재형, 405, 김기선, 한국민법총칙, 법문사, 1991, 367, 김대정, 1170, 김용한, 민법총칙, 박영

해 또는 조건성취의 조장이 있는 때에는 이러한 방해, 조장이 없었더라면 발생하였을 법률효과가 발생하는 것으로 의제된다는 주장도 있다. 논지는 이렇게 해서 발생하는 법률효과를 당사자가 주장하느냐의 여부는 다른 법률효과의 주장에 있어서와 동일하게 당사자에게 일임되는 것이므로 본조 '주장할 수 있다'고 규정하는 것은 바로 이러한 취지를 규정한 것에 불과하다는 것이다.[21] 본조 문언의 취지를 조건성취 의제의 법률효과에는 상대방의 의사표시를 요하는 것으로 보는 것이 적당하므로 일종의 형성권이라고 보는 통설의 견해가 타당하다.

(2) 조건성취 의제의 시점

다수설은 조건이 성취된 것으로 의제되는 시기는 신의성실에 반하는 방해행위가 없었더라면 조건이 성취되었을 것이라고 인정되는 시점이고,[22] 이러한 시점을 확정할 수 없는 경우에는 조건의 성취가 방해된 시점이라고 본다.[23] 이에 대하여 소수설은 조건성취의 의제는 조건의 성취를 주장하여야 하는 것이므로 조건성취를 주장한 시점이라고 보아야 한다고 한다.[24] 소수설에 대해서는 지연손해금의 기산점 등 법률관계를 불안정하게 만들 수도 있다는 비판이 있다.[25] 판례는 다수설과 같이, 조건이 성취된 것으로 의제되는 시점은 이러한 신의성실에 반하는 행위가 없었더라면 조건이 성취되었으리라고 추산되는 시점이라고 본다.[26]

(3) 손해배상청구권

조건성취를 방해하거나 조장하는 행위는 조건부 권리에 대한 침해행위에도 해당하므로 상대방은 §148에 따른 손해배상청구권도 행사할 수 있고, 상대방은 조건성취의 의제를 주장하거나 손해배상을 선택적으로 행사할 수 있다. 손해배상을 받으면 조건성취의 효과는 목적달성에 의하여 소멸하고 조건성취의 효과를 주장하면 손해가 없어 손해배상청구권은 소멸한다는 견해가 통설이다.[27] 그러나 방해행위의 태양에 따라서는 조건성취의 의제에도 불구하고 손

　사, 1997, 624, 김주수 · 김상용, 504, 명순구, 545, 송덕수, 민법총칙, 박영사, 2015, 474.

21) 이영준, 681.

22) 곽윤직 · 김재형, 405, 김대정, 1170.

23) 이영준, 681, 김증한 · 김학동, 624, 송덕수(주 20), 474.

24) 김주수 · 김상용, 504, 김상용, 민법총칙, 화산미디어, 2014, 692.

25) 주석 민법(3), 672(제5판/남성민).

26) 대판 98.12.22, 98다42356(공 92, 198).

27) 구주해(3), 363(민형기) 이하, 주석 민법(3), 672(제5판/남성민), 고상룡, 635, 곽윤직 ·

해가 남아 있는 경우를 배제할 수 없으므로 조건성취의 의제와 손해배상을 동시에 청구하는 것이 배제된다고 볼 수 없다. 다만 이중배상의 결과가 되는 것이 허용되지 않음은 물론이다.

Ⅲ. 조건불성취의 의제

조건의 성취로 이익을 얻을 당사자가 신의성실에 반하여 조건을 성취시킨 때에는 상대방은 조건이 성취되지 않은 것이라고 주장할 수 있다. 그 요건이나 효과는 신의성실에 반하여 조건성취를 방해한 경우에 준하여 이해할 수 있다.[28] 재판례로서는, 청과물 수입, 판매업자인 갑이 수출입 대행업체인 소외 A 무역회사와의 사이에 갑이 필리핀으로부터 바나나를 수입하기 위한 수입대행계약을 체결하였으나 약정된 선적기일까지 바나나의 선적이 이루어지지 않게 되자, 갑이 바나나 수출업자에게 지급한 선수금 및 선박운임에 대하여 A 무역회사가 특정 일자까지 바나나를 인도하고, 만일 이를 인도하지 못하는 경우에는 갑에게 그 다음날까지 위 선수금과 선박운임을 반환하기로 약정하고 을등이 위 A 무역회사의 반환채무를 각 연대보증한 사안에서, 이 사건 선수금 및 선박운임 상당의 금전반환채무는 특정 일자까지 바나나를 인도할 것을 해제조건으로 하는 것으로 볼 수 있으나, 갑으로서는 위 해제조건이 성취된다 하여도 위 선수금 및 선박운임에 해당하는 금액만큼 수입한 바나나를 인도받는 셈이 되어 이를 금전으로 반환받는 경우에 비해 아무런 불이익을 받는 것이 없으며, 갑이 신용장을 개설하지 아니한 것은 (당초) 갑과 A 무역회사 사이에 갑의 신용장의 개설에 있어서 신용장상의 원산지를 제외한 일체의 합의사항에 대하여 A 회사의 요청에 따라 응하기로 합의된 바 있는데 갑과 A 회사 사이에 신용장상의 내용에 관하여 합의가 되지 아니하였기 때문인 것이므로, 위 신용장이 개설되지 아니한 것이 전적으로 갑의 책임이라고 볼 수 없다는 이유에서, 갑이 비록 신용장을 개설하지 아니하여 A 회사가 이 사건 물품을 수입하여 인도할 수 없게 되었다 하더라도 이는 해제조건의 성취로 인하여 불이익을 받을 당사

김재형, 405, 김기선(주 20), 368, 김상용(주 24), 692, 김용한(주 20), 428, 김주수·김상용, 504, 김증한·김학동, 624, 명순구, 545, 송덕수(주 20), 475, 이영준, 682.

28) 구주해(3), 364(민형기), 주석 민법(3), 672(제5판/남성민).

자가 그 귀책사유로 인하여 이를 방해한 경우에 해당되지 아니한다고 판단한
사례가 있다.[29]

[박 인 환]

第 151 條(不法條件, 旣成條件)

① 條件이 善良한 風俗 其他 社會秩序에 違反한 것인 때에는
그 法律行爲는 無效로 한다.

② 條件이 法律行爲의 當時 이미 成就한 것인 境遇에는 그
條件이 停止條件이면 條件없는 法律行爲로 하고 解除條件
이면 그 法律行爲는 無效로 한다.

③ 條件이 法律行爲의 當時에 이미 成就할 수 없는 것인 境
遇에는 그 條件이 解除條件이면 條件없는 法律行爲로 하
고 停止條件이면 그 法律行爲는 無效로 한다.

Ⅰ. 본조의 의의와 입법경위

1. 의   의

본조는 조건 가운데 조건으로서의 효력을 가질 수 없는 것들에 관하여 규

---

29) 대판 96.1.23, 94다21665(공 96, 655).

정을 하고 있다. 이렇게 조건으로서의 효력이 없는 조건을 가장조건[1] 또는 하자 있는 조건이라고 한다.[2] 본조에서는 조건에 관한 규정이 종종 유추적용되는 법정조건 외에 불법조건, 기성조건(불능조건)의 취급에 관하여 규정을 하고 있다.

2. 입법경위

본조는 의용민법 §131와 §132를 합하여 하나의 조문으로 한 것이다. 의용민법 §131 Ⅰ과 Ⅱ은 본조 Ⅱ과 Ⅲ과 같은 취지를 규정하고 있고, §132는 본조 Ⅰ의 취지와 유사하게 "不法ノ条件ヲ附シタル法律行爲ハ無效トスル不法行爲ヲ爲ササルヲ以テ條件トスルモノ亦同シ(불법을 조건으로 붙인 법률행위는 무효로 한다. 불법행위를 하지 않을 것을 조건으로 하는 것도 역시)"라고 규정하고 있다.

본조의 입법 경위를 본다.

먼저 본조 Ⅰ은 의용민법 §132에서 '불법조건을 붙인 법률행위'를 '조건이 선량한 풍속 기타 사회질서에 위반한 것'으로 수정하였다. 이에 대하여 법제사법위원회 민법안소위원회에서는 "① 第一項에 있어서 現行法의 「不法의 條件」을 「善良한 風俗社會秩序에 違反」으로 한 것은 進步的이다. 즉 「不法한 條件」이라고 하면 强行規定違反의 條件만을 指稱한 것으로 誤解되기 쉬운바 本條의 立法趣旨는 强行規定違反뿐만이 아니라 草案 第98條(現行法第90條[3])違反의 경우도 널리 包含되기 때문이다. 現行法 第132條 後段을 削除한 것은 當然한 것이다."[4]라고 그 이유를 설명하고 있다. 그리고 의용민법 §131 Ⅲ은 "전 2항(본조 제2항, 제3항과 같은 취지)에 규정하는 경우에 당사자가 조건이 성취된 것 또는 성취되지 않았다는 것을 알지 못하는 동안에는 §128 및 §129의 규정[5]을 준용한다."고 규정하고 있었는바, 이에 대하여는 "無意味한 空文임으로 草案이 이를 削除한 것은 妥當하다"고 하였다. 나아가 의용민법 §132 후단 "불법행위를 하지 않을 것을 조건으로 하는 것도 역시 같다."는 "不要規定임으로 草案에 規定하지 않았다고 생각된다."고 하였다.[6]

나아가 의용민법 §133는 ① "不能ノ停止条件ヲ附シタル法律行爲ハ無效ト

---

1) 주석 민법(3), 676(제5판/남성민).
2) 이영준, 669.
3) 의용민법 제90조를 가리키며, 우리 민법 §103에 해당한다.
4) 민의원 법제사법위원회 민법안심의소위원회 편, 민법안심의록(상), 1957, 97.
5) 우리 민법 §§148, 49에 상당한다.
6) 민법안심의록(상)(주 4), 97.

ス (불능의 정지조건을 붙인)”, ② “不能ノ解除条件ヲ附シタル法律行爲ハ無条件トス (불능의 해제조건을 붙인 법 률행위는 무조건으로 한다)”는 규정에 대해서는 “理論上 當然히 그렇게 되므로 草案 이 이를 削除한 것으로 생각된다. 外國立法例 또한 그렇다”고 하였다. 그리고 의용민법 § 134는 “停止條件附法律行爲ハ其條件カ單ニ債務者ノ意思ノミニ係ル トキハ無效トス (정지조건부 법률행위는 그 조건이 단지 채 무자의 의사만에 걸린 때에는 무효로 한다)”라고 되어 있었는데, 이 역시 “理論上 當然히 그렇게 되는 것이고 다른 外國立法例에도 그 例를 發見할 수 없으므로 초안이 이를 삭제한 것으로 생각된다”고 하였다.[7]

Ⅱ. 불법조건

1. 입법 경위와 규정 취지

(1) 입법경위

조건 사실이 선량한 풍속 기타 사회질서에 반하는 행위이거나 조건 사실 인 행위 자체는 위법하지 않더라도 이를 법률행위의 급부와 결부함으로써 반 사회성을 띠는 경우 이러한 조건을 불법조건이라고 한다. 의용민법 § 132 후단 에서는 ‘불법행위를 하지 않을 것’을 조건으로 하는 것도 불법조건으로 규정하 였으나 본조에서는 이를 삭제하였다. 입법 자료에 따르면 규정할 필요가 없다 는 것이 삭제의 이유이지만 그 이유에 대한 구체적인 설명은 전해지지 않는다. 다만 의용민법 § 133, 특히 후단 규정에 대하여는 일본민법의 입법 당시부터 입법 필요성에 대한 논란이 있었다.

애당초 일본민법의 심의과정에서 반사회질서 법률행위에 관한 § 97 (우리 민 법 § 103) 와의 관계에서 § 133의 입법 필요성에 관한 의문이 제기되었다. 이에 기초자인 호즈미(穗積陳重)는, “불법의 조건이라는 것을 붙인 법률행위가 무효라고 하는 것은 혹은 말할 필요도 없는 것이라는 생각도 있을지 모르지만, 조건은 원래 … 법률행위의 부대사항이므로 그 부대사항이 불법이기 때문에 그 본체까지도 해(害)가 되는지 여부의 의문은 반드시 있을 거라고 생각되므로 역시 이 조문 을 두려는 것”이라고 설명하였다.[8] 요컨대 조건 불법이 조건만 무효로 하는 것이 아니라 법률행위 전체가 무효가 된다 라는 점을 분명히 하기 위하여 본

---

7) 민법안심의록(상)(주 4), 97.
8) 法典調査會 民法議事速記錄一(商事法務, 1983), 291.

조를 둘 필요가 있다는 취지이다. 나아가 의용민법 §133 후단의 입법필요성에 대하여 다음과 같은 의문이 제기되었다. 친족 어린 아이 가운데 버릇이 나쁜 애가 있어서 그 애한테 장려하기 위하여 만약 장래에 이러한 행동을 하지 않고 성장하면 이 정도의 증여를 해주겠다고 약속했다. 그런 약속이 효력이 없거나 풍속을 해하는 것이 되는가, 도리어 풍속을 장려하는 행위가 아닌가 라는 것이다.[9] 이에 대하여 호즈미(穗積陳重)는, 불법행위를 하지 않는 것에 보수(報酬)를 제공하는 것, 이것에 가격을 붙여 사는 그러한 일이 나쁘다는 관점에서 입안에 이르게 된 것이라고 설명하였다.[10] 그러나 이러한 설명이 충분한 설득력을 얻지 못하고 다시 가령, 네가 (장차) 이 범죄를 저지르지 않으면 이 범죄는 용서해 주겠다거나 네가 3년간 도박을 끊으면 이러한 것을 해주겠다는 약속을 하는 것을 할 수 없다면 바람직하지 않다는 비판이 이어졌다. 결국 이와 같이 찬반의 대립이 이어졌으나 최종적으로 후단이 유지되는 것으로 결정되었다.[11]

후단의 취지는 불법행위를 하지 않는 것이 조건으로 되어 있기만 하면 곧바로 법률행위는 무효가 된다는 사고라고 할 수 있으나 심의과정에서 알 수 있는 것처럼 그것만으로는 불법성을 평가하기 어렵고 이 역시 법률행위를 전체로서 평가하여야 한다는 견해가 다수를 점하게 되었다.[12]

(2) 규정의 취지

조건이 선량한 풍속 기타 사회질서에 위반한 것인 때에는 불법조건에 해당한다. 조건의 불법성은 조건만을 가지고 판단하는 것이 아니라 조건부 법률행위 전체를 가지고 판단하여야 한다.[13] 불법조건을 붙인 법률행위는 조건만 무효가 되는 것이 아니라 법률행위 전부가 무효가 된다. 불법조건은 조건 사실이 법률행위에 반사회성을 띠게 하는 경우를 말하고, 조건이 부가된 법률행위의 목적이 불법성이 있거나 반사회성을 띠는 경우에는 §103 위반의 반사회적 법률행위로서 무효이다. 불법조건의 법률행위도 불법성과 반사회성을 띠므로 §103의 적용이 배제되지 않음은 물론이다. 따라서 본조는 §103의 입법목적을 조건에 관하여 구체화한 것으로 이해할 수 있다. 불법조건은 원칙적으로 당사자의 작위 또는 부작위를 조건 사실로 하므로 수의조건에 해당한다. 따라서

---

9) 法典調査會 民法議事速記錄一(주 8), 292(高木豊三).
10) 法典調査會 民法議事速記錄一(주 8), 292-293(穗積陳重).
11) 新版注釋民法(4), 有斐閣, 2015, 709 이하(金山).
12) 新版注釋民法(4), 710(金山).
13) 주석 민법(3), 679(제5판/남성민).

당사자의 의사에 의하여 좌우될 수 없는 우성조건은 불법조건이 될 수 없다고 한다.[14] 조건 자체는 불법성 없더라도 이것을 특정 법률행위의 목적과 결부시킴으로써 법률행위 전체가 반사회성을 띠게 되는 경우를 상정할 수 있다. 이때 조건 사실이 반드시 의사에 기한 불법적 행위일 필요는 없다. 어떤 조건이 결합함으로써 불법을 조장 촉진하는 경우에는 전체로서의 조건부 법률행위가 반사회성을 띤다고 보면 족하다.

2. 불법조건의 태양

가령 부첩(夫妾)관계를 맺음에 있어서 처의 사망 또는 이혼이 있을 경우에 혼인신고를 하여 입적하게 한다는 부수적 약정도 첩계약의 일부라고 볼 수 있는 것이므로 공서양속에 위반한 무효한 행위라고 한 사례[15]가 있다. 의용민법이 적용된 판결로서 참조조문으로 의용민법 §90가 게기(揭記)되어 있다. 부첩관계를 맺기로 하는 법률행위의 목적 자체가 반사회성을 띠므로 현행 우리 민법 §103 위반에 상당하는 의용민법 §90를 적용하여 그에 부수한 처의 사망 또는 이혼을 정지조건으로 하는 혼인 약정도 무효라고 본 것으로 이해된다. 그러나 처의 사망 또는 이혼시 혼인한다는 조건이 반사회적인 부첩관계의 지속을 강화하는 방향으로 작동하는 한에 있어서 본조 적용에 의한 무효도 가능하다고 생각된다. 이때 처의 사망 또는 이혼이 수의조건 또는 순수수의조건이 아님은 분명하다.

그러한 맥락에서 갑과 을 사이의 부첩관계인 부부생활의 종료를 해제조건으로 하는 증여계약은 부첩관계를 유지시키고, 부첩관계의 종료에 지장을 주는 조건으로서, 공서양속에 반하여 무효이다.[16]

남녀가 혼인예약을 한 뒤에 남자가 여자와의 동거를 거부할 때에는 그 여자에게 금 45,000원을 지급하기로 약정한 경우, 그 약정은 남자는 상대방에게 금원을 지급함으로써 법률상 보호를 받아야 할 쌍방 간의 사실상 혼인관계를 파기할 수도 있는 반면 계속 동거할 의무를 여자에게만 지우게 하는 것이므로 분명히 사회의 질서와 선량한 풍속에 반하는 사항을 내용으로 한 계약이라 한 사례도 있다.[17] 사실혼관계의 파기를 정지조건으로 하는 금전지급계약

---

14) 구주해(3), 365(민형기).
15) 대판 55.7.14, 4288민상156(집 2-6, 11).
16) 대판 66.6.21, 66다530(집 14-2, 73).
17) 대판 63.11.7, 63다587(미간행).

으로서 정당한 사유 없이 사실혼을 파기한 당사자에게 금전지급의무를 부과
함으로써 사실혼 부당파기를 억제하는 방향으로 조건이 작동하므로 반사회성
이 없는 것이 아닌가 라는 의문이 있을 수 있다. 그러나 판결이유는 사안의 조
건이 금원의 지급만으로 사실혼의 부당한 파기를 허용(조장)하는 방향으로 작
동한다는 전제하에 이를 불법조건으로 평가하고 있다. 여자측에만 동거의무를
지우는 것이라는 평가도 이러한 맥락하에서만 가능하다. 반면에 을이 갑과의
부첩관계를 해소하기로 하는 마당에 그동안 갑이 을을 위하여 바친 노력과 비
용 등의 희생을 배상 내지 위자하고 또 갑의 장래 생활대책을 마련해 준다는
뜻에서 금원을 지급하기로 약정한 경우, 부첩관계를 해소하는 마당에 위와 같
은 의미의 금전지급약정은 공서양속에 반하지 않는다고 본 사례도 있다.[18] 이
사안에서는 이미 기왕에 부첩관계를 해소하기로 하고 이를 전제로 갑에 대한
위자와 생활대책을 고려한 금원의 지급이라는 점에 유의할 필요가 있다. 가령,
부첩관계를 시작하면서 장차 부첩관계를 해소하면 이별금을 주겠다고 약정한
것이라면, 조건 자체는 반사회적인 부첩관계를 종료하는 것이므로 불법행위를
중지하겠다고 하는 것이지만, 이것이 부첩관계의 종료를 촉진하는 방향에서
작동하는 것이 아니라 오히려 부첩관계를 지속하면 금원을 지급받을 수 있다
는 기대를 생기게 하는 등으로 반사회적 부첩관계를 시작하거나 지속시킬 유
인을 제공하는 것이기 때문에 불법조건에 해당할 수 있다. 반면에 이미 기왕의
부첩관계를 해소하기로 한 경우라면 그러한 이별금의 지급이 부첩관계의 지속
등 불법행위나 불법상태의 조장으로 작용하지 않으므로 불법조건이 아니라고
판단한 것이다.

　　불법행위를 하지 않을 것을 조건으로 하는 경우에도 불법조건으로 무효라
는 것이 통설이다.[19] 그러나 가령, 성매매 여성의 재활과 사회 복귀를 돕기 위
하여 성매매를 해제조건으로 일정 기간 지원금을 지급하거나, 일정 기간 성매
매행위를 하지 않을 것을 정지조건으로 재활지원금을 지급하기로 하는 계약
과 같은 것을 불법조건으로 무효로 할 필요는 없을 것이다. 특히 본조에는 의
용민법 §133 후단과 같은 규정을 두고 있지 않다. 삭제의 이유는 분명하지 않
지만, 일본민법 당시의 논란과 그 이후의 일본민법 §133 후단에 대한 제한적

---

18) 대판 80.6.24, 80다458(집 28-2, 53).
19) 곽윤직·김재형, 402, 김기선, 한국민법총칙, 법문사, 1991, 369, 김용한, 민법총칙, 박
　　영사, 1997, 424, 김주수·김상용, 505, 김증한·김학동, 620, 백태승, 민법총칙, 집현재,
　　1996, 525, 송덕수, 민법총칙, 박영사, 2015, 470, 이영준, 757.

해석론의 전개를 보았을 때, 불법행위를 하지 않는 것이 조건으로 되어 있기만 하면 곧바로 불법조건으로 법률행위가 무효가 된다고 볼 수는 없다. 일본민법 제정 이후 동 §133 후단과 관련한 해석론은 법률행위를 전체로서 평가하여야 한다는 것으로서,[20] 일본의 학설은 불법한 행위를 하지 않는다는 것을 조건으로 하더라도 불법이 되지 않는 경우가 있고 그 판단기준은 당해 조건이 존재함으로써 법률행위 전체가 불법성을 띠는가 아닌가이며, 이때 불법한 행위를 조건으로 하는 경우와 비교하여 불법성의 판단은 신중하게 하여야 한다는 것이 일본의 대체적인 학설이다. 이러한 해석은 법문과는 동떨어진 것이다. 우리 민법 제정과정에서 이와 같은 의용민법 §133 후단의 해석론이 영향을 미쳐 이를 삭제한 것이 아닌가 하는 추측의 여지가 있다. 결국 의용민법 §133 후단과 같은 불법 혹은 반사회적 행위를 하지 않을 것을 조건으로 하는 법률행위는 그 자체만으로 불법성을 띤다고는 할 수 없다. 이를 조건으로 일정한 이익의 공여를 법률행위의 목적으로 함으로써 조건부 법률행위가 전체로서 불법 또는 반사회적 행위를 촉진 조장하는가 라는 관점에서 평가되어야 한다. 결국 반사회적 행위를 조건으로 하든 아니면 반사회적 행위를 하지 않을 것을 조건으로 하든 전체로서 조건부 법률행위가 반사회적 행위 또는 반사회적 상태를 유지, 조장, 촉진하는가 라는 관점에서 음미되어야 할 것이다.

III. 불법조건의 효과

불법조건이 인정되는 경우 조건 자체만 무효가 되는 것이 아니라 조건부 법률행위의 목적을 포함하여 조건부 법률행위 전체가 무효가 된다.[21] 따라서 갑과 을 사이의 부첩관계인 부부생활의 종료를 해제조건으로 하는 증여계약은 해제조건이 붙지 않은 증여로서의 효력만이 있는 것이 아니라 증여계약 전체가 무효인 것이다.[22] 다만 근로계약과 같이 약자 보호를 위하여 계약이 존속될 필요가 있는 경우에는 그 조건만이 무효가 되어 조건 없는 법률행위가 될 수도 있다.[23]

---

20) 新版注釋民法(4), 710(金山).
21) 대결 05.11.8, 2005마541(공 06, 89).
22) 대판 66.6.21, 66다530(집 14-2, 73).
23) 주석 민법(3), 682(제5판/남성민), 이은영, 728.

불법조건의 법률행위에 기하여 급부가 이행된 경우, 이미 이행된 급부는 불법원인급여에 해당하므로 부당이득으로 반환을 청구할 수 없는 것이 원칙이다. 불법성이 조건부 법률행위 당사자 일방에게만 있는 경우에는 그렇지 않다.

Ⅳ. 기성조건

1. 제2항, 제3항의 규정취지

기성조건이란, 조건으로 정한 사실이 법률행위 당시에 이미 실현되어 있거나 불실현이 확정되어 있는 경우를 말한다. 조건은 장래에 그 발생 여부가 불확실한 사실이어야 하는데, 그것이 법률행위 당시에 이미 실현되어 있거나 불실현이 확정되어 있다면 장래 실현 여부가 불확실하다는 조건의 성질에 반하게 된다($^{객관}_{설}$). 이와 같이 장래성과 불확실성이라는 조건 본래의 성질에 반하는 것을 조건으로 삼았다는 점에서 이를 가장(假裝)조건이라고 한다. 이와 달리 법률이나 조건의 기초가 변경되는 등 후발적 사정에 의하여 조건이 소멸되어 조건 없는 법률행위가 되는 것은 여기서 말하는 기성조건이 아니다. 가령 해방 전 가격통제령에 의한 인가를 정지조건으로 하는 부동산 매매계약이 체결되었다가 그 후 동 가격통제령의 폐지로 인가가 필요 없게 된 경우 조건이 소멸하여 무조건의 법률행위가 된다고 본다.[24]

이와 같이 조건으로서의 성질에 부합하지 않은 사실을 조건으로 삼았을 때 그 법률행위의 효력에 대하여 의문이 생기게 된다. 따라서 본조 제2항은 조건이 법률행위 당시 이미 성취된 것인 경우 그것이 정지조건이면 무조건의 법률행위로 즉시 효력이 발생하고, 해제조건이면 그 법률행위는 무효가 된다고 규정하였다($^{§151}_{Ⅱ}$). 나아가 조건이 법률행위 당시에 이미 성취할 수 없는 것인 경우에는 그 조건이 해제조건이면 조건 없는 법률행위로 하고, 정지조건이면 그 법률행위는 무효로 한다고 규정하였다($^{§151}_{Ⅲ}$). 이와 같이 기성조건은 조건의 성취가 이미 확정되어 있는 경우($^{제2}_{항}$) 뿐만 아니라 조건의 불성취가 확정되어 있는 경우($^{제3}_{항}$)을 포함한다. 그런데 대부분의 학설은 기성조건을 전자의 의미, 즉 법률행위 당시 이미 성취된 것으로 한정하여 파악하는 한편, 제3항의

---

24) 대판 63.1.24, 62다783(집 11-1, 27).

취지는 이를 불능조건을 규정한 것으로 설명하고 있다.[25] 그러나 불능조건은 객관적으로 실현이 불가능한 사실을 내용으로 하는 조건으로서, 단지 조건의 불성취가 법률행위 당시에 확정되어 있는 경우와는 개념적으로 구별된다.[26] 그럼에도 불구하고 학설은 불능이 조건부 법률행위 성립시에 이미 확정되어 있다는 점에 착안하여 이를 기성조건에 관한 본조 Ⅲ(조건이 법률행위의 당시 이미 성취할 수 없는 것인 경우)을 적용하여 처리하면서 기성조건의 개념에서 '법률행위 당시에 이미 성취할 수 없는 것'을 제외하고 이를 모두 불능조건의 개념으로 파악하여 제3항을 적용하고 있다.[27] 의용민법은 §133 Ⅰ과 Ⅱ에서 불능조건에 관한 별도의 규정을 두고 있었으나 우리 민법의 입법과정에서는 이론상 당연히 그렇게 되고 외국의 입법례도 그렇다는 이유에서 이를 삭제하였기 때문이다. 실제 법률행위 당시에 이미 성취할 수 없는 조건과 불능의 조건은 그 효과에 있어서는 같기 때문에 실제상의 차이를 가져오지는 않는다. 그러나 개념적으로 정확하다고 할 수 없으므로 본조 Ⅲ은 본질적으로 조건의 불성취가 확정되어 있는 기성조건에 관한 규정으로서 불능조건의 법률행위에도 유추적용된다고 이해하는 것이 타당할 것이다.

2. 기성조건의 성질

기성조건의 성질을 어떻게 볼 것인가와 관련하여 연혁적으로 객관설과 주관설의 대립이 있다. 객관설은 조건사실은 객관적으로 장래의 불확정한 사실이어야 한다는 것이다. 따라서 법률행위 당시에 이미 그 성취 여부가 객관적으로 확정되어 있는 조건(기성조건)은 진정한 의미의 조건이 아니다(가상조건). 이와 같이 조건의 요건으로 장래성과 불확실성 두 가지를 요구하는 것이 로마법 이래 조건에 관한 이해이다.[28]

이에 반하여 프민 §1181 Ⅰ에서 "정지조건부 계약에 의한 채무는 장래의 불확실한 사건 또는 이미 발생하기는 하였으나 당사자에게는 아직 알려지

---

25) 구주해(3), 329(민형기), 주석 민법(4), 686(제5판/남성민), 곽윤직·김재형, 402, 김기선, 368, 김대정, 1156, 김용한(주 19), 424, 김주수·김상용, 501, 김증한·김학동, 619, 백태승(주 19), 525, 송덕수(주 19), 469, 이영준, 749.

26) 新版注釋民法(4), 728(金山).

27) 구주해(3), 329(민형기), 주석 민법(4), 686(제5판/남성민), 곽윤직·김재형, 402, 김기선(주 19), 368, 김대정, 1156, 김용한(주 19), 424, 김주수·김상용, 501, 김증한·김학동, 619, 백태승(주 19), 525, 송덕수(주 19), 469, 이영준, 749.

28) 현승종·조규창, 로마법, 법문사, 2004, 457.

지 않은 사건에 의존한다.", Ⅱ에서 "전자의 경우에는 채무는 사건이 발생한 후이어야 효력을 발생하며 이행될 수 있다."고 규정하고, Ⅲ에서 "후자의 경우에 채무는 계약이 체결된 때에 효력이 발생한다."고 규정하였다. 독민 제1초안 §137에 있어서도 Ⅰ에서 "조건이 법률행위를 할 당시에 이미 성취된 경우 그 조건이 정지조건인 때에는 법률행위는 무조건으로 이루어진 것으로 보고 해제조건인 때에는 법률행위는 무효로 본다." Ⅱ "조건이 성취되지 않는 것이 법률행위를 할 당시에 이미 분명한 때에는 전항과 반대 결과가 발생한다. 조건의 성취 또는 성취되지 않은 것을 알지 못하는 동안에는 §131의 규정을 준용한다."라고 규정하였다.[29] 의용민법 §131는 이를 본받은 것이다. 제3항의 취지는 기성조건이라도 당사자가 알지 못한 동안에는 조건사실로 다룰 수 있다는 취지이다. 그러나 독민 제1초안 §137는 제2초안에서 부정되어 독일민법에는 포함되지 않았다. 이러한 귀결은 일본민법 제정 이후 기성조건의 해석에 영향을 미쳐 기성조건은 어디까지나 진정조건이 아니라 가성조건이라는 견해가 지배적으로 되었다.[30]

본조 제2항, 제3항은 의용민법 §131를 좇은 것이므로 그 입법 취지를 살펴본다.

입법이유서에는 다음과 같이 기술되어 있다. "본조는 과거의 사실을 가지고 조건이라고 할 수 있음을 인정한 것이다. 당사자가 조건으로 부가한 사실이 과거에 속하는 것을 알고서 또는 알지 못하고 부가한 경우에 있어서도 법률행위의 효력은 언제부터 발생하는가를 규정한 것이다. 무릇 조건은 객관적으로 불확정한 사실일 것을 요하지 않는다. 단지 주관적 즉 당사자의 관점에서 관찰하여 불확정일 것을 요할 뿐이므로 객관적으로는 이미 확정된 사실이라고 하더라도 주관적으로 불확정한 때에는 당사자로서는 장래에 확정될 사실이라고 할 수 있다. 그리고 이러한 사실을 조건으로 법률행위에 부가하는 것은 원래 당사자의 자유로서 법률은 이를 금지할 이유가 없을 뿐만 아니라 만약 이를 금지하면 거래상 심히 불편할 것이다. 그러므로 본안은 이러한 조건을 법률행위에 부가하는 것을 인정한다."[31] 이는 명백히 조건에 관한 주관설에 입각한 설명임을 알 수 있다. 실제 의용민법 §131의 기초자인 호즈미(穗積)는 법전조

---

29) 新版注釋民法(4), 695(金山).
30) 新版注釋民法(4), 695(金山).
31) 廣中俊雄編, 民法修正案(前三編)の理由書, 有斐閣, 1987, 179.

사회의 심의과정에서 주관설에 입각하여 다음과 같이 설명하였다. "조건이라는 것은 원래 성질상 장래 불확정한 것이어야 한다고 생각하지만, 그 장래라고 하는 의미는 자신의 마음속에 있어서 장래인 것이다. 예를 들면 도쿄에 있는 국회의원후보자가 선거 날이 지난 시점에, "당선된다면 이 집을 돌려주겠다"고 하는 것과 같은 경우가 얼마든지 있을 수 있고 이를 인정한다 하더라도 조금도 해가 없다. 그러나 다만 본인 입장에서 보면 그것을 알게 되는 것은 장래의 일이므로 이 조건이라고 하는 것은 주관적으로 보면 반드시 불확정한 것이다. 불확정인 것이라고 하면 자기가 알고 있는 바에 따라 말하자면 장래의 일이다. 그러므로 그 조건이라는 것을 반드시 장래의 것이어야 한다고 법률로 정해두는 것은 도리어 거래상 불편할 것이라고 생각한다. 과거의 일을 조건으로 할 수 없다고 이를 금지할 이유는 조금도 없다."[32]

그런데 기성조건도 조건이 될 수 있음에도 불구하고 기성조건에 관하여 굳이 의용민법 §131를 두게 된 이유에 대하여 입법이유서에서는 다음과 같이 설명한다. "하지만 이러한 조건부 법률행위는 언제부터 효력이 생기는지를 규정하지 않은 때에는 곧바로 §127의 규정을 적용할 우려가 없다고 할 수 없다. 그러므로 본조 제1항 및 제2항에 조건이 이미 성취된 경우와 조건의 불성취가 이미 확정된 경우를 구별하여 정지조건 및 해제조건에 대하여 각 법률행위의 효력의 발생시기를 분명히 하였다." 요컨대, 의용민법 §131는 조건에 관한 주관설을 취하여 과거의 사실을 조건으로 하는 것을 인정하되 §127$\binom{\text{우리 민법}}{\S 147 \text{ 해당}}$의 적용으로 인하여 조건성취의 효력이 기성의 조건이 성취된 법률행위 성립 이전으로 소급하는 것으로 해석할 우려가 있으므로, 법률행위의 효력 발생 시기를 분명하기 위하여 제1항, 제2항을 규정하게 되었다는 것이다.

나아가 "또한 과거에 속하는 조건이라도 당사자가 조건의 성취 또는 불성취를 알지 못하는 동안에는 당사자로서는 조건 미정의 상황에 있는 것이므로 이 동안에 당사자는 다시 §128의 규정에 따라 조건부 권리의무를 가질 수 있음은 물론이다. 그리고 이를 §129의 규정에 따라 처분 상속등을 할 수 있음은 당연하다. 그러므로 본조 제3항은 당사자가 조건성취 또는 불성취를 알지 못하는 동안 위 2조의 규정을 준용할 것을 제시하였다."[33]

이와 같이 의용민법 §131는 독일민법 제1초안의 영향하에 조건에 관한

---

32) 法典調査會 民法議事速記錄―(주 8), 280 이하(穗積陳重).
33) 民法修正案(前三編)の理由書(주 31), 179.

주관설에 기초하여 제정되었으나 그 이후 독일로부터의 학설계수의 영향으로 일본에 있어서 §131의 해석론은 객관설이 지배적 견해로 자리잡게 되었다.[34] 즉 일본의 학설은 기성조건부 법률행위는 조건성취가 미확정이라는 조건부 법률행위의 본질적 요소를 결여하고 있어서 기성조건은 조건으로서의 외형을 띠고 있는 것에 불과하여 굳이 명문의 규정을 둘 필요도 없다는 것이 주류적 견해이다.[35] 다만 객관설의 입장에서도 "기성조건은 과거 또는 현재의 사실 그 자체를 조건으로 하고 있기 때문에 진정조건일 수 없는 것이다. 그러므로 이와 달리 그러한 사실이라고 하더라도 당사자가 이를 알게 되면 이라고 함으로써 조건으로 하는 경우에는 요지(了知)라고 하는 불확정한 장래의 사실에 관한 것이므로 가장조건이 아님은 말할 필요가 없다"[36]고 하였다.

　　나아가 객관설에 입장에서는 의용민법 §131 Ⅲ ("전 2항에 규정하는 경우에 당사자가 / 조건이 성취된 것 또는 성취되지 않았 / 다는 것을 알지 못하는 동안에는 / §128 및 §129의 규정[37]을 준용한다.")에 관하여 기성조건부 법률행위의 효력은 객관적으로는 법률행위의 시점에서 유효이든 무효이든 확정되어 있으므로 조건성취가 불확정한 상태라고 하는 것은 관념할 수 없다는 이유에서—법률효과 발생이 확정되어 있는 경우에는 완전한 권리가 발생하고 있으므로 상대방이 이를 침해하여서는 안 된다는 것은 당연하고, 또 효과의 소멸이 확정되어 있는 경우에는 보호할 객체가 없으므로 그 보호는 문제가 되지 않는다—, 조건성취의 불확정을 전제로 그 기대권을 보호하고 있는 제3항은 무용 무의미한 규정이라는 것이 객관설의 생각이다. 그리하여 제3항은 적용의 여지가 없는 무의미한 공문(空文)에 지나지 않는다는 것이다.[38] 우리 민법이 동항을 삭제하면서 "無意味한 空文임으로 草案이 이를 削除한 것은 妥當하다"고 한 것은 바로 객관설에 입각한 의용민법의 해석론을 수용한 것임을 짐작하게 한다.

　　그러나 객관적 사실 자체는 확정되어 있더라도 그것이 당사자들에게 요지(了知)되었을 때를 조건으로 하는 경우에는 기성조건이 아니다. 가령 판례는 갑이 건물 철거 및 대지 인도를 약정한 것이 장차 경계측량을 하여 갑의 건물이 을의 토지를 침범한 사실이 확인된다는 장래의 사실을 조건으로 한 것이라면, 위 조건이 기성조건이어서 무조건의 철거의무를 승인한 것이라(고는) 할

---

34) 新版注釋民法(4), 697(金山).
35) 新版注釋民法(4), 697(金山).
36) 訂正增補 民法原論 第1卷 叢論(復刻板)(有斐閣, 1985), 578.
37) 우리 민법 §§148, 49에 상당한다.
38) 我妻榮, 民法總則, 岩波書店, 1965, 415, 新版注釋民法(4), 698(金山).

수 없다고 본다.[39]

3. 기성조건부 법률행위의 효과

(1) 법률행위 당시 이미 성취된 조건

조건이 법률행위의 당시 이미 성취된 것인 경우에는 그 조건이 정지조건이면 무조건의 법률행위로 성립시로부터 효력이 발생하고, 해제조건이면 그 법률행위는 무효로 효력이 발생하지 않는다($\frac{본조}{\text{II}}$). 주관설에 따라 입안된 본 조항의 본래의 의의는 §147에 의하여 법률행위 성립시로부터 소급하여 이미 조건이 실현되었던 시점에 효력이 발생하는 불합리를 피하기 위한 것으로 의의가 있었으나,[40] 그 이후 우리 민법 제정 당시 지배적 학설에 따라 기성조건은 진정한 조건이 아니므로 이론적으로 당연한 사실을 규정한 것으로 이해되고 있다. 정지조건부 화해계약 당시 이미 그 조건이 성취되었다면 이는 무조건의 화해계약으로 본 판결이 있다.[41]

(2) 법률행위 당시 이미 불성취가 확정된 조건

조건이 법률행위의 당시에 이미 성취할 수 없는 것인 경우에는 그 조건이 해제조건이면 무조건의 법률행위가 되고, 정지조건이면 그 법률행위는 무효가 된다($\frac{본조}{\text{III}}$). 여기서 조건의 불성취가 법률행위 당시에 확정되어 있는 경우와 불능조건은 개념적으로 구별된다. 불능조건은 객관적으로 실현이 불가능한 사실을 내용으로 하는 조건이다. 그러나 앞서 밝힌 바와 같이 학설은 불능이 조건부 법률행위 성립시에 불성취가 이미 확정되어 있다는 점에 착안하여 양자를 모두 불능조건으로 파악하여 III을 적용하고 있다. 본조 III은 본질적으로 조건의 불성취가 확정되어 있는 기성조건에 관한 규정으로서 불능조건의 법률행위에는 유추적용된다고 보는 것이 타당하다. 조건의 불능 여부는 법률행위 당시를 기준으로 법률행위 해석의 일반원칙에 따라 물리적인 불능일 뿐 아니라 사회통념상 불능인 경우를 포함한다.[42] 불능조건이 정지조건인 경우에 본항 유추적용에 의하여 법률행위는 무효이고, 불능조건이 해제조건인 경우에는 조

---

39) 대판 93.11.9, 93다25790, 25806(공 94, 77).
40) 구주해(3), 367(민형기).
41) 대판 59.12.24, 4292민상670(집 1-1, 251).
42) 구주해(3), 328(민형기), 곽윤직·김재형, 402, 김기선(주 19), 368, 김용한(주 19), 424, 김주수·김상용, 501, 김증한·김학동, 619, 백태승(주 19), 525, 송덕수(주 19), 469, 이영준, 749.

건 없는 법률행위로 효력을 발생한다.

　　이와 달리 법률행위가 성립 당시 성취 가능했지만 나중에 성취되지 않는 것으로 확정되면 이는 조건불성취 확정문제로서 본조 Ⅲ의 적용대상인 기성조건이나 불능조건의 문제가 아니다.

　　(3) 기성조건임을 당사자가 알지 못하는 경우

　　의용민법 §131 Ⅲ은 당사자가 조건이 성취된 것 또는 성취되지 않았다는 것을 알지 못하는 동안에는 §128 및 §129의 규정($_{\S148, \ 149 \ 해당}^{우리 \ 민법 \ \S}$)을 준용한다고 규정하고 있었으나 우리 민법은 제정 당시 학설의 영향으로 '無意味한 空文'이라는 이유로 이를 삭제하였다. 즉, 법률효과 발생이 확정되어 있는 경우에는 완전한 권리가 발생하고 있으므로 상대방이 이를 침해해서는 안 된다는 것은 당연하고, 또 효과의 소멸이 확정되어 있는 경우에는 보호할 객체가 없으므로 그 보호는 문제가 되지 않는다는 것이다.[43]

　　법률행위 당사자가 정지조건이 이미 성취되어 있다는 점을 모른 경우에도 기성조건에 관한 본조를 적용한다. 따라서 이미 성취된 것을 모르고 정지조건으로 한 경우에는 무조건의 법률행위로 효력을 발생하고 이를 해제조건으로 하는 경우에는 법률행위는 무효가 된다.[44] 반대로 조건불성취가 법률행위 당시에 이미 확정되어 있는 경우, 이를 정지조건으로 한 경우 법률행위는 무효이고, 해제조건으로 한 경우는 무조건의 법률행위가 된다. 한편 기성조건이라도 당사자가 이미 성취한 사실을 모르는 경우에는 이를 부진정조건으로서 이에 관하여 조건 규정을 유추적용하는 것이 타당하다는 견해도 있으나,[45] 조건의 효력 발생시기에 관한 §147 적용에 의하여 법률행위 성립 이전으로의 소급효를 인정하는 취지가 아닌 한 기성조건으로 본조를 적용하는 것과 조건에 관한 유추적용 사이에 차이는 없다.

　　　　　　　　　　　　　　　　　　　　　　　　　　　　[박 인 환]

---

43) 我妻榮(주 38), 415.
44) 주석 민법(3), 686(제5판/남성민).
45) 이영준, 671, 구주해(3), 367(민형기).

第152條(期限到來의 效果)

① 始期있는 法律行爲는 期限이 到來한 때로부터 그 效力이 생긴다.

② 終期있는 法律行爲는 期限이 到來한 때로부터 그 效力을 잃는다.

Ⅰ. 본조의 의의와 연혁

1. 의　　의

기한이란, 법률행위의 효력 발생 또는 소멸, 채무의 이행을 장래 그 발생이 확실한 사실의 실현 여부에 좌우되도록 하는 법률행위의 부관이다. 장래에 발생할 사실이라는 점에서 조건과 같지만($^{장}_{래성}$), 그 사실의 발생이 확실하다는 점($^{확}_{실성}$)에서 조건과 다르다.

기한은 법률행위의 효력 발생 시기를 정한 시기(始期)와 법률행위의 효력 소멸 시기를 정한 종기(終期)로 구분된다. 이와 같이 기한을 붙인 법률행위를 기한부 법률행위라고 하고, 그로부터 발생하는 권리를 기한부 권리라고 한다. 기한부 법률행위는 시기부 법률행위와 종기부 법률행위로 나누어진다. 본조도 시기부($^{시기 있는}_{법률행위}$) 법률행위와 종기부 법률행위($^{종기 있는}_{법률행위}$)를 나누어서 그 효력에 관하여 규정하고 있다.

시기(始期)를 법률행위의 효력 발생 시기(時期)를 정하여 그때까지는 법률행위의 효력이 발생하지 않는다는 점에서 정지기한이라고도 한다. 이와 유사한 것으로 이행기(한)도 있다. 전자는 법률행위의 효력 발생 자체를 기한까지 유예하는 데 반하여, 채무의 이행기(한)은, 법률행위의 효력은 그 성립시에 발생하지만 주된 급부청구권과 급부의무의 발생을 그 기한까지 정지시킨다는 점에서 개념상 구별된다.

2. 연   혁

규정의 취지는 "의용민법 §135와 동일하다. 다만, 의용민법 §135 Ⅰ은 특히 시기(始期)에 관하여 「時期[1]가 到來할 때까지는 請求할 수 없다」로 規定한 것을 草案은 「其間[2]이 到來한 때로부터 그 效力이 생긴다」라고 規定하였다"[3]. 의용민법 §135는 특히 시기(始期)에 관하여 이행의 청구에 대해서만 규정하고 있지만, 법률행위의 효력을 정지하는 기한을 금지할 필요가 없다고 보아 법률행위 일반으로 확대 해석하고 있던 의용민법 당시의 해석론을 반영한 것으로 이해된다.[4]

3. 기한에 친하지 않은 법률행위

조건에 친하지 않은 법률행위는 대체로 기한에 친하지 않다. 혼인, 이혼, 인지, 친생부인, 입양, 파양 등 친족법상 지위를 결정하는 법률행위는 성립과 동시에 효력이 발생하여야 하고 종기를 정하는 것도 신분관계의 성질상 허용되지 않는다. 가령, 혼인과 이혼에 시기나 종기를 붙이는 것은 혼인관계의 성질상 허용되지 않는다. 혼인에 시기를 붙이는 것은 기한 도래만으로 혼인의 효력이 발생한다는 점에서 혼인예약인 약혼과는 구별된다. 인지나 친생부인, 입양이나 파양 등도 신분관계의 성질상 기한에 친하지 않다. 그 밖에 상속의 승인도 상속으로 인한 법률관계의 확정이라는 점에서 시기나 종기를 붙일 수 없다. 상계의 경우에는 원래 소급효($\frac{\S 493}{\mathrm{II}}$)가 있으므로 시기를 붙이는 것이 무의미하다.

---

1) 期限의 오기로 보인다.
2) 期限의 오기로 보인다.
3) 민의원 법제사법위원회 민법안심의소위원회 편, 민법안심의록 상권, 1957. 97. 의용민법 §133 원문은 ①法律行爲ニ始期ヲ附シタルトキハ其法律行爲ノ履行ハ期限ノ到来スルマテ之ヲ請求スルコトヲ得ス。②法律行爲ニ終期ヲ附シタルトキハ其法律行爲ノ効力ハ期限ノ到来シタル時ニ於テ消滅スル。로 되어 있다.
4) 명순구, 실록대한민국민법(1), 법문사, 2008. 405.

II. 기한의 종류

1. 확정기한과 불확정기한

확정기한은 기한부 법률행위 당시에 기한의 도래(到來) 시기(時期)가 확정되어 있는 기한을 말한다. 이에 반하여 불확정기한이란, 그 도래 여부는 확정적이지만 언제 도래할 것인지 도래의 시기가 불확정한 기한을 말한다.[5] 그 시기를 확정할 수 없을 뿐이고 반드시 도래한다는 점에서 조건과는 구별된다.

2. 불확정기한과 조건의 구별

어떤 사실을 법률행위의 부관으로 정하였으나 그 취지가 조건인지 기한인지 불분명한 경우가 있다. 이때 그 부관으로 정한 사실이 실현된 경우에는 그에 따라 법률행위의 효력이 발생 또는 소멸하므로 큰 문제가 없다. 반대로 부관으로 정한 사실이 불발생하는 것으로 확정된 경우에는 이것이 조건인가, 기한인가에 따라 법률관계가 크게 달라지게 된다. 즉, 부관으로 정한 사실이 조건이라면 조건의 불발생이 확정됨으로써 정지조건인 경우에는 법률행위가 효력을 상실하고, 해제조건인 경우에는 무조건의 법률행위로 효력이 지속되게 된다. 반면에 기한이라면 그 사실의 발생으로 기한이 도래한 때는 물론 그 사실의 발생이 발생하지 않는 것으로 확정된 때에도 기한이 도래한 것과 같은 효력을 발생시킨다.[6] 그 결과 부관으로 정한 사실의 발생이 불가능하게 된 때에는 불확정 기한인가 조건인가에 따라서 법률행위의 운명이 정반대가 된다. 가령, 로스쿨 재학 중에 받은 장학금을 변호사로 사회에 진출한 후 반환하기로 약정한 경우, 그 약정의 취지가 학자금 대여의 성질로서 언젠가 반환하여야 하지만 그 반환시기를 변호사로 사회 진출 성공시로 정한 것이라고 한다면 이는 불확정기한을 정한 것이고, 그렇지 아니하고 변호사로 사회 진출에 성공한 경우에만 반환을 한다는 취지라면 조건이라고 보아야 한다. 문제는 가령 변호사 시험에 연속 실패하여 응시기회를 최종 상실한 경우, 전자의 경우라면 기한 불도래가 확정됨으로써 기한 도래와 마찬가지로 장학금을 반환할 채무가 발생하고, 후자라면 조건불성취가 확정됨으로써 반환의무가 소멸하게 된다.

불확정기한인가 아니면 조건인가를 판단하는 것은 그 성질상 법률행위의

---

5) 대판 18.6.28, 2018다201702(공 18하, 1461).
6) 대판 89.6.27, 88다카10579(공 89, 1147), 대판 06.9.28, 2006다24353(미간행).

해석문제이다. 법률행위 당시의 당사자의 의사를 해석함에 있어서 이러한 귀결의 중대한 차이를 고려하지 않을 수 없다. 따라서 부관으로 정한 사실이 언제 실현될지는 모르지만 그것이 발생하든 안 하든 법률행위의 효력을 발생 또는 소멸시킬 의사였다면 이를 불확정기한으로 보아야 한다. 반대로 부관으로 정한 사실이 결국 발생하지 않는다면 부관에 의한 법률행위의 효력 발생 또는 소멸의 효과를 발생하지 않아도 된다는 의사였다면 이를 조건이라고 보아야 한다. 판례도 이와 같은 관점에서 부관이 붙은 법률행위에 있어서 부관에 표시된 사실이 발생하지 아니하면 채무를 이행하지 아니하여도 된다고 보는 것이 상당한 경우에는 조건으로 보아야 하고, 표시된 사실이 발생한 때에는 물론이고 반대로 발생하지 아니하는 것이 확정된 때에도 그 채무를 이행하여야 한다고 보는 것이 상당한 경우에는 표시된 사실의 발생 여부가 확정되는 것을 불확정기한으로 정한 것으로 본다.[7] 따라서 이미 부담하고 있는 채무의 변제에 관하여 일정한 사실이 부관으로 붙여진 경우에는 특별한 사정이 없는 한 그것은 변제기를 유예한 것으로서 그 사실이 발생한 때 또는 발생하지 아니하는 것으로 확정된 때에 기한이 도래한다.[8] 부관으로 정한 사실이 발생하지 않았다고 하여 이미 부담하고 있는 채무를 면제해 주는 것은 극히 이례적인 사태이기 때문이다.

불확정기한을 인정한 재판례를 본다.

건축설계계약시 잔금은 공사착공시 지급하고 다만 공사착공이 건축허가일로부터 6개월을 초과하는 경우에는 허가일로부터 6개월 내에 지급하기로 약정한 경우, 잔금지급 약정의 경위와 계약의 목적 등에 비추어 볼 때, 계약체결 당시 계약이나 잔금지급채무의 효력을 공사착공 또는 건축허가의 성부에 의존케 할 의사로 위와 같이 약정하였다고 볼 수는 없고, 단지 잔금지급채무를 장래 도래할 시기가 확정되지 아니한 때로 유예 또는 연기한 것으로서 잔금지급채무의 시기에 관하여 불확정기한을 정한 것이다.[9]

지방자치단체와 분쟁이 있던 은행이 분쟁해결을 위하여 지방자치단체가 청구권을 행사하지 않는 대신 지방자치단체의 문화시설 건립 비용을 부담하기

---

7) 대판 03.8.19, 2003다24215(공 03, 1870), 대판 11.4.28, 2010다89036(공 11상, 1026), 대판 13.8.22, 2013다26128(미간행), 대판 13.8.22, 2013다27800(미간행), 대판 14.10.15, 2012두22706(공 14하, 2198).
8) 대판 03.8.19, 2003다24215(공 03, 1870), 대판 09.11.12, 2009다42635(미간행), 대판 14.10.15, 2012두22706(공 14하, 2198).
9) 대판 99.7.27, 98다23447(공 99, 1741).

로 하되 그 비용의 지급방법은 상호 협의에 의하여 정하기로 한 경우, 은행은 그 비용을 지방자치단체에 지급하되 그 이행시기를 지방자치단체와 협의가 성립한 때로 정한다는 의미로서 그 약정은 불확정기한부 화해계약이다.[10]

Ⅲ. 기한의 도래

1. 확정기한의 도래

기한의 도래란, 기한 사실이 실현되는 것을 말한다. 기한이 기일 또는 기간에 의하여 정해진 때에는 확정기한으로 역법(曆法)에 따라 혹은 정해진 바 $\left(\begin{smallmatrix}성년이\\되면\end{smallmatrix}\right)$에 따라 그 기일의 도래나 기간의 만료로 기한이 도래한다.

2. 불확정기한의 도래

불확정기한 역시 기한 사실의 실현으로 기한이 도래한다. 건물신축공사가 완공되면 공사대금을 지급한다든가, 올해 농사를 추수하면 변제를 한다든가 하는 약정을 한 경우가 여기에 해당한다. 앞서 살펴본 바와 같이 불확정기한이라면 기한이 도래한 때는 물론 그 사실의 발생이 불가능하게 된 때에도 기한이 도래한 것과 같은 효력을 발생시킨다.[11] 그렇게 새기지 않으면 기한의 성질에 반하고 장기간 법률행위 효력을 유동적인 상태에 두게 됨으로써 당사자의 이익을 침해하거나 법적 안정성을 해치기 때문이다.[12] 그러므로 채무의 이행과 관련하여 부관으로 정한 사실의 실현이 주로 채무를 변제하는 사람의 성의나 노력에 따라 좌우되고, 채권자가 사실의 실현에 영향을 줄 수 없는 경우에는 사실이 발생하는 때는 물론이고 사실의 발생이 불가능한 것으로 확정되지는 않았더라도 합리적인 기간 내에 사실이 발생하지 않는 때에도 채무의 이행기한은 도래한다고 보아야 한다.[13]

따라서 도급계약의 당사자들이 '수급인이 공급한 목적물을 도급인이 검사하여 합격하면, 도급인은 수급인에게 보수를 지급한다.'고 정한 경우, 도급인의 수급인에 대한 보수지급의무와 동시이행관계에 있는 수급인의 목적물 인도

---

10) 대판 02.3.29, 2001다41766(공 02, 988).
11) 대판 89.6.27, 88다카10579(공 89, 1147), 대판 06.9.28, 2006다24353(미간행).
12) 구주해(3), 369(민형기).
13) 대판 07.5.10, 2005다67353(미간행), 대판 18.4.24, 2017다205127(공 18상, 947).

의무를 확인한 것에 불과하고 '검사 합격'은 법률행위의 효력 발생을 좌우하는 조건이 아니라 보수지급시기에 관한 불확정기한이다. 따라서 수급인이 도급계약에서 정한 일을 완성한 다음 검사에 합격한 때 또는 검사 합격이 불가능한 것으로 확정된 때 보수지급청구권의 기한이 도래한다.[14]

부동산 임대차에서 수수된 임대차보증금은 차임채무, 목적물의 멸실·훼손 등으로 인한 손해배상채무 등 임대차에 따른 임차인의 모든 채무를 담보하는 것이고, 특별한 사정이 없는 한, 임대인의 임대차보증금반환채무는 장래에 실현되거나 도래할 것이 확실한 임대차계약의 종료시점에 이행기에 도달한다.[15]

상가건물의 점포를 분양하면서 분양대금을 완납하고 건물 준공 후 공부정리가 완료되는 즉시 소유권을 이전하기로 약정한 경우, 그 점포에 관한 소유권이전등기에 관하여 확정기한이 아니라 불확정기한을 이행기로 정하는 합의가 이루어진 것으로 보아야 할 것이며, 건설공사의 진척상황 및 사회경제적 상황에 비추어 분양대금이 완납되고 분양자가 건물을 준공한 날로부터 사용승인검사 및 소유권보존등기를 하는 데 소요될 것으로 예상할 수 있는 합리적이고 상당한 기간이 경과한 때 그 이행기가 도래한다고 보아야 한다.[16]

재건축사업을 추진하던 자들과 사업 진행에 필요한 운전자금을 출자하고 사업상의 이익에 참여하기로 하는 등의 공동사업계약을 체결하고 그들에게 운전자금을 지급한 자가, 그 후 사업진행이 순조롭지 않자 공동사업관계에서 탈퇴하면서 '스폰서가 영입되거나 사업권을 넘길 경우나 사업을 진행할 때'에는 위 출자금을 반환받기로 하는 청산약정을 체결한 경우, 위 부관의 법적 성질을 거기서 정해진 사유가 발생하지 않는 한 언제까지도 위 투자금을 반환할 의무가 성립하지 않는 정지조건이라기보다는 불확정기한으로 보아, 출자금반환의무는 위 약정사유가 발생하는 때는 물론이고 상당한 기간 내에 위 약정사유가 발생하지 않는 때에도 성립한다고 해석하는 것이 타당하다.[17]

일반적으로 건축중인 상가건물의 특정 점포를 임차하면서 계약서에 그 점포의 인도시기(입점시기)를 기재하지 아니하고 건물의 준공예정일에 관한 설명만을 듣고서 그 점포에 관한 임대차계약을 체결한 경우, 그 점포의 인도시기에 관하여 당사자의 합리적인 의사는 확정기한을 이행기로 정한 것이라고 보기는 어

---

14) 대판 19.9.10, 2017다272486, 272493(공 19하, 1962).
15) 대판 17.3.15, 2015다252501(공 17상, 750).
16) 대판 08.12.24, 2006다25745(공 09상, 82).
17) 대판 09.5.14, 2009다16643(공 09상, 842).

렵고 불확정기한을 이행기로 정하는 합의가 이루어진 것으로 보아야 할 것이고, 그 불확정기한의 내용은 그 건설공사의 진척상황 및 사회경제적 상황에 비추어 예상할 수 있는 합리적인 공사지연기간이 경과한 때라고 하는, 매우 폭넓고 탄력적인 것으로 보아야 한다.[18]

Ⅳ. 기한부 법률행위의 효력

1. 기한 도래 전의 효력

(1) 기한부 권리의 보호

기한은 반드시 도래하므로 그 기한도래 전 기한부 권리자의 법적 지위는 조건부 권리자의 지위보다도 확고한 것이다. 이에 민법 §154는 조건부 권리의 침해에 관한 §148와 조건부권리의 처분 등에 관한 §149를 기한부 법률행위에도 준용한다. 따라서 기한부 권리의 목적물을 멸실, 훼손하거나 이를 처분하는 경우에는 §148에 의하여 손해배상책임이 발생한다. 나아가 불확정기한에 있어서 신의칙에 반하여 기한 도래를 방해한 경우에는 조건 성부의 의제에 관한 §150를 유추적용할 수 있을 것이다.[19] 건물 신축공사의 도급인이 신축건물의 분양을 완료하면 공사 잔금을 지급하기로 약정한 경우, 도급인이 분양 희망자가 나타났는데도 불구하고 정당한 사유 없이 분양계약 체결을 거부하거나 지연함으로써 기한 도래를 방해하였다면 기한 도래를 의제하여 분양대금지급의무가 발생한다고 해석할 수 있다.

(2) 시기 도래 전 변제

시기가 도래하기 전에 장래 발생할 채무를 미리 변제한 경우 변제로서 유효한지 부당이득으로 반환을 청구할 수 있는지가 문제이다. 정지조건부 법률행위에서 조건성취 전 변제한 경우에는 원칙적으로 부당이득으로 반환청구할 수 있고 조건 미성취로 채무 없음을 알고 변제한 경우에는 비채변제로 반환청구를 할 수 없다고 해석한다(^{§742}). 반면에 기한의 경우에는 채무의 발생이 확실하므로 채무가 이미 발생한 것과 동일하게 취급할 수 있다고 보아 이 경우에는 단지 이행기 전에 변제한 것으로서 부당이득을 이유로 그 반환을 청구할

---

18) 대판 00.11.28, 2000다7936(공 01, 149).
19) 구주해(3), 369(민형기).

수 없다는 견해가 있다.[20] 이에 대해서는 시기부 법률행위는 채권 자체가 발생하지 아니하였으므로 시기부 법률행위에 의한 채권은 아직 이행될 수 없는 것이므로 채무 없음을 알고 변제한 경우($^{비채}_{변제}$)가 아닌 한 부당이득으로 반환청구를 할 수 있는 반면, 이행에 기한이 붙은 법률행위에 있어서는 채권이 발생하였으나 아직 이행기가 도래하지 않았을 뿐이고 채권은 특단의 사정이 없는 한 이행기 전이라도 이행될 수 있는 것이므로 이미 이행하였으면 부당이득으로 반환청구할 수 없다고 한다.[21]

2. 기한 도래의 효력

(1) 시기의 도래

시기부 법률행위는 기한이 도래한 때로부터 효력이 발생한다. 시기가 정지기한인 경우에는 그 때부터 법률행위의 효력이 발생하고 이행기인 때에는 그 때부터 이행기가 도래한다. 다만 확정기한의 경우에는 기한이 도래한 때로부터 지체책임을 지지만 불확정기한의 경우에는 채무자가 기한이 도래한 것을 안 때로부터 지체책임을 지며($^{§\,387}_{1}$),[22] 채무자가 기한 도래를 알았다는 사실은 지체책임을 주장하는 자에게 증명책임이 있다.[23] 시기가 정지기한인지 이행기한인지의 구별은 법률행위의 해석문제이지만 그 의사가 분명하지 않은 경우에는 이행기한으로 보아야 한다는 견해가 있다.[24] 기한의 성질상 기한 도래의 효력은 소급하지 않으며 특약으로 이를 인정할 수 없다는 것이 통설이다.[25] 기한의 소급효를 인정하는 것은 기한을 무의미하게 한다거나 기한을 붙이는 것과 모순되기 때문이라는 것이다. 이에 반하여 소수설은 기한의 소급효를 인정하는 것이 기한을 붙이는 것과 모순이 된다고 하는 것은 소급효에 관한 당사자의 특약을 부인하는 데 충분하지 않고 소급효를 인정하는 특약을 기한부 법률행위와 별개의 법률행위로 봄이 타당하다거나 조건과 기한은 장래 발생 가능

---

20) 김증한·김학동, 631.
21) 이영준, 688.
22) 대판 05.10.7, 2005다38546(미간행).
23) 대판 11.2.24, 2010다77699(미간행).
24) 구주해(3), 371(민형기).
25) 구주해(3), 371(민형기), 주석 민법(3), 700(제5판/남성민) 이하, 고상룡, 647, 곽윤직·김재형, 민법총칙, 409, 김기선, 한국민법총칙, 법문사, 1991, 374, 김상용, 민법총칙, 화산미디어, 2014, 699, 김용한, 민법총칙, 박영사, 1997, 436, 김주수·김상용, 512, 김증한·김학동, 631, 송덕수, 민법총칙, 박영사, 2015, 481.

성 여부가 다를 뿐 효력에서는 다르지 않다는 이유에서 특약에 의한 소급효를 인정하여야 한다는 견해도 있다.[26]

(2) 종기의 도래

기한의 도래로 종기부 법률행위의 효력은 소멸한다.

(3) 기한부 채권의 소멸시효

시기부 법률행위로부터 발생한 채권은 기한이 도래한 때로부터 권리를 행사할 수 있으므로 기한 도래로 소멸시효가 진행한다. 채무자가 기한의 이익을 포기하면 기한 도래와 마찬가지로 채권자는 권리를 행사할 수 있으므로 역시 소멸시효가 기산된다.

기한의 이익을 상실한 경우에도 기한 도래의 효과가 발생한다. 다만 기한 이익 상실 사유가 발생하였더라도 채권자의 이행 청구가 있어야 비로소 기한의 이익이 상실되는 경우(형성권적 기한이익상실특약이 있는 경우)에는 소멸시효는 이행청구시로부터 기산한다.

[박 인 환]

第 153 條(期限의 利益과 그 抛棄)

① 期限은 債務者의 利益을 爲한 것으로 推定한다.

② 期限의 利益은 이를 抛棄할 수 있다. 그러나 相對方의 利益을 害하지 못한다.

---

26) 명순구, 554, 강태성, 976.

I. 본조의 의의

1. 기한의 이익의 의의

기한의 이익이란 기한이 아직 도래하지 아니함으로써 기한부 법률행위의 당사자가 기한 도래 전에 누리는 이익을 말한다. 가령 시기부 법률행위에서 시기로 인하여 법률행위의 효력이 아직 발생하지 않거나($^{정지}_{기한}$), 이행기가 아직 도래하지 않음으로 인하여($^{이행}_{기한}$) 채무자가 누리게 되는 이익을 말한다. 종기부 법률행위에서는 종기 미도래로 법률행위의 효력이 아직 소멸하지 않고 존속함으로써 채권자가 누리게 되는 이익을 관념할 수 있다. 기한의 이익은 기한이 아직 도래하지 않음으로 인하여 누리는 이익이므로 시기가 도래하여 법률행위 목적인 권리를 취득·실현하거나, 종기가 도래하여 법률행위의 효력이 소멸함으로써 얻게 되는, 기한 도래 후의 이익과 구별된다. 본조는 기한의 이익에 관하여 이를 채무자를 위한 것으로 추정하고($^{§\,153}_{Ⅰ}$), 나아가 이를 포기할 수 있지만 그로 인하여 상대방의 이익을 해하지 못한다($^{§\,153}_{Ⅱ}$)는 취지를 규정하고 있다.

기한부 법률행위에서 누구에게 기한의 이익이 있는가 하는 것은 누가 기한의 이익을 일방적으로 처분할 수 있는가 하는 문제와 관련이 있다. 즉, 기한의 이익을 가지는 자는 임의로 기한의 이익을 포기할 수 있다($^{§\,153}_{Ⅱ\,전단}$). 만약 상대방에게도 기한의 이익이 있다면 일방적인 기한의 이익 포기로 상대방의 이익을 해칠 수 없다($^{§\,153}_{Ⅱ\,후단}$).

2. 연   혁

본조는 의용민법 §136와 동일한 취지다. 본조와 관련하여 의용민법 §137는 채무자가 기한의 이익을 주장할 수 없는 경우로서 "1. 채무자가 파산절차의 개시 결정을 받은 때, 2. 채무자가 담보를 멸실시키거나 손상시키거나 감소시킨 때, 3. 채무자가 담보를 제공할 의무를 지는 경우에 이를 제공하지 않은 때"를 열거하고 있었으나 이는 모두 삭제되었다. 이에 대응하는 입법례가 민주국 민법 §288 외에는 없을 뿐만 아니라 제1호는 의용민법 제정 후 파산법에 규정이 생겼고 제2호와 제3호는 채권법의 일반원칙($^{초안}_{§379^{1)}}$)에 그 해결을 이양(移讓)한 것으로 본다고 설명하고 있다.[2] 결국 민법안심의소위원회 원안은 의

---

1) 현행 민법 §388.
2) 민의원 법제사법위원회 민법안심의소위원회 편, 민법안심의록(상), 1957, 98.

용민법 §137를 조건과 기한에 규정하지 않고 채권법에서 규정하게 되었다. 이에 대해서는 법률행위의 부관으로서의 기한과 채무의 이행기는 구별되는 것이라는 점에서 적절하다는 평가가 있다.[3]

II. 기한의 이익이 있는 자

기한부 법률행위에서 기한 미도래로 이익이 있는 자가 누구인가는 법률행위의 종류와 당사자의 특약 등에 의하여 결정된다. 가령 무상임치의 경우에는 임치기간의 약정이 있더라도 임치인은 언제든지 임치계약을 해제하여 임치물의 반환을 구할 수 있으므로($\frac{\S}{698}$), 채권자인 임치인에게 기한의 이익이 있다. 반대로 무상소비대차에 있어서는 기간 만료 전까지 소비물을 반환하지 않고 계속해서 사용 수익할 수 있는 소비대차의 차주($\frac{채무}{자}$)에게 기한의 이익이 있다. 반면에 유상소비임치인 예금계약에서는 채권자인 예금자는 임치기간 동안 이자수익과 관련하여 기한의 이익이 있고, 채무자인 은행도 임치기간 동안 자금의 운용에 관하여 기한의 이익을 갖는다. 이자부 금전소비대차계약인 대출계약에 있어서는 차주($\frac{대출}{채무자}$)는 금전의 활용에 관하여, 대주($\frac{대출}{채권자}$)는 이자 수익에 관하여 각각 기한의 이익이 있다. 이와 같이 법률행위의 종류에 따라 기한의 이익을 받는 자가 채권자인지, 채무자인지 또는 둘 다인지가 결정되는 경우가 많다. 그러나 법률행위 종류 외에도 당사자들 사이에서 별도의 약정을 하거나 법률행위 당시의 제반사정으로부터 기한의 이익을 특정인에게만 허여(許與)하는 취지의 특약을 인정할 수 있는 경우에는 그에 따라 기한의 이익이 있는 자가 정해질 수 있다. 가령 유상소비대차계약인 이자부 금전대출약정을 체결하는 경우, 통상은 대출자와 은행이 모두 기한의 이익을 갖지만, 대출약정상 대출자는 중도상환수수료 없이 언제든지 대출금을 변제할 수 있다는 취지의 특약있는 경우에는 기한의 이익은 대출자에게만 있는 것으로 해석된다.

다만 이와 같은 방법으로 기한의 이익이 있는 자가 분명하지 않은 경우에는 본조 제1항에 따라 기한의 이익은 채무자에게 있는 것으로 추정한다. 대체적으로 기한 미도래로 이익을 얻는 것은 기한 도래시까지 채무의 이행이 유예되는 채무자에게 있기 때문이다.

---

3) 명순구, 실록대한민국민법(1), 법문사, 2008, 407.

그런데 여기서의 추정은 의사표시의 존재를 추정하는 것이 아니라 그 효과를 추정하는 것이라는 견해가 있다. 채권행위에 기한이 부가되어 있다는 사실 그 자체로부터 그 기한은 채무자의 이익을 위하여 존재한다는 뜻이라고 한다.[4]

일본에 있어서도 본조에 해당하는 의용민법 § 136 Ⅰ 에서의 '추정'은 의사추정이라고 불리는 것으로서 의사표시의 내용에 대하여 법이 일정한 내용을 추정하여 의사표시의 해석을 법정하는 것이라고 한다. 이것은 사실로서의 내심의 의사추정이 아니라 의사표시의 법률적 평가의 기준으로 기능하는 해석규정이라고 한다. 그에 따르면 채무자를 위한 기한이라고 하는 의사 그 자체의 존재를 추정하는 것이 아니므로 단지 채무자에게 그러한 의사가 없었다는 것을 주장 증명하더라도 이 추정은 전복되지 않으며, 특약 등 반대의 의사표시의 존재 또는 법률행위의 성질 등으로부터 이 추정과 모순되는 의사표시가 이루어졌다는 주장입증 등을 하지 않는 한 추정은 전복되지 않는다고 한다.[5] 따라서 법률행위 유형상 채권자에게 기한의 이익이 인정되지 않는 한, 채권자에게 기한의 이익이 있다고 주장하는 자는 그와 같은 추정과 반대되는 약정의 존재 등을 증명할 책임이 있다.

나아가 제1항 문언상 채무자라고 되어 있기는 하지만 정지조건부 물권행위나 준물권행위에 있어서 처분자 즉, 양도인이나 설정자도 기한 도래 전까지 당해 권리를 향유할 이익을 가지므로 채무자에 준하여 기한의 이익이 있다고 할 것이다.[6]

Ⅲ. 기한의 이익의 포기

1. 의   의

기한의 이익은 이를 가지고 있는 자가 일방적으로 포기할 수 있다. 이익을 누리는 자가 스스로 그 이익을 포기하고 불이익을 감수하는 것을 금지할 필요는 없기 때문이다. 이는 권리의 주체가 일방적으로 권리를 포기할 수 있는 것

---

4) 주석 민법(3), 704(제5판/남성민).
5) 新版注釋民法(4), 有斐閣, 2015, 808 이하(金山).
6) 구주해(3), 372 이하(민형기).

과 같다. 기한의 이익 포기로 인한 효과는 상대방에게도 미친다. 이때 상대방
도 기한에 관하여 정당한 이익이 있는 경우에는 기한의 이익의 일방적 포기는
상대방의 정당한 이익을 해하는 것이 된다. 따라서 본조 제2항은 기한의 이익
은 포기할 수 있으나 상대방의 이익을 해하지 못한다고 규정하고 있다. 그러나
학설은 기한의 이익의 일방적 포기로 상대방에게 손해가 발생하는 경우에는
그로 인하여 상대방이 입은 손해를 배상함으로써 기한의 이익을 포기할 수 있
다고 본다. 기한의 이익 포기는 상대방에 대한 일방적 의사표시에 의한다.

2. 포기의 태양

(1) 기한의 이익이 일방에게만 있는 경우

기한의 이익이 일방에게만 있는 경우에는 언제든지 상대방에게 기한의 이
익 포기의 의사표시를 할 수 있다. 가령, 무상임치인은 언제든지 기한의 이익
을 포기하고 임치물의 반환을 청구할 수 있고, 무상소비대차의 차주는 기한의
이익을 포기하고 언제든지 차용물을 상대방에게 반환할 수 있다. 그 밖에도 변
제기 전임을 알면서 변제기 전에 변제한 자는 기한의 이익을 포기한 것으로
보며,[7] 상계는 양 채권이 모두 변제기가 도래한 경우뿐만 아니라 수동채권의
변제기가 도래하지 아니하였다고 하더라도 기한의 이익을 포기하고 상계할 수
있다.[8] 임대인은 임대차계약이 존속 중이라도 임대차보증금반환채무에 관한
기한의 이익을 포기하고 임차인의 임대차보증금반환채권을 수동채권으로 하여
상계할 수 있고, 임대차 존속 중에 그와 같은 상계의 의사표시를 한 경우에는
임대차보증금반환채무에 관한 기한의 이익을 포기한 것으로 볼 수 있다.[9]

(2) 기한의 이익이 쌍방에게 있는 경우

기한의 이익이 채무자와 채권자 모두에게 있는 경우에는 기한의 이익의
일방적 포기로 상대방이 입게 되는 손해를 배상하고 기한의 이익을 포기할 수
있다.[10] 손해를 배상하면 족하고 상대방의 동의가 필요한 것은 아니다. 가령,
이자부 소비대차계약에서 소비물 반환 채무자인 차주는 채권자인 대주에게 대

---

7) 대판 91.8.13, 91다6856(공 91, 2336).
8) 대판 79.6.12, 79다662(집 27-2, 94), 대판 11.7.28, 2010다70018(공 11하, 1749).
9) 대판 17.3.15, 2015다252501(공 17상, 750).
10) 구주해(3), 374(민형기), 주석 민법(3), 702(제5판/남성민) 이하, 강태성, 977, 고상룡,
    649, 곽윤직·김재형, 410, 김기선, 한국민법총칙, 법문사, 1991, 375, 김상용, 민법총칙,
    화산미디어, 2014, 700, 김용한, 민법총칙, 박영사, 1997, 438, 김주수·김상용, 512, 김증
    한·김학동, 632, 명순구, 555, 송덕수, 민법총칙, 박영사, 2015, 482, 이영준, 689.

차기간 동안의 이자를 지급하고 소비물을 반환할 수 있다. 그러나 반대로 대주는 대차기간 동안의 이자를 포기하더라도 차주에게 소비물의 반환을 청구할 수 없다.[11] 대주의 이자 포기만으로 차주에게 발생하는 손해를 전보할 수 없기 때문이다.[12]

3. 효　　과

기한의 이익을 포기한 경우 기한이 도래하여, 시기부 법률행위는 효력이 발생하고 이행기한의 경우 이행기가 도래한다. 이행기 도래로 채권자는 이행의 청구를 할 수 있고 채무자의 이행의 제공에도 채권자가 이를 수령하지 않으면 수령지체에 빠지게 된다.[13] 기한의 이익 포기로 기한을 전제로 한 이익은 이를 주장할 수 없다. 가령, 회사가 퇴직금 부담 감경을 위하여 근로자의 퇴직 전에 미리 퇴직금의 중간정산금($^{중간}_{퇴직금}$)을 지급하는 것은 기한의 이익을 포기하고 미리 변제한 것이므로 이를 수령한 근로자에게 중간이자의 지급을 청구할 수 없다.[14]

이러한 법리는 처분행위에 있어서 기한의 이익을 갖는 처분자가 기한의 이익을 포기하는 경우에도 적용된다.[15] 가령 시기부의 소유권이전이나 지상권 설정계약에서 그 기한의 이익을 포기하고 미리 소유권이나 지상권을 이전하여 주더라도 그로 인하여 상대방의 권리를 해할 수 없으므로 당초 약정기 이전에 매매 대금이나 지료의 지급을 청구할 수 없다.

주채무자나 어느 연대채무자 1인의 기한의 이익 포기는 보증인이나 다른 연대채무자에게는 효력이 없다($^{\S\S\ 433}_{\text{II. }423}$).

Ⅳ. 기한의 이익의 상실

1. 의　　의

채무자에게 기한의 이익을 허여하는 것은 기한 도래시 채무자의 이행을

---

11) 구주해(3), 374(민형기).
12) 주석 민법(3), 705(제5판/남성민).
13) 주석 민법(4), 705(제5판/남성민).
14) 대판 93.1.15, 92다37673(공 93, 704).
15) 구주해(3), 375(민형기).

신용하기 때문이다. 따라서 기한의 이익을 허여한 후 채무자가 자신의 신용을 떨어뜨리는 행위를 하는 경우에는 기한의 이익을 상실시키는 것이 타당하다. 본법 혹은 기타 법률에 그러한 취지를 정한 규정이 있을 뿐 아니라 기한부 법률행위의 당사자가 기한의 이익을 가진 자의 신용 훼손행위에 대하여 기한이익 상실의 약정을 하는 경우가 적지 않다.

2. 기한이익 상실의 법정사유

(1) 민법 제388조

채권의 효력에 관한 §388에서 채무자가 담보를 손상, 감소 또는 멸실하게 한 때($\frac{제1}{호}$)와 채무자가 담보제공의무를 이행하지 아니한 때($\frac{제2}{호}$)에는 기한의 이익을 주장하지 못한다고 규정하고 있다. 제1호 담보에는 물적담보 뿐만 아니라 인적담보를 포함한다. 담보의 훼손에 채무자의 귀책사유가 필요한지에 대하여는 학설이 대립한다.[16] 제2호 담보제공의무는 당사자의 약정이나 법률의 규정에 의하여 발생한다.

제1호, 제2호에 해당하는 경우에 기한의 이익이 있는 자라도 이를 주장하지 못하므로 채권자의 기한 전 이행청구를 거절하지 못하며 이행을 하지 않으면 지체책임을 진다. 그러나 위 사유에 해당한다고 하더라도 곧바로 채무의 이행기가 도래하는 것은 아니므로 채권자가 이행의 청구를 하지 않는 경우에는 지체책임을 지지 않으며 소멸시효도 진행하지 않는다.[17]

(2) 기타 특별법

그 밖에 도산 §425는 "기한부 채권은 파산선고 시에 변제기에 이른 것으로 본다"는 규정을 두고 있고 할부 §13 Ⅰ은 "소비자가 연속하여 2회 이상 할부대금을 지급하지 않고 미지급 금액이 할부가격의 100분의 10을 초과하는 등의 경우에 할부금 지급에 관한 기한의 이익을 주장하지 못한다"고 규정하고 있다.

3. 기한의 이익 상실 특약

임의 규정인 §388와는 관계없이 기한부 법률행위의 당사자는 일정한 경우에 기한이익 상실에 관한 약정을 할 수 있다. 그런데 기한이익의 상실특약

---

16) 구주해(9), 138(양창수).
17) 주석 민법(3), 708(제5판/남성민).

은 그 약정의 취지에 따라 정지조건부 기한이익의 상실 특약과 형성권적 기한이익의 상실 특약으로 구분된다. 정지조건부 기한의 이익 상실 특약은 당사자가 정한 일정한 사유가 발생하면 채권자의 청구등을 요하지 않고 곧바로 이행기가 도래한 것으로 보는 약정이고, 형성권적 기한의 이익 상실 특약은 이행의 청구 등에 채권자의 행위가 있어야 비로소 이행기에 도래하는 것으로 정한 약정이다. 구체적인 기한의 이익 상실 특약이 어디에 속하는지는 약정의 해석 문제이지만, 판례는 일반적으로 기한의 이익 상실 특약이 채권자를 위하여 행해지는 점에 비추어 명백히 정지조건부 기한의 이익 상실 특약으로 볼만한 특별한 사정이 없으면 형성권적 기한의 이익 상실 특약으로 본다.[18]

따라서 형성권적 기한이익 상실 특약이 있는 할부채무에 있어서는 1회의 불이행이 있더라도 각 할부금에 대해 그 각 변제기의 도래시마다 그 때부터 순차로 소멸시효가 진행하고 채권자가 특히 잔존 채무 전액의 변제를 구하는 취지의 의사를 표시한 경우에 한하여 전액에 대하여 그 때부터 소멸시효가 진행한다.[19]

[박 인 환]

---

18) 대판 02.9.4, 2002다28340(공 02, 2334), 대판 10.8.26, 2008다42416, 42423(공 10하, 1799).
19) 대판 97.8.29, 97다12990(공 97, 2867).

第 154 條(期限附權利와 準用規定)

　　第148條와 第149條의 規定은 期限있는 法律行爲에 準用
한다.

　　의용민법에는 규정이 없고 우리 민법 제정 당시에 신설조문이다. 입법자료
에는 참고 입법례로서 독민 §163와 민주국민법 §146가 열거되어 있다.[1] 원
안은 의용민법에 없던 규정으로 당시의 학설을 반영하여 신설된 것으로 만주
국 민법의 입법례를 참고한 것이다.[2]

　　앞서 설명했듯이 발생 여부가 확정적인 기한부 권리는 조건부 권리보다
법적 지위가 확고하므로 보호가치가 더 크다는 점에서 조건부 권리 보호에 관
한 §148와 §149를 준용하고 있다. 명문의 규정은 없으나 §150 조건부 권리
에 관한 반신의행위는 불확정 기한에 관하여도 유추적용되어야 한다.[3] 상세
히는 기한부 권리에 관한 해당 부분 기술 참조.

　　　　　　　　　　　　　　　　　　　　　　　　[박 인 환]

---

1) 민의원 법제사법위원회 민법안심의소위원회 편, 민법안심의록(상), 1957, 99.
2) 명순구, 실록대한민국민법(1), 법문사, 2008, 409.
3) 이영준, 687.

第6章　期　　間

전　론

Ⅰ. 규정의 목적

　당사자 사이의 법률행위에서 상대방에게 일정한 기간 내에 답변이나 이행을 요구하는 등의 다양한 유형의 기간을 정한 경우, 그 기간이 사람에 따라 달리 해석될 수 있다면 위 기간의 경과와 결합된 법률효과의 발생 여부나 발생 시기가 불명확하게 될 수 있다. 따라서 당사자가 정하지 않은 경우의 해석원칙으로서 알기 쉽고 명확하며 일관성 있는 규율이 필요하게 된다. 민법 제1편 제6장의 규정들은 기간의 계산방법을 명확하게 함과 동시에, 당사자에 따라 기간계산의 방법이 달라짐으로써 생기는 혼란을 예방함으로써 법적 안정성에 기여하는 데 그 목적이 있다고 할 수 있다. 이들 규정은 당사자가 달리 정하지 않는 경우에 적용되는 임의규정으로서, 당사자가 정한 기간, 즉 법률행위의 해석에 관한 규정이다.

　기간은 법률행위 외의 법률요건에 의해서도 정해질 수 있다. 이 경우에도 기간 계산에 관한 명확하고 획일적인 규율의 필요성은 마찬가지로 인정된다. 헌법을 비롯하여 법률, 명령, 규칙 등에서 기간에 관한 규정을 두는 예도 흔히 볼 수 있다. 이들 규정에서 정한 기간이 경과하면 그것만으로 또는 다른 법률요건과 결합하여 법률효과가 발생한다. 예컨대 법률은 특별한 규정이 없는 한 공포한 날로부터 20일을 경과함으로써 효력을 발생한다($\S 53 \text{ VIII}^{\text{헌법}}$). 취득시효기간이 만료하면 부동산의 소유권이전등기청구권이 성립하거나, 존속기간의 경과로 전세권이 소멸하기도 한다. 또 어떤 기간 내에 특정 행위를 하도록 정한 경우도 있다. 기간은 법원의 재판에서도 정할 수 있다. 예컨대 법원은 임차인이 지출한 유익비의 상환청구에 대하여 상당한 상환기간을 정할 수 있다($\S 626 \text{ 후문}^{\text{II}}$). 이와 같이 법령의 규정이나 법원의 재판에 의해 정해진 기간에 대해서도 당해 법령이나 재판에서 기간의 계산에 관하여 달리 정함이 없는 한 기간이 수범자나 당사자에 따라 달리 이해되지 않도록 하기 위한 규율이 필요하다. 이와 같이 법률 또는 법원의 재판에 의해 정한 기간에 대해서도 달리 정함이 없는 한 민법의 기간 계산에 관한 규정이 적용 또는 유추된다. 본장의 규정은 법령이나 재판상 처분에 의해 기간이 정해진 경우에도 그 기간의 의미를 명확하고 획일적으로 정하기 위하여 둔 것이다.

II. 입 법 례

1. 독   일

독일민법은 총칙 제4장에서 기간(Fristen)과 기일(Termine)에 관하여 정하고 있다. 독일민법 §186는 제4장에서 정한 규정의 적용범위, §187는 기간의 기산점에 관하여 초일불산입의 원칙과 그에 대한 예외, §188는 일로 정한 기간($제1항$), 주, 월 또는 그 이상의 단위로 정한 기간($제2항$)의 만료점에 관한 규정이다. §193는 기일 또는 기간의 말일이 공휴일 또는 토요일인 경우 기간을 연장하는 내용을 정하고 있다. 우리 민법과 달리 기간을 시, 분, 초로 정한 경우의 기산점에 관한 규정은 두지 않고 있다.

2. 스 위 스

스위스채무법은 §76에서 §78까지 기간 계산에 관한 규정을 두고 있다. §76는 독일민법 §192와 같은 내용으로, 월초, 월말 그리고 월중간에 관한 해석규정이다. §77는 기간을 일, 주, 월 또는 그 이상의 단위로 정한 경우 초일불산입의 원칙을 정하고 있다. §78는 기간의 말일이 일요일 또는 공휴일인 경우 그 다음 노동일로 기간이 연장된다는 내용의 규정이다.

3. 프 랑 스

프랑스민법은 기간의 계산방법에 관한 일반적인 규정을 두지 않고 있다.
시효에 관한 장에서 약간의 규정을 두고 있을 뿐이다. 이에 따르면 시효기간은
시가 아닌 일로 계산하고($\frac{프민}{\S 2228}$), 시효는 기간의 최종일이 만료된 때 완성된다
($\frac{프민}{\S 2229}$). "최종일이 만료된 때"란 최종일의 24시를 의미한다.[1]

규정은 없으나 프랑스법에서도 초일(dies a quo) 불산입의 원칙은 일반적
으로 인정되고 있다.[2] 말일도 기간에 산입되는가 여부는 그 기간이 완전기간
(delái franc)과 불완전기간(delái non-franc)인가에 따라 달라진다.[3] 완전기간
은 기간의 초일과 말일을 산입하지 않는 기간을 말한다. 즉 기간 말일의 다음
날 24시에 기간이 만료한다. 불완전기간은 초일은 산입하지 않으나 말일은 산
입하는 기간을 말한다. 즉 말일의 24시에 기간이 만료한다. 어느 경우든 기간
의 말일이 공휴일이면 그 다음날에 기간이 만료한다. 예를 들어 항소기간이
판결문 송달일부터 2개월인데 2010.10.1. 판결을 송달받은 경우, 항소기간은
2010.10.2. 0시부터 기산하여 2010.12.2. 0시에 그 진행이 종료된다. 이것이
완전기간이라면 기간의 말일이 산입되지 않으므로 2010.12.2. 제기한 항소도
적법하게 된다. 반면 이것이 불완전기간이라면 2010.12.2. 0시에 기간의 진행
이 종료됨과 동시에 기간은 만료하므로 2010.12.2. 제기한 항소는 부적법하게
된다. 프랑스 민사소송법 §641, §642는 기간의 계산방법에 관한 규정을 두고
있는데, 그 중 §642는 불완전기간을 입법화한 것이라고 할 수 있다. 민사소송
법의 위 규정들은 우리 민법 §157, §159, §160 Ⅱ, Ⅲ, §161에 대응하는 내
용을 정하고 있다.

4. 이탈리아

이탈리아민법 §2963는 기간의 계산에 관한 통칙규정을 두고 있다. 이에
따르면 민법상 기간은 역에 의해 계산한다. 기간의 초일은 산입하지 않고 기간
의 말일의 종료로 기간은 만료한다. 만료일이 공휴일인 경우 그 다음날에 기간

---

1) Cass.com 10 juillet 1989, Bull. no. 220.
2) Cass.com 8 mai 1972, Bull. No. 36; H. Roland, L. Boyer, Adages du droit français,
   3e éd., Litec, 1992, no 86.
3) G. Cornu, Vocabulaire juridicque, PUF, 1987, p. 428.

이 만료한다. 기간을 월로 정한 경우 최후의 월에서 그 기산일에 해당하는 날에 기간이 만료한다.

5. 일   본

일본의 구민법에는 기간의 계산방법에 관한 통칙적 규정을 두지 아니하였으나, 현행 민법을 제정하면서 총칙에 기간의 계산에 관한 통칙을 정하였다. 이 때 독일민법 제2초안, 스위스채무법과 몬테네그로 재산법을 참고하였는데, 그 중에서 가장 많은 영향을 미친 것은 독일민법 제2초안이라고 한다.[4]

우리나라는 일본의 규정을 거의 그대로 본받은 것이다.[5] 다만 일본민법 §142와 달리 거래를 하지 않는 관습이 있는 경우라는 제한을 두지 아니하여 독일민법 §193와 같이 정한 점이 다르다.

한편 최근 일본민법의 개정논의에서 기간의 계산에 관한 규정을 민법에서 삭제하고 「법의 적용에 관한 통칙법」($\binom{法の適用に關}{する通則法}$)에서 정하는 것이 바람직하다는 의견이 제시되기도 하였다. 그 이유는 이 규정들이 사법관계뿐 아니라 공법관계에도 적용된다고 한다면 이를 민법에 두는 것이 적당하지 않다는 것이었다. 그러나 민법($\binom{채권}{관계}$) 개정에 관한 중간시안에는 이에 관한 개정의견이 포함되지 아니하였다.

6. 영   국

영국법상 기간계산에 관한 포괄적인 법률은 존재하지 않는다. 계약에서 정한 기간의 의미는 계약해석의 문제로서, 판례에 의해 확립된 일반적인 해석원칙은 대체로 다음과 같다. 일은 자정에서 자정까지의 기간을 의미한다. 따라서 다른 약정이 없는 한 24시간과 1일은 다른 의미이다. 특정일까지 어떤 의무를 이행하여야 하는 경우 그 날 자정에 그 기일 또는 기간이 만료한다. 일은 분할할 수 없는 것이 원칙으로서 하루의 일부도 하루로 계산한다.[6] 그러나 법령이나 계약에서 달리 정한 바가 있으면 그에 따른다. 반대의 관행이나 약정이 없으면 일요일이나 공휴일도 일에 포함된다.[7] 기간의 말일이 공휴일인 경우에도 기간은 그 날 종료하는 것이 원칙이고, 다만 법원에 대한 행위나 법원이 하는

---

4) 일본 주석민법(5), 총칙(5), 1(野村好弘).
5) 민의원법제사법위원회 민법안심의소위원회 편, 민법안심의록(상), 1957, 106 이하.
6) Chitty on Contracts §21-022.
7) Chitty on Contracts §21-022.

행위에 대해서만 예외적으로 그 다음날 기간이 종료한다.[8] 의사의 통지는 그 통지의 내용이 수령자에게 전달될 수 있는 때까지, 즉 사무소를 수령지로 하는 통지는 그 사무소의 영업시간 내에 도달하여야 한다. 기간의 초일은 산입하지 아니한다는 것이 일반적인 해석원칙이지만, 다른 약정이 있으면 그에 따른다.[9]

한편 재산법(Law of Property Act 1925) § 61에 의해 특별한 사정이 없는 한 법령 또는 계약에서 정한 월은 역법상의 월(calendar month)을 의미한다. 월의 계산에 관하여는 "해당일(corresponding date)" 원칙이라는 판례준칙이 인정되고 있는데, 이는 특정일 또는 그 후로부터 월을 단위로 하는 기간을 계산할 경우 그 특정일을 기간 계산에서 산입하지 아니하고, 기간이 종료하는 월의 위 특정일에 해당하는 날 자정에 그 기간이 만료한다는 원칙이다.[10] 예컨대 임대차법(Landlord and Tenant Act 1954) § 29 Ⅲ에 의하면 임차인은 임대인이 해지통고를 한 날부터 4월 이내에 법원에 임대차갱신청구를 할 수 있다. 만약 임대인이 9월 30일 해지통고를 하였다면, 4월의 기간은 9월 30일 자정에 기산하여 마지막 달의 해당일인 1월 30일 자정에 만료한다.

7. 미   국

미국은 주에 따라 기간의 계산방법에 관하여 제정법에 규정을 둔 곳도 있고, 판례법에 의해 규율하는 곳도 있다. 계약을 해석할 때 기간의 초일 또는 어떤 행위 또는 사건이 발생한 날은 산입하지 아니하며, 기간은 그 마지막 날의 만료일로 종료된다는 것이 주류적인 판례이다.[11] 기간의 초일과 어떤 행위 또는 사건이 발생한 날을 구별하여, 기간의 초일은 산입하지만 행위 또는 사건의 발생일은 산입하지 않는다는 판례를 따르는 주도 있다.[12] 계약에서 정한 기간의 말일이 토요일, 일요일 또는 공휴일인 경우 월요일까지 연장된다는 것이 일반적인 판례이나, 법령에서 정한 기간의 경우 이와 달리 연장되지 않는다는 판례도 있다.[13]

미국 연방민사소송규칙 § 6(a)는 위 규칙이나 각 연방지방법원에서 정한

---

8) Halsbury's Laws of England, Vol. 45, para. 1138.
9) Chitty on Contracts § 21-024.
10) Dodds v. Walker [1981] 1 W.L.R. 1027; Chitty on Contracts § 21-026.
11) Sheets v. Selden's Lessee, 69 U.S. 177, 17 L.Ed. 822 (1864).
12) Brown v. Oneida Kntting Mills, 226 Wis. 662, 666, 277 N.W. 653 (1938)(위스콘신 주) 등.
13) 86 C.J.S. Time § 40; 98 A.L.R.2d 1331 참조.

규칙, 법원의 명령 또는 그에 적용되는 법률에서 정하거나 허용한 기간의 계산에 있어서 그 기간의 기산점이 되는 사건이 있은 날은 산입하지 않고, 그 기간의 말일은 산입하며, 기간의 말일이 토요일, 일요일, 또는 법정휴일인 경우 토요일, 일요일, 또는 법정휴일이 아닌 다음 날의 만료로 기간이 종료한다고 정하고 있다. 각 주의 민사소송규칙에도 유사한 규정들이 있다. 이들 규정은 주법에 따라 성립한 권리의 출소기간 등 행사기간에 관하여 적용된다.

8. CISG, PECL, DCFR

유엔통일매매법(CISG) § 20은 계약의 청약에서 승낙기간을 일, 주, 월 등으로 정한 경우 그 기산일과 만료일에 관하여 정하고 있다. 이에 따르면 청약자가 전보나 편지에서 승낙기간을 정한 경우 전보가 발신된 때 또는 편지에서 정한 때, 편지에서 정한 바가 없으면 편지봉투에 날인된 때부터 승낙기간이 기산한다. 전화나 텔렉스 그 밖의 즉시통신수단에 의해 정해진 승낙기간은 청약이 상대방에게 도달한 때부터 기산한다($^{제1}_{항}$). 승낙기간 중의 공휴일 또는 비영업일은 기간에 산입된다. 그러나 청약자의 영업소 소재지에서 기간의 말일이 공휴일 또는 비영업일이어서 승낙의 통지가 청약자에게 도달될 수 없었을 경우 이 기간은 그 다음의 첫 번째 영업일까지 연장된다($^{제2}_{항}$). 이 규정은 다른 정함이 없는 한 승낙기간 외의 기간 계산에 대해서도 적용된다.[14]

유럽의 여러 모델법에서도 기간계산에 관한 규정들을 두고 있다. 유럽에서 기간계산에 관한 규율을 통일하려는 시도는 이미 1971년 EEC 규칙(Regulation No. 1182/71)이나 1972년의 유럽협약(European Convention on the Calculation of Time-Limits)에서도 이루어졌다. 그 후의 모델법들은 대체로 이들 규율의 취지를 이어받은 것이라고 할 수 있다. 이하 유럽계약법원칙(PECL)과 유럽민사법의 공통기준안(DCFR)의 기간계산에 관한 규정에 관하여 간략히 소개한다.

유럽계약법원칙 § 1:304는 통칙규정의 하나로 "시간의 계산(computation of time)"이라는 제목 아래 기간계산에 관하여 정하고 있다. 이에 따르면 서면으로 답변 또는 기타 행위를 할 기간을 정하여 통지한 경우, 그 기산점을 그 서면에서 특정하였다면 그 특정된 시기에, 그렇지 않은 때에는 위 서면이 상대방에게 도달한 때부터 위 기간이 기산한다($^{제1}_{항}$). 기간의 도중에 있는 공휴일 기

---

14) Schwenzer ed., Commentary on the UN Convention on the International Sale of Goods, 3rd ed., Oxford U. Press, 2010, p. 359.

타 비영업일은 기간에 산입되나, 기간의 말일이 상대방 또는 이행지의 공휴일 기타 비영업일인 경우에는 기간이 그 다음날로 연장된다($^{제2}_{항}$). 일, 주, 월, 년으로 정한 기간은 다음날 0시부터 기산하고 그 기간 말일의 24시로 종료한다. 그러나 기간을 정한 당사자에게 도달하여야 하는 답변, 또는 기간 내에 이행되어야 하는 행위는 기간 말일의 당해 장소에서의 통상의 영업종료시까지 마쳐야 한다($^{제3}_{항}$).

유럽민사법의 공통기준안은 § I.-1:110에서 기간의 계산에 관한 통칙을 정하고 있다. 이에 따르면 기간을 일, 주, 월 또는 년으로 정한 경우 기간은 그 다음날부터 기산하여($^{제3(b),}_{4(b)항}$) 최종일의 자정에 만료한다($^{제}_{2(c)항}$). 별도로 명시되지 않는 한 기간 중의 토요일, 일요일, 공휴일도 기간에 산입된다($^{제5}_{항}$). 다만 기간의 말일이 행위지에서 토요일, 일요일, 공휴일인 경우에는 그 다음 영업일의 종료로 기간이 만료한다($^{제6}_{항}$). 기간을 2일 이상으로 정한 경우 그 중에는 적어도 영업일이 2일 포함되어 있는 것으로 간주한다($^{제7}_{항}$). 서면으로 답변 또는 기타 행위를 할 기간을 정하여 통지한 경우, 그 기산점을 위 서면에서 특정한 때에는 그 때부터, 위 서면에서 특정하지 않은 때에는 위 서면이 상대방에게 도달한 때부터 위 기간이 기산한다($^{제8}_{항}$).

III. 표 준 시

우리나라의 표준시는 동경(東經) 135도의 자오선을 표준자오선으로 하여 정한다($^{표준시에 관}_{한 법률 본문}$). 이에 따르면 우리나라의 표준시는 협정시계시(Coordinated Universal Time)에서 9시간을 더한 시간(UTC+9:00)이다. 우리나라는 대한제국 시대인 1908.4.1.부터 1911.12.31.까지, 그리고 해방 후 1954.3.21.부터 1961.8.10.까지 동경 127도 30분의 자오선을 표준자오선으로 하는 표준시(UTC+8:30)를 사용한 적이 있었다. 그러나 24개의 표준자오선 중 하나를 선택하여 표준시로 정하는 국제관례와 다르다는 이유로 위와 같이 바꾸어 현재에 이르고 있다. 북한은 해방 후에도 계속 동경 135도를 표준자오선으로 하여 표준시를 정하여 오다가 이를 변경하여 2015.8.15.부터 동경 127도 30분을 표준자오선으로 하는 표준시를 채택한 바 있으나, 다시 2018.5.5.부터 종전과 같은 표준시로 복귀하였다. 한편 연중 일정 기간의 시간을 조정하는 제도로서 일광절약시간제(Daylight Saving Time)가 있는데, 그 실시 여부는 대통령령으로 정할 수 있다(「표준시에 관한 법률」단서). 유럽이나 미국 등 여러 나라에서 이 제도를 시행하고 있다. 우리나라는 1987.4.7.부터 매년 5월 둘째 일요일 오전 2시를 오전 3시로 하고 10월 둘째 일요일 오전 3시를 오전 2시로 하는 내용의 일광절약시간제를 시행하였으나(대통령령 제12136호, 일광절약시간제실시에 관한 규정), 1989.5.8. 이를 폐지하였다(대통령령 제12703호, 일광절약시간제실시에 관한 규정).

Ⅳ. 자연적 계산법과 역법적 계산법

기간 계산의 방법에는 자연적 계산법(Naturalkomputation)과 역법적 계산법(Kalenderkomputation oder Zivilkomputation)이 있다. 자연적 계산법이란 자연적 시간의 흐름을 순간에서 순간까지(a momento ad momento) 정확하게 계산하는 방법이다. 예컨대 월요일 오전 10시 15분부터 24시간이라고 정한 기간은 화요일 오전 10시 15분에 종료한다. 자연적 계산법에서는 일 미만의 단위, 즉 초, 분, 시를 단위로 사용한다. 자연적 계산법은 시간의 계속을 정확하게 측정한 것이나 계산이 번거로우며 그 기산점 내지 기간 도과의 증명이 쉽지 않다는 단점이 있다. 거래당사자는 거래의 순간에 대하여 주의를 기울이지 않는 경우가 대부분이므로 나중에 분쟁이 생겼을 때 그 기산점의 증명 역시 매우 곤란할 것이다.[15] 역법적 계산법이란 역법(曆法)에 의한 계산법을 의미한다. 역법적 계산법에서는 일, 주, 월 또는 연을 단위로 사용한다. 역법적 계산법은 정확하지는 않으나 계산이 용이하여 실용적이고 증명이 쉽다는 장점이 있다. 이에 의하면 1일은 역법에서의 하루, 즉 특정한 날의 0시부터 24시까지를 의미한다. 역법적 계산법은 로마시대에도 이용되고 있었다고 한다.[16] 독일민법과 스위스채무법은 이를 받아들인 것이다.

어떤 기간을 월 또는 연으로 정한 경우 자연적 계산법에 의하는가 아니면 역법적 계산법에 의하는가에 따라 실제 그 기간에 포함되는 물리적 시간의 길이에는 차이가 생길 수 있다. 예컨대 2016.1.1.을 포함하여 그로부터 3개월의

---

15) Repgen, ZGR 2006, 121, 124.

16) Paulus, Dig. 50, 16, 134: Non ad momenta temporum, sed ad dies numeramus; HKK/Hermann §§ 186-193 Rn. 7-12; Schmitz, Die Fristberechnung nach römischen Recht, Kovac, 2002, S. 5.

기간은 역법적 계산법에 따르면 2016.3.31. 만료되지만, 2016.1.1.을 포함하여 그로부터 90일의 기간은 2016.3.30. 만료된다. 이는 역법적 계산법에 따르는 경우 월의 일수의 다소나 평년·윤년에 따른 차이를 두지 않기 때문이다.

　　두 계산방법 중 어느 방법을 채택할 것인가는 입법정책의 문제로서, 우리 민법은 두 방법을 모두 쓰고 있다. 즉 기간을 시, 분, 초로 정한 때에는 즉시 기산하여 즉시 만료하는 자연적 계산법에 따르는 한편($\binom{\S}{156}$), 기간을 일, 주, 월, 년으로 정한 때에는 역법적 계산법에 따른다($\binom{\S\S\ 157,\ 160\ \mathrm{I}}{159,}$). 독일민법이나 스위스 채무법은 후자에 대해서만 정하고 있다. 자연적 계산법에 관한 우리 민법 §156는 일본민법 §139를 따른 것이다.

V. 규정의 구성

　　민법 제1편 제6장의 규정들은 다음과 같이 구성되어 있다. §155는 본장에서 정한 기간계산에 관한 규정들의 적용범위에 관하여 정하고 있다. 기간계산의 기준이 되는 시간의 주기에 대해서는 §156, §160 I이 정하고 있다. §156부터 §158까지는 기간의 기산점, §159, §160 II, III, §161는 기간의 만료점에 관한 규정들이다.

　　　　　　　　　　　　　　　　　　　　　　　　　　　　　　　　　[이　연　갑]

第 155 條(本章의 適用範圍)

　期間의 計算은 法令, 裁判上의 處分 또는 法律行爲에 다른
定한 바가 없으면 本章의 規定에 依한다.

Ⅰ. 총　설

　본조는 기간의 계산에 관한 민법 제6장의 적용범위에 관하여 정하고 있
다. 이에 따르면 법령, 재판상의 처분 또는 법률행위에 다른 정한 바가 없는
한 본장에서 정한 방법에 따라 기간을 계산하여야 한다. 법령에 정한 것이거
나 재판상 처분 또는 법률행위로 정한 것이거나 묻지 않고 기간의 계산은 모
두 본장의 규정에 따라야 한다. 즉 본조는 기간의 계산에 관한 본장의 규정들
이 민법총칙에 규정된 기간에 한해서 적용되는 것이 아니라 그 밖의 법령, 재
판상 처분, 법률행위에도 확대되어 적용된다는 것과, 그 적용을 피하기 위해서
는 법령이나 재판상 처분, 법률행위에서 별도의 정함을 두어야 한다는 것을 정
한 것이다.

Ⅱ. 기간의 의미

1. 기간의 정의

　민법은 기간의 정의규정을 별도로 두지 않고 있다. 기간을 한 시점에서 다
른 시점까지의 계속된 시간을 의미한다고 설명하는 견해도 있고,[1] 시(時)의 집

---

1) 곽윤직 편집대표, 구주해(3), 377.

합이라고 표현하는 견해도 있다.[2) 본장에서 정하고 있는 기간은 한 시점에서 다른 시점까지 사이의 시간적 간격(Zeitraum)으로서 그 경계(즉 기산점 과 만료점)가 특정되어 있거나 특정될 수 있는 것으로서 그 사이에 특정한 작위 또는 부작위가 요구되거나 그 기간의 만료로 법률관계에 변동이 생기는 것을 의미한다. 기간은 시간의 경계를 특정하여 정할 수도 있고 그렇지 않을 수도 있다. 전자의 예로는 "2016.5.1.부터 2016.8.31.까지", "2016.5.1.부터 3개월", "취소할 수 있는 날로부터 3년 이내"($\S 146$ 참조) 등을 들 수 있다. 후자의 예로는 법령이나 당사자의 법률행위에서 "지체없이"($\S 1091$ 참조) 또는 "상당한 기간"($\S 53-4$ ⅰ 참조 독점령) 등으로 정한 경우를 들 수 있다. 이와 같이 기산점 또는 만료점이 특정되어 있지 않더라도 특정할 수 있으면 기간이 될 수 있다. 기산점과 만료점 사이의 시간이 계속되지 않는 경우에도 기간이 될 수 있다. 2011. 12. 국회에 제출되었던 민법개정안에는 일정한 사유가 있으면 그 사유가 존속하는 동안에만 이미 기산된 소멸시효가 일시적으로 정지하는 내용의 시효의 정지에 관한 규정이 포함되어 있었는데($\S 168$ 개정안), 이에 따르면 시효정지사유가 있어 시효의 진행이 중단되었다가 정지사유가 소멸되면 나머지 시효기간이 진행한다($\S 169$ 개정안). 이 경우 시효기간은 정지사유가 발생한 때부터 소멸한 때까지 진행하지 않는다. 따라서 시간이 계속되지 않는 기간도 있을 수 있다.

기간은 시간의 흐름에 따라 진행할 수도 있고 그 역방향으로 진행할 수도 있다. 후자의 경우 역산에 의해 기간을 계산하여야 한다. 예컨대 주주총회를 소집할 때에는 주주총회일의 2주 전에 각 주주에게 서면으로 통지를 발송하여야 한다($\S 363$ ⅰ 상). 이 때 2주의 기간은 주주총회일부터 역산하여 계산하여야 한다. 이 기간을 지키지 아니한 경우 주주총회의 결의는 위법하게 되며 취소될 수 있다(대판 87.4.28, 86다카553, 대 판 14.11.27, 2011다41420). 이와 같이 역산해야 하는 기간에 대해서도 §155 이하의 규정이 유추된다고 보는 것이 통설이다.[3) 상속개시전의 1년간에 행한 증여는 유류분 산정의 기초가 되는 상속재산에 포함되는데($\S 1114$), 이 기간의 계산에 대해서도 본장의 규정이 적용된다.

기간의 법적 성질은 법률사실 중 사람의 정신작용과 관계 없는 사건이다.[4) 기간은 다른 법률요건과 결합하여 법률효과를 발생시키는 경우가 많다.

---

2) 김증한·주재황 편집대표, 주석 민법(하), 620.
3) 김증한·주재황 편집대표, 주석 민법(하), 621.
4) 곽윤직·김재형, 402; 김증한·김학동, 504; 고상룡, 301; 김상용, 681; 백태승, 567.

2. 기간과 구별되는 개념

기간과 구별되는 개념으로 기일(Termin)이 있다. 민법상 기일은 어떤 사건이나 법률효과가 발생하는 특정한 시점을 의미한다. 우리 민법에서는 기일에 관한 별도의 규정은 두지 않고 있다. 그러나 일정한 경우 기간에 관한 규정이 유추될 수 있다. 예컨대 기일이 토요일 또는 공휴일인 경우 민법 §161가 유추될 수 있다($\frac{대판\ 80.12.9.}{80다1717}$).[5] 민법상 기일은 민사소송법상 기일($\frac{민소\ \S\S\ 165-}{169까지}$)과는 다른 개념이다. 민사소송법상 기일은 법원, 당사자, 그 밖의 소송관계인이 모여서 소송행위를 하기 위해 정해진 시간으로서,[6] 재판장이 직권으로 정한다($\frac{대판\ 92.11.24.}{92누282}$). 기일은 필요한 경우에는 공휴일로도 정할 수 있고($\frac{민소\ \S\ 166,}{소액\ \S\ 7-2}$)다. 기일은 지정된 일시와 장소에서 재판장이 사건과 당사자의 이름을 부르면 시작되고($\frac{민소}{\S\ 169}$), 재판장의 고지에 의해 종결된다.[7]

또한 기간은 기한(Zeitstimmung)과도 구별되는 개념이다. 기한은 법률행위의 효력의 발생, 소멸 또는 채무의 이행을 장래 발생할 것이 확실한 사실에 의존케 하는 법률행위의 부관이다($\frac{\S\S\ 152-}{154까지}$). 즉 기한은 법률행위로 정하는 것이지만 기간은 법령이나 법원의 재판에 의해서도 정할 수 있다. 기한은 기간 외에 기일이나 그 밖에 장래 발생할 것이 확실한 사실에 의해서 정할 수 있다. 기간으로 기한을 정한 경우에는 기간의 만료와 기한의 도래가 동일한 시기에 발생한다. 이때에는 기간의 만료로 기한이 도래하므로 본장의 규정에 의해 기한 도래 여부를 판단하게 된다. 예컨대 임대차, 고용, 임치 등 계속적 계약관계에서의 계약의 존속기간($\frac{\S\S\ 635,}{659,\ 698}$)은 법률행위의 부관으로서의 기한에 해당하는데, 그 기간의 계산에 대해서도 본장의 규정이 적용된다. 채무의 이행기한($\frac{\S\ 158}{참조}$)도 법률행위의 효과의사의 일부이므로 사건으로서의 성질을 가지는 기간과 구별된다. 채무의 이행기한이 기간에 의해 정해진 경우에도 본장의 규정이 적용된다.[8]

---

5) 김상용, 683.
6) 이시윤, 新民事訴訟法(제6증보판), 390.
7) 김능환·민일영 편집대표, 주석 민사소송법(3), 52.
8) 구주해(9), 88.

Ⅲ. 본장의 적용범위

1. 법　　령

㈎ 형식적, 실질적 의미의 민법　　본조의 법령에 민법이 포함된다는데에는 이론이 없다. 또 형식적 의미의 민법이 아니더라도 실질적으로 사인간의 사법관계를 규율하는 법, 즉 실질적 의미의 민법 역시 본조의 법령에 해당한다. 형식적 또는 실질적인 의미의 민법이 정한 기간으로서는 대표적으로 시효기간과 제척기간을 들 수 있다. 민법 §162에서 §165까지, §766, §1117, 상법 §121, §122, §147, §154, §166, §167, §662, §919, 어음법 §70, §77 Ⅰ (viii), 수표법 §51, 할부거래에 관한 법률 §15, 제조물 책임법 §7 등이 소멸시효를 정하고 있고, 민법 §245, §246, §248에서는 소유권 기타 재산권의 취득시효를 정하고 있다. 그밖에 광해로 인한 손해배상청구권($^{광업}_{§80}$), 복권의 당첨금청구권($^{복권 및 복}_{권기금법 §9}$), 국민연금법상 급여를 받을 권리($^{국연금}_{§115}$), 공무원연금법상 급여를 받을 권리($^{공연}_{금 §81}$), 군인연금법상 급여를 받을 권리($^{군인연}_{금법 §8}$), 취업후 상환 학자금대출채권($^{취업 후 학자금 상}_{환 특별법 §36 Ⅰ}$), 중소기업은행법에 따른 중소기업금융채권($^{중소기업은}_{행법 §36-6}$), 농업금융채권($^{농업협동조}_{합법 §157}$), 수산금융채권($^{수산업협동}_{조합 §160}$), 산림조합의 기금채($^{산림조합의 구조개}_{선에 관한 법률 §29}$), 도시개발채권($^{도개}_{§62 Ⅲ}$), 도시철도채권($^{도시철도}_{법 §20 Ⅳ}$), 한국전력공사가 발행한 사채($^{한국전력공}_{사법 §16 Ⅳ}$), 국채($^{국채}_{법 §14}$), 한국은행이 발행하는 통화안정증권($^{한국은행 통화}_{안정증권법 §6}$), 각종 공제회의 급여청구권 또는 부담금반환청구권($^{경찰공제회법 §22,}_{대한소방공제회법}$ $^{§23, 과학기술인공제회법 §23, 교정공제회법 §23,}_{군인공제회법 §18, 대한지방행정공제회법 §22}$), 각종 법률에 의한 보상금, 위로금 등 청구권($^{범죄피해자 보호법 §31, 군사정전에 관한 협정 체결 이후 납북피해자의 보상 및 지원에 관한 법률 §22, 삼}_{청교육피해자의 명예회복 및 보상에 관한 법률 §18, 재일교포 북송저지 특수임무수행자 보상에 관한 법률}$ $^{§16, 지뢰피해자 지원에 관한 특별법 §16, 징발법 §23, 계엄법 §9-6, 대일항쟁기 강제동}_{원 및 국외강제동원 희생자 등 지원에 관한 특별법 §33, 지적재조사에 관한 특별법 §22}$), 금전의 급부를 목적으로 하는 국가 또는 지방자치단체의 권리($^{국재산 §73-3 Ⅲ, 국재정}_{§96 Ⅰ, 지재정 §82 Ⅰ}$), 국가 또는 지방자치단체에 대한 금전의 급부를 목적으로 하는 권리($^{국재정 §96 Ⅱ,}_{지재정 §82 Ⅱ}$)의 소멸시효기간의 계산도 본장의 규정에 따른다.

제척기간에 관한 규정은 민법 §146, §839-2 Ⅲ, §841, §842, §847 Ⅱ, §848, §851, §861, §862, §864, §865 Ⅱ, §891 Ⅰ, §893, §894, §896, §907, §908-4, §909-2 Ⅰ, Ⅱ, §999 Ⅱ, §1011 Ⅱ, §1019 Ⅰ, Ⅲ, §1024 Ⅱ, §1045 Ⅰ, §1057-2 Ⅱ, 상법 §17 Ⅳ, §45, §184, §225, §236, §244, §328, §335-4, §376, §379, §380, §381, §385 Ⅱ, §429, §445, §511,

§512, §529, §552, §814, §826 Ⅱ, §840, §846, §851, §875, §881, §895, §902, 주식회사의 외부감사에 관한 법률 §17 Ⅸ 등에서 찾을 수 있는데, 그 기간의 계산에 대해서도 본장의 규정이 적용된다.

　그 밖의 민법 또는 민사특별법이 정하고 있는 기간, 예컨대 친생자로 추정되는 기간($\S\,^{844}_{\,Ⅱ}$), 부모가 동의하지 않는 경우 입양허가를 위한 부양의무 불이행기간($\S\,^{870}_{\,Ⅱ\,(ⅰ)}$), 재판상 파양의 원인인 생사불명기간($\S\,^{905}_{(ⅲ)}$), 후견인의 재산목록 작성기간($\S\,^{941}_{\,Ⅰ}$), 후견사무 종료시 계산기간($\S\,^{957}_{\,Ⅰ}$), 한정승인의 경우 채권자에 대한 최고기간($\S\,^{1032}_{\,Ⅰ}$), 상속재산 분리의 경우 채권자에 대한 최고기간($\S\,^{1046}_{\,Ⅰ}$), 상속인 없는 재산 청산의 경우 채권자와 유증받은 자의 신고기간($\S_{1056}$), 상속인 수색공고기간($\S_{1057}$), 구수증서에 의한 유언의 검인신청기간($\S\,^{1070}_{\,Ⅱ}$), 청산기간($\S\,^{가탑}_{3\,Ⅰ}$), 합명회사 합병에 대한 이의기간($\S\,^{상}_{232}$), 각종 서류의 보존기간($^{부등\,\S\S\,25\,Ⅰ.}_{Ⅱ.\,상\,\S\S\,33\,Ⅰ.\ 266,\,Ⅱ;\,541}$) 등에 대해서도 본장의 규정이 적용된다. 민법이나 민사특별법에서 정한 각종 신고기간이나 등기기간($\S\S\,^{50\,\sim}_{51\,등}$), 각종 권리의 존속기간($^{저작\,\S\S\,39\,\sim\,42.\,특}_{허\,\S88,\,상표\,\S42\,등}$)에 대해서도 마찬가지이다.[9]

　　㈏ 공법상 기간　　헌법, 행정법 등의 공법에서도 기간을 정한 규정이나 행정청으로 하여금 기간을 정할 수 있도록 한 규정들이 무수히 많다. 예컨대 헌법 §53 Ⅰ, 공직선거법 §24-2 Ⅰ, 행정규제기본법 §11 Ⅰ, 행정절차법 §38, 주민등록법 §11 Ⅰ 등에서 기간을 규정하고 있고, 행정절차법 §19 Ⅰ, §43, 국가공무원법 §26-5 등에서 행정청이 기간을 정할 수 있도록 하고 있다. 그런데 헌법이나 위 각 법률에서는 기간의 계산방법에 관한 규정을 두지 않고 있다. 이러한 경우 공법상 기간에 대해서도 본장의 규정이 적용되는지에 관해서는 논란이 있다. 본장에서 정한 기간계산의 방법은 사법관계 뿐 아니라 공법관계에도 공통적으로 적용된다는 견해가 민법학계의 통설이다.[10] 이에 따르면 본조에서 정한 법령에는 사법관계를 규율하는 법령 뿐 아니라 공법관계를 규율하는 법령도 포함된다. 즉 본장의 규정은 사법과 공법 모두에 적용되는 통칙의 지위를 가진다. 따라서 당해 법령에 기간계산에 관한 규정이 없으면 언제나 본장에 따라 계산해야 한다는 것이다.

---

　9) 예컨대 어떤 특허권의 출원공고일이 1997.4.21.인 경우 그로부터 15년이 지난 2012.4.21.이 토요일이므로 이 특허권의 존속기간은 2012.4.23. 만료한다. 서울고판 14.5.16, 2013누48417 참조.

　10) 곽윤직·김재형, 402; 김증한·김학동, 504; 김상용, 682; 白泰昇, 555; 구주해(3), 378 (閔亨基); 주석 민법 제4판, 총칙(3), 469(최성준).

이에 대하여 공법관계를 규율하는 법령에서 기간의 계산방법에 관하여 별
도의 규정이 없다면 그 규정 중 권리의무의 변동에 관한 사항과 같이 사법적
인 성질의 것에 대해서는 민법의 규정이 적용되고, 불이익처분에 관한 사항과
같이 제재적인 성질의 것에 대해서는 형사소송법상 기간 계산에 관한 규정
$\left(\substack{\text{형소} \S 66\ \text{I} \\ \text{단서, III 단서}}\right)$이 적용되어야 한다는 견해도 있다.[11] 이에 따르면 당해 법령에 기
간계산에 관한 규정이 없더라도 그 성질을 따져 적용될 법령을 달리해야 한다.
그러나 형사소송법의 위 규정은 공소시효기간과 구속기간에 관하여 형사소송
법 §66 I 본문, III 본문$\left(\substack{\text{그 내용은 민법 } \S\S 157 \\ \text{본문, 161와 같다}}\right)$에 대한 예외를 정한 것으로, 공소
시효기간과 구속기간 외의 어떤 기간에 대하여 어떤 근거로 위 예외를 확장해
야 한다는 것인지 명확하지 않다. 따라서 위 견해는 타당하지 않다.

통설에 따르는 경우에도 본장의 규정이 공법상 기간에 직접 적용되는 것
인지 아니면 유추되는 것인지 논란이 있을 수 있다. 공법학계에서는 공법관계
에 적용할 개별 규정이 없는 경우 사법 규정의 유추를 인정할 것인가에 관하
여 논란이 있다. 기간에 관한 규정은 법기술적 규정으로서 공법관계에도 직접
적용된다는 견해,[12] 일반원리적 규정과 달리 법기술적 규정은 직접 적용되는
것은 아니고 유추적용될 뿐이라는 견해[13] 등이 있고, 적용 또는 유추적용을 부
정하는 견해는 보이지 않는다.

판례는 공법상 기간에 대해서도 민법의 규정이 직접 적용된다는 견해를
취하고 있는 것으로 보인다. 그러한 취지의 판례를 들면 다음과 같다. 근로기
준법 §2 I (vi)의 "평균임금"이란 이를 산정하여야 할 사유가 발생한 날 이전
3개월 동안에 그 근로자에게 지급된 임금의 총액을 그 기간의 총일수로 나눈
금액을 말한다. 여기에서 "이를 산정하여야 할 사유가 발생한 날"이 위 3개월
의 기간에 포함되는가에 관하여 판례는 민법 §157를 적용하여 이를 부정한다
$\left(\substack{\text{대판 } 89.4.11.\ 87다카2901. \\ \text{대판 } 96.7.9,\ 96누5469}\right)$. 또한 구 농지개혁사업정리에관한특별조치법$\left(\substack{1994.12.22.\ \text{법률} \\ \text{제4817호로 폐지} \\ \text{되기} \\ \text{전의 것}}\right)$ §11는 위 법 소정의 농지부속시설 보상금 청구권을 위 법 시행일부터
1년 내에 행사하지 아니하면 소멸한다는 내용의 제척기간을 정하였는데, 그
기간을 계산할 때에도 민법 §157가 적용되어 위 법 시행일은 산입되지 아니
한다고 하였다$\left(\substack{\text{대판 } 71.5.31. \\ 71다787}\right)$. 검찰공무원징계령 §22 I은 "징계의결의 요구는

---

11) 윤장근, "기간계산규정에 관한 연구(3)", 旬間法制 369호 (1992), 21.
12) 홍정선, 행정법원론(상), 제28판, 2020, 119.
13) 홍준형, 행정법, 2011, 50.

징계 사유가 발생한 날로부터 2년을 경과한 때에는 이를 행하지 못한다."고 규정하고 있는데, 징계 사유가 발생한 날은 민법 §157에 의해 위 기간에 산입하지 아니한다(대판 72.12.22.
71누149).

　　구 광업법(2010.1.27. 법률 제9982
호로 개정되기 전의 것) §16는 기존의 광업권이 취소 등으로 소멸한 후 6개월 이내에는 소멸한 광구의 등록광물과 같은 광상에 묻혀 있는 다른 광물을 목적으로 하는 광업권설정의 출원을 할 수 없다고 정하고 있다. 이 사건에서 문제된 광업권은 2007.7.27. 소멸되었고 원고는 2008.1.28. 광업등록사무소에 동일한 광구에 관한 새로운 광업권의 설정출원을 하였다. 광업등록사무소가 위 출원제한기간 내의 설정출원이라는 이유로 이를 수리하지 않자, 원고가 그 처분의 취소를 구하였다. 원심(서울고판 09.7.8.
2008누37963)은 제1심(서울행판 08.11.25.
2008구합26879) 판결을 인용하여, 광업법에 기간계산에 관한 규정이 없으므로 민법의 규정을 유추적용할 수 있다고 전제한 다음, 민법 §157를 유추하여 초일을 산입하지 아니하면 위 출원제한기간의 기산일은 2007.7.28.이고 만료일은 그로부터 6월이 경과한 2008.1.27.이므로 그 다음날 제출된 위 설정출원은 6개월의 출원제한기간이 경과한 후에 이루어진 것으로 적법하다고 판단하였다. 나아가 2008.1.27.이 일요일이므로 민법 §161에 의하여 그 다음날인 2008.1.28. 위 출원제한기간이 만료된다는 피고의 주장에 대하여, 위 출원제한기간을 둔 규정의 취지와 성질에 비추어 민법 §161는 유추적용되지 않는다고 판단하여 이를 배척하였다. 이에 대하여 피고가 상고하였는데, 대법원은 광업법 §16 소정의 출원제한기간에 대하여 민법의 규정이 그대로 적용된다고 전제하고, 민법 §161도 적용되므로 위 출원제한기간은 2008.1.28. 만료되었다고 판단하고 원심을 파기·환송하였다(대판 09.11.26.
2009두12907). 이 판례는 대법원이 공법상 기간에 관하여 본장의 적용을 직접 적용하여야 한다는 태도를 명확히 보인 선례라고 하겠다. 그 후에도 공법상 기간에 대하여 민법의 규정을 직접 적용한 판례가 선고되었다. 구 병역법(2013.6.4. 법률 제11849
호로 개정되기 전의 것) §88 Ⅰ (ii)는 공익근무요원 소집통지서를 받은 사람이 정당한 사유 없이 소집기일부터 3일이 지나도 소집에 응하지 아니한 경우에는 3년 이하의 징역에 처한다고 규정하고 있다. 피고인은 소집기일이 2011.8.4. 13:30로 된 공익근무요원 소집통지를 받았으나 급환으로 입영하지 못하였고 2011.8.8. 월요일 오전에 입영의사를 밝혔으나 입영이 거부되어 입영할 수 없게 되었다. 검사가 피고인을 병역법 위반으로 기소하였다. 원심(수원지판 12.10.11.
2012노2204) 법원은 병역법에서 기간의 계산 방법에 관하여 규정이 없으므로 민법이 정한 계산방법에 따라야 한다고 전제하고, "소집기일부터 3일"의 기간은 2011.8.8. 만료하는데 그 날 오전에 입영의사를 밝혔으나 입영이 거부된 것이므로 피고인이 입영을 하지 못한 데 정당한 사유가 있다고 판단하여 무죄를 선고하였다. 즉 민법 §157 본문에 의하여 초일인 2011.8.4.는 산입하지 아니하고 2011.8.5.부터 3일째 되는 2011.8.7.은 일요일이므로 민법 §161에 의하여 그 다음날인 2011.8.8.이 기간의 만료일이 된다는 것이다. 대법원은 원심의 이러한 판단에 잘못이 없다고 보았다(대판 12.12.26, 2012도13215).

　　사법인 민법의 규정이 공법에도 당연히 적용된다고 보는 것은 법체계상 타당하지 않으므로 본장의 규정이 공법상 기간에 직접 적용되는 것은 아니고, 준용규정이 있으면 그에 의하여 준용되고, 그렇지 않으면 유추된다고 보는 것이 타당하다.

　　공법관계임에도 불구하고 스스로 기간의 계산에 관하여 민법의 준용을 정하고 있는 경우에는 준용규정에 따라 본장의 규정이 준용된다. 국가배상법 §8, 국세기본법 §4, 지방세기본법 §23, 관세법 §8 Ⅱ, 민사소송법 §170 등이 그 예이다. 따라서 예컨대 국세징수권의 소멸시효기간(국세 §27), 지방세징수권의 소멸시효기간(지세 §79 Ⅱ)의 계산에 있어서는 본장의 규정이 준용된다. 민사집행법 §23 Ⅰ, 채무자 회생 및 파산에 관한 법률 §33, 행정소송법 §8 Ⅱ, 헌법재판소법 §40 Ⅰ 등은 민사소송법을 준용한다는 규정을 두고 있으므로 이들 법령에서 정한 기간의 계산에 있어서도 민사소송법의 준용에 의해 본장의 규정이 준용된다. 예컨대 헌법재판소법 §69 Ⅰ 단서에 의하면 항고·재항고 등 다른 구제절차를 거친 헌법소원의 심판은 그 최종결정을 통지받은 날로부터 30일 내에 청구하여야 하는데, 청구인이 재항고기각결정통지를 받은 날이 1993.1.29.이면 구 민사소송법(2002.1.26. 법률 제6626 호로 개정되기 전의 것) §157 Ⅰ(현행 민소 §170와 같다)에 따라 기간의 초일은 산입하지 아니하므로 1993.1.30.부터 청구기간이 기산한다(헌재 93.11.25, 93헌마52). 또한 특허법원이 한 심결취소소송의 판결에 대한 상고제기기간에 관해서 특허법에는 규정이 없으나 그 성질이 일종의 행정소송이므로 행정소송법 §8에 의해 준용되는 민사소송법이 적용되고, 민사소송법 §170에 의해 그 기간의 계산에 관하여는 민법의 규정이 준용된다(대판 08.11.13, 2008후3155). 특허심판원의 심결에 대한 소의 제소기간(특허 §186 Ⅲ) 계산에는 특허법이 적용되지 아니하고 행정소송법 §8에 의해 준용되는 민사소송법 §170에 따라 민법 §161가 적용된다(대판 14.2.13, 2013후1573). 중재법에는 기간의 계산에 관한 규정이나 기간의 계산에 관하여 민법 또는 민사소송법을 준용한다는 규정이 없으나, 중재법 §34 Ⅰ에 의한 중재판정의 정정기간의 계산에서는 본장의 규정이 유추될 수 있을 것이다.

또한 공법이라고 하더라도 그 내용이 실질적으로 사법관계를 정한 것이라면 그에 대해서는 본장의 규정이 직접 적용된다고 보아야 할 것이다. 예컨대 국가를 당사자로 하는 계약에 관한 법률 시행령 §58 Ⅰ에 의한 대가의 지급기간에 대해서는 본장의 규정이 직접 적용된다.

공법 중에서 실질적으로 사법관계를 정한 것이 아닌 경우에는 본장의 규정이 유추될 수 있다. 예컨대 헌법 §53 Ⅰ의 법률 공포 기간, 지방자치법 §45에 의한 임시회 소집기간, 행정심판법 §27에 따른 심판청구의 기간 등은 본장의 규정에 따라 계산한다.

⒟ 본장과 다른 계산방법을 정한 법령   법령에서 "다른 정한 바"가 있는 경우에는 본장의 규정이 적용되지 않는다. 그 법령에서 기간 계산에 관하여 민법의 규정을 준용한다는 규정을 두면서도 본장의 그것과 다른 계산방법을 정한 규정을 둔 때에는 그 한도에서 본장의 규정이 적용되지 않는다. 본장에서 정한 것과 다른 계산방법을 정한 규정들을 열거하면 다음과 같다.

⒜ 초일을 산입하는 규정   국회법 §168는 그 법에서 정한 기간에 대해서는 모두 초일을 산입한다고 정하고 있다. 예컨대 회기($\binom{국회법}{§7\ 참조}$)는 소집일을 포함하여 기산한다. 국회의원에 대한 징계요구 또는 회부의 시한에서도 그 사유가 발생한 날 또는 그 징계대상자가 있음을 알게 된 날을 포함한다($\binom{국회법}{§157\ 참조}$). 인사청문회법 §19는 국회법을 준용하므로 국회가 인사청문을 마쳐야 하는 20일의 기간의 초일인 임명동의안이 제출된 날($\binom{인사청문회법}{§6\ Ⅱ\ 참조}$)도 위 기간에 포함된다. 국회에서의 증언·감정 등에 관한 법률 §16도 초일을 산입하는 규정을 두고 있다.

형법 §85($\binom{형의\ 집행과\ 시효}{기간의\ 초일\ 산입}$), 형사소송법 §66 Ⅰ 단서($\binom{공소시효와\ 구속}{기간의\ 초일\ 산입}$), 출입국관리법 시행령 §1-4($\binom{출국금지기간}{의\ 초일\ 산입}$) 등에서도 초일을 산입하는 규정을 두고 있다. 형사절차에서의 이러한 특칙은 피의자나 수형자, 형확정자 등의 이익을 고려하는 형사법의 특징이 반영된 것이다.[14] 다만 개별 법령에서 공소시효의 기산점에 관하여 달리 정한 경우에는 그 규정의 해석에 따른다. 예컨대 구 수산업협동조합법($\binom{2010.4.12.\ 법률\ 제10245}{호로\ 개정되기\ 전의\ 것}$) §178 Ⅴ은 "Ⅰ부터 Ⅳ까지에 규정된 죄의 공소시효는 해당 선거일 후 6개월($\binom{선거일\ 후에\ 지은\ 죄는\ 그}{행위가\ 있었던\ 날부터\ 6개월}$)을 경과함으로써 완성된다."고

---

14) 박재윤 집필대표, 주석 형법 형법총칙(2), 803.

정하고 있는데, 이 때 선거일까지 발생한 범죄의 공소시효는 선거일 다음날부터 기산한다($\binom{\text{대판 12.10.11,}}{\text{2011도17404}}$). 공직선거법 § 268 Ⅰ 본문은 "이 법에 규정한 죄의 공시시효는 당해 선거일 후 6개월($\binom{\text{선거일 후에 행하여진 범죄는}}{\text{그 행위가 있는 날부터 6개월}}$)을 경과함으로써 완성한다."고 정하고 있는데, 여기의 "당해 선거일"이란 그 선거범죄와 직접 관련된 선거의 투표일을 말한다. 따라서 그 선거범죄를 당해 선거일 전에 행하여진 것으로 보고 그에 대한 단기 공소시효의 기산일을 당해 선거일로 할 것인지 아니면 그 선거범죄를 당해 선거일 후에 행하여진 것으로 보고 그에 대한 단기 공소시효의 기산일을 행위가 있는 날로 할 것인지 여부는 그 선거범죄가 범행 전후의 어느 선거와 관련하여 행하여진 것인지에 따라 달라진다($\binom{\text{대판}}{\text{06.8.25, 2006}}$ 도3026, 대판 19.5.30, 2019도2767).

　　보안관찰처분의 기간($\binom{\text{보안관찰}}{\text{법 § 25 Ⅰ}}$), 보호관찰처분의 기간($\binom{\text{보호관찰 등에 관한}}{\text{법률 시행규칙 § 22}}$), 성폭력범죄자에 대한 성충동 약물치료기간($\binom{\text{성폭력범죄자의 성충동 약}}{\text{물치료에 관한 법률 § 30}}$), 가정폭력범죄의 처벌 등에 관한 특례법에 의한 임시조치나 보호처분기간($\binom{\text{가정보호심판}}{\text{규칙 § 8 Ⅱ}}$), 아동학대범죄의 처벌 등에 관한 특례법에 따른 임시조치나 보호처분기간($\binom{\text{아동보호심판}}{\text{규칙 § 8 Ⅱ}}$), 특정범죄자에 대한 전자장치 부착기간($\binom{\text{특정 범죄자에 대한 보호관찰 및 전}}{\text{자장치 부착 등에 관한 법률 § 32 Ⅰ}}$), 질서위반행위규제법에 의해 부과된 과태료 체납자에 대한 감치기간($\binom{\text{과태료 체납자에 대한 감치}}{\text{의 재판에 관한 규칙 § 10}}$), 법원조직법 § 61 Ⅵ에 의한 감치재판에서 정한 감치기간($\binom{\text{법정등의질서유지를위한}}{\text{재판에관한규칙 § 22 Ⅱ}}$), 해양사고의 심판청구기간 또는 해양사고로 인한 업무정지기간($\binom{\text{해양사고의 조사 및 심판에 관}}{\text{한 법률 시행령 § 78 Ⅰ 단서}}$)의 계산에서도 초일을 산입하는데, 이는 구속기간이나 공소시효기간에 관하여 초일을 산입하는 것과 같은 취지이다.

　　그 밖에 배출허용기준을 초과하는 대기오염물질을 배출한 경우 부과되는 초과부과금의 산정에서 기준이 되는 배출기간을 계산할 때에도 초일을 산입한다($\binom{\text{대기환경보전법}}{\text{시행령 § 25 Ⅵ}}$). 민원의 처리기간을 주, 월, 년으로 정한 경우에도 초일이 산입된다($\binom{\text{민원 처리에 관}}{\text{한 법률 § 19 Ⅲ}}$). 가족관계의 등록 등에 관한 법률에 의한 신고기간은 신고사건 발생일부터 기산한다($\binom{\text{가족등}}{\text{§ 37 Ⅰ}}$). 인감을 서면신고하는 경우 제출하는 동의서 등의 서면의 유효기간은 그 확인일부터 기산한다($\binom{\text{인감증명법}}{\text{시행령 § 8 Ⅴ}}$).

　　　　⒝ 기간의 기산점을 달리 정한 규정　　　저작권법 § 44는 위 법에서 정한 저작재산권의 보호기간을 계산하는 경우 저작자가 사망하거나 저작물을 창작 또는 공표한 "다음 해부터 기산한다."고 정하고 있다. 따라서 영상저작물의 보호기간은 "공표한 때부터 70년"인데 그 기간은 공표한 날이 아니라 공표한 다음 해 1.1. 오전 영시부터 기산한다.

어음법 §73는 "법정기간 또는 약정기간에는 그 첫날을 산입하지 아니한다."고 정하고 있다. 이는 민법 §157 본문의 내용과 같으나, 어음법에서는 민법 §157 단서와 같은 규정을 두지 않고 있다. 이는 어음거래에서는 기간이 오전 영시로부터 시작되더라도 초일을 산입하지 않는다는 의미로 이해된다.

(c) 말일이 공휴일인 경우에도 기간에 산입하는 규정　　　말일이 공휴일, 토요일인 경우에도 기간에 산입하여 당일에 만료하는 것으로 정한 예로는 형사소송법 §66 Ⅲ($\binom{공소시효와}{구속기간}$), 출입국관리법 시행령 §1-4($\binom{출국금}{지기간}$), 해양사고의 조사 및 심판에 관한 법률 시행령 §78 Ⅱ 단서($\binom{해양사고의 심판청구기간 또는}{해양사고로 인한 업무정지기간}$)을 들 수 있다.

(d) 말일이 근로자의 날인 경우에도 기간을 연장하는 규정　　　민법 §161는 기간의 말일이 토요일 또는 공휴일인 경우 그 날을 기간에 산입하지 않고 그 다음날 기간이 만료하는 것으로 정하고 있다. 여기의 토요일 또는 공휴일에 근로자의 날은 포함되지 않는 것으로 해석되고 있다($\binom{대판 07.11.16,}{2007후2049\ 참조}$). 반면 국세기본법 §5, 지방세기본법 §24 Ⅰ, 관세법 §8 Ⅲ 등은 기간의 말일이 근로자의 날인 경우에도 그 날을 기간에 산입하지 않는 취지의 규정을 두고 있다. 특허법 §14 (iv), 상표법 §16 (iv), 디자인보호법 §16 (iv) 등 지식재산권의 보호에 관한 법령에서도 마찬가지의 규정을 두고 있다.

(e) 기간의 중간에 있는 공휴일을 산입하지 않는 규정　　　민법의 원칙으로는 공휴일이 기간의 초일 또는 기간 중에 있는 경우 이를 산입하지만($\binom{후술 §161}{주해 참조}$), 기간을 거래일(business day)로 명시한 경우에는 그렇지 않다. 거래일은 상거래에서 주로 이용되는 개념으로, 통상 상인이 법령 또는 관습에 의해 거래하는 날을 의미한다. 예컨대 어음의 지급제시기간은 지급을 할 날 또는 이에 이은 2거래일 내이다($\binom{어음}{§38}$Ⅰ). 따라서 어떤 어음의 만기가 월요일이고 수요일이 휴일이라면 월요일이 지급을 할 날이고 화요일과 목요일이 이에 이은 2거래일이 된다. 환어음의 거절증서 작성 행위 등을 거래일이 아닌 날에 하면 무효로 된다($\binom{어음 §72}{Ⅰ 단서}$). 거래일 외에 "영업일"이라는 개념도 종종 이용되는데($\binom{예컨대 할부 §10 Ⅱ, 방판 §9 Ⅱ, 전}{소 §15 Ⅰ, 부가 §34 Ⅲ, 도산령 §9 Ⅲ}$), 거래일과 같은 의미로 이해되고 있다. "근무일"도 대체로 같은 의미이나 이는 주로 공무원이 근무하는 날을 가리킨다.「주택임대차계약증서상의 확정일자 부여 및 임대차 정보제공에 관한 규칙」§4-3 단서($\binom{"평일 16시 이후 또는 토요일이나 공휴일에 신청이}{접수된 경우에는 다음 근무일에 부여할 수 있다."}$),「특허료 등의 징수규칙」§8 Ⅱ($\binom{"제1항의 규정에 따른 특허료·등록료 및 수수료의 납부일이 공휴일(토요휴무일을}{포함한다)에 해당하는 경우에는 그날 이후의 첫 번째 근무일까지 납부하여야 한다."}$),「국토의 이용 및

계획에 관한 법률」§40-2 Ⅴ("협의 요청을 받은 기관의 장은 그 요청을 받은 날부터 10일(근무일 기준) 이내에 의견을 회신하여야 한다."), 「기술의 이전 및 사업화 촉진에 관한 법률」§35-2 Ⅲ("근무일을 기준으로 하여 5일 이내"), 「산업단지 인·허가 절차 간소화를 위한 특례법」§9 Ⅰ, Ⅲ, §10 Ⅱ, §22("근무일 기준"), 「전자조달의 이용 및 촉진에 관한 법률 시행규칙」§2 Ⅲ, 공항시설관리등록령 §33 단서("1근무일 이내"), 유료도로관리권등록령 §36 단서("1근무일 이내"), 철도시설관리권등록령 §33 단서("1근무일 이내"), 항만시설관리권등록령 §35 단서("1근무일 이내") 등의 규정에서 근무일 개념을 사용하고 있다.

　　민원 처리에 관한 법률 §19 Ⅰ, Ⅱ은 민원의 처리기간이 일 단위인 경우 공휴일과 토요일은 산입하지 아니한다고 정하고 있는데, 이는 기간 말일이 공휴일 또는 토요일인 경우는 물론 기간 중의 공휴일과 토요일도 기간에 산입하지 아니한다는 의미이다.

　　기간 중의 공휴일 또는 토요일 외에 서류의 송달에 소요된 일수를 기간에 산입하지 않는 규정도 있다. 예컨대 국민연금의 지급이나 과오납금 반환청구에 관한 시효기간을 계산할 때 "그 서류의 송달에 들어간 일수"는 그 기간에 산입하지 아니한다(국연금 §115 Ⅴ).

　　　　(f) 기간의 만료점을 달리 정한 규정　　　　민법 §159는 기간말일의 만료, 즉 24시에 기간이 만료하는 것으로 정하고 있다. 그러나 상법 §63는 "법령 또는 관습에 의하여 영업시간이 정해져 있는 때에는 채무의 이행 또는 이행의 청구는 그 시간내에 하여야 한다."고 정하고 있다. 민법의 해석으로도 법령, 관습 또는 당사자의 의사표시에 의해 마찬가지의 결론을 얻을 수 있으므로, 이 규정은 민법 §159에 대한 특칙이라기보다는 주의적 규정으로 해석된다.[15] 이에 따르면 예컨대 이행기한 말일의 만료(즉 24시)가 아니라 그 날의 영업시간의 만료로 이행기는 도과하는 것이 된다.

　　　　(g) 본장에서 정하지 않은 내용을 정한 규정　　　　행정절차법 §16 Ⅰ은 "천재지변이나 그 밖에 당사자들에게 책임이 없는 사유로 기간 및 기한을 지킬 수 없는 경우에는 그 사유가 끝나는 날까지 기간의 진행이 정지된다."고 정하고 있다. 민법에는 기간의 정지라는 개념이 없다. 민법 §179 이하의 시효정지는 기간의 정지가 아니라 완성의 유예로 이해된다. 민사소송법에서는 불변기간을 당사자가 책임질 수 없는 사유로 지키지 못한 경우 그 사유가 없어진 날부터 2주 이내에 게을리한 소송행위를 보완할 수 있는 규정을 두고 있다

---

15) 정동윤 집필대표, 주석 상법 총칙·상행위(1), 423.

(民訴§179). 따라서 행정절차법의 위 규정은 민법 또는 민사소송법의 관련 규정과는 다른 것이다.

　어음법 §36는 발행일자후 또는 일람후정기출급어음의 기간 계산에 관하여 본장에서 정하지 않고 있는 내용을 정하고 있다. 이에 따르면 1월반 또는 수월반으로 기간을 정한 경우 먼저 전월(全月)을 계산하고(제2항) 만기를 "8일" 또는 "15일"이라고 표시한 경우 1주 또는 2주가 아니라 만 8일 또는 만 15일을 뜻하며(제4항), "반월"은 만 15일을 의미한다(제5항).

2. 재판상의 처분

　재판상의 처분에서 기간의 계산방법에 관해 따로 정한 경우에도 그에 따르고, 그 한도에서 본장의 규정은 적용되지 않는다. 여기에서 "재판상의 처분"은 법원이 재판과 관련하여 선고 또는 고지하는 판결, 결정, 명령 등을 가리킨다. 대법관이나 판사의 처분 뿐 아니라 사법보좌관의 처분(법조 §54 Ⅱ. 사, 법보좌관규칙 §2)도 포함한다. 판사의 처분인 경우 그것이 단독재판부의 처분인가 합의부의 처분인가는 묻지 않는다. 재판상의 처분으로 기간을 정할 수 있는 예로는 친권의 일시정지기간(§924 Ⅱ. Ⅲ), 소송능력 등의 보정기간(민소§59), 담보제공명령을 할 때 정하는 담보제공의 기간(민소§120), 소장의 보정기간(민소§254), 변론준비절차에서 당사자 사이에서 준비서면 등을 교환하게 하고 증거를 신청할 기간(§280 Ⅰ), 주장의 제출 또는 증거신청기간(민소§147), 증인진술서 제출기간(민소규§79 Ⅲ), 증인신문사항 제출기간(민소규§80 Ⅰ), 항소장의 보정기간(민소§402), 지급명령이 소송으로 이행되는 경우 인지보정기간(민소§473), 공시최고기간(민소 Ⅱ. §§479. 481), 배당요구기간(민집§84), 기간입찰에서의 입찰기간(민집규§68), 경매대금의 지급기간(민집§142 Ⅰ), 회생절차개시결정과 동시에 정하는 채권자목록 제출기간, 채권신고기간, 채권조사기간, 회생계획안 제출기간(도산§50), 파산선고와 동시에 정하는 채권신고기간(도산§312), 부재선고를 위한 공시최고기간(부재특§8 Ⅰ), 부대체적 작위의무의 이행을 명하는 판결절차에서 간접강제를 명하는 결정을 할 수 있는 경우 위 의무의 상당한 이행기간(대판 13.11.28. 2013다50367) 등이 있다. 그 밖에 등기관이 말소등기를 위해 등기권리자 등에게 통지할 때 정하는 기간(부등§58 Ⅰ. 상등§78)은 본조의 재판상의 처분에 의한 기간이라고 할 수는 없으나 그와 마찬가지로 보아 본조에 따라 계산하여야 할 것이다.

3. 법률행위

당사자는 법률행위에 의해 다양한 길이와 방법에 의해 기간을 정할 수 있다. 이와 같이 정할 때 기간의 계산에 관하여 특별한 정함이 있으면 그에 따르나, 그러한 정함이 없으면 본장의 규정에 따라 기간이 계산된다. 기간은 단독행위에 의해 정할 수도 있고, 계약에 의해 정할 수도 있다. 전자의 예로는 유언으로 정한 상속재산의 분할금지기간($\S 1012$), 이해관계인에 대한 공고를 위한 권리신고기간($\S 88 \text{ I}, \S 33 \text{ I} \text{ 공 등}$), 접수 또는 신청기간 등을 들 수 있고, 후자의 예로는 제한물권($\text{지상권,}_{\text{전세권 등}}$)의 존속기간($\S\S 280, 312 \text{ 등}$)이나 각종 계약에서 정한 계약기간($\S\S 619, 660, 698 \text{ I 등}$)을 들 수 있다.

또한 법률의 규정 중에는 당사자에게 상당한 기간을 정하여 법률행위를 할 수 있도록 하고, 그 기간이 지나면 일정한 법률효과를 부여하는 것들이 있다. 예컨대 제한능력자의 상대방은 제한능력자가 한 행위의 추인 여부의 확답을 최고할 때 1개월 이상의 기간을 정하여야 한다($\S 15 \text{ I}$). 이 기간 내에 확답을 발송하지 아니하면 그 행위를 추인한 것으로 보거나($\S 15 \text{ I}, \text{단서, II}$) 취소한 것으로 보는($\S 15 \text{ III}$) 법률효과가 부여된다. 대리권 없는 자가 타인의 대리인으로 계약을 한 경우 상대방은 상당한 기간을 정하여 본인에게 그 추인 여부의 확답을 최고할 수 있고, 본인이 그 기간 내에 확답을 발하지 아니하면 추인을 거절한 것으로 본다($\S 131$). 또 계약 당사자 일방이 그 채무를 이행하지 아니하는 때에는 상대방은 상당한 기간을 정하여 그 이행을 최고하고 그 기간내에 이행하지 아니한 때에는 계약을 해제할 수 있다($\S 544 \text{ 본문}$). 그 밖에 § 381($\text{선택의}_{\text{최고기간}}$), § 395($\text{이행의}_{\text{최고기간}}$), § 528 I ($\text{승낙}_{\text{기간}}$), § 544($\text{이행지체로 인한 해}_{\text{제를 위한 최고기간}}$), § 552 I ($\text{해제권 행사여부}_{\text{확답의 최고기간}}$), § 564 II ($\text{매매완결여}_{\text{부 확답의}}_{\text{최고}}$), § 603 II ($\text{소비대차의}_{\text{반환최고}}$), § 667 I ($\text{하자보}_{\text{수청구}}$), § 674-6 ($\text{여행자의}_{\text{시정청구}}$), § 1077 I ($\text{유증의}_{\text{무자의}}_{\text{최고}}$), § 1094 II ($\text{유언집행자의 지정위탁}_{\text{을 받은 경우 지정기간}}$), § 1111($\text{부담있는 유증을 받}_{\text{은 자의 부담이행기간}}$) 등의 규정에서 당사자 또는 이해관계인에게 "상당한 기간"을 정할 수 있게 하고, 그 기간이 경과하면 일정한 법률효과를 부여하고 있다. 이들의 경우 당사자가 정한 기간의 도과 여부는 별도의 정함이 없는 한 본장의 규정에 의해 판단된다.

법에서 정한 최단기간보다 단축하여 기간을 정한 경우 또는 최장기간보다 연장하여 기간을 정한 경우 그 기간은 원칙적으로 효력이 없다. 예컨대 회사가 자기주식을 취득하기 위해서는 20일 이상 60일 이내의 범위에서 주식양도를 신청할 수 있는 기간을 정하여 주주에게 통지해야 하고, 주주는 양도신청기간이 끝나는 날까지 서면으로 주식양도를 신청할 수 있다($\substack{\text{상}§341,\\\text{상령}§10}$). 회사가 양도 신청기간을 20일보다 단기로 정하여 통지한 경우 위 통지는 효력이 없다. 반면 최단기간에 미달하더라도 그 최단기간을 둔 취지 등에 비추어 유효하다고 해석되는 경우도 있다. 예컨대 구 임대주택법($\substack{\text{2013.3.23. 법률 제11690}\\\text{호로 개정되기 전의 것}}$) §21에 의하면 임대사업자는 임대의무기간 경과 후 분양전환승인을 받아 임차인에게 분양전환신청을 할 것을 통보해야 하고, 임차인이 이 통보를 받은 날부터 6개월이 지나도록 분양전환에 응하지 않으면 임차인의 우선분양전환권은 소멸하도록 되어 있다. 이 때 임대사업자가 안내 또는 통보한 분양전환신청기간이 6개월에 미치지 못하더라도 임대사업자가 임차인에게 6개월 이상의 분양전환신청기간을 실질적으로 보장하여 우선분양전환의 기회를 부여하였는데도 임차인이 그 분양전환에 응하지 아니한 경우에는 임차인의 우선분양전환권은 소멸한다($\substack{\text{대판 14.6.26, 2014}\\\text{다4880, 4897, 4903}}$). 또 법령 등 공포에 관한 법률 §13-2에 의하면 국민의 권리제한 또는 의무 부과와 직접 관련된 법률은 공포일로부터 적어도 30일이 경과한 날부터 시행하도록 정해야 한다. 따라서 평년인 2015.2.27. 공포한 법령에서 "공포 후 1월"로 시행유예기간을 정한 경우에는 공포일 다음날부터 기산하여 1월 후의 기산일에 해당하는 날($\frac{3}{27}$)의 전일($\frac{3}{26}$) 오후 12시에 유예기간이 만료되므로, 위 법률에서 정한 30일의 기간이 준수되지 못한 것이 된다.[16]

　　약관에 의해 본장의 규정과 다른 계산방법을 정할 수도 있다. 예컨대 약관 중에는 휴일을 "토요일 0시부터 일요일 24시까지와 관공서의 공휴일에 관한 규정에서 정한 공휴일"이라고 정한 것, "토요일과 관공서의 공휴일에 관한 규정에서 정한 공휴일"이라고 정한 것이 있으나 모두 민법 §161가 정하고 있는 내용과 실질적으로 동일하다. 반면 약관 중에는 금요일도 "신주말"이라고 하여 토요일 또는 공휴일과 마찬가지로 취급하는 것, 근로자의 날도 공휴일에 포함하는 것 등이 있다. 이 경우 당해 약관이 "고객이 계약의 거래형태 등 관련된 모든 사정에 비추어 예상하기 어려운 조항"에 해당된다면 무효로 될 수 있다($\substack{\text{약관}§6\\\text{II, I 참조}}$). 한편 국내에서는 시차가 없어 문제될 여지가 많지 않으나, 약관 중에는 보험기간의 기준이 되는 시간을 보험증권 발행지의 표준시에 다른다고 정한 것($\substack{\text{화재보험보통약관, 근로}\\\text{자재해보장책임보험약관}}$)이 있다. 또 휴일재해보상특약의 경우 휴일의 판단기준을 사고발생지의 표준시에 따른다고 정하는 예도 있는데, 이에 따르면 국외에서 보험사고가 발생한 경우 우리나라의 표준시로 공휴일이더라도 사고발생

---

16) 같은 취지: 김성수, 108.

지의 표준시로 평일인 때에는 휴일재해보상특약에 따른 보험금을 받을 수 없게 된다.

Ⅳ. 규정의 성격

　　본조의 문언에서 명백히 드러나는 바와 같이, 본장의 규정들은 강행규정이 아니라 임의규정으로서 법률행위 해석의 기준이 된다($\binom{\S 105}{참조}$). 따라서 기간의 의미나 계산방법에 관해서는 당사자의 의사가 우선적인 기준이 되며, 특별한 의사표시가 없거나 그 의사표시가 불완전·불명료한 경우에는 본장의 규정과 다른 정함을 둔 규정이, 그러한 규정이 없는 경우 본장의 규정이 해석의 표준이 된다. 독일민법 § 186는 같은 법 § 187 이하의 규정들이 해석규정(Auslegungsvorschriften)이라고 명시하고 있는데, 본조의 성격도 마찬가지로 이해해야 할 것이다.[17]

　　또한 본장의 규정들은 신의칙과 같이 법의 일반원리를 선언하는 규정들이라기보다는 법기술적인 규정들로서, 구체적·개별적인 사정을 종합적으로 고려하여 정의와 형평에 부합하는 결론을 내리기보다는 명확하고 획일적인 해석에 의해 법적 안정성을 확보하는 방향으로 운용하는 것이 요구된다. 따라서 예컨대 제척기간 만료일에 권리를 행사하였다고 하여 이를 신의칙에 반한다거나 권리남용이라고 할 수 없다. 또 기간을 준수하지 않았음에도 그 정도가 사소하여 무시할 수 있을 정도여서 기간을 준수한 것과 마찬가지로 보아줄 수 있으려면 특별한 사정이 인정되어야 한다.

[이　연　갑]

---

17) 주석민법총칙(하), 622.

第156條(期間의 起算點)

期間을 時, 分, 秒로 定한 때에는 卽時로부터 起算한다.

Ⅰ. 총   설

기간은 기산점과 만료점에 의해 경계가 지어져 있다. 본조와 §157, §158
는 그 중 기간의 기산점에 관한 규정이다. 본조는 기간을 시, 분, 초로 정한 경
우 자연적 계산법에 의해 기산점이 정해진다는 뜻을 밝힌 것이다.[1] 기간을 일,
주, 월, 년으로 정한 경우의 기산점에 대해서는 §158가 정하고 있다.

Ⅱ. 입 법 례

독일민법이나 스위스채무법에는 본조와 같은 취지의 규정이 없으나 이 경
우 자연적 계산법에 따른다는 데 이견이 없다.[2] 유럽민사법 공통기준안(DCFR)
§Ⅰ-1:110 제(2)(a)항은 기간을 시로 정한 경우 첫 번째 시가 시작할 때 기
산하여 그 기간의 마지막 시의 경과로 기간이 만료한다고 정하는 한편, 기간이
특정한 시점에서 기산되는 경우에도 그 기간을 시로 정한 경우에는 그 기간의
첫 번째 시는 그 특정 시점에 기산하는 것으로 본다고 정하고 있다. 일본민법
§139는 기간을 "시"로 정한 경우에 대해서만 정하고 있는데, 통설은 시보다
작은 단위로 정한 기간에 대해서도 본조가 적용된다고 한다.[3]

---

1) 주석민법총칙(하), 622.
2) Staudinger/Repgen BGB §187 Rn. 2.
3) 일본 주석민법(5), 4.

III. 적용범위

법령, 재판상 처분 또는 당사자의 법률행위에서 기간의 단위로 시, 분, 초를 쓴 경우에 적용된다. 법령에서 시를 단위로 쓴 예는 국회법 §84 V, 인사청문회법 §7 V, 가족관계의 등록 등에 관한 법률 §49 I, §52 I, 부정수표단속법 §7 I, 어린이제품 안전 특별법 §12 I, 형사소송법 §200-4 I, 군인사법 §59-2 VI, 지방세기본법 §133-3 III, 소년법 §18 II, 통신비밀보호법 시행령 §16 I, 가정폭력범죄의 처벌 등에 관한 특례법 §8-3, 정신보건법 §26 III, 법원조직법 §61 II, 해양사고의 조사 및 심판에 관한 법률 §37 II, 후천성면역결핍증 예방법 §8 III, 해외긴급구호에 관한 법률 시행령 §7 II, 부동산투자회사법 §12 II, 선거관리위원회법 §4 XII, 특별검사의 임명 등에 관한 법률 §20 IV, 재외국인등록법 시행령 §6, 장기등 이식에 관한 법률 시행령 §27 (i), 소비자기본법 시행령 §35 II, 민사집행규칙 §65 I, 선박평형수 관리법 시행규칙 §10 등을 들 수 있다.

법령에서 분을 단위로 사용한 예로는 공직선거법 §71 I, 방송법 §89 I, 방송법 시행령 §59 II, 클라우드컴퓨팅 발전 및 이용자 보호에 관한 법률 시행령 §16, 형의 집행 및 수용자의 처우에 관한 법률 시행령 §58 II, 보호소년 등의 처우에 관한 법률 시행령 §36 I, 항공법 시행규칙 §187 IV (ii) 가목, 군용항공기 운용 등에 관한 법률 시행규칙 §9 I, 초를 단위로 사용한 예로는 해사안전법 §92 III, 화재예방, 소방시설설치·유지 및 안전관리에 관한 법률 시행령 §20 II, 선박의 입항 및 출항 등에 관한 법률 시행규칙 §10 VI, 하천법 시행규칙 별표1 4.아. 등이 있다.

법령이나 의사표시에서 "근무시간"을 정한 경우에도 본조에 따른다. 예컨대 민원 처리에 관한 법률 시행령 §13 III에 의하면 행정기관의 민원실이 다른 행정기관 소관의 민원문서를 접수한 경우에는 8근무시간 이내에 소관 행정기관에 이송하여야 한다. 여기에서 "8근무시간"의 기준이 되는 근무시간은 공무원 복무규정 등 개별 법령에 정해져 있는 시간을 말한다. 평일의 근무시간이 오전 9시부터 오후 6시까지인 경우(국가공무원 복무규정 §9 II 참조) 월요일 오후 4시에 다른 행정기관 소관의 민원문서가 접수되면 다음날 오후 4시까지 소관 행정기관에 이송하면 되는 것이다.

기간을 일로 정하였음에도 시로 바꾸어 계산하는 규정도 있다. 민원 처리에 관한 법률 § 19 Ⅰ은 민원의 처리기간을 5일 이하로 정한 경우에는 민원의 접수시각부터 "시간" 단위로 계산한다고 정하고 있다. 이 경우에도 본조가 적용된다. 예컨대 민원의 처리기간이 2일인 경우 2016.5.1. 14:00 접수된 민원의 처리기간은 그 시각부터 기산하여 5.3. 14:00 만료한다. 이와 같은 규정을 두지 아니한 경우에는 법령에서 정한 기간의 단위를 임의로 바꾸어 계산방법을 달리하는 것은 허용되지 아니한다.

당사자가 일과 시를 함께 사용한 기간을 정한 경우에는 의사표시의 해석에 따라 계산방법이 달라질 수 있다. 예컨대 "2일 3시간"으로 기간을 정한 경우 본조에 따라 즉시 기산해야 하는지 아니면 § 157에 따라 초일을 산입하지 아니하여야 하는지는 의사표시의 해석에 의해 결정된다. 당사자의 의사가 51시간을 가리키는 것이라면 본조에 따라, 그렇지 않은 경우에는 § 157에 따라 계산해야 할 것이다.

Ⅳ. 기간계산의 방법

1. 기 산 점

(1) "기간을 시, 분, 초로 정한 때"

초는 시간의 가장 기본적인 측정단위로서, 그 측정의 기준에 따라 1년 동안의 하루의 길이를 평균으로 계산한 값(이를 평균태양 일이라고 한다)을 86,400으로 나눈 것(이를 평균태양 초라고 한다), 지구의 공전주기를 기준으로 하여 태양년의 1/31556925.9747로 정의한 것(이를 역표초 라고 한다), 원자의 진동수를 이용한 것(이를 원자초 라고 한다) 등이 있다. 국가표준기본법 § 10 Ⅰ (iii), Ⅱ, 같은 법 시행령 별표 제1호 3에 의하면 초는 세슘 133 원자의 바닥 상태에 있는 두 초미세 준위 사이의 전이에 대응하는 복사선의 9,192,631,770 주기의 지속시간으로 정의된다. 즉 우리나라는 국가표준제도의 기본단위로서 원자초를 채택하고 있다. 본조의 "초"도 같은 의미로 해석해야 할 것이다.

분과 시는 기본단위인 초에서 유도되는 유도단위로서(국가표준기본법 시 행령 별표 제3호), 1분은 60초, 1시간은 60분으로 각 정의된다.

(2) "즉시 기산한다"

기간을 시, 분, 초로 정한 경우 기간의 기산점은 즉시이다. 예컨대 "6. 15.

오전 9시부터 12시간"이라고 정한 경우 그 기산점은 6. 15. 오전 9시이다. 만약 매매계약에서 매매대금을 "목적물을 인도받은 때부터 48시간 이내"라고 정하였는데 6. 15. 오전 9시에 위 목적물을 인도받았다면 역시 그 때부터 기산한다. 만약 같은 계약에 따른 목적물의 인도가 6. 15. 오전 9:30에 행해진 경우에도 오전 9:30에 기산하는가? 유럽민사법 공통기준안(DCFR) § Ⅰ-1:110 제(3)(a)항에 의하면 기간이 특정한 사건이나 행위로부터 계산되는 경우 그 기간의 단위가 시로 표시되는 경우에도 그 사건이 일어나거나 그 행위가 행해진 동안의 시간은 그 기간에 산입하지 아니한다. 독일민법 §187 Ⅰ의 해석론으로도 견해의 대립이 있다. 기간을 시, 분으로 정한 경우에도 독일민법 §187 Ⅰ이 유추될 수 있다는 견해(이에 의하면 위 예에서 30분은 1시간에 모자라므로 1시간으로 계산할 수 없고, 그 다음 시간인 6. 15. 오전 10시부터 기산한다),[4] 즉시 기산한다는 견해(이에 의하면 위 예에서 6. 15. 오전 9:30 기산한다)[5]가 있다. 한편 스위스에서는 기간을 시로 정한 경우에 대하여는 스위스채무법 §77가 적용되지 않는다는 것이 통설이다.[6] 우리 민법의 해석론으로는 민법 §161가 유추될 수는 없고 본조의 문언에 따라 즉시 기산한다고 보아야 할 것이다.

2. 만 료 점

본조는 만료점에 관하여는 정하고 있지 않고, 본장의 다른 규정에도 기간을 시, 분, 초로 정한 경우의 만료점에 관하여 규정하는 바 없다. 학자들은 시, 분, 초가 만료된 때 즉시 기간이 만료한다고 해석하는 데 이견이 없다.[7]

기간을 시, 분, 초로 정하였는데 그 만료점이 토요일, 일요일 또는 공휴일인 경우 §161에 의해 기간이 연장되는가? 예컨대 기간을 "금요일 오전 10시부터 48시간"이라고 정한 경우 이 기간은 일요일 오전 10시에 만료하는지 아니면 월요일 오전 10시에 만료하는지의 문제이다. 이에 관한 입법례로는 미국 연방민사소송규칙 §6(a) Ⅱ을 들 수 있다. 이에 따르면 기간을 시로 정한 경우 그 기간이 토요일, 일요일 또는 법정휴일에 만료한 때에는 토요일, 일요일 또는 법정휴일 아닌 다음 날 같은 시간까지 연장된다. 우리 민법의 해석론으로

---

4) Staudinger/Repgen §187 Rn. 13.
5) MünchKomm/Grothe §187 Rn. 8.
6) BK/Weber Art. 77 N 10; BSK/Leu Art. 77 N 1.
7) 곽윤직·김재형, 402; 김증한·김학동, 505; 김상용, 682; 고상룡, 652; 백태승, 568. 독일민법과 일본민법의 해석론으로도 그러하다. Staudinger/Repgen §188 Rn. 27; MünchKomm/Grothe §188 Rn. 2; 일본 주석민법(5), 4.

는 이를 부정함이 옳을 것이다($\S 161$ 주해 참조).

[이 연 갑]

第157條(期間의 起算點)

期間을 日, 週, 月 또는 年으로 定한 때에는 期間의 初日은 算入하지 아니한다. 그러나 그 期間이 吾前 零時로부터 始作하는 때에는 그러하지 아니하다.

Ⅰ. 총 설

기간을 일, 주, 월, 연으로 정한 때 기간의 기산점은 각 사안에 대하여 적용될 규범에 의해 결정된다. 예컨대 소유권이전등기 말소등기의무의 이행불능으로 인한 전보배상청구권의 소멸시효는 말소등기의무가 이행불능으로 된 때($\S 166$ Ⅰ, 대판 05.9.15, 2005다29474), 소멸시효기간은 그 권리를 행사할 수 있는 날($\S 166$ Ⅰ), 하자담보책임의 제척기간은 매수인이 그 사실을 안 날($\S 592$ 참조), 부동산의 점유취득시효기간을 계산할 때는 그 점유를 시작한 날($\S 245$ Ⅰ), 민사재판의 항소기간을 계산할 때는 그 판결서를 송달받은 날(민소 $\S 396$ Ⅰ)부터 기산한다. 본조는 기간의 기산점을 정한 규정이 아니라, 위 각 규정에서 정한 기산점을 계산의 확실성과 편의를 위해 수정하는 규정이다. 이에 따르면 기간을 일, 주, 월, 연으로 정한 때 그 기간이 오전 영시부터 시작하는 경우를 제외하고(본조 단서) 그 기산점이 속하는 날의 다음날이 기산일이 된다(본조).

역법적 계산법에 따르는 경우 1일은 오전 0시부터 오후 12시까지를 가리키므로, 기간이 오전 0시부터 시작하지 않는 경우에는 그 날을 포함할 것인지 아니면 제외할 것인지 선택해야 한다. 그 날을 포함하면 온전한 1일이 아닌데도 1일로 계산하는 것이 되어 기간이 실질적으로 단축되는 효과가 생기는 반면, 그 날을 제외하면 1일의 일부를 고려하지 않는 것이 되어 실질적으로 기간이 연장되는 효과가 생긴다. 전자를 단축적 계산법(verkürzende Berechnungsweise), 후자를 연장적 계산법(verlängernde Berechnungsweise)이라고 부른다. 예를 들어 6. 15. 오전 9시에 매매계약을 체결하면서 "오늘부터 10일 이내"에 목적물을 인도하기로 약정한 경우, 단축적 계산법에 의하면 6. 15. 오전 0시부터 오전 9시까지의 시간만큼 기간이 단축되고, 연장적 기산법에 의하면 6. 15. 오전 9시부터 오후 12시까지의 시간만큼 기간이 연장되는 것이다. 본조는 기간의 기산점에 관하여 연장적 계산법을 정한 규정이라고 할 수 있다. 이와 같이 기간을 인위적으로 연장할 경우 자연적 계산법에 따른 기간과 일치하지 않는 문제가 생기는데, 이는 이 계산방법에 따르는 한 불가피하다고 하겠다.

온전한 1일이 아닌 경우의 처리 문제는 기간의 만료점에 관해서도 마찬가지로 생기는데, 민법 §159는 이 경우에도 연장적 계산법에 따르는 것으로 정하였다. 따라서 본조는 민법 §159와 더불어 연장적 계산법에 따른다는 원칙을 정한 것이라고 할 수 있다.

II. 입 법 례

초일불산입의 원칙은 이미 법학제요(Digest)에서도 찾을 수 있다($_{17,\ 101}^{D.\ 50,}$). 이에 의하면 "법에서 이개월이라고 정한 경우 61일이 되는 것과 같은 뜻이다($_{sexagesimo\ et\ primo\ die\ venerit\ audiendus\ est}^{ubi\ lex\ duorum\ mensium\ fecit\ mentionem\ et\ qui}$)." 그러나 로마법은 물론 보통법 하에서도 초일의 산입 여부에 관해서는 통일적인 규율이 이루어지지 아니하였다.[1] 독일 민법 §187 I은 대부분의 기간이 채무자를 보호하는 기능을 하고 있다는 점

---

1) Wicke, Fristberechnung, Handwörterbuch des Europäischen Privatrechts, Band I, S. 623.

을 고려하여 기간을 단축하는 방법보다는 기간을 연장하는 방법을 택하였다고 한다.[2] 스위스채무법 §77도 초일불산입의 원칙을 정하고 있다. 프랑스, 이탈리아 등의 대륙법 뿐 아니라 영국, 미국 등 영미법계 국가에서도 관습법 또는 판례에 의해 같은 원칙이 인정된다. 유럽계약법원칙 §1:304 Ⅰ, 유럽민사법 공통기준안 §Ⅰ.-1:110 제3(b), 4(b)항에서도 같은 내용을 정하고 있다.

Ⅲ. 적용범위

법령, 재판상의 처분 또는 법률행위로 기간을 일, 주, 월 또는 연으로 정한 경우 그 기산점에 관하여 본조가 적용된다. 기간을 시, 분, 초로 정한 경우의 기산점은 §156가 정하고 있다. 또한 기간을 일, 주, 월 또는 연으로 정한 경우의 만료점은 §159가 정하고 있다. 기간을 시, 분으로 정한 경우에도 본조가 유추되어 초시 또는 초분을 불산입하여야 하는가에 관해서는 전술한 바와 같이($\binom{\text{전조 주해}}{\text{Ⅲ. 2 참조}}$) 부정적으로 해석하는 것이 타당하다.

또한 본조는 기일에 대해서는 적용되지 않는다. 예컨대 법령의 시행일을 "2011.1.1.부터 시행한다"고 정한 경우 이는 기간이 아니라 기일을 정한 것으로서 본조가 적용되지 않으므로 역법에 따라 2011.1.1. 오전 영시부터 시행된다. 본조는 기일로 기한을 정한 경우에도 적용되지 않는다. 예컨대 국세기본법상 조세심판원은 상당한 기간을 정하여 심판청구의 내용 등에 관하여 보정할 것을 요구할 수 있고 그 보정기간은 심판청구기간에 산입하지 아니하는데 ($\binom{\text{국세 §§ 81,}}{68, 63}$), 조세심판원이 2015.8.10. "2015.9.10.까지 보정하라"는 취지로 보정요구를 한 경우에는 보정요구를 한 날($\binom{2015.}{8.10.}$)도 보정기간에 포함된다($\binom{\text{대판}}{83.9.27,}$ $\binom{83\text{누}}{5\ \text{참조}}$).

---

2) Staudinger/Repgen §187 Rn. 2.

Ⅳ. 적용요건

1. 초일의 불산입

(1) "기간을 일, 주, 월 또는 연으로 정한 때"

기간의 단위로서 일은 역법에 따른 일, 즉 어느 날의 0시부터 24시까지를 가리킨다. §160에서는 일을 단위로 기간을 정한 때에 관하여 정하지 않고 있으나, 본조는 일을 단위로 하는 기간의 계산에 대해서도 역법적 계산법에 따름을 전제로 하고 있다. 하루의 일부를 하루로 셈할 것인가의 문제는 하루를 역법에 의해 정하는 경우에만 생길 수 있기 때문이다. 기간을 일, 주, 월 또는 연으로 정한 것인가 아니면 시, 분, 초로 정한 것인가는 의사해석의 문제로서, 원칙적으로 그 문언을 중시해야 할 것이다. 즉 "48시간"이라고 표시한 경우에는 기간의 단위를 시로 정한 것이고, "2일"이라고 표시한 경우에는 기간의 단위를 일로 정한 것으로 해석한다. "2일 2시간"과 같이 일과 시를 함께 사용한 기간의 경우에도 의사해석에 따라 "50시간"으로 해석된다면 §156에 따라, "2일과 2시간"으로 해석된다면 본조에 따라 초일은 산입하지 아니한다.

"일" 대신에 영업일이나 근무일(국토 §40-2 Ⅴ, 「기술의 이전 및 사업화 촉진에 관한 법률」 §35-2 Ⅲ, 「산업단지 인·허가 절차 간소화를 위한 특례법」 §9 Ⅰ, Ⅲ, 10 Ⅱ, 22 등)로 기간을 정한 경우에도 특별한 사정이 없는 한 본조가 적용된다. "보름"을 기간의 단위로 쓴 경우 이는 15일을 의미하는 것으로 일을 단위로 한 기간으로 보아 본조를 적용해야 할 것이다.

법령 중에서 기간을 일로 정한 예로는 할부거래에 관한 법률 §8 Ⅰ (i), 채무자 회생 및 파산에 관한 법률 §13 Ⅱ, 주민등록법 §16 Ⅰ 등, 기간을 주로 정한 예로는 상법 §360-20, §447-4 Ⅰ, 민사소송법 §396 Ⅱ, 민사집행법 §193 Ⅱ, §468, 자본시장과 금융투자업에 관한 법률 §114 Ⅳ, §213 Ⅲ, 근로기준법 시행령 §43, 군인의 지위 및 복무에 관한 기본법 시행령 §12 등, 기간을 월로 정한 예로는 민법 §170 Ⅱ, §173, §174, §179 내지 §182, §582, 가족관계의 등록 등에 관한 법률 §83 Ⅰ, 자본시장과 금융투자업에 관한 법률 §402 Ⅴ, 변호사법 §8 Ⅳ 등, 기간을 연으로 정한 예로는 민법 §27, §162 내지 §164, §204 Ⅲ, §205 Ⅱ, Ⅲ, §766, 상법 §397 Ⅲ, 상표법 §64 Ⅰ 등이 있다.

(2) "초   일"

여기에서 "초일"은 기간의 진행을 시작하게 하는 사건이 발생한 날 또는 오전 영시가 아닌 하루의 어느 시점에 기간이 개시하는 경우 그 시점이 포함된 날을 의미한다. 초일이 언제인가는 본조에 의해서가 아니라 각 사안에 대하여 적용될 규범 또는 당사자의 의사표시에 의해 정해진다. 본조 본문에 의하여 초일을 산입하지 않는 경우 초일과 기간의 계산을 위한 기산일은 서로 다른 날을 가리키게 된다. 문헌이나 판례에서 초일을 가리켜 기산일이라고 표현하는 예도 있으므로 그것이 본조의 초일인지 아니면 초일 다음날인 기산일인지 잘 살펴서 구별할 필요가 있다.

초일에 관해서는 그 날이 토요일 또는 공휴일인지 여부는 문제되지 않는다. 민법 §161는 기간의 말일에 대해서만 정하고 있기 때문이다. 따라서 초일이 토요일 또는 공휴일이라고 해서 그 다음날이 초일이 되는 것은 아니다.[3]

(3) "산입하지 아니한다"

기간의 진행을 시작하게 하는 사건이 발생한 날 또는 오전 영시가 아닌 하루의 어느 시점에 기간이 개시하는 경우 그 시점이 포함된 날의 다음날 영시부터 기간이 진행한다. 예컨대 2016.7.4. 월요일에 매매계약을 체결하면서 목적물을 7일 이내에 인도하기로 한 약정한 경우 기간은 화요일 오전 영시에 시작한다. 또 기한의 약정 없는 건물임대차에서 임대인이 임차인에게 한 해지통고가 2016.5.1. 임차인에게 도달한 경우 2016.5.2. 오전 영시부터 6월의 해지통고기간이 시작된다($\frac{\S\,635}{\mathrm{II}\,(\,\mathrm{i}\,)}$).

(4) 적용례

시효기간 및 제척기간은 대부분 월 또는 연을 단위로 한다. 따라서 본조에 의해 초일은 산입하지 않는다. 예컨대 부당이득반환청구권은 부당이득한 날의 다음날 오전 영시부터 10년 또는 5년의 소멸시효기간이 기산한다. 불법행위로 인한 손해배상청구권의 소멸시효는 피해자나 그 법정대리인이 그 손해 및 가해자를 안 날로부터 3년 또는 불법행위를 한 날부터 10년인데($\frac{\S}{766}$), 그 기산일은 손해 및 가해자를 안 날 다음날 또는 불법행위를 한 날 다음날 오전 영시이다. 보험금청구권의 소멸시효는 특별한 사정이 없는 한 원칙적으로 보험사고가 발생한 때부터 진행하는데($\frac{\text{대판}\,97.11.11.}{97\text{다}36521}$), 그 기산일은 보험사고 발생일 다음날 오전 영시이다. 부동산의 점유취득시효($\frac{\S\,245}{\mathrm{I}}$)의 기산일은 점유를 개시한

---

3) 대판 82.2.23, 81누204; 구주해(3), 385; 김성수, 106.

날의 다음날 오전 영시, 등기부취득시효($\overset{\S\,245}{\text{II}}$)의 기산일은 부동산의 소유자로 등기한 날 다음날 오전 영시이다. 채무이행의 기한을 기간으로 정한 경우 그 기간의 만료일($\overset{\S\,387\text{의 "기한"}}{\text{이 도래한 때}}$) 다음날부터, 채무이행의 기한이 없는 경우 이행청구를 받은 날($\overset{\S\,387}{\text{II}}$) 다음날부터 채무자는 지연손해금을 지급해야 한다. 이행지체를 이유로 계약을 해제하기 위하여 "최고를 받은 날부터 1주일 내에 이행하라"고 기간을 정하여 최고한 경우 1주일의 기산점은 최고를 받은 날 다음날 오전 영시이다. 매도인의 하자담보책임을 묻는 손해배상청구권은 그 사실을 안 날부터 6월 내에 행사하여야 하는데($\overset{\S\S\,582,}{\overset{580}{}\,\text{I}}$) 그 기산일은 그 사실을 안 날의 다음날 오전 영시이다. 민법 §674-6, §674-7에 의한 권리의 행사기간은 계약에서 정한 여행 종료일부터 6개월 이내인데, 이 기간은 여행 종료일 다음날 오전 영시부터 기산한다. 「방문판매 등에 관한 법률」 §8에 의한 청약철회기간은 계약서를 받은 날 또는 재화 등을 공급받거나 공급이 시작된 날부터 14일인데, 이 경우에도 계약서를 받은 날 또는 재화 등을 공급받거나 공급이 시작된 날의 다음날 오전 영시부터 14일의 기간이 시작된다. 「전자상거래 등에서의 소비자보호에 관한 법률」 §17 I에 의한 청약철회기간도 마찬가지이다. 채권자취소권의 행사기간은 채권자가 취소원인을 안 날의 다음날 또는 법률행위 있은 날의 다음날 오전 영시부터 기산한다($\overset{\S\,406}{\text{II}}$). 부인권의 행사기간은 파산선고가 있은 날부터 2년 또는 부인대상행위를 한 날부터 10년인데($\overset{\text{도산}}{\S\,405}$), 각 그 기산점은 파산선고일 다음날 오전 영시 또는 부인대상행위를 한 날 다음날 오전 영시이다. 각종 심판이나 소의 제기기간의 계산에서도 초일은 산입하지 않는다. 예컨대 행정소송법 §20 I은 취소소송의 제소기간을 "처분등이 있음을 안 날부터 90일 이내"라고 정하고 있는데, 이 기간을 계산할 때 처분등이 있음을 안 날은 산입하지 않는다. 회생절차의 조사확정재판에 대한 이의의 소의 제소기간은 채권조사확정재판 결정서를 송달받은 날부터 1월 이내이므로 ($\overset{\text{도산}}{\S\,605}\,\text{I}$), 채권조사확정재판 결정서를 2010.1.11. 송달받은 경우 제소기간의 기산점은 2010.1.12. 오전 영시이다. 민사소송법 §171는 "기간을 정하는 재판에 시작되는 때를 정하지 아니한 경우에 그 기간은 재판의 효력이 생긴 때부터 진행한다."고 정하고 있는데, 기간을 정하는 재판은 결정 또는 명령으로 하고 당사자에게 상당한 방법으로 고지하면 그 효력이 생기므로($\overset{\text{민소}}{\S\,221}\,\text{I}$), 위 규정에 의한 기산점은 위 결정 또는 명령이 소송관계인에게 송달된 날 다음날 오전 영시이다. 즉시항고기간($\overset{\text{민소}}{\S\,444}\,\text{I}$)은 "재판이 고지된 날부터 1주"인데, 결정 또는 명령이 송달된 날의 다음날 오전 영시부터 즉시항고기간이 기산한다.

민법 §170 Ⅰ은 재판상 청구를 하였다가 소를 취하한 후 6월 내에 재판상의 청구 등을 하면 시효가 최초의 재판상 청구로 중단된 것으로 본다고 정하고 있다. 이 경우 소를 취하한 날의 다음날 오전 영시가 6월의 기산점이 된다.

법령에서 "공포일부터 6월이 경과하면 시행한다."는 등과 같이 시행유예기간을 둔 경우, 공포일 당일은 본조 본문에 따라 산입하지 아니한다. 법령은 관보에 게재하는 방법으로 공포하고, 법령의 공포일은 관보발행일이다($\substack{법령 등 공포\\에 관한 법\\률 §12}$). 법령의 공포시점에 관해서는 행정법학계에서 논란이 있는데, 현재의 통설은 일반 국민이 관보를 구입하여 읽을 수 있는 상태가 된 최초의 시점이 공포시점이라고 한다($\substack{최초구독\\가능시설}$). 판례도 대체로 같은 취지이다($\substack{대판 70.7.21.\\70누76}$). 관보발행일과 최초구독가능시가 동일하다면 관보발행일 다음날 오전 영시가 위 시행유예기간의 기산점이 된다($\substack{대판 71.5.31.\\71다787}$).[4)]

(5) 역산의 경우

기간을 역산하는 경우에도 본조가 유추되어 초일은 산입하지 아니한다. 예를 들어 근로기준법이 적용되는 경우 사용자는 근로자를 해고하기 위해서 적어도 30일 전에 예고를 하여야 하는데($\substack{근기\\§26 본문}$), 해고의 의사표시를 하는 날이 초일이므로 그 날은 산입하지 아니하고 그 전일 24시부터 30일의 해고예고기간이 기산한다. 주주총회를 소집할 때에는 주주총회일의 2주 전에 각 주주에게 서면으로 통지를 발송해야 하는데($\substack{상\\§363}$), 이 때 주주총회일이 초일이므로 본조에 따라 그 전일 24시부터 2주를 계산한다. 예컨대 주주총회일이 2016.7.22. 금요일인 경우, 2주의 기산점은 2016.7.21. 목요일 24시, 만료점은 그로부터 2주 전의 기산일에 해당하는 날($\substack{2016.7.7.\\목요일}$)의 다음날($\substack{2016.7.8.\\금요일}$)의 오전 0시이다($\substack{§160\\Ⅱ}$). 따라서 늦어도 2016.7.7. 중에는 주주총회 소집통지서의 발송을 마쳐야 한다. 채무자가 파산선고 전에 한 무상행위는 지급정지 또는 파산신청이 있기 전 6월 이내에 한 것까지 부인할 수 있는데($\substack{도산\\§391 (iv)}$), 이 때 지급정지일 또는 파산신청일은 본조에 의해 6월의 기간에 포함되지 않는다. 근로기준

---

4) 같은 이유로 "공포일부터 시행한다"로 정한 경우와 같이 시행유예기간을 두지 않은 때에도 공포일 오전 영시가 아니라 그 다음날 오전 영시부터 시행된다고 보아야 할 것이다. 관보발행일자설을 취하는 경우에는 관보발행일 오전 영시를 공포시점으로 보아 그 때부터 시행하게 되므로, 시행유예기간은 민법 §157 단서에 의해 관보발행일 오전 영시부터 기산하게 된다. 독일의 판례는 공포일 오전 영시가 시행유예기간의 기산점이라고 한다. RGZ 91, 339, 340; BVerfGE 102, 254, 295; BVerfG 102, 254, 295. 학설도 같다. Staudinger/Repgen §187 Rn. 11; Erman/Maier-Reimer §187 Rn. 6.

법 §2 Ⅰ (vi)는 "평균임금이란 이를 신청하여야 할 사유가 발생한 날 이전 3개월 동안에 그 근로자에 대하여 지급된 임금의 총액을 그 기간의 총일수로 제한 금액을 말한다."고 정하고 있는데, 여기에서 3개월의 기간 계산에서 사유가 발생한 날은 산입하지 않는다(대판 96.7.9.　96누5469.).

2. 예　　외

(1) 기간이 오전 영시로부터 시작하는 경우

본조 단서는 "기간이 오전 영시로부터 시작하는 경우에는 그러하지 아니하다."고 하여 연장적 계산법에 대한 예외를 정하고 있다. 기간이 오전 영시로부터 시작하는 경우란 하루 중에 발생하는 특정한 사건이나 시점이 아니라 어느 날의 오전 영시가 기간의 기산점의 기준으로 되는 경우를 가리킨다. 이 때에는 본조 본문과 달리 온전한 하루가 진행하므로 이를 기간에 포함시키는 것이다. 예컨대 임대차계약에서 임대차기간을 "2013.5.1.부터 2년"으로 정한 경우 그 기간은 2013.5.1. 오전 영시로부터 시작한다. 근로계약에서 고용기간을 "2014.4.14.부터 1년"으로 정한 경우 그 기간은 첫 근로일인 2014.4.14. 오전 영시부터 기산한다. 따라서 이 사람을 기간제근로자로 사용한 경우「기간제 및 단시간근로자 보호 등에 관한 법률」§4 Ⅰ에서 정한 2년의 기간은 2016.4.13. 만료한다. 또 첫 근무일이 2000.4.3.인 파견근로자가 사용사업주와 사이에 직접고용관계가 성립되는 것으로 간주되는 때(「파견근로자보호 등에 관한 법률」§§6-2 Ⅰ (iii), 6 Ⅱ, 대판 08.9.18. 2007두22320 참조)는 첫 근무일을 포함하여 기산하여 2년이 경과한 2002.4.2. 오후 12시이다.

일반적으로 법령에서 기간을 "…일로부터"라고 정하여 그 기간이 오전 영시로부터 시작하는 경우에는 민법 §157의 단서에 해당한다. 예컨대 구 국회의원선거법(1994.3.16. 법률 제4739호로 폐지되기 전의 것) §27 Ⅵ 전단에서 "정당의 당원인 자는 선거일 공고일로부터 후보자등록 마감일까지 그 소속정당으로부터 탈당하거나 당적을 변경하거나 제명된 경우에는 당해 선거에 있어서 후보자로 등록될 수 없다"고 규정되어 있는데, 이 규정에서 "선고일 공고일로부터"는 "선거일 공고한 날의 오전 영시로부터"를 의미하므로 선거일 공고일 당일에 소속정당에서 탈당한 자는 당해 선거에서 후보자로 등록될 수 없다(대판 89.3.10.　88수85.).「소송촉진 등에 관한 특례법」§3 Ⅰ에 의한 법정이율에 의한 지연손해금은 소장 또는 이에 준하는 서면이 채무자에게 송달된 다음날부터 기산하는데, 이 규정의 취지에 비추어 소장 등이 송달된 날 다음날의 오전 영시부터 위 특례법에 따른 법정이율에 의한 지연손해금 지급의무가 생긴다고 해석된다. 재판상 청구가 청구기각 또는 소각하 판결로 종료된 후 6월 내에 재판상 청구 등을 하면 최초의 재판상 청구로 시효가 중단된 것으로 보는데($^{§170}_{①}$), 판결에 대하여 항소하지 아니하여 항소기간이 도과함으로써 소송이 종료된 경우에는 항소기간 말일의 다음날 오전 영시부터 6월의 기간이 기산한다. 저작권법에 의한 지적재산권의 보호기간을 계산하는 경우 저작자가 사망하거나 저작물을 창작 또는 공표한 다음 해부터 기산하는데($^{저작}_{§44}$), 이는 다음 해 1. 1. 오전 영시부터 기산한다는 의미이다.

　　법령의 시행일이 기산일인 경우에도 본조 단서가 적용된다. 예컨대 구 수의사법($^{2010.1.25. 법률 제}_{9950호로 개정된 것}$) 부칙 제2항에 의하면 위 법 시행 당시 위 법 소정의 동물 진단용 방사선발생장치 또는 특수의료장비를 설치·운영하고 있는 동물병원 개설자는 위 법 시행일부터 3개월 이내에 신고 또는 등록을 하여야 한다. 같은 법 부칙 § 1는 "공포 후 1년이 경과한 날"부터 시행한다고 정하고 있었으므로, 위 1년의 기산일은 공포일 다음날($^{§157}_{본문}$)인 2010.1.26., 만료일은 그로부터 1년 후의 기산일에 해당하는 날($^{2011.}_{1.26.}$)의 전일인 1. 25.($^{§160}_{⑪}$)이며, 그 만료점은 1. 25. 오후 12시이다($^{§}_{159}$). 따라서 위 법은 2011.1.26. 오전 영시부터 시행된다. 결국 "시행일부터 3개월"의 기간의 기산점은 2011.1.26. 오전 영시이고($^{§157}_{단서}$), 만료점은 2011.4.25. 24시이므로 위 신고 또는 등록은 2011.4.25.까지 하여야 한다.

　　부동산 실권리자명의 등기에 관한 법률 § 11는 "이 법 시행일부터 1년의 기간"이내에 실명등기하도록 정하고 있다. 위 법률의 시행일은 1995.7.1.이므로($^{위 법률}_{부칙 § 1}$) 위 기간은 1995.7.1. 오전 영시부터 기산하여 1년 후의 기산일에 해당하는 날인 1996.7.1.의 전날인 1996.6.30. 오후 12시에 만료된다. 위 법률 시행 전에 명의수탁자가 명의신탁 약정에 따라 부동산에 관한 소유명의를 취득한 경우, 명의수탁자는 위 법률 시행 후 위 법 § 11의 유예기간이 경과하면 당해 부동산에 대한 완전한 소유권을 취득하나, 그 대신 명의신탁자에게 자신이 취득한 위 부동산을 부당이득으로 반환할 의무가 있다($^{대판 09.7.9.}_{2009다23313}$). 이 경우 명의신탁자의 명의수탁자에 대한 위 부당이득반환청구권은 채권으로서 소멸시효에 걸린다($^{대판 14.5.29.}_{2012다42505}$). 위 부당이득반환청구권은 위 법 시행일부터 1년의 기간이 경과한 다음날인 1996.7.1. 오전 영시부터 행사할 수 있으므로 그 날도 포함하여 소멸시효기간을 계산하여야 한다.

(2) 의사표시에 별도의 정함이 있는 경우

당사자의 의사표시에서 초일을 산입하기로 하는 별도의 정함을 둔 경우 초일은 기간 계산에 포함된다. 예컨대 신용보증약정에서 환어음의 추심의뢰기한인 세금계산서 발급일부터 30일을 경과한 경우 환어음의 인수를 거절할 수 있다고 정함과 동시에 그 기간의 계산에서 초일을 산입한다고 정한 경우, 환어음이 초일을 산입하여 계산할 때 세금계산서 발급일부터 30일을 도과하여 추심의뢰되었다면 신용보증책임을 지지 아니한다($\frac{\text{대판 } 07.8.23.}{2006\text{다}62942}$).

(3) 법령에 별도의 규정이 있는 경우

계약해제로 인한 원상회복의무로서 반환해야 할 금전에는 "그 받은 날로부터" 이자를 가산하여야 한다($\S\,548\atop\text{II}$). 즉 반환할 금전을 받은 날도 포함한다. 어느 연대채무자가 변제 기타 자기의 출재로 공동 면책이 된 경우 구상권에는 "면책된 날 이후"의 법정이자가 포함된다($\S\,425\atop\text{I}$). 즉 면책된 날도 포함하여 그 날부터 법정이자를 가산한다. 민법 § 600에 의하면 "이자 있는 소비대차는 차주가 목적물의 인도를 받은 때로부터 이자를 계산"해야 한다. 이 때 목적물의 인도를 받은 날이 이자 계산의 기산일이라고 해석된다. 불법행위로 인한 손해배상채권은 기한의 정함이 없는 채권이나 공평의 관념에 비추어 불법행위일부터의 지연손해금을 가산하여 청구할 수 있다고 해석된다. 다만 불법행위로 인한 위자료청구에서는 불법행위시와 변론종결시 사이에 장기간의 세월이 경과되어 통화가치 등에 상당한 변동이 생긴 경우 위자료배상채무의 지연손해금의 기산일은 그 위자료 산정의 기준시인 사실심 변론종결 당일이다($\frac{\text{대판 } 11.1.13.}{2010\text{다}53419}$). 어음의 적법한 지급제시를 한 경우 지급제시일이 만기일 후라고 하더라도 "만기 이후의 이자"를 지급해야 하는데($\S\S\,48\,^{\text{어음}}_{\text{I}},\,28$), 이에 따라 만기일이 기산일이 된다.

소득세법에 따른 자산양도차익 예정신고납부에서 납부할 산출세액은 그 자산의 보유기간이 2년 미만인가의 여부에 따라 달라지는데, 자산의 보유기간에 관하여 소득세법 § 97 Ⅲ, § 70 Ⅵ은 "당해 자산의 취득일부터 양도일까지로 한다"고 정하고 있고 이는 민법상 초일불산입 원칙에 대한 예외를 정한 것이므로 1987.5.27. 부동산을 취득하고 1989.5.26. 이를 양도하였다면 취득일부터 기산하여 자산보유기간이 2년을 초과한 것이다($\frac{\text{대판 } 92.3.10.}{91\text{누}8548}$). 국세청이 기준시가 산정을 위한 배율을 정하여 "1989.3.15. 이후 최초로 양도, 상속 또는 증여하는 분부터 적용한다"고 그 시행일을 정하여 고시한 경우에는 본조에 의한 초일불산입 원칙이 적용되지 않는다(대판 93.9.14, 93누2360, 서울고판 92.12.9, 90구18366).

그 밖에 법령에서 초일을 산입한다고 정한 예로는 국회법 §162, 병역법 §18 I, 군인사법 시행령 §6, 민원사무처리규정 §4 I 등이 있다.

[이　연　갑]

第158條(年齡의 起算點)
年齡計算에는 出生日을 算入한다.

I. 총　　설

연령계산의 단위는 월 또는 년이므로 그 기산점에 대해서는 민법 §157가 적용되어야 할 것이나, 본조에 의해 민법 §157의 적용을 배제한 것이다. 연령계산에 대하여 민법 §157가 적용된다면 출생일이 "초일"이 되므로 초일의 다음날 오전 영시부터 연령을 계산하여야 한다. 예컨대 1998.1.21. 오후 2시에 출생한 사람이 10세가 되는 때는 민법 §157에 의하면 1998.1.22. 오전 영시부터 기산하여 10년 후의 기산일에 해당하는 날(2008.1.22.)의 전날(2008.1.21.)의 오후 12시가 된다($\S 160 \text{ II}$). 이렇게 하면 매년 출생일에 해당하는 날에 한 살이 더해진다는 사회통념과 맞지 않게 된다. 본조는 이러한 사회통념을 고려하여 민법 §157 본문에 대한 예외를 정한 것이다.[1] 위 예에서 출생일인 1998.1.21. 오전 영시부터 기산하여 10년 뒤의 기산일에 해당하는 날(2008.1.21.)의 전날(2008.1.20.)의 오후 12시에 10년의 기간이 경과하므로($\S 160 \text{ II}$) 열 번째 생일을 2008.1.21. 기념하는 일반적인 관습과 일치하게 된다.

---

1) Protokolle Ⅱ 1, 189(Mugdan S. 766); MünchKomm/Grothe §187 Rn. 7; Staudinger/Repgen (2014) §187 Rn. 12.

Ⅱ. 입 법 례

연령계산에서 출생일을 산입하는 입법례로는 독일민법 § 187 Ⅱ 제 2 문, 일본의 年齡計算ニ関スル法律($\substack{1902.12.2.\\ \text{법률 제}50\text{호}}$)가 있다. 영국의 전통적인 판례에 의하면 초일과 말일을 모두 산입하지 아니하여, 기간이 만료되는 해의 생일의 전날 영시에 기간이 만료한다.[2] 미국의 판례는 통일되어 있지 않다. 전통적인 판례법에 의하면 연령계산에서 만료점은 기간이 만료되는 해의 해당일 전일이 시작되는 때이다. 예컨대 2001.9.1. 출생한 사람은 2019.9.1.의 전날인 2019.8. 31. 오전 0시에 18세가 된다("coming of age rule").[3] 반면 18년째 생일이 되는 날 0시에 18세가 된다는 판례("birthday rule")도 있다.[4]

Ⅲ. 적용범위

본조는 연령의 계산에 대한 규정이다. 법률행위 또는 법령에 의해 일정한 연령에 이른 경우 권리 또는 의무가 발생 또는 소멸한다고 정한 경우, 본조에 의해 그 연령에 이르렀는가를 계산한다. 법령에서 연령을 정한 예로는 성년($\substack{\S\\4}$), 청소년($\substack{\text{청소년기본법}\S3\text{(ⅰ), 음악산업진흥에 관한 법률}\S2\text{(xiv),}\\ \text{다문화가족지원법}\S2\text{(ⅲ), 한부모가족지원법}\S4\text{(ⅰ-2)}}$), 어린이($\substack{\text{도교}\S2\\(\text{xxⅲ})}$), 아동($\substack{\text{아동복지법}\S3\text{(ⅰ), 입양특례법}\\\S2\text{(ⅰ), 한부모가족지원법}\S4\text{(ⅴ)}}$), 연소자($\substack{\text{공연법}\\\S2\text{(ⅵ)}}$), 소년($\substack{\text{소년}\\\text{법}\S2}$), 청년($\substack{\text{청년고용촉진 특별법 시행}\\\text{령}\S2, \text{중소기업창업 지원}}$법 시행$\substack{\\\text{령}\S5\text{-4}}$), 고령자($\substack{\text{산재}\S55, \text{고용보험법 시행령}\S25\text{-2, 고용상 연령차별}\\\text{금지 및 고령자고용촉진에 관한 법률 시행령}\S2\text{Ⅰ, Ⅱ}}$), 노인($\substack{\text{노인장기요양보험법}\S2\\(\text{ⅰ}), \text{기초연금법 시행령}}$$\substack{\S4\text{Ⅰ, 형의 집행 및 수용자의 처}\\\text{우에 관한 법률 시행규칙}\S73\text{(ⅵ)}}$), 주거약자($\substack{\text{장애인·고령자 등 주거약자 지}\\\text{원에 관한 법률}\S2\text{(ⅰ) 가목}}$), 형사미성년자($\substack{\text{형}\\\S9}$), 사형 또는 무기형을 선고할 수 없는 연령($\substack{\text{소년법}\S59, \text{특정강력범죄의}\\\text{처벌에 관한 특례법}\S4\text{Ⅰ}}$), 경범죄 처벌법에 의해 처벌받지 않는 연령($\substack{\text{경범죄 처벌}\\\text{법}\S6\text{Ⅱ (ⅳ)}}$), 선거권과 피선거권의 취득연령($\substack{\text{공직선}\\\text{거법}\S}$$\substack{\S15,\\16}$), 조례의 제정·개정·폐지를 청구할 수 있는 연령($\substack{\text{지방자치}\\\text{법}\S15\text{Ⅰ}}$), 초등학교의 입학연령($\substack{\text{초·중등교육}\\\text{법}\S13\text{Ⅰ, Ⅱ}}$), 약혼 또는 혼인적령($\substack{\S\S801,\\807}$), 입양의 의사표시를 할 수 있는 연령($\substack{\S869\\Ⅰ}$), 근로할 수 있는 연령($\substack{\text{근기}\\\S64\text{Ⅰ}}$), 선원으로 일할 수 있는 연령($\substack{\text{선원법}\\\S91\text{Ⅰ}}$), 개인정보나 위치정보의 제공에 동의할 수 있는 연령($\substack{\text{개정보}\S22\text{ Ⅴ, 위치정보}\\\text{의 보호 및 이용 등에 관}}$

---

2) Herbert v. Turball, 83 Eng.Rep. 1129 (K.B. 1663); Nicols v. Ramsel, 86 Eng.Rep. 1072 (K.B. 1677).

3) Mason v. Board of Education of Baltimore County, 375 Md. 504, 826 A.2d 433 (2003).

4) People v. Costner, 309 Mich. App. 220, 870 N.W.2d 582 (2015).

한 법률), 장기의 적출이 금지되는 연령(장기등 이식에 관한 법률 §11 Ⅲ (ⅰ)), 선서능력을 취득하는 연령(민소 §322), 운전면허를 받을 수 있는 연령(도교 §82 Ⅰ(ⅰ)), 항공기 조종사가 될 수 있는 연령(항공 §25 Ⅱ), 주민등록증 발급연령(주등 §24 Ⅰ), 사관학교 입학연령(사관학교 설치 법률 §3 Ⅰ (ⅰ)), 공무원임용시험에 응시할 수 있는 연령(공무원임용시 협령 §16 Ⅰ), 장교, 준사관 및 부사관의 최저연령과 최고연령(군인사법 §15 Ⅰ), 현역병이 될 수 있는 연령(병역법 §20 Ⅰ), 입영이 연기되는 연령(병역법 시행 령 §124 Ⅰ), 국민연금 가입대상자의 연령(국연금 §6), 경로우대를 받을 수 있는 연령(노인복지 법 §26), 결혼중개의 대상이 될 수 없는 연령(결혼중개업의 관리에 관한 법률 §12-2 (ⅰ)), 신용카드를 발급받을 수 있는 연령(여신령 §6-7 Ⅱ), 영화나 게임 등의 등급(영화 및 비디오물의 진흥에 관한 법률 §29 Ⅱ, 게임산업 진흥에 관한 법률 §21 Ⅱ), 동물판매업자로부터 동물을 살 수 있는 연령(동물보호법 시행규 칙 별표 10 제1.자항), 국민참여재판의 배심원이 될 수 있는 연령(국민의 형사재판 참 여에 관한 법률 §16), 배심원 직무의 수행이 면제되는 연령(국민의 형사재판 참여 에 관한 법률 §20 (ⅰ)), 외교관후보자 선발시험의 응시연령(외무공 무원임용 령 §12 Ⅲ), 소방간부후보생 선발시험의 응시연령(소방공무원임 용령 §43 Ⅱ), 여객자동차 운송사업용 자동차를 운전할 수 있는 연령(여객자동차 운수사업법 시행규칙 §49 Ⅰ (ⅱ)), 보훈특별고용에 의한 취업지원을 받을 수 있는 연령(예우령 §56 Ⅰ), 대법관이 될 수 있는 연령(법조 §42 Ⅰ), 근로능력이 있는 수급자의 연령(국민기초생활 보장 법 시행령 §7 Ⅰ), 기초연금 수급권자의 연령(기초연 금 §3), 국립공원의 입장료의 징수가 면제되는 연령(자연공원법 시행 규칙 §23 (ⅲ)), 공무원의 정년(공무원법 §74 Ⅰ, 경 찰공무원법 §24 Ⅰ, 감사원법 §6 Ⅱ, 법조 §45 Ⅳ, 헌재 §7 Ⅱ) 등이 있다.

Ⅳ. 계산방법과 적용례

연령을 계산할 때 본조에 따라 출생일을 산입한다. 출생일을 산입한다는 것은 출생이 출생일의 오전 영시에 일어난 사건으로 의제한다는 것이다. 즉 출생일의 오전 영시가 연령 계산을 위한 기간의 기간점이다. 한편 본조는 연령계산의 경우 만료점에 관하여는 정하고 있지 않으므로, 연령을 계산할 때 만료점은 §159와 §160에 의해 계산하여야 한다.

예컨대 2001.9.1. 출생한 사람은 언제 성년이 되는가를 계산할 때, 19년의 기산점은 출생일인 2001.9.1. 오전 영시이고, 만료점은 19년째 되는 해의 기산일에 해당하는 날(2020. 9.1.)의 전일(2020. 8.31.)의 오후 12시가 된다(§§159, 160 Ⅱ). 따라서 위 사람은 2020.8.31. 오후 12시에 성년이 된다. 따라서 위 사람이 2020.9.1. 한 법률행위에 대해서 그 법정대리인의 동의는 필요하지 않다(§5 Ⅰ 본 문 참조). 2000.2.

29. 출생한 사람은 2019.2.28. 오후 12시에 성인이 된다($\S\,{160 \atop III}$).

또 부모는 자녀가 6세가 된 날이 속하는 해의 다음 해 3. 1.에 그 자녀를 초등학교에 입학시켜야 하는데($\,{초·중등교육 \atop 법 \S 13\,\,I}$), 2010.3.1. 출생한 자녀는 2016.2.29. 6세가 되므로 같은 해 3.1. 초등학교에 입학해야 하지만, 2010.3.2. 출생한 자녀는 2017.3.1. 입학해야 한다.

공직선거법상 19세 이상의 국민은 대통령 및 국회의원의 선거권이 있고, 그 연령은 선거일 현재를 기준으로 산정한다($\,{공직선거법 \atop \S\S\,15\,\,I,\,17}$). 이에 의해 선거일 오후 12시에 19세가 되는 자에게도 선거권이 인정된다. 예컨대 우리나라의 19대 대통령 선거일은 2017.12.20.인데, 1997.12.21. 출생한 사람에게도 위 선거에서 선거권이 있다. 본조에 의해 1997.12.21. 오전 영시부터 기산하여 2017.12. 21.의 전날인 2017.12.20. 오후 12시에 19세가 되므로 선거일 현재 19세에 달한 것이 되기 때문이다.

만 14세가 되지 아니한 자는 형사미성년자이다($\,{형 \atop \S 9}$). 예컨대 2001.9.1. 출생한 사람은 그로부터 14년이 되는 해의 생일($\,{2015. \atop 9.1.}$)의 전날인 2015.8.31. 오후 12시까지 저지른 범죄에 대하여 형사처벌을 받지 아니한다.

정년의 계산에서도 본조에 따라 출생일을 산입한다. 정년을 60세라고 정한 경우 정년은 만 60세에 달하는 날을 말한다($\,{대판 73.6.12. \atop 71다2669}$). 1960.9.10. 출생한 사람은 1960.9.10. 오전 영시부터 기산하여 60년째 되는 해의 기산일에 해당하는 날($\,{2020. \atop 9.10.}$)의 전일($\,{2020. \atop 9.9.}$)의 오후 12시에 정년이 된다. 이 때 정년이 되는 날이 2020.9.9.인지 아니면 2020.9.10.인지 의문이 생길 수 있다. 2020.9.9. 오후 12시와 2020.9.10. 오전 영시는 같은 시간을 표현하는 것이지만, 기간은 그 기산점부터 만료점까지를 포함하여 계산하는 것이고 하루는 오전 영시부터 오후 12시까지를 포함하는 것이므로 만료점을 포함하는 날인 2020.9.9.이 정년에 이르는 날이다.[5] 국가공무원법 § 74 I, IV에 의하면 공무원의 정년은 다른 법률에 특별한 규정이 있는 경우를 제외하고 60세이고, 그 정년에 이른 날이 1월부터 6월 사이에 있는 경우 6. 30., 7월부터 12월 사이에 있는 경우 12. 31. 각 당연히 퇴직한다. 1950.7.1. 출생한 공무원은 2010.6.30. 정년에 도달하므로 그 날 퇴직하고, 1950.7.2. 출생한 공무원은 2010.7.1. 정년에 도달하므로 그 해 12. 31. 퇴직한다.

---

5) 일본의 최고재판소 판례 중에 같은 취지의 것이 있다. 日最判 1979(昭 54).4.19, 判時 931호, 56.

손해배상청구 사건에서 가동연한까지의 일실수입을 산정할 때에도 본조에
따라 출생일을 산입한다. 에컨대 1989.10.6. 출생한 사람의 가동연한이 65세라
고 할 때 65세가 되는 날인 2054.10.5.까지 소득을 얻을 수 있다고 보아 일실
수입을 산정한다.

[이 연 갑]

第159條(期間의 滿了點)

期間을 日, 週, 月 또는 年으로 定한 때에는 期間末日의 終了
로 期間이 滿了한다.

Ⅰ. 총   설

본조는 기간을 일, 주, 월 또는 연으로 정한 경우 그 만료점을 정하고 있
다. 이에 따르면 그 기간은 기간 말일의 만료, 즉 자정($\substack{오후 \\ 12시}$)에 만료한다. 역법
에 따르면 1일은 오전 영시부터 오후 12시까지이므로 하루는 그날 자정에 만
료한다. 기간을 일로 정한 경우 뿐 아니라 주, 월 또는 연으로 정한 경우에도
이는 마찬가지이다. 그 경우에도 주, 월 또는 연이 바뀌는 순간은 주, 월 또는
연의 마지막 날의 오후 12시이다. 본조는 역법적 계산법의 당연한 이치를 정
한 것이다.

또한 본조는 기간의 만료점에 관하여 연장적 계산법을 따르고 있음을 정
하고 있는 것이기도 하다. 기간 만료일의 기간의 진행을 시작하게 하는 사건이
나 시점에 대응하는 때 기간이 만료하는 것이 아니라 그날 오후 12시까지 기
간이 연장되는 것이다. 예컨대 2016.7.1. 오후 2시에 동산의 매매계약을 체결
하면서 48시간 내에 목적물을 인도하기로 약정한 경우, 같은 해 7.3. 오후 2시

에 그 기간이 만료한다($^{자연적}_{계산법}$). 만약 같은 계약에서 기간을 2일로 정한 경우에는 민법 §157 본문에 의해 7.2. 오전 영시부터 기산하여 본조에 의해 7.3. 오후 12시까지 인도의무를 이행하면 된다. 이 때 7.3. 오후 2시에서 같은 날 오후 12시까지로 기간이 연장되는 효과가 생긴다.

Ⅱ. 입 법 례

독일민법 §188 Ⅰ, 스위스채무법 §77 Ⅰ은 기간을 일로 정한 경우 본조와 같은 내용을 정하고 있다. 프랑스민법 §2229는 시효에 관하여 "기간의 최종일이 만료된 때 완성된다"고 정하고 있는데, 여기에서 "최종일이 만료된 때"란 최종일의 24시를 의미한다고 해석된다.[1] 유럽민사법 공통기준안 § Ⅰ-1:110 제(2)(a)항, 유럽계약법원칙 §1:304 Ⅲ도 본조와 같은 내용을 정하고 있다. 일본민법 §141는 "전조의 경우에는 기간 말일의 종료로 기간이 만료한다"고 정하고 있고, 전조($^{일민}_{§140}$)는 기간을 일, 주, 월 또는 연으로 정한 경우의 기산점에 관한 규정($^{우리\ 민법}_{§157와\ 같다}$)이다. 우리 민법은 이를 받아들인 것이다.

본조에 관해서는 본조에서 기간을 "주, 월 또는 연으로 정한 때"라고 한 부분이 입법상의 오류라는 주장이 있다.[2] 기간을 주, 월 또는 연으로 정한 때 본조에 따른 만료점은 기간 말일의 종료시이나, §160 Ⅱ에 따라 계산하면 최후의 주, 월 또는 연에서 그 기산일에 해당하는 날의 전일이 되어 상호 모순되는 결과가 생기기 때문이라는 것이다. 독일민법과 스위스채무법에서 일의 계산과 주, 월, 연의 계산을 따로 정하고 있다는 점도 근거로 든다. 그러나 본조는 일 뿐 아니라 주, 월, 연으로 기간을 정한 경우에도 언제나 그 만료점은 기간의 말일이 끝나는 때, 즉 그날 24시라는 것을 밝히고 있는 것이다. 즉 기간을 주, 월, 연으로 정한 경우 본조의 "기간말일"은 §160 Ⅱ에 의하여 계산되고, 본조에 의해 그 날의 "종료" 즉 24시에 기간이 만료한다고 해석함이 옳다. 독일민법 §188 Ⅱ의 해석론으로도 이와 같이 이해하는 것이 통설이다.[3] 이렇게 보면 본조에서 주, 월 또는 연을 포함시킨 것이 입법상의 오류라고 단정하

---

1) Cass.com 10 juillet 1989, Bull. no. 220.

2) 김성수, 99-100.

3) Staudinger/Repgen §188 Rn. 12; Erman/Maier-Reimer §188 Rn. 2.

기는 어렵지 않을까 생각한다.

Ⅲ. 적용범위

　　본조는 기간을 일 또는 그 이상의 단위로 정한 경우에 적용된다. 기간을
일보다 작은 단위, 즉 시, 분, 초로 정한 경우의 만료점에 관해서는 민법에 규
정이 없으나 즉시 만료한다고 해석하는 데 이견이 없다($\frac{\S}{159}$). 변제의 수령 등
상대방 또는 제3자의 협조가 필요한 의무의 이행에 있어서 거래일, 영업일 또
는 근무일과 같이 법령 또는 관습에 의해 오후 12시 이전에 만료점이 도래하
는 경우에도 본조는 적용되지 않고 그 정한 시간에 기간이 만료한다.[4] 상법
§63는 이행 또는 이행청구에 관하여 이러한 취지를 명시하고 있다. 예컨대 은
행이 어음의 지급담당자인 경우 은행에 대한 지급제시는 은행의 영업시간 내
에 하여야 한다. 민사상 거래에 대해서도 민법 §2, §106를 근거로 거래관행
등 제반 사정을 고려하여 위와 같이 해석할 수 있는 경우가 있다. 또 전자조달
의 경우 전자입찰서의 제출마감 일시는 근무일의 오전 10시부터 오후 5시까지
정해야 한다($\binom{\text{「전자조달의 이용 및 촉진에}}{\text{관한 법률 시행규칙」 §2 Ⅱ}}$). 이와 같은 경우가 아니면 본조에 따라 오후
12시까지 의무의 이행 등을 하면 기간은 준수된 것으로 보아야 할 것이다. 예
컨대 매매대금을 지급기간의 말일 오후 11:59에 매도인의 은행 계좌에 송금한
경우에도 특별한 사정이 없는 한 변제기를 준수한 것이다. 또 신용장통일규칙
§14 d항 i호에 의하면 개설은행 등이 조건 불일치를 이유로 지급거절을 하기
로 결정한 경우에는 서류접수일 다음 영업일로부터 기산하여 제7은행영업일
의 종료시($\genfrac{}{}{0pt}{}{\text{close of the seventh banking day following}}{\text{the day of receipt of the documents}}$)까지 지체없이 전신 또는 기타 신속
한 방법으로 그 취지를 통지하여야 하고, 같은 조 e항에 의하면 그러한 조치를
취하지 아니한 경우에는 서류가 신용장 조건과 일치하지 아니하다는 주장을
할 수 있는 권리를 상실한다. 여기에서 "제7은행영업일의 종료시"의 의미는
지정된 영업시간(banking hours)의 종료시가 아니라 당일 24시이므로 그 시간
이전에 전신 또는 기타 신속한 방법으로 지급거절통지를 발송하였다면 이는
위 규칙에 의한 하자통지기간을 준수한 것이다($\genfrac{}{}{0pt}{}{\text{대판 04.7.22,}}{\text{2001다58269}}$).
　　한편 법원이나 행정관청 등 국가기관에 대한 문서의 접수는 야간에도 당

---

4) MünchKomm/Grothe §188 Rn. 1; Staudinger/Repgen §188 Rn. 3.

직근무자에게 할 수 있고($_{ㅣ, 법원당직 및 비상근무규칙 §12 ㅣ 참조}^{국가공무원 당직 및 비상근무 규칙 §13}$), 재택당직근무를 하는 경우에는 야간문서투입함에 투입함으로써 할 수 있으므로($_{침 §12, 소송서류 기타 사건관계서류}^{법원당직 및 비상근무규칙}$ $_{의 접수사무에 관한 처리지침 §7 참조}^{§10-2, 재택당직근무 운영지}$) 본조가 적용된다. 전자소송시스템을 이용한 소장 등의 접수는 24시간 가능하므로, 이 경우에도 제소기간의 준수여부 등에 대해서는 본조에 따라 오후 12시를 기준으로 하게 된다($_{용 등에 관한 법률」 §9 ㅣ 참조}^{「민사소송 등에서의 전자문서 이}$).

기간의 말일이 토요일 또는 공휴일인 경우에는 본조에 따라 그 말일이 아니라 그 다음날의 만료로 기간이 만료된다($_{161}^{§}$). 즉 민법 §161는 본조에 대한 예외를 정하고 있다.

본조는 일, 주, 월 또는 년으로 기간을 정한 경우에 대해서만 정하고 있다. 즉 기간의 만료점을 특정일로 정한 경우에 대해서는 정하지 않고 있다. 다만 본조의 취지에 따라 특별한 사정이 없는 한 그 경우에도 그 날의 오후 24시에 기간이 만료하는 것으로 보아야 할 것이다($_{의 유추}^{본조}$). 예컨대 기간의 말일을 "1. 15.까지", "3월의 마지막 주까지", "5월까지" 또는 "2017년까지"라고 정한 경우에도 각각 그 기간 말일의 오후 24시에 기간이 만료한다. 물론 법령이나 관습, 재판상 처분이나 의사표시에 다른 정함이 있는 경우에는 그러하지 아니하다.

Ⅳ. 기간의 계산방법과 적용례

기간을 일로 정한 경우 기간 말일의 종료로 기간이 만료한다. 예컨대 주택법상 사업주체는 입주자대표회의등으로부터 하자보수를 청구받은 날부터 15일 이내에 하자를 보수하거나 하자보수계획을 입주자대표회의등에 통보하여야 하는데, 2016.7.6. 하자보수를 청구받은 경우 그 다음날부터 15일째 되는 날인 2016.7.21. 오후 12시까지 위와 같은 의무를 이행해야 한다.

기간을 "8일", "15일"로 정한 것인지 아니면 "1주", "2주"로 정한 것인지는 의사표시의 해석에 따르지만, 원칙적으로 표시된 바에 따라야 할 것이다. 어음법 §36 Ⅳ은 같은 취지의 해석규정을 두고 있다.

기간을 주, 월 또는 연으로 정한 경우 기간의 말일은 §161에 의해 정해지고, 본조에 의해 그 기간 말일의 오후 12시로 기간은 만료한다. 예컨대 판결에 대한 항소기간은 판결서를 송달받은 날부터 2주다($_{§396 ㅣ}^{민소}$). 2016.7.1. 금요일에 판결서를 송달받은 경우 그 다음날인 토요일부터 2주째 되는 주의 토요일의 전일인 7. 15.이 기간의 만료일이고($\S 160 \atop \mathrm{II}$), 그날 오후 12시에 항소기간이 도과한다. 건물에 관한 기간의 약정 없는 임대차에서 임대인이 해지통고를 한 경우에는 6월이 경과하면 해지의 효력이 생기는데($\S 635 \atop \mathrm{II}(\mathrm{i})$), 임대인의 해지통고가 2016.7.9. 임차인에게 도달한 경우에는 그 다음날인 7. 10.이 6월의 기산일이 되고, 그로부터 6개월째의 기산일에 해당하는 날($2017. \atop 1.10.$)의 전일($2017. \atop 1.9.$)이 그 만료일이 되므로($\S 160 \atop \mathrm{II}$), 그날 오후 12시의 경과로 해지의 효력이 생긴다. 정년을 60세로 정한 근로계약에서 근로를 제공해야 하는 기간의 만료일은 60세가 된 날이다(대판 73.6.12. 71다2669).

기간을 일로 정한 경우와 주로 정한 경우에 결론은 같으나 일로 정한 경우에는 본조에 따라, 주로 정한 경우에는 §160 II에 따라 기간의 말일이 정해진다. "통지를 받은 날부터 14일 내"라고 정하여 최고한 경우, 통지를 받은 날의 다음날 오전 영시부터 기산하여($\S 157 \atop 본문$) 14일째가 되는 날 오후 12시에 기간이 만료한다($\S \atop 159$). 같은 최고에서 "통지를 받은 날부터 2주 내"라고 정한 경우에는 통지를 받은 날의 다음날 오전 영시부터 기산하여($\S 157 \atop 본문$) 2주 후의 기산일에 해당하는 날의 전날이 만료일이 되고($\S 160 \atop \mathrm{II}$) 그날 오후 12시에 기간이 만료한다($\S \atop 159$).

기간을 "반월" 또는 "반년"으로 정한 경우에 관하여 민법에는 정함이 없다. 독일민법 §189 I, 스위스채무법 §77 I은 "반월"을 15일로 보는 규정을, 독일민법 §189 I은 "반년"을 6개월로 보는 규정을 두고 있다. 그러한 규정이 없는 우리 민법에서는 해석의 문제로서, 법령 또는 의사표시의 해석원칙에 따라야 할 것이나, 특별한 사정이 없는 한 위와 같이 보는 것이 합리적일 것이다.[5]

기간 내에 의사표시를 해야 하는 경우 의사표시는 원칙적으로 도달되어야 효력이 생기므로($\S 111 \atop \mathrm{I}$), 그 기간 내에 의사표시가 도달되어야 한다. 여기에서 도달이란 사회통념상 상대방이 통지의 내용을 알 수 있는 객관적 상태에 놓여 있는 경우를 가리키고, 상대방이 통지를 현실적으로 수령하거나 통지의 내용을 알 것까지는 필요로 하지 않는다(대판 83.8.23. 82다카439). 이 때 상대방이 휴가 등의 이유로 부재중이었다는 사정은 고려되지 않는다. 상대방이 정당한 사유 없이 통지의 수령을 거절한 경우에도 의사표시는 도달한 것으로 볼 수 있다(대판 08.6.12. 2008다19973). 아파트 경비원에게 우편물의 수령권한이 수여된 것으로 볼 수 있는 때에는 그가 우편물을 수령함으로써 상대방에게 도달된 것으로 볼 수 있으나

---

5) 구주해(3), 382.

$\left(\substack{\text{대판} \ 98.5.15. \\ 98두3679}\right)$, 우편함의 구조 등 특별한 사정이 있는 경우에는 경비원이 우편함에 투입하였다는 사정만으로 통지가 도달하였다고 단정할 수 없다$\left(\substack{\text{대판} \ 06.3.24, \\ 2005다66411}\right)$. 의사의 통지나 관념의 통지에 대해서도 의사표시의 도달에 관한 법리가 적용된다$\left(\substack{\text{§111} \ 의 \\ 의 \ 유추}\right)$. 영업시간이 정해져 있는 경우에는 그 시간 내에 상대방이 그 통지의 내용을 알 수 있는 객관적 상태에 놓여 있어야 도달하였다고 할 수 있고, 이는 전자적 방법에 의한 경우에도 마찬가지이다.

사인간에서뿐 아니라 사인과 국가기관 사이, 국가기관과 국가기관 사이에서도 위에 설명한 것과 마찬가지의 법리가 적용된다. 집회 및 시위에 관한 법률 §12에 의한 교통조건 통보서가 상당한 방법으로 주최자나 연락책임자에게 도달하여 주최자가 내용을 알 수 있는 객관적 상태에 놓였다면 같은 법 §8에 의한 금지·제한 통고서의 송달방법을 갖추지 못하였더라도 적법한 교통조건 통보로서 유효하게 도달하였다고 할 수 있다$\left(\substack{\text{대판} \ 15.8.27, \\ 2013도10659}\right)$. 우편송달에 의한 발송송달은 송달서류를 등기우편으로 발송한 때 송달명의인에게 송달한 것으로 보는데$\left(\substack{\text{민소} \\ \text{§189}}\right)$, 여기서 "발송한 때"란 법원사무관 등이 송달서류를 우체국 창구에 접수하여 우편함에 투입한 때를 말한다. 항소장에 대한 인지보정명령이 송달불능되어 명령을 송달받은 날로부터 7일 이내에 보정하라는 보정명령등본이 2005.8.24. 우체국에 접수된 경우 그 날 송달받은 것으로 보므로 그 다음날 오전 영시로부터 기산하여 같은 해 8. 31. 오후 12시가 보정기간의 만료점이 된다. 따라서 2005.8.31. 발령한 항소장 각하명령은 보정기간 경과 전에 발령된 것으로 위법하다$\left(\substack{\text{대결} \ 06.1.9, \\ 2005마1042}\right)$.

[이　연　갑]

第 160 條(曆에 依한 計算)

① 期間을 週, 月 또는 年으로 定한 때에는 曆에 依하여 計算한다.

② 週, 月 또는 年의 처음으로부터 期間을 起算하지 아니하는 때에는 最後의 週, 月 또는 年에서 그 起算日에 該當한 날의 前日로 期間이 滿了한다.

③ 月 또는 年으로 定한 境遇에 最終의 月에 該當日이 없는 때에는 그 月의 末日로 期間이 滿了한다.

Ⅰ. 총   설

본조는 기간을 일, 주, 월, 연을 단위로 정한 경우에 자연적 계산법이 아니라 역법적 계산법에 따라 계산한다는 원칙을 선언하고(제1항), 제2항과 제3항에서 역법에 의해 기간을 계산하는 경우 기간의 만료일을 계산하는 방법에 관하여 정하고 있다. 기간을 일, 주, 월 또는 연으로 정한 경우 기산점은 민법 §157, §158에 의하여 정하고, 만료점은 §159와 본조에 의해 정한다. 본조 Ⅰ은 역법적 계산법에 의함을 명시적으로 표현하고 있으나, §157와 §159 역시 역법적 계산법에 따름을 전제로 하고 있다.

Ⅱ. 입 법 례

독일민법 §188 Ⅱ, Ⅲ은 본조 제2항, 제3항과 유사한 내용을 정하고 있으나, 계산의 방법에 차이가 있다. 독일민법 §188 Ⅱ은 "주, 월 및 수개의 월을 합한 시간, 즉 연, 반년, 사반년으로 정하여진 기간은 §187 Ⅰ의 경우에는 최종의 주 또는 최종의 월에서 그 명칭 또는 수에 의하여 그 사건 또는 그 시점의 당일에 상응하는 날의 경과로써 종료하고, §187 Ⅱ의 경우에는 최종의 주 또는 최종의 월에서 그 명칭 또는 수에 의하여 그 사건 또는 그 시점의 당일에 상응하는 날의 전날의 경과로써 종료한다."고 정하고 있다. 즉 기간의 처음으로부터 기간이 개시되지 아니하여 초일을 산입하지 않는 경우($\S\frac{187}{Ⅰ}$)와 기간의 처음으로부터 기간이 개시하여 초일을 산입하는 경우($\S\frac{187}{Ⅱ}$) 기간의 만료일이 다르게 규정되어 있다. 우리 민법은 일본민법 §143 Ⅱ과 같이 "기산일"이라는 개념을 사용함으로써 어느 경우든 동일한 방법에 의해 계산하도록 하고 있다. 독일민법에서는 초일을 산입하지 않는 경우에는 초일에 해당하는 날, 초일을 산입하지 않는 경우에는 초일에 해당하는 날의 전일이 만료일이 되고, 우리 민법에서는 어느 경우든 기산일에 해당하는 날의 전일이 만료일이 된다. 그러나 우리 민법에서 초일을 산입하지 않는 경우에는 그 다음날 오전 영시부터 기산하므로 이 때 독일민법상 초일에 해당하는 날은 우리 민법상 기산일에 해당하는 날의 전일과 동일하다. 또 우리 민법상 초일을 산입하지 않는 경우에는 초일이 기산일이므로 이 때 독일민법상 초일에 해당하는 날의 전일은 우리 민법상 기산일에 해당하는 날의 전일과 동일하다. 이렇게 보면 우리 민법의 규정과 독일민법의 규정이 그 내용에 있어서는 크게 다르지 않다. 다만 독일민법에 의하여 계산한 만료일과 우리 민법에 의하여 계산한 만료일이 달라지는 경우가 있다. 예컨대 4. 30.부터 1개월로 기간을 정한 경우, 독일민법 §188 Ⅱ에 의하면 1개월 후의 초일에 대응하는 날인 5. 30.의 경과로써($\frac{즉 5. 30.}{오후 12시에}$) 기간이 만료하지만, 우리 민법 §160 Ⅱ에 의하면 초일의 다음날(5. 1.)이 기산일이므로 1개월 후의 기산일에 해당하는 날(6. 1.)의 전일인 5. 31.의 만료로($\frac{즉 5.}{31. 오후}$ $\frac{12}{시에}$) 기간이 만료한다.[1]

유럽계약법원칙(PECL)은 주, 월 또는 연으로 기간을 정한 경우 언제가 그 기간의 말일인지에 관하여 정하고 있지 아니하다. 유럽민사법 공통기준안

---

[1] 주석민법총칙(하), 626-627; 일본 주석민법(5), 10.

(DCFR)은 § Ⅰ-1:110 제(2)(c)항 본문에서 주, 월 또는 연으로 표시된 기간은 최종의 주, 월 또는 연 중 기산일(day from which the period runs)과 같은 요일 또는 같은 날짜인 날의 최후의 시의 만료로 종료한다고 정하는 한편, 같은 조 제(3)(b), (4)(b)항에서 초일불산입의 원칙을 정하고 있다.

Ⅲ. 적용범위

본조 제2항은 기간을 주, 월 또는 연으로 정한 때, 제3항은 기간을 월 또는 연으로 정한 때 적용된다. 기간을 일로 정한 때에도 역법에 따라 계산하는 것이므로 본조 Ⅰ의 적용범위는 기간을 주, 월 또는 연으로 정한 때로 한정되지 않는다.

기간을 "30일"로 정한 경우와 "4주" 또는 "1개월"로 정한 경우는 각각 그 기간의 단위가 다르므로 그 계산의 방법도 달라진다. 기간을 30일로 정한 경우 기간의 만료점은 민법 §159에 의해, 기간을 4주로 정한 경우에는 본조 제2항에 의해, 기간을 1개월로 정한 경우에는 본조 제2항, 제3항에 의해 기간의 만료일이 계산된다. 또 기간의 단위가 주인 경우에는 요일이 기준이 되며, 기간의 단위가 월 또는 연인 경우에는 일이 기준이 된다.

Ⅳ. 역에 의한 계산

본조에서 "역"이란 태양력(그레고리우스력)을 의미한다. 태양력은 교황 그레고리우스 13세가 1582.2.24. 그 해 10. 4.의 다음날을 10. 15.로 하기로 결정함으로써 그때까지 사용되던 율리우스력을 대체한 역법이다. 우리나라는 조선시대 고종이 1895(고종 32).9.9. 같은 해 11. 17.을 1896(建陽 원년).1.1.로 삼는 양력 사용을 공포함으로써 그 때까지 사용하던 시헌력(時憲曆) 대신 태양력을 공식적인 역법으로 사용하기 시작하였다. 시헌력은 일종의 태음·태양력이었고 오늘날에도 음력이 실생활에서 널리 이용되고 있기는 하지만, 우리나라의 공식력은 태양력 하나뿐이다. 이는 민법 제정 당시에도 마찬가지였다. 따라서 본조의 "역"은 태양력으로 해석되는 것이다.

기간을 "주, 월 또는 연"으로 정한 경우에 태양력에 따라 기간을 계산하는 것이다. 따라서 기간을 시, 분, 초로 정한 경우에는 역에 따라서가 아니라 시간의 자연적 경과에 따라 기간을 계산한다(^{자연적}_{계산법}). 계절로 기간을 정한 경우(^{예컨}_{대 "내}
_{가을·"})에도 태양력에 따르지 않는다. 본조는 기간을 일로 정한 경우에 관하여 규정하지 않고 있으므로 이를 반대해석하면 기간을 일로 정한 경우에는 역에 의해 계산하지 않는다는 것이 된다.

"역에 의해 계산한다"는 말은 태양력이 기간 계산의 기준이 된다는 뜻이다. 태양력에 의하면 1년은 1월 1일부터 12월 31일까지(^{1월 1일과 12월 31}_{일을 각 포함한다})이고 12개의 월과 52 또는 53개의 주가 있다. 1년이 365일인 해(평년)와 366일인 해(윤년)가 있으므로 일을 기준으로 계산하면 1년의 길이가 달라지지만, 모두 1년으로 다루어진다. 또 월의 길이는 28일, 30일 또는 31일로 그 길이가 다르고, 2월의 경우 29일인 해가 있으므로 2월이 포함된 기간의 경우 해에 따라 길이가 달라질 수 있으나, 어느 경우든 각 월의 일수에 상관없이 동일하게 하나의 월로서 다루어진다. 역에 의해 계산함으로써 "30일", "4주", "1월"은 서로 다른 기간을 의미하고, 기산일이 동일하더라도 만료일은 서로 다르다. 예컨대 2016.7.26. 화요일부터 1월의 기간은 같은 해 8. 26. 금요일 오후 12시에 만료되나, 같은 날부터 30일의 기간은 8. 25. 오후 12시에 만료되며, 같은 날부터 4주의 기간은 같은 해 8. 23. 오후 12시에 만료된다.

본조 제1항은 기간을 일로 정한 때에 관해서는 정하고 있지 않으나, 그 경우에도 역에 의해 계산한다는 점에서 다르지 않다. 즉 민법에서 말하는 일은 역일(曆日), 즉 어느 날의 0시부터 24시까지를 의미하는 것이다. 민법 §157 본문에서 "초일"을 산입하지 아니한다고 정한 것이나 민법 §159에서 "기간말일"의 종료로 기간이 만료한다고 정한 것은 일로 정한 기간도 역에 의해 계산함을 당연한 전제로 하고 있는 것이다. 기간을 14일로 정한 경우와 2주로 정한 경우 기간의 만료점은 다르지 않으나 만료일을 정하는 데 적용되는 규정이 다르다. 전자에 대해서는 민법 §159가, 후자에 대해서는 본조 제2항이 적용된다.

V. 기간 말일의 계산

1. 주, 월 또는 연의 처음으로부터 기간을 계산하지 아니하는 경우(제2항)

본조 제2항은 "주, 월 또는 연의 처음으로부터 기간을 계산하지 아니하는 때에는 최후의 주, 월 또는 연에서 그 기산일에 해당한 날의 전일로 기간이 만료한다."고 규정하고 있다.

(1) 주, 월 또는 연의 처음

본항에서 월의 처음은 매월 1일 오전 영시를, 연의 처음은 매년 1월 1일 오전 영시를 가리킨다. 주의 처음은 일요일 오전 영시인가 아니면 월요일 오전 영시인가? 주의 첫날이 어느 요일인지 정한 법령은 존재하지 않는다. 다만 국제표준화기구(ISO)는 국가간 정보교환의 기준으로 삼기 위해 시간의 표기에 관한 국제표준(ISO 8601)을 정하였는데, 이에 따르면 주의 첫 번째 날은 월요일이다.[2] 우리나라의 한국산업표준(KS)도 이에 따르고 있다.[3] 한편 국립국어원의 표준국어대사전에 의하면 월요일은 "한 주가 시작하는 기준이 되는 날"이고 일요일은 "월요일을 기준으로 마지막 요일"이다. 또한 보통 "주말"이라고 하면 일요일까지 포함하는 것으로 보는 것이 일반의 언어관용에 부합한다고 생각된다. 그러나 우리 민법학자들의 견해는 일요일이 주의 처음이라고 보는 데 일치되어 있다.[4] 다만 그 근거는 분명하지 않다. 아마도 로마시대 이래 서양의 관습이 우리나라에 도입되어 정착된 것으로 이해하기 때문으로 추측된다. 일요일을 주의 처음으로 하는 관습은 로마의 콘스탄티누스 황제가 321년 칙령으로 매주의 첫째 날을 태양의 날로 선포하고 예배일이자 공휴일로 정한 데서 비롯되었다고 한다.[5] 독일민법에는 주의 첫날에 관한 규정이 없으나 민법학계의 학설은 이를 월요일로 보는 데 통일되어 있다.[6] 스위스민법의 해석론으로는 주의 첫날이 일요일이라는 견해와 월요일이라는 견해가 대립하고 있다.[7] 관습상 미국에서는 일요일을 주의 첫날로 보고 있다.[8]

한편 월의 첫 주, 또는 한 해의 첫 주가 언제인지에 관해서도 논란이 될

---

2) ISO 8601:2004, 3.2.2.
3) KS X ISO 8601:2010, 3.2.2.
4) 구주해(3), 383; 주석 민법 제4판, 총칙(3), 479.
5) Codex Justitianus 3.12.2
6) MünchKomm/Grothe § 192 Rn. 1; Erman/Maier-Reimer § 192 Rn. 1.
7) BK/Weber Art. 76 N 14; BSK/Leu Art. 76 N 3.
8) 73 Am. Jur. 2d Sundays and Holidays § 1; 83 C.J.S. Sunday § 1.

수 있는데, 위 국제표준과 한국산업표준에 의하면 목요일이 포함되어 있는지 여부에 따라 첫 주 여부가 결정된다. 이는 주의 처음을 월요일로 보는 견해를 전제로 한 것이다. 이에 따르면 예컨대 2016.6.30.은 목요일이므로 6월의 마지막 주는 6. 27.(월요일)부터 7. 3.(일요일)까지이고, 7월의 첫 주는 7. 4.부터 7. 10.까지이다. 반면 2016.5.31.은 화요일이므로 5월의 마지막 주는 5. 23.(월요일)부터 5. 29.(일요일)까지이고, 6월의 첫 주는 5. 30.부터 6. 5.까지가 된다.

(2) 만료일의 계산

위와 같이 주, 월 또는 연의 처음, 즉 일요일 오전 영시($\substack{\text{통설에 의} \\ \text{하는 경우}}$), 매월 1일 오전 영시, 매년 1월 1일 오전 영시로부터 기간이 시작하는 경우가 아니면 최후의 주, 월 또는 연에서 기산일에 해당하는 날의 전일로 기간이 만료한다. 이와 같이 우리 민법은 기간의 진행을 시작하게 하는 사건이나 특정한 시점이 속한 날이 아니라 기산일을 기준으로 만료일을 정하고 있다. 여기서 기산일은 민법 §157에 의해 기간의 계산이 시작되는 날이다. 즉 기간이 오전 영시로부터 시작하지 않는 경우에는 위 사건이나 시점이 속한 날($\substack{\text{초} \\ \text{일}}$)의 다음날($\substack{\S157 \\ \text{본문}}$), 오전 영시로부터 시작하는 경우에는 위 사건이나 시점이 속한 날을 가리킨다($\substack{\S157 \\ \text{단서}}$).

주로 정한 기간의 계산은 역에 따라 요일을 기준으로 한다. 예를 들어 판결서를 송달받은 날부터 2주를 계산할 때 어느 주의 화요일에 송달받았다면 기산일은 그 다음날인 수요일이고, 최후의 주의 기산일에 해당하는 날은 2주 후의 수요일이다. 따라서 그 전일인 화요일 오후 12시로($\substack{\S \\ 159}$) 기간이 만료한다.

월 또는 연으로 정한 기간의 계산도 역에 따라 일을 기준으로 한다. 변호사등록이 거부된 날이 2015.11.2.인 경우 법무부장관에게 이의신청을 할 수 있는 기간($\substack{\text{변} \\ \S8\,IV}$)은 같은 해 11.3. 오전 영시부터 기산하여($\substack{\S157 \\ \text{본문}}$) 그로부터 3개월 후의 기산일에 해당하는 날의 전일($\substack{\S160 \\ II}$)인 2016.2.2. 오후 12시에 만료된다($\substack{\S \\ 159}$). 불법행위로 인한 손해배상청구권은 피해자가 손해 및 가해자를 안 날부터 3년의 기간이 경과하면 시효로 소멸하므로($\substack{\S766 \\ I}$), 2010.9.1. 손해 및 가해자를 안 경우 그 다음날인 2010.9.2. 오전 영시부터 기산하여($\substack{\S157 \\ \text{본문}}$) 3년 후의 기산일에 해당하는 날의 전일인 2013.9.1. 오후 12시에($\substack{\S \\ 159}$) 소멸시효가 완성한다.

이러한 계산방법은 기간이 오전 영시로부터 시작하는 경우($\substack{\S157 \\ \text{단서}}$)에도 마찬가지로 적용된다. 예를 들어 법령의 시행일이 1995.7.1.인 경우 "시행일부터 1년 이내"의 기간($\S 11 \underset{부실명}{I}$ 참조)은 1995.7.1. 오전 영시부터 시작하여 1년 후의 기산일에 해당하는 날의 전일인 1995.6.30. 오후 12시에 만료한다.

　역산해야 하는 기간에 대해서도 본조 제2항이 유추된다($\underset{설}{통}$).[9] 파산관재인은 채무자에게 지급정지등이 있기 전 6월 이내에 한 무상행위를 부인할 수 있다($\S 391 \underset{(iv)}{도산}$). 지급정지등이 있었던 날이 12. 15.이라면 그날은 산입하지 아니하고($\underset{본문}{\S 157}$) 12. 14. 오전 영시부터 역산하여 그로부터 6월 전의 기산일에 해당하는 날의 다음날인 6. 15. 오전 영시 이후의 행위가 위 부인의 대상이 된다. 상속세 및 증여세법 §13 Ⅰ (i)에 의하면 상속개시일 전 10년 이내에 피상속인이 상속인에게 증여한 재산의 가액을 상속세 과세가액에 가산한다. 상속인이 2000.12.31. 증여를 받고 피상속인이 2010.12.31. 사망한 경우, 상속개시일인 2010.12.31.은 산입하지 아니하므로($\underset{본문}{\S 157}$) 그 전날인 2010.12.30. 오후 12시가 기산점이 되고, 그로부터 10년 전의 기산일에 해당하는 날의 다음날인 2000.12.31. 오전 영시가 만료점이 된다. 즉 위 증여한 재산의 가액은 상속세 과세가액에 가산하여야 한다.[10]

2. 최종월에 해당일이 없는 경우(제3항)

　본조 제3항은 기간을 월 또는 연으로 정한 경우 최종의 월에 해당일이 없는 때에는 그 월의 말일로 기간이 만료한다고 정하고 있다. 이는 기간의 계산을 간편하게 하기 위해 둔 규정이다. 기간을 월 또는 연으로 정한 경우에는 본조 제2항에 의한 최후의 월 또는 연에서 그 기산일에 해당한 날이 없을 수 있다. 월마다 일수가 다르고, 윤년에는 2월의 일수가 평년과 달라지기 때문이다. 기간을 일 또는 주로 정한 경우에는 이런 문제가 생길 수 없으므로 별도로 규정이 필요하지 않다.

　예를 들어 1년의 기간을 계산할 때 2016.2.28.이 초일인 경우 기산일은 2016.2.29.이고($\underset{본문}{\S 157}$) 1년 후의 기산일에 해당하는 날은 2017.2.29.이나 2017년은 평년으로 2. 29.이 없다. 따라서 본조 제3항에 의해 2월의 말일(2. 28.)이 만료일이 된다. 또 2개월의 기간의 초일이 12. 28., 12. 29., 12. 30., 12. 31. 중 어느 날이더라도 그 만료일은 그 다음해 2. 28.($\underset{의 경우}{평년}$)로 동일하다.

---

9) 김증한·김학동, 506; 고상룡, 653; 김상용, 683.
10) 국세청 질의회신 재삼46014-1691, 1996.7.13. 참조.

본조 제3항은 역산의 경우에도 유추된다. 따라서 3. 31.부터 역산하여 1개월의 기간은 3. 30. 오후 12시에 기산하여($\frac{\S 157}{본문}$) 1개월 전의 기산일에 해당하는 날(2. 30.)의 다음날 오전 영시에 만료하는데($\frac{본조}{II}$), 2. 30.이 존재하지 않으므로 본조 제3항에 따라 2. 28.($\frac{평년}{의 경우}$) 오전 영시에 만료한다.

3. 주, 월, 연의 처음으로부터 기산하는 경우

본조에서는 주, 월, 연의 처음으로부터 기산하는 경우에 관해서는 정하지 않고 있다. 이는 본조 제1항에 의하여 역에 따라 계산하면 비교적 용이하게 기간의 말일을 확정할 수 있기 때문이다.[11] 예를 들어 3.1. 오전 영시부터 3개월의 기간 말일은 역에 따라 그 해 5. 31.이고, 2001.1.1. 오전 영시부터 3년의 기간 말일은 2003.12.31.이다. 본조 제2항에 의한 계산방법에 따르는 경우에도 기간 말일은 동일하나, 역에 따라 계산하면 되므로 굳이 본조 제2항을 적용할 필요가 없다. 예컨대 임대차계약에서 임대차기간을 2013.3.1.부터 6개월이라고 정한 경우에는 그 기간이 월의 처음($\frac{즉 3.1.}{오전 영시}$)부터 시작하므로 역에 따라 8. 31.이 기간 말일이 된다. 저작권의 보호기간은 저작자가 사망하거나 저작물을 창작 또는 공표한 다음 해부터 기산하므로($\frac{저작}{\S 44}$) 저작자가 1970.9.1. 사망한 경우 그 저작재산권의 보호기간은 1971.1.1. 오전 영시부터 기산하고 그로부터 70년이 지난 2040.12.31.이 기간 말일이 된다.

[이 연 갑]

---

11) 일본 주석민법(5), 10.

第161條(공휴일 등과 期間의 滿了點)

　　期間의 末日이 토요일 또는 공휴일에 該當한 때에는 期間은
　　그 翌日로 滿了한다.

Ⅰ. 총　　설

　　본조는 §159, §160에 따른 기간의 말일에 대하여 변경을 가한 규정이다. 즉 §160에 의한 기간의 말일이 토요일 또는 공휴일인 경우 그 다음날이 기간의 말일이 되고 그 날이 종료되면 기간이 만료된다.

　　본조의 모법인 독일민법에서 기간 말일이 일요일 또는 공휴일에 의사표시 또는 의무의 이행을 해야 하는 경우 그 다음날로 기간을 연장하도록 정한 것은 유대교 내지 기독교에서 안식일을 지키는 오랜 관습을 존중하는 한편, 근로자들에게 휴식일을 보장해야 한다는 비스마르크 시대의 주된 사회정책적 목표가 반영된 것이라고 한다.[1] 그러한 역사적 배경이 없는 우리나라에서는 본조의 취지를 기간을 정한 취지를 충분히 살리려는 데 있다고 해야 할 것이다. 기간의 말일이 토요일이나 공휴일인 경우 본조가 없다면 그 전날까지 권리의 행사나 의무의 이행을 마쳐야 하는 경우가 생길 것이고, 그 경우 실질적으로 기간이 단축되는 불이익이 생길 것이다. 또 기간의 말일이 토요일 또는 공휴일에 해당하게 되는 우연한 사정에 의해 기간이 실질적으로 달라져 공평에도 반하게 된다. 본조는 이러한 결과가 생기는 것을 방지하기 위해 둔 규정이다.[2]

---

[1] Repgen, ZGR 2006, 121, 127.

[2] 민법 §161는 2007.12.21. 법률 제8720호로 개정되었는데, 그 입법이유는 "국민의 권리행사 및 의무이행이 용이하도록" 하기 위해서라고 한다. 국회 법제사법위원장, 민법 일부개정법률안(대안), 2.

II. 입 법 례

본조는 독일민법 §193가 일본민법 §142를 거쳐 우리나라에 도입된 것이나, 독일민법과는 규정의 내용에 약간의 차이가 있다. 독일민법은 의사표시를 하거나 급부가 실행되는 경우에 관한 규정이나 우리 민법은 그러한 규정을 두지 않고 있다. 또 독일민법은 일요일과 공휴일을 구별하고, 공휴일은 "의사표시지 또는 급부지에서 국가적으로 승인된 일반공휴일"인 경우 기간을 연장하나, 본조는 그와 같은 제한을 두지 않고 있다. 독일은 주5일 근무제의 확산에 따라 민법을 개정하여(Gesetz über den Fristablauf am Sonnabend, BGBl. Teil 1 1965 Nr. 37, S. 753) 1965.8.10.부터 기간의 말일에 오는 토요일도 일요일과 마찬가지로 다루게 되었다. 오스트리아민법 §903, 프랑스 민사소송법 §642도 같은 취지의 규정을 두고 있다.

영국은 기간의 말일이 일요일 또는 공휴일이더라도 원칙적으로 그날 기간이 만료하지만, 법원의 행위나 법원에 대한 행위에 대해서는 예외를 인정한다.[3] 미국의 판례도 일반적으로 기간의 말일이 공휴일인 경우 그 다음날로 기간이 연장된다고 한다.[4] 유럽계약법원칙(PECL) §1:304 II, 유럽민사법 공통기준안(DCFR) §I.-1:110 VI도 본조와 같은 취지의 규정을 두고 있다.

제정 당시의 일본민법 §142는 대제일(大祭日)[5]도 포함하나, 일요일은 거래를 하지 않는 관습이 있는 경우에만 기간을 연장하였다. 위와 같은 제한을 둔 것은 일본에는 위와 같은 날에도 거래를 쉬지 않는 것이 일반적이었기 때문이라고 한다.[6] 일본민법 §142는 그 후 개정되어 대제일을 "국민의 축일에 관한 법률"(1948.7.20. 법률 제178호)이 정하는 휴일로 바꾸었다.

III. 적용범위

본조는 토요일 또는 공휴일이 기간의 말일인 경우에만 적용된다. 즉 토요일 또는 공휴일이 기간의 초일이거나 기간 중에 있는 경우에는 그 날은 기간

---

3) Halsbury's Laws of England, Vol. 45, para. 1138.
4) 86 C.J.S. Time §40; 98 A.L.R.2d 1331.
5) 대제(大祭)는 일본의 皇室祭事令(1908.9.19. 皇室令 제1호) §2, §9에서 정한 일본 천황가의 황실 제사를 말한다. 김용의, "근대 일본의 공휴일 제도와 황실제사의 관련성", 일어일문학연구 96권 2호 (2016), 425-426.
6) 일본 주석민법(5), 총칙(5), 6(野村好弘).

계산에 산입한다($^{통}_{설}$).[7] 예컨대 판결서를 공휴일에 송달받았다고 해서 항소기간의 기산일이 공휴일 다음날로 미루어지는 것이 아니다($^{대판\ 82.2.23.}_{81누204\ 참조}$). 다만 법령의 규정이나 당사자 사이의 약정에 달리 되어 있는 경우에는 그에 따른다. 예컨대 민원처리에 관한 법률 §19에 의하면 민원처리기간을 주, 월, 연으로 정한 경우에는 본조가 적용되나(^{Ⅲ}), 일로 정한 경우에는 그 기간이 6일 이상이면 첫날을 산입하고 공휴일과 토요일은 산입하지 않는다(^{Ⅱ}). 「국가를 당사자로하는 계약에 관한 법률 시행령」§58 Ⅵ에 의하면 위 법 §15 Ⅱ에 따라 국고의 부담이 되는 계약의 대가는 검사를 완료한 후 계약당사자의 청구를 받은날부터 5일 이내에 지급하여야 하는데, 이 기간 중의 토요일과 공휴일은 제외한다. 「지방자치단체를 당사자로 하는 계약에 관한 법률 시행령」§67 Ⅰ도 같은 취지를 정하고 있다. 또 국민건강보험의 급여제한 여부에 대한 조회에 대하여 7일이 경과하도록 회신이 없으면 공단이 요양급여를 인정한 것으로 보는데, 이 7일의 기간 중에 공휴일은 포함되지 않는다($^{「국민건강보험\ 요양급여의\ 기}_{준에\ 관한\ 규칙」§4\ Ⅱ,\ Ⅲ}$). 부가가치세법 시행령 §11 Ⅴ에 의하면 사업자등록 신청을 받은 관할 세무서장이사업자등록증을 신청일부터 3일 이내에 발급하여야 하는데, 이 3일의 기간 중에 있는 토요일, 공휴일, 근로자의 날은 산입하지 않는다. 그 밖에 외국환거래법 시행령 §13($^{토요일,\ 공}_{휴일\ 제외}$), 영해및접속수역법시행령 §4($^{공휴일}_{제외}$), 유통산업발전법시행령 §6-5 Ⅰ($^{토요일,\ 공}_{휴일\ 제외}$), 자본시장법과 금융투자업에 관한 법률 §147 Ⅰ, 같은 법 시행령 §153 Ⅰ($^{토요일,\ 공휴일,}_{근로자의\ 날\ 제외}$), 전자조달의 이용 및 촉진에 관한 법률시행규칙 §2 Ⅲ($^{토요일,\ 공휴일,\ 수요기}_{관이\ 정한\ 휴무일\ 제외}$), 정신건강증진 및 정신질환자 복지서비스 지원에 관한 법률 §50 Ⅲ($^{공휴일}_{제외}$), 조달사업에 관한 법률 시행령 §12 Ⅳ 후문($^{공휴일과\ 토}_{요일\ 제외}$), 중소기업제품 구매촉진 및 판로지원에 관한 법률 시행규칙 §5 Ⅱ($^{토요일,\ 공}_{휴일\ 제외}$), 축산계열화사업에 관한 법률 시행규칙 §3 Ⅲ($^{토요일,\ 공}_{휴일\ 제외}$), 특별감찰관법 시행령 §6 Ⅳ, §7 Ⅴ, §8($^{토요일,\ 공}_{휴일\ 제외}$), 한부모가족지원법 시행규칙 §9-4 Ⅴ($^{공휴일,\ 토}_{요일\ 제외}$), 환경영향평가법 시행령 §9, §13 Ⅰ, §25($^{공휴일}_{제외}$) 등에서도 토요일,공휴일 또는 근로자의 날을 기간에서 제외하는 규정을 두고 있다.

　　기간을 시, 분, 초로 정한 경우에도 본조가 적용되는가? 예컨대 기간을 "금요일 오전 10시부터 48시간"이라고 정한 경우 기간이 만료되는 시점은 일요일 오전 10시인가 아니면 월요일 오전 10시인가 문제될 수 있다. 법령 중에는 이 문제에 대비한 규정을 둔 것이 있다. 예컨대 대기환경보전법에 의한 굴

---

7) 김증한·김학동, 506; 고상룡, 653; 김상용, 683.

뚝 자동측정기기의 개선계획서 제출기간은 굴뚝 자동측정기기·배출시설 또는
방지시설을 적절하게 운영할 수 없는 때부터 48시간 이내인데, 이 기간 중에
토요일 또는 공휴일에 해당하는 날의 0시부터 24시까지의 시간은 제외된다
(「대기환경보전법 시\n행규칙」§ 39 I (ii)). 도시가스사업자는 굴착공사정보 지원센터로부터 굴착공사자의
굴착계획을 통지받은 때부터 24시간 이내에 매설된 배관이 있는지 확인하고
이를 위 센터에 통지하여야 하는데, 토요일 또는 공휴일은 위 통지시간에 포함
되지 않는다(도시가스사업법\n시행규칙 § 52 V). 민원처리에 관한 법률 § 19에 의하면 민원처리기간
을 주, 월, 연으로 정한 경우에는 본조가 적용되나(Ⅲ), 일로 정한 경우에는 그
기간이 5일 이하이면 시간 단위로 계산하되 1일은 8시간을 기준으로 하고 공
휴일과 토요일은 산입하지 않는다(Ⅰ). 예컨대 2016.7.8. 금요일 오전 10시에
접수된 민원으로서 처리기간이 2일인 것은 7.10. 일요일 오전 10시가 아니라
7.11. 월요일 오전 10시에 기간이 만료된다. 이와 같은 규정이나 별다른 약정
이 없는 한 본조는 기간을 시, 분, 초로 정한 경우에는 적용되지 않는다고 보아
야 할 것이다. 당사자가 시, 분 또는 초를 단위로 기간을 정한 것으로부터 본조
의 적용을 배제하고자 하는 의사가 있는 것으로 해석할 수 있기 때문이다.[8]

　　독일민법 § 193와 달리 본조는 기간 내에 의사표시 또는 급부를 해야 하
는 경우로 적용범위를 특정하지 않고 있다. 물론 기간의 말일까지 의사표시를
하거나 급부를 해야 하는 경우에 본조가 적용되는 경우가 많을 것이나, 본조의
해석상으로는 그에 한정할 이유가 없다. 예컨대 시효기간이나 제척기간, 해지
통고기간(§ 635 Ⅱ (i), 보\n특 § 8 Ⅳ 등 참조), 경업금지기간, 광업권설정의 출원제한기간(대판 09.11.26.\n2009두12907)
의 계산에 대해서도 본조가 적용된다.

　　이와 관련하여 법령에서 "공포일부터 6개월이 경과한 날부터 시행한다"는
등과 같이 일정한 기간(시행유\n예기간)이 경과하면 시행하는 것으로 정한 경우(헌법 § 53\nⅦ, 「법령\n등 공포에 관한 법\n률」§ 13-2 참조) 그 기간의 말일이 토요일 또는 공휴일이면 본조에 따라 그 다음
날이 시행일이 되는가에 관해 논란이 있다. 실무가들 중에는 이 경우 민법
§ 161가 적용되지 않는다는 견해를 따르는 예도 있다.[9] 그러나 법령에 다른
정함이 없는 한 본장의 규정이 적용되는 것이므로(§\n155) 법령의 시행유예기간
계산에 있어서도 본조가 적용된다고 보아야 할 것이다.[10]

---

8) MünchKomm/Grothe § 193 Rn. 5; Erman/Maier-Reimer § 193 Rn. 8.

9) 김성현, "시행일규정의 유형별 입법례 및 문제점 검토", 월간법제 435호 (1994), 89 이하.

10) 김성수, "민법상의 기간계산규정의 공법에의 적용에 대한 연구", 한국경찰법연구 2권 1
호, 2004, 90.

본조는 기간에 관한 규정이나, 기일이 토요일 또는 공휴일인 경우에도 유추된다고 해석해야 할 것이다.[11] 예컨대 이행기를 1977.10.30.으로 정하였는데 그 날이 공휴일이면 본조를 유추하여 이행기가 그 다음날까지 연장된다($\binom{대판}{80.12.9,\ 80다\ 1717}$).[12]

Ⅳ. 적용요건

1. 기간의 말일

기간의 말일이 토요일 또는 공휴일인 때 본조가 적용된다. 기간의 말일은 §159, §160에 의해 계산된다. 즉 기간을 일로 정한 경우에는 §159에 의한 기간말, §160 Ⅱ이 적용되는 경우에는 최후의 주, 월 또는 연에서 그 기산일에 해당하는 날의 전일, 같은 조 제3항이 적용되는 경우에는 그 월의 말일을 가리킨다.

2. 토요일 또는 공휴일

(1) 토 요 일

민법 제정 당시 본조에 토요일은 포함되어 있지 아니하였으나, 민법이 2007.12.21. 법률 제8720호로 개정되면서 현재와 같이 기간의 말일이 토요일인 경우에도 기간이 연장되도록 정하였다. 따라서 민법이 위와 같이 개정되기 전에는 토요일에 기간이 만료되더라도 본조에 의하여 기간이 연장되지 아니하였다. 구 특허법($\binom{2006.3.3.\ 법률\ 제7871}{호로\ 개정되기\ 전의\ 것}$) §14 (iv)에서도 기간의 말일이 토요일인 경우에 관하여 별도의 규정을 두지 아니하였다가, 2006.3.3. 법률 제7871호로

---

11) 김상용, 683; 구주해(3), 385.

12) 독일에서는 독일민법 §193가 이행기(Fälligkeitstermin)에 대하여 적용되는가에 관하여 논란이 있다. 부정설에 의하면 채무자가 다음 노동일까지 기다려 이행해야 할 의무가 있는 것은 아니기 때문에 적용되지 않는다고 한다. 이에 따르면 이행기가 토요일에 도래하였으나 월요일에 급부를 실행하면 일요일에 대한 지연손해금을 지급해야 한다. jurisPK/Becker §193 Rn. 41. 긍정설은 만약 이행기가 다음 노동일로 연장되지 않으면 휴식일을 보장하고자 하는 위 규정의 취지에 반하기 때문에 적용되어야 한다고 한다. MünchKomm/Grothe §193 Rn. 11; Staudinger/Repgen §193 Rn. 53; Erman/Maier-Reimer §193 Rn. 9. 연방대법원은 한때 방론에서 부정설을 취한 적도 있었으나(BGH NJW 2001, 2324, 2325) 그 후 긍정설에 따름을 명확히 하였다(BGH NJW 2007, 1581, 1583).

개정되면서 토요일에 기간이 만료되는 경우에도 그 다음날 만료하는 것으로 바꾸었다. 위 개정 특허법은 공포된 날부터 시행되었고(부칙§1), 경과규정으로 위 법 시행 당시 종전의 규정에 의하여 출원된 특허에 관한 소송에 관해서는 종전의 규정에 의한다고 정하였다(부칙§6). 따라서 특허발명의 출원이 1997.12.27. 있었던 경우에는 그 제소기간 계산에서 토요일이 공휴일에 포함되는 것으로 볼 수 없어 제소기간의 말일이 토요일이면 그 날 기간이 만료하고, 그 다음주 월요일에 제기된 소는 부적법하게 된다(대판 07.11.16. 2007후2049).

(2) 공 휴 일

민법에는 공휴일의 정의규정이 없다. 공휴일의 개념은「관공서의 공휴일에 관한 규정」(2013.11.5. 대통령령 제24828호로 개정된 것)에서 찾을 수 있다. 이에 따르면 관공서의 공휴일은 일요일, 국경일 중 3.1절, 광복절, 개천절 및 한글날, 1월 1일, 설날 전날, 설날, 설날 다음날, 석가탄신일(음력 4월 8일), 어린이날, 현충일, 추석 전날, 추석, 추석 다음날, 기독탄신일, 「공직선거법」§34에 따른 임기만료에 의한 선거의 선거일, 기타 정부에서 수시 지정하는 날(위규정§2)이다. 또 §2 (vi) 또는 (ix)에 따른 공휴일(설날 연휴와 추석 연휴)이 다른 공휴일과 겹칠 경우 위 각 호에 따른 공휴일 다음의 첫 번째 비공휴일, §2 (vii)에 따른 공휴일(어린이날)이 토요일이나 다른 공휴일과 겹칠 경우 어린이날 다음의 첫 번째 비공휴일도 공휴일이다(위규정§3의 대체공휴일). 이 규정은 관공서의 공휴일을 정한 것으로 엄밀히 말하면 공무원에 대해서만 적용되는 것이나, 기업의 단체협약이나 취업규칙에서 이 날을 약정휴일로 정하거나 사인간의 거래에서도 이 예에 따르는 관행이 있어서,[13] 본조의 "공휴일"도 위 규정에서 정한 날을 가리키는 것으로 이해하는 것이 일반적이다.

공무원은 관공서의 공휴일 외에 토요일도 휴무함을 원칙으로 하는데(국가공무원 복무규정 §9 I, 지방공무원 복무규정 §2 I, 법원공무원규칙 §77 I 등), 이 휴무토요일도 본조의 공휴일은 아니다. 따라서 구 민법(2007.12.21. 법률 제8720호로 개정되기 전의 것) 하에서 법원의 화해권고결정에 대한 이의제기기간 만료일이 휴무토요일이라고 하더라도 이를 공휴일과 마찬가지로 보아 그 익일로 위 이의제기기간이 만료한다고 볼 수 없다(대결 08.6.12. 2006마851). 즉시항고기간의 말일이 휴무토요일인 경우 그 다음 월요일에 제출한 항고 또는 재항고는 부적법하다(대결 07.6.8. 2007모273. 07.1.23. 2006모600). 위 이의신청서나 항고장 등은 휴무토요일에도 접수할

---

13) 정재환, "우리나라 공휴일 제도 운영현황과 법제화에 관한 쟁점", 국회입법조사처, 이슈와 논점 제1058호, 2015, 2-3; 최춘규, 「공휴일에 관한 법률」제정 및 대체공휴일 도입에 관한 법적 쟁점 연구", 서강법학 12권 1호, 2010, 487.

수 있는 것이므로 이와 같이 해석함이 타당하다. 반면 관련 규정의 합목적적 해석에 따라 공휴일과 마찬가지로 보아야 하는 경우가 있다. 예컨대 구 소득세법 시행령($\frac{2008.2.29.\ 대통령령\ 제}{20720호로\ 개정되기\ 전의\ 것}$) §155 Ⅰ에 의하면 1주택 소유 1세대가 일시적으로 2주택이 된 경우 새로운 주택을 취득한 날부터 1년 내에 종전 주택을 양도한 경우에는 1세대 1주택 비과세의 적용을 받는다. 그런데 신규 주택의 취득일부터 1년이 되는 기간 말일이 휴무토요일인 경우 그 말일에는 등록세 수납업무나 등기 접수업무가 행하여지지 아니하므로 그 다음 월요일에 종전 주택에 관한 소유권이전등기가 접수되었다면 이는 위 1년의 기간을 준수한 것으로 보아야 한다($\frac{대판\ 11.6.24.}{2010두2081}$).

    공휴일과 구별되는 개념으로 국경일이 있다. 국경일은 「국경일에 관한 법률」에 의해 국가의 경사로운 날을 기념하기 위해 정한 날이다. 3.1절, 제헌절, 광복절, 개천절, 한글날이 국경일로 지정되어 있다. 전술한 바와 같이 국경일이 모두 공휴일은 아니다. 2019년을 기준으로 제헌절은 국경일이나 공휴일이 아니다. 따라서 제헌절이 기간의 말일인 경우 본조는 적용되지 않고 그날의 만료로 기간은 만료한다.

    그 외에 "민속절"이라는 개념도 있는데($\frac{공직선거법\ §34\ Ⅱ}{공직선거관리규칙\ §8}$), 위 법에서 정한 민속절은 한식일을 가리킨다. 한식일도 본조의 공휴일에는 해당하지 않는다.

    근로기준법 §45의 "휴일"과 본조의 공휴일이 언제나 일치하는 것은 아니다. 위 휴일은 업종에 따라 일요일 외의 날로 정할 수 있기 때문이다.[14] 한편 같은 법 §46는 "휴일근로"에 대하여 통상임금의 100분의 50 이상을 가산지급하도록 되어 있는데, 근로자가 위 법 §45에 의한 주휴일근로 외에 단체협약이나 취업규칙에서 휴일로 정한 법정공휴일 등에 근로한 경우에도 위 법 §46에 의한 휴일근로수당을 받을 수 있는가가 문제된 사건에서, 대법원은 위 법 §46의 입법취지를 근거로 이를 긍정하였다($\frac{대판\ 91.5.14.}{90다14089}$). 어음법이나 수표법에서도 휴일 개념이 사용되고 있다. 어음이나 수표의 만기가 "법정휴일"인 경우에는 그 후 제1거래일까지 기간이 연장되는데($\frac{어음\ §72\ Ⅱ}{수표\ §60\ Ⅱ}$), 이 "법정휴일"은 "국경일, 공휴일, 일요일 기타의 일반휴일"을 의미한다($\frac{어음\ §81}{수표\ §66}$).

(3) 근로자의 날이 포함되는가 여부

    「근로자의 날 제정에 관한 법률」에 의하면 5월 1일은 근로자의 날로서 근로기준법에 의한 유급휴일이다. 한편 「관공서의 공휴일에 관한 규정」이 정한

---

    14) 고용노동부, 근기 01254-7449, 1988.5.20. 참조.

공휴일 중에는 근로자의 날이 포함되어 있지 않다.[15]

개별 법률 중에는 이에 관하여 별도의 규정을 둔 것도 있다. 예컨대 특허법 § 14 (iv)는 "특허에 관한 절차에 있어서 기간의 말일이 공휴일(「근로자의 날 제정에 관한 법률」에 의한 근로자의 날을 포함한다)에 해당하는 때에는 기간은 그 다음날로 만료한다."고 정하고 있다. 상표법 § 16 (iv), 디자인보호법 § 16 (iv)도 마찬가지의 규정을 두고 있다. 국세기본법 § 5 Ⅰ, 관세법 § 8 Ⅲ에서도 위 각 법에서 정한 기한이 공휴일, 토요일, 근로자의 날인 경우 그 다음날이 기한이 되는 것으로 정하고 있다. 국고금관리법 시행령 § 13 Ⅲ에 의하면 수입금의 납부기한이 근로자의 날인 경우에도 그 다음날로 납부기한이 연장된다.

이와 같이 별도의 규정이 없는 경우 근로자의 날이 민법 § 161의 공휴일에 포함된다고 해석할 수 있는가? 이에 대해서는 사인간의 금전거래 가운데 많은 부분이 현실적으로 은행을 통하여 이루어지고 은행은 근로자의 날에 휴무하므로 근로자의 날도 공휴일에 해당하는 것으로 보아야 한다는 견해가 있다.[16] 그러나 거래가 은행을 통하여 이루어지는가에 따라 공휴일 해당 여부를 판단하는 것은 법적 안정성을 해치게 될 우려가 있어 위 견해에는 찬성할 수 없다. 그렇다고 해서 근로자의 날이 어느 경우에나 본조의 공휴일에 포함된다고 해석하는 것도[17] 타당하지 않다. 「근로자의 날 제정에 관한 법률」은 근로기준법이 적용되지 않는 경우까지 규율의 대상으로 삼고 있는 것이 아니기 때문이다. 판례는 근로자의 날은 민법 § 161의 공휴일에 포함되지 않는다는 태도를 유지하고 있다. 예컨대 휴일재해사망보험 특약의 약관에서 "휴일은 토요일과 관공서의공휴일에관한규정에 의한 공휴일로 한다."고 정한 경우 근로자의 날은 위 공휴일에 포함되지 않으므로 근로자의 날에 발생한 재해로 인한 보험금은 지급할 의무가 없다(대판 00.3.28, 2000다1440). 또 특허심판원의 심결에 대한 소는 심결의 등본을 송달받은 날부터 30일 이내에 제기하여야 하는데, 그 기간의 계산에 대해서는 특허법 § 14 (iv)가 아니라 행정소송법 § 8에 의하여 준용되는 민사소송법 § 170에 따라 민법 § 161가 적용된다. 따라서 심결의 등본을 송달받은 날이 2013.4.1.인 경우 그로부터 30일이 되는 날인 2013.5.1.(수요일)이 근로자의 날이기는 하나 민법 § 161가 정하는 공휴일 또는 토요일에는 해당하지 않는다.

---

15) 이 규정이 공무원들의 평등권을 침해한다고 할 수 없다. 헌재 15.5.28, 2013헌마343.

16) 田慶根, "'근로자의 날'은 공휴일인가—민법 제161조에 관한 단상", 신문 2000.5.15.

17) 명확하지 않으나 김진곤, "기간계산규정의 법해석과 재판을 받을 권리의 보장", 헌법학연구 20권 4호, 2014, 137 이하가 이러한 취지이다.

따라서 그 다음날($^{2013.}_{5.2.}$) 제기된 심결에 대한 소는 부적법하다($^{대판\ 14.2.13.}_{2013후1573}$). 판례와 같이 원칙적으로 본조의 공휴일에 근로자의 날은 포함되지 않는 것으로 보되, 그와 다른 법령이나 의사표시, 또는 관습이 있는 경우에만 예외를 인정하는 것이 타당할 것이다.

(4) 역산해야 하는 기간의 경우

기간의 역산에서도 본조가 유추되는가? 유럽민사법 공통기준안 § Ⅰ.-1:110 Ⅵ 후문은 이를 부정한다. 즉 역산해야 하는 기간의 말일이 토요일 또는 공휴일이더라도 그 전날로 연장되지 않고 그날 만료한다. 이러한 규율은 무엇보다도 보다 명확한 기간 계산을 가능하게 한다는 장점이 있다.[18] 독일의 경우 2005년 주식회사법의 개정에 의해 독일민법 § 193의 적용을 배제하는 규정을 두었다($^{§\ 121\ Abs}_{7\ AktG}$). 이와 같이 본조의 적용을 배제하는 규정이 없는 한 원칙적으로 본조가 유추된다고 보아야 할 것이다. 다만 당해 기간을 정한 법령이나 의사표시의 해석에 의해 본조의 목적을 해하지 않는 범위 내에서 이와 달리 보아야 할 경우도 있을 것이다.

예컨대 법인의 총회 소집통지는 1주간 전에 발송해야 하는데($^{§}_{71}$), 총회를 2016.8.6. 토요일 오후 2시에 소집하는 경우 2016.8.5. 금요일 오후 24시부터 기산하여 1주일 전인 2016.7.29. 금요일의 다음날인 2016.7.30. 토요일 오전 영시에 기간이 만료한다. 이 때 본조를 유추하여 그 전일인 2016.7.29. 금요일 오전 영시까지 소집통지의 발송을 마쳐야 한다. 증인에 대한 출석요구서는 출석할 날보다 2일 전에 송달되어야 하는데($^{민사소송규}_{칙\ §\ 81\ Ⅱ}$), 2016.8.8. 월요일 오후 2시에 증인신문을 할 예정이라면 2016.8.7. 일요일 오후 12시부터 기산하여 8.6. 토요일 오전 영시까지는 송달되어야 하나, 그날은 토요일이므로 8.5. 금요일 오전 영시까지 송달되어야 한다.

V. 기간계산의 방법과 적용례

기간의 말일이 토요일 또는 공휴일인 경우 본조에 의하면 그 기간은 그 익일로 만료한다. 여기에서 "그 익일"은 그 다음날로서 토요일 또는 공휴일이 아닌 날을 의미한다. 독일민법 § 193, 스위스채무법 § 78 Ⅰ은 이를 "노동일

---

18) Staudinger/Repgen § 193 Rn. 28.

(Werktag)"이라고 표현하고 있는데, 본조의 익일은 그와 같은 의미이다. 따라서 기간의 말일이 금요일인 공휴일인 경우에는 그 기간은 그 다음주 월요일에 만료한다. 기간의 말일이 토요일인 경우에도 그 다음주 월요일로 기간이 만료하며, 월요일도 공휴일인 경우에는 화요일에 만료한다.

　본조가 적용되는 결과 기간 내에 의사표시 또는 급부를 하여야 하는 경우 그 기간이 연장된다. 그 외의 실체법적 효과는 생기지 않는다. 예컨대 의사표시 또는 급부의 수령자 쪽에서 기간의 말일인 토요일 또는 공휴일에 한 의사표시나 이행제공의 수령을 거절할 권리가 생기는 것은 아니다.[19] 본조의 취지는 기간의 말일이 토요일 또는 공휴일에 해당하여 실질적으로 기간이 단축되는 데 따르는 불이익을 방지하고자 하는 데 있는 것인데 채권자 쪽에서는 그러한 불이익이 있다고 할 수 없다. 다만 동시이행관계에 있는 경우와 같이 채무의 이행에 대하여 상대방의 이행이 필요한 경우에는 거래관행과 신의칙 등을 고려하여 달리 볼 수 있는 경우도 있을 것이다. 채무불이행 내지 채권자지체의 법리에 의해 해결되는 것이고, 본조와는 직접 관련이 없다.

　구 국세기본법($^{1993.12.31.\ 법률\ 제4672}_{호로\ 개정되기\ 전의\ 것}$) §61 Ⅰ 단서, §66 Ⅴ, §65 Ⅱ에 의하면 국세과세처분에 대하여 이의신청을 거친 후 심사청구를 할 때에는 이의신청에 대한 결정의 통지를 받은 날($^{결정의\ 통지를\ 받지\ 못한\ 때에}_{는\ 30일의\ 결정기간이\ 경과한\ 날}$)로부터 60일 내에 하여야 한다. 과세처분에 대하여 1985.8.30. 이의신청을 하였고 이로부터 30일이 경과한 날인 1985.9.29.이 일요일인 경우에는 위 결정기간은 본조에 의해 1985.9.30. 만료한다. 이 경우는 기간 기간 말일이 일요일인 것이지 기간 중에 일요일이 있는 것이 아니다. 따라서 위 이의신청에 대하여 결정의 통지를 받지 못한 경우 그 다음날인 1985.10.1. 오전 영시부터($^{§157}_{단서}$) 60일이 되는 날인 1985.11.29.까지 심사청구를 하면 심사청구기간을 준수한 것이다($^{대판\ 87.10.13.}_{87누53}$). 행정심판청구가 있은 날로부터 60일이 지나도 재결이 없는 때에는 행정심판의 재결을 거쳐야 하는 경우에도 이를 거치지 아니하고 행정소송을 제기할 수 있다($^{행소\ §18}_{Ⅰ,\ Ⅱ\ (ⅰ)}$). 이 60일의 기간의 초일은 행정심판청구를 한 날이므로 그 다음날부터 기산하여($^{§157}_{본문}$) 60일이 되는 날이 공휴일이면 본조에 의해 그 다음날로 위 기간이 만료한다.

　피고가 제1심 판결서를 송달받은 날부터 2주 이내로 계산한 항소제기기간의 만료일이 2007.12.19.로서 제17대 대통령선거일이었던 경우 그 항소제기기

---

19) Staudinger/Repgen §193 Rn. 51; MünchKomm/Grothe §193 Rn. 13.

간의 말일은 그 다음날인 2007.12.20.이고, 그 날 항소장을 제출하였다면 항소 제기기간을 준수한 것이다(대판 08.12.11, 2008두17462).

위헌법률심판제청신청이 기각된 경우 그 기각결정을 송달받은 날부터 30일 내에 헌법재판소에 헌법소원심판청구를 할 수 있다. 따라서 2010.4.21. 위헌법률심판제청신청의 기각결정문을 송달받은 경우 그로부터 30일이 되는 2010.5.21.이 기간의 말일이나, 위 날은 공휴일(석가탄신일)이고 2010.5.22.는 토요일, 5. 23.은 일요일이므로 5. 24. 오후 12시까지 헌법소원심판청구를 하면 된다.[20]

법인이 창업일부터 4년 내에 취득한 사업용 재산에 대해서는 취득세가 면제되는데(조세특례제한법 §120 Ⅲ), 이 4년의 기간 말일이 토요일 또는 공휴일인 경우 위 취득세 감면기간은 그 다음날로 만료한다(조심2014지0720, 2014.12.8.).

Ⅵ. 예　　외

본조는 법령에 다른 규정이 있는 경우 또는 당사자 사이에서 이와 다른 약정이 있는 경우에는 적용되지 않는다. 법령의 규정으로는 병역법 §17(입영한 날부터 7일 이내에 신체검사를 하여야 하는데, 그 7일 중에는 토요일과 공휴일이 포함되므로 위 기간의 말일이 토요일 또는 공휴일이라고 하더라도 기간이 연장되지 않는다), 국민연금법 §24 Ⅱ(연금급여의 지급일이 토요일 또는 공휴일인 경우에는 그 전날에 지급한다), 공무원연금법 시행령 §38, 장애인연금법 시행령 §11 Ⅰ, 장애인복지법 §32 Ⅱ(각 위와 같은 취지) 등이 있다. 또 형사절차법에는 기간의 말일인 토요일 또는 일요일도 산입하는 규정들이 다수 있다. 형사소송법 §66 Ⅲ(공소시효와 구속기간), 출입국관리법 시행령 §1-4(출국금지기간), 해양사고의 조사 및 심판에 관한 법률 시행령 §78 Ⅱ 단서(해양사고의 심판청구기간 또는 해양사고로 인한 업무정지기간) 등이 그 예이다. 또 조세특례제한법 §99-3 Ⅰ에 따라 양도소득세 과세대상 소득금액에서 신축주택의 취득일부터 5년간 발생한 양도소득금액을 계산할 때 본조는 적용되지 않는다. 이 기간은 양도소득세 산출을 위한 산식의 적용을 위한 시점의 특정 외에 다른 의미가 있는 것이 아니기 때문이다. 따라서 신축주택의 취득일이 2002.4.29.이고 그 다음날부터 기산하여 5년이 되는 날인 2007.4.29.이 일요일

---

20) 그러나 헌재 10.6.8, 2010헌바207은 위 헌법소원심판청구가 청구기간 도과로 부적법하다고 각하하였다. 이에 대하여 청구인이 재심청구를 하였으나 재심청구기간 도과로 각하되었다. 헌재 12.4.24, 2010헌아208.

이라고 하더라도 그 날이 속한 연도의 기준시가를 적용하여 양도소득금액을 산정해야 한다($\binom{\text{대판 13.1.31, 2012두8588, 서}}{\text{울고판 12.3.21, 2011누34193}}$).

공직선거법에 따른 후보자등록신청서는 공휴일에도 접수하므로($\binom{\text{공직선거}}{\text{법 §49 Ⅶ}}$), 위 법의 후보자등록기간의 말일이 토요일 또는 공휴일이라고 하더라도 연장되지 않는다. 공공자금관리기금법에 따른 예수금의 원금 상환일이 공휴일 또는 금융기관의 휴무일인 경우에는 그 직후 영업일에 상환하여야 한다($\binom{\text{공공자금관리}}{\text{기금법 시행규}}$ $\binom{\text{칙}}{\text{§5}}$).

당사자 사이에서 변제기가 공휴일인 경우 그 전일을 지급기일로 정한 경우에도 그에 따르고 본조는 적용되지 않는다. 또 정기행위 등에서 토요일 또는 공휴일을 변제기로 정한 경우에도 마찬가지이다.

[이 연 갑]

第7章　消滅時效

전　론

Ⅰ. 소멸시효제도 일반

1. 소멸시효의 의의 및 민법의 규정 체계

(1) 의   의

민법의 소멸시효는 권리의 불행사라는 사실상태가 일정기간 계속된 경우에 그 상태가 진실한 권리관계에 합치하는지 여부와 상관없이 그 사실상태를 존중하여 권리의 소멸이라는 법률효과를 생기게 하는 법률요건이다.[1] 다만 소멸시효의 효과에 관하여는 뒤에서 보는 바와 같이 절대적 효력설과 상대적 효력설이 대립하고 있다.

(2) 민법의 규정 체계

민법은 소멸시효와 취득시효 양자를 총칙편에서 통일적으로 규정하지 않고, 소멸시효만을 총칙편에서 규정하고, 취득시효는 물권편 중 소유권의 취득에 관한 장에서 규정하면서 소멸시효의 중단에 관한 규정만을 준용하는 체제를 취하고 있다.

민법은 §162에서 §184까지 소멸시효에 관한 일반규정을 두고 있다. §162는 소멸시효의 대상이 되는 권리와 그에 대한 일반적인 소멸시효기간에 관하여, §163, §164는 단기소멸시효에 관하여, §165는 판결 등에 의하여 확정된 채권의 소멸시효기간에 관하여 각 규정하고 있다. §166는 소멸시효의 기산점에 관하여, §167는 소멸시효완성의 소급효에 관하여 각 규정하고 있다. §168부터 §178까지는 소멸시효의 중단에 관하여, §179부터 §182까지는 소멸시효의 정지에 관하여 각 규정하고 있다. §183는 소멸시효완성 시 종속된 권리에 대한 효력에 관하여, §184는 소멸시효이익의 포기와 법률행위에 의한 소멸시효의 변경에 관하여 각 규정하고 있다.

2. 소멸시효제도의 존재이유

(1) 학   설

㈎ 제1설은 통설로 소멸시효제도의 존재이유를 다음과 같이 설명한다.[2]

---

1) 구주해(3), 386(윤진수). 한편 헌법재판소 결정례는 "소멸시효제도는 권리자가 그의 권리를 행사할 수 있음에도 불구하고 일정한 기간 동안 그 권리를 행사하지 않는 상태, 즉 권리불행사의 상태가 계속된 경우에 법적 안정성을 위하여 그 자의 권리를 소멸시켜 버리는 제도이다."라고 판시한다[헌재 08.11.27, 2004헌바54(헌공 146)].
2) 구주해(3), 387-388(윤진수).

(a) 사회질서의 안정과 제3자의 신뢰보호   권리의 불행사라는 사실상태가 일정 기간 계속되면 이를 토대로 새로운 법률관계나 생활관계가 형성되는데 이를 부인한다면 사회질서가 흔들리게 되므로 계속된 사실상태를 권리관계로 인정함으로써 사회질서를 안정시키고 제3자의 신뢰를 보호할 필요가 있다.

(b) 의무자의 입증곤란 구제   권리의 불행사라는 사실상태가 일정 기간 계속되면 그 동안에 권리소멸에 관한 증거가 없어지기 쉬우므로 의무자의 입증곤란을 구제하기 위해서는 권리의 불행사라는 사실상태가 일정 기간 계속된 것만으로 의무를 면할 수 있도록 할 필요가 있다.

(c) 권리자의 권리행사 태만 제재   오랫동안 자기의 권리를 행사하지 아니한 채 방치한 자는 이른바 '권리 위에 잠자는 자'로서 보호받을 가치가 없다.

이러한 통설에 대하여는 다음과 같은 비판이 있다.[3]

(a) 소멸시효제도는 직접적으로는 시효로 소멸하는 권리의 의무자를 보호하는 제도이므로 사회질서의 안정이라거나 제3자의 보호라는 것은 부차적인 기능에 불과하고, 더욱이 제3자의 보호 요건으로 선의, 무과실도 요구하지 아니하므로 제3자를 보호하기 위한 것으로 보기 어렵다.

(b) 권리의 불행사라는 사실상태가 일정 기간 계속되면 권리소멸의 개연성이 있을 수 있지만, 그러한 개연성만으로는 의무자의 의무를 소멸시키는 충분한 이유가 될 수 없다.

(c) 오랫동안 자기의 권리를 행사하지 아니한 채 방치한 자를 보호하지 않는 것은 소멸시효제도의 정당성을 보강하는 근거일 뿐, 소멸시효제도의 적극적인 존재이유가 될 수 없다.

(나) 제2설[4]은 소멸시효제도의 존재이유는 이미 변제한 자의 이중변제를 막기 위한 데 있다고 하면서, 스스로 의무를 자각하는 자를 면책시키는 방향으로 소멸시효제도가 기능한다면 이는 부도덕하므로, 가능한 한 소멸시효 완성을 제한하는 해석을 하여야 한다고 한다.

(다) 제3설[5]은 제2설과 마찬가지로 통설을 비판하되, 제2설과 달리 소멸

---

3) 구주해(3), 388-389(윤진수).
4) 星野英一, "時效に關する覺書", 民法論集 4, 1978, 167 이하.
5) 구주해(3), 390-392(윤진수).

시효제도가 아직 의무를 부담하고 있는 자도 보호하는 측면이 있으므로, 소멸시효제도의 존재이유는 이러한 측면까지 고려하여 의무자의 입증곤란 구제 및 권리자가 더 이상 권리를 행사하지 않을 것으로 믿은 의무자의 신뢰 보호에서 찾아야 한다고 한다.

　　(라) 제4설[6]은 비판의 관점을 다소 달리하여 통설을 비판하면서, 소멸시효의 존재이유를 법적 안정성에서 찾는다. 즉 제4설은 통설에 대하여 (a) 입증곤란의 구제는 의무의 존재가 분명한 경우에는 소멸시효제도의 존재이유를 설명할 수 없고, (b) 권리자의 권리행사 태만에 대한 제재도 권리행사가 그의 법적 의무가 아님에도 왜 권리의 불행사를 이유로 권리를 박탈하여야 하는지 설명하기 어렵다고 비판한다. 그리하여 소멸시효제도의 존재이유는 '법적 안정성' 내지 '유동적인 법률상태의 매듭짓기'에서 찾아야 하고, 이러한 기능에 의하여 의무자는 불안정한 상태에서 벗어나고, 사회적으로 거래가 촉진되며, 불명확한 오래 전의 법률관계를 판단해야 하는 법원의 부담도 덜어지므로, 소멸시효제도는 정당하고 유익한 제도라고 한다.

(2) 판　　례

　　대법원판례[7]는 소멸시효제도의 존재이유에 관하여 제1설(통설)과 같은 입장을 취하여 "시효제도는 일정 기간 계속된 사회질서를 유지하고, 시간의 경과로 인하여 곤란해지는 증거보전으로부터의 구제를 꾀하며, 자기 권리를 행사하지 않고 소위 권리 위에 잠자는 자는 법적 보호에서 이를 제외하기 위하여 규정된 제도라 할 것"이라고 판시한다.

　　다만, 최근의 대법원판례[8] 중에는 제4설과 같이 법적 안정성을 특히 강조하여, "법률관계에는 불명확한 부분이 필연적으로 내재하는바, 그 법률관계의 주장에 일정한 시간적 한계를 설정함으로써 그에 관한 당사자 사이의 다툼을 종식시키려는 것을 취지로 하는 소멸시효제도에 있어서는, 애초 그 제도가 누구에게나 무차별적·객관적으로 적용되는 시간의 경과가 1차적인 의미를 가지는 것으로 설계되었음을 고려하면, 위와 같은 법적 안정성의 요구는 더욱 선명

　6) 권영준, "소멸시효와 신의칙", 재산 26-1, 2009, 10-12.
　7) 대판(전) 76.11.6, 76다148(공 76, 9492); 대판 88.9.13, 86다카2908(공 88, 1272); 대판(전) 99.3.18, 98다32175(공 99상, 718); 대판 10.1.28, 2009다73011(정보); 대판 14.5.29, 2012다25258(정보).
　8) 대판 10.9.9, 2008다15865(공 10하, 1876); 대판 16.10.27, 2016다224183, 224190 (정보).

하게 제기된다.”고 판시한 것이 있다.

헌법재판소 결정례[9]는 소멸시효제도의 존재이유에 대하여 ‘의무자의 입증 곤란 구제’, ‘이미 변제를 행한 의무자의 경우에는 이중변제로부터 보호’, ‘권리자의 권리행사 태만에 대한 제재’, ‘권리자의 장기간 권리 불행사에 의하여 형성된 채무자의 신뢰보호’ 등을 들고 있는데, 이는 앞서 본 여러 학설의 입장을 부분적으로 수용한 것으로 보인다.

II. 소멸시효에 관한 입법례

1. 로 마 법

로마인은 실체법상의 권리를 소권으로 파악한 결과 모든 권리는 이의 실현을 위한 소권을 행사하지 않음으로써 소멸하는 것으로 이해했다. 따라서 로마법에서는 실체법상의 권리의 소멸시효가 아니라 소권의 행사기간이 중요시되었다.[10]

로마 고전기에는 로마시민법상의 소권은 원칙적으로 영구히 행사할 수 있었으므로 시간의 경과에 의하여 제한을 받지 않는 영구소권(actio perpetu)으로 구성되었다. 반면 불법행위의 피해자가 손해배상 외에 별도로 벌금을 청구할 수 있는 법무관법상의 벌금소권(actiones poenalis)은 대부분 1년의 기간경과에 의하여 소멸하는 일시적 소권(actio temporalis)이었다.

고전후기에 이르러 황제의 칙법으로 소권행사기간이 단축 또는 연장되는 등 빈번한 개정이 이루어졌다. 일반적인 소권의 소멸시효제도의 기원은 테오도시우스(Theodosius) 2세의 칙법($\frac{A.D.}{424년}$)에 의해서였다. 이에 의하면 종래의 영구적 소권의 소멸시효기간을 원칙적으로 30년으로 규정하였고, 예외적으로 40년의 소멸시효에 걸리는 경우도 있었으며, 종래의 법무관법상의 소권의 소멸시효기간 1년은 그대로 유지되었다. 시민법상의 영구소권인 소유물회수권(rei vindicatio)에도 30년의 소멸시효가 적용되어 이 기간 중 소권이 불행사되는 경우 소유권이 상실되었다.[11]

---

9) 헌재 08.11.27, 2004헌바54(헌공 146); 헌재 10.4.29, 2009헌바120, 2010헌바37(헌공 163, 878).

10) 이홍렬, “소멸시효에 관한 연구”, 성균관대학교 대학원 박사학위청구논문, 2007, 16.

11) 이홍렬(주 10), 16-18.

　시간이 지나서 로마시민법이 만민법의 영향을 받으면서부터는 항변의 대항을 받아 사실상 행사할 수 없게 된 소권을 쓸모없는 소권(verlorene actio)으로 인식하게 되었다. 그리하여 소권 없이 남겨지게 된 권리 자체에 대한 설명이 필요하게 되었는데, 여기에 동원된 것이 로마법상 자연채무(naturalis obligation) 개념이다.[12]

　이러한 소멸시효는 소의 제기, 이자의 지급, 채무증서의 작성 등에 의하여 중단되나, 구두의 승인은 중단의 효력이 없었다. 그리고 소멸시효완성의 효과로서 소권 자체가 소멸하는지, 아니면 채무자의 항변권에 의하여 권리의 행사가 저지됨에 그치는 것인지는 아직 확실하게 밝혀지지 않았다.[13]

2. 독일민법[14]

　개정 전 독일민법전에는 소멸시효에 관한 규정이 총칙 편부터 상속 편까지 130여개의 조문이 산재해 있어 복잡하고 일관성이 없다는 비판을 받았다. 이에 독일은 1977년부터 채권법의 개정작업과 함께 소멸시효의 규정에 관한 개정작업을 진행하였고, 그 결과 2002년 1월부터 새로운 민법이 시행되기에 이르렀다. 이 개정 작업에는 유럽계약법원칙(PECL) 제3부 제14장의 시효모델이 큰 영향을 미쳤다.

　독일민법 제1편($^{총}_{칙}$) 제5장($^{소멸}_{시효}$) 중 제1절에서는 소멸시효의 대상 및 기간($^{§\,194-}_{§\,202}$)을, 제2절에서는 소멸시효의 정지(Hemmung), 완성유예(Ablaufhemmung) 및 갱신(Neubeginn)($^{§\,203-}_{§\,213}$)을, 제3절에서는 소멸시효의 법률효과($^{§\,214-}_{218}$)를 각 규정하고 있다.

(1) 시효의 대상

　독일민법에서 개정 전후를 통하여 소멸시효의 대상이 되는 것은 타인에게 작위 또는 부작위를 요구하는 권리, 즉 청구권(Anspruch) 뿐이다($^{§}_{194}$). 따라서 원칙적으로 물권적 청구권이든 채권적 청구권이든 모두 소멸시효의 대상이 된

---

12) 이흥렬(주 10), 19.

13) 구주해(3), 396(윤진수).

14) 이상영, "독일 개정민법상 소멸시효제도", 비교 9-2, 2002, 1-38; 임건면, "소멸시효제도의 목적과 개정 독일민법상의 통상의 소멸시효: 독일민법 제195조와 제199조를 중심으로", 비교 9-2, 2002, 39-70; 임건면, "독일민법상의 소멸시효: 특별소멸시효, 시효의 재진행과 정지를 중심으로", 경남법학 19, 2004, 207-226; 이충은, "소멸시효제도의 개선방안에 관한 입법론적 연구", 제주대학교 대학원 박사학위논문, 2011, 48-61; 이흥렬(주 10), 46-75.

다. 다만 물권적 청구권이 소멸시효에 걸리더라도 물권 그 자체는 소멸시효의
대상이 아니다.

(2) 시효기간

⑺ 개   요   개정 독일민법의 소멸시효제도는 법적 안정성의 확보
라는 요청에 따라 시효기간을 가능한 한 통일하였고, 이중시효기간을 채택하
였다. 이중시효기간은 주관적 기산점에 기초한 일반시효기간과 객관적 기산점
에 기초한 장기시효기간 두 가지를 말한다. 이중시효기간은 계약상의 청구권
인지, 법정청구권인지, 불법행위에 기한 손해배상청구권인지에 관계없이 원칙
적으로 모든 청구권에 적용된다. 한편 이중시효기간과는 별도로 특별 소멸시
효기간 규정이 있는데. 이는 권리의 특수성을 고려하여 만든 특별 규정이다.

⑻ 일반소멸시효   개정 전의 일반시효기간은 30년이었으나($\S_{195}$), 개
정 민법은 이를 3년으로 단축시키고($\S_{195}$), 개정 전의 2년 또는 4년의 단기소멸
시효($\S\S^{196.}_{197.}$)를 폐지하였다. 시효의 기산점과 관련하여서는 개정 전에는 청구권
의 성립이라는 객관적 사정만으로 시효가 진행되었으나, 개정 독일민법에서는
청구권의 발생뿐만 아니라[$\S^{199}_{I (ii)}$], 청구권의 발생상황 및 채무자의 인적사항에
대한 채권자의 주관적인 인식이 있어야만 비로소 시효가 진행되게 되었다
[$\S^{199}_{I (ii)}$]. 이는 불법행위에 기한 손해배상청구권의 소멸시효를 규정하고 있던 구
독일민법 §852 Ⅰ을 일반화시킨 것이다.

특히 개정 독일민법 §199 Ⅰ (ii)는 중대한 과실로 인해 청구권 발생의 기
초가 되는 상황을 몰랐던 경우를 이에 관하여 채권자가 알았던 경우와 동일하
게 취급하여 소멸시효의 진행을 인정하고 있다. 나아가 개정 전에 2년 내지 4
년의 단기소멸시효에서 인정되어 왔던 연말시효가 일반소멸시효에 일반적으로
채택되었다($\S^{199}_{I 본문}$). 그리하여 3년의 시효경과와 채권자의 주관적 인식요건이
충족되는 당해 연도의 종료(Schluss des Jahres)를 기산점으로 하여 시효가 진
행하게 된다. 연말시효의 장점으로는 채권관리의 경감 및 채권자의 주관적 사
정에 관한 입증부담의 경감 등을 들 수 있다.

⑼ 장기소멸시효   일반소멸시효는 채무자의 주관적 인식이 없으면
시효가 진행되지 않으므로, 이러한 경우에도 시효의 진행을 인정하기 위하여
마련된 것이 장기소멸시효기간이다($\S^{199}_{Ⅱ-Ⅳ}$). 장기소멸시효제도는 종전의 채권의
종류에 따른 개별적 소멸시효기간을 폐지하고 보호법익의 종류에 따라 시효기
간을 규정하여 소멸시효제도의 단순화를 이룬 것으로, 일반소멸시효가 적용되

는 것 중에서 주관적 인식이 결여된 경우에 한하여 적용된다.

여기에는 우선, '기본적 장기소멸시효기간 10년'이 있다. 이는 '손해배상청구권 이외의 청구권'에 대하여 채권자의 주관적 인식 여부와 관계없이 청구권의 성립시부터 10년의 소멸시효에 걸리도록 한 것이다($\S\,199\atop{IV}$).

다음, '일신전속적 법익 침해시 장기소멸시효기간 30년'이 있다. 이는 생명, 신체, 건강, 자유의 침해를 원인으로 하는 손해배상청구권은 그 성립 여부에 관계없이 또한 인식 또는 중대한 과실로 인한 불인식에 관계없이 행위시, 의무위반시 또는 손해를 발생시키는 기타 사건의 발생시로부터 30년의 소멸시효에 걸리도록 한 것이다($\S\,199\atop{II}$). 이는 손해의 발생원인이 계약상의 의무위반에 의한 것이든, 불법행위 등 계약 외적인 원인에 의한 것이든 구별하지 않는다.

마지막으로 '일신전속적 법익침해 이외의 법익침해시 이중적 장기소멸시효기간 10년 또는 30년'이 있다. 이는 일신전속적 법익 외의 다른 법익 침해를 원인으로 발생하는 손해배상청구권에 대하여 인식 또는 중과실로 인한 불인식에 관계없이 청구권의 성립시부터 10년[$\S\,199\atop{III\,(i)}$] 또는 그 청구권의 성립 여부에 관계없이 또한 인식 또는 중대한 과실로 인한 불인식에 관계없이 행위시, 의무위반시 또는 손해를 발생시키는 기타 사건의 발생시부터 30년이 경과하면 소멸시효에 걸리도록 한 것이다[$\S\,199\atop{III\,(ii)}$]. 위 10년 또는 30년의 이중시효기간 중 먼저 완료하는 기간이 소멸시효의 기준이 된다.

　　　㈃ 특별소멸시효　　　일반소멸시효에 의하지 아니하는 청구권의 시효기간은 다른 기산점이 정하지 않는 한 채권자의 주관적 인식 여부와 관계없이 청구권의 성립시를 기산점으로 하여 시효가 진행한다($\S\atop{200}$). 이는 특별소멸시효기간에 관한 규정이다.

먼저 토지에 관한 권리의 특수성을 고려하여 인정된 특별소멸시효 규정이 있다. 토지소유권의 양도청구권 및 토지에 대한 권리의 설정, 양도, 소멸 또는 내용변경의 청구권 및 그 반대급부에 관한 청구권은 청구권의 성립시부터 10년의 시효기간이 적용된다($\S\atop{196}$).

다음, 소유권 및 다른 물권에 기한 청구권[$\S\,197\atop{I\,(i)}$]과 친족법 및 상속법상의 청구권[$\S\,197\atop{I\,(ii)}$]은 30년의 시효기간이 적용된다. 기판력 있게 확정된 청구권[$\S\,197\atop{I\,(iii)}$], 집행할 수 있는 화해 또는 집행할 수 있는 증서에 기한 청구권[$\S\,197\atop{I\,(iv)}$], 도산절차에서 행하여진 확정에 의하여 집행할 수 있게 된 청구권[$\S\,197\atop{I\,(v)}$], 강제집행비용상의 청구권[$\S\,197\atop{I\,(vi)}$]도 30년의 시효기간에 걸린다. 다만 친족법 및 상속법상의 청구권이 정기적으로 회귀하는 급부 또는 부양급부를 목적으로 하는 경우 또는 기판력 있게 확정된 청구권, 집행할 수 있는 화해 또는 집행할 수 있는 증서에 기한 청구권, 도산절차에서 행하여진 확정에 의하여 집행할 수 있게 된 청구권이 정기적으로 회귀하는 급부로서 장래에 이행기가 도래하는 것을 목적으로 하는 경우에는 30년의 장기시효기간이 아니라 일반시효기간에 의한다($\S 197 \atop \text{II}$).

(3) 시효의 갱신·정지

독일 개정 민법은 시효의 중단(Unterbrechung)이라는 용어 대신 시효의 갱신(Neubeginn)이라는 용어를 사용하고 그 범위를 축소하면서, 이와 동시에 종래의 시효의 정지범위를 확대하였다.

　　㈎ 시효의 갱신　　　개정 독일민법에서 축소 인정된 시효의 갱신사유는 채무자가 채권자에게 분할변제, 이자지급, 담보제공 기타의 방법으로 청구권을 승인한 경우[$\S 212 \atop (\text{i})$]와 법원 또는 관청의 집행행위가 실행되거나 신청된 때이다[$\S 212 \atop (\text{ii})$]. 이와 같이 소멸시효의 갱신사유는 채무자의 승인과 강제집행만이 인정되고 소의 제기 등 종전의 중단사유로 인정되었던 것은 모두 '권리추급으로 인한 시효정지 사유'로 전환되었다($\S \atop 204$). 이는 유럽계약법원칙($\text{PECL 제14:} \atop \S 401 \ 1, \S 402$)을 수용한 것이다. 소의 제기가 정지사유로 전환된 이유는, 청구가 기판력 있는 판결에 의하여 확정된 경우 확정판결로 의해 장기의 시효기간이 주어지고, 청구기각의 경우에는 청구권의 부존재가 확정되므로 소의 제기 자체를 별도의 갱신(중단)사유로 인정할 실익이 적으며, 소의 취하나 각하의 경우에는 시효중단이 소급적으로 실효되고 그로부터 6개월 내에 다시 소를 제기하면 다시 시효가 중단되므로 이를 정지사유로 인정하면 족하지 중단사유로 구성하는 무리라는 것이다.

　　㈏ 시효의 정지　　　독일 개정 민법의 시효의 정지(Hemmung) 사유는 '권리출급으로 인한 시효정지'($\S \atop 204$), '교섭으로 인한 시효정지'($\S \atop 203$), '급부거절권으로 인한 시효정지'($\S \atop 205$), '불가항력으로 인한 시효정지'($\S \atop 206$), '근친관계로 인한 시효정지'($\S \atop 207$), '성적 자기결정권의 침해로 인한 청구권의 시효정지'($\S \atop 208$)이다.

(4) 약정에 의한 소멸시효의 변경

독일 개정 민법은 '소멸시효에 관한 약정의 불허'라는 표제 하에 소멸시효에 관한 약정이 허용되지 않는 사유를 소극적으로 규정하고 있다($\S \atop 202$).

개정 전에는 법률행위에 의하여 소멸시효를 배제하거나 가중하는 것을 금

지하고 있었으나($\S_{225}$), 개정 민법에서는 법정 기산점으로부터 30년까지 시효기
간을 연장하는 것을 허용하고 있다($\S_{\text{II}}^{202}$). 이는 현실거래의 요청에 부응하기
위한 것이다. 당사자는 원칙적으로 소멸시효의 경감에 대해서도 약정할 수 있
다($\S_{\text{I}}^{202}$). 시효기간의 하한선에 대한 언급이 없으므로 이를 자유로이 약정할
수 있고, 약정된 기간을 사후에 다시 단축시킬 수도 있으며, 즉시 소멸시효가
완성된 것으로 약정할 수도 있다. 그러나 고의로 인한 법정책임의 경우에는 법
률행위에 의하여 미리 시효의 경감을 약정할 수 없다($\S_{\text{I}}^{202}$). 이러한 개정 민법
의 태도는 소멸시효제도에 사적자치의 원칙을 대폭 확대하여 적용한 것으로
유럽계약법원칙($\S_{601}^{\text{제}14:}\text{ㅣ}$)을 수용한 결과이다.

(5) 소멸시효 완성의 효과

개정 민법에서 규정한 소멸시효 효과($\S_{218}^{214-}$)는 신설된 § 218($\frac{\text{해제의}}{\text{무효}}$)를 제외
하고는 개정 전과 거의 동일하다. 소멸시효의 원용 여부는 전적으로 채무자의
판단에 맡겨져 있고 법원에서 직권으로 고려할 수 없다. 소멸시효에 관한 석명
권도 인정되지 않으며, 이를 위반하였을 경우 법관은 기피대상이 된다($\frac{\text{독일 민소}}{\S 42\ \text{II,}}$
$\frac{\S 138,}{\S 139}$).

소멸시효가 완성하면, 의무자는 의무이행을 거절할 수 있는 항변권을 취득
할 뿐 청구권 자체가 소멸하는 것은 아니다($\S_{\text{I}}^{214}$).

소멸시효가 완성된 후의 변제는 유효한 변제로서 반환청구를 할 수 없고
($\S_{\text{II}}^{214}$), 피담보채권의 소멸시효는 담보권에 영향을 주지 않으며, 소멸시효완성
후의 승인 및 담보제공도 유효하다($\S_{\text{II}}^{214}$).

소멸시효가 완성되기 전에 다른 채권과 상계할 수 있거나 급부를 거절할
수 있었던 청구권은 시효완성 후에도 상계를 하거나 유치권을 행사할 수 있다
($\S_{215}$).

급부가 행하여지지 아니하였거나 계약에 좇은 이행이 이루어지지 않았음
을 이유로 한 해제는 급부청구권 또는 추완급부청구권의 소멸시효가 완성되고
채무자가 이를 원용하는 경우에는 무효가 된다($\S_{218}$). 이는 '청구권'만이 소멸시
효에 걸리는 독일민법의 해석상 형성권인 해제권은 소멸시효에 걸리지 않는
데, 소멸시효가 완성된 청구권의 불이행을 이유로 해제권 행사를 인정하면, 채
무자가 계약상의 급부청구권의 이행을 거절할 수 있음에도 채권자가 자기 급
부의 반환을 청구할 수 있게 되므로, 이를 방지하기 위하여 해제의 효력을 무
효로 한 것이다.

3. 프랑스민법[15]

프랑스는 1804년 나폴레옹 민법전의 제정 이후 이를 200여 년 동안 유지하였다. 거기에 규정된 일반시효시간은 지나치게 길고 이후에 도입된 특별소멸시효기간의 종류는 너무 많아 혼란을 야기하며, 시효 관련 용어들의 개념이 불명확하여 법관의 자유재량에 의한 법적용을 낳고 있다는 비판이 있었다. 이에 개정 작업을 추진한 결과 '민사시효에 관한 2008년 6월 17일 법률'(이하 '신법'이라 한다)이 시행되기에 이르렀다. 이는 시효제도에 관한 법적 안정성 및 예견가능성을 제고하고, 사회발전과 법적 환경에 적합하지 않은 종전의 시효규정들을 폐지한 것이다.

개정의 방향은 크게 '종래의 복잡한 시효제도의 단순화', '모호한 용어 및 불명확한 시효제도의 명료화', '사적 자치의 도입'으로 요약할 수 있다.

(1) 시효기간 및 기산점

신법은 '보통시효기간과 그 기산점'이라는 표제 하에 "인적소권 또는 동산에 관한 물적소권은 권리자가 그 권리의 행사가 가능한 사실을 알았거나 또는 알 수 있었을 때로부터 5년의 시효에 걸린다."고 규정하고 있다($\S_{2224}$). 이는 구법이 보통시효기간을 30년으로 정하고 그 기산점을 규정하지 않는 것($\S_{2262}$)과 대비된다. 이와 같이 5년의 보통시효기간을 도입함으로써 구법의 6개월 내지 5년의 각종 단기소멸시효제도($\S_{2275}^{2271-}$)는 폐지되었고, 10년의 상사시효도 5년으로 개정되어($\substack{프랑스 \ 상법전 \\ L.110 \ \S 4 \ I}$) 민·상사시효가 통일되었다.

신법의 보통시효기간의 기산점인 '권리자가 그 권리의 행사가 가능한 사실을 알았거나 알 수 있었을 때'와 관련하여 '사실을 알았거나'는 주관적 기산점인 반면, '알 수 있었을 때'는 사후적이고 객관적인 평가로서 여기에 해당하는지 여부는 법관의 판단에 맡겨져 있다.

한편, 구법은 250개의 법정시효기간을 두고 있었고, 그 기간도 1개월부터 30년까지 매우 다양하였다. 신법은 이러한 특별시효기간을 유형화하여 정리하였다. 먼저 신체적 손해에 관하여 "① 신체적 손해를 발생시킨 경우로 인한 민사책임소권은 피해자가 직접적이든 간접적이든 최초의 손해 또는 심각한 손해가 확정된 때로부터 10년의 시효에 걸린다. ② 단, 고문, 야만행위, 폭력 또는

---

15) 김상찬, "프랑스의 신시효법에 관한 연구", 법학연구 38, 2010, 21-44; 이충은(주 14), 61-72; 남궁술, "프랑스 채권법 및 시효법 개정시안에서의 시효와 점유", 민학 45-2, 2009, 377-415.

미성년자에 대한 성적 침해를 원인으로 하는 민사책임소권은 20년의 시효에 걸린다."($\frac{\S}{2226}$)고 규정하고 있다. 물권에 관하여는 "소유권은 소멸시효에 걸리지 않는다. 단, 부동산에 관한 소권은 권리자가 그 권리의 행사가 가능한 사실을 알았거나 알 수 있었을 때로부터 30년의 시효에 걸린다."고 규정하고 있다($\frac{\S}{2227}$).

(2) 시효만료기간(상한기간)

신법 § 2232 Ⅰ은 "시효의 기산점의 연기, 정지 또는 중단은 권리가 발생한 때부터 20년을 초과하여 소멸시효기간을 연장할 수 없다."고 규정하고 있다. 그러나 권리자가 소송을 하는 것이 불가능한 동안에 소권을 잃을 수 있기 때문에 이를 막기 위하여 같은 조 제2항은 "전항의 규정은 § 2226, § 2227, § 2233, § 2236, § 2241 Ⅰ 및 § 2244에는 적용하지 않는다. 마찬가지로 사람의 신분에 관한 여러 소권에도 적용하지 않는다."고 규정하여 신체적 손해에 관한 손해 등이 발생하기 전에 그 손해배상청구권이 시효만료기간에 의하여 소멸하지 않도록 하였다.

(3) 시효의 정지

신법에서는 제20편($\substack{소멸\\시효}$) 제3장($\substack{소멸시효\\의 진행}$) 제1절($총칙$)에서 시효정지의 효력($\frac{\S}{2230}$)에 관한 규정을 신설하고, 제2절($\substack{시효의 기산점의 이월\\또는 시효정지의 사유}$)에서 정지사유로 법률, 약정 또는 불가항력($\frac{\S}{2234}$), 행위무능력($\frac{\S}{2235}$), 부부 및 동반자 관계($\frac{\S}{2236}$), 한정상속인($\frac{\S}{2237}$), 중재 또는 조정($\frac{\S}{2238}$) 그리고 조사조치($\frac{\S}{2239}$)를 규정하고 있다. 구법에서는 정지사유를 한정적으로 열거하여 그 이외의 정지사유를 인정하지 않았으나($\frac{\S}{2251}$), 판례는 'contra non valentem' 원칙($\substack{권리를 행사할 수 없도록 방해받은\\자에 대하여 시효는 진행하지 않는다}$)을 적용하여 정지사유를 확대해석하였는데, 신법은 이를 수용한 것이다.

또한 신법은 재판외 교섭을 정지사유로 인정하면서 그 종류를 제한한다. 신법 § 2238는 "① 시효는 분쟁발생 후 당사자가 조정 또는 알선을 행하는 것으로 합의한 날부터 진행을 정지한다. 그 서면이 없는 때에는 조정 또는 알선의 제1회차 회합이 있었던 날부터 정지한다. ② 시효는 당사자의 일방 혹은 쌍방 또는 조정 혹은 알선인이 조정 혹은 알선의 종결을 단언한 날부터 진행을 재개하고, 그 후 적어도 6개월 내에는 완성하지 아니한다."고 규정하고 있다.

(4) 시효의 중단

신법은 소멸시효 총칙에 중단의 효력($\frac{\S}{2231}$)에 관한 규정을 신설하고, 제3장에서 중단사유로 승인($\frac{\S}{2240}$), 재판상 청구($\substack{\S\S 2241-\\2243}$), 강제집행($\frac{\S}{2244}$)을 신설하였다.

특히 신법 §2241는 "① 재판상 청구는 긴급심리절차에 의한 경우를 포함하여 시효뿐만 아니라 제척기간도 중단시킨다. ② 재판상 소환[16]이 관할 외의 법원에서 행해진 때 또는 압류가 소송상의 하자에 의해 취소된 때에도 같다."라고 규정하고 있다. 신법이 재판상 청구를 정지사유가 아닌 중단사유로 규정한 이유는, 정지에서는 재판상 청구시까지 경과한 시효기간을 계산하지 않을 수 없는데, 이는 상당히 번거롭고, 재판상 청구가 시효완성 직전에 행해진 경우에는 판결의 확정 후에 채권자는 바로 집행을 실행하여야 하는데 남은 기간만으로는 집행이 충분하지 않을 수 있다는 점을 고려한 것이다.

(5) 소멸시효의 합의

구법 §2220는 시효완성 전의 시효이익의 포기를 금지하고 있어, 구법의 해석으로는 시효기간을 연장하는 합의는 무효이고 단축하는 합의는 유효라고 해석하였다. 그러나 신법은 시효제도에도 사적자치의 원칙을 도입하여 당사자의 합의에 의한 시효기간의 증감을 원칙적으로 허용하고 있다. 유럽계약법원칙이 당사자의 합의에 의한 시효기간의 증감을 허용하고 있는 것을 수용한 것이다.

그리하여 신법 §2254 Ⅰ은 "당사자는 합의에 의해 시효기간을 단축 또는 연장할 수 있다. 단, 1년 미만으로 단축하거나 10년을 초과하여 연장하는 것은 불가능하다."고 규정한다. 또한 신법은 합의의 자유는 정지사유 및 중단사유에 미친다고 규정한다($\S\,2254\,_{\text{Ⅱ}}$). 그러나 합의에 의한 중단 및 정지사유의 부가에 의하여 20년의 상한기간의 제한($\S_{2232}$)을 넘어 시효완성을 지연시키는 것은 불가능하다.

(6) 소멸시효의 원용

소멸시효가 원용되어야 고려될 수 있다는 구법의 원칙($\S_{2223}$)은 신법에서도 그대로 유지되었다($\S_{2247}$).

(7) 제척기간과의 관계

종래 시효와 제척기간을 구분하는 기준이 일정하지 않고 이로 인하여 중대한 법적 불안정성이 있었다. 신법에서는 소멸시효의 규정은 제척기간에 적용되지 않는다는 취지가 명문화되었다($\S_{2220}$). 그 결과 시효의 기산점, 정지, 원

---

16) 소환이란 채권증서에 집행력이 없는 경우의 시효중단 방법이다. 소환에 의한 시효중단은 소환집행문이 피고에게 송달된 날에 효력이 발생한다. 여기서 집행문은 정식, 즉 청구의 취지 및 이유가 기재된 것이어야 한다.

용, 포기, 합의의 자유에 관한 규정 등은 원칙적으로 제척기간에 적용되지 않는다. 다만 재판상 청구 및 집행행위에 의한 중단의 규정은 명문으로 제척기간에 준용되고 있다($\S\S \, ^{2241,}_{2244}$). 이와 달리 승인에 의한 중단을 제척기간에 준용하는 명문의 규정은 없다($\S_{2240}$).

4. 일본민법

일본민법은 개정 전 프랑스민법의 영향을 받아 총칙편에서 소멸시효를 취득시효와 함께 통일적으로 규정하고 있었으나($\S \, ^{144}_{이하}$), 그 내용은 우리 민법과 큰 차이가 없다. 다만 우리 민법과는 달리 시효의 원용에 관한 규정($\S_{145}$)을 두고 있다.

5. 유럽계약법원칙(PECL)[17]

2002년 공표된 유럽계약법원칙 제3부는 제14장에서 소멸시효를 다루고 있다. 유럽계약법원칙은 소멸시효제도는 가능한 한 단순하고 명확하며 통일적(simple, straightforward and uniform)이어야 한다는 원칙 하에 제정된 것이다. 이는 독일 개정 민법에 상당한 영향을 미쳤다.

(1) 소멸시효기간 및 기산점

(가) 소멸시효기간　　　　유럽계약법원칙에서 채권의 보통시효기간은 3년이다($^{제14:}_{\S 201}$). 즉 판결 등에 의하여 확정된 채권($^{제14:}_{\S 202}$)을 제외하고는 모든 채권의 보통시효기간이 3년의 시효에 걸리는 것으로 단순화하고 있다. 채권의 발생원인이 무엇인지를 묻지 않는다. 3년의 시효기간은 주관적 기산점을 취하는 것과 평형추(counterbalance)의 관계에 있다.

(나) 기 산 점　　　　보통시효기간은 객관적 기준에 의해 그 기산점이 도래하되, 채권자의 인식 또는 합리적인 인식가능성(discoverability)이라는 주관적 요건을 만족하는 때에 시효가 그 진행을 개시한다. 즉, 소멸시효의 기산점은 객관적 기준에 의해서 판단하는데, 일반적으로 채무자가 이행을 행하여야 하는 때($^{제14:\S 203}_{ㅣ \, 전단}$), 손해배상청구권에 있어서는 그 손해를 발생시키는 행위를 한 때($^{제14:\S 203}_{ㅣ \, 후단}$), 계속적인 작위의무 내지 부작위의무에 대한 채권에 있어서는 각

---

17) 양창수, 「유럽계약법원칙」의 소멸시효규정: 우리 민법에의 시사를 덧붙여", 민법연구 8, 2007, 31-182; 장석천, "소멸시효법의 최근의 동향과 시사점", 법학연구 18, 2005, 601-630; 이충은(주 14), 103-110; 이홍렬(주 10), 106-120.

각의 의무를 위반한 때$\left(\substack{제14:\\ \S\,203\,\text{II}}\right)$를 기준으로 하고 있다. 그러나 채권자가 채무자 또는 채권의 발생원인 사실을 알지 못하거나 알지 못하는 데에 합리적인 사유가 존재하는 경우에는 그 기간 동안 시효기간은 진행되지 않는다$\left(\substack{제14:\\ \S\,301}\right)$. 이는 시효의 기산점을 객관적 기준에 따라 정하면서, 그 기산점부터 실제 시효기간이 진행하는지 여부는 주관적 인식에 따라 판단하는 방식을 취하는 점에서, 시효의 기산점과 시효기간의 진행 개시를 준별하는 입장인 것이다.

한편 판결, 중재판정에 의해 확정된 채권의 경우 시효기간은 그 판결, 중재판정에 기판력이 발생한 때부터 기산되고, 기타 절차에서는 집행력이 발생한 때부터 기산된다$\left(\substack{제14:\\ \S\,203\,\text{III}}\right)$. 다만 변제기 미도래 등 채무자가 이행을 할 필요가 없는 동안은 기산되지 않는다$\left(\substack{제14:\ \S\,203\\ \text{III 단서}}\right)$.

(2) 상한기간

유럽계약법원칙은 통상의 채권에 대하여는 10년, 신체적 손해에 관한 채권에 대하여는 30년이라는 상한기간을 정하고 있다$\left(\substack{제14:\\ \S\,307}\right)$. 그 입법취지는 시간의 경과로 채무자의 방어가 곤란하게 된다는 점, 채권이 행사되지 않은 것에 대한 채무자의 합리적 신뢰의 보호, 권리의 불행사가 지속되는 경우 채권에 관한 소송의 장기화 방지 등의 법정책적 고려에 있다. 이는 채권자에게 합리적인 인식가능성이 없는 경우를 시효의 진행 정지사유로 삼은 것$\left(\substack{제14:\\ \S\,301}\right)$에 대응하여, 시효기간의 장기화를 막기 위하여 시효의 상한기간을 설정한 것이다.

상한기간의 기산점은 보통시효기간과 같으나 시효의 진행정지나 만료연기에 의해 상한기간이 연장되지는 않는다. 다만 재판절차 기타 이에 준하는 법적 절차에 의해 시효의 진행이 정지하고 있는 동안에 상한기간이 경과하였다 하더라도 채권이 시효에 걸리지는 않는다$\left(\substack{제14:\\ \S\,307\ \text{단서}}\right)$.

(3) 소멸시효의 중단

유럽계약법원칙에서는 중단(interruption)이라는 표현을 사용하지 않고, 갱신(renewal)이라는 표현을 사용하여 시효의 중단사유를 규정한다. 시효기간의 갱신은 채무자의 승인$\left(\substack{제14:\\ \S\,401}\right)$과 채권자에 의한 강제집행의 신청$\left(\substack{제14:\\ \S\,402}\right)$ 두 가지 사유에 대해서만 인정된다. 소제기나 판결 등은 중단사유에 포함되지 않으므로, 강제집행의 신청이 채권자가 적극적으로 취할 수 있는 유일한 시효 갱신 조치이다. 다만, 판결 또는 이와 동등한 효력을 갖는 기타 절차에 의해 확정된 채권은 판결이 기판력 또는 집행력을 발생한 때부터 기산하여$\left(\substack{제14:\\ \S\,203\,\text{III}}\right)$ 10년의 시효기간이 적용된다$\left(\substack{제14:\\ \S\,202}\right)$.

새로이 진행되는 시효기간은 원래 채권이 보통시효에 걸리는지 또는 판결 등의 확정에 의해 10년의 소멸시효에 걸리는지를 불문하고, 보통시효기간인 3년이 적용된다. 따라서 판결 등이 확정된 채권의 경우라도 채권자가 소멸시효의 완성을 막을 방법은 채무승인을 제외할 경우 강제집행의 신청이 유일하다.

(4) 소멸시효의 정지

소멸시효의 정지에는 진행정지(Suspension of Running of Period)와 만료연기(완성유예, Postponement of Expiry of Period)가 있다. 진행정지란 일정한 정지사유가 발생하면 소멸시효기간의 진행이 정지되는 것으로 그 동안의 기간이 산입되지 않는 것을 말한다. 만료연기란 시효는 통상대로 진행하되 정지사유 종료 후에 부가된 일정한 기간이 경과하지 않으면 시효가 완성되지 않는 것을 말한다.

진행정지 사유로는 ① 채권자가 채무자 또는 채권의 발생원인 사실을 알지 못하고 또 합리적으로 보아 이를 알 수 없을 것($\S\,301^{제14:}$), ② 재판절차, 중재절차 또는 이들과 동등한 효력을 갖는 절차가 개시되고 그 절차가 계속 중일 것($\S\,302^{제14:}$), ③ 채권자가 그 지배를 넘는 장애에 의해 채권의 행사를 방해하고 그 장애를 회피 또는 극복하는 것을 합리적으로는 기대할 수 없을 것($\S\,301^{제14:}$)의 세 가지이다.

만료연기 사유로는 ① 당해 채권 또는 채권발생의 시점에 대해 교섭이 계속되고 있을 것($\S\,304^{제14:}$), ② 채권자 또는 채무자가 무능력자이고 대리인이 없을 것($\S\,305^{제14:}\,1$), ③ 채권자 또는 채무자가 사망하여 상속이 개시될 것($\S\,306^{제14:}$)을 들 수 있다. 위 ①의 경우에는 교섭에서 마지막 의사소통이 있었던 때로부터 1년 이내, 위 ②의 경우에는 무능력 상태가 종료한 때 또는 대리인이 정해진 때로부터 1년 이내, 위 ③의 경우에는 상속인이나 상속재산 관리인이 채권을 행사할 수 있는 때 또는 그에 대하여 채권이 행사될 수 있는 때로부터 1년 이내에는 소멸시효가 완성되지 않는다. 부부간의 채권은 만료연기사유에서 배제되어 있다.

(5) 소멸시효기간의 합의

유럽계약법원칙에서는 당사자의 합의에 의해 시효기간을 단축하거나 연장하는 등 시효기간을 변경할 수 있다($\S\,601^{제14:}\,1$). 이는 채권의 시효는 주로 채무자의 보호를 목적으로 하고 있는 것으로, 사적자치가 공동의 이익에 우선한다는 점, 3년이라는 짧은 보통시효기간과 시효제도의 획일성에 비해 당사자가 사적

자치에 의해 필요한 조정을 행하는 것을 허용할 필요가 있는 점 등이 고려된 것이다.

그러나 당사자들의 합의에도 불구하고 소멸시효기간은 1년 미만으로 단축하거나 30년을 넘는 기간으로 연장하는 것은 실질적으로 소멸시효제도를 배제하는 것이므로 허용되지 않는다($\S\,601\,^{제14:}_{\,II}$).

(6) 소멸시효기간 완성의 효과

소멸시효기간이 만료하면 채무자는 이행을 거절할 권리를 갖는다($\S\,501\,^{제14:}$). 즉 시효완성으로 채권이 소멸하는 것이 아니라 단지 이행을 거절할 수 있는 약한 효과가 발생한다.

이자채권 기타 부수적 성질을 갖는 채권의 시효기간은 주된 채권의 시효기간보다 후에 만료하지 않고($\S\,502\,^{제14:}$), 시효가 완성된 채권을 자동채권으로 하여 상계할 수 있으나($\S\,503\,^{제14:}_{\,본문}$), 채무자가 그 이전에 시효를 원용하고 있었던 때 또는 채무자가 상계의 통지를 받은 후 2개월 이내에 시효를 원용한 때에는 상계의 효력은 인정되지 않는다($\S\,503\,^{제14:}_{\,단서}$). 이는 시효의 목적을 보다 중시한 규정이다.

6. UNIDROIT 국제상사계약원칙 2004(PICC 2004)[18]

사법통일국제협회(UNIDROIT)에서 2004년 이사회의 승인을 얻어 작성·공표한 국제상사계약원칙(Principle of International Commercial Contracts) 2004년판 제10장은 시효에 관한 규정을 두고 있다. 이 원칙은 계약당사자가 이를 자신들의 계약에 적용하기로 합의한 경우에 적용된다. 국내법에 시효기간이나 효과 등에 관하여 계약의 준거법이 어떠한 것인지 묻지 않고 강행규정으로 적용한다는 취지의 규정이 있다면 그 강행규정이 우선 적용된다($\S_{1.4}$).

(1) 소멸시효기간 및 기산점

국제상사계약원칙의 일반시효기간은 3년이다($\S\,^{10.2}_{1}$). 그러나 재판 등에 의해 확정된 권리에 대하여는 특별한 규정을 두고 있지 않다. 일반시효기간의 기산점은 장기시효기간과 달리 채권자가 그 권리행사가 가능한 사실을 알거나 알 수 있었던 날의 익일부터 기산된다고 하여 주관적 기산점을 채택하고 있다($\S\,^{10.2}_{1}$).

국제상사계약원칙의 장기시효기간은 10년이고, '권리를 행사하는 것이 가

---

18) 이충은(주 14), 110-115; 이홍렬(주 10), 120-121; 內田貴, UNIDROIT國際商事契約原則, 2013.

능한 날의 익일'부터 시효기간이 기산된다$\binom{\S\,10.2}{\text{II}}$. 이는 장기시효에 관하여 객관적 기산점을 채택한 것이다.

(2) 소멸시효의 중단

국제상사계약원칙에서 소멸시효의 중단사유로 인정하는 것은 '승인' 하나뿐이다$\binom{\S}{10.4}$. 승인에 의해 시효기간은 새롭게 진행을 개시하나, 그 경우 일반시효기간인 3년이 적용된다.

(3) 소멸시효의 정지

국제상사계약원칙에서 규정하는 시효의 정지사유는, 법적절차에 의한 정지$\binom{\S}{10.5}$, 중재절차에 의한 정지$\binom{\S}{10.6}$, 재판외 분쟁처리제도$\binom{\S}{10.7}$에서 채권자에 의해 권리주장으로 인정되는 행위가 있었던 때이다. 이 경우 시효기간의 진행정지는 그 권리주장 행위시부터 각 절차가 종료하는 시점까지 계속된다. 또한 불가항력 또는 사망이나 능력제한에 의한 정지$\binom{\S}{10.8}$도 인정된다. 이 경우 정지는 당해 장애가 소멸될 때까지 계속되고, 장애가 소멸한 날로부터 1년을 경과하기 전에는 시효기간은 만료하지 않는다. 이 경우 정지가 적용되는 것은 일반시효기간이지 장기시효기간이 아니다. 당사자 간의 교섭은 정지사유로 규정되어 있지 않고, 다만 ADR이 정지사유로 규정되어 있다$\binom{\S}{10.7}$.

(4) 소멸시효의 합의

국제상사계약원칙에서도 당사자의 합의에 의해 시효기간을 변경하는 것을 인정한다$\binom{\S\,10.3}{\text{I}}$. 이는 상인간의 국제거래는 소비자거래가 아니기 때문에 약자를 배려할 필요가 없다는 고려에서이다. 하지만 국제거래에서도 교섭력의 차이는 존재하기 때문에 사적자치를 제약하는 규정을 두고 있다. 그리하여 일반시효기간과 장기시효기간에 대해 각각 1년 미만, 4년 미만으로 단축하거나 15년을 넘어 연장하는 합의는 인정되지 않는다$\binom{\S\,10.3}{\text{II}}$.

(5) 소멸시효의 효과

국제상사계약원칙에서는 시효기간이 만료하더라도 당해 권리가 당연히 소멸하지 않고$\binom{\S\,10.9}{\text{I}}$ 채권자의 권리행사를 저지할 뿐이며, 이를 위해서는 채무자가 시효소멸을 원용하여야 한다. 채무자가 이를 항변으로 원용하지 않는 경우에는 효력을 발생하지 않는다$\binom{\S\,10.9}{\text{II}}$.

"시효기간의 만료가 원용되더라도 당해 권리는 아직 항변으로써는 주장할 수 있다."는 규정$\binom{\S\,10.9}{\text{III}}$이 있다. 이는 채무자의 시효항변에 의하여 채권자의 권리행사가 저지되더라도 채권자의 권리는 여전히 남아 있으므로, 채권자가 채무자로부터 이행 받은 것을 보유할 수 있도록 하기 위하여 채권자 측 항변의 근거 규정을 둔 것이다.

시효기간 만료 후 채무자가 임의변제를 하였다 하더라도 이는 유효한 변제이므로 시효기간이 만료되었다는 사정만으로 부당이득반환청구를 할 수 없다($\S_{10.11}$). 채권자는 채무자가 시효기간의 만료를 원용할 때까지에 한하여 상계권을 행사할 수 있다($\S_{10.10}$). 이는 상계에 소급효를 인정하지 않는 전제에서 마련된 규정으로서 상계를 일반적인 채권회수와 동일시하여 시효의 원용이 이루어진 이후에는 상계가 불가능하도록 한 것이다.

Ⅲ. 소멸시효와 권리남용

1. 의 의

소멸시효를 이유로 한 항변권의 행사도 민법의 대원칙인 신의성실의 원칙과 권리남용금지의 원칙의 지배를 받는다.[19] 다만 소멸시효 완성의 효과에 관하여 절대적 소멸설을 취하면, 시효기간의 경과로 권리는 곧바로 소멸하고 이에 대하여 신의칙 등의 적용이 문제되지만, 상대적 소멸설을 취하면 원용권이 행사되어야 비로소 권리가 소멸하므로, 이 원용권의 행사가 신의칙 등에 위반되는지가 문제된다.[20]

2. 일반적 기준

대법원판례는 소멸시효완성 주장이 신의칙에 반하여 권리남용에 해당하기 위한 일반적 기준을 네 가지로 유형화하고 있다.

① 제1유형은 '채무자가 시효완성 전에 채권자의 권리행사나 시효중단을 불가능 또는 현저히 곤란하게 하거나 그러한 조치가 불필요하다고 믿게 하는 행동을 한 경우'이다.

② 제2유형은 '객관적으로 채권자가 권리를 행사할 수 없는 장애사유가 있었던 경우'이다.

③ 제3유형은 '일단 시효완성 후에 채무자가 시효를 원용하지 아니할 것

---

19) 대판(전) 13.5.16, 2012다202819(공 13하, 1077).
20) 구주해(3), 412(윤진수).

같은 태도를 보여 채권자로 하여금 그와 같이 신뢰하게 한 경우'이다.

④ 제4유형은 '채권자보호의 필요성이 크고 같은 조건의 다른 채권자가 채무의 변제를 수령하는 등의 사정이 있어 채무이행의 거절을 인정함이 현저히 부당하거나 불공평하게 되는 경우'이다.

다만, 판례[21]는 법률관계에는 불명확한 부분이 필연적으로 내재하는데 소멸시효제도는 그 법률관계의 주장에 일정한 시간적 한계를 설정함으로써 그에 관한 당사자 사이의 다툼을 종식시키려는 것을 취지로 하므로, 소멸시효에 신의칙을 원용하는 데에는 신중을 기할 필요가 있다고 한다.

3. 각 유형별 사례

(1) 제1유형

(개) 기   준   제1유형은 '채무자가 시효완성 전에 채권자의 권리행사나 시효중단을 불가능 또는 현저히 곤란하게 하거나 그러한 조치가 불필요하다고 믿게 하는 행동을 한 경우'이다. 대표적으로는 채무자가 시효완성 전에 채권자의 소제기나 시효중단 등을 하지 못하도록 한 경우를 들 수 있다. 예컨대, 소제기 행위 자체를 못하게 방해하는 행위, 채무자가 청구권의 발생사실을 고의로 은닉하기 위하여 허위의 사실을 알려주어 청구권의 행사를 사실상 방해하는 경우, 채무자가 채무를 변제할 것 같은 태도를 보여 자진 변제를 기대하게 만들어 시효기간을 도과하게 한 경우 또는 동종의 다른 사건에서 판결이 나면 그 판결 결과에 따라 변제 여부를 정하겠다는 태도를 보인 경우 등이 이에 해당한다.

(내) 구체적 사례

(a) 제1유형 적용 긍정례

(i) 적극적인 제소방해에 대하여 위 기준을 적용한 판례로는 다음과 같은 것들이 있다.

(ㄱ) 국가공무원이 국가배상청구권에 관한 시효완성 이전에 판결문을 위조하는 등의 방법으로 피해자의 인격적인 법익 침해에 관한 국가배상청구권 행사를 불가능 또는 현저히 곤란하게 만들었고, 위조된 위 판결문에 관한 시정조치가 이루어지기 전까지는 객관적으로 피해자가 국가배상청구를 하는 것을 기대하기 어려운 장애 상태가 계속된 경우, 국가가 소멸시효 완성을 주장

21) 대판 10.9.9, 2008다15865(공 10하, 1876).

하는 것은 권리남용에 해당하여 허용될 수 없다고 한 판례[22]가 있다.

(ㄴ) 보호감호소에서 보호감호를 받던 원고가 자신이 받은 부당한 처우에 대한 각종 소송서류 등을 작성하기 위한 집필허가신청이 불허되고 외부인의 접견도 일체 중지당한 사안에서, 이는 채무자가 시효완성 전에 스스로 채권자의 권리행사나 시효중단을 불가능 또는 현저히 곤란하게 하여 채권자가 그러한 조치를 할 수 없었던 경우에 해당하므로, 피고(국가)의 소멸시효의 완성을 주장은 권리남용으로 허용될 수 없다고 한 판례[23]가 있다.

(ii) 소극적인 방해의 판례로는 다음과 같은 것들이 있다.

(ㄱ) 불법행위로 인한 손해배상채권의 단기소멸시효기간이 경과하기 전에 피고(미합중국)가 적극적으로 원고(채권자)로 하여금 소제기 등 시효중단 조치가 불필요하다고 믿게 하고 이를 소청심사위원회에 의한 구제절차의 종료 시까지 미루도록 유인하는 행동을 하였다. 나아가 피고와의 약정에 따라 위와 같은 피고 측의 행정적 구제절차를 밟고 이를 기다린 다음 상당한 기간 내에 소를 제기한 원고에 대하여, 피고는 위 행정적 구제절차를 오래 끌어오면서 애초에는 원고의 청구를 인용하는 결정을 하였다가 오류가 있는 재심결정에 의하여 원고의 청구를 부정하였다. 대법원은 이러한 사안에서 피고가 단기소멸시효를 원용하여 채무이행을 거절하는 것은 권리남용으로서 허용되지 않는다고 판시하였다.[24]

(ㄴ) 피고(증권회사)의 직원이 원고가 입금한 예금을 횡령하면서, 계속하여 원고에게 입출금확인서를 교부하여 마치 정당하게 예금이 이루어지고 있는 것처럼 가장하였고, 그 예금이 특수한 예금 형태여서 원고로 하여금 그 직원의 언동을 믿을 수밖에 없게 하였다. 대법원은 이러한 경우 피고 직원의 입출금확인서 교부로 인하여 원고들의 예금청구 또는 손해배상청구 등의 권리행사가 방해되었으므로, 피고가 소멸시효를 원용하는 것은 권리남용으로서 허용될 수 없다고 판시하였다.[25]

(ㄷ) 조합채권의 양도 당시 다른 조합원의 동의가 없어 그 채권 양수인이 그 채권을 적법하게 양수하지 못하였으나 채무자가 그와 같은 채권양도 행위의 하자를 이유로 채권양도가 무효임을 주장하지 아니한 채 양수인이

22) 대판 08.9.11, 2006다70189(정보).
23) 대판 03.7.25, 2001다60392(공 03, 1825).
24) 대판 97.12.12, 95다29895(공 98, 237).
25) 대판 99.12.7, 98다42929(공 00, 140).

적법하게 그 조합채권을 양수하였음을 전제로 시효완성 전에 양수인에게 그 채무를 변제할 것을 약속하고, 그 후 채권양도 행위의 하자가 치유되어 양수인이 적법하게 그 채권을 양수하게 되었다. 대법원은 위 사안에서 위 양수금의 지급을 구하는 양수인의 청구에 대하여 위와 같은 변제 약속을 한 채무자가 채권양도 행위의 하자로 인하여 그 변제 약속 당시에는 적법한 양수인이 아니었음을 들어 그 채무승인의 효력을 부인하면서 소멸시효의 항변을 하는 것은 신의성실 또는 금반언의 원칙상 허용될 수 없다고 판시하였다.[26]

(b) 제1유형 적용 부정례   제1유형의 기준을 충족하지 못한다고 본 사례로는 다음과 같은 것이 있다.

사안은 다음과 같다. 사건 발생 당시 군 수사기관이 A의 자살원인을 국가공무원의 고의, 과실에 기한 것이 아닌 A의 개인적인 사정에 기한 것이라고 잘못 판단하였고, 나아가 이를 유족인 원고 측에게 통보하였다. 원심은 군 수사기관이 이러한 행위를 함으로써 원고들의 손해배상청구권 행사를 불가능 또는 현저히 곤란하게 하였거나 원고들로 하여금 그러한 조치가 불필요하다고 믿게 하는 행동을 하였다는 이유로 제1유형에 해당하다고 판단하여 피고(국가)의 소멸시효 완성 주장이 권리남용에 해당한다고 판단하였다. 그러나 대법원은 군 수사기관이 당시 A의 자살원인을 밝히지 못한 것이 부실수사에 해당할 수는 있을지언정 사실을 은폐하거나 왜곡하는 등으로 원고 측의 청구권 행사를 방해한 사실을 인정할 증거가 없고, 오히려 당시 참고인들의 진술만으로는 A의 자살원인이 구타나 가혹행위에 기인하였다는 결론을 내리기는 어려웠을 것으로 보이므로 그러한 군 수사기관의 조치들이 원고 측의 권리행사를 불가능 또는 현저히 곤란하게 하였거나 원고들로 하여금 그러한 조치가 불필요하다고 믿게 하는 행동을 한 것으로 보기는 어렵다고 판단하였다.[27]

이에 대하여는, 이러한 경우에는 일반인의 입장에서 보았을 때 채권자의 권리행사를 기대하기 어려운 사정이 있고, 권리행사의 기초가 되는 정보의 제공을 독점하고 있는 피고가 정확한 정보를 제공하지 못함에 따라 시효 기간 내에 원고들의 권리행사가 사실상 불가능하였으며, 그럼에도 불구하고, 그 기간이 도과하였다고 주장한다는 것은 부당하므로, 후술하는 제2유형에 해당하

---

26) 대판 96.4.26, 95다49417(공 96, 1699).
27) 대판 10.3.11, 2009다86147(정보).

는 것으로 보아야 한다는 견해[28]가 있다.

　（2）제2유형

　　㈎ 기　　준　　　제2유형은 '객관적으로 채권자가 권리를 행사할 수 없는 장애사유가 있었던 경우'이다. 그런데 이 기준은 다른 기준들과는 달리 채무자 측의 특정한 행위가 개입되어 있을 것을 요구하고 있지 않다. 이 기준이 제시하고 있는 장애사유는 법률상 장애가 아닌 사실상 장애를 의미할 것인데, 구체적으로 어떠한 경우를 의미하는지 분명하지 않은 측면이 있지만, 일반인의 입장에서 보았을 때 채권자의 권리행사를 기대하기 어려운 사정이 있어 채권자가 권리를 행사하지 아니한 것이 사회통념상 상당한 것으로 평가될 수 있는 경우를 의미한다고 할 수 있다. 여기에 채무자의 기여가 있었음을 요하는지가 문제되나, 반드시 그러한 것은 아니다. 다만 채무자의 기여가 있는 경우에는 이 기준을 적용하는 데 적극적인 평가요소로 작용할 것이다.

　　제2유형과 관련하여 판례[29]는 채권자에게 객관적으로 자신의 권리를 행사할 수 없는 장애사유가 있었다는 사정을 들어 그 채권에 관한 소멸시효 완성의 주장이 신의성실의 원칙에 반하여 허용되지 아니한다고 평가하는 것은, 소멸시효의 기산점에 관하여 변함없이 적용되어 왔던 법률상 장애/사실상 장애의 기초적인 구분기준을 내용이 본래적으로 불명확하고 개별 사안의 고유한 요소에 열려 있는 것을 특징으로 하는 일반적인 법원칙으로서의 신의칙을 통하여 아예 무너뜨릴 위험이 있으므로 더욱 주의를 요한다고 한다.

　　㈏ 구체적 사례

　　　ⓐ 제2유형 적용 긍정례

　　　　ⅰ) 피고 회사가 기존 근로자들에게 불리하게 퇴직금규정을 개정하면서 그들의 기득이익을 보호하기 위하여 부칙의 경과규정을 두었는데, 부칙을 적용하면 오히려 그로부터 13년 후부터 기존 근로자들에게 불리한 결과가 발생하게 되었다. 대법원은 이러한 경우 부칙을 적용하여 자신들에 대한 퇴직금을 산정하면 안 된다는 점을 원고들이 알기 어려웠다고 보이고, 피고 회사는 물론 고문변호사나 노무사도 부칙 개정 당시 이를 알지 못하였다면, 이러한 원고들에게 미리 부칙의 적용 범위에 관한 의심을 가지고 소송을 제기하여 추가

---

28) 김종복, "소멸시효완성 주장이 신의칙에 반하여 권리남용에 해당하는지 여부에 대한 판단기준", 광주지방법원 재판실무연구 2010, 2011, 278-280.
29) 대판 10.9.9, 2008다15865(공 10하, 1876).

퇴직금 청구권을 행사할 것을 기대하기는 어려우므로, 원고들에게는 객관적으로 이 사건 추가 퇴직금 청구권을 행사할 수 없는 사실상의 장애사유가 있었다고 봄이 상당하다고 한다. 그리하여 피고의 소멸시효 항변은 신의성실의 원칙에 반하는 권리남용으로 허용될 수 없다고 한다.[30]

(ii) 판례[31]는 근로자가 입은 부상이나 질병이 업무상 재해에 해당하는지 여부에 따라 요양급여 신청의 승인, 휴업급여청구권의 발생 여부가 차례로 결정되고, 따라서 근로복지공단의 요양불승인처분의 적법 여부는 사실상 근로자의 휴업급여청구권 발생의 전제가 된다고 볼 수 있는 점 등에 비추어, 근로자가 요양불승인에 대한 취소소송의 판결확정시까지 근로복지공단에 휴업급여를 청구하지 않았던 것은 이를 행사할 수 없는 사실상의 장애사유가 있었다고 본다. 그리하여 근로복지공단의 소멸시효 항변은 신의성실의 원칙에 반하여 허용될 수 없다고 한다.

(iii) 판례[32]는 국가기관이 수사과정에서 한 위법행위 등으로 수집한 증거 등에 기초하여 공소가 제기되고 유죄의 확정판결까지 받았으나 재심사유의 존재 사실이 뒤늦게 밝혀짐에 따라 재심절차에서 무죄판결이 확정된 후 국가기관의 위법행위 등을 원인으로 국가를 상대로 손해배상을 청구하는 경우, 재심절차에서 무죄판결이 확정될 때까지는 채권자가 손해배상청구를 할 것을 기대할 수 없는 사실상의 장애사유가 있었다고 본다. 그리하여 채무자인 국가의 소멸시효 완성의 항변은 신의성실의 원칙에 반하는 권리남용으로 허용될 수 없다고 한다.

(iv) 일제강점기에 국민징용령에 의하여 강제징용되어 일본국 회사인 미쓰비시중공업 주식회사(이하 '구 미쓰비시'라 한다)에서 강제노동에 종사한 대한민국 국민 갑 등이 2000년경에 국내 법원에 구 미쓰비시가 해산된 후 새로이 설립된 피고(미쓰비시중공업 주식회사)를 상대로 국제법 위반 및 불법행위를 이유로 한 손해배상과 미지급 임금의 지급을 청구하였다. 대법원은 이 사안에서, 원고 등이 소를 제기할 시점인 2000.5.1.까지는 원고 등이 대한민국에서 객관적으로 권리를 사실상 행

---

30) 대판 02.10.25, 2002다32332(공 02, 2849). 이에 대한 판례해설로는 이주현, "채권자의 권리행사가 객관적으로 불가능한 사실상의 장애사유가 있음에 불과한 경우 채무자의 소멸시효항변이 신의칙에 반한다는 이유로 허용하지 않을 수 있는지 여부", 해설 42, 2003, 546-583.
31) 대판(전) 08.9.18, 2007두2173(집 56-2, 257).
32) 대판 13.12.12, 2013다201844(공 14상, 170).

사할 수 없는 장애사유[33]가 있었으므로, 피고의 소멸시효 완성 주장은 권리남용으로서 허용될 수 없다고 한다.[34]

   (v) 베트남전 참전 군인들이 1990년대 말 국내 법원에 1960년대 베트남전에서 살포된 고엽제를 제조·판매한 미국 회사들을 상대로 염소성여드름 발병 등으로 인한 손해배상을 청구하는 소를 제기하였다. 대법원은 해당 원고들이 고엽제후유증환자로 등록하여 자신의 피부 질환이 염소성여드름에 해당하고 그것이 피고들이 제조·판매한 고엽제에 노출된 것과 관련이 있다는 점을 알게 됨으로써 피고들에 대한 손해배상청구권의 존재를 인식할 수 있게 되기까지는 이들에게 객관적으로 고엽제 제조회사들을 상대로 고엽제 피해와 관련한 손해배상청구권을 행사할 것을 기대하기 어려운 장애사유[35]가 있었

---

33) 그 근거로 구 미쓰비시의 불법행위가 있은 후 1965.6.22. 한일 간의 국교가 수립될 때까지는 일본국과 대한민국 사이의 국교가 단절되어 있었고, 따라서 원고 등이 피고를 상대로 대한민국에서 판결을 받더라도 이를 집행할 수 없었던 사실, 1965년 한일 간에 국교가 정상화되었으나, 한일 청구권협정 관련 문서가 모두 공개되지 않은 상황에서 청구권협정 §2 및 그 합의의사록의 규정과 관련하여 청구권협정으로 대한민국 국민의 일본국 또는 일본 국민에 대한 개인청구권이 포괄적으로 해결된 것이라는 견해가 대한민국 내에서 일반적으로 받아들여져 온 사실, 일본에서는 청구권협정의 후속조치로 재산권조치법을 제정하여 원고 등의 청구권을 일본 국내적으로 소멸시키는 조치를 취하였고 원고 등이 제기한 일본 소송에서 청구권협정과 재산권조치법이 원고 등의 청구를 기각하는 부가적인 근거로 명시되기도 한 사실, 그런데 원고 등의 개인청구권, 그 중에서도 특히 일본의 국가권력이 관여한 반인도적 불법행위나 식민지배와 직결된 불법행위로 인한 손해배상청구권은 청구권협정으로 소멸하지 않았다는 견해가 원고 등이 1995.12.11. 일본 소송을 제기하고 2000.5.1. 한국에서 이 사건 소를 제기하면서 서서히 부각되었고, 마침내 2005. 1. 한국에서 한일 청구권협정 관련 문서가 공개된 뒤, 2005.8.26. 일본의 국가권력이 관여한 반인도적 불법행위나 식민지배와 직결된 불법행위로 인한 손해배상청구권은 청구권협정에 의하여 해결된 것으로 볼 수 없다는 민관공동위원회의 공식적 견해가 표명된 사실, 구 미쓰비시와 피고의 동일성 여부에 대하여도 의문을 가질 수밖에 없도록 하는 일본에서의 법적 조치가 있었던 사실 등의 사정을 들었다.

34) 대판 12.5.24, 2009다22549(공 12하, 1084); 대판 12.5.24, 2009다68620(정보). 관련 평석으로는 이흥렬, "강제징용피해와 손해배상책임—대판 2012.5.24, 2009다22549를 중심으로—", 집합건물법학 10, 2012, 189-225; 이흥렬, "일제강점기에 발생한 불법행위책임에 관한 연구: 소멸시효를 중심으로", 비교 19-2, 2012, 499-547; 이에 대한 평석으로는 남효순, "일제징용시 일본기업의 불법행위로 인한 손해배상청구권의 소멸시효남용에 관한 연구", 법학 54-3, 2013, 393-432.

35) 그 근거로 든 구체적인 사정은, 우리나라에서는 1990년대 초반에 이르러서야 고엽제의 후유증에 대한 논의가 본격적으로 이루어진 탓에 베트남전 참전 군인들이 복무 종료 후 귀국하여 신체에 염소성여드름이 발생하였다 하더라도 그 이전에는 그것이 고엽제로 인하여 생긴 질병이라는 것을 가늠하기 어려웠던 점, 염소성여드름은 일반적인 피부질환과 구별하기 어려워 의료기관에서 그 피부질환이 염소성여드름이라고 진단받고 그 질병이 고엽제와 관련성이 있다고 고지받기 전에는 고엽제에 노출됨으로써 자신이 어떠한 피해를 입었다는 사실을 인식하기가 극히 곤란하였던 점 등을 들었다.

다고 보았다. 그리하여 고엽제 제조회사들이 장기소멸시효의 완성을 주장하는 것은 권리남용에 해당하여 허용될 수 없다고 판시하였다.[36]

(b) 제2유형 적용 부정례

(ⅰ) 피고(국가) 소속 행정부의 국방장관 등이 거창사건의 발생 직후에 그 진상을 은폐하고자 시도한 적이 있으나, 그 후 피고 소속 국회가 국민의 대의기관으로서 1951.5.14. 거창사건 책임자를 처벌하라는 결의문을 채택하였고, 중앙고등군법회의가 거창사건의 책임자들에 대한 형사재판을 진행하여 1951.12.16. 유죄판결을 선고하였다. 대법원은 위 사안에서 원고들은 적어도 위 유죄판결이 선고된 시점에는 거창사건의 손해와 가해자 및 그 가해행위가 불법행위인 점 등을 모두 알았다고 봄이 상당하고, 원고들의 손해배상청구권에 관한 단기소멸시효가 완성될 때까지 피고가 원고들의 권리 행사나 시효의 중단을 불가능 또는 현저히 곤란하게 하거나 그런 조치가 불필요하다고 믿게 할 만한 언동을 하였다고 보기 어려울 뿐만 아니라, 객관적으로 원고들이 권리행사를 할 수 없는 장애사유가 있었다거나 권리행사를 기대할 수 없는 상당한 사정이 있었다고 단정하기도 어렵다고 판시하였다.[37]

(ⅱ) 1981년에 시행된 사법시험의 3차 면접시험에서 총무처 장관이 유신반대 시위에 참가한 전력이 있는 사람들을 일괄 탈락시킬 것을 면접위원들에게 요구하였고, 그에 따라 시위전력자인 원고들이 3차 면접시험에서 최하점을 받고 사법시험 불합격 처분을 받았는데, 그로부터 약 25년이 경과한 2007년 진실과 화해를 위한 과거사 정리위원회에서 원고들에 대한 사법시험 불합격 처분이 위법하다고 결정하였다. 위 사안에서, 대법원은 위법한 불합격 처분을 원인으로 한 원고들의 국가배상청구권은 불합격 처분일로부터 소멸시효기간 5년이 경과되어 시효 소멸하였고, 자신들의 시위전력 때문에 불합격 처분이 되었음을 그 당시 짐작하였던 원고들이 위 정리위원회의 결정이 나기 전까지는 불합격 처분의 구체적이고 자세한 내막까지는 몰랐다는 사유만으로는 원고들의 권리행사에 어떠한 객관적인 장애사유가 있다고 볼 수 없으므로 피고의 소멸시효 완성 주장이 권리남용에 해당한다고 볼 수 없다고 판시하였다.[38]

---

36) 대판 13.7.12, 2006다17539(공 13하, 1454).
37) 대판 08.5.29, 2004다33469(공 08하, 1109).
38) 대판 11.7.28, 2009다92784(정보).

(iii) 또한 판례[39]는 대법원이 임용기간이 만료된 국공립대학 교원에 대한 재임용거부처분에 대하여 이를 다툴 수 없다는 종전의 판례를 변경하였다고 하더라도, 그와 같은 대법원의 종전 판례는 국공립대학 교원에 대한 재임용거부처분이 불법행위임을 원인으로 한 손해배상청구에 대한 법률상 장애사유에 해당하지 아니하고, 그러한 대법원의 종전 판례의 존재가 객관적으로 채권자가 권리를 행사할 수 없게 한 특별사정에 해당하여 소멸시효 완성을 주장하는 것이 신의칙상 제한되어야 한다고 볼 수 없다고 한다.

(iv) 한편, 원고가 피고(근로복지공단)의 평균임금에 관한 결정을 신뢰하여 피고가 결정한 장해연금 선급금에 대하여 아무런 이의를 제기하지 않은 채 소멸시효기간을 도과시킨 사안에서, 원심은 피고가 소멸시효 완성을 이유로 원고에게 미지급한 장해연금 선급금의 지급을 거절하는 것은 신의성실의 원칙에 반하는 것으로서 허용될 수 없다고 판단하였다. 그러나 대법원은 위 사안에서 채권자인 원고가 객관적으로 권리를 행사할 수 없는 장애사유가 있었던 것도 아니고, 원고 스스로 피고의 평균임금 산정과 이에 기초한 장해연금 선급금 결정을 적법한 것으로 신뢰하였다 하더라도 그러한 신뢰를 가지는 데 피고가 특별히 기여한 바가 없는 이상 그러한 사정만으로 피고가 소멸시효의 완성을 주장하는 것이 신의성실의 원칙에 반한다고 할 수 없다고 판단하였다.[40]

(v) 피고(국가)가 병적 관리를 제대로 하지 않은 잘못으로 학도의용군으로 복무한 원고가 다시 징집되어 군복무를 하게 된 사안에서, 원심은 병적 관리자인 피고가 원고의 학도의용군 복무사실을 공식적으로 확인한 1999.3.11. 이전에는 피고 산하 국방부가 구 병역법 조항에 위반한 불법행위를 하였음을 객관적으로 외부에서 거의 알기 어려워 일반 국민인 원고로서는 국가의 그와 같은 조치에 전적인 신뢰를 둘 수밖에 없는 실정이고, 위법행위를 한 국가가 그 위법에 대해 아무런 조치를 취하지 않고 있다가 그 위법을 몰랐던 원고에 대해 소멸시효 완성을 주장한다는 것은 신의칙상 허용될 수 없다고 판단하였다. 그러나 대법원은 위 사안에서 국가에게 국민을 보호할 의무가 있다는 사유만으로 국가가 소멸시효의 완성을 주장하는 것 자체가 신의성실의 원칙에 반하여 권리남용에 해당한다고 할 수는 없고, 원고 스스로 1999년부

---

39) 대판 10.9.9, 2008다15865(공 10하, 1876).
40) 대판 03.3.28, 2002두11028(공 03, 1090).

터 증인을 확보하여 학도의용군 참전민원을 제기하자 피고 산하 국방부장관이 1999.3.11. 비로소 원고의 학도의용군 참전사실을 공식적으로 확인하였다고 주장할 뿐이며, 피고가 원고의 손해배상청구권 행사를 불가능 또는 현저히 곤란하게 하거나 그런 조치가 불필요하다가 믿게 할 만한 언동을 하였다고 보기에는 부족하고, 객관적으로도 원고가 손해배상청구권을 행사할 수 없는 장애사유가 있었다거나 권리행사를 기대할 수 없는 상당한 사정이 있었다고도 보이지 아니하므로, 피고의 소멸시효 완성 주장은 권리남용에 해당하지 않는다고 판단하였다.[41)]

(3) 제3유형

　(가) 기　　준　　　제3유형은 '일단 시효완성 후에 채무자가 시효를 원용하지 아니할 것 같은 태도를 보여 채권자로 하여금 그와 같이 신뢰하게 한 경우'이다.

이 유형은 시효완성 후에 채무자가 채무승인을 한 것으로 볼 여지가 있지만 시효이익의 포기까지는 해당하지 않는 경우를 말한다. 시효이익의 포기가 되기 위해서는 시효의 이익을 받는 자가 시효완성 사실을 알고 있어야 하므로, 시효완성 사실을 모르고 채무승인을 하거나 그와 같이 평가될 수 있는 행위를 한 경우에는 이 유형에 해당할 여지가 있다.

　(나) 구체적 사례

　(a) 제3유형 적용 긍정례

　　(ⅰ) 판례[42)]는, 취득시효기간 만료 후 국가에 대하여 무단점유 사실을 확인하면서 당해 토지에 관하여 어떤 권리도 주장하지 아니한다는 내용의 각서를 작성·교부하였다가 후에 취득시효 주장을 하는 것은 신의칙상 허용되지 않는다고 한다.

　　(ⅱ) 판례[43)]는 피고(국가)가 한국전쟁 전후 희생사건 등에 대하여 5년의 소멸시효기간이 경과된 때로부터 약 50년이 지난 2005.5.31. '진실·화해를 위한 과거사정리 기본법'을 제정하여, 수십 년 전의 역사적 사실관계를 다시 규명하고 피해자 및 유족에 대한 피해회복을 위한 조치를 취하겠다고 선언하

---

41) 대판 05.5.13, 2004다71881(공 05, 950).
42) 대판 98.5.22, 96다24101(공 98, 1702).
43) 대판(전) 13.5.16, 2012다202819(공 13하, 1077). 이에 대한 평석으로는 이영창, "과거사 사건의 사실확정 및 소멸시효 문제", 양승태 대법원장 재임 3년 주요 판례 평석, 2015, 185-202.

면서도 그 실행방법에 대해서는 아무런 제한을 두지 아니한 이상, 이는 특별한
사정이 없는 한 그 피해자 등이 국가배상을 청구하는 사법적 구제방법을 취하
는 것도 수용하겠다는 취지와 구체적인 소송사건에서 소멸시효를 주장함으로
써 배상을 거부하지는 않겠다는 의사를 표명한 취지가 담겨 있다고 한다. 따라
서 위 법에 의한 진실규명신청이 있었고, 피고 산하 정리위원회가 망인들을 희
생자로 확인 또는 추정하는 진실규명결정을 한 경우, 망인들의 유족인 원고들
은 그 결정에 기초하여 상당한 기간 내에 권리를 행사할 경우 피고가 적어도
소멸시효를 주장하지 않을 것이라는 데 대한 신뢰를 가질 만한 특별한 사정이
있었으므로, 피고의 소멸시효 완성 주장은 권리남용에 해당한다고 한다.[44]

나아가 위 법의 적용대상이 되는데도 불구하고 그에 근거한 진실규명신청
조차 없었던 경우에는 피고가 소멸시효를 주장하더라도 권리남용에 해당하지
않지만,[45] 진실규명신청이 없더라도 피고 산하 정리위원회가 직권으로 조사를
개시하여 진실규명결정을 한 경우에는 진실규명신청에 의한 경우와 달리 취급
할 이유가 없으므로, 그 희생자나 유족의 권리행사에 대하여 국가가 소멸시효
를 주장하는 것은 마찬가지로 권리남용에 해당한다고 한다.[46]

(ⅲ) 판례[47]는 교통사고로 심신상실의 상태에 빠진 갑이 을 보험회사
를 상대로 교통사고 발생일로부터 2년이 경과한 시점에 보험계약에 기한 보험
금의 청구를 내용으로 하는 소를 제기한 사안에서, '제한능력자의 시효정지'에
관한 민법 §179는 법원으로부터 금치산선고 등을 받아 심신상실의 상태 등이
공적으로 확인된 사람을 보호하고자 하는 것으로서 그 선고를 받지 아니한 사
람에게 쉽사리 준용 또는 유추적용할 것은 아니라고 한다. 다만 그러한 사람
을 보호할 이익 자체는 법적으로 시인되므로, 권리를 행사할 수 없게 하는 여
러 장애사유 중 권리자의 심신상실상태에 대하여는 특별한 법적 고려를 베풀

44) 김상훈, "과거사 국가배상사건에서 국가의 소멸시효 항변 제한법리", 민사법연구 22,
    2013, 23-68; 최창호, "과거사 사건에 있어 법원의 소멸시효 남용론에 대한 비판적 고찰",
    법조 686, 2013, 46-90; 과거사사건의 소멸시효 항변에 관하여 전반적으로는 다룬 글로
    는, 이영창, "불법행위에 기한 손해배상청구에 대한 소멸시효 항변—과거사 사건을 중심으
    로—", 제문제 22, 2013, 351-400; 윤진수, "과거사 정리와 소멸시효", 제문제 23, 2015,
    819-862; 박효송, "소멸시효 항변의 신의칙 위반에 관한 연구: 과거사 소송을 중심으로",
    서울대학교 법학석사 학위논문, 2015.
45) 대판(전) 13.5.16, 2012다202819(공 13하, 1077).
46) 대판 13.7.25, 2013다16602(공 13하, 1591). 이에 대한 평석으로는, 이영창, "과거사 사
    건의 소멸시효의 특수문제-직권에 의한 진실규명결정, 상당한 기간의 기산점", 해설 97,
    2014, 183-207.
47) 대판 10.5.27, 2009다44327(공 10하, 1233).

필요가 있다고 한다. 그리하여 위와 같은 사안에서 보험금청구권에 대하여는 2년이라는 매우 짧은 소멸시효기간이 정해져 있으므로 보험자 스스로 보험금청구권자의 사정에 성실하게 배려할 필요가 있다는 점, 권리를 행사할 수 없게 하는 여러 장애사유 중 권리자의 심신상실상태에 대하여는 특별한 법적 고려를 베풀 필요가 있다는 점, 갑이 보험사고로 인하여 의식불명의 상태에 있다는 사실을 그 사고 직후부터 명확하게 알고 있던 을 보험회사는 갑의 사실상 대리인에게 보험금 중 일부를 지급하여 법원으로부터 금치산선고를 받지 아니하고도 보험금을 수령할 수 있다고 믿게 하는 데 일정한 기여를 한 점 등을 종합하여 보면, 을 보험회사가 주장하는 소멸시효 완성의 항변을 받아들이는 것은 신의성실의 원칙에 반하여 허용되지 아니한다고 한다. 이는 소멸시효기간 중 채권자가 심신상실 상태에 빠졌으나 금치산선고를 받지 아니한 경우 민법 §179를 유추적용하는 방식을 택하지 않고, 권리자의 심신상실상태에 대하여 특별히 법적으로 고려할 필요성이 있다는 점과 그 밖의 채무자 측의 채권자 측에 대한 신뢰 부여 등 여러 사정을 종합하여 채무자의 소멸시효 항변이 신의성실의 원칙에 반한다는 논리구성을 취한 점에 특색이 있다.

　　　　(b) 제3유형 적용 부정례　　　　판례[48]는 삼청교육과 관련한 대통령의 1988.11.26.자 및 국방부장관의 1988.12.3.자 담화 발표에 관련하여, 대통령의 삼청교육 관련 사상자에 대한 피해보상을 밝힌 특별담화만으로 국가가 피해자들에 대한 국가배상채무를 승인하였다거나 시효이익을 포기한 것으로 볼 수는 없고, 대통령에 이어 국방부장관이 대통령의 시정방침을 알리면서 그에 따른 보상절차를 진행하기 위하여 피해자 및 유족들에게 일정 기간 내에 신고할 것을 공고하고 실제 신고를 받았다고 하더라도 그 결론이 달라지는 것은 아니며, 또한 국가의 소멸시효 주장이 금반언의 원칙에 위배되거나 신의성실의 원칙에 반하여 권리남용에 해당하는 것도 아니라고 한다.

　(4) 제4유형

　　㈎ 기　　준　　　　제4유형은 '채권자 보호의 필요성이 크고 같은 조건

---

48) 대판(전) 96.12.19, 94다22927(집 44-2, 392). 이에 대한 평석으로는, 강동필, "삼청교육과 관련한 대통령 담화의 법률적 성격", 법조 46-12호, 1997, 150-175; 윤진수, "삼청교육 피해자에 대한 대통령의 담화 발표가 손해배상청구권의 소멸시효에 미치는 영향", 국민과 사법; 윤관대법원장 퇴임기념, 1999, 578-580; 강동필, "대통령이 삼청교육 관련 피해자들에게 피해보상해주겠다고 밝힌 담화의 법률적 성격", 재판실무연구 2, 1997, 209-227.

의 다른 채권자가 채무의 변제를 수령하는 등의 사정이 있어 채무이행의 거절을 인정함이 현저히 부당하거나 불공평하게 되는 경우'이다. 이 경우는 채무자가 동일하게 시효가 완성된 다른 채권자에게는 변제를 하면서 당해 채권자에 대하여는 채무이행을 거절하여 불공평하게 되는 경우이거나, 그 채권의 성격에 비추어 볼 때 채권자 보호의 필요성이 큰 사안, 예를 들면, 예방접종의 후유증 등 불특정 다수가 피해를 입은 경우 또는 대규모 산업재해의 경우 등 채무이행 거절이 현저히 부당하게 되는 경우를 의미한다.

㈏ 구체적 사례   이 유형에 해당한다고 보아 소멸시효 항변이 권리남용에 해당한다고 판시한 대법원판례는 아직 없다. 일본의 경우 회사에서 퇴직한 근로자들이 회사를 상대로 크롬의 체내 축적으로 인한 손해배상을 청구한 사안에서, 회사가 '크롬퇴직자회'에 소속된 피해자들에 대하여는 소멸시효를 원용하지 않고 배상하였으면서도 위 크롬퇴직자회에 소속되지 않은 피해자들에 대하여서만 소멸시효항변을 하는 것은 권리남용에 해당하여 허용되지 않는다고 한 하급심판결례[49]가 있다. 또한 예방접종의 후유증으로 인한 피해자들이 국가를 상대로 손해배상청구를 한 사안에서, 피해가 크고 비참하며, 예방접종에 의하여 일반 국민의 이익이 도모되고 사고를 피할 수 없었으며, 피해자측에 과실이 없다는 등의 사정을 참작하여 신의칙상 시효소멸주장을 받아들일 수 없다고 판시한 사례[50]도 제4유형에 해당한다.

4. 소멸시효 항변이 권리남용에 해당하는 경우 권리행사기간

소멸시효 항변을 권리남용으로 만드는 사정이 해소된 경우 권리자가 어느 기간 안에 소제기 등의 권리행사를 하여야 하는지 문제된다.

(1) 학   설[51]

제1설은 소멸시효 완성 후의 채무승인에 관한 일본의 판례[52]와 같이 소멸시효의 주장이 권리남용에 해당하는 경우 소멸시효의 중단과 유사한 효과를 인정하여 새로이 소멸시효 기간이 진행한다는 견해이다.

제2설은 소멸시효의 남용을 이유 있게 하는 사정이 해소된 때에는 채권자

---

49) 日東京地判 1981(昭 56).9.28, 判時 1017, 34.
50) 名古屋地判 1985(昭 60).10.31, 判時, 1175, 3.
51) 학설의 소개에 관하여는 윤진수, "소멸시효의 남용에 관한 고찰", 서울대학교 석사학위논문, 1984, 91-92; 박종훈, "소멸시효의 원용과 권리남용", 판례연구 18, 2007, 100-101.
52) 日最判 66(昭 41).4.20, 民集 20-4, 702.

는 신의칙상 상당하다고 인정되는 기간 안에 소를 제기하는 등의 방법으로 권리를 행사하여야 한다는 견해이다.[53] 이는 독일의 지배적인 학설, 즉 소멸시효가 중단된 경우처럼 소멸시효가 처음부터 진행하는 것이 아니라, 신의칙에 반하는 사정이 소멸한 때로부터 상당한 기간 내에 권리를 행사하여야 한다는 견해와 궤를 같이 한다. 독일의 학설은, 모든 사건에 획일적인 기간을 설정할 수는 없고, 여러 가지 개별적인 상황을 참작하여 각 사안별로 상당한 기간을 설정하여야 한다고 하면서, 통상적으로 1개월 정도가 충분하다고 보고,[54] 5주 반 또는 6주는 일반적으로 지나치게 긴 기간이라고 한다.[55] 우리나라의 경우 소멸시효의 주장이 신의칙에 반하는지를 판단함에 있어서는 신중하여야 하지만, 일단 신의칙에 반한다고 판단되면 그 효과를 설정함에 있어서는 '상당한 기간'에 관한 사법재량을 활용하여 개별 사안에 가장 부합하는 결과에 이를 수 있도록 하여야 한다는 견해[56]가 있다.

제3설은 소멸시효의 남용을 이유 있게 하는 사정이 계속되고 있는 동안은 이를 소멸시효 기간에서 제외하여야 한다는 견해이다.

제4설[57]은 소멸시효 남용의 유형 중 제1 내지 제3유형의 경우에는 채권자가 권리를 행사하지 못한 원인이 소멸 한 때($\substack{채무승\\인 포함}$)로부터 당해 채권의 소멸시효기간 내에 제소한 경우에는 소멸시효를 원용할 수 없고, 제4유형의 경우에는 특히 채권자 보호의 필요성이 크므로 기간 경과 여부에 불문하고 다시 소멸시효를 원용할 수는 없다는 견해이다.

제1설은 권리남용의 문제와 시효중단을 혼동한 것이므로 타당하지 않다. 제3설은 일단 시효가 완성되었다고 인정하여 놓고 다시 잔존 시효시간을 따지는 것이어서 논리적으로 문제가 있을 뿐만 아니라, 시효완성 전 소멸시효의 남용을 이유 있게 하는 사정의 존속기간과 시효완성 후 권리행사기간을 얼마나 부여하는지와는 논리필연적인 관계가 없음에도 양자를 동일시하여 이론적 정합성이 떨어지며, 제1설과 마찬가지로 지나치게 장기간의 권리행사기간을 추

---

53) 윤진수(주 51), 91.
54) BGH NJW 1974, 1285.
55) Sacker/Grothe, Munchener Kommentar, Band Ⅰ, 4. Aufl.(2001), §194 Rn. 14; Larenz/Wolf Allgemeiner Teil des Burgerlichen Rechts, 9. Aufl.(2004), S. 316; BGH NJW 1991, 975; BGH NJW 1998, 902, 903; BGH NJW 1998, 1488, 1490(권영준(주 6), 33-34에서 재인용).
56) 권영준(주 6), 33-34.
57) 박종훈(주 51), 102.

가로 부여하게 될 우려가 있다. 제4설에 관하여는 제1, 3설에 대한 비판이 모두 적용가능하다.

(2) 판　　례

판례[58]는 제2설을 취한다. 즉, 채무자의 소멸시효 항변이 권리남용에 해당하는 경우에도 채권자는 그러한 사정이 있은 때로부터 '상당한 기간' 내에 권리를 행사하여야만 채무자의 소멸시효의 항변을 저지할 수 있고, '상당한 기간' 내에 권리행사가 있었는지 여부는 채권자와 채무자 사이의 관계, 신뢰를 부여하게 된 채무자의 행위 등의 내용과 동기 및 경위, 채무자가 그 행위 등에 의하여 달성하려고 한 목적과 진정한 의도, 채권자의 권리행사가 지연될 수밖에 없었던 특별한 사정이 있었는지 여부 등을 종합적으로 고려하여 판단하여야 한다고 한다. 그리고 신의성실의 원칙을 들어 시효 완성의 효력을 부정하는 것은 소멸시효 제도에 대한 대단히 예외적인 제한에 그쳐야 하므로, 위 권리행사의 '상당한 기간'은 특별한 사정이 없는 한 민법상 시효정지의 경우에 준하여 단기간으로 제한되어야 하고, 개별 사건에서 매우 특수한 사정이 있어 그 기간을 연장하여 인정하는 것이 부득이한 경우에도 불법행위로 인한 손해배상청구의 경우 그 기간은 아무리 길어도 민법 §766 Ⅰ이 규정한 단기소멸시효기간인 3년을 넘을 수는 없다고 한다.

한편, 판례[59]는 채권자에 대한 재심무죄판결이 확정된 때까지는 원고가 피고(국가)에 대해 손해배상청구권을 행사할 것을 기대할 수 없는 객관적인 사실상의 장애가 있어 피고의 소멸시효 항변은 권리남용에 해당하지만, 채권자는 특별한 사정이 없는 한 그러한 장애가 해소된 재심무죄판결 확정일로부터 민법상 시효정지의 경우에 준하는 6개월의 기간 내에 권리를 행사하여야 하고, 이때 그 기간 내에 권리행사가 있었는지는 원칙적으로 손해배상을 청구하는 소를 제기하였는지 여부를 기준으로 판단하여야 한다고 한다. 다만 재심무죄판결이 확정된 경우에 채권자가 재심무죄판결 확정일로부터 6개월 내에 손해배상청구의 소를 제기하지는 아니하였더라도 그 기간 내에 형사보상청구를 한 경우에는 소멸시효의 항변을 저지할 수 있는 권리행사의 '상당한 기간'은 이를

---

58) 대판(전) 13.5.16, 2012다202819(공 13하, 1077). 이에 대한 평석으로는 이영창(주 43), 185-202.

59) 대판 13.12.12, 2013다201844(공 14상, 170). 이에 대한 판례해설로는 김상훈, "재심을 통해 무죄 확정판결을 받은 자의 국가배상청구사건에서 소멸시효 항변의 허용 여부", 법과 정의 그리고 사람: 박병대 대법관 재임기념 문집, 2017, 387-398.

연장할 특수한 사정이 있고, 그때는 형사보상결정 확정일로부터 6개월 내에 손해배상청구의 소를 제기하면 상당한 기간 내에 권리를 행사한 것으로 볼 수 있으며, 다만 이 경우에도 그 기간은 권리행사의 사실상의 장애사유가 객관적으로 소멸된 재심무죄판결 확정일로부터 3년을 넘을 수는 없다고 한다.

판례[60]가 권리행사의 장애가 해소된 날로부터 민법의 시효정지기간에 준하는 6개월을 넘어 3년 내에 권리행사를 한 경우 상당한 기간 내에 권리를 행사한 것으로 본 사례로는 베트남전 참전 군인들이 고엽제 제조회사를 상대로 염소성여드름 발병으로 인한 손해배상을 청구한 사건을 들 수 있다. 대법원은 고엽제 제조회사들이 해당 원고들을 상대로 장기소멸시효의 완성을 주장하는 것은 제2유형의 사유가 있어 권리남용에 해당하므로 허용될 수 없다고 판시하는 한편, 해당 원고들이 베트남전 당시 살포된 고엽제가 미국 소재 회사들에 의하여 제조·판매된 것이어서 국제재판관할과 준거법에 관한 신중한 검토가 필요하였고, 고엽제에 함유된 TCDD의 인체 유해성, 고엽제의 결함 등에 관한 증거자료의 상당수가 미국에 소재하고 있어, 개개인이 고엽제후유증환자 등록 후 민법상 시효정지의 경우에 준하는 단기간 내에 피고들을 상대로 가압류신청을 하거나 소제기를 하는 등 권리행사를 하는 데에는 상당한 어려움이 있었던 점 등 매우 특수한 사정이 있었으므로, 민법의 시효정지기간에 준하는 6개월을 넘어 권리행사를 하였다 하더라도 소멸시효 항변을 배제할 수 있다고 보았다.

5. 과거사정리 사건에 관한 헌법재판소의 위헌결정

헌법재판소 판례[61]는 민법 §166 I, §766 II 중 진실·화해를 위한 과거사정리 기본법(이하 '과거사정리법'이라 한다) §2 I (iii)의 '민간인 집단희생사건', (iv)의 '중대한 인권침해사건·조작의혹사건'에 적용되는 부분은 헌법에 위반된다고 한다.

그 이유로 국가가 소속 공무원들의 조직적 관여를 통해 불법적으로 민간인을 집단 희생시키거나 장기간의 불법구금·고문 등에 의한 허위자백으로 유죄판결을 하고 사후에도 조작·은폐를 통해 진상규명을 저해하였음에도 불구하고, 그 불법행위 시점을 소멸시효의 기산점으로 삼는 것은 피해자와 가해자 보호의 균형을 도모하는 것으로 보기 어렵고, 발생한 손해의 공평·타당한 분

---

60) 대판 13.7.12, 2006다17539(공 13하, 1454).
61) 헌재 18.8.30, 2014헌바148, 2015헌바50(헌공 263, 1394).

담이라는 손해배상제도의 지도원리에도 부합하지 않는다고 한다. 그러므로 과거사정리법 §2 Ⅰ(ⅲ), (ⅳ)에 규정된 사건에 민법 §166 Ⅰ, §766 Ⅱ의 '객관적 기산점'이 적용되도록 하는 것은 합리적 이유가 인정되지 않는다고 한다.[62] 위 각 호에 규정된 사건에 민법 §166 Ⅰ, §766 Ⅱ의 '객관적 기산점'을 적용하도록 규정하는 것은, 소멸시효제도를 통한 법적 안정성과 가해자 보호만을 지나치게 중시한 나머지 합리적 이유 없이 위 사건 유형에 관한 국가배상청구권 보장 필요성을 외면한 것으로서 입법형성의 한계를 일탈하여 청구인들의 국가배상청구권을 침해한다고 한다.

이러한 헌법재판소의 결정은 양적 일부위헌결정으로서 법원을 기속한다.[63] 따라서 과거사정리법 §2 Ⅰ (ⅲ)의 '민간인 집단희생사건', (ⅳ)의 '중대한 인권침해사건·조작의혹사건'에 해당하여 국가배상청구 소송이 제기되고, 그 소송에서 문제된 소멸시효가 '객관적 기산점'이 적용되는 것이라면, 그 소멸시효 항변이 권리남용에 해당하는지 살펴볼 필요 없이 그 항변은 배척되어야 한다.

[오 영 준]

---

62) 그러나 과거사정리법 §2 Ⅰ (ⅲ), (ⅳ)에 규정된 사건에 민법 §766 Ⅰ의 '주관적 기산점'이 적용되도록 하는 것은 피해자와 가해자의 균형을 도모하기 위한 것으로 합리적 이유가 인정된다고 한다.
63) 대판 19.11.14, 2018다233686(공 20상, 16).

[소멸시효와 대비되는 제도]

I. 제척기간

1. 의의 및 종류

(1) 의   의

민법은 '제척기간'이라는 용어를 사용하지 않는다. 그러나 종래 판례와 학설은 민법이 정하는 권리행사의 기간을 제한하는 규정 중에서 시효와 구별되는 개념으로 제척기간이라는 용어를 사용하여 왔다.

제척기간에 대하여는 이를 '일정한 권리에 관하여 법률이 예정하는 존속기간'으로 설명하거나 '일정한 권리에 관하여 법률이 정한 행사기간'으로 설명하는 것이 일반적이다. 여기서 말하는 '권리의 존속기간'은 소멸시효와 대비하는 차원에서 정의된 것이어서 전세권의 존속기간($\frac{\S}{321}$) 등과 같은 순수한 권리의 존속기간과는 다르다.

하지만, 제척기간에는 법정제척기간 외에 당사자의 약정에 의하여 정해지는 약정제척기간도 있으므로, 제척기간을 '법률이 정한 것'으로 정의하는 것만으로는 충분하지 않을 수 있다. 그리하여 일부 학설[1]은 순수한 권리의 존속기간을 제외함과 아울러 약정제척기간도 포함하기 위해서 제척기간을 '당초 존속기간 내지 행사기간이 예정되지 아니한 권리를 일정기간의 경과로 소멸하게 하는 제도'로 정의하기도 한다.

(2) 종   류

소멸시효는 법률에 기해서만 인정된다. 반면 제척기간은 법률은 물론 당사자의 약정에 의해서도 발생한다. 그리하여 법률상 소멸시효에 걸리지 않는 권리를 당사자의 특약으로 소멸시효에 걸리도록 할 수는 없지만, 당초 제척기간이 예정되어 있지 아니한 권리를 당사자의 특약으로 제척기간에 걸리도록 할 수 있다.[2]

(가) 법정제척기간   법률이 규정하고 있는 제척기간을 법정제척기간(Gesetzliche Ausschlussfrist)이라고 한다. 이는 다시 형성권에 관한 것과 청구권에 관한 것 두 가지로 나눌 수 있다. 상세는 후술하겠지만, 우선 전자의 예로는 법률행위 취소권($\frac{\S}{146}$), 채권자취소권($\frac{\S 406}{\text{II}}$), 권리의 일부가 타인에게 속한

---

1) 김진우, "소멸시효와 제척기간", 재산 25-3, 2009, 167.
2) Erman/Schmidt - Rantsch. BGB, 11. Aufl., 2004, Vor § 194 Rn, 10[김진우, "청구권에 관한 제척기간과 소멸시효", 재산 26-3(상), 2009, 5에서 재인용].

경우에 매수인의 계약해제권($\S_{573}$), 매도인의 하자담보책임으로서의 계약해제권($\S_{582}$) 등을 들 수 있다. 후자의 예로는 점유보호청구권($\S_{\S 205\ \text{II, III}}^{\S 204\ \text{III},}$), 담보책임에 기한 청구권($\S\S_{582.}^{573.}$) 등을 들 수 있다.[3]

　　　(내) 약정제척기간　　　당사자의 합의로 정해진 권리행사기간을 약정제척기간(Vertragliche Ausschlussfrist)이라 한다. 넓은 의미에서 약관에 의하여 정해진 권리행사기간도 포함한다. 이 역시 법정제척기간과 마찬가지로 형성권에 관한 것과 청구권에 관한 것 두 가지로 나눌 수 있다. 예컨대, 법정제척기간의 정함이 없는 계약해제권·해지권, 대금감액청구권, 매매예약완결권, 대물변제예약완결권과 같은 형성권에 대하여 당사자는 약정제척기간을 정할 수 있다. 청구권에 관한 약정제척기간의 대표적인 예는 손해배상책임을 제한하기 위한 약관상의 권리행사기간을 들 수 있다.[4]

2. 존재이유

(1) 독　　　일

소멸시효제도는 시간의 경과로 인하여 발생하는 입증곤란으로부터 채무자를 보호하는 한편, 법적 안정성과 법적 평화 내지 거래의 안전에 이바지하는 제도이지만, 제척기간은 주로 법적 안정성 및 법적 명료성을 도모하기 위한 제도라고 설명한다. 그것은 특히 효과에 있어서 그러한데, 제척기간이 도과하면 소멸시효처럼 단순히 이행거절의 영구적 항변권만 발생하는 것이 아니라 자동적인 권리의 소멸을 가져오기 때문이라고 한다.

하지만, 독일민법의 입법자는 소멸시효와 달리 제척기간에 관하여는 일반규정을 두지 않았는데, 이는 제척기간을 일의적 제도가 아니라 다양한 목적을 가진 제도로 여겼기 때문이다. 따라서 제척기간의 존재이유를 반드시 일의적으로 설명할 수 있는 것은 아니다. 이러한 측면에서 단기의 제척기간은 특히 '조속한 법적 안정성'을 도모하기 위한 것이지만, 장기의 제척기간은 '법적 명료성'의 확보에 주된 취지가 있다고 한다. 그 밖에 청구권에 관한 법정제척기간 중에는 의무자를 입증곤란으로부터 구제하거나($\S_{g\ \text{등}}^{651-}$), 의무자의 새로운 법률행위를 할 수 있는 자유(Dispositionsfreiheit)를 확보하는 것을 목적으로 하는

---

3) 김진우(주 2), 5-6.
4) 김진우(주 2), 6.

$\left(\begin{smallmatrix} \S\,1002 \\ 1 \end{smallmatrix}\text{등}\right)$ 것도 있다고 한다.[5]

(2) 일 본

일본민법의 기초자가 권리행사에 대한 제약으로서 소멸시효 외에 제척기간을 둔 이유는 '권리의 특히 신속한 행사'를 촉진하기 위해서였고, 후대의 학설도 대개 이를 따르고 있다. 제척기간은 그 기간 내에 권리행사를 하지 아니하면 그 후는 일체 권리행사가 할 수 없게 되는 기간인데, 이 기간 내에 권리관계를 확정하는 것이 제척기간의 목적이며, 장기의 권리불행사에 의하여 '권리의 부존재가 추정'되는 시효와는 그 존재이유가 다르다고 한다.

(3) 우리나라

판례는 "제척기간은 일정한 기간의 만료로써 당연히 권리의 소멸을 가져오게 하는 제도, 즉 권리행사의 가능 여부를 불문하고 일정기간에 걸쳐서 권리가 행사되지 않는 경우에 그 권리를 확정적으로 소멸시키기 위하여 마련된 제도"라고 한다.[6] 한편 "제척기간은 권리자로 하여금 당해 권리를 신속하게 행사하도록 함으로써 법률관계를 조속히 확정시키려는 데 그 제도의 취지가 있는 것으로서, 소멸시효가 일정한 기간의 경과와 권리의 불행사라는 사정에 의하여 권리 소멸의 효과를 가져오는 것과는 달리 그 기간의 경과 자체만으로 곧 권리 소멸의 효과를 가져오게 하는 것이므로 그 기간 진행의 기산점은 특별한 사정이 없는 한 원칙적으로 권리가 발생한 때"라고 판시한 판례[7]도 있다.

통설은 제척기간의 취지를 법률관계의 조속한 확정에서 찾는다. 즉, 소멸시효는 일정한 기간 권리행사를 하지 않은 것$\left(\begin{smallmatrix} 권리불 \\ 행사 \end{smallmatrix}\right)$에 초점을 맞추어, 그러한 경우에는 채무자가 변제하였을 개연성이 높다고 보아, 권리자의 근거 없는 청구로부터 변제를 한 채무자를 보호하기 위해 그 권리가 소멸하는 것으로 본다. 반면, 제척기간은 어느 법률관계를 당사자나 제3자에 대한 관계에 있어 안정시킬 필요가 있는 경우에, 법률로 그 권리를 일정기간까지 행사하도록 제한하는 것이라고 설명한다. 요컨대 소멸시효제도에서는 채무자의 보호라는 관점이 상대적으로 더 부각되는데 비해, 제척기간제도는 채무자의 보호라는 관점이

---

5) Moufang, Das Verhaltnis der Ausschlußfristen zur Verjahrung, Ein ausgewahltes Rechtsproblem aus der Inhaltskontrolle vertraglicher Ausschlußfristen, 1996, S. 62ff., 83(김진우(주 1), 169-170에서 재인용).

6) 대판 81.2.10, 79다2052(공 81, 13720).

7) 대판 95.11.10, 94다22682, 22699(공 95, 3904); 대판(전) 16.10.19, 2014다46648(공 16하, 1673).

후퇴하고 그 기간이 지나면 모든 사람에 대한 관계에서 그 권리가 소멸하게 함으로써 법적 안정성 내지 법적 명료성의 관점이 더 부각된다는 것이다.8)

이에 대하여는 단기 소멸시효제도의 존재이유도 권리관계의 조속한 확정에 있기 때문에, 이 점에서 제척기간의 존재이유와 유사하여 권리관계의 조속한 확정은 양자의 구별기준이 될 수 없다며 비판하는 견해도 있다.9) 이 견해는 소멸시효는 시효기간 동안 계속된 권리불행사라는 '사실상태'를 존중하여 권리의 소멸을 가져오게 하는 제도임에 비하여, 제척기간은 그 대상 권리 자체에 처음부터 제한적인 권리행사기간을 붙인 것이라고 한다. 즉 제척기간은 '사실상태'의 존속과는 관계없이 법률관계의 조속한 확정을 위하여 법이 미리 예정해 놓은 권리행사기간에 불과하므로, 이러한 점에서 제척기간과 단기 소멸시효의 존재이유는 서로 명확히 구별될 수 있다고 한다.

한편, 통설적 견해를 토대로 하면서도 '청구권'에 관한 제척기간은 권리관계의 조속한 확정($\binom{법적}{안정성}$) 이외에도 소멸시효와 마찬가지로 시간의 경과에 따른 입증곤란으로부터 의무자를 구제하는 측면이 있지만, '형성권'에 관한 제척기간은 그것이 단기이든 장기이든 입증곤란으로부터의 구제라는 취지는 갖지 않는다고 하면서 청구권과 형성권을 구별하여 설명하는 견해도 있다.10)

소멸시효와 제척기간의 존재이유 내지 취지의 상이성은 규정방식의 상이성으로 이어진다. 즉 소멸시효는 "채권은 10년간 행사하지 아니하면 소멸시효가 완성한다."($\S\genfrac{}{}{0pt}{}{162}{1}$)고 규정하여 권리의 불행사에 초점을 맞추어 규정하는 반면, 제척기간은 예컨대 "취소권은 추인할 수 있는 날로부터 3년 내에, 법률행위를 한 날로부터 10년 내에 행사하여야 한다."($\S\genfrac{}{}{0pt}{}{162}{1}$)고 규정하여, 권리행사의 상한기간을 정하는 식으로 규정한다.11)

---

8) 김증한, "소멸시효", 민법논집, 1973, 318-319; 김제완 외 2인, "권리행사기간에 관한 쟁점과 민법개정 방안", 민학 50, 2010, 98.

9) 이홍렬, 이기용, "제척기간에 관한 소고—소멸시효와 제척기간의 비교를 중심으로—", 성균관법학 19-3, 2007, 644-645.

10) 김진우(주 1), 173-174.

11) 독일민법도 어떤 기간이 소멸시효인지 제척기간인지는 법문에 의하여 형식적으로 판단한다. '시효로 인해서', '시효에 걸린다.'는 문언이 있으면 소멸시효이고, '… 기간 동안 할 수 있다', '…권리는 소멸한다.', '… 권리는 배제된다'라는 표현이 있으면 제척기간으로 보고 있다[김진우(주 2), 16; 이홍렬, 이기용(주 9), 642-643].

3. 제척기간과 소멸시효의 차이점

(1) 종래의 학설

종래 학설은 일반적으로 제척기간의 취지가 특히 권리관계의 조속한 확정에 있음을 강조하면서, 소멸시효와는 다음과 같은 점에서 구별된다고 한다. 이는 소멸시효와 제척기간의 성질상의 차이를 강조하면서 시효에 관한 민법의 규정들이 제척기간에 적용될 수 없다고 보는 입장이다. 이러한 입장은 독일민법 시행 직후 독일의 통설이 법률에 준용규정이 없는 한 소멸시효에 관한 규정은 제척기간에 적용이 없다고 본 것과 궤를 같이한다.[12]

① 시효에서는 중단, 정지가 인정되지만, 제척기간에서는 인정되지 않는다.

② 시효는 당사자가 변론에서 주장하지 않으면 법원이 이를 고려하지 않지만, 제척기간은 당사자의 주장이 없더라도 직권으로 고려하여야 한다.

③ 시효의 기산점은 권리를 행사할 수 있을 때이지만, 제척기간은 권리가 발생한 때이다.

④ 시효의 이익은 시효완성 후에 포기할 수 있지만, 제척기간의 경우는 포기할 수 없다.

⑤ 시효의 효력은 소급하지만 제척기간에는 소급효가 없다.

⑥ 시효는 확정판결에 의해 기간이 늘어날 수 있지만, 제척기간은 그렇지 않다.

(2) 최근의 유력설

우리 민법은 제척기간에 대해 이를 일반적으로 규율하는 규정을 두고 있지 않다. 권리행사의 상한기간을 정하고 있는 민법의 여러 규정에서 대상으로 하는 권리들은 그 내용과 취지가 다르므로, 이를 묶어 제척기간이라고 부른다는 사정만으로 소멸시효와 항시 다르다고 보기는 어렵고, 개별적인 검토가 필요하다. 그리하여 최근의 유력설[13]은 소멸시효와 제척기간의 일률적 내지 획일적인 구별에 대하여 의문을 제기하면서, 이들의 차이를 상대적인 것에 불과하다거나 과연 근본적으로 서로 다른 것인지 여부가 불명료하다고 보고 있고, 제척기간에 소멸시효에 관한 민법의 규정을 적용 또는 유추적용하는 데 적극

---

12) 김진우, "제척기간의 정지 및 중단 여부에 관하여", 재산 24-3, 2008, 4.

13) 양창수, "매매예약완결권의 제척기간의 기산점", 민법연구 4, 2007, 271-272; 김진우(주 1), 199-200; 김제완, 백경일, 백태웅, "권리행사기간에 관한 쟁점과 민법개정 방안", 민학 50, 2010, 103-108; 이종문, "제척기간 준수에 필요한 권리행사". 민판연 35, 2013, 95; 전원열, "부인권과 제척기간", 법조 720, 2016, 515.

적이다.

오늘날 독일의 학설[14]은 제척기간과 소멸시효기간의 본질적 상이성은 소멸시효에 대한 개별규정들의 제척기간에 대한 준용을 전적으로 배제하는 것은 아니라고 하고, 제척기간의 취지에 따라 소멸시효의 규정이 적용될 수 있다는 것이 일반적인 견해라고 한다.[15] 독일의 판례[16]도 제척기간과 소멸시효기간의 본질적 상이성은 소멸시효에 대한 개별 규정들을 제척기간에 준용하는 것을 전적으로 배제하는 것은 아니고, 오히려 이 문제는 사안별로 각 규정의 취지에 따라 결정해야 할 것이라고 한다.

4. 제척기간과 소멸시효의 구별

(1) 구별기준

제척기간과 소멸시효의 구별기준에 관해서는 기간을 정한 조문의 문언에 따라 구별하여야 한다는 견해와 당해 권리의 성질이나 규정의 취지 및 목적에 따라 구별하여야 한다는 견해가 대립되고 있다.

전자는 법률이 "시효로 인하여 소멸한다." 또는 "소멸시효가 완성한다."고 규정하고 있는 때에는, 소멸시효기간이고 그러한 표현이 없는 때(예컨대, "3년 내에 행사하지 아니한 때에는 소멸한다")에는 제척기간이라고 보아야 한다고 한다.[17] 후자는 일단 법문의 표현을 기준으로 하면서도 '시효로 인하여'라고 표현된 경우에도 규정의 취지와 권리의 성질을 고려하여 제척기간이라고 해석할 수 있다는 입장이다.

판례는 전자의 입장을 따르고 있다. 법문을 떠나 권리의 성질이나 내용을 가지고 제척기간과 소멸시효의 구별하는 것은 그 기준이 명확하지 않고 자의적일 수 있으며, 어떠한 권리를 제척기간에 걸리게 할 것인지, 소멸시효에 걸리게 할 것인지는 근본적으로 입법자의 선택에 달린 문제이다.[18] 법문이 명확하게 '시효로 인하여'라고 규정하고 있는데도 이와 달리 법문의 문언에 반하는 해석을 할 합리적인 근거도 없으므로 전자의 입장이 타당하다.

전자의 입장을 따를 경우, 민법상 출소기간인 제척기간은 §406 Ⅱ, §819,

---

14) AnwK-BGB/Mansel/Stumer, Vor §§ 194-218 Rn. 28; Staudinger/Peters(2004), Vorbem zu §§ 194 ff. Rn. 15.

15) 김진우(주 12), 4.

16) BGH, Urteil vom 6.10.2005 - Ⅰ ZR 14/03(http://lexetius.com/2005,2880).

17) 구주해(3), 404(윤진수).

18) 구주해(3), 404(윤진수).

§ 821, § 823, § 841, § 842, § 847 Ⅰ, § 848 Ⅱ, § 851, § 861, § 862, § 864, § 865 Ⅱ, § 891, § 892, § 893, § 894, § 896, § 907, § 967 Ⅱ, § 972, § 982 Ⅱ, § 999, § 1014[19] 등이 있다.

민법상 재판외 행사기간인 제척기간은 민법 § 146, § 170 Ⅱ, § 173, § 174, § 204 Ⅲ, § 205 Ⅲ,[20] § 242 Ⅱ, § 250, § 253, § 254, § 556 Ⅱ, § 573, § 574, § 575 Ⅱ, § 582,[21] § 617, § 654, § 670, § 671 Ⅱ,[22] § 839-2 Ⅲ,[23] § 1011, § 1024 Ⅱ 후문, § 1075 Ⅱ 등이 있다.[24]

(2) 구별이 문제되는 경우

(가) 이중의 기간 제한　　민법 § 766 Ⅰ은 "불법행위로 인한 손해배상의 청구권은 피해자나 그 법정대리인이 그 손해 및 가해자를 안 날로부터 3년간 이를 행사하지 아니하면 시효로 인하여 소멸한다."고 규정하고, Ⅱ은 "불법행위를 한 날로부터 10년을 경과한 때에도 전항과 같다."고 규정하고 있다. 민법 § 766 Ⅱ이 규정하는 기간의 성질에 대해서는 이를 법문에 따라 제척기간으로 보는 견해와 이 경우에도 시효의 중단을 인정할 필요가 있다는 점을 근거로 시효기간으로 해석하여야 한다는 견해가 대립한다. 판례[25]는 시효기간으로 본다.

한편, 민법 § 1117는 '소멸시효'라는 제목으로, 유류분반환의 청구권은 유류분권리자가 상속의 개시와 반환하여야 할 증여 또는 유증을 한 사실을 안 때로부터 1년 내에 하지 아니하면 시효에 의하여 소멸한다고 하면서, 상속이 개시한 때로부터 10년을 경과한 때도 같다고 규정하고 있다. 여기서 위의 1년의 기간이 소멸시효기간이라는 데에는 별다른 이견이 없으나, 위의 10년의 기간의 성질에 대해서는 제척기간설과 소멸시효설이 대립한다. 판례[26]는 민법 § 1117의 규정내용 및 형식에 비추어 볼 때 같은 법조 전단의 1년의 기간은

---

19) 대판 07.7.26, 2006므2757(집 55-2, 411); 대판(전) 16.10.19, 2014다46648(공 16하, 1673).
20) 대판 02.4.26, 2001다8097, 8103(공 02, 1251).
21) 대판 64.4.21, 63다691(정보); 대판 85.11.12, 84다카2344(집 33-3, 108).
22) 대판 88.3.8, 87다카2083, 2084(집 36-1, 103); 대판 90.3.9, 88다카31866(집 38-1, 121); 대판 00.6.9, 2000다15371(공 00, 1639).
23) 대판 94.9.9, 94다17536(공 94, 2618).
24) 구주해(3), 404-405(윤진수).
25) 대판(전) 96.12.19, 94다22927(집 44-2, 392).
26) 대판 93.4.13, 92다3595(공 93, 1370); 대판 08.7.10, 2007다9719(정보); 대판 15.11.12, 2011다55092, 55108(정보). 대판 92다3595에 대한 평석으로는, 유승정, "유류분반환청구권 행사기간의 성질", 사행 35-1, 1994, 71-72.

물론 같은 법조 후단의 10년의 기간도 소멸시효기간이라고 본다.

　판례와 같이 민법 §766, §1117에서 각 규정한 이중의 기간 제한이 모두 소멸시효라면, 민법은 하나의 권리에 대해 한 개의 소멸시효가 아니라 두 개의 소멸시효를 인정하면서, 그 중 단기소멸시효는 권리자의 주관적 인식을, 장기소멸시효는 기간의 경과라는 객관적 사실을 기초로 하여 이 중 어느 하나의 기간이라도 먼저 완성하면 권리를 소멸시키는 태도를 취하고 있는 것이다.

　　㈏ 형성권의 행사기간　　형성권은 상대방의 채무이행 등 협력 없이도 당사자 일방의 의사표시만으로 목적하는 법률관계가 형성되므로 형성권의 행사에 의하여 권리행사기간이 중단된다는 것은 관념할 여지가 없다. 또한 너무 오랜 기간에 걸쳐 형성권을 행사할 수 있다고 한다면 상대방과 제3자의 지위가 극히 불안해 지므로 일정기간 내에 이를 행사할 것이 요청된다. 이러한 특성상 형성권을 규율하는 데에는 대체로 제척기간이 어울리므로, 제척기간은 '형성권'에 정해지는 것이 보통이다. 판례상 제척기간에 걸리는 것으로 본 형성권으로는, 사기·강박에 의한 취소권($\frac{\S}{146}$),[27] 채권자취소권,[28] 계약의 해제권,[29] 매매의 일방예약완결권,[30] 민법 §950 Ⅱ에 의한 법률행위의 취소권,[31] 징발재산정리에 관한 특별조치법 §20의 환매권,[32] 공공용지의 취득 및 손실보상에 관한 특례법 §9의 환매권,[33] 보험계약의 해지권[34] 등이 있다.

　그러나 형성권이 제척기간에 더 잘 어울릴 수 있다 하더라도 본질적으로 반드시 제척기간에 걸려야만 하는 것은 아니다. 예컨대 취소권의 행사기간을 일본은 소멸시효기간으로 다룬다. 즉 일본민법 §126는 "취소권은 추인할 수 있는 때로부터 5년간 이를 행사하지 아니하면 시효로 인하여 소멸한다. 행위시부터 20년을 경과한 때에도 또한 같다."고 규정하고 있고, 취소권의 행사기간 내에 압류 등을 하면 취소권의 시효진행이 중단되는 것으로 본다.[35] 또한

----

27) 대판 96.9.20, 96다25371(공 96, 3152).
28) 대판 00.9.29, 2000다3262(공 00, 2199).
29) 대판 14.6.26, 2013다63356(정보).
30) 대판 92.7.28, 91다44766, 44773(공 92, 2552).
31) 대판 97.6.27, 97다3828(집 45-2, 318).
32) 대판 91.2.22, 90다13420(집 39-1, 172).
33) 대판 99.4.9, 98다46945(공 99, 840).
34) 대판 00.1.28, 99다50712(공 00, 573).
35) 이와 달리 우리 민법 §146를 제정하는 과정에서는, 취소권은 형성권으로서 성질상 제척기간으로 정하는 것이 타당하다는 이유에서 「시효로 인하여」를 삭제하고 대신 「행사하여야 한다」로 표현을 바꾸고, 법률관계를 조속히 안정시키려는 취지에서 그 행사기간을 단축하였다(명순구, 실록 대한민국민법 1, 2009, 390 이하).

대법원판례는 형성권인 유류분반환청구권[36] 및 백지어음 및 백지수표의 보충권[37]이 소멸시효에 걸리는 것으로 보고 있다.

한편 민법상 청구권으로 표현하고 있지만 형성권으로 해석되는 것들이 있다. 즉, ① 공유물분할청구권($\S_{268}$), ② 지상물매수청구권($\S_{283}$), ③ 지료증감청구권($\S_{286}$), ④ 지상권소멸청구권($\S_{287}$), ⑤ 전세권소멸청구권($\S_{311}$), ⑥ 부속물매수청구권($\S_{316}$), ⑦ 유치권소멸청구권($\S_{324;}^{\S 327}$), ⑧ 저당권소멸청구권($\S_{364}$), ⑨ 담보책임의 내용으로서 대금감액청구권($\S_{572;}^{\S 578}$), ⑩ 차임감액청구권($\S_{627}$), ⑪ 차임증감청구권($\S_{628}$), ⑫ 부속물매수청구권($\S_{646;}^{\S 647}$) 등이 그러하다.

위 ② 내지 ⑪의 청구권들은 대체로 제척기간으로 보는 것이 타당하지만, 위 ① 공유물분할청구권은 공유에 수반하는 것으로서 공유가 존속하는 동안에는 따로 제척기간에 걸리지 않는다. 이는 서면에 의하지 않은 증여($\S_{555}$)의 해제의 경우에도 마찬가지이다. 이 해제는 수증자가 이행청구를 해 왔을 경우에 증여자가 그에 대한 법적 방어수단으로 인정된 것으로, 수증자의 채권이 존속하는데 증여자의 해제권이 제척기간의 경과로 먼저 소멸한다는 것은 적절치 않다. 그리하여 판례는 서면에 의하지 않은 증여계약의 해제는 일종의 특수한 철회일 뿐 본래 의미의 해제와는 다르므로 형성권에 대한 제척기간의 적용을 받지 않는다고 한다.[38]

　(대) 청구권의 행사기간

　　(a) 청구권에 관하여 제척기간을 둘 수 있는지 여부　　　청구권에도 제척기간을 둘 수 있는지에 관해, 청구권은 일률적으로 소멸시효에 걸리도록 하는 것이 타당하다는 이유로 이를 부정하는 견해가 있다. 이 견해는 제척기간을 인정할 필요는 형성권의 일방적 행사가능성에서 찾을 수 있는데, 청구권은 그러한 성질이 없고, 제척기간의 특성은 시효중단이 인정되지 않는 것인데, 청구권에 제척기간을 두어 시효중단을 인정하지 않게 되면 채권자를 곤란하게 하여 부당하므로, 청구권에 제척기간을 두는 것은 부당하다고 한다.[39]

그런데 위 견해는 제척기간은 주로 형성권에 두어지는 것이기는 하지만, 그것이 오로지 형성권에만 정해지는 것은 아니고 법률관계를 조속히 확정지

---

36) 대판 93.4.13, 92다3595(공 93, 1370); 대판 08.7.10, 2007다9719(정보).

37) 대판 01.10.23, 99다64018(공 01, 2523); 대판(전) 10.5.20, 2009다48312(공 10, 1143).

38) 대판 03.4.11, 2003다1755(공 03, 1174); 대판 09.9.24, 2009다37831(공 03, 1174).

39) 이은영, 민법총칙 제4판, 2005, 786.

을 필요가 있는 경우에는 '청구권'에도 제척기간을 둘 수 있다는 점을 간과하고 있다. 예컨대, 구 증권거래법 §16는 "§14의 규정에 의한 배상의 책임은 그 청구권자가 당해 사실을 안 날로부터 1년 내 또는 당해 유가증권에 관하여 유가증권신고서의 효력이 발생한 날로부터 3년 내에 청구권을 행사하지 아니한 때에는 소멸한다."고 규정하고 있다. 구 증권거래법 §14는 민법상의 불법행위책임에 대한 특칙인데, 구 증권거래법 §16는 이러한 특칙의 적용을 단기간으로 제한하기 위해 그 청구권의 행사기간을 민법 §766의 소멸시효기간보다 줄이는 한편 '시효로 인하여'라는 문언을 사용하지 않고 있다. 판례[40]는 위 규정에 따른 청구권의 행사기간을 제척기간으로 보고 있다. 또한 민법상의 불법행위책임에 대한 특칙인 주식회사의 외부감사에 관한 법률 §17도 그 Ⅵ에서 손해배상청구권의 행사기간을 단기간으로 제한하고 있는데, 판례[41]는 이 기간도 제척기간으로 보고 있다. 가등기담보 등에 관한 법률 §11는 채무자 등은 채무의 변제기로부터 10년이 지난 경우 채무액을 지급하더라도 채권담보 목적 소유권이전등기의 말소를 청구할 수 없도록 규정하고 있는데, 판례[42]는 이 기간을 제척기간으로 보고 있다. 나아가 민법이 일정한 청구권에 대하여 제척기간을 정하고 있는 경우는 아래 (b)항과 같이 상당수에 이른다.

　　요컨대 '청구권에는 소멸시효만이, 형성권에는 제척기간만이 각 적용된다'는 형식논리는 민법이나 여러 특별법의 규율과는 맞지 않는 것이다.

　　　　(b) 민법이 정한 청구권의 행사기간　　　민법은 청구권의 형식을 취하는 일정한 권리에 대해서 별도로 그 권리행사기간을 정하고 있다. 이는 학설, 판례상 제척기간으로 해석되는데, 점유를 침탈당하거나 방해를 받은 자의 침탈자 또는 방해자에 대한 반환·방해제거 청구권($^{§\,204\ \text{Ⅲ},}_{§\,205\ \text{Ⅱ}}$),[43] 경계선 부근 건축에 대한 변경·철거청구권($^{§\,242}_{\text{Ⅱ}}$),[44] 도품·유실물의 반환청구권($^{§}_{250}$),[45] 담보책

---

40) 대판 07.10.25, 2006다16758, 16765(집 55-2, 85).
41) 대판 08.7.10, 2006다79674(공 08하, 1141).
42) 대판 14.8.20, 2012다47074(공 14하, 1784).
43) 대판 02.4.26, 2001다8097, 8103(공 02, 1251). 판례는 여기서 제척기간의 대상이 되는 권리는 형성권이 아니라 통상의 청구권인 점과 점유의 침탈 또는 방해의 상태가 일정한 기간을 지나게 되면 이를 복구하는 것이 오히려 평화질서의 교란이므로 원상회복을 허용하지 않는 것이 점유제도의 이상에 맞고 여기에 점유의 회수 또는 방해제거 등 청구권에 단기의 제척기간을 두는 이유가 있는 점 등에 비추어 볼 때, 위의 제척기간은 출소기간이라고 한다.
44) 구주해(3), 405(윤진수).
45) 구주해(3), 405(윤진수).

임에 기한 매수인의 매도인에 대한 손해배상청구권·완전물급부청구권($\S\S \frac{573,}{574,}$ $\frac{575,}{582}$),46)47) 담보책임에 기한 도급인의 수급인에 대한 손해배상청구권($\S\S \frac{670,}{671}$),48) 사용대차나 임대차에서 대주의 차주에 대한 손해배상청구권과 차주의 대주에 대한 비용상환청구권($\S\S \frac{617,}{654}$),49) 재산분할청구권($\S \frac{839-}{2}$ Ⅱ),50) 상속회복청구권($\S_{999}$) 및 피인지자 등의 상속분상당가액지급청구권($\S_{1014}$)51) 등이 그것이다.

한편, 특별법상의 청구권으로서 제척기간에 걸리는 것은 구 증권거래법 §16의 손해배상청구권의 행사기간,52) 주식회사의 외부감사에 관한 법률 §17 Ⅵ의 손해배상청구권의 행사기간,53) 구 증권거래법 §188 Ⅱ의 단기매매차익 반환청구권,54) 가등기담보 등에 관한 법률 §11의 채무 변제기로부터 10년 경과 후 채권담보 목적 소유권이전등기의 말소청구권, 집합건물의 소유 및 관리에 관한 법률 §9에 의한 하자보수청구권 또는 그에 갈음하는 손해배상청구권 55) 등이 있다.

5. 제척기간에 걸리는 권리의 행사방법

채권자취소권에 관한 민법 §406 Ⅱ, 친생부인의 소에 관한 민법 §847, 상속회복청구권에 관한 민법 §999 등은 법률이 규정한 제척기간 내에 그 권리를 재판상 행사하도록 규정되어 있다. 이는 '출소기간'을 정한 것이다.

이와 달리 법률이 재판상 행사하여야 하는 것으로 정하고 있지 않은 제척기간의 권리행사 방법에 관하여는 견해의 대립이 있다.

제1설은 모든 제척기간을 출소기간으로 보아 그 기간 내에 소의 제기를

---

46) 대판 64.4.21, 63다691(정보); 대판 85.11.12, 84다카2344(집 33-3, 108).

47) 통설이다. 이에 대해는 담보책임에 기한 손해배상청구권의 경우 그 성질이 청구권이므로 제척기간이 아닌 소멸시효로 정하는 것이 타당하고, 또 이를 통해 제척기간에는 인정되지 않는 중단을 인정할 수 있는 점에서 실익이 있다고 주장하는 소수설이 있다[박영규, "사법상의 권리행사기간—소멸시효기간과 제척기간을 둘러싼 몇 가지 쟁점들—", 민학 18, 2000, 310-311].

48) 대판 88.3.8, 87다카2083, 2084(집 36-1, 103); 대판 90.3.9, 88다카31866(집 38-1, 121); 대판 00.6.9, 2000다15371(공 00, 1639).

49) 구주해(8), 178(민일영).

50) 대판 94.9.9, 94다17536(공 94, 2618).

51) 대판 07.7.26, 2006므2757(집 55-2, 411).

52) 대판 07.10.25, 2006다16758, 16765(집 55-2, 85).

53) 대판 08.7.10, 2006다79674(공 08하, 1141).

54) 대판 12.1.12, 2011다80203(공 12상, 268).

55) 대판 11.4.14, 2009다82060(정보); 대판 12.3.29, 2011다42270(정보); 대판 13.3.28, 2010다40123, 2010다40130(정보); 대판 13.4.26, 2010다30706, 2010다307139(정보).

하여야 한다고 본다. 단지 재판 외의 행사만으로 권리가 보존된다고 한다면, 그 보존된 권리는 일반의 소멸시효에 따르게 되는데, 이러한 결과는 권리관계를 조속히 확정하기 위해 제척기간을 둔 취지에 반한다는 것이다.

　제2설은 그러한 제한은 법률에 근거가 없는 것으로 타당하지 않다고 한다. 제1설에 따르면 법률행위의 취소권도 재판상 행사를 하여야 한다는 결과가 되는데, 이는 취소를 "상대방에 대한 의사표시로 하여야 한다."고 규정한 민법 §142의 문언에 반하므로, 법률에 재판상 행사하여야 하는 것으로 정해지지 않는 권리는 재판 외에서 행사하는 것으로 충분하다고 한다.

　판례[56]는 제2설을 따르되, 다만 점유보호청구권[57]과 상속회복청구권[58]의 권리행사기간에 관해서는 민법에 명문의 규정이 없음에도 출소기간으로 보고 있다.

6. 제척기간 내에 권리를 행사한 경우의 효과

(1) 제척기간 내에 형성권이 행사된 경우

　제척기간 내에 형성권이 행사된 경우, 형성권 행사의 결과로 생기는 채권도 그 제척기간 내에 행사되어야 하는 것인지, 아니면 형성권의 행사 결과 채권이 발생한 때부터 따로 일반의 소멸시효가 적용되는 것인지에 관하여는 학설이 나뉜다.

　제1설은, 제척기간을 정한 취지가 법률관계를 조속히 확정하려는 데 있는 것임을 이유로 형성권 행사의 결과로 생기는 채권도 그 제척기간 내에 행사되어야 한다는 입장을 취한다.

　제2설[59]은, 형성권의 제척기간은 형성권 자체의 행사 여부의 불확정으로

---

56) 대판 90.3.9, 88다카31866(집 38-1, 121); 대판 93.7.27, 92다52795(공 93, 2397); 대판 00.6.9, 2000다15371(공 00, 1639).

57) 대판 02.4.26, 2001다8097, 8103(공 02, 1251). 점유보호청구권이 재판상 행사되어야 하는 이유는 입법사적·연혁적인 데서 찾을 수 있다. 우리 민법의 입법과정에서 현행 §204에 해당하는 초안 §193의 제안이유를 보면 의용민법 §200, §201 Ⅲ과 동일한 취지라고 하는데, 의용민법 §201는 점유소권의 출소기한에 관한 규정으로 그 Ⅲ은 "점유회수의 소는 침탈의 때로부터 1년 내에 제기할 것을 요한다."고 규정되어 있다. 따라서 우리 민법의 기초자가 의용민법과 다른 내용을 규율할 의도 아래 점유보호청구권을 현재와 같은 문언으로 규정한 것은 아니다(김동훈, "제척기간이 붙은 권리의 보전방법", 외법논집 28, 2007, 190-191).

58) 대판 07.7.26, 2006므2757(집 55-2, 411); 대판(전) 16.10.19, 2014다46648(공 16하, 1673).

59) 이상태, "제척기간의 본질에 관한 연구", 저스 72, 2003, 135; 김학동, "형성권에 관한

부터 오는 법률관계를 조속히 확정하려는 데 있는 것이고, 그 행사의 결과 발생하는 채권까지 그 제척기간 내에 행사하여야 한다는 것은 아니라는 이유로 형성권의 행사 결과 채권이 발생한 때부터 따로 소멸시효가 적용된다는 입장을 취한다.

판례[60]는 제2설을 따르고 있다.

(2) 제척기간 내에 청구권이 행사된 경우

제척기간 내에 청구권이 행사된 경우 그 법률효과에 관하여 견해가 나뉜다.

제1설[61]은 행사된 권리가 형성권이 아닌 청구권인 점에서, 그 기간 내에 권리행사를 하면 제척기간의 중단을 인정하여야 한다고 한다.

제2설[62]은 제척기간 내에 권리자의 권리행사 또는 의무자의 승인이 있게 되면 그 청구권은 보전되고 당초의 제척기간은 사명을 다하고 소멸하며, 다만 그 청구권은 영구적으로 보전되는 것이 아니라 일반의 소멸시효가 적용된다고 한다.

제1설은 제척기간 내에 권리가 행사된 경우 제척기간은 이미 그 기능을 다한 것이어서 더 이상 중단을 논할 여지가 없음에도 중단을 인정하고 있는 점에서 타당하다고 보기 어렵다. 제2설이 타당하다.

다만, 제2설에 의할 경우 제척기간과 소멸시효의 경합적 적용 여부가 문제된다. 제척기간이 소멸시효기간 보다 긴 경우, 소멸시효의 기산점($^{권리행}_{사가능시}$)부터 진행하여 온 소멸시효가 제척기간보다 먼저 완성되는 경우가 있을 수 있다. 이와 달리 제척기간보다 소멸시효기간이 긴 경우, 그 제척기간 내의 권리행사는 당초 소멸시효의 기산점부터 진행하여 온 소멸시효를 중단시키는 사유에 해당할 수 있다. 이와 같이 청구권이 제척기간에 걸리는 경우에는 제척기간 내에 형성권($^{예컨대}_{취소권}$)이 행사됨으로써 비로소 청구권이 발생하는 경우와 달리, 그 소멸시효의 기산점은 당초 그 청구권을 행사할 수 있을 때부터 진행함을 유의하여야 한다.

제척기간", 월보 322, 1997, 11-12.

60) 대판 91.2.22, 90다13420(집 39-1, 172); 대판 15.11.12, 2011다55092, 55108(정보).

61) 이상태(주 59), 125; 이상태, "제척기간의 중단과 정지", 일감법학, 2001, 12-13.

62) 김진우(주 2), 22; 한삼인, "민법 제580조 소정의 매수인의 손해배상청구권의 행사기간", 인권과 정의 425, 2012, 153-154.

7. 청구권에 대한 제척기간과 소멸시효의 경합

청구권에 대하여 제척기간이 정해진 경우 여기에 또 소멸시효가 적용되어 양자가 경합할 수 있는지 여부가 문제된다.

(1) 소멸시효와 제척기간을 경합적으로 적용할 수 있는지 여부

⑺ 대법원판례   대법원판례는 제척기간이 걸리는 것으로 민법에 규정된 매도인에 대한 하자담보에 기한 손해배상청구권과 수급인의 담보책임에 기한 하자보수에 갈음하는 손해배상청구권에 대하여 각각 민사시효와 상사시효의 경합적 적용을 인정하고 있다.

즉 대법원판례[63)]는, "매도인에 대한 하자담보에 기한 손해배상청구권에 대하여는 민법 § 582의 제척기간이 적용되는데, 그 손해배상청구권은 권리의 내용·성질 및 취지에 비추어 민법 § 162 Ⅰ의 채권 소멸시효의 규정이 적용되고, 민법 § 582의 제척기간 규정으로 인하여 소멸시효 규정의 적용이 배제된다고 볼 수 없으며, 이때 다른 특별한 사정이 없는 한 무엇보다도 매수인이 매매목적물을 인도받은 때부터 소멸시효가 진행한다고 해석함이 타당하다."고 한다. 위 대법원판례는 '매수인이 그 사실을 안 날로부터 6월 내'라는 제척기간의 문제점, 즉 매수인이 그 사실을 알지 못하면 영원히 권리가 존속하게 되는 문제점을 해결하기 위하여 '객관적 기산점'을 취하는 소멸시효의 경합적 적용을 인정한 것으로 보인다.

또한, 대법원판례[64)]는 "수급인의 담보책임에 기한 하자보수에 갈음하는 손해배상청구권에 대하여는 민법 § 670 또는 § 671의 제척기간이 적용되는데, 이러한 도급인의 손해배상청구권에 대하여는 권리의 내용·성질 및 취지에 비추어 민법 § 162 Ⅰ의 채권 소멸시효의 규정 또는 도급계약이 상행위에 해당하는 경우에는 상법 § 64의 상사시효의 규정이 적용되고, 민법 § 670 또는 § 671의 제척기간 규정으로 인하여 위 각 소멸시효 규정의 적용이 배제된다고 볼 수 없다."고 한다. 위 대법원판례는 '목적물의 인도를 받은 날로부터 1년 내'($\frac{§}{670}$) 또는 '목적물의 인도를 받은 날로부터 5년 내 또는 10년 내'($\frac{§671}{Ⅰ}$) 또는 '목적물이 멸실 또는 훼손된 때로부터 1년 내'($\frac{§671}{Ⅱ}$)로 규정된 제척기간에

---

63) 대판 11.10.13, 2011다10266(공 11하, 2339). 이에 대판 해설로는, 정승규, "하자담보에 기한 매수인의 손해배상청구권이 소멸시효의 대상이 되는지 여부 및 소멸시효의 기산점", 해설 89, 2012, 15-31 참조.

64) 대판 12.11.15, 2011다56491(공 12하, 2027).

대하여 5년의 상사시효의 경합을 인정하고 있다. 이 판례는 앞서 본 대법원판례나 일본의 판례처럼 제척기간이 '주관적 인식일'을 기산점을 할 때 발생하는 문제점이 없음에도 제척기간보다 더 짧은 상사시효의 경합적 적용을 인정한 점에서 주목된다.

　　(ᄂ) 일본의 판례　　　일본의 판례[65]는 하자담보책임의 사례에서 제척기간과 소멸시효의 경합적 적용을 인정하고 있다. 즉, "매수인의 매도인에 대한 하자담보에 기한 손해배상청구권은 매매계약에 의하여 법률상 발생한 금전지급청구권으로써 민법 §167 Ⅰ의 '채권'에 해당한다. 이 손해배상청구권에 대해서는 매수인이 사실을 알게 된 날로부터 1년이라는 제척기간의 규정이 적용되는데($\S^{570}_{566\,Ⅲ}$), 이것은 법률관계의 조기안정을 위하여 매수인이 권리를 행사하여야 할 기간을 특별히 한정한 것이기 때문에 위 제척기간이 규정되어 있다고 하여 하자담보에 의한 손해배상청구권에 대하여 일본민법 §167 Ⅰ의 적용이 배제된다고 해석할 수는 없다. 그리고 매수인이 매매 목적물을 인도받은 후라면 늦어도 통상 소멸시효기간 만료 시까지 사이에 하자를 발견하여 손해배상청구권을 행사할 것을 매수인에게 기대하여도 불합리하지 않다고 해석됨에 반해, 하자담보에 의한 손해배상청구권에 소멸시효 규정을 적용할 수 없다고 한다면 매수인이 하자를 모르는 한 매수인의 권리가 영구히 존속하게 되는데, 이는 매도인에게 과대한 부담을 과하게 되는 것이어서 바람직하다고 할 수 없다."고 판시하고 있다.

　　일본의 학설의 다수는 이 판례에 찬성하고,[66] 나아가 위 판례법리는 권리의 하자에 대한 추탈담보책임에도 적용된다고 본다.[67]

　　(ᄃ) 학　　　설

　　　(a) 경합적 적용 긍정설　　　경합적 적용 긍정설은 '담보책임'에 관하여 다음과 같은 근거를 제시한다.

　　첫째, 민법의 담보책임 규정은 재산권 이전의무의 불이행책임이 민법 규정에 의하여 발생하는 것을 당연한 전제로 하여 이를 수정하여 특칙으로 정하고

---

65) 日最判, 2001(平 13).11.27, 民集 55-6, 1311.

66) 潮見佳男, 契約各論 Ⅰ, 2002, 65; 円谷峻, "瑕疵擔保による損害賠償請求權と消滅時效", NBL 737, 2002, 62-67. 다만, 20년의 제척기간의 적용을 주장하는 견해도 있다. 松井和彦, "瑕疵擔保による損害賠償請求權の消滅時效", ジュリスト別冊 民法判例百選 Ⅱ NO.224, 2015, 112-113 등 참조.

67) 서종희, "하자담보책임상의 매수인의 손해배상청구권과 소멸시효와의 관계―제척기간과 소멸시효의 경합에 관한 소고―", 동아법학 72, 2016, 83.

있다. 하자담보책임에 제척기간을 둔 것이 소멸시효의 적용을 배척하는 취지
인지 문제되나, 하자담보책임의 추급에 따라 보존되는 것은 본래의 매매계약
상의 채무불이행책임이기 때문에 그것이 통상의 소멸시효기간을 초월하여 존
속하는 것은 아니며, 제척기간은 수령 후에 매도인의 책임을 추급하는 것이 허
용된 권리행사의 유예기간에 불과하여 그 정함이 소멸시효의 적용을 배제할
이유는 되지 않는다.[68]

둘째, 매수인의 하자에 대한 주관적 인식 유무를 묻지 않고 하자에 대한
손해배상청구권의 시효소멸을 인정하는 것이 가혹하다는 비판이 있다. 그러나
하자담보책임은 매수인의 신뢰보호를 목적으로 하는 것이 아니고, 숨은 하자
에 한하여 하자를 안 때로부터 제척기간 내에 한해 매수인에 의한 불이행책임
의 추급을 허용하는 것이라는 점에서 매도인의 이행에 대한 정당한 신뢰와 매
수인의 보호와의 조화를 도모한 것이다. 하자담보책임 규정은 매수인도 수령
할 때부터 통상 요구된 주의를 다하여 검사·확인할 의무를 부담하는 것을 전
제로 하고 있고, 이러한 민법상 매수인의 의무가 상인간의 매매에 관하여는 상
법 § 526의 매수인의 목적물 검사·통지의무로 이어지고 있다.[69]

셋째, 제척기간은 법률관계의 조기 안정을 목적으로 하는 반면, 소멸시효
는 계속한 사실상태의 존중이라는 기초에 서 있으므로 제도의 취지를 달리하
고 따라서 제척기간의 존재가 소멸시효의 적용을 배척하는 것은 아니다. 법정
책임설, 계약책임설의 어느 입장에 서더라도 하자담보에 의한 손해배상청구권
이 채권이라는 결론은 동일하므로 담보책임의 법적 성질에 따라 소멸시효의
적용 여부가 달라지는 것도 아니다.[70]

(b) 경합적 적용 부정설   경합적 적용 부정설은 다음과 같은 근거
를 든다.

첫째, 하자담보책임은 매수인의 신뢰보호를 목적으로 하는 특별책임이고,
일반 채무와 같이 소멸시효가 적용된다면 그 목적을 달성할 수 없게 된다. 특
별법으로서의 하자담보책임 규범은 일반시효의 적용을 배제하는 것이고, 하자

---

68) 森田宏樹, "瑕疵擔保による損害賠償請求權と消滅時效の適用", ジュリスト臨時增刊
    1224): 平成13年度重要判例解說, 2002, 82-83.
69) 森田宏樹, "瑕疵擔保による損害賠償請求權と消滅時效の適用", ジュリスト臨時增刊
    1224): 平成13年度重要判例解說, 2002, 83.
70) 松井和彦, "瑕疵擔保による損害賠償請求權の消滅時效", 民法判例百選(2)〈第6版〉[別册ジ
    ュリスト196], 2009, 111.

담보책임이 무과실책임으로 되어 있는 것도 이를 뒷받침한다.[71]

둘째, 제척기간이 정해진 권리에 소멸시효의 적용을 긍정하게 되면, 매수인이 하자의 존재를 알고 있었는지 여부를 불문하고 손해배상청구권이 시효로 소멸하게 되며, 이는 매수인에게 매매목적물을 스스로 검사하고 하자를 발견하도록 하는 의무를 부과하는 것이어서 부당하다.[72]

셋째, 제척기간과 소멸시효는 다른 목적을 추구함에도 양자의 경합을 인정하게 되면, 궁극적으로 양자를 다르게 볼 필요성이 없어진다. 단기 소멸시효의 규정에 의하여 민법이 정한 제척기간이 사실상 무의미하게 되는 것도 타당하지 않다. 양자의 경합적 적용을 인정하기 위해서는 독일민법과 같이 명문의 규정이 있어야 한다.[73] 즉 독일민법상 청구권에 법정제척기간이 붙은 경우 법정제척기간만 적용되고 소멸시효에 관한 규정들은 원칙적으로 법정제척기간에 유추적용될 수 없으며, 청구권에 붙은 법정제척기간에 관한 규정은 특별법으로서 일반소멸시효법의 적용을 배제한다. 제척기간과 소멸시효의 경합이 인정되는 것은 극히 예외적으로 독일민법이 그에 관한 규정을 두고 있는 경우이다. 예컨대, 독일민법 § 651-g Ⅰ은 1개월의 제척기간을, Ⅱ은 2년의 소멸시효를 두어 여행자의 담보책임에 기한 청구권($\frac{\S\,651c\,-}{\S\,651의f}$)을 제한하고 있다. 위 조항에서 규정하는 제척기간과 소멸시효는 병행하여 진행하는데, 그 점에서 소멸시효와 제척기간은 병행하여 진행하지 않는다는 원칙에 대한 예외를 인정한 것이다.[74]

(2) 제척기간과 소멸시효의 경합적 적용이 가능한 범위

앞서 본 대법원판례가 매도인에 대한 하자담보에 기한 손해배상청구권 및 수급인의 담보책임에 기한 하자보수에 갈음하는 손해배상청구권에 대하여 제척기간과 소멸시효의 경합 적용을 인정하면서 '권리의 내용·성질 및 취지에 비추어'라고 판시한 점에 비추어 보면, 모든 경우에 일반적인 경합을 인정한 것인지는 분명하지 않다.

우리나라의 경합적 적용 긍정설 중 일부 학설은, 우선 형성권이 제척기간이 걸리는 경우 소멸시효를 경합적으로 적용할 여지는 없으나, 청구권이 제척

---

71) 日東京高判 1997(平 9).12.11; 金山直樹, "瑕疵擔保による損害賠償請求權の消滅時效", 不動産取引判例百選〈第3版〉[別册ジュリスト192], 2008, 155.
72) 日東京高判 1997(平 9).12.11.
73) 김진우(주 2), 22.
74) 김진우(주 2), 22-23.

기간에 걸리는 경우에는 그 청구권에 소멸시효를 경합적으로 적용할 여지가 있으며, 이 경우에도 실제 경합을 인정할지 여부는 그 경합적 적용의 필요성 등을 고려하여야 결정하여야 한다고 한다. 그리하여 청구권에 제척기간을 둔 것[75])중 담보책임에 기한 매수인 또는 도급인의 손해배상청구권($^{\S\S\,573,\ 575,}_{582,\ 670,\ 671}$) 외에도 사용대차나 임대차에서 손해배상청구권과 비용상환청구권($^{\S\S\,617,}_{654,}$)의 경우에 한하여 소멸시효가 경합적으로 적용될 수 있다고 한다.[76])

제척기간이 '주관적 인식일'을 기산점으로 삼고 있는 때에는 권리자의 주관적 인식이 결여된 경우 조속히 권리관계를 매듭짓기 위해 마련된 제척기간이 오히려 소멸시효 기간보다 길어져 입법목적을 달성할 수 없게 되므로, 이러한 경우에는 소멸시효를 경합적으로 적용할 필요성이 있다. 이와 달리 제척기간 자체가 '객관적 기산점'을 취하면서 그 기간을 단기 소멸시효기간보다 장기간으로 정한 경우에는, 법이 권리자에게 보다 긴 권리행사기간을 허여한 취지가 아닌지의 관점에서 좀 더 살펴볼 부분이 있다. 그러나 대법원판례[77])는 명백히 후자의 경우에도 소멸시효의 경합적 적용을 긍정하고 있으므로, 이는 적어도 대법원판례가 고려하는 사정은 아니다. 또한 앞서 본 바와 같이 제척기간 내에 청구권이 행사된 경우 그 청구권은 영구적으로 보전되는 것이 아니라 여전히 소멸시효의 적용을 받는다. 이와 같이 제척기간에 걸리는 청구권은 제척기간 내에 그 권리가 행사되더라도 항시 소멸시효의 적용을 받는 것이므로, 결국 제척기간에 걸리는 청구권은 모두 소멸시효도 경합적으로 적용된다는 일반론이 성립한다. 따라서 제척기간에 걸리는 청구권에 대하여 소멸시효를 경합적으로 적용할지 여부를 그 필요성 등에 따라 제한적으로 인정하려는 견해는 타당하다고 보기 어렵다.

한편, 경합적 적용 긍정설에 대해서는 숨은 하자가 있는 경우 그 존재를 모른 매수인을 보호하지 못한다는 비판이 있다. 그러나 경합적 적용 긍정설을 취하더라도 하자의 성질($^{발견\ 곤란}_{한\ 정도}$), 매도인의 악의 또는 중과실, 손해배상청구까지의 기간의 장단 등의 사정에 따라서는 매도인에 의한 소멸시효의 원용을 권

---

75) ① 점유보호청구권(§ 204 Ⅲ, § 205 Ⅱ), ② 경계선부근 건축에 대한 변경·철거청구권 (§ 242 Ⅱ), ③ 도품·유실물의 반환청구권(§ 250), ④ 담보책임에 기한 매수인 또는 도급인의 손해배상청구권(§ 573, § 575, § 582, § 670, § 671), ⑤ 사용대차나 임대차에서 손해배상청구권과 비용상환청구권(§ 617, § 654), ⑥ 재산분할청구권(§ 839의2, § 843)의 여섯 가지가 있다고 한다.

76) 김준호, "제척기간과 소멸시효의 경합", 저스 141, 2014, 282-284.

77) 대판 12.11.15, 2011다56491(공 12하, 2027).

리남용으로 보아 매수인을 구제할 가능성이 있다.[78] 앞서 본 일본의 판례[79]도 하자담보책임에 관하여 제척기간과 소멸시효의 경합적 적용을 긍정하면서, "매도인이 하자를 알거나 알 수 있었음에도 불구하고 매수인에게 이를 고지하지 않았으므로, 매도인의 소멸시효 항변이 권리남용에 해당한다."는 매수인의 주장을 다시 판단하도록 당해 사건을 파기환송하였다.

(3) 청구권에 제척기간과 소멸시효의 경합 적용시 소멸시효의 기산점

청구권에 제척기간과 소멸시효가 경합적으로 적용되는 경우, 소멸시효의 기산점을 언제로 보아야 하는지에 관하여 학설이 대립한다.

권리행사가능시설은, 제척기간 내에 권리자의 권리행사 또는 의무자의 승인이 있게 되면, 그 청구권은 보전되고 당초의 제척기간은 사명을 다하고 소멸하는데, 다만 그 청구권은 영구적으로 보전되는 것이 아니라 그 청구권을 행사할 수 있는 때 즉 권리행사가능시부터 시효가 진행한다고 한다.[80]

권리보전시설은 제척기간 내에 권리를 행사하거나 의무자의 승인이 있게 되면 그 청구권은 보전되고 소멸시효는 그 청구권이 보전된 시점부터 일반의 소멸시효가 적용된다고 한다.[81]

이중 시효설은, 원래부터 청구권 성립시에 경합적으로 적용되는 소멸시효와 제척기간 내 청구권 행사 후부터 적용되는 소멸시효가 각각 존재하고, 그 중 하나가 먼저 시효기간이 경과하면 그 청구권은 소멸한다고 한다.[82]

결론적으로 권리행사가능시설이 타당하다. 청구권이 형성권의 행사 결과 발생하는 것이 아닌 경우, 즉 처음부터 청구권이 성립하여 있고 그러한 권리에 제척기간이 붙어 있는 경우 그 청구권의 행사가능 시점은 제척기간 내에 권리를 행사하였는지 여부에 좌우될 이유가 없으므로 그와 무관하게 독자적으로 정해진다. 따라서 이러한 유형의 청구권은 제척기간과 무관하게 그 청구권을 행사할 수 있는 시점부터 시효가 진행한다고 봄이 타당하고, 제척기간 행사 직후부터 비로소 그 청구권의 시효가 진행하는 소멸시효라는 개념을 별도로 인

---

78) 長谷川浩二, "瑕疵擔保による損害賠償請求權と消滅時效", ジュリスト 1226, 2002, 94; 松井和彦, "瑕疵擔保による損害賠償請求權の消滅時效", 民法判例百選(2)〈第6版〉[別册ジュリスト196], 2009, 111.

79) 日最判, 2001(平 13).11.27, 民集 55-6, 1311.

80) 한삼인(주 62), 153-154.

81) 김진우(주 2), 22.

82) 김준호(주 76), 279-280.

정할 근거나 필요도 없다. 판례[83]도 이러한 입장에 서 있다. 다만 이러한 유형의 청구권에 있어서 제척기간보다 소멸시효기간이 긴 경우에는 그 제척기간 내의 권리자의 권리행사나 의무자의 승인은 당초 소멸시효의 기산점부터 진행하여 온 소멸시효를 중단시키는 사유가 될 수 있음을 유의할 필요가 있다.

8. 제척기간 경과의 효과

(1) 권리의 소멸

제척기간이 경과한 권리는 당연히 소멸한다는 점에는 학설·판례[84]가 일치한다. 제척기간이 출소기간인 경우 그 기간이 도과하면 권리가 소멸할 뿐만 아니라 적법한 소제기 요건도 갖추지 못한 것이 되므로, 그 기간이 도과한 후에 제기된 소는 부적법하여 각하되어야 한다.

그러나 출소기간이 아닌 제척기간의 경우에는 그 제척기간이 도과되면 당해 권리가 소멸할 뿐 당해 소멸한 권리에 터잡은 소제기 자체가 부적법하게 되는 것은 아니다. 따라서 법원으로서는 소각하가 아니라 청구기각을 하여야 한다.[85]

(2) 직권조사사항

통설·판례[86]는 제척기간의 경과에 의한 권리의 소멸은 소멸시효와 달리 당사자가 이를 주장하지 않더라도 법원이 당연히 고려하여야 하는 직권조사사항으로 본다. 그 이유에 관하여는, 제척기간은 법률관계를 모든 사람에 대한 관계에 있어서 확정시키는 것이므로, 새로운 법률관계의 성립 여부가 어느 특정인의 의사에 의하여 좌우되는 것을 허용하지 않아야 한다거나, 제척기간은 공익에 관한사항이기 때문에 법원이 직권으로 조사해야 한다고 설명한다. 일부 학설은 출소기간인 제척기간은 직권조사사항이지만, 출소기간이 아닌 제척기간은 직권조사사항으로 보아서는 아니된다고 한다.[87] 그러나 판례[88]는 취소

---

83) 대판 11.10.13, 2011다10266(공 11하, 2339); 대판 12.11.15, 2011다56491(공 12하, 2027).

84) 대판 81.2.10, 79다2052(공 81, 13720); 대판 95.11.10, 94다22682, 22699(공 95, 3904); 대판 97.6.27, 97다12488(공 97, 2359); 대판 08.2.14, 2007다17222(정보).

85) 대판 11.4.14, 2009다82060(정보); 대판 12.3.29, 2011다42270(정보); 대판 13.3.28, 2010다40123, 2010다40130(정보); 대판 13.4.26, 2010다30706, 2010다307139(정보).

86) 대판 75.4.8, 74다1700(집 23-1, 196); 대판 93.2.26, 92다3083(공 93, 1080); 대판 96.9.20, 96다25371(공 96, 3152).

87) 구주해(3), 405(윤진수).

88) 대판 96.9.20, 96다25371(공 96, 3152); 대판 99.4.9, 98다46945(공 99, 840); 대판

권, 해지권, 환매권의 행사기간 등 제소기간이 아닌 제척기간도 직권조사사항으로 본다.

(3) 소급효의 유무

학설은 제척기간에는 소급효가 인정되지 아니하고 기간이 경과한 시점으로부터 장래에 향하여 권리가 소멸할 뿐이라는 데 일치하고 있다. 다만, 통설·판례[89]는 상속회복청구권($\S^{999}_{II}$)이 제척기간의 경과로 소멸된 경우, 참칭상속인이 상속 개시일로 소급하여 상속인의 지위 및 상속재산의 소유권을 취득한다고 보아 그 소급효를 인정하고 있다.

(4) 상계의 가부

제척기간 중에 상계적상에 있던 권리를 가지고 제척기간 도과 후에 상계할 수 있는지 문제된다. 소멸시효의 효과에 관하여 절대적 효력설을 따르는 경우는 물론 상대적 소멸설에 따라 시효원용이 이루어진 경우에도, 시효완성되어 소멸한 권리를 자동채권으로 한 상계는 허용된다($\S^{민}_{495}$). 우리나라의 긍정설[90]은 제척기간도 기간의 도과에 의하여 권리가 소멸한다는 점에서 다를 바 없고, 상계에 대한 합리적인 기대를 보호하여야 한다는 점에서 소멸시효와 제척기간을 구별할 근거를 찾기 어려우므로, 민법 §495의 유추적용을 허용하여야 한다고 한다. 우리나라에서 부정설을 주장하는 학설은 찾기 어렵다. 판례[91]도 긍정설을 취한다. 즉 매도인의 담보책임에 기한 매수인의 손해배상채권 또는 수급인의 담보책임에 기한 도급인의 손해배상채권의 제척기간이 지난 경우 그 기간이 지나기 전에 상대방에 대한 채권·채무관계의 정산 소멸에 대한 신뢰를 보호할 필요성이 있고, 이러한 점에서 소멸시효가 완성된 채권의 경우와 아무런 차이가 없으므로, 그 제척기간이 지나기 전 상대방의 채권과 상계할 수 있었던 경우에는 매수인이나 도급인은 민법 §495를 유추적용해서 위 손해배상채권을 자동채권으로 해서 상대방의 채권과 상계할 수 있다고 한다.

과거 일본의 판례[92]는 제척기간의 경과에 의하여 소멸한 하자담보책임에 기한 손해배상청구권을 가지고 매매대금채권과 상계한다는 주장을 한 사안에

15.5.14, 2013다77638(정보).
89) 대판 94.3.25, 93다57155(공 94, 1332).
90) 주석 총칙(3), 508(제4판/이연갑).
91) 대판 19.3.14, 2018다255648(공 19상, 846); 부산고판 88.12.17, 88나2298(하집 88, 55).
92) 日大判 1928(昭 3).12.12, 民集 7, 1071.

서, "(일본) 민법 §508는 소멸시효의 경우에 관한 규정이므로, 이를 가지고 하자담보의 경우에 적용하려는 소론은 이유 없다"고 하여 부정설을 취하였다. 일본의 학설은 민법이 청구권에 제척기간을 둔 것은 분쟁을 신속하게 해결하려는 취지인 점을 이유로 부정설을 지지하는 견해[93]와 기간경과 전에 상계적상에 있는 경우에는 채권관계가 결제된 것으로 여긴 신뢰를 보호하려는 일본민법 §508의 취지는 제척기간에도 부합한다는 이유로 일본민법 §508의 유추적용을 인정하는 견해로 나뉘어져 있었다.[94] 이러한 상황에서 일본 최고재판소는 판례변경을 통하여 도급계약에 기한 도급인의 하자보수에 갈음하는 손해배상청구권이 제척기간 도과로 소멸하였다 하더라도, 그 손해배상채권을 자동채권으로 하여 그 도급계약에 기한 보수청구권과 상계할 수 있다고 판시하였다. 다만, 이러한 판례의 적용범위가 일반적인 다른 청구권(예: 일본 판례상 20년의 제척기간에 걸리는 불법행위에 기한 손해배상청구권)에까지 확대될 수 있는지에 관하여는 학설의 대립이 있다.[95]

9. 제척기간의 정지 및 중단 여부

(1) 정지 가부

　　⑺ 비교법적 검토　　　개정 전·후의 독일민법은 제척기간에 대하여 예외적으로 소멸시효의 정지에 관한 규정들을 준용하고 있다(구법의 경우 §124 Ⅱ, §210, §215 Ⅱ, §802, §1002 Ⅱ, §1954 Ⅱ, §1997, §2082 Ⅱ, 신법의 경우 §124 Ⅱ, §204 Ⅲ, §802, §1002 Ⅱ, §1954 Ⅱ, §1997, §2082 Ⅱ 등).[96] 준용되는 소멸시효의 규정은 ① 채권자가 소멸시효기간의 최종 6개월 안에 불가항력으로 인하여 권리추급에 장애를 받은 경우의 시효정지($§_{206}$) ② 법정대리인이 없는 행위무능력자나 제한능력자가 행위능력자가 되거나 대리의 흠결이 제거된 때로부터 6개월 내의 시효완성 유예($§_{210}$), ③ 상속재산에 대한 청구권에 관하여 상속의 승인 시 또는 상속재산에 대한 도산절차가 개시되거나 대리인이 또는 대리인에 대하여 청구권을 실행할 수 있는 때로부터 6개월 동안의 시효완성 유예($§_{211}$)에 관한

---

93) 日札幌地判 1975(昭 50).7.22, ジュリスト 607, 3.

94) 학설의 소개에 관하여는, 酒井廣幸, 損害賠償請求における不法行爲の時效, 2013, 241-243.

95) 日最判 1976(昭 51).3.4, 民集 30-2, 48. 그런데 이 판결의 조사관은 도급계약과 무관한 채권을 수동채권으로 하는 상계까지 일반적으로 허용하는 취지는 아니라고 한다(紫田保幸, 最高裁判所判例解說民事篇 昭和51年度 3 事件19).

96) 시효의 정지가 인정되지 않는 것을 순수제척기간(reine Ausschlußfristen)이라고 하고, 시효의 정지가 준용되는 것을 혼합제척기간(gemischte Ausschlußfristen)이라고 한다.

것이다.[97)]

독일의 통설과 판례[98)]는 다음과 같은 입장을 취한다. 즉, 법에서 명문으로 준용하는 경우 외에도 소멸시효 정지에 관한 규정을 제척기간에 유추적용할 수 있는지 여부를 정함에 있어서는, 독일민법이 규정하는 시효정지의 기초 내지 취지를 음미한 다음, 법정제척기간에 관하여는 각각의 제척기간의 성질에 비추어 그것이 준용될 수 있는지를 판단하여야 하고, 약정제척기간에 관하여는 당사자의 의사 해석에 따라 판단하여야 하는데, 다만 명문 규정이 없는 유추적용에는 신중하여야 한다는 것이다.[99)]

일본에서는 과거 제척기간에는 정지가 인정되지 않는다는 입장이 통설적 견해였으나, 제척기간 만료 당시에 천재 기타 피할 수 없는 사정이 있는 때에도 유예기간을 인정하지 않게 되면 권리자에게 가혹하며, 이 경우에 정지를 인정하더라도 그 기간은 제한되어 있으므로 권리관계를 신속히 확정하려는 제척기간의 취지에 어긋나지 않는다고 하여, 제척기간에도 정지가 인정할 수 있다는 견해가 등장하였고, 이러한 견해가 압도적 다수를 차지하게 되었다.

일본의 판례도 오랫동안 제척기간의 정지를 부정하다가 이를 긍정하는 판시를 하였다. 일본민법 §724 후단 소정의 불법행위로 인한 손해배상청구권의 행사기간(20년)을 제척기간으로 보고 있는데, 일본의 판례[100)]는 "불법행위의 피해자가 불법행위시로부터 20년을 경과하기 전 6개월 내에 위 불법행위를 원인으로 심신상실의 상황에 놓여 있으면서 법정대리인이 없는 경우 그 후 그 피해자가 금치산선고를 받고 후견인이 그 때로부터 6개월 내에 위 손해배상청구권을 행사하는 등 특단의 사정이 있는 때에는 (일본) 민법 §158의 법의에 비추어 동법 §724 후단의 효과는 생기지 않는다."고 판시하였다. 이 판례는 제척기간의 정지를 정면으로 인정할지 여부에 대한 언급은 피하면서 제척기간의 경과에 따른 효과만을 부정한 것이기는 하지만, 실질적으로 우리 민법 §179($^{일민}_{§158}$)의 '제한능력자의 시효정지'를 제척기간에 유추적용한 것과 동일한 결과에 이른다.[101)]

---

97) 이상태(주 61), 11; 김진우(주 12), 5.

98) BGH NJW 1991, 1745: BGH NJW 1992, 2233, 2234; BGHZ 43, 235; BGHZ 53, 270; BGHZ 73, 99; BGHZ 112, 95

99) 이상태(주 61), 11, 60; 김진우(주 12), 5-6; 전원열(주 13), 517.

100) 日最判 1998(平 10).6.12, 民集 52-4, 1087.

101) 전원열(주 13), 519.

한편 또 다른 일본의 판례[102]는 살인사건의 가해자가 살인사건으로부터 26년이 지난 후에 자수하자 피해자의 상속인이 가해자를 상대로 손해배상을 청구한 사안에서, 가해자가 시신을 은닉한 관계로 피해자의 상속인이 사망 사실을 알지 못한 경우, 상속인이 확정된 때부터 6월 이내에 권리가 행사되는 등 특단의 사정이 있으면, 제척기간에 의해 소멸하지 않는다고 판시하였다. 이는 우리 민법 § 181($^{일민}_{§160}$)의 '상속재산에 관한 권리와 시효정지'를 제척기간에 적용한 것과 동일한 결과이다.[103]

프랑스민법의 경우 명문의 규정이 없는 한 제척기간에 대하여는 원칙적으로 정지가 인정되지 않지만, 종래 불가항력, 전염병, 무능력 등 여러 사유로 인하여 권리행사가 불가능하였던 경우 시효가 진행되지 않는다고 해석한 것과 마찬가지로, 프랑스 판례는 위와 같은 사유가 있는 경우에는 제척기간의 정지를 인정하였고, 학설도 이를 수긍한다.[104]

스위스의 판례와 학설은 별다른 설명 없이 소멸시효의 정지에 관한 규정은 제척기간에 적용되지 않는다는 입장이다.[105] 반면 오스트리아의 최고법원(OGH)은 각 규정에 따라 개별적으로 판단하면서 제척기간에도 소멸시효의 정지에 관한 규정을 널리 유추적용하고 있으며, 근래의 학설도 대개 이를 지지하고 있다.[106]

(나) 우리나라

(a) 판 례   대법원판례[107]는 "제척기간에 있어서는 그 성질에 비추어 소멸시효와 같이 기간의 정지는 있을 수 없다."고 한다. 그러나 그 성질이 구체적으로 무엇이고 그러한 성질이 왜 제척기간의 정지를 인정할 수 없게 만드는지에 관하여는 명시적 언급이 없다.

최근 대법원판례[108]는 "제척기간은 권리자로 하여금 해당 권리를 신속하게

---

102) 日最判 2009(平 21).4.28, 民集 63-4, 853.
103) 전원열(주 13), 519.
104) 전원열(주 13), 521-522.
105) BSK OR Ⅰ/Dappen, 3. Aufl., Vorbern zu Art 127-142 Rn. 3; Handkomm-Steiner, ZGB, Art. 929 Rn. 3; Schwenzer, Schweizerisches Obligaionenrecht, Allgemeiner Teil, 4. Aufl., Rn. 83.04(김진우(주 12), 9에서 재인용).
106) M. Bydlinski in Rummel, ABGB, Kommentar, 2. Band / 3. Tell: §§ 1342-1502, 3. Aufl., § 1497 Rn. 1; Koziol/Welser, Bargerliches Recht Ⅰ, S. 235; Mader/Janisch, in Schwimann, ABGB Ⅵ, 3. Aufl., § 1451 Rn. 10(김진우(주 12), 9에서 재인용).
107) 대판 04.7.22, 2004두2509(공 04, 1541).
108) 대판(전) 16.10.19, 2014다46648(공 16하, 1673).

행사하도록 함으로써 법률관계를 조속히 확정시키는 데에 그 제도의 취지가
있는 것으로서, 소멸시효가 일정한 기간의 경과와 권리의 불행사라는 사정에
의하여 권리소멸의 효과를 가져오는 것과는 달리 제척기간의 경과 자체만으로
곧 권리소멸의 효과를 가져오므로 제척기간 진행의 기산점은 특별한 사정이
없는 한 원칙적으로 권리가 발생한 때이다."라고 전제한 다음, 북한주민이 남
북 분단의 장기화·고착화로 인해 민간 차원의 교류가 단절되어 상속권이 침
해된 사실을 알 수 없었고, 남한의 참칭상속인을 상대로 상속회복청구의 소를
제기하는 것이 객관적으로 불가능한 상황이었는데, 이러한 상황을 근거로 소
멸시효의 정지를 제척기간에 유추적용할 수 있는지는 언급하지 아니한 채,[109]
남북 주민 사이의 가족관계와 상속 등에 관한 특례법이 친생자관계존재확인의
소 등의 경우와 달리 의도적으로 상속회복청구권의 제척기간에 대한 특례 규
정을 두지 않았다고 보아 제척기간 도과에 따른 상속회복청구권의 소멸을 인
정하였다.[110]

      (b) 학   설   종래의 우리나라의 통설은 대법원판례와 같은 입장
이었다. 그러나 최근 우리나라의 대부분의 학설은 비록 정지 적용범위에 관하
여 이견은 있으나, 제척기간의 정지 자체를 전적으로 부정한 대법원판례의 태
도에 반대한다. 제척기간에 걸리는 권리는 그 기간 내에 권리행사가 있으면 보
전되는데, 권리자가 그의 귀책사유 없이 일시적으로 권리행사를 할 수 없는 부
득이한 사유가 있음에도 불구하고 민법에 명시적인 규정이 없다는 이유만으로
정지의 유추적용조차 인정하지 않는다는 것은 시효제도에서와 마찬가지로 불
합리하다는 것이 주된 이유이다.

    다만 그 유추적용의 범위에 관하여는 시효정지에 관한 민법 규정들 중 민
법 §182의 천재 기타 사변으로 인한 시효정지 사유만을 제척기간에 유추적용
하자는 견해와 전면적인 유추적용을 긍정하는 견해가 대립한다.

---

109) 위 판례에 대한 해설(신신호, "피상속인인 남한주민으로부터 상속을 받지 못한 북한주민
의 경우, 상속권이 침해된 날부터 10년이 경과하면 제척기간의 만료로 상속회복청구권이
소멸하는지 여부", 해설 109호, 2017, 575)은 분단의 고착화는 민법 §182가 규정하는 '천
재기타 사변으로 인하여 소멸시효를 중단할 수 없을 때'에 해당하지 않고, 설령 그 유추적
용을 허용한다 하더라도 제척기간의 완성 정지기간이 1개월에 불과하여 실효성이 적다고
한다.
110) 이에 대하여 비판적인 평석으로는 김상훈, "북한주민의 상속회복청구권 행사와 제척기
간", 가연 30-3, 2016, 497-512; 정구태, "북한주민의 상속회복청구권 행사와 제척기간
재론", 통일과 법률 29, 2017, 43-72.

제한적 유추적용설[111]은 천재 기타 사변으로 인하여 권리를 행사할 수 없는 경우마저 유예기간을 인정하지 않은 것은 당사자에게 너무 가혹하고 이 경우에 정지를 인정하더라도 권리관계를 신속히 확정하려고 하는 제척기간의 취지에 어긋나므로, 민법 § 182에 한하여 제척기간에 유추적용할 수 있다는 입장이다.

전면적 유추적용설[112]의 논거는, 첫째, 제척기간의 만료 직전에 권리행사가 사실상 불가능하거나 곤란한 사정이 생긴 경우에 대해서까지 유예기간을 주지 않는다고 하면 권리자에게 너무 가혹하고, 둘째, 소멸시효 정지의 유예기간은 비교적 단기여서 이를 제척기간의 정지에 유추적용하더라도 권리관계를 신속히 확정하려는 제척기간의 취지에 반하지 않으며, 셋째, 시효 정지제도는 예외적인 제도로서 그 사유는 네 가지로 한정되어 있으므로, 이를 제척기간에 유추적용하더라도 법적 안정성을 해하는 경우는 극히 드물고, 넷째, 제척기간의 정지를 부정하면, 법정대리인이 없는 행위무능력자나 상속인부존재의 경우에 상속재산에 대한 권리자 혹은 천재 사변에 의한 재판업무의 중지로 인하여 권리를 행사하지 못하는 자에 대하여 재판을 받을 권리를 박탈하는 것이 되어 부당하다는 것이다.

제척기간과 소멸시효는 양자 사이에 선험적이거나 명확한 구별 근거와 기준이 있는 것도 아니고, 법문에 따라 구별되는 것 뿐인데, 법문이 그렇게 규정한 실질적인 근거를 합리적으로 또한 일관성 있게 설명하기도 어려워, 법문에도 불구하고 제척기간을 소멸시효로 보아야 한다는 학설은 계속 나오고 있다. 따라서 제척기간과 소멸시효 사이에 전자는 정지를 부정하여야 하고, 후자는 정지를 긍정하여야 하는 본질적인 성질상의 차이가 있다고 보기 어렵고, 권리자가 그의 귀책사유 없이 권리를 행사할 수 없는 부득이한 사유가 있는데도 정지를 인정하지 아니한 채 단기 그 기간의 경과만으로 그 권리를 박탈하려는 것이 제척기간의 본래 취지라고 보기는 어렵다. 또한 민법의 시효정지를 제척기간에 유추하면서 그 범위를 오로지 민법 § 182의 천재 기타 사변에 국한한

---

111) 고상룡, 민법총칙, 2003, 663; 곽윤직·김재형, 민법총칙, 제9판, 2013, 420; 서광민, 민법총칙, 2007, 563; 양창수·김형석, 민법 Ⅲ, 2015, 147(이 견해를 현재의 통설로 소개하고 있다); 이근식, "소멸시효와 제척기간", 법정 21-3, 1966, 31.

112) 주석 민법(3), 506(제4판/이연갑); 김민중, 민법총칙, 1995, 732; 김상용, 민법총칙, 2003, 725; 이은영, 민법총칙, 개정판, 2004, 787-788; 이상태, "제척기간의 중단과 정지", 일감법학 6, 2001, 11; 김진우(주 12), 19; 전원열(주 13), 521-522; 신신호(주 109), 571.

다고 보아야 할 합리적 근거도 없다.

따라서 법률관계를 조속히 확정시키려는 제척기간의 취지를 고려하여 신중을 기하되, 개별적인 제척기간의 성질과 내용과 권리의 성질 및 내용을 종합하여, 구체적인 사안에 따라서는 민법의 시효의 정지에 관한 규정들을 모두 유추적용할 수 있다고 봄이 상당하다.

(2) 중단 가부

(개) 비교법적 검토　　　　독일민법상 제척기간의 중단을 인정하는 규정은 없다. 독일의 종전 판례[113]는 제척기간에는 중단이 인정되지 않는다고 보았다. 독일의 학설도 대개 법정제척기간에 대하여는 판례와 동일한 입장이지만, 약정제척기간에 대하여는 중단을 인정하는 것이 통설이다. 최근 독일의 판례[114]는 소멸시효의 규정들에 관한 민법규정의 유추 적용 여부는 당해 제척기간의 취지에 따라 결정될 문제라는 것이 기본적 입장이지만, 법정제척기간 및 약정제척기간에 관하여 중단을 정면으로 인정한 사례는 없다고 한다.[115] 특히 독일의 판례는 의무자의 승인이 제척기간을 중단시킬 수 있는가에 관하여 명시적으로 부정하면서[116] 다만, 승인이 있은 후 의무자가 제척기간의 만료를 주장하는 것은 신의칙 위반으로 허용될 수 없다고 한다.[117]

일본의 전통적 학설은 제척기간의 중단가능성을 부정한다. 일부 학설은 일본의 판례[118]가 매도인의 담보책임에 적용되는 1년의 제척기간이 경과하기 전에 재판외에서 의사를 표명하면 권리가 보전되는 것으로 판시한 것을 두고, 사실상 중단을 인정한 것이라고 주장하기도 하나,[119] 이는 제척기간이 경과하기 전에 그 권리를 행사하여 권리가 보전된 것일 뿐, '중단'이 인정된 것이라고 보기는 어렵다.

스위스의 판례와 학설은 별다른 설명 없이 소멸시효의 중단에 관한 규정은 제척기간에 적용되지 않는다는 입장이다.[120] 반면 오스트리아의 최고법원

113) RGZ 76, 270 (272, 276).
114) BGH NJW 1991, 1745: BGH NJW 1992, 2233, 2234.
115) 김진우(주 12), 6-7.
116) BGH NJW 1990, 3207(3208 f.).
117) BGH MDR 2004, 26.
118) 日最判 1992(平 4).10.20, 民集 46-7, 1129.
119) 中舍寬樹, "除斥期間と消滅時效の區別基準", 法律時報 72-7, 2000, 23
120) BSK OR Ⅰ/Dappen, 3. Aufl., Vorbern zu Art 127-142 Rn. 3; Handkomm-Steiner, ZGB, Art. 929 Rn. 3; Schwenzer, Schweizerisches Obligaionenrecht, Allgemeiner Teil, 4. Aufl., Rn. 83.04(김진우(주 12), 9에서 재인용).

(OGH)은 각 규정에 따라 개별적으로 판단하면서 제척기간에도 소멸시효의 중단에 관한 규정을 널리 유추적용하고 있으며, 근래의 학설도 대개 이를 지지하고 있다.[121]

　　(나) 우리나라

　　　(a) 판　　례　　　대법원판례는 "제척기간에 있어서는 그 성질에 비추어 소멸시효와 같이 기간의 중단이 있을 수 없다."고 판시한다.

　　　(b) 학　　설　　　우리나라의 통설은 제척기간에 대하여는 소멸시효의 중단에 관한 규정이 적용될 수 없다고 보고 있다. 그 근거로 제척기간의 중단을 인정하는 명문 규정이 없고, 조속한 권리관계의 확정이라는 취지에 비추어 중단이 인정될 수 없다고 한다. 특히 형성권에 관하여는 이를 행사하면 그 목적을 달성하고 소멸하므로 성질상 중단을 관념할 여지가 없다고 하며,[122] 이와 같은 기간의 중단 가능성은 소멸시효와 제척기간의 본질적 차이라고 한다.[123] 좀 더 다른 관점에서, 제척기간은 제3자의 관계에서도 법률관계를 일정한 기간 내에 확정시키려는 제도이므로, 제척기간 내에 권리자의 권리행사가 있거나 의무자의 승인이 있어도 제척기간이 중단(갱신)되지 않는다고 설명하는 견해[124]도 있다.

　　그러나 소수설[125]은 법률관계의 불안정성이 없다면 제척기간에 대해서도 중단을 인정하여야 한다고 하면서, 제척기간 내에 소제기를 한 후 소송계속 중에 제척기간이 도과하거나 제척기간 내에 의무자가 채무를 승인한 후 제척기간 도과로 권리를 소멸하는 것은 불합리하므로 이를 방지하기 위해서는 제척기간의 중단을 인정하여야 한다고 한다. 나아가 이 견해는 제소기간인 제척기간 외에도 제소기간이 아닌 제척기간에 대하여도 민법 §165를 유추적용하여 확정판결시 제척기간이 10년으로 연장되어야 한다고 한다.

　　　(c) 개별적 검토의 필요성　　　결론적으로 통설의 입장이 타당하다.

---

121) M. Bydlinski in Rummel, ABGB, Kommentar, 2. Band / 3. Tell: §§ 1342-1502, 3. Aufl., § 1497 Rn. 1; Koziol/Welser, Bargerliches Recht Ⅰ, S. 235: Mader/Janisch, in Schwimann, ABGB Ⅵ, 3. Aufl., § 1451 Rn. 10(김진우(주 12), 9에서 재인용).

122) 김진우(주 12), 20.

123) 박영규, "사법상의 권리행사기간: 소멸시효기간과 제척기간을 둘러싼 몇 가지 쟁점들", 민학 18호, 2000, 296.

124) 고상룡, 민법총칙, 2003, 662; 이영준, 민법총칙, 2007, 787; 이은영, 민법총칙, 2004, 783.

125) 주석 민법(3), 505(제4판/이연갑); 이상태(주 61), 11; 김동훈, "하자담보책임에 관한 매수인의 권리행사기간", 고시연구 30-10, 2003, 109-110.

하지만, 통설의 설명은 충분히 만족스럽다고 할 수 없다. 이는 제척기간이 재판외 행사기간인지 아니면 출소기간인지, 해당 권리가 형성권인지 아니면 청구권인지를 나누어 개별적으로 살펴볼 필요가 있다.

(ⅰ) 제척기간이 재판외 행사기간인 경우   먼저, 제척기간이 재판외 행사기간인 경우에 관하여 보면, 원래 제척기간 내에 권리자의 권리행사나 의무자의 승인이 있으면, 그 권리가 보전되고 제척기간은 본연의 사명을 달성하게 되어 소멸하므로 그 권리에 대하여는 더 이상 제척기간이 문제되지 않는다. 여기서 권리자의 권리행사가 아닌 의무자의 승인을 어떻게 보아야 하는지 문제되나, 형성권에 관한 제척기간은 의무자의 보호나 입증곤란으로부터의 구제라는 기능을 갖지 않고, 형성권은 권리자의 일방적 의사표시나 소제기와 같은 일방적 행위에 의해서만 그 내용이 실현되므로, 형성권에 있어 의무자의 승인은 의미가 없다.[126] 반면 청구권에 관한 제척기간에서 채무자가 그 기간 내에 채무의 존재를 승인한 경우에는 그 권리가 보전되므로, 그 후에는 채권자가 권리주장을 다시 할 필요가 없다는 점에서 의미가 있다.[127]

만일 제척기간 내에 행사된 권리가 해제권, 취소권 등의 형성권일 경우 그 형성권의 행사에 의하여 비로소 발생한 청구권에 대하여는 그로부터 소멸시효의 진행이 문제되나 이는 더 이상 제척기간의 문제가 아니다.

제척기간 내에 행사된 권리가 청구권인 경우에도 제척기간 내에 권리행사가 이루어진 이상, 더 이상 제척기간의 중단 여부는 문제되지 않는다. 다만 앞서 본 바와 같이 이러한 경우 제척기간 내에 행사된 청구권에 대하여는 제척기간 외에 소멸시효가 경합적으로 적용될 수 있으므로, 그 경우 경합적으로 적용되는 소멸시효가 그 권리행사에 의하여 중단되었다고 볼 수는 있다.

결국, 제척기간이 재판외 행사기간인 경우, 권리자의 권리행사나 의무자의 승인에 의한 제척기간의 중단은 관념할 수 없고, 이는 법정제척기간이든 약정제척기간이든 모두 동일하다.

(ⅱ) 제척기간이 출소기간인 경우   제척기간이 출소기간인 경우

---

126) Staudinger/Peters (2004), Vorbem zu §§ 203 ff. Rn. 7; Moufang, Das Verhaltnis der Ausschlußfristen zur Verjahrung, Ein ausgewahltes Rechtsproblem aus der Inhaltskontrolle vertraglicher Auschlußfristen, 1996, S. 62 ff., 83(김진우, "제척기간이 붙은 권리의 보전방법", 외법논집 28, 2007, 194-195에서 재인용).
127) MuKo/Muller-Gloge, 4. Aufl., § 611 Rn. 1182와 그곳에 소개된 독일 판례 참조(김진우 (주 126), 194-195에서 재인용).

그 기간 내에 출소를 한 경우에도 역시 제척기간의 중단 여부를 논할 여지가 없다. 이미 제척기간 내에 정해진 방법으로 권리를 행사하였기 때문이다. 다만, 출소기간이 제척기간인 경우 소제기의 방법에 의하지 않고 권리자가 권리를 행사한다거나 소제기를 당하지 아니한 상태에서 의무자가 의무를 승인한 경우에는 관념적으로는 제척기간의 중단 여부를 논할 여지는 있다. 그러나 법이 제척기간을 출소기간으로 정한 취지는 권리관계를 조속한 시일 내에 보다 명확하게 매듭짓기 위해서 그 기간 내에 소를 제기한 경우에 한하여 적법한 권리행사로 인정하겠다는 것이다. 이는 민법상 소멸시효의 중단사유가 청구$\left(\substack{\text{재판상 청}\\ \text{구, 최고 등}}\right)$, 압류, 가압류 또는 가처분, 승인$\left(\substack{\S 168\,-\\ \S 177}\right)$ 등 여러 가지로 규정되어 있는 것과는 분명히 다르다. 따라서 출소기간인 제척기간에 관하여 소제기의 방법에 의하지 아니한 권리자의 권리행사나 의무자의 승인에 대하여 '제척기간의 중단'을 인정하는 것은 입법취지를 근본적으로 무시하는 것이므로 타당하지 않다.

다만 의무자가 그의 의무를 곧 이행하겠다는 등의 방법으로 권리자로 하여금 소제기 기간을 준수하지 못하게 하여 권리를 소멸하게 하였다면 이는 신의칙에 반하므로, 이러한 경우의 구제는 '신의칙 위반'에 의하여야 할 것이다.[128]

10. 제척기간의 포기

소멸시효의 이익은 포기할 수 있다. 소멸시효이익의 포기가 처분행위인가 의무부담행위인가가 문제되는데, 절대적 소멸설 및 상대적 소멸설은 대부분 이를 처분행위로 보고 있다.

이러한 입장에 의할 경우 제척기간 도과의 이익도 포기하는 것이 자연스럽게 설명할 수 있다는 견해가 있다. 즉 제척기간이 비록 법원의 직권조사사항으로서 당사자의 원용이 없더라도 당연히 고려되어야 할 사항이기는 하지만, 이는 주로 채무자의 법적 지위의 안정을 도모하는 것을 주된 목적으로 하는 것이기 때문에, 채무자는 제척기간 도과에 의한 이익을 포기할 수 있다는 것이다.[129] 그러나 '출소기간'과 같이 '소송요건'으로서의 지위를 갖는 제척기간이

---

128) BGH MDR 2004, 26.
129) 注解 判例民法 民法總則, 602(初版/平岡建樹).

나 그 밖에 공익적 요소가 있는 제척기간에 대하여까지 명문의 규정[130] 없이 당사자의 자유로운 처분권을 인정할 수 있을지는 의문이다.

11. 합의에 의한 제척기간의 단축·연장

(1) 대법원판례

⑺ 법정제척기간에 관한 합의   판례[131]는 민법 §670가 규정하는 담보책임의 존속기간은 당사자의 특약으로 단축할 수 있다고 한다. 이는 민법 §672가 수급인이 담보책임이 없음을 약정한 경우에도 알고 고지하지 아니한 사실에 대하여는 그 책임을 면하지 못한다고 규정하고 있기 때문이다. 즉 위 민법 조항이 담보책임 면제특약도 원칙적으로 유효할 수 있음을 전제로 하고 있으므로, 그 정도에 미치는 못하는 존속기간 감축특약 역시 유효할 수 있다고 본 것이다. 다만 판례[132]는 담보책임기간을 단축하는 약정을 한 경우 수급인이 알고 고지하지 아니한 사실에 대하여 그 책임을 제한하는 것은 신의성실의 원칙에 위배되어 허용되지 않는다고 한다.

나아가 판례[133]는 "수급인이 성능검사가 끝난 때에 공사잔금을 지급하기로 하는 내용의 기계 제작·설치 공사도급계약에 있어서는 민법 §670 Ⅰ이 규정한 제척기간 1년의 기산점은 기계를 도급인의 공장에 설치한 날이 아니라 그 시운전까지 하여 성능검사가 끝난 날이라고 할 것이다." 판시하여 계약당사자가 체결한 도급계약의 내용($^{대금}_{지급}$)에 따라 법정제척기간의 기산점을 판단하고 있다. 이 기산점은 통상의 기산점($^{목적물 인}_{도완료시}$)보다 늦추어진 것이고, 이에 따르면 법정제척기간이 연장된 결과가 된다.

이러한 판례의 입장에 따르면, 민법 등에 제척기간이 법정되어 있다 하더라도 그것이 임의규정으로 해석되는 경우에는, 신의칙에 반하지 않는 한도에

---

130) 상법 §814 Ⅰ은 "운송인의 송하인 또는 수하인에 대한 채권 및 채무는 그 청구원인의 여하에 불구하고 운송인이 수하인에게 운송물을 인도한 날 또는 인도할 날부터 1년 이내에 재판상 청구가 없으면 소멸한다. 다만, 이 기간은 당사자의 합의에 의하여 연장할 수 있다."고 규정하고 있다.

131) 대판 67.6.27, 66다1346(미간행). 이 판결은 하자보수청구권을 준공검사일로부터 2개월 내에 행사하기로 약정한 경우, 그 기간이 도과하면 하자보수청구권이 있음을 이유로 수급인의 공사금청구를 거절할 수 없다고 판시하고 있다.

132) 대판 99.9.21, 99다19032(공 99, 2196). 이에 대한 해설로는 김창보, "수급인이 알고 고지하지 아니한 사실에 대하여는 담보책임을 면하지 못한다는 민법 제672조의 규정이 담보책임기간단축약정의 경우에도 유추적용되는지 여부", 해설 33, 2000, 11-18.

133) 대판 94.12.22, 93다60632(공 95, 619).

서 당사자 간의 특약으로 그 기간을 변경할 수 있는 것으로 보인다. 그러나 신의성실의 원칙을 근거로 그 기간 단축의 효력을 통제하는 판례의 태도에 비추어 보면, 임의규정이 아닌 법정제척기간의 경우에는 제척기간의 변경 합의를 허용하는 명문의 규정($\substack{상\\1}$§814$\substack{등}$)이 없는 한 이를 허용하지는 않을 것으로 보인다. 특히 미성년자 등 제한능력자의 법률행위 취소권($\substack{§\\15}$), 의사결정의 하자를 이유로 한 법률행위 취소권($\substack{§146\\1}$), 채권자취소권($\substack{§406\\II}$), 상속회복청구권($\substack{§999\\1}$)의 행사기간과 같이 제척기간이 약자 보호에 관련되어 있거나 제3자에 미치는 영향이 크거나 그 밖에 공익성·강행규정성을 갖는 경우 등에는 더욱 그러하다.

　　㈏ 약정제척기간에 관한 합의　　법률에 제척기간의 정함이 없는 형성권 등에 관하여 행사기간을 약정한 경우, 판례[134]는 한 때 "제척기간 진행의 기산점은 특별한 사정이 없는 한 원칙적으로 권리가 발생한 때이고, 당사자 사이에 매매예약 완결권을 행사할 수 있는 시기를 특별히 약정한 경우에도 그 제척기간은 당초 권리의 발생일로부터 10년간의 기간이 경과되면 만료되는 것이지 그 기간을 넘어서 그 약정에 따라 권리를 행사할 수 있는 때로부터 10년이 되는 날까지로 연장된다고 볼 수 없다."고 하였다. 그러나 이에 대하여는 민법 §564 II은 매매예약에 있어서 당사자가 매매예약완결의 의사표시를 할 수 있는 기간을 정할 수 있음을 전제로 하고 있고, 위와 같이 당사자가 자유롭게 정할 수 있다고 한다면, 그 기간의 기산점에 대하여는 더욱 자유롭게 정할 수 있다고 하여야 한다는 이유로, 학계[135]의 강한 비판이 있었다.

　　최근의 판례[136]는 "매매예약의 완결권은 일종의 형성권으로서 당사자 사이에 그 행사기간을 약정한 때에는 그 기간 내에 … 이를 행사하여야 하고, … 한편 당사자 사이에 약정하는 예약 완결권의 행사기간에 특별한 제한은 없다."고 판시하여 그 입장을 사실상 변경한 듯이 보인다.

　　이러한 판례에 따르면, 약정제척기간의 형성이 당사자의 자유로운 의사에 맡겨져 있는 이상 자유로운 의사에 기한 약정제척기간의 단축·연장의 합의도 원칙적으로 유효하다고 보아야 할 것이다.

　　(2) 학　　설

　　우리 민법에 따른 소멸시효는 법률행위로 이를 배제·연장 또는 가중할 수

---

134) 대판 95.11.10, 94다22682, 22699(공 95, 3904).

135) 양창수(주 13), 272-278.

136) 대판 03.1.10, 2000다26425(공 03, 561); 대판 17.1.25, 2016다42077(공 17상, 469).

없으나 단축 또는 경감할 수는 있다($\S^{184}_{II}$). 이와 같은 일반적인 명문 규정이 없는 제척기간에 관하여는, 당사자의 약정에 의한 배제·연장·가중은 물론 단축·경감도 허용되지 않는다는 부정설과 약정제척기간과 법정제척기간을 구분하여 설명하는 일부 긍정설이 대립하고 있다.

그 중 일부 긍정설은 약정제척기간의 경우에는 사적자치의 원칙에 따라 단축·경감은 물론 연장·가중도 가능하고,[137] 당초의 약정제척기간이 만료되기 전에 당사자가 그 기간의 연장을 합의할 수도 있다고 한다. 그러나 법정제척기간의 변경에 관하여는 일률적으로 정할 수 없고, 개별규정의 취지나 공익성의 강약 등을 고려하여 구체적으로 결정되어야 한다고 한다. 그리하여 미성년자의 행위무능력을 이유로 하는 법률행위 취소권에 대한 제척기간($\S_{146}$)은 공익성이 매우 강하므로 단축 또는 연장을 인정해서는 안 될 것이지만, 매도인의 담보책임($\S_{582}$) 또는 수급인의 담보책임($\S_{670}$)에 관한 제척기간은 원칙적으로 단축이나 연장이 가능하다고 한다. 다만 당사자의 합의에 의한 법정제척기간의 연장은 현행법상의 소멸시효기간의 대한 제한에 준하여 신중히 취급되어야 한다고 한다.

한편 독일의 경우 학설은 법률행위에 의한 법정제척기간의 연장은 법률에 명시적 규정이 없는 한 허용되지 않는다고 한다.[138]

12. 제척기간과 권리남용

신의칙을 적용하여 제척기간의 경과에 따른 권리소멸을 부정할 수 있는지 문제된다.

일본의 판례[139]는 제척기간은 당사자의 주장이 없더라도 직권으로 이를 판단하여야 하므로 신의칙 또는 권리남용 주장은 그 주장 자체로 이유 없다고 판단하고 있다. 일본의 학설은 다수가 이를 비판한다.[140] 시효의 원용과 달리 제척기간의 원용이라는 관념이 있을 수 없다 하더라도, 제척기간의 기산점

---

137) 제척기간의 연장을 법률에서 명시적으로 인정한 예로는 상법 § 814 I 단서 등을 들 수 있다.

138) OLG Munchen HRR 1940, 27; OLG Cello WM 1975, 652, 654; Bamberger/Roth/ Henrich, § 194 Rn. 5; MuKoBGB/Grothe, 5. Aufl., § 194 Rn. 9; PWW/Kesseler, § 194 RN. 9.

139) 日最判 1989(平 1).12.21, 民集 43-12, 2209.

140) 학설의 소개에 관하여는, 酒井廣幸, 損害賠償請求における不法行爲の時效, 2013, 252-254.

을 구성하는 사실 및 제척기간의 경과의 주장은 최소한 필요하고, 제척기간 경과에 의한 손해배상청구권의 소멸이라는 효과를 주장하는 것 자체가 신의칙 또는 권리남용에 해당한다고 볼 수 있다는 것이 그 논거 중의 하나이다. 신의칙은 당사자의 행위를 규율하기 위하여 작동할 뿐만 아니라, 규정의 적용범위를 제한하기 위하여도 적용되는 것이므로, 신의칙을 근거로 제척기간의 적용을 배제하는 것도 충분히 가능하다는 견해도 있다. 또한 제척기간의 경과에 의한 권리소멸의 효과를 모든 경우에 기계적으로 적용하면 정의·공평의 이념에 반하는 결과가 초래되어 부당하므로, 이러한 경우에는 신의성실의 원칙, 권리남용 금지의 법리를 적용하여 제척기간의 적용을 배제할 수 있다는 견해도 있다.

우리나라의 학설도 신의성실의 원칙은 민법의 기본원리의 하나라고 할 수 있는데, 제척기간이 경과하면 당사자의 주장이 없더라도 당연히 권리가 소멸한다는 점만으로는 이러한 신의성실의 원칙을 배제할 근거가 되지 못하고, 상대방의 행동이 신의성실의 원칙에 반할 때에는 그의 제척기간 주장 또한 신의성실의 원칙에 의하여 배제될 수 있다고 한다.[141] 독일의 일반적인 학설도 제척기간의 주장이 신의성실의 원칙에 반하는 경우에는 허용될 수 없다고 하고, 판례도 그러하다.[142]

제척기간의 경과라는 결과가 의무자측의 신의성실의 원칙 위반으로 생겨났다는 등의 사정이 있는 경우, 제척기간이 직권조사 사항이라는 것과 신의성실의 원칙을 근거로 제척기간 경과에 따른 법률효과를 적용할 수 없다는 것은 서로 관점을 달리하는 이차원(異次元)의 문제이다. 따라서 제척기간이 직권조사 사항임을 이유로 신의성실의 원칙까지 적용되지 않는다고 보는 것은 비논리적이고 구체적 타당성도 없어 부당하다.

13. 출소기간 내 일부 청구와 권리행사의 효력이 미치는 범위

판례[143]는 출소기간이 적용되는 상속회복청구권의 경우 상속재산의 일부에 대해서만 제소하여 제척기간을 준수하였을 때에는 청구의 목적물로 하지

---

141) 윤진수, "상속회복청구권의 성질과 그 제척기간의 기산점", 재판의 한 길: 김용준 헌법재판소장 화갑기념논문집, 1998, 502-509.

142) Munchkomm-Grothe, Vorbemerkung zu Abschnitt 5, Rn. 19[주석 총칙(3), 509(제4판/이연갑)에서 재인용].

143) 대판 80.4.22, 79다2141(집 28-1, 237); 대판 81.6.9, 80므84, 85, 86, 87(공 81, 14062).

않은 나머지 상속재산에 대해서는 제척기간을 준수한 것으로 볼 수 없다고 한다. 또한 판례[144]는 민법 § 1014에 의한 상속분상당가액지급청구권의 경우도 민법 § 999 Ⅱ의 제척기간이 도과되면 소멸하므로 그 기간 내에 한 청구채권에 터 잡아 제척기간 경과 후 청구취지를 확장하더라도 그 추가 부분의 청구권은 소멸한다고 한다.

다만 판례[145]는 만일 상속분상당가액지급청구권의 가액 산정 대상 재산을 인지 전에 이미 분할 내지 처분된 상속재산 전부로 삼는다는 뜻과 다만 그 정확한 권리의 가액을 알 수 없으므로 추후 감정결과에 따라 청구취지를 확장하겠다는 뜻을 미리 밝히면서 우선 일부의 금액만을 청구한 경우, 그 청구가 제척기간 내에 한 것이라면, 대상 재산의 가액에 대한 감정결과를 기다리는 동안 제척기간이 경과되고 그 후에 감정결과에 따라 청구취지를 확장한 때에는, 위와 같은 청구취지의 확장으로 추가된 부분에 관해서도 그 제척기간은 준수된 것으로 본다.

Ⅱ. 실효의 법리

1. 의　　의

실효(Verwirkung)의 원칙은, 권리자가 장기간에 걸쳐 그 권리를 행사하지 아니함에 따라 그 의무자인 상대방이 더 이상 권리자가 권리를 행사하지 아니할 것으로 신뢰할 만한 정당한 기대를 가지게 된 경우 새삼스럽게 권리자가 그 권리를 행사하는 것은 법질서 전체를 지배하는 신의성실의 원칙에 위반되어 허용되지 아니한다는 원칙이다. 실효의 원칙은 항소권과 같은 소송법상의 권리에 대하여도 적용될 수 있다.[146]

2. 적용의 필요성 및 신중성

(1) 적용의 필요성(소멸시효 제도와의 차이)

실효의 원칙은 독일의 학설 및 판례에 의하여 발전되어 온 원칙이다. 이는

---

144) 대판 07.7.26, 2006므2757, 2764(집 55-2, 411).
145) 대판 07.7.26, 2006므2757, 2764(집 55-2, 411).
146) 대판 96.7.30, 94다51840(공 96, 2613).

독일의 경우 소멸시효에 걸리는 것은 '청구권'뿐이고, 그 소멸시효기간도 30년
으로 장기여서, '형성권'이나 '장기의 소멸시효에 걸리는 청구권'에 관하여 실
효의 원칙을 적용할 필요성이 컸기 때문이다. 독일에서 실효의 원칙은 신의성
실의 원칙에 반하는 권리행사는 금지된다는 권리남용 금지 원칙의 한 내용을
이루고 있고, 다만 신의성실의 원칙 위반이 '불성실한 지체'에 있다는 점에 특
색이 있다.[147]

독일의 학설[148]은 소멸시효나 제척기간과 대비하여 다음과 같이 실효의
원칙의 필요성을 설명한다.

① 소멸시효나 제척기간은 그 기간이 고정적임에 반하여, 실효제도는 기간
에 있어서 자유로운 '탄력성'이 있다.

② 소멸시효에도 중단·정지 등과 같은 탄력성이 일부 존재하지만, 이는
단지 권리가 소멸 내지 존재하는 시점을 늦출 뿐이다. 그런데 실효는 그러한
기간의 경과 전에도 권리행사를 부인하는 것이다.

③ 소멸시효는 청구권에만 적용되고 형성권에는 적용되지 않는다. 형성권
에는 제척기간이 적용되는데 제척기간은 법률에 개별적인 규정이 있는 경우에
한하여 인정될 수 있다. 그러나 실효제도는 법률의 개별적 규정이 없는 경우에
도 적용되고, 또 그와 같이 규정이 없는 경우에 오히려 적용의 필요성이 크다.

④ 소멸시효 기간 30년은 일반적으로 너무 길다. 따라서 그 기간의 경과
전에 이미 불성실한 지체라는 사실이 있는 경우에도 시효소멸이 인정되지 못
한다.

⑤ 소멸시효 기간을 단축한다면 실효제도의 필요성이 감소될 수는 있으나,
그렇게 하더라도 개개의 경우의 특별한 사정을 고려하는 것을 본질로 하는 실
효제도의 필요성은 없어지지 아니한다.

우리나라의 학설[149]도 독일의 학설과 마찬가지로 실효의 원칙은 ① 상당
한 기간의 경과보다는 그 기간 동안 권리를 행사하지 않음으로써 의무자에게
정당한 신뢰가 생기고, 그 신뢰를 보호할 필요가 있는 경우에 인정되는 점, ②
소멸시효의 획일성·정형성을 탈피하여 개별적·구체적 사정에 따라 유연하게
적용할 수 있는 점, ③ 소멸시효에 걸리지 않는 물권적 청구권이나 항소권 등

---

147) 김학동, "실효(Verwirkung)의 원칙 1", 월보 152, 1983, 12.
148) Soergel-Siebert, a.a.O., a.a.O., S.26ff. 김학동(주 147), 20-21에서 재인용.
149) 주석 총칙(3), 510(제4판/이연갑).

소송법상의 권리에 대하여도 적용할 수 있는 점, ④ 권리를 소멸시키지 않고 그 권리의 행사가 신의칙에 반한다고 보아 이를 허용하지 않는데 그치는 점 등에서 소멸시효제도와 차이가 있는 것으로 본다.

(2) 적용의 신중성

실효의 원칙은 위와 같이 독일에서 발전한 것으로, 독일에서도 이는 예외적인 권리항변으로서 그 적용을 신중히 하여야 하는 것으로 보고 있다.[150] 우리나라의 경우는 특히 독일에 비하여 시효기간과 제척기간이 비교적 짧은 등 법제가 서로 다르고, 그러한 권리행사 기간이 있음에도 신의성실의 원칙을 굳이 끌어들여 그 권리행사를 부정하는 '일반조항으로의 도피'는 경계하여야 하는 점을 고려하면 더욱 그러하다. 따라서 이 원칙은 특히 상대방을 보호하여야 할 상당히 강한 이유의 존재가 필요하고 단순히 권리불행사의 기간이 길다는 것뿐만 아니라 권리불행사에 대한 신뢰를 부여케 한 객관적 사정이 있는 경우에 한하여 엄격하게 제한적으로 적용하여야 한다.[151]

3. 적용요건

독일에서는 실효의 기본적 요건으로 ① 권리자가 권리를 상당히 오랫동안 행사하지 않고 있다가 후에 이르러 새삼스럽게 행사하였을 것($_{의\ 경과}^{시간}$) 및 ② 그러한 지체된 권리행사가 신의칙에 반한다고 보여지는 특별한 사정이 존재할 것($_{정의\ 존재}^{특별한\ 사}$)을 든다. 여기서 특별한 사정의 존부를 판단함에 있어 고려할 요소로는 ㉮ 권리의 불행사를 기대하여 실제로 준비나 출연을 한 사실 ㉯ 행위의 종류($_{래행위인지,\ 투기행위인지\ 등}^{중요한\ 행위인지,\ 일상의\ 거}$) ㉰ 행위의 대상($_{절물,\ 유가증권인지}^{목적물이\ 토지,\ 계}$) ㉱ 당사자의 인적성질($_{률\ 문외한인지}^{상인인지,\ 법}$) ㉲ 당사자 상호간의 경제력의 관계($_{박을\ 받고\ 있는지}^{일방이\ 경제적\ 압}$) ㉳ 문제의 권리의 종류($_{예외적인\ 항변권인지.}^{통상의\ 급부청구권인지.}$) ㉴ 당사자간의 일반적인 인적·법률적 관계($_{지,\ 계쟁\ 권리에\ 대하여\ 인식\ 혹은\ 다툼이\ 있}^{친족관계}$ ${_{는지,\ 어떤\ 일에\ 대하여\ 유대관계가\ 있는지}^{에\ 있는}}$) ㉵ 일반적인 경제사정 ㉶ 당사자의 주관적 요소($_{은\ 없었는지\ 등,\ 상대방\ 측에서는\ 권리자의\ 권리를\ 알고\ 있었는지,\ 몰랐다면\ 과실이\ 있는지\ 등}^{권리자\ 측에서는\ 자기의\ 권리의\ 존재를\ 알고\ 있었는지,\ 몰랐다면\ 과실이\ 있는지,\ 그릇된\ 조언}$) 등을 들고 있다.[152]

대법원판례[153]는 "실효의 원칙이 적용되기 위하여 필요한 요건으로서의 실

---

150) 김학동(주 147), 17.

151) 이광범, "실효의 원칙의 의의 및 그 원칙의 소송법상 권리에 대한 적용 가부", 해설 27, 1997, 14.

152) 김학동, "실효(Verwirkung)의 원칙 2", 월보 153호, 1983, 10-11.

153) 대판 92.1.21, 91다30118(공 92, 882); 대판 05.10.28, 2005다45827(공 05, 1866).

효기간($\binom{권리를\ 행사하}{지\ 아니한\ 기간}$)의 길이와 의무자인 상대방이 권리가 행사되지 아니하리라
고 신뢰할 만한 정당한 사유가 있었는지의 여부는 일률적으로 판단할 수 있는
것이 아니라, 구체적인 경우마다 권리를 행사하지 아니한 기간의 장단과 함께
권리자측과 상대방측 쌍방의 사정 및 객관적으로 존재하는 사정 등을 모두 고
려하여 사회통념에 따라 합리적으로 판단하여야 한다."고 한다.

이러한 실효의 원칙은 권리의 성질 내지 영역에 따라 그 적용 여부 내지
강도가 달라질 수 있다.

판례는 일신전속적인 신분관계상의 권리와 같이 본인이 포기할 수도 없으
며 포기하였더라도 그 효력이 발생할 수 없는 경우에는 원칙적으로 적용될 여
지가 없다고 하고,[154] 뒤에서 보는 바와 같이 영속성을 지닌 소유권의 행사에
실효의 원칙을 적용하는 데에는 매우 엄격한 입장을 취하고 있다. 반면, 판례
[155]는 사용자와 근로자 사이의 고용관계의 존부를 둘러싼 노동분쟁은 사용자
및 근로자 모두 신속히 해결되는 것이 바람직하므로 실효의 원칙이 다른 법률
관계보다 더욱 적극적으로 적용될 필요가 있다고 한다. 이는 신속한 분쟁해결
이 필요한 영역에서 실효의 원칙이 적극적으로 적용될 수 있음을 시사한다.

한편, 판례[156]는 종전 토지 소유자가 자신의 권리를 행사하지 않았다는 사
정은 그 토지의 소유권을 적법하게 취득한 새로운 권리자에게 실효의 원칙을
적용함에 있어서 고려하여야 할 것은 아니라고 한다. 이에 따르면, 실효의 원
칙을 적용하는데 기초가 되는 개별적 사정들은 승계인에게 승계되지 않는다.

4. 실효의 효과

독일의 다수설은 실효의 효과는 권리의 소멸이 아니고 단지 권리행사가
허용되지 않는 것이라고 한다. 권리행사가 저지된다는 의미에서, 권리를 무력
하게 만드는 것이라고 하며, 실효의 주장은 소멸시효의 원용과는 달리 진정
한 항변권이 아니고 권리의 내용의 제한에 대한 시사이므로 직권에 의하여 고
려되어야 한다고 한다. 반면 독일의 소수설은 실효를 권리의 소멸원인으로 본
다.[157]

대법원판례는 실효의 원칙이 그 의무자인 특정 상대방과의 관계에서 권리

---

154) 대판 01.11.27, 2001므1353(공 02, 172).
155) 대판 92.1.21, 91다30118(공 92, 882).
156) 대판 95.8.25, 94다27069(공 95, 3256).
157) 김학동(주 152), 13-14.

를 행사하는 것이 신의성실의 원칙에 반하여 허용되지 않는다고 판시하고 있으므로, 이를 권리의 소멸사유로까지 보는 것은 아니다.[158] 또한 대법원판례[159]는 신의성실의 원칙 위반 여부는 당사자의 주장이 없더라도 법원이 직권으로 판단할 수 있다고 보고 있으므로, 실효의 원칙 적용 여부는 직권조사사항에 해당한다고 할 수 있다.

5. 구체적인 적용례[160]

(1) 적용 긍정례

(가) 해고의 효력을 다투는 사건[161]　　　판례는 징계해고 후 6일만에 다른 회사에 입사하였고 다른 회사에서의 보수도 해고된 회사보다 현저하게 낮다고 볼 수 없고, 또 복직의사가 없을 뿐만 아니라 복직이 현실적으로 어려운 상태에서 징계해고 후 9개월이 넘어 해고무효의 소를 제기하는 것은 신의성실의 원칙 내지는 실효의 원칙에 비추어 허용될 수 없다고 한다.

또한 판례[162]는 갑에 대한 의원면직처분의 기초가 된 징계해임처분의 사유는 금품수수이고, 해임처분의 무효 사유는 갑의 결석에도 불구하고 징계 심리기일을 연기하지 아니한 채 막바로 징계결의를 하였다는 것인 경우, 갑이 의원면직처분의 무효를 알고도 2년 4개월 남짓 동안 무효를 주장하여 자신의 권리를 행사한 바 없는 점을 함께 고려하면, 갑이 의원면직처분으로 면직된 때로부터 12년 이상이 경과된 후에 그 처분의 무효를 이유로 고용관계의 존재를 주장하는 것은 노동분쟁의 신속한 해결이라는 요청과 신의성실의 원칙 및 실효의 원칙에 비추어 허용될 수 없다고 한다.

(나) 토지수용 후 20년 경과시점에서의 수용재결 무효 주장　　　판례[163]는, 원고가 토지를 수용당한 후 소제기에 이르기까지 20년이 넘도록 그 수용재결의 실효를 주장한 적이 한 번도 없었고, 그 수용재결이 유효함을 전제로 피고 한국도로공사에 보상요구를 한 경우, 원고가 수용보상금 중 극히 일부가

---

158) 주석 총칙(3), 510(제4판/이연갑).
159) 대판 89.9.29, 88다카17181(공 89, 1576); 대판 98.8.21, 97다37821(공 98, 2278).
160) 실효의 원칙에 관한 사례들을 영역별로 나누어 분석한 글로는, 김학동, "실효의 원칙에 관한 판례분석", 사법연구 7, 2002, 109-146.
161) 해고 등과 관련한 실효의 원칙에 관하여 상세히 다룬 글로는, 정진경, "해고무효확인소송과 신의칙·실효의 원칙", 사론 43, 2006, 537-602.
162) 대판 92.1.21, 91다30118(공 92, 882).
163) 대판 93.5.14, 92다51433(공 93, 1701).

미지급되었음을 이유로 그 수용재결의 실효를 주장하는 것은 신의칙에 비추어 인정될 수 없다고 한다.

㈐ 해제권의 장기간 불행사　　　판례[164]는, 해제의 의사표시가 있은 때로부터 1년 4개월 가량 전에 발생한 해제권을 장기간 행사하지 아니하고 오히려 매매계약이 여전히 유효함을 전제로 잔존채무의 이행을 최고함에 따라 상대방으로서는 그 해제권이 더 이상 행사되지 아니할 것으로 신뢰하였고 또 매매계약상의 매매대금 자체는 거의 전부가 지급된 점 등에 비추어 그 신뢰에 정당한 사유도 있는 경우, 그 후 새삼스럽게 그 해제권을 행사한다는 것은 신의성실의 원칙에 반하여 허용되지 아니하고, 그 매매계약을 해제하기 위하여는 다시 이행제공을 하면서 최고하여야 한다고 한다.

(2) 적용 부정례

㈎ 상호 등의 사용중지청구　　　판례[165]는 피고가 설립등기를 마친 1992.4.23.로부터 약 7년이 경과한 1999년경 서너 차례에 걸쳐 상호 등의 사용 중지를 요청하였고 2000.4.14. 소를 제기한 사안에서, 위 기간이 피고로서 원고가 권리행사를 하지 아니할 것으로 믿을 만한 정당한 사유를 구성하기에 충분한 기간이라고 보기 어렵고, 원고가 피고를 상대로 더욱 신속한 법적 조치를 취하지 아니하였다는 사정만으로는 실효의 원칙이 적용될 수는 없다고 한다.

㈏ 파산관재인의 통정허위표시에 의하여 발생한 채권의 행사　　　파산자가 상대방과 통정허위의 의사표시를 하여 가장채권을 보유하고 있다가 파산이 선고된 경우 파산관재인은 민법 §108 Ⅱ의 제3자에 해당하고, 총 파산채권자를 기준으로 하여 파산채권자 모두가 악의로 되지 않는 한 파산관재인은 선의의 제3자라고 할 수밖에 없다. 판례[166]는 이 경우 통정허위표시의 합의를 하여 가장채권을 발생시킨 파산자(채권자)가 상대방(채무자)에 대하여 장기간 채권을 행사하지 않았다고 하여 상대방에게 어떠한 신뢰가 형성되었다고 보기 어렵고, 파산채권자 전체의 공동이익을 위하여 선량한 관리자의 주의로써 그 직무를 수행해야 하는 파산관재인이 그 가장채무의 이행을 청구하는 것이 실효의 원칙에 해당하여 부당하다고 할 수 없다고 한다.

㈐ 무권리자의 등기 경료 후 장기간이 경과한 시점에서의 말소청

164) 대판 94.11.25, 94다12234(공 95, 84).
165) 대판 04.3.26, 2001다72081(공 04, 706).
166) 대판 15.2.12, 2013다93081(정보).

구   판례[167]는 무권리자 명의로 소유권보존등기가 마쳐진 때로부터 24년이 지난 후에야 위 등기의 말소를 구하는 소를 제기하였다는 사정만으로는 실효의 원칙이 적용될 수 없다고 한다.

    (라) 해고의 효력을 다투며 퇴직금 등을 수령한 경우   판례는 근로자의 해고사건과 관련하여, 퇴직금의 일부를 받으면서 징계해고에 대하여 불복할 의사를 분명히 표시한 경우 이외에도, 불법연행된 상태에서 강요에 의해 사직하고 퇴직금을 수령한 후 10년을 다투어온 경우,[168] 다른 구제절차를 밟고 있는 경우,[169] 해고의 효력을 인정하지 아니하고 이를 다투고 있다고 볼 수 있는 객관적인 사정이 있다거나 그 외에 상당한 이유가 있는 상황 하에서 퇴직금을 수령하는 등 반대의 사정이 엿보이는 때[170] 등에는 명시적인 이의를 유보함이 없이 퇴직금을 수령한 경우라고 하여도 일률적으로 해고의 효력을 인정하였다고 보아서는 안 된다고 하면서 실효의 원칙의 적용을 부정하고 있다.[171]

    예컨대, 판례[172]는, 피고 회사에 근무하다가 원고들이 사직한 직후에 해고된 일부 근로자들이 피고를 상대로 제기하거나 그들이 실질적 당사자가 되어 있는 소송에서 정리해고의 정당성이 다투어 지고 있었기 때문에 그 해고근로자들이 다투는 쟁점과 실질적으로 같은 쟁점을 가지고 있는 원고들이 이에 관한 법원의 판단을 기다렸다가 위 사건의 제1심판결이 선고되자 곧바로 이 사건 소를 제기한 경우, 단지 원고들이 4개월분에 해당하는 퇴직위로금을 수령하고 약 2년 가량의 기간 동안 아무런 이의를 제기하지 않았다는 사정만으로는 실효의 원칙을 적용할 수 없다고 한다.

    (마) 개정 퇴직금 규정의 무효 주장   판례는 원고들이 퇴직금규정의 개정 이후 10여 년이 지난 후에야 소를 제기하면서 그 개정이 근로자집단의 동의를 받지 않아 무효라고 주장하며 미지급 퇴직금의 지급을 청구하고 있다 하더라도, 그것이 신의칙에 위반된다고 할 수 없다고 한다.

---

167) 대판 10.9.30, 2010다25469(정보).
168) 대판 93.8.24, 92다55480(공 93, 2587).
169) 대판 93.9.24, 93다21736(공 93, 2925).
170) 대판 95.11.21, 94다45753, 45760(공 96,40); 대판 96.3.8, 95다51847(공 96, 1218); 대판 98.10.9, 97누1198(공 98, 2697); 대판 05.11.25, 2005다38270(정보); 대판 14.9.4, 2014다210074(정보).
171) 윤철홍, "실효의 원칙", 고시연구 23-11, 1996, 84-85.
172) 대판 05.11.25, 2005다38270(정보).

㈐ 장기간 쌍방 미이행 상태의 매매계약의 효력   판례[173]는, 원고가 중도금을 지급한 후 잔금 지급만을 지체하였고, 피고들로서도 그 이행기일이 지나도 소유권이전등기에 필요한 서류를 제공하지 아니하여 쌍방이 각 그 이행을 지체한 상태에서 장기간이 경과되었을 뿐, 원고가 매수인으로서의 권리를 행사하지 아니할 것으로 믿거나 행사하지 아니할 것으로 추인케 하는 어떠한 사유를 찾아볼 수 없는 경우, 위 매매계약에 관하여 실효의 법리가 적용된다고 할 수 없다고 한다.

㈑ 송전탑 무단 설치일로부터 장기간 경과후의 철거·부당이득반환청구   판례[174]는 토지 소유자가 10여 년간 송전선 설치에 관하여 이의를 제기하지 않았다거나 철탑 부지에 대한 사용 승낙이 있었다는 사정만으로는, 그 권리가 실효되었다거나 부당이득 반환청구가 신의칙에 위배된다고 할 수 없다고 한다.

판례[175]는 토지소유자가 토지 상공에 송전선이 설치되어 있는 사정을 알면서 그 토지를 취득한 후 13년이 경과하여 그 송전선의 철거를 구한 사안에서, 한국전력공사가 송전선을 설치하는 과정에서 적법하게 사용권을 취득하거나 손실을 보상하지 아니한 채 불법 점유한 점, 그 설치 후에도 적법한 사용권을 취득하려고 노력하거나 손실보상을 한 사실이 없는 점, 그 토지가 도시계획상 일반주거지역에 속하고 주변에 아파트나 빌라 등이 들어서 있는 점 등에 비추어 그 토지도 공동주택의 부지로 이용될 가능성이 농후한 점 및 한국전력공사로서는 지금이라도 적법한 수용이나 사용 절차에 의하여 그 토지 상공의 사용권을 취득할 수 있는 점 등에 비추어, 토지소유자의 송전선 철거청구가 권리남용에 해당하지 않는다고 한다.

㈒ 중혼취소청구   판례[176]는, 원고가 중혼 성립 후 10년간 그 취소청구권을 행사하지 아니하였다 하여 피고의 입장에서 원고가 더 이상 그 취소청구권을 행사하지 아니할 것으로 믿을 만한 정당한 사유를 갖게 되었다고 보기 어렵고, 민법이 정한 혼인취소사유 중 동의 없는 혼인, 동성혼, 재혼금지기간위반 혼인, 악질 등 사유에 의한 혼인, 사기, 강박으로 인한 혼인 등에 대하여는 제척기간 또는 권리소멸사유가 규정되어 있는 반면, 증혼과 연령미달 혼

---

173) 대판 92.2.28, 91다28221(공 92, 1157).
174) 대판 95.11.7, 94다31914(공 95, 3897).
175) 대판 96.5.14, 94다54283(공 96, 1835).
176) 대판 93.8.24, 92므907(공 93, 2629).

인에 대하여만은 권리소멸에 관한 사유가 규정되어 있지 않는 점에 비추어 보면, 이는 중혼 등의 반사회성, 반윤리성이 다른 혼인취소사유에 비하여 일층 무겁다고 본 입법자의 의사를 반영한 것이므로, 중혼의 취소청구권에 관하여 장기간의 권리불행사 등의 사정만으로 가볍게 그 권리소멸을 인정하여서는 아니된다고 한다.

　　㈜ 인지청구　　　판례[177]는, 원고가 출생 이후 38년간을 살아오면서도 소외인을 상대로 자신이 소외인의 친자임을 주장하지 않았고 타인의 친자로 입적된 데 대하여 아무런 이의 없이 살아왔으며, 소외인의 친족들도 원고가 더 이상 그러한 주장을 하지 않으리라는 기대 또는 신뢰를 갖고 장기간에 걸쳐 사회생활 및 법률관계를 형성해 왔다 하더라도, 인지청구권은 본인의 일신전속적인 신분관계상의 권리로서 포기할 수도 없으며 포기하였더라도 그 효력이 발생할 수 없는 것이고, 이와 같이 인지청구권의 포기가 허용되지 않는 이상 거기에 실효의 법리가 적용될 여지도 없다고 한다.

　　㈜ 항 소 권　　　판례[178]는, 피고가 아버지인 원고가 피고 소유의 부동산에 대하여 피고의 주소를 허위로 기재하여 승소 사위판결을 받은 것을 알고 원고에게 이의를 제기하였고 법률사무소에 그 구제방법을 문의하였으나, 원고가 이를 다른 사람에게 팔겠느냐 하는 생각에서 별다른 조치 없이 미국으로 출국하였다가 원고가 이를 타에 처분한 것을 알고 위 사위 판결에 대하여 항소를 제기한 경우, 피고가 4년 남짓 동안 위 사위판결에 대한 항소나 원고에 대한 형사고소 등을 거론한 바 없었다 하여 원고의 입장에서 피고가 더 이상 위 사위판결에 대한 항소권을 행사하지 않으리라는 정당한 기대를 가지게 되었다고 볼 수 없고, 타인이 원고로부터 이를 매수한 사정이 인정된다 하여 달리 볼 수 없으므로 항소권이 실효되지 않았다고 한다.

Ⅲ. 항변권의 영구성

1. 의　　　의

　실체법상의 권리가 어떠한 현상의 변경을 요구하는 공격적인 형태로 소송

---

177) 대판 01.11.27, 2001므1353(공 02, 172).
178) 대판 96.7.30, 94다51840(공 96, 2613).

상 나타나는 경우(청구권 또 는 소권)에는 기간의 제한(소멸시효 또 는 제척기간)을 받을 수 있지만, 어떠한 청구에 대항하여 현상의 유지를 주장하는 방어적 형태로 소송상 나타나는 경우(항 변권)에는 기간의 제한을 받지 않는다는 원칙을 '항변권의 영구성'이라고 한다. 예컨대, 프랑스에서는 취소소권은 시효에 걸리나, 취소할 수 있는 계약에 기초하여 취소권자(예컨대, 미성년자)에 대하여 이행청구의 소가 제기된 경우에는, 그 취소권자는 시효기간 경과 후에도 항변에 의하여 청구를 거절할 수 있다고 한다.[179]

2. 비교법적 검토

(1) 프 랑 스[180]

프랑스민법전에는 항변권의 영구성에 관하여 명문의 규정이 없으나, 판례는 로마법의 전통에 기초한 법언 "Quae temporalia sunt ad agendum, perpetua sunt ad excipiendum"(소제기에 대한 기한은 항 변에 관한 한 영구적이다)에 따라 항변권의 영구성의 원칙을 인정하고 있다. 프랑스에서 이 원칙은 취득시효에는 관계가 없고 소멸시효에만 관계가 있고, 한편 소멸시효의 경우에는 적용되나 제척기간에는 적용이 없다고 한다. 이는 소멸시효에 걸리는 권리에 기초하여 원고로서 소를 제기하는 것은 할 수 없으나, 피고로서 이러한 권리를 항변으로 제출하는 것은 소멸시효완성 후라도 할 수 있다는 의미이다.

프랑스의 통설은 소멸시효에서 시효에 걸리는 것은 action(소권)이고 실체권은 아니기 때문에, 소권이 시효로 소멸한 경우 이로써 소를 제기할 수는 없다 하더라도, 실체법상의 권리관계는 자연채무(obligation naturelle)로서 남아 있기 때문에, 상대방으로부터 소를 제기당한 경우에는 이와 같이 남아 있는 권리를 가지고 항변할 수 있다고 설명한다. 그러나 이에 대하여는 소멸시효의 항변은 소송에서의 방어방법에 해당하므로 넓은 의미에서 소권에 해당한다고 보아야 하며, 따라서 '원고로 된 경우에는 행사할 수 없고 피고로 된 경우에는 행사할 수 있는 소권'은 그 자체로 논리모순이라는 비판이 있다.

이에 학설은 이 원칙은 전적으로 실질적인 이유에서 무효소권(actio en nullite)이 시효 소멸된 경우 생길 수 있는 불합리를 제거하기 위한 제도라고 설명한다. 즉 구 프랑스민법상 무효소권의 시효소멸에 관하여 판례·통설은 상

---

179)　日注民(5), 25(初版/山島武宜).
180)　日注民(5), 29-30(初版/野田良之).

대무효의 경우는 10년, 절대무효의 경우에는 30년이 각 지난 경우 발생한다고
보았다. 이에 따라 예컨대 상대무효의 계약을 한 자가 이행하지 않고 10년을
경과하면 그 무효를 주장할 수 없게 되므로, 이 경우 상대방은 이 10년을 기
다린 다음 그 이행을 청구하는 방법으로 무효제도를 회피할 수 있게 된다. 특
히 상대방의 청구가 없어 안심하고 있던 무효의 계약을 한 채무자라든가 피상
속인의 행위가 무효이었던 것을 알지 못하였기 때문에 무효소권을 행사하지
않았던 상속인에게는 이러한 결과는 가혹하다. 그리하여 이러한 불합리를 제
거하려는 실질적인 이유에서 인정된 것이 이 제도라는 것이다.

　　프랑스에서는 무효소권의 소멸시효에 관하여만 이 원칙을 인정하는 것이
일반적이다. 그 외에 피고가 원고의 청구에 대하여 시효에 걸린 채권을 가지고
상계의 항변을 할 수 있는가가 문제될 수 있으나, 프랑스에서는 상대방이 자기
에 대하여 자연채무를 부담하고 있는 경우 이를 가지고 상계할 수 없다는 데
에 학설이 일치하고 있기 때문에, 이러한 경우는 항변권의 영구성의 문제는 생
기지 않는다.

(2) 독　　일

　　㈎ 학설의 대립[181]　　　'청구권'에 대하여만 소멸시효가 적용되는 독일
에서는, 물권적 청구권이 시효에 걸리더라도 물권 그 자체는 의연히 존속한다.
소유권에 기한 반환청구권이 시효에 걸리면, 사실상 소유권의 상실과 동일한
결과가 되지만, 소유권은 여전히 절대적 권리(dominium sine re)로서 존속한다.

　　한편 채권에 기초한 인적 청구권이 시효에 걸리면, 청구권의 기초인 채권
도 소멸하는 것인지 여부, 즉 소멸시효완성 후에도 인적 청구권(내지 그 기초인 채권)을 항
변권으로 주장할 수 있는가(항변권의 영구성) 여부에 관하여 독일 보통법 시대 이후 절
대설과 상대설의 대립이 있었다.

　　예컨대, 1850년에 매매계약이 성립되고, 토지인도는 즉시, 매매대금은 2
년 후에 이행한다는 취지의 약정이 체결된 사례를 들면, 매도인, 매수인 모두
매매계약을 이행하지 않은 채 있다가, 1881년에 이르러 매도인이 매매대금 이
행의 소(actio venditi)를 제기한 경우, 매수인은 매수인 소권(actio empti)을 항
변권으로 제출할 수 있는지 문제된다. 상대설은 시효완성 후 소권은 자연채무
(obligatio naturalis)로서 존속한다고 주장하면서 이를 긍정하였다. 절대설은
자연채무로서의 존속을 부정하고, 소멸시효 효과의 절대성을 주장하였다. 절

---

181) 日注民(5), 28-29(初版/岡本 坦).

대설은 학설에 따라 그 내용이 일정하지 아니하지만, 절대설의 대표자인 빈트샤이트는 "항변권이 독립성을 갖지 않는 경우에는 소권과 함께 시효로 소멸한다."고 주장하였다.

　　(나) 현재의 해석[182]　　　　독일민법 제1초안이유서는 빈트샤이트의 영향을 받아 "민법은 절대설을 취한 것이다."라고 명언하고, "민법이 '독립적인 항변권'을 규정하고 있는 경우 및 항변권은 시효에 의하여 소멸하지 않는다고 규정하고 있는 경우를 제외하고는 항변권은 시효에 의하여 소멸한다."고 설명한다.[183] 독일민법이 정한 독립적 항변권에는 동시이행의 항변권($\S\substack{320, \\ 321}$), 유치의 항변권($\S\substack{273}$), 보증인의 선소의 항변권($\S\substack{771}$) 등이 있었다. 또한 항변권이 시효에 의하여 소멸하지 않는다고 규정한 것은 ① 법적 원인 없이 채무를 인수한 채무자의 면책청구권($\S\substack{821[184]}$), ② 불법행위에 의하여 채권을 취득한 자에 대한 채권소멸청구권($\S\substack{853[185]}$) 등이다.

　　이와 같이 독일민법은 항변권의 영구성에 관한 문제를 대부분 입법적으로 해결하였기 때문에, 개개의 구체적인 사건의 해석에 관하여는 절대설·상대설 어느 쪽의 입장을 취하더라도 결론적으로 큰 차이가 없다. 학설상 다툼이 있는 것은 구체적인 문제라기보다 오히려 항변권의 영구성의 법리를 일반적으로 승인할 수 있는지 여부이다.

　　절대설을 지지하는 학설은, 위 제1초안이유서의 견해에 따라 민법이 명시적으로 독립적인 항변권 및 항변권의 영구성을 규정하고 있는 경우를 제외하고는 이 법리를 원칙적으로 부정한다. 또한 청구권과 채권을 동일시하는 견해(Hellwig)도 필연적으로 이 법리를 부정한다.

　　이에 대하여 상대설은 항변권의 영구성을 인정하는 명문 규정들을 절대설과 같이 제한적으로 해석하지 않고 열거적으로 해석하면서, 그 취지를 그 이외의 사례에도 유추할 수 있다고 주장한다. 상대설이 독일민법에서 항변권의 영구성의 근거로 삼는 것은 ① 소멸시효는 청구권의 소멸사유가 아니라, 그 강제적 실현이 불가능하게 된 것에 불과한 점($\S\substack{214 \\ 1}$), ② 따라서 시효에 걸린 청구

---

182) 日注民(5), 29-30(初版/岡本 坦).

183) Motive zu dem Entwurfeines BGB, Bd. Ⅰ, 1988, S. 291.

184) §821(부당이득의 항변) 법적 원인 없이 채무를 부담하는 사람은 그 채무에 대한 면책청구권이 시효로 소멸한 때에도 이행을 거절할 수 있다.

185) §853(악의의 항변) 어떠한 사람이 그가 범한 불법행위에 의하여 피해자에 대하여 채권을 취득한 경우에는, 채권소멸의 청구권이 시효로 소멸한 때에도 피해자는 그 이행을 거절할 수 있다.

권에 기하여 이행을 받은 것은 부당이득에 해당하지 않는 점($\S_{\text{II}}^{214}$), ③ 청구권이 시효에 걸리더라도 질권·저당권·유치권은 존속하고 그로부터 변제를 받을 수 있을 뿐만 아니라 채무자로부터의 담보권소멸에 기한 인도 또는 등기말소청구권을 거절할 수 있는 점($\S_{\text{II}, \S 215}^{216}$), ④ 시효에 걸린 청구권도 상계에 제공할 수 있는 점($\S_{215}$) 등이다. 상대설은 이러한 소멸시효의 구성을 고려하면, 항변권의 영구성의 법리는 당연히 예정되어 있는 것이라고 풀이하고, 이를 부정하는 제1초안이유서의 견해는 절대설을 주장하는 빈트샤이트의 영향을 받아 부적절한 설명을 한 것이라고 비판한다.

(3) 영   미[186]

영미법에서는 연혁적으로 기본적으로 출소기한은 소권의 시효에 불과하기 때문에, "항변권은 출소기간에 걸리지 않는다."($\begin{smallmatrix}\text{not barred by the statute of limitation,}\\ \text{not subject to the operation of the statute}\end{smallmatrix}$ of limitations)는 판례가 집적되어 있다. 그러나 영미에서는 이러한 법리에 기초하여 '항변권의 영구성'이라는 관념을 도출하지는 않는다. 출소기한법의 명문 규정에 의하여 시간적 제한이 가해지는 것은 소(action, suit)이고, 단순한 항변(defense)에는 이러한 제한이 미치지 않는다고 해석한다. 즉 소송법적 측면에서 볼 때, 소권이 적극적·능동적·공격적인 소송법상의 권리임에 대하여, 항변권은 소극적·수동적·방어적인 권리이고, 또한 출소기한법은 소권에 관하여만 출소기한을 규정하면서 항변권에 관하여는 침묵하고 있으므로, 후자에는 출소기한의 적용이 없다고 풀이하는 것이다. 이러한 해석의 배후에는 주도권을 지닌 원고에게는 일정기간 내에 출소하도록 강제할 수 있으나, 수동적인 입장에 있는 피고에게는 그렇게 할 수 없다는 사고방식이 자리 잡고 있다.

출소기한법에 의한 출소기한의 제한을 받지 않는 것은 순수한 항변에 한한다. 이는 현재 점유 또는 행사하고 있는 재산, 권리 또는 지위(property, right, position)를 빼앗길 수 있는 피고가 제출할 수 있는 방어방법이어야 하고, 또한 그것은 원고의 청구와 동일한 법률행위(transaction)로부터 발생한 것이어야 한다. 예컨대, 사기(fraud), 착오(mistake), 약인의 일부 또는 전부의 흠결 또는 불이행(absence or failure of consideration), 포기와 금반언(waive and estoppel), 고리(usury), 변제(payment), 대물변제(accord and satisfaction) 등과 같은 항변이 그것이다. 나아가 방어의 범위를 초과하여 적극적 구제를 구하는 것과 같은 답변, 예컨대, 반소(counterclaim), 상계(setoff)의 주장 등은 별개 독

---

186) 日注民(5), 31-32(初版/早川武夫).

립의 반대소송(cross action or bill)과 동일한 성질을 갖는 것이어서 이미 순수한 항변이 아니기 때문에, 이는 모두 원칙적으로 출소기한법의 적용을 피할 수 없다.

한편, 피고가 잘못하여 반소라든가 상계의 형식으로 주장을 한 경우에도, 그 실질이 순수한 항변에 불과한 경우에는 항변으로서 취급된다. 또한 피고가 긍인적 항변(affirmative defese)[예컨대 기여과실(contributory negligence), 착오(mistake), 사기(fraud) 등]이나 상계 또는 반소를 제출하고, 이러한 피고의 항변에 대하여 원고가 재항변을 제출한 경우, 원고와 피고는 동일한 입장에서 있는 것이기 때문에, 이 원고의 재항변에 관하여도 통상 피고의 항변과 동일한 법리가 적용된다. 즉 항변에 대한 재항변도 영구성을 가진다.

(4) 일　　본

일본의 다수설은 항변권의 영구성을 인정하고 있지 않다.[187] 즉 소멸시효는 실체권을 소멸시키는 것이기 때문에, 시효완성 후는 그 실체권을 항변권으로 주장하는 것이 불가능하다고 해석한다.

소수설은 소멸시효가 '실체권'이 아니라 그 실체권을 토대로 한 '청구권' 내지 '소권'을 소멸시키는 것에 불과하다는 견해를 취한다면, 실체권이 존속하는 이상 항변권으로서 주장하는 것은 이론상 가능하다고 하거나,[188] 항변권의 영구성의 법리를 근거로 하여 항변권을 행사하는 것은 기간제한을 받지 않는다고 한다.[189]

3. 우리 민법에서의 수용가능성

(1) 원　　칙

우리 민법상 소멸시효 완성의 효과는 독일 등과 같이 청구권의 기초가 되는 실체권을 소멸시키지 않은 채 채무자에게 채무의 이행거절권만을 부여한다거나, 프랑스, 영미 등과 같이 소를 제기할 권능만을 소멸시키는 것이 아니다. 그 효과는 실체권 그 자체를 소멸시키는 것이므로, 이미 소멸한 실체권을 기초로 하여 소송에서 항변을 제출하더라도 그 항변을 받아들이는 것은 불가능하다. 따라서 청구권(소권)과 실체권의 준별론에 기한 '항변권의 영구성'이라는

---

187) 日注民(5), 26(初版/山島武宜); 民法注解 財産法 1 民法總則, 814(初版/濟藤和夫).
188) 日注民(5), 31(初版/早川武夫).
189) 民法注解 財産法 1 民法總則, 814-815(初版/濟藤和夫).

법리는 우리 민법 하에서는 설 자리가 없다.

　또한 형성권의 권리행사기간은 법률관계를 조속히 매듭짓기 위해 그 기간 내에 형성권의 권리행사가 없으면 형성권을 소멸시키고 그 법률행위를 유효로 만드는 것이 목적이므로, 형성권을 항변권으로 행사하는 경우 그러한 권리행사기간의 제한을 받지 않는다는 것은 입법취지에 정면으로 반한다. 이는 기간제한에 걸린 권리가 청구권의 경우에도 다르지 않다. 따라서 이미 소멸한 권리가 항변으로 행사될 경우에는 권리행사기간의 제한을 받지 않는다는 입론은 우리 민법 체계와는 전혀 어울리지 아니한다.

　보다 근본적으로 '항변권의 영구성'이라는 법리에는 주도권을 지닌 원고에게는 일정기간 내에 출소하도록 강제할 수 있으나, 수동적인 입장에 있는 피고에게는 그렇게 할 수 없다는 사상이 자리 잡고 있으나, 이러한 사고가 반드시 타당한지도 의문이다. 기간제한에 걸린 권리가 청구권이든 취소권 등의 형성권이든 간에 그 권리자는 언제든지 그 권리를 행사할 수 있고, 그렇게 하는 데 아무런 장애가 없다. 그런데도 이를 반드시 상대방의 적극적인 청구를 기다려야만 행사할 수 있다고 보고 영구성의 법리의 근거로 삼는 것은 의문이다.

　나아가 '항변권' 자체가 소멸시효에 걸리는지 여부를 따지는 것 자체가 타당하다고 보기 어렵다. 항변권은 그 자체가 독립적으로 소멸시효나 제척기간에 걸리는 것이 아니라 항변권 행사의 기초가 되는 권리 자체가 소멸시효나 제척기간에 걸리는지 여하에 따라 항변권 행사의 허용 여부가 판가름 나기 때문이다. 이러한 의미에서 항변권 그 자체는 소멸시효나 제척기간의 대상 적격이 없다고 볼 수 있다.[190]

(2) 개별 민법 규정에 대한 검토

　항변권의 영구성은 이에 대한 별다른 규정이 없는 우리 민법에서는 어느모로 보나 이를 일반화하여 인정하기는 곤란하다.[191] 뿐만 아니라 다음과 같은 개별 민법 규정과 관련하여서도 그러하다.

　(가) 민법 § 495　　민법 § 495는 "소멸시효가 완성된 채권이 그 완성 전에 상계할 수 있었던 것이면 그 채권자는 상계할 수 있다."고 규정하고 있으나, 이는 소멸시효의 특성을 고려하여 특별히 명문의 규정을 둔 경우이므로 이를 근거로 항변권의 영구성을 일반적으로 인정하기는 곤란하다.

190) 民法注解 財産法 1 民法總則, 809-811(初版/濟藤和夫).
191) 구주해(3), 430(윤진수).

(나) 민법 §483   민법 §483가 규정하는 보증인의 최고·검색의 항변권을 항변권의 영구성을 인정할 수 있는 예로 드는 견해가 있다. 보증인의 최고·검색의 항변권은 채권자가 보증인에게 이행 청구를 하였을 때 비로소 행사할 수 있는 권리이므로, 채권자의 이행 청구가 없음에도 보증인의 최고·검색의 항변권만이 독립하여 소멸시효에 걸린다고 보는 것은 타당하지 않다는 것이다.

그러나 보증인의 최고·검색의 항변권은 그 자체로 독립적인 의미를 갖기 못하고, 주채권자의 보증채권이 그러한 항변권을 부담하고 있다는 점에서 어디까지나 보증채권의 본질적 내용 중의 하나에 불과하므로, 그 자체로 독립하여 소멸시효에 걸리는 것이라고 할 수 없다.[192] 따라서 그와 같은 사정을 근거로 항변권의 영구성의 법리를 인정할 수는 없다.

(다) 민법 §536   민법 §536가 규정하는 동시이행의 항변권과 관련하여 일방의 청구권은 시효로 소멸하였으나, 다른 일방의 청구권은 여전히 존속하고 있는 경우, 그 다른 일방이 자기의 청구권을 행사하면서 상대방의 동시이행의 항변권에 대하여 소멸시효를 주장하는 것은 신의칙에 어긋나므로 그 상대방은 여전히 동시이행의 항변권을 행사할 수 있다는 견해[193]가 있다. 그러나 동시이행의 항변권을 행사할 수 있는 기초가 되는 권리가 이미 시효로 소멸한 이상, 이미 시효 소멸한 권리를 행사하여 동시이행의 항변권을 행사하는 것은 법률상 불가능하다. 만일 그 다른 일방이 신의칙에 반하는 행위로 상대방의 권리가 시효 소멸하게 하였으면 권리남용 이론을 적용하여 그 권리가 존속하고 있다고 보고 그에 기하여 동시이행항변권을 행사할 수 있다고 볼 수 있지만, 이는 항변권의 영구성과는 전혀 별개의 문제이다. 결국 위 견해는 타당하다고 보기 어렵다.

판례[194]도 기존의 원인채권과 어음채권이 병존하는 경우에 채권자가 원인채권을 행사함에 있어서 채무자는 원칙적으로 어음과 상환으로 지급하겠다고 하는 항변으로 채권자에게 대항할 수 있으나, 어음상 권리가 시효완성으로 소멸한 경우에는 채권자의 원인채권 행사에 대하여 채무자에게 어음상환의 동시이행항변을 인정할 필요가 없으므로 결국 채무자의 동시이행항변권은 부정된

---

192) 民法注解 財産法 1 民法總則, 810(初版/濟藤和夫).
193) 구주해(3), 430(윤진수).
194) 대판 10.7.29, 2009다69692(공 10하, 1751).

다고 하여 같은 취지로 판시하고 있다.

　　㈑ 민법 §1117　　망인의 생전에 부동산을 증여를 받은 자가 상속인을 상대로 부동산이전등기청구를 하였는데, 상속인이 유류분반환청구권을 행사하는 것은 소극적인 항변권의 행사이므로, 유류분반환청구권의 소멸시효기간이 경과하였다 하더라도 유류분반환청구권을 항변권을 행사할 수 있는지에 관하여 견해 대립이 있다.[195]

　　부정설이 타당하다. 항변권 행사의 근거가 되는 유류분반환청구권이 이미 시효로 소멸한 이상 더 이상 항변권을 행사할 여지가 없기 때문이다.

　　판례[196]도 "원심이 망인의 상속재산에 속하는 이 사건 각 부동산에 관한 피고의 유류분반환청구권의 행사가 망인의 사망에 따른 상속개시일부터 10년이 지나 시효로 소멸한 후인 원심에 이르러 비로소 행사되었다는 이유를 들어, 위 유류분반환청구권에 기한 피고의 항변을 배척한 것은 정당하다."고 판시하여 같은 입장이다.

[오 영 준]

---

195) 民法注解 財産法 1 民法總則, 817-818(初版/濟藤和夫).
　196) 대판 08.7.10, 2007다9719(정보).

第162條(債權, 財産權의 消滅時效)

① 債權은 10年間 行使하지 아니하면 消滅時效가 完成한다.

② 債權 및 所有權 以外의 財産權은 20年間 行使하지 아니하면 消滅時效가 完成한다.

Ⅰ. 본조의 의의

본조는 소멸시효의 대상이 되는 권리, 소멸시효 완성의 요건 및 소멸시효 기간에 관한 원칙을 규정하는 한편, 소멸시효 완성의 효과에 관하여는 침묵하고 있다. 본조는 어디까지나 소멸시효에 관한 원칙적인 규정이고, 그 예외에 해당하는 규정은 민법이나 특별법에 산재해 있다.

먼저 본조는 소멸시효의 대상이 되는 권리가 채권 및 소유권 이외의 재산 권임을 명시하면서, 채권에 대한 소멸시효기간은 10년이고, 그 이외의 재산권에 대한 소멸시효기간은 20년이라고 규정하여, 권리의 종류에 따라 소멸시효 기간을 달리 규정하고 있다.

또한 본조는 소멸시효 완성의 요건이 '권리를 행사하지 않는 것'이라고 규정하고 있다. 여기서 '권리를 행사하지 않는 것'이라 함은 권리를 행사할 수 있음에도 행사하지 않는 것을 말하는 것이어서, 의무자 측의 권리존재에 관한 선의, 악의는 물론, 권리자 측의 그에 관한 선의, 악의도 묻지 않는다.[1] 다만, 권리의 불행사가 소멸시효의 실체법적 요건이기는 하지만, 소송법적인 주장·입증책임의 점에서 보면, 소멸시효의 완성을 주장하는 측으로서는 소멸시효의 기산점 및 그로부터 소멸시효기간이 경과하였음을 주장·증명하기만 하면 되고, 권리자가 그 기간 동안 권리를 행사하지 않고 있었다는 것까지 입증하여야 하는 것은 아니다. 오히려 소멸시효의 완성을 다투는 측에서 권리의 행사 등으로 소멸시효가 중단되었음을 주장·증명하여야 한다.[2]

본조가 소멸시효 완성의 효과에 관하여 침묵함으로써 소멸시효 완성의 효과가 무엇인지에 관하여는 학설상 크게 다투어지고 있다. 절대적 소멸설과 상대적 소멸설의 대립이 그것이다.

Ⅱ. 소멸시효의 대상이 되는 권리

1. 채　권

본조 제1항에 의하면, 채권이 소멸시효의 대상이 되는 것은 분명하다. 다

---

1) 日注民(5), 302(初版/北川善太郎).
2) 구주해(3), 414(윤진수).

만 다음의 권리에 대하여는 좀 더 살펴볼 필요가 있다.

(1) 자연채무

대법원판례[3]는 회생채권이 그 소멸시효기간 경과전에 채무자 회생 및 파산에 관한 법률 §251에 의하여 실권된 경우 이는 자연채무가 되고,[4] 이러한 자연채무가 된 채권에 대하여는 소멸시효가 진행한다거나 중단된다는 것은 관념할 여지가 없다고 한다.[5] 그리하여 만일 주채무인 회생채권이 그 소멸시효기간 경과 전에 위와 같이 실권된 경우 더 이상 주채무의 소멸시효 진행이나 중단이 문제 될 여지가 없으므로, 이러한 경우 보증인은 보증채무 자체의 소멸시효 완성만을 주장할 수 있을 뿐 주채무의 소멸시효 완성을 원용할 수 없다고 한다.[6]

일본의 판례[7]도 주채무자인 파산자가 면책결정을 받은 경우에 면책결정의 효력이 미치는 채무의 보증인이 그 채권에 관한 소멸시효를 원용할 수 있는지에 관하여 "면책결정의 효력을 받는 채권은 채권자에게 소로써 이행청구를 하거나 그 강제적 실현을 기도할 수 없게 되고, 위 채권에 관하여는 이미 민법 §166 Ⅰ에 정한 '권리를 행사할 수 있는 때'를 기산점으로 한 소멸시효의 진행을 관념할 수 없다고 하여야 하므로, 파산자가 면책결정을 받은 경우에는 위 면책결정의 효력이 미치는 채무의 보증인은 그 채권에 관한 소멸시효를 원용할 수 없다고 해석함이 상당하다"고 한다.

(2) 등기청구권

⑺ **법률행위로 인한 등기청구권**   부동산을 매수한 자가 아직 자기 명의로 소유권이전등기를 마치지 못한 경우 매수인의 등기청구권은 채권적 청구권에 불과하므로, 그 등기청구권은 소멸시효에 걸린다.[8]

그러나 판례[9]는 부동산을 매수한 자가 그 목적물을 인도받아 계속 점유하는 경우에는 그 매수인의 등기청구권은 다른 채권과는 달리 소멸시효에 걸리지 않는다고 한다. 그 이유로 부동산 매매에서 매매의 목적물은 부동산 자체이고 등기는 다만 부동산의 거래상황을 공시하기 위한 등기법상의 절차에 불과

---

3) 대판 01.7.24, 2001다3122(공 01, 1919).
4) 대판 01.7.24, 2001다3122(공 01, 1919).
5) 대판 16.11.9, 2015다218785(공 16하, 1880).
6) 대판 16.11.9, 2015다218785(공 16하, 1880).
7) 日最判 1999(平 11).11.9, 民集 53-8, 1403.
8) 대판(전) 76.11.6, 76다148(집 24-3, 277).
9) 대판(전) 76.11.6, 76다148(집 24-3, 277); 대판 99.3.18, 98다32175(집 47-1, 101).

하므로 부동산의 매수인으로서 그 목적물을 인도받아서 이를 사용수익하고 있는 경우에는 시효제도의 존재이유에 비추어 보아 그 매수인을 권리위에 잠자는 것으로 볼 수도 없고, 또 매도인의 명의로 등기가 남아있는 상태와 매수인이 인도받아 이를 사용수익하고 있는 상태를 비교하면 매도인 명의로 잔존하고 있는 등기를 보호하기 보다는 매수인의 사용수익 상태를 더욱 보호하여야 할 것이라는 점을 든다.

나아가 판례[10]는 부동산의 매수인이 매매목적물을 인도받아 사용수익하고 있다가 그 점유를 포기하거나 제3자에게 점유를 침탈당하고서도 아무런 조치를 취하지 아니한 경우에는 그 점유상실 시점부터 매수인의 이전등기청구권에 관한 소멸시효가 진행한다고 한다. 다만, 판례[11]는, 부동산의 매수인이 그 부동산을 인도받은 이상 이를 사용·수익하다가 그 부동산에 대한 보다 적극적인 권리행사의 일환으로 다른 사람에게 그 부동산을 처분하고 그 점유를 승계하여 준 경우에는 그 이전등기청구권의 행사 여부에 관하여 그가 그 부동산을 스스로 계속 사용·수익만 하고 있는 경우와 특별히 다를 바 없으므로 이러한 경우에는 이전등기청구권의 소멸시효가 진행되지 않는다고 한다.

(내) 취득시효완성을 원인으로 한 등기청구권   판례[12]는 부동산에 대한 점유취득시효 완성을 원인으로 하는 소유권이전등기청구권을 채권적 청구권으로 보므로 이는 소멸시효의 대상이 된다.

그러나 판례[13]는 취득시효완성을 원인으로 한 소유권이전등기청구권에 대하여는 점유자가 그 점유를 계속하는 동안 소멸시효가 진행되지 않고, 또한 일단 취득시효기간의 만료로 점유자가 소유권이전등기청구권을 취득한 이상 그 후 부동산에 대한 점유가 중단되거나 상실되더라도 이를 시효이익의 포기로 볼 수 있는 경우가 아닌 한 이미 취득한 소유권이전등기청구권이 소멸되는 것은 아니라고 한다.

(대) 담보권의 설정등기청구권 및 말소등기청구권   판례[14]는 도급받은 공사의 공사대금채권 및 그 공사에 부수되는 채권에 대하여는 민법 §163(iii)가 적용되는데, 저당권설정청구권은 공사에 부수되는 채권이므로 그 소멸

---

10) 대판 92.7.24, 91다40924(공 92, 2523).
11) 대판 99.3.18, 98다32175(집 47-1, 101).
12) 대판 95.12.5, 95다24241(공 96, 202).
13) 대판 90.11.13, 90다카25352(공 91, 93); 대판(전) 95.3.28, 93다47745(공 95, 1609).
14) 대판 16.10.27, 2014다211978(공 16하, 1760).

시효기간은 위 규정에 따라 3년이라고 한다. 그런데 건물신축공사에서 하수급인의 수급인에 대한 저당권설정청구권은 수급인이 건물의 소유권을 취득하면 성립하고 그때부터 그 권리를 행사할 수 있지만, 건물 완성 이후 소유권 귀속에 관한 법적 분쟁이 계속되어 하수급인이 수급인을 상대로 저당권설정청구권을 행사할 수 있는지 여부를 객관적으로 알기 어려운 상황에 있는 경우에는 객관적으로 하수급인이 저당권설정청구권을 행사할 수 있음을 알 수 있게 된 때부터 소멸시효가 진행한다고 한다.

판례[15]는 채권담보의 목적으로 이루어지는 부동산 양도담보의 경우 피담보채무가 변제된 이후에 양도담보권설정자가 행사하는 등기청구권은 양도담보권설정자의 실질적 소유권에 기한 물권적 청구권이므로 따로 시효로 소멸되지 아니한다고 한다. 다만 가등기담보 등에 관한 법률 §11는 "채무자등은 청산금채권을 변제받을 때까지 그 채무액(반환할 때까지의 이자와 손해금을 포함한다)을 채권자에게 지급하고 그 채권담보의 목적으로 마친 소유권이전등기의 말소를 청구할 수 있다. 다만, 그 채무의 변제기가 지난 때부터 10년이 지나거나 선의의 제3자가 소유권을 취득한 경우에는 그러하지 아니하다."고 규정하고 있으므로, 위 규정이 적용되는 양도담보권에 대하여는 등기청구권의 행사가 제척기간에 의해 제한될 수 있다.[16]

2. 소유권 외의 재산권

(1) 소 유 권

본조 제2항은 소유권이 소멸시효에 걸리지 않음을 명백히 하고 있다. 그 근거에 관하여 소유권은 물에 대한 일반적인 지배권이고, 그 행사방법에는 제한이 없어 소유권에는 불행사라는 관념이 존재할 여지가 없으므로, 권리의 불행사를 요건으로 하는 소멸시효에 걸리지 않는다는 견해가 있다. 다른 견해는 소유권에도 불행사의 관념이 존재할 수 있지만, 소유권의 절대성, 항구성에 비추어 불행사를 이유로 하여 소유권을 소멸시킬 수는 없다는 견해가 대립한다. 후설이 통설이다.[17]

---

15) 대판 93.12.21, 91다41170(공 94, 476).

16) 대판 14.8.20, 2012다47074(공 14하, 1784).

17) 대판 93.4.13, 92다3595(공 93, 1370); 대판 08.7.10, 2007다9719(정보); 대판 15.11.12, 2011다55092, 55108(정보). 대판 92다3595에 대한 평석으로는, 유승정, "유류분반환청구권 행사기간의 성질", 사행 35-1, 1994, 71-72.

소유권도 취득시효에 의하여 상실되는 경우가 있지만 이는 소멸시효와는 별개의 문제이다.

(2) 점 유 권

점유권은 사실상의 지배상태인 점유를 요소로 하여 인정되는 권리이므로, 시효에 의해 소멸되지 않는다. 즉 점유라는 일정한 사실상태가 존속하는 한 항시 존재하고, 그 사실상태가 소멸하면 함께 당연히 소멸하므로, 소멸시효의 요건인 '권리의 불행사'라는 관념이 존재할 여지가 없다.[18]

(3) 담보물권

(가) 일반적인 경우   담보물권은 채권이 존속하면 존속하고, 채권이 소멸하면 따라서 소멸한다. 이와 같이 담보물권은 채권이 존속하는 한 채권과 독립하여 소멸시효에 걸리지 않는다(대상적격의 결여). 채권이 시효에 걸려 소멸함으로써 담보물권이 소멸하더라도 이는 부종성의 원칙에 따른 것이지($\frac{\S}{369}$) 담보물권이 시효에 걸려 소멸한 것이 아니다.[19]

구체적으로 보면, 유치권은 점유를 요건으로 하고, 물건에 대한 채권의 담보를 위하여 일정한 법률관계가 존속되는 한 인정되는 물권이므로 그 법률관계에서 독립하여 시효로 소멸하지 않는다(대상적격의 결여). 유치권의 불행사의 단적인 예로는 목적물의 점유를 상실하는 것을 들 수 있는데, 유치권은 점유상실과 동시에 소멸하므로 유치권이 존재하면서 그 불행사가 계속되는 것은 상정하기 어렵다. 또한 유치권자가 목적물을 점유하는 방법으로 유치권을 계속 행사하는 것은 채무변제를 받기까지 목적물을 유치를 계속한다는 상태적 행위에 불과하므로 그 자체로 채권의 행사라고 할 수 없다.[20]

질권자의 목적물의 반환은 질권의 본질적 요건을 흠결하는 것이므로, 질권 자체의 소멸을 초래한다. 따라서 질권설정자와의 관계에서 질권은 점유라고 하는 사실상태에 기한 권리이므로, 그 자체의 불행사에 의하여 독립하여 소멸시효에 걸리지 않는다(대상적격의 결여). 질권의 경우도 유치권과 마찬가지로 목적물의 점유를 계속하는 방법으로 질권을 행사하는 것은 그 피담보채권의 소멸시효를 중단시키지 않는다.[21]

---

18) 대판 93.4.13, 92다3595(공 93, 1370); 대판 08.7.10, 2007다9719(정보); 대판 15.11.12, 2011다55092, 55108(정보). 대판 92다3595에 대한 평석으로는, 유승정(주 17), 71-72.
19) 民法注解 財産法 1 民法總則, 791(初版/濟藤和夫).
20) 民法注解 財産法 1 民法總則, 791(初版/濟藤和夫).
21) 民法注解 財産法 1 民法總則, 794(初版/濟藤和夫).

저당권 역시 그 피담보채권에 부종하는 권리이므로 피담보채권으로부터 독립하여 소멸시효에 걸리지 않는다(대상적격의 결여). 민법 §396는 "저당권으로 담보한 채권이 시효의 완성 기타 사유로 인하여 소멸한 때에는 저당권도 소멸한다."고 규정하여 이를 확인적으로 명시하고 있다. 그러나 이와 달리 저당권은 채권과 독립한 별개의 권리로서 그 자체로 소멸시효에 걸릴 수 있고, 민법 §396는 이러한 점에서 특별히 저당권의 대상적격을 부정하는 예외적 규정이라고 보는 견해도 있다.[22]

　　(나) 피담보채권이 자연채무가 된 경우　　채무자 회생 및 파산에 관한 법률에 따른 파산절차에서 면책결정이 확정된 경우 면책된 채무는 채무 자체가 소멸되는 것은 아니고, 채무자가 채무를 변제할 책임을 면한다는 의미에서 자연채무로 된다는 것이 통설이다. 그러나 파산을 선고받은 채무자의 재산에 대한 유치권·질권·저당권 또는 전세권 등을 가진 채권자는 별제권자로 면책결정 후에도 그 재산에 대해 별제권을 행사할 수 있다(도산§411, 412).

그런데 자연채무인 채권에 관하여는 소멸시효의 진행이나 중단을 관념할 여지가 없다는 것이 판례[23]이다. 따라서 자연채무인 채권을 피담보채권으로 한 담보권의 경우 그 피담보채권이 시효로 소멸할 수 없는데, 이 경우 그 담보권 자체의 소멸시효를 인정할 수 있는지 문제된다.

일본의 판례[24]는 이를 긍정하면서 저당권의 피담보채권이 면책허가결정의 효력을 받는 경우에는 그 저당권 자체가 20년의 소멸시효에 걸린다고 한다. 그 이유로 "저당권의 피담보채권이 면책허가결정의 효력을 받는 경우의 저당권 자체의 소멸시효기간은 피담보채권의 종류에 따라 5년이나 10년이라고 해석하는 것은 위 경우에도 피담보채권의 소멸시효 진행을 관념하는 것과 동일하므로 그 피담보채권의 시효가 진행되지 않는다는 판단과 모순되고 또한 법에 규정이 없는 소멸시효제도를 창설하는 것이 되므로 받아들일 수 없다."고 한다.

(4) 용익물권

민법상 지상권이나 지역권(§296)은 소멸시효에 걸린다(대상적격의 존재). 전세권은 그 존속기간이 10년을 넘지 못하므로(§312①), 20년의 소멸시효에 걸리는 일은 없다.

---

22) 民法注解 財産法 1 民法總則, 795-796(初版/濟藤和夫).
23) 대판 16.11.9, 2015다218785(공 16하, 1880); 日最判 1999(平 11).11.9, 民集 53-8, 1403.
24) 日最判 2008(平 20).2.23.

(5) 상린관계상의 권리와 공유물분할청구권

주위토지통행권($\frac{\S}{219}$) 등과 같이 상린관계상 인정되는 권리는 소유권에서 파생된 권리이므로 소유권이 존속하는 한 독립하여 시효로 소멸하지 않는다.[25]

(6) 물권적 청구권

소유권에 기한 물권적 청구권은 소멸시효에 걸리지 않는다는 것이 통설 및 판례[26]이다($\frac{대상적격}{의 결여}$). 소유권에 기한 물권적 청구권은 소유권과는 별개, 독립의 청구권이기는 하지만, 소유권과 마찬가지로 소유권의 원활한 지배, 상태를 회복하는 작용을 하고, 소유권이 존재하는 한 그 물권적 청구권은 소유권으로부터 끊임없이 발생하기 때문에, 소유권이 소멸시효에 걸리지 않는 이상 물권적 청구권도 소멸시효에 걸리지 않는다.[27]

제한물권에 기한 물권적 청구권이 소멸시효에 걸리는지에 관하여는 견해의 대립이 있다. 긍정설은 소유권 외의 물권이 소멸시효에 걸리므로 그에 기한 물권적 청구권도 소멸시효에 걸린다고 한다. 부정설은 제한물권에 대한 방해상태가 있는 한 독립하여 소멸시효에 걸리지 않는다고 한다. 부정설이 통설이다($\frac{대상적격}{의 결여}$). 민법이 소유권 외의 물권이 소멸시효에 걸린다고 규정했다고 하여 반드시 제한물권에 기한 물권적 청구권도 소멸시효에 걸린다고 보아야 할 논리필연적인 이유는 없고, 제한물권이 존속하고 있고 제한물권에 대한 방해상태가 있는데도 제한물권으로부터 독립하여 물권적 청구권만 소멸시효에 걸려 방해배제를 할 수 없다는 결과는 받아들이기 어렵다.[28]

3. 물권에 준하는 재산권

광업법상의 광업권과 조광권($_{\S 10, \S 47}^{광업}$), 수산업법상 어업권($_{업 \S 18}^{수산}$)은 각 법률에서 그 성질을 물권이라고 규정하고 있다. 특허권, 실용신안권, 의장권, 상표권, 저작권 등의 권리는 각 법률에서 소유권에 의한 유사한 보호를 받고 있다. 이들 권리는 그 불행사($\frac{예컨대 특허권에 기하여 신제품의 제조}{하지 않는 등 특허권을 실시하지 않는 것}$)가 있더라도 소멸시효에 걸리지 않는다고 보는 것이 통설이다($\frac{대상적격}{의 결여}$). 그 근거는 첫째, 이러한 재산권은 현행 법체계상 소유권과 동일한 성질의 사유재산으로 자리매김하고 있고, 소유권이 그 불행사에 의하여 시효소멸하지 않는 이상 이러한 재산권도 그 불

---

25) 대판 81.3.24, 80다1888, 1889(집 29-1, 121).
26) 대판 82.7.27, 80다2968(공 82, 810).
27) 民法注解 財産法 1 民法總則, 798(初版/濟藤和夫).
28) 民法注解 財産法 1 民法總則, 800(初版/濟藤和夫).

행사에 의하여 시효소멸하지 않는다는 점, 각 특별법에 그 존속기간이 정해져 있으므로 본조의 소멸시효가 적용될 여지가 없는 점 등이다.[29]

물권에 준하는 재산권이 소멸시효에 걸리지 않는 이상, 그로부터 끊임없이 생겨나는 물권적 청구권도 소멸시효에 걸리지 않는다(대상적격의 결여).[30]

4. 형 성 권

(1) 형성권이 소멸시효에 걸릴 수 있는지 여부

형성권은 권리자의 의사표시가 있으면 상대방의 이행이나 협조 없이도 그것만으로 바로 권리의 내용이 실현된다. 따라서 형성권은 그 성질상 제척기간에 걸릴 뿐 소멸시효에 걸리지 않는다는 것이 다수설이다. 판례[31]는 매매의 일방예약에서 매매예약의 완결권은 일종의 형성권으로서 제척기간의 경과로 인하여 소멸한다고 한다.

그러나 성질상 형성권이라 하더라도 민법의 조문상 '시효로 인하여'라고 되어 있으면(취소권의 행사기간에 관한 §1024 Ⅱ, §1075 Ⅱ 및 유류분반환청구권의 행사기간에 관한 §1117) 그 권리행사기간을 소멸시효로 보아야 한다.[32]

한편, 발행인에 대한 어음상의 청구권에 대한 소멸시효는 만기의 날로부터 3년인데 만기가 백지인 어음은 어음상의 권리에 관하여 소멸시효를 적용할 수 없게 된다. 그리하여 통설 및 판례[33]는 백지보충권의 성질을 '보충권을 행사하여 미완성어음을 완성시키는 형성권'이라고 보면서도, 이러한 보충권은 보충권을 행사할 수 있는 날로부터 3년의 소멸시효에 의하여 소멸될 수 있다고 보아 만기가 백지인 어음의 경우 등도 어음상의 법률관계의 조기 종결이 가능하도록 하고 있다.

한편, 만기는 기재되어 있으나 지급지 등이 백지인 어음도 그 백지어음 상태에서의 어음금청구 등 권리행사에 의하여 어음상의 권리에 대한 소멸시효가 중단된다는 것이 판례[34]이다. 그런데 이 경우 어음금청구권과는 별개로 지급

---

29) 民法注解 財産法 1 民法總則, 797-798(初版/濟藤和夫).
30) 民法注解 財産法 1 民法總則, 798(初版/濟藤和夫).
31) 대판 00.10.13, 99다18725(공 00, 2313).
32) 대판 93.4.13, 92다3595(공 93, 1370); 대판 08.7.10, 2007다9719(정보); 대판 15.11. 12, 2011다55092, 55108(정보). 대판 92다3595에 대한 평석으로는, 유승정(주 17), 71-72.
33) 대판 97.5.28, 96다25050(공 97하, 1976); 대판 01.10.23, 99다64018(공 01하, 2523); 대판 02.2.22, 2001다71507(공 02상, 759); 대판 03.5.30, 2003다16214(집 51-1, 298).
34) 대판(전) 10.5.20, 2009다48312(공 10상, 1143); 日最判 1966(昭 41).11.2, 民集 20-9,

지 등에 대한 백지보충권은 소멸시효가 완성되어 더 이상 보충이 불가능한 것이 아닌가 하는 의문이 있을 수 있다. 그러나 지급지 등에 대한 백지보충권은 그 행사에 의하여 어음상의 권리를 완성시키는 것에 불과하기 때문에, 그 보충권이 별개 독립하여 시효에 의하여 소멸하는 것이라 할 수 없고, 어음상의 권리가 소멸되지 않는 한 이를 행사할 수 있다.[35] 판례도 같은 입장이다.[36]

(2) 형성권의 소멸시효 기산점

소멸시효에 걸리는 형성권의 경우 그 소멸시효는 그 권리행사가능 시부터 진행한다.[37] 유류분반환청구권($\S_{1117}$)과 같이 형성권의 기산점에 관하여 법률에 명문의 규정을 두고 있는 경우에는 그 시점부터 소멸시효가 진행한다.

(3) 형성권의 행사로 발생하는 권리의 소멸시효 기산점

형성권의 행사로 발생하는 권리의 소멸시효 기산점에 관하여는 학설이 대립한다. '제척기간 내 권리행사설'은 형성권의 행사기간을 두는 취지가 법률관계를 조속히 안정시키는 데 있으므로, 형성권의 행사기간을 곧 채권의 존속기간으로 보아야 하고, 따라서 형성권을 행사할 수 있는 때가 형성권 행사로 발생하는 채권의 소멸시효 기산점이 된다고 한다. 반면, '형성권 행사 후 소멸시효 진행설'은 법률관계의 안정이라는 목적은 형성권이 행사됨으로써 달성되는 것이므로, 형성권의 행사로 발생하는 채권의 행사기간을 형성권의 행사기간 내에 포함시킬 필요가 없다고 한다.

판례는 후자의 견해를 취한다. 즉 판례[38]는 징발재산정리에관한특별조치법 §20 소정의 환매권은 일종의 형성권으로서 그 존속기간은 제척기간이나, 환매권의 행사로 발생한 소유권이전등기청구권은 환매권 행사일로부터 10년의 소멸시효 기간이 진행되는 것이지, 위 제척기간 내에 이를 행사하여야 하는 것은 아니라고 한다. 또한 판례[39]는 신탁법의 신탁해지로 인한 소유권이전등기청구권은 물권적 등기청구권이 아니라 채권적 청구권으로서 그 청구권은 그 발생

1674.

35) 오영준, "백지어음 소지인의 어음금청구에 의한 소멸시효 중단", 해설 83, 2010, 505-506.

36) 대판 62.1.31, 4294민상110, 111(집 10-1, 66); 대판(전) 10.5.20, 2009다48312(공 10상, 1143); 日最判 1970(昭 45).11.11, 民集 24-12, 1876; 日最判 1993(平 5).7.20, 民集 47-7, 4652.

37) 대판 97.5.28, 96다25050(공 97하, 1976); 대판 01.10.23, 99다64018(공 01하, 2523); 대판 02.2.22, 2001다71507(공 02상, 759); 대판 03.5.30, 2003다16214(집 51-1, 298).

38) 대판 91.2.22, 90다13420(집 39-1, 172); 일본 대심원 1940(昭 15).4.26 판결.

39) 대판 93.3.26, 92다25472(공 93, 1288).

일 즉, 해지일로부터 10년의 소멸시효기간이 적용된다고 한다.

나아가 유류분권리자가 민법 §1117 소정의 소멸시효 기간 안에 유류분반환청구권을 행사하면 유류분을 침해하는 범위 내에서 유증 또는 증여는 소급적으로 효력을 상실하고 상대방은 그와 같이 실효된 범위 내에서 유증 또는 증여의 목적물을 반환할 의무를 부담하는데, 판례[40]는 유류분반환청구권을 행사함으로써 발생하는 목적물의 이전등기청구권 등은 유류분반환청구권과는 다른 권리이므로, 그 이전등기청구권 등에 대하여는 민법 §1117 소정의 유류분반환청구권에 대한 소멸시효가 적용될 여지가 없고, 그 권리의 성질과 내용 등에 따라 별도로 소멸시효의 적용 여부와 기간 등을 판단하여야 한다고 한다. 이 판례는 유류분반환청구권의 법적 성질에 관하여 형성권설을 채택하면서,[41] 유류분반환청구권의 행사로 인하여 발생하는 수증자 또는 수유자에 대한 반환청구권이 원물반환청구권인 경우에는 이를 물권적 청구권으로 보고 소멸시효에 걸리지 않는다고 보는 한편, 원물반환이 아닌 가액반환청구권은 이를 채권적 부당이득반환청구권으로 보아 소멸시효 적용 여부 및 기간을 판단하라는 취지로 풀이된다.

5. 항 변 권

항변권이 소멸시효에 걸리는 권리인가의 문제는 보통 항변권의 영구성 문제라고 한다. 항변권의 영구성의 법리는 실체법상의 권리가 현상변경적 내지 공격적으로 행사되지 않고 현상유지적 내지 방어적으로 행사되는 경우 소멸시효에 걸리지 않는다는 것이다. 이 법리는 소멸시효의 대상은 소권 내지 청구권이므로 소멸시효기간이 경과하더라도 실체권 그 자체는 소멸하지 않음을 전제로 한 이론이다. 그리하여 소멸시효기간이 경과한 후에는 소권이 소멸하여 그 실체권의 이행을 적극적으로 소구할 수 없지만, 상대방의 청구가 있는 경우에는 실체권 자체는 소멸하지 않고 존재하므로 이를 항변적으로 행사할 수 있다는 것이다.

그러나 우리 민법상 소멸시효기간이 경과하면 그 실체법적 권리 자체가 소멸하므로 그와 같이 소멸한 실체권을 항변으로 제출하는 것은 애초부터 불가능하다. 또한 항변권은 그 자체가 독립적으로 시효에 걸릴 수 없는 것으로서

---

40) 대판 15.11.12, 2011다55092, 55108(정보).
41) 대판 13.3.14, 2010다42624, 42631(공 13상, 625)도 같은 취지이다.

$\binom{\text{대상적격}}{\text{의 결여}}$) 그 항변권 행사의 기초가 되는 권리가 존속하는지 또는 소멸하는지 여부에 따라 그 항변권을 행사할 수 있는지가 정해질 뿐이다.[42] 따라서 항변권의 영구성 법리를 근거로 항변권이 소멸시효에 권리지 않는다는 입론은 우리 민법 체계와는 맞지 않는 주장이다.

항변권의 영구성에 관한 상세는 '[소멸시효와 대비되는 제도] Ⅲ.' 참조.

6. 신분관계상의 권리

소멸시효의 대상이 되는 권리는 채권 및 소유권 이외의 재산권이다. 따라서 신분관계상의 비재산적 권리는 소멸시효에 걸리지 않는다는 것이 통설이다. 그 근거로 신분관계 그 자체는 일반적으로 사실상태에 기한 법률관계의 변경을 목적으로 하는 시효제도와 친하지 않고, 사실상태가 일정기간 계속되었다고 하여 그 법률관계를 승인하여야 할 이유는 없으며, 신분관계상의 권리를 진실에 반하여 성립·소멸시키는 것은 공익을 해하는 결과를 가져오는 점을 든다.[43]

한편 신분관계$\binom{\text{예: 상}}{\text{속관계}}$에서 생기는 권리 중에는 재산적 색채가 강한 권리나 순전히 재산적 권리라고 보아야 할 것도 있다. 이러한 재산적 권리[예: 유류 분반환청 $\binom{\text{구권}}{(\S 1117)}$[44]]는 소멸시효에 걸린다는 것이 통설이다$\binom{\text{대상적격}}{\text{의 존재}}$.[45] 다만, 신분관계상의 재산적 권리 중에는 소멸시효가 아닌 제척기간에 걸리는 것도 있으므로[예: 재산 분할청구 권(§839-2 Ⅰ, §834),[46] 상속회복청구권(§999), 피 인지자 등의 상속분상당가액지급청구권(§1014)[47] 등] 이러한 권리들이 모두 소멸시효에 걸린다고 할 수는 없다.

7. 법률관계

소멸시효에 걸리는 것은 일정한 법률관계에 기한 채권 내지 권리이지 그 법률관계 자체가 아니다. 따라서 법률관계 그 자체는 소멸시효에 걸리지 않는다.[48]

---

42) 民法注解 財産法 民法總則 1, 809-810(初版/濟藤和夫).
43) 民法注解 財産法 民法總則 1, 819-820(初版/濟藤和夫).
44) 대판 93.4.13, 92다3595(공 93, 1370); 대판 08.7.10, 2007다9719(정보); 대판 15.11.12, 2011다55092, 55108(정보).
45) 民法注解 財産法 民法總則 1, 820-821(初版/濟藤和夫).
46) 대판 94.9.9, 94다17536(공 94, 2618).
47) 대판 07.7.26, 2006므2757(집 55-2, 411).
48) 대판 90.8.28, 90다카9619(집 38-2, 219).

Ⅲ. 소멸시효기간

1. 원칙적인 소멸시효기간

채권의 소멸시효기간은 10년이고, 그 외 재산권의 소멸시효기간은 20년이다. 어떠한 채권을 몇 년의 소멸시효기간에 걸리게 할 것인지는 역사적으로 또는 입법례에 따라 다르다. 상세는 '[소멸시효 전론] Ⅱ.' 참조.

2. 본조 외의 소멸시효기간

(1) 민법 제163조, 제164조의 단기소멸시효기간

구체적인 설명은 해당 각 조문 참조.

(2) 민법 제766조의 단기소멸시효기간

⑺ 단기소멸시효　　불법행위로 인한 손해배상청구권은 피해자나 그 법정대리인이 그 손해 및 가해자를 안 날부터 3년, 불법행위가 있은 날로부터 10년의 소멸시효에 걸린다($\frac{\S}{766}$). 여기서 3년의 기간은 피해자의 주관적 인식을 기준으로 하는 점에서 다른 소멸시효와 다르다($\frac{\text{상세는 }\S 766}{\text{부분 참조}}$)

⑼ 구　상　권　　피해자에게 손해배상을 한 공동불법행위자의 다른 공동불법행위자에 대한 구상권은 피해자의 다른 공동불법행위자에 대한 손해배상채권과는 그 발생 원인과 법적 성질을 달리하는 별개의 독립한 권리이므로, 공동불법행위자가 다른 공동불법행위자에 대한 구상권을 취득한 이후에 피해자의 그 다른 공동불법행위자에 대한 손해배상채권이 시효로 소멸되었다고 하여 그러한 사정만으로 이미 취득한 구상권이 소멸된다고 할 수 없다. 공동불법행위자의 다른 공동불법행위자에 대한 구상권의 소멸시효는 그 구상권이 발생한 시점, 즉 구상권자가 공동면책행위를 한 때로부터 기산하여야 하고, 그 기간도 일반 채권과 같이 10년이다.[49]

판례[50]는 보험자가 보험계약을 체결한 공동불법행위자 중의 1인을 위하여 직접 피해자에게 배상함으로써 그 공동불법행위자의 다른 공동불법행위자 및 그의 보험자에 대하여 '보험자대위의 법리에 따라' 구상권을 취득한 경우, 공제계약이 상행위에 해당한다고 하더라도 그 취득한 구상권에는 10년의 일반

---

49) 대판 96.3.26, 96다3791(공 96, 1378); 대판 94.1.11, 93다32958(공 94상, 695); 대판 99.6.11, 99다3143(공 99하, 1377); 대판 08.7.24, 2007다37530(공 08하, 1227).

50) 대판 96.3.26, 96다3791(공 96, 1378); 대판 99.6.11, 99다3143(공 99하, 1377).

민사시효가 적용된다고 한다.

다만, 이는 보험자가 보험자대위의 법리에 의하지 않고 '직접' 구상권을 취득한 경우와 구별하여야 한다. 판례[51]는 공동불법행위자들과 각각 상행위인 보험계약을 체결한 보험자들 상호간에 있어서 공동불법행위자 중의 1인과 사이에 보험계약을 체결한 보험자가 피해자에게 손해배상금을 지급하고 다른 공동불법행위자의 보험자의 부담 부분에 대하여 '직접' 구상권을 행사하는 경우, 그 구상금채권은 보조적 상행위로 인한 채권으로서 5년의 상사시효가 적용된다고 한다.

㈐ 피보험자의 보험자에 대한 직접청구권　　판례[52]는 상법 §724 Ⅱ에 의하여 피해자가 보험자에게 갖는 직접청구권은 보험자가 피보험자의 피해자에 대한 손해배상채무를 병존적으로 인수한 것으로서 피해자가 보험자에 대하여 가지는 손해배상청구권이므로 민법 §766 Ⅰ에 따라 피해자 또는 그 법정대리인이 그 손해 및 가해자를 안 날로부터 3년간 이를 행사하지 아니하면 시효로 인하여 소멸한다고 한다. 자동차손해배상보장법 §41도 같은 법 §10가 규정하는 피해자의 직접청구권의 소멸시효기간을 3년으로 규정하고 있다.

㈑ 주식회사 이사 등의 회사 및 제3자에 대한 손해배상책임　　판례[53]는 상법 §399 Ⅰ, §414 Ⅰ에서 규정하고 있는 주식회사 이사 또는 감사 등의 회사에 대한 임무해태로 인한 손해배상책임은 위임관계로 인한 채무불이행책임이므로 민법 §766 Ⅰ의 단기소멸시효가 적용되지 않고 일반채무의 경우와 같이 10년의 소멸시효가 적용된다고 한다.

또한 판례[54]는 상법 §401에 의한 이사 등의 제3자에 대한 손해배상책임이 제3자를 보호하기 위하여 상법이 인정하는 특수한 책임이므로 민법 §766 Ⅰ의 단기소멸시효는 적용될 여지가 없고, 일반 채권으로서 그 소멸시효기간은 10년이라고 한다.

㈒ 사용사업주의 안전배려의무 위반으로 인한 손해배상책임　　판례는 근로자파견관계에서 사용사업주와 파견근로자 사이에는 사용사업주가 파견근로자에 대한 보호의무 또는 안전배려의무를 부담한다는 점에 관한 묵시적인 의사의 합치가 있다고 본다. 그리하여 사용사업주의 보호의무위반 또는 안전

---

51) 대판 98.7.10, 97다17544(집 46-2, 1).

52) 대판 05.10.7, 2003다6774(공 05, 1765).

53) 대판 85.6.25, 84다카1954(집 33-2,103); 대판 08.12.11, 2005다51471(정보).

54) 대판 06.12.22, 2004다63354(공 07, 199); 대판 08.1.18, 2005다65579(공 08상, 225).

배려의무 위반으로 손해를 입은 파견근로자는 사용사업주와 직접 근로계약을 체결하지 아니한 경우에도 위와 같은 묵시적 약정에 근거하여 사용사업주에 대하여 보호의무 또는 안전배려의무 위반을 원인으로 하는 손해배상을 청구할 수 있고, 이러한 약정상 의무 위반에 따른 채무불이행책임을 원인으로 하는 손해배상청구권에 대하여는 10년의 소멸시효가 적용된다고 한다.[55]

(3) 상법 제64조

⑺ 일방적 상행위 또는 1인의 상행위로 인한 채권   상법 §64는 상행위로 인한 채권에 관하여 5년의 소멸시효기간을 정하고 있다. 여기의 상행위에는 당사자 쌍방에 대하여 상행위가 되는 경우뿐만 아니라 당사자 일방에 대하여만 상행위가 되는 경우도 포함된다. 또한 상법 §3에 따라 당사자 중 1인의 행위가 상행위인 때에는 전원에 대하여 상법이 적용되므로, 당사자의 일방이 수인인 경우에 그중 1인에게만 상행위가 되더라도 전원에 대하여 상법이 적용된다. 따라서 소외 회사와 그 대표이사 갑이 공장매입자금 일부를 마련하기 위하여 공동차주로서 원고로부터 돈을 차용한 경우, 소외 회사의 차용행위는 그 영업을 위하여 한 보조적 상행위이고, 비록 갑은 상인은 아니지만 소외 회사에 대하여 상행위가 되는 소비대차계약을 함께 체결한 공동차주이므로, 소외 회사 및 갑의 각 차용금 채무는 모두 상사채무로서 5년의 상사소멸시효가 적용된다.[56]

⑻ 보조적 상행위로 인한 채권   상법 §46 각 호에 해당하는 기본적 상행위뿐만 아니라 상인이 영업을 위하여 하는 보조적 상행위도 포함된다. 상인이 제3자를 위한 계약의 수익자로서 수익의 의사표시를 하여 발생한 특허권의 전용실시권 설정등록절차 이행청구권,[57] 매립사업을 목적으로 하는 영리법인과 상인이 아닌 양수인 사이의 매립지 양도약정에 기한 양수인의 소유권이전등기청구권,[58] 공동불법행위자들과 각각 상행위인 보험계약을 체결한 보험자들 상호간에 행사하는 구상권[59] 등에는 5년의 상사소멸시효기간이 적용된다.

⑼ 상행위로 추정되는 행위로 인한 채권   상법 §47 Ⅰ은 "상인이

---

55) 대판 13.11.28, 2011다60247(공 14상, 12).
56) 대판 14.4.10, 2013다68207(공 14상, 1034). 이에 대한 평석으로는, 권재열, "공동채무자의 일부가 상인인 경우 전원에 대한 상사소멸시효 적용", 상법판례백선 4, 2015, 101-107.
57) 대판 02.9.24, 2002다6760(공 02, 2516).
58) 대판 00.5.12, 98다23195(공 00, 1368).
59) 대판 98.7.10, 97다17544(집 46-2, 1).

영업을 위하여 하는 행위는 상행위로 본다."고 규정하고 있고, 같은 조 Ⅱ은
"상인의 행위는 영업을 위하여 하는 것으로 추정한다."고 규정하고 있다. 따라
서 영업을 위하여 하는 것인지 아닌지가 분명치 아니한 상인의 행위는 영업을
위하여 하는 것으로 추정되고 그와 같은 추정을 번복하기 위해서는 그와 다른
반대사실을 주장하는 자가 이를 증명할 책임이 있다. 그런데 금전의 대여를 영
업으로 하지 아니하는 상인이라 하더라도 그 영업상의 이익 또는 편익을 위하
여 금전을 대여하거나 영업자금의 여유가 있어 이자 취득을 목적으로 이를 대
여하는 경우가 있을 수 있으므로, 이러한 상인의 금전대여행위는 반증이 없는
한 영업을 위하여 하는 것으로 추정된다.[60] 따라서 상인의 금전대여행위나 금
전차용행위는 모두 상행위로 추정되고, 그 대여금채권이나 차용금채무에 대하
여는 모두 상사시효가 적용된다.

　　한편 새마을금고는 상인이 아니지만 '상인인 회원'에게 자금을 대여한 경
우 그 대출금채권은 상사채권으로서 5년의 소멸시효가 적용된다. 또한 직접
상행위로 인하여 생긴 채권뿐만 아니라 상행위로 인해 생긴 채무의 불이행으
로 인한 손해배상채권도 원칙적으로 상사채권으로서 5년의 소멸시효기간이 적
용된다.[61] 상해위인 계약의 해제로 인한 원상회복청구권에 대해서도 5년의 상
사소멸시효기간이 적용된다.[62]

　　㈔ 민사시효와 상사시효의 적용이 문제되는 경우

　　　⒜ 상행위인 계약의 무효 또는 취소로 인한 부당이득반환청구
권　　상행위인 계약의 무효 또는 취소로 인한 부당이득반환청구권에 관하
여는 견해가 대립한다. 제1설은 부당이득반환청구권은 법률행위가 아닌 법
률의 규정에 의하여 발생한 채권이라는 이유로 민사시효가 적용된다고 한다.
제2설은 상행위로 인하여 발생한 법률관계를 청산한다는 점에서 계약해제로
인한 원상회복청구권과 다를 바 없다는 이유로 상사시효가 적용된다고 한다.

　　그러나 판례는 채권이 상행위로 발생하였는지 여부, 채권의 발생 경위나
원인 등에 비추어 그로 인한 거래관계를 신속하게 해결할 필요가 있는지 여부
를 기준으로 상사시효 적용 여부를 판단하고 있다.

---

60) 대판 08.12.11, 2006다54378(공 09상, 9); 이에 대판 평석으로는, 오영준, "금전대여업
　　에 종사하지 않은 상인의 금전대여행위와 상행위의 추정", 사법 7, 2009, 211-241.
61) 대판 97.8.26, 97다9260(공 97, 2828).
62) 대판 93.9.14, 93다21569(공 93, 2775).

그리하여 판례[63]는, 주식회사인 부동산 매수인이 의료법인인 매도인과의 부동산매매계약의 이행으로서 그 매매대금을 매도인에게 지급하였으나, 매도인 법인 대표자의 선임결의가 부존재하는 것으로 확정됨에 따라 위 매매계약이 무효로 되어 매도인에게 기지급 매매대금에 대해 부당이득반환을 청구하는 경우, 거기에 상거래 관계와 같은 정도로 신속하게 해결할 필요성이 있다고 볼 수 없으므로 위 부당이득반환청구권에는 10년의 민사시효가 적용된다고 한다.

한편 판례는, 은행으로부터 대출받으면서 근저당권설정비용 등을 부담한 채무자가 그 비용 등의 부담 근거인 약관조항이 불공정하여 약관의 규제에 관한 법률에 따라 무효라고 주장하면서 비용 등 상당액의 부당이득반환을 구한 경우, 위 부당이득반환채권은 은행이 대출거래 등 영업을 위하여 체결하는 근저당권설정계약 중 비용부담에 관한 약관조항에 기하여 지출이 이루어져 발생한 것이므로 상행위에 기한 것이고, 그 채권의 발생 경위나 원인 등에 비추어 그로 인한 거래관계를 신속하게 해결할 필요가 있으므로, 그 소멸시효 기간에는 5년의 상사시효가 적용된다고 한다.[64] 또한 주식회사가 은행과 사이에 약관을 이용하여 외국환거래약정을 체결하면서 손해배상금의 지급에 관한 약정을 하였는데, 그 약관상의 손해배상금 지급약정이 약관의 규제에 관한 법률에 위반되어 일부 무효로 밝혀짐에 따라 기지급한 손해배상금 중 일부에 대하여 부당이득반환채권을 취득한 경우, 위와 같은 이유에서 그 부당이득반환채권에 대하여는 상사시효가 적용된다고 한다.[65] 공공건설 임대주택의 임대사업자가 강행규정에 위반하여 분양전환가격을 책정하고 수분양자와 분양계약을 체결한 사안에서도, 수분양자가 위 분양계약의 일부 무효를 주장하면서 납부한 대금의 일부에 대해 부당이득반환을 구한 경우, 그로 인한 거래관계를 신속하게 해결할 필요가 있으므로 위 부당이득반환채권은 5년의 상사소멸시효가 적용된다고 한다.[66]

(b) 보조적 상행위로 인하여 발생한 채권   회사와 근로자 사이의 근로계약이나 회사가 노동조합과 체결한 단체협약은 모두 보조적 상행위에 해당하므로, 그에 기하여 근로자의 유족이 회사에 대하여 갖는 위로금채권에는

---

63) 대판 03.4.8, 2002다64957, 64964(공 03, 1079).
64) 대판 14.7.24, 2013다214871(정보).
65) 대판 02.6.14, 2001다47825(미공개).
66) 대판 15.9.10, 2015다212220(정보).

5년의 상사시효가 적용된다.[67]

　그러나 판례는 상인이 그의 영업을 위하여 근로자와 체결하는 근로계약이 보조적 상행위에 해당한다고 하더라도, 근로자의 근로계약상의 주의의무 위반으로 인한 손해배상청구권은 상거래 관계에 있어서와 같이 정형적으로나 신속하게 해결할 필요가 있다고 볼 것은 아니므로 5년의 상사 소멸시효기간이 아니라 10년의 민사 소멸시효기간이 적용된다고 한다.[68]

　　(c) 상행위 그 자체가 아니라 법률의 규정에 의하여 발생한 채권　　물상보증인이 변제 등에 의하여 채무자를 면책시키는 것은 위임사무의 처리가 아니고 법적 의미에서는 의무 없이 채무자를 위하여 사무를 관리한 것과 유사하다. 따라서 물상보증인의 채무자에 대한 구상권은 민법에 의하여 인정된 별개의 독립한 권리로서 민사시효가 적용되고, 이는 물상보증인과 채무자 사이의 물상보증위탁계약의 법적 성질이 상행위라 하여 달라지지 아니한다는 것이 판례이다.[69]

　집합건물의소유및관리에관한법률 §9에 기한 집합건물 분양자의 담보책임은 분양계약에 기한 책임이 아니라 집합건물의 분양자가 집합건물의 현재의 구분소유자에 대하여 부담하는 법정책임이므로, 이에 따른 손해배상청구권에 대해서는 10년의 민사시효가 적용된다.[70]

　한편, 건설공사에 관한 도급계약이 상행위에 해당하는 경우 그 도급계약에 기한 수급인의 하자담보책임은 원칙적으로 5년의 소멸시효에 걸리므로, 아파트 시공회사인 갑 회사와 분양회사인 을 회사 사이의 건설공사 도급계약에 기하여 을 회사가 갑 회사에 갖는 하자보수에 갈음한 손해배상채권도 5년의 상사시효에 걸린다.[71]

(4) 어음법·수표법상의 소멸시효

　환어음의 인수인 또는 약속어음의 발행인에 대한 청구권은 3년, 소지인의 배서인과 환어음의 발행인에 대한 청구권은 1년, 배서인의 다른 배서인과 환어음의 발행인에 대한 청구권은 6월의 소멸시효에 걸린다($\S 70, \S 77$어음).

---

67) 대판 06.4.27, 2006다1381(공 06, 897).
68) 대판 05.11.10, 2004다22742(공 05, 1948).
69) 대판 01.4.24, 2001다6237(집 49-1, 308). 이에 대한 판례해설로는, 김기정, "물상보증인 구상권의 법적 성질 및 소멸시효기간", 해설 36, 2001, 51-57.
70) 대판 09.2.26, 2007다83908(공 09상, 407).
71) 대판 11.12.8, 2009다25111(공 12상, 107).

수표법상의 소구권은 6월, 지급보증을 한 지급보증인에 대한 수표상의 청구권은 1년의 소멸시효에 걸린다($\frac{수표}{\S 51, \S 58}$).

어음법은 환어음의 경우 만기 전 소구와 만기 후 소구에 관한 규정을 모두 두고 있고, 환어음 소지인의 배서인, 발행인에 대한 청구권의 소멸시효에 관하여 어음법 §70 Ⅱ은 만기 후 소구권의 행사의 경우에만 위 조항을 적용한다고 규정하지는 않으므로 위 규정은 환어음의 만기 전의 소구권의 행사의 경우에도 적용되어 그 시효기간은 만기일부터 1년이다. 또한 어음법상 약속어음에 관하여는 만기 전 소구에 관한 규정이 없지만 약속어음도 만기 전의 소구가 가능하므로, 약속어음의 경우에도 역시 만기 전·후의 소구권 행사 여부를 불문하고 모두 어음법 §77 Ⅰ (viii), §70 Ⅱ이 적용되어 그 시효기간은 만기일부터 1년이다.[72]

만기가 백지인 어음의 경우 보충권의 시효기간에 관하여 다양한 견해가 있으나, 다수설은 보충권은 어음상 권리의 소멸시효에 따라야 하므로, 어음법 §70 Ⅰ에 의하여 3년의 소멸시효에 걸린다는 입장이다. 판례[73]는 만기가 백지인 약속어음의 보충권의 소멸시효는 그 어음발행의 원인관계에 비추어 어음상의 권리를 행사하는 것이 법률적으로 가능하게 된 때부터 진행하는데, 그 보충권 행사에 의하여 생기는 채권은 어음금 채권이고, 발행인에 대한 어음금 채권의 소멸시효는 만기의 날로부터 3년이므로, 만기가 백지인 약속어음의 백지보충권의 소멸시효기간은 백지보충권을 행사할 수 있는 때로부터 3년이라고 한다. 그리고 만기 이외의 어음요건이 백지인 경우에도 백지보충권을 행사할 수 있는 시기는 특별한 사정이 없는 한 만기를 기준으로 한다고 한다.

어음·수표의 이득상환청구권의 소멸시효기간에 대하여는 상사채권이므로 5년이라는 견해, 원인채권의 성질에 따라 민사시효 10년이거나 상사시효 5년이라는 견해 등이 있다.

한편 만기가 기재되고 지급지 등이 백지인 어음·수표에 대한 백지보충권은 그 어음상의 청구권이 시효중단에 의하여 소멸하지 않고 존속하고 있는 한 이를 행사할 수 있다.[74]

---

72) 대판 03.3.14, 2002다62555(집 51-1, 58). 이에 대한 판례해설로는 이창형, "약속어음 소지인의 만기 전 소구권의 소멸시효의 기산점", 해설 44, 2004, 671-682.
73) 대판 97.5.28, 96다25050(공 97하, 1976); 대판 01.10.23, 99다64018(공 01하, 2523); 대판 02.2.22, 2001다71507(공 02상, 759); 대판 03.5.30, 2003다16214(집 51-1, 298).
74) 대판 62.1.31, 4294민상110, 111(집 10-1, 66); 대판(전) 10.5.20, 2009다48312(공 10

(5) 국가재정법 제96조

국가재정법 §96 Ⅰ, Ⅱ항은 금전의 급부를 목적으로 하는 국가의 권리 또는 국가에 대한 권리로서 다른 법률에 규정이 없는 것은 5년 동안 행사하지 않으면 시효로 인하여 소멸한다고 규정하고 있다. 지방재정법 §82도 같은 취지의 규정을 두고 있다. 이 기간은 소멸시효기간이다.[75] 국가가 권리자이든 의무자이든 금전급부 청구권은 모두 5년의 시효에 걸리므로, 이 규정이 헌법상 평등의 원칙에 위배된다거나 국민의 재산권을 침해하는 위헌적인 규정이라 할수 없다.[76]

국가재정법 §96 Ⅰ에서 '금전의 급부를 목적으로 하는 국가의 권리'라 함은 금전의 급부를 목적으로 하는 권리인 이상 금전급부의 발생원인에 관하여는 아무런 제한이 없으므로 국가의 공권력의 발동으로 하는 행위는 물론 국가의 사법상의 행위에서 발생한 국가에 대한 금전채무도 포함한다.[77] 또한 위 규정에서 '다른 법률에 규정'이라 함은 다른 법률에 지방재정법 §96에서 규정한 5년의 소멸시효기간보다 짧은 기간의 소멸시효의 규정이 있는 경우를 가리키는 것이므로, 민법 §163는 국가재정법 §96보다 우선하여 적용되지만,[78] 민법 §766 Ⅱ은 여기서 말하는 다른 법률의 규정에 해당하지 않는다.[79][80]

한편, 징발법 §23는 징발보상 청구권에 대하여 국방부장관의 보상시행 공고 기간만료일 부터 5년간 이를 행사하지 아니하면 소멸시효가 완성된다고 규

상, 1143); 日最判 1970(昭 45).11.11, 民集 24-12, 1876; 日最判 1993(平 5).7.20, 民集 47-7, 4652.

75) 대판(전) 96.12.19, 94다22927(집 44-2, 392); 대판 08.5.29, 2004다33469(공 08하, 1109).

76) 대판 00.4.7, 99다53742(공 00상, 1145); 헌재 01.4.26, 99헌바37(헌공 56).

77) 대판 67.7.4, 67다751(집 15-2, 143).

78) 대판 66.9.20, 65다2506(집 14-3, 30).

79) 대판 01.4.24, 2000다57856(공 01, 1202).

80) 日最判 1975(昭 50).2.25, 民集 29-2, 143은 그 입법목적 등을 고려하여 적용범위를 행정상 편의를 고려할 필요가 있는 금전채권으로 제한한다. 즉 일본 회계법 §30가 금전의 급부를 목적으로 하는 국가의 권리 및 국가에 대한 권리에 관하여 5년의 소멸시효기간을 정한 것은 국가의 권리·의무를 조기에 결제할 필요가 있는 등 주로 행정상의 편의를 고려한 것이므로, 동조의 5년의 소멸시효의 규정은 이러한 행정상의 편의를 고려할 필요가 있는 금전채권으로서 달리 시효기간에 관하여 특별한 규정이 없는 경우에 적용된다고 한다. 그런데 국가가 공무원에 대한 안전배려의무를 해태한 위법으로 공무원의 생명 등을 침해하여 손해를 받은 공무원에 대하여 손해배상의무를 부담하는 경우에는 위와 같은 행정상의 편의를 고려할 필요는 없고, 사인 상호간에 있어서의 손해배상의 관계와 그 목적, 성질을 달리하는 것이 아니므로, 국가에 대한 위 손해배상청구권의 소멸시효기간은 일반 채권의 소멸시효기간인 10년이라고 한다.

정하고 있는데, 판례[81]는 이는 국민의 기본권인 징발보상청구권을 보장하기 위하여 특히 규정한 것이므로 국가재정법이 적용되지 않는다고 한다. 또한 판례[82]는 국세환급청구권에 대하여는 국가재정법보다는 특별법인 국세기본법 § 54 소정의 시효가 적용된다고 한다.

공탁은 민법상 기탁계약이므로 공탁자의 공탁금회수청구권 및 피공탁자의 공탁금출급청구권에 대하여는 공탁자가 그 권리를 행사할 수 있는 때로부터 본조 I 의 10년의 소멸시효기간이 적용되고, 국가재정법은 적용되지 않는다.[83] 다만 공탁유가증권 및 공탁물품에 대하여는 소유권에 관한 청구가 가능하므로 소멸시효가 완성되지 아니한다[공탁금지급청구권의 소멸시효와 국고귀속절차 ($\binom{\text{행정예규}}{\text{제560호}}$) § 1. 나].

금전의 급부를 목적으로 하는 국가의 권리 및 국가에 대한 권리의 경우 소멸시효의 중단·정지 그 밖의 사항에 관하여 다른 법률의 규정이 없는 때에는 민법의 규정을 적용한다($\binom{\text{국재정}}{\S 96 \, \text{III}}$).

3. 청구권의 경합과 소멸시효기간

청구권 경합의 경우 소멸시효기간은 각 청구권의 성질 및 내용에 따라 각각 정해진다.[84]

4. 권리관계의 변동과 소멸시효기간

(1) 당사자의 변경

채권양도나 채무인수에 의해 권리자나 의무자가 바뀌는 경우 소멸시효에는 아무런 영향을 미치지 않는다. 채권양도행위 또는 채무인수행위가 상행위인지 여부에 따라 인수된 채무가 상사채무 또는 민사채무로 된다는 견해[85]가 있으나 타당하다고 볼 수 없다. 당사자의 변동이 있다 하더라도 채권 자체의 동일성은 유지되기 때문이다. 따라서 비상인이 상인의 상사채권을 양수받거나

---

81) 대판(전) 70.2.24, 69다1769(집 18-1, 129).
82) 대판 94.12.9, 93다27604(공 95, 984).
83) 공탁금지급청구권의 소멸시효와 국고귀속절차(행정예규 제560호) § 1 가항; 법원행정처, 공탁실무편람 2009, 510; 日最判 1970(昭 45).7.15, 民集 24-7, 771; 日最判 2001(平 13).11.27, 民集 55-6, 1334.
84) 대판 85.5.28, 84다카966(집 33-2, 47).
85) 남효순, "채무인수행위의 상행위 여부에 따른 인수채무에 대한 법적 규율: 인수채무에 대한 소멸시효기간의 성질", 상사판례연구 IV, 2000, 94.

비상인이 상인의 상사채무를 인수한 경우에도 그 소멸시효기간은 5년이다. 반면 상인이 비상인의 민사채권을 양수하거나 상인이 비상인의 민사채무를 인수한 경우 그 소멸시효기간은 10년이다.

판례[86])는 비상인의 상인의 상사채무를 면책적으로 인수한 사안에서, 채무인수행위가 민사행위라 하더라도 그 소멸시효기간은 5년이라고 한다.

(2) 권리내용의 변경

채권의 내용이 경개($\frac{\S 500}{\text{이하}}$)에 의해 변경되면, 신채권과 구채권 사이에 동일성이 없으므로, 신채권에 대한 소멸시효기간은 그때부터 다시 계산되고, 그 소멸시효기간은 경개계약의 성질에 따라 정해진다. 따라서 상인이 대여금채권을 그 연대보증인으로부터 회수한 것으로 하기로 하고, 대신 자신의 상사채무를 그 연대보증인으로 하여금 변제하도록($\frac{\text{인수하}}{\text{도록}}$) 약정한 경우, 이러한 약정은 경개계약이므로 그 약정에 기한 채권에는 상사시효가 적용된다.[87])

한편, 기존의 물품대금 채무를 정산하면서 그 채무액을 감액하여 주고 이를 분할 변제할 수 있도록 그 변제방법과 변제기일을 새로이 약정한 것만으로는 경개계약이 체결되었다 할 수 없으므로, 그 소멸시효기간은 원래의 물품대금채권을 기준으로 정하여야 한다.[88])

(3) 보험자 대위

보험자대위에 의하여 피보험자 등의 제3자에 대한 권리는 동일성을 잃지 않고 그대로 보험자에게 이전되는 것이므로, 이 때에 보험자가 취득하는 채권의 소멸시효 기간과 그 기산점 또한 피보험자 등이 제3자에 대하여 가지는 채권 자체를 기준으로 판단하여야 한다.[89])

그리하여 판례[90])는 공제조합이 공제계약을 체결한 공동불법행위자 중의 1인을 위하여 직접 피해자에게 배상함으로써 그 공동불법행위자의 다른 공동불법행위자에 대한 구상권을 보험자대위의 법리에 따라 취득한 경우, 공제계약이 상행위에 해당한다고 하여 그로 인하여 취득한 구상권 자체가 상사채권으로 변한다고 할 수 없다고 한다.[91])

---

86) 대판 99.7.9, 99다12376(공 99하, 1602). 이에 대한 판례해설로는 황병하, "채무인수와 소멸시효의 관계", 해설 33, 2000, 126-137.

87) 대판 05.5.27, 2005다7863(공 05, 1044).

88) 대판 04.4.27, 2003다69119(정보).

89) 대판 99.6.11, 99다3143(공 99하, 1377).

90) 대판 96.3.26, 96다3791(공 96, 1378).

91) 이는 보험자가 보험자대위의 법리에 의하지 않고 '직접' 구상권을 취득한 경우와 구별하

산업재해보상보험법 §87 Ⅰ에 따라 근로복지공단이 피재근로자에게 보험급여를 지급함으로써 취득하는 제3자에 대한 손해배상청구권은 피재근로자의 제3자에 대한 손해배상청구권과 동일성이 그대로 유지되므로, 소멸시효의 기산점과 기간도 그 손해배상청구권 자체를 기준으로 판단하여야 한다.[92]

5. 소멸시효기간과 변론주의

어떤 권리의 소멸시효기간이 얼마나 되는지에 관한 주장은 단순한 법률상의 주장에 불과하므로 변론주의의 적용대상이 되지 않고 법원이 직권으로 판단할 수 있다.[93]

Ⅳ. 소멸시효완성의 효과

1. 민법의 규정

민법은 §167에 "소멸시효는 그 기산일에 소급하여 효력이 생긴다."라고만 규정하고 있을 뿐 소멸시효 완성의 효과에 관하여 직접적인 규정을 두고 있지 않다. 의용민법은 소멸시효가 완성하면 권리가 소멸한다고 규정하면서도 $\left(\substack{\text{의용민} \\ \text{법 }§167}\right)$, 당사자가 이를 원용하지 않으면 법원은 이에 의하여 재판할 수 없다고 규정하고 있어서$\left(\substack{\text{의용민} \\ §145}\right)$, 원용과 권리소멸의 관계에 관하여 많은 논란이 있었다. 현행 민법은 제정 과정에서 이러한 논란을 인식하면서 의도적으로 시효의 원용에 관한 규정을 삭제하였다.[94]

그런데 민법 §369는 "저당권으로 담보한 채권이 시효의 완성 기타 사유로 인하여 소멸한 때에는 저당권도 소멸한다."고 규정하고 있고, 민법 §766 Ⅰ은 "불법행위로 인한 손해배상의 청구권은 피해자나 그 법정대리인이 그 손해 및

여야 한다. 공동불법행위자들과 각각 상행위인 보험계약을 체결한 보험자들 상호간에 있어서 어느 보험자가 다른 보험자에 대하여 '직접' 구상권을 행사하는 경우 그 구상금채권은 보조적 상행위로 인한 채권으로서 5년의 상사시효가 적용된다[대판 98.7.10, 97다17544(집 46-2, 1)].

92) 대판(전) 97.12.16, 95다37421(집 45-3, 386); 대판 08.12.11, 2006다82793(공 09상, 14).

93) 대판 13.2.15, 2012다68217(공 13상, 472).

94) 양창수, "민법안의 성립과정에 관한 소고", 민법연구 Ⅰ, 61 이하; 양창수, "민법안에 대한 국회의 심의(Ⅰ)—법제사법위원회의 심의—", 민법연구 Ⅲ, 1995, 1 이하; 양창수, "민법안에 대한 국회의 심의(Ⅱ)—국회본회의의 심의—", 민법연구 Ⅲ, 1995, 33 이하.

가해자를 안 날부터 3년간 이를 행사하지 아니하면 소멸한다."고 규정하고 있으며, 부칙 §8 Ⅰ에서 "본법 시행 당시에 구법의 규정에 의한 시효기간을 경과한 권리는 본법의 규정에 의하여 취득 또는 소멸한 것으로 본다."고 규정하고 있다.

　이러한 규정에 의하면, 소멸시효가 완성하면 의무자에게 단순한 이행거절권이 발생하는 것에 그치는 것이 아니라 권리자의 권리 그 자체가 소멸한다는 점은 분명하다. 하지만 소멸시효가 완성하면 권리가 곧바로 소멸하는지 아니면 권리의 소멸로 인하여 이익을 얻을 자가 이를 주장하여야 비로소 권리가 소멸하는 것인지에 관하여는 현행 민법 제정과정에서 원용에 관한 규정을 삭제하였음에도 불구하고 학설 대립이 계속되고 있다.[95]

2. 학설 및 판례

(1) 학　　설

　⑺ 절대적 소멸설　　　절대적 소멸설은 소멸시효가 완성하면 곧바로 권리가 소급적으로 소멸한다고 한다. 절대적 소멸설은 다음과 같은 근거를 든다. ① 현행 민법 제정 과정에서 의도적으로 시효의 원용에 관한 의용민법 §145의 규정을 삭제하였다. ② 민법 §369, §766 Ⅰ, 부칙 §8 Ⅰ은 소멸시효 완성으로 인하여 권리가 곧바로 소멸하는 것처럼 표현하고 있고, 국세기본법 §26 (ⅲ) 및 공탁법 §9 Ⅲ은 이를 명확히 규정하고 있다. 그 외에 소멸시효에 대응하는 취득시효에 관한 민법 §245, §246 등이 "소유권을 취득한다."고 규정하고 있다. ③ 상대적 소멸설에 의하면 시효원용권자의 범위를 정하여야 하는 어려운 문제를 야기할 뿐만 아니라, 시효원용권을 가지고 이를 행사한 사람과 시효원용권이 없거나 이를 행사하지 아니한 사람 사이에서 권리소멸 여부가 균일하게 처리되지 않는 결과가 생겨 부당하다.[96]

---

95) 일본민법 §§145, 146는 각각 소멸시효의 원용과 소멸시효이익의 포기에 관하여 규정하고 있다. 日最判 1986(昭 61).3.17, 民集 40-2, 420은 "민법 제145조 및 제146조는 시효로 인한 권리소멸의 효과는 당사자의 의사까지 고려해서 발생하게 하려는 것이 명백하기 때문에 시효에 의한 채권소멸의 효과는 시효기간의 경과와 함께 확정적으로 발생하는 것이 아니라 시효를 원용한 때에 비로소 확정적으로 발생한다고 해석하는 것이 상당하다."고 판시한 바 있다.

96) 양창수, "소멸시효 완성의 효과", 고시계 39-9, 1994, 149-151. 지상권의 소멸시효가 완성하였는데 저당권자는 이를 원용하고 소유자는 이를 원용하지 않은 경우, 상대적 소멸설에 의하면 지상권이 저당권자에 대한 관계에서는 소멸하고 소유자에 대한 관계에서는 소멸하지 않는 데, 이는 물권의 절대성에 반한다고 한다.

절대적 소멸설에 의하면, ① 소멸시효의 원용이라는 것은 소멸시효가 완성되어 권리가 소멸되었다는 사실을 주장하는 것에 불과한 것으로서, 누구나 필요하면 이를 주장할 수 있고, 다만 '변론주의 원칙'상 당사자가 소멸시효 완성을 주장하지 않으면 법원은 이에 기해 재판할 수 없을 뿐이라고 한다. ② 그리고 소멸시효가 완성된 후 채무자가 채무를 변제한 경우에 대하여는, 채무자가 소멸시효 완성 사실을 알고 변제하였다면 시효이익을 포기한 것으로 되고 $\left(\begin{smallmatrix} 민 \\ \S184 \; I \end{smallmatrix}\right)$, 모르고 변제하였다면 도의관념에 적합한 비채변제에 해당하므로 $\left(\begin{smallmatrix} 민 \\ \S744 \end{smallmatrix}\right)$, 어느 경우에나 채무자는 채권자에게 부당이득을 이유로 그 반환을 청구할 수 없다고 한다. ③ 나아가 소멸시효 이익의 포기는 소멸시효 완성으로 인한 권리소멸의 이익을 받지 않겠다는 권리자의 의사에 대하여 법이 특별히 일정한 효과를 부여한 것이라고 한다.[97]

　　　(내) 상대적 소멸설　　　상대적 소멸설은 소멸시효가 완성하더라도 곧바로 권리가 소멸하는 것이 아니라 시효로 인하여 이익을 받을 자에게 권리의 소멸을 주장할 수 있는 권리, 즉 시효원용권이 생길 뿐이며, 시효원용권자가 소멸시효를 원용하는 경우 비로소 권리가 소급적으로 소멸한다고 한다.

　　상대적 소멸설은 절대적 소멸설에 대하여 다음과 같이 비판한다. ① 민법에 원용에 관한 규정이 없다 하더라도 상대적 소멸설을 취하는데 장애가 되지 아니한다. 소멸시효의 완성이 상대방에게 항변권 기타 어떤 권리를 발생시키는 것이라면, 그 권리를 행사할지 여부는 그 권리자의 자유이므로 원용에 관한 규정이 없더라도 있는 것과 같은 결과가 된다. ② 민법 §369의 규정만으로는 소멸시효가 완성하면 원용 없이도 당연히 권리 소멸의 효과가 발생한다고 볼 수는 없고, 민법 §766, 부칙 §8 Ⅰ이 "시효로 인하여 소멸한다."고 하고 있기는 하나 민법이 전반적으로 그와 같은 표현을 쓰지 아니하고 있음을 볼 때 위의 표현은 단순한 용어의 불통일에 불과하다. ③ 취득시효에 관한 민법의 규정이 시효기간 완성과 동시에 권리를 취득하는 것으로 규정하고 있다 하더라도, 소멸시효와 취득시효는 별개의 제도이므로 이는 절대적 소멸설의 근거가 되지 못한다. ④ 절대적 소멸설에 의하면 법원이 당사자의 원용이 없어도 직권으로 소멸시효를 고려하여야 하나, 이는 당사자의 의사에 반하고 소멸시효 제도의 존재이유에도 어긋난다. ⑤ 절대적 소멸설에 의하면 소멸시효 완성 후 채무자

---

97) 노재호, "소멸시효의 원용―원용권자의 범위와 원용권자 상호간의 관계를 중심으로―", 사론 52, 2011, 247-248.

가 그 사실을 모르고 변제한 때에는 비채변제가 되므로 그 반환을 청구할 수 있다는 결론이 되나 이는 사회관념에 어긋난다. ⑥ 절대적 소멸설에 의하면 소멸시효 이익의 포기를 제대로 설명하지 못한다. 소멸시효의 완성으로 일단 소멸하였던 권리가 포기의 의사표시에 의하여 소급적으로 되살아날 수 있는 근거가 불분명하다.[98]

상대적 소멸설에 의하면, 다음과 같은 결론에 이른다. 즉 ① 소멸시효가 완성하면 권리의 소멸로 인하여 이익을 받을 자에게 이를 주장할 수 있는 시효원용권이 생기고, 시효원용권은 그 행사에 의해 권리를 소멸시키는 실체법상 형성권에 해당하며, 그 당연한 귀결로서 법원은 소멸시효가 완성하였더라도 시효원용권자가 이를 행사하지 않는 한 소멸시효에 기해 재판할 수 없다. ② 시효원용권은 소송상 공격방어방법으로 행사할 수 있음은 물론이고 실체법상 형성권이므로 재판 외에서도 행사할 수 있다. ③ 소멸시효가 완성된 후 채무자가 채무를 변제한 경우, 채무자가 소멸시효 완성 사실을 알고 변제하였든지 모르고 변제하였든지 모두 유효한 변제가 되므로 어느 경우에나 채무자는 채권자에게 부당이득을 이유로 그 반환을 청구할 수 없다. ④ 소멸시효 이익의 포기는 시효원용권을 포기하는 것이다.[99]

(2) 대법원판례

대법원판례는 기본적으로 절대적 소멸설을 취하고 있다. 그리하여 당사자의 원용이 없어도 시효완성의 사실로써 채무는 당연히 소멸하므로 소멸시효가 완성된 채무에 기하여 한 가압류는 불법행위가 되고 가압류 당시 시효의 원용이 없었더라도 가압류채권자에게 과실이 없었다고는 할 수 없다고 한다.[100] 또한 국가의 조세부과권은 그 소멸시효가 완성되면 당연히 소멸하므로 납세의무자의 시효원용이 없더라도 소멸시효 완성 후에 한 조세부과처분은 납세의무 없는 자에 대하여 부과처분을 한 것으로서 하자가 중대하고 명백하여 그 처분은 당연무효라고 한다.[101]

그러나 판례[102]는 다른 한편으로는 소멸시효의 이익을 받을 자가 실제 소

---

98) 윤진수, "소멸시효", 민법학의 회고와 전망; 민법전 시행 30주년 기념 논문집, 1993, 118-119.

99) 노재호(주 97), 249.

100) 대판 66.1.31, 65다2445(집 14-1, 56).

101) 대판 85.5.14, 83누655(공 85, 846); 대판 88.3.22, 87누1018(공 88, 716).

102) 대판 66.1.31, 65다2445(집 14-1, 56); 대판 79.2.13, 78다2157(집 27-1, 114).

송에 있어서 시효소멸의 이익을 받겠다는 항변을 하지 않는 이상 그 의사에 반하여 재판할 수 없음은 변론주의의 원칙상 당연한 것이라고 하여 소멸시효의 원용을 필요로 한다고 하면서 그 근거를 변론주의에서 찾고 있다.

또한 판례[103]는 채권의 소멸시효가 완성된 경우 이를 원용할 수 있는 자는 시효이익을 직접 받는 자뿐이라고 하여 시효를 원용할 수 있는 자를 제한하면서 채권자대위소송에서 제3채무자는 독자적으로 피보전채권의 소멸시효 완성을 주장할 수 없다고 하는 한편, 일반 채권자는 자기의 채권을 보전하기 위하여 필요한 한도 내에서 채무자를 대위하여 소멸시효 주장을 할 수 있다고 한다(이 점은 뒤에
서 상술한다).[104]

절대적 소멸설에 의하면 소멸시효가 완성되었다는 사실 자체에 의하여 권리가 곧바로 소멸하므로, 누구나 필요하면 이를 원용할 수 있어야 한다. 그런데 판례는 절대적 소멸설을 취하면서도 시효원용권자의 범위를 제한하거나 채권자대위권의 요건을 충족하여야만 이를 대위 행사할 수 있다는 것이어서 논리적이지 않다. 또한 절대적 소멸설에 의하면, 소멸시효의 원용은 '소멸시효 완성으로 이미 권리가 소멸하였다는 사실' 자체를 주장하는 것이거나 소송상 공격방어방법을 제출하는 소송행위에 불과하다. 그런데 소송절차상의 개개의 권리는 채권자대위권의 대상이 될 수 없다는 것이 판례[105]의 입장이므로, 소멸시효의 원용에 대하여 '채권자대위'를 허용하는 판례의 입장은 이 점에서도 정합성을 유지하고 있다고 보기 어렵다.

이러한 판례의 입장은, 민법의 문언을 존중하여 절대적 소멸설의 입장을 취하면서도, 소멸시효 제도는 직접적으로 의무자의 이익과 법적 안정을 보장하기 위한 것이므로 소멸시효의 완성으로 인한 권리의 소멸에 관하여 의무자의 의사를 존중하여야 한다는 점을 고려하여 상대적 소멸설의 입장도 상당 부분 반영함으로써 구체적 타당성을 도모하는 것으로 이해할 수 있다.

---

103) 대판 92.11.10, 92다35899(공 93, 90).
104) 대판 97.12.26, 97다22676(공 98, 403).
105) 대판 67.5.2, 67다267(집 15-2 1).

V. 소멸시효의 원용

1. 의의 및 법적 성질

(1) 의　　의

소멸시효의 원용이라는 것은 소멸시효가 완성한 경우에 당사자가 이로 인한 이익을 받겠다는 의사를 표현하는 것을 말한다.

절대적 소멸설에 의하면, 소멸시효 완성에 따라 곧바로 권리가 소멸하기 때문에 소멸시효의 원용이라는 것은 소멸시효 완성에 의해 권리가 소멸되었다는 사실 자체를 재판 외에서 또는 소송상 공격방어방법으로 주장하는 것을 의미한다. 반면 상대적 소멸설에 의하면, 소멸시효가 완성하더라도 이로 인하여 이익을 받을 자에게 시효원용권이 발생하는 것에 그치고, 시효원용권자가 이를 행사하여야 비로소 권리 소멸의 효과가 발생하므로, 소멸시효의 원용은 소멸시효 완성에 의해 권리가 소멸하기 위한 실체법상 요건이 된다. 따라서 소멸시효의 원용 행위는 실체법상 형성권을 행사하는 것에 해당하고, 소송에서 소멸시효를 원용하는 것은 실체법상 형성권인 시효원용권을 행사함과 아울러 소송상 공격방어방법을 주장하는 것이 된다.

이와 같이 상대적 소멸설에 의하면 '소멸시효의 원용'은 실체법적으로 권리 소멸이라는 효과가 발생하기 위한 요건이므로 중요한 의미를 가진다. 한편, 절대적 소멸설은 당사자가 소송에서 소멸시효 완성으로 인한 이익을 받겠다는 의사를 표현하지 않으면 변론주의 원칙에 따라 법원은 소멸시효에 의해 재판할 수 없다고 보고 있고, 대법원판례는 절대적 효력설을 취하면서도 시효원용권자의 범위를 제한하므로, 소멸시효의 원용은 절대적 소멸설의 체계 안에서도 역시 중요한 의미를 가진다.

소멸시효제도에서 재판외 또는 재판상 소멸시효의 원용을 요구하는 취지는 소멸시효 완성으로 인한 이익을 받을 것인지 말 것인지를 당사자 스스로 결정하도록 하기 위하여 사적 자치를 보장하는 것이다. 소멸시효제도는 직접적으로는 의무자의 법적 안정을 위한 것이므로, 의무자의 의사를 묻지 않고 그로 하여금 시효이익을 받도록 강제하는 것은 소멸시효제도의 취지를 벗어나는 것이고, 권리자에 대한 관계에서는 그 권리를 필요 이상으로 과도하게 제한하는 결과를 가져온다. 그리하여 앞서 '[소멸시효 전론] Ⅱ.'에서 보았듯이, 세계

주요 국가의 입법례는 법원이 모두 의무자의 의사에 반하여 소멸시효를 적용할 수 없도록 규정하고 있다.

(2) 시효의 원용과 구별하여야 할 개념

(카) 직접의무자가 시효를 원용하였다는 주장   뒤에서 보는 바와 같이 시효원용권자가 아닌 자가 자신이 당사자인 소송에서 공격방어방법으로 "시효원용권자가 소송외에서 시효를 원용하여 시효소멸하였다."고 주장하는 것은, 원용권자의 지위에서 시효를 원용하는 것이 아니라 시효원용권자의 원용에 의하여 발생한 효과를 주장하는 것이므로, 여기서 말하는 시효의 원용에는 해당하지 아니한다.

(내) 다른 권리 취득·소멸의 전제로서의 시효소멸 주장   일본의 판례[106]는 수표소지인이 수표채권이 시효소멸한 것을 이유로 하여 이득상환청구권을 행사하는 경우 청구원인으로서 수표채권의 시효소멸을 주장하는 것이 필요하나, 이러한 주장은 시효의 원용이 아니라고 한다. 또한 일본의 판례[107]는 약속어음의 소지인이 배서인에 대하여 소구권을 행사한 경우, 배서인은 소지인의 수표발행인에 대한 수표채권이 시효소멸한 것을 주장·입증하는 것에 의하여 소구의무를 면할 수 있다고 한다. 학설[108]은 이 판례에 대하여 배서인에게 발행인의 어음채무에 대한 시효원용권을 인정한 것이 아니라, 소구권자가 소구권을 행사하려면 소구의무자에게 유효한 수표를 취득시켜 주어야 한다는 수표법의 취지를 고려하여, 발행인의 어음채무가 시효소멸하였다는 배서인의 주장을 받아들인 것이라고 한다.

대법원판례[109]는 '채무자인 보험회사의 시효원용'이 있었다는 점에 대한 아무런 설시 없이 보험계약자의 보험회사에 대한 보험료환급청구권의 시효가 완성되었다고 보아 제3자의 위 보험료환급청구권에 대한 압류의 실효를 인정하고 있다. 즉, 원고가 보험회사와 보험계약을 체결하였는데, 피고가 원고의 조세채무 체납을 원인으로 그 보험계약에 따른 보험금청구권 및 보험료환급청구권을 압류한 사안에서, 원심은 피고의 체납처분에 의한 압류에 의하여 원고의 조세채무는 그 시효가 중단되어 계속 존재하고 있다고 판단하였다. 그러나 대법원은 위 압류 이후 원고의 보험료 미납으로 인하여 보험계약이 실효됨에

106) 日大判 1919(大 8).6.19, 民錄 25, 1058.
107) 日大判 1933(昭 8).4.6, 民集 12, 551; 日最判 1982(昭 57).7.15, 民集 36-6, 1113.
108) 注解 判例民法 民法總則, 593(初版/平岡建樹).
109) 대판 17.4.28, 2016다239840(공 17상, 1110).

따라 보험금청구권은 소멸하고, 이때 발생한 보험료환급청구권도 그 후 2년의 시효기간이 경과하여 소멸하였으므로, 피고의 압류는 그 피압류채권이 더 이상 존재하지 않게 됨으로써 실효되었으며, 이에 따라 이 사건 압류에 의한 시효중단사유는 종료한 것으로 보아야 한다고 판단하였다.

또한 대법원판례[110]는 다음과 같은 사안에서 위와 유사한 판단을 하였다. 원고($\binom{채권}{자}$)가 소외 회사($\binom{주채}{무자}$)에게 피고의 보증 하에 대출을 해주면서 피고로부터 약속어음을 발행받고 소외 회사의 배서를 받은 다음, 소외 회사가 연체상태에 빠지자 소외 회사의 재산에 대하여 어음채권($\binom{배서인에 대}{한 소구권}$)을 피보전권리로 하여 가압류하였다. 원고는 그 가압류에 의하여 원인채권($\binom{대출금}{채권}$)의 소멸시효도 중단되고, 그 중단의 효력은 보증인인 피고에게 미친다고 주장하면서 피고에게 대출 보증채무의 이행을 구하는 소를 제기하였다. 피고는 소외 회사의 가압류 결정은 배서인인 소외 회사에 대한 어음채권이 시효로 소멸된 이후에 내려진 것이어서 시효중단의 효력이 없다고 주장하였다. 원심은 피고의 주장을 받아들이지 아니하였다. 그러나 대법원은 시효로 소멸된 어음채권을 청구채권으로 하여 소외 회사의 재산을 압류한다 하더라도 이는 어음채권 내지는 원인채권을 실현하기 위한 적법한 권리행사로 볼 수 없으므로, 그 압류에 의하여 그 원인채권($\binom{대출금}{채권}$)의 소멸시효가 중단된다고 볼 수 없고, 따라서 보증인인 피고에 그 시효 중단의 효력이 미치지 않는다고 판단하였다. 이 사안에서 어음발행인인 피고는 배서인인 소외 회사의 어음채무($\binom{소구}{의무}$)에 관하여 시효원용권자라고 보기 어려우므로, 위 판례는 시효원용권자의 시효 원용 유무와 관계없이 어음채무의 시효소멸을 인정한 것이라고 할 수 있다.

이러한 판례들은 그간 대법원판례가 절대적 소멸설을 취하면서도 시효소멸이 인정되려면 재판과정에서 시효원용권자에 의한 시효의 원용이 필요하고 시효원용권자는 일정한 범위로 제한된다는 입장과는 사뭇 다른 것이라 할 수 있다. 이는 결국 권리의 소멸시효 여부를 판단함에 있어서 '시효원용권자에 의한 시효의 원용'이 필요하지 아니한 다른 영역이 있음을 나타낸다.

2. 원용의 시기

절대적 소멸설에 의하든 상대적 소멸설에 의하든, 재판상 시효원용권을 행사하기 위해서는 사실심 변론이 종결될 때까지 하여야 한다. 법률심인 상고심

---

110) 대판 10.5.13, 2010다6345(공 10상, 1120).

에서는 할 수 없다. 의무자가 사실심 변론종결 이전에 시효원용권을 행사할 수 있었음에도 행사하지 않아 의무의 이행을 명하는 판결이 확정된 경우에는 전소의 기판력에 어긋나므로 다시 시효원용권을 행사하여 확정판결을 뒤집을 수는 없다.[111] 또한 시효이익을 받을 것인지 말 것인지는 당사자 스스로 결정할 문제이므로, 법원은 당사자에게 소멸시효를 원용할 것인지에 관하여 석명권을 행사할 의무가 없고 권한도 없다.[112]

3. 소멸시효 원용권자의 범위

(1) 원용권자 범위 결정의 필요성

절대적 소멸설에 의하면 소멸시효 완성에 따라 곧바로 권리가 소멸하기 때문에 누구나 필요하면 소멸시효를 원용할 수 있다고 보는 것이 논리적으로 일관된다. 그런데 대법원판례는 절대적 소멸설의 입장을 취하면서도 소송에서 소멸시효 완성을 주장할 수 있는 자의 범위를 권리의 시효소멸로 인하여 직접 이익을 받을 자로 한정하고 있기 때문에 원용권자의 범위 결정의 문제가 생긴다. 상대적 소멸설의 경우에는 더욱 그러하다.

(2) 판례 및 학설

(개) 판   례

(a) 대법원판례   대법원판례는 소멸시효의 효과에 관하여 기본적으로는 절대적 소멸설을 취하면서 원용이라는 용어를 사용하고 그 원용의 의미를 변론주의 아래에서의 '공격방어 방법'으로 파악하고 있다. 대법원판례는 시효원용을 할 수 있는 자를 '시효이익을 직접 받는 자'라고 정의하고, 개별적 사안에 따라 점차 그 범위를 확대하여 오고 있다.

(ⅰ) 시효에 의하여 소멸하는 권리의 의무자   초기의 판례[113]는 시효에 의하여 직접 이익을 받는 자의 의미를 문언 그대로 해석하여 '시효에 의하여 소멸하는 권리의 의무자'로 좁게 해석하였다.

(ⅱ) 연대보증인[114]   판례는 주채무가 시효로 소멸한 때에는 보증인도 그 시효소멸을 원용할 수 있으며, 주채무자가 시효의 이익을 포기하더라

---

111) 日大判 1932(昭 7).4.8, 法學 1, 428.
112) 日最判 1956(昭 31).12.28, 民集 10-12, 1639; 日最判 1964(昭 39).7.16, 判例タイムズ 165, 73.
113) 대판 79.6.26, 79다407(공 79, 12038); 대판 91.7.26, 91다5631(공 91, 2244).
114) 대판 91.1.29, 89다카1114(집 39-1, 83).

도 보증인에게는 그 효력이 없다고 판시하였다.

(iii) 물상보증인　　　　판례115)는 물상보증인은 채권자에 대하여 물적 유한책임을 지고 있어 그 피담보채권의 소멸에 의하여 직접 이익을 받는 관계에 있으므로 소멸시효의 완성을 주장할 수 있다고 한다.

(iv) 가등기되거나 유치권이 성립한 부동산의 제3취득자　　　　판례116)는 가등기에 기한 소유권이전등기청구권이 시효의 완성으로 소멸되었다면 그 가등기 이후에 그 부동산을 취득한 제3자는 가등기권자에 대하여 본등기청구권의 소멸시효를 주장할 수 있다고 판시하고, 채권담보 목적의 가등기가 마쳐진 부동산을 양수한 제3자도 가등기담보권의 피담보채권의 소멸에 의하여 직접 이익을 받는 자라고 보아 '시효원용권'을 인정하였다.117)

또한 판례118)는 유치권이 성립된 부동산의 매수인은 그 피담보채권에 관한 소멸시효를 원용할 수 있다고 판시하였다.

(v) 사해행위의 수익자　　　　판례119)는 사해행위취소소송의 피고인 수익자는 사해행위가 취소되면 사해행위에 의하여 얻은 이익을 상실하게 되는데, 취소채권자의 채권이 소멸되면 그와 같은 이익의 상실을 면할 수 있으므로, 그 채권의 소멸에 의하여 직접 이익을 받는 자에 해당하여 소멸시효를 원용할 수 있다고 한다.

그런데 채무자에 대한 소멸시효가 완성된 후에 채권자가 채무자에 대하여 소송을 제기하여 승소 확정판결을 받았음에도, 수익자가 여전히 독자적으로 소멸시효를 원용할 수 있는지 문제된다. 채권자가 채무자에 대하여 받은 확정판결의 반사효를 근거로 소멸시효를 원용할 수 없다고 주장하는 견해120)가 있다. 또한 채권자가 채무자에 대하여 채무의 이행을 명하는 승소 확정판결을 받은 경우, 수익자는 더 이상 소멸시효를 원용하여 원고(채권자)의 채권의 존재

---

115) 대판 04.1.16, 2003다30890(집 52-1, 3).

116) 대판 91.3.2, 90다카27570(집 39-1, 265).

117) 대판 95.7.11, 95다12446(공 95, 2761). 이에 대판 판례해설로는 안용률, "소멸시효의 원용권자의 범위", 해설 24, 1996, 18 이하.

118) 대판 09.9.24, 2009다39530(공 09하, 1754). 이에 대한 판례해설로는, 김진동, "유치권의 피담보채권의 소멸시효기간이 확정판결 등에 의하여 10년으로 연장된 경우, 유치권이 성립된 부동산의 매수인이 종전의 단기소멸시효를 원용할 수 있는지 여부", 해설 81, 2009, 59-63.

119) 대판 07.11.29, 2007다54849(공 07하, 2036). 이에 대한 평석으로는, 박운삼, "사해행위의 수익자와 취소채권자의 채권의 소멸시효의 원용", 판례연구 21, 2010, 243 이하.

120) 노재호(주 97), 306.

를 다툴 수 없다고 판시한 판례[121]도 있다.

　　그러나 이러한 학설과 판례의 입장은 수긍하기 어렵다. 수익자의 소멸시효 원용권은 채무자의 소멸시효 원용권에 기초한 것이 아닌 독자적인 것이고,[122] 채무자의 시효이익의 포기는 다른 시효원용권자에게 그 효력이 미치지 아니한다.[123] 이는 마치 채권자가 시효이익을 포기하는 주채무자를 상대로 승소 확정판결을 받았다고 하더라도, 그 반사효가 보증인에게 미치지 아니하여 보증인은 여전히 독자적인 지위에서 주채무의 소멸시효를 원용할 수 있는 것과 마찬가지이다.[124] 따라서 사해행위 취소채권자가 채무자에 대하여 갖는 피보전채권의 시효소멸에 관하여 채무자의 시효원용권에 기초한 것이 아닌 '독자적인 시효원용권'을 갖는 수익자는 취소채권자의 채무자에 대한 확정판결의 존재와 무관하게 독자적으로 피보전채권의 시효소멸을 주장할 수 있다고 보아야 한다.[125]

　　　　　　(ⅵ) 일반채권자　　　판례[126]는, "채무자에 대한 일반 채권자는 자기의 채권을 보전하기 위하여 필요한 한도 내에서 채무자를 대위하여 소멸시효 주장을 할 수 있을 뿐 채권자의 지위에서 독자적으로 소멸시효의 주장을 할 수 없다."고 판시한다.

　　따라서 일반채권자로서는 채무자가 무자력 상태에 있고, 경매 배당기일에서 자신보다 선순위 배당을 받은 다른 채권자가 있는 경우, 채무자를 대위하여 그 선순위 배당을 받은 채권에 대하여 소멸시효를 원용할 수 있다.[127]

　　한편, 피공탁자의 공탁금출급청구권이 시효소멸한 경우, 공탁자에게 공탁금회수청구권이 인정되지 않는 한 그 공탁금은 국고에 귀속하게 되는 것이어서 공탁금출급청구권의 종국적인 채무자로서 소멸시효를 원용할 수 있는 자는 국가이다. 그런데 기업자가 하는 손실보상금의 공탁의 경우 민법 §489의 적용이 배제되어 공탁금출급청구권의 소멸시효가 완성되었다 할지라도 기업자는 그 공탁금을 회수할 수 없으므로, 기업자가 진정한 보상금수령권자에 대하여

---

121) 대판 07.11.29, 2007다54849(공 07하, 2036).

122) 대판 95.7.11, 95다12446(공 95, 2761).

123) 대판 95.7.11, 95다12446(공 95, 2761); 대판 15.6.11, 2015다200227(공 15하, 976).

124) 김성용, "채권자와 주채무자 사이의 판결과 보증인", 사법연구자료 7, 1980, 81-82.

125) 윤진수, "2007년도 주요 민법 관련 판례 회고", 법학 49-1(통권 146), 2008, 342; 박운삼 (주 119), 294.

126) 대판 97.12.26, 97다22676(공 98, 403); 대판 07.3.30, 2005다11312(공 07, 616); 대판 12.5.10, 2011다109500(공 12상, 995).

127) 대판 97.12.26, 97다22676(공 98, 403); 대판 12.5.10, 2011다109500(공 12상, 995).

그가 정당한 공탁금출급청구권자임을 확인해 줄 의무를 부담한다고 하여도 공탁금출급청구권의 시효소멸로 인하여 직접적인 이익을 받지 아니할 뿐만 아니라 채무자인 국가에 대하여 아무런 채권도 가지지 아니하므로 독자적인 지위에서나 국가를 대위하여 공탁금출급청구권의 소멸시효를 원용할 수 없다.[128]

　　(vii) 채권자대위소송의 제3채무자　　채권자대위소송에서 제3채무자가 시효항변을 할 수 있는지 여부는 그 유형을 나누어 살펴볼 필요가 있다.

　　(ㄱ) 제3채무자가 독자적인 시효원용권을 주장하는 경우　　판례[129]는, "채권자대위권에 기한 청구에서 제3채무자는 채무자가 채권자에 대하여 가지는 항변으로 대항할 수 없을뿐더러 채권의 소멸시효가 완성된 경우 이를 원용할 수 있는 자는 시효이익을 직접 받는 자만이고 제3채무자는 이를 행사할 수 없다."고 판시하여, 제3채무자의 시효원용권을 부정하고 있다.

　　(ㄴ) 채무자가 소멸시효 주장을 한 사실을 제3채무자가 주장·입증한 경우　　판례[130]는 "채권자가 채무자에 대한 채권을 보전하기 위하여 제3채무자를 상대로 채무자의 제3채무자에 대한 채권에 기한 이행청구의 소를 제기하는 한편 채무자를 상대로 피보전채권에 기한 이행청구의 소를 제기한 경우, 채무자가 그 소송절차에서 소멸시효를 원용하는 항변을 하였고, 그러한 사유가 현출된 채권자대위소송에서 심리를 한 결과, 실제로 피보전채권의 소멸시효가 적법하게 완성된 것으로 판단되면, 채권자는 더 이상 채무자를 대위할 권한이 없게 된다."고 판시한다.

　　위 (ㄱ)의 판례는 채권자대위소송에서 제3채무자는 채무자가 소멸시효를 원용하지 않고 있는 동안 독자적으로 피보전채권에 관한 소멸시효를 직접 원용할 수 없다는 취지인 반면, 위 (ㄴ)의 판례는 채무자가 소멸시효를 원용하여 피보전채권이 확정적으로 소멸된 경우 제3채무자도 그 효과를 주장할 수 있다는 취지이므로 서로 구별된다.

　　위 (ㄴ)의 경우와 같이 채무자가 소멸시효를 재판상 또는 재판외에서 원용

128) 대판 07.3.30, 2005다11312(공 07, 616). 이 판결에 대한 평석으로는, 윤진수, "2007년도 주요 민법 관련 판례 회고", 법학 49-1(통권 146), 2008, 342.
129) 대판 92.11.10, 92다35899(공 93, 90); 대판 93.3.26, 92다25472(공 93상, 1288); 대판 95.5.12, 93다59502(공 95상, 2094); 대판 97.7.22, 97다5749(공 97하, 2641); 대판 04.2.12, 2001다10151(공 04, 436).
130) 대판 08.1.31, 2007다64471(정보). 이에 대한 해설 내지 평석으로는 이동훈, "채권자대위소송에서 제3채무자의 소멸시효 항변", 해설 75, 2008, 30-41; 김진형, "소멸시효 원용권자의 범위에 관한 소고", 재판실무연구 2010, 2011, 3-21.

하고 나면 채권자의 권리는 확정적으로 소멸하고 그것은 절대효가 있으므로 [후술하는 4.(1).(나) 참조], 시효원용권자가 아닌 제3자라도 누구든지 그러한 사실을 주장, 입증하여 '권리부존재의 항변'을 제출할 수 있다.[131] 이는 채권자와 채무자 및 제3채무자에 대한 소송이 통상공동소송[132]의 형태로 진행된 경우는 물론이고, 별개의 소송[133]으로 진행된 경우에도 마찬가지이다.

      (viii) 후순위 저당권자   하급심판결[134]은 선순위 저당권의 피담보채권이 시효소멸할 경우 후순위 저당권자는 저당권의 순위승진에 따라 배당액이 증가할 수 있는 기대를 갖지만, 이는 저당권의 순위승진에 따른 반사적인 이익에 불과하기 때문에, 피담보채권의 소멸에 의해 직접 이익을 받는 자에 해당하지 아니하므로, 선순위 저당권의 피담보채권의 소멸시효를 원용할 수 없다고 한다.[135] 나아가 위 판결은 저당권이 설정된 부동산의 제3취득자는 그 피담보채권이 시효소멸하면 저당권이 소멸하여 소유권을 보전할 수 있는데, 시효를 원용할 수 없다고 한다면 저당권의 실행으로 소유권을 상실하는 불이익을 입을 수 있는 반면, 후순위 담보권자가 상실하는 불이익은 위와 같은 반사적 이익의 상실에 불과하고, 소멸시효를 원용할 수 없다 하더라도 원래의 담보권 순위에 따라 변제를 받을 수 있는 지위는 전혀 해하지 않는 것이어서 후순위 저당권자와 제3취득자는 그 지위가 다르다고 한다.

      다만, 앞서 일반채권자에 관한 판례[136]와 마찬가지로, 채무자가 무자력 상태에 있는 경우, 후순위 저당권자의 피담보채권이 전액 우선변제를 받지 못할 경우에는, 그 부족액의 한도 내에서 채무자를 대위하여 선순위 저당권의 피담

---

131) 이동훈, "채권자대위소송에서 제3채무자의 소멸시효 항변", 해설 75, 2008, 30-41; 김진형, "소멸시효 원용권자의 범위에 관한 소고", 재판실무연구 2010, 2011, 3-21; 노재호, "소멸시효의 원용—원용권자의 범위와 원용권자 상호간의 관계를 중심으로—", 사론 52, 2011, 302; 원유석, "채권자대위소송에 있어서 피보전권리의 존부에 대한 판단기준", 민판연 22, 476. 위 마지막 글은 "제3채무자는 채무자의 항변에 의하여 비로소 피보전채권의 존재가 부정되는 채무자의 항변(소멸시효, 상계, 각종 취소, 해제의 항변 등)은 원용할 수 없지만, 이미 채무자가 이러한 항변을 행사하였거나 기타 사유(이행불능 등)로 피보전채권이 소멸하였다는 항변은 주장할 수 있다."고 한다.

132) 대판 00.5.26, 98다40695(미간행).

133) 대판 08.1.31, 2007다64471(정보).

134) 서울고판 16.6.9, 2015나2065323(미간행).

135) 김병선, "시효원용권자의 범위", 민학 38, 2007, 286-287; 박운삼(주 119), 292. 대판 21.2.25, 2016다232597(공 21상, 673).

136) 대판 97.12.26, 97다22676(공 98, 403); 대판 07.3.30, 2005다11312(공 07, 616); 대판 12.5.10, 2011다109500(공 12상, 995).

보채권의 소멸시효를 원용할 수 있다고 보아야 할 것이다.[137]

　　(b) 일본 판례　　　　일본 판례는 원용권자에 관하여 '직접 이익을 받는 자'라는 기준을 그대로 유지하면서 원용권자의 범위를 확대해 왔다.[138]

　　피담보채권의 소멸에 의하여 직접 이익을 받는다고 보아 소멸시효를 원용할 수 있다고 한 사례로는 약한 의미의 양도담보의 물상보증인,[139] 저당권의 물상보증인,[140] 저당부동산의 제3취득자,[141] 소유권이전형식의 가등기담보권이 설정된 부동산의 제3취득자[142] 등이 있다. 또한 담보목적이 아닌 소유권취득 목적의 매매예약에 기하여 소유권이전등기 청구권 보전의 가등기를 마친 부동산에 대하여 저당권설정을 받은 자는 그 예약완결권에 대하여,[143] 담보목적의 매매예약에 기한 소유권이전청구권 보전의 가등기가 경료된 부동산의 제3취득자는 그 예약완결권에 대하여 각 소멸시효를 원용할 수 있다고 판시하였다.[144] 나아가 사해행위의 수익자에게 사해행위 취소채권자의 채권에 대하여,[145] 양도담보권자로부터 피담보채권의 변제기 후에 양도담보의 목적물을 양수한 제3자에게 양도담보권설정자의 청산금지급청구권에 대하여[146] 각 소멸시효의 원용권을 인정하였다.

　　그러나 일반 채권자는 소멸시효를 원용하여 제기한 배당이의 소송에서 원용할 수 없다고 보고 있다.[147] 또한, 1순위 저당권의 피담보채권이 시효소멸할 경우 후순위 저당권자는 저당권의 순위승진에 따른 반사적인 이익에 불과하기 때문에, 1순위 피담보채권의 소멸에 의해 직접 이익을 받는 자에 해당하지 아니하므로, 1순위 저당권의 피담보채권의 소멸시효를 원용할 수 없다고 판시하였다.[148] 이 판결은 시효원용권자의 범위 확대 경향에 제동을 건 판결로서 시효원용권자의 확정 기준에 중요한 의미를 갖는다고 한다.

---

137) 김병선(주 135), 286-287.
138) 일본 판례의 변천과정에 관하여는, 森田宏樹, '時效援用權者の劃定基準について(一)', 法曹時報 54-6, 2002, 1596 이하 참조.
139) 日最判 1967(昭 42).10.27, 民集 21-8, 2110.
140) 日最判 1968(昭 43).9.26, 民集 22-9, 2002.
141) 日最判 1973(昭 48).12.14, 民集 27-11, 1586.
142) 日最判 1985(昭 60).11.26, 民集 39-7, 1701.
143) 日最判 1990(平 2).6.5, 民集 44-4, 559.
144) 日最判 1992(平 4).3.19, 民集 46-3, 222.
145) 日最判 1998(平 10).6.22, 民集 52-4, 1195.
146) 日最判 1999(平 11).2.26, 判時 1671, 67.
147) 日大判 1936(昭 11).2.14, 法律新聞 3959, 7.
148) 日最判 1999(平 11).10.21, 判時 1679, 53.

(내) 시효원용권자의 기준에 관한 학설　　학설은 시효원용권자의 범위에 일정한 제한을 두면서도, 시효원용권자의 범위를 매우 좁게 해석하였던 판례를 비판하였다. 일부 학설[149]은 권리의 시효소멸에 의하여 직접 의무를 면하는 자 외에도 이에 기하여 자기의 의무나 법적 부담 또는 불이익을 면하는 제3자도 시효원용권자에 포함되어야 한다고 주장하였고, 이는 판례변경[150]에 결정적인 영향을 미쳤다.

근래의 학설[151] 중 제1설(이익교량론)[152]은 시효원용권자의 범위를 일률적인 기준으로 결정하기보다는 개별 사례마다 고찰하여 제3자를 소멸시효제도에 의하여 보호할 만한 가치가 있는지 여부를 검토하여 결정하여야 한다고 한다.

제2설(유형적고찰론)[153]은 보다 실질적인 기준을 구체적으로 제시한다. 즉 "① 제1기준: 권리의 시효소멸로 인하여 넓은 의미에서 자기의 의무를 면하는 자이어야 하고, 이익이 증진되는 자에게까지 시효원용권을 인정할 필요는 없다. ② 제2기준: 직접의무자가 제3자를 위하여 소멸시효를 원용해야 하는 관계에 있어, 직접의무자가 소멸시효를 원용하면 이에 기하여 제3자도 이익을 받을 수 있어야 한다. 이러한 관계에 있는 경우, 직접의무자는 한편으로는 제3자를 위하여 원용해야 하지만, 다른 한편으로는 자신은 시효의 이익을 받지 않을 자유가 있기 때문에 직접의무자에게 원용을 강요할 수 없고, 직접 제3자에게 원용권을 줄 필요가 있다. 이와 같이 제3자의 경우 직접의무자가 제3자를 위하여 시효를 원용해야 하는 관계에 있는지 아닌지가 판단기준이 된다. ③ 제3기준: 제2기준에 의해 시효원용권자에 해당하지 않는 경우에도 제3자에게 시효원용권을 인정해야 할 특별한 사정이 있으면 시효원용권이 인정될 수 있다."고 하면서, 직접의무자 아닌 제3자의 경우 제1기준과 제2기준이 충족되거나 제1기준과 제3기준이 충족된 때에 시효원용권을 인정할 수 있다고 한다.

---

149) 我妻榮, "抵當不動産の第三取得者の時效援用權", 民商法雜誌 3-1, 1936, 1. 저당권이 설정되어 있는 부동산을 그 소유자와의 사이의 계약에 기하여 취득한 경우, 이는 그 저당권의 부담을 인수한 것이므로, 이 점을 중시하게 되면, 저당부동산의 제3취득자에게는 시효원용권 자체를 부정하는 결론에 이르기 쉽다. 일본의 초기 판례는 저당부동산의 제3취득자는 시효원용권을 가지지 아니한다는 태도를 취하였다가 위 학설의 비판을 거쳐, 저당부동산 제3취득자의 시효원용권을 긍정하기에 이르렀다.

150) 日最判 1973(昭 48).12.14, 民集 27-11, 1586.

151) 일본의 학설에 대한 보다 상세한 소개는, 박운삼(주 119), 273-279.

152) 星野英一, "時效に關する覺書"(四·完)―その存在理由を中心として―, 法協 90-6, 1974, 65-66.

153) 松久三四彦, "時效援用權者の範圍", 金融法務事情 1266, 1990, 11 이하.

제3설[154])은 시효를 원용할 수 있는 '당사자'($^{시효의 원용'에}_{관한 일민 §145}$)는 시효원용의 효과로서 소멸하는 의무 또는 취득하는 권리의 당사자라고 해석해야 하고, 판례가 제시하는 '시효에 의하여 직접 이익을 받을 자'라는 기준은 바로 '소멸시효의 효과가 발생하는 국면에서의 당사자'를 지칭하는 것으로 보아야 한다고 하면서, ① 권리의 시효소멸에 의하여 권리자와의 관계에서 직접 의무 또는 물적 부담을 면하는 관계에 있고($^{직접적인}_{법률관계}$), ② 시효를 원용하려고 하는 자와 권리자 사이의 법률관계가 다른 사람의 법률관계와 별개 독립적(가분적)인 경우에 시효원용권을 인정할 수 있다고 한다.

위 학설 중 제2설과 제3설의 기준은 앞서 본 판례의 결론과 정합성을 지닌다. 그 중 제3설의 기준을 적용하여 보면, 채무자의 소극재산 감소($^{시효소멸}_{로 인한}$ $^{채무}_{소멸}$)로 반사적으로 자신의 배당액이 증가할 가능성이 있는 일반채권자나 혹은 선순위 저당권의 피담보채권의 소멸로 반사적으로 자신의 배당액 증가를 기대할 수 있는 후순위 저당권자는 위 각 시효소멸로 직접 의무 또는 물적 부담을 면하는 자가 아니기 때문에, 시효원용권이 없다는 점이 잘 설명된다. 또한 채권자대위소송에 있어서 제3채무자가 채권자의 채무자에 대한 채권의 시효소멸을 주장한다 한들 한시적으로 당해 소송에서 소각하 판결을 받을 수 있을 뿐, '제3채무자의 채무자에 대한 채무'($^{채권자대위소}_{송의 소송물}$)를 면하게 되는 것도 아니고, 채권자와 제3채무자 사이에서 채무자와 제3채무자와 구분되는 별개의 독립적인 법률관계가 존재하는 것도 아니므로, 시효원용권이 없다는 결론 역시 잘 설명된다. 한편, 채권자취소소송에서 수익자는 채권자에 대한 관계에서 사해행위 목적물에 대해 직접 원상회복의무를 지는 자이므로, 채권자의 채무자에 대한 채권이 시효소멸하면 그 의무를 면하고, 수익자와 채권자의 권리의무관계는 채무자와 채권자의 법률관계와 별개의 독립적인 관계이므로, 이 경우 수익자에게 시효원용권이 있다는 결론 또한 잘 설명된다.[155]

---

154) 森田宏樹, "時效援用權者の劃定基準につて, 2", 法曹時報 54-7, 2002, 1813 이하.

155) 제2설의 기준을 적용하면 다음과 같다. ① 주채무자의 보증위탁을 받은 보증인의 경우, 주채무자는 스스로 변제하여 보증채무를 면하게 할 관계가 있고, 따라서 주채무자는 수탁 보증인을 위하여 시효를 원용해야 하는 관계에 있으므로 수탁보증인에게는 주채무의 시효 원용권이 인정된다. ② 반면, 채권자대위소송에 있어서 채무자는 제3채무자의 채무를 면하게 해야 할 관계에 있지 않으므로 제3채무자의 시효원용권은 부정된다. ③ 한편, 사해 행위취소소송의 수익자를 위하여 권리의 설정·이전·변제 등을 한 바 있는 채무자는 수익 자와의 관계에서 그 권리의 설정 등을 확보해 줄 의무가 있으므로 수익자를 위하여 취소 채권자의 피보전채권에 대한 시효를 원용해야 하는 관계에 있고, 따라서 수익자에게 시효 원용권이 인정된다. ④ 저당부동산의 제3취득자에게 부동산의 소유권을 이전한 양도인도

4. 시효원용이 다른 이해관계인에 미치는 효과

시효원용권자가 여럿 있는 경우에는 그 중 1인이 시효원용권을 행사한 경우에 다른 원용권자에 대하여 어떠한 영향을 미치는지 문제된다.

(1) 시효원용권자 중 1인이 시효원용권을 행사한 경우(상대효)

⑺ 원용권자가 소멸되는 권리의 의무자가 아닌 경우　　　소멸하는 권리의 의무자가 아닌 제3자가 그 의무자의 채무에 관해 소멸시효를 원용해도 그 효력은 그 의무자에게는 미치지 않는다. 즉, 제3자인 원용권자가 시효원용권을 행사한 경우에는 그 자와 권리자의 관계에서만 권리가 소멸한 것으로 취급되고 직접의무자 등 다른 시효원용권자에게는 영향을 미치지 않는다(상대효). 이는 소멸시효의 원용을 요구하는 취지가 시효로 인하여 이익을 받을 자로 하여금 그 이익을 받을지 여부를 스스로 선택하도록 하기 위함이기 때문이다. 예를 들어 피담보채권의 소멸시효가 완성하여 물상보증인이 이를 원용한 경우에도 채무자는 자기의 양심에 따라 그 채무를 이행할 의사를 가지고 있을 수 있으므로 물상보증인과 채권자 사이에서만 피담보채권이 소멸한 것으로 인정하면 충분하고, 나아가 채무자가 소멸시효를 원용하지 않았음에도 채무자에 대한 관계에서까지 그 채무가 소멸하는 것으로 할 필요는 없는 것이다. 다만 이 경우 물상보증인이 피담보채권의 소멸시효를 원용하면 담보권의 부종성에 따라 그 담보권은 절대적·대세적으로 소멸하게 되므로 그 담보부동산에 관한 후순위저당권자나 물상보증인에 대한 일반채권자 등은 그 담보권의 소멸을 주장할 수 있다.156) 이는 시효원용의 상대효와는 무관한 영역이다.

⑷ 원용권자가 소멸되는 권리의 직접의무자인 경우(절대효)　　　소멸되는 권리의 직접의무자가 시효원용권을 행사한 경우에는 그로 인한 권리소멸효과는 다른 제3자인 원용권자 등에 대한 관계에서도 절대적으로 발생한다(절대효).157) 소멸시효의 대상이 되는 권리의 당사자인 의무자가 소멸시효를 원용함으로써 그 권리가 소멸한 경우에는 변제 등 다른 사유로 권리가 소멸한 경우와 실질적으로 다를 바가 없기 때문이다. 또한 직접의무자 아닌 일정 범위의 제3자에게 독자적인 시효원용권을 인정하는 이유는 직접의무자가 시효이익을

제3취득자를 위하여 시효를 원용해야 하는 관계에 있으므로, 제3취득자에게는 저당부동산의 피담보채권에 대한 시효원용권이 인정된다.

156) 森田宏樹, "時效援用權者の劃定基準につて, 2", 法曹時報 54-7, 2002, 1615.

157) 松久三四彦, "時效の援用", 法學敎室 213, 1998, 46; 森田宏樹, "時效援用權者の劃定基準につて, 2", 法曹時報 54-7, 2002, 1619, 1620; 노재호(주 97), 303-305.

포기하거나 시효원용권을 상실한 경우에도 그 자를 보호할 필요가 있기 때문인데, 직접의무자가 시효원용권을 행사한 마당에 이와 별도로 제3자의 시효원용권을 존속시킬 필요도 없다.[158]

대법원판례[159]도 채권자대위소송에서 제3채무자가 피보전채권의 소멸시효를 원용할 수 없다고 하면서도 채무자가 이미 그 소멸시효를 원용한 경우에는 제3채무자도 이로 인한 권리소멸의 효과를 주장할 수 있다고 판시하고 있다 (이른바 권리부존재 항변[160]).

만약 소멸하는 권리의 직접의무자가 시효원용권을 행사하더라도 권리자와 직접의무자 사이에서만 권리소멸의 효과가 발생한다고 해석하면, 예를 들어 주채무의 소멸시효가 완성하여 주채무자가 이를 원용한 경우에도 물상보증인이 아직 이를 원용하지 않고 있는 동안에는 주채무 없이 담보물권만 존속하는 결과가 발생하는데, 이는 담보물권의 부종성에 위배되어 받아들일 수 없다.[161] 따라서 채권자 을 은행이 물상보증인 겸 연대보증인인 병 소유의 부동산에 압류를 하였다 하더라도, 시효기간 완성 전에 주채무자 갑에 대한 압류사실의 통지 및 그 밖의 시효중단 조치가 이루어지지 아니하여 주채무가 시효로 소멸하였다면($\frac{§}{176}$), 보증채무의 부종성($\frac{§}{430}$) 및 담보물권의 부종성($\frac{§}{369}$)의 원칙에 따라 병의 연대보증채무 및 병의 부동산에 설정된 저당권도 소멸한다.[162]

한편, 일본은 시효의 원용에 관하여 민법에 명문의 규정이 있고, 판례에 의하여 시효원용권자의 범위를 한정하고 있는데, 일본의 학설[163]은 시효원용권자가 아닌 자라 하더라도 자신이 당사자인 소송에서 공격방어방법으로서 "원용권자가 재판외에서 이미 시효를 원용하여 시효소멸하였다."고 주장할 수 있고, 이와 같은 주장은 '시효의 원용'이 아니라고 한다. 일본의 판례[164] 중에도 권

---

158) 노재호(주 97), 304.
159) 대판 00.5.26, 98다40695(미간행)(공동소송 사안), 대판 08.1.31, 2007다64471(정보)(병행심리 사안). 후자의 판례에 대한 해설 내지 평석으로는 이동훈(주 131), 30-41; 김진형, "소멸시효 원용권자의 범위에 관한 소고", 재판실무연구 2010, 2011, 3-21.
160) 권리부존재 항변을 인정하는 글로는, 이동훈(주 131), 30-41; 김진형(주 159), 3-21; 노재호(주 97), 302; 원유석, "채권자대위소송에 있어서 피보전권리의 존부에 대한 판단기준", 민판연 22, 476.
161) 지원림, 민법강의, 제5판, 365; 노재호(주 97), 304.
162) 대판 94.1.11, 93다21477(공 94, 683); 대판 10.2.25, 2009다69456(공 10상, 642).
163) 注解 判例民法 民法總則, 592(初版/平岡建樹); 民法注解 財產法 民法總則 1, 694(初版/山崎敏彦).
164) 日大判 1935(昭 10).12.24, 民集 14, 2096; 日最判 1964(昭 39).10.20, 民集 18-8, 1740; 日最判 1972(昭 39).12.12, 民集 26-10, 1850.

리취득자가 일단 취득시효를 원용한 경우 제3자는 권리취득자의 시효취득 사실을 주장할 수 있다고 판단한 것이 있다.

(2) 원용권자 중 1인이 시효이익을 포기한 경우

시효원용권자 중 1인이 시효이익을 포기하거나 시효원용권을 상실하면 이제 그 자는 기왕의 소멸시효에 관하여는 더 이상 이를 원용할 수 없으나, 그 효과는 다른 시효원용권자에게는 미치지 않는다(상대효). 소멸시효의 원용을 요구하는 취지는 시효로 인하여 이익을 받을 자로 하여금 그 이익을 받을지 여부를 스스로 선택하도록 하기 위한 것이기 때문이다. 이에 관한 상세는 민법 § 184 부분 참조.

(3) 시효원용권자 중 1인에 대하여 시효중단 사유가 발생한 경우

권리자가 '자기의 직접의무자에 대한 권리를 행사하기 위한 의사'로 제3자에 대하여 권리의 존재를 주장하거나 제3자 소유의 담보부동산에 대하여 경매를 신청하거나 또는 제3자가 권리자에 대하여 그 권리의 존재를 승인하더라도, 이것만으로는 소멸시효의 대상이 되는 직접의무자의 의무에 관하여 시효중단의 효과가 발생하지 않는다(상대효).

그러나 권리자가 직접의무자에 대하여 청구, 압류·가압류·가처분을 하거나 직접의무자가 권리자에 대하여 의무를 승인하면 그 권리의 소멸시효는 중단되고, 이는 직접의무자 아닌 다른 시효원용권자에 대한 관계에서도 효력이 발생한다(절대효).

이에 관한 상세는 민법 § 169 부분 참조.

[오 영 준]

第 163 條(3年의 短期消滅時效)

다음 各號의 債權은 3年間 行使하지 아니하면 消滅時效가 完成한다.

1. 利子, 扶養料, 給料, 使用料 其他 1年 以內의 期間으로 定한 金錢 또는 物件의 支給을 目的으로 한 債權

2. 醫師, 助産師, 看護師 및 藥師의 治療, 勤勞 및 調劑에 關한 債權

3. 都給받은 者, 技師 其他 工事의 設計 또는 監督에 從事하는 者의 工事에 關한 債權

4. 辯護士, 辨理士, 公證人, 公認會計士 및 法務士에 對한 職務上 保管한 書類의 返還을 請求하는 債權

5. 辯護士, 辨理士, 公證人, 公認會計士 및 法務士의 職務에 關한 債權

6. 生産者 및 商人이 販賣한 生産物 및 商品의 代價

7. 手工業者 및 製造者의 業務에 關한 債權

Ⅰ. 단기소멸시효 제도

1. 단기소멸시효 제도의 의의

본조와 §164는 민법 §162 Ⅰ이 정하는 채권의 원칙적인 소멸시효기간보다 짧은 3년 및 1년의 소멸시효기간을 정하고 있다. 이를 일반적으로 단기소멸시효기간이라고 한다.

민법은 일본민법 §169 내지 §174의 예를 따라 단기소멸시효기간에 관한 규정을 두었는데, 위 일본민법의 규정들은 프랑스민법을 본받은 것이다. 그런데 프랑스민법은 2008년 개정을 통하여 원칙적인 소멸시효기간을 5년으로 단축하는 대신($§\atop2224$), 단기소멸시효기간에 관한 규정들($§2271$ 내 $지 §2275$)을 삭제하였다.[1]

2. 단기소멸시효 제도의 존재이유

단기소멸시효의 대상이 되는 채권은 단기간에 결제되는 것이 상거래의 관행이고, 일상적으로 빈번하게 발생하는 소액의 채권이어서 영수증 등도 장기간에 걸쳐 보관하지 않는 경우가 많으며, 법률관계를 조기에 안정시키기 위해 특히 채무자를 보호할 필요가 있다. 본조는 이러한 점을 고려하여 본조 각호의 채권에 대하여 단기의 소멸시효가 적용되도록 한 것이다. 한편 본조 제1호와 같은 정기급부채권의 경우에는 오래 방치해두었다가 일거에 변제를 요구하면 채무자를 경제적 파탄에 빠뜨릴 위험 등이 있다는 점을 존재이유로 들기도 한다.[2]

3. 단기소멸시효 제도에 대한 입법론적 비판

단기소멸시효 제도에 대하여는 입법론적 비판이 있다. 그 내용은 다음과 같다.[3]

첫째, 단기소멸시효에 관한 규정의 형식이 복잡하고, 각 종별로 분류된 채권 사이의 균형이 맞지 않는 경우가 많다. 구체적인 채권이 어느 유형의 단기소멸시효의 적용을 받을 것인가 의문이 생기는 경우도 적지 않다. 따라서 단기소멸시효의 종별을 단순화시킬 필요가 있다.

둘째, 단기소멸시효의 적용을 받는 채권의 채권자는 소액채권자로서 채무

---

1) 주석 총칙(3), 546(제4판/이연갑).
2) 구주해(3), 440(윤진수); 주석 총칙(3), 546(제4판/이연갑).
3) 구주해(3), 440(윤진수); 주석 총칙(3), 546-547(제4판/이연갑).

자에 대하여 오히려 경제적으로 열위에 있는 경우가 많다. 따라서 단기소멸시
효 제도는 채권자에 대한 불이익이 너무 큰 제도이다.

Ⅱ. 제1호

1. 의의 및 적용범위 등

본조는 3년의 단기소멸시효에 걸리는 채권으로 '이자, 부양료, 급료, 사용
료 기타 1년 이내의 기간으로 정한 금전 또는 물건의 지급을 목적으로 한 채
권'을 규정하고 있다.

(1) 의   의

본호는 기본권인 정기금채권에 기하여 발생하는 지분적 채권의 소멸시효
를 정한 것이다. 여기서 정기금채권이라 함은 연금채권과 같이 일정한 금전 그
밖의 대체물을 정기적으로 급부하는 것을 목적으로 하는 채권을 말하고, 지분
권이라 함은 기본권인 정기금채권의 효력에 기하여 각 기일에 일정한 급부를
청구하는 채권(예컨대, 매기에 연 금을 청구하는 채권)을 말한다. 민법은 정기금채권에 관하여는 별도의
소멸시효기간을 정하지 않고 있고, 그로부터 파생되는 지분권에 관하여 본호
에서 소멸시효기간을 단기로 정하고 있는 것이다.[4]

한편 정기는 매월, 3개월, 6개월, 1년 등과 같이 1년 이내의 기간으로 정
한 채권만 포함되고, 1년을 넘는 정기로 정한 경우는 포함되지 않는다. 여기서
1년 이내의 기간으로 정한 채권이라 함은 1년 이내의 정기로 지급되는 채권
(정기급 여채권)을 말하는 것으로 변제기가 1년 이내의 채권이라는 의미가 아니다.[5]

(2) 기본권인 정기금채권의 소멸시효기간

㈎ 정기금채권의 시효에 관한 특별 규정의 부재   우리 민법은 기본
권인 정기금채권에 관하여 특별한 소멸시효 규정을 두고 있지 않다. 그러나 일
본민법 §168 Ⅰ은 정기금채권에 관하여 제1회의 변제기로부터 20년 또는 최후
의 변제기로부터 10년이 경과하면 소멸시효가 완성되는 것으로 규정하고 있다.

㈏ 정기금채권의 시효가 최초 지분권의 변제기부터 진행되는지 여
부   우리나라 학설 중 정기금채권의 시효가 '최초로 발생하는 지분권의

---

4) 民法注解 財産法 民法總則 1, 840(初版/小林秀年).
5) 대판 96.9.20, 96다25302(공 96, 3145); 대판 13.7.12, 2013다20571(공 13하, 1480).

변제기'부터 진행된다고 주장하는 견해는 찾기 어렵다.

　　일본의 학설은 일본민법 §168 Ⅰ이 정기금채권에 관하여 제1회의 변제기로부터 20년이 소멸시효가 진행된다고 규정한 것은 예외적 특별 규정이라고 한다. 즉 정기금채권에 채권의 시효에 관한 일반원칙을 적용하면, 시효의 기산점은 '권리를 행사할 수 있는 때'이므로 최후로 발생한 지분권의 변제기부터 시효를 기산하여야 하는데, 이렇게 된다면 종신연금의 경우 시효에 걸리지 않는 문제가 발생하고, 실제 독일의 학설은 '청구권'을 발생시키지 않는 정기금채권 자체는 시효에 걸리지 않는 것으로 본다고 한다. 이러한 점을 고려하여 일본민법은 정기금채권의 시효 기산점을 제1회 변제기로 하여 시효의 기산점에 관한 일반원칙과는 다른 예외 규정을 두고, 나아가 일반 시효기간 10년을 적용할 경우에는 장기에 걸친 정기금채권의 경우 지분권이 미처 다 발생하기도 전에 정기금채권이 시효로 소멸하는 문제 등이 발생하므로 이를 방지하기 위하여 그 시효기간을 20년을 하는 특별규정을 둔 것이라고 한다.[6]

　　이러한 예외적인 특별 규정이 없는 우리 민법에서 정기금채권에 관하여 최초의 변제기로부터 10년의 소멸시효를 적용할 수 있는지 문제되나, 부정적으로 보아야 한다.

　　우선, 정기금채권에 기하여 발생하는 지분권의 발생기간이 10년을 초과할 경우에는 아직 행사하지도 못한 권리가 모두 소멸하고 마는 불합리가 발생한다. 정기금채권은 그에 기하여 정기적으로 발생하는 지분권을 행사하여 만족을 얻는 방법으로 권리를 실현하는 것인데, 아직 변제기가 도래하지 않아 권리행사가 법률상 불가능한 장래의 지분권이 있음에도 정기금채권 전부를 소멸시키는 것은 시효의 일반원칙에 반한다. 또한 정기금채권은 그 자체가 기본권으로 관념되는 단일의 채권인데, 정기금채권으로부터 정기적으로부터 상당기간에 걸쳐 발생한 개별 지분권이 독립한 채권으로 존재하고 있는 상태에서 정기금채권이 독립하여 시효로 소멸한다고 본다면, 그에 따른 법률효과가 무엇인지도 불명확하다. 만일 장래에 발생할 지분권 부분에 해당하는 일부 정기금채권만의 소멸을 인정하는 것이라면, 이는 단일한 기본권으로 관념되는 정기금채권을 분리하여 그 일부 소멸을 인정하는 것이므로 정기금채권의 개념이나 본질에 반한다. 이와 달리 정기금채권의 전부 소멸을 인정한다면, 소멸시효의 소급효에 의하여 이미 발생하여 정기금채권과 독립적으로 존재하는 지분권도

---

6) 注釋民法(5), 327-328(平井宜雄).

당연히 소멸한다고 보아야 하는지 등의 문제가 발생한다.

　따라서 최초로 발생하는 지분권의 변제기부터 정기금채권의 시효가 진행한다고 보기 위해서는, 적어도 일본민법과 같이 기산점과 시효기간에 관하여 특별한 규정을 신설하는 입법이 필요할 것이다.

　　㈐ 정기금채권의 최후 변제기부터 시효가 진행되는지 여부　　우리나라 학설상 기본권인 정기금채권의 시효는 '최후로 발생하는 지분권의 변제기'부터 기산하여 10년이라는 견해[7]가 있다.

　그러나 기본권인 정기금채권으로부터 발생하는 각각의 지분권은 각각 변제기의 도래에 의하여 독립한 채권이 되어 각각 시효기간이 적용되고, 그 최후의 변제기가 도래한 시점에 이르러서는 지분권이 모두 독립한 채권이 되므로 정기금채권은 기본권으로서의 존재 의의를 잃어버린다. 따라서 최후의 변제기가 도래한 시점에 이르러서는 기본권인 정기금채권의 시효를 특별히 문제 삼을 여지는 없다. 일본의 통설도 일본민법 § 168 Ⅰ 후단의 '최후의 변제기로부터 10년'이라는 규정에 관하여 주의적·확인적 규정이라거나 무의미한 규정이라고 비판한다.[8] 우리 민법이 정기금채권에 관하여 일본민법과 같은 시효 규정을 두지 않은 것은 이 때문으로 보인다.

　　㈑ 정기금채권 자체의 독립한 시효소멸 가부　　결국 우리 민법의 해석상 정기금채권은 지분권을 행사하여 만족을 얻는 방법으로 그 권리를 행사하는 기본권이므로, 그 지분권 전부가 시효로 소멸하지 않은 이상 정기금채권만이 독립하여 시효로 소멸한다고 볼 수 없다. 판례도 군인연금법에 기한 구체적 연금수급권과 그에 기하여 발생하는 월별 수급권을 각각 기본권과 지분권으로 파악한 다음, 다달이 발생하는 월별 수급권만이 소멸시효에 걸릴 뿐, 구체적 연금수급권은 독립적으로 소멸시효에 걸리지 않는다고 판시하여 같은 입장을 취하고 있다.[9]

(3) 본호의 적용범위

　본호에서 규정한 채권은 기본권인 정기금채권에서 파생되어 나오는 정기의 지분적 급부청구권이기 때문에, 일정기일이 도래하면 발생하는 채권이라하더라도, 그것이 기본권인 채권에 기하여 발생하는 것이 아니라면 본호의 적

　7) 주석 총칙(3), 547(제4판/이연갑).
　8) 民法注解 財産法 民法總則 1, 842(初版/小林秀年); 注釋民法(5), 329~330(平井宜雄).
　9) 대판 19.12.27, 2018두46780(공 20상, 370).

용은 없다.

예컨대, 1회의 변제에 의하여 소멸하는 소비대차계약상의 원리금채권이 여기에 해당할 여지가 없음은 물론이다.[10] 일정액의 채권을 1년 내의 정기로 분할하여 지급하도록 하는 취지의 특약이 붙어 있는 채권의 경우 각각의 분할지급채권은 기본권에 기하여 발생한 지분권이 아니기 때문에, 이 역시 본호가 적용되지 않는다.[11] 따라서 월부(月賦) 또는 연부(年賦)와 같은 분할지급채무는 단지 확정된 1개의 채권의 내용을 분할하여 지급하는 것에 불과하기 때문에 본호는 적용되지 않고 그 개개의 분할채권에 대하여는 통상의 소멸시효기간이 적용된다.[12]

본호의 적용을 받는 급부의 목적물은 금전 또는 물건의 지급을 목적으로 한 채권에 한한다.

2. 단기소멸시효의 기산점

단기소멸시효의 기산점은 각각의 지분적인 정기급여채권이 성립한 때로부터이다. 따라서 각각의 정기급여채권에 관한 시효완성의 시점은 서로 다를 수밖에 없다.

한편 정해진 기일이 도래하여 지분적인 정기급여채권이 성립하면, 이는 기본권인 정기금채권과는 독립한 채권이므로, 기본적인 정기금채권과 별개로 시효가 진행한다.

3. 구체적인 예

(1) 이   자

이자라 함은 기본권인 정기금채권에 기하여 발생하는 지분적 채권으로서의 이자를 말한다. 이자채권이라고 하더라도 1년 이내의 정기에 지급하기로 한 것이 아니라면 본호의 적용은 없다.[13] 원본의 변제기에 일괄 지급하기로 약정한 이자가 여기에 해당하지 않음은 물론이다.

---

10) 대판 96.7.12, 96다19017(공 96, 2489).
11) 民法注解 財産法 民法總則 1, 844(初版/小林秀年).
12) 民法注解 財産法 民法總則 1, 840, 844(初版/小林秀年); 日大判 1936(昭 11).4.2, 法律新聞 3979, 9.
13) 대판 96.9.20, 96다25302(공 96, 3145).

지연손해금에 관하여 판례[14]는 대출금에 대한 변제기 이후의 지연손해금은 본호 소정의 단기소멸시효에 해당하는 이자채권이라 볼 수 없고 대출금 채무가 상행위로 인하여 발생한 것이라면 그 이행지체로 인한 지연손해금에 대하여는 채권에 관하여 적용될 5년간의 소멸시효를 규정한 상법 §64가 적용되어야 한다고 한다.[15] 학설의 다수[16]도 이자와 지연손해금은 그 법률적 성질이 다르다는 이유로 지연손해금채권에 대하여는 본호의 단기소멸시효가 적용되지 않는다는 입장이다. 소수설은 지연손해금채권은 실질적으로 약정이자와 유사하고, 매일이 변제기인 채권이므로 1년 이내의 기간으로 정한 채권으로 보아 본호의 소멸시효기간이 유추적용되어야 한다고 한다.[17]

(2) 부 양 료

본호가 적용되는 것은 기본권인 부양료채권에 기하여 정기적으로 발생하는 지분적 부양료채권이다.

(3) 급 료

근로기준법상의 임금청구권에 대하여는 근로기준법 §49가 3년의 소멸시효기간을 규정하고 있으므로 이에 따른다. 노역인·연예인의 임금채권에 대하여는 1년의 단기소멸시효기간이 적용된다[$\frac{164}{(iii)}$].

판례[18]는 국회의원이 재직 중 국가로부터 받게 될 세비, 차마비, 체류비, 보수금 등을 의원직을 그만 둔 후에 국고에 대하여 청구하는 법률관계는 국고에 대한 사법상의 금전채권을 청구하는 경우로서 본호의 급료채권에 해당하므로, 이들 채권에 대하여는 국가재정법 §96 Ⅰ의 5년의 소멸시효기간이 아니라 본호의 단기소멸시효기간이 적용된다고 한다. 이에 대하여는 이들 채권이 근로의 대가로서의 급여와 같은 성질이라고는 할 수 없으나, 기본권인 정기금채권에서 파생되는 지분권의 성질을 가지고 1년 이내의 정기로 지급되는 것이라면 본호에 의하여 3년의 소멸시효에 걸린다고 보는 견해가 있다.[19]

(4) 사 용 료

부동산의 차임이나 지료 등이 여기에 해당한다. 국가, 지방자치단체, 공공

---

14) 대판 79.11.13, 79다1453(집 27-3, 156); 대판 80.2.12, 79다2169(공 80, 12649); 대판 93.9.10, 93다20139(공 93, 2733).

15) 송진훈, "은행 대출금의 지연손해금채권에 대한 소멸시효기간", 해설 2-1, 171.

16) 구주해(3), 442(윤진수); 주석 총칙(3), 548(제4판/이연갑).

17) 김교창, "지연이자채권에 관한 두 가지 문제점", 월보 136, 1982, 151-152.

18) 대판 66.9.20, 65다2506(집 14-3, 30).

19) 주석 총칙(3), 549(제4판/이연갑).

기관, 공사 등이 임대한 공영주택 등의 차임에 대하여도 본호의 단기소멸시효
가 적용된다.

　　의복·침구·장구 기타 동산의 사용료에 대하여는 본조 제3호가 별도로 규
정하고 있다. 사용료 상당의 부당이득반환청구권은 계약관계를 전제로 하는
것이 아니므로 본호에 해당하지 않는다.[20]

　　건설업을 하는 갑 회사가 공사에 투입한 인원이 공사 기간 중에 리조트의
객실과 식당을 사용한 데에 대한 '사용료'를 을에게 매월 말 지급하기로 약정
한 경우 그 소멸시효에 관하여 본호를 적용할지 민법 §164 (i)를 적용할지 문
제된다. 판례[21]는 민법 §164 (i)가 여관, 음식점, 대석, 오락장의 숙박료, 음식
료, 대석료, 입장료, 소비물의 대가 및 체당금의 채권은 1년간 행사하지 아니
하면 소멸시효가 완성한다고 특별히 규정하고 있으므로, 갑 회사가 '리조트 사
용료'를 1년 이내의 기간인 월 단위로 지급하기로 약정하였더라도, 이는 '숙박
료 및 음식료 채권'으로서 민법 §164 (i)에 정한 1년의 소멸시효가 적용되는
것이지 본호가 적용되는 것은 아니라고 한다.

　　(5) 그 밖에 본호의 적용이 문제되는 채권

　　⑺ 연　　금　　　공무원연금법 §88 Ⅰ, 군인연금법 §8 Ⅰ 등은 '급여
를 받을 권리'에 관하여 별도의 소멸시효 규정을 두고 있다. 공무원연금이나
군인연금 등 각종 연금도 1년 이내의 정기로 지급되는 경우 본호의 소멸시효
가 적용되는지 문제된다.

　　위 법률상의 시효 규정은 정기금채권(지분권)의 소멸시효에 관한 규정일
뿐, 그로부터 파생되는 정기급여채권(지분권)에 대하여는 본호의 3년의 소멸시
효가 적용된다는 견해가 있다.[22] 그러나 이러한 견해는 찬성하기 어렵다. 군인
연금법의 예를 들면, 특별법인 동법 §8 Ⅰ은 "급여를 받을 권리는 그 급여의
사유가 발생한 날부터 5년간 행사하지 아니하면 시효의 완성으로 소멸된다."
고 특별히 규정하고 있다. 위 규정의 문언상 '급여를 받을 권리'에는 매월 다
달이 발생하는 월별 연금수급권(지분권)도 포함되므로, 위 5년의 소멸시효기간
적용 대상에서 이러한 월별 연금수급권을 제외할 이유는 없다.[23] 또한 위 5년
의 시효가 적용되는 것은 국방부장관의 결정이 있기 전의 추상적인 연금수급

---

20) 대전홍성지판 84.5.17, 83가합1335(하집 84, 278).
21) 대판 20.2.13, 2019다271012(공 20상, 626).
22) 서울행판 08.4.2, 2006구합22781(미간행); 注釋民法(5), 329-330(平井宜雄).
23) 대판 19.12.27, 2018두46780(공 20상, 370).

권에 한한다.[24] 군인연금법에 의한 구체적인 연금수급권은 법령의 규정에 의하여 직접 발생하는 것이 아니라 각 군 참모총장의 확인을 거쳐 국방부장관이 인정함으로써 비로소 구체적인 권리가 발생하는데,[25] 국방부장관의 결정이 있은 후의 구체적인 연금수급권은 앞서 본 바와 같이 그것이 다달이 발생하는 월별 수급권과 독립하여 독자적으로 시효에 걸린다고 볼 수 없기 때문이다.[26]

요컨대, 군인연금법상 급여의 사유가 발생한 날부터 5년간 행사하지 아니하면 시효의 완성으로 소멸되는 것은 추상적인 연금수급권과 월별 수급권에 한하고, 국방부장관의 결정으로 발생한 구체적인 연금수급권은 기본권으로서 그 지분권인 월별 수급권과 독립하여 독자적으로 소멸시효에 걸리지 아니한다.

㈏ 낙찰계의 계불입금채권   낙찰계의 계불입금채권은 채권관계가 일시에 발생하여 확정되고, 변제방법에 있어서 매월 분할변제로 정하여진 것에 불과하여 기본이 되는 정기금채권에 기한 채권이라고 할 수 없으므로, 본호가 적용되는 채권이라고 할 수 없고, 계불입금채권을 원금부분과 이자부분으로 나누어 이자부분에 관하여만 본호가 적용된다고 할 것도 아니다.[27]

㈐ 물품 대여계약에 기한 대여료채권   정수기 등을 불특정 다수에게 대여하는 약정이 리스물건의 취득 자금에 대한 금융 편의 제공이 아니라 리스물건의 사용 기회 제공에 있고, 월 대여료가 취득 자금의 금융 편의에 대한 원금의 분할변제와 이자·비용 등의 변제 성격을 가지는 것이 아니라 정수기 등의 사용에 대한 대가에 있는 경우, 그 대여계약은 금융리스에 해당한다고 볼 수 없고 본호의 '사용료 기타 1년 이내의 기간으로 정한 금전의 지급을 목적으로 한 채권'에 해당한다.[28]

㈑ 금융리스의 리스료 채권   금융리스의 리스료 채권은, 그 채권관계가 일시에 발생하여 확정되고 다만 그 변제방법만이 일정 기간마다의 분할변제로 정하여진 것에 불과하므로(기본적 정기금채권에 기하여 발생하는 지분적 채권이 아니다) 본호가 적용되는 채권이라고 할 수 없다. 한편 매회분의 리스료가 각 시점별 취득원가분할액과 그 잔존액의 이자조로 계산된 금액과를 합한 금액으로 구성되어 있다 하더라도, 이는 리스료액의 산출을 위한 계산방법에 지나지 않는 것이므로 그 중 이자부

---

24) 대판 08.8.21, 2007두18314(공 08하, 1300).

25) 대판 03.9.5, 2002두3522(공 03, 2023).

26) 대판 19.12.27, 2018두46780(공 20상, 370).

27) 대판 93.9.10, 93다21705(공 93, 2735).

28) 대판 13.7.12, 2013다20571(공 13하, 1480).

분만이 따로 3년의 단기 소멸시효에 걸린다고 할 것도 아니다.[29]

　㈐ 관리비 채권　　　1개월 단위로 지급되는 집합건물의 관리비채권[30]
은 본호에 해당한다.

Ⅲ. 제2호

1. 의의 및 적용범위

의사, 조산사, 간호사 및 약사의 치료, 근로 및 조제에 관한 채권은 본호에
의하여 3년의 단기소멸시효기간이 적용된다.

의사, 조산사, 간호사 외에 의료법 §2 Ⅰ에서 의료인으로 규정되어 있는
치과의사와 한의사도 포함되고, 수의사법 §2 (i)의 수의사도 포함된다는 것이
통설이다.[31] 간호조무사도 간호사에 준하여 본호의 채권자에 포함된다. 약사
외에 한약사도 여기의 채권자에 포함된다. 치료에 의한 채권이 개인인 의사가
아니라 의료법인과 사이에 체결된 진료계약이 성립된 경우도 이에 해당한다.

의료법 §81에 의해 시술을 업으로 할 수 있는 접골사, 침사(鍼士), 구사
(灸士) 등 의료유사업자와 의료법 §82에 의해 안마업무를 할 수 있는 안마사
도 본호의 채권자에 포함되는지에 관하여는 견해가 대립한다. 긍정설은 이들
도 의사에 준한다는 점을 근거로 드는 반면, 부정설은 단기소멸시효의 적용범
위를 되도록 좁게 해석하여야 한다는 점을 근거로 한다.

무면허의료인이나 무면허약사의 채권도 본호에 포함된다고 해석하는 것이
통설이다. 그렇게 해석하지 않으면 이들의 채권에 대하여는 10년의 소멸시효
가 적용되는데, 이는 면허를 받은 의료인 또는 약사의 채권보다 더 강하게 보
호하는 것이 되어 부당하기 때문이다.[32]

2. 채권의 내용

의사, 조산사, 간호사 및 약사의 '치료, 근로 및 조제에 관한 채권'이 본호

---

29) 대판 01.6.12, 99다1949(집 49-1, 424).
30) 대판 07.2.22, 2005다65821(정보).
31) 구주해(3), 443(윤진수); 주석 총칙(3), 550(제4판/이연갑); 民法注解 財産法 民法總則
    1, 846(初版/小林秀年).
32) 民法注解 財産法 民法總則 1, 846(初版/小林秀年).

의 소멸시효에 걸린다. '치료'는 의사, 치과의사, 수의사의, '근로'는 조산사, 간호사의, '조제'는 약사와 한약사의 업무를 가리킨다. 여기서 '조제'라 함은 일정한 처방에 따라서 두 가지 이상의 의약품을 배합하거나 한 가지 의약품을 그대로 일정한 분량으로 나누어서 특정한 용법에 따라 특정인의 특정된 질병을 치료하거나 예방하는 등의 목적으로 사용하도록 약제를 만드는 것을 말한다[§2 $_{(xi)}^{약사}$]. 의사 등 진료를 업무로 하는 자가 약사법에 따라 직접 의약품을 조제할 수 있는 경우($_{§23 \text{ III}}^{약사}$), 그 조제에 관한 채권은 치료에 관한 채권에 포함된다.

치료에 부수하여 행해지는 개호, 이송 및 식사비용도 치료행위를 위해 필요불가결하거나 그와 일체를 이루는 비용이므로, 치료비채권과 일체로 취급하여 본호의 채권에 해당한다.[33] 약사의 조제로 인한 채권에 의약품의 판매로 인한 채권($_{§44}^{약사}$)도 포함되는지 논의가 있으나, 본조 제6호에 의하여 같은 기간의 소멸시효가 적용되므로 논의의 실익은 적다.

의사가 의료기구를 대여하여 취득한 채권에 대하여 본호가 적용되는지에 관하여는 의사의 치료($_{직업적\ 활동}^{의사로서의}$)에 의한 것이 아니라는 이유로 부정하는 견해가 있다.[34]

3. 단기소멸시효의 기산점

진료행위가 계속되는 경우 개개의 진료마다 하나의 채권이 성립하고 그때마다 시효가 진행한다는 견해와 진료행위 전부를 하나의 진료로 보아 질병에 대한 진료관계가 종료한 때부터 시효가 진행한다는 견해가 있다. 판례[35]는 특약이 없는 한 그 개개의 진료가 종료될 때마다 각각의 당해 진료에 필요한 비용의 이행기가 도래하여 그에 대한 소멸시효가 진행된다고 해석함이 상당하고, 장기간 입원 치료를 받는 경우라 하더라도 다른 특약이 없는 한 입원 치료 중에 환자에 대하여 치료비를 청구함에 아무런 장애가 없으므로 퇴원시부터 소멸시효가 진행된다고 볼 수 없다고 한다.

---

33) 대판 98.2.13, 97다47675(집 46-1, 90).

34) 民法注解 財産法 民法總則 1, 847(初版/小林秀年).

35) 대판 98.2.13, 97다47675(집 46-1, 90); 대판 01.11.9, 2001다52568(공 02, 17).

Ⅳ. 제3호

1. 의의 및 적용범위

　　본호의 채권자는 도급받은 자, 기사 기타 공사의 설계 또는 감독에 종사하는 자를 말한다. 공사에 관한 채권이라 함은 공사의 완성을 인수하는 취지의 계약에 기초한 채권으로서,[36] 계약유형이 위임이든, 도급이든 묻지 않는다.[37] 원래 도급은 도급계약의 거래관행상 위임적인 요소를 포함시키는 경우가 많음에 비추어 반드시 민법상의 계약유형의 하나인 도급계약만을 뜻하는 것이 아니고 광범위하게 공사의 완성을 맡은 것으로 볼 수 있는 경우까지도 포함된다.

　　따라서 계약 중에 택지조성공사 이외에 부수적으로 토지의 형질변경허가 신청과 준공허가 및 환지예정지 지정신청 등의 사무가 포함되어 있다 하더라도 본호가 적용되고, 이를 전형적인 도급계약이 아닌 무명의 혼합계약이라고 보아 본호의 적용을 배제할 수 없다.[38] 공사계약상 도급인에게 수급인으로 하여금 공사를 이행할 수 있도록 협력하여야 할 의무가 인정된다고 하더라도 이러한 협력의무는 계약에 따른 부수적 내지는 종된 채무로서 본호의 '공사에 관한 채무'에 해당하고, 주된 채무인 공사대금채무가 시효로 소멸하였다는 도급인의 주장에는 종된 채무인 위 공사 협력의무의 시효소멸 주장도 들어 있는 것으로 볼 수 있다.[39]

　　제작물공급계약은 그 제작의 측면에서는 도급의 성질이 있고 공급의 측면에서는 매매의 성질이 있다. 계약에 의하여 제작 공급하여야 할 물건이 대체물인 경우에는 매매에 관한 규정이 적용되지만, 물건이 특정의 주문자의 수요를 만족시키기 위한 부대체물인 경우에는 당해 물건의 공급과 함께 그 제작이 계약의 주목적이 되어 도급의 성질을 띠게 된다. 그리하여 판례는 승강기 제작 및 설치 공사계약의 경우 대체 곤란한 제작물의 공급을 목적으로 하는 계약으로서 도급의 성질을 갖고 있으므로, 그 대금 중 승강기 매매에 상응하는 대금만을 별도로 구분하여 계약상대방이 승강기의 소유권을 취득할 때까지 그 대금지급의무의 소멸시효기간이 진행되지 않는다고 할 수는 없다고 한다.[40]

---

36) 民法注解 財産法 民法總則 1, 848(初版/小林秀年).
37) 注解 判例民法 民法總則, 717(初版/中川利彦).
38) 대판 87.6.23, 86다카2549(집 35-2, 194).
39) 대판 10.11.25, 2010다56685(공 11상, 23).
40) 대판 10.11.25, 2010다56685(공 11상, 23).

우수현상광고의 당선자가 광고주에 대하여 우수작으로 판정된 계획설계에 기초하여 기본 및 실시설계계약의 체결을 청구할 수 있는 권리를 가지고 있는 경우, 이러한 청구권에 기하여 계약이 체결되었을 경우에 취득하게 될 계약상의 이행청구권은 '설계에 종사하는 자의 공사에 관한 채권'으로서 이에 관하여는 본호의 단기소멸시효가 적용된다. 따라서 그 기본 및 실시설계계약의 체결의무의 불이행으로 인한 손해배상청구권의 소멸시효 역시 3년의 단기소멸시효가 적용된다.[41]

기사 기타 공사의 설계 또는 감독에 종사하는 자는 건축법상 설계 또는 공사감리[$_{\text{I (iii), (iv)}}^{\text{건축 §2}}$]를 할 수 있는 건축사 외에도 각종 공사에 관해 설계, 감독을 할 수 있는 자를 포함한다. 건축사법 §23 I 또는 Ⅷ 단서에 정한 건축사가 아니면 할 수 없는 건축물의 건축 등을 위한 설계 또는 공사감리를 다른 자가 한 경우($_{\text{I, Ⅱ}}^{\text{건축 §4}}$)에도 본호의 소멸시효가 적용된다. 건축물의 설계 또는 감독을 한 자는 공사를 맡긴 자와 직접적인 계약관계를 맺고 있는 자를 말하고, 도급을 받은 자에게 고용된 자는 이에 해당하지 아니한다.[42]

공사에 관한 채권은 도급받은 공사의 공사대금채권 외에 그 공사에 부수되는 채권도 포함된다. 저당권설정청구권은 공사대금채권을 담보하기 위하여 저당권설정등기절차의 이행을 구하는 채권적 청구권으로서 공사에 부수되는 채권에 해당하므로 그 소멸시효기간 역시 3년이다.[43] 공사에 관하여 수급인이 도급인에게 지급한 보증금의 반환청구권도 공사에 관한 채권이라 할 수 있다.[44] 공사의 감독 및 그 밖의 용역을 제공하여 얻은 일할의 보수청구권도 여기에 해당한다.[45]

당사자가 공사에 관한 채권을 약정에 기한 채권이라고 주장하며 약정금으로 청구한다고 하더라도 그 채권의 성질이 변경되지 아니한 이상 단기소멸시효에 관한 본호의 적용을 배제할 수는 없다.[46]

본호에 규정된 수급인의 공사에 관한 채권은 어디까지나 수급인이 채권자로서 나설 경우의 채권만을 가리키는 것이지 도급인이 수급인을 상대로 그 공

---

41) 대판 05.1.14, 2002다57119(공 05, 268).
42) 주석 총칙(3), 552(제4판/이연갑).
43) 대판 16.10.27, 14다211978(공 16, 1760).
44) 주석 총칙(3), 553(제4판/이연갑).
45) 日大判 1926(大 15).6.5, 民集 5, 451.
46) 대판 94.10.14, 94다17185(공 94, 2978).

사의 과급금의 반환을 청구하는 채권을 포함하지 않는다.[47] 같은 취지에서 공동수급체 구성원들 상호 간의 정산금 채권 등에 관하여는 본호가 적용되지 않는다.[48]

전기사업자인 원고와 지방자치단체인 피고 사이에 전기사업법 §72-2에 따라 가공배전선로의 지중이설사업에 관한 협약을 체결하면서 원인자부담의 원칙에 기하여 그 지중이설공사를 요청한 피고가 그 공사비를 부담하되, 그 비용 중 일부를 원고가 자발적으로 부담하기로 약정한 경우, 원고가 피고를 상대로 그 약정에서 정한 자신의 부담 비용을 초과하여 지출한 부분의 지급을 구하는 정산금채권에 대하여 본호를 적용할 수 있는지 문제된다. 판례[49]는 원고가 피고의 요청에 따라 지중이설공사를 하기에 이르렀다 하더라도 이는 원고가 관련 법령에 따라 발주처 내지 사업시행자로서 스스로의 권한과 책임 하에 공사를 하는 것일 뿐 피고와의 관계에서 전형적인 쌍무계약상의 급부의무를 이행하기 위하여 공사를 하는 것이라고 볼 수 없다는 등의 이유로 원고의 정산금채권에 대하여는 본호를 적용할 수 없다고 한다.

2. 단기소멸시효의 기산점

학설은 대체로 특약이 없는 한 공사종료 시부터 소멸시효가 진행된다는 입장이다. 그러나 판례는 도급계약에서의 보수는 별단의 특약이 없는 한, 완성된 목적물의 인도를 요하지 아니하는 경우에는 그 일을 완성한 때에, 그리고 완성된 목적물의 인도를 요하는 경우에는 그 인도시에 소멸시효가 진행한다고 한다.[50] 이러한 판례의 입장에 대하여 비판적인 견해가 있다. 이 견해는, 위 판례가 민법 §665와 결부시켜 소멸시효의 기산점을 논한 것이라고 하면서, 민법 §665는 도급인의 보수지급채무가 이행지체로 되는 시기를 규정한 것에 불과하고, 목적물의 인도를 요하는 경우에도 수급인은 언제든지 목적물을 인도하고 보수지급을 청구할 수 있으므로 소멸시효의 기산점은 일을 완성한 때로 보는 것이 옳다고 비판한다.[51]

건물신축공사에서 하수급인의 수급인에 대한 민법 §666에 따른 저당권설

---

47) 대판 63.4.18, 63다92(집 11-1, 253).
48) 대판 13.2.28, 2011다79838(정보).
49) 대판 20.9.3, 2020다227837.
50) 대판 68.5.21, 67다639(집 16-2, 29).
51) 구주해(3), 446(윤진수).

정청구권은 수급인이 건물의 소유권을 취득하면 성립하고 특별한 사정이 없는 한 그때부터 권리를 행사할 수 있다. 다만, 건물 소유권의 귀속주체는 하수급인의 관여 없이 도급인과 수급인 사이에 체결된 도급계약의 내용에 따라 결정되는데, 건물이 완성된 이후 소유권 귀속에 관한 법적 분쟁이 계속되는 등으로 하수급인이 수급인을 상대로 저당권설정청구권을 행사할 수 있는지를 객관적으로 알기 어려운 상황에 있어 과실 없이 이를 알지 못한 경우가 있을 수 있다. 판례는 이러한 경우에도 청구권이 성립한 때부터 소멸시효가 진행한다고 보는 것은 정의와 형평에 맞지 않을 뿐만 아니라 소멸시효 제도의 존재이유에도 부합하지 아니하므로, 이때에는 객관적으로 하수급인이 저당권설정청구권을 행사할 수 있음을 알 수 있게 된 때부터 소멸시효가 진행한다고 한다.[52]

　판례는 도급공사를 시행하던 중 발생한 홍수피해의 복구공사로 수급인이 도급인에 대하여 갖는 복구공사비 청구채권은, 공사도급계약에 부수되는 채권으로서 그 채권 행사에 법률상 장애가 있었다고 보이지 않으므로 복구공사가 완료한 때부터 본호의 소멸시효가 진행한다고 한다. 이에 대하여는 추가공사대금의 지급시기에 관한 명시적인 약정이 없는 경우에는 공사현장에서 공사가 완공되기 이전에 수급인이 추가공사비나 복구공사비에 대한 권리만을 따로 행사한다는 것은 기대하기 어려우므로, 그 비용청구권도 본 공사계약상의 대금지급방법에 따라 공사완공시점에 정산하기로 하는 묵시적인 약정이 있다고 보는 것이 타당하다는 반대 견해가 있다.[53]

V. 제 4 호

1. 의의 및 적용범위

　본호는 변호사, 변리사, 공증인, 공인회계사 및 법무사에 대하여 직무상 보관한 서류의 반환을 청구하는 채권에 적용된다. 본호의 입법취지는 일반적으로 이러한 직업에 종사하는 자는 매일 다수의 서류를 취급하는 것이 보통이고 그 직무에 관하여 수취한 서류는 사건의 종료 후 즉시 반환하는 것인데, 이러한 서류에 관하여 장기간 그 책임을 지우게 한다면, 서류의 반환시마다 상세한

---

52) 대판 94.10.14, 94다17185(공 94, 2978).
53) 김형한, "공사대금채권의 소멸시효", 건축관련판례 50선, 2012, 203.

수령증을 수령하여 장기간 보관하지 않으면 아니 되므로, 증거보전의 번잡을 피하는 것이 바람직하다는 데 있다.[54]

변호사, 변리사, 공증인, 공인회계사 및 법무사의 자격 없이 무자격자가 이러한 업무를 행한 경우의 책임에 관하여는 일반 원칙에 따라 10년의 소멸시효가 적용된다. 무자격자를 본호의 적용에서 배제하더라도 그러한 자에게 유리한 취급을 하는 것은 아니기 때문에, 제2호와 같은 문제는 생기지 않는다.[55]

본호의 채권은 직무상 보관한 서류의 반환을 청구하는 채권을 말한다. 서류의 반환에 관한 것이므로 그 외 증거물 등 물건의 반환을 청구하는 채권에 대하여는 본호의 적용이 없다. 서류의 멸실·훼손 및 그 반환의무의 불이행으로 인한 손해배상청구권에도 본호가 적용된다.[56]

한편, 채권계약의 종료로 인한 서류의 반환청구권에 대하여 본호의 적용이 있다는 데에는 이론의 여지가 없으나, 서류의 소유권에 기한 반환청구권에 대하여는 본호의 적용이 있는지에 대하여는 다툼이 있다. 통설[57] 및 일본의 판례[58]는 서류가 현존하고 있는 경우 일반적으로 소유권에 기한 물권적 청구권은 소멸시효에 걸리지 않기 때문에 본호의 단기소멸시효기간이 경과한 후에도 서류의 소유자는 소유권에 기하여 반환청구권을 행사할 수 있다고 한다.

2. 단기소멸시효의 기산점

변호사의 경우는 사건종료 시, 공증인의 경우는 그 직무집행의 종료 시이다. 그 밖의 사람도 이에 준한다.[59]

VI. 제5호

1. 의의 및 적용범위

본호는 변호사, 변리사, 공증인, 공인회계사 및 법무사의 직무에 관한 채권

---

54) 주석 총칙(3), 555(제4판/이연갑); 民法注解 財産法 民法總則 1, 849(初版/小林秀年).
55) 주석 총칙(3), 555(제4판/이연갑); 民法注解 財産法 民法總則 1, 846(初版/小林秀年).
56) 주석 총칙(3), 555(제4판/이연갑); 民法注解 財産法 民法總則 1, 850(初版/小林秀年).
57) 民法注解 財産法 民法總則 1; 850(初版/小林秀年).
58) 日大判 1922(大 11).8.21, 民集 1, 493.
59) 주석 총칙(3), 555(제4판/이연갑).

에 적용된다. 제4호와 마찬가지로 이들의 직무에 관한 채권은 일반적으로 사건종료 직후 행사되거나, 경우에 따라서는 사건에 착수하기 전에 변제를 받는 경우도 드물지 않기 때문에, 채무변제에 관한 증거보전의 번잡을 피하는 것이 바람직하다는 데 본호의 입법취지가 있다.[60]

제4호와 마찬가지로 무자격자를 본호의 적용에서 배제하더라도 그러한 자에게 유리한 취급을 하는 것은 아니기 때문에, 제2호와 같은 문제는 생기지 않는다.[61]

이들 채권자의 직무 범위에 관해서는 변호사법 등 각종 법률에 정한 바에 따르고, 그 직무에 대한 보수채권이 본호의 채권에 해당한다. 과거 일본의 판례 중에는 변호사의 단순한 재판외 행위에 대한 채권은 본호의 적용이 없고, 동일한 채권에 관하여 재판상 및 재판외의 행위를 위임한 경우 재판외의 행위는 소송행위에 종속되어 일체로서 변호사의 직무를 구성하므로 이러한 경우에는 본호의 적용이 있다고 판시한 것이 있다.[62] 그러나 통설은 변호사는 소송에 관한 행위 및 행정처분의 청구에 관한 대리행위 및 일반 법률사무를 행할 수 있으므로$\binom{변}{\S 3}$ 재판상 직무뿐만 아니라 재판외 직무에 대한 보수채권도 본호에 포함된다고 해석한다.[63]

구체적으로 민사, 형사, 행정사건 등의 착수금, 보수금 등 외에 실비청구권, 체당금반환청구권이 여기에 해당한다.[64]

일본의 학설들은 의뢰인이 본호에 규정된 변호사 등에게 갖는 채권$\binom{예컨대,}{실비선급}$ $\binom{금의\ 잔액\ 반환청구권,\ 서}{류\ 외의\ 물건의\ 반환청구권}$도 본조의 채권에 포함된다고 해석한다.[65]

2. 단기소멸시효의 기산점

시효 기산점은 특약이 없는 한 위임받은 사건의 종료 시이다. 변호사의 소송대리권의 범위는 특별한 사정이 없는 한 당해 심급에 한정되어, 소송대리인의 소송대리권의 범위는 수임한 소송사무가 종료하는 시기인 당해 심급의 판

---

60) 주석 총칙(3), 555(제4판/이연갑), 民法注解 財産法 民法總則 1, 851(初版/小林秀年).

61) 주석 총칙(3), 555(제4판/이연갑); 民法注解 財産法 民法總則 1, 846(初版/小林秀年).

62) 日大判 1919(大 8).3.5, 民錄 24, 401.

63) 주석 총칙(3), 555-556(제4판/이연갑); 民法注解 財産法 民法總則 1, 851-852(初版/小林秀年).

64) 注解 判例民法 民法總則, 719(初版/中川利彦).

65) 民法注解 財産法 民法總則 1, 852(初版/小林秀年).

결을 송달받은 때까지이다.[66] 따라서 변호사가 의뢰인과 사이에 1심 소송에 대하여 성공보수 약정을 한 경우, 보수금의 지급시기에 관하여 당사자 사이에 특약이 없는 한 심급대리의 원칙에 따라 수임한 소송사무가 종료하는 시기인 제1심 판결을 송달받은 때로부터 그 소멸시효 기간이 진행된다.[67]

Ⅶ. 제6호

1. 의의 및 적용범위

본호는 생산자 및 상인이 판매한 생산물 및 상품의 대가의 단기소멸시효를 3년으로 정하고 있다. 이러한 채권은 거래에서 빈번히 생기는 것으로 그 청구나 변제가 조속히 이루어지는 것이 일반적이기 때문에, 신속하게 확정시켜 거래의 실정에 부합하도록 하기 위하여 단기소멸시효를 적용하는 것이다.[68]

본호에서 열거한 채권자는 상법상의 상인이다. 상행위에 의하여 발생한 채권은 본래 상사채권으로서 5년의 상사시효가 적용되나, 다른 법령에 의하여 이보다 짧은 시효기간의 정함이 있는 경우에는 그 단기소멸시효에 의하기 때문에($^{상}_{§64}$), 이러한 채권은 본호에 의하여 3년의 단기소멸시효가 적용된다.

생산자 및 도매상인이 소비자에 대해서뿐만 아니라 전매를 목적으로 하는 자에 대하여 판매한 산물 및 상품의 대가에 관하여도 본호가 적용된다고 한다.[69]

2. 채권의 내용

(1) 생산자가 판매한 생산물의 대가

생산자라 함은 업으로서 산물을 생산하는 자를 말한다. 단 타인의 의뢰에 기하여 산물의 생산에 종사하는 자는 제3호의 '도급받은 자'에 해당하기 때문에 본호의 적용은 없다. 생산규모의 대소, 채권의 다과를 묻지 않고 근대적 공업설비를 갖춘 대기업도 포함된다.[70]

---

66) 대결 00.1.31, 99마6205(공 00, 577).

67) 대판 95.12.26, 95다24609(공 96, 528).

68) 民法注解 財産法 民法總則 1, 853(初版/小林秀年).

69) 대판 64.8.31, 64다35(정보).

70) 주석 총칙(3), 556-557(제4판/이연갑); 注解 判例民法 民法總則, 720-721(初版/中川利彦).

생산자에 해당하기 위해서는 상품인 물의 산출을 업으로서, 즉 계속적·반복적으로 행할 것을 요한다. 영리를 목적으로 하여야 하는지 문제되나, 학설[71] 및 일본의 판례[72]는 이를 요구한다. 산림의 경영을 업으로 하지 않는 농가가 그 소유산림의 입목을 목재상에 판매하더라도 그 대금채권에 대하여 본호는 적용되지 않는다.[73] 1차 산업 내지 원시산업에 속하지 않은 생산자가 생산하는 상품의 대가에 관하여도 본호가 적용된다.[74]

산물이라 함은 민법상의 물건($\frac{\S}{98}$)에 한하지 않고, 넓게 상품적 가치를 지닌 재화를 의미한다.[75] 따라서 유체물에 한하지 않고, 한국전력공사 등 발전기업자가 생산하여 판매한 전기 역시 생산물에 해당하므로 전기요금채권은 3년의 단기소멸시효가 적용된다.[76] 그러나 전기통신공사의 전화번호부 게재 광고료 채권은 생산자가 산출한 재화의 판매대가라고 보기 어렵기 때문에 본호가 적용된다고 할 수 없다.[77]

'판매'라 함은 엄밀히 민법상의 전형계약인 매매에 한하는 것이 아니라 넓게 경제적인 의미에서의 매매를 의미한다. 전형계약상의 매매인지 아닌지로 판매의 내용을 판단하는 것보다는 단기소멸시효가 적용될 수 있는 유형인지 아닌지에 의하여 판매의 의미내용을 판단하는 것이 바람직하기 때문이다.[78] '대가'라 함은 일반적으로 판매대금채권을 말한다.

일본의 판례는 특정 여관의 선전용 팸플릿의 인쇄공급계약에 관하여, 그 성질상 그 내용, 체재 등을 주문자의 개별적 주문에 맞춰 작성하지 않으면 그 계약의 목적을 달성할 수 없고, 따라서 그 제품도 유통을 예정하지 않고 있다면, 그 대금채권은 본호의 채권에 해당하지 않는다고 한다.[79] 또한 상인이 판매한 상품은 '유통을 예정한 일반 소비물자로서의 상품'을 의미한다고 하면서, 개별적인 취부공사의 설계사양에 맞춰 제조된 정화조관계의 제품은 본호의 적

---

71) 주석 총칙(3), 556(제4판/이연갑); 民法注解 財産法 民法總則 1, 853(初版/小林秀年).
72) 대판 00.2.11, 99다53292(공 00, 681).
73) 注解 判例民法 民法總則, 721(初版/中川利彦).
74) 日最判 1984(昭 59).2.23, 判時 1138, 77.
75) 民法注解 財産法 民法總則 1, 854(初版/小林秀年).
76) 인천지판 85.10.1, 85가합(하집 85-4, 173); 日大判 1937(昭 12).6.29, 民集 16-15, 1014.
77) 日最判 1984(昭 59).2.23, 判時 1138, 77.
78) 民法注解 財産法 民法總則 1, 854(初版/小林秀年).
79) 日最判 1969(昭 44).10.7, 民集 23-10, 1753.

용이 없다고 한다.[80] 그러나 제품이 유통을 예정하고 있는 경우에는 생산자 및 도매상인이 소비자에 대해서뿐만 아니라 전매를 목적으로 하는 자에 대하여 판매한 산물 및 상품의 대가에 관하여도 본호가 적용된다.[81]

(2) 상인이 판매한 상품의 대가

상인이라 함은 상법상의 상인($\S\,\overset{\text{상}}{4}, \S\,5$)을 말한다. 위탁매매인($\S\,\overset{\text{상}}{101}$)도 상인에 해당하므로 여기에 포함된다. 본호의 상인이 판매한 대가는 상법상 상인 중 특히 '상품'을 판매하는 것만을 목적으로 하는 자를 대상으로 한 것이다.

영리를 목적으로 하지 않는 단체에 관하여는 원칙적으로 본호의 적용이 없다. 그리하여 판례[82]는 농업협동조합법에 의하여 설립된 조합이 영위하는 사업의 목적은 조합원을 위하여 차별 없는 최대의 봉사를 함에 있을 뿐 영리를 목적으로 하는 것이 아니므로, 동 조합이 그 사업의 일환으로 조합원이 생산하는 물자의 판매사업을 한다 하여도 동 조합을 상인이라 할 수는 없고, 따라서 그 물자의 판매대금 채권은 본호 소정의 '상인이 판매한 상품의 대가'에 해당하지 아니한다고 한다. 수산업협동조합법도 상인에 해당하지 아니하므로 그 물자의 판매대금 채권에 대하여도 마찬가지이다.[83]

상품의 판매는 계속적·반복적이어야 한다. 토사채취·판매를 목적으로 설립된 회사가 자금난에 빠져 토사채취에 필요한 장비를 판매한 경우 그 대가는 상인이 판매한 상품의 대가라고 할 수 없다.[84]

본호 소정의 '상인이 판매한 상품의 대가'란 상품의 매매로 인한 대금 그 자체의 채권만을 말하는 것으로서 상품의 공급 자체와 등가성 있는 청구권에 한한다. 따라서 위탁자의 위탁상품 공급으로 인한 위탁매매인에 대한 이득상환청구권이나 이행담보책임 이행청구권은 위탁자의 위탁매매인에 대한 상품 공급과 서로 대가관계에 있지 아니하여 등가성이 없으므로 본호 소정의 '상인이 판매한 상품의 대가'에 해당하지 아니한다. 이러한 채권은 다른 특별한 사정이 없는 한 상행위로 인하여 발생한 채권이므로 5년의 상사시효가 적용된다.[85]

한편, 일본의 판례[86]는 외화로 결제하는 수입상품의 상품거래에서, 상품 인

---

80) 日東京高判 1987(昭 62).2.26, 判時 1231, 110.
81) 대판 64.8.31, 64다35(정보); 日最判 1961(昭 36).5.30, 民集 15-5, 1471.
82) 대판 00.2.11, 99다53292(공 00, 681).
83) 대판 06.2.10, 2004다70475(정보).
84) 인천지판 85.10.17, 85가합311(하집 85-4, 173).
85) 대판 96.1.23, 95다39854(집 44-1, 8).
86) 日最判 1989(平 1).6.23, 判時 1322, 76. 이에 대한 평석으로는, 富越和厚, "民法173條1

도시에 당사자가 임시로 정한 환율로 대금을 지급하였다가 신용장 결제시까지 발생한 환율변동에 의하여 수입자에게 생긴 환차손익을 상당기간(매 시즌)마다 상호 정산하기로 하는 취지의 합의가 있었던 경우, 위 합의에 기한 정산금청구권은 '상인이 판매한 상품의 대가'에 해당하지 않는다고 한다.

3. 단기소멸시효의 기산점

본호의 단기소멸시효의 기산점은 계속적인 거래관계로 인하여 발생한 채권인 경우 변제기에 관한 특약이 없는 한 외상거래가 종료한 때가 아니라 각 외상대금 채권이 발생한 때로부터 개별적으로 진행한다.[87]

Ⅷ. 제7호

본호는 수공업자 및 제조자의 업무에 관한 채권에 적용된다. 수공업자라 함은 자기의 일터에서 주문을 받아 그 주문자와 고용관계 없이 타인을 위하여 일하는 자를 말하고, 제조자는 주문을 받아 물건을 가공하여 다른 물건을 제조하는 것을 업으로 하는 자를 말한다. 수공업자의 예로는 재봉사, 이발사, 인쇄업자, 세탁업자 등을 들 수 있고, 제조자의 예로는 표구사, 구두제작사, 가구제작자 등을 들 수 있다.

본호가 수공업자 및 제조자의 업무에 관한 채권에 단기소멸시효를 적용하도록 한 것은, 수공업·가내공업적 규모로 주문을 받아 타인을 위하여 일을 하거나 물건을 제조·가공하는 자들의 대금결제가 사회거래의 실정에 비추어 단기로 결제되는 점을 고려하였기 때문이다. 따라서 이러한 규모를 넘어 근대적 기계설비를 갖추고 대규모로 영업하는 경우에는 본호가 적용되지 않는다.[88] 다만 그것이 도급으로 해석되는 경우에는 제3호의 '도급받은 자'에 해당하여 본조의 단기소멸시효가 적용될 수 있고, 그렇지 아니하면 5년의 상사시효가 적용된다. 일본의 판례는 상당한 규모를 가지는 수리공장을 세워 자동차수리업

號の「商品の代價」に當たらないとされた事例", 最高裁時の判例 Ⅱ 私法編(1) ジュリスト增刊, 2003, 59-60.
87) 대판 78.3.28, 77다2463(공 78, 10757); 대판 92.1.21, 91다10152(집 40-1, 17).
88) 日最判 1969(昭 44).10.7, 民集 23-10, 1753.

을 영위하는 회사[89]나 고도의 인쇄기술을 요하는 고급인쇄물의 인쇄판매를 목적으로 하는 종업원 230명 규모의 회사[90]는 본호에 해당하지 않는다고 한다.

불특정 다수에 대한 판매를 목적으로 제작하는 경우는 본호에 해당하지 않고 제6호의 '생산자'에 해당한다.[91]

업무에 관한 채권에는 수공업자나 제조자의 상대방에 대한 채권만 포함되는지 아니면 상대방의 수공업자나 제조자에 대한 채권도 포함되는지 문제되나, 규정의 취지상 전자로 해석된다.[92]

[오 영 준]

第164條(1年의 短期消滅時效)

다음 各號의 債權은 1年間 行使하지 아니하면 消滅時效가 完成한다.

1. 旅館, 飮食店, 貸席, 寤樂場의 宿泊料, 飮食料, 貸席料, 入場料, 消費物의 代價 및 替當金의 債權
2. 衣服, 寢具, 葬具 其他 動産의 使用料의 債權
3. 勞役人, 演藝人의 賃金 및 그에 供給한 物件의 代金 債權
4. 學生 및 修業者의 敎育, 衣食 및 留宿에 關한 校主, 塾主, 敎師의 債權

---

89) 日最判 1965(昭 40).7.15, 民集 19-5, 1275.
90) 日最判 1969(昭 44).10.7, 民集 23-10, 1753.
91) 注解 判例民法 民法總則, 724(初版/中川利彦).
92) 주석 총칙(3), 558(제4판/이연갑).

I. 본조의 의의 및 적용범위

본조 각호에서 규정하는 채권은 §163에서 규정하는 채권보다도 더 일상적으로 빈번하게 발생하고 곧바로 청구 또는 변제하는 것이 일반적이며, 또한 수령증을 교부하는 것도 극히 드물다. 본조는 이러한 사정을 고려하여 본조의 각호와 같은 채권에 대하여 법률관계를 조속히 매듭지을 수 있도록 특히 1년이라는 단기소멸시효를 두고 있다.

본조는 그 각 호에서 개별적으로 정하여진 채권의 채권자가 그 채권의 발생원인이 된 계약에 기하여 상대방에 대하여 부담하는 반대채무에 대하여는 적용되지 아니한다. 따라서 그 채권의 상대방이 그 계약에 기하여 가지는 반대채권은 원칙으로 돌아가, 다른 특별한 사정이 없는 한 10년의 일반소멸시효기간의 적용을 받는다.[1]

상행위로 인한 채권의 소멸시효에 관하여 다른 법령에 상사시효보다 단기의 시효의 규정이 있는 때에는 그 규정에 의하여 하므로($\frac{상}{\S64}$), 채권이 1년 단기시효에 의하여 소멸되는 것이라면 상사시효에 관한 규정을 적용할 것이 아니라 민법상 1년의 단기시효의 규정을 적용하여야 한다.[2]

II. 제1호

본호는 여관, 음식점, 대석, 오락장의 숙박료, 음식료, 대석료, 입장료, 소비물의 대가 및 체당금의 채권에 대하여 1년의 단기소멸시효에 걸리도록 정하고 있다.

'여관'은 손님이 잠을 자고 머물 수 있도록 시설 및 설비 등의 서비스를 제공하는 영업을 말한다. 공중위생관리법 §2 (i)는 「숙박업」이라 함은 손님이 잠을 자고 머물 수 있도록 시설 및 설비 등의 서비스를 제공하는 영업을 말한다. 다만, 농어촌에 소재하는 민박 등 대통령령이 정하는 경우를 제외한다."고 규정하고 있고, 그 시행령 §2 Ⅰ (i) 내지 (iv)에는 숙박업에서 제외되는 영업으로 농어촌정비법에 따른 농어촌민박사업용 시설, 산림문화·휴양에 관한 법

---

1) 대판 13.11.14, 2013다65178(공 13하, 2221).
2) 대판 66.6.28, 66다790(집 14-2, 108).

률에 따라 자연휴양림 안에 설치된 시설, 청소년활동진흥법에 의한 청소년 수련시설, 관광진흥법에 따라 등록한 외국인관광 도시민박업용 시설이 규정되어 있다. 그러나 이들 시설의 운영도 손님이 잠을 자고 머물 수 있도록 시설 및 설비 등의 서비스를 제공하는 영업에 해당하는 이상 본호의 '여관'에 해당한다고 할 것이다.[3] 한편, '하숙'의 경우에는 객의 일시적 체재를 위하여 물건 내지는 노무의 제공을 업으로 하는 시설이라는 점에서 여기의 여관에 포함된다는 견해와 비교적 장기간의 숙박을 내용으로 하고 숙박객이 고정되어 있으므로 본호가 적용되지 않는다는 견해가 대립한다.[4]

'음식점'은 다류, 아이스크림류, 음식류 등 식품을 조리, 판매하는 영업을 말한다.

'대석(貸席)'은 해변이나 명승지 등에서 휴식의 장소를 제공하고 대가를 받은 영업 등이 그 전형적인 예이다.

'오락장'은 카지노, 전자오락 게임장, 피시방, 노래방, 비디오방, 만화방, 영화관이나 스포츠 경기장 등 불특정 다수가 오락을 즐길 수 있도록 시설 및 설비 등의 서비스를 제공하는 영업을 말한다.

'체당금'은 이들 영업자가 객을 위하여 체당한 경우에 한하고, 객의 위탁에 의하여 계약관계 외의 제3자가 체당하여 대신 지급한 경우는 포함되지 않는다.[5]

건설업을 하는 갑 회사가 공사에 투입한 인원이 공사 기간 중에 리조트의 객실과 식당을 사용한 데에 대한 '사용료'를 을에게 매월 말 지급하기로 약정한 경우 그 소멸시효에 관하여 본호를 적용할지 민법 §163 (i)를 적용할지 문제된다. 판례[6]는 본호가 여관, 음식점, 대석, 오락장의 숙박료, 음식료, 대석료, 입장료, 소비물의 대가 및 체당금의 채권은 1년간 행사하지 아니하면 소멸시효가 완성한다고 특별히 규정하고 있으므로, 갑 회사가 '리조트 사용료'를 1년 이내의 기간인 월 단위로 지급하기로 약정하였더라도, 이는 '숙박료 및 음식료 채권'으로서　본호가 적용되는 것이지 이를 '사용료 기타 1년 이내의 기간으로 정한 금전의 지급을 목적으로 한 채권'으로 보아 민법 §163 (i)를 적용할 것은 아니라고 한다.

---

3) 주석 총칙(3), 559-560(제4판/이연갑).
4) 주석 총칙(3), 560(제4판/이연갑).
5) 日大判 1933(昭 8).11.12, 民集 12-22, 2401; 日東京地判 1985(昭 60).10.25, 判時 1207, 69.
6) 대판 20.2.13, 2019다271012(공 20상, 626).

Ⅲ. 제 2 호

본호의 적용대상은 '의복, 침구, 장구 기타 동산의 사용료의 채권'이다. 이는 사용료가 3년의 소멸시효에 걸린다고 규정한 민법 §163 (i)에 대한 특칙이다. 이는 일상생활에서 발생하는 극히 단기의 동산 임대차에 의한 차임(사용료)을 말하고, 일정한 사업을 위하여 상당히 장기인 임대차에 의한 차임을 포함되지 않는다.[7] 본호에 해당되는 예로는 의복, 책, 자전거, 렌터카 등을 극히 단기간으로 빌리는 경우를 들 수 있다. 여기에 해당하는지 여부는 임대차의 기간, 차임 액수, 임시의 사용에 제공되는지 여부, 영수증 등 증서가 작성되는지 여부 등 제반 사정을 종합적으로 참작하여 정하여야 한다. 임대인의 경우 영업으로서 임대차를 할 것을 요하지 않는다.

판례도 본호에서 말하는 '기타 동산의 사용료의 채권'이라 함은 의복, 침구, 장구의 사용료 채권과 같이 일상생활에서 빈번하게 생기는 극히 단기의 동산 임대차로 인한 임료채권과 같은 것을 말하는 것이고, 영업을 위하여 약 2개월에 걸친 중기의 임대차에 기한 사용료를 청구하는 채권은 이에 해당하지 아니한다고 한다.[8] 한편, 판례는 채무자가 '10대의 반항'이라는 영화필름을 극장에서 4일간 사용하기로 한 경우 채권자의 사용료채권은 본호에서 말하는 '기타 동산의 사용료의 채권'에 해당한다고 한다.[9]

호텔시설 이용요금의 과지급에 의한 부당이득반환청구권에는 본호의 적용이 없다.[10]

Ⅳ. 제 3 호

본호의 적용 대상은 '노역인, 연예인의 임금 및 그에 공급한 물건의 대금 채권'이다.

---

7) 民法注解 財産法 民法總則 1, 858(初版/小林秀年); 日最判 1935(昭 10).7.11, 民集 14, 1421.
8) 대판 76.9.28, 76다1839(정보).
9) 대판 67.6.27, 67다767[총 1-2(A), 326-2]. 한편, 특정 영화관에서 특정기간 동안 상영을 승인하는 대가로 지급되는 영화상영요금의 경우 본호에 해당되지 않는다는 일본의 판례로는 大阪高判 1960(昭 35).11.12, 判時 254, 19.
10) 日東京高判 1976(昭 51).9.20, 判タ 345, 210.

　‘노역인’이라 함은 사용자와 종속관계, 즉 고용관계에 있지 않고 주로 육체적 노력을 제공하는 자를 말한다.[11] 예컨대 목수, 미장이, 정원사 등이 여기에 해당된다. 노역인이 공사를 도급받았을 때에는 본호에 의하여 1년의 단기소멸시효에 걸리는지 문제되나, 본호의 시효가 극히 단기간이어서 채권자의 보호에 충분하지 아니한 점 및 이는 ‘공사를 도급받은 경우’에 해당한다고 볼 수 있는 점 등에 비추어 민법 §163 (ii)의 3년의 단기소멸시효가 적용된다고 봄이 타당하다.

　‘연예인’이라 함은 대가를 받고 연예를 하는 것을 업으로 하는 자, 즉 배우, 코미디언, 마술사, 악사 등을 말한다. 프로 야구선구 등과 같이 직업적인 운동선수도 연예인에 해당한다.[12]

　‘임금’이라 함은 노력의 제공 및 연예의 대가를 말한다.

　‘그에 공급한 물건의 대금채권’은 노역인이나 연예인이 노역 또는 연예와 관련하여 공급한 물건의 대가, 예컨대, 목수가 공급한 못의 대가와 같은 것을 말한다.[13]

　본호의 적용을 받는 노임채권이라도 채권자와 채무자인 회사 사이에 위 노임채권에 관하여 준소비대차의 약정이 있었다면 동 준소비대차계약은 상인인 회사가 영업을 위하여 한 상행위로 추정함이 상당하고, 이에 의하여 새로이 발생한 채권은 상사채권으로서 5년의 상사시효의 적용을 받게 된다.[14] 준소비대차의 경우 기존 채무는 소멸하기 때문이다.[15]

V. 제 4 호

　본호의 적용을 받는 것은 ‘학생 및 수업자의 교육, 의식 및 유숙(留宿)에 관한 교주(校主), 숙주(塾主), 교사의 채권’이다. 본호는 널리 스승과 제자의 관계에서 스승이 제자에 대하여 갖는 채권을 말한다.[16] 본호의 채권자에는 자연

---

11) 日最判 1961(昭 36).3.28, 民集 15-3, 617.
12) 民法注解 財産法 民法總則 1, 857-858(初版/小林秀年); 注解 判例民法 民法總則, 726(初版/中川利彦).
13) 구주해(3), 454(윤진수); 주석 총칙(3), 561(제4판/이연갑).
14) 대판 81.12.22, 80다1363(공 82, 170).
15) 대판 07.1.11, 2005다47175(공 07, 275).
16) 구주해(3), 454(윤진수).

인뿐만 아니라 법인이나 권리능력 없는 사단, 재단도 포함되는 것으로 보아 이들이 학교를 경영하면서 취득한 채권에도 본호가 적용된다.[17] 여기에는 수업료, 기숙사의 기숙료, 식비대 등이 포함된다.[18]

본호는 그 규정상 교주, 숙주, 교사 등의 학생 및 수업자에 대한 채권에만 적용될 뿐 그 반대의 경우에는 적용되지 않는다.[19]

국공립학교의 수업료에 관하여 국가재정법 §96 제1, 2항 또는 지방재정법 §82가 적용되는지 아니면 본호가 적용되는지 문제된다. 판례는 "국가재정법 §96 Ⅰ에서 '금전의 급부를 목적으로 하는 국가의 권리'라 함은 국가의 공권력의 발동으로 하는 행위는 물론 국가의 사법상의 행위에서 발생한 국가에 대한 금전채무도 포함하고,[20] 국가재정법 §96 Ⅰ에서 '다른 법률에 규정'이라 함은 다른 법률에 지방재정법 §96에서 규정한 5년의 소멸시효기간보다 짧은 기간의 소멸시효의 규정이 있는 경우를 가리키는 것이므로, 민법 §163는 국가재정법 §96보다 우선하여 적용된다."고 한다.[21] 이에 따르면 국공립학교의 수업료에 관하여는 본호가 적용된다.[22]

[오 영 준]

---

17) 구주해(3), 454(윤진수); 주석 총칙(3), 562(제4판/이연갑); 民法注解 財産法 民法總則 1, 857-858(初版/小林秀年); 注解 判例民法 民法總則, 724(初版/中川利彦).
18) 注解 判例民法 民法總則, 724(初版/中川利彦).
19) 구주해(3), 454(윤진수); 주석 총칙(3), 562(제4판/이연갑).
20) 대판 67.7.4, 67다751(집 15-2, 143).
21) 대판 66.9.20, 65다2506(집 14-3, 30).
22) 구주해(3), 454(윤진수); 주석 총칙(3), 562(제4판/이연갑).

第 165 條(判決 等에 依하여 確定된 債權의 消滅時效)

① 判決에 依하여 確定된 債權은 短期의 消滅時效에 該當한 것이라도 그 消滅時效는 10年으로 한다.

② 破産節次에 依하여 確定된 債權 및 裁判上의 和解, 調停 其他 判決과 同一한 效力이 있는 것에 依하여 確定된 債權도 前項과 같다.

③ 前2項의 規定은 判決確定當時에 辨濟期가 到來하지 아니한 債權에 適用하지 아니한다.

Ⅰ. 본조의 입법취지

　　채권의 소멸시효가 완성되기 전에 재판상의 청구를 하면, 그 채권의 소멸시효는 중단된다. 그러나 확정판결을 받더라도 그 이후 중단된 시효가 다시 진행되기 때문에, 그 채권이 단기소멸시효의 적용을 받는 경우에는 확정판결 후 새로운 시효기간은 종전과 동일한 단기인지 아닌지가 문제된다.

　　민법은 채권의 성질에 따라 시효기간을 단기, 장기로 정한 것인데, 판결은 채권의 존부 및 범위를 공적으로 확인할 뿐 그 성질을 변경하는 것은 아니기 때문에, 확정판결 후의 시효기간도 종전과 동일하다고 볼 여지도 없지 않다.

그러나 이러한 경우 새롭게 진행하는 시효기간을 종전과 동일하다고 본다면, 채권자는 단시 시효소멸을 방지하기 위하여 단기간 내에 반복하여 소송을 제기하여야 한다. 또한 원래 단기시효를 인정하는 이유 중의 하나는, 통상 단기간 내에 변제되는 채권채무에 대하여 변제의 증거의 일실이나 불명확함에 대처하기 위하여 필요하다는 것이다. 그런데 확정판결에 의하여 채권의 존재가 공적으로 확인되어 강한 증거력이 부여되어 있음에 비추어 볼 때, 증거의 일실이나 불명확이란 생각하기 어렵다.[1] 그리하여 본조는 이러한 문제를 입법적으로 해결하여 확정판결 등에 의하여 확정된 권리의 시효기간은 원래 단기소멸시효가 적용되는 채권이라도 10년으로 한 것이다.[2]

판례[3]도 본조의 입법취지에 관하여 "단기소멸시효가 적용되는 채권이라도 판결에 의하여 채권의 존재가 확정되면 그 성립이나 소멸에 관한 증거자료의 일실 등으로 인한 다툼의 여지가 없어지고, 법률관계를 조속히 확정할 필요성도 소멸하며, 채권자로 하여금 단기소멸시효 중단을 위해 여러 차례 중단절차를 밟도록 하는 것은 바람직하지 않기 때문"이라고 한다.

II. 본조의 적용범위

1. 확정판결

확정판결인 경우 확인판결이든 급부판결이든 묻지 않는다. 그러나 중간판결은 포함되지 아니한다.

권리의 일부만 청구하여 그 일부에 관하여 채권의 존재 및 범위를 확정하는 판결이 확정된 경우 그 나머지 부분에 대하여는 채권의 존재 및 범위가 공적으로 확정된 바 없기 때문에, 확정된 일부에 관하여만 본조에 의한 시효기간이 연장된다.[4]

---

1) 양창수, "주채무에 대한 판결의 확정과 보증채무의 소멸시효기간", 민법연구 2, 2005, 158.
2) 民法注解 財産法 民法總則 1, 859(初版/小林秀年).
3) 대판 06.8.24, 2004다26287(공 06, 1593).
4) 구주해(3), 458(윤진수); 民法注解 財産法 民法總則 1, 860(初版/小林秀年).

　채무자가 채권자를 상대로 제기한 소극적 확인의 소, 예컨대 채무부존재확인의 소에 대하여 채권자가 응소하여 채권의 존재 및 범위를 인정하는 확인판결이 확정된 경우, 그 확정판결에 의하여 채권의 존재 및 범위가 확정된 것이므로 본조에 의하여 소멸시효기간 신장의 효과가 인정된다.[5]

2. 확정판결과 동일한 효력이 있는 것

(1) 기판력의 요부

　본조 제2항은 '파산절차에 의하여 확정된 채권, 재판상의 화해, 조정 기타 판결과 동일한 효력이 있는 것에 의하여 확정된 채권'의 경우에도 시효기간이 10년으로 연장된다고 규정하고 있다.

　여기서 판결과 동일한 효력이란 기판력을 의미한다는 학설이 있다.[6] 그 근거로 독일민법 §218가 '기판력에 의하여 확정된 청구권'이라고 표현하고 있는 점, '확정'이라는 표현의 일반적인 의미 등을 고려한다면, '기판력'에 의하여 채권의 존재가 확정된 것을 의미한다는 점 등을 든다. 이 견해는 본조에 의하여 소멸시효기간이 연장되는 범위는 소멸시효중단의 근거에 관한 청구권확정설에 따른 시효중단의 범위와 일치하는 것으로, 채권의 존재가 기판력에 의하여 확정되기 위해서는 채권의 존재 자체가 소송물이 되어야 한다고 한다.

　그러나 판례[7]는 기판력이 없는 지급명령[8]에 대하여도 본조의 적용을 긍정하고 있으므로, 위 학설의 논거는 판례의 입장과 배치된다. 채무자회생 및 파산에 관한 법률에 따라 확정된 파산채권자표, 회생채권자표, 개인회생채권자표의 각 기재도 확정판결과 동일한 효력이 있어($\substack{\text{도산 §§ 168, 255 I, 292} \\ \text{I, 460, 535 I, 603 III}}$) 본조 I의 적용이 있다고 보아야 하는데($\substack{\text{본조} \\ \text{II}}$), 이러한 채권자표의 기재는 기판력이 없다는 점[9]에서도 위 학설은 문제가 있다.

---

5) 구주해(3), 457(윤진수)은 이는 응소행위에 시효중단 효력이 인정되는지와 무관하다고 하면서, 독일의 판례와 통설은 채무자의 소극적 확인의 소에 대한 채권자의 응소행위에 시효중단의 효력을 인정하지 않으면서도 채권의 존재를 이유로 소극적 확인의 청구를 기각하는 판결이 확정되면 소멸시효기간의 연장을 인정한다고 한다.

6) 구주해(3), 457(윤진수), 주석 총칙(3), 564(제4판/이연갑).

7) 대판 09.9.24, 2009다39530(공 09하, 1754).

8) 대판 09.7.9, 2006다73966(공 09하, 1269).

9) 대판 05.6.10, 2005다15482(공 05, 1143); 대판 16.3.24, 2014다229757(정보); 대판 17.6.19, 2017다204131(공 17하, 1528).

(2) 파산절차에 의하여 확정된 채권

본조 제2항은 도산절차 중 파산절차에서 확정되어 채권자표에 기재된 채권($\substack{도산 \S\S 460, \\ 535\ 1}$)만을 들고 있으나 여기에 한하지 아니한다. 회생절차 및 개인회생절차에서 확정되어 회생채권자표 또는 개인회생채권자표에 기재된 채권도 포함한다($\substack{도산 \S\S 168, 255 \\ 1, 292\ 1, 603\ III}$).

그런데 도산절차에서 확정판결과 동일한 효력이 인정되는 채권은 그 절차에서 채권조사·확정절차를 거쳐 채권자표에 기재된 경우에 한한다($\substack{도산 \S\S 168, \\ 255\ 1, 292}$ $\substack{1, 460, 535 \\ 1, 603\ III}$). 예컨대, 행정소송 등 불복을 허용하는 처분에 의하여 청구권이 발생하는 공법상 채권($\substack{도산 \S 140 \\ 1, II}$)의 경우 그 납부의무자에 대하여 회생절차가 개시되어 채권자가 그 공법상 채권을 회생채권으로 신고($\substack{도산 \\ 156\ 1}$)한 경우 이로써 시효가 중단되기는 한다($\substack{도산 \\ \S 32\ 1}$). 그러나 이러한 공법상 채권은 채권조사·확정절차 없이 신고 내용 그대로 회생채권자표에 기재되는 것에 불과하고 관리인은 이에 대하여 여전히 채무자가 할 수 있는 방법으로 불복을 신청할 수 있으므로($\substack{도산 \S\S 156\ 1, \\ 157\ 1, 167\ 1}$), 이와 같이 회생채권자표에 기재된 공법상 채권에 대하여는 확정판결과 동일한 효력($\substack{도산 \\ \S 255\ 1}$)이 없고, 본조도 적용되지 아니한다.[10]

(3) 재판상의 화해, 조정

재판상의 화해에는 소송상 화해($\substack{민소 \\ \S 220}$) 및 제소전화해($\substack{민소 \\ \S 385}$)뿐만 아니라, 재판상의 화해와 동일한 효력이 있는 화해권고결정($\substack{민소 \\ \S 231}$)도 포함된다.

조정에는 민사조정법에 의한 조정뿐만 아니라 가사조정법에 의한 조정도 포함된다. 조정을 갈음하는 결정에는 재판상 화해와 동일한 효력이 있으므로 ($\substack{민소 \S 29, \\ 가소 \S 59\ II}$) 그 결정도 본조의 적용이 있다.

(4) 지급명령

지급명령은 채무자의 심문과 증거조사 없이 발령되고 채무자의 이의만 없으면 곧바로 확정되는 등 그 생성 및 확정과정이 판결의 그것과는 판연히 다른 차이점이 있고, 채무자가 이의할 기회를 놓치면 실체에 반하는 집행권원이 성립할 수도 있다. 구 민사소송법 § 445는 확정된 지급명령에 대하여 확정판결과 동일한 효력을 부여하지 않고 있었다. 이에 관하여 헌법재판소는 지급명령의 생성 및 확정 과정은 판결과 확연히 다르고, 당사자 쌍방의 참여가 반드시 보장되고 증거조사 내지 자료조사 또한 상당 정도 보장되는 파산절차, 재판상 화해절차, 조정절차와도 크게 다르기 때문에 본조 제2항이 지급명령의 확정을

---

10) 대판 00.12.22, 99두11349(공 01, 374).

판결의 확정 등과 차별하여 단기소멸시효기간 연장사유의 하나로 규정하지 아니하였다고 해석하면서 구 민사소송법 §445의 규정에는 합리적인 이유가 있다고 판단하였다.[11] 구 민사소송법 하의 판례[12] 역시 확정된 지급명령에 대하여 본조에 의한 시효기간 연장을 부정하였다.

그러나 현행 민사소송법은 §474는 구 민사소송법과 달리 확정된 지급명령은 확정판결과 같은 효력이 있다고 규정하고 있으므로, 이러한 점에서 종전과 달리 지급명령을 본조 제2항의 '기타 확정판결과 동일한 효력이 있는 것'으로 볼 수 있는지 있는지 문제된다. 판례[13]는 그 문언을 중시하여 "민사소송법 §474, 민법 §165 II에 의하면, 지급명령에서 확정된 채권은 단기의 소멸시효에 해당하는 것이라도 그 소멸시효기간이 10년으로 연장된다."고 판시하여 이를 긍정하고 있다.

그러나 다른 한편 판례[14]는 지급명령에 대하여는 기판력이 인정되지 아니하여 지급명령 전에 발생된 사유로도 청구이의의 소를 제기하고 있다고 보고 있고, 여기에 앞서 본 지급명령의 생성 및 확정 과정을 아울러 고려하면, 지급명령을 본조 제2항의 '기타 확정판결과 동일한 효력이 있는 것'으로 보는 것은 본조에서 당초 의도한 입법취지와는 잘 맞지 않는 측면이 있다. 그리하여 일부 학설[15]은 위와 같이 확정된 지급명령에는 당사자의 절차적 보장과 공적 확인이 결여되었음을 근거로 본조에 의한 시효기간 신장 연장을 인정하는 것은 부당하다며 판례를 비판하기도 한다.

(5) 공정증서

판례[16]는 공증인이 작성한 약속어음 공정증서는 채무명의로서 집행력은 있으나 확정판결과 같은 기판력은 없으므로, 약속어음에 공증이 된 것이라고 하여 그 약속어음이 판결과 동일한 효력이 있는 것에 의하여 확정된 채권이라고 할 수 없으므로, 본조 제2항은 적용되지 않는다고 한다.

---

11) 헌재 03.1.30, 2002헌바61(헌공 77).
12) 대판 08.11.27, 2008다51908(정보).
13) 대판 09.9.24, 2009다39530(공 09하, 1754).
14) 대판 09.7.9, 2006다73966(공 09하, 1269).
15) 주석 총칙(3), 564(제4판/이연갑).
16) 대판 92.4.14, 92다169(공 92, 1594).

III. 판결확정 당시에 변제기가 도래하지 않은 채권

본조 제1항에 의한 시효중단의 효과는 판결확정 당시 아직 변제기가 도래하지 않은 채권(예: 기한부 채권에 관하여 기한의 도래 전에 확정판결을 얻은 경우)에 관하여는 발생하지 아니한다. 학설은 변제기가 도래하지 않은 이상 소멸시효는 진행하고 있지 않기 때문이라는 점을 근거로 든다.[17]

이에 대하여는 변제기 미도래의 채권 전부에 관하여 본조의 적용을 배제한 것은 입법론적으로 문제라는 견해[18]가 있다. 이 견해는 독일민법 §282가 변제기가 도래하지 아니한 정기급여채권에 관하여만 기간연장의 효과를 부정하고 있는 점, 단기소멸시효기간이 적용되고 변제기가 도래한 원본채권과 그에 대한 변제기 이후 장래 원본 완제일까지의 지연손해금채권에 관하여 각 지급을 명하는 판결이 확정된 경우, 원본채권은 10년으로 시효기간이 연장되고, 판결확정 당시 변제기 미도래 상태의 장래 지연손해금채권 부분은 여전히 단기소멸시효가 적용되어 불합리하다는 점 등을 그 근거로 든다.

IV. 본조의 효과

1. 시효기간의 연장

본조에서 시효기간이 연장되는 기간은 10년이다. 새로운 시효기간이 진행하는 기산점은 판결확정의 경우에는 그 다음날 영시(零時), 재판상 화해, 청구의 포기, 인락, 조정의 경우에는 모두 조서에 기재된 다음날 영시부터이다.[19]

본조의 규정은 단기소멸시효에 걸리는 권리라도 확정판결을 받은 권리의 소멸시효는 10년으로 한다는 뜻일 뿐 10년보다 장기의 소멸시효를 10년으로 단축한다는 의미는 아니다. 본래 소멸시효의 대상이 아닌 권리가 확정판결을 받음으로써 10년의 소멸시효에 걸린다는 뜻도 아니다. 예컨대, 공유물분할청구권은 공유관계에서 수반되는 형성권이므로 공유관계가 존속하는 한 그 분할청구권만이 독립하여 시효에 의하여 소멸되지 아니한다. 그런데 전소에서 공유

---

17) 注解 判例民法 民法總則, 729(初版)/中川利彦); 民法注解 財産法 民法總則 1, 860(初版/小林秀年).
18) 구주해(3), 457(윤진수).
19) 注解 判例民法 民法總則, 728(初版/中川利彦).

물 분할청구 소를 제기하여 경매에 의한 매득금의 일정 비율을 분할 취득하라는 판결이 확정된 경우, 그 판결에서 확정된 권리는 공유물분할청구권이므로 소멸시효의 대상이 될 수 없고, 그 권리가 판결에서 확정되었다고 하여 본조에 의하여 10년의 시효기간의 적용을 받아 시효로 소멸되는 것은 아니다.[20]

2. 주채무와 보증채무 간의 효과

(1) 보증채무에 대한 확정판결과 주채무의 시효기간

보증인의 보증채무에 대하여 확정판결이 내려지더라도 그에 의하여 주채자의 채무에 관하여는 시효가 연장되지 않고 종전의 단기소멸시효가 적용된다.[21] 이에 대하여는 이설이 없다.

(2) 주채무에 대한 확정판결과 보증채무의 시효기간

그러나 단기소멸시효가 적용되는 주채무에 대한 확정판결 등으로 본조에 의하여 그 시효기간이 10년으로 연장된 경우, 보증채무에 대한 소멸시효기간도 10년으로 연장되는지 문제된다.

일본의 판례[22]는 보증채무의 부종성을 근거로 이를 긍정하고, 일본 학설의 다수도 긍정설을 취한다.[23] 그러나 대법원판례[24]는 부정설은 취한다.

대법원판례[25]는 그 근거로 다음과 같은 점을 든다. 우선, 민법 § 440가 "주채무자에 대한 시효의 중단은 보증인에 대하여 그 효력이 있다."고 정한 것은 보증채무의 부종성에 기인한 당연한 법리를 선언한 것이라기보다 채권자보호 내지 채권담보의 확보를 위하여 마련한 특별 조항으로서, 위 조항의 문언상 의미는 주채무자에 대한 시효중단의 사유가 발생하였을 때는 그 보증인에 대한

---

20) 대판 81.3.24, 80다1888(집 29-1, 121).
21) 日大判 1945(昭 20).9.10, 民集 24-2, 82.
22) 日最判 1968(昭 43).10.17, 判時 540, 34("일본민법 제457조 제1항은 주채무가 시효에 의해 소멸하기 전에 보증채무가 시효에 의해 소멸하는 것을 방지하기 위한 규정으로서 오로지 주채무의 이행을 담보하는 것을 목적으로 하는 보증채무의 부종성에 기한 것이라고 해석되는 바, 민법 제174조의2 규정에 의해 주채무자의 채무의 단기소멸시효기간이 10년으로 연장될 때에는 이에 따라 보증인의 채무의 소멸시효기간도 같이 10년으로 변하는 것으로 해석함이 상당하다").
23) 森島昭夫, "確定判決による主たる債務者の債務の消滅時效期間の延長と保證人の債務の消滅時效期間", 判時 551, 1969, 123 이하. 다만 이 글은 부종성을 근거로 긍정설을 취하는 데에는 비판적이다. 양창수(주 1), 157도 긍정설을 취하면서 개념이 불명확한 부정성을 근거로 끌어들이는 것은 적절하지 않다고 지적한다.
24) 대판 86.11.25, 86다카1569(집 34-3, 139).
25) 대판 06.08.24, 2004다26287(공 06, 1593).

별도의 중단조치가 이루어지지 아니하여도 동시에 시효중단의 효력이 생기도록 한 것에 불과하고 중단된 이후의 시효기간까지 당연히 보증인에게도 그 효력이 미친다고 하는 취지는 아니라고 한다. 그리고 이러한 본조의 입법취지를 근거로 하여, 보증채무가 주채무에 부종한다 할지라도 원래 보증채무는 주채무와는 별개의 독립된 채무이어서 채권자와 주채무자 사이에서 주채무가 판결에 의하여 확정되었다고 하더라도 이로 인하여 보증채무 자체의 성립 및 소멸에 관한 분쟁까지 당연히 해결되어 보증채무의 존재가 명확하게 되는 것은 아니므로, 채권자가 보증채무에 대하여 뒤늦게 권리행사에 나선 경우 보증채무 자체의 성립과 소멸에 관한 분쟁에 대하여 단기소멸시효를 적용하여야 할 필요성은 여전히 남는다고 한다.

우리나라의 학설 중 대법원판례에 찬성하는 견해[26]는 본조에 의하여 판결 확정의 효력이 미치는 것은 기판력의 주관적 범위와 일치하여야 하므로 원칙적으로 소송당사자에 한하고 그 확정된 채권에 관하여만 생기는 것으로 보아야 하며, 주채무가 민사채무이고 보증채무가 상행위로 발생한 것일 때에는 전자는 10년의, 후자는 5년의 소멸시효에 걸리듯이 주채무와 보증채무의 소멸시효기간이 동일할 이유는 없으며, 민법 §440의 입법취지만으로 이와 달리 보기 어렵다고 한다.

반면 대법원판례에 반대하는 견해[27]는 기판력은 동일 소송물이 동일 당사자 사이에 다시 소송화된 경우 법원은 종전 확정판결에 배치되는 판단을 할 수 없는 소송법상의 효력을 의미하므로, 본조의 효력이 미치는 범위는 기판력과는 전혀 별개의 문제이고, 관건은 어느 쪽의 결론이 입법취지에 부합하고 합리적인지에 달려 있다고 한다. 그리하여 보증채무가 주채무에 대한 시효중단의 효과는 받으면서도 시효가 중단된 다음 그 효과를 지속시키기 위한 후속행위에 따른 영향을 받지 않는다면, 주채무가 시효소멸하기도 전에 보증채무가 소멸하므로, 채권담보 기능의 약화를 방지하기 위한 민법 §440의 취지가 반감되는 점, 주채무자나 보증인에 의한 변제사실의 부존재가 주채무자에 대한 확정판결로 확인되었다면 보증채무에 관하여서도 변제의 증거가 일실되거나 불확실하게 될 사유는 없으므로, 주채무와 마찬가지로 보증채무의 시효기간도

---

26) 박인호, "주채무자에 대한 판결 등이 확정된 경우 보증채무의 소멸시효기간", 해설 6, 1987, 34-36; 구주해(3), 458-459(윤진수).
27) 양창수(주 1), 158-159; 이공현, "확정판결에 의한 주채무의 소멸시효기간의연장과 보증채무의 시효기간", 민판연 10, 1988, 42.

10년으로 연장된다고 보는 것이 합리적인 점, 통상 주채무와 보증채무를 동
일한 형태로 유지하려는 것이 채권자의 의사이고, 주채무자나 보증인의 입장
에서도 동일한 형태의 유지라는 결과를 예기하고 있으므로, 주채무자에 대한
확정판결이 있는 경우 보증채무의 소멸시효기간도 연장된다고 보는 것은 당
사자의 의사와 합치하는 점, 당사자들의 이익형량의 관점에서도 채권자가 아
직 변제를 받지 못하고 있는 것이 명백한 이상 보호의 저울추는 채권자 쪽으
로 기울어야 하는 점 등을 근거로 주채무에 대한 판결 확정시 주채무뿐만 아
니라 보증채무에 대한 소멸시효기간도 10년으로 연장되는 것이 타당하다고
한다.

  (3) 확정판결이 있는 주채무에 대해 보증한 경우 보증채무의 시효기간

  판례[28]는 보증채무는 주채무와는 별개의 독립한 채무이므로 보증채무와
주채무의 소멸시효기간은 채무의 성질에 따라 각각 별개로 정해진다고 전제한
다음, 주채무자에 대한 확정판결에 의하여 주채무의 소멸시효기간이 10년으로
이미 연장된 상태에서 주채무를 보증한 경우, 보증채무에 대하여는 단기소멸
시효가 적용될 여지가 없고, 성질에 따라 보증인에 대한 채권이 민사채권인 경
우에는 10년, 상사채권인 경우에는 5년의 소멸시효기간이 적용된다고 한다.

3. 어음채권과 원인채권 간의 효과

  원인채권의 지급을 확보하기 위하여 어음이 수수된 당사자 사이에서 채권
자가 어음채권에 관하여 소제기나 가압류를 한 경우 판례[29]는 그 원인채권의
소멸시효를 중단시키는 효력을 인정하고 있다. 원래 위 두 채권이 독립된 것임
에도 불구하고 이와 같은 효력을 인정하는 이유는, 어음은 경제적으로 동일한
급부를 위하여 원인채권의 지급수단으로 수수된 것으로서 그 어음채권의 행사
는 원인채권을 실현하기 위한 것이고, 만일 채권자가 어음채권의 소멸시효를
중단하여 두어도 원인채권의 시효소멸로 소멸한다면 그것이 인적항변 사유가
됨에 따라 어음채권도 실현할 수 없게 되는 불합리한 결과가 발생하므로 이를
방지할 필요가 있기 때문이다.

  그런데 어음금청구를 인용하는 판결이 확정된 경우, 어음채권뿐만 아니라
그 원인채권의 소멸시효기간도 본조에 의하여 10년으로 신장되는 것으로 보아

---

28) 대판 14.6.12, 2011다76105(공 14하, 1375).
29) 대판 99.6.11, 99다16378(공 99하, 1397); 대판 07.9.20, 2006다68902(공 07, 1629).

야 하는지 문제된다.

일본의 판례[30]는 이를 긍정하고 있다. 그 이유로 시효중단의 논리와 동일한 논리를 펴면서, 부종성의 논리를 사용하지 않고서도 연장효의 확장을 인정한다. 즉 어음은 그 수수 당사자 사이에서 원인관계에 대한 수단이라고 전제한 다음, 어음채권자가 위 수단을 행사하여 어음금청구의 소를 제기하여 확정판결을 얻고 나아가 일본민법 §174-2에 의하여 그 시효기간이 연장됨에도 불구하고, 원인채권의 소멸시효 완성에 의하여 어음채권을 실행할 수 없게 된다고 한다면, 어음채권자로서는 이를 방지하기 위하여 다시 원인채권에 관하여 소를 제기하는 등 시효중단의 방법을 강구하여야 하는데, 이는 어음채권의 통상의 기대에 현저히 반하므로, 일본민법 §174의 규정에 의하여 어음채권의 소멸시효기간이 판결확정일로부터 10년으로 연장된 경우, 그에 따라 원인채권의 소멸시효기간도 동일하게 그 때로부터 10년으로 연장된다고 보는 것이 상당하다는 것이다.

우리나라의 학설은 어음금청구를 인용하는 판결에 의하여 원인채권의 존재가 확정되는 것은 아니므로 부정설을 취하는 견해[31]와 어음금청구 소송에서 채권자 승소판결이 확정되었다면 적어도 어음채무자 겸 원인채무자가 변제를 하지 않았다는 사실은 공적으로 확인받은 것이고, 그 이후 원인채권에 관한 변제의 증거가 일실되거나 불확실하게 될 사유가 더 이상 문제되지 아니한다는 등의 이유로 긍정설을 취하는 견해[32]가 대립하고 있다.

4. 피담보채권에 대한 확정판결과 채무자 외 다른 시효원용권자

판례[33]는 "유치권이 성립된 부동산의 매수인은 그 피담보채권에 관한 소멸시효를 원용할 수 있으나, 매수인은 유치권자에게 채무자의 채무와는 별개의 독립된 채무를 부담하는 것이 아니라 단지 채무자의 채무를 변제할 책임을

---

30) 日最判 1978(昭 53).1.23, 民集 32-1, 1. 이 판례에 대한 평석으로는, 前田庸, "手形債權の確定と原因債權についての消滅時效", 判例タイムズ 臨時增刊 30; 昭和53年度 民事主要判例解說, 1979, 218; 島十四郎, "手形債權の行使と原因債權の時效", ジュリスト別冊 72(第3版), 1981, 210.

31) 구주해(3), 458(윤진수).

32) 주석 총칙(3), 566-568(제4판/이연갑).

33) 대판 09.9.24, 2009다39530(공 09하, 1754). 이에 대한 판례해설로는, 김진동, "유치권의 피담보채권의 소멸시효기간이 확정판결 등에 의하여 10년으로 연장된 경우, 유치권이 성립된 부동산의 매수인이 종전의 단기소멸시효를 원용할 수 있는지 여부", 해설 81, 2009, 59-63.

부담하는 점 등에 비추어 보면, 유치권의 피담보채권의 소멸시효기간이 확정판결 등에 의하여 10년으로 연장된 경우 매수인은 그 채권의 소멸시효기간이 연장된 효과를 부정하고 종전의 단기소멸시효기간을 원용할 수는 없다."고 한다.

이는 피담보채권의 채무자에 대한 시효중단의 효력은 부동산의 제3취득자 등 다른 시효원용권자[34])에게 미침을 당연한 전제로 하면서, 나아가 이에 그치지 않고 그 시효기간의 연장의 효력까지 미친다는 점을 명확히 한 것이다. 여기서 주의할 점은 위 판례는 채권자와 주채무자 간의 확정판결에 의하여 '주채무'의 소멸시효기간이 10년으로 연장되었다 하더라도 '보증채무'는 여전히 종전의 소멸시효기간에 따른다는 판례[35])와 구별되어야 한다는 점이다. 후자는 '주채무'의 판결확정에 따른 시효기간 연장이 그와 서로 '별개의 독립한' '보증채무'에 대한 시효기간까지 연장하지 않는다는 취지인 반면, 여기서 문제되는 것은 '동일 피담보채무'의 직접의무자(채무자)에 대한 시효중단 및 시효기간의 연장의 효력이 그 '동일 피담보채무'에 관한 다른 여러 이해관계인(시효원용권자)들에 대해서까지 미친다는 것이기 때문이다. 후자의 판례와 관련하여서도 만일 보증채무자가 자신의 보증채무가 아닌 주채무의 소멸시효를 원용함에 있어서는 주채무의 판결확정에 따른 시효기간 연장의 효력을 받아야 함은 당연하다.

V. 확정판결 후 재시효중단을 위한 후소의 제기

1. 후소의 심리 범위

확정된 승소판결에는 기판력이 있으므로 당사자는 그 확정된 판결과 동일한 소송물에 기하여 후소를 제기할 수 없는 것이 원칙이나, 시효중단 등 특별한 사정이 있는 경우에는 예외적으로 후소제기가 허용된다. 그러나 이와 같은 경우 후소의 판결은 전소의 승소확정판결의 내용에 저촉되어서는 아니되므로, 후소 법원으로서는 그 확정된 권리를 주장할 수 있는 모든 요건이 구비되어

---

34) 부동산의 제3취득자를 채무자와는 별개로 독자적인 시효원용권자로 인정한 판례로는 대판 95.7.11, 95다12446(공 95, 2761); 日最判 1960(昭 60).11.26, 民集 39-7, 1701; 日最判 1973(昭 48).12.14, 民集 27-11, 1586; 日最判 1992(平 4).3.19, 民集 46-3, 222.

35) 대판 06.8.24, 2004다26287(공 06, 1593).

있는지 여부에 관하여 다시 심리할 수는 없다.[36]

　　따라서 전소인 약속어음금 청구소송에서 원고의 피고에 대한 약속어음채권이 확정된 이상 그 확정된 채권의 소멸시효의 중단을 위하여 제기한 소송에서 원고의 약속어음의 소지 여부를 다시 심리할 수는 없고, 이러한 법리는 약속어음에 제시증권성 및 상환증권성이 있다고 하여 달리 취급할 것은 아니다.[37] 또한 채권양수인의 양수금 청구에 대하여 승소 확정판결이 있었던 이상 그 후 양수인이 시효중단을 위하여 제기한 후소에서 그 대항요건의 구비 여부를 다시 심리하여 채권양도 통지를 하지 아니하였다는 이유로 그 양수금 청구를 기각할 수 없다.[38]

　　그러나 위 후소 판결의 기판력은 후소의 변론종결시를 기준으로 발생하므로, 전소의 변론종결 후에 발생한 변제, 상계, 면제 등과 같은 채권소멸사유는 후소의 심리대상이 된다. 따라서 채무자인 피고는 후소 절차에서 위와 같은 사유를 들어 항변할 수 있고 심리결과 그 주장이 인정되면 법원은 원고의 청구를 기각하여야 한다. 이는 채권의 소멸사유 중 하나인 소멸시효 완성의 경우에도 마찬가지이다. 그리하여 판례는 시효중단을 위한 후소를 심리하는 법원으로서는 전소 판결이 확정된 후 소멸시효가 중단된 적이 있어 그 중단사유가 종료한 때로부터 새로이 진행된 소멸시효기간의 경과가 임박하지 않아 시효중단을 위한 재소의 이익을 인정할 수 없다는 등의 특별한 사정이 없는 한, 후소가 전소 판결이 확정된 후 10년이 지나 제기되었다 하더라도 곧바로 소의 이익이 없다고 하여 소를 각하해서는 아니 되고, 채무자인 피고의 항변에 따라 원고의 채권이 소멸시효 완성으로 소멸하였는지에 관한 본안판단을 하여야 한다고 한다.[39]

2. 후소의 형태

　　확정판결 후 재시효중단을 위한 후소를 제기할 때 이행의 소의 형태만 허용한다면, 채무자는 이중집행의 위험에 노출되고, 실질적인 채권의 관리·보전

---

36) 대판 98.6.12, 98다1645(공 98, 1880); 대판 10.10.28, 2010다61557(공 10하, 2176); 대판 18.4.24, 2017다293858(공 18상, 958); 대전 18.7.19, 2018다22008(공 18하, 1708).
37) 대판 98.6.12, 98다1645(공 98, 1880).
38) 대판 18.4.24, 2017다293858(공 18상, 958).
39) 대판 19.1.17, 2018다24349(공 19상, 463).

비용을 추가로 부담하게 되며, 그와 같은 후소에서 전소 판결에 대한 청구이의 사유를 조기에 제출하도록 강요당하게 된다. 법원 역시 불필요한 심리를 해야 하는 한편, 채권자는 자신이 제기한 후소의 적법성이 10년의 경과가 임박하였는지 여부라는 불명확한 기준에 의해 좌우되는 불안정한 지위에 놓이게 된다. 판례[40]는 이와 같은 이유로 시효중단을 위한 이행소송은 이를 제기한 채권자의 의사에도 부합하지 않을 뿐만 아니라 채권자와 채무자의 법률적 지위마저 불안정하게 하므로, 시효중단을 위한 후소로서 '재판상의 청구'가 있다는 점에 대하여만 확인을 구하는 형태의 '새로운 방식의 확인소송'을 허용한다. 그리고 채권자는 종래의 이행소송과 새로운 방식의 확인소송 중 자신의 상황과 필요에 보다 적합한 것을 선택하여 제기할 수 있다고 한다.

[오　영　준]

---

40) 대판(전) 18.10.18, 2015다232316(공 18하, 2156).

第166條(消滅時效의 起算點)

① 消滅時效는 權利를 行使할 수 있는 때로부터 進行한다.

② 不作爲를 目的으로 하는 債權의 消滅時效는 違反行爲를 한 때로부터 進行한다.

Ⅰ. 본조의 의의

소멸시효기간의 기산점은 객관적 기산점과 주관적 기산점으로 유형화할 수 있다. 객관적 기산점은 당사자의 주관적 인식 내지 인식가능성과는 상관없이 이행기 도래시나 불법행위시 등 객관적 시점을 기준으로 기산점을 정하는 것이다. 이와 달리 주관적 기산점은 권리자의 주관적 인식 또는 인식가능성을 기준으로 기산점을 정하는 것이다.

본조 제1항은 권리를 행사할 수 있는 때로부터 소멸시효기간을 기산하고, 본조 제2항은 부작위채권에 대하여 위반행위를 한 때부터 소멸시효기간을 기산한다고 규정함으로써 소멸시효에 관하여 객관적 기산점을 택하고 있다. 이에 관한 특칙이라 할 수 있는 민법 §766 Ⅰ은 권리자가 일정한 사실을 안 때부터 소멸시효가 진행되는 주관적 기산점을 취하고 있는 점에서 본조와 대비된다.

Ⅱ. 기 산 점

1. 권리를 행사할 수 있는 때

소멸시효는 '권리를 행사할 수 있는 때' 즉, '권리행사가능시'부터 진행한다. 권리행사가 가능한지 여부는 권리행사에 법률상 장애가 있는가에 따라 판단해야 한다는 것이 통설·판례이다. 이에 의하면, 법률상 장애가 아닌 사실상 장애가 있음에 불과한 경우에는 소멸시효의 진행을 방해하지 아니한다.

판례는 "소멸시효의 기산점인 '권리를 행사할 수 있는 때'라 함은 권리를 행사함에 있어서 이행기의 미도래, 정지조건 불성취와 같이 권리의 성질상 그 자체에 내재하는 장애 즉 법률상의 장애가 없는 경우를 말하며, 이러한 상태에서 권리를 행사하지 않을 때로부터 소멸시효는 진행한다. 권리자의 개인적 사정이나 법률적 지식의 부족, 권리의 존재의 부지(이러한 부지에 있어 서의 과실 유무 불문) 또는 채무자의 부재 등 사실상의 장애로 권리를 행사하지 못한 경우라 하여 시효가 진행을 하지 않는 것이 아니다."라고 판시하여 이 점을 명확히 하고 있다.[1]

---

[1] 대판 82.1.19, 80다2626(공 82, 257); 대판 04.4.27, 2003두10763(공 04, 916); 대판 07.5.31, 2006다63150(공 07, 962).

2. 법률상의 장애

(1) 법률상 장애의 전형적인 예

기한의 미도래나 정지조건의 불성취 등이 법률상의 장애의 전형적인 예이다.

(2) 법률상 장애 여부가 문제되는 경우

㈎ 항변권이 부착된 채권 　법률상 장애라 하더라도 채권자의 의사로 제거할 수 있는 것은 소멸시의 진행에 영향을 주지 않는다. 예컨대, 동시이행항변이 부착된 채권의 경우, 채권자는 언제라도 자신의 채무의 이행을 제공하여 상대방의 이행을 구할 수 있기 때문에 이행기부터 소멸시효가 진행한다.[2] 선이행의 항변권이 부착된 경우에도 마찬가지이다. 나아가 채권에 유치권항변 또는 보증인의 최고·검색의 항변권의 부담이 부착된 경우에도 그러한 장애는 소멸시효의 진행을 방해하지 않는다. 채권자는 유치권자에 대하여 자신의 채무(책임)를 이행하고 상대방의 유치권을 소멸시킬 수 있거나, 주채무자에 대하여 최고·집행하고 보증인의 항변권을 소멸시킬 수 있는 등 스스로 그 장애를 제거할 수 있기 때문이다.[3]

다만, 판례[4]는 임차인이 임대차 종료 후 동시이행항변권을 근거로 임차목적물을 계속 점유하는 것은 임대인에 대한 보증금반환채권에 기초한 권능을 행사한 것으로서 보증금을 반환받으려는 계속적인 권리행사의 모습이 분명하게 표시되었다고 볼 수 있으므로, 임대차 종료 후 임차인이 보증금을 반환받기 위해 목적물을 점유하는 경우 보증금반환채권에 대한 권리를 행사하는 것으로 보아야 하고, 임차인이 임대인에 대하여 직접적인 이행청구를 하지 않았다고 해서 권리의 불행사라는 상태가 계속되고 있다고 볼 수 없다고 한다. 그리하여 주택임대차보호법에 따른 임대차에서 그 기간이 끝난 후 임차인이 보증금을 반환받기 위해 목적물을 점유하고 있는 경우 보증금반환채권에 대한 소멸시효는 진행하지 않는다고 한다.

㈏ 채권이 압류되거나 질권이 설정된 경우 　채권이 제3자에 의하여 압류되거나 채권자 자신이 채권에 관하여 제3자에게 질권을 설정해 준 경우, 그 목적 채권 자체에 관하여는 어떠한 권리행사의 장애도 없을 뿐만 아니라,

---

2) 대판 91.3.22, 90다9797(공 91, 1244); 대판 93.12.14, 93다27314(공 94, 362).
3) 民法注解 財産法 1 民法總則, 766-767(初版/齊藤和夫).
4) 대판 20.7.9, 2016다244224.

채권자 자신은 그 채권에 관한 처분행위가 제한되더라도 소제기[5] 등 시효중단을 위한 행위를 할 수 있다. 따라서 이러한 사정은 권리행사에 관한 법률상 장애에 해당하지 않고, 피압류채권 및 질권이 설정된 채권의 소멸시효의 진행을 저지하지 못한다.[6] 압류채권자가 채무자의 제3채무자에 대한 채권에 대해 압류명령을 얻은 데 그치지 않고 추심명령을 얻은 경우에도 동일하게 보아야 할 것이다. 이 경우 채무자는 제3채무자를 상대로 소를 제기할 권능을 박탈당하지만[7] 추심권을 부여받은 압류채권자가 제3채무자를 상대로 이행의 소를 제기할 수 있기 때문이다.[8]

　소유권이전등기청구권의 목적 토지에 관하여 제3자가 처분금지가처분을 하였다 하더라도 이는 채권자의 채무자에 대한 소유권이전등기청구권의 행사에 법률상 장애가 되지 않는다.[9] 매매목적 부동산에 처분금지가처분이 있다 하더라도 채무자는 그 부동산을 처분할 수 있고, 다만 그 처분을 가지고 가처분에 저촉하는 범위 내에서 가처분채권자에게 대항할 수 없는 것에 지나지 않으므로,[10] 처분금지가처분의 존재는 사실상의 장애에 불과하기 때문이다.[11]

　　㈐ 사용자의 근로관계종료 후 금품청산기간　　　근로관계 종료 후 사용자는 14일 내에 근로자에게 임금이나 퇴직금 등의 금품을 청산할 의무가 있다($\frac{근기}{§36}$). 이 기간은 사용자에게 그 지급의무의 이행을 유예한 기간이 아니므로, 이 기간이 있다고 하여 퇴직금청구권의 행사에 법률상 장애가 있다고 할 수 없다.[12]

　　㈑ 판례변경 전의 상반된 판례　　　판례가 전원합의체판결에 의하여 변경된 경우, 그 전원합의체판결 전에 그와 상반된 입장을 취한 판례가 있었다는 사정은 원칙적으로 법률상 장애에 해당하지 않는다는 것이 판례의 입장이

---

5) 피압류채권에 관한 채무자의 제3채무자에 대한 소제기에 관하여는 대판 02.4.26, 2001다59033(공 02, 1256), 질권이 설정된 채권에 관한 질권설정자의 제3채무자에 대한 소제기에 관하여는 日大判 1930(昭 5).6.27, 民集 9-9, 619.
6) 民法注解 財産法 1 民法總則, 767(初版/齊藤和夫); 注解 判例民法 民法總則, 694(初版/中川利彦).
7) 대판 00.4.11, 99다23888(집 48-1, 116).
8) 조관행, "추심명령에 의한 추심에 관한 제문제", 재판자료 35, 1987, 516-517; 宮脇幸彦 著 強制執行法(各論) 法律學全集 36-Ⅱ, 1987, 148.
9) 대판 00.5.12, 98다23195(공 00하, 1368).
10) 대판 88.9.13, 86다카191(공 88, 1263).
11) 고영석, "매립지의 일부를 양도받기로 한 경우에 있어서 소유권이전등기청구권의 소멸시효의 기산점", 해설 34, 2000, 41.
12) 대판 01.10.30, 2001다24051(공 01하, 2562).

다.[13] 원래 판례는 헌법·법률·명령·규칙의 해석·적용에 관한 판단일 뿐, 그 법원성(法源性)이 인정되지 아니하므로(통설) 이러한 사정은 법률상 장애로 보기 어렵다.[14]

다만 소멸시효 기산점에 관하여 주관적 기산점을 취하고 있는 민법 §766 Ⅰ의 경우, 판례변경 전의 상반된 판례의 존재는 권리자의 주관적 인식을 곤란하게 하는 사정으로 보아 그 판례변경 후에야 주관적 인식이 가능하다고 볼 수 있으므로 유의할 필요가 있다. 상세는 §766 Ⅰ.9. 부분 참조.

㈕ 법률 규정에 대한 위헌결정이 있었던 경우　　　판례[15]는 "헌법재판소에 의하여 면직처분의 근거가 된 법률 규정이 위헌으로 결정되어 위헌결정의 소급효로 인하여 면직처분이 당연무효가 되고 그 면직처분이 불법행위에 해당되는 경우라도, 그 손해배상청구권은 위헌결정이 있기 전까지는 법률 규정의 존재라는 법률상 장애로 인하여 행사할 수 없었다고 보아야 할 것이므로 소멸시효의 기산점은 위헌결정일로부터 진행된다."고 판시하고 있다.

㈖ 시행령 규정에 대한 무효선언이 있었던 경우　　　권리의 행사에 장애가 되는 하위법규가 상위법규에 저촉되는 경우 그 하위법규의 존재가 법률상의 장애에 해당하는지 문제된다. 판례[16]는 모법인 구 법인세법이나 그 시행령에 근거가 없어 무효인 구 법인세법 시행규칙 조항에 의하여 부과처분을 받고 납부한 국세의 과오납환부청구권은 그 납부일로부터 행사할 수 있는 것이 아니라 위 규정이 조세법률주의에 위배되어 무효임이 선언된 대법원판결 선고일부터 이를 행사할 수 있었던 것으로 보아야 한다며 위 무효 선언의 대법원판결 선고일을 기준으로 시효기산점을 따져야 한다고 한다.

3. 사실상의 장애

권리행사에 사실상의 장애가 존재한다 하더라도 그 장애는 소멸시효의 개시나 진행을 저지하지 못한다.

예컨대, 채권자의 질병·부재라고 하는 개인적인 사실상의 장애는 소멸시

---

13) 대판 70.2.24, 69다1769(집 18-1, 129); 대판 93.4.13, 93다3622(공 93상, 1397); 대판 10.9.9, 2008다15865(공 10하, 1876); 대판 15.9.10, 2015다212220(정보).

14) 구주해(3), 464(윤진수); 김성태, "직접청구권의 소멸시효", 연구 16, 1994, 362.

15) 대판 96.7.12, 94다52195(공 96, 2462). 이에 대한 평석으로는, 윤진수, "위헌인 법률에 근거한 공무원 면직처분이 불법행위로 되는 경우 그로 인한 손해배상청구권 소멸시효의 기산점", 서울대 법학 38-1, 1997, 170-195.

16) 대판 77.3.8, 76다886(집 25-1, 96).

효의 개시·진행을 방해하지 않는다. 채권자가 제한능력자이고 그 대리인도 존재하지 않는 경우 이는 채권자에게 그 권리행사에 관한 사실상의 장애가 존재하는 것으로 그 장애는 시효완성을 정지시키지만($\S_{179}$) 소멸시효의 개시·진행을 저지하지는 못한다. 천재 기타 사변이 있어 소멸시효를 중단할 수 없는 때에도 이는 사실상의 장애에 불과하여 소멸시효의 완성을 정지시킬 뿐($\S_{182}$)이다.

　　채권자가 권리의 존재를 알지 못한 경우, 권리행사 가능시기의 도래를 알지 못한 경우, 또는 권리행사가능성의 존재를 알지 못한 경우 등에도 이와 같은 채권자의 부지는 원칙적으로 소멸시효의 개시·진행을 저지하지 않는다. 그 근거는 채권자의 주관적 인식을 시효기산점으로 인정하는 특별한 규정이 없는 한 권리자의 지·부지와 시효의 기산점과는 관계가 없고, 또한 실질적으로 장기간 권리발생의 사실을 몰랐다고 하는 것은 권리 위에 잠자는 것으로 볼 수밖에 없다는 데 있다.

　　같은 취지에서 판례[17]는 과세처분의 하자가 중대하고 명백하여 당연무효에 해당하는 여부를 당사자로서는 현실적으로 판단하기 어렵다거나, 당사자에게 처음부터 과세처분의 취소소송과 부당이득반환청구소송을 동시에 제기할 것을 기대할 수 없다고 하여도 이러한 사유는 법률상 장애사유가 아니라 사실상의 장애사유에 지나지 않는다고 한다.

　　한편 일본의 판례 중에는 "소멸시효는 권리를 행사할 수 있는 때부터 진행한다."라고 규정한 일본민법 §166 Ⅰ에 관하여 사실상의 장애를 고려하여 시효기산점을 늦춘 것이 있다. 일본의 판례[18]는 "변제공탁에 있어서 공탁물의 지급청구 즉 공탁물의 출급 또는 회수청구권에 대해서 권리를 행사할 수 있는 때란 단지 그 권리의 행사에 법률상의 장애가 없는 것뿐만 아니라 권리의 성질상 그 권리행사를 현실로 기대할 수 있는 것도 필요하다고 해석함이 상당하다. 본래 변제공탁에서는 공탁의 기초가 된 사실을 둘러싸고 공탁자와 피공탁자 사이에 다툼이 있는 것이 많고 이러한 경우 그 다툼이 계속되는 동안 당사자 중 일방이 공탁물의 인도를 받는 것은 상대방의 주장을 인정해서 자기의 주장을 철회한 것이라고 해석될 우려가 있다. 그러므로 분쟁이 해결될 때까지는 공탁물 지급청구권의 행사를 당사자에게 기대하는 것은 사실상 불가능하

---

17) 대판 92.3.31, 91다32053(공 92, 1406).

18) 日最判 1970(昭 45).7.15, 民集 24-7, 771. 이 판례에 대한 평석으로는 戸部真澄·行政判例百選 2〕第6版 別冊ジュリスト212, 2012, 322-323; 中川哲男·法曹時報 23-8, 1971, 256; 坂井芳雄.·金融法務事情 609, 1971, 16; 甲斐道太郎, 民商法雜誌 64-5, 1971, 99.

고, 위 청구권의 소멸시효가 공탁시부터 진행한다고 해석하는 것은 법률이 당
사자의 이익을 보호하기 위해서 마련한 변제공탁제도의 취지에 반하는 결과를
초래한다. 따라서 변제공탁에서 공탁물의 회수청구권의 소멸시효 기산점은 공
탁의 기초로 된 채무에 대한 분쟁이 해결되어 그 부존재가 확정되는 등 공탁
자가 채무 면책의 효과를 받을 필요가 소멸한 때라고 해석함이 상당하다."고
판시한다.

　　최근 일본의 학설 중에는 권리행사가능성은 통상의 일반인을 기준으로 권
리행사를 요구하는 것이 타당한지 여부가 기준이 되어야 한다고 한다면서 통
설이 말하는 사실상의 장애라도 시효의 진행을 막는 것이 타당한 경우가 있다
면 권리남용으로 보는 것을 넘어 정면으로 시효의 진행을 막는 사유로 인정하
여야 한다는 견해가 있다. 또한 언제부터 시효가 진행하는가 하는 소멸시효의
기산점의 문제와 사실상의 장애로 인하여 권리행사가 곤란한 경우 시효를 진
행시켜도 좋은가 하는 시효진행론의 문제는 별개로 보아야 한다면서, 이는 독
일, 프랑스의 경우 시효기산점을 엄격하게 해석하면서 일정한 장애사유가 있
는 경우 시효정지 사유를 유연하게 해석하는 점에서도 뒷받침된다고 한다는 견
해도 있다. 이러한 견해는 소멸시효의 기산점과 관련한 권리행사가능성은 법률
상의 장애가 없는 것을 의미하지만, 시효의 진행과 관련한 권리행사가능성은
사실상의 장애가 없는 것까지 포함하는 개념으로 보아야 한다고 주장한다.[19]

4. 정의와 형평의 원칙 등을 이유로 주관적 기산점을 택한 판례

　　권리의 존재나 권리행사가능성을 알았는지 여부는 법률상의 장애가 아닌
사실상의 장애에 불과하여 소멸시효의 진행에 영향을 미치지 않지만, 판례는
이러한 결과가 지나치게 권리자에게 가혹하여 정의와 형평의 원칙에 반하고
소멸시효의 존재이유에 부합하지 않는 경우에는 예외적으로 주관적 기산점을
택하여 그 불합리를 제거하고 있다.

　　그리하여 판례[20]는 법인의 이사회결의가 부존재함에 따라 발생하는 제3자
의 부당이득반환청구권처럼 법인이나 회사의 내부적인 법률관계가 개입되어
있어 청구권자가 권리의 발생 여부를 객관적으로 알기 어려운 상황에 있고 청

---

19) 학설의 소개는 松本克美, 時效と正義: 消滅時效·除斥期間論の新たな胎動, 2002, 204-
　　206.
20) 대판 03.4.8, 2002다64957, 64964(공 03, 1079).

구권자가 과실 없이 이를 알지 못한 경우에도 청구권이 성립한 때부터 바로 소멸시효가 진행한다고 보는 것은 정의와 형평에 맞지 않을 뿐만 아니라 소멸시효제도의 존재이유에도 부합한다고 볼 수 없으므로, 이러한 경우에는 이사회결의부존재확인판결의 확정과 같이 객관적으로 청구권의 발생을 알 수 있게 된 때로부터 소멸시효가 진행된다고 한다.

또한 판례[21]는 건물신축공사에서 하수급인의 수급인에 대한 저당권설정청구권은 수급인이 건물 소유권을 취득하면 성립하고 그때부터 권리를 행사할 수 있지만, 건물 소유권의 귀속주체는 하수급인의 관여 없이 도급인과 수급인 사이에 체결된 도급계약의 내용에 따라 결정되고, 더구나 건물이 완성된 이후 소유권 귀속에 관한 법적 분쟁이 계속되는 등으로 하수급인이 수급인을 상대로 저당권설정청구권을 행사할 수 있는지를 객관적으로 알기 어려운 상황에 있어 과실 없이 이를 알지 못한 경우에는, 정의와 형평의 원칙 및 소멸시효 제도의 존재이유에 비추어 객관적으로 하수급인이 저당권설정청구권을 행사할 수 있음을 알 수 있게 된 때부터 소멸시효가 진행한다고 한다.

나아가 판례[22]는 보험금청구권은 원칙적으로 보험금액청구권의 소멸시효는 보험사고가 발생한 때로부터 진행하지만, 보험사고가 발생한 것인지의 여부가 객관적으로 분명하지 아니하여 보험금청구권자가 과실 없이 보험사고의 발생을 알 수 없었던 경우에도 보험사고가 발생한 때로부터 보험금청구권의 소멸시효가 진행한다고 해석하는 것은, 보험금청구권자에게 너무 가혹하여 사회정의와 형평의 이념에 반할 뿐만 아니라 소멸시효제도의 존재이유에 부합된다고 볼 수도 없으므로 이와 같이 객관적으로 보아 보험사고가 발생한 사실을 확인할 수 없는 사정이 있는 경우에는 보험금청구권자가 보험사고의 발생을 알았거나 알 수 있었던 때로부터 보험금청구권의 소멸시효가 진행한다고 한다. 이는 부동산중개업자의 불법행위 또는 채무불이행으로 인한 한국공인중개사협회에 대한 공제금청구권의 경우에도 마찬가지이다.[23]

다만 보험금청구권에 관한 위와 같은 판례의 입장은 구체적인 사안에 따

---

21) 대판 16.10.27, 2014다211978(공 16, 1760).
22) 대판 93.7.13, 92다39822(공 93하, 2240); 대판 97.11.11, 97다36521(공 97하, 3772); 대판 01.4.27, 2000다31168(공 01상, 1238); 대판 01.12.28, 2001다61753(공 02상, 368); 대판 05.12.23, 2005다59383, 59390(공 06, 174); 대판 08.11.13, 2007다19624(공 08하, 1678); 대판 12.9.27, 2010다101776(정보); 대판 13.9.26, 2013다346939(정보).
23) 대판 12.2.23, 2011다77870(공 12상, 511).

라 예외적으로 인정한 것임을 유의할 필요가 있다.[24] 예컨대, 판례[25]는 피해자가 스스로 자동차를 운전하다가 사망한 사고에 관해 보험회사가 보험금청구권자에게 그 사고는 면책 대상이어서 보험금을 지급할 수 없다는 내용의 잘못된 통보를 하였다는 사유는 사실상의 장애에 불과하고 이러한 사정은 주관적 기산점을 택할 사유가 되지 않는다고 한다.

5. 본조 제1항 중 과거사정리법 일부 사건 적용 부분에 대한 위헌결정

헌법재판소 판례[26]는 민법 §166 Ⅰ, §766 Ⅱ 중 진실·화해를 위한 과거사정리 기본법(이하 '과거사정리법'이라 한다) §2 Ⅰ (iii)의 '민간인 집단희생사건', (iv)의 '중대한 인권침해사건·조작의혹사건'에 적용되는 부분은 헌법에 위반된다고 한다.

그 이유로 국가가 소속 공무원들의 조직적 관여를 통해 불법적으로 민간인을 집단 희생시키거나 장기간의 불법구금·고문 등에 의한 허위자백으로 유죄판결을 하고 사후에도 조작·은폐를 통해 진상규명을 저해하였음에도 불구하고, 그 불법행위 시점을 소멸시효의 기산점으로 삼는 것은 피해자와 가해자 보호의 균형을 도모하는 것으로 보기 어렵고, 발생한 손해의 공평·타당한 분담이라는 손해배상제도의 지도원리에도 부합하지 않는다고 한다. 그러므로 과거사정리법 §2 Ⅰ (iii), (iv)에 규정된 사건에 민법 §166 Ⅰ, §766 Ⅱ의 '객관적 기산점'이 적용되도록 하는 것은 합리적 이유가 인정되지 않는다고 한다.[27] 위 각 호에 규정된 사건에 민법 §166 Ⅰ, §766 Ⅱ의 '객관적 기산점'을 적용하도록 규정하는 것은, 소멸시효제도를 통한 법적 안정성과 가해자 보호만을 지나치게 중시한 나머지 합리적 이유 없이 위 사건 유형에 관한 국가배상청구권 보장 필요성을 외면한 것으로서 입법형성의 한계를 일탈하여 청구인들의 국가배상청구권을 침해한다고 한다.

이러한 헌법재판소의 결정은 양적 일부위헌결정으로서 법원을 기속한다.[28]

---

24) 구체적인 사안을 분석한 글로는, 이상훈, "보험금청구권의 소멸시효의 기산점", 상사판례 연구 7, 2007, 205-234; 정진세, "신원보증보험금청구권의 소멸시효 기산점", 고시계 508, 1999, 219-229.

25) 대판 97.11.11, 97다36521(공 97하, 3772).

26) 헌재 18.8.30, 2014헌바148, 2015헌바50(헌공 263, 1394).

27) 그러나 과거사정리법 §2 Ⅰ (iii), (iv)에 규정된 사건에 민법 §766 Ⅰ의 '주관적 기산점'이 적용되도록 하는 것은 피해자와 가해자의 균형을 도모하기 위한 것으로 합리적 이유가 인정된다고 한다.

28) 대판 19.11.14, 2018다233686(공 20상, 16).

따라서 과거사정리법 §2 Ⅰ (ⅲ)의 '민간인 집단희생사건', (ⅳ)의 '중대한 인권침해사건·조작의혹사건'에 해당하여 국가배상청구 소송이 제기되고, 그 소송에서 문제된 소멸시효가 '객관적 기산점'이 적용되는 것이라면, 그 소멸시효 항변이 권리남용에 해당하는지 살펴볼 필요 없이 그 항변은 배척되어야 한다.

Ⅲ. 각종 채권의 소멸시효 기산점

1. 확정기한부 채권

기한은 가장 일반적인 법률상의 장애이다. 권리자는 이행기가 도래할 때까지 권리를 행사할 수 없으므로 그 권리의 소멸시효는 이행기가 도래함으로써 비로소 진행을 개시한다. 변제기를 유예한 경우에는 그 유예기간이 만료한 때부터 소멸시효가 진행한다.[29] 다만 확정기한부 채권은 기간의 계산에 관한 민법 §157의 취지에 따라 당사자의 의사표시 그 밖의 사정에 의하여 이행기일을 오전 영시로 볼만한 사유가 없는 한 이행기일의 다음날부터 시효가 진행한다.[30]

2. 불확정기한부 채권

불확정기한부채권도 그 이행기가 도래한 때부터 소멸시효가 진행한다. 채권자가 기한의 도래를 알지 못한 경우가 문제되나, 채무자가 기한의 도래를 안 때부터 이행지체의 책임을 지는 경우($\substack{§387 \\ 1}$)와는 달리 소멸시효는 '권리를 행사할 수 있는 때'부터 진행되므로 채무자가 기한의 도래를 알고 있었는지 여부, 채권자가 알았는지 여부 또는 과실의 유무 등을 불문하고 기한이 도래한 때부터 소멸시효가 진행한다.

판례[31]는 당사자가 불확정한 사실이 발생한 때를 이행기한으로 정한 경우에는 그 사실이 발생한 때는 물론이고 그 사실의 발생이 불가능하게 된 때에도 이행기한은 도래한다고 한다. 이에 따르면 기한으로 정한 불확정한 사실이 발생한 때는 물론 발생이 불가능하게 된 때에도 그 채권의 소멸시효가 진행한다.

---

29) 日最判 1967(昭 42).6.23, 判時 488, 59.
30) 日大判 1931(昭 6).6.9, 法律新聞 3292, 14.
31) 대판 89.6.27, 88다카10579(공 89, 1147).

　또한 판례는 채무의 변제에 관하여 일정한 사실이 부관으로 붙여진 경우 그 사실의 실현이 주로 채무를 변제하는 사람의 성의나 노력에 따라 좌우되고, 채권자가 그 사실의 실현에 영향을 줄 수 없는 경우에는 사실이 발생하는 때는 물론이고 그 사실의 발생이 불가능한 것으로 확정되지는 않았더라도 합리적인 기간 내에 그 사실이 발생하지 않는 때에도 채무의 이행기한은 도래한다고 보아야 한다고 한다.[32] 이에 따르면 위와 같은 유형의 불확정기한의 경우에는 부관으로 정한 사실이 발생한 때에는 물론이고 합리적인 기간 내에 발생하지 않는 때에도 채무의 이행기한은 도래하고 그때부터 소멸시효가 진행한다.

3. 기한의 정함이 없는 채권

　기한의 정함이 없는 채권은 채권자가 언제라도 이행을 청구할 수 있으므로, 채권발생시가 권리를 행사할 수 있는 때가 된다. 이러한 시효기산점은 채무자가 이행의 청구를 받은 때부터 이행지체에 빠지는 것($\frac{\S 387}{\text{II}}$)과 다르다.

　변제기한을 정하지 않은 소비임치상의 채권의 경우 임차인은 언제라도 반환을 청구할 수 있으므로($\frac{\S}{699}$), 계약이 성립한 때부터 그 채권의 소멸시효가 진행한다. 반환시기의 약정이 없는 소비대차의 경우 대주는 언제라도 상당한 기간을 정하여 반환을 최고할 수 있으므로($\frac{\S}{603}$) 대주의 반환청구권은 소비대차계약의 성립시가 아니라 그 성립시로부터 상당한 기간이 경과한 때부터 소멸시효가 진행한다.[33]

　이는 청구 및 해지통고 후 상당한 기간이 경과한 후에 비로소 권리를 행사할 수 있는 경우[$\frac{\S 635(기간의 \ 정함이 \ 없는 \ 임대차)}{\S 660(기간의 \ 정함이 \ 없는 \ 고용)}$]에도 마찬가지이다. 즉 이러한 경우는 청구 및 해지통고를 할 수 있는 때나 실제로 해지통고한 때가 아니라, '청구 및 해지통고를 할 수 있는 때로부터 상당한 기간이 경과한 시점'에서 시효기간이 진행한다고 해석하여야 한다.[34] 만약 청구나 해지통고를 시효진행의 개시를 위한 절대적 요건으로 본다면 채권자가 청구도 해지통고도 하지 아니한 채 방치한 경우 이러한 채권은 시효가 진행하지 않게 되어 불합리하고, 이와 달리 청구나 해지통고를 할 수 있는 때부터 바로 시효가 진행한다고 하면 본래 청구권이 발생할 때까지 필요로 하는 상당기간이 고려되지 않은 채 시효

---

32) 대판 03.8.19, 2003다24215(공 03, 1870); 대판 09.5.14, 2009다16643(공 09상, 842); 대판 18.4.24, 2017다205127(공 18, 947).
33) 日東京高判 1966(昭 41).6.17, 金融法務事情 449, 8.
34) 日大判 1914(大 3).3.12, 民錄 20, 152.

가 진행되어 채권자에게 부당히 불리하기 때문이다.

한편, 사무관리에 기한 비용상환청구권은 기한의 정함이 없기 때문에 그 소멸시효는 그 권리가 발생한 때부터 진행한다.[35) 주채무자로부터 위탁을 받은 보증인의 주채무자에 대한 구상권도 기한의 정함이 없기 때문에 변제 등 면책행위를 한 때부터 시효가 진행한다.[36)

4. 기한이익상실특약부 채권

할부금채무의 경우 채무자가 할부금의 변제를 1회라도 지체한 때에는 채권자가 즉시 채권 전액을 청구할 수 있다고 특약하는 경우가 있다. 비단 할부금채무에 관한 것이 아니라 하더라도, 변제기의 정함이 있는 채권에 관하여 이와 같이 일정한 사유가 발생하면 채권자의 청구에 의하여 또는 어떠한 통지나 최고 없이도 당연히 기한의 이익을 상실한다는 취지의 특약이 부가되고 실제 그 와 같은 일정한 사유가 발생한 경우, 언제를 소멸시효의 기산점으로 보아야 하는지 문제된다.

판례[37)는 기한의 이익상실 특약을 그 내용에 따라 일정한 사유가 발생하면 채권자의 청구가 없이도 당연히 기한의 이익을 상실하여 이행기가 도래하는 '정지조건부 기한 이익상실 특약'과 일정한 사유가 발생한 후에도 채권자의 통지나 청구 등의 의사표시를 기다려 비로소 이행기가 도래하는 '형성권적 기한 이익상실 특약'으로 구별하여, 전자의 경우에는 기한의 이익 상실사유가 발생한 때부터 곧바로 소멸시효가 진행하고, 후자에 대하여는 채권자가 특히 남은 채무의 전액의 변제를 구하는 취지의 의사표시를 한 때에 한하여 그 전액에 대하여 그 때부터 소멸시효가 진행한다고 한다. 그리고 기한이익 상실의 특약이 위의 양자 중 어느 것에 해당하느냐는 당사자의 의사해석의 문제이지만 일반적으로 명백히 정지조건부 기한이익 상실 특약이라고 볼 만한 특별한 사정이 없는 이상 형성권적 기한이익 상실 특약으로 추정하는 것이 타당하다고 한다. 그리하여 기한이익 상실의 특약이 있는 할부채무에 있어서는 1회의 불이행이 있더라도 각 할부금에 대해 그 각 변제기의 도래시마다 그 때부터 순

---

35) 日最判 1968(昭 43).7.9, 判時 530, 34.
36) 日最判 1985(昭 60).2.12, 民集 39-1, 89.
37) 대판 97.8.29, 97다12990(공 97하, 2867); 대판 02.9.4, 2002다28340(공 02하, 2334); 대판 10.8.26, 2008다42416, 42423(공 10하, 1799). 같은 취지의 일본의 판례로는 大判 1940(昭 12).3.13, 民集 19, 544; 日最判 1967(昭 42).6.23, 民集 21-6, 1492.

차로 소멸시효가 진행하고 채권자가 특히 잔존 채무 전액의 변제를 구하는 취지의 의사를 표시한 경우에 한하여 잔액 전부에 대하여 그 때부터 소멸시효가 진행한다고 한다.

일본의 다수설은 이러한 입장에 찬동한다.[38] 기한의 이익상실 특약은 채권자의 이익을 위한 것으로, 채무자의 채무불이행 등이 있다 하더라도 채권자가 기한의 이익을 상실시키지 않고 채무자로 하여금 당초의 약정대로 변제할 수 있도록 인정하고 있음에도 잔액 전부의 소멸시효가 진행한다고 보는 것은 불합리하다는 것이다.[39]

이에 대하여 반대하는 학설[40]은 채권자의 청구를 요하는 경우에도 일정한 사유가 발생하면 채권자는 잔존 채권 전액에 관하여 청구를 할 수 있는 상태, 즉 권리행사를 할 수 있는 상태에 있기 때문에 그 때부터 시효가 진행한다고 해석하여야 하고, 판례의 입장은 지체의 요건으로서 청구가 필요하다는 것과 채권의 소멸시효 진행시기를 혼동한 것이라고 하면서 판례를 비판한다. 이 견해는 정지조건부 기한의 이익 상실특약을 기한의 정함이 없는 경우와 동일시하는 입장에 서 있는 것이다.[41]

판례에서 말하는 일정한 사유에는 '채무자의 채무불이행'뿐만 아니라 '제3자에 의한 압류 · 가압류 등'도 포함되기 때문에 후자를 기한의 이익상실 사유로 삼는 특약이 있는 경우에도 그 논의 및 결론은 앞서 본 바와 다르지 않다.[42]

5. 예금채권

(1) 보통예금

보통예금은 기간의 정함이 없는 소비임치라고 해석되고, 예금 후 언제라도 즉시 인출할 수 있기 때문에 예금과 동시에 시효기간이 진행한다는 것이 통설이다. 이에 대하여는 예금계약의 경우 기간의 정함이 있는지 여부를 불문하고

---

38) 民法注解 財産法 1 民法總則, 771(初版/齊藤和夫).

39) 末川 博, 民商 12-3, 558.

40) 我妻榮, 新訂民法總則, 1971, 486; 四宮和夫, 民法總則(第4版), 307; 김상배, "기한이익 상실의 특약 있는 할부채무에서 소멸시효의 진행시기", 재판과 판례 8, 1999, 105-108; 최진갑, "기한이익상실특약이 있는 할부지급채무의 소멸시효 기산점", 판례연구 11, 2000, 29-32; 엄동섭, "기한이익상실약관과 소멸시효", 고시연구 32-6, 2005, 65-67.

41) 民法注解 財産法 民法總則 1, 1994, 698(初版/山崎敏彦).

42) 民法注解 財産法 1 民法總則, 1989, 771(初版/齊藤和夫).

예금의 반환을 청구하지 않더라도 권리 위에 잠자는 자로 볼 수 없으므로, 해지 또는 기타 사유에 의한 종료시에 비로소 소멸시효가 진행한다는 견해가 있다.[43] 그러나 이러한 견해는 소비임치의 일종인 예금계약을 기간이 없는 일반 소비임치의 소멸시효 기산점과 합리적 이유 없이 달리 취급하는 것일 뿐만 아니라, 휴면예금관리재단의 설립 등에 관한 법률 §2 (iii), (iv)가 "휴면예금 원권리자란 소멸시효가 완성되어 예금 등에 대한 채권 또는 청구권을 상실한 자를 말한다."고 규정하고 있는 것과도 배치되므로 타당하다고 보기 어렵다.

한편, 예금거래는 계속적·포괄적 계약이어서 예금 또는 인출시마다 예금액은 증감하나, 상시 일체적인 잔고채권으로서 취급되어 예금시 또는 인출시마다 예금잔고 전체에 대한 채무 승인이 있다고 볼 수 있으므로, 그때마다 시효가 중단된다.[44] 하급심판례[45]는 금융기관이 최종거래일로부터 소멸시효기간이 완성하기 전에 예금에 대하여 정기적으로 이자를 그 예금계좌에 예금결산이자 명목으로 지급하는 것으로 전산처리하고 예금주가 언제든지 그 잔액조회를 할 수 있는 상태에 놓이게 한 것은 예금주의 예금채권의 존재를 인식하고 있다는 것을 전제로 한 것이어서 채무의 승인에 해당한다고 한다.

(2) 정기예금

정기예금은 기간을 정하여 예금을 하고, 기간만료시까지 반환청구를 할 수 없으므로, 예금기간만료일부터 시효가 진행한다.

(3) 통지예금

예금 후 일정기간의 거치기간이 경과한 다음 인출 예고를 하면 언제라도 반환을 받을 수 있는 통지예금은 거치기간과 예고기간이 경과한 날부터 예금을 반환받을 수 있으므로, 그 경과한 날부터 시효가 진행한다.[46] 그러나 이는 예금주가 실제로 통지를 하였을 때의 경우이고, 만일 장기간에 걸쳐 통지를 하지 아니하여 시효소멸이 문제되는 경우에는 이는 앞서 본 '청구 및 해지통고 후 상당한 기간이 경과한 후 비로소 권리를 행사할 있는 경우'에 준하여 처리하여야 할 것이다.[47]

---

43) 김교창, "예금채권의 소멸시효", 중재 7-2, 1983, 25-29.
44) 民法注解 財産法 1 民法總則, 773(初版/齊藤和夫).
45) 서울고판 81나3137(미간행, 대결 82.12.28, 82다카693으로 상고허가신청 기각); 서울행판 11.11.30, 2011구합10782(각공 12상, 264).
46) 구주해(3), 468(윤진수); 民法注解 財産法 1 民法總則, 760-761(初版/齊藤和夫).
47) 民法注解 財産法 1 民法總則, 770((初版/齊藤和夫).

(4) 당좌예금

당좌예금은 당좌예금계약에 기초하여 개설되고 수표·어음의 지급위탁을 수반하는 요구불예금이다. 일반적으로 당좌예금계약에는 금원을 은행에 당좌예금으로 예입하면 예금자는 언제라도 은행을 지급인으로 하는 수표·어음을 발행하고 은행은 이에 따라 그 수표·어음의 지급을 함으로써 예금을 반환하기로 하는 약정이 포함되어 있다. 당좌예금채권에 대한 소멸시효의 기산점에 관하여는 '당좌예금관계 성립시설'과 당좌예금관계 종료시설' 및 '잔고채권 갱신시설'이 대립한다.

일본의 판례는 당초 성립시설을 취하여 당좌예금은 언제라도 반환을 청구할 수 있는 것을 이유로 예금관계가 발생한 때로부터 시효가 진행한다고 하였다.[48] 그러나 그 후 종료시설로 입장을 변경하여 당좌예금은 당좌계정거래를 구성하는 불가분의 한 요건으로서 당좌계정거래계약이 존속하는 한 예금자는 어음·수표에 의하지 않고서는 그 당좌예금의 지급을 청구할 수 없으므로, 당좌계정거래계약의 종료시부터 시효가 진행한다고 입장을 변경하였다.[49] 또한 일본의 판례는 당좌대월계약상의 대출채권에 관하여도 당좌대월계약이 종료되지 않는 한 개개의 대출일로부터 시효가 진행되는 것이 아니고[50] 당좌대월계약의 종료시부터 시효가 진행한다고 한다.[51]

성립시설을 취하는 학설은 당좌예금을 기한의 정함이 없는 소비임치로 보는 것으로서 예금자는 단순히 어음·수표에 의해서만 예금을 반환받을 수 있는 제약을 받을 뿐, 언제라도 예금의 반환을 청구할 수 있는 이상, 소멸시효의 기산점은 권리행사가능시 즉 당좌예금관계의 성립시라고 한다. 성립시설은 종료시설에 대하여 다음과 같이 비판한다. 즉, 종료시설은 채권자가 어음·수표를 발행하지 않는 한 채권을 행사할 수 없다는 점을 주된 근거로 하나, 만일 채권자가 어음·수표를 발행하지 않은 채 당좌예금채권을 방치한 경우에는 언제까지나 시효가 진행하지 않는다는 결과가 되어 부당하고, 예금자는 예금 직후부터 반환청구를 할 수 있고 당좌예금계약을 언제든지 해약할 수 있는 이상 당좌예금채권의 소멸시효는 예금계약시부터 진행한다고 보아야 한다고 한다.[52]

---

48) 日大判 1910(明 43).12.13, 民錄 16, 937.
49) 日大判 1935(昭 10).2.19, 民集 14-1, 137.
50) 日大判 1935(昭 10).12.24. 大審院判決全集 3-1, 6.
51) 日大判 1936(昭 11).12.24, 法律新聞 4100, 11.
52) 民法注解 財産法 1 民法總則, 773-774(初版/齊藤和夫); 我妻榮, 新訂民法總則, 1971,

종료시설을 취하는 학설은 근래의 다수설인데, 당좌예금계약에는 통상 상
호계산계약($\frac{상}{\S 7}$)이 수반되고, 그 상호계산계약에 기초하여 일정한 계산시기($\frac{상}{\S 74}$)
에 그 때까지 취득한 그 채권총액과 예금채권총액을 서로 상계를 행하기 때문
에, 당좌예금채권의 소멸시효기간의 기산점은 당좌예금계약관계의 종료시로
보아야 한다고 한다. 종료시설은 성립시설에 대하여 다음과 같이 비판한다.
즉, 당좌예금은 예금자를 위한 어음자금·수표자금이고, 이 당좌예금계약에 기
하여 은행 측에 어음·수표에 의한 지급사무가 위탁되어 있는 한, 예금자의 예
금반환청구권은 미발생($\frac{권리행}{사불가능}$) 상태이고, 따라서 당좌예금계약이 존속하는 한
($\frac{그것이 종료}{되지 않는 한}$) 당좌예금채권의 소멸시효는 진행하지 아니한다고 한다.[53]

한편 '잔고채권 갱신시설'을 취하는 학설[54]은 당좌계정거래계약은 예금시
또는 어음금·수표금의 지급시마다 예금잔고가 증감하고 채권원인이 갱신되는
하나의 잔고채권이 항시 존재하므로, 그 잔고채권에 관한 소멸시효를 고려하
면 족하다고 하면서, 소멸시효는 잔고채권 성립시 즉 예금시부터 진행하고, 그
후 추가적인 예금이나 어음금·수표금의 지급에 의하여 잔고채권의 갱신이 이
루어지면 그때부터 새로운 시효가 진행한다고 주장한다.[55]

6. 조건부채권

정지조건부 채권은 정지조건의 성취시부터 소멸시효가 진행한다. 해제조
건부채권은 해제조건의 성취가 미정인 동안에도 시효가 진행하고 그 기산점은
채권의 성립시이다.

7. 선택채권

판례[56]는 선택채권에서 선택하는 권한이 누구에게 있는지에 관하여 약정
이 없는 경우 민법 §380에 의하여 채무자에게 선택권이 있고, 채무자가 선택
권을 행사하지 아니하는 경우에는 민법 §381에 따라서 채권자가 상당한 기간
을 정하여 그 선택을 최고할 수 있고, 그래도 채무자가 그 기간 내에 선택하

488.

53) 民法注解 財産法 1 民法總則, 774(初版/齊藤和夫).

54) 前田庸, "交互計算の擔保的機能について: 交互計算殘高に對する差押の可否をめぐって",
法學協會雜誌 79-4, 1962, 45.

55) 民法注解 判例民法 民法總則, 697(初版/中川利彦).

56) 대판 00.5.12, 98다23195(공 00하, 1368). 이에 대한 해설로는 고영석(주 11), 31-42.

지 아니할 때에 채권자가 선택할 수 있는 것이므로, 채권자의 선택채권에 관한 기산점은 자신이 선택권을 행사할 수 있는 때, 즉 채무자가 선택할 수 있음에도 선택하지 아니한 때로부터 상당한 기간이 경과한 때라고 보아야 한다고 한다. 그리하여 매립사업자가 매립공사 준공등기 후 매립지 중 일부를 즉시 양도하기로 약정하였으나 그 선택권의 소재에 관하여 약정이 없었던 경우, 매립지에 대한 매립사업자 명의의 소유권보존등기가 경료되고 도시계획결정 및 지적고시가 이루어져 그 소유토지의 위치와 면적이 확정된 때로부터 매립사업자의 선택권 행사에 필요한 상당한 기간이 경과한 날로부터 양수인의 소유권이전등기청구권의 소멸시효가 진행된다고 한다.

또한 판례[57]는 타인의 대리인으로 계약을 한 자가 그 대리권을 증명하지 못하고 또 본인의 추인을 얻지 못한 때에는 상대방의 선택에 쫓아 계약의 이행 또는 손해배상의 책임이 있는데($\S^{135}_1$), 그 상대방이 가지는 무권대리인에 대한 계약이행 또는 손해배상 청구권의 소멸시효는 그 선택권을 행사할 수 있는 때부터 진행하고, 그 선택권을 행사할 수 있는 때라고 함은 대리권의 증명 또는 본인의 추인을 얻지 못한 때라고 한다. 이에 대해서는 무권리대리인에 대한 손해배상청구권은 민법 § 766를 준용하여 청구권자가 무권대리인이 누구인지를 안 때로부터 위 시효기간을 기산하여야 한다는 견해[58]가 있다.

8. 부작위를 목적으로 하는 채권

건물을 건축하지 않거나 영업을 하지 않는 등의 부작위를 목적으로 하는 채권에 관하여는 위반행위가 있었던 때부터 시효가 진행한다. 위반행위가 없는 이상 채권은 만족을 얻고 있는 상태에 있고, 채권자는 어떠한 권리행사도 할 여지가 없기 때문이다.

한편, 1회적인 부작위를 목적으로 하는 채권, 예컨대 "모월 모일에 본건 건물에 들어가지 않는다."는 부작위 의무를 내용으로 하는 채권에 관하여는 그 위반행위가 행해짐에 의하여 그 채권의 내용은 이미 실현불가능한 것이 되므로 부작위를 목적으로 하는 채권 자체의 소멸시효는 문제될 여지가 없다. 이 경우 채권자로서는 채무자에 대하여 채무불이행책임을 추급할 수 있을 따름이다.[59]

---

57) 대판 63.8.22, 63다323(집 11-2, 83); 대판 65.8.24, 64다1156(집 13-2, 69).

58) 이영준, "무권대리인의 상대방에 대한 책임", 사론 17, 1986, 32-22(Flume, Allgemeiner Teil des Bürgerlichen Rechts Ⅱ, S. 802를 인용).

59) 民法注解 財産法 1 民法總則, 775(初版/齊藤和夫).

9. 형성권 및 형성권의 행사로 인하여 생긴 청구권

형성권에 관하여 소멸시효의 대상적격을 인정하는 경우 형성권의 소멸시효는 그 권리행사가능시부터 진행한다. 또한 유류분반환청구권($\S_{1117}$)과 같이 형성권의 기산점에 법률에 명문의 규정을 두고 있는 경우에는 그 시점부터 소멸시효가 진행한다.

형성권에 관하여 제척기간이 정해져 있는 경우, 그 기간 내에 형성권을 행사하면 위에서 본 바와 같이 그 효과로서 원상회복청구권, 손해배상청구권 등의 채권이 생긴다. 이들 채권에 관하여는 그 때로부터 다시 소멸시효가 진행하는지 아니면 형성권의 제척기간은 이러한 권리의 존속기간도 함께 정한 것으로 보아야 하는지 문제된다.

'제척기간 내 권리행사설'은 형성권의 행사기간을 두는 취지가 법률관계를 조속히 안정시키는 데 있으므로, 형성권의 행사기간을 곧 채권의 존속기간으로 보아야 하고, 따라서 형성권을 행사할 수 있는 때가 형성권 행사로 발생하는 채권의 소멸시효 기산점이 된다고 한다.

'형성권 행사 후 소멸시효 진행설'은 법률관계의 안정이라는 목적은 형성권이 행사됨으로써 달성되는 것이므로, 형성권의 행사로 발생하는 채권의 행사기간을 형성권의 행사기간 내에 포함시킬 필요가 없다고 한다.

판례는 후자의 견해를 따르고 있다. 즉 판례[60]는 징발재산정리에관한특별조치법 §20 소정의 환매권은 일종의 형성권으로서 그 존속기간은 제척기간으로 보아야 할 것이나, 환매권의 행사로 발생한 소유권이전등기청구권은 위 기간 제한과는 별도로 환매권을 행사한 때로부터 일반채권과 같이 민법 §162 소정의 10년의 소멸시효 기간이 진행되는 것이지, 위 제척기간 내에 이를 행사하여야 하는 것은 아니라고 한다.

또한 판례[61]는 유류분권리자가 민법 §1117 소정의 소멸시효 기간 안에 재판상 또는 재판 외에서 상대방에 대한 의사표시의 방법으로 유류분반환청구권을 행사하면 그의 유류분을 침해하는 범위 내에서 유증 또는 증여는 소급적으로 효력을 상실하고 상대방은 그와 같이 실효된 범위 내에서 유증 또는 증여의 목적물을 반환할 의무를 부담하는데, 유류분반환청구권을 행사함으로써 발생하는 목적물의 이전등기청구권 등은 유류분반환청구권과는 다른 권리이므

---

60) 대판 91.2.22, 90다13420(집 39-1, 172).
61) 대판 15.11.12, 2011다55092(정보).

로, 그 이전등기청구권 등에 대하여는 민법 §1117 소정의 유류분반환청구권
에 대한 소멸시효가 적용될 여지가 없고, 그 권리의 성질과 내용 등에 따라 별
도로 소멸시효의 적용 여부와 기간 등을 판단하여야 한다고 한다. 이 판례는
유류분반환청구권의 법적 성질에 관하여 형성권설을 채택하면서 유류분반환청
구권의 행사로 인하여 발생하는 수증자 또는 수유자에 대한 반환청구권이 원
물반환청구권인 경우에는 이를 물권적 청구권으로 보고, 원물반환이 아닌 가
액반환청구권은 이를 채권적 부당이득반환청구권으로 보아 소멸시효 적용 여
부 및 기간을 판단하라는 취지로 풀이된다.

10. 공탁자의 공탁물회수청구권 및 피공탁자의 공탁물출급청구권

(1) 학설 및 판례

변제공탁을 한 경우 공탁자는 민법 §489, 공탁법 §9 Ⅱ에 의하여 공탁물
을 회수할 수 있다. 공탁자의 공탁금회수청구권과 피공탁자의 공탁금출급청구
권의 소멸시효는 10년인데,[62] 그 기산점에 관하여는 공탁시설과 분쟁종결시설
이 대립한다.[63] 공탁시설은 민법 §489 Ⅰ의 사유가 없는 한 공탁자는 공탁을
한 때부터 공탁금회수청구권을 행사할 수 있으므로, 공탁을 한 때가 소멸시효
의 기산점이고,[64] 공탁금출급청구권의 경우에는 공탁통지서 수령일이 소멸시
효의 기산점이라고 한다. 분쟁종결시설은 당사자 사이에 공탁의 기초가 된 사
실에 관하여 다툼이 있는 경우, 공탁자에게는 공탁의 기초가 된 채권이 소멸할
때까지는 공탁금을 회수할 것을 기대할 수 없고, 피공탁자도 공탁의 무효를 주
장하고 있음에도 출급청구권을 행사하면 공탁원인을 인정한 것이 되므로, 그
에게 출급청구권의 행사를 기대하는 것은 무리라는 이유로, 공탁의 기초가 된
채무에 관한 분쟁이 해결되어 공탁에 의한 면책의 효과를 받을 필요가 소멸한
때부터 공탁금지급청구권의 소멸시효가 기산된다고 한다.[65] 앞서 본 바와 같
이 일본의 판례[66]는 권리를 행사할 수 있다고 하는 것은 단지 그 권리의 행사

---

62) 공탁금지급청구권의 소멸시효와 국고귀속절차(행정예규 제560호) §1 가항; 日最判
1970(昭 45).7.15, 民集 24-7, 771; 日最判 2001(平 13).11.27, 民集 55-6, 1334.
63) 다만 공탁유가증권 및 공탁물품에 대하여는 소유권에 관한 청구가 가능하므로 소멸시효
가 완성되지 아니한다[공탁금지급청구권의 소멸시효와 국고귀속절차(행정예규 제560호)
§1 나항].
64) 구주해(3), 471(윤진수).
65) 주석 총칙(3), 581(제4판/이연갑).
66) 日最判 1970(昭 45).7.15, 民集 24-7, 771; 日最判 2001(平 13).11.27, 民集 55-6,

에 법률상 장애가 없다고 하는 것만이 아니라 권리의 성질상 그 권리행사가 현실로 기대될 수 있는 것이라고 한다고 전제한 다음, 분쟁해결시설을 취하고 있다.

(2) 공탁실무[67]

㉮ 변제공탁　　　공탁금회수청구권은 '공탁일'로부터, 공탁금출급청구권은 '공탁통지서 수령일'로부터 기산함이 원칙이나, 공탁의 기초가 된 사실관계에 대하여 공탁자와 피공탁자 사이에 다툼이 있는 경우에는 공탁금출급청구권 및 공탁금회수청구권 모두 그 '분쟁이 해결된 때'로부터 기산한다.

채권자의 수령불능을 원인으로 한 공탁과 절대적 불확지공탁의 경우, 공탁금 출급청구권은 공탁서 정정 등을 통한 공탁통지서의 수령 등에 의하여 '피공탁자가 공탁사실을 안 날(공탁통지서 수령일)'로부터 기산하므로, 피공탁자의 불확지로 공탁통지를 하지 못한 상태에서는 소멸시효기간도 진행되지 않는다(공탁선례 2-358, 2-360). 상대적 불확지공탁의 경우 공탁금 출급청구권은 '공탁금의 출급청구권을 가진 자가 확정된 때'로부터 기산하고, 공탁에 반대급부의 조건이 있는 경우에는 '반대급부가 이행된 때'로부터, 공탁이 정지조건 또는 시기부 공탁인 경우에는 '조건이 성취된 때 또는 기한이 도래된 때'로부터 기산한다.

㉯ 공탁원인이 소멸하거나 착오공탁의 경우　　　공탁원인이 소멸된 경우의 공탁금회수청구권의 소멸시효는 '공탁원인이 소멸된 때'로부터 기산하고, 착오공탁의 경우의 공탁금 회수청구권의 소멸시효는 '공탁일'로부터 기산한다. 따라서 적법하지 아니한 절차에 의하여 착오로 잘못 변제공탁이 된 경우라 하더라도 공탁일로부터 10년이 경과하였다면 공탁자의 공탁금 회수청구권은 시효로 소멸되어 그 회수청구를 할 수 없다(공탁선례 2-362).

11. 채무불이행에 기한 손해배상청구권

(1) 일반적인 채무불이행에 기한 손해배상청구권

채무불이행에 기한 손해배상청구권의 소멸시효 기산점에 관하여는 채무이행청구가능시설과 채무불이행시설이 대립한다.

채무이행청구가능시설은 일본의 판례[68] 및 다수설이 취하는 견해이다. 일

1334.

67) 공탁실무편람(2015), 법원행정처, 537-538.

68) 日大判 1943(昭 18).6.15, 法學 13, 265; 日最判 1998(平 10).4.24, 判時 161, 66.

본의 판례는 채무불이행에 기한 손해배상채무는 본래의 채무의 목적이 변경된 것에 불과하고 그 채무의 동일성이 의연히 유지되고 있어, 손해배상채권의 소멸시효는 본래의 채권에 관한 권리행사가능시, 즉 채무이행청구가능시부터 진행을 개시한다고 한다.

반면 채무불이행시설은 손해배상채권은 본래의 계약상 채권에 관하여 채무불이행이 있는 경우 그 중요한 구제수단으로 기능하므로, 계약상 본래의 채권이 만일 시효로 소멸한 후에도 그 존재의의를 인정하여야 하고, 또한 손해배상채권은 채무불이행이 있어야 비로소 성립하는 것인 이상, 손해배상채권의 소멸시효는 계약상 본래의 채권과는 별개·독립한 채권으로서 그 권리행사가능시 즉, 본래의 채권에 관한 채무불이행시부터 소멸시효가 진행한다고 한다. 일본의 소수설이자 독일의 통설이다.[69] 대법원판례[70]는 이 견해를 취하여 부동산의 이중매도로 최초 매수인에 대한 소유권이전등기가 이행불능으로 된 경우 최초 매수인의 매도인에 대한 그 이행에 갈음하는 손해배상청구권의 소멸시효는 그 이행불능시 즉 이중매도하여 제3자에게 이전등기된 날부터 진행된다고 한다.

채무불이행시설이 원칙적으로 타당하다. 다만, 이는 그 채무불이행시 곧바로 손해가 발생하여 현재화된 경우에 그렇다는 것이고, 손해가 채무불이행 당시로부터 상당한 기간이 발생한 경우에는 채무불이행시에 객관적으로 손해배상청구권을 행사할 수 있다고 할 수 없으므로, 이러한 경우에는 손해가 발생한 때로부터 권리를 행사할 수 있다고 보아 '손해발생시설'을 취함이 타당하다.

열차에 탑승하고 있던 승객이 열차 운전사의 잘못으로 부상을 당하여 상법상의 여객운송인의 채무불이행으로 인한 손해배상을 청구한 사건에서, 대법원판례[71]도 '채무불이행시설'이 아니라 '손해발생시설'을 취한다. 즉 "신체의 상해로 인한 손해배상청구권은 일반적인 계약상의 채무불이행에 의한 손해와 달라서 그 손해의 내용, 태양 등을 미리부터 예상하기 어려울 뿐만 아니라 채무불이행의 시점과 손해발생의 시점 사이에 시간적 간격이 있는 경우가 많으므로 이러한 경우 위의 권리를 행사 할 수 있는 때란 객관적, 구체적으로 손해가 발생된 때라고 보는 것이 타당하다"고 한다. 그리하여 "피해자가 부상을 입

---

69) 民法注解 財産法 1 民法總則, 776(初版/齊藤和夫).
70) 대판 73.10.10, 72다2600(공 73, 7549); 대판 05.1.14, 2002다57119(공 05상, 268).
71) 대판 92.5.22, 91다41880(공 92, 1969).

은 때로부터 상당한 기간이 지난 뒤에 후유증이 나타나 그 때문에 수상시에는 의학적으로도 예상치 아니한 치료방법을 필요로 하고 의외의 출비가 불가피하였다면 위의 치료에 든 비용에 해당하는 손해에 대하여서는 그러한 사태가 판명된 시점까지 손해배상청구권의 시효가 진행하지 아니하고, 따라서 후유장해의 발생으로 인한 손해배상청구권에 대한 소멸시효는 후유장해로 인한 손해가 발생한 때로부터 진행되며, 그 발생시기는 소멸시효를 주장하는 자가 입증하여야 한다.”고 한다.

또한 주식회사의 이사 또는 감사의 회사에 대한 임무해태로 인한 손해배상책임은 위임관계로 인한 채무불이행책임에 해당하는데, 이들이 법인세신고를 은폐하여 회사가 과세관청으로부터 세금을 징수당하자 이들을 상대로 채무불이행에 기한 손해배상을 청구한 사안에서, 판례[72]는 “그 소멸시효기간은 배상청구권을 행사할 수 있는 위 손해발생시부터 진행되는 것이고 당초의 신고은폐시점부터 진행되는 것은 아니다.”라고 한다.

(2) 근로계약상 안전배려의무 위반으로 인한 손해배상청구권

사용자는 고용 또는 근로계약에 수반되는 신의칙상의 부수적 의무로서 피용자가 노무를 제공하는 과정에서 생명, 신체, 건강을 해치는 일이 없도록 물적 환경을 정비하는 등 필요한 조치를 마련하여야 할 보호의무 또는 안전배려의무를 부담하고, 이러한 의무를 위반함으로써 피용자가 손해를 입은 경우 불법행위로 인한 손해배상책임 이외에 채무불이행으로 인한 손해배상책임도 진다.[73]

위와 같이 사용자가 근로자에 대한 안전배려의무를 위반한 경우 채무불이행에 따른 손해배상채권의 소멸시효 기산점이 언제인지, 즉 권리를 행사할 수 있는 때가 언제인지가 문제된다. 이는 안전배려의무 위반에 관한 재해 등의 내용이 1회적인 것인지, 직업병 등과 같이 계속적인 재해에 의한 것인지에 따라 나누어 살펴볼 필요가 있다.[74]

　㈎ 1회성 사고의 경우　　근로자는 근로계약상 사용자에 대하여 항시 안전배려의무의 이행을 청구할 수 있고, 구체적으로 사고 및 재해가 발생하지 않는 동안에는 일응 안전배려의무는 이행되고 있다고 볼 수 있으므로, 구체적

---

72) 대판 85 6.25, 84다카1954(집 33-2, 103).

73) 대판 97.4.25, 96다53086; 대판 99.2.23, 97다12082(공 99, 538); 대판 13.11.28, 2011다60247(공 14상, 12).

74) 이 문제를 다룬 글로는 류재남, “안전배려의무불이행으로 인한 손해배상청구권의 소멸시효”, 동아법학 19, 1995, 191-217 참조.

인 안전배려의무의 이행청구권은 현재화되어 있지 않다. 따라서 구체적인 안전배려의무에 대한 이행청구권은 생명, 신체에 대한 구체적인 사고위험이 생기거나 사고가 발생한 경우에 비로소 현재화되어 그 이행기가 도래한다고 볼 수 있다. 그러므로 1회적인 재해사고의 경우에는 많은 경우 사고발생시가 소멸시효의 기산점이 된다.[75] 일본의 하급심판례는 1회성 사고에 대하여 사고발생시를 소멸시효의 기산점으로 삼고 있다.[76]

　(나) 계속적 재해·직업병에 의한 경우

　　(a) 퇴직시설(안전배려의무 이행청구불능시설)　　　퇴직시설은 안전배려의무의 불이행에 의한 손해배상청구권은 본래 안전배려의무의 이행을 청구할 수 있는 때로부터 진행을 개시하는데, 피재근로자가 사용자 회사로부터 퇴직한 경우와 같이 근로자의 지위를 상실한 자에 대하여까지 사용자가 안전배려의무를 부담하는 것은 아니므로, 근로자의 퇴직 후에는 이러한 의무가 발생할 여지가 없다고 한다. 그리하여 피재근로자의 안전배려의무이행청구권은 퇴직일까지만 존재하고, 그 의무위반으로 인한 손해배상청구권은 퇴직일로부터 10년이라고 한다.[77]

　조선소에서 계속적 근무로 인하여 난청이 생긴 사안에서, 일본의 판례는 소음이 계속되는 한 청력저하의 진행도 계속된다는 점을 이유로, "퇴직의 시점에서 청력저하의 인식이 없고 손해배상청구를 행사하는 것을 전혀 기대할 수 없는 것과 같은 특별한 사정이 있는 경우는 별론으로 하고, … 시효는 퇴직 시점에서 진행한다."고 한다.[78]

　그런데 안전배려의무 위반으로 인한 손해배상청구권은 안전배려의무의 불이행에 의하여 생명, 신체, 건강 등에 피해가 발생하여야 비로소 손해배상청구권이 성립한다. 또한 그 피해가 잠재화되어 인식할 수 없는 것이라면 손해를 객관적으로 인식할 수도 없다. 그런데도 퇴직일설을 취하게 되면, 퇴직 후 10년의 시효기간이 경과하여 안전배려의무 위반으로 인한 피해가 현재화한 때에는 그 동안 행사가 곤란하였던 손해배상청구권이 시효로 소멸한다는 불합리한

---

75) 民法注解 判例民法 民法總則, 701(初版/中川利彦)7.
76) 名高屋高判 1980(昭 55).3.31, 判夕 413, 124; 東京地判 1982(昭 57).3.29, 判夕 475, 85.
77) 東京地判 1979(昭 54).12.21, 判夕 408, 128; 東京高判 1983(昭 58).2.24, 判時 1073, 79; 神戸地判 1987(昭 62).7.31, 判夕 645, 109.
78) 日最判 1991(平 3).4.11, 判時 1391, 3; 日大阪高判 1985(昭 63).11.28, 判夕 684, 57.

결론에 이르게 된다.[79)]

　　(b) 행정결정시설(권리행사가능시설)　　탄광의 분진작업에 종사하여
진폐에 이환된 사건에서, 일본의 하급심판례는 진폐는 그 발증까지 장기간 잠
복기간이 있고 일정 정도에 이른 증상은 치료되지 않고 진행되기 때문에, 본래
의 급부의무를 이행청구할 수 있는 최종시인 퇴직시로부터 10년의 시효가 완
성되었다고 해석하면, 퇴직 후 10년 이상 경과한 후에 발증한 경우 손해배상
청구권행사의 기회가 완전히 상실된다는 것을 이유로, 권리행사가 가능한 때
또는 손해가 발생한 것을 채권자가 인식하거나 인식할 수 있는 때를 기산점으
로 보아야 한다면서, 해당 사건에서는 가장 중한 진폐판정의 행정상 결정을 받
은 날이 기산점이라고 한다.[80)]

　　그런데 진폐와 같은 잠재적 진행성 피해의 경우, 진폐증에 관리구분(진행단계 1. 2. 3. 4 등)에 관한 최초의 행정상 결정이 있으면 그 후의 손해의 진행에 관하여도 예
측가능한 것으로 보아 그 때를 시효기산점으로 해석하여야 할 것인지(최초의 행정상 결정일설), 그렇지 않고 가장 중한 행정상 결정일에 비로소 현재의 손해배상청구권
의 권리행사가 가능하다고 볼 것인지(최종 행정상 결정일설)를 검토할 필요가 있다.

　　일본 최고재판소는 최초의 행정상 결정을 받은 때가 아니라 최종 행정상
결정을 받은 때로부터 시효가 진행한다고 판시한다.[81)] 그 이유로 "진폐는 폐
속에 분진이 존재하면 진행하는데, 이는 폐내 분진의 양에 대응하여 진행하는
특이한 진행성 질환이다. 게다가 그 병상(病狀)이 관리 2 또는 관리 3에 상당
한 증상에 그치는 사람이 있는가 하면, 관리 4에 상당하는 증상까지 진행하는
사람도 있고, 또한 진행하는 경우에 있어서도 진폐 소견이 있다는 최초의 행
정상 결정을 받은 이후 중(重)한 결정을 받기까지 수년밖에 경과하지 않는 사
람이 있는가 하면, 20년 이상이 경과한 사람도 있는 등 그 진행의 유무, 정도,
속도는 환자에 따라 다양하다. 이러한 진폐 병변(病變)의 특질에 비추어 보면,
관리 2, 관리 3, 관리 4의 각 행정상 결정에 상당하는 병상에 기한 각 손해는
질적으로 다른 것이라고 할 수밖에 없다. 따라서 중한 결정에 상당하는 병상에

---

79) 松本克美, "消滅時效の起算点", ジュリスト別冊 民法判例百選 NO.223, 2015, 89.
80) 日長岐佐世保地判 1985(昭 60).3.25, 判時 1152, 44; 京都地判 1975(昭 50).12.23, 判
　　夕 335, 304; 前橋地判 1985(昭 60).11.12, 判時 1172, 118; 長野地判 1986(昭 61).6.27,
　　判時 1198, 3; 福岡地裁 1995(平 7).7.20, 判時 1543, 3; 札幌地裁 1999(平 11).5.28, 判時
　　1703, 3.
81) 日最判 1994(平 6).6.22, 民集 48-2, 441.

기한 손해는 그 결정을 받은 때에 발생하고, 그 시점으로부터 그 손해배상청구권을 행사하는 것이 법률상 가능하다. 최초의 경(輕)한 행정상 결정을 받은 시점에서 그 후의 중한 결정에 상당하는 병상에 기한 손해를 포함하는 모든 손해가 발생하였다고 보는 것은 진폐라고 하는 병변의 실태에 반하므로 타당하지 않다. 요컨대, 고용자의 안전배려의무위반으로 인하여 진폐증에 걸린 것을 이유로 하는 손해배상청구권의 소멸시효는 최종 행정상 결정을 받은 때로부터 진행한다고 해석함이 상당하다."고 한다.

한편, 피해자가 최종의 행정상 결정을 받은 때로부터 10년이 경과한 후 사망한 경우는 어떻게 볼 것인지 문제된다. 진폐에 이환된 것을 원인으로 사망한 경우는 최종의 행정상 결정을 받은 때로부터 발생한 손해와는 이질적인 손해로 파악하는 경우, 사망시를 별도 시효기산점으로 보는 것이 논리적으로 가능하다.[82] 일본 최고재판소는 이와 같은 사안에서 사망 시를 별도 시효기산점으로 보고 있다.[83] 이러한 입장은 결국 진폐증과 같은 잠재적 진행성 질환의 경우 각 진행 단계에 따른 손해는 종전의 손해가 단순히 전화된 것이 아니라 그와 구별되는 별개의 확대손해로 보는 것이라고 할 수 있다.[84]

12. 부당이득반환청구권

부당이득반환청구권은 그 발생과 동시에 행사할 수 있기 때문에 그때부터 시효가 진행된다.[85] 따라서 무효인 과세처분에 의하여 원고가 납부한 오납금에 대한 부당이득반환청구권은 납부시에 이미 발생하여 확정된 것이므로 이때부터 그 권리의 소멸시효가 진행한다.[86]

비채변제에 의한 부당이득($\frac{\S}{742}$)은 변제자가 채무의 부존재를 알지 못한 것을 요건으로 하기 때문에 부당이득반환청구권이 발생된 시점에 있어서는 권리자는 권리발생을 알지 못하고 따라서 사실상 반환청구권의 행사가 곤란하다. 그러나 이러한 사유는 사실상의 장애에 불과하고, 그 경우에도 권리발생의 시부터 시효가 진행하는 것으로 보아야 한다.[87]

---

82) 松本克美(주 79), 89.
83) 日最判 2004(平 16).4.27, 判時 1860, 152.
84) 松本克美(주 79), 89.
85) 대판 08.12.11, 2008다47886(정보); 구주해(3), 473(윤진수).
86) 대판 92.3.31, 91다32053(공 92, 1406).
87) 日大判 1937(昭 12).9.17, 民集 16, 1435.

　　한편, 판례[88]는 국가가 지가상환금을 지가증권으로 교부한 경우에는 그 증권기재의 상환금액이 실제보다 많더라도 국가의 과오불금반환청구권의 발생시기는 현실적으로 그 상환금을 지급한 때이므로 이때부터 과오불금반환청구권의 소멸시효가 진행한다고 한다. 실제 그 상환금을 지급받은 때에 실질적 이득이 있다고 볼 수 있기 때문이다.

13. 불법행위에 기한 손해배상청구권

이는 민법 § 766 부분에서 논한다.

14. 보험금청구권

(1) 보험금청구권의 소멸시효의 기산점[89]

　　보험금청구권은 보험사고가 발생하기 전에는 추상적인 권리에 지나지 아니할 뿐 보험사고의 발생으로 인하여 구체적인 권리로 확정되어 그때부터 그 권리를 행사할 수 있게 된다. 따라서 보험금액청구권의 소멸시효는 특별한 사정이 없는 한 보험사고가 발생한 때로부터 진행한다. 다만 이러한 결과가 정의와 형평의 원칙에 반하고 소멸시효의 존재이유에도 부합하지 않는 예외적인 사유가 있는 경우 판례가 주관적 기산점을 택하고 있다는 점은 앞서 본 바와 같다.

(2) 지급유예기간과의 관계

　　상법 § 658는 보험금 지급유예기간을 정하고 있고, 보험약관에서도 지급유예기간을 정하고 있는 경우가 있다. 판례[90]는 그러한 경우에도 보험금청구권의 소멸시효는 보험사고가 발생한 때로부터 진행하고, 위 지급유예기간이 경과한 다음날부터 진행한다고 볼 수 없다고 한다.

(3) 책임보험에서 피보험자의 보험금청구권 등

　　㈎ 피보험자의 보험금청구권의 소멸시효 기산점　　　책임보험은 그 성질에 비추어 피보험자가 보험자에게 보험금청구권을 행사하려면 적어도 피보험자가 제3자에게 손해배상금을 지급하였거나 상법 또는 보험약관이 정하는 방법으로 피보험자의 제3자에 대한 채무가 확정되어야 한다. 그리하여 판례[91]

---

88) 대판 66.6.21, 66다658(미간행).
89) 이에 관한 글로는 최한준, "보험금청구권의 소멸시효의 기산점", 안암법학 13, 2001, 367-386.
90) 대판 05.12.23, 2005다59383(공 06, 174).
91) 대판 02.9.6, 2002다30206(집 50-2, 105); 대판 12.1.12, 2009다8581(정보).

는 약관에서 책임보험의 보험금청구권의 발생시기나 발생요건에 관하여 달리
정한 경우 등 특별한 다른 사정이 없는 한 원칙적으로 책임보험의 보험금청
구권의 소멸시효는 피보험자의 제3자에 대한 법률상의 손해배상책임이 상법
§723 I이 정하고 있는 변제, 승인, 화해 또는 재판의 방법 등에 의하여 확정
됨으로써 그 보험금청구권을 행사할 수 있는 때로부터 진행된다고 한다.[92]

　　(나) 피해자의 직접청구권의 소멸시효기간　　　자동차손해배상보장법과
개별 자동차보험약관 등에서 피해자의 보험자에 대한 직접청구권을 인정하고
있고, 상법 §724 II도 피해자의 보험자에 대한 직접청구권을 인정하고 있다.

　　이 직접청구권의 법적 성질에 대하여는 손해배상청구권설과 보험금청구권
설이 대립하고 있으나, 판례[93]는 전자의 견해를 취하여 "피해자가 보험자에게
갖는 직접청구권은 보험자가 피보험자의 피해자에 대한 손해배상채무를 병존적
으로 인수한 것으로서 피해자가 보험자에 대하여 가지는 손해배상청구권이므로
민법 §766 I에 따라 피해자 또는 그 법정대리인이 그 손해 및 가해자를 안
날로부터 3년간 이를 행사하지 아니하면 시효로 인하여 소멸한다."고 한다.

　　과거 판례는 피해자의 자동차책임보험금 직접청구권의 소멸시효기간을 강
제보험과 임의보험으로 나누어 강제보험의 직접청구권은 자동차손해배상보장
법에 따라 2년의 소멸시효 기간이 적용되나,[94] 상법 §724 II에 의하여 행사하
는 임의보험의 직접청구권은 민법 §766에 따라 피해자 또는 법정대리인이 그
손해 및 가해자를 안 날로부터 3년간 이를 행사하지 아니하면 시효로 소멸한
다고 판시하였다.[95] 그러나 이에 대하여는 구 자동차손해배상보장법에 의한 직
접청구권이나 상법상의 직접청구권이나 모두 그 법적 성질을 손해배상청구권
으로 동일하게 보는 이상 시효기간을 달리 취급하는 것은 바람직하지 않다는
비판이 있었다.[96] 그 후 2009.2.6. 자동차손해배상보장법이 개정되어 동법에
의한 피해자의 직접청구권의 시효기간이 3년으로 되어 상법상의 그것과 동일
하게 됨으로써 그 문제가 해결되었다.

---

92) 이에 관한 평석으로는 김상준, "책임보험적 성격을 갖는 신원보증보험금 청구권의 소멸
　　시효의 기산점", 해설 42, 2002, 656-674.
93) 대판 00.6.9, 98다54397(공 00, 1603); 대판 05.10.7, 2003다6774(공 05, 1765).
94) 대판 01.12.28, 2001다61753(공 02, 368).
95) 대판 05.10.7, 2003다6774(공 05, 1765).
96) 허만, "자동차손해배상책임보험금 직접청구권의 소멸시효기간", 민판연 26, 2004, 521-
　　522; 오창수, "책임보험에서의 직접청구권의 성질과 시효", 판례연구 20-1, 2006, 316-
　　137.

(4) 신원보증보험계약상 보험금청구권[97]

신원보증이란 고용계약 등에 부수하여 사용자가 근로자를 고용하는 동안에 근로자의 직무와 관련한 불법행위 등으로 말미암아 생길 수 있는 손해를 제3자인 신원보증인으로 하여금 책임지게 하는 제도이다. 그러나 신원보증은 신원보증인에게 큰 부담을 주므로 보증보험회사와 신원보증 보험계약을 체결하는 것이 일반적이다.[98]

신원보증보험에서의 보험금청구권의 소멸시효는 그 보험의 구조 내지 성격을 어떻게 파악하는가에 따라 달라진다. 판례[99]는 신원보증보험 계약의 성질을 통상의 손해보험적 성격의 보험과 책임보험적 성격의 보험이 통합되어 있는 것으로 보고, 각 성격별로 보험금청구권의 발생시기 및 소멸시효의 기산점을 개별적으로 구분하여 파악한다.[100]

㈎ 피보증인의 범죄행위 또는 중대한 과실로 인하여 피보험자인 회사가 직접 입은 손해를 부보하는 보험부분은 통상의 손해보험에 해당하고 피보증인이 피보험자에게 직접 손해를 가한 사고가 보험사고에 해당한다고 한다. 이 경우에는 보험사고가 발생한 것인지의 여부가 객관적으로 분명하지 아니하여 보험금청구권자가 과실 없이 보험사고의 발생을 알 수 없었던 특별한 사정이 없는 한 보험금청구권의 소멸시효는 원칙적으로 보험사고가 발생한 때로부터 진행한다고 한다.

다만 특별약관에 법원의 판결, 감사원의 판정, 당해 기관장의 변상명령 등에 의하여 피보증인에게 변상책임이 있다고 확정된 경우에만 보험자가 피보험자에게 손해를 보상하는 것으로 규정되어 있는 때에는, 피보험자가 보험금청구권을 행사할 수 있게 되는 시점인 그 변상책임이 확정된 시점부터 보험금청구권의 소멸시효가 진행된다고 한다.

㈏ 피보증인이 범죄행위 또는 중대한 과실로 제3자에게 손해를 가하여 피보험자가 제3자에 대하여 법률상 손해배상책임을 부담함으로써 입은 손해

---

97) 이상훈(주 24), 224-225.
98) 신원보증보험계약은 보증채무자가 보험계약자가 되어 회사(피보험자)를 위한 타인을 위한 보험계약의 형태로 체결할 수도 있고, 회사가 보험계약자 겸 피보험자가 되어 체결하는 경우도 있다.
99) 대판 02.9.6, 2002다30206(공 02, 2405). 이에 대한 해설로는 김상준(주 92), 656-675.
100) 이에 관한 글로는, 고영태, "신원보증보험계약의 성질과 보험금청구권의 발생시기 및 소멸시효의 기산점", 판례연구 15, 2004, 753-794; 최한준, "신원보증보험계약상 보험금청구권의 소멸시효의 기산점", 상사판례연구 18-1, 2005, 35-63.

를 부보하는 보험부분은 일종의 영업책임보험($\S^{상}_{721}$)의 성격을 가지고 있다고 본다. 그리고 그 보험금청구권의 소멸시효는 책임보험의 성질에 비추어 피보험자의 제3자에 대한 법률상의 손해배상책임이 확정됨으로써 그 보험금청구권을 행사할 수 있는 때로부터 진행된다고 한다($\S^{상}_{723 \text{ I}}$).

다만 특별약관에 법원의 판결, 감사원의 판정, 당해 기관장의 변상명령 등에 의하여 피보증인에게 변상책임이 있다고 확정된 경우에만 보험자가 피보험자에게 손해를 보상하는 것으로 규정되어 있는 때에는, 피보험자가 보험금청구권을 행사할 수 있게 되는 시점인 그 변상책임이 확정된 시점부터 보험금청구권의 소멸시효가 진행된다고 한다.

15. 임금채권 및 퇴직금채권

임금채권의 소멸시효는 그 채권을 행사할 수 있는 날로부터 진행한다. 따라서 상여금채권도 그 상여금에 관한 권리가 발생하는 때부터 진행되고, 월차 및 연차휴가에 관한 권리는 근로자가 근로를 개시한 날에서 1일 또는 1년간의 근로를 마친 날로부터 진행된다.[101]

한편, 월차유급휴가권을 취득한 근로자가 그 휴가권이 발생한 때부터 1년 이내에 그 월차휴가를 사용하지 아니하고 근로한 대가로 발생하는 월차휴가근로수당의 지급청구권은 그 성질이 임금이므로, 3년의 소멸시효가 적용되고 ($\S^{근기}_{49}$) 그 기산점은 월차유급휴가권을 취득한 날부터 1년의 경과로 그 휴가 불실시가 확정된 다음날이다.[102] 연차휴가근로수당도 마찬가지이다.

퇴직금청구권은 퇴직시부터 소멸시효가 진행되나, 미지급 중간퇴직금 채권의 소멸시효는 그 퇴직금 중간정산일로부터 기산되고, 중간퇴직금 정산 이후에 근로관계가 계속되었다 하더라도 달리 볼 것은 아니다.[103] 한편, 퇴직금 중간정산 전의 계속근로기간 중 일부 기간에 대하여만 중간정산의 합의가 성립한 경우, 중간정산의 합의가 없었던 기간에 대하여는 중간정산퇴직금청구권이 발생할 여지가 없고 최종 퇴직 시점에 그 기간에 대한 퇴직금청구권이 발생하며, 이에 대한 소멸시효도 중간정산 시점이 아닌 최종 퇴직 시점부터 진행한다.[104]

---

101) 대판 80.5.13, 79다2322(공 80, 12851).
102) 대판(전) 95.12.21, 94다26721(공 96, 208); 대판 96.2.9, 94다19501(집 44-1, 56).
103) 대판 06.5.26, 2003다54322, 54339(공 06, 1132).
104) 대판 12.10.25, 2012다41045(공 12하, 1915).

16. 그 밖의 각종 채권

(1) 구상금채권

　　㈎ 수탁보증인의 구상권　　　판례는 수탁보증인의 주채무자에 대한 사전구상권과 사후구상권은 그 발생원인과 법적 성질을 달리하는 별개 독립의 권리이므로 그 소멸시효는 각각 그 권리가 발생되어 이를 행사할 수 있는 때부터 각 별로 진행한다고 한다.[105]

　　이에 대하여는 사후구상권의 소멸시효는 사전구상권을 행사할 수 있는 때부터 진행한다는 견해[106]가 있다. 그러나 양자는 발생원인과 법적 성질을 달리하는 이상 별개의 권리로 보아야 하므로 이 견해는 타당하다고 보기 어렵다.

　　㈏ 공동불법행위자들 상호간 및 그 보험자들 상호간의 구상권　　　피해자에게 손해배상을 한 어느 공동불법행위자의 보증인이 그 공동불법행위자 또는 다른 공동불법행위자에 대하여 가지는 구상권의 소멸시효 기간은 일반채권과 같이 10년이고, 그 기산점은 구상권이 발생한 시점, 즉 보증인이 현실로 피해자에게 손해배상금을 지급한 때이다.

　　공동불법행위자의 보험자들 상호간에는 그 중 하나가 피해자에게 보험금으로 손해배상금을 지급함으로써 공동면책되었다면 그 보험자는 상법 §682의 보험자대위의 법리에 따라 피보험자가 다른 공동불법행위자의 부담 부분에 대한 구상권을 취득하여 그의 보험자에 대하여 행사할 수 있고, 이 구상권에는 상법 §724 Ⅱ에 의한 피해자가 보험자에 대하여 가지는 직접청구권도 포함된다. 보험금을 지급한 보험자가 '보험자대위에 의하여' 다른 공동불법행위자 및 그의 보험자에 대하여 가지는 구상권의 소멸시효 기간은 일반채권과 같이 10년이고, 그 기산점은 구상권이 발생한 시점, 즉 구상권자가 현실로 피해자에게 손해배상금을 지급한 때이다.[107]

　　한편, 공동불법행위자의 보험자들 상호간에 있어서는 공동불법행위자 중의 1인과 사이에 보험계약을 체결한 보험자가 피해자에게 손해배상금을 보험금으로 모두 지급함으로써 공동불법행위자들의 보험자들이 공동면책 되었다면 그 손해배상금을 지급한 보험자는 다른 공동불법행위자들의 보험자들이 부담하여야 할 부분에 대하여 직접 구상권을 행사할 수 있다. 이와 같이 보험자가 보

---

105) 대판 81.10.6, 80다2699(집 29-3, 103); 대판 92.9.25, 91다37553(집 40-3, 50).
106) 김교창, "구상권의 소멸시효", 중재 127, 1992, 36.
107) 대판 94.1.11, 93다32958(공 94, 695); 대판 99.6.11, 99다3143(공 99, 1377).

험자대위의 법리에 의하지 않고 '자신의 권리에 기하여 취득한 직접 구상권'을 행사하는 경우 그 손해배상금 지급행위는 상인이 영업을 위하여 하는 행위라고 할 것이므로, 그 구상금채권은 보조적 상행위로 인한 채권으로서 그 권리를 행사할 수 있는 때로부터 5년간 행사하지 아니하면 소멸시효가 완성한다.[108]

(2) 치료비채권

의사의 치료에 관한 채권[$\S^{163}_{(ii)}$]은 특약이 없는 한 그 개개의 진료가 종료될 때마다 각각의 당해 진료에 필요한 비용의 이행기가 도래하여 그에 대한 시효가 진행된다.[109]

(3) 정산금청구권

⑺ 양도담보설정자의 정산금청구권   양도담보설정자의 정산금청구는 처분정산의 경우에는 담보부동산이 환가되어야 비로소 그 권리행사가 가능하므로, 그 정산금청구권은 담보부동산의 환가시를 그 시점으로 하여 소멸시효가 진행된다.[110]

⑻ 국민건강보험공단의 근로복지공단에 대한 정산금청구권   국민건강보험공단이 업무상 부상 또는 질병 발생 후 산재요양승인결정 전까지 피재근로자에 대하여 건강보험 요양급여를 한 경우에는 산업재해보상보험법 §90 Ⅰ에 의하여 근로복지공단에 정산금을 청구할 수 있고, 이러한 정산금청구권은 근로복지공단이 산재요양승인결정을 한 때에 비로소 행사할 수 있으므로 산재요양승인결정을 한 때부터 3년간 행사하지 아니하면 소멸시효가 완성한다.[111]

(4) 하자보수에 갈음한 손해배상청구권의 소멸시효

건설공사에 관한 도급계약이 상행위에 해당하는 경우 그 도급계약에 기한 수급인의 하자담보책임은 원칙적으로 5년의 상사 소멸시효에 걸리고, 신축건물의 하자보수에 갈음한 손해배상청구권의 소멸시효기간은 그 권리를 행사할 수 있는 때라고 볼 수 있는, 그 건물에 하자가 발생한 시점부터 진행한다.[112]

한편, 집합건물의 소유 및 관리에 관한 법률 §9에 의한 분양자의 담보책임은 분양계약에 기한 책임이 아니라 법정책임으로서 집합건물의 하자보수에

---

108) 대판 98.7.10, 97다17544(집 46-2, 1).
109) 대판 98 2.13, 97다47675(집 46-1, 90).
110) 대판 94.5.24, 93다44975(공 94, 1797).
111) 대판 14.11.27, 2014다44376(공 15상, 17). 이에 대한 평석으로는 노호창, "국민건강보험공단의 근로복지공단에 대한 정산금 청구권의 소멸시효의 기산점", 노동법학 53, 2015, 227-229.
112) 대판 13.11.28, 2012다202383(정보).

갈음한 손해배상청구권의 소멸시효기간은 민법 §162 Ⅰ에 의하여 10년이고, 그 기산점은 각 하자가 발생한 시점부터 별도로 진행한다.[113) 위와 같은 소멸시효기간 및 기산점은 집합건물의 주택분양보증인이 분양이행을 하여 하자담보책임을 부담한 경우에도 동일하다.[114)

(5) 허가신청협력청구권

일본의 판례는, 농지법상의 허가신청협력청구권에 관하여 통상의 매매 등의 경우에는 당해 매매 등의 법률행위시부터 소멸시효가 진행하나,[115) 타인의 농지의 매매에 관하여는 매도인이 그 농지의 소유권을 취득한 때부터 진행한다고 한다.[116)

Ⅳ. 소멸시효의 기산점과 변론주의

소멸시효의 기산일은 채무의 소멸이라고 하는 법률효과 발생의 요건에 해당하는 소멸시효 기간 계산의 시발점으로서 소멸시효 항변의 법률요건을 구성하는 구체적인 사실에 해당하므로 이는 변론주의의 적용 대상이다. 따라서 본래의 소멸시효 기산일과 당사자가 주장하는 기산일이 서로 다른 경우에는 변론주의의 원칙상 법원은 당사자가 주장하는 기산일을 기준으로 소멸시효를 계산하여야 한다. 이는 당사자가 본래의 기산일보다 뒤의 날짜를 기산일로 하여 주장하는 경우는 물론이고 특별한 사정이 없는 한 그 반대의 경우에 있어서도 마찬가지이다.[117) 또한 그 소멸시효의 기산점에 관한 증명책임은 시효의 이익을 주장하는 사람에게 있다.[118)

독일민법에서도 소멸시효의 원용 여부는 전적으로 채무자의 판단에 맡겨져 있고 법원에서 직권으로 고려할 수 없다. 소멸시효에 관한 석명권도 인정되지 않고 이를 위반하였을 경우 법관은 기피대상이 된다(독일 민소 §§ 42 Ⅱ, 138, 139).

[오 영 준]

---

113) 대판 09.2.26, 2007다83908(공 09상, 407); 대판 08.12.11, 2008다12439(공 09상, 24).
114) 대판 16.6.23, 2013다88836(정보).
115) 日最判 1975(昭 50).4.11, 民集 29-4, 417; 日最判 1981(昭 56).10.1, 判時 1021, 103.
116) 日最判 1980(昭 55).2.29, 民集 34-2, 197.
117) 대판 95.8.25, 94다35886(공 95, 3263).
118) 대판 13.7.12, 2006다17539(공 13하, 1454); 대판 14.5.16, 2013다16558(정보).

第 167 條(消滅時效의 遡及效)

消滅時效는 그 起算日에 遡及하여 效力이 생긴다.

Ⅰ. 본조의 의의

소멸시효에 의한 권리의 득실은 원래 시효기간 만료에 의하여 비로서 생긴다. 그런데 소멸시효의 효력을 시효기간의 만료의 때로부터 장래에 향하여 생긴다고 할 경우, 소멸시효의 기산일로부터 시효기간의 만료시까지 생긴 과실 및 이자 등을 어떻게 처리하여야 하는지 등 복잡한 법률문제가 생긴다. 본조는 이러한 문제를 입법적으로 간명하게 해결하기 위하여 소멸시효의 효력이 기산일에 소급하여 발생하도록 규정한 것이다.[1]

Ⅱ. 소멸시효의 소급효

본조에서 소급효의 기준이 되는 기산일이란 권리를 행사할 수 있던 최초의 기산일을 말한다.[2]

실제로 소급효가 문제되는 것은 주된 채권이 시효로 소멸한 경우 이자나 지연손해금 등 종된 채권이 어떻게 처리되는 것이냐에 있다. 본조에 의하면, 원본채권이 시효소멸하면 기산일에 소급하여 존재하지 않았던 것이 되므로, 일단 기산일 이후에 발생한 지연손해금채권도 그 결과로서 당연히 발생하지 않았던 것이 된다.[3]

민법 §183는 같은 취지에서 "주된 권리의 소멸시효가 완성한 때에는 종속된 권리에 그 효력이 미친다"고 규정하여 같은 취지를 규정하고 있다.

한편, 민법 §495는 "소멸시효가 완성된 채권이 그 완성 전에 상계할 수

---

1) 注解 判例民法 民法總則, 587(初版/平岡建樹).
2) 구주해(3), 484-485(윤진수).
3) 日大判 1920(大 9).5.25, 民錄 26, 759.

있었던 것이면 그 채권자는 상계할 수 있다"고 규정하고 있다. 이는 소멸시효의 소급효에 대한 예외라고 할 수 있다.

판례[4]는 이자 또는 지연손해금은 주된 채권인 원본의 존재를 전제로 그에 대응하여 일정한 비율로 발생하는 종된 권리인데, 하나의 금전채권의 원금 중 일부가 변제된 후 나머지 원금에 대하여 소멸시효가 완성된 경우, 가분채권인 금전채권의 성질상 변제로 소멸한 원금 부분과 소멸시효 완성으로 소멸한 원금 부분을 구분하는 것이 가능하다고 한다. 이 경우 원금에 종속된 권리인 이자 또는 지연손해금 역시 변제로 소멸한 원금 부분에서 발생한 것과 시효완성으로 소멸된 원금 부분에서 발생한 것으로 구분하는 것이 가능하므로, 소멸시효 완성의 효력은 소멸시효가 완성된 원금 부분으로부터 그 완성 전에 발생한 이자 또는 지연손해금에는 미치나, 변제로 소멸한 원금 부분으로부터 그 변제 전에 발생한 이자 또는 지연손해금에는 미치지 않는다고 한다.

[오 영 준]

第 168 條(消滅時效의 中斷事由)

消滅時效는 다음 各號의 事由로 因하여 中斷된다.

1. 請求
2. 押留 또는 假押留, 假處分
3. 承認

Ⅰ. 본조의 의의

본조에서 §178까지는 소멸시효의 중단에 관하여 규정하고 있다. 본조는

---

4) 대판 10.9.9, 2010다28031(공 10하, 1895).

그 중 소멸시효의 중단사유에 관한 일반 규정이고, §§ 169, 178는 중단의 효과
에 관한 규정이며, § 170에서 § 177까지는 중단사유에 대한 개별적 조문이다.

　　취득시효의 중단에 관하여는 소멸시효의 중단에 관한 규정이 적용된다
($\S^{247}_{\rm II}$).

II. 시효중단의 의의 및 근거

1. 중단의 의의

소멸시효가 중단되면 그 때까지 진행하였던 소멸시효기간은 진행하지 않
았던 것과 마찬가지로 되고, 중단사유가 종료하면 소멸시효가 새로이 진행한
다. 이 점에서 일단 진행한 기간은 그대로 유효하고, 다만 일정한 사유(정지사
유)가 존재하는 때부터 일정기간 내에는 소멸시효가 완성하지 않는 '소멸시효
의 정지'와 구별된다. 소멸시효의 중단과 정지를 통틀어 소멸시효의 장애라고
부르기도 한다.[1]

2. 중단의 근거

시효제도의 존재이유에 관한 종래의 지배적인 견해는, ① 영속된 사실상태
를 보호하는 것에 의하여 사회의 법률관계의 안정을 도모하는 것, ② 영속된
사실상태는 통상 진실한 법률관계에 합치하는 경우가 많다는 것을 전제로, 오
래된 사실에 관하여 입증의 곤란을 구제하자는 것, ③ 영속한 사실상태가 때때
로 진실한 법률관계에 반하더라도 권리 위에 잠자는 자는 보호할 필요가 없다
는 것의 세 가지를 들고, 이중 ①은 취득시효에, ②는 주로 소멸시효에 강하게
나타나며, ③은 소멸시효의 부차적인 이유로 설명하는 것이 일반이었다.[2]

　　이러한 시효중단을 인정하는 취지에 관하여 판례[3]는 "원래 시효는 법률이
권리 위에 잠자는 자의 보호를 거부하고 사회생활상 영속되는 사실상태를 존
중하여 여기에 일정한 법적 효과를 부여하기 위하여 마련한 제도이므로, 위와
같은 사실상의 상태가 계속되던 중에 그 사실상태와 상용할 수 없는 다른 사

---

1) 구주해(3), 485(윤진수).
2) 安達三季生, "時效制度の存在理由", ジュリスト, 民法の爭點(I), 1985, 74.
3) 대판 79.7.10, 79다569(공 79, 12069); 대판(전) 93.12.21, 92다47861(집 41-3, 383).

정이 발생한 때에는 더 이상 그 사실상태를 존중할 이유가 없게 된다는 점을 고려하여, 이미 진행한 시효기간의 효력을 아예 상실케 하려는 데에 곧 시효중단을 인정하는 취지가 있는 것"이라고 판시하고 있다.

나아가 판례[4]는 소멸시효의 중단에 관하여 "시효제도의 존재이유는 영속된 사실상태를 존중하고 권리 위에 잠자는 자를 보호하지 않는다는 데에 있고 특히 소멸시효에 있어서는 후자의 의미가 강하므로, 권리자가 재판상 그 권리를 주장하여 권리 위에 잠자는 것이 아님을 표명한 때에는 시효중단사유가 되는바"라고 한다.

일정한 사유가 있으면 왜 시효가 중단되는지에 관하여 학설은 다양하다. 권리자가 눈을 떠 권리를 행사한다는 점에서 중단의 근거를 찾는 견해, 권리존재의 유력한 증거가 있을 때에는 시효의 기초가 없어진다는 점에서 찾는 견해, 시효의 기초가 되는 사실상태를 뒤집는 점에서 중단의 근거를 찾는 견해 등 여러 견해가 있다. 다른 유력한 견해는, 민법이 규정하는 소멸시효 중단사유는 권리자 측의 행위로 인한 것[본조(i),(ii)], 의무자 측의 행위로 인한 것[본조(iii)]이 있어 양자를 통일적으로 설명하기 어려워 중단의 근거는 각 사유마다 개별적으로 고찰하여야 할 것이나, 권리자 측의 행위로 인한 사유는 권리자의 권리행사로 인하여 권리불행사의 상태가 중단된다는 점이, 의무자 측의 승인으로 인한 경우에는 그러한 의무자까지 시효에 의하여 보호할 필요가 없다는 점이 각 시효중단의 근거라고 설명한다.[5]

시효중단의 근거는 이를 어떻게 파악하느냐에 따라 시효중단효의 존부 및 범위에 영향을 미칠 수 있는데, 특히 '재판상의 청구'에 관하여는 권리확정설(소송물설, 소송법설)과 권리행사설(실체법설)의 대립이 있다(§170 부분 참조).

Ⅲ. 소멸시효의 중단사유

1. 민법의 중단사유

본조가 규정하는 중단사유는 제1호의 청구, 제2호의 압류 또는 가압류, 가처분, 제3호의 승인이 있다.

---

4) 대판(전) 92.3.31, 91다32053(공 92, 1406).
5) 구주해(3), 485(윤진수).

그 중 제1호에 대하여는 민법 §170 내지 §174가, 제2호에 대하여는 민법 §§175, 176가, 제3호에 대하여는 §177가 보다 상세한 규정을 두고 있다.

2. 민법 이외의 중단사유

회생채권자·회생담보권자·주주·지분권자의 목록 제출 및 회생절차참가, 파산절차참가, 개인회생채권자의 목록 제출 및 개인회생절차참가($\frac{도산}{§32}$), 어음법 및 수표법상의 소송고지($\frac{어음 §80,}{수표 §64}$), 민사조정신청($\frac{민조}{§35}$), 국가재정법 및 지방재정법상의 납입고지($\frac{국재정 §96,}{지재정 §84}$), 국세기본법상의 국세징수권에 관한 '납세고지', '독촉 또는 납부최고($\frac{납부}{최고}$)', '교부청구', '압류'($\frac{국세}{§28 Ⅰ}$), 산업재해보상보험법상의 보험급여청구($\frac{산재 §113,}{36 Ⅱ}$),[6] 군인연금법($\frac{군연금}{§8 Ⅵ}$) 및 공무원연금법($\frac{공연금}{§88 Ⅴ}$)상 '기여금과 환수금, 그 밖의 징수금의 납입 고지 및 독촉', '급여의 지급청구[7] 또는 과납급 등의 반환청구' 등이 있다.

3. 중단사유의 유추 적용

민법상의 중단사유나 민법 이외의 중단사유는 제한적인 것이 아니고 그 성질이 비슷한 경우에는 유추 적용될 수 있다.[8]

예컨대, 응소행위[9]는 '재판상 청구'에 해당하는 것으로 보고, 강제경매절차에서 일반채권자의 배당요구,[10] 첫 압류 전에 등기되고 매각으로 소멸하는 저당권자의 채권신고[11]는 각 '압류'에 준하는 것으로 본다. 일본의 판례[12]는 파산선고의 신청을 재판상 청구에 해당하는 것으로 본다.

                                                              [오 영 준]

---

6) 대판 18.6.15, 2017두49119(공 18하, 1308).

7) 대판 19.12.27, 2018두46780(공 20상, 370).

8) 注解 判例民法 民法總則, 1994, 607(初版/平岡建樹); 주석 총칙(3), 593(제4판/이연갑).

9) 대판(전) 93.12.21, 92다47861(집 41-3, 383).

10) 대판 02.2.26, 2000다25484(집 50-1, 171); 대판 09.3.26, 2008다89880(공 09상, 570); 日最判 1999(平 11).4.27, 民集 53-4, 840. 위 일본 판결에 대한 평석으로는, 孝橋宏, "不動産競賣手續において執行力のある債務名義の正本を有する債權者がする配當要求と時效の中斷", ジュリスト增刊, 最高裁判の判例Ⅰ 私法編(1), 2003, 36-37.

11) 대판 10.9.9, 2010다28031(공 10하, 1895).

12) 日最判 1960(昭 35).12.28, 民集 14-14, 3253; 日最判 1972(昭 47).3.21, 判時 664, 35; 注解 判例民法 民法總則, 622(初版/平岡建樹).

第 169 條(時效中斷의 效力)

時效의 中斷은 當事者 및 그 承繼人間에만 效力이 있다.

Ⅰ. 의 의

본조는 시효중단의 효력이 생기는 인적범위($\binom{주관적}{범위}$)에 관하여 규정하고 있다. 하지만 채권의 일부를 청구한 경우 시효중단의 효력이 미치는 범위 등과 같은 시효중단의 물적범위($\binom{객관적}{범위}$)에 관하여는 별도의 규정이 없으므로, 이 부분은 해석에 맡겨져 있다.

학설은 본조의 입법취지에 관하여 "어느 사람 사이에 한 행위는 다른 사람을 해하거나 이롭게 하지 못한다($\binom{\text{Res inter alios acta, aliis neque}}{\text{nocere neque prodesse potest}}$)."라는 사고에 기초하여, 시효의 중단은 "당사자 및 법률상 이와 동일시 할 수 있는 사람이라고 간주될 승계인 사이에서만 효력이 있는 것"이라고 설명한다.[1]

---

1) 日注解 財産法 1 民法總則, 709(初版/松久三四彦).

Ⅱ. 시효중단의 상대적 효력

1. 당 사 자

본조에서 '당사자'라 함은 중단행위를 한 자와 그 상대방을 말한다. 판례[2]
도 "여기서 당사자라 함은 중단행위에 관여한 당사자를 가리키고 시효의 대상
인 권리 또는 청구권의 당사자는 아니며"라고 판시하고 있다.

따라서 시효의 대상인 권리 또는 의무가 수인에게 귀속되는 경우 그 1인
이 한 중단행위의 효과는 원칙적으로 중단행위에 관여하지 아니한 다른 자에
게 미치지 아니한다.

다만, 시효중단의 대상이 되는 권리의 의무자(이하 '직접의무자'라 한다)가 시효를 원용한
경우, 그로 인한 채권의 시효소멸의 효과가 다른 이해관계인 모두에게 미치는
것과 마찬가지로(상세는 § 162 V.4.(1)⒩ 참조), 직접의무자에 대하여 시효중단 사유가 발생한
경우에는 그로 인한 시효중단의 효력은 시효를 원용할 수 있는 다른 이해관계
인 모두에게 미친다. 이에 관하여는 후술한다.

(1) 공유관계

⒜ 손해배상채권을 공동상속한 상속인 중 1인이 자기의 상속분을 행사
하여 승소판결을 얻었다 하더라도, 다른 상속인에게까지 시효중단의 효력이
미치는 것은 아니다.[3] 이는 각 공동상속인의 개별적인 단독행위이고, 자신의
지분범위 내에서 각자 상속분을 처분할 권한이 있기 때문이다[4](§263).

⒩ 일본의 학설의 다수는 갑과 을이 공유하는 토지를 병이 점유하고 있
는 경우, 갑만이 병을 상대로 토지인도청구의 소를 제기한 경우, 취득시효의
중단의 효력은 갑(갑의 지분)에만 미치고, 을(을의 지분)에 관하여는 미치지 않는다고 한
다. 또한 갑의 소유지를 을과 병이 공동점유하고 있는 경우, 갑과 을 사이에
서만 중단행위(예컨대, 갑의 재판상 청구 및 을의 승인)가 있는 경우, 을을 위하여 진행하고 있던 취득
시효는 중단되나, 병을 위하여 진행하고 있는 취득시효는 중단되지 않는다고
한다.[5]

공유자의 한 사람이 그 '공유물의 일부 지분'에 관하여서만 재판상 청구를

---

2) 대판 97.4.25, 96다46484(집 45-2, 84).
3) 대판 67.1.24, 66다2279(미간행).
4) 주석 총칙(3), 595(제4판/이연갑).
5) 日注解 財産法 1 民法總則, 710(初版/松久三四彦).

하였으면 그로 인한 시효중단의 효력은 그 공유자와 그 청구한 소송물에 한하여 발생한다는 점에는 의문의 여지가 없다.[6] 그런데 판례[7]는 공유자의 한 사람이 '공유물의 보존행위'로서 제소한 경우라도, 동 제소로 인한 시효중단의 효력은 재판상의 청구를 한 그 공유자에 한하여 발생하고, 다른 공유자에게는 미치지 아니한다고 한다. 이는 공유물의 보존행위를 하였다 하더라도 시효중단의 효력은 그 중단행위를 한 공유자의 공유지분에 한하여 미친다고 보는 것이다.

이러한 판례의 입장에 대하여는, 제1설[8]은 실질에 있어 보존행위이거나 외형상 보존행위처럼 보이는 행위라도 그 공유지분권자의 지분에 한하여 효력이 생길 뿐인 경우에는 여기에서 논하는 보존행위라고 할 수 없으므로, 제3자가 공유물 위에 취득시효로 권리를 취득하고자 할 때에 그 시효를 중단시키기 위한 행위는 아예 보존행위라고 볼 수 없고 한다.

제2설[9]은 다른 공유자를 위하여 하는 취득시효중단은 공유물의 현상유지를 위하여 필요한 행위이므로 보존행위에 해당할 수 있지만, 시효중단사유인 재판상 청구로 인한 판결의 효력(기판력)은 다른 공유자에게 미치지 않으므로 이를 제한적으로 해석하여야 한다고 한다. 즉, 공유자가 다른 공유자 전원을 위하여 공유물에 관한 취득시효중단을 위한 재판외의 청구인 '최고'를 하고 시효취득을 하려는 제3자가 이를 승인한 때에는 공유자 전원을 위하여 제3자의 취득시효는 중단되고 이 범위 안에서는 각 공유자의 행위를 공유물의 보존행위라고 할 것이나, 각 공유자의 '재판상 청구'로 인한 취득시효중단은 다른 공유자를 위하여서는 할 수 없다고 한다. 그 이유는 각 공유자가 다른 공유자를 위한 취득시효 중단으로서 '재판상의 청구'를 할 수 있다고 하기 위하여서는 그로 인한 기판력이 다른 공유자에게도 미친다고 하여야 하는데, 다른 공유자는 그 재판의 당사자로 되지 않았으므로 그 기판력이 미친다고 할 수 없고, 만일 기판력이 다른 공유자에게도 미친다고 한다면 위 소송이 패소되었을 경우 다른 공유자는 후에 자기의 시효중단을 위한 재판상의 청구를 할 수 없는 결과가 되어 불합리하기 때문이라는 것이다. 그리하여 각 공유자는 자기의

---

6) 대판 99.8.20, 99다15146(공 99, 1876).

7) 대판 79.6.26, 79다639(집 27-2, 102).

8) 윤재식, "공유자 사이의 공유물의 보존행위", 제문제 8, 1994, 156-157.

9) 이희태, "공유물의 관리 및 보존행위", 사론 10, 1979, 140; 我妻榮, 物權法(民法講義 Ⅱ), 219; 中川善之助·遠藤浩 編 基本法 コンメンタール 物權, 111-112.

지분권에 관하여서만 그 취득시효의 중단을 위한 재판상의 청구를 할 수 있고 다른 공유자를 위하여는 공유물의 보존행위로 그 취득시효 중단을 위한 재판상의 청구를 할 수 없다고 한다.

(2) 합유관계

합유자는 합유물에 대하여 각자가 보존행위를 할 수 있는데,[10] 합유자 1인의 합유물에 대한 보존행위로 인한 시효중단의 효력도 앞서 본 공유물에 관한 판례 및 학설의 논의가 적용될 수 있을 것이다.

(3) 채권자대위소송

채권자대위소송은 채무자의 제3채무자에 대한 권리를 채권자가 대위하여 행사하는 것으로 권리행사의 당사자는 어디까지나 대위자이므로, 피대위자인 채무자는 본조에서 말하는 '당사자'에는 해당하지 않는다. 그러나 채권자대위권 행사의 효과는 채무자에게 귀속되는 것이므로 채권자대위소송의 제기로 인한 소멸시효 중단의 효과는 채무자에게 생긴다.[11]

(4) 물상보증 관계

채권자 갑이 물상보증인 겸 연대보증인 병에 대하여 피담보채권의 시효완성 전에 경매신청을 하여 병에 대한 관계에서는 시효를 중단시켰으나, 채무자 을에 대하여는 별도의 시효중단 조치를 취하지 아니하였고, 경매절차에서 채무자 갑의 소재불명으로 갑에 대한 경매개시결정 정본의 송달도 이루어지지 아니한 경우, 시효중단의 효력은 채무자 갑에게 생기지 아니한다($\frac{\S}{176}$).[12] 따라서 채권자 갑이 물상보증인 겸 연대보증인인 병 소유의 부동산에 압류를 하였다 하더라도, 시효기간 완성 전에 주채무자 을에 대한 압류사실의 통지 및 그 밖의 시효중단 조치가 이루어지지 아니하여 주채무가 시효로 소멸하였다면, 보증채무의 부종성($\frac{\S}{430}$) 및 담보물권의 부종성($\frac{\S}{369}$)의 원칙 등에 따라 병의 연대보증채무 및 병의 부동산에 설정된 저당권도 소멸한다.[13]

한편, 채권자 갑이 채무자 을에 대한 채권의 소멸시효를 중단시켰는데, 그 중단이 없었더라면 소멸시효가 완성되었을 시점에서, 채무자 을의 채무를 담보하기 위해 과거에 저당권을 설정하였던 물상보증인 병에 대하여 저당권을 실행한 경우, 갑과 을 간의 시효중단의 효력이 병에 대하여 미치는지 여부에

---

10) 대판 97.9.9, 96다16896(공 97, 3030).
11) 대판 11.10.13, 2010다80930(공 11하, 2332).
12) 대판 94.1.11, 93다21477(공 94, 683); 대판 10.2.25, 2009다69456(공 10상, 642).
13) 대판 94.1.11, 93다21477(공 94, 683); 대판 10.2.25, 2009다69456(공 10상, 642).

대하여는 학설상 다툼이 있다.

　　부정설은 본조를 적용하여 병은 시효소멸에 관하여 독자적인 이익을 갖는 자로서 피담보채권의 소멸시효를 원용하여 갑의 저당권실행을 저지할 수 있다고 한다.[14] 반면 긍정설은 채무자 을은 직접의무자이고, 직접의무자에 대하여 시효중단이 이루어진 경우 절대효가 있으므로 다른 시효원용권자에게도 시효중단의 효력이 미친다고 한다.[15] 긍정설이 타당한데, 이 점에 관하여는 후술한다.

2. 승 계 인

　　'승계인'이라 함은 '당사자'로부터 중단의 효력이 생긴 권리 또는 의무를 승계한 포괄승계인 또는 특정승계인을 말한다. 판례[16]도 "승계인이라 함은 '시효중단에 관여한 당사자로부터 중단의 효과를 받는 권리를 그 중단효과 발생 이후에 승계한 자'를 뜻하고, 포괄승계인은 물론 특정승계인도 이에 포함된다."고 한다. 다만 시효취득과 관련하여 본조의 규정은 승계인이 중단 당시의 당사자의 점유기간을 승계하여 시효취득을 주장할 수 없다는 것을 의미할 뿐, 승계인 자신의 점유에 터 잡은 독자적인 시효취득을 방해하는 것은 아니다.[17]

(1) 채권의 승계인

　　소멸시효가 중단된 채권을 양수한 자에 대하여는 기존의 시효중단의 효력이 미치므로, 채무자는 그 중단 후의 새로운 시효기간 내에 그 채권의 양수인에 대하여 시효소멸을 주장할 수 없다.[18]

(2) 부동산의 승계인

　　취득시효의 중단사유인 재판상 청구가 있기 전에 취득시효의 대상인 부동산을 양수하여 소유권이전등기를 마친 자에게는 시효중단의 효과가 미치지 않는다.[19] 반면, 취득시효 중단 사유 발생 후에 취득시효의 대상인 부동산을 양수하여 소유권이전등기를 마친 자에게는 시효중단의 효과가 미친다.[20] 이러한 이유 때문에, 취득시효의 경우 점유기간 중에 소유자의 변동이 있는 토지에 관

---

　　14) 日注解 財産法 1, 民法總則, 710(初版/松久三四彦).
　　15) 日注解 財産法 1, 民法總則, 711(初版/松久三四彦).
　　16) 대판 73.2.13, 72다1549(집 21-1, 75); 대판 97.4.25, 96다46484(집 45-2, 84).
　　17) 대판 98.6.12, 96다26961(공 98, 1853).
　　18) 日注解 財産法 1, 民法總則, 711(初版/松久三四彦).
　　19) 대판 73.2.13, 72다1549(집 21-1, 75).
　　20) 대판 94.6.24, 94다7737(공 94, 2070).

하여는 당사자가 취득시효의 기산점을 임의로 산정하여 주장할 수 없다.[21]

(3) 제한물권자

토지소유자 갑과 그 토지를 점유하는 을 사이에 취득시효 중단행위가 이루어진 경우, 그 중단의 효력은 갑으로부터 제한물권을 설정받은 병에게 미친다.[22] 병은 중단효과를 받은 갑의 특정승계인에 해당하기 때문이다.

한편 판례[23] 중에는 우선특권 있는 선박채권자의 선박소유자를 상대로 한 재판상 청구(선박우선특권에 의하여 담보되는 채권의 지급청구 및 선박우선특권의 존재확인 청구)로써 그 선박의 근저당권자에게 우선특권에 관한 소멸시효 중단의 효력을 주장할 수 없다고 한 것이 있다. 학설은 대체로 이를 본조의 적용에 따른 것으로 보는데,[24] 다만 위 재판상 청구 전에 근저당권이 설정되어 있어 그 근저당권자가 본조의 승계인에 해당하지 않음을 전제로 위 판례를 이해하여야 한다는 견해도 있다.[25] 그러나 후순위 담보권자는 선순위담보권의 시효소멸에 대한 반사적 이익을 갖는데 그치고 독자적으로 소멸시효를 원용할 수 있는 지위에 있지 않다[이에 관한 논의는 '§162 V.3.(2)(개)(a)(viii) 및 (b)' 부분 참조]. 따라서 선박우선특권자가 선박소유자 외에 근저당권자를 상대로 별도로 선박우선특권의 시효중단 조치를 취할 필요가 없을 뿐만 아니라(어떠한 중단 조치를 취하여야 하는지도 알 수 없다), 직접의무자에 대하여 시효중단의 조치가 취해진 경우 그에 따른 시효중단의 효력은 그 권리에 관한 다른 이해관계인에게도 미치므로(후술하는 '직접의무자에 대한 시효중단의 절대효' 참조), 선박소유자에 대하여 선박우선특권의 시효중단 조치를 취하였다면 근저당권자는 그에 따른 시효중단의 결과를 당연히 받아들여야 한다. 이와 다른 위 판례 및 학설의 결론은 타당하다고 보기 어렵다.

(4) 합유지분의 승계인

판례[26]는, 기존 공동광업권자들이 원고가 되어 광업권 및 광업권 침해로 인한 손해배상청구를 하고, 그 후 공동소송참가인들이 그 광업권의 지분을 양수하여 공동소송참가를 한 사안에서, "공동광업권자는 조합계약을 한 것으로 보므로(광업 §§30 1, 17 V), 공동광업권자는 광업권 및 광업권 침해로 인한 손해배상청구

---

21) 대판 95.5.23, 94다39987(공 95, 2228).

22) 日注解 財産法 1, 民法總則, 711(初版/松久三四彦).

23) 대판 78.6.13, 78다314(집 26-2, 117).

24) 이재후, "선박우선특권의 소멸시효중단효력의 상대성", 사행 20-5, 1979, 42-44; 이용훈, "선박우선특권의 시효중단과 대법원의 소부에서 한 파기환송판결의 대법원에의 기속력". 민판연 4, 1982, 179-180.

25) 구주해(3), 491(윤진수).

26) 대판 97.2.11, 96다1733(공 97, 725).

권을 준합유한다. 따라서 기존의 공동광업권자가 손해배상청구소송을 제기하
였다면 그 손해배상청구권 전부에 대하여 소멸시효가 중단되는 것이고, 그 후
에 광업권의 지분을 양수한 공동광업권자는 조합원의 지위에서 기존의 공동광
업권자와 함께 소멸시효가 중단된 손해배상청구권을 준합유한다고 보아야 할
것이므로, 새로 공동광업권자가 된 자의 지분에 해당하는 부분만 따로 소멸시
효가 중단됨이 없이 진행되는 것은 아니다."라고 한다.

Ⅲ. 시효중단의 상대적 효력의 예외

1. 직접의무자에 대한 시효중단의 절대효

(1) 의   의

권리자가 직접의무자에 대하여 청구, 압류·가압류·가처분을 하거나 직접
의무자가 권리자에 대하여 의무를 승인하면 그 권리의 소멸시효는 중단되고,
이는 직접의무자 아닌 다른 시효원용권자나 제3자에 대한 관계에서도 효력이
발생한다. 이것이 직접의무자에 대한 시효중단의 절대효이다. 우리나라의 최근
의 유력설[27]이자 판례[28]이고, 일본의 다수설[29][30] 및 판례[31]이다.

이는 일반적으로 여러 시효원용권자가 있는 경우 그 중 어느 1인에 의한
시효의 원용은 상대효를 가지지만, 직접의무자에 의한 소멸시효 원용은 절대

---

27) 노재호, "소멸시효의 원용—원용권자의 범위와 원용권자 상호간의 관계를 중심으로—",
    사론 52, 2011, 313-318; 정진아, "소멸시효 이익 포기 후의 제3취득자", 청연논총 14,
    2017, 118-122; 위계찬, "소멸시효 이익의 포기의 상대효 제한—대법원 2015.6.11. 선고
    2015다200227 판결을 중심으로—", 비교 23-3(통권 74), 2016, 900-901; 김태관, "소멸
    시효의 원용과 중단—물상보증인을 중심으로—", 동아법학 65, 2014, 208; 윤진수, "2007
    년도 주요 민법 관련 판례 회고", 법학 49-1(통권 146), 2008, 341-345.
28) 대판 09.9.24, 2009다39530(공 09하, 1754).
29) 松久三四彦, "物上保證人が債務者の承認により被擔保債權について生じた消滅時效中斷の
    效力を 否定することの許否(消極)", 判時 1649, 1998, 207-209; 森田宏樹, "時效援用權者
    の劃定基準について, 2", 法曹時報 54-7, 2002, 1814-1823; 秦光昭, "時效援用權者の範圍
    と時效の中斷·援用の相對效", 轉換期の取引法：取引法判例10年の軌跡, 商事法務, 2005,
    64-66; 小野憲一, "詐害行爲の受益者と取消債權者の債權の消滅時效の援用", 法曹時報 52-
    7, 2000, 2220.
30) 절대효를 반대하는 견해로는, 鈴木, 民法總則講義 改訂版, 1990, 273.
31) 日最判 1995(平 7).3.10, 判タ 875, 88; 日最判 1998(平 10).6.22, 民集 52-4, 1195;
    日最判 1999(平 11).2.26, 民集 52-44, 1195; 日大板高判 1993(平 5).10.27, 判タ 846,
    215.

효를 가진다는 학설[32) 및 판례[33)[34)와 궤를 같이 하는 것이다. 상세는 '§ 162 V.4.(1)⑷'참조

(2) 절대효의 근거

직접의무자에 대한 시효중단의 절대효의 근거는 다음과 같다.

첫째, 직접의무자에 대하여 시효중단 사유가 발생하여 그 권리의 시효가 중단되었다면, 그 권리에 대한 모든 이해관계인이 이를 확정된 법률관계로 받아들여야 하는 것은 실체법상 당연한 이치이다.[35)

둘째, 직접의무자 외에 장래 소멸시효가 완성하면 이로 인하여 의무나 부담을 면할 지위에 있는 제3자도 소멸시효에 대한 기대를 가질 수 있으나, 소멸시효가 완성하기 전에 이러한 제3자가 갖는 장래의 시효원용권에 관한 기대는 어디까지나 직접의무자의 의무가 시효중단 없이 소멸시효가 완성하는 것을 조건으로 하는 수동적, 잠정적인 것에 불과하다.[36) 따라서 직접의무자에 대한 시효중단시 이로 인한 시효중단의 효력이 전면적·대세적으로 발생한다고 보더라도 장래의 시효원용권자 입장에서 특별히 부당하다고 할 수 없다.[37)

셋째, 만약 직접의무자에 대한 시효가 중단되더라도 다른 장래의 시효원용권자에 대하여 시효중단효가 발생하지 않는다면, 권리자에게 예측하지 못한 결과를 초래한다. 이를 막기 위해서는 권리자는 직접의무자 외에도 소멸시효로 인하여 의무나 부담을 면할 지위에 있는 제3자에게 모두 시효중단의 조치를 취해야 하는데, 이는 지나치거나 불필요한 부담을 지우는 것이다.[38) 특히 사해행위의 수익자에 대해서와 같이 소멸시효의 대상이 되는 채권의 채무자가 아니어서 그를 상대로 시효중단의 조치를 취할 방법이 없는 경우에는 채권자

---

32) 松久三四彦, "時效の援用" 法學教室 213號(1998. 6.); 지원림, 민법강의, 제5판, 365,

33) 대판 00.5.26, 98다40695(미간행); 대판 08.1.31, 2007다64471(정보). 후자의 판례에 대한 해설 내지 평석으로는 이동훈, "채권자대위소송에서 제3채무자의 소멸시효 항변", 해설 75, 2008, 30-41; 김진형, "소멸시효 원용권자의 범위에 관한 소고". 재판실무연구 2010, 2011, 3-21.

34) 일본의 판례로는 日大判 1935(昭 10).12.24, 民集 14, 2096; 日最判 1964(昭 39).10.20, 民集 18-8, 1740; 日最判 1972(昭 39).12.12, 民集 26-10, 1850.

35) 松久三四彦, "物上保證人が債務者の承認により被擔保債權について生じた消滅時效中斷の 效力を 否定することの許否(消極)", 判時 1649, 1998, 208.

36) 日大板高判 1995(平 7).7.5, 判時 1563, 118.

37) 노재호(주 27), 316-317.

38) 松久三四彦, "物上保證人が債務者の承認により被擔保債權について生じた消滅時效中斷の 效力を 否定することの許否(消極)", 判時 1649, 1998, 208.

에게 매우 가혹한 결과가 발생할 수 있다.[39]

넷째, 주채무의 소멸시효가 중단되면 보증채무의 소멸시효도 중단된다고 규정한 민법 §440의 취지에는, 주채무자에 대하여 시효중단이 이루어지면 보증인에 대한 관계에서도 그러한 효과가 발생한다는 의미도 포함된 것으로 볼 수 있다. 따라서 위 규정을 유추적용하면, 제3자의 법적 지위가 주채무의 소멸에 부종, 연동 또는 의존하는 관계에 있는 경우에는 주채무에 관한 시효중단의 효과가 제3자에 대한 관계에서도 발생한다고 볼 수 있다.[40]

(3) 판   례

㈎ 대법원판례   첫째 판례의 사안은 다음과 같다. 원고(선박우선특권 있는 채권자)가 피고(선박 근저당권자)를 상대로 선박우선특권 있는 채권에 대한 확인의 소 등을 제기한 소송에서, 피고가 위 채권의 소멸시효 완성을 주장하자 원고는 소외 회사(선박소유자 겸 채무자)에 대하여 이미 위 채권에 대한 시효중단 조치를 취하고 승소확정판결까지 받아두었다고 다투었다. 원심[41]은 소외 회사에 대한 시효중단 조치로 인하여 피고에 대한 관계에서까지 시효중단 사유가 된다고 할 수 없다며 원고의 선박우선특권 있는 채권이 시효소멸하였다고 판단하였다. 그러나 대법원은 소외 회사에 대한 시효중단의 효력은 피고에 대하여 미친다는 이유로 원심판결을 파기환송하였다.[42]

다음, 대법원판례[43]는 "유치권이 성립된 부동산의 매수인은 그 피담보채

---

39) 森田宏樹(주 29), 1815.

40) 森田宏樹(주 29), 1818, 1821; 佐藤岩昭, "詐害行爲の受益者による被保全債權の消滅時效の援用", ジュリスト 臨時增刊 No.1157 平成十年度重要判例解說, 1999, 60; 小野憲一, "詐害行爲の受益者と取消債權者の債權の消滅時效の援用", 法曹時報 52-7, 2000, 2220; 윤진수, "2007년도 주요 민법 관련 판례 회고", 법학 49-1(통권 146), 2008, 343(사해행위 수익자가 채권자에게 부담하는 원상회복의무도 채권자가 채무자에 대하여 가지는 피보전 채권에 부종하는 것으로 보아 민법 §440를 유추적용하여, 채무자에 대한 시효중단의 효력은 수익자에게도 미친다고 한다).

41) 서울고판 79.1.26, 77나413(미간행).

42) 위 사건의 원심은 피고(선박저당권자)가 독자적으로 원고(선박우선특권 있는 채권자)의 소외 회사에 대한 선박우선특권에 대하여 소멸시효 항변을 할 수 있다고 보았으나, 대법원은 이에 대한 아무런 판단 없이 피고가 오로지 소외 회사를 대위하여 소멸시효 항변을 한 것임을 전제로 판단하고 있어 양 판결은 서로 다른 전제에서 판시하고 있다. 대법원과 같이 판단하려면 동일 담보 목적물에 대한 후순위 담보권자가 선순위 담보권에 관하여 독자적으로 소멸시효를 원용할 수 있는지에 관하여 먼저 논하였어야 할 것이다. 이에 관한 논의는 '§ 162 V.3.(2)㈎(a)(ⅷ) 및 (2)' 주해 부분 참조.

43) 대판 09.9.24, 2009다39530(공 09하, 1754). 이에 대한 판례해설로는, 김진동, "유치권의 피담보채권의 소멸시효기간이 확정판결 등에 의하여 10년으로 연장된 경우, 유치권이 성립된 부동산의 매수인이 종전의 단기소멸시효를 원용할 수 있는지 여부", 해설 81,

권에 관한 소멸시효를 원용할 수 있으나, 매수인은 유치권자에게 채무자의 채무와는 별개의 독립된 채무를 부담하는 것이 아니라 단지 채무자의 채무를 변제할 책임을 부담하는 점 등에 비추어 보면, 유치권의 피담보채권의 소멸시효기간이 확정판결 등에 의하여 10년으로 연장된 경우 매수인은 그 채권의 소멸시효기간이 연장된 효과를 부정하고 종전의 단기소멸시효기간을 원용할 수는 없다."고 한다. 이는 피담보채권의 채무자에 대한 시효중단의 효력은 부동산의 제3취득자 등 다른 시효원용권자[44]에게 미침을 당연한 전제로 하면서, 나아가 이에 그치지 않고 그 시효기간의 연장의 효력까지 미친다는 점을 명확히 한 것이다. 여기서 주의할 점은 위 판례는 채권자와 주채무자 간의 확정판결에 의하여 '주채무'의 소멸시효기간이 10년으로 연장되었다 하더라도 '보증채무'는 여전히 종전의 소멸시효기간에 따른다는 판례[45]와 구별되어야 한다는 점이다. 후자는 '주채무'의 판결확정에 따른 시효기간 연장이 그와 서로 '별개의 독립한' '보증채무'에 대한 시효기간까지 연장하지 않는다는 취지인 반면, 여기서 문제되는 것은 '동일 피담보채무'의 직접의무자(채무자)에 대한 시효중단 및 시효기간의 연장의 효력이 그 '동일 피담보채무'에 관한 다른 여러 이해관계인(시효원용권자)들에 대해서까지 미친다는 것이기 때문이다. 후자의 판례와 관련하여서도 만일 보증채무자가 자신의 보증채무가 아닌 주채무의 소멸시효를 원용함에 있어서는 주채무의 판결확정에 따른 시효기간 연장의 효력을 받아야 함은 당연하다.

　　나아가 판례[46]는 채무자가 제3채무자(직접의무자)를 상대로 금전채권의 이행을 구하는 소를 제기한 후 채권자가 위 금전채권에 대하여 압류 및 추심명령을 받아 제3채무자를 상대로 추심의 소를 제기한 경우, 채무자가 권리주체의 지위에서 한 시효중단의 효력은 집행법원의 수권에 따라 피압류채권에 대한 추심권능을 부여받아 일종의 추심기관으로서 그 채권을 추심하는 추심채권자에게도 미친다고 한다. 채무자가 취한 제3채무자(직접의무자)에 대한 시효중단의 효력은 절대효가 있어 제3자인 추심채권자에게도 미친다고 볼 수 있기 때문이다.

2009, 59-63.

44) 부동산의 제3취득자를 채무자와는 별개로 독자적인 시효원용권자로 인정한 판례로는 대판 95.7.11, 95다12446(공 95, 2761); 日最判 1960(昭 60).11.26, 民集 39-7, 1701; 日最判 1973(昭 48).12.14, 民集 27-11, 1586; 日最判 1992(平 4).3.19, 民集 46-3, 222.

45) 대판 06.8.24, 2004다26287(공 06, 1593).

46) 대판 19.7.25, 2019다212945(공 19하, 1661).

(ㄴ) 일본의 판례　　　일본의 판례[47]는 물상보증인이 채무자의 승인에 의하여 피담보채권에 관하여 생긴 소멸시효 중단의 효력을 부정하는 것은 담보권의 부종성에 저촉되고 일본민법 §396의 취지에도 반하므로 허용되지 않는다면서, 채무자의 채무승인에 의한 시효중단의 효과는 물상보증인에게도 미친다고 판시한다.

또한 일본의 판례[48]는 채권자인 양도담보권설정자는 제3취득자에 대해 청산금지급청구권을 갖고 있지 않아 제3취득자를 상대로 그 청산금지급청구권의 소멸시효를 중단시킬 수 있는 방법이 없지만, 채무자인 양도담보권자에 대하여 청산금지급청구권의 소멸시효를 중단하는 조치를 강구한다면 위 제3취득자에 대하여도 그 시효중단의 효력이 미친다고 판시한다. 다른 일본의 판례[49]는 사해행위취소소송의 수익자는 피보전채권의 소멸시효가 완성한 경우에 이를 원용할 수 있는 권리가 있다고 판시하는 한편, 피보전채권의 소멸시효가 채무자의 채무승인으로 중단된 경우에는 그 효과가 수익자에게도 미침을 전제로, 피보전채권의 소멸시효가 채무자의 승인에 의해 중단되었는지 여부를 더 심리하도록 원심판결을 파기환송하고 있다.

2. 시효중단효가 미치는 인적범위의 확장 및 축소

(1) 의　　의

시효중단의 상대성 원칙은 일정한 법률정책적 고려에 의하여 수정된다. 그리하여 앞서 본 시효중단의 효력이 미치는 인적범위보다 확장되는 경우가 있는가 하면 축소되는 경우도 있다.

(2) 시효중단효가 미치는 인적범위의 확장

(가) 보증채무　　　민법 §440에 의하면, 주채무자에 대한 시효의 중단은 보증인에게도 효력이 있다. 판례[50]는 보증채무가 주채무에 부종한다 할지라도 보증채무는 주채무와는 별개의 독립된 채무의 성질이 있는 점을 고려할 때, 이는 보증채무의 부종성에 기한 것이라기보다는 채권자보호 내지 채권담보의 확보를 위한 특별규정이라고 본다. 역으로 보증인에 대한 시효중단의 효력이 주

47) 日最判 1995(平 7).3.10, 判タ 875, 88.
48) 日最判 1999(平 11).2.26, 民集 191, 457.
49) 日最判 1998(平 10).6.22, 民集 52-4, 1195.
50) 대판 86.11.25, 86다카1569(집 34-3, 139).

채무자에게 미치지 않은 것은 당연하다.[51]

(내) 연대채무　　어느 연대채무자에 대한 이행의 청구는 다른 연대채무자에게도 효력이 있다($\frac{\S}{146}$). 그러나 이와 같이 다른 연대채무자에 대하여 시효중단 사유로서 절대적 효력을 갖는 것은 이행의 청구($\frac{재판상 청}{구, 최고}$)에 한하고, 그 밖의 승인, 압류 또는 가압류, 가처분은 상대적 효력을 갖는다.[52]

(대) 지　역　권　　민법 § 296는 "요역지가 수인의 공유인 경우에 그 1인에 의한 지역권 소멸시효의 중단 또는 정지는 다른 공유자를 위하여 효력이 있다."고 규정하고 있다. 이는 지역권에 대한 소멸시효 중단의 불가분성을 규정한 것으로, 민법 § 295 Ⅱ이 "공유자의 1인이 지역권을 취득한 때에는 다른 공유자도 이를 취득한다."고 규정하여 지역권 취득의 불가분성을 규정한 것과 관련이 있다.

(래) 압류 또는 가압류·가처분　　민법 § 176는 "압류, 가압류 및 가처분은 시효의 이익을 받은 자에 대하여 하지 아니한 때에는 이를 그에게 통지한 후가 아니면 시효중단의 효력이 없다."고 규정하고 있다. 이는 중단사유에 관여하지 아니한 자에 대하여 진행하는 시효에 관하여, 그 자에 압류 등의 통지를 할 것을 요건으로 중단의 효력을 발생시키는 것이다.[53]

(매) 배서인의 다른 배서인 등에 대한 환어음상과 약속어음상의 청구권　　배서인의 다른 배서인과 발행인에 대한 환어음상과 약속어음상의 청구권의 소멸시효는 그 자가 제소된 경우에는 전자에 대한 소송고지를 함으로 인하여 중단한다. 그와 같이 중단된 시효는 재판이 확정된 때로부터 다시 진행을 개시한다($\frac{어음}{I, Ⅱ}\S 80$).

(3) 시효중단효가 미치는 인적범위의 축소

(개) 지　역　권　　민법 § 295 Ⅱ은 "점유로 인한 지역권 취득기간의 중단은 지역권을 행사하는 모든 공유자에 대한 사유가 아니면 그 효력이 없다."고 규정하고 있다. 이는 같은 조 제1항이 "공유자의 1인이 지역권을 취득한 때에는 다른 공유자도 이를 취득한다."고 규정하여 지역권 취득의 불가분성을 규정하고 있기 때문에, 그 시효취득의 중단사유도 모든 공유자에 대한 것이 아니면 중단사유로 인정할 수 없다는 취지이다.

---

51) 대판 77.9.13, 77다418(정보).
52) 구주해(3), 491(윤진수); 주석 총칙(3), 599(제4판/이연갑).
53) 日注解 財産法 1, 民法總則, 711(初版/松久三四彦).

(내) 어음·수표채권   어음법 §71, 수표법 §52는 어음·수표 채권에 관하여 "시효의 중단은 그 중단사유가 생긴 자에 대하여서만 효력이 생긴다." 고 규정하여, 그 중단사유가 생긴 이후의 승계인에 대하여는 시효중단의 효력이 미치지 않도록 하고 있다. 이는 어음채무가 각기 독립의 원칙에 의하여 존재하는 점을 고려한 규정이다. 그리하여 특정한 어음채무자에 대하여 시효가 중단되어도 다른 어음채무자에 대한 시효는 별도로 독립하여 진행한다. 주채무자에 대한 시효중단의 효력은 당연히 어음보증인에게 미치지 않으므로 어음보증인에 대한 권리가 먼저 독립하여 소멸할 수 있고, 공동발행인 중 1인이 한 승인은 다른 발행인에 대한 시효중단사유가 되지 않는다.[54)]

[오 영 준]

第170條(裁判上의 請求와 時效中斷)

① 裁判上의 請求는 訴訟의 却下, 棄却 또는 取下의 境遇에는 時效中斷의 效力이 없다.

② 前項의 境遇에 6月內에 裁判上의 請求, 破産節次參加, 押留 또는 假押留, 假處分을 한 때에는 時效는 最初의 裁判上 請求로 因하여 中斷된 것으로 본다.

---

54) 최기원, 어음·수표법, 제5증보판, 2008, 634-635.

Ⅰ. 재판상 청구와 시효중단

1. 재판상 청구의 의의

재판상 청구란 의무자를 상대로 자기 권리를 재판상 주장하는 것을 말한다. 판례[1]는 "민법 §170 Ⅰ에 규정하고 있는 '재판상의 청구'란 종국판결을 받기 위한 '소의 제기'에 한정되지 않고, 권리자가 이행의 소를 대신하여 재판기관의 공권적인 법률판단을 구하는 지급명령 신청도 포함된다고 보는 것이 타당하다."고 한다. 그러나 본조에서 말하는 재판상 청구에는 반드시 소의 제기나 지급명령의 신청에 한정되는 것은 아니고, 뒤에서 보는 바와 같이 자기 권리를 재판상 주장하는 것으로 볼 수 있다면 응소행위도 포함된다.

재판상 청구는 민법 §168 (iii)에 의하여 시효중단사유가 되는데, 본조는 이를 전제로 어떠한 경우에 일단 발생한 시효중단의 효력이 소멸되고, 어떠한 경우에 그 효력이 소급적으로 부활하는지에 관하여 규정하고 있다.

재판상의 청구가 시효중단의 사유가 되려면 그 청구가 채권자 또는 그 채권을 행사할 권능을 가진 자에 의하여 이루어져야 한다.[2]

2. 재판상 청구에 시효중단을 인정하는 근거

(1) 학　설

㈎ 권리확정설(소송물설, 소송법설)　　　권리확정설은 재판상의 청구에 의한 시효중단을 기판력이라는 소송법적 효력의 사법적 효과라고 본다. 이 견해에 의하면, 시효중단사유로서의 재판상의 청구가 있다고 하기 위해서는 기판력에 의하여 당해 권리의 존재가 확정되어야 하고, 기판력이 미치는 범위와 일치하는 한도에서 중단의 효력이 생긴다.

㈏ 권리행사설(실체법설)　　　권리행사설은 시효중단의 근거를 권리자가 어떤 방법이나 형식에 의하든 그 권리를 주장하여 권리 위에 잠자지 않는 자임을 표명함으로써 시효의 기초인 사실상태를 파괴하는 데 있다고 본다. 재판상의 청구는 가장 단호한 권리주장의 태도인 만큼 그 효력과 소송법상의 형식을 결부시킬 필요는 없고 권리자가 소송을 통하여 그 권리를 주장·행사하면 족하며 반드시 그 권리가 소송물이 되어 기판력이 발생할 것을 요하지 않

---

1) 대판 11.11.10, 2011다54686(공 11하, 2549).
2) 대판 63.11.28, 63다654(집 11-2, 277).

는다고 본다.

㈐ 양설의 차이   권리확정설을 취할 경우 재판상 청구에 의하여 시효가 중단되는 범위는 원칙적으로 기판력이 발생되는 소송물에 한하므로 그 범위가 좁아지게 된다. 반면 권리행사설을 취할 경우 시효중단의 범위를 반드시 소송물 및 기판력의 범위와 일치시킬 필요는 없게 되지만, 다른 한편 그 범위를 일률적으로 정할 수도 없게 되므로 무엇을 권리행사로 볼 수 있는지 개별적으로 따져야 한다.

(2) 판   례

판례[3]는 "소유권의 시효취득에 준용되는 시효중단사유인 재판상의 청구라 함은 시효취득의 대상인 목적물의 인도 내지는 소유권존부확인이나 소유권에 관한 등기청구소송은 말할 것도 없고, 소유권의 침해의 경우에 그 소유권을 기초로 하여 하는 방해배제 및 손해배상 혹은 부당이득반환청구소송도 이에 포함된다. 위와 같은 여러 경우는 권리자가 자기의 권리를 자각하여 재판상 그 권리를 행사하는 점에 있어 서로 다를 바 없고, 또 재판상 청구를 기판력이 미치는 범위와 일치시켜 고찰할 필요가 없기 때문이다."라고 판시하여 권리행사설을 입장을 취함을 분명히 하였다.

또한 판례[4]는 "소멸시효의 존재이유는 영속된 사실상태를 존중하고 권리 위에 잠자는 자를 보호하지 않는다는 데에 특히 의미가 있으므로 권리자가 재판상 권리를 주장하여 권리 위에 잠자는 것이 아님을 표명한 때에는 시효중단사유가 되는 것이고, 이러한 시효중단사유로서의 재판상 청구에는 그 권리 자체의 이행청구나 확인청구를 하는 경우만이 아니라 그 권리가 발생한 기본적 법률관계에 관한 확인청구를 하는 경우에도 그 법률관계의 확인청구가 이로부터 발생한 권리의 실현수단이 될 수 있어 권리 위에 잠자는 것이 아님을 표명한 것으로 볼 수 있을 때에는 그 기본적 법률관계에 관한 확인청구도 이에 포함된다고 보는 것이 타당하다."고 한다. 이 역시 권리행사설을 취한 것으로 볼 수 있다.

판례는 이러한 권리행사설의 바탕 위에 시효중단의 효력이 생기는 재판상 청구의 범위를 넓혀 왔다. 종래 행정처분의 취소·변경·무효확인을 구하는 행정소송은 사권에 대한 소멸시효 중단사유인 재판상 청구에 해당하지 않는다고

---

3) 대판 79.7.10, 79다569(집 27-2, 142).
4) 대판(전) 93.12.21, 92다47861(집 41-3, 383); 대판 94.5.10, 93다21606(공 94, 1634).

하다가 판례변경[5)]을 통하여 과세처분의 취소 또는 무효확인청구의 소는 조세환급을 구하는 부당이득반환청구권의 소멸시효 중단사유인 재판상 청구에 해당한다고 판시하고, 당초 응소행위에 관하여 시효중단을 부정하다가 판례변경[6)]을 통하여 시효중단을 긍정하였다. 또한 판례는 백지로 된 약속어음의 소지인이 그 백지 미보충 상태에서 한 어음금 청구에 시효중단의 효력을 인정할 수 없다고 하다가 판례변경[7)]을 통하여 시효중단을 긍정하는 것으로 입장을 변경하였다.

II. 각종 소송의 제기와 시효중단효의 발생 유무 및 범위

1. 민사소송

(1) 소의 형태

소의 제기는 물론 반소의 제기, 소송계속 중 청구취지의 변경·확장 신청도 시효중단사유가 된다.

다만 민사소송을 제기한 경우 그 소제기 상태에서 권리를 구제받기 위한 소송법적·실체법적 요건을 모두 갖추어야만 소제기 시에 시효중단의 효력이 발생하는지 아니면 이를 갖추지 못한 흠이 있더라도 사실심 변론종결 시까지 이러한 요건을 모두 갖추면 소제기 시에 시효중단의 효력을 인정받을 수 있는지 문제된다. 이는 뒤에서[II.1.(2)(대) (마) 및 V.] 상세히 다룬다.

(2) 이행의 소제기에 의한 시효중단효의 발생 유무 및 범위

(가) 소유권에 기한 등기청구소송과 소유권　　소유권에 기한 등기청구소송의 소송물은 등기청구권이고 소유권 그 자체는 아니다. 그러나 소유권에 기한 원인무효의 소유권이전등기 말소청구소송은 소유권에 기한 토지인도청구소송, 토지소유권확인소송과 마찬가지로 피고의 당해 토지의 취득시효를 중단시키는 재판상 청구에 해당한다.[8)]

(나) 근저당권설정등기청구의 소제기와 그 피담보채권 등　　근저당권설정등기청구의 소의 제기는 그 피담보채권의 재판상의 청구에 준하는 것으로

---

5) 대판(전) 92.3.31, 91다32053(공 92, 1406).

6) 대판(전) 93.12.21, 92다47861(집 41-3, 383).

7) 대판 10.5.20, 2009다48312(공 10상, 1143).

8) 日大判 1938(昭 13).5.11, 民集 17, 901.

서 피담보채권에 대한 소멸시효중단의 효력을 생기게 한다. 판례[9]는 그 근거로 원고의 근저당권설정등기청구권의 행사는 그 피담보채권이 될 금전채권의 실현을 목적으로 하는 것으로서, 근저당권설정등기청구의 소에는 그 피담보채권이 될 채권의 존재에 관한 주장이 당연히 포함되어 있고, 피고로서도 금전지급을 구하는 청구를 추가하기 전부터 피담보채권이 될 금전채권의 소멸을 항변으로 주장하여 그 채권의 존부에 관한 실질적 심리가 이루어져 그 존부가 확인된 이상, 그 피담보채권이 될 채권으로 주장되고 심리된 채권에 관하여는 근저당권설정등기청구의 소의 제기에 의하여 피담보채권이 될 채권에 관한 권리의 행사가 있은 것으로 볼 수 있다고 한다.

그러나 이와 달리 피담보채권의 이행을 먼저 재판상 청구한 경우, 그 재판상 청구는 근저당권설정등기의 실현을 목적으로 하는 것으로 보기 어려우므로, 그 재판상 청구에 의하여 근저당권설정등기청구권의 소멸시효가 중단된다고 볼 수 없다.[10] 이는 원인채권의 실현을 위하여 어음금청구소송을 제기한 경우 원인채권의 시효중단효가 생기지만,[11] 그 역은 성립하지 아니한 것[12]과 그 궤를 같이 한다. 이와 같이 A, B 권리가 서로 경제적으로 밀접한 관련을 가지면서 A 권리가 B 권리를 확보하기 위한 수단으로 기능하는 경우 A 권리의 행사에 의하여 B 권리의 소멸시효가 중단된 것으로 본 사례에 관하여는 뒤의 'V.2.'(청구권 경합) 부분에서 상술한다.

⒟ 매매계약에 기한 건축주명의변경청구의 소와 매매계약에 기한 소유

---

9) 대판 04.2.13, 2002다7213(공 04, 463). 다만, 위 사건은 근저당권설정등기청구소송 제기 당시 그 등기청구권이 이미 시효로 소멸한 것이어서 그 소제기를 가리켜 시효중단효를 발생시키는 재판상 청구라고 보기는 어렵다[대판 07.9.20, 2006다68902(공 07, 1629) 참조]. 대판 2002다7213에 대한 판례해설로는 김승표, "근저당권설정등기청구권이 그 피담보채권이 될 채권과 별개로 소멸시효에 걸리는지 여부 및 근저당권설정등기청구의 소제기가 그 피담보채권이 될 채권에 대한 소멸시효중단사유가 되는지 여부", 해설 49, 20. 참조. 이 판례해설은 "민법 제170조 제2항을 보면 더욱 명확해지는 것이, 근저당설정등기청구가 기각되더라도 그 기각된 후에 다시 6개월 내에 재판상의 청구를 하면 시효는 최초의 재판상 청구로 인하여 중단된 것으로 보게 되는바, 본건에서 최초의 재판상의 청구에 해당하는 근저당권설정등기청구에 피담보채권의 소멸시효중단의 효력을 인정하는 한 그 청구기각 후 6개월 안에 직접 피담보채권의 이행을 구하는 금원지급청구의 소를 제기하는 경우 최초의 근저당권설정등기청구의 소제기 시에 피담보채권에 관한 시효중단의 효력이 발생한다."고 한다.
10) 김재형, "2000년대 민사판례의 경향과 흐름: 민법총칙", 민판연 33(하), 2011, 151.
11) 대판 61.11.9, 4293민상748(집 9, 72).
12) 대판 67.4.25, 67다75(집 15-1, 342); 대판 94.12.2, 93다59922(공 95, 426).

권이전등기청구의 소　　　　판례[13]는 원고가 매매계약에 기한 소유권이전등기청구권의 소멸시효기간 만료 전에 매매계약을 원인으로 건축주명의변경을 구하는 소를 제기하였다가 그 승소판결 확정 후 매매계약에 기한 소유권이전등기청구의 소를 제기한 사안에서, 매매계약에 기한 소유권이전등기청구권의 시효중단 사유인 재판상 청구는 권리자가 소송이라는 형식을 통하여 권리를 주장하면 족하고 반드시 그 권리가 소송물이 되어 기판력이 발생할 것을 요하지 않으므로, 소유권이전등기청구권이 발생한 기본적 법률관계에 해당하는 매매계약을 기초로 하여 건축주명의변경을 구하는 소도 위 소유권이전등기청구권의 소멸시효를 중단시키는 재판상 청구에 포함된다고 한다.

　　㈃ 백지어음·수표에 기한 청구 등의 경우

　　　　ⓐ 권리행사시 어음의 제시나 소지가 없는 경우　　　어음채권에 관하여 채무자를 이행지체에 빠뜨리기 위해서는 어음의 제시가 필요하나, 단순히 시효중단을 취한 소제기나 최고에는 어음의 제시나 소지가 불필요하다.[14]

어음을 제시하지 아니한 상태에서의 최고에 시효중단효를 인정한 근거에 관하여 일본의 판례[15]는, 청구의 일종인 최고를 시효중단의 사유로 한 것은 최고를 한 권리자는 이미 권리 위에 잠자는 것이라 할 수 없고, 이것에 의해 권리행사의 의사가 객관적으로 표현되고 있는 점, 시효중단 사유로서의 최고는 채권자의 당해 채권에 관한 최고의 의사통지가 채무자에게 도달하면 족하고, 반드시 이것에 의해 채무자를 지체책임에 빠뜨리는 효력을 갖는 것과 동일할 필요는 없는 점 등을 든다.

또한 어음을 소지하지 아니한 상태의 소제기에 관하여 시효중단효를 인정한 근거에 관하여 일본의 판례[16]는 어음권리자는 자기의 의사에 기하지 않고서 어음의 소지를 상실하여도 어음상의 권리를 상실하는 것은 아니기 때문에 어음권리자가 어음을 소지하지 않고서 재판상의 청구를 한 경우에도 어음채권에 대한 시효중단의 효력이 있다고 해석함이 상당한 점, 채권자가 변론종결 시까지 어음의 소지를 회복하든지 혹은 이에 갈음할 제권판결을 얻지 않으면 그

---

13) 대판 11.7.24, 2011다19737(공 11하, 1615).

14) 어음을 제시하지 아니한 상태에서의 소제기에 관하여는 대판 62.1.31, 4294민상110(집 10-1, 66); 日最判 1963(昭 38).1.30, 民集 17-1, 99. 어음을 소지하지 아니한 상태의 소제기에 관하여는 日最判 1964(昭 39).11.24, 民集 18-9, 1952.

15) 日最判 1963(昭 38).1.30, 民集 17-1, 99.

16) 日最判 1964(昭 39).11.24, 民集 18-9, 1952.

청구를 기각하여야 하지만 이는 어음의 상환증권성에 연유하는 것이고 이를 근거로 원래 권리자가 권리 위에 잠자고 있지 않다는 사실을 부정할 수 없는 점 등을 든다.

(b) 백지어음의 경우

(ⅰ) 어음금액 외의 다른 부분이 백지인 어음   백지어음의 경우 어음금액 외의 다른 부분이 백지 미보충인 상태에서 한 최고도 권리행사의 의사가 표시되어 있는 이상, 그에 기하여 소제기를 한 경우 재판상 청구에 따른 시효중단의 효력이 인정된다는 것이 통설이다.

판례[17]는 "백지어음의 소지인이 … 백지 부분을 보충하지 아니한 채 어음금을 청구하더라도, 이는 완성될 어음에 기한 어음금청구와 동일한 경제적 급부를 목적으로 하는 실질적으로 동일한 법률관계에 관한 청구로서 어음상의 청구권을 실현하기 위한 수단이라고 봄이 상당하다. … 만기는 기재되어 있으나 지급지, 지급을 받을 자[18] 등과 같은 어음요건이 백지인 약속어음의 소지인이 그 백지 부분을 보충하지 않은 상태에서 어음금을 청구하는 것은 어음상의 청구권에 관하여 잠자는 자가 아님을 객관적으로 표명한 것이라고 할 수 있고 그 청구로써 어음상의 청구권에 관한 소멸시효는 중단된다."고 한다. 나아가 "백지에 대한 보충권은 그 행사에 의하여 어음상의 청구권을 완성시키는 것에 불과하여 그 보충권이 어음상의 청구권과 별개로 독립하여 시효에 의하여 소멸한다고 볼 것은 아니므로 어음상의 청구권이 시효중단에 의하여 소멸하지 않고 존속하고 있는 한 이를 행사할 수 있다."고 한다.[19]

(ⅱ) 어음금액이 백지인 어음   어음금액이 백지인 어음의 시효중단이 가능한지 여부에 관하여는 아직 정립된 이론이 없고, 판례도 찾아볼 수 없다.

부정설은, 어음금액이 백지인 경우와 같이 권리의 내용에 관한 사항이 백

---

17) 대판(전) 10.5.20, 2009다48312(공 10상, 1143). 이유를 달리하지만 결론을 같이 하는 일본의 판례로는 日最判 1966(昭 41).11.2, 民集 20-9, 1674. 위 대법원판결에 대한 판례해설로는, 오영준, "백지어음 소지인의 어음금청구에 의한 소멸시효 중단", 해설 83, 2010, 478 이하 참조.

18) 수취인 백지의 백지어음의 어음금청구에 시효중단을 인정한 일본의 판례로는 日最判 1966(昭 41).11.2, 民集 20-9, 1674. 발행일 백지의 백지어음의 재판상 청구에 시효중단을 인정한 판례로는 日最判 1970(昭 45).11.11, 民集 24-12, 1876.

19) 백지 보충권의 독립적 시효소멸을 부정한 같은 취지의 판례로는 대판 62.1.31, 4294민상110(집 10-1, 66); 日最判 2003(平 15).7.20, 民集 47-7, 4652.

지로 된 경우에는 백지어음인 상태에서 소를 제기하더라도 시효중단의 효력이 없다고 설명하거나, 채권액이 확정되지 않은 청구는 권리의 존재를 확인할 수 없고 시효중단의 행위로서는 충분하지 않다고 설명한다.[20] 반면, 긍정설은 소의 제기에 의하여 권리 위에 잠자지 않는다는 점이 객관적으로 명백하기 때문에, 금액백지인 상태에서도 소를 제기한 때에 시효중단의 효력을 인정할 수 있다고 본다.[21]

　　교통사고에 기한 손해배상청구와 같이 금액 미확정인 상태에서 소제기를 한 경우에도 시효중단을 인정할 수 있는 점에 비추어 보면, 긍정설도 일리가 있어 보이지만, 이는 손해배상청구소송의 특성상 그렇게 할 수밖에 없는 특별한 사정이 있고, 이 경우에는 손해배상금액을 일부라도 특정하여 청구한 후 향후 청구취지를 확장할 뜻을 밝히는 것이 통상이므로 금액백지 상태의 청구와는 달리 보아야 한다. 어음금액이 백지인 상태에서는 상대방으로서는 백지어음 소지자가 얼마만큼의 청구를 하고 있고 자신이 어떠한 의무를 이행하여야 하는지 알기 어려운 상태이므로, 이러한 경우에까지 '권리행사'가 있었다고 보기는 어렵다. 다만 만일 보충할 금액과 그 발생원인에 대하여 어음소지인과 어음채무자 사이에 이미 합의가 성립되어 있어 어음금액이 백지인 상태에서도 어떠한 채무액을 청구하는지를 당사자 쌍방이 다툼 없이 인식할 수 있다는 등의 특별한 사정이 있다면, 이러한 경우에는 어음금액 백지상태에서의 어음금 청구도 시효중단 사유가 될 수 있을 것이다.[22]

　　(마) 대항요건을 갖추지 못한 양수금청구　　　채권의 양수인이 채권양도의 대항요건을 갖추지 못한 상태에서 채무자를 상대로 재판상의 청구를 한 경우, 소멸시효 중단사유인 재판상의 청구에 해당하는지 문제된다. 판례[23]는 이를 긍정하면서, 채권양도의 대항요건을 갖추지 못하였다고 하더라도 채권양도에 의하여 채권은 양수인에게 이전되는 점, 민법 §149의 "조건의 성취가 미정

---

20) 高橋英治, "受取人白地手形による訴提起と時效の中斷", ジュリスト 別冊 144, 1997, 79.
21) 高橋英治, 앞의 글 79; 김홍기, "백지어음 청구에 의한 소멸시효중단과 백지보충권". 상법판례백선, 2012, 710.
22) 오영준(주 17), 506.
23) 대판 05.11.10, 2005다41818(공 05, 1964). 이에 대한 판례해설로는, 이상주, "채권의 양수인이 채권양도의 대항요건을 갖추지 못한 상태에서 채무자를 상대로 재판상의 청구를 한 경우, 소멸시효 중단사유인 재판상의 청구에 해당하는지 여부(적극)", 해설 57, 2006, 260 이하. 평석으로는 김병선, "채권양도의 대항요건과 소멸시효의 중단", 저스 104, 2008, 222-239; 남효순, "대항요건을 갖추지 못한 동안 채권양도의 채무자에 대한 효력: 양수인의 재판상청구를 중심으로". 민판연 31, 2009, 281-324.

한 권리의무는 일반규정에 의하여 처분, 상속, 보존 또는 담보로 할 수 있다."
는 규정은 대항요건을 갖추지 못한 채 채권이 양도받은 양수인의 경우에도 준
용될 수 있는 점, 채무자를 상대로 재판상의 청구를 한 채권의 양수인을 '권리
위에 잠자는 자'라고 할 수 없는 점 등을 이유로 든다.

　　채권자가 소를 제기하여 소송이 계속되던 중 채권을 제3자에게 양도한 경
우 채권양수인이 소송참가를 하는 경우에는 소송이 법원에 처음 계속된 때에
소급하여 시효중단의 효력이 생긴다($\substack{민소 \\ \S81}$). 그러나 채권양수인이 소송참가신청
을 하지 않고 별소를 제기하면 위와 같은 소급효가 발생하지 않는다.[24] 채권양
수인이 위와 같이 소송참가를 하지 아니한 채 양도인이 원고로서 계속 소송을
진행하다가 변론종결 당시 권리자가 아님을 이유로 기각되거나 소가 취하되면
채권양수인은 양도인의 소제기로 인한 시효중단의 효력을 승계하지 못하고 자
신이 별도로 소를 제기함으로써 시효의 진행을 중단시킬 수 있다.[25]

　　그런데 이와 관련하여 소송계속 중 채권을 양도한 양도인의 패소판결 후
6개월 내에 채권양수인이 별소를 제기할 경우 본조 제2항에 의하여 양도인의
소제기 시로 소급하여 시효중단 효력이 발생할 수 있는지 문제된다. 이에 대하
여는 ① 무권리자가 소를 제기하여 법원에 의하여 청구기각의 확정판결이 있
은 다음 권리자가 적법하게 소를 제기한 경우에는 본조 제2항을 적용할 수 없
는 것에 준하여 이 경우에도 부정하는 견해[26]와 ② 이러한 경우에는 민사소송
법 §81와의 형평을 고려하여 본조 제2항을 적용할 수 있다는 견해[27]가 대립
한다.

　　판례[28]는 적용긍정설을 취하고 있는데, 그 사안은 다음과 같다. 채권을 양
도하고 대항요건을 갖추지 않은 상태에서 양도인이 소를 제기한 후 소송계
속 중 채무자가 채권양도의 효력을 인정하였다. 그리하여 양수인은 승계참가
신청을 하였으나, 제1심법원은 양수인이 양도인의 소제기 이전에 채권을 양수
한 이상 소제기 후에 대항요건을 갖추었다고 하더라도 승계참가의 요건을 갖
추지 못하였다는 이유로 승계참가신청을 각하하였다. 다른 한편 양도인은 이
제 그 채권양도에 의하여 무권리자가 되었다는 이유로 청구기각 판결이 선고

---

24) 김능환·민일영 편집대표, 주석 민사소송법 Ⅰ, 2012, 625.
25) 양창수, "흠 있는 소제기와 시효중단", 민법연구 4, 1997, 103.
26) 양창수(주 25), 104, 111.
27) 구주해(3), 509(윤진수).
28) 대판 09.2.12, 2008두20109(공 09상, 337).

되어 확정되고, 그 후 양수인이 6월내에 채무자를 상대로 소를 제기하였다. 대법원은 "채권양도 후 대항요건이 구비되기 전의 양도인은 채무자에 대한 관계에서는 여전히 채권자의 지위에 있으므로 채무자를 상대로 시효중단의 효력이 있는 재판상의 청구를 할 수 있다."고 전제한 다음, "양도인의 청구가 기각됨으로써 민법 §170 Ⅰ에 의하여 시효중단의 효과가 소멸된다고 하더라도, 양도인의 청구가 당초부터 무권리자에 의한 청구로 되는 것은 아니므로, 양수인이 그로부터 6월내에 채무자를 상대로 재판상의 청구 등을 하였다면, 민법 §169 및 §170 Ⅱ에 의하여 양도인의 최초의 재판상의 청구로 인하여 시효가 중단된다."고 판시하였다.[29]

이러한 판례의 입장은 소제기의 시효중단효에 관하여 당초 원고가 소송의 목적인 권리의 권리자로서 피고에 대하여 이행의 소를 제기할 수 있는 경우와 원고가 처음부터 무권리자였던 경우를 달리 취급하는 것으로 타당하다.

　　㈐ 채권자대위소송　　채무자에 대한 일반 채권자는 채권자의 지위에서 독자적으로 소멸시효의 주장을 할 수 없지만, 자기의 채권을 보전하기 위하여 필요한 한도 내에서 채무자를 대위하여 소멸시효의 주장을 할 수 있다.[30] 그런데 이러한 채권자대위권 행사의 효과는 채무자에게 귀속되므로 채권자대위소송의 제기로 인한 소멸시효 중단의 효과 역시 채무자에게 생긴다.[31] 따라서 채권자대위권에 기한 대위소송제기는 피대위채권의 소멸시효의 중단사유가 된다.[32]

이와 관련한 판례[33]의 사안은 다음과 같다. 채권자 갑이 채무자 을을 대위하여 병을 상대로 부동산에 관하여 부당이득반환을 원인으로 한 소유권이전등기절차 이행을 구하는 소를 제기하였다가 피보전권리가 인정되지 않는다는 이유로 소각하 판결을 선고받아 확정되었다. 그로부터 3개월 남짓 경과한 후에 다른 채권자 정이 을을 대위하여 병을 상대로 같은 내용의 소를 제기하였다가 병과 사이에 피보전권리가 존재하지 않는다는 취지의 조정이 성립되었다. 그런데 또 다른 채권자인 무가 조정 성립일로부터 10여 일이 경과한 후에 을

---

29) 이 판결에 대한 평석으로는, 오수원, "통지·승낙이 없는 지명채권양도의 채무자에 대한 효력", 민학 47, 2009, 679-718.

30) 대판 79.6.26, 79다407(공 79, 12038); 대판 91.3.27, 90다17552(공 91, 1269); 대판 95.7.11, 95다12446(공 95하, 2761); 대판 97.12.26, 97다22676(공 98, 403).

31) 대판 11.10.13, 2010다80930(공 11하, 2332); 日大判 1940(昭 15).3.15, 民集 19, 586.

32) 日大判 1940(昭 15).3.15, 民集 19, 586.

33) 대판 11.10.13, 2010다80930(공 11하, 2332).

을 대위하여 병을 상대로 같은 내용의 소를 다시 제기하였다. 판례는 '채무자
을의 병에 대한 위 부동산에 관한 부당이득반환을 원인으로 한 소유권이전등
기청구권'의 소멸시효는 갑, 정, 무의 순차적인 채권자대위소송에 따라 최초의
재판상 청구인 갑의 채권자대위소송 제기에 의하여 중단되었다고 판시하였다.

(3) 확인의 소제기에 의한 시효중단효의 발생 유무 및 범위

기본적 법률관계존재확인의 소는 그 법률관계로부터 파생되는 권리에 관
하여 소멸시효를 중단하는 효력이 생긴다고 보는 것이 판례이다. 그러나 기본
적 법률관계존재확인의 소가 그 후 원고가 주장하는 권리와 무관하거나 오히
려 모순되는 경우에는 그 권리에 관하여 소멸시효를 중단하는 효력이 없다.

⑺ 파면처분무효확인(고용관계존재확인)의 소제기와 보수금청구   판
례[34]는 파면된 사립학교 교원이 학교법인을 상대로 파면처분효력정지처분 및
무효확인의 소를 제기하여 승소한 경우에 파면된 이후의 '보수금 채권'의 소멸
시효가 문제된 사건에서 "파면처분무효확인의 소는 보수금채권을 실현하는 수
단이라는 성질을 가지고 있으므로 보수금채권 자체에 관한 이행소송을 제기하
지 않았다 하더라도 위 소제기에 의하여 보수금채권에 대한 시효는 중단된다."
고 한다.

한편 판례[35]는 파면처분무효확인의 소는 '퇴직급여청구권'의 전제가 되는
공무원 신분의 소멸과는 정반대로 그 신분의 존속을 주장하는 것으로서 퇴직
급여청구권을 행사하기 위한 전제가 되거나 이를 실현하는 수단이 될 수 없으
므로 퇴직급여청구권의 소멸시효 중단사유가 되지 않는다고 한다.

⑴ 생명보험계약존재확인의 소제기와 보험금청구권   생명보험계약
존재확인의 소는 그 보험계약상의 보험금청구권에 관한 재판상 청구로 볼수
있으므로 보험금청구채권의 소멸시효를 중단시킨다.[36]

(4) 형성의 소제기에 의한 시효중단효의 발생 유무 및 범위

형성소송은 일반적으로 소멸시효의 중단사유가 되지 못한다. 형성소권 자
체는 일반적으로 소멸시효의 대상이 되지 아니하고, 형성의 소제기에 의하여
아직 성립하지도 않은 권리, 즉 형성판결의 확정 결과 비로소 발생하는 권리에

---

34) 대판 78.4.11, 77다2509(집 26-1, 284); 대판 94.5.10, 93다21606(공 94, 1634)(의원
   면직처분무효확인청구의 소는 급여청구권에 대하여 소멸시효 중단사유로서 재판상 청구에
   해당한다).
35) 대판 90.8.14, 90누2024(공 72, 881).
36) 日大判 1930(昭 5).6.27, 民集 9, 619.

대하여 소멸시효가 중단될 여지가 없기 때문이다.[37]

다만 형성의 소를 제기한 것이 시효중단 사유가 될 수 있는지 문제되는 사례가 있다.

㈎ 수익자·전득자에 대한 채권자취소소송   사해행위취소소송의 상대방이 된 사해행위의 수익자는, 사해행위가 취소되면 사해행위에 의하여 얻은 이익을 상실하고 사해행위취소권을 행사하는 채권자의 채권이 소멸하면 그와 같은 이익의 상실을 면하는 지위에 있으므로, 취소채권자의 채권에 대하여 시효소멸을 주장할 수 있다.[38]

이와 관련하여 채권자취소소송의 경우 채권자의 채무자에 대한 채권의 존재를 당연히 그 전제로 하므로, 채권자의 채권자취소소송 제기는 채무자에 대한 채권을 당연히 행사한 것으로 보아 채권자의 채무자에 대한 채권에 대하여도 소멸시효가 중단된다고 보아야 한다는 견해가 있다.[39] 그러나 수익자·전득자를 피고로 한 채권자취소의 소제기는 채무자가 그 소송의 당사자가 아니므로 채무자를 상대로 권리행사하였다고 볼 수 없고, 따라서 채권자의 채무자에 대한 채권의 소멸시효를 중단시키지 아니한다.[40] 이는 채무자가 그 소송에 보조참가하고 있는 경우에도 마찬가지이다.[41]

㈏ 경계확정소송   판례[42]는 경계확정소송의 대상이 되는 '경계'란 공적으로 설정 인증된 지번과 지번과의 경계선을 가리키는 것이고, 사적인 소유권의 경계선을 가리키는 것은 아니라고 한다. 그리하여 판례[43]는 토지경계확정의 소는 인접하는 토지의 경계확정을 구하는 소이고 그 토지에 관한 소유권의 범위나 실체상 권리의 확인을 목적으로 하는 것은 아니므로 원고가 계쟁토지 일부를 시효취득하였는지의 여부는 토지경계확정소송에서 심리할 대상이 되지 못한다고 한다. 이는 경계확정소송을 공법상의 경계를 비송적으로 형성하는 것을 목적으로 하는 형식적 형성소송으로 보는 입장이다.[44]

이와 같이 경계확정소송이 인접한 토지의 공법상의 지번의 경계를 확정하

---

37) 구주해(3), 497(윤진수).
38) 대판 07.11.29, 2007다54849(공 07하, 2036).
39) 주석 총칙(3), 605(제4판/이연갑).
40) 日最判 1962(昭 37).10.12, 民集 16-10, 2130.
41) 日大判 1942(昭 17).6.23, 民集 21, 716.
42) 대판 97.7.8, 96다36517(공 97, 2444).
43) 대판 93.10.8, 92다44503(공 93, 3043).
44) 박국수, "경계확정소송의 성질", 제문제 8, 1994, 674-680.

는 것이어서 사법상의 소유권과 무관한 것이라고 본다면, 재판상 청구에 관하여 권리확정설($\binom{소송물설,}{소송법설}$)을 취하든, 권리행사설($\binom{실체}{법설}$)을 취하든 경계확정소송에 계쟁토지의 취득시효의 중단효를 인정하기는 곤란하다.

그런데 일본의 판례[45]는 '가-나'선을 AB지의 경계로 확정한 판결의 확정 후에, 갑이 을에 대하여 그 경계를 침범한 C지의 인도청구를 하고, 을이 시효취득의 항변을 제출한 사안에서, 이와 같은 경우는 정당한 권리자를 보호할 필요가 있는 반면 그 권리와 저촉하는 사실상태를 중시하여 취득시효를 진행시킬 필요는 없는 점, 경계확정의 판결확정에 의하여 소유권 자체에 확정력이 생기지 않는다 하더라도 경계는 확정되어 을의 C지 점유가 경계를 침범하는 것이 명백하게 되었기 때문에, 경계확정소송의 제기에 이와 같은 위법한 사실상태에 기한 취득시효의 중단효를 인정하는 것이 타당한 점, 시효중단사유인 재판상의 청구는 넓게 해석하는 것이 상당한 점 등을 이유로 경계확정소송에 취득시효의 중단효를 인정하였다.

이러한 문제는 한편으로는 경계확정소송이 소유권과는 별개의 형식적 형성소송이지만, 다른 한편으로는 당사자 간에는 실제로 소유권에 관한 다툼이 있는 분쟁의 실질을 무시할 수 없어, 경계확정소송에서 소유권이라는 요소를 완전히 배척할 수 없기 때문에 발생하는 것이다. 이러한 양면성을 이론적으로 정합시키는 것은 곤란하나, 일본의 학설은 그 이유는 별론으로 하고 대체로 경계확정소송에 취득시효의 중단효를 인정하는 일본 판례의 입장에 찬성한다.[46]

우리나라의 학설은 경계확정소송은 당연히 그 기초로서 소유권이 있음을 전제로 하는 것이므로 소송상 주장한 소유권의 범위가 판결 주문에서 확정한 경계선 내에 있는 경우에는 소제기 시에 그 범위 내에서 권리를 행사한 것으로 보아 시효중단효를 인정해야 한다는 견해[47] 등 취득시효 중단효를 인정하는 견해가 다수이다.

㈐ 재심의 소   재심의 소는 확정판결에 대한 법정의 재심사유를 주장하여 확정판결을 취소하고 종료된 소송의 부활을 구하는 소이다. 확정판결

---

45) 日大判 1940(昭 15).7.10, 民集 19, 1265; 日最判 1963(昭 38).1.18, 民集 17-1, 1; 日最判 1989(平 1).3.28, 判時 1393, 91. 마지막 일본 판례에 대한 평석으로는, "境界確定訴訟の提起による所有權に關する取得時效中斷の效力が生じないものとされる場合", 判例タイムズ 臨時增刊 43-22: 平成3年度 主要民事判例解說, 1992, 22.

46) 注解 判例民法 民法總則, 676(初版/平岡建樹).

47) 주석 총칙(3), 606(제4판/이연갑).

의 취소를 구하는 점에서 일종의 소송상의 형성의 소이고, 사건의 재심판을 구하는 점에서 부수소송의 성질을 띤다.

재심의 소제기가 시효중단의 사유가 될 수 있는지가 문제되는데, 판례는 취득시효의 중단과 관련하여 이를 긍정한다. 즉 판례[48]는 피고로 하여금 농지분배를 원인으로 원고에게 소유권이전등기절차를 이행할 것을 명한 확정판결의 피고가 재심의 소를 제기하여 농지분배사실을 부인하고, 그 토지에 대한 소유권이 여전히 자신에게 있다고 주장한 것은 취득시효의 중단사유가 되는 재판상의 청구에 준하는 것이므로, 위 확정판결에 의해 소유권이전등기를 경료받은 자의 당해 토지에 대한 취득시효는 '재심의 소제기일'로부터 그 확정일까지 중단된다고 한다.

한편, 판례[49] 중에는 원고가 피고를 상대로 토지인도청구 소송을 제기하였다가 1966.9.27. 패소확정된 후 1991.9.16. 재심청구의 소를 제기하였고, 이에 대하여 피고가 1971.5.20. 취득시효가 완성되었다고 항변한 사안에서, 재판상의 청구는 소송의 각하, 기각, 취하의 경우에는 시효중단의 효력이 없고 다만 각하 또는 취하되었다가 6월내에 다시 재판상의 청구를 하면 시효는 최초의 재판상청구로 인하여 중단되나 기각판결이 확정된 경우에는 청구권의 부존재가 확정됨으로써 중단의 효력이 생길 수가 없는 것인데, 원고는 토지인도청구 패소확정 후 6월이 지나 재심의 청구를 하였으므로 '최초의 재판상 청구시부터' 시효의 진행이 중단된다고 할 수 없다고 판시한 것이 있다. 그러나 이 판례의 결론은 타당하지만, 청구기각의 판결이 확정된 경우 청구권의 부존재가 확정됨으로써 재심의 소를 제기하더라도 아예 중단의 효력이 생길 수 없다고 판시한 부분[50]은 부적절하다. 뒤에서(Ⅲ.2) 보는 바와 같이 학설 및 판례는 일정한 경우 청구기각의 경우에도 6개월 내에 소를 제기한 경우 본조 제2항의 적용이 있음을 인정하고 있고, 또한 재심의 소는 재심사유가 인정되면 확정된 판결을 취소하게 되는데, 그와 같이 취소될 수 있는 확정판결의 존재를 이유로 재심의 소제기 자체가 아예 시효중단의 효력을 가질 수 없다고 보는 것은 비논리적이기 때문이다. 더구나 토지인도청구와 취득시효 항변은 그 소송물이 다르므로 전자에 관한 확정판결의 존재가 후자의 항변에 대한 판단에 장애가

---

48) 대판 96.9.24, 96다11334(공 96, 3175).
49) 대판 92.4.24, 92다6983(공 92, 1691).
50) 이러한 판례의 논지를 찬성하는 견해로는 주석 총칙(3), 610(제4판/이연갑).

되는 것도 아닌 점을 고려하면 더욱 그러하다.

2. 행정소송

(1) 행정소송의 제기와 시효중단

행정소송은 위법한 행정처분의 취소·변경 또는 무효확인을 구하는 것으로서 사권을 재판상 행사하는 것이 아니므로 원칙적으로 시효중단 사유가 되지 못한다는 것이 통설 및 종래의 판례[51]였다.

그리하여 종래 판례[52]는 당연무효의 과세처분은 처음부터 무효인 것이어서 그 납세의무자는 그 과세처분으로 인한 오납이 있는 때부터 민사상의 부당이득반환청구권을 행사할 수 있고 그에 대한 행정쟁송절차나 판결은 그 소멸시효의 진행에 아무런 장애가 될 수 없다고 판시하였다.

그러나 그 후 판례는 종래의 입장을 변경하여 원고가 행정소송으로 과세처분취소소송을 제기하여 원고 승소판결이 확정된 후 민사소송으로 과세처분취소에 따른 환급청구의 소를 제기한 사안에서, "과세처분의 취소 또는 무효확인청구의 소가 비록 행정소송이라고 할지라도 조세환급을 구하는 부당이득반환청구권의 소멸시효 중단사유인 재판상 청구에 해당한다."라고 판시하였다. 그 이유는 "시효중단 사유로서의 재판상의 청구에는 그 권리 자체의 이행청구나 확인청구를 하는 경우만이 아니라, 그 권리가 발생한 기본적 법률관계에 관한 확인청구를 하는 경우에도 그 법률관계의 확인청구가 이로부터 발생한 권리의 실현수단이 될 수 있어 권리 위에 잠자는 것이 아님을 표명한 것으로 볼 수 있을 때에는 그 기본적 법률관계에 관한 확인청구도 이에 포함된다고 보는 것이 타당하다. 일반적으로 위법한 행정처분의 취소, 변경을 구하는 행정소송은 사권을 행사하는 것으로 볼 수 없으므로 사권에 대한 시효중단사유가 되지 못하는 것이나, 다만 오납한 조세에 대한 부당이득반환청구권을 실현하기 위한 수단이 되는 과세처분의 취소 또는 무효확인을 구하는 소는 그 소송물이 객관적인 조세채무의 존부확인으로서 실질적으로 민사소송인 채무부존재확인의 소와 유사할 뿐 아니라, 과세처분의 유효 여부는 그 과세처분으로 납부한 조세에 대한 환급청구권의 존부와 표리관계에 있어 실질적으로 동일 당사자인 조세부과권자와 납세의무자 사이의 양면적 법률관계라고 볼 수 있으므로"라는

---

51) 대판 79.2.13, 78다1500, 1501(집 27-1, 106).
52) 대판 87.7.7, 87다카54(공 87, 1309).

것이다.

(2) 판례변경 이후의 사례

(개) 부당해고 후 구제명령의 신청과 행정소송에서의 보조참가   판례[53]
는 근로자가 사용자의 부당노동행위로 인하여 해고를 당한 경우, 근로기준법
과 노동조합 및 노동관계조정법의 행정상 구제절차를 이용하여 노동위원회에
구제신청을 한 후 노동위원회의 구제명령 또는 기각결정에 대하여 행정소송에
서 다투는 방법으로 임금청구권 등 부당노동행위로 침해된 권리의 회복을 구
하는 것은 권리자가 재판상 권리를 주장하여 권리 위에 잠자는 것이 아님을
표명하는 것으로서 소멸시효 중단사유인 '재판상 청구'에 해당한다고 한다. 그
리하여 갑 회사의 근로자 을 등이 해고된 후 부당노동행위 구제신청을 하여
'갑 회사는 을 등을 원직에 복직시키고 해고기간 받을 수 있었던 임금 상당액
을 지급하라'는 내용의 구제명령을 받았는데, 갑 회사가 이에 불복하여 중앙노
동위원회에 재심신청을 하고 다시 재심판정의 취소를 구하는 행정소송을 제기
한 사안에서, 을 등이 행정소송에서 중앙노동위원회위원장을 위하여 '보조참
가'하여 갑 회사의 주장을 다투면서 자신의 권리를 주장한 것은 재판상 권리를
행사한 것으로 볼 수 있으므로, 을 등의 부당해고기간 동안 임금지급청구권의
소멸시효는 행정소송과 관련한 '재판상 청구'로써 중단되었다고 한다. 이와 같
이 행정소송에서의 '보조참가'에 '재판상 청구'를 인정한 것은 그것이 필수적
공동소송에 관한 규정($\frac{\text{민소}}{\S 67}$)이 준용되는 '공동소송적 보조참가'에 해당할 뿐만
아니라, 권리자가 당초 행정심판 단계에서는 당사자가 되었다가 승소한 탓에
행정소송 단계에서는 행정청이 당사자가 되고 권리자 본인은 당사자가 될 수
없게 된 특별한 사정을 감안하였기 때문으로 보인다.

(내) 공매처분의 취소의 소제기와 부당이득반환청구권   결손처분 취
소처분이 무효임에도 피고가 공매절차를 진행하여 공매대금으로 결손처분이
취소된 원고의 체납세액에 충당하자, 원고가 공매처분 취소의 소를 제기한 바
있는데, 판례[54]는 공매대금 배분처분을 통해 피고에게 배분된 금원에 대한 부
당이득반환청구권의 소멸시효는 공매처분 취소의 소제기에 의하여 중단되지
않는다고 판시하였다. 그 이유는 "원고에게 부당이득반환청구권이 발생한 것
은 공매처분이 위법하기 때문이 아니라 그 공매처분은 적법하지만 그에 이은

---

53) 대판 12.2.9, 2011다20034(공 12, 427).
54) 대판 10.9.30, 2010다49540(정보).

공매대금 배분처분에 고유한 위법사유가 있기 때문이므로, 공매처분의 취소나 무효확인이 원고의 부당이득반환청구권을 행사하기 위한 전제가 되거나 이를 실현하는 수단이 될 수는 없고 공매처분의 유효 여부가 공매대금 배분처분으로 인하여 피고가 배분받은 금원에 대한 원고의 부당이득반환청구권의 존부와 표리관계에 있지도 아니하다. 따라서 원고가 제기한 공매처분 취소의 소는 부당이득반환청구권을 행사한 것으로 볼 수 없어 소멸시효 중단사유인 재판상 청구에 해당하지 아니한다."는 것이다.

(3) 시효중단을 위한 국가의 민사소송 또는 공법상 당사자소송 제기

국가가 시효중단을 위하여 법령에 따라 납입고지 등을 할 수 있는 경우 그러한 절차에 의하지 않고 시효중단을 위하여 민사소송 또는 공법상 당사자소송을 제기할 수 있는지 문제된다.

판례는 감사원에서 한 변상판정이 확정되면 그 동일한 금액의 배상을 청구하는 민사소송상의 청구는 특별한 사정이 없는 한 권리보호의 필요가 없고, 국가재정법 §96 Ⅳ에 의하면, 국가가 법령에 의하여 하는 납입고지는 시효중단의 효력이 있으므로 확정된 변상판정에 의한 변상금채권의 소멸시효를 중단키 위하여 제소하여야 할 특별사정이 있다고 볼 수 없으므로 그러한 소의 제기는 부적법하다고 한다.[55]

한편, 납세고지에 의한 국세징수권자의 권리행사에 의하여 이미 발생한 소멸시효중단의 효력은 그 부과처분이 취소되었다 하여 사라지지 않으므로[56] 특단의 사정이 없는 소멸시효중단을 위하여 납세의무존재확인의 소를 제기할 이익이 없다고 한 하급심판결이 있다.[57]

최근의 판례[58]는 조세채권의 시효중단을 위하여 공법상 당사자소송의 방식으로 조세채권 존재확인의 소를 제기할 수 있는지에 관하여 예외적으로 이를 허용한다. 그 이유로 납세고지, 독촉 또는 납부최고, 교부청구, 압류는 국세징수를 위해 국세징수법에 규정된 특유한 절차들로서 국세기본법이 규정한 특별한 국세징수권 소멸시효 중단사유이기는 하지만, 국세기본법은 민법에 따른 국세징수권 소멸시효 중단사유의 준용을 배제한다는 규정을 두지 않고 있고, 조세채권도 민사상 채권과 비교하여 볼 때 그 성질상 민법에 정한 소멸시

---

55) 대판 75.12.9, 75다385(정보).
56) 대판 90.2.27, 89누626(공 90, 809).
57) 춘천지판 86.8.22, 84가합16[하집 86(3), 342].
58) 대판 20.3.2, 2017두41771(공 20상, 782).

효 중단사유를 적용할 수 있는 경우라면 그 준용을 배제할 이유도 없으므로, 그 사유들만이 국세징수권의 소멸시효 중단사유가 된다고 볼 수는 없다고 한다. 따라서 민법 § 168 (ⅰ)가 소멸시효의 중단사유로 규정하고 있는 '청구'도 그것이 허용될 수 있는 경우라면 국세징수권의 소멸시효 중단사유가 될 수 있다고 한다. 다만 세법은 공권력 행사의 주체인 과세관청에 부과권이나 우선권 및 자력집행권 등 세액의 납부와 징수를 위한 상당한 권한을 부여하고 있고 조세채권자는 이러한 권한에 기하여 조세채권을 실현할 수 있으므로 원칙적으로 납세자를 상대로 소를 제기할 이익을 인정하기 어렵다고 한다. 하지만 납세의무자가 무자력이거나 소재불명이어서 체납처분 등의 자력집행권을 행사할 수 없는 등 국세기본법이 규정한 사유들에 의해서는 조세채권의 소멸시효 중단이 불가능하고 조세채권자가 조세채권의 징수를 위하여 가능한 모든 조치를 충실히 취하여 왔음에도 조세채권이 실현되지 않은 채 소멸시효기간의 경과가 임박하는 등의 특별한 사정이 있는 경우에는, 그 시효중단을 위한 재판상 청구는 예외적으로 소의 이익이 있다고 한다.

3. 형사소송

형사소송은 피고인에 대한 국가형벌권의 행사를 그 목적으로 하므로, 원칙적으로 시효중단사유가 되지 못한다. 피해자가 가해자를 고소하거나 그 고소에 기하여 형사재판이 개시되더라도 소멸시효가 중단되는 것은 아니다. 그러나 소송촉진 등에 관한 특례법이 규정하는 배상명령의 신청은 민사소송에서의 소의 제기와 동일한 효력이 있으므로($\frac{소촉}{§26 Ⅷ}$), 위 배상신청은 재판상 청구에 해당하여 시효중단의 효력이 있다.[59]

Ⅲ. 재판상 청구에 의한 시효중단효의 발생, 소멸 및 부활

1. 시효중단 효력의 발생

재판상 청구에 의한 시효중단효의 발생 시점은 원칙적으로 소장 제출시 또는 청구취지변경신청서 제출시, 피고경정신청서 제출시이다($\frac{민소}{§265}$). 소송의 이송, 필수적 공동소송인의 추가, 승계인의 소송참가 및 소송인수의 경우에도 최

---

59) 구주해(3), 496-497(윤진수).

초의 소제기시에 소급하여 시효중단의 효력이 발생한다($\begin{smallmatrix} 민소 §§ 40, 68 \\ III, 81, 82 III \end{smallmatrix}$). 응소의 경우 응소시에 발생한다.

2. 시효중단 효력의 소멸

소가 부적법함을 이유로 각하되거나 원고 스스로 취하한 경우 또는 청구가 이유 없어 기각된 경우에는 청구권의 존재가 공권적 확인을 받지 못하였으므로 시효중단의 효과는 처음부터 생기지 않는다.[60] 소송요건의 흠결이 소 각하 판결에 의하여 확정된 경우나 권리자 스스로 소를 취하한 경우에는, 권리자가 권리를 행사할 진지하고 확정적인 의사가 과연 있었는지 의심이 생길 수 있으므로 본조 제1항에 의하여 일단 발생한 시효중단 효과는 소급적으로 소멸된 것으로 본다. 다만 그 후 일정한 기간 내에 다시 소의 제기 등이 있다면, 이로써 애초의 제소가 권리행사의 확고한 의사에 기하였던 것이라고 인정할 수 있으므로 본조 제2항은 그 시효중단의 효력이 다시 부활하도록 규정하고 있다.[61]

그런데 본조 제1항에 규정된 '청구기각'에 대하여, 청구기각의 판결이 확정된 경우에는 권리의 부존재가 확정되는 것이므로 시효중단의 효력이 생기지 않는 것은 너무도 당연하고 본조가 청구의 기각을 포함하고 있는 것은 본조 제2항과의 관계에 있어서도 무의미한 것이라는 이유로 학설의 다수는 이를 입법상의 불비라고 한다. 일부 판례[62] 중에는 청구기각 판결이 확정된 경우에는 청구권의 부존재가 확정됨으로써 중단의 효력이 생길 수 없다는 것이 있다.

이러한 입장은 원칙적으로 타당하다고 볼 수 있다. 그러나 예외적으로 앞서 본 바와 같이 소송계속 중 권리가 양도되어 양도인의 청구가 기각 판결이 확정된 후 양수인이 6월내에 신소를 제기할 경우 본조 제2항을 적용할 수 있는 경우가 있으므로 이 규정을 의미 있게 해석할 수 있다.[63] 판례[64]도 같은 취지에서 하천구역으로 편입되어 국유로 된 제외지의 구 소유자가 서울시를 상대로 제기한 손실보상금 청구가 채권양도 후 대항요건이 구비되기 전의 청구에 해당하여 그 청구가 기각됨으로써 시효중단의 효력이 소멸하였다고 하더라

---

60) 구주해(3), 508(윤진수).
61) 양창수(주 25), 93.
62) 대판 92.4.24, 92다6983(공 92, 1691).
63) 구주해(3), 509(윤진수).
64) 대판 09.2.12, 2008두20109(공 09상, 337).

도, 그로부터 6월내에 구 소유자의 승계인(위 토지에 관한 권리의 매수인)이 손실보상금을 청구한 이상, 민법 §169 및 본조 제2항에 따라 구 소유자의 소제기 시에 시효가 중단되었다고 판시하고 있다. 또한, 구청구(예: 근저당권 설정등기청구)에서 기각판결을 받았으나 물적범위 내에 있는 새로운 권리(예: 피담 보채권)에 기한 청구를 그 기각 판결 후 6월 내에 제기할 경우에는 시효중단 효력이 구청구의 제기 시점으로 소급한다고 볼 수 있다.[65] 나아가 판례[66]는 인수참가인의 소송목적 양수의 효력이 부정되어 인수참가인에 대한 청구기각 또는 소각하 판결이 확정된 날부터 6개월 내에 소송탈퇴한 원고가 다시 탈퇴 전과 같은 재판상의 청구 등을 한 경우, 탈퇴 전에 원고가 제기한 재판상의 청구로 인하여 발생한 시효중단의 효력이 그대로 유지된다고 한다. 이러한 점에서 본조 제1항의 '청구기각'이 반드시 무의미하다고 보기는 어렵다.

3. 소멸한 시효중단효의 부활

(1) 시효중단효 부활의 의의

본조 제1항에 의하여 시효중단 효력이 일단 소멸하더라도 본조 제2항에 의하면, 전소의 종료 후 6월내에 재판상 청구, 파산절차참가, 압류 또는 가압류, 가처분을 한 때에는 시효는 최초의 재판상 청구로 인하여 중단된 것으로 보게 된다. 이는 각하, 기각 혹은 취하된 소의 제기에 대하여 재판외의 청구인 최고($\S_{174}$)로서의 효력을 인정하는 것이다. 본조 제2항은 의용민법에는 없었다가 독일민법 규정을 본받아 신설한 것으로, 독일민법 기초자는 이 규정을 둔 이유에 대하여, 새로운 소를 다시 제기한 것에서 통상 권리행사의 충분한 의욕을 간취할 수 있고, 전소에서의 잘못에 대하여 다시 소를 제기하여야 함으로 인한 이중비용부담 외에 권리 자체의 상실이라는 회복불가능한 결과를 결합시키는 것은 부당하다는 이유를 제시하였다고 한다.[67]

(2) 시효중단효 부활의 요건

다만 본조 제1, 2항의 해석상 재판상의 청구는 그 소송이 취하된 경우에는 그로부터 6월내에 다시 재판상의 청구를 하지 않는 한 시효중단의 효력이 없다. 그런데 최고를 여러 번 거듭하다가 재판상 청구 등을 한 경우 시효중단의

---

65) 대판 14.2.13, 2002다7213(공 04, 463). 김승표(주 9), 20 참조.
66) 대판 17.7.18, 2016다35789(공 17하, 1709).
67) 구주해(3), 510(윤진수); 양창수(주 25), 93.

효력은 항상 최초의 최고시에 발생하는 것이 아니라, 재판상 청구 등을 한 시
점을 기준으로 하여 이로부터 소급하여 6월 이내에 한 최고시에 발생하므로,
최고 후 6월내에 소를 제기하였다가 취하하고 다시 소를 제기한 경우 최초의
최고시로부터 6월이 경과하였다면 최초의 최고시부터 시효가 중단된 것이라고
볼 수 없다.[68] 따라서 소제기 후 소멸시효기간이 만료된 상태에서 거듭된 소취
하와 소제기로 인하여 소멸시효 중단효를 사실상 영구적으로 연장하는 것은
허용되지 않고, 결국 소멸시효기간이 만료된 상태에서는 소멸시효기간이 만료
되기 전의 최고(취하된 소가 최고의 효력 갖는 경우 포함)가 효력을 발휘할 수 있는 범위 내에서의 소취
하와 소제기의 경우에만 본조 제2항이 적용된다.[69]

　　본조 제2항과 관련하여, 전소의 종료 후 제기된 새로운 소는 전소와 소송
물이 반드시 동일할 필요는 없으나, 종국적인 목적에 있어 전소와 동일하여야
한다. 6개월의 기간은 소취하 시 또는 각하판결이 확정된 때부터 기산된다. 새
로운 소가 다시 취하되거나 각하된 경우에도 본조 제2항에 의하여 새로운 기
간이 주어진다. 또한 새로운 소는 각하판결이 있기 전에 제기되어도 무방하다.[70]

(3) 채무자의 이행의 소가 각하된 후 채권자가 제기한 추심의 소

　　채무자의 제3채무자에 대한 금전채권에 대하여 압류 및 추심명령이 있더
라도, 이는 추심채권자에게 피압류채권을 추심할 권능만을 부여하는 것이고,
이로 인하여 채무자가 제3채무자에게 가지는 채권이 추심채권자에게 이전되
거나 귀속되는 것은 아니다. 따라서 채무자가 제3채무자를 상대로 금전채권
의 이행을 구하는 소를 제기한 후 채권자가 위 금전채권에 대하여 압류 및 추
심명령을 받아 제3채무자를 상대로 추심의 소를 제기한 경우, 채무자가 권리
주체의 지위에서 한 시효중단의 효력은 집행법원의 수권에 따라 피압류채권
에 대한 추심권능을 부여받아 일종의 추심기관으로서 그 채권을 추심하는 추
심채권자에게도 미친다. 그러므로 채무자가 제3채무자를 상대로 제기한 금전
채권의 이행소송이 압류 및 추심명령으로 인한 당사자적격의 상실로 각하되더
라도, 위 이행소송의 계속 중에 피압류채권에 대하여 채무자에 갈음하여 당사
자적격을 취득한 추심채권자가 위 각하 판결이 확정된 날로부터 6개월 내에
제3채무자를 상대로 추심의 소를 제기하였다면, 채무자가 제기한 재판상 청구로

---

68) 대판 70.3.10, 69다1151, 1152(집 18-1, 189); 대판 83.7.12, 83다카437(공 83, 1256);
　　대판 87.12.22, 87다카2337(집 35-3, 370).
69) 황은규, "청구의 교환적 변경과 소멸시효의 중단", 민판연 35, 2013, 813-814.
70) 양창수(주 25), 85.

인하여 발생한 시효중단의 효력은 추심채권자의 추심소송에서도 그대로 유지된다.[71]

(4) 산재보험급여 심사청구 등의 기각과 본조 제2항의 적용

산업재해보상보험법 §112 Ⅰ(ⅰ)에 의하면, 보험급여를 받을 권리는 3년간 행사하지 않으면 시효로 말미암아 소멸하고, 동법 §113에 의하면, 위 소멸시효는 수급권자의 보험급여 청구로 중단된다. 동법 §103에 의하면, 근로복지공단의 보험급여 결정 등에 불복하는 자는 공단에 심사 청구를 할 수 있고, 동법 §106에 의하면, 심사 청구에 대한 결정에 불복하는 자는 산업재해보상보험재심사위원회에 재심사 청구를 할 수 있는데, 동법 §111는 "심사 청구 및 재심사 청구의 제기는 시효의 중단에 관하여 민법 §168에 따른 재판상의 청구로 본다."라고 정하고 있다.

위 각 규정에 의하면, 공단의 결정에 불복하여 제기한 수급권자의 심사 청구 등이 기각된 후 6개월 안에 다시 재판상의 청구(행정소송)를 하지 않은 경우 심사 청구 등에 따른 시효중단의 효력은 본조 제2항의 적용에 의하여 인정되지 않을 것인데, 그렇다면 기왕에 보험급여 청구에 의하여 발생한 시효중단의 효력은 어떻게 되는지 문제된다.

판례[72]는 "산업재해보상보험법이 보험급여 청구에 대하여는 재판상의 청구로 본다는 규정을 두고 있지 않은 점, 보험급여 청구에 따라 발생한 시효중단의 효력이 보험급여 결정에 대한 임의적 불복절차인 심사 청구 등에 따라 소멸한다고 볼 근거가 없는 점을 고려하면, 산업재해보상보험법상 고유한 시효중단 사유인 보험급여 청구에 따른 시효중단의 효력은 심사 청구나 재심사 청구에 따른 시효중단의 효력과는 별개로 존속한다고 보아야 한다. 따라서 심사 청구 등이 기각된 다음 6개월 안에 다시 재판상의 청구가 없어 심사 청구 등에 따른 시효중단의 효력이 인정되지 않는다고 하더라도, 보험급여 청구에 따른 시효중단의 효력은 이와 별도로 인정될 수 있다."고 한다.

---

71) 대판 19.7.24, 2019다212945(공 19하, 1661).
72) 대판 19.4.25, 2015두39897(공 19상, 1181).

Ⅳ. 일부청구, 청구권 경합, 청구의 병합, 청구의 교환적 변경, 소송인수 · 탈퇴와 시효중단

1. 일부청구와 시효중단

(1) 일부청구의 의의

일부청구란 금전 기타 대체성이 있는 물건 등과 같이 수량적으로 분할급부가 가능한 급여를 목적으로 하는 특정의 채권을 소송상 분할하여 청구하는 것을 말한다. 판례[73]는 일부청구임을 명시하는 방법으로는 반드시 전체 손해액을 특정하여 그중 일부만을 청구하고 나머지 손해액에 대한 청구를 유보하는 취지임을 밝혀야 할 필요는 없고, 일부청구하는 손해의 범위를 잔부청구와 구별하여 그 심리의 범위를 특정할 수 있는 정도의 표시를 하여 전체 손해의 일부로서 우선 청구하고 있는 것임을 밝히는 것으로 족하다고 한다.

(2) 일부청구와 시효중단효의 범위

채권자가 일부청구를 한 경우에 그 시효중단의 효력이 청구한 일부에만 미치는지 채권 전액에 미치는지 문제된다.

이와 관하여 학설은 대립한다. ① 명시적 일부청구의 경우 그 일부에 대해서만 시효중단의 효력이 미치고, 일부청구라는 취지를 명시하지 아니한 경우에는 채권의 동일성이 인정되는 범위 내에서 그 전부에 관하여 시효중단의 효력이 미친다고 보는 견해[74]가 있는가 하면, ② 일부청구가 명시적 · 묵시적인지 여부를 불문하고 채권 전체에 대하여 시효중단의 효력이 미친다고 보는 견해[75]도 있다.

판례[76]는 한 개의 채권 중 일부에 관하여만 판결을 구한다는 취지를 명백히 하여 소송을 제기한 경우 소제기에 의한 시효중단의 효력은 그 일부에 관하여만 발생하고 잔부에 관하여는 발생하지 아니하며, 그 잔부에 관하여는 관하여는 별도로 소를 제기하거나 청구를 확장($\frac{\text{청구의}}{\text{변경}}$)하는 서면을 법원에 제출한 때($\frac{\text{민소 §§ 262}}{\text{Ⅰ. Ⅱ. 265}}$) 비로소 시효중단의 효력이 생긴다고 한다. 이와 달리 소장에서 청구의 대상으로 삼은 채권 중 일부만을 청구하면서 소송의 진행경과에 따라

---

73) 대판 75.2.25, 74다1557(집 23-1, 79); 대판 86.12.23, 86다카536(집 34-3, 157).
74) 日最判 1970(昭 45).7.24, 民集 24-7, 1177; 이시윤, 신민사소송법, 2002, 252.
75) 정동윤, 민사소송법, 1996, 262. 일본 및 독일의 다수설이다.
76) 대판 67.5.23, 67다529(집 15-2, 24); 대판 70.4.14, 69다597(집 18-1, 319); 대판 75.2.25, 74다1557(집 23-1, 79); 대판 92.4.10, 91다43695(공 92, 1541).

장차 청구금액을 확장할 뜻을 표시하고 당해 소송이 종료될 때까지 '실제로 청구금액을 확장한 경우'에는 소제기 당시부터 채권 전부에 관하여 판결을 구한 것으로 해석되므로, 이러한 경우에는 소제기 당시부터 채권 전부에 관하여 재판상 청구로 인한 시효중단의 효력이 발생한다는 것이 판례[77]의 입장이다.

그리하여 판례[78]는 신체의 훼손으로 인한 손해의 배상을 청구하는 사건에서 그 손해액을 확정하기 위하여 통상 법원의 신체감정을 필요로 하기 때문에, 앞으로 그러한 절차를 거친 후 그 결과에 따라 청구금액을 확장하겠다는 뜻을 소장에 객관적으로 명백히 표시한 경우에는, 그 소제기에 따른 시효중단의 효력은 소장에 기재된 일부 청구액뿐만 아니라 그 손해배상청구권 전부에 대하여 미친다고 한다. 그리고 이는 그 후 위 취지에 따라 청구를 확장된 손해배상채권 원금에 대한 지연손해금 청구에 대하여도 마찬가지이어서 당초 소제기시에 시효중단의 효력이 미친다고 한다.[79]

또한 청구취지 확장과 관련하여 당초 소제기에 시효중단의 효력이 있다고 인정한 다음 사례도 있다. 보험회사인 원고가 본소로 피고와 그 부모 모두를 상대로 보험금지급채무 부존재확인소송을 제기하자, 피고와 그 부모 모두가 보험수익자에 해당하는 것으로 오인하여 반소로 피고와 그 부모에게 보험금을 지급하라는 내용의 청구를 하였다. 소송 진행 도중 소멸시효기간이 경과한 후 피고만이 보험수익자에 해당한다는 것을 인식하게 된 원고는 피고에게 이 사건 보험금 전액을 지급하라는 내용으로 반소 청구취지를 변경하였다. 판례[80]는 이러한 사안에서 피고는 반소장 제출 당시부터 보험금 전부의 지급을 구한다는 뜻을 객관적으로 명백히 표시하였다고 볼 수 있으므로, 반소장 제출에 의한 시효중단의 효력도 보험금 중 1/3에 대하여만 아니라 그 보험금 전부에 대하여 발생한다고 판시하였다. 이러한 판례의 입장은 '청구취지'에 나타난 청구금액을 기준으로 형식적으로 시효중단의 범위를 따지기보다는 소송 경과 전체를 종합하여 그로부터 추단되는 권리자의 의사와 권리행사의 실질을 중시하여 시효중단의 효력 범위를 정하는 것으로 볼 수 있다.

한편, 소장에서 청구의 대상으로 삼은 채권 중 일부만을 청구하면서 소송의 진행경과에 따라 장차 청구금액을 확장할 뜻을 표시하였으나 당해 소송이

---

77) 대판 20.2.6, 2019다223723(공 20상, 618).
78) 대판 92.4.10, 91다43695(공 92, 1541); 대판 92.12.8, 92다29924(공 93, 431).
79) 대판 01.9.28, 99다72521(공 01, 2352).
80) 대판 06.1.26, 2005다60017, 60024(정보).

종료될 때까지 '실제로 청구금액을 확장하지 않은 경우'에는 소송의 경과에 비추어 볼 때 채권 전부에 관하여 판결을 구한 것으로 볼 수 없으므로, 나머지 부분에 대하여는 재판상 청구로 인한 시효중단의 효력이 발생하지 아니한다. 그러나 판례[81]는 이와 같은 경우에도 소를 제기하면서 장차 청구금액을 확장할 뜻을 표시한 채권자로서는 장래에 나머지 부분을 청구할 의사를 가지고 있는 것이 일반적이라고 할 것이므로, 다른 특별한 사정이 없는 한 당해 소송이 계속 중인 동안에는 나머지 부분에 대하여 권리를 행사하겠다는 의사가 표명되어 최고에 의해 권리를 행사하고 있는 상태가 지속되고 있는 것으로 보아야 하고, 채권자는 당해 소송이 종료된 때부터 6월 내에 민법 §174에서 정한 조치를 취함으로써 나머지 부분에 대한 소멸시효를 중단시킬 수 있다고 한다.

(3) 일부청구와 재판상 최고 이론의 적용

재판상 최고의 이론은 재판절차에서 권리자의 권리주장이 재판상의 청구 그밖의 각종 권리주장에 의한 중단사유에 해당하지 아니하는 경우, 또는 거기에는 해당하나 소각하, 취하 등에 의하여 시효중단의 효력이 상실된 경우 등에, 당해 재판절차에서 그 권리주장이 계속되고 있는 동안에는 최고로서의 효력을 인정하는 이론이다(이에 대한 상세는 §174 부분 참조).

일본의 판례[82]는 명시적 일부청구의 소제기는 잔부에 관하여 재판상 청구에 해당하지는 않지만, 명시적 일부청구의 소에서 청구된 부분과 청구되지 않은 잔부는 청구원인사실이 기본적으로 동일하고, 명시적 일부청구의 소를 제기한 채권자로서는 장래에 잔부를 청구하지 않겠다는 의사 하에 일부만 청구한 것이 아닌 것이 통상인 점에 비추어 보면, 잔부에 관하여도 권리행사의 의사가 계속적으로 표시되어 있다고 할 수 있다고 한다. 그리하여 다른 특별한 사정이 없는 한 명시적 일부청구의 소제기는 잔부에 관하여 재판상 최고로서 소멸시효 중단의 효력이 있고, 채권자는 당해 소에 관한 소송의 종료 후 6월 내에 본조 제2항의 조치를 취함으로써 잔부에 관하여 소멸시효를 확정적으로 중단시킬 수 있다고 한다. 이러한 입장에 따르면, 잔부 청구에 관하여는 그 일부청구의 소송 진행 중 청구취지를 확장하든지 혹은 그 소송 종료 후 6월내에 신소를 제기하든지 하기만 하면, 모두 명시적 일부청구의 소제기 시점에 시효

---

81) 대판 20.2.6, 2019다223723(공 20상, 618).

82) 日最判 2013(平 25).6.6, 判時 2190, 22. 이에 대한 평석으로는 松久三四彦, "明示的一部請求の訴えの提起と殘部についての裁判上の催告としての消滅時効の中斷", ジュリスト 1466 重要判例解說, 2014, 71-72.

가 중단된다.

그러나 대법원판례는 이와 달리 일부에 관하여만 청구하는 취지의 소제기는 잔부에 관하여 시효중단의 효력이 미치지 않는다고 보므로 그 잔부에 관하여 재판상 최고의 효력을 인정하지는 않는 것으로 보인다. 다만, 대법원판례[83]는 채권자가 일부청구의 소를 제기하면서 장차 청구금액을 확장할 뜻을 표시하였지만 당해 소송이 종료될 때까지 청구금액을 확장하지 않았다가 당해 소송이 종료된 때부터 6월내에 잔부에 대한 소를 제기한 경우에는 당초 일부청구의 소제기에 잔부에 대한 재판상 최고의 효력이 있음을 인정하여 그 소제기시부터 잔부에 대한 소멸시효가 중단된다고 한다.

2. 청구권의 경합과 시효중단

(1) 일반적인 청구권 경합의 경우

판례는 채권자가 동일한 목적을 달성하기 위하여 복수의 채권을 갖고 있는 경우, 채권자로서는 그 선택에 따라 권리를 행사할 수 있되, 그 중 어느 하나의 청구를 한 것만으로는 다른 채권 그 자체를 행사한 것으로 볼 수는 없으므로, 특별한 사정이 없는 한 그 다른 채권에 대한 소멸시효 중단의 효력은 없다고 한다.[84] 이는 구 소송물이론에 기초하여 별개의 소송물에 대하여는 소멸시효가 따로 진행하는 것이 원칙이라는 입장이다.

그리하여 판례는 채권자가 채무자를 상대로 공동불법행위자에 대한 구상금청구의 소를 제기하였다고 하여 채권자의 사무관리로 인한 비용상환청구권의 소멸시효가 중단될 수 없고,[85] 부당이득반환청구의 소제기로 채무불이행으로 인한 손해배상청구권의 소멸시효가 중단된다고 할 수 없다[86]고 한다. 또한 판례는 상법 §399 Ⅰ, §414 Ⅰ에서 규정하고 있는 주식회사의 이사 또는 감사의 회사에 대한 임무해태로 인한 손해배상책임은 위임관계로 인한 채무불이행책임이므로,[87] 상법 §399에 기한 손해배상청구의 소를 제기한 경우 일반불법행위로 인한 손해배상청구권에 대하여는 소멸시효중단의 효력이 생기지

---

83) 대판 20.2.6, 2019다223723(공 20상, 618).
84) 대판 93.3.23, 92다50942(공 93상, 1274); 대판 94.12.2, 93다59922(공 95상, 426); 대판 99.6.11, 99다16378(공 99하, 1397); 대판 02.6.14, 2002다11441(공 02, 1658).
85) 대판 01.3.23, 2001다6145(공 01, 986).
86) 대판 11.2.10, 2010다81285(정보).
87) 대판 85.6.25, 84다카1954(집 33-2, 103).

아니한다고 한다.[88]

(2) 어느 권리가 다른 권리를 확보하기 위한 수단으로 기능하는 경우

원인채권의 지급을 확보하기 위한 방법으로 어음이 수수된 경우에 원인채권과 어음채권은 별개로서 채권자는 그 선택에 따라 권리를 행사할 수 있고, 원인채권에 기하여 청구를 한 것만으로는 어음채권 그 자체를 행사한 것으로 볼 수 없어 어음채권의 소멸시효를 중단시키지 못한다.[89]

다른 한편, 이러한 어음은 경제적으로 동일한 급부를 위하여 원인채권의 지급수단으로 수수된 것으로서 그 어음채권의 행사는 원인채권을 실현하기 위한 것일 뿐만 아니라, 원인채권의 소멸시효는 어음금 청구소송에 있어서 채무자의 인적항변 사유에 해당하는 관계로 채권자가 어음채권의 소멸시효를 중단하여 두어도 채무자의 인적항변에 따라 그 권리를 실현할 수 없게 되는 불합리한 결과가 발생하게 되므로, 채권자가 어음채권에 기하여 청구를 하는 원인채권의 소멸시효를 중단시키는 효력이 있다고 보아야 한다.[90] 이러한 법리는 채권자가 어음채권을 피보전권리로 하여 채무자의 재산을 가압류함으로써 그 권리를 행사한 경우에도 마찬가지로 적용된다.[91]

이와 같이 A, B 권리가 서로 경제적으로 밀접한 관련을 가지면서 A 권리가 B 권리를 확보하기 위한 수단으로 기능하는 경우 A 권리의 행사에 의하여 B 권리의 소멸시효가 중단된 것으로 본 사례로는, 파산절차에서 대위변제자의 원채권(피대위채권) 신고명의 변경신고에 의한 구상채권의 소멸시효 중단,[92] 원채권을 피담보채권을 하는 담보권실행절차에서 대위변제자의 압류채권자 승계신고에 의한 구상권의 소멸시효 중단,[93] 수탁보증인의 사전구상권을 피보전채권으로 하는 가압류에 의한 사후구상권의 소멸시효 중단,[94] 근저당권설정등기청구에 의한 피담보채권의 소멸시효 중단[95] 등이 있다.

한편 판례[96]는 이미 소멸시효가 완성된 후에는 그 채권이 소멸하고 시

---

88) 대판 02.6.14, 2002다11441(공 02, 1658).
89) 대판 67.4.25, 67다75(집 15-1, 342); 대판 94.12.2, 93다59922(공 95, 426).
90) 대판 61.11.9, 4293민상748(집 9, 72).
91) 대판 99.6.11, 99다16378(공 99, 1397).
92) 日最判 1995(平 7).3.23, 民集 49-3, 984.
93) 日最判 2006(平 18).11.14, 民集 60-9, 3402.
94) 日最判 2013(平 25).6.6, 判時 2190, 22.
95) 대판 14.2.13, 2002다7213(공 04, 463).
96) 대판 07.9.20, 2006다68902(공 07, 1629).

효 중단을 인정할 여지가 없으므로, 이미 시효로 소멸한 어음채권을 피보전권리로 하여 가압류 결정을 받는다고 하더라도 이를 어음채권 내지는 원인채권을 실현하기 위한 적법한 권리행사로 볼 수 없을 뿐 아니라, 더 이상 원인채권에 관한 시효 중단 여부가 어음채권의 권리 실현에 영향을 주지 못하여 어떠한 불합리한 결과가 발생하지 아니한다는 점을 함께 참작하여 보면, 가압류 결정 이전에 이미 피보전권리인 어음채권의 시효가 완성되어 소멸한 경우에는 그 가압류 결정에 의하여 그 원인채권의 소멸시효를 중단시키는 효력을 인정할 수 없다고 한다. 이 판례에 대하여는 권리행사의 실체법상의 요건을 충족하지 않았더라도 권리행사의 의지를 명백히 표시한 이상 시효중단의 효력을 인정하여야 한다면서 반대하는 견해[97]가 있다.

(3) 청구권 경합과 재판상 최고 이론의 적용

일본의 판례[98]는 "금원의 착복을 이유로 하는 불법행위에 기한 손해배상청구소송에서 위 착복금원 상당액의 부당이득반환청구가 추가된 경우, 양 청구가 기본적인 청구원인사실이 동일한 청구이고, 착복금 상당액의 반환을 청구하는 점에서 경제적으로 동일한 급부를 목적으로 하는 관계에 있다고 할 수 있기 때문에, 위 손해배상을 구하는 소의 제기에 의하여 본건 소송 계속 중 위와 동액의 착복금 상당액에 관하여 부당이득반환을 구하는 권리행사의 의사가 계속적으로 표시되어 있다고 할 것이어서, 위 부당이득반환청구권에 관한 최고가 계속되어 있다고 해석함이 상당하다. 그리고 피상고인의 제1심 구두변론기일에서 위 부당이득반환청구가 추가됨으로써 위 청구권의 소멸시효에 관한 중단의 효력은 확정적으로 발생하였다."라는 취지로 판시하였다.

이는 양 청구가 청구권 경합관계에 있는 경우 어느 한 청구를 하였다 하여 다른 청구에 대하여 '재판상 청구'를 한 것으로 보지 않은 기존 판례이론과의 정합성을 유지하면서, 권리행사의 실질을 중시하여 청구권 경합관계에 있는 다른 청구권에 대하여도 '재판상 최고' 이론을 적용하여 시효중단 시점을 앞으로 당긴 것이다. 이러한 점에서 대여금 청구에 의하여 체당금채권의 소멸시효는 중단되지 않는다고 판시하였던 종전 판례[99]와 비교할 때 진일보한 판결이라는 평가를 받는다. 나아가 재물의 착복·횡령을 이유로 하는 착복금 상

---

97) 정진세, "시효소멸한 어음채권을 피보전권리로 한 가압류의 원인채권 시효중단", 인권과 정의 383, 2008, 167-172.

98) 日最判 1998(平 10).12.17, 民集 190, 889.

99) 日最判 1975(昭 50).12.25.

당액의 손해배상청구와 부당이득반환청구와의 관계에 관한 판시이지만, 그 판시 논거를 살펴보면 유사 사례에서도 적용될 가능성이 있다고 한다.[100]

대법원판례가 시효중단 사유인 재판상 청구는 그 권리가 소송물이 되어 기판력이 발생할 것을 요하지 않으므로, 소유권이전등기청구권이 발생한 기본적 법률관계에 해당하는 매매계약을 기초로 하여 건축주명의변경을 구하는 소도 위 소유권이전등기청구권의 소멸시효를 중단시키는 재판상 청구에 포함된다고 한다고 판시하는 등 권리행사의 형식이나 명칭보다는 그 실질을 중시하고 있는 점,[101] 특별한 형식에 구애받지 않고 당사자의 언행에 권리행사를 주장하는 취지가 드러나고 있다면 소멸시효 중단사유인 최고에 해당한다고 보아 이를 폭넓게 인정하고 있는 점[102] 등에 비추어 보면, 이와 같이 기본적인 청구원인 사실이 동일하고, 경제적으로 동일한 급부를 목적으로 하면서 그 법률적 구성을 달리하는 청구권 경합의 경우에는, 소장에 청구권 경합관계에 있는 다른 청구권의 기초사실($^{청구원}_{인\ 사실}$)이 적시되어 있다면 위 일본 판례의 이론을 충분히 채택할 수 있는 것으로 보인다. 예컨대, 피고가 자신의 집에 들어와 거실 찬장 안에 놓아 둔 돈 100만 원을 몰래 훔쳐갔으므로 피고에게 100만 원의 부당이득반환을 청구한다고 원고가 소를 제기한 경우, 위와 같은 소장에는 불법행위를 이루는 청구원인 사실이 적시되어 있고, 그러한 사실관계를 바탕으로 피고에게 100만 원의 지급을 청구하고 있음이 분명하다. 다만 소장에서 '부당이득반환청구권'만을 언급하고 있다는 점에서 '손해배상청구권'까지 '소'로써 '행사'($^{재판}_{상\ 청구}$)하고 있다고 보기는 어렵지만, 불법행위를 구성하는 청구원인 사실을

---

100) 加藤新太郎, "不法行爲に基づく損害賠償請求訴訟の係屬と不當利得返還請求權の消滅時效の中斷", 判例タイムズ臨時增刊 51-23: 平成11年度 主要民事判例解說, 2000, 98-99.

101) 대판 11.7.24, 2011다19737(공 11하, 1615).

102) 피상속인이 사망한 후 공동상속인 중 1인인 원고가 피고들을 찾아가 2억 원의 지급을 요구하고 이를 거절하는 피고들에게, "내가 국세청이고 어디고 다 뒤엎을 거야. 너희들이 엄마한테 받은 상동 땅도 내가 찾아 가는가 못 찾아 가는가 두고 봐. 확 뒤집어 엎어 버릴거다."라고 하면서 소송을 제기하겠다고 말한 것을 두고, 상동 대지에 대한 유류분반환청구권을 행사하겠다는 뜻을 표시한 것을 본 판례[대판 12.5.24, 2010다50809(공 12하, 1107)], 소송고지의 경우 피고지자에 대한 참가적 효력이 인정됨에 비추어 고지자로서는 당해 소송의 결과에 따라 피고지자에게 권리를 행사하겠다는 취지의 의사를 표명한 것으로 볼 수 있다고 하여 소송고지에 소송계속 동안 재판상 최고로서의 효력을 인정한 판례[대판 09.7.9, 2009다14340(공 09하, 1287)], 토지소유자가 그 토지 일부의 점유자에게 경계 재측량을 요구하고 그 재측량결과에 따른 경계선 위에 돌담을 쌓아올리는 것을 점유자가 제지한 것이 시비가 되어 토지소유자의 아버지가 점유자를 상대로 상해, 재물손괴죄 등으로 고소를 제기한 경우 취득시효 중단사유인 최고에 해당한다고 본 판례[대판 89.11.28, 87다273(집 37-4, 75)] 등 다수.

적시하면서 100만 원의 지급을 구하고 있는 점에서 종래 판례의 입장에서 볼 때에도 '최고'로서의 요건은 갖추고 있다고 볼 수 있을 것이다.

3. 청구의 병합과 시효중단

(1) 예비적 병합

청구의 예비적 병합에 있어서 예비적 청구는 주위적 청구가 인용되는 것을 해제조건으로 하는 것이므로,[103] 주위적 청구가 인용됨으로써 예비적 청구의 해제조건이 달성된 경우에는, 본조 제1항이 유추적용되어 예비적 청구가 기재된 서면을 제출한 때에 생긴 시효중단효는 소급적으로 소멸한다. 그러나 민법 본조 제2항의 유추적용에 의하여 예비적 청구의 근거가 된 권리에 대하여 6월내에 다른 시효중단 조치를 취하면 시효중단의 효력이 그 서면 제출시로 소급한다.[104]

공동주택의 입주자대표회의가 하자보수에 갈음한 손해배상청구의 소를 제기하여 수행하던 중 자신에게 위 손해배상청구권이 없음을 알고 일부 구분소유자로부터 그 권리를 양도받아 채권양도에 의한 손해배상청구를 예비적 청구원인으로 추가한 사안에서, 판례는 당초의 소제기는 권리 없는 자의 소제기이므로 시효중단의 효력이 없고, 특별한 사정이 없는 한 채권양도를 받아 정당한 권리자로서 예비적 청구원인의 준비서면을 제출한 날에 비로소 시효중단의 효력이 발생한다고 한다.[105]

한편, 판례[106]는 기존 채권의 존재를 전제로 이를 포함하는 새로운 약정을 하고 그에 따른 권리를 재판상 청구의 방법으로 행사한 경우에는 기존 채권을 실현하고자 하는 뜻까지 포함하여 객관적으로 표명한 것이므로, 새로운 약정이 무효로 되는 등의 사정으로 그에 근거한 권리행사가 저지됨에 따라 다시 기존 채권을 행사하게 되었다면, 기존 채권의 소멸시효는 새로운 약정에 의한 권리를 행사한 때에 중단되었다고 보아야 한다고 한다. 그리하여 피고가 원고에게 기존 채무를 확인하는 각서를 작성해 주고, 이를 토대로 원고와 피고가 합의약정을 체결하였는데, 원고가 위 합의약정에 따른 약정금의 지급을 구하

---

103) 대판 93.3.23, 92다51204(공 93, 1275).
104) 구주해(3), 509(윤진수)는 이러한 입장이 독일의 통설, 판례라고 한다.
105) 대판 08.12.24, 2008다48490(정보); 대판 09.2.12, 2008다84229(정보); 대판(전) 12.3.22, 2010다28840(공 12상, 619).
106) 대판 16.10.27, 2016다25140(공 16하, 1795).

는 소송을 제기하였다가 제1심에서 위 합의약정의 효력이 부인되자 항소심에
이르러 당초의 각서에 의한 채권을 예비적으로 청구한 사안에서, 당초의 각서
에 의한 채권의 소멸시효는 위 합의약정에 의한 채무이행을 구하는 소제기에
의하여 중단되었다고 한다.

(2) 청구의 추가

청구의 추가와 관련한 판례[107]의 사안은 다음과 같다. 피고가 계약을 위
반하여 갑에게 손해를 입게 하였는데, 보험회사인 원고가 피보험자가 아닌 갑
에게 보험금을 지급한 후 갑의 피고에 대한 손해배상청구권을 갑의 보험자로
서 대위행사한다는 취지로 소를 제기하다가 그 후 갑으로부터 피고에 대한 손
해배상채권을 양수한 후 양수금청구를 청구원인으로 추가하였다. 대법원은 이
경우 원고가 피고에 대하여 보험자대위에 기한 손해배상청구의 소를 제기하였
더라도 이로써 원고가 갑으로부터 양수한 손해배상채권의 소멸시효가 중단될
수 없다고 한다. 그 이유는 갑이 원고와의 보험계약상 피보험자가 아닌 이상
원고가 갑에게 보험금을 지급하였더라도 보험자로서 갑의 손해배상채권을 대
위행사할 수 없으므로, 원고가 당초 보험자대위에 기한 손해배상청구의 소를
제기한 것은 이를 청구할 아무런 권리나 권능이 없는 자의 권리행사에 불과하
여 이로써 갑의 손해배상채권이 행사되었다고 할 수 없고, 보험자대위청구와
채권양수금청구가 동일한 소송물이라고 볼 수도 없기 때문이라는 것이다.

한편 일본의 판례[108]는 농지의 소유권이전등기청구에는 지사에 대한 허가
신청절차이행청구를 최고하는 취지가 포함되어 있으므로, 소송진행 도중 허가
신청절차이행청구를 추가함으로써 그 청구권에 대하여 확정적으로 시효가 중
단된다고 한다.

앞서 '청구권 경합' 부분에서 본 바와 같이, 기본적인 청구원인 사실이 동
일하고, 경제적으로 실질적으로 동일한 급부를 목적으로 하면서 그 법률적 구
성을 달리하는 경우에는, 소장에 후청구의 기초사실로도 볼 수 있는 사실관계
(청구원인 사실)가 적시되어 있다면, '재판상 최고'의 이론을 적용하여 그 후 추가된 후
청구의 권리에 관하여 소제기시 재판상 최고가 있다고 보고, 그 소송절차에서
실제로 후청구가 추가되면 그 추가된 후청구도 소제기 시에 시효가 중단된 것

---

107) 대판 14.6.26, 2013다45716(정보). 이에 대한 평석으로는 정원, "청구원인의 추가와 소
     멸시효중단 시점", 해설 99, 2014, 3 이하
108) 日最判 68(昭 43).12.23, 民集 93, 907.

으로 볼 수 있을 것이다.

4. 청구의 교환적 변경과 시효중단[109]

(1) 청구의 교환적 변경

청구의 교환적 변경은 구청구에 갈음하여 신청구를 제기하는 것으로 판례는 청구의 교환적 변경은 신청구의 추가적 병합과 구청구의 취하가 결합된 형태로 본다.[110] 구청구가 취하된 것으로 보는 이상, 구청구에 관하여는 원칙적으로 본조 제1항에 의하여 처음부터 시효중단의 효력이 생기지 않으며, 다만 본조 제2항의 적용이 문제될 수 있을 뿐이다.

그러나 (i) 구청구가 신청구를 실현하는 수단(예: 어음채권에 기한 구청구를 원인채권에 기한 신청구로 교환적 변경한 경우)이거나 (ii) 구청구가 기본적 법률관계에 관한 이행청구 내지 확인청구이고 신청구가 그로부터 파생되는 청구권(예: 파면처분무효확인청구의 소를 제기하였다가 파면된 이후의 보수금청구로 교환적 변경한 경우, 기본적 법률관계인 매매계약을 기초로 건축주명의변경을 구하는 소를 제기하였다가 위 매매계약에 기한 소유권이전등기청구를 구하는 소로 교환적 변경한 경우) 등과 같이 구청구와 신청구의 관계가 당초 시효중단의 효력이 미치는 범위(이하 '물적범위'라고 한다) 내에 있는 경우에는 그와 같이 볼 수 없다.

이하에서는 구청구가 적법한 시효중단의 요건을 갖추고 있다가 신청구로의 교환적 변경이 있는 경우 신청구의 권리에 대한 시효중단효의 발생시점이 당초 소제기 시점인지 청구취지를 변경하는 서면이 법원에 제출된 시점인지에 관하여 본다.

(2) 교환된 청구가 물적범위 내에 있는 경우

(가) 본조 제1항의 적용 배제　　교환적 변경의 경우에 본조 제1항의 적용을 배제하기 위하여는 원칙적으로 구청구와 신청구의 관계가 앞서 본 물적범위 내에 있어야 한다. 구청구와 신청구가 물적범위 내에 있는 경우에는 구청구의 권리에 대해 발생한 시효중단 효력은 교환적 변경에도 불구하고 원칙적으로 소멸하지 않고 유지된다. 반면 구청구와 신청구가 물적범위 밖에 있는 경우에는 구청구에 의한 시효중단의 효력은 신청구의 권리에 미치지 않고, 교환적 변경에 의하여 구청구에 의한 시효중단의 효력은 소멸한다.

이와 같이 신청구에서 행사하려는 권리를 실현하기 위한 수단으로 구청구

---

109) 청구의 교환적 변경과 시효중단에 관하여 상세히 다룬 글로는, 황은규(주 69), 785 이하 참조.
110) 대판 87.11.10, 87다카1405(공 88, 91).

를 제기한 다음 신청구로 교환적 변경을 하는 경우나 기본적 법률관계에 대한
이행청구 내지 확인청구로서 구청구를 하였다가 그로부터 파생되는 청구권에
기하여 신청구로 교환적 변경을 한 경우 등에는 구청구를 통하여 행사한 실체
법상의 권리를 변경된 신청구를 통하여도 계속 행사하려는 것으로 볼 수 있다.
따라서 이러한 경우에는 청구의 교환적 변경이 있다 하더라도 구청구를 통하
여 행사하려는 권리에 대한 존재가 공권적 확인을 받지 못하였다거나 권리자
에게 권리를 행사할 진지하고 확정적인 의사가 있었는지 의심된다고 볼 수 없
으므로, 본조 제1항의 규정은 적용되지 않는다.

다른 한편, 이와 달리 본조 제1항이 여전히 적용된다는 입장을 취하더라
도, 그 소송절차 내에서 소취하와 신청구가 동시에 이루어진 이상, 재판상 최
고의 이론과 본조 제2항의 적용에 의하여 구청구시 신청구의 시효가 중단된다
는 결론을 동일하게 도출할 수 있다.

(나) 구체적 사례

(a) 경계확정에서 소유권확인으로 교환적 변경한 경우   일본의 판
례[111]는 경계확정의 판결확정에 의하여 소유권 자체에 확정력이 생기지 않지
만 경계확정소송의 제기에 점유자에 의한 취득시효의 중단효를 인정하고 있
다. 그런데 원고가 계쟁지역이 자신의 소유에 속하다는 주장을 유지하면서 청
구취지를 경계확정에서 소유권확인으로 교환적으로 변경한 사안에서, 경계확
정의 소제기에 의하여 발생한 점유자의 취득시효 중단의 효력이 계속 유지되
는지가 쟁점이 된 사례가 있다. 일본의 판례[112]는 이는 법원의 판단을 구하는
것을 단념하고 구소를 취하한 것으로 볼 것이 아니므로, 소송의 종료를 의도하
는 통상의 소취하와는 그 본질을 달리하고, 일본민법 §149의 법의에 따라 동
조에서 말하는 소취하 중에는 이러한 경우를 포함하지 않는 것으로 해석하는
것이 상당하다고 한다. 그리하여 구소인 경계확정의 소제기에 의하여 발생한
소유권 취득시효중단의 효력은 그 후 소유권확인청구로의 교환적 변경에도 불
구하고 실효하지 않는다고 한다.

(b) 채권자대위청구에서 양수금청구로 교환적 변경한 경우   원고
가 채권자대위권에 기해 청구를 하다가 피대위채권을 양수하여 양수금청구로

---

111) 日大判 1940(昭 15).7.10, 民集 19, 1265; 日最判 1963(昭 38).1.18, 民集 17-1, 1; 日
      最判 1989(平 1).3.28, 判時 1393, 91.
112) 日最判 1963(昭 38).1.18, 民集 17-1, 1.

소를 변경한 경우 양수금채권에 대한 시효중단효가 당초 소를 제기한 때에 발생하는지 문제된다.

판례[113]는 우선 이러한 경우는 청구원인의 교환적 변경으로서 채권자대위권에 기한 구청구는 취하된 것으로 보아야 한다고 한다. 하지만, 채권자대위소송의 소송물은 채무자의 제3채무자에 대한 계약금반환청구권인데 위 양수금청구는 원고가 위 계약금반환청구권 자체를 양수한 것이어서 양 청구는 동일한 소송물에 관한 권리의무의 특정승계가 있을 뿐 그 소송물은 동일한 점, 시효중단의 효력은 특정승계인에게도 미치는 점,[114] 계속 중인 소송에 소송목적인 권리 또는 의무의 전부나 일부를 승계한 특정승계인이 소송참가하거나 소송인수한 경우에는 소송이 법원에 처음 계속된 때에 소급하여 시효중단의 효력이 생기는 점, 원고는 위 계약금반환채권을 채권자대위권에 기해 행사하다 다시 이를 양수받아 직접 행사한 것이어서 위 계약금반환채권과 관련하여 원고를 '권리 위에 잠자는 자'로 볼 수 없는 점 등에 비추어 볼 때, 당초의 채권자대위소송으로 인한 시효중단의 효력이 소멸하지 않는다고 한다.

위 사안의 경우 당초의 소제기는 채권자대위권을 행사하는 채권자에 의하여 적법하게 이루어져 채무자(양도인)가 갖는 채권에 시효중단효가 발생한 점, 소송계속 중에 소송 목적인 채권을 승계한 특정승계인은 소송참가 등을 할 수 있고 이 경우 시효중단효는 당초 소제기 시점에서 발생하는데($\frac{민소}{82}$ §§ 81., III), 위 사안에서는 채권 승계 후에도 소송의 당사자가 동일하여 그러한 절차를 취할 필요조차 없었던 점에 비추어 보면, 위 판례는 타당하다.

이러한 점에서 위 사안은, 채권자가 실은 아무런 권리가 없음에도 자신이 권리자라고 주장하며 소제기를 한 후 소송계속 중 그 채권을 양수한 것으로 청구를 변경한 사안에서, 판례[115]가 그 소제기는 무권리자가 한 것이어서 당초부터 그에 의해 시효중단의 효력이 생길 수 없고 청구변경 시점에서 시효중단의 효력이 생긴다고 판시한 것과 확연히 구별된다. 또한 채권자가 아무런 권리가 없음에도 자신이 채권을 보유하고 있다고 주장하며 소제기를 한 후 소송계속 중에 그 채권이 채무자에게 속함을 주장하며 채권자대위청구로 변경한 사안

---

113) 대판 10.6.24, 2010다17284(공 10하, 1447). 이에 대한 평석으로는 탁상진, "청구의 교환적 변경과 소멸시효의 중단", 재판과 판례 24, 2015, 2-23.

114) 대판 73.2.13, 72다1549(집 21-1, 75).

115) 대판 08.12.24, 2008다48490(정보); 대판 09.2.12, 2008다84229(정보); 대판(전) 12.3.22, 2010다28840(공 12상, 619).

및 보험회사가 보험자대위를 할 수 없는 제3자의 채권을 대위한다며 소를 제기하였다가 그 후 제3자로부터 그 채권을 양수하여 양수금 청구로 청구를 변경한 사안[116]과도 구별된다. 위 각 대비 사안에서의 소제기는 처음부터 무권리자가 한 것이어서 그 소제기로써는 시효중단의 효력이 생길 수 없기 때문이다.

(3) 교환된 청구가 물적범위 밖에 있는 경우

교환된 청구가 당초 시효중단의 효력이 미치는 범위 밖에 있는 경우에는 구청구로써 신청구에 관하여 권리행사를 하였다고 볼 수 없으므로, 이 경우에는 신청구로 청구취지를 변경하는 서면이 법원에 제출된 시점에 신청구에 관하여 시효중단의 효력이 생긴다.

판례[117]는 약속어음의 소지인이 피고에 대하여 배서인으로서 어음금을 지급할 것을 청구하는 소제기를 하였다가, 그 후 피고에 대하여 발행인의 상속인으로서 어음금 중 상속비율에 해당하는 돈의 지급을 구하는 것으로 청구원인을 변경한 경우, 변경된 청구채권에 관하여는 당초 소제기 시점에 시효중단의 효력이 생긴다고 보기 어렵다고 한다.

5. 소송인수·탈퇴와 시효중단

소송이 법원에 계속되어 있는 동안에 제3자가 소송목적인 권리의 전부나 일부를 승계한 때에는 법원은 당사자의 신청에 따라 그 제3자로 하여금 소송을 인수하게 할 수 있고($\frac{민소}{§82\ I}$), 법원이 소송인수 결정을 한 경우에는 소송이 법원에 처음 계속된 때에 소급하여 시효중단의 효력이 생긴다($\frac{민소\ §§82}{III,\ 81}$) 한편 소송목적인 권리를 양도한 원고는 법원이 소송인수 결정을 한 후 피고의 승낙을 받아 소송에서 탈퇴할 수 있는데($\frac{민소\ §§82}{III,\ 80}$), 그 후 법원이 인수참가인의 청구의 당부에 관하여 심리한 결과 인수참가인의 청구를 기각하거나 소를 각하하는 판결을 선고하여 그 판결이 확정된 경우에는 원고가 제기한 최초의 재판상 청구로 인한 시효중단의 효력은 소멸한다.[118]

다만 소송탈퇴는 소취하와는 그 성질이 다르며, 탈퇴 후 잔존하는 소송에서 내린 판결은 탈퇴자에 대하여도 그 효력이 미친다($\frac{민소\ §§82}{III,\ 80\ 단서}$). 이에 비추어 보면 인수참가인의 소송목적 양수의 효력이 부정되어 '인수참가인에 대한 청

---

116) 대판 14.6.26, 2013다45716(정보). 이에 대한 평석으로는 정원(주 107), 3 이하.
117) 대판 93.3.23, 92다50942(공 93, 1274).
118) 대판 17.7.18, 2016다35789(공 17하, 1709).

구기각 또는 소각하 판결이 확정된 날'부터 6월내에 다시 탈퇴한 원고가 본조 제2항에 따라 탈퇴 전과 같은 재판상의 청구 등을 한 때에는, 탈퇴 전에 원고 가 제기한 재판상의 청구로 인하여 발생한 시효중단의 효력은 그대로 유지된 다.[119] 위 6월의 기산점이 '판결 확정일'로서 '소송탈퇴일'이 아닌 이유는 '소송 탈퇴'의 성질이 '소취하'의 그것과 다르기 때문이다.

이와 같은 법리는 원고가 제기한 전소의 소송계속 중에 소송 목적인 채권 을 승계한 특정승계인이 소송참가를 하고, 원고가 피고의 동의를 받아 소송탈 퇴를 하였으나, 채권의 승계의 효력이 부정되어 승계참가인 패소판결이 확정 되고, 이에 원고가 다시 그 판결확정일로부터 6개월 내에 후소를 제기한 경우 에도 동일하게 적용된다.

V. 흠 있는 소제기와 시효중단

1. 흠 있는 소제기에 의한 시효중단

흠 있는 소제기도 원칙적으로 소제기시부터 시효중단효를 가진다. 다만 소 송요건의 흠결을 이유로 소각하 판결이 확정되거나 소장이 적식성을 결하여 재판장의 소장각하명령이 확정된 경우에는 그에 의하여 시효중단효가 소급적 으로 소멸된다. 권리자가 제기한 소가 소송요건의 흠결로 말미암아 각하된 경 우에는 새로운 소의 제기를 요구함으로써 이중의 소송비용을 부담시키는 것으 로 족하고, 나아가 시효중단 그 자체를 부인하여 권리 자체를 상실시킬 것은 아니다. 소송을 다시 제기함으로써 드러난 권리자의 권리실현의 의지를 존중

---

119) 대판 17.7.18, 2016다35789(공 17하, 1709). 이 판결의 사안은 다음과 같다. 원고가 피 고를 상대로 약정금의 지급을 구하며 제기한 전소에서 원고의 소송인수 신청에 따라 1심 법원이 2011.9.30. 甲을 원고 인수참가인으로 하여 소송인수 결정을 하였고, 이에 따라 원 고가 같은 날 피고의 승낙을 얻어 전소에서 탈퇴한 후 甲이 소송을 계속 수행하다가 전소 의 1심 법원이 2012.6.8. 인수참가인의 소를 각하하는 판결을 선고하였으며, 2013.5.23. 항소가 기각된 후 대법원이 2014.10.27. '무효의 채권양도를 원인으로 하는 甲의 청구는 기각되었어야 함에도 항소심이 甲의 소가 부적법하다고 판단한 것은 잘못이나 불이익변 경금지의 원칙상 청구기각판결을 선고할 수는 없다'고 판단하여 상고기각판결을 함으로써 전소 판결이 확정되었다. 이에 원고는 그 확정된 날부터 6월내인 2015.1.19. 피고를 상대 로 다시 동일한 약정금의 지급을 구하는 후소를 제기하였는데, 대법원은 소송탈퇴는 소취 하와는 다르므로, 원고가 전소에서 탈퇴한 날이 아닌 위 인수참가인에 대한 판결확정일로 부터 6월내에 후소를 제기한 이상, 원고가 전소를 제기함으로써 발생한 시효중단의 효력 은 위 확정판결에도 불구하고 그대로 유지된다고 판단하였다.

할 필요가 있기 때문이다.[120]

그러나 제기된 소의 흠이 중대한 것이어서 '무효의 소'라고 판단되는 경우, 예컨대 그것이 최소한의 형식조차 갖추지 못하여 권리의 재판상 행사라고 평가될 수 없는 경우에는 시효중단효가 발생하지 않는다. 제소행위에 관하여 법률이 정하는 본질적인 형식규정을 준수하지 아니한 경우,[121] 망인을 상대로 한 제소 등을 그 예로 들 수 있다. 그러나 소장에서 주장한 청구이유가 그 자체로 충분한 근거가 되지 못하는 경우는 이러한 예에 해당하지 아니한다.[122]

소제기의 흠이 보정된 경우에는 소나 소장이 각하될 우려가 없으므로 이로써 시효중단효가 확정된다. 이를 보정시를 기준으로 한다면 소급적으로 시효중단효가 발생한다고 볼 수 있다. 본조 제2항에 의하면, 부적법한 소제기를 하여 각하판결을 받은 후 6개월 내에 적법한 소제기를 하면, 전소제기시부터 시효중단의 효력이 발생하는데, 부적법한 흠의 보정이 당해 소송의 진행 중에 행하여진 경우에는 더욱 그러하다고 보아야 할 것이다. 만일 이와 같이 해석하지 않으면, 제소자는 소각하 판결을 기다린 후 다시 소제기를 하여야만 본조 제2항의 효과를 누릴 수 있게 되는데, 이는 불필요하고 무의미하다. 따라서 민사소송법이 정한 소제기의 방식(소장의 필요적 기재사항)을 지키지 아니하였거나 소장에 인지를 붙이지 아니하였다가 후에 그 흠을 보정한 경우, 항소심에서 상대방의 동의를 얻지 아니한 채로 반소를 제기하였으나 후에 이를 얻은 경우 등에는 시효중단효가 소제기시에 발생한 것으로 확정된다.[123]

다만, 소장에 기재된 당사자나 청구취지 및 청구원인으로부터 원고가 어떠한 권리를 행사하는지 전혀 특정할 수 없는 경우에는 원칙적으로 소제기시부터의 시효중단효를 인정할 수 없다. 이러한 경우에는 그 흠이 보정된 때에 비로소 시효중단효가 인정된다고 보아야 한다.[124]

한편, 소장에서 일부 청구를 하면서 여러 개의 채권을 주장하기는 하였는

---

120) 양창수(주 25), 81.
121) 독일 연방대법원 1957.5.9. 판결(BGH LM Nr.4 zu §209)은, 변호사강제주의의 적용을 받는 소송에서, 수소법원에서 대리행위를 할 권한이 없는 변호사가 제출한 소송구조신청서를 원용하여 소를 제기하는 것으로는 독일 민사소송법 §253 Ⅱ에서 정하는 소장의 필요적 기재사항에 관한 요건을 충족하지 못한다고 하면서, 그 흠의 보정의 효력은 소제기로 인한 시효중단의 문제와 관련하여서는 그 제기 시에 비로소 발생한다고 한다.
122) 양창수(주 25), 82-83, 117.
123) 양창수(주 25), 84, 99, 117.
124) 양창수(주 25), 95, 99, 117.

데 그 청구액이 주장된 각 채권에 어떻게 분배되는지 또는 각 채권 간에 그 행사순위에 있어서 어떠한 관계에 있는지(이하에서는 이들을 합하여 채권 의 「특정」이라고 부르기로 한다)를 명확하게 밝히지 아니한 흠이 있는 경우 그 소는 부적법한데,125) 이 경우 시효중단효가 어떻게 미치는지 문제된다. 독일의 판례126)는 소제기에 의하여 주장된 채권 모두에 대하여, 그러나 청구액의 범위에서 각각 시효중단의 효력이 발생한다고 한다. 그러한 제소는 '조건부 소송계속', 즉 소송상 행사되는 채권의 특정을 소송진행 중에 행하지 아니할 것을 해제조건으로 하여 소송계속을 발생시킨다는 것이다. 독일의 다수설은 독일민법 § 212는 부적법한 소라도 각하판결이 있은 후 6개월 내에 적법한 소제기가 있으면 전소에 의하여 시효중단의 효력이 발생하는 것으로 정하고 있는데, 그렇다면 흠의 보정(행사되는 채 권의 특정)이 소송진행 중에 행하여진 경우에도 마찬가지로 취급되어야 한다며, 판례의 입장을 지지한다. 다만 후에 원고가 일부 청구를 하면서 주장한 여러 개의 채권의 청구액을 특정하면, 이로써 원고가 재판상 청구하는 권리가 확정되므로, 그 외의 권리 또는 권리부분에 대한 시효중단효는 소취하에 준하여 소급적으로 소멸한다.127)

2. 소의 당사자와 관련된 흠

(1) 무권리자에 의한 제소

소제기에 의하여 시효중단효가 발생하려면 권리자에 의하여 소가 제기되어야 한다.128) 따라서 무권리자가 소를 제기한 경우에는 시효는 중단되지 않는다.

나중에 진정한 권리자가 소멸시효 완성 후 소를 제기한 데 대하여 채무자가 소멸시효 항변을 한 경우 그 전에 무권리자가 소제기를 하였다는 사정을 근거로 그 시점에 시효중단효가 발생하였다고 주장할 수는 없다. 이는 권리자가 무권리자의 소송수행을 추인하였다거나 하여도 마찬가지이고, 이 점에서

---

125) 대판 07.9.20, 2007다25865(공 07, 1632)은 "채권자가 동일한 채무자에 대하여 수개의 손해배상채권을 가지고 있다고 하더라도 그 손해배상채권들이 발생시기와 발생원인 등을 달리하는 별개의 채권인 이상 이는 별개의 소송물에 해당하고, 그 손해배상채권들은 각각 소멸시효의 기산일이나 채무자가 주장할 수 있는 항변들이 다를 수도 있으므로, 이를 소로써 구하는 채권자로서는 손해배상채권별로 청구금액을 특정하여야 하며, 법원도 이에 따라 손해배상채권별로 인용금액을 특정하여야 할 것이고, 이러한 법리는 원고가 수개의 손해배상채권들 중 일부만을 청구하고 있는 경우에도 마찬가지이다."라고 판시한다.

126) BGH NJW 1967, 2210; NJW 1984, 2346; NJW 1988, 692.

127) 양창수(주 25), 84-85, 95-96.

128) 독일민법 § 209 Ⅰ은 소멸시효의 중단에 관하여 "권리자(der Berechtigte)가 … 소를 제기한 때"라고 규정하여 이 점을 명백히 하고 있다.

무권대리인 또는 무권대표자가 본인의 명의로 소제기를 한 후 본인이 이를 추인한 경우와 다르다. 판례[129]도 같은 입장이다. 소를 제기한 무권리자가 소송 도중에 권리를 양수하였다 하더라도 시효중단의 소급효는 발생하지 않는다.[130]

한편 정당한 권리자가 소를 제기한 후 그 채권을 제3자에게 양도한 경우 그 제3자가 그 소송에 승계참가를 한 때에는 그 참가는 소송이 계속된 시초에소급하여 시효중단의 효력이 생긴다($_{§81}^{민소}$). 채무자의 신청에 따라 법원이 채권양수인으로 하여금 소송을 인수하게 하는 결정을 한 경우에도 마찬가지이다($_{§82}^{민소}$).

그러나 소송계속 중 채권을 양수한 양수인이 승계참가를 하지 아니한 채 소송이 진행되고 양도인이 변론종결시 채권양도로 무권리자가 되었다는 이유로 패소 확정판결을 받거나 그 소가 취하된 경우에는, 양수인은 더 이상 승계참가를 할 여지가 없고, 양도인의 소제기로 인한 시효중단의 효과도 누릴 수 없다. 다만 본조 제2항을 적용받을 기회는 있다.

(2) 무권대리인 또는 무권대표자에 의한 소제기

민사소송법상 소송능력, 법정대리권 또는 소송행위에 필요한 권한의 수여에 흠이 있는 사람이 소송행위를 한 뒤에 보정된 당사자나 법정대리인이 이를 추인한 경우에는, 그 소송행위는 이를 한 때에 소급하여 효력이 생긴다($_{§60}^{민소}$). 또한 시효의 중단 또는 법률상 기간을 지킴에 필요한 재판상 청구는 소를 제기한 때 그 효력이 생긴다($_{§265}^{민소}$).

위 각 규정에 의하면, 무권대리인 또는 무권대표자가 본인 내지 법인의 명의로 소제기를 한 경우 본인 또는 법인이 그 소제기 행위를 추인한 때에는 그 제소시에 소급하여 효력이 생기고, 그에 따라 시효중단의 효력도 그 제소시에 생긴다. 무권대리인 또는 무권대표자가 본인 내지 법인의 명의로 시효중단효를 발생시키는 응소행위를 한 후 본인 내지 법인이 그 소송행위를 추인한 경

---

129) 대판 63.11.28, 63다654(집 11-2, 277). 이 판례의 사안은 다음과 같다. 채권양수인 갑이 양도금지특약의 존재를 알고 채권을 양수한 후 채무자를 상대로 양수금청구를 하였다가 패소 확정판결을 받았다. 이에 양도인이 스스로 채무자를 상대로 후소를 제기하자, 채무자가 소멸시효 항변을 하였고, 여기서 양수인이 한 전소제기에 의하여 시효중단의 효력이 생기는지 여부가 다투어졌다. 대법원은 "재판상의 청구가 시효중단의 효력을 발생하려면 그 청구 당시의 채권자 또는 그 채권을 행사할 권능을 가진 자가 이 청구를 하여야 한다. 갑이 원고의 대리인으로서가 아니라 채권양수자로서 재판상의 청구를 한 이상, 갑은 이 사건 양수채권의 채권자 또는 그 채권을 행사할 수 있는 권능을 가진 자라고 할 수 없다."는 취지로 판시하였다. 참고로 채권양수인이 양도금지특약을 알거나 중대한 과실로 이를 알지 못한 경우 그 특약은 채권의 양도성을 상실시켜 채권양도는 무효가 된다[대판 09.10.29, 2009다47685(공 09하, 1996)].

130) 대판 09.2.12, 2008다84229(정보).

우에도 마찬가지로 보아야 하므로, 그 응소행위 시점에 소급하여 시효중단효
가 생긴다.

판례[131])도 "종중이 적법한 대표자 아닌 자가 제기하여 수행한 소송을 추인
하였다면 그 소송은 소급하여 유효한 것이고, 가사 종중의 소제기 당시에 그 대
표자의 자격에 하자가 있다고 하더라도 이 소가 각하되지 아니하고 소급하여
유효한 것으로 인정되는 한, 이에 의한 시효중단의 효력도 유효하다고 볼 것이
지 소송행위가 추인될 때에 시효가 중단된다고 볼 것이 아니다"라고 한다.[132])

이러한 무권대리인 등의 소제기에 대한 본인 등의 추인은 당해 소송이 계
속되고 있는 동안에 이루어지는 한 소멸시효기간 진행 중은 물론 소멸시효기
간이 완성된 후에도 할 수 있다.[133]) 본인의 추인에 의하여 소제기 시점으로 소
급하여 시효중단의 효력이 발생하기 때문이다.

그러나 이와 달리 무권대리인 등이 본인 등의 추인을 받지 못한 채 소 각
하 확정판결을 받아 소송이 종료된 경우에는 본인 등으로서도 더 이상 그 소
제기를 추인할 방도가 없다. 당해 소송이 종료된 이상 추인의 대상이 존재하지
않고, 추인의 의사표시를 할 수소법원도 존재하지 아니하며, 설령 추인을 한
다한들 당해 소송이 종료된 이상 추인에 의하여 이미 각하판결이 확정된 소가
소급적으로 적법해 진다고 볼 여지가 없기 때문이다. 따라서 본인 등은 그 후
새로운 소를 제기하여 그 때부터 시효중단의 효력을 누릴 수 있을 뿐이다. 이
러한 경우에는 결국 '무권리자'가 소제기를 하여 각하판결을 받은 경우와 다를
바 없으므로, 본조 제2항의 적용도 없다고 할 것이다.[134])

(3) 사망자를 상대로 한 소제기

(가) 사망자를 피고로 한 소제기는 원고와 피고의 대립당사자 구조를 요
구하는 민사소송법상의 기본원칙이 무시된 부적법한 것으로서 실질적인 소송
관계가 성립될 수 없다. 따라서 그와 같은 상태에서 판결이 선고되었다 할지라
도 판결은 당연무효이고, 판결에 대한 사망자인 피고의 상속인들에 의한 항소
나 소송수계신청은 부적법하다. 이는 소제기 후 소장부본이 송달되기 전에 피
고가 사망한 경우에도 마찬가지이다.[135]) 법원이 직권조사사항인 피고의 당사자

---

131) 대판 92.9.8, 92다18184(공 92, 2843).
132) 독일 연방대법원 1960.7.7. 판결(BGH LM § 209 BGB Nr.10.).
133) 독일 연방대법원 1960.7.7. 판결(BGH LM § 209 BGB Nr.10.).
134) 양창수(주 25), 111-112.
135) 대판 15.1.29, 2014다34041(공 15상, 436).

능력 유무를 간과하고 판결을 내렸다 하더라도 그러한 사정은 위와 같은 결론에 영향을 미치지 아니한다.[136)]

따라서 사망자를 상대한 소제기는 소송법적으로 볼 때 판결을 무효로 하는 행위로서 단순히 부적법한 소와는 달리 권리자의 의무자에 대한 권리행사에 해당하지 않으므로, 상속인을 피고로 하는 당사자표시정정이 이루어진 경우와 같은 특별한 사정이 없는 한, 거기에는 애초부터 시효중단 효력이 없고, 본조 제2항도 적용되지 않는다.[137)]

⒩ 한편, 소장에 표시된 피고에게 당사자능력이 인정되지 않는 경우에는 소장의 전취지를 합리적으로 해석한 결과 인정되는 올바른 당사자능력자로 그 표시를 정정하는 것이 허용된다. 따라서 채무자(사망자)를 상대로 소를 제기하였으나, 채무자(사망자)의 상속인이 실질적인 피고이고 다만 소장의 표시에 잘못이 있었던 것에 불과하다고 해석되는 경우, 소송계속 중 당사자표시정정에 의하여 상속인으로 피고 표시정정이 이루어졌다면, 시효중단효도 소제기 시점에서 발생한다.[138)] 당사자표시정정은 당사자로 표시된 자의 동일성이 인정되는 범위 내에서 그 표시만을 변경하는 경우에 한하여 허용되는 것으로,[139)] 이 점에서 피고를 실질적으로 변경하는 피고 경정($\frac{민소}{\S234-2}$)과는 다르다.

이러한 당사자표시정정이 이루어진 경우에는 소멸시효의 중단효는 표시정정이 이루어진 때가 아니라 소제기 시점에서 발생한다. 또한 당사자표시정정의 실질을 갖추고 있는 한 피고 경정의 형식을 취하였다 하더라도 피고표시정정으로서의 법적 성질 및 효과는 잃지 않으므로, 시효중단효는 여전히 소제기 시점에서 발생한다.[140)]

판례[141)]는 채무자 갑의 을 은행에 대한 채무를 대위변제한 보증인 병이 채무자 갑의 '사망사실을 알면서도' 그를 피고로 기재하여 소를 제기한 사안에서, 채무자 갑의 상속인이 실질적인 피고이고 다만 소장의 표시에 잘못이 있었던 것에 불과하므로, 보증인 병은 채무자 갑의 상속인으로 피고의 표시를 정정할 수 있고, 따라서 당초 소장을 제출한 때에 소멸시효중단의 효력이 생긴다

---

136) 대판 14.2.27, 2013다94312(공 14상, 697).
137) 대판 14.2.27, 2013다94312(공 14상, 697); 구주해(3), 509(윤진수).
138) 대판 11.3.10, 2010다99040(공 09하, 1861).
139) 대판 91.6.24, 91다8333(공 91, 1923). 당사자표시정정이 허용되는 범위에 관하여는 박익환, "당사자표시정정의 허용범위", 민판연 37, 2015, 777 이하 참조.
140) 대판 09.10.15, 2009다49964(공 09하, 1861).
141) 대판 11.3.10, 2010다99040(공 11상, 732).

고 한다. 나아가 판례[142]는 원고가 피고의 '사망 사실을 모르고' 사망자를 피고로 표시하여 소를 제기한 경우, 실질적인 피고는 당사자능력이 없어 소송당사자가 될 수 없는 사망자가 아니라 처음부터 사망자의 상속자이고 다만 그 표시에 잘못이 있는 것에 지나지 않는다고 인정되면, 사망자의 상속인으로 피고의 표시를 정정할 수 있다고 한다. 그리하여 채권자가 채무자의 사망 이후 그 1순위 상속인의 상속포기 사실을 알지 못하고 1순위 상속인을 상대로 소를 제기한 경우 채권자가 의도한 실질적 피고의 동일성에 관한 요건이 충족되는 한 2순위 상속인으로 당사자표시정정을 할 수 있다고 한다. 이는 상속개시 이후 상속의 포기를 통한 상속채무의 순차적 승계 및 그에 따른 상속채무자 확정의 곤란성 등 상속제도의 특성을 고려한 것으로 타당하다.

(4) 피고의 경정

⑺ 원고가 피고를 잘못 지정한 것이 명백한 때에는 제1심법원은 변론의 종결시까지 원고의 신청에 의하여 결정으로 피고의 경정을 허가할 수 있다. 다만, 피고가 본안에 관한 준비서면을 제출하거나 준비절차에서 진술하거나 변론을 한 후에는 그의 동의를 얻어야 한다($\frac{민소}{§260}$ I). 여기서 '피고를 잘못 지정한 것이 명백한 때'라고 함은 청구취지나 청구원인의 기재 내용 자체로 보아 원고가 법률적 평가를 그르치는 등의 이유로 피고의 지정이 잘못된 것이 명백하거나 법인격의 유무에 관하여 착오를 일으킨 것이 명백한 경우 등을 말한다. 피고로 되어야 할 자가 누구인지를 증거조사를 거쳐 사실을 인정하고 그에 터잡아 법률판단을 해야 인정할 수 있는 경우는 이에 해당하지 않는다.[143]

피고 경정신청은 서면으로 제출하여야 한다($\frac{민소}{§260}$ I). 법원이 피고 경정신청을 허가하는 결정을 한 때에는 종전 피고에게는 그 결정 정본을, 새로운 피고에게는 그 결정 정본과 함께 소장의 부본을 각 송달하여야 하고, 그 허가결정을 한 때에 종전의 피고에 대한 소는 취하된 것으로 본다($\frac{민소 §261}{I, II, IV}$).

⑻ 이와 같이 피고의 경정은 종전 피고에 대한 구소의 취하와 새로운 피고에 대한 신소의 제기라는 실질을 가지고 있고, 종전 피고에 대한 구소의 제기로써 새로운 피고에 대하여 권리를 행사하였다고 볼 수 없다는 점은 명백하다. 따라서 피고의 경정이 있은 경우에 새로운 피고에 대한 시효의 중단에 필

---

142) 대결 06.7.4, 2005마425(공 06, 1475); 대판 09.10.15, 2009다49964(공 09하, 1861). 후자의 판결에 대한 평석으로는, 황용경, "상속포기가 민사소송절차에 미치는 영향", 법학논고 48, 2014, 247-266.

143) 대결 97.10.17, 97마1632(공 97, 3741).

요한 재판상 청구는 피고 경정신청에 관한 서면을 법원에 제출한 때에 그 효력이 생긴다. 민사소송법 §265, §260 Ⅱ은 이를 명문으로 규정하고 있다. 따라서 피고 경정의 경우 시효중단효가 애초의 소제기시로 소급된다는 견해[144]는 타당하지 않다.

　(다) 한편, 행정소송법 §14 Ⅳ은 피고의 경정신청에 대한 허가결정이 있은 때에는 새로운 피고에 대한 소송은 처음에 소를 제기한 때에 제기된 것으로 본다고 규정하고 있다. 판례[145]는 과세처분의 취소 또는 무효확인청구의 소는 조세환급을 구하는 부당이득반환청구권의 소멸시효 중단사유인 재판상 청구에 해당한다고 하므로, 이러한 한도 내에서는 위 규정은 사법상의 시효중단에도 영향을 미칠 수 있다.

Ⅵ. 응소행위

1. 응소행위와 재판상 청구

　민법 §168 (ⅰ), §170 Ⅰ에서 시효중단사유의 하나로 규정하고 있는 '재판상의 청구'라 함은, 통상적으로는 권리자가 원고가 되어 시효를 주장하는 자를 피고로 삼아 소송물인 권리를 소의 형식으로 주장하는 경우를 가리킨다. 그러나 이와 반대로 시효를 주장하는 자가 원고가 되어 소를 제기한 데 대하여 피고로서 응소하여 그 소송에서 적극적으로 권리를 주장하고 그것이 받아들여진 경우도 '재판상의 청구'에 포함되는 것으로 해석하는 것이 통설·판례[146]이다.

　응소행위를 재판상 청구에 포함되는 것으로 보는 근거는 권리자가 시효를 주장하는 자로부터 제소당하여 직접 응소행위로서 상대방의 청구를 적극적으로 다투면서 자신의 권리를 주장하는 것은 자신이 권리 위에 잠자는 자가 아님을 표명한 것에 다름 아닐 뿐만 아니라, 계속된 사실상태와 상용할 수 없는 다른 사정이 발생한 것으로 보아야 하는 점, 만일 응소의 시효중단효를 부정한다면, 피고로서는 독립하여 반소를 제기할 수밖에 없는데, 원고의 소제기로 피

---

144) 구주해(3), 507-508(윤진수).
145) 대판(전) 92.3.31, 91다32053(집 40-1, 241).
146) 대판(전) 93.12.21, 92다47861(집 41-3, 383); 대판 10.8.26, 2008다42416(공 10하, 1799).

고의 권리의 존부가 당해 소송에서 다투어지고 있음에도 굳이 반소를 제기하
도록 요구하는 것은 소송경제의 측면에서 불합리한 점 등이다.

2. 응소행위로 재판상 청구에 준하는 효력이 발생하기 위한 요건

(1) 원고가 의무를 부담하는 자일 것

시효의 원용권자는 채권 등 권리의 소멸에 의하여 직접 이익을 받는 자
로서 채무자 이외에도 물상보증인,[147] 담보가등기가 설정된 부동산의 제3취득
자,[148] 채권자대위권에 의하여 채무자의 소멸시효 항변을 원용하는 채권자,[149]
보증인,[150] 연대보증인,[151] 저당부동산의 제3취득자[152] 등을 포함한다. 그런데
이와 같이 채무자 이외의 시효원용권자가 제기한 소송에서 채권자가 적극적으
로 응소한 경우에도 재판상 청구에 준하는 시효중단사유로 볼 수 있는지 문제
된다.

판례는 "시효를 주장하는 자의 소제기에 대한 응소행위가 민법상 시효중
단사유로서의 재판상 청구에 준하는 행위로 인정되려면 의무 있는 자가 제기
한 소송에서 권리자가 의무 있는 자를 상대로 응소하여야 한다"고 판시하고 있
다.[153] 이에 따르면, 채무자 외의 시효원용권자가 제기한 소송에서 응소한 행위
는 채무자에 대한 재판상 청구에 준하는 시효중단 사유에 해당하지 아니한다.

그리하여 판례는 물상보증인은 그 피담보채권의 소멸에 의하여 직접 이익
을 받는 관계에 있으므로 소멸시효의 완성을 주장할 수 있지만, 채권자에 대하
여는 아무런 채무도 부담하고 있지 아니하므로, 물상보증인이 그 피담보채무
의 부존재 또는 소멸을 이유로 제기한 저당권설정등기 말소등기절차이행청구
소송에서 채권자 겸 저당권자가 청구기각의 판결을 구하고 피담보채권의 존재
를 주장하였다고 하더라도 이로써 직접 채무자에 대하여 재판상 청구를 한 것
으로 볼 수는 없다고 한다.[154]

---

147) 대판 04.1.16, 2003다30890(집 52-1, 3).
148) 대판 95.7.11, 95다12446(공 95, 2761).
149) 대판 91.3.27, 90다17552(공 91, 1269).
150) 日大判 1916(大 4).7.13, 民錄 21, 1387.
151) 日大判 1932(昭 7).6.21, 民集 11, 1186.
152) 日最判 1973(昭 48).12.14, 民集 27-12, 1586. 시효원용권자에 관한 일본의 논의에 관
    하여는 半田正夫, "時效の援用權者", 民法基本論集 1 總則, 1994, 244 참조.
153) 대판 07.1.11, 2006다33364(정보). 이에 대한 판례해설로는, 최철환, "시효중단사유로서
    의 응소행위에 있어서 소제기자의 허용 범위", 해설 67, 2008, 118.
154) 대판 04.1.16, 2003다30890(집 52-1, 3).

(2) 응소한 소송은 원칙적으로 민사소송일 것

응소한 소송은 원칙적으로 사권의 존부 또는 유무를 다투는 민사소송이어야 한다. 그러나 피고의 응소행위에 대하여 시효중단이 인정되기 위해서 원고가 제기한 소송이 반드시 시효완성을 청구원인으로 삼고 있는 소송일 필요는 없다. 판례[155]도 같은 입장이다.

행정처분의 취소 등을 구하는 행정소송은 사권을 재판상 주장하는 것이 아니므로 그 행정소송에서의 응소행위는 시효중단사유인 재판상 청구에 해당되지 않는 것이 원칙이다. 하지만, 예외적으로 과세처분의 취소 또는 무효확인을 구하는 행정소송은 조세환급을 구하는 부당이득반환청구권의 시효중단 사유에 해당하는데, 이러한 행정소송에서 국가(관할관청)의 응소행위가 시효중단 사유가 되는지에 관하여는 견해가 대립된다.

일본의 학설 중에는 과세처분에는 공정력과 자력집행권이 인정되므로 그와 같은 응소행위에 시효중단효를 인정할 필요성이 없다는 견지에서 이를 소극적으로 해석하는 일부 견해도 있으나, 일본 판례[156]는 이를 적극적으로 해석하는 판시를 한 바 있고, 다수의 학설은 이에 동조한다.[157]

우리나라의 학설 중 제1설은 과세처분 취소소송이나 무효확인소송에서 과세권자인 피고가 응소행위를 한 경우 그 행정소송이 피고의 승소로 종료된다면 그 시효중단의 효력은 완전한 것이 된다고 한다. 그러나 그 행정소송이 취하, 각하 또는 납세자인 원고의 승소로 확정된 경우에는 응소행위의 시효중단효가 당초부터 생기지 아니하지만, 다만 그로부터 6월내에 다른 강력한 시효중단의 방법을 취한다면 최초의 응소행위시에 시효중단된 것으로 볼 수 있다고 한다.[158]

제2설은 과세처분취소소송에서 응소행위와 잠정적 시효중단효를 논함에 있어서 소송법상은 원고 승소의 판결이지만 실체법적으로는 형식적 각하에 속하는 경우를 상정할 수 없으므로, 원고의 청구를 인용한 확정판결의 경우에는 피고(과세관청)의 응소행위에 잠정적 시효중단의 효력을 인정할 여지가 없고, 이는

---

155) 대판 10.8.26, 2008다42416, 42423(공 10하, 1799).
156) 日最判 1968(昭 43).6.27, 民集 22-6, 1379. 이 판결은 방론으로 조세부과처분 취소소송에 응소하여 청구기각을 구하는 것은 시효중단의 효력을 가진다고 판시하였다.
157) 이범주, "조세시효의 중단에 관한 약간의 문제: 민법의 준용과 관련하여", 특별법연구 2, 1985, 356.
158) 이범주(주 157), 357.

과세절차상의 형식적 하자를 이유로 원고 청구인용 판결이 선고된 경우에도 마찬가지로 한다. 제2설의 견해에 따르면, 과세관청이 판결확정 후 6월 내에 다시 새로운 절차를 밟아 조세를 부과한다 하더라도 종전 소송에서의 응소행위에 시효중단효가 부정되어 시효소멸한 것으로 보게 된다.[159)160)]

　　아래 (3)에서 보는 바와 같이 응소행위에 시효중단효가 인정되기 위해서는 응소행위의 주장이 받아들여져야 한다. 따라서 만일 조세부과의 실체적 요건이 결여되었다는 이유로 부과처분 취소판결이 확정된 경우에는 그 기속력에 따라 다시는 조세부과처분을 할 수 없으므로, 그 취소소송에서의 응소행위에 시효중단효가 발생할 여지는 없다. 그러나 부과처분의 절차상의 형식적 하자를 이유로 취소판결이 확정된 경우에는 다시 적법한 절차를 밟으면 조세부과처분을 할 수 있으므로, 이 점에서 앞서 Ⅲ.2.에서 본 판례들[161)]의 사안과 유사하다. 따라서 후자의 경우에는 그 취소소송에서의 국가의 응소행위에 시효중단효를 인정할 필요가 있다. 다만 후자의 경우에는 실체적인 조세부과권의 존재가 그 취소소송에서 공권적으로 확인된 바 없으므로, 이러한 경우에는 아래 (3)과 같이 본조 제2항을 유추적용하여 취소소송 종료 후 6월내에 납입고지 등 다른 강력한 시효중단조치를 취한 경우에 한하여 응소시에 소급하여 시효중단의 효력이 발생한다고 할 것이다.

　　(3) 응소 주장이 인용되어 피고가 본안에서 승소 확정판결을 받았을 것

　　응소행위에 재판상 청구에 준하는 시효중단의 효력이 발생하기 위해서는 피고의 응소 주장이 인용되어 피고가 본안에서 승소 확정판결을 받았을 것을 요한다.

　　피고의 응소에도 불구하고 그 주장의 권리가 존재하지 않는다고 판단되어

---

159) 대판 88.2.23, 85누688(집 36-1, 272)은 과세처분취소소송에서 과세관청이 응소하였으나 원고 청구가 인용된 경우에도 잠정적 시효중단의 효력을 인정할 것인가의 쟁점을 다루고 있다. 이 판결은 납세자의 과세관청을 상대로 한 과세처분에 대한 취소소송절차에서 그 처분의 적법함을 주장하여 원고 청구의 기각을 구한 피고의 응소행위를 재판상 청구에 준하는 권리의 주장으로 본다고 하더라도, 그 소송의 결과 과세처분 자체를 취소하여야 할 과세절차상의 하자가 있다는 이유로 그 과세처분을 취소하는 피고 패소판결이 선고되고 그 판결이 그대로 확정되었다면 피고의 위 응소행위에 시효중단의 효력은 생길 수 없다고 판시한 바 있다. 이 판결에 대한 해설로는 한상호, "과세처분취소소송에서 피고의 응소행위와 소멸시효의 중단", 해설 9, 1989, 360-362. 다만 이 판결은 응소행위에 시효중단효를 부여하는 데 부정적이었던 시절의 판례이므로 현재까지 선례로서의 구속력을 갖는다고 단정하기는 어렵다.

160) 한상호(주 159), 360-362.

161) 대판 09.2.12, 2008두20109(공 09상, 337); 대판 14.2.13, 2002다7213(공 04, 463).

피고 패소판결을 받은 경우에는 재판상 청구에 준하는 시효중단효를 인정할 여지가 없다. 이러한 때에는 피고의 응소행위에 대하여 민법 §174의 최고에 의한 잠정적 시효중단효를 인정할 여지도 없다.

한편, 권리자인 피고가 응소하여 권리를 주장하였으나(예: 상계 항변 등) 소가 각하되거나 취하되는 등의 사유로 본안에서 권리주장에 관한 판단 없이 소송이 종료된 경우 이를 어떻게 보아야 하는지 문제된다. 본조 제2항을 유추적용하여 소송종료 후 6개월 내에 다른 강력한 시효중단조치를 취하면 응소시에 소급하여 시효중단의 효력이 발생하는 것으로 보아야 한다. 판례도 같다.[162]

또한 피고가 응소하여 권리의 존재를 주장하였음에도 주장한 권리가 존재하지 않는다는 이유 이외의 다른 사유로 피고가 패소판결을 받은 경우에 어떻게 보아야 할지 문제된다. 피고의 응소행위에 대하여 이를 인용하는 판단이 내려진 바 없으므로 '재판상 청구'에 준하는 시효중단효를 인정할 여지가 없음은 당연하지만, 민법 §174의 '최고'에 의한 잠정적 시효중단효를 인정할 수 있는지가 문제되는 것이다. 이 경우에도 피고가 응소에 의하여 권리행사를 한 점은 동일하고, 패소판결을 받았지만, 피고의 본안에 관한 권리주장이 배척되지 않은 채 소송이 종료한 점에서 앞의 경우와 달리 볼 이유는 없다. 따라서 이러한 경우에도 본조 제2항을 유추적용하여 소송종료 후 6개월 내에 다른 강력한 시효중단조치를 취하면 응소시에 소급하여 시효중단의 효력이 발생하는 것으로 봄이 타당하다.[163]

3. 응소행위로 인한 시효중단효의 발생 및 종료시기

(1) 시효중단효의 발생시기

응소행위로 인한 시효중단의 효력은 피고가 현실적으로 권리를 행사하여 응소한 때에 발생한다.[164]

구체적으로 피고가 권리주장을 담은 답변서 또는 준비서면을 제출하지 아니한 채 변론에서 진술한 경우에는 그 진술시에 시효중단의 효력이 발생한다. 답변서 또는 준비서면을 제출한 경우에는 소제기의 경우 소장송달시나 소장진술시가 아닌 소제기시에 시효중단의 효력이 발생한다고 보는 것과 마찬가지로

---

162) 대판 12.1.12, 2011다78606(공 12상, 264).
163) 구주해(3), 500-501(윤진수); 김용균, "응소행위와 시효중단", 법조 43-4, 1994, 119-121; 한승, "응소와 시효중단", 민판연 17, 1995, 17.
164) 대판 05.12.23, 2005다59383(공 06, 174); 대판 12.1.12, 2011다78606(공 12상, 264).

그 제출 시에 시효중단의 효력이 발생한다.[165]

또한 피고가 응소행위를 한 소송에서 피고 승소로 확정된 후 후소에서 피고의 응소행위에 의하여 시효가 중단되었는지 여부가 다투어진 경우뿐만 아니라, 피고가 응소행위를 한 당해 소송에서 원고가 청구원인으로 삼은 권리(예: 취득시효 완성으로 인한 소유권이전등기청구권)의 시효중단여부가 다투어진 경우에도 법원으로서는 피고의 응소행위(소유권 주장)에 대하여 재판상 청구에 준하는 시효중단의 효력이 있음을 전제로 판단할 수 있다.[166]

(2) 시효중단효의 종료시기

피고의 응소가 받아들여 피고 승소판결이 확정된 경우, 그 응소행위 이후 피고 승소판결 확정시까지 시효는 중단된 상태로 유지되다가, 승소판결 확정시부터 다시 시효가 진행한다.

4. 변론주의 원칙과 응소에 의한 시효중단 주장의 필요성

피고의 권리에 대하여 시효소멸을 주장하는 자가 원고가 되어 소를 제기한 경우, 피고가 응소행위를 하였다고 하여 바로 시효중단의 효과가 발생한 것으로 인정되는 것은 아니고, 변론주의 원칙상 시효중단의 효과를 원하는 피고로서는 당해 소송 또는 다른 소송에서의 응소행위로써 시효가 중단되었다고 주장하지 않으면 아니 된다. 피고가 변론에서 시효중단의 주장 또는 이러한 취지가 포함되었다고 볼 만한 주장을 하지 아니하는 한, 피고의 응소행위가 있었다는 사정만으로 당연히 시효중단의 효력이 발생한다고 할 수는 없다.[167] 하지만 응소행위로 인한 시효중단의 주장은 반드시 응소시에 할 필요는 없고 시효기간이 만료된 후라도 사실심 변론종결 전에는 언제든지 할 수 있다.[168]

5. 구체적 사례

(1) 소멸시효

㈎ 채무부존재확인청구소송   채무자가 제기한 채무부존재확인청구

---

165) 한승(주 163), 22.
166) 김용균, "응소행위와 시효중단", 법조 43-4, 1994, 127; 한승(주 163), 19-20.
167) 대판 95.2.28, 94다18577(공 95상, 1450); 대판 97.2.28, 96다26190(공 97상, 905); 대판 03.6.13, 2003다179274(공 03, 1535); 대판 05.12.23, 2005다59383(공 06, 174); 대판 10.8.26, 2008다42416(공 10하, 1799).
168) 대판 03.6.13, 2003다17927, 17934(공 03, 1535); 대판 10.8.26, 2008다42416, 42423(공 10하, 1799).

소송에서 피고가 채권을 주장하고, 피고의 채권이 인정되어 피고 승소의 확정
판결이 있었던 경우, 적극적 확인청구소송에서 채권자 승소판결이 확정된 것
과 다를 바 없으므로, 그 응소는 재판상의 청구에 준하여 시효중단의 효력이
있다.[169]

　(나) 청구이의소송　　　집행권원에 기한 채권이 변제로 소멸하였음을 이
유로 제기된 청구이의소송에서, 피고가 채권의 존재를 주장하여 승소한 경우,
그 확정판결의 효력은 채권 자체의 존재를 확정한 것은 아니지만 실질상 채권
의 존재를 확정한 것과 동일한 결과를 가져오므로, 피고의 응소에 시효중단의
효력이 인정된다.[170]

　그러나 채권의 부존재 및 증서작성과정의 하자를 이유로 한 공정증서에
관한 청구이의소송에서 채권자가 응소하여 채권의 존재를 주장한 경우에도,
위 증서의 작성촉탁에 관한 대표권의 흠결을 이유로 청구가 인용되고 그 채권
의 존부가 판단되지 않은 때에는 위 채권에 관하여 재판상 청구에 준하는 소
멸시효중단의 효력은 생기지 않는다.[171]

　(다) 담보권설정등기말소청구소송　　　'채무자 겸 근저당권설정자'가 채
무의 부존재를 이유로 제기한 저당권설정등기말소등기절차 이행청구소송에서
채권자 겸 저당권자가 청구기각의 판결을 구하고 피담보채권의 존재를 주장한
때에는 위 주장은 재판상의 청구에 준하는 것으로서 피담보채권에 관하여 소
멸시효중단의 효력이 있다.[172]

　그러나 담보가등기 설정 후 그 목적 부동산의 소유권을 취득한 제3취득자
나 물상보증인이 제기한 가등기말소소송에서 채권자가 피담보채권의 존재를
주장하며 응소한 행위는 채무를 부담하는 자가 제기한 소에 대하여 응소한 것
이 아니므로 재판상 청구에 준하는 시효중단의 효력이 발생할 수 없다.[173]

　(라) 유치권의 항변　　　일본의 판례는, 소유권에 기한 주권인도청구소
송에서 피고가 채무자인 원고를 상대로 유치권의 항변을 제출하고, 이에 대하
여 원고가 그 피담보채권이 시효로 소멸하였다고 주장한 사안에서 다음과 같
이 판시하였다. 즉, "소송물인 목적물의 인도청구권과 유치권의 원인인 피담보

---

169) 대판 05.12.23, 2005다59383(공 06, 174); 日大判 1939(昭 14).3.22, 民集 18, 239.
170) 日大判 1942(昭 17).1.28.
171) 日最判 1973(昭 48).2.16, 民集 27-1, 149.
172) 日最判 1969(昭 44).11.27, 民集 23-11, 2251.
173) 대판 04.1.16, 2003다30890(집 52-1, 3); 대판 07.01.11, 2006다33364(정보).

채권은 전혀 별개의 권리이므로 피담보채권의 주장에 소의 제기에 준하는 효력이 있다고는 할 수 없다. 다만 이러한 항변 중에는 피담보채권의 이행에 관한 권리주장의 의사가 표시되어 있는 것이므로 소멸시효 중단의 효력이 있고 그 효력은 위 항변이 철회되지 않는 한 당해 소송계속 중 존속되는 것이나, 확정적인 시효중단을 위해서는 그 소송종료 후 6개월 내에 다른 강력한 시효중단의 조치를 취하는 것이 요구된다"는 것이다.[174]

위 판결은 이른바 학설상 주장되던 '재판상의 최고'의 개념을 최초로 도입하여 그에 대해 소송종료 시까지 소멸시효 중단효를 인정하는 한편, 유치권 항변이 소송물이 아니었던 점을 고려하여 '재판상 청구'로서의 소멸시효 중단효는 인정하지 아니한 것이다. 그러나 법원의 심판을 거쳐 판결 주문에 그 권리관계가 확정적으로 명시된 권리에 관한 것이라면, 그것이 소송물로서 다투어진 권리관계이든 항변으로 다투어진 권리관계이든 모두 법원의 심판을 거쳐 판결 주문에 명시된 것이라는 점, 즉 재판을 통하여 그 권리관계의 존부가 공권적으로 확인된 것이라는 점에서 다를 바 없으므로, 위 유치권 항변에 그 피담보채권에 관하여 재판상 청구에 준하는 소멸시효 중단효가 있다고 보는 것이 타당하다. 일본의 다수설도 위 판결이 그 후에 선고된 판결들에 의하여 사실상 변경되었다고 보거나, 변경되지 않았다고 하더라도 앞으로 동일한 사안에 대하여 판단하게 될 경우에는 재판상 청구에 준하는 것으로 보아 잠정적 중단효가 아닌 확정적 중단효를 인정할 가능성이 매우 크다고 한다.[175]

(2) 취득시효

(가) 등기말소청구소송에서 피고의 소유권 주장   원고가 소유권에 기하여 피고 명의의 등기에 대한 말소등기를 청구하였다가 청구취지를 변경하여 취득시효를 원인으로 소유권이전등기청구를 한 소송에서, 피고가 단순 부인의 정도를 넘어 자기에게 소유권이 있음을 주장하여 청구기각의 판결을 구하고, 그 주장이 판결에 의하여 인정된 경우에는 위 주장은 재판상의 청구에 준하는 것으로서 원고들의 취득시효를 중단시키는 효력이 있다.[176]

(나) 매매를 원인으로 한 이전등기청구소송에서 피고의 매매 부인   점유자가 소유자를 상대로 소유권이전등기 청구소송을 제기하면서 그 청구원인

174) 日最判 1963(昭 38).10.30, 民集 17-9, 1252.

175) 한승(주 163), 14-15.

176) 대판 03.6.13, 2003다17927(공 03, 1535); 日最判 1968(昭 43).11.13, 民集 22-12, 1250.

으로 '취득시효 완성'이 아닌 '매매'를 주장함에 대하여, 소유자가 이에 응소하여 원고 청구기각의 판결을 구하면서 원고의 주장 사실을 부인하는 경우에는, 이는 원고 주장의 매매 사실을 부인하여 원고에게 그 매매로 인한 소유권이전등기청구권이 없음을 주장함에 불과한 것이고 소유자가 자신의 소유권을 적극적으로 주장한 것이라 볼 수 없으므로 시효중단사유의 하나인 재판상의 청구에 해당한다고 할 수 없다.[177)

　　(대) 공유물분할청구소송에서의 피고들 중 1인의 공유지분권 주장　　일본의 판례는 공유자 중의 1인인 원고가 나머지 공유자 2인을 상대로 제기한 공유물분할청구소송에서, 피고들 중 1인이 원고 주장과 같은 지분비율로 공유지분을 갖고 있음을 인정한 경우 위 피고의 공유지분 주장은 당해 소송에서 위 주장 시점 이후에 취득시효기간이 만료되었음을 원인으로 하여 단독소유임을 주장하는 다른 피고에 대한 관계에서 그 취득시효를 중단하는 효력이 있다고 한다.[178) 이 판결은 피고들 중 1인의 공유지분 주장에 대하여 원고와 피고들 사이가 아니라 피고들 상호간에 취득시효 중단효를 인정한 데 특색이 있다. 이는 공유물분할청구소송이 원, 피고의 지위를 묻지 않고 공유자전원이 당사자가 될 것을 요하는 필수적 공동소송으로서 비송적 성격을 갖고 있고, 공유물분할을 명하는 판결은 형성판결로서 대세적 효력이 있는 점을 고려한 것으로 보인다.

VII. 확정판결 후 재시효중단을 위한 후소의 제기

　　민법 § 165의 Ⅴ.항 부분 참조.

[오　영　준]

---

177) 대판 97.12.12, 97다30288(집 45-3, 377).
178) 日最判 1969(昭 44).12.18, 判時 586, 55.

第171條(破産節次參加와 時效中斷)

　　破産節次參加는 債權者가 이를 取消하거나 그 請求가 却下된
때에는 時效中斷의 效力이 없다.

Ⅰ. 파산절차참가와 본조의 의의

1. 파산절차참가의 의의

　　파산절차참가라 함은 채무자에 대한 파산절차의 진행 중에 채권자가 배당
에 가입하기 위하여 파산채권의 신고를 하는 것($\substack{도산\\§447}$)을 의미한다. 파산선고의
신청은 본조의 파산절차참가에 해당하지 않는다. 일본의 판례[1]는 채권자의 파
산선고 신청을 '재판상 청구'에 해당하는 것으로 본다.

---

1) 日最判 1960(昭 35).12.27, 民集 14-14, 3253; 民法注解 判例民法 民法總則, 622(初版/
　平岡建樹).

학설[2] 중에는 채권자가 민사집행법에 의한 강제집행절차에 참가하여 배당요구를 한 경우 이를 파산절차참가에 준하는 것으로 보아 본조에 의한 시효중단의 효력을 인정하는 견해가 있다. 일본의 판례는 강제집행절차참가를 본조의 파산절차참가에 해당하는 것으로 보는 것[3]과 압류에 해당하는 것으로 보는 것[4]으로 나뉘어져 있다. 대법원판례는 강제경매절차에서 채권자의 배당요구 또는 채권신고[5] 및 임의경매사건에서 저당권자의 채권신고[6]를 본조가 아닌 민법 § 168 (ii)의 압류에 준하는 것으로 보아 소멸시효의 중단을 인정하고 있다.

2. 본조의 의의

본조는 직접적으로 파산절차참가에 의한 시효중단의 효력이 상실되는 경우를 규정하고 있으나, 그 전제로 간접적으로 파산절차참가가 민법 § 168 (i)가 규정하는 '청구'의 일종으로서 시효의 중단사유가 된다는 것을 명확히 한 것이다.[7] 채무자 회생 및 파산에 관한 법률 § 32 (ii)도 파산절차참가를 시효중단 사유로 규정하고 있다.

본조는 파산절차참가에 의하지 아니하고는 이를 행사할 수 없는 파산채권의 특수성($\S\S^{\text{도산}}_{348, 424}$)을 염두에 둔 규정이므로, 이와 달리 파산절차에서 수시로 변제를 받을 수 있고 파산절차상 신고절차나 조사확정절차도 마련되어 있지 아니한 재단채권($^{\text{도산}}_{\S 473}$)의 경우에는 이를 신고하였다 하더라도 본조에서 말하는 시효중단의 효력은 발생하지 아니한다.[8]

파산절차참가는 파산채권자의 권리행사로서의 실질을 가지는 것이므로 그 참가행위에 인정되는 시효중단의 효력은 파산절차참가라는 권리행사가 계속되는 한 그대로 유지된다. 그러나 파산절차 종결결정($^{\text{도산}}_{\S 530}$)이 내려지거나 파산절차 폐지결정($\S\S^{\text{도산}}_{538, 545}$)이 확정된 때에는 각 그 시점에서 파산절차에서의 권리행사가 종료된 것으로 볼 수 있으므로 중단되어 있던 파산채권의 소멸시효는 그 때부터 다시 진행을 개시한다.

---

2) 구주해(3), 514(윤진수).
3) 日大判 1919(大 8).12.2, 民錄 25, 2224.
4) 日東京地判 1973(昭 48).3.20, 金法 693, 949.
5) 대판 09.3.26, 2008다89880(공 09상, 570).
6) 대판 10.9.9, 2010다28031(공 10하, 1895).
7) 民法注解 財産法 1, 民法總則, 723-724(初版/松久三四彦).
8) 서울중지판 04.6.24, 2003나59586(각공 04, 1133).

한편, 파산절차에서 확정되어 채권자표에 기재된 채권($\frac{\text{도산 }\S\S\,460,}{468,\,535\,\mathrm{I}}$)은 확정판결과 동일한 효력을 가진다($\S\frac{\text{도산}}{535\,\mathrm{I}}$). 민법 §165 Ⅱ은 파산절차에 확정된 채권은 단기의 소멸시효에 해당하는 것이라도 그 소멸시효는 10년으로 한다고 규정하여 같은 취지를 규정하고 있다.

Ⅱ. 시효중단효의 예외사유

1. 취　소

시효중단효의 상실사유로서 '채권자가 이를 취소'한 경우라 함은 신고채권자가 일단 제출한 신고를 취하한 경우를 말한다. 채무자 회생 및 파산에 관한 법률 §32 (ⅱ) 단서도 파산절차참가를 시효중단 사유로 규정하면서, 그 예외사유로 파산채권자가 그 신고를 취하한 경우를 들고 있다.

파산절차에서 파산채권확정까지는 언제라도 채권신고를 취하할 수 있다는 점에는 이론이 없으나, 파산채권확정 후에도 취하를 할 수 있는지는 문제된다. 확정 후 취하에 관하여는 채권자가 장래에 향하여 파산절차로부터 이탈하는 효과가 생기는 것, 즉 채권자가 장래의 배당청구권을 포기하는 것으로 보아 이를 긍정하는 것이 다수설이다. 그러나 그러한 취하와 시효중단의 효력과의 관계에서는 견해가 대립된다.[9]

제1설은 취하가 파산채권확정 전인지 후인지를 구별하지 않고 파산절차참가에 의한 시효중단의 효력은 소급적으로 소멸하나, 최고로서의 시효중단의 효력은 남아 있다는 견해이다.[10] 제2설은 파산채권확정 전에 취하한 경우에는 처음부터 신고가 없었던 것으로 간주하여 시효중단의 효력이 상실된 것으로 보나, 파산채권확정 후에 취하한 경우에는 중단의 효력에 영향이 없고 확정시로부터 시효기간이 진행한다는 견해이다.[11] 제3설은 파산채권자에게 유일한 채권회수수단인 파산절차로부터 스스로 일탈하는 자에게 시효중단의 이익을 부여할 필요가 없는 것은 파산채권확정 전·후에 있어서 다르지 않고, 따라서 파산채권확정 전·후를 묻지 않고 취하에 의하여 시효중단의 효력은 장래

---

9) 民法注解 財産法 1 民法總則, 726-727(初版/松久三四彦).

10) 谷口安平, 倒産處理法, 第2版, 291.

11) 伊藤進, 破産法, 318.

에 향하여 실효되며, 다만 이와 같이 장래효만 있기 때문에 파산배당절차에서 수령한 배당금은 반환할 필요가 없다는 견해이다.12)

제2설이 타당하다. 제1설과 제2설은 파산절차참가의 효력과 파산채권확정에 의한 확정판결의 효력의 차이를 간과하고 있고, 파산절차에 이탈한 채권자의 의사를 지나치게 불이익하게 해석하고 있어 문제가 있다. 먼저, 파산절차가 종료되더라도 앞서 본 바와 같이 파산절차에서 채무자가 이의하지 않아 파산채권자표에 기재된 채권은 확정판결과 동일한 효력이 있고 집행력도 있으므로, 파산절차참가에 따른 법률효과와 파산채권자표 기재에 따른 법률효과는 구분되어야 한다. 다음, 파산채권이 파산채권자표에 기재되어 채무자에 대하여 확정판결과 동일한 효력을 얻은 채권자가 채권신고를 포기하였다고 하여 소송법적으로 확정판결로서의 효력이 당연히 상실된다고 볼 근거는 없다. 나아가 앞서 본 파산절차참가에 의한 법률효과와 파산채권자표 기재에 의한 법률효과의 차이점을 고려할 때, 후자의 법률효과를 얻은 채권자가 파산절차에서 배당을 받을 실익이 크지 않다고 보고 채권신고를 취하한 것을 배당수령권의 포기라고 해석할 수 있을 것이다. 그러나 파산절차에 계속 참가하여 배당을 받지 않겠다는 의사에 그치는 것이지, 여기에 이미 발생한 확정판결의 효력을 소멸시키거나 그에 따른 시효중단의 이익까지 포기하였다고 보는 것은 무리이다.

2. 각   하

'그 청구가 각하된 때'라 함은 채권자의 임의에 의한 '취소'와 대비하여, 채권자의 의사에 반하여 배당가입이 이루어지지 못한 경우라고 할 수 있다. 이는 다음 두 가지 경우로 나누어 검토할 필요가 있다.

첫째, 파산채권 신고가 신고서의 불비 등을 이유로 부적법 각하[§ 32 (ii) 도산)]된 경우이다. 이 경우가 '그 청구가 각하된 때'에 해당한다고 보는 데에는 이론이 없다. 채무자 회생 및 파산에 관한 법률 § 32 (ii)도 파산채권자의 신고가 각하된 때를 파산절차참가에 의한 시효중단의 예외사유로 들고 있다. 신고채권에 대하여 단순히 이의가 제출되었다는 사정만으로는 여기에서 말하는 각하에 해당하지 않는다.13)

---

12) 民法注解 財産法 1 民法總則, 727(初版/松久三四彦).

13) 대판 05.10.28, 2005다28273(집 53민, 203); 日最判 1982(昭 57).1.29, 民集 36-1, 105.

둘째 파산채권 신고 자체는 부적법 각하되지 않았으나, 종국적으로 배당가입이 거부된 경우이다.

그런데 (i) 채권조사기일에서 신고채권에 대하여 파산관재인이나 파산채권자로부터 이의가 제출되었음에도 법정기간 내에 파산채권조사확정의 재판을 신청하지 않거나($\substack{도산 \\ \S\,462}$) (ii) 파산채권조사확정재판에 대하여 제소기간 내에 이의의 소를 제기하지 아니하거나($\substack{도산 \\ \S\,463}$) (iii) 파산채권조사확정재판이나 그에 대한 이의의 소에서 파산채권의 부존재가 확정된 경우 등이 여기에 해당하는지에 관하여는 논란의 여지가 있다. 학설[14] 및 일본의 판례[15]는 이러한 경우 모두 민법 §170에서 규정하는 '재판상 청구'가 기각된 경우와 동일하게 소멸시효의 중단효는 생기지 않고 따라서 실효의 문제도 발생하지 않는다는 입장이다.

그런데 구 파산법 하에서의 대법원판례[16]는 "채권자가 법정기간 내에 파산채권 확정의 소를 제기하지 아니하여 배당에서 제척되었다고 하더라도 그것이 위 규정에서 말하는 '그 청구가 각하된 때'에 해당한다고 볼 수는 없다 할 것이고, 따라서 파산절차참가로 인한 시효중단의 효력은 파산절차가 종결될 때까지 계속 존속한다."고 판시하였다. 그러나 이러한 입장은 채무자 회생 및 파산에 관한 법률 하에서는 그대로 유지될 수 없다. 구 파산법 하에서는 파산채권자의 신고채권에 대해서 이의가 제기된 경우 채권확정의 소에 관하여 제소기간을 정하지 않고 있었고, 다만 소제기 사실을 배당의 공고가 있은 날로부터 14일 내에 증명하지 아니한 때에는 당해 배당으로부터 제척되도록 하면서($\substack{구 파산 \\ \S\,233}$), 차회 배당에서 소제기 사실을 증명하면 종전에 받지 못하였던 몫까지 배당받을 수 있었다($\substack{구 파산 \\ \S\,242}$). 판례에서 말하는 법정기간은 바로 이 배당 제척기간을 의미하는 것으로[17] 이 법정기간은 채권의 존부 및 내용을 확정하는 기능이 없었다. 그러나 채무자 회생 및 파산에 관한 법률에서는 위 (i), (ii)와 관련하여, 채권조사확정재판에서 이의가 있는 채권의 존부 및 내용을 정하도록 규

---

14) 구주해(3), 513(윤진수).

15) 日最判 1972(昭 47).12.26, 判時 72, 103.

16) 대판 05.10.28, 2005다28273(집 53, 203).

17) 김인겸, "가. 면책적 채무인수를 내용으로 하는 정리계획이 인가·확정된 경우 보증인의 책임이 면제되는지 여부(소극) 나. 채권조사기일에서 파산관재인이 신고채권에 대하여 이의를 제기하거나 채권자가 법정기간 내에 파산채권 확정의 소를 제기하지 아니하여 배당에서 제척된 경우, 파산절차참가로 인한 시효중단의 효력이 소멸하는지 여부(소극)", 해설 57, 57-61.

정하면서($\frac{\text{도산}}{\S\,462\,\text{Ⅱ}}$), 채권조사확정재판 신청의 제소기간을 이의가 있는 채권에 대한 일반조사기간 또는 특별조사기일로부터 1월 이내로, 채권조사확정재판에 대한 이의의 소의 제소기간을 그 결정서 송달수령일로부터 1월 이내로 각 규정하고($\frac{\text{도산}}{\text{V, 463 Ⅰ}}\,\S\S\,462$), 위 각 제소기간 내에 이의의 소가 제기되지 않거나 그 소가 각하된 경우 및 이의의 소에서 본안판결이 선고되어 확정된 경우에는 그 결과를 파산채권자표에 기재하여야 하며, 그 판결이나 재판은 파산채권자 전원에 대하여 효력이 있다고 규정하고 있다($\frac{\text{도산}}{468\,\text{Ⅰ, Ⅱ}}\,\S\S\,467.$). 따라서 위 (i), (ii)의 경우에는 단순히 배당에서 제척되는 것에 그치지 않고, 파산절차 진행기간 동안 그 신고채권이 부존재하는 것으로 취급되고 더 이상 적법한 채권조사확정재판을 신청하거나 이의의 소를 제기할 수 없다. 이러한 경우에는 파산채권자가 파산절차에 참가하여 권리행사를 한 것으로 볼 수는 없으므로 본조에서 규정하는 '청구의 각하'에 준하여 소멸시효의 중단효는 생기지 않는다고 보아야 할 것이다.

3. 파산선고결정의 취소와 시효중단효의 상실 여부

파산은 선고한 때로부터 효력이 발생하고($\frac{\text{도산}}{\S\,311}$) 즉시항고가 있다 하더라도 집행정지의 효력이 없어 절차의 진행이 중단되지 아니한다($\frac{\text{도산}}{\text{Ⅰ, Ⅲ}}\,\S\,316$). 그런데 그 후 항고심 등에서 파산선고결정이 취소된 경우($\frac{\text{도산}}{\S\,316\,\text{V}}$) 그것이 파산절차참가에 의하여 생긴 시효중단의 효력에 어떠한 영향을 미치는지 문제된다. 시효중단의 효력이 상실되지 않는다고 보는 것이 통설[18]이나, 최고의 효력만이 인정된다고 하는 견해[19]도 있다.

본조가 채권자의 파산절차참가 취소 또는 청구의 각하가 있는 경우 시효중단효를 부정하는 것은 그러한 사유가 채권자에게 권리행사의 의사가 없음을 객관적으로 표명하는 행위이거나 또는 처음부터 적법한 권리행사가 있었다고 볼 수 없는 사유에 해당하기 때문이다. 그런데 법률의 규정에 따른 적법한 채권신고를 하여 파산절차에 참가하였으나, 그와 무관한 사유로 파산선고결정이 취소된 경우에는 그와 동일하게 볼 수 없으므로, 이러한 때에는 시효중단효가 실효되지 않고, 다만 취소된 때로부터 새로이 시효가 진행된다고 보아야 할 것이다.[20]

---

18) 民法注解 財産法 1 民法總則, 727-728(初版/松久三四彦); 구주해(3), 513(윤진수).

19) 谷九安平, 倒産處理法, 第2版, 331.

20) 무잉여(민집 § 102 Ⅱ)를 이유로 경매절차가 취소된 경우에 관한 대판 15.2.26, 2014다 228778(공 15상, 551) 참조.

Ⅲ. 본조와 유사한 취급이 인정되는 경우

1. 구 화의법

2006.4.1. 폐지된 구 화의법 § 41는 "화의절차에의 참가는 시효중단에 관하여 이를 재판상의 청구로 본다."고 규정하여 본조와 유사한 규정을 두고 있었다. 다만 구 화의법은 채무자 회생 및 파산에 관한 법률이 2006.4.1.부터 시행됨에 따라 폐지되었으므로, 위 규정은 그 이전에 화의법에 따라 화의절차에 참가한 채권에 한하여 의미가 있다.

판례[21])는 화의인가결정의 확정에 따라 하나의 채권을 분할하여 변제하기로 한 경우 그 채권의 소멸시효는 분할하여 변제하기로 한 각 부분의 변제기가 도래할 때로부터 순차로 진행되며, 그 분할변제가 화의인가결정을 통하여 결정되었다고 하여 달라지는 것은 아니라고 한다.

2. 채무자 회생 및 파산에 관한 법률

(1) 회생절차

채무자 회생 및 파산에 관한 법률은 회생절차에서 관리인이 회생채권자·회생담보권자의 목록($\frac{도산}{\S 147}$)을 제출하거나, 회생채권자·회생담보권자가 회생채권·회생담보권을 신고하여 회생절차에 참가한 때에는 시효중단의 효력이 있다고 규정하는 한편[$\frac{도산 \S 32}{(i) 본문}$], 그 목록에 기재되어 있지 아니한 회생채권자 또는 회생담보권자가 그 신고를 취하하거나 그 신고가 각하된 때에는 그러하지 아니하다고 규정하고 있다[$\frac{도산 \S 32}{(i) 본문}$].

회생절차참가에 대한 규율이 파산절차참가에 대한 규율과 다소 다른 것은 파산절차와 달리 회생절차에서는 회생채권자 등이 회생절차에 관하여 알지 못한 채 자신의 채권 등을 신고하지 못한 경우에도 회생계획 인가에 따른 실권의 불이익을 받을 수 있으므로($\frac{도산}{\S 251 본문}$), 이를 방지하기 위해 관리인에게 회생채권자 등의 목록을 제출할 의무를 부과하고($\frac{도산}{\S 147}$), 목록에 기재된 채권 등에 대하여 신고된 채권과 동일한 취급을 하고 있기 때문이다($\frac{도산}{\S 147}$).

목록에 기재된 채권에 대하여는 이미 관리인이 그 채권의 존재를 인정하고 있으므로 다른 채권자가 이의를 제기하거나 관리인이 그 목록을 수정·변

---

21) 대판 97.8.29, 97다12990(공 97, 2867).

경하지 않는 한 그 목록의 기재대로 채권의 존재가 확정된다. 따라서 이러한 경우의 채권신고의 취하나 각하에 따른 시효중단의 실효는 문제될 여지가 없다.

그러나 이와 달리 그 목록에 기재되어 있지 아니한 회생채권자 또는 회생담보권자는 스스로 회생채권·회생담보권 신고를 할 필요가 있다. '회생절차참가'는 바로 이러한 신고를 의미한다. 회생채권자 또는 회생담보권자가 그 신고를 취하하거나 그 신고가 각하된 경우 시효중단의 효력을 인정할 수 없는 점은 앞서 본 파산절차참가의 경우와 동일하다.

그리고 회생채권 등의 신고 자체는 부적법 각하되지 않았지만 관리인 등으로부터 이의가 제기되었는데도 제소기간 내에 채권조사확정재판을 신청하거나 그 재판에 대한 이의의 소를 제기하지 않는 경우($\S\S \frac{도산}{170, 171}$) 본조에서 규정하는 '청구의 각하'에 준하여 소멸시효의 중단효는 생기지 않는다는 점 및 회생절차개시결정의 취소($\S\S \frac{도산}{53\ V, 54}$)는 이미 발생한 목록제출 및 회생절차참가에 따른 시효중단효를 실효시킬 수 없다는 점 등은 앞서 본 파산절차의 경우와 동일하다.

한편, 청구권의 원인이 행정소송 등 불복의 신청을 허용하는 처분인 공법상 채권($\frac{도산}{I, II} \S 140$)의 경우 그 납부의무자에 대하여 회생절차가 개시되어 채권자가 그 공법상 채권을 회생채권으로 신고($\S \frac{도산}{156\ I}$)하였다면 이로써 시효가 중단된다($\S \frac{도산}{32\ I}$). 그러나 이와 같이 체납처분이 가능한 공법상 채권에 대하여는 채권조사·확정절차를 거치지 아니한 채 회생채권자표에 기재하고 그러한 기재가 있었다고 하더라도 관리인이 여전히 채무자가 할 수 있는 방법으로 불복을 신청할 수 있도록 하고 있다($\frac{도산}{157} \frac{\S\S 156\ I}{I, 167\ I}$). 따라서 그러한 공법상 채권이 회생채권으로 신고되어 회생채권자표에 기재되었다 하더라도 확정판결과 동일한 효력($\S \frac{도산}{255\ I}$)이 있다고 볼 수 없고, 그 시효기간이 민법 §165에 의하여 10년으로 신장되지도 아니한다.[22]

(2) 개인회생절차

채무자 회생 및 파산에 관한 법률 §32 (iii) 본문은 개인회생절차에서 채무자가 개인회생채권자목록[$\frac{도산}{II} \frac{\S 589}{(i)}$]을 제출하거나 개인회생채권자 등이 개인회생절차에 참가한 때에는 시효중단의 효력이 있다고 규정하면서[$\frac{도산}{(iii)} \frac{\S 32}{본문}$]. 다만 그 목록에 기재되어 있지 아니한 개인회생채권자가 그 조사확정재판신청을 취하하거나 그 신청이 각하된 때에는 그러하지 아니하다[$\frac{도산}{(iii)} \frac{\S 32}{단서}$]고 규정하고

---

22) 대판 00.12.22, 99두11349(공 01, 374).

있다.

또한 채무자 회생 및 파산에 관한 법률 §660 IV은 개인회생절차개시결정에 의해 채권자목록에 기재된 채권에 대하여 '개인회생채권에 기하여 개인회생재단에 속하는 재산에 대하여 한 강제집행·가압류 또는 가처분', '소송행위를 제외하고 개인회생채권을 변제받거나 변제를 요구하는 일체의 행위', '「국세징수법」 또는 「지방세기본법」에 의한 체납처분, 국세징수의 예(국세 또는 지방세 체납처분의 예 포함)에 의한 체납처분 또는 조세채무담보를 위하여 제공된 물건의 처분'이 중지 또는 금지된 경우, 그 기간 동안에는 시효가 진행하지 아니한다고 규정하고 있다.

개인회생절차의 경우 회생절차와 달리 개인회생채권자가 개인회생채권을 신고하는 절차가 없다. 대신 채무자가 스스로 개인회생채권자목록에 빠짐없이 개인채권자를 기재하여야 한다. 목록에 누락된 개인채권자는 법률상 강제집행·체납처분 등에 대한 중지·금지의 제한을 받지 않고 소송행위도 중지·금지되지 않으며[도산 §600 I (ii) 내지 (iv)] 면책의 효력도 미치지 않는다[도산 §625 II (ii)]. 목록에 누락된 개인회생채권자의 추가신청절차나 조사확정재판신청도 마련되어 있지 않다. 이 때문에 개인회생절차에서는 회생절차나 파산절차의 경우와 달리 '채권신고의 취하나 각하' 등이 시효중단의 예외사유로 규정되어 있지 않다. 이러한 점에 비추어 보면, 개인회생채권자의 개인회생절차참가를 시효중단 사유로 규정한 조항[도산 §32 (iii) 본문]은 무의미하고, 입법의 미숙으로 보인다.

한편, 이와 같이 개인회생채권자목록에 누락된 개인채권자는 강제집행·체납처분·소송행위 등에 대한 중지·금지의 제한을 받지 아니하므로, 이러한 개인채권자의 채권은 개인회생절차개시결정이 있다 하더라도 소멸시효가 중단되지 아니한다(도산 §600 IV 의 반대해석). 그러나 이와 달리 개인회생채권자목록에 기재된 개인회생채권은 그 목록 제출에 따른 시효중단의 효력이 인정된다. 판례[23]는 위와 같은 목록 제출에 따른 시효중단의 효력은 개인회생절차 진행 동안 유지되므로, 그 목록에 기재된 개인회생채권에 대하여는 소멸시효의 중단을 위한 소송행위를 허용하는 예외를 인정할 필요가 없고, 이는 그 목록에 기재된 개인회생채권에 관하여 개인회생절차개시의 결정 전에 이미 확정판결이 있는 경우에도 마찬가지라고 한다.

다른 한편, 개인회생절차가 개시된 경우 담보권에 대하여는 파산절차의 별

---

23) 대판 13.9.12, 2013다42878(공 13하, 1775).

제권에 대한 규정이 준용되므로($_{§\,586}^{도산}$) 권리변경을 할 수 없다. 다만 변제계획의 인가결정일 또는 개인회생절차 폐지결정의 확정일 중 먼저 도래하는 날까지 개인회생재단에 속하는 재산에 대한 담보권의 설정 또는 담보권의 실행 등을 위한 경매가 중지 또는 금지될 뿐이다($_{§\,600\;\mathrm{II}}^{도산}$). 이와 같이 담보권의 설정 또는 실행 등을 위한 경매가 중지·금지된 기간 동안에는 시효가 중단된다($_{§\,600\;\mathrm{IV}}^{도산}$).

Ⅳ. 주채무자에 대한 도산절차참가와 보증채무의 시효중단[24]

1. 회생절차

(1) 주채무자에 대한 시효중단효가 보증인에게 미치는지 여부

회생채무자가 주채무자인 경우 회생채권자의 회생절차참가로 인한 시효중단의 효력[$_{§\,32\,(i)}^{도산}$]은 보증채무에도 미치고 그 효력은 회생절차참가라는 권리행사가 지속되는 한 그대로 유지된다. 이는 채무자 회생 및 파산에 관한 법률 § 250 Ⅱ (i)에서 회생계획의 효력 범위에 관하여 보증채무의 부종성이 배제되고 있다 하더라도 달라지지 아니한다. 시효중단의 보증인에 대한 효력을 규정한 민법 § 440는 보증채무의 부종성에서 비롯된 당연한 규정이 아니라 채권자의 보호를 위하여 보증채무만이 따로 시효소멸하는 결과를 방지하기 위한 정책적 규정이므로 채무자 회생 및 파산에 관한 법률에 위와 같은 규정이 있다 하여 주채무와 보증채무와 간에 민법 § 440의 적용이 배제되는 것은 아니기 때문이다.[25]

(2) 주채무자에 대한 시효기간 연장효가 보증인에게 미치는지 여부

채무자가 조사기간 또는 특별조사기일에 이의하지 않은 채 확정된 회생채권자표 기재 또는 회생담보권자표 기재는 회생절차 종료시 채무자에 대하여 확정판결과 동일한 효력을 가지므로($_{§\,292\;\mathrm{I}}^{도산}$), 주채무자에 대한 채권의 소멸시효는 10년으로 신장된다. 따라서 회생절차가 종결되거나 폐지된 경우 주채무자에 대한 소멸시효 기간은 다른 중단사유가 없는 한 그 때부터 10년이다.

---

24) 이에 관하여 정리한 글로는, 정영미, "도산절차상 시효 중단의 효력", 경영법무 139, 2009, 53. 이하 참조.

25) 대판 88.2.23, 87다카2055(공 88, 588); 대판 98.11.10, 98다42141(공 98하, 2848); 대판 07.5.31, 2007다11231(공 07하, 966).

그러나 대법원판례[26]에 의하면, 위와 같은 확정판결에 따른 소멸시효기간의 연장은 주채무자와 회생채권자 사이에서만 발생하는 효력이므로, 채권자의 보증인에 대한 보증채권의 소멸시효기간은 여전히 종전의 소멸시효기간에 따른다.

(3) 주채무자에 대한 회생계획 인가결정과 보증채무의 소멸시효 진행

회생채권자는 회생계획과 관계없이 보증인에 대하여는 언제든지 본래의 채권을 청구하고 집행을 할 수 있고, 회생계획에 의하여 회생채권의 수액이나 변제기가 변경되었다 하더라도 보증인의 보증책임에 대하여는 아무런 효력을 미치지 아니한다[도산 §250(i)]. 따라서 인가된 회생계획에서 주채무를 전부 또는 일부 감면하고 있다 하더라도, 회생채권자는 그에 관계없이 보증인에게 원래의 보증채무 전부의 이행을 청구할 수 있다.

그런데 주채무를 전부 면제하는 내용의 회생계획 인가결정이 있는 경우에는 그 인가결정의 확정에 의하여 면제의 효과가 확정됨으로써 주채무가 확정적으로 소멸한다(도산 §252 i). 따라서 그 시점에서 채권자의 회생절차에서의 권리행사는 종료한다고 보아야 하므로, 그 동안 중단되었던 보증채무의 소멸시효는 그 인가결정 확정시부터 다시 진행한다.[27]

같은 취지에서 회생계획에 의하여 주채무의 일부가 면제되거나 이율이 경감된 경우 그 일부 면제 또는 경감된 부분의 주채무가 회생계획의 인가결정이 확정된 때에 소멸하게 되므로 그 시점에서 채권자의 회생절차에서의 권리행사가 종료되고, 이에 따라 그 부분에 대응하는 보증채무의 소멸시효는 그 인가결정 확정시부터 다시 진행한다.[28]

또한, 회생채무자의 주채무 중 지연손해금에 관한 연체이율을 감경하는 회생계획 인가결정이 확정되면, 감경된 지연손해금 부분에 관한 보증인의 보증채무에 대한 소멸시효는 그 인가결정 확정시부터 다시 진행하나, 지연손해금은 원금에 대한 변제가 지체된 기간의 경과에 따라 발생하는 것이므로 아직 지체기간이 경과하지도 아니한 장래의 지연손해금 채무 일체에 대하여 그 인가 결정 확정시로부터 곧바로 소멸시효가 진행된다고 볼 수 없다.[29]

---

26) 대판 86.11.25, 86다카1569(공 87상, 101).
27) 대판 95.5.26, 94다13893(공 95, 2248); 日最判 1978(昭 53).11.20, 民集 32, 1551.
28) 대판 07.5.31, 2007다11231(공 07, 966).
29) 대판 95.11.21, 94다55941(공 96, 45).

(4) 주채무자에 대한 회생채권의 실효와 보증인의 소멸시효 원용 가부

주채무인 회생채권이 소멸시효기간 경과 전에 채무자 회생 및 파산에 관한 법률 §251에 따라 실권되었다면 더 이상 주채무의 소멸시효 진행이나 중단이 문제 될 여지가 없으므로, 이러한 경우 보증인은 보증채무 자체의 소멸시효 완성만을 주장할 수 있을 뿐 주채무의 소멸시효 완성을 원용할 수 없다.[30]

(5) 회생절차의 종료와 중단된 소멸시효의 진행

회생계획에 의한 권리변경에 의해서도 주채무가 잔존하고 있는 경우 회생절차참가에 의한 시효중단의 효력은 그대로 유지되다가 그 회생절차의 폐지결정 또는 종결결정이 확정되어 회생절차에 있어서의 권리행사가 종료되는 시점에 이르러 그 때부터 중단되어 있던 보증채무의 소멸시효가 다시 진행한다. 판례[31]는 이와 같은 법리는 잔존하는 주채무의 변제기가 위 종결결정 확정 후로 유예된 경우에도 마찬가지라고 하면서, 채무자 회생 및 파산에 관한 법률 §250 Ⅱ (i)에 의해 회생채권자는 회생계획과 관계없이 보증인에 대하여는 언제든지 본래의 채권을 청구하고 집행을 할 수 있으므로 회생계획에 의하여 회생채권의 수액이나 변제기가 변경되었다 하더라도 보증인의 보증책임에 대하여는 아무런 효력을 미치지 아니한다는 점을 근거로 한다. 다만 종결결정 확정 이후 보증채무가 소멸하기 전에 주채무에 대한 시효중단의 사유가 다시 발생한 때에는 보증채무에 대하여도 그 시효중단의 효력이 미친다고 한다.

이에 따르면, 회생계획에 의한 권리변경에 따라 주채무가 잔존하고 있는 부분에 대하여 변제기가 유예된 경우, 주채무에 대해서는 회생계획에서 정한 회생절차 종결결정 후에 도래하는 변제기에 소멸시효가 진행하지만 보증채무에 대해서는 회생절차 종결결정 확정시에 소멸시효가 진행하게 되어 주채무와 보증채무의 소멸시효의 재진행시기가 달리 취급된다.

학설 중에는 회생계획에 의하여 주채무가 면제된 유형과는 달리 주채무에 대한 변제기가 유예된 유형의 경우에는 민법 §440의 부종성의 법리가 적용되어 회생절차 종결결정 확정 후 주채무와 보증채무 모두 회생계획에서 정하여진 변제기가 도래한 때부터 소멸시효가 다시 진행하는 것으로 보아야 한다고 주장하면서 그것이 일본의 통설이라는 견해[32]가 있다. 이 견해는 판례가 채

---

30) 대판 16.11.9, 2015다218785(공 16, 1880).

31) 대판 07.5.31, 2007다11231(공 07, 966).

32) 임치용, "정리절차와 보증채무에 대한 소멸시효 재진행", 신문 3735, 13-14.

무자 회생 및 파산에 관한 법률 §250 Ⅱ (i)를 근거로 삼는다면 애초부터 민법 §440를 거론할 필요 없이 보증인에 대한 권리행사가 가능한 것으로 보아 소멸시효의 중단을 인정하지 말았어야 한다는 점, 판례를 따르게 되면 보증채무만이 따로 시효소멸하는 결과를 방치하게 되어 판례가 설시한 민법 §440의 입법취지에 어긋나는 결과를 가져온다는 점 등을 근거로 판례를 비판한다.

2. 화의절차

(1) 주채무의 시효중단 효력이 보증채무에 미치는지 여부

구 화의법 §41에서 "화의절차에의 참가는 시효중단에 관하여 이를 재판상의 청구로 본다"고 규정하고 있으므로 채권자가 화의절차에 참가하기 위하여 화의채권을 신고할 때에 채무자에 대한 채권의 소멸시효가 중단되고, 위 시효중단은 민법 §440에 따라 보증인에 대하여도 그 효력이 있다.[33]

(2) 화의인가결정 확정의 효력

화의인가결정이 확정되면 모든 화의채권은 화의절차참가 여부와 관계없이 화의조건에서 정한 바에 따라 일반적·추상적으로 변경된다.[34] 하나의 채권을 분할하여 변제하기로 한 경우 그 채권의 소멸시효는 분할하여 변제하기로 한 각 부분의 변제기가 도래할 때로부터 순차로 진행되며, 그 분할변제가 화의인가결정을 통하여 결정되었다고 하여 달라지는 것은 아니다.[35]

이와 같이 화의조건에 따라 화의채권의 변제기가 화의인가결정 확정일 이후로 변경되는 경우에 주채무자에 대하여는 그 변제기가 도래하여야 권리를 행사할 수 있으므로 그 때부터 새로이 소멸시효가 진행되지만, 보증인에 대해서는 구 화의법 §61에 의하여 준용되는 구 파산법 §298 Ⅱ에 의하여 화의인가결정의 효력이 화의채권자가 보증인에 대하여 가지는 권리에 영향을 미치지 않는 결과 채권자는 화의조건상의 채무 변제기의 유예에 관계없이 보증인에 대하여 언제든지 권리를 행사할 수 있으므로 보증채권의 소멸시효는 여전히 화의인가결정이 확정된 때부터 다시 진행한다.[36]

---

33) 대결 08.8.26, 2007마354(정보).
34) 대판 99.3.26, 98다59644(공 99, 778).
35) 대판 08.3.27, 2007다77989(정보).
36) 대결 08.8.26, 2007마354(정보).

3. 개인회생절차

개인회생절차에서 개인회생채권자목록이 제출되거나 그 밖에 개인회생채권자가 개인회생절차에 참가한 경우에는 시효중단의 효력이 있고[$^{도산 §§ 32}_{(iii), 589 II}$], 시효중단의 효력은 특별한 사정이 없는 한 개인회생절차가 진행되는 동안에는 그대로 유지된다.[37]

그런데 개인회생절차에서 변제계획인가결정이 있더라도 변제계획에 따른 권리의 변경은 면책결정이 확정되기까지는 생기지 않으므로($_{§ 615 I}^{도산}$), 변제계획인가결정만으로는 시효중단의 효력에 영향이 없다. 이 점에서 회생계획인가결정이나 화의인가결정과는 차이가 있다.[38] 따라서 주채무자에 대한 개인회생절차에서 변제계획인가결정이 이루어졌다 하더라도, 개인회생절차가 폐지되지 않고 계속 진행 중이라면 시효중단의 효력은 그대로 유지되고, 그러한 시효의 중단은 보증인인 피고에게도 효력이 있다.

4. 주채무자에 대한 파산면책 확정 후 보증인의 소멸시효 원용

면책결정의 효력을 받은 채권은 채권자가 이행청구의 소를 제기하여 강제적으로 실현할 수 없으므로 소멸시효의 기산점이 되는 '권리를 행사할 수 있는 때'라는 관념이 있을 수 없다. 따라서 주채무자가 면책결정을 받은 후 채권자가 그 보증인에 대하여 보증책임의 이행을 구하는 소를 제기한 경우, 보증인은 주채무의 소멸시효 완성을 원용할 수 없다.[39]

[오 영 준]

---

37) 대판 13.9.12, 2013다42878(공 13하, 1775).

38) 대판 19.8.30, 2019다235528(공 19하, 1825).

39) 日最判 1999(平 11).11.9, 判時 1695, 66; 서울중앙지방법원 파산부실무연구회, 개인파산·회생실무, 제4판, 314.

第172條(支給命令과 時效中斷)

支給命令은 債權者가 法定期間內에 假執行申請을 하지 아니함
으로 因하여 그 效力을 잃은 때에는 時效中斷의 效力이 없다.

Ⅰ. 본조의 의의

지급명령이란 금전 그 밖에 대체물이나 유가증권의 일정한 수량의 지급을
목적으로 하는 청구에 대하여 법원이 보통의 소송절차에 의함이 없이 채권자
의 신청에 의하여 간이, 신속하게 발하는 이행에 관한 명령이다($\substack{민소 \\ §462}$). 지급명
령에 관한 절차는 종국판결을 받기 위한 소의 제기는 아니지만, 채권자로 하여
금 간이, 신속하게 집행권원을 취득하도록 하기 위하여 이행의 소를 대신하여
법이 마련한 특별소송절차로 볼 수 있다.[1]

1990.1.13. 개정 전 민사소송법 하에서는 채무자가 지급명령을 송달받은
날로부터 2주 내에 이의를 신청하지 아니한 때에는 법원은 채권자의 신청에
의하여 가집행선고를 하고 그 가집행선고부 지급명령이 확정된 때에는 확정판
결과 동일한 효력이 인정되었다($\substack{구민소 \\ §§440, 445}$). 그러나 1990.1.13. 개정된 민사소송
법 이후부터는 '가집행선고부 지급명령'을 인정하지 않고 있고, 지급명령이 확
정된 경우 확정판결과 동일한 효력이 있다고 규정되어 있지만($\substack{민소 \\ §474}$), 판례[2]가
집행력만 인정할 뿐 기판력은 없는 것으로 봄에 따라 본조는 그 의미를 상실
하게 되었다.

Ⅱ. 요　건

지급명령 신청의 요건을 갖추지 못하거나 관할을 위반한 때, 그 신청이 이
유 없음이 명백한 때에는 지급명령 신청은 각하되고, 그 각하결정에 대하여는

---

1) 대판 11.11.10, 2011다54686(공 11하, 2549).
2) 대판 09.7.9, 2006다73966(공 09하, 1269).

불복할 수 없는데($\substack{민소 \\ I, II}$ §465), 이러한 경우에는 시효중단의 효력은 발생하지 아니한다. 위와 같이 지급명령 신청이 각하된 경우 민법 §170 II이 적용될 수 있는지 문제된다. 판례3)는 "민법 §170 I에서 규정하고 있는 '재판상의 청구'라 함은 종국판결을 받기 위한 '소의 제기'에 한정되지 않고, 권리자가 이행의 소를 대신하여 재판기관의 공권적인 법률판단을 구하는 지급명령의 신청도 포함된다고 봄이 상당하다. 그리고 민법 §170의 재판상 청구에 지급명령의 신청이 포함되는 것으로 보는 이상 특별한 사정이 없는 한, 지급명령의 신청이 각하된 경우라도 6개월 이내 다시 소를 제기한 경우라면 민법 §170 II에 의하여 그 시효는 당초 지급명령의 신청이 있었던 때에 중단되었다고 보아야 할 것이다"라고 판시하고 있다.

III. 시효중단의 발생시기

지급명령에 의한 시효중단의 시기는 지급명령을 신청한 때이며 지급명령 신청서가 상대방에게 도달한 때가 아니라는 것이 통설 및 판례4)이다. 민사소송법 §170의 재판상 청구에는 지급명령의 신청이 포함되고, 재판상 청구의 경우 시효중단의 발생시기는 소장이 법원에 제출(접수)된 때이지 소장부본이 상대방에게 송달된 때가 아니라고 보는 이상, 이는 당연한 결론이다.

한편 지급명령에 대하여는 공시송달이 인정되지 아니하고 송달이 불능된 경우에는 채권자의 소제기 신청(§466 I $\substack{민소}$) 또는 법원의 소송절차 회부결정(§466 I $\substack{민소}$)에 의하여 소송절차로 이행(移行)된다. 채무자가 지급명령을 송달받은 날부터 2주 이내에 적법한 이의신청을 하여 지급명령이 그 범위 안에서 효력을 잃은 때(§470 I $\substack{민소}$)에도 동일하다. 위와 같이 지급명령 사건이 채무자의 이의신청으로 소송으로 이행되는 경우에도 지급명령에 의한 시효중단의 효과는 소송으로 이행된 때가 아니라 지급명령을 신청한 때에 발생한다($\substack{민소 \\ I, II}$ §472).5)

[오 영 준]

---

3) 대판 11.11.10, 2011다54686(공 11하, 2549).
4) 대판 15.2.12, 2014다228440(공 15상, 466).
5) 대판 15.2.12, 2014다228440(공 15상, 466).

第 173 條(和解를 爲한 召喚, 任意出席과 時效中斷)

和解를 爲한 召喚은 相對方이 出席하지 아니 하거나 和解가 成立되지 아니한 때에는 1月內에 訴를 提起하지 아니하면 時效中斷의 效力이 없다. 任意出席의 境遇에 和解가 成立되지 아니한 때에도 그러하다.

Ⅰ. 본조의 의의 및 적용범위

1. 본조의 의의

민사상 다툼에 관하여 당사자는 소를 제기하지 않고 청구의 취지·원인과 다투는 사정을 밝혀 상대방의 보통재판적이 있는 곳의 지방법원에 화해를 신청할 수 있다($\S^{민소}_{385}$ Ⅰ). 본조는 이러한 제소전 화해신청이 있는 경우 시효중단의 효력에 관하여 규정하고 있다.

본조 전문은 상대방의 불출석 및 제소전 화해 불성립시 1개월 내에 소제기를 하지 않으면 시효중단의 효력이 없다고 규정하고 있다. 이는 제소전 화해신청을 하였다 하더라도 당사자가 실제 화해를 하거나 소제기를 하지 아니한 경우에는 아직 권리자가 충분히 그 권리를 행사할 의사가 있다고 인정하기 어렵기 때문이다.[1]

2. 본조의 적용범위

제소전 화해신청에 따라 화해가 성립하면 화해조서를 작성하고($\S^{민소}_{386}$), 그 화해조서는 확정판결과 동일한 효력은 가지는데($\S^{민소}_{220}$), 이와 같이 화해가 성립한 경우에는 본조의 적용에 의한 시효중단의 문제는 발생할 여지가 없다. 한편, 화해가 성립하지 아니한 때에는 화해가 성립되지 아니한 사유를 적은 조서

---

1) 日注解 財産法 1, 民法總則, 1989, 723-724(松久三四彦).

가 작성되고 이를 당사자에게 송달하는데($\frac{민소 \S 387}{I, II}$), 만일 당사자가 그 조서등 본을 송달받은 날로부터 2주 이내에 소제기신청을 한 때에는 화해신청을 한 때에 소가 제기된 것으로 보게 되므로($\frac{민소 \S 388}{II, III}$), 이 경우에도 본조의 적용에 의한 시효중단의 문제는 발생하지 아니한다.

　따라서 본조의 적용이 있는 경우는 제소전 화해신청에 의한 화해가 성립 되지 아니하고 또한 적법한 소제기 신청도 없는 경우로 한정된다. 본조는 '상 대방이 출석하지 아니한 경우'를 '화해가 성립되지 아니한 때'와 병렬적으로 규정하고 있는데, 이는 민사소송법 § 387 II이 "신청인 또는 상대방이 기일에 출석하지 아니한 때에는 법원은 이들의 화해가 성립되지 아니한 것으로 볼 수 있다"고 규정하여, 상대방의 불출석시 반드시 화해가 불성립되는 것은 아니고 화해기일을 속행할 수 있음을 고려한 것으로 보인다. 그러나 상대방의 불출석 으로 화해기일이 속행된 경우 당사자는 그 속행된 화해기일을 기다려 그 절차 에서 분쟁이 해결될 것을 기대하는 것이 보통이므로 당사자에게 상대방이 불 출석한 최초 기일로부터 1개월 내에 곧바로 소제기를 할 것을 기대하기 곤란 하다. 이러한 경우에는 그 후 속행된 화해기일에 상대방이 또다시 불출석하는 등으로 화해가 불성립된 때에 그로부터 1개월 내에 소제기를 하면 된다고 해 석하여야 할 것이다.

　또한 본조 후문은 상대방이 기일통지(소환)를 받고 출석하였다가 화해가 성립되지 아니한 경우와 별도로 임의출석을 하였다가 화해가 성립되지 아니한 경우에 관하여 규정하고 있다. 임의출석에 의한 화해는 민사소송법에는 없는 제도로서 소액사건심판법 § 5 I, II에 의하여 '임의출석 및 구술에 의한 소의 제기'를 할 수 있는 소액사건에서 인정된 제도이다. 이에 의하면, 쌍방이 임의 출석을 하여 구두로 화해신청의 진술을 한 때에 화해신청이 있는 것으로 보게 되는데, 뒤에서 보는 바와 같이 시효중단의 시점을 기일통지(소환) 시점이나 출석시가 아니라 '화해신청시'로 해석하는 통설의 입장에서는, 본조 후문을 별 도로 존치시키는 것은 별다른 의미가 없다.

II. 시효중단의 발생시기

　본조의 규정에 의하면, 상대방이 기일통지를 받은 때 또는 기일통지를 받지 않고 임의출석한 때에 시효중단의 효력이 발생한 것처럼 해석될 여지가 있다. 그러나 통설은 소제기의 경우와 마찬가지로 제소전 화해신청을 한 때에 시효중단의 효력이 발생한다고 본다.[2]

일본의 통설[3] 및 판례[4]는 상대방의 불출석 또는 화해불성립 후 1개월 내에 조치하여야 할 것은 소제기에 한정되는 것은 아니고, 최고에 의한 중단의 경우와 마찬가지로 보다 강력한 시효중단의 조치를 취하면 시효중단의 효력이 상실되지 않는다고 한다.

Ⅲ. 민사조정법에 의한 조정과 시효중단

민사조정법에 의한 조정신청은 시효중단의 효력이 있다($\frac{민조}{\S 35}$Ⅰ). 민사조정법은 신청인이 조정기일에 출석하지 아니한 때에는 다시 기일을 정하여 통지하여야 한다고 규정하고($\frac{민조}{\S 31}$Ⅰ), 그 새로운 기일 또는 그 후의 기일에 신청인이 출석하지 아니한 때에는 조정신청이 취하된 것으로 본다고 규정하고 있다($\frac{민조}{\S 351}$Ⅱ). 나아가 민사조정법은 당사자의 신청에 의한 조정사건에 관하여 조정신청이 취하된 때[$\frac{민조}{Ⅱ}\frac{\S 35}{(i)}$], 또는 신청인의 불출석으로 조정신청이 취하된 것으로 보는 때[$\frac{민조}{Ⅱ}\frac{\S 35}{(ii)}$]에는 그 사유가 발생한 때로부터 1개월 이내에 소를 제기하지 아니하면 시효중단의 효력이 없다.

1992.11.30. 개정 전 민사조정법은 위와 같은 사유들뿐만 아니라 조정을 하지 아니하기로 하는 결정이 있는 때, 조정이 성립되지 아니하고 조정을 갈음하는 결정이 없는 때, 조정을 갈음하는 결정이 이의신청에 의하여 효력을 상실한 때에도 그 사유가 발생한 때로부터 1개월 이내에 소를 제기하지 아니하면 시효중단의 효력이 없다고 규정하고 있었으나, 개정 시 위 사유들은 삭제되었다. 이러한 개정 경과에 비추어 보면, 위와 같이 개정 시 삭제된 조정불성립 등의 사유들이 화해가 성립되지 아니한 경우에 준한다고 보아 그 시효중단에 관하여 본조를 유추적용할 수는 없다. 민사조정법 § 36 Ⅰ은 조정을 하지 아니하기로 하는 결정이 있는 경우, 조정이 성립되지 아니한 것으로 사건이 종결된

---

2) 구주해(3), 516(윤진수); 日注解 財産法 1, 民法總則, 723(松久三四彦).
3) 日注解 財産法 1, 民法總則, 724(松久三四彦).
4) 日大判 1926(昭 4).6.22, 民集 8, 597.

경우, 조정을 갈음하는 결정에 대하여 적법한 이의신청이 있는 경우 조정신청을 한 때에 소가 제기된 것으로 본다고 규정하고 있으므로, 이러한 경우의 민사조정신청의 시효중단효는 '재판상 청구(소제기)'에 의한 시효중단효와 동일하게 취급하여야 한다.

Ⅳ. 최고와의 관계

제소전 화해신청은 청구의 취지·원인과 다투는 사정을 밝혀 신청하는 것이므로 거기에 최고로서의 성질을 갖고 있다고 볼 여지가 전혀 없지는 않다. 즉 제소전 화해신청에 채권자의 권리행사의 의사가 있다고 보고 거기에 재판상 최고로서의 효력을 인정하여 그 절차가 계속되는 동안에는 최고의 효력이 계속되고, 그것이 불성립 등으로 종료된 경우에는 그로부터 민법 § 174에 따라 '6월내에' 소를 제기하면, 제소전 화해신청에 의한 권리행사의 의사표시가 확정적으로 시효중단의 효력을 갖게 된다는 견해($\stackrel{최고계}{속설}$)가 그것이다.

그러나 본조는 명문으로 "1월내에 소를 제기하지 아니하면 시효중단의 효력이 없다"고 규정하고 있으므로, 최고의 시효중단효에 관한 민법 § 174의 특칙이라고 해석된다. 따라서 제소전 화해 불성립 시 민법 § 174를 적용할 수는 없다.

이에 대하여는 최고의 경우와 대비할 때 채권자에게 불이익하다는 이유로 최고에 의한 시효중단의 효력을 중첩적으로 인정하여야 한다는 견해[5]도 있다. 그러나 이러한 견해는 본조가 후속 시효중단의 조치를 취할 기간을 단기간으로 정한 취지를 몰각하는 것이므로 받아들이기 어렵다.[6]

민사조정법에 의한 조정신청도 최고로 볼 여지가 전혀 없는 것은 아니나, 앞서 본 바와 같이 "1개월 이내에 소를 제기하지 아니하면 시효중단의 효력이 없다."고 규정한 민사조정법 § 35 Ⅱ은 민법 § 174의 특칙이라고 해석되므로, 조정신청의 취하 또는 취하간주 시에도 민법 § 174를 적용할 수 없다.[7]

[오 영 준]

---

5) 日注解 財産法 1, 民法總則, 724-725(松久三四彦).
6) 錦引万里子, "民事調整法に基づく調停の申立てと民法151條による時效中斷の效力", ジュリスト增刊, 最高裁時の判例Ⅰ 私法編(1), 2003, 50-51.
7) 같은 취지로는 日最判 1993(平 5).3.26, 民集 47-4, 3201.

第 174 條(催告와 時效中斷)

催告는 6月內에 裁判上의 請求, 破産節次參加, 和解를 爲한 召喚, 任意出席, 押留 또는 假押留, 假處分을 하지 아니하면 時效中斷의 效力이 없다.

Ⅰ. 본조의 의의

민법 §174는 소멸시효 중단사유의 하나로 '최고'를 규정하고 있다. 최고는 채무자에 대하여 채무 이행을 구한다는 채권자의 의사통지($^{준법률}_{행위}$)이다. 최고는 이른바 재판외 청구라고도 하는데, 본조는 최고를 민법 §168 (ii) 소정의 '청구'에 포함시키는 한편, 민법 §170 내지 §173와 같이 법원이 관여한 청구와는 달리 그 시효중단의 효력에 관하여 잠정적 효력만을 부여하고 있다. 그리하여 최고는 시효기간의 만료가 임박하여 재판상 청구 등 강력한 다른 중단방법을 취하려고 할 때 그 예비적·잠정적 수단으로서 기능하는 데 의의가 있고, 최고 후 6개월 이내에 보다 강한 시효중단의 절차를 취하지 아니하면 시효중단의 효력은 발생하지 아니한다.

Ⅱ. 최고의 방법, 구체적 사례 등

1. 최고의 방법

최고는 어떠한 형식을 취할 필요가 없고, 묵시적인 최고도 가능하다. 실무상 통지 및 송달에 관한 증명의 편의를 위하여 최고의 방식으로 내용증명우편 또는 배달증명우편 등이 많이 활용된다.

이처럼 최고에는 특별한 형식이 요구되지 아니할 뿐 아니라, 행위 당시 당사자가 시효중단의 효과를 발생시킨다는 점을 알거나 의욕하지 않았다 하더라도 이로써 권리행사의 주장을 하는 취지임이 명백하다면 최고에 해당한다.[1]

한편, 판례[2]는 제척기간에 관한 사안이기는 하나, 채권양도의 통지는 양도인이 채권이 양도되었다는 사실을 채무자에게 알리는 것에 그치는 행위이므로, 그것만으로 제척기간 준수에 필요한 권리의 재판외 행사에 해당한다고 할 수 없다고 한다. 그리하여 양수인이 근거 없이 자신이 권리자임을 주장하며 채권의 이행을 구하는 소를 제기하였다가 양도인으로부터 그 채권을 양도받고 양도통지가 이루어진 다음 상당기간 경과 후 양수금청구로 소를 변경한 사안에서, 그 채권이 행사된 시점은 소변경시점이라고 한다.

2. 이행지체, 동시이행항변, 대항요건 등과의 관계

(1) 일반적인 이행지체, 동시이행항변, 대항요건 등과의 관계

시효중단의 효력이 생기는 최고는 채권자의 특정 채권에 관한 권리행사의

---

1) 대판 92.2.11, 91다41118(공 92, 1003): 대판 03.5.13, 2003다16238(집 51-1, 234).
2) 대판(전) 12.3.22, 2010다28840(공 12상, 619).

의사가 채무자에게 도달되면 충분하고, 그 최고가 반드시 채무자를 이행지체에 빠뜨리는 것과 동일한 정도의 요건을 갖추어야 하는 것은 아니다.

또한 상대방이 동시이행의 항변권을 가지는 경우에도 채권자는 자신의 채무를 이행하거나 이행제공하지 아니한 상태에서도 최고에 의하여 자신의 채권에 대한 시효를 중단시킬 수 있다.

한편, 채권의 양수인이 대항요건을 갖추지 못한 상태에서 그 양수한 채권의 채무자에게 한 이행의 최고가 시효중단의 효력이 생기는지 문제되는데, 이역시 권리행사의 실질을 갖추고 있는데다가, 대항요건을 갖추지 못한 채권의 양수인이 채무자를 상대로 재판상의 청구를 한 경우 소멸시효중단 사유인 재판상의 청구에 해당한다고 보는 판례[3]에 비추어 보면, 최고로서의 시효중단효를 인정하여야 할 것이다.

(2) 어음 · 수표상의 권리와 최고

어음채권에 관하여 채무자를 이행지체에 빠뜨리기 위해서는 어음의 제시가 필요하나, 단순히 시효중단을 취한 최고에는 어음의 제시나 소지가 불필요하다.[4]

한편, 만기가 기재된 백지어음의 경우 지급지 등 만기 외의 다른 부분이 백지미보충인 상태에서 한 최고도 권리행사의 의사가 표시되어 있는 이상, 최고로서의 시효중단의 효력이 인정된다.[5]

3. 본조의 최고 등에 해당하는지 여부가 문제된 사례

(1) 재산명시절차의 신청

재산관계명시절차는 그 신청에 있어서 집행력 있는 정본과 강제집행의 개시에 필요한 문서를 첨부하여야 하고 명시기일에 채무자의 출석의무가 부과되는 등 엄격한 절차가 요구되고, 그 내용에 있어서도 채무자의 책임재산을 탐지하여 강제집행을 용이하게 하고 재산상태의 공개를 꺼리는 채무자에 대하여는

---

3) 대판 05.11.10, 2005다41818(공 05, 1964).
4) 어음을 제시하지 아니한 상태에서의 최고에 관하여는 日最判 1963(昭 38).1.30, 民集 17-1, 99. 어음을 소지하지 아니한 상태의 소제기에 관하여는 日最判 1964(昭 39).11.24, 民集 18-9, 1952.
5) 대판(전) 10.5.20, 2009다48312(공 10상, 1143). 이에 관하여는 오영준, "백지어음 소지인의 어음금청구에 의한 소멸시효 중단", 해설 83, 2010, 478-509. 이유는 다소 다르지만 결론은 같은 일본의 판례로는 日最判 1966(昭 41).11.2, 民集 20-9, 1674.

채무의 자진이행을 하도록 하는 간접강제적 효과가 있다.[6]

판례는 채권자가 확정판결에 기한 채권의 실현을 위하여 채무자에 대하여 이러한 재산관계명시신청을 하고 그 결정이 채무자에게 송달이 되었다면 거기에 소멸시효 중단사유인 '최고'로서의 효력이 인정된다고 한다.[7] 다만 재산관계명시절차는 특정 목적물에 대한 구체적 집행행위 또는 보전처분의 실행을 내용으로 하는 압류 또는 가압류, 가처분과 달리 어디까지나 집행 목적물을 탐지하여 강제집행을 용이하게 하기 위한 강제집행의 보조절차 내지 부수절차 또는 강제집행의 준비행위와 강제집행 사이의 중간적 단계의 절차에 불과하므로, 이에 대하여 압류 또는 가압류, 가처분에 준하는 소멸시효 중단효까지 인정할 수는 없다고 한다.[8] 그리하여 판례는 재산명시결정에 의한 소멸시효 중단효는 그로부터 6월내에 다시 소를 제기하거나 압류 또는 가압류, 가처분을 하는 등 민법 §174에 규정된 절차를 속행하지 아니하는 한 상실된다고 한다.[9]

이에 대하여는 재산명시신청이 다른 강제집행절차에 선행하거나 부수하는 절차가 아니라 그 자체가 독립된 절차이고, 절차의 개시를 위해서는 강제집행의 신청과 마찬가지로 집행력 있는 정본과 집행개시의 요건을 갖추어야 하는 점에 비추어, 재산명시신청은 압류에 준하는 권리실현의 의사표시라고 볼 수 있으므로, 입법론으로는 재산명시신청을 독립한 소멸시효 중단사유로 규정하는 것이 바람직하다는 견해가 있다.[10]

(2) 채권자가 채무자의 제3채무자에 대한 채권을 압류한 경우

채권자가 채무자의 제3채무자에 대한 채권을 압류한 경우 채무자의 제3채무자에 대한 채권에 대하여는 민법 §168 (ii) 소정의 소멸시효 중단사유에 준하는 확정적인 시효중단의 효력이 생긴다고 할 수 없다. 압류에 의하여 채권자의 채무자에 대한 권리행사는 있다고 볼 수 있지만, 피압류채권의 권리행사까지 있었다고 볼 수는 없기 때문이다.

다만 판례[11]는 채권자가 확정판결에 기한 채권의 실현을 위하여 채무자의 제3채무자에 대한 채권에 관하여 압류 및 추심명령을 받아 그 결정이

---

6) 대판 01.5.29, 2000다32161(공 01, 1461).
7) 대판 92.2.11, 91다41118(공 92, 1003).
8) 대판 01.5.29, 2000다32161(공 01, 1461).
9) 대판 12.1.12, 2011다78606(공 12상, 264).
10) 이재목, "재산명시신청과 소멸시효 중단효". Jurist 409, 2006, 537.
11) 대판 03.5.13, 2003다16238(집 51-1, 234). 이에 관한 판례해설로는 박순성, "채권의 압류 및 추심명령과 시효중단", 해설 44, 2003, 661-669.

제3채무자에게 송달이 되었다면 거기에 피압류채권에 대한 소멸시효 중단사유인 최고로서의 효력을 인정하여야 한다고 한다.

　(3) 제3자의 신청으로 개시된 경매절차에서의 채권신고

　　저당권으로서 첫 경매개시결정등기 전에 등기되었고 매각으로 소멸하는 것을 가진 채권자는 담보권을 실행하기 위한 경매신청을 할 수 있을뿐더러 다른 채권자의 신청에 의하여 개시된 경매절차에서 배당요구를 하지 않아도 당연히 배당에 참가할 수 있다. 이러한 채권자가 채권의 유무, 그 원인 및 액수를 법원에 신고하여 권리를 행사하였다면 그 채권신고는 민법 §168 (ii)의 압류에 준하는 것으로서 신고된 채권에 관하여 소멸시효를 중단하는 효력이 생긴다.[12] 그러나 민법 §175에 "압류, 가압류 및 가처분은 권리자의 청구에 의하여 또는 법률의 규정에 따르지 아니함으로 인하여 취소된 때에는 시효중단의 효력이 없다"라고 규정하고, 민사집행법 §93 Ⅰ에 "경매신청이 취하되면 압류의 효력은 소멸된다"라고 규정하고 있으므로 경매신청이 취하되면 특별한 사정이 없는 한 압류로 인한 소멸시효 중단의 효력이 소멸하는 것과 마찬가지로 위와 같이 첫 경매개시결정등기 전에 등기되었고 매각으로 소멸하는 저당권을 가진 채권자의 채권신고로 인한 소멸시효 중단의 효력도 소멸한다.

　　그런데 이러한 채권신고에는 채무자에 대하여 채무의 이행을 청구하는 의사가 직접적으로 표명되어 있다고 보기 어렵고 채무자에 대한 통지 절차도 구비되어 있지 않으므로 별도의 소멸시효 중단 사유인 최고($\frac{\S}{174}$)로서의 효력은 인정되지 않는다.[13] 따라서 위와 같은 채권신고를 한 채권자가 경매신청이 취하된 후 6월내에 소제기 등의 재판상의 청구를 하였다고 하더라도 본조 제2항에 의하여 소멸시효 중단의 효력이 유지된다고 할 수 없다.[14]

　(4) 경계시비

　　판례[15]는 토지소유자가 그 토지의 일부를 점유하고 있는 자에게 경계의 재측량을 요구하고 그 재측량결과에 따른 경계선 위에 돌담을 쌓아올리는 것을 점유자가 제지한 것이 시비가 되어 토지소유자의 아버지가 점유자를 상대

---

12) 대판 02.2.26, 2000다25484(공 02상, 781); 대판 09.3.26, 2008다89880(공 09상, 570).
13) 대판 10.9.9, 2010다28031(공 10하, 1895); 日最判 1999(平 1).10.13, 判時 1330, 45. 이에 대한 평석으로는, 孝橋 宏, "不動産競賣手續において抵當權者がする債權の申告を時效の中斷", ジュリスト增刊, 最高裁時の判例Ⅰ 私法編(1), 2003, 40-41.
14) 대판 10.9.9, 2010다28031(공 10하, 1895).
15) 대판 89.11.28, 87다273(집 37-4, 75).

로 상해, 재물손괴죄 등으로 고소를 제기하였다면 이는 본조의 최고에 해당하고, 그로부터 6개월 이내에 토지인도청구의 소가 제기되었다면 경계시비 시에 취득시효가 중단된다고 한다.

(5) 국가배상법상의 배상심의 신청

국가배상법에 따라 배상금을 지급받으려는 자는 그 주소지·소재지 또는 배상원인 발생지를 관할하는 지구심의회에 배상신청을 할 수 있다($\frac{국배}{§12}$). 헌법재판소는 1997.12.13. 개정 전의 국가배상법 §16 중 "심의회의 배상결정은 신청인이 동의한 때에는 민사소송법의 규정에 의한 재판상의 화해가 성립된 것으로 본다."라는 부분은 심의회의 심의절차가 사법절차에 준하는 각종 중재·조정절차와는 달리 제3자성·독립성이 희박하고, 공정성·신중성도 결여되어 있다는 등의 이유로 헌법에 위반된다고 결정[16]하였고, 이에 따라 법 개정 시 위 §16의 규정 전부가 삭제되었다.

위 헌법재판소의 결정과 국가배상법의 개정 경과에 비추어 보면, 당사자가 심의회의 배상결정에 대하여 동의하지 아니한 경우 제소전 화해의 시효중단효에 관한 민법 §173를 유추적용하여 배상결정 후 1월내에 소를 제기하여야만 시효중단의 효력을 유지할 수 있다는 종래의 학설[17]은 더 이상 타당하지 않다.

한편, 판례[18]는 "피해자가 국가배상심의회에 손해배상을 신청한 것은 채무자에 대하여 손해배상채무이행을 최고한 것에 해당하고 배상심의회가 위 신청에 대하여 심의하여 결정할 때까지는 국가는 그 이행의 유예를 구한 것에 해당하므로 이 경우 민법 §174 소정 6개월의 기간은 위 배상심의회의 결정이 있을 때까지 진행하지 아니한다."고 한다. 이는 채무자가 그 이행의무의 존부 등에 대하여 조사를 해 볼 필요가 있다는 이유로 채권자에 대하여 그 이행의 유예를 구한 경우에는 채권자가 그 회답을 받을 때까지는 최고의 효력이 계속된다고 보아야 한다는 판례이론[19]과 궤를 같이 하는 것이다.

(6) 사법상의 급부청구권에 기한 국가재정법상의 납입고지

국가·지방자치단체가 조세 기타의 세입의 징수를 하기 위하여 법령의 규정에 의하여 하는 '납입고지', '독촉', '납부최고', '납세고지', '납세독촉' 등에 대하여는 본조의 '최고'와 달리 그것만으로도 완전한 시효중단의 효력이 인정

---

16) 헌재 95.5.25, 91헌가7(헌공 10).

17) 구주해(3), 522(윤진수).

18) 대판 75.7.8, 74다178(집 23-2, 179).

19) 대판 95.5.12, 94다24336(공 95, 2101).

된다(국재정 § 96 Ⅳ, 지재정).
(§ 84, 국기 § 28, 관세 § 23).

이러한 납입고지 등에 의하여 시효중단의 효력이 발생하는 권리가 공법상 급부청구권에 한하는지 사법상 급부청구권도 포함하는지 문제된다. 판례[20]는 납입고지 절차는 법령에 의한 공적인 절차로서 명확한 형식이 정해져 있고 이 형식적 정확성에 의하여 일반 사인이 하는 일정한 형식에 제한이 없는 최고와는 다른 시효중단의 효력이 인정되므로 법령의 형식과 절차를 거쳐서 한 납입의 고지는 그 권리의 발생원인이 공법상의 것이거나 사법상의 것이건 시효중단의 효력이 있다고 한다.

그런데 이러한 납입고지 및 그 후의 독촉이 있은 뒤 다시 재도의 납입고지나 독촉을 하더라도 그러한 재도의 납입고지나 독촉은 허용되지 않으므로 거기에 완전한 시효중단의 효력은 인정되지 않는다. 하지만 시효완성 직전에 그와 같은 재도의 독촉 등을 하고 그로부터 6월내에 압류처분을 한 경우 그 재도의 독촉 등에 본조의 '최고'로서의 효력을 인정할 수 있는지 문제된다. 일본의 판례[21]는 조세채권에 대하여 자력집행권이 인정된다 하더라도 시효중단에 있어서 일반 사법상의 채권보다 더 불이익하게 취급되어야 할 이유가 없다는 이유로 이를 인정하고 있고, 일본의 학설의 다수도 이에 찬성한다. 우리나라에서는 이러한 논의가 많지 않으나 납세자가 무자력자이거나 소재불명이어서 과세관청이 압류 등 다른 중단방법을 신속히 취할 수 없는 경우에 특히 그 실익이 있다고 하면서 긍정설을 취하는 학설이 있다.[22] 대법원판례[23]는 아래 사항에서 보는 바와 같이 교통안전진흥공단법의 납부통지 및 독촉 후의 재독촉에 대하여 본조의 최고로서의 효력을 인정하고 있으므로, 역시 긍정설을 취할 것으로 보인다.

한편, 판례[24]는 당초 부과처분이 판결에 의하여 취소된 후에 다시 개발부담금을 부과·고지하면 이는 단순한 납부의 독촉이 아니라 새로운 부과처분으로 보아야 하지만, 당초의 납입고지에 의한 시효중단의 효력은 그 납입고지에 의한 부과처분이 취소되더라도 상실되지 않는다고 한다. 그리하여 판

---

20) 대판(전) 77.2.8, 76다1720(집 25-1, 49).
21) 日最判 1968(昭 43).6.27, 民集 22-6, 1379.
22) 이범주, "조세시효의 중단에 관한 약간의 문제: 민법의 준용과 관련하여", 특별법연구 2, 1985, 348-352.
23) 대판 94.12.9, 94다19976(공 95, 447).
24) 대판 99.4.9, 98두6982(공 99상, 900); 대판 00.9.8, 98두19933(공 00, 2123).

레[25]는, 1993.11.1.자 개발부담금 납부고지로 개발부담금 부과처분을 하였
으나 중앙토지수용위원회가 이를 취소하는 재결을 함에 따라 1995.10.12. 다
시 개발부담금을 부과·고지하였는데, 원고의 소제기에 의하여 부산고등법원이
1997.7.3. 그 부과처분을 취소하는 판결을 선고하고 그 무렵 그 판결이 확정되
자, 이에 1998.2.13. 새로이 개발부담금을 부과·고지하는 처분을 한 사안에서,
처음에 있었던 1993.11.1.자 납부고지로 개발부담금 부과에 관한 시효가 중단
되었고 그 때부터 5년이 경과하기 전에 새로이 납부고지가 있었으므로, 결국
1998.2.13.자 부과처분은 적법한 부과기간 내에 이루어졌다고 한다.

　(7) 교통안전진흥공단법의 납부통지 및 독촉 후의 재독촉

　교통안전진흥공단법 §21 Ⅰ은 "분담금을 징수할 권리는 3년간 행사하지
아니하면 소멸시효가 완성된다."고 규정하면서, 같은 조 제2항에서 위 소멸시
효는 같은 법 §18의 규정에 의한 납부통지 또는 같은 법 §19의 규정에 의한
독촉에 의하여 중단된다고 규정하고 있다. 이와 관련하여 납부의무자가 위 규
정에 의한 납부통지 및 독촉장을 모두 발부받고도 독촉장 소정의 납부기한 내
에 분담금을 납부하지 아니하자 재차 독촉장이 발부된 경우, 이 재차 발부된
독촉장에 의하여 위 §21 Ⅱ의 시효중단효가 발생하는지 문제된다. 판례는 이
러한 경우 교통안전진흥공단법에 재차 독촉장을 발부하도록 규정하고 있지 않
으므로, 같은 법 §21 Ⅱ에 의한 시효중단의 효력이 있는 독촉이란 같은 법
§18에 의한 납부통지를 받고도 그 납부기한 내에 분담금을 납부하지 아니한
납부의무자에 대하여 하는 독촉만을 의미하는 것이고, 그러한 독촉을 받았음
에도 분담금을 납부하지 아니하여 재차 독촉장을 발부한 경우의 독촉은 이에
포함되지 않고 다만 민법 §174의 최고로서의 효력만이 있다고 한다.[26]

　(8) 산업재해보상보험법상의 보험급여청구 등

　산업재해보상보험법 §112 Ⅰ (ⅰ)는 동법에 따른 보험급여를 받을 권리
는 3년간 행사하지 아니하면 시효로 말미암아 소멸한다고 규정하고, §113는
§112에 따른 소멸시효는 §36 Ⅱ에 따른 수급권자의 보험급여 청구로 중단된
다고 규정하고 있다. 판례[27]는 위 §36 Ⅱ에 따른 보험급여 청구는 행정청인
근로복지공단을 상대로 보험급여 지급결정을 구하는 공법상 의사표시로 볼 수

---

25) 대판 00.9.8, 98두19933(공 00, 2123).
26) 대판 94.12.9, 94다19976(공 95, 447).
27) 대판 18.6.15, 2017두49119(공 18하, 1308).

있어 민법상 최고와는 법적 성격이 다르고, 위 §113는 위 §36 Ⅱ에 따른 보험급여 청구를 민법상의 시효중단 사유와는 별도의 고유한 시효중단 사유로 규정한 것이라고 한다. 그리하여 동법에 따른 보험급여 청구에 대하여 최고의 시효중단 효력에 관한 민법 §174까지 적용 내지 준용되는 것으로 해석하여 수급권자의 보험급여를 받을 권리를 제한할 수는 없다고 한다.

나아가 판례[28]는 위 보험급여 청구는 민법상의 시효중단 사유와는 별도의 고유한 시효중단 사유를 정한 것인데, 시효중단제도의 취지에 비추어 볼 때 시효중단 사유인 보험급여 청구에 대한 근로복지공단의 결정이 있을 때까지는 청구의 효력이 계속된다고 보아야 한다고 한다. 따라서 보험급여 청구에 따른 시효중단은 근로복지공단의 결정이 있은 때 중단사유가 종료되어 새로이 3년의 시효기간이 진행된다고 한다.

군인연금법 §8 Ⅵ은 "이 법에 따른 기여금과 환수금, 그 밖의 징수금의 납입 고지 및 독촉과 급여의 지급 청구 또는 과납금 등의 반환 청구는 소멸시효 중단의 효력을 가진다."고 규정하여, '급여의 지급청구[29] 또는 과납급 등의 반환청구'에 관하여 고유한 소멸시효 중단 사유를 인정하고 있다. 공무원연금법도 §88 Ⅳ에서 "이 법에 따른 기여금, 환수금 및 그 밖의 징수금 등의 납입 고지 및 독촉과 급여의 지급 또는 과납금 등의 반환 청구는 소멸시효 중단의 효력을 가진다."고 규정하여 '급여의 지급청구 또는 과납급 등의 반환청구'에 관하여 고유한 소멸시효 중단 사유를 인정하고 있다.

(9) 국세기본법에 기한 과세예고통지

판례[30]는 "국세기본법 §28 Ⅰ은 국세징수권의 소멸시효 중단사유로 납세고지($_{제1호}$), 독촉 또는 납부최고($_{제2호}$), 교부청구($_{제3호}$), 압류($_{제4호}$) 등을 규정하고 있다. 그리고 국세기본법 §27 Ⅱ에 의하여 준용되는 민법 §174는 최고를 시효중단의 사유로 규정하고 있다."고 전제한 다음, "배당소득에 관하여 원고에게 한 과세예고통지는 국세기본법 §28 Ⅰ에 정한 징수권의 소멸시효 중단사유에 해당하지 않고, 장래에 납세자에게 일정액의 조세를 부과한다는 예고로서의 성격을 가질 뿐 직접적으로 납세자에 대한 채무이행을 구한다는 의사의 통지로 볼 수 없어 민법상 최고에 해당한다고 할 수도 없으므로, 이로써 징수권의

---

28) 대판 19.4.25, 2015두39897(공 19상, 1181).

29) 대판 19.12.27, 2018두46780.

30) 대판 16.12.1, 2014두8650(공 17상, 159).

소멸시효가 중단되었다고 볼 수 없다"는 원심의 판단을 수긍하였다. 위 판례는 국세기본법에서 국세징수권의 소멸시효 중단사유로 규정한 사유 외에도 민법상의 '최고'에 의하여도 국세징수권을 소멸시효를 중단시킬 수 있다는 것을 전제하고 있다는 점에서 주목할 만하다.

Ⅲ. 최고의 효력발생시기

1. 원　　칙

최고는 상대방에게 도달하여야 비로소 시효중단의 효력이 있다. 판례는 최고의 의사표시가 기재된 내용증명 우편물이 발송되고 반송되지 아니하였다면 특별한 사정이 없는 한 이는 그 무렵에 송달된 것으로 본다.[31]

2. 채무자가 최고를 받고 회답의 유예를 구한 경우

본조의 시효중단사유로서의 최고도 채무이행을 최고받은 채무자가 그 이행의무의 존부 등에 대하여 조사를 해 볼 필요가 있다는 이유로 채권자에 대하여 그 이행의 유예를 구한 경우에는 채권자가 그 회답을 받을 때까지는 최고의 효력이 계속된다고 보아야 한다. 따라서 이러한 경우에는 본조의 6월의 기간은 채권자가 채무자로부터 회답을 받은 때로부터 기산되는 것이라는 것이 확립된 판례이다.[32] 예컨대, 선박충돌사건에서 최고를 받은 채무자가 "사고에 대한 해난심판이 이루어져 충돌원인이 명확해질 때까지 기다리길 원한다"고 회답한 경우에는 해난심판이 있든가 해난심판이 행해지지 않는 것이 명확해지든가 또는 채무자로부터 어떠한 해답이 있을 때까지 최고의 효력은 지속되고, 해난심판 결정을 받을 때로부터 6월내에 소의 제기가 이루어지면 시효는 중단된다고 보아야 한다.[33]

한편 채무자가 최고를 받고 이행의 유예를 구하는 의사표시는 명시적 뿐만 아니라 묵시적으로도 가능하지만, 그러한 묵시적 의사를 인정하는 데에는 신중을 기할 필요가 있다. 판례는 갑이 을 보험회사를 상대로 보험금 지급청구

---

31) 대판 97.2.25, 96다38322(공 97, 872).
32) 대판 95.5.12, 94다24336(공 95, 2101).
33) 日大阪地判 1967(昭 42).6.12, 判時 502, 59.

를 한 때부터 6개월 이상이 지난 후에야 재판상 청구를 한 사안에서, 을 회사가 이행의 유예를 구하였다고 볼 사정이 없는데도 이에 관한 심리·판단 없이 을 회사가 지급거절 통지를 한 증거가 없다는 이유만으로 위 지급청구가 최고로서 시효중단의 효력이 있다고 판단한 것은 위법하다고 보고 있다.[34]

Ⅳ. 최고의 효력이 생기는 채권

최고에 의한 시효중단의 효력은 최고된 채권에 관하여 발생한다. 동일 채권자, 채무자 사이에 복수의 채권이 있는 경우, 최고를 하는 채권자는 그것이 어떠한 채권에 관한 최고인지를 특정할 필요가 있고, 당연히 모든 채권에 관하여 최고를 한 것으로 단정할 수는 없다.[35]

Ⅴ. 강력한 중단방법에 의한 보완

1. 보완의 필요성 및 최고의 유용성

민법 §174의 최고는 시효기간의 만료가 가까와져 재판상 청구 등 강력한 다른 중단방법을 취하려고 할때 잠정적·예비적 수단으로서의 실익이 있을 뿐이므로 그 최고일로부터 6월내에 재판상의 청구 기타 본조 소정의 강력한 시효중단 방법이 뒤따르지 않는 한 아무런 법률상의 효과도 발생할 수 없다.[36] 이에 따르면 소제기 등 강력한 시효중단 조치를 취하기 전에 최고가 있었다 하더라도 최고시점이 그 소제기 등 시점으로부터 소급하여 6개월 전인 경우에는 당해 권리는 이미 시효소멸한 것이 된다.

다만, 최고가 시효완성 전이라면, 그 보완방법이 취해진 시점이 시효완성 후라도 최고 후 6월 이내이기만 하면 시효는 확정적으로 중단된다. 따라서 시효완성이 임박하고 확정적인 시효중단의 방법을 취할 시간적 여유가 없는 경우에는 시효완성을 일시적으로 저지하기 위하여 최고를 하는 것이 유용하다.

---

34) 대판 14.12.24, 2012다35620(정보).
35) 日大判 1916(大 5).7.7, 民錄 22, 1321.
36) 대판 82.5.25, 81다195(집 30-2, 51); 대판 87.12.22, 87다카2337(집 35-3, 370).

2. 보완방법

본조는 보완방법으로 재판상의 청구, 파산절차참가, 화해를 위한 소환, 임의출석, 압류 또는 가압류, 가처분을 들면서, 지급명령과 승인을 별도로 규정하지 않고 있다.

지급명령이 명시되지 아니한 것을 가리켜 입법의 불비라고 하는 견해[37]가 있다. 그러나 "민법 §170 Ⅰ에서 규정하고 있는 '재판상의 청구'라 함은 종국판결을 받기 위한 '소의 제기'에 한정되지 않고, 권리자가 이행의 소를 대신하여 재판기관의 공권적인 법률판단을 구하는 지급명령의 신청도 포함된다고 봄이 상당하다"는 판례[38]에 비추어 보면, 지급명령도 본조에서 규정하는 보완방법에 포함되므로, 이를 입법의 불비로 볼 것은 아니다.

승인이 명시되지 않는 것도 입법의 불비라고 볼 것은 아니다. 최고 후 시효완성 전의 승인은 그 자체가 강력한 시효중단 사유가 되며, 시효완성 후의 승인은 시효이익의 포기가 되므로 본조의 문제는 생기지 아니하기 때문이다.[39]

3. 6월의 기산점

최고를 여러 번 거듭하다가 재판상 청구 등을 한 경우에 있어서의 시효중단의 효력은 최초의 최고시에 발생하는 것이 아니라 재판상 청구 등을 한 시점을 기준으로 하여 이로부터 소급하여 6월 이내에 한 최고시에 발생한다.[40]

---

37) 구주해(3), 521(윤진수); 주석 총칙(3), 630(제4판/이연갑).
38) 대판 11.11.10, 2011다54686(공 11하, 2549).
39) 구주해(3), 521(윤진수); 주석 총칙(3), 630(제4판/이연갑).
40) 대판 70.3.10, 69다1151, 1152(집 18-1, 189); 대판 83.7.12, 83다카437(공 83, 1256); 대판 87.12.22, 87다카2337(집 35-3, 370). 위 대판 87다카2337은 "1982.10.20. 치료 종결 → 1985.7.6. 치료비지급 최고 → 1985.10.20. 치료비채권 3년 소멸시효기간 만료 → 1985.11.28. 치료비청구의 소제기(최고일로부터 6월내) 및 이후 취하 → 1986.3.31. 치료비청구의 소 다시 제기(취하일로부터 6월내, 최고일로부터 6월 경과)"와 같은 사안에서, "이 사건 재판상 청구를 한 1986.3.31.부터 소급하여 6월내인 1985.11.28.의 재판상 청구만이 그 취하로 인하여 최고의 효력이 있을 뿐이고, 한편 그 재판상 청구를 취하한 것이 이 사건 치료비 채권의 단기소멸시효만료일인 1985.10.20. 이후임이 분명하므로 결국 그 재판상 청구의 취하로 인한 최고로는 그 시효중단의 효력이 발생할 여지가 없게 되었다 하겠다. 따라서 비록 1985.7.6.의 최고 후 6월 이내에 재판상의 청구를 하고 그 취하 후 6월 이내에 이 사건 재판상의 청구를 하였다 하더라도 1985.7.6.의 최고가 이 사건 재판상 청구를 한 때로부터 소급하여 6월 이전이라면 이 사건 재판상의 청구를 한 때로부터 6월 안에 있었던 재판상 청구가 최고의 효력이 있다 하여 그 6개월 이전에 한 1985.7.6.의 최고까지 그 효력이 부활할 수 없는 이치라 할 것이다. 그런데도 원심이 그 판시와 같은 이유로 1985.7.6.의 최고에 시효중단의 효력을 인정한 것은 최고와 재판상 청구에 따른 시효중단의 법리를 오해하여 판결 결과에 영향을 미쳤다고 하지 않을 수 없다."고 판시하였다.

따라서 최고 후 6월내에 소를 제기하였다가 취하하고 다시 소를 제기한 경우에도 최초의 최고시로부터 6월이 경과하였다면 최초의 최고시부터 시효가 중단되는 것은 아니다. 그 결과 소제기 후 소멸시효기간이 만료된 상태에서 거듭된 소취하와 소제기로 인하여 소멸시효중단효를 사실상 영구적으로 연장하는 것은 허용되지 않는다. 결국 소멸시효기간이 만료된 상태에서는 소멸시효기간이 만료되기 전의 최고(취하된 소가 최고의 효력 갖는 경우 포함)가 효력을 발휘할 수 있는 범위 내에서의 소취하와 소제기의 경우에만 민법 §170 Ⅱ이 적용된다.[41]

일본의 판례[42]는 시효기간이 경과한 후 그 경과 전에 한 제1의 최고로부터 6개월 이내에 다시 제2의 최고를 하더라도 제1의 최고로부터 6월 이내에 본조가 규정한 조치를 하지 아니하면, 제1의 최고로부터 6개월을 경과함으로써 소멸시효가 완성되고, 이러한 법리는 제2의 최고가 명시적 일부 청구의 소제기에 의한 재판상 최고(아래 Ⅵ.4.(2)항 참조)라 하더라도 다르지 않다고 한다.

Ⅵ. 재판상 최고

1. 재판상 최고의 의의

재판상 최고의 이론은 재판절차에서 권리자의 권리주장이 재판상의 청구 그밖의 각종 권리주장에 의한 중단사유에 해당하지 아니하는 경우 또는 거기에는 해당하나 소 각하, 취하 등에 의하여 시효중단의 효력이 상실된 경우, 당해 재판절차에서 그 권리주장이 계속된 동안에는 최고로서의 효력이 있었던 것으로 보는 이론이다.[43] 이러한 재판상 최고는 통상 재판외 최고가 재판외에서 1회에 한하여 행해지는 성질의 것임에 비하여, 당해 재판의 계속 중에는 계속하여 행해지는 것으로 보고, 6월의 유예기간도 당해 재판절차의 종결 시에 기산되는 것으로 보는 점에 특색이 있다.[44]

---

41) 황은규, "청구의 교환적 변경과 소멸시효의 중단", 민판연 35, 2013, 813-814.

42) 日最判 2013(平 25).6.6, 判時 2190, 22. 이에 대한 평석으로는 松久三四彦, "明示的一部請求の訴えの提起と殘部についての裁判上の催告としての消滅時效の中斷", ジュリスト 1466 重要判例解說, 2014, 71-72.

43) 日最判 1963(昭 38).10.30, 民集 17-9, 1252; 日最判 1970(昭 45).9.10, 民集 24-10, 1389.

44) 주석 총칙(3), 630(제4판/이연갑).

2. 재판상 최고의 인정 필요성

본조 제2항은 재판상 청구가 각하, 기각 또는 취하된 경우 그 재판상 청구에 최고로서의 시효중단효를 부여하는 규정을 두고 있기는 하나, 그 외에 재판상 청구로서 효력을 가지지 못하는 경우에 관하여는 침묵하고 있다. 예컨대, 소송상의 공격방어방법으로 제출된 권리주장에는 최고로서의 실체가 있고, 이러한 소송절차 중에 이루어진 최고는 재판외의 최고보다 더 명확한 권리의 주장이라고 할 수 있다. 그럼에도 그것이 재판상 청구에 해당하지 아니한다고 하여 아무런 시효중단의 효력이 생기지 않는다고 보는 것은 불합리하다. 이러한 경우에는 최고로서의 효력을 인정하고 그 최고는 당해 절차계속 중에는 계속된다고 보아 6개월의 기간은 당해 절차종료 시로부터 기산한다고 보는 것이 합리적이다. 대법원판례[45]도 재판상 최고 이론을 채택하고 있다.

이와 같이 재판상 최고 이론을 인정하는 입장에 대하여는 반대 견해[46]가 있다. 이 견해는 재판상 최고 이론은 본조 제2항과 같은 규정이 없는 일본민법에서 이를 보완하기 위하여 주장된 이론으로 우리 민법에서는 대부분 본조 제2항에 의하여 해결될 수 있고, 그 외의 경우까지 재판계속 중에 최고의 효력이 지속된다고는 것은 해석론으로 무리라고 한다. 그러나 재판절차가 진행되는 동안 공격방어방법으로 제출된 권리주장이 철회되지 않고 계속되고 있다면 최고로서의 효력도 지속된다고 보는 것은 얼마든지 가능하고, 일단 권리자가 위와 같이 재판절차에서 권리주장을 통하여 권리행사를 하고 있는 동안에는 그와 별도로 소제기 등과 같은 강력한 권리행사를 할 것을 쉽게 기대하기 어려우며, 이를 하지 아니하였다고 시효소멸의 불이익을 주는 것은 가혹하므로, 재판상 최고로서의 효력을 인정하는 것이 구체적 타당성을 기할 수 있다. 따라서 재판상 최고 이론을 부정할 이유는 없다.[47]

3. 재판상 최고에 의한 시효중단효의 발생 및 종료시점

최고는 상대방에 대한 청구이기 때문에, 소제기가 '재판상의 청구'가 아닌 '최고'로서의 효력을 갖기 위해서는 소장 부본이 피고에게 송달될 것을 요하는지 문제된다. 일본의 판례는 소장부본이 피고에게 '송달'될 때 '최고'로서의 효

---

45) 대판 09.7.9, 2009다14340(공 09하, 1287); 대판 12.1.12, 2011다78606(공 12상, 264).
46) 구주해(3), 522(윤진수).
47) 주석 총칙(3), 630(제4판/이연갑).

력이 발생한다고 한다.[48] 이러한 입장은 소제기가 재판상 청구로서 시효중단
의 효력이 생기는 시기가 소장이 접수된 때로 보는 것과는 차이가 있다. 다만
대법원판례는 소송고지서의 제출을 재판상 최고로 보면서, 소송고지서의 송달
시가 아니라 제출시에 재판상 최고로서의 효력이 발생한다고 하는데, 이러한
입장에서는 소제기가 '재판상의 청구'가 아닌 '최고'로서의 효력을 발생하는 데
있어서도 소장 제출시로 볼 가능성이 있다.

한편, 응소행위로 인한 시효중단의 효력은 피고가 현실적으로 권리를 행사
하여 응소한 때에 발생하는데, 권리자인 피고가 응소하여 권리를 주장하였으
나 소가 각하되거나 취하되는 등의 사유로 본안에서 권리주장에 관한 판단 없
이 소송이 종료된 경우, 민법 § 170 Ⅱ의 유추적용에 의하여 그때로부터 6월
이내에 재판상의 청구 등 다른 시효중단조치를 취하면 '응소 시'에 소급하여
시효중단의 효력이 있다.[49]

재판상 최고에 의한 시효중단의 효력은 당해 재판의 계속 중에는 지속되
고, 당해 재판절차의 종결시에 종료된다.[50]

4. 구체적 사례

(1) 소송고지서의 제출과 재판상 최고

소송고지제도는 소송의 결과에 대하여 이해관계를 가지는 제3자로 하여금
소송에 참가하여 그 이익을 옹호할 기회를 부여함과 아울러 고지자가 패소한
경우에는 형평의 견지에서 그 패소의 책임을 제3자에게 분담시키려는 제도이
다. 소송고지를 받은 피고지자는 후일 고지자와의 소송에서 전소 확정판결에
서의 결론의 기초가 된 사실상 법률상의 판단에 반하는 것을 주장할 수 없게
된다.[51]

소송고지의 요건이 갖추어진 경우 소송고지서에 고지자가 피고지자에 대
하여 채무의 이행을 청구하는 의사가 표명되어 있으면 본조에서 정한 시효중
단사유로서의 최고의 효력이 인정된다.

나아가 판례[52]는 시효중단제도는 제도의 취지에 비추어 볼 때 기산점이

---

48) 日福岡高判 1974(昭 49).5.16, 判時 759, 48.
49) 대판 12.1.12, 2011다78606(공 12상, 264).
50) 주석 총칙(3), 630(제4판/이연갑).
51) 대판 91.6.25, 88다카6358(집 39-3, 66).
52) 대판 15.5.14, 2014다16494(공 15상, 805).

나 만료점을 원권리자를 위하여 너그럽게 해석하는 것이 바람직하고, 소송고지에 의한 최고는 보통의 최고와는 달리 법원의 행위를 통하여 이루어지는 것이므로 만일 법원이 소송고지서의 송달사무를 우연한 사정으로 지체하는 바람에 소송고지서의 송달 전에 시효가 완성된다면 고지자가 예상치 못한 불이익을 입게 된다는 점 등을 고려하면, 소송고지에 의한 최고의 경우에는 민사소송법 §265를 유추 적용하여 당사자가 소송고지서를 법원에 제출한 때에 시효중단의 효력이 발생한다고 한다. 또한 판례[53]는 고지자로서는 소송고지를 통하여 당해 소송의 결과에 따라 피고지자에게 권리를 행사하겠다는 취지의 의사를 표명한 것으로 볼 수 있으므로, 당해 소송이 계속 중인 동안은 최고에 의하여 권리를 행사하고 있는 상태가 지속되는 것으로 보아 본조에 규정된 6월의 기간은 당해 소송이 종료된 때로부터 기산되는 것으로 해석하여야 한다는 입장이다.

다만 판례는 적법한 소송고지 요건을 갖추지 못한 경우, 소송고지에 대하여 최고로서의 효력을 부정하고 있음을 유의할 필요가 있다. 즉, 원고가 피고를 상대로 임치금의 반환청구를 한 사건에서, 피고는 양곡횡령사고의 책임이 원고에게 있다고 주장하면서 그 손해배상책임액 상당의 공제를 주장하는 한편, 임치금반환채권의 시효소멸을 주장하였고, 이에 대하여 원고는 위 횡령사고 당시 원고 조합장이었던 소외 1과 담당계원이었던 소외 2 등을 상대로 손해배상청구소송을 제기한 후 그 소송에서 피고에게 소송고지를 하였으므로 이에 따라 임치금반환채권의 소멸시효가 중단되었다고 주장하였다. 그러나 대법원은 위 2개의 소는 설사 동일한 사고를 원인으로 하고 있다 하여도 그 청구권이 다른 별개의 소로서 소송고지의 요건이 갖추어졌다고는 볼 수 없고, 원고가 위 손해배상청구사건에서 승소판결을 받으면 반드시 본건 임치금 반환청구권이 없고, 반대로 패소판결을 받으면 반드시 그 반환청구권이 생기는 그러한 관계에 있지도 않으므로, 원고가 제기한 손해배상청구의 소나 소송고지에 의하여 원고의 임치금반환청구권의 소멸시효가 중단되었다고 할 수 없다고 판시하였다.[54]

한편 판례는 원고가 관련 소송에서 그 소송의 결과에 따라 피고에게 구상금 채권을 행사하겠다는 내용이 담긴 소송고지서를 낸 경우, 그러한 사정만으

---

53) 대판 09.7.9, 2009다14340(공 09하, 1287).
54) 대판 70.9.17, 70다593(집 18-3, 3).

로는 원고가 소외 갑의 피고에 대한 손해배상채권을 보전하기 위한 목적으로 소송고지를 하였다거나 소외 갑을 대위하여 갑의 피고에 대한 하자보수에 갈음한 손해배상을 청구하는 의사를 표명한 것으로 보기에 부족하므로, 소외 갑의 피고에 대한 손해배상채권에 관하여 본조에서 정한 시효중단사유로서의 최고의 효력이 있다고 볼 수 없다고 한다.[55]

(2) 명시적 일부청구의 소제기와 잔부 청구에 관한 재판상 최고

명시적 일부청구의 소제기는 그 일부에 관하여만 재판상 청구로서의 시효중단효가 있고, 잔부에 관하여는 재판상 청구에 준하는 시효중단의 효력이 없다.[56] 대법원판례[57]는 이 경우 잔부에 관하여 소를 제기하거나 그 청구를 확장(청구의 변경)하는 서면을 법원에 제출한 때에 비로소 시효중단의 효력이 생긴다는 입장이다.

그런데 일본의 판례[58]는 명시적 일부청구의 소에서 청구된 부분과 청구되지 않은 잔부는 청구원인사실이 기본적으로 동일하고, 명시적 일부청구의 소를 제기한 채권자로서는 장래에 잔부를 청구하지 않겠다는 의사 하에 일부만 청구한 것이 아닌 것이 통상인 점에 비추어 보면, 잔부에 관하여도 권리행사의 의사가 계속적으로 표시되어 있다고 할 수 있다고 한다. 따라서 다른 특별한 사정이 없는 한 명시적 일부청구의 소제기는 잔부에 관하여 재판상 최고로서 소멸시효 중단의 효력이 있고, 채권자는 당해 소에 관한 소송의 종료 후 6개월 내에 본조 소정의 조치를 취함으로써 잔부에 관하여 소멸시효를 확정적으로 중단시킬 수 있다고 한다. 이러한 입장에 따르면, 잔부 청구에 관하여는 그 일부청구의 소송 진행 중 청구취지를 확장하든가 혹은 그 소송 종료 후 6개월 내에 신소를 제기하든가 하면 모두 당초의 명시적 일부청구의 소제기 시점에 소멸시효가 중단된다.

그러나 대법원판례는 이와 달리 일부에 관하여만 청구하는 취지의 소제기는 잔부에 관하여 시효중단의 효력이 미치지 않는다고 보므로 그 잔부에 관하여 재판상 최고의 효력을 인정하지는 않는 것으로 보인다. 다만, 대법원판례[59]

---

55) 대판 13.12.26, 2012다115816(정보).
56) 日最判 1959(昭 34).2.20, 民集 13-2, 209.
57) 대판 75.2.25, 74다1557(집 23-1, 79).
58) 日最判 2013(平 25).6.6, 判時 2190, 22. 이에 대한 평석으로는 松久三四彦, "明示的一部請求の訴えの提起と殘部についての裁判上の催告としての消滅時效の中斷", ジュリスト 1466 重要判例解說, 2014, 71-72.
59) 대판 20.2.6, 2019다223723(공 20상, 618).

는 채권자가 일부청구의 소를 제기하면서 장차 청구금액을 확장할 뜻을 표시
하였지만 당해 소송이 종료될 때까지 청구금액을 확장하지 않았다가 당해 소
송이 종료된 때부터 6월 내에 잔부에 대하여 민법 §174에서 정한 조치를 취
한 경우에는 당초 일부청구의 소제기에 잔부에 대한 재판상 최고의 효력이 있
음을 인정하여 그 일부청구의 소제기시부터 잔부에 대한 소멸시효가 중단된다
고 한다. 당초 소를 제기하면서 장차 청구금액을 확장할 뜻을 표시한 채권자로
서는 장래에 나머지 부분을 청구할 의사를 가지고 있는 것이 일반적이므로, 다
른 특별한 사정이 없는 한 당해 소송이 계속 중인 동안에는 잔부에 대하여 권
리를 행사하겠다는 의사가 표명되어 최고에 의해 권리를 행사하고 있는 상태
가 지속되고 있는 것으로 보아야 하기 때문이라는 점을 근거로 든다.

(3) 청구권 경합과 재판상 최고

　채권자가 동일한 목적을 달성하기 위하여 복수의 채권을 갖고 있는 경우,
채권자로서는 그 선택에 따라 권리를 행사할 수 있되, 그 중 어느 하나의 청구
를 한 것만으로는 다른 채권 그 자체를 행사한 것으로 볼 수는 없으므로, 특별
한 사정이 없는 한 그 다른 채권에 대한 소멸시효 중단의 효력은 없다는 것이
판례이다(이에 대한 상세는 §170 부분 참조).[60] 다만, A, B 권리가 서로 경제적으로 밀접한 관련을
가지면서 A 권리가 B 권리를 확보하기 위한 수단으로 기능하는 경우에는 A
권리의 행사에 의하여 B 권리의 소멸시효가 중단된 것으로 본다. 어음채권에
기한 소제기에 의한 원인채권의 시효중단,[61] 파산절차에서 대위변제자의 원채
권 신고명의 변경신고에 의한 구상채권의 소멸시효 중단,[62] 원채권을 피담보
채권을 하는 담보권실행절차에서 대위변제자의 압류채권자 승계신고에 의한
구상권의 소멸시효 중단,[63] 수탁보증인의 사전구상권을 피보전채권으로 하는
가압류에 의한 사후구상권의 소멸시효 중단,[64] 근저당권설정등기청구에 의한
피담보채권의 소멸시효 중단[65] 등이 그것이다.

　그런데 일본의 판례는 위와 같이 어느 한 권리가 다른 권리의 수단적 관
계에 있지 아니한 경우에도 재판상 최고 이론을 적용하여 시효중단 시점을 앞

---

60) 대판 93.3.23, 92다50942(공 93상, 1274); 대판 94.12.2, 93다59922(공 95상, 426); 대
　　판 99.6.11, 99다16378(공 99하, 1397); 대판 02.6.14, 2002다11441(공 02, 1658).
61) 대판 61.11.9, 4293민상748(집 9, 72).
62) 日最判 1995(平 7).3.23, 民集 49-3, 984.
63) 日最判 2006(平 18).11.14, 民集 60-9, 3402.
64) 日最判 2013(平 25).6.6, 判時 2190, 22.
65) 대판 14.2.13, 2002다7213(공 04, 463).

당기고 있다. 즉 일본의 판례[66]는 "금원의 착복을 이유로 하는 불법행위에 기한 손해배상청구소송에서 위 착복금원 상당액의 부당이득반환청구가 추가된 경우, 양 청구가 기본적인 청구원인사실이 동일한 청구이고, 착복금 상당액의 반환을 청구하는 점에서 경제적으로 동일한 급부를 목적으로 하는 관계에 있다고 할 수 있기 때문에, 위 손해배상을 구하는 소의 제기에 의하여 본건 소송 계속 중 위와 동액의 착복금 상당액에 관하여 부당이득반환을 구하는 권리행사의 의사가 계속적으로 표시되어 있다고 할 것이어서, 위 부당이득반환청구권에 관한 최고가 계속되어 있다고 해석함이 상당하다. 그리고 피상고인의 제1심 구두변론기일에서 위 부당이득반환청구가 추가됨으로써 위 청구권에 대한 소멸시효 중단의 효력은 확정적으로 발생하였다."고 판시하였다.

이는 양 청구가 청구권 경합관계에 있는 경우 어느 한 청구를 하였다 하여 다른 청구에 대하여 '재판상 청구'를 한 것으로 보지 않은 기존 판례이론과의 정합성을 유지하면서, 권리행사의 실질을 중시하여 '재판상 최고'이론에 의하여 시효중단 시점을 앞으로 당긴 것이다. 이는 대여금 청구에 의하여 체당금 채권의 소멸시효는 중단되지 않는다고 판시하였던 종전의 일본 판례[67]와 비교하면 진일보한 판결이라는 평가를 받는다. 나아가 재물의 착복·횡령을 이유로 하는 착복금 상당액의 손해배상청구와 부당이득반환청구와의 관계에 관한 판시이지만, 그 판시 논거를 살펴보면 유사 사례에서도 적용될 가능성이 있다고 한다.[68]

대법원판례가 시효중단 사유인 재판상 청구는 그 권리가 소송물이 되어 기판력이 발생할 것을 요하지 않으므로, 소유권이전등기청구권이 발생한 기본적 법률관계에 해당하는 매매계약을 기초로 하여 건축주명의변경을 구하는 소도 위 소유권이전등기청구권의 소멸시효를 중단시키는 재판상 청구에 포함된다고 한다고 판시하는 등 권리행사의 형식이나 명칭보다는 그 실질을 중시하고 있는 점,[69] 특별한 형식에 구애받지 않고 당사자의 언행에 권리행사를 주장하는 취지가 드러나고 있다면 소멸시효 중단사유인 최고에 해당한다고 보아

---

66) 日最判 1998(平 10).12.17, 民集 190, 889.
67) 日最判 1975(昭 50).12.25, 民集 116, 845.
68) 加藤新太郎, "不法行爲に基づく損害賠償請求訴訟の係屬と不當利得返還請求權の消滅時效の中斷", 判例タイムズ臨時增刊 51-23: 平成11年度 主要民事判例解說, 2000, 98-99.
69) 대판 11.7.24, 2011다19737(공 11하, 1615).

이를 폭넓게 인정하고 있는 점[70] 등에 비추어 보면, 이와 같이 기본적인 청구원인 사실이 동일하고, 경제적으로 동일한 급부를 목적으로 하면서 그 법률적 구성만을 달리하는 청구권 경합의 경우에는, 소장에 청구권 경합관계에 있는 다른 청구권의 기초사실(청구원인 사실)이 적시되어 있다면 위 일본 판례의 이론을 충분히 채택할 수 있는 것으로 보인다. 예컨대, 피고가 자신의 집에 들어와 거실 찬장 안에 놓아 둔 돈 100만 원을 몰래 훔쳐갔으므로 피고에게 100만 원의 부당이득반환을 청구한다고 원고가 소를 제기한 경우, 위와 같은 소장에는 불법행위를 이루는 청구원인 사실이 적시되어 있고, 그러한 사실관계를 바탕으로 피고에게 100만 원의 지급을 청구하고 있음이 분명하다. 다만 소장에서 '부당이득반환청구권'만을 언급하고 있다는 점에서 '손해배상청구권'까지 '소'로써 '행사'(재판상 청구)하고 있다고 보기는 어렵지만, 불법행위를 구성하는 청구원인 사실을 적시하면서 100만 원의 지급을 구하고 있는 점에서 종래 판례의 입장에서 볼 때에도 '최고'로서의 요건은 갖추고 있다고 볼 수 있을 것이다.

[오 영 준]

---

70) 피상속인이 사망한 후 공동상속인 중 1인인 원고가 피고들을 찾아가 2억 원의 지급을 요구하고 이를 거절하는 피고들에게, "내가 국세청이고 어디고 다 뒤엎을 거야. 너희들이 엄마한테 받은 상동 땅도 내가 찾아 가는가 못 찾아 가는가 두고 봐. 확 뒤집어 엎어 버릴거다."라고 하면서 소송을 제기하겠다고 말한 것을 두고, 상동 대지에 대한 유류분반환청구권을 행사하겠다는 뜻을 표시한 것을 본 판례[대판 12.5.24, 2010다50809(공 12하, 1107)], 소송고지의 경우 피고지자에 대한 참가적 효력이 인정됨에 비추어 고지자로서는 당해 소송의 결과에 따라 피고지자에게 권리를 행사하겠다는 취지의 의사를 표명한 것으로 볼 수 있다고 하여 소송고지에 소송계속 동안 재판상 최고로서의 효력을 인정한 판례[대판 09.7.9, 2009다14340(공 09하, 1287)], 토지소유자가 그 토지 일부의 점유자에게 경계 재측량을 요구하고 그 재측량결과에 따른 경계선 위에 돌담을 쌓아올리는 것을 점유자가 제지한 것이 시비가 되어 토지소유자의 아버지가 점유자를 상대로 상해, 재물손괴죄 등으로 고소를 제기한 경우 취득시효 중단사유인 최고에 해당한다고 본 판례[대판 89.11.28, 87다273(집 37-4, 75; 공 90, 118)] 등 다수.

第175條(押留, 假押留, 假處分과 時效中斷)

押留, 假押留 및 假處分은 權利者의 請求에 依하여 또는 法律의 規定에 따르지 아니함으로 因하여 取消된 때에는 時效中斷의 效力이 없다.

Ⅰ. 본조의 의의

민법 §168 (ⅱ)는 '압류 또는 가압류, 가처분'을 소멸시효의 중단사유로 규정하고 있고, 본조는 "압류, 가압류 및 가처분은 권리자의 청구에 의하여 또는 법률의 규정에 따르지 아니함으로 인하여 취소된 때에는 시효중단의 효력이 없다."고 규정하고 있다.

'압류 또는 가압류, 가처분'은 재판상의 청구에는 해당하지 않지만, 권리자의 권리행사가 공권적으로 확인되는 강력한 권리주장에 해당하고, 재판상의 청구와 달리 반드시 판결을 전제로 하지 않는다. 또한 재판상의 청구의 경우 확정판결이 있으면 그 후 새로이 시효가 진행하므로 이를 저지할 필요가 있는 반면, 본조에 의한 압류 등의 경우에는 그 압류 등이 유효하게 유지되는 한 원칙적으로 별도의 시효중단조치를 강구할 필요가 없다. 이러한 점에서 압류 등은 재판상의 청구와는 별개의 독립한 소멸시효 중단사유로서 그 존재 의의가 있다.

한편 본조는 압류 또는 가압류, 가처분이 권리자의 청구에 의하여 또는 법률의 규정에 따르지 아니함으로 인하여 취소된 때에는 시효중단효가 소급적으로 상실되도록 규정하고 있다. 이는 민법 § 170 Ⅰ이 소송의 각하, 기각 또는 취하의 경우 재판상 청구는 시효중단의 효력이 없다고 규정한 것과 대응된다. 이들 규정은 모두 권리자가 적법한 권리행사의 의사가 없음을 객관적으로 표명하거나 처음부터 적법한 권리행사가 있었다고 볼 수 없는 경우에는 시효중단효가 소급적으로 상실된다는 취지를 규정한 것이다.[1]

Ⅱ. 압류로 인한 시효중단

1. 압류의 의의 및 압류에 준하는 경우

(1) 압류의 의의

압류란 금전채권에 관하여 집행기관이 확정판결 기타 집행권원에 기하여 강제집행의 첫 단계로 채무자의 재산의 처분을 금하는 행위를 말한다. 강제경매 뿐만 아니라 담보권의 실행을 위한 경매의 경우에도 강제집행에 관한 규정이 적용되므로($\S\S_{83, 268}^{\text{민집}}$), 저당권자가 저당권이 설정된 부동산에 대하여 담보권 실행을 위한 경매신청을 한 경우에도 시효중단의 효력이 인정된다.

(2) 압류에 준하여 시효중단효가 인정되는 경우

⑺ 일반채권자의 배당요구　　다른 채권자의 신청에 의하여 개시된 경매절차를 이용하여 배당요구를 신청하는 행위도 집행력 있는 집행권원에 기하여 능동적으로 그 권리를 실현하려고 하는 점에서는 강제경매의 신청과 동일하다고 할 수 있다. 따라서 부동산경매절차에서 집행력 있는 집행권원 정본을 가진 채권자가 하는 배당요구는 민법 § 168 (ⅱ)의 압류에 준하는 것으로서

---

1) 대판 11.1.13, 2010다88019(정보).

배당요구에 관련된 채권에 관하여 소멸시효를 중단하는 효력이 생긴다.[2]

　　(나) 첫 압류 전에 등기되고 매각으로 소멸하는 저당권자의 채권신고　　　첫 경매개시결정등기 전에 등기되고 매각으로 소멸하는 저당권을 가진 채권자는 담보권을 실행하기 위한 경매신청을 할 수 있을뿐더러 다른 채권자의 신청에 의하여 개시된 경매절차에서 배당요구를 하지 않아도 당연히 배당에 참가할 수 있다. 이러한 채권자가 채권의 유무, 그 원인 및 액수를 법원에 신고하여 권리를 행사하였다면 그 채권신고는 민법 §168 (ii)의 압류에 준하는 것으로서 신고된 채권에 관하여 소멸시효를 중단하는 효력이 생긴다. 대법원판례도 같은 입장이다.[3]

　　그러나 일본의 판례[4]는 이와 다른 입장을 취한다. 즉 등기된 저당권자가 제3자의 신청한 부동산 담보권실행을 위한 경매절차에서 채권신고를 한 경우, 그 채권신고는 그에 대한 채권의 존부 및 액수를 확정하는 절차가 예정되어 있지 않고, 그 신고채권에 관하여 배당을 받는다 하더라도 그것에 의하여 채권 전부의 존재가 확정되는 것도 아니며, 그 채권신고가 채무자에 대하여 권리를 주장하여 채무의 이행을 구하는 것이라고 보기도 어렵다는 이유로, 그 채권신고나 그 신고채권에 대한 배당을 받는 것은 압류 그 밖의 소멸시효의 중단사유에 해당하지 않는다고 한다.[5]

2. 압류의 당사자

　　사망한 사람을 피신청인으로 한 압류신청은 부적법하고 그 신청에 따른 압류명령이 내려졌다고 하여도 그 결정은 당연 무효로서 그 효력이 상속인에게 미치지 않는다. 이러한 당연 무효의 압류는 민법 §168 (ii)에 정한 소멸시효의 중단사유에 해당하지 않는다.[6] 그러나 이와 달리 신청 당시 생존하고

　　2) 대판 02.2.26, 2000다25484(집 50-1, 171); 대판 09.3.26, 2008다89880(공 09상, 570); 日最判 1999(平 11).4.27, 民集 53-4, 840. 위 일본 판결에 대한 평석으로는, 孝橋宏, "不動産競賣手續において執行力のある債務名義の正本を有する債權者がする配當要求と時效の中斷", ジュリスト增刊, 最高裁時の判例 I 私法編(1), 2003, 36-37.
　　3) 대판 10.9.9, 2010다28031(공 10하, 1895).
　　4) 日最判 1989(平 1).10.13, 民集 43, 985; 日最判 1996(平 8).3.28, 民集 50-4, 1172.
　　5) 이에 대한 평석으로는, 井上繁規, "第三者の申立てに係る不動産競賣手續において抵當權者が債權の一部に對する配當 を受けたことと右債權の殘部についての時效の中斷", ジュリスト增刊, 最高裁時の判例 I 私法編(1), 2003, 42-43. 이러한 입장은 부동산강제경매절차에서 등기된 저당권자가 채권신고를 한 경우 시효중단사유에 해당함을 부정한 日最判 1998(平 10).10.13, 民集 43-9, 985에서도 유지되고 있다.
　　6) 대판 06.8.24, 2004다26287, 26294(공 06, 1593).

있던 채무자가 압류결정 직전에 사망하였다거나 수계절차를 밟음이 없이 채무자 명의로 결정이 된 경우에 그 압류결정은 당연 무효라고 할 수 없으므로 이 결정에 의한 압류는 시효중단사유가 된다.[7]

한편, 채권자가 채무자의 제3채무자에 대한 채권을 압류한 경우에 채무자에 대한 채권자의 채권에 관하여 시효중단의 효력이 생기는 것은 당연하다. 그러나 '채무자의 제3채무자에 대한 채권'($^{피압류}_{채권}$)에 대하여는 압류에 의한 확정적인 시효중단의 효력이 생긴다고 할 수 없다. 압류에 의하여 '채권자의 채무자에 대한 채권'이 행사되었다고 볼 수 있지만, 피압류채권에 대해서까지 권리를 행사하였다고 볼 수는 없기 때문이다. 다만 판례[8]는 채권자가 확정판결에 기한 채권의 실현을 위하여 '채무자의 제3채무자에 대한 채권'($^{피압류}_{채권}$)에 관하여 압류 및 추심명령을 받아 그 결정이 제3채무자에게 송달이 되었다면 그 피압류채권에 소멸시효 중단사유인 '최고'로서의 효력을 인정하여야 한다고 한다.

일본의 판례[9]는 물상보증인 소유의 부동산에 대하여 저당권 실행을 위한 경매신청을 하고, 그에 따른 경매개시결정 정본이 채무자에게 송달된 경우, 채무자는 당해 저당권의 피담보채권의 소멸시효 중단의 효과를 받지만($^{§}_{176}$), 채권자 갑이 을의 주채무자에 관하여 병의 연대보증채무를 담보하기 위한 저당권을 설정한 물상보증인 정에 대하여 경매신청을 하고, 그 절차가 진행되는 것은 을의 주채무의 소멸사유 중단사유[$^{압류 또는 이행}_{의 청구(최고)}$]에 해당하지 않는다고 한다. 위 사안의 경매절차에서 집행채무자는 연대보증인이므로 집행법원의 경매통지가 주채무자에게 송달된 바 없어 민법 §176는 적용되지 않는다. 다만 연대보증인을 집행채무자로 삼은 위 경매신청이 연대보증인에 대한 '이행의 청구'[$^{§168}_{(i)}$]에 해당한다면, '어느 연대채무자에 대한 이행청구는 다른 연대채무자에게도 효력이 있다'는 민법 §416에 의하여 주채무자에 대하여도 소멸시효 중단의 효력이 미칠 수 있는 것이 아닌가 하는 의문이 제기될 수 있다. 그러나 일본의 판례는 담보권실행을 위한 경매절차에서는 저당권의 피담보채권의 존부 및 액수를 확정하는 절차가 예정되어 있지 않고, 집행기관의 연대보증인에 대한 경매통지는 본채 채권자의 채무자에 대한 의사표시의 방법이 아니라는 등의 이

---

7) 대판 76.2.24, 75다1240(집 24-1, 102).
8) 대판 03.5.13, 2003다16238(집 51-1, 234). 이에 관하여는 박순성, "채권의 압류 및 추심명령과 시효중단", 해설 44, 2003, 661-669 참조.
9) 日最判 1996(平 8).9.27, 民集 50, 2395.

유로 이를 부정한 것이라고 한다.[10]

3. 압류로 인한 시효중단의 발생시기

(1) 학   설

민법상 시효중단사유인 압류의 경우 시효중단의 발생시기를 '압류시'가 아니라 '집행의 신청시' 또는 '집행의 위임시'로 보는 것이 통설이다(물상보증인등 채무자가 아닌 제3자를 상대로 한 압류 등의 시효중단 시기에 관하여는 본조가 아닌 §176 참조). 이는 집행기관의 절차지연으로 인하여 권리가 전적으로 소멸하는 부담을 피하고 소가 제기된 사실을 피고가 알려면 소장 부본의 송달이 필요함에도 불구하고 소제기 시에 시효중단의 효력이 생긴다고 해석하는 것과 균형상, 압류도 집행행위가 있으면 그 명령을 신청하거나 이를 위임하는 때에 소급하여 중단의 효력이 생긴다고 보는 것이다.[11] 그리하여 통설은 일단 집행에 착수하였으나 압류할 물건이 없어 집행불능이 된 때에도 시효중단의 효력을 인정한다.

이와 달리 일본의 학설[12] 중에는 부동산의 경우 경매개시결정이 채무자에게 송달되거나 그 전에 경매개시결정의 등기가 마쳐진 때에 압류에 의한 시효중단이 발생한다고 주장하는 견해도 있으나, 타당하다고 보기 어렵다.

(2) 판   례

판례[13]는 국세기본법 §28 Ⅰ이 국세징수권의 소멸시효의 중단사유로 납세고지, 독촉 또는 납부최고, 교부청구 외에 '압류'를 규정하고 있는데, 세무공무원이 국세징수법 §26에 의하여 체납자의 가옥·선박·창고 기타의 장소를 수색하였으나 압류할 목적물을 찾아내지 못하여 압류를 실행하지 못하고 수색조서를 작성하는 데 그친 경우에도 소멸시효 중단의 효력이 있다고 한다.

---

10) 孝橋 宏, "連帶保證債務の物上保證人に對する抵當權の實行と主債務の消滅時效の中斷", ジュリスト 增刊, 2003, 47-49.

11) 양창수, "민법 제176조 제1항에 의한 시효중단", 민법연구 1(2004), 189-190. 이 글은 이러한 통설의 입장은 압류의 효력발생시기와 시효중단시기를 구별하는 입장이라고 하면서[日大判 1938(昭 13).6.27, 民集 17, 1324의 판지도 같다], 입법론적으로는 독일민법 §209 Ⅱ(v)와 같이 압류 등의 신청 자체를 시효중단사유로 하되, 독일민법 §216 Ⅱ과 같이 그 신청이 각하·기각 또는 취하되거나 집행행위가 취소되면 시효중단 자체가 없는 것으로 간주하는 것이 더 타당하다고 한다.

12) 我妻 榮, 有泉亨 コンメンタール民法總則 制3版, 2003, 371.

13) 대판 01.8.21, 2000다12419(공 01, 2035). 이에 관하여는 최진수, "체납자의 재산을 압류하기 위해 수색을 하였으나 압류할 목적물이 없어 압류를 실행하지 못한 경우에도 시효중단의 효력이 발생하는지 여부(적극)", 해설 39, 2001, 9-22 참조.

또한 판례[14]는 벌금의 시효는 강제처분을 개시함으로 인하여 중단되는데 $\left(\begin{smallmatrix}형\\§80\end{smallmatrix}\right)$, 채권에 대한 강제집행의 방법으로 벌금형을 집행하는 경우 검사의 징수명령서에 기하여 '법원에 채권압류명령을 신청하는 때'에 강제처분인 집행행위의 개시가 있는 것이므로 특별한 사정이 없는 한 그때 시효중단의 효력이 발생하고, 그 시효중단의 효력이 발생하기 위하여 집행행위가 종료되거나 성공하였음을 요하지 아니하며, 수형자에게 집행행위의 개시사실을 통지할 것을 요하지 아니한다고 한다. 이러한 판례와 관련하여 벌금, 몰수·추징 등 형의 시효에 관하여는 민법 §176의 적용이 배제된다는 견해가 있다.[15]

나아가 판례는 채권자가 채무자의 제3채무자에 대한 채권을 압류할 당시 그 피압류채권이 이미 소멸하였다는 등으로 부존재하는 경우에도 특별한 사정이 없는 한 압류집행을 함으로써 그 집행채권의 소멸시효는 중단된다고 한다.[16]

다만, 대법원판례는 유체동산에 대한 가압류명령을 받았다 하더라도 아직 집행절차에 착수하지 않은 경우에는 시효중단의 효력이 없다고 한다.[17] 가압류와 압류를 달리 볼 이유가 없는 점에 비추어 보면, 이러한 판례법리는 유체동산 압류의 경우에도 동일하게 적용할 수 있다. 즉 앞서 판례가 집행불능의 경우에도 압류명령 신청시를 시효중단시로 보는 것은 일단 집행에 착수하였을 것을 전제로 하는 것이고, 그와 같이 집행에 착수한 경우에 한하여 집행불능에도 불구하고 시효중단효의 발생시기를 압류명령 신청시로 소급하는 것이기 때문이다.[18]

과거 일본의 판례[19]는 유체동산 압류를 부동산의 압류, 가압류와 달리 취급하여 집행관에 대한 집행위임 시가 아니라 집행관의 집행착수 시에 시효중단의 효력이 생긴다고 하였다가 그 후 판례를 변경하였다. 현재 일본의 판례[20]는 유체동산 압류의 경우에도 채권자가 집행관에 동산집행의 신청을 한 때에

---

14) 대결 09.6.25, 2008모1396(공 09하, 1451).

15) 김우수, "가. 벌금형의 시효중단 사유로서의 '강제처분 개시'의 의미, 나. 검사의 징수명령에 의해 수형자의 예금채권에 대하여 압류신청을 한 경우, 비록 그 예금채권이 사실상 휴면예금이거나 액수가 극히 적은 금액이었다고 하더라도 이미 발생한 시효중단의 효력이 소멸하지 않는다고 본 사례", 해설 80, 2009, 673-688.

16) 대판 14.1.29, 2013다47330(정보).

17) 대판 11.5.13, 2011다10044(공 11상, 1173).

18) 대판 17.4.7, 2016다35451(공 17상, 948)은 가압류의 시효중단시기에 관하여 명시적으로 "가압류에 의한 시효중단의 효력은 가압류신청을 한 때에 '소급'한다"고 판시하고 있다.

19) 日大判 1924(大 13).5.20, 民集 3, 203.

20) 日最判 1984(昭 59).4.24, 民集 38-6, 687.

시효중단의 효력이 생기고, 다만 시효중단의 효력이 발생하기 위해서는 현실의 압류가 이루어질 것을 요하며, 그 신청이 취하·각하되거나 채무자의 주소불명[21]으로 인하여 집행이 불능으로 됨으로써 결국 압류가 이루어지지 아니한 경우에는 일단 생긴 시효중단의 효력은 소급적으로 소멸한다고 판시하고 있다. 이는 일본의 다수설과 같은 입장이다.[22] 구체적으로 어떠한 경우에 현실의 압류가 이루어진 것인지에 관하여는 몇 가지 논의가 있다. 우선 집행관이 집행에 착수할 것을 요하는데, 집행관이 채무자의 주소에 임하여 압류에 착수하였으나 압류물이 없어 집행불능이 된 경우[23] 및 집행관이 채권자의 주소에 임하여 집행에 착수하였으나 채무자로부터 집행채권이 이미 완제되었다는 신고를 받고 집행을 중지한 경우[24]에는 집행의 착수가 있고 시효가 중단된다. 그러나 채무자의 주소불명으로 집행이 불능이 된 경우[25]에는 집행의 착수가 없어 시효중단의 효력은 생기지 않는다고 한다.

한편, 독일민법 §209는 Ⅰ에서 소의 제기를 소멸시효의 중단사유로 정하면서, 제2항에서 소의 제기와 동시되는 것을 열거하고 있는데, 그 제5호에 '집행행위의 실행(Vornahme einer Vollstreckungshandlung) 및 강제집행이 법원 또는 기타 관청의 관할에 속하는 경우에는 강제집행(Vollstreckung)의 신청'이라고 규정하고 있다. 독일의 통설과 판례는 가압류명령은 이 규정에서 말하는 집행행위에 해당하지 않고, 가압류신청은 가압류명령의 신청일 뿐 강제집행의 신청은 아니기 때문에, 가압류신청이나 가압류명령은 시효중단사유에 해당하지 않는다고 한다.[26] 독일의 판례[27]와 통설은 통상의 강제집행에 대하여는 법원 기타의 집행기관의 집행행위는 물론이고 채권자가 하는 그 집행의 신청도 시효중단사유에 해당한다고 본다.[28] 강제집행의 신청에 의하여 시효가 중단된다고 보는 이유는, 관할법원 또는 관서의 업무처리 지연으로 인한 불이익

---

21) 日最判 1968(昭 43).3.29, 民集 22, 725.
22) 注解 判例民法 民法總則, 632–633(初版/平岡建樹).
23) 日大判 1926(大 15).3.25, 民集 5, 214.
24) 日大判 1941(昭 16).9.19, 民集 20, 1164.
25) 日最判 1968(昭 43).3.29, 民集 22–3, 725.
26) 이는 뒤에서 가압류 부분에서 보는 바와 같이 우리나라와 일본의 통설과는 다른 입장이다.
27) BGHZ 93, 287.
28) Staudinger/Dilcher, §209 Rn. 39, 46; MunchKomm/von Feldmann, §209 BGB Rn. 21(Bd. 1, 3. Aufl., 1993, S. 1712); Palandt/Heinrichs, §209 Anm. 21(59. Aufl., 2000, S. 206)[양창수, "부동산가압류의 시효중단효의 종료시기", 민법연구 6(2007), 518에서 재인용].

을 권리자에게 부담시켜서는 아니되기 때문이라고 한다.[29)]

4. 압류로 인한 시효중단의 종료시기

(1) 일반적인 시효중단의 종료시기

압류에 의한 시효중단의 효력은 강제집행 절차가 종료될 때까지 계속되고, 시효가 중단된 때에는 중단시까지 경과한 시효기간은 이를 산입하지 아니하며, 중단사유가 종료한 때로부터 새로이 시효기간이 진행한다.[30)]

집행절차를 개시하였으나 압류할 목적물이 없기 때문에 집행불능이 된 경우에도 집행절차가 종료된 때로부터 시효가 새로이 진행된다.[31)]

(2) 시효중단의 종료시점이 문제되는 경우

㈎ 피압류채권이 중도 소멸된 경우   압류의 목적물이 채권인 경우, 즉 채권압류로 인하여 채권자의 채무자에 대한 채권의 시효가 중단된 경우 그 압류에 의한 강제집행절차가 채권추심 등으로 종료된 경우 그때부터 시효가 새로이 진행되는 것은 당연하다.[32)] 또한 그 피압류채권이 그 기본계약관계의 해지·실효 또는 소멸시효 완성 등으로 인하여 소멸함으로써 압류의 대상이 존재하지 않게 되어 압류 자체가 실효된 경우 강제집행절차는 더 이상 진행될 수 없으므로 시효중단사유가 소멸하고 그때부터 시효가 새로이 진행한다.[33)]

㈏ 일부 배당 및 배당이의가 제기된 경우   채권자가 배당요구 또는 채권신고 등의 방법으로 권리를 행사하여 강제경매절차에 참가하였는데, 그 권리행사로 인하여 소멸시효가 중단된 채권에 대하여 일부만 배당하는 것으로 배당표가 작성되고 다시 그 배당액 중 일부에 대하여만 배당이의가 있어 그 이의의 대상이 된 부분을 제외한 나머지 부분, 즉 배당액 중 이의가 없는 부분과 배당받지 못한 부분의 배당표가 확정이 되었다면, 이로써 그와 같이 배당표가 확정된 부분에 관한 권리행사는 종료되고 그 부분에 대하여 중단된 소멸시효는 위 종료 시점부터 다시 진행된다. 그리고 위 채권 중 배당이의의 대상이 된 부분은 그에 관하여 적법하게 배당이의의 소가 제기되고 그 소송이 완결된

---

29) Motive Ⅰ, S.329= Mugdan Ⅰ, S.533[양창수(주 11), 188-190에서 재인용].

30) 대판 14.1.29, 2013다47330(정보); 대판 15.11.26, 2014다45317(정보).

31) 대판 11.5.13, 2011다10044(공 11상, 1173); 注解 判例民法 民法總則, 644(初版/平岡建樹).

32) 日東京地判 1976(昭 51).2.26, ジュリスト 641, 3.

33) 대판 17.4.28, 2016다239840(공 17상, 1110).

후 그 결과에 따라 종전의 배당표가 그대로 확정 또는 경정되거나 새로 작성된 배당표가 확정되면 그 시점에서 권리행사가 종료되고 그때부터 다시 소멸시효가 진행한다.[34]

Ⅲ. 가압류·가처분으로 인한 시효중단

1. 가압류·가처분의 의의

가압류는 금전채권이나 금전으로 환산할 수 있는 채권에 대하여 동산 또는 부동산에 대한 강제집행을 보전하기 위하여 하는 것으로($_{§\,276\,\text{I}}^{\text{민집}}$), 이를 하지 아니하면 판결을 집행할 수 없거나 판결을 집행하는 것이 매우 곤란할 염려가 있을 경우에 할 수 있다($_{§\,277}^{\text{민집}}$).

가처분에는 다툼의 대상에 관한 가처분과 임시의 지위를 정하는 가처분이 있다. 전자는 현상이 바뀌면 당사자가 권리를 실행하지 못하거나 이를 실행하는 것이 매우 곤란할 염려가 있을 경우에 하고($_{§\,300\,\text{I}}^{\text{민집}}$), 후자는 계속하는 권리관계에 끼칠 현저한 손해를 피하거나 급박한 위험을 막기 위하여, 또는 그 밖의 필요한 이유가 있을 경우에 다툼이 있는 권리관계에 대하여 임시의 지위를 정하기 위하여 한다($_{§\,300\,\text{II}}^{\text{민집}}$).

판례는 부동산등기법 §38의 가등기가처분은 통상의 민사소송법상의 가처분과는 그 성질을 달리하는 것이므로, 이러한 가등기가처분은 민법 §168 (ii)에서 말하는 소멸시효의 중단사유의 하나인 가처분에 해당한다고 할 수 없다고 한다.[35]

2. 가압류·가처분으로 인한 시효중단의 시기 및 종기

민법은 "소멸시효는 가압류로 인하여 중단된다."거나 "중단된 시효는 중단사유가 종료한 때로부터 새로이 진행한다."고만 규정할 뿐, 구체적으로 시효중단이 언제 시작되는 것인지, 시효중단은 언제 종료되는 것인지에 관하여 규정하고 있지 않다.

---

34) 대판 09.3.26, 2008다89880(공 09상, 570).
35) 대판 93.9.14, 93다16758(공 93, 2772).

(1) 시효중단의 시기

시효중단의 시기에 관하여는 가압류명령을 신청한 때부터 중단의 효력이 생긴다는 설, 가압류명령의 발령시부터라는 설, 가압류집행을 신청한 때부터라는 설,[36] 집행행위에 착수하였을 때라는 설이 대립하고 있다. 가압류명령 신청시설이 통설이다. 그 근거는 다음과 같다. 즉,「① 가압류, 가처분에 의한 시효중단의 근거는 그것이 권리의 실행행위라는 점에 있다. 이미 가압류명령의 신청이 있는 이상은 그 집행을 하지 않거나 또는 집행불능인지를 불문하고 그 권리는 행사된 것이다. 따라서 시효중단의 효력발생시기는 보전절차의 최초의 단계인 보전명령신청시라고 해석하여야 한다. ② 가압류신청 이후의 절차는 법원의 직권으로 진행되는데, 보전소송절차의 지속이라는 우연한 사정에 의하여 시효중단의 시기가 좌우되는 것은 불합리하다. ③ 보전명령에 기한 본집행은 채권자의 신청에 의하여 진행되는데, 채권자가 본집행신청을 하지 않는 경우 시효중단의 기산점을 보전명령신청시로 보면 시효중단의 효력이 채권자의 자의에 의하여 연장될 염려가 있다는 비난이 있다. 그러나 보전명령의 집행에는 기간이 법정되어 있고, 채권자가 집행기간을 해태한 때에는 채무자가 이의 또는 사정변경을 이유로 한 취소를 구할 수 있으며, 집행기간이 지난 뒤에 집행에 착수하였을 경우에는 집행방법에 의한 이의신청이나 즉시항고를 할 수 있으므로 문제가 되지 않는다.[37]」는 것이다.

판례[38]는 가압류명령신청시설을 따르고 있다. 그 근거에 관하여 "가압류에 관해서도 민사소송법 §265를 유추적용하여 '재판상의 청구'와 유사하게 가압류를 신청한 때 시효중단의 효력이 생긴다고 보아야 한다. '가압류'는 법원의 가압류명령을 얻기 위한 재판절차와 가압류명령의 집행절차를 포함하는데, 가압류도 재판상의 청구와 마찬가지로 법원에 신청을 함으로써 이루어지고, 가압류명령에 따른 집행이나 가압류명령의 송달을 통해서 채무자에게 고지가 이루어지기 때문이다."라고 하면서, "가압류채권자의 권리행사는 가압류를 신청한 때에 시작되므로, 이 점에서도 가압류에 의한 시효중단의 효력은 가압류신청을 한 때에 소급한다."라고 판시한다.

여기서 대법원판례가 가압류에 의한 시효중단의 효력이 가압류신청을 한

---

36) 구주해(3), 525(윤진수).
37) 박영식, "사망한 채무자 명의의 가압류결정과 시효중단", 민판연 1, 1979, 294-295; 김진수, "가압류와 시효중단의 계속", 판례연구 12, 2001, 573-574.
38) 대판 17.4.7, 2016다35451(공 17상, 948).

때에 '소급'한다고 명시한 점을 유의할 필요가 있다. 이는 가압류신청시에 시효중단의 효력이 생기는 것은 그 자체로 처음부터 완결적으로 생기는 효력이 아니라 그 후 무엇인가의 후속조치가 있은 후에 비로소 그 가압류신청시로 시효중단효가 소급하여 발생한다는 취지가 드러나 있기 때문이다. 이러한 입장에 서면 가압류신청이 있다 하더라도 그 신청이 기각되는 등 가압류명령이 발령된 바 없거나, 발령되더라도 그 집행행위의 착수가 이루어지지 아니한 경우에는, 가압류신청을 할 때로 '소급'할만한 시효중단의 효력이 애초부터 존재하지 않게 된다.

그리고 이러한 입장은 유체동산에 대한 가압류명령을 받았다 하더라도 아직 집행절차에 착수하지 않은 경우에는 시효중단의 효력이 없다고 한 판례[39]와도 궤를 같이 한다. 이 판례에 대하여는 가압류집행대상에 따라 시효중단의 효력발생시기를 달리 보는 것은 부당하고 일률적으로 가압류명령 신청시설에 의하여야 한다며 비판하는 견해가 있지만,[40] 이는 타당하다고 볼 수 없다. 판례의 입장은 유체동산 집행의 경우에도 집행관이 유체동산에 대한 집행절차에 착수조차 하지 아니한 상태에서는 가압류명령 신청시로 소급할 시효중단의 효력이 애초부터 발생한 바 없어, 그 가압류명령 신청시로 시효시킬 효력도 없다는 취지로 이해할 수 있기 때문이다.

(2) 시효중단의 종기

시효중단의 종기에 대하여는 계속설, 비계속설, 절충설이 대립한다.[41]

계속설은 시효중단의 효력이 가압류에 의한 집행보전의 효력이 존속하는 동안(부동산의 경우에는 가압/류등기가 존속하는 동안) 계속된다고 하는 견해이다. 그 근거는 다음과 같다. 즉 「① 가압류의 효력이 존속하는 동안은 채권자의 권리행사는 계속된다. ② 가압류에 의한 중단효의 계속을 부정하는 입장은 가압류 후 다시 다른 중단절차를 취할 필요가 있다는 것인데, 이는 채권자에게 가혹하다. 특히 가압류에 대하여 이의신청이 있은 경우라든가 어음채권, 단기소멸시효에 의한 경우에는 더욱 그러하다. ③ 가압류에 의한 중단효가 계속된다 하더라도 채무자로서는 제소명령을 신청할 수 있고, 채권자가 그것에 따르지 아니한 때에는 가압류명령이 취소되며, 집행권원을 얻고서도 본집행에 착수하지 않는 경우에는 보전의 필

---

39) 대판 11.5.13, 2011다10044(공 11상, 1173).

40) 김광년, "가압류와 시효중단의 효력발생시기", 변호사 45, 2014, 61-82.

41) 아래 학설의 내용은 김진수(주 37), 574-577에서 인용.

요성이 소멸하였다는 것을 이유로 사정변경에 의한 가압류명령의 취소를 신청할 수 있으므로 채무자에게 가혹하지 않다. 채무자가 이러한 대항수단을 취하지 않은 경우에는 중단효가 계속된다 하여도 부당하다고 할 수 없다.」는 것이다.

비계속설[42]은 시효중단의 효력이 집행보전의 효력과는 달리 집행행위의 종료시(부동산의 경우에는 가압류등기가 경료되었을 때)에 종료한다고 본다. 그 근거는 다음과 같다. 즉 「① 가압류에 의한 시효중단효의 계속을 인정하면 본래 본집행을 위하여 잠정적으로 인정된 가압류에 시효를 중단하는 효력을 무기한적·영구적으로 인정하는 것이 되어 판결에 의하여 확정된 권리라도 10년의 시효에 걸리는 것과의 균형이 맞지 않는다. ② 가압류는 집행권원을 요하지 않고 피보전권리와 보전의 필요성을 소명하기만 하면 발령되고 집행되는 것이므로 그 자체가 권리존재의 공적인 증거라 할 수 없다. 가압류는 권리의 실행행위라기보다는 오히려 그 준비행위에 불과하므로 가압류등기가 되어 있다는 사정만으로 시효의 기초가 계속 부정될 수 없고 채권자가 그 등기를 방치하고 있는 한 권리 위에 잠자고 있다고 평가할 수도 있다. ③ 가압류는 잠정적인 준비행위에 지나지 않으므로 가압류 자체의 효력이 존속한다고 하여도 그것으로부터 바로 중단효도 같이 존속한다고 할 수 없다. ④ 저당권부 채무의 경우 피담보채권의 권리행사가 없는 한 저당권등기만으로 피담보채권에 대한 중단의 효과가 발생하지 않는 것과 마찬가지로 가압류등기가 남아 있다는 사실만으로 권리행사가 계속되고 있다고 할 수 없다.」는 것이다.

절충설은 계속설에 의하면 가압류에 의한 시효중단기간이 영구적인 것으로 되고, 반대로 비계속설에 의하면 그 기간이 지나치게 짧아지기 때문에 그 중간을 취하려고 한다. 절충설은 그 주장하는 내용이 다양한데, ① 후에 본안소송이 제기된 경우에는 그 확정판결의 시효에 흡수된다고 하는 설(이른바 흡수설), ② 본안소송에의 흡수를 인정하면서 본안소송이 제기되지 않은 경우에는 잠정적인 중단사유라는 점에서 최고와 유사하다는 점에 착안하여 최고와 마찬가지로 6개월의 유예를 인정하는 설, ③ 본소가 제기된 경우든 그렇지 않은 경우든 판결에 의하여 확정된 권리와의 정합성에 비추어 민법 §165 Ⅰ을 유추적용하자는 설, ④ 본소제기 전의 가압류에 대하여는 중단효를 부정하고 본소제기 후의 가압류의 경우에만 본집행의 종료시까지 중단을 인정하는 설 등이 있다.

---

42) 양창수(주 28), 528-529.

판례[43]는 계속설을 취하여 "민법 §168에서 가압류를 시효중단사유로 정하고 있는 것은 가압류에 의하여 채권자가 권리를 행사하였다고 할 수 있기 때문인데 가압류에 의한 집행보전의 효력이 존속하는 동안은 가압류채권자에 의한 권리행사가 계속되고 있다고 보아야 할 것이므로 가압류에 의한 시효중단의 효력은 가압류의 집행보전의 효력이 존속하는 동안은 계속된다고 하여야 할 것이다. 또한 민법 §168에서 가압류와 재판상의 청구를 별도의 시효중단사유로 규정하고 있는데 비추어 보면, 가압류의 피보전채권에 관하여 본안의 승소판결이 확정되었다고 하더라도 가압류에 의한 시효중단의 효력이 이에 흡수되어 소멸된다고 할 수도 없다."고 한다.[44] 가압류등기가 이루어진 후 본안소송에서 소각하 판결이 확정된 경우에도 가압류에 대한 시효중단의 효력은 계속된다고 한다.[45]

또한 판례[46]는 가처분에 관하여도 그 집행보전의 효력이 존속하는 동안은 가처분채권자의 권리행사가 계속되고 있다고 보아야 하므로 가처분에 의한 시효중단의 효력이 계속된다고 한다.

나아가 판례[47]는 "가압류에 의한 시효중단은 경매절차에서 부동산이 매각되어 가압류등기가 말소되기 전에 배당절차가 진행되어 가압류채권자에 대한 배당표가 확정되는 등의 특별한 사정이 없는 한, 채권자가 가압류집행에 의하여 권리행사를 계속하고 있다고 볼 수 있는 가압류등기가 말소된 때 그 중단사유가 종료되어, 그때부터 새로 소멸시효가 진행한다고 봄이 타당하다"고 하면서, "매각대금이 납부되고 이에 따라 가압류등기가 말소된 후의 배당절차에서 가압류채권자의 채권에 대하여 배당이 이루어지고 배당액이 공탁되었다고 하여 가압류채권자가 그 공탁금에 대하여 채권자로서 권리행사를 계속하고 있다고 볼 수는 없으므로 그로 인하여 가압류에 의한 시효중단의 효력이 계속된다고 할 수 없다."고 한다.

---

43) 대판 00.4.25, 2000다11102(집 48-1, 149). 이에 관하여는 이균용, "가압류와 시효중단 효력의 계속 여부", 해설 34호, 2000, 43-59 참조.

44) 일본의 판례도 같은 입장이다. 日最判 1984(昭 59).3.4, 判時 1114, 42; 日最判 1994(平 6).6.21, 民集 48-4, 1101; 日最判 1998(平 10).11.24, 民集 52-8, 1737 참조.

45) 대판 00.4.25, 2000다11102(집 48-1, 149); 注解 判例民法 民法總則, 645(初版/平岡建樹).

46) 대판 12.1.12, 2011다70930(정보).

47) 대판 13.11.14, 2013다18622, 18639(공 13하, 2201).

Ⅳ. 압류 등으로 인한 시효중단효의 유무 및 범위

1. 부존재하는 집행채권에 기한 압류

이미 어음채권의 소멸시효가 완성된 후에는 그 채권이 소멸되고 시효중단을 인정할 여지가 없으므로, 시효로 소멸된 어음채권을 청구채권으로 하여 채무자의 재산을 압류한다 하더라도 이를 어음채권 내지는 원인채권을 실현하기 위한 적법한 권리행사로 볼 수 없어, 그 압류에 의하여 그 원인채권의 소멸시효가 중단된다고 볼 수 없다.[48] 여기서 주의할 점은 이러한 법리는 부존재하는 집행채권을 가지고 압류에 나아간 경우에 관한 것이라는 점이다. 이와 달리 존재하는 집행채권을 가지고 압류에 나아갔으나 피압류채권(압류목적물)이 부존재하는 경우에는 그 집행채권의 소멸시효는 중단되고 다시 그때부터 시효가 진행되는 것과 구별하여야 한다.[49]

2. 채권의 일부에 기한 가압류·압류

채권자가 가분채권의 일부분을 피보전채권으로 주장하여 채무자 소유의 재산에 대하여 가압류를 한 경우 그 피보전채권 부분만에 한하여 시효중단의 효력이 있고 가압류에 의한 보전채권에 포함되지 아니한 나머지 채권에 대하여는 시효중단의 효력이 발생할 수 없다.[50] 이는 가분채권의 일부만을 집행채권으로 삼아 압류한 경우에도 동일하다.

3. 채권의 일부를 대상으로 한 가압류·압류

채권자가 1개의 채권 중 일부에 대하여 가압류·압류를 하는 취지는 1개의 채권 중 어느 특정 부분을 지정하여 가압류·압류하는 등의 특별한 사정이 없는 한 가압류·압류 대상 채권 중 유효한 부분을 가압류·압류함으로써 향후 청구금액만큼 만족을 얻겠다는 것이므로, 1개의 채권의 일부에 대한 가압류·압류는 유효한 채권 부분을 대상으로 한 것이고, 유효한 채권 부분이 남아 있는 한 거기에 가압류·압류의 효력이 계속 미친다. 따라서 1개의 집행대상 채권 중 일부에 대하여 가압류·압류를 하였는데, 그 집행대상 채권의 일부에 대

---

48) 대판 10.5.13, 2010다6345(공 10상, 1120).
49) 대판 14.1.29, 2013다47330(정보); 대판 17.4.28, 2016다239840(공 17상, 1110).
50) 대판 91.12.10, 91다17092(공 92, 480).

하여만 소멸시효가 중단되고 나머지 부분은 이미 시효로 소멸한 경우, 가압
류·압류의 효력은 시효로 소멸하지 않고 잔존하는 채권 부분에 계속 미치고,
그 잔존 채권 부분에 대한 시효는 중단된다.[51]

4. 사전구상권에 기한 가압류·압류

일본의 판례[52]는 사전구상권과 사후구상권은 별개의 권리[53]이지만, 사전
구상권을 피보전권리로 하는 가압류는 사후구상권의 소멸시효도 중단시킨다고
한다. 그 이유로 사전구상권은 사후구상권을 확보하기 위하여 인정된 권리라는
관계에 있기 때문에, 수탁보증인이 사전구상권을 피보전채권으로 하는 가압류를
하면, 사후구상권에 관하여도 권리를 행사한 것과 마찬가지라고 평가할 수 있는
점, 수탁보증인이 사전구상권을 피보전채권으로 하는 가압류를 한 경우라 하더
라도 다시 사후구상권에 관하여 소멸시효의 조치를 취하지 않으면 아니된다는
것은 당사자의 합리적인 의사 내지 기대에 반하여 상당하지 않은 점 등을 든다.

5. 근저당권에 기한 경매와 채권최고액

일본의 학설[54] 중에는 근저당권자가 담보권실행을 위한 경매를 신청한 경
우, 담보되는 채권으로 그 절차에서 확정되고 또한 일부라도 배당을 받은 채권
에 관하여만 압류에 의한 시효중단효가 생기고, 근저당권의 피담보채권에 속
하는 모든 채권에 관하여 시효중단효가 생기는 것은 아니라는 견해가 있다.

그러나 일본의 판례는 이와 달리 근저당권자가 담보권실행을 위한 경매
를 신청하고 그 경매개시결정이 채무자에 송달된 경우, 시효중단의 효력은 채
권최고액의 범위에 그치지 않고 청구채권으로 표시된 당해 피담보채권 전부에
관하여 미친다는 입장이다.[55] 일본의 판례가 타당하다. 이 경우 배당받지 못한

---

51) 대판 16.3.24, 2014다13280, 13297(공 16상, 614); 수원지판 09.4.1, 2008가단13568
(각공 09상, 781).
52) 日最判 2015(平 27).2.12, 民集 69-1, 1. 이에 대한 평석은 米倉暢大, "事前求償権を被
保全債権とした仮差押えによる事後求償権の消滅時效の中断", ジュリスト1492 重要判例解
說 2016, 75-76.
53) 대판 92.9.25, 91다37553(공 92, 932): 수탁보증인의 사전구상권과 사후구상권은 그 종
국적 목적과 사회적 효용을 같이하는 공통성을 가지고 있으나 그 발생원인을 달리하고 그
법적 성질도 달리하는 별개의 독립된 권리라고 할 것이므로, 그 소멸시효는 각각 별도로
진행되는 것이고, 따라서 사후구상권의 소멸시효는 사전구상권이 발생되었는지 여부와는
관계없이 사후구상권 그 자체가 발생되어 이를 행사할 수 있는 때로부터 진행된다.
54) 我妻 榮, 有泉亨 コンメンタール民法總則 制3版, 2003, 360, 372.
55) 日最判 1999(平 11).9.9, 判時 1689, 74.

피담보채권 부분에 관하여는 그와 같이 배당받지 못한 것으로 배당표가 확정된 때에 그 부분에 대한 권리행사가 종료하므로 그 때부터 중단된 소멸시효는 다시 진행하는 것으로 보아야 할 것이다.[56)]

V. 압류 등의 취소로 인한 시효중단효의 소급적 상실

1. 압류 등의 취소의 의의 및 효과

본조가 압류 또는 가압류, 가처분이 '권리자의 청구에 의하여 또는 법률의 규정에 따르지 아니함으로 인하여 취소된 때'에는 소멸시효 중단의 효력이 없다고 규정한 것은, 그러한 사유는 권리자에게 권리행사의 의사가 없음을 객관적으로 표명하는 행위이거나 또는 처음부터 적법한 권리행사가 있었다고 볼수 없는 사유에 해당되기 때문이다.[57)]

여기서 '권리자의 청구에 의하여 취소된 때'라고 함은 권리자가 압류 또는 가압류, 가처분의 신청을 취하한 경우를 말하고, '법률의 규정에 따르지 아니함으로 인하여 취소된 때'라 함은 압류 또는 가압류, 가처분신청 등이 적법한 요건을 갖추지 못하거나 그 절차가 부적법하여 법원에 의하여 압류 또는 가압류, 가처분이 취소된 경우를 말한다. 집행절차의 취소, 이미 행한 집행처분의 취소, 이의신청에 의한 가압류명령의 취소 등이 여기에 해당되나, 어떠한 것이 취소사유가 되는지는 적법한 권리행사라고 할 수 있는지 아닌지의 관점에서 개별적으로 판단하여야 한다.

'시효중단의 효력이 없다'라고 함은 소멸시효 중단의 효력이 소급적으로 상실된다는 것을 말한다.[58)]

2. 구체적 사례

(1) 법원의 취소

⑦ 담보제공 등에 의한 집행처분의 취소 등   담보제공에 의한 집행처분의 취소, 보증제공에 의한 보전처분명령의 취소는 권리자의 적법한 권리

---

56) 대판 09.3.26, 2008다89880(공 09상, 570).
57) 대판 11.1.13, 2010다88019(정보).
58) 대판 14.11.13, 2010다63591(정보).

행사가 없었다고 볼 수 있는 경우가 아니므로 소멸시효 중단효가 소급적으로 상실되지 아니한다.[59]

(나) 제소기간 도과에 의한 가압류 취소   법률의 규정에 따른 적법한 가압류·가처분이 있었으나 제소기간의 도과로 인하여 가압류·가처분이 취소된 경우에는 본조가 정한 소멸시효 중단의 효력이 소급적으로 상실되는 사유에 해당하지 않는다.[60]

(다) 가압류해방공탁금의 공탁에 의한 가압류집행의 취소   가압류해방공탁금의 공탁에 의해 가압류집행이 취소된 경우 가압류해방금의 공탁에 의해 가압류집행의 목적물에 갈음하는 것으로서, 채무자는 가압류명령의 취소 등을 얻지 아니하고서는 공탁금을 회수할 수 없고, 채권자는 본안소송에서 승소한 경우 채무자의 공탁금회수청구권에 대하여 강제집행을 할 수 있으므로, 가압류의 집행보전의 효력은 위 공탁금회수청구권 위에 존속하고 있는 것이어서 시효중단의 효력은 소멸하지 않고 계속된다.[61]

(라) 남을 가망이 없을 경우의 경매취소   최저매각가격으로 압류채권자의 채권에 우선하는 부동산의 모든 부담과 절차비용을 변제하면 남을 것이 없겠다고 인정되어 민사집행법 § 102 Ⅱ에 따라 경매절차가 취소된 경우에는 압류로 인한 소멸시효 중단의 효력이 소급적으로 소멸하지 않고, 마찬가지로 첫 경매개시결정등기 전에 등기되었고 매각으로 소멸하는 저당권을 가진 채권자의 채권신고로 인한 소멸시효 중단의 효력도 소급적으로 소멸하지 않는다.[62]

(마) 채권자가 제3자의 신청으로 개시된 경매절차에서 배당요구를 하였는데, 제3자의 추가 절차비용 미납으로 경매절차가 취소된 경우   부동산 경매절차에서 집행력 있는 집행권원을 가진 채권자의 배당요구는 압류에 준하는 것인데, 이와 같은 배당요구 후에 부동산경매 신청채권자가 추가 절차비용을 납입하지 아니하여 경매절차가 취소된 경우, 그 취소시까지 위 배당요구가 적법하게 유지되었다면 그로 인한 시효중단의 효력은 위 취소결정 확정시까지 존속되고, 소급적으로 소멸하지 아니한다.[63]

---

59) 我妻 榮, 有泉亨 コンメンタール民法總則 制3版, 2003, 373.

60) 대판 08.2.14, 2007다17222(정보); 대판 09.5.28, 2009다20(정보); 대판 11.1.13, 2010다88019(정보); 대판 12.1.12, 2011다70930(정보).

61) 日最判 1994(平 6).6.21, 民集 48-4, 1101.

62) 대판 15.2.26, 2014다228778(공 15상, 551).

63) 日最判 1999(平 11).4.27, 民集 53-4, 840. 이에 대한 평석으로는, 孝橋 宏, "不動産競賣手續において執行力のある債務名義の正本を有する債權者がする配當要求と時效の中斷",

㈐ 경락에 의한 가압류등기의 말소   가압류 후에 제3자의 경매신청에 의하여 경매절차가 진행된 결과 부동산이 경락되어 가압류등기가 말소된 경우에는 가압류가 법률의 규정에 따르지 아니하여 취소된 경우에 해당하지 아니하므로, 위 가압류로 인한 시효중단의 효력은 그 등기말소시까지 존속할 뿐 소급적으로 소멸하지 아니한다.[64]

(2) 집행신청인의 취하

㈎ 경매신청의 취하   경매신청이 취하된 경우에는 특별한 사정이 없는 한 압류로 인한 소멸시효 중단의 효력은 소급적으로 상실하고, 첫 경매개시결정등기 전에 등기되었고 매각으로 소멸하는 저당권을 가진 채권자의 채권신고로 인한 소멸시효 중단의 효력도 소급적으로 상실한다.[65]

저당권으로서 첫 경매개시결정등기 전에 등기되었고 매각으로 소멸하는 것을 가진 채권자가 제3자의 신청에 의하여 개시된 경매절차에서 채권신고를 한 경우 그 채권신고는 압류에 준하여 신고채권에 관하여 소멸시효를 중단하는 효력이 생기지만, 그 채권신고에 채무자에 대하여 채무의 이행을 청구하는 의사가 직접적으로 표명되어 있다고 보기 어렵고 채무자에 대한 통지 절차도 구비되어 있지 않으므로 별도로 소멸시효 중단 사유인 최고($\S_{174}^{민}$)의 효력은 인정되지 않고,[66] 위와 같은 채권신고를 한 채권자가 경매신청이 취하된 후 6월 내에 소제기 등의 재판상의 청구를 하였다고 하더라도 소멸시효 중단의 효력이 유지된다고 할 수 없다는 것이 판례[67]이다.

㈏ 압류채권자의 추심권의 포기   금전채권에 대한 압류명령과 그 현금화 방법인 추심명령을 동시에 신청하더라도 압류명령과 추심명령은 별개로서 그 적부는 각각 판단하여야 하고, 그 신청의 취하 역시 별도로 판단하여야 한다. 채권자는 추심명령에 따라 얻은 권리를 포기할 수 있지만($\S_{240\ 1}^{민집}$) 추심권의 포기는 압류의 효력에는 영향을 미치지 아니하므로, 추심권의 포기만으로는 압류로 인한 소멸시효 중단의 효력은 상실되지 아니하고 압류명령의

ジュリスト增刊, 最高裁時の判例 I 私法編(1), 2003, 36-37.

64) 日最判 1984(昭 59).3.9, 判時 1114, 42.

65) 대판 10.9.9, 2010다28031(공 10하, 1895); 대판 15.2.26, 2014다228778(공 15상, 551).

66) 대판 10.9.9, 2010다28031(공 10하, 1895); 日最判 1999(平 1).10.13, 判時 1330, 45. 이에 대한 평석으로는, 孝橋 宏, "不動産競賣手續において抵當權者がする債權の申告を時效の中斷", ジュリスト增刊, 最高裁時の判例 I 私法編(1), 2003, 40-41.

67) 대판 10.9.9, 2010다28031(공 10하, 1895).

신청을 취하한 때에 비로소 소멸시효 중단의 효력이 소급하여 상실된다.[68]

　　㈐ 가압류채권자의 집행취소 또는 집행해제의 신청　　가압류의 집행 후에 행하여진 채권자의 집행취소 또는 집행해제의 신청은 실질적으로 집행신청의 취하에 해당하고, 이는 다른 특별한 사정이 없는 한 가압류 자체의 신청을 취하하는 것과 마찬가지로 그에게 권리행사의 의사가 없음을 객관적으로 표명하는 행위이므로, 본조에 의하여 시효중단의 효력이 소급적으로 상실된다.[69]

[오 영 준]

第176條(押留, 假押留, 假處分과 時效中斷)

押留, 假押留 및 假處分은 時效의 利益을 받은 者에 對하여 하지 아니한 때에는 이를 그에게 通知한 後가 아니면 時效中斷의 效力이 없다.

Ⅰ. 본조[1]의 의의

시효중단은 당사자 및 그 승계인간에만 효력이 있는 것이 원칙($\S_{169}$)이지만, 본조는 이러한 원칙을 수정하고 있다.[2] 즉 본조는 압류, 가압류 및 가처분이 시효의 이익을 받는 자 이외의 자에 대하여 이루어진 경우에도 시효중단의 효력을 인정하는 한편, 그 자가 알지 못하는 사이에 효력을 인정하는 것은 가혹하다는 점을 고려하여 그 자에 대한 통지를 요구하고 있다.[3]

---

68) 대판 14.11.13, 2010다63591(정보).
69) 대판 10.10.14, 2010다53273(공 10하, 2098).
 1) 본조에 관한 상세한 글로는 양창수, "민법 제176조에 의한 시효중단", 민법연구 1, 2004, 173-191.
 2) 我妻 榮, 有泉亨 コンメンタール民法總則 制3版, 2003, 374.
 3) 日最判 1975(昭 50).11.21, 民集 29-10, 1537.

판례[4]는 "물상보증인에 대한 임의경매의 신청은 피담보채권의 만족을 위한 강력한 권리실행수단으로서, 채무자 본인에 대한 압류와 대비하여 소멸시효의 중단사유로서 차이를 인정할 만한 실질적인 이유가 없기 때문에, 중단행위의 당사자나 그 승계인 이외의 시효의 이익을 받는 채무자에게도 시효중단의 효력이 미치도록 하되, 다만 채무자가 시효의 중단으로 인하여 예측하지 못한 불이익을 입게 되는 것을 막아주기 위하여 채무자에게 압류사실이 통지되어야만 시효중단의 효력이 미치게 함으로써, 채권자와 채무자간에 이익을 조화시키려는 것이, 민법 §169에 규정된 시효중단의 상대적 효력에 대한 예외를 인정한 민법 §176의 취지"라고 한다.

II. 시효의 이익을 받은 자

'시효의 이익을 받은 자'라 함은 채권의 소멸시효에 관하여는 채무자이고, 취득시효에 관하여는 점유자이다.[5] 본조는 시효의 수익자가 아닌 자를 상대로 한 압류 등의 시효중단효를 다루고 있기 때문에, 보다 정확히 표현하기 위해서는 '시효의 이익을 받을 자' 또는 '시효의 이익을 받는 자'라고 하여야 할 것이다.

시효의 수익자가 아닌 자를 상대로 한 압류 등에 관한 예로는, 소멸시효의 경우 물상보증인에 대한 저당권의 실행, 채무자 및 채무자의 대리인 이외의 자가 점유하고 있는 채무자의 재산에 대한 압류 등을 들 수 있고, 취득시효의 경우 공동점유자 중 1인에 대한 가처분을 들 수 있다. 이 경우 채무자 및 다른 공동점유자에 대하여 언제 시효중단의 효력이 생기는지를 규정하는 것이 본조이다.

III. 통　　지

본조의 통지는 압류 등을 한 채권자 본인으로부터의 통지에 한하지 않고, 법원으로부터의 통지도 포함한다.[6] 본조의 통지가 이루어졌다는 점에 관하여는

---

4) 대판 90.1.12, 89다카4946(공 90, 462).

5) 我妻 榮, 有泉亨 コンメンタール民法總則 制3版, 2003, 374.

6) 대판 90.1.12, 89다카4946(공 90, 462); 대판 90.6.26, 89다카32606(공 90, 1572); 대판 94.1.11, 93다21477(공 94, 683); 대판 94.11.25, 94다26097(공 95, 91); 日最判 75(昭

시효중단에 의하여 이익을 받은 자, 즉 압류 등을 한 자에게 입증책임이 있다.[7]

판례[8]는 경매절차에서 이해관계인인 주채무자에게 경매개시결정이 송달되었다면 주채무자는 본조에 의하여 당해 피담보채권의 소멸시효중단의 효과를 받지만, 본조에 따라 압류사실이 통지된 것으로 볼 수 있기 위하여는 압류사실을 주채무자가 알 수 있도록 경매개시결정이나 경매기일통지서가 '교부송달'의 방법($\frac{민소}{§178}$)으로 주채무자에게 송달되어야만 하고, 이것이 우편송달($\frac{발송}{송달}$)이나 공시송달의 방법에 의하여 채무자에게 송달됨으로써 채무자가 압류사실을 알 수 없었던 경우까지도 압류사실이 채무자에게 통지되었다고 볼 수 있는 것은 아니라고 한다.

같은 취지에서 판례[9]는 물상보증인이자 연대보증인인 병 소유의 부동산에 대하여 채권자 을 은행의 신청으로 임의경매절차가 개시됨으로 인하여 채권자 을 은행의 주채무자 갑에 대한 소멸시효가 중단되었는지 문제된 사안에서, 경매개시결정상의 압류사실에 관한 통지에는 은행여신거래기본약관에서 정한 도달간주조항이 적용된다고 할 수 없어 압류사실의 통지가 있었다고 볼 수 없으므로 소멸시효가 중단되었다고 볼 수 없다고 한다. 따라서 채권자 을 은행이 물상보증인 겸 연대보증인인 병 소유의 부동산에 압류를 하였다 하더라도, 시효기간 완성 전에 주채무자 갑에 대한 압류사실의 통지 및 그 밖의 시효중단 조치가 이루어지지 아니하여 주채무가 시효로 소멸하였다면, 보증채무의 부종성($\frac{§}{430}$) 및 담보물권의 부종성($\frac{§}{369}$)의 원칙에 따라 병의 연대보증채무 및 병의 부동산에 설정된 저당권도 소멸한다.[10]

한편, 일본의 판례[11]는 물상보증인 소유의 부동산을 목적으로 하는 경매절차에서 채무자의 소재불명으로 개시결정정본이 공시송달의 방법에 의하여 송달된 경우에는 일본 민사소송법 §111의 규정에 의한 게시일부터 2주일이 경과한 때에 소멸시효의 중단의 효력이 발생한다고 한다. 이는 경매개시결정은 채권자의 의사에 기한 것으로서 경매개시결정 정본의 송달은 실질적으로 재판

---

50).11.21, 民集 29-10, 1537; 日最判 95(平 7).9.5, 民集 49, 2784.

7) 양창수(주 1), 191; 民法注解 財産法 Ⅰ 民法總則, 734(初版/松久三四彦).

8) 대판 90.1.12, 89다카4946(공 90, 462); 대판 90.6.26, 89다카32606(공 90, 1572); 대판 94.1.11, 93다21477(공 94, 683).

9) 대판 10.2.25, 2009다69456(공 10상, 642).

10) 대판 94.1.11, 93다21477(공 94, 683); 대판 10.2.25, 2009다69456(공 10상, 642).

11) 日最判 1992(平 14).10.25, 判時 1808, 65. 이 판결에 대한 평석으로는 谷口安史, "物上保證人所有の不動産を目的とする競賣の開始決定の債務者への送達が債務者の所在が不明であるため公示送達によりされた場合における被擔保債權の消滅時效の中斷", ジュリスト增刊, 最高裁時の判例Ⅰ 私法編(1), 2003, 52-53.

소의 송달행위를 통하여 채무자에게 통지한 것과 동일시 할 수 있고, 일본 민사소송법 §113는 '소송의 목적인 청구 또는 방어의 방법'에 관하여 소송절차상의 공시송달에 의하여 실체법상의 의사표시의 도달의 효력을 인정하고 있으므로, 실체법상의 의사표시 도달에 관한 규정인 일본민법 §97-2에 의하여 이중으로 실체법상의 공시절차 등을 밟을 필요 없이, 민사소송법 §113에 의한 경매개시결정 정본의 공시송달에 의하여 실체법상의 통지가 채무자에게 도달한 것으로 본 것이다. 우리 민사소송법에는 공시송달에 실체법상의 의사표시의 도달의 효력을 인정하는 규정이 없으므로, 위 일본 판례의 논지를 그대로 받아들이기는 어렵다. 그러나 민법 §113는 "표의자가 과실 없이 상대방을 알지 못하거나 상대방의 소재를 알지 못하는 경우에는 의사표시는 민사소송법 공시송달의 규정에 의하여 송달할 수 있다."고 규정하고 있으므로, 위 규정에 따라 공시송달을 하여 본조의 '통지'를 하는 것은 가능해 보인다. 민법 §113는 상대방에게 불이익한 효과를 발생시키는 의사표시 전반에 대하여 적용되는데, 채무자의 시효이익을 보호한다는 이유로 유독 본조의 통지에 대하여만 민법 §113의 적용을 부정하는 것은 합리적이지 않기 때문이다.[12]

　　판례[13]도 감사원에서 한 변상판정이 확정되면 그와 동일한 금액의 배상을 청구하는 민사소송상의 청구는 권리보호의 필요가 없고, 국가가 법령에 의하여 하는 납입고지는 시효중단의 효력이 있는데, 변상책임자가 소재 불명이 된 경우 국가는 민법 §113에 정하여진 의사표시의 공시송달 방법에 의하여 변상책임자에 대한 납입고지를 할 수 있으므로, 변상책임자가 소재불명이 되었다는 사유만으로는 변상판정에 의한 변상금 채권의 소멸시효를 중단시키기 위하여 소를 제기할 수 있는 특별한 사정이 있다고 할 수 없다고 한다.

Ⅳ. 본조의 적용범위

　　채권자가 물상보증인 또는 실질적으로 저당부동산의 제3취득자의 지위에 있는 자에 대하여 그 피담보채권의 만족을 위하여 담보권의 실행을 위한 경매

---

　　12) 앞서 본 대법원판례들은 경매절차에서 금융기관의연체대출금에관한특별조치법 §3에 의하여 공시송달을 한 경우에 관한 사례들로서, 민법 §113의 공시송달이 적용된 사안들이 아니므로, 대법원판례가 이에 대하여 부정적인 입장을 취하고 있다고 단정하기 어렵다.

　　13) 대판 77.7.12, 77다494(정보).

를 신청하여 경매법원이 경매개시결정을 하고 경매절차의 이해관계인인 채무자에게 그 결정이 송달된 경우에는 시효의 이익을 받은 채무자는 피담보채권의 소멸시효중단의 효과를 받는다.14)

　　직접점유자를 상대로 점유이전금지가처분을 한 뜻을 간접점유자에게 통지한 바가 없다면 가처분은 간접점유자에 대하여 시효중단의 효력을 발생할 수 없다.15) 저당권 실행에 의한 경매개시결정이 대상 부동산 점유자에게 고지되지 않은 경우, 점유자에 의한 취득시효를 중단시키는 효력은 발생하지 않는다.16)

　　한편, 민법 §440는 "주채무자에 대한 시효의 중단은 보증인에 대하여 그 효력이 있다"라고 규정하고 있는데, 이는 민법 §169의 예외 규정으로서 채권자 보호 내지 채권담보의 확보를 위하여 주채무자에 대한 시효중단의 사유가 발생하였을 때는 그 보증인에 대한 별도의 중단조치가 이루어지지 아니하여도 동시에 시효중단의 효력이 생기도록 한 것이다. 따라서 그 시효중단사유가 압류, 가압류 및 가처분이라고 하더라도 이를 보증인에게 통지하여야 비로소 시효중단의 효력이 보증인에게 미치는 것은 아니다.17)

　　또한 형법 §80에 의하면, 벌금, 몰수·추징에 있어서의 시효는 강제처분을 개시함으로 인하여 중단된다. 판례18)는 채권에 대한 강제집행의 방법으로 벌금형을 집행하는 경우에는 검사의 징수명령서에 기하여 '법원에 채권압류명령을 신청하는 때'에 강제처분인 집행행위의 개시가 있는 것으로 보아 특별한 사정이 없는 한 그때 시효중단의 효력이 발생하며, 수형자에게 집행행위의 개시사실을 통지할 것을 요하지 아니한다고 한다. 이러한 판례와 관련하여, 벌금형 또는 몰수·추징형의 시효에는 본조를 적용할 수 없다는 부정설이 있다. 이 견해는 형법 §80 등에 본조를 적용 또는 준용하는 명시적인 근거 규정이 없는 점, 확정된 형사판결에 따른 벌금형 또는 몰수·추징형의 시효는 5년으로 규정되어 있어 [형§78(vi)], 민법상 판결 등에 의해 확정된 채권의 소멸시효 10년(민§165)에 비하여 현저히 단기간으로 규정되어 있는 점 등을 고려할 때, 형의 시효에는 원칙적으로 민법상 소멸시효에 관한 조항을 함부로 끌어올 수 없다는 점을 그 근거로 든다.19)

14) 대판 90.6.26, 89다카32606(집 38-2, 144).
15) 대판 92.10.27, 91다41064, 41071(공 92, 3247).
16) 日最判 1968(昭 43).12.24, 民集 22-13, 3366.
17) 대판 05.10.27, 2005다35554, 35561(공 05, 1844).
18) 대결 09.6.25, 2008모1396(공 09하, 1451).
19) 김우수, "가. 벌금형의 시효중단 사유로서의 '강제처분 개시'의 의미, 나. 검사의 징수명령에 의해 수형자의 예금채권에 대하여 압류신청을 한 경우, 비록 그 예금채권이 사실상

V. 시효중단의 효력발생시기

　　민법 §175에 의한 효력발생시기에 관하여 통설은 집행기관이 집행행위에 착수하였을 때가 아니라 채권자가 집행행위를 신청 또는 위임하였을 때 그 효력이 발생한다고 한다. 이는 소의 제기나 지급명령이 송달을 필요로 함에도 불구하고 신청을 한 때에 중단력이 생긴다고 해석하는 것과의 균형상 압류도 집행행위가 있으면 그 명령을 신청하거나 이를 위임하는 때에 소급하여[20] 중단의 효력이 생긴다고 보는 것이다.

　　그러나 시효의 이익을 받는 자를 보호하기 위한 본조의 취지에 비추어 보면, 채무자에게 경매개시결정 등의 통지가 이루어졌다고 보기 위해서는 채무자 자신이 당해 집행절차의 개시를 알 수 있는 상태에 이르러야 한다. 이러한 점에 비추어 보면, 경매개시결정정본 등이 채무자에게 송달된 때에 비로소 시효중단의 효력이 생긴다고 보는 것이 타당하고, 일단 송달이 이루어지면 경매신청 등이 있은 때로 소급하여 시효중단의 효력이 생긴다고 보는 것은 입법취지에 반하는 것으로 타당하지 않다. 따라서 본조에 의하여 예외적으로 집행행위의 당사자가 아닌 채무자에 대하여 시효의 진행이 중단되는 시기는 시효의 이익을 받는 자에 대하여 통지가 있은 때라고 할 것이다.[21] 이러한 해석론은 "… 그에게 통지한 후가 아니면 시효중단의 효력이 없다."고 규정한 본조의 문언에도 부합한다. 그리고 이러한 통지가 있었다는 사실에 대한 증명책임은 시효중단에 의한 이익을 받는 자가 부담한다.[22]

[오 영 준]

휴면예금이거나 액수가 극히 적은 금액이었다고 하더라도 이미 발생한 시효중단의 효력이 소멸하지 않는다고 본 사례", 해설 80, 2009, 673-688.

20) 대판 17.4.7, 2016다35451(공 17상, 948)은 가압류의 시효중단시기에 관하여 명시적으로 "가압류에 의한 시효중단의 효력은 가압류신청을 한 때에 '소급'한다"고 판시하고 있다.

21) 日最判 1996(平 8).7.12, 判時 1580, 108. 이 판결에 대한 평석으로는 孝橋 宏, "物上保證人に對する不動産競賣において被擔保債權の時效中斷の效力が生ずる時期", /ジュリスト增刊 最高裁時の判例 I 私法編(1), 2003, 54-55.

22) 구주해(3), 531(윤진수); 양창수(주 1), 190-191; 엄동섭, "기한이익상실약관과 소멸시효", 고시연구 32-6, 2005, 68.

第177條(承認과 時效中斷)

時效中斷의 效力있는 承認에는 相對方의 權利에 關한 處分의
能力이나 權限있음을 要하지 아니한다.

Ⅰ. 본조의 의의

본조는 민법 §168 (ⅲ)에서 규정하는 '승인'의 요건에 관하여 규정하고 있다.

채무의 승인이 시효중단 사유가 되는 근거는 채무의 승인이 있으면 권리
가 존재하는 것이 명료하게 되고, 권리자는 상대방이 권리의 존재를 승인하였
다고 신뢰하기 때문에 권리를 행사하지 않더라도 권리행사를 게을리 하였다고
볼 수 없기 때문이다.[1]

---

1) 日民法注解 財産法 Ⅰ 民法總則, 735(初版/竹內俊雄).

II. 승인의 의의 및 성질

소멸시효 중단사유로서의 채무승인은 시효이익을 받는 당사자인 채무자가 소멸시효의 완성으로 채권을 상실하게 될 이 또는 그 대리인에 대하여 상대방의 권리 또는 자신의 채무가 있음을 알고 있다는 뜻을 표시하는 것을 말한다. 그 법률적 성질은 관념의 통지이고, 효과의사는 필요하지 않다.[2] 그러나 성질이 허용하는 한 법률행위에 관한 규정은 준용될 수 있다. 채무승인은 채무자의 일방적 행위이므로 채권자의 어떠한 행위도 요하지 않고, 채무자가 일방적으로 할 수 있다.[3]

위와 같이 채무승인은 상대방의 권리 또는 자신의 채무의 존재를 인식하고 있다는 뜻을 표시하는 것이므로, 이에 해당하면 그 형식과 관계없이 채무승인에 해당할 수 있다. 그리하여 판례[4]는 갑이 행정소송에서 을측 증인으로 출석하여 을의 소송대리인의 신문에 대답함에 있어서, "을로부터 금 3,500만 원을 차용한 사실이 있다"고 진술하였다면 이는 자신의 을에 대한 대여금채무를 승인한 것으로서 소멸시효 중단사유인 채무의 승인에 해당한다고 한다. 회사의 대표자로서 회사채무의 연대보증인이 되었던 사람이 채권자와 파산관재인간의 관련 소송에서 당해 채무의 존재를 인정하는 증언을 한 것도 채무승인에 해당한다는 일본의 판례[5]가 있다. 대법원판례[6]는 채무자가 파산 및 면책신청을 하기 위해 채권자에게 부채증명서 발급을 의뢰한 경우, 이를 채무자가 자신의 채무 또는 채권자의 채권이 있음을 알고 있다는 뜻을 채권자에게 표시한 행위로 볼 수 있다면, 설령 채무자가 그 채무를 면하기 위하여 부채증명서 발급을 의뢰하였다고 하더라도, 위 발급 의뢰 행위는 소멸시효 중단사유가 되는 채무승인에 해당한다고 한다. 채무승인은 관념의 통지로서, 시효 완성 후 시효이익의 포기와 달리 어떠한 효과의사가 필요하지 않기 때문이다.

시효완성 후의 승인은 시효이익의 포기에 해당하므로, 본조에서 말하는 채무승인은 시효완성 전의 승인만을 말한다. 시효이익의 포기는 단독행위로서 효과의사를 가지고 있어야 하고 처분능력이나 권한이 있음을 필요로 한다는

---

2) 日大判 1919(大 8).4.1, 民錄 25, 643.
3) 日大判 1914(大 3).12.10, 民錄 20, 1067.
4) 대판 92.4.14, 92다947(공 92, 1595).
5) 日東京地判 1989(平 1).8.29, 判時 1348, 87.
6) 대판 18.2.13, 17다265556(정보).

점에서 이를 요하지 아니하는 시효 중단사유로서의 승인보다 강한 당사자의
의지의 표현이라 할 수 있다.[7] 따라서 시효완성 후 소멸시효 중단사유에 해
당하는 채무의 승인이 있었다 하더라도 그것만으로는 곧바로 소멸시효 이익의
포기라는 의사표시가 있었다고 단정해서는 아니된다.[8] 같은 취지에서 일본의
판례[9] 중에는 일련의 복수의 채무 중 일부에 관하여는 시효가 완성하고, 일
부에 관하여는 미완성한 시점에서, 채무자가 채권자에게 채권의 포기를 구한
경우, 시효중단사유로서의 채무승인의 효력은 인정하면서, 시효이익의 포기로
서의 채무승인의 효력은 부정한 것이 있다($\binom{채무승인과 시효이익의 포기의 대비}{에 관하여는 민법 § 184 Ⅱ. 부분 참조}$).

Ⅲ. 승인의 당사자

1. 승인의 주체

채무승인은 시효의 완성으로 이익을 받을 자($\binom{소멸시효의 경우에는 채무자 또는 그 대리인, 취득시효의 경우에는 점유자 또는}{그 대리인}$)가 시효의 완성으로 권리를 상실하게 자 또는 그 대리인에게 하여야 한
다. 그 외의 제3자가 채무승인을 하였다고 하더라도 시효이익을 받은 자에 대
한 관계에서 시효중단의 효력이 생기는 것은 아니다.[10] 따라서 물상보증인이
채무를 승인하더라도 시효중단의 효력은 생기지 않는다.[11] 주채무자의 보증인
이 한 승인도 주채무자에 대하여 시효중단의 효력이 없다.[12]

2. 대리인과 수탁인에 의한 승인

채권청구에 관한 대리권을 수여받은 자는 특별한 사정이 없는 한 채무승
인을 수령할 권한을 갖고 있으므로, 채무자가 채권자의 대리인으로서 채권의
이행을 청구한 자에 대하여 한 채무승인은 유효하다.[13]

제3자가 채무자의 위탁에 기하여 자신의 출연으로 채권자에게 지연손해

---

7) 김희태, "국유재산 대부계약의 체결과 취득시효완성이익의 포기", 해설 22, 1995, 59.

8) 대판 13.2.28, 2011다21556(공 13상, 547); 대판 17.7.11, 2014다32458(공 17하, 1610); 구주해(3), 554(윤진수).

9) 日東京地判 1973(昭 48).12.11, 金商 406, 13.

10) 日大判 1939(昭 14).5.12, 法律新聞 4444, 14.

11) 日最判 1987(昭 62).9.3, 判時 1316, 91.

12) 日最判 1938(昭 13).7.8, 判決全集 5-16, 15.

13) 日大判 1921(大 10).2.14, 民集 27, 285.

금을 계속적으로 변제한 경우, 이는 제3자가 채무자의 기관으로서 채무승인을 한 것이므로 시효중단의 효력이 인정된다.[14)]채무자가 미리 채권자에게 백지위임장을 첨부한 주권을 교부하여 각 배당기에 주식배당금을 수령할 대리권을 수여하고 채권자로 하여금 그와 같이 수취한 배당금을 채무 변제에 충당하도록 승낙한 경우에는 채권자가 배당금을 수령할 때마다 채무자가 채무승인을 한 것으로 볼 수 있다.[15)]채무 일부의 지급을 위하여 채무자가 제3자 발행의 약속어음을 채권자에게 교부하고, 그 어음이 만기에 결제된 경우에는 잔액 전액에 관하여 채무승인의 효력이 있고,[16)]지급은행이 수표 발행인의 지급위탁에 기하여 채무의 일부 변제를 위하여 발행된 수표의 소지인에게 수표대금의 지급을 한 경우에는 수표대금이 지급된 때에 잔존 채무에 관하여 채무승인의 효력이 있다.[17)]

판례[18)]는 자동차보험약관에 보험사고 발생시 보험회사가 손해액의 감경을 위해서 사건 해결에 직접 임할 수 있고, 피해자측의 동의와 피보험자의 요청이 있을 때에는 피해자와의 절충, 합의, 중재 또는 소송절차를 대행할 수 있다고 규정되어 있는 경우, 보험회사는 보험사고 발생시 그 손해배상과 관련하여 보험가입자를 위한 포괄적 대리권이 있다고 해석되고, 그러한 대리권을 갖는 보험회사에서 피해자에게 손해배상금의 일부를 지급하고, 합의금액의 절충을 시도하였다면 이는 손해배상채무를 승인한 것이고 그 승인의 효과는 피보험자에게 미친다고 한다.

일본의 판례[19)]는 교통사고의 가해자가 피해자의 법정대리인 부(父)에게 손해배상채무의 일부를 변제한 경우에는, 피해자가 갖는 손해배상청구권 뿐만 아니라, 피해자의 부가 교통사고에 의하여 취득한 손해배상청구권의 소멸시효도 승인에 의하여 중단된다고 한다.

---

14) 日東京地判 1984(昭 59).11.28, 判夕 553, 195.

15) 日大判 1932(昭 7).10.31, 民集 11, 2064.

16) 日最判 1974(昭 49).5.30, 金法 724, 30.

17) 日最判 1961(昭 36).8.31, 民集 15-7, 2027.

18) 대판 90.6.8, 89다카17812(집 38-2, 35); 대판 92.4.28, 92다3328(공 92, 1718); 대판 93.6.22, 93다18945(공 93, 2097).

19) 日東京地判 1987(昭 62).1.20, 交民 20-1, 126.

3. 승인을 위한 관리능력 및 권능

(1) 관리능력 및 권능의 필요성

시효중단 사유로서의 채무승인을 하기 위해서는 그 권리에 관하여 처분의 능력 및 권능이 있음을 요하지 않는다. 그러나 권리에 관하여 관리능력 및 권능을 갖고 있어야 한다.

따라서 소관이 다른 국가 기관이 점유하는 토지에 관하여 상속등기신청을 수리하거나 상속세의 납부를 수리한다거나,[20] 시가 점유하는 토지에 고정자산세를 부과하더라도[21] 국가 또는 시가 점유하는 토지에 대한 취득시효 중단사유인 승인에 해당하지 않는다.

판례[22]는 일반적으로 회사의 경리과장, 총무과장 또는 출장소장은 다른 특별한 사정이 없는 한 회사가 부담하고 있는 채무에 관하여 소멸시효의 중단사유가 되는 승인을 할 수 없다고 한다. 그리하여 보험회사의 경리과장, 총무과장 또는 출장소장은 다른 특별한 사정이 없는 한 피고회사가 부담하는 보험료 지급채무에 관하여 소멸시효의 중단사유가 되는 승인을 할 수 없다고 한다.

또한 판례[23]는 국가의 채무에 대하여 소멸시효의 중단사유인 승인은 이를 할 권한 있는 자가 적법한 절차에 의하여 하는 것이 아니면 효력이 없다고 한다. 그리하여 사인 소유의 자재 무단사용으로 인한 부당이득반환채무와 관련하여, 논산 훈련소의 참모장이 그 훈련소장 및 재무관 등과 의논·합의한 후 원고에게 대하여 상부에 건의하여 예산이 책정되는 대로 원고의 피해보상을 해주겠다는 언약을 하였다는 사정만으로는 국가가 채무승인을 한 것으로 보기 어렵다고 한다.

(2) 제한능력자 등의 경우

제한능력자는 자신의 재산에 관하여 단독으로 완전한 효력을 갖는 행위를 할 수 없으므로, 제한능력자가 법정대리인($\S\S\substack{938\ I \\ 940\text{-}6\ III}$)의 동의 없이 한 승인은 취소할 수 있다.[24]

다만 미성년자라도 법정대리인으로부터 영업의 허락을 받은 경우에는 그 영업에 관하여 성년자와 동일한 행위능력이 있으므로($\substack{\S 8 \\ I}$), 이때에는 미성년자

---

20) 日横浜地判 1976(昭 51).1.30, 判タ 338, 230.
21) 日鹿児島地判 1981(昭 56).4.10, 訟月 27-6, 1126.
22) 대판 65.12.28, 65다2133(집 13-2, 321); 대판 92.5.12, 91다28979(공 92, 1835).
23) 대판 70.3.10, 69다401(집 18-1, 187).
24) 日大判 1938(昭 13).2.4, 民集 17, 87; 주석 총칙(3), 177(제4판/이연갑).

라도 완전히 유효한 승인을 할 수 있다.

피성년후견인은 가정법원이 달리 정하지 않는 한 원칙적으로 종국적 · 확정적으로 유효한 법률행위를 할 수 없고 그의 법률행위는 취소할 수 있다.[25] 따라서 피성년후견인은 가정법원이 달리 정한 경우에 한하여 완전히 유효한 승인을 할 수 있다($\S\S^{9,}_{10}$).

피한정후견인은 원칙적으로 행위능력을 보유하여 종국적 · 확정적으로 유효한 법률행위를 할 수 있고, 다만 가정법원이 한정후견의 심판에서 일정 법률행위를 할 때에는 한정후견인의 동의를 받도록 정한 경우에 한하여 한정후견인의 동의 없이 한 피한정후견인의 법률행위를 취소할 수 있다($\S\S^{12,}_{13}$).[26] 따라서 피한정후견인은 가정법원이 달리 정하지 않는 한 완전히 유효한 승인을 할 수 있다.

특정피후견인의 경우에는 행위능력에 아무런 제한이 없고, 특정 법률행위를 위해 특정후견인이 선임되고 그에게 법정대리권이 이미 부여되었다 하더라도 당해 법률행위와 관련된 피특정후견인의 행위에는 제한능력에는 아무런 제한이 없다($\S_{14-2}$).[27] 따라서 특정피후견인은 완전히 유효한 승인을 할 수 있다.

(3) 부재자재산관리인, 파산관재인 등의 경우

부재자의 재산관리인($\S_{25}$)이나 권한을 정하지 아니한 대리인($\S_{118}$) 등은 처분의 권한을 가지지 아니하지만 관리의 권한을 갖고 있으므로 채무승인을 할 수 있다.[28]

파산관재인은 채권조사기일 외에서 파산채권에 대하여 채무승인을 할 권한을 갖지 아니하므로, 파산관재인이 이러한 승인을 하더라도 시효중단의 효력은 생기지 않는다.[29] 그러나 채권조사기일에서는 유효한 승인을 할 수 있다.

(4) 뇌손상의 경우

판례[30] 중에는 "본건 사고의 피해자가 뇌의 손상으로 인하여 노동능력을 100% 상실하였다는 원심판시는 동인이 본건 사고로 인하여 도시일용노동자로서 노동하여 수입을 얻을 수 있는 능력을 전부 상실하였다는 취지이지, 동인

---

25) 김형석, "민법 개정안에 따른 성년후견법제", 가연 24-2, 2010, 116-117.

26) 김형석(주 25), 118-119.

27) 김형석(주 25), 122; 김판기, "2011년 민법개정과 향후 과제: 제한능력자제도로의 전환을 중심으로", 법학연구 2, 2011, 56.

28) 주석 총칙(3), 177(제4판/이연갑).

29) 日大判 1928(昭 3).10.19, 民集 7, 801.

30) 대판 77.6.28, 77다347(정보).

이 치료비채권자(병원)에 대하여 치료비채무를 승인하거나 그 소멸시효의 이익을 포기할 의사능력까지 상실하였다는 취지는 아니므로, 동인의 위 승낙, 포기는 유효한 것이다."라고 한 것이 있다. 그러나 이는 일반화할 수 없고 피해자의 정신능력 등 개별적인 사정을 구체적으로 살펴 판단하여야 할 것이다.

Ⅳ. 승인의 방법

채무승인을 표시하는 방법은 아무런 형식을 요구하지 아니하고 묵시적이든, 명시적이든, 재판상 행해진 것이든,[31] 재판외에서 행해진 것이든 묻지 않는다. 그리하여 판례[32]는 어음시효 중단사유로서의 승인은 시효이익을 받을 당사자인 어음채무자가 시효의 완성으로 권리를 상실하게 될 자에 대하여 그 권리가 존재함을 인식하고 있다는 뜻을 표시함으로써 족하고 반드시 기존 어음에 개서하거나 새로운 어음을 발행, 교부함을 요하지 아니하며, 또 채무승인에 관한 문서가 작성되어 있지 않다고 하여 채무승인을 인정할 수 없는 것은 아니라고 한다.

다만 채무승인은 권리자에 대하여 그 뜻을 표시하여야 하고, 채무자가 내심으로 채무의 존재를 인정하는 것만으로 족하지 않다. 따라서 1순위 저당권이 설정된 부동산에 2순위 저당권을 설정하더라도 1순위 저당권의 피담보채권에 대한 채무승인이 있다고 볼 수 없고,[33] 은행이 이자를 내부 장부에 기입한 것만으로는 채무승인이 있다고 볼 수 없다.[34] 채무자가 계약을 해지하겠다는 의사표시를 하였다 하더라도 거기에 채권의 존재를 인정하는 표시가 없는 이상 채무승인이라고 볼 수 없다.[35]

그러나 갑 주식회사의 대표이사 을이 스스로 작성에 관여한 결산보고서에 갑 회사의 을 자신에 대한 대여금 채무를 기재하고, 별다른 이의를 유보하지 아니한 채 갑 회사에 제출한 경우에는 을은 갑 회사에 대한 자신의 채무를 승인한 것으로 볼 수 있다.[36] 또한 채무자가 채권자에게 매년 채무를 기재한 결

---

31) 대판 92.4.14, 92다947(공 92, 1595).
32) 대판 90.11.27, 90다카21541(집 38-4, 111); 日東京地判 1989(平 1).8.29, 判時 1348, 87.
33) 日大判 1916(大 6).10.13, 民錄 22, 1886.
34) 日大判 1921(大 10).2.14, 民錄 27, 285.
35) 대구고판 82.6.11, 81나915(고집 82, 320).
36) 日最判 1981(昭 56).6.30, 民集 133, 217.

산서를 제출하고, 채권자가 그 기재 내용의 설명을 구하며 기재내용을 확인한 경우에는 채무자의 채무승인이 있다고 볼 수 있다.[37]

한편, 승인은 시효의 이익을 받는 이가 상대방의 권리 등의 존재를 인정하면 족하고, 그 권리의 원인·내용이나 범위 등에 관한 일체의 사항을 확인할 필요는 없고, 채무자가 권리 등의 법적 성질까지 알고 있거나 권리 등의 발생 원인을 특정하여야 할 필요도 없다.[38]

그와 같은 승인이 있는지 여부는 문제가 되는 표현행위의 내용·동기 및 경위, 당사자가 그 행위 등에 의하여 달성하려고 하는 목적과 진정한 의도 등을 종합적으로 고찰하여 사회정의와 형평의 이념에 맞도록 논리와 경험의 법칙, 그리고 사회일반의 상식에 따라 객관적이고 합리적으로 이루어져야 한다.[39] 다만, 채무의 승인은 관념의 통지이므로 상대방이 권리의 존재를 인식할 것이 최소한도로 요구된다. 이는 시효의 원용, 시효이익의 포기로 표현되는 민법상 시효제도에서의 의사주의와 본질에 있어 상통하는 것으로 이로써 채무자의 변제의사를 추단하는 것이다. 따라서 채무자가 자신에게 의무 있음을 전제로 하지 아니한 경우에는 상대방에게 협력하였다는 사정만으로 승인에 해당한다고 보기 어렵다. 그리하여 판례[40]는 피용자가 산업재해보험급여를 받는 데 필요한 증명을 요구함에 따라 회사가 산업재해보상보험법시행령 §34 Ⅱ의 규정에 따라 사업주로서 그 증명을 하여 준 것 또는 같은 조 제1항의 규정에 의하여 그 보험급여청구의 절차에 조력하여 준 것만으로 회사가 피용자 등에 대하여 손해배상채무가 있음을 승인한 것이라고 볼 수는 없다고 한다.

또한 판례[41]는 계속적 물품공급계약에서 각 개별 거래시마다 서로 기왕의 미변제 외상대금에 대하여 확인하거나 확인된 대금의 일부를 변제하는 등의 행위가 없었다면, 새로이 동종 물품을 주문하고 공급받았다는 사실만으로는 기왕의 미변제 채무를 승인한 것으로 볼 수 없다고 한다.

---

37) 日最判 1984(昭 59).3.27, 判時 1111, 100.

38) 대판 01.2.23, 2000다65864(공 01상, 759); 대판 08.7.24, 2008다25299(공 08하, 1239); 대판 12.10.25, 2012다45566(공 12하, 1921).

39) 대판 01.2.23, 2000다65864(공 01상, 759); 대판 08.7.24, 2008다25299(공 08하, 1239); 대판 12.10.25, 2012다45566(공 12하, 1921).

40) 대판 93.7.27, 93다357(공 93, 2399).

41) 대판 05.2.17, 2004다59959(정보); 대판 07.1.25, 2006다68940(정보). 전자의 판례에 대한 해설로는 최종길, "가. 시효중단사유로서의 채무승인의 방법, 나. 당사자 간의 계속적 거래관계에서 물품을 추가로 주문하고 공급받은 행위가 기왕의 채무의 존부 및 액수에 대한 인식을 묵시적으로 표시하였다고 볼 수 있는지 여부", 해설 54, 2006, 60-71 참조.

V. 구체적 사례

1. 소멸시효 중단사유로서의 승인

(1) 일부 변제

채무의 일부변제는 그 액수에 관한여 다툼이 없는 한 채권 전부에 관하여 승인한 것으로 볼 수 있다. 따라서 액수에 다툼이 없는 한 동일 당사자 간에 계속적인 거래관계로 인하여 수개의 금전채무가 있는 경우에 채무자가 전 채무액을 변제하기에 부족한 금액을 채무의 일부로 변제한 때에는 특별한 사정이 없는 한 기존의 수개의 채무전부에 대하여 승인을 하고 변제한 것으로 보는 것이 상당하다.[42] 그러나 그 채무가 별개로 성립되어 독립성을 갖고 있는 경우에는 일률적으로 그렇게만 해석할 수는 없고, 특히 채무자가 근저당권설정등기를 말소하기 위하여 피담보채무를 변제하는 경우에는 특별한 사정이 없는 한 피담보채무가 아닌 별개의 채무에 대하여서까지 채무를 승인한 것이라고 볼 수는 없다.[43]

(2) 면책적 채무인수

면책적 채무인수는 적어도 인수인이 그 권리를 인식하고 있다는 것을 표시하는 행위가 반드시 따르게 되므로 채무승인에 해당하고, 이 경우 인수채무의 소멸시효기간은 채무인수와 동시에 이루어진 소멸시효 중단사유, 즉 채무승인에 따라 채무인수일로부터 새로이 진행된다.[44]

(3) 이행인수 및 중첩적 채무인수

이행인수의 인수인은 채무자의 채무를 변제하는 등으로 면책시킬 의무를 부담하지만 채권자에 대한 관계에서 직접 이행의무를 부담하게 되는 것은 아니다. 따라서 이행인수인이 채권자에 대하여 채무자의 채무를 승인하더라도 다른 특별한 사정이 없는 한 시효중단 사유가 되는 채무승인의 효력은 발생하지 않는다.[45]

중첩적 채무인수의 경우 채무자의 동의를 요하지 않고, 채무자의 의사에

---

42) 대판 80.5.13, 78다1790(집 28-2, 1).
43) 대판 93.10.26, 93다14936(공 93하, 3177); 대판 14.1.23, 2013다64793(공 14상, 473).
44) 대판 99.7.9, 99다12376(공 99, 1602). 이 판례에 대한 해설은 황병하, "채무인수와 소멸시효의 관계", 해설 33, 2000, 126-137 참조.
45) 대판 16.10.27, 2015다239744(공 16하, 1790).

반해서도 할 수 있으므로,[46) 채무자와 관계없이 이루어진 중첩적 채무인수는 우 채무자의 채무승인이라고 볼 수 없다. 그러나 중첩적 채무인수가 채무자와 인수인과의 합의에 의하여 이루어진 경우에는, 채무자가 채무승인을 하였다고 볼 수 있는 경우도 있다. 판례[47)는 갑이 대표이사로 있는 을 회사가 병에게 공정증서를 작성해 준 행위는 갑이 자신의 공사대금채무에 대한 담보를 제공할 목적으로 을 회사로 하여금 갑의 공사대금채무를 병존적으로 인수하게 한 것으로 보아야 하므로, 갑이 자신의 공사대금채무의 존재 및 액수에 대하여 인식하고 있음을 묵시적이나마 병에게 표시한 것으로 볼 수 있고, 병의 갑에 대한 위 공사대금채권은 채무자인 갑의 위와 같은 을 회사 명의의 공정증서 작성·교부를 통한 채무승인에 의하여 그 소멸시효가 중단되었다고 한다.

(4) 형사재판에서의 공탁

형사재판절차에서 무죄를 주장하면서도 유죄가 인정되는 경우에 대비하여 제1심판결 및 항소심판결 선고 전에 각 1,000만 원을 공탁하면서 손해배상금의 일부라는 표시를 하지 않고 공탁금 회수제한신고서를 첨부한 사안에서, 판례[48)는 채무자가 부담하는 손해배상채무는 정신적 손해에 대한 위자료 지급채무의 성격을 가지는 것이어서 형사재판과정에서 그 액수를 구체적으로 산정하기 곤란하였다는 점 등에 비추어 보면, 위 각 공탁에 의하여 당시 그 공탁금을 넘는 손해배상채무가 존재함을 인식하고 있었다는 뜻을 표시한 것이라고 보기는 어렵다는 점에서 위 각 공탁에 의하여 공탁금을 넘는 손해배상채무를 승인한 것이라고 볼 수 없다고 한다.

또한 판례는 채무자가 채무의 존부 및 범위에 관하여 다투고 있는 상태에서 일단 형사처벌을 면하거나 경감할 목적으로 원고가 요구하는 합의금 중 일부를 공탁한 경우, 채무자가 위 공탁에 의하여 당시 그 공탁금을 초과하는 채무가 존재함을 인식하고 있다는 뜻을 원고에게 표시한 것이라고 보기는 어렵고, 따라서 피고가 위 공탁에 의하여 공탁금을 넘는 채무를 묵시적으로 승인한 것이라고 볼 수도 없다고 한다.[49)

---

46) 대판 62.4.4, 4294민상1087(집 10-2, 017).
47) 대판 10.11.11, 2010다46657(정보).
48) 대판 10.9.30, 2010다36735(공 10하, 2001). 이에 대하여는 이창현, "형사공탁금과 소멸시효의 중단", 민판연 35, 2013, 44 이하.
49) 대판 15.4.9, 2014다85216(정보).

(5) 담보의 제공

담보의 제공은 피담보채무의 승인에 해당한다.[50]

(6) 기한의 유예 또는 경매기일의 취하·연기 신청

지급기한의 유예신청, 분할변제의 신청, 분할변제계약은 채무승인에 해당한다.[51] 공익채권인 임금채권에 관하여 회생절차 내에서 이루어진 변제기 유예 합의는 채무에 대한 승인이 전제된 것이므로 회생절차가 폐지되었는지 여부와 관계없이 채무승인의 효력이 있다.[52]

일본의 판례[53] 중에는 채무자가 저당채권자에 대하여 경매를 취하하고 경매기일을 연기해 줄 것을 요청하는 것은 채무승인이라고 본 것이 있다.

(7) 채권포기의 신청

복수의 채무 중 일부에 관하여는 시효가 완성하고, 일부에 관하여는 미완성한 상태에서 채무자가 채권자에게 채권의 포기를 구한 경우, 시효 미완성 채권 부분에 대하여는 시효중단 사유로서의 채무승인에는 해당하지만, 시효 완성 채권 부분에 대하여는 시효이익의 포기로서의 채무승인에는 해당하지 않는다.[54]

(8) 상   계

상계의 의사표시는 수동채권에 관한 한 승인에 해당한다. 채무자가 수동채권의 존재를 인정한 다음, 자기가 갖는 자동채권과 소송상 상계의 의사표시를 한 경우, 후에 그 주장을 철회한 경우에도 시효중단 사유로서의 승인의 효력은 상실되지 않는다.[55][56] 그러나 시효완성 후 소멸시효 중단사유에 해당하는 채무 승인이 있었다 하더라도 그것만으로는 곧바로 소멸시효 이익의 포기라는 의사표시가 있었다고 단정할 수 없고, 소송에서의 상계항변은 일반적으로 예비적 항변의 성격을 가지므로, 상계항변이 먼저 이루어지고 그 후 일반적으로 대여금채권의 소멸을 주장하는 소멸시효항변이 있었던 경우, 상계항변 당시 채무자인 피고에게 수동채권인 대여금채권의 시효이익을 포기하려는 효과의사가 있었다고 단정할 수는 없다.[57]

---

50) 日最判 1966(昭 41).4.20, 民集 20-4, 702.
51) 日大判 1922(大 10).2.14, 民錄 27-5, 285; 日最判 1966(昭 41).4.20, 民集 20-4, 702.
52) 대판 16.8.29, 2016다208303(공 16하, 1497).
53) 日東京地判 1986(昭 61).11.28, 判タ 644, 119.
54) 日東京地判 1973(昭 48).12.11, 金商 406, 13.
55) 日最判 1957(昭 35).12.23, 民集 14-14, 3166.
56) 소송상 행위를 시효중단 사유인 승인으로 볼 수 있는지에 관한 글로는, 나현, "시효중단 사유인 승인으로 볼 수 있는 소송상 행위", 저스 99, 2007, 47-65 참조.
57) 대판 13.2.28, 2011다21556(공 13상, 547).

(9) 채권양도에 대한 승낙

채권양도에 대한 승낙은 양도채권에 관한 채무승인에 해당한다. 시효완성 후의 채권양도에 대한 승낙이 양도채권에 대한 시효이익의 포기라고 본 일본의 판례[58]가 있다. 그러나 채권양도에 대한 승낙은 채무자가 채권양도 사실에 관한 인식을 표명하는 것으로서 관념의 통지에 해당하므로,[59] 그러한 사실인식의 표명에 시효이익을 포기하는 효과의사까지 포함되어 있다고 단정할 수 있는지는 의문이다.[60]

(10) 이자 등의 지급에 갈음하는 부동산의 사용·수익 허락

채무자가 채권자에게 담보가등기를 경료하고 부동산을 인도하여 준 다음 피담보채권에 대한 이자의 지급에 갈음하여 채권자가 부동산을 사용수익할 수 있도록 한 경우, 채권자가 부동산을 사용·수익하는 동안에는 채무자가 계속하여 이자를 채권자에게 변제하고 있는 것으로 볼 수 있으므로 피담보채권의 소멸시효가 중단된다.[61]

(11) 보험자의 의료기관에 대한 치료비 지급

판례[62]는, 불법행위에 따른 손해배상청구권의 소멸시효 완성 전에 가해차량의 보험자가 피해자의 치료비를 구 자동차손해배상 보장법 §9 Ⅰ 단서, §11 등의 규정에 따라 의료기관에 직접 지급한 경우, 보험자가 피해자에 대한 손해배상책임이 있음을 전제로 그 손해배상채무 전체를 승인한 것으로 봄이 상당하고, 치료비와 같은 적극적인 손해에 한정하여 채무를 승인한 것으로 볼 수는 없다고 한다.

(12) 가처분채권자의 권리행사 최고

가처분채권자가 하는 권리행사의 최고는 그 가처분 및 본안소송이 불법행위인 것을 이유로 하는 손해배상채무에 관하여 채무승인 또는 시효이익의 포기에 해당한다는 일본의 판례[63]가 있다. 그러나 이 경우 권리행사의 최고가 채무승인에 해당할 수 있다는 점에는 의문이 없지만, 그러한 권리행사 최고는 당해 절차에서 당연히 취하여야 할 수순임에 비추어 과연 시효이익을 포기하

---

58) 日大阪地判 1966(昭 41).6.13, 判時 471, 46.

59) 대판 13.6.28, 2011다83110(공 13하, 1323).

60) 대판 13.2.28, 2011다21556(공 13상, 547); 대판 17.7.11, 2014다32458(공 17하, 1610.

61) 대판 14.5.16, 2012다20604(정보).

62) 대판 10.4.29, 2009다99105(공 10상, 998).

63) 日最判 1950.9.19, 判時 795, 46.

려는 효과의사까지 있었다고 볼 수 있는지는 의문이다.[64]

(13) 어음·수표채무의 승인

어음채권에 관하여 채무자를 이행지체에 빠뜨리기 위해서는 어음의 제시가 필요하나, 채무승인은 권리의 행사가 아니기 때문에 어음채권을 승인하는 때에 어음의 제시나 소지가 불필요하다.[65] 수표를 분실하여 공시최고신청을 한 후 제권판결을 받기 전이라도 수표상의 권리는 존속하므로 그 사이에 이루어진 채무승인도 유효하다.[66]

만기는 기재되어 있으나 지급지, 지급을 받을 자[67] 등과 같은 어음요건이 백지인 약속어음의 소지인이 그 백지 부분을 보충하지 않은 상태에서 어음금채무를 승인하는 것도 소멸시효의 중단사유가 된다고 보아야 한다.[68]

(14) 근로복지공단의 장해급여지급의무에 대한 묵시적 채무승인

판례의 사안은 다음과 같다. 원고는 상병이 업무상 재해로 인정되어 요양승인을 받았고, 요양종결 후에도 신체 등에 장해가 남아 이미 상병에 대한 장해급여청구권을 취득한 상태였다. 근로복지공단의 담당직원은 원고의 장해급여청구권 취득사실을 인식하고 2009.4.23.경 원고의 대리인에게 '이 사건 상병 외에 시신경위축에 관해서도 추가상병으로 승인을 받은 후 장해급여를 청구하는 것이 보다 높은 장해등급 결정을 받을 수 있어 유리하다'는 취지로 안내하여 원고로 하여금 상병과 추가상병에 대한 장해급여 수령에 필요한 절차를 밟도록 하였다.

판례는 치유상태인 상병에 관한 추가상병 승인은 장해등급 판정과 장해급여 지급을 위한 사전 절차의 성격을 가지며, 장해등급은 수급권자의 전체 상병을 종합하여 판정하여야 하는데, 근로복지공단이 이미 증상이 고정된 상태이어서 추가로 요양이 필요하지 않았던 원고의 시신경위축을 추가상병으로 승인한 행위는 특별한 사정이 없는 한 원고의 추가상병이 업무상 질병에 해당함을

---

64) 대판 13.2.28, 2011다21556(공 13상, 547); 구주해(3), 554(윤진수).

65) 日大判 1915(大 4).9.14, 民錄 21, 1457.

66) 日大判 1916(大 5).5.10, 民集 9, 460.

67) 수취인 백지의 백지어음의 어음금청구에 시효중단을 인정한 일본의 판례로는 日最判 1966(昭 41).11.2, 民集 20-9, 1674; 발행일 백지의 백지어음의 재판상 청구에 시효중단을 인정한 판례로는 日最判 1970(昭 45).11.11, 民集 24-12, 1876.

68) 백지어음에 기한 소제기에 시효중단을 인정한 대판(전) 10.5.20, 2009다48312(공 10상, 1143); 日最判 1966(昭 41).11.2, 民集 20-9, 1674. 위 대법원판결에 대한 해설로는, 오영준, "백지어음 소지인의 어음금청구에 의한 소멸시효 중단", 해설 83, 2010, 478 이하 참조.

인정하는 것에 그친다고 볼 수 없다고 한다. 이는 원고의 상병으로 인한 장해와 추가상병으로 인한 장해를 함께 고려한 장해등급 결정절차를 거쳐 장해급여를 지급할 의무가 있음을 알고 있다는 것을 묵시적으로 표시한 채무승인에 해당한다고 한다.[69]

2. 취득시효 중단사유로서의 승인

소유자의 토지인도 또는 매수요구에 대하여 점유자가 그때마다 경제적 사정이 여의치 못하여 살 수 없으니 잘 보아 달라고 말한 것은 점유자의 취득시효진행에 대한 중단사유인 승인이라고 볼 수 있다.[70] 그러나 장차 경계측량을 하여 상대방의 토지를 침범한 사실이 확인되는 것을 조건으로 건물철거를 약정한 것만으로는 그때에 철거의무를 승인한 것이라고 할 수 없으므로, 취득시효 중단사유인 승인에 해당하지 않는다.[71]

판례[72]는 점유자가 소송계속 중 분쟁해결의 하나의 방편으로 매수를 제안 시도하는 수도 흔히 있으므로, 매수교섭만으로 곧 소유자의 소유권을 확정적으로 인정하였다고는 단정할 수 없으므로, 이러한 사정만으로 점유자의 취득시효 중단사유인 승인이 있었다고 보기 어렵다고 한다.

VI. 시효중단의 효력발생시기

승인으로 인한 시효중단의 효력은 그 승인의 통지가 상대방에게 도달하는 때에 발생한다.[73]

VII. 채무승인의 주장·증명책임

채무승인에 의하여 시효가 중단되었다는 점에 대하여는 시효중단에 의한

---

69) 대판 19.4.25, 2015두39897(공 19상, 1181).
70) 대판 72.7.25, 72다987, 988(정보).
71) 대판 93.11.9, 93다25790(공 94, 77).
72) 대판 81.7.14, 81다64, 65(집 29-2, 215).
73) 대판 95.9.29, 95다30178(공 95, 3622).

이익을 받는 채권자가 주장·증명책임을 진다.[74]

　　동일 채권자 사이에 복수의 채권채무관계가 있는데, 채무자가 채무승인을
한 경우 어느 채무를 승인한 것인지에 관한 증명책임도 채권자가 진다.

[오 영 준]

第178條(中斷後에 時效進行)

　　① 時效가 中斷된 때에는 中斷까지에 經過한 時效期間은 이
　　　를 算入하지 아니하고 中斷事由가 終了한 때로부터 새로
　　　이 進行한다.

　　② 裁判上의 請求로 因하여 中斷한 時效는 前項의 規定에 依
　　　하여 裁判이 確定된 때로부터 새로이 進行한다.

I. 본조의 의의

　　시효의 중단이 있다고 하여 시효의 기초인 사실상태가 당연히 없어지는 것
은 아니므로, 중단 후에도 사실상태가 존속하는 경우에는 다시 시효가 진행하게
된다. 본조는 이러한 취지를 밝히면서 제1항에서 시효가 다시 진행을 개시하는
시기를 중단사유가 종료한 때로 정하고, 제2항에서 소의 제기 등 재판상 청구로
시효가 중단된 경우에는 그 재판이 진행하는 동안 계속 권리행사가 행해지고 있
음을 감안하여 중단사유가 종료한 때를 재판의 확정시로 정하고 있다.

---

74) 대판 02.5.17, 2002다14624(정보); 대판 05.2.17, 2004다59959(정보).

Ⅱ. 시효중단의 종료 시점

1. 재판상의 청구

소의 제기에 의하여 시효가 중단되는 경우에는, 당해 소송의 판결이 확정한 때로부터 다시 시효가 진행한다($^{본조}_{Ⅱ}$). 소극적 확인소송에서 피고(채권자) 승소의 판결이 확정된 때에도 동일하다.[1] 항소가 취하되거나 항소취하로 간주되는 경우($^{민소}_{§ 268 \, Ⅳ}$), 제1심 판결은 그 항소기간 도과 시에 확정되기 때문에, 다시 진행하는 시효의 기산점은 그 때가 된다.[2] 다만, 항소기간 경과 후 10년 이상이 지난 후에 항소가 취하되거나 항소취하가 간주되는 경우에도 이와 같이 보는 것은 매우 불합리하다. 이러한 경우에는 항소취하 또는 항소취하 간주되는 때로부터 다시 시효가 진행된다는 일본의 판결례가 있다.[3]

지급명령에 의하여 생긴 시효중단의 효력은 지급명령이 확정된 때($^{민소}_{§ 474}$)까지 계속한다. 채무자가 이의신청을 하여 통상 소송절차로 이행한 때($^{민소}_{§ 472}$)에는 그 재판확정 시까지 시효중단의 효력은 계속된다.

중재절차의 개시에 의하여 중단된 소멸시효는 중재절차 종료 시에 다시 진행한다.[4]

2. 파산절차참가

파산채권신고에 의한 시효중단의 경우, 파산종결결정 확정 시부터 다시 효가 진행한다고 보는 것이 다수설이나, 배당완료시부터 다시 시효가 진행한다고 보는 설도 있다.[5]

회생절차가 개시된 경우 관리인이 회생채권자·회생담보권자 목록을 제출한 때 또는 채권자가 그 절차에 참가한 때에 시효가 중단하고[$^{도산 \, §§ 32}_{(i), \, 148}$], 그 시효중단의 효력은 회생절차 참가라는 권리행사가 지속되는 한 그대로 유지된다. 이 경우 판례[6]는 (i) 후에 회생계획에 의하여 주채무의 전부 또는 일부가 면제되거나 이율이 경감된 경우 그 면제 또는 경감된 부분의 주채무는 회생계

---

1) 日大判 1941(昭 16).2.24, 民集 20, 106.
2) 注解 判例民法 民法總則, 643(初版/平岡建樹).
3) 日東京高判 1967(昭 42).2.7, 高民 20-1, 43.
4) 日大判 1926(大 15).10.27, 法律新聞 2681, 7.
5) 注解 判例民法 民法總則, 644(初版/平岡建樹).
6) 대판 07.5.31, 2007다11231(공 07, 966). 이에 대한 평석으로는 임치용, "정리절차와 보증채무에 대한 소멸시효 재진행", 신문 3735, 13.

획의 인가결정이 확정된 때에 소멸하게 되므로 더 이상 시효중단을 관념할 여지가 없으나, (ii) 회생계획에 의해서도 주채무가 잔존하고 있는 경우에는 회생절차 참가에 의한 시효중단의 효력이 그대로 유지되어 그 회생절차의 폐지결정 또는 종결결정이 확정되어 회생절차에 있어서의 권리행사가 종료될 때 시효가 다시 진행하게 된다고 한다.

3. 화해를 위한 소환, 임의출석

화해의 신청 또는 임의출석에 의하여 생긴 시효중단의 효력은 소송상 화해 또는 인낙에 의하여 절차가 종료된 때까지 계속된다. 이 경우 절차종료시점 즉 시효가 다시 진행하는 시기에 관하여는 화해 또는 인낙 성립시설[7]과 화해조서 및 인락조서가 작성되어 조서의 효력인 발생한 때[8]라고 보는 견해가 대립한다. 조서의 작성과는 관계없이 법관의 면전에서 화해 또는 인낙이 성립한 때에 당해 절차가 종료하는 이상, 화해 또는 인낙 성립시설이 타당하나, 실무적으로는 양자 사이에 큰 차이가 있다고 할 수 없다.

화해가 성립되지 아니하여 소송절차로 이행된 때에는 그 재판확정 시까지 시효중단의 효력이 계속된다.

4. 압류, 가압류, 가처분

압류, 가압류 및 가처분에 의한 시효중단의 효력은 그 절차가 종료할 때까지 존속하고, 절차종료 시부터 다시 진행한다. 판례[9]도 소멸시효의 중단사유 중 '압류'에 의한 시효중단의 효력은 압류가 해제되거나 집행절차가 종료될 때 중단사유가 종료하므로, 그 때로부터 새로이 시효가 진행한다고 한다.

유체동산의 경우 집행관이 압류현장에 임하여 압류를 하려 하였으나 압류목적물이 없어 집행을 중지한 경우에는, 그 압류신청으로 인한 시효중단은 종료하고 그 집행중지 시부터 다시 시효가 진행한다.[10]

금전채권에 대한 압류 및 전부명령의 경우, 전부명령이 확정될 때 집행이 종료되므로 그 때부터 새로운 시효가 진행한다. 압류 및 추심명령의 경우에는

---

7) 구주해(3), 541(윤진수).
8) 주석 총칙(3), 656(제4판/이연갑).
9) 대판 17.4.28, 2016다239840(공 17상, 110).
10) 대판 11.5.13, 2011다10044(공 11상, 1173); 注解 判例民法 民法總則, 644(初版/平岡建樹).

추심신고시가 아니라 추심이 완료된 때에 압류의 효력이 없어지므로 추심완료
시에 중단사유가 종료한다.[11] 다만 그 피압류채권이 그 기본계약관계의 해지·
실효 또는 소멸시효 완성 등으로 인하여 소멸함으로써 압류의 대상이 존재하
지 않게 되어 압류 자체가 실효된 경우 강제집행절차는 더 이상 진행될 수 없
으므로 시효중단사유가 소멸하고 그때부터 시효가 새로이 진행한다. 그리하여
판례[12]는 "보험계약자의 보험금 채권에 대한 압류가 행하여지더라도 채무자나
제3채무자는 기본적 계약관계인 보험계약 자체를 해지할 수 있고, 보험계약이
해지되면 그 계약에 의하여 발생한 보험금 채권은 소멸하게 되므로 이를 대상
으로 한 압류명령은 실효된다."고 전제한 다음, "체납처분에 의한 채권압류로
인하여 채권자의 채무자에 대한 채권의 시효가 중단된 경우에 그 압류에 의한
체납처분 절차가 채권추심 등으로 종료된 때뿐만 아니라, 피압류채권이 그 기
본계약관계의 해지·실효 또는 소멸시효 완성 등으로 인하여 소멸함으로써 압
류의 대상이 존재하지 않게 되어 압류 자체가 실효된 경우에도 체납처분 절차
는 더 이상 진행될 수 없으므로 시효중단사유가 종료한 것으로 보아야 하고,
그때부터 시효가 새로이 진행한다."고 한다.

　　부동산 강제경매절차나 저당권의 실행을 위한 부동산경매절차는 배당금의
교부에 의하여 종료되기 때문에, 경매신청, 배당요구 또는 채권신고에 의하여
중단된 시효는 배당금을 교부한 때에 다시 진행한다.[13] 만일 배당요구 등에 대
하여 채권의 일부만 배당하는 것으로 배당표가 작성되고 다시 그 배당액 중
일부에 대하여만 배당이의가 있는 경우, 배당표가 확정된 부분(배당액 중 이의가 없는 부분과 배당받지 못한 부분 중 배당표가 확정 부분)에 관한 권리행사는 종료되고 그 부분에 대하여 중단된 소멸시효
는 그 종료 시점부터 다시 진행된다. 배당이의의 대상이 된 부분은 배당이의의
소가 제기되고 그 소송이 완결된 후 그 결과에 따라 종전의 배당표가 그대로
확정 또는 경정되거나 새로 작성된 배당표가 확정되면 그 시점에서 권리행사
가 종료되고 그때부터 다시 소멸시효가 진행한다.[14]

　　부동산가압류에 의한 시효중단은 가압류의 집행으로서의 등기가 존속하고
있는 동안에는 시효가 진행하지 않는다는 것이 판례[15]이다. 즉 가압류에 의한

---

11) 日東京地判 1976(昭 51).2.26, ジュリスト 641, 3.

12) 대판 17.4.28, 2016다239840(공 17상, 1110).

13) 注解 判例民法 民法總則, 644(初版/平岡建樹).

14) 대판 09.3.26, 2008다89880(공 09상, 570).

15) 대판 00.4.25, 2000다11102(집 48-1, 149). 이에 관하여는 이균용, "가압류와 시효중

시효중단은 경매절차에서 가압류등기가 말소되기 전에 가압류채권자에 대한 배당표가 확정되는 등의 특별한 사정이 없는 한, 가압류등기가 말소된 때 그 중단사유가 종료되어 그때부터 새로 소멸시효가 진행한다.[16] 따라서 가압류등기가 이루어진 후 본안소송에서 소각하 판결이 확정되거나,[17] 피보전권리의 존재를 인정하는 판결이 확정된 후[18]라도 가압류등기가 존속하고 있는 한 가압류에 의한 시효중단의 효력은 존속한다. 다른 한편, 경매절차에서 경락인의 매각대금 납부에 따라 가압류등기가 말소되었다면, 배당절차에서 가압류채권자의 채권에 대한 배당액이 공탁되었다고 하더라도 가압류채권자가 그 공탁금에 대하여 채권자로서 권리행사를 계속하고 있다고 볼 수 없으므로 그로 인하여 가압류에 의한 시효중단의 효력이 계속된다고 할 수 없다.[19]

가압류가 본압류로 이행된 경우 가압류집행은 본집행에 포섭됨으로써 당초부터 본집행이 행하여진 것과 같은 효력이 있는데, 그와 같이 가압류가 본집행으로 이행된 후 무잉여를 이유로 본집행이 취소된 경우에는 가압류로 인한 시효중단의 효력은 종료하고 그때부터 다시 소멸시효가 진행한다.[20]

5. 승   인

승인에 의한 시효중단의 효력은 그 통지가 상대방에게 도달하는 때에 발생함과 동시에 종료한다(통설). 그러나 채무자가 채무의 존재를 인정하고 기한의 유예를 구하여 조정을 신청하였으나 조정이 불성립한 경우, 시효중단으로서의 채무승인의 효력은 그 조정불성립 시까지 존속한다는 일본의 판결례가 있다.[21]

단효력의 계속 여부", 해설 34호, 2000, 43-59 참조. 일본의 판례도 같은 입장이다. 日最判 1984(昭 59).3.4, 判時 1114, 42; 日最判 1994(平 6).6.21, 民集 48-4, 1101; 日最判 1998(平 10).11.24, 民集 52-8, 1737.

16) 대판 09.3.26, 2008다89880(공 09상, 570).

17) 대판 00.4.25, 2000다11102(집 48-1, 149); 注解 判例民法 民法總則, 645(初版/平岡建樹).

18) 대판 00.4.25, 2000다11102(집 48-1, 149); 日最判 1984(昭 59).3.4, 判時 1114, 42; 日最判 1994(平 6).6.21, 民集 48-4, 1101; 日最判 1998(平 10).11.24, 民集 52-8, 1737.

19) 대판 09.3.26, 2008다89880(공 09상, 570).

20) 日最判 1984(昭 59).3.9, 判時 1114, 42; 日東京地判 1981(昭 56).5.28, 下民集 33-5, 1112.

21) 日東京地判 1961(昭 36).2.27, 下民集 12-1, 381.

6. 산업재해보상보험법상의 보험급여 청구 등

산업재해보상보험법 §112 Ⅰ(i)에 의하면, 보험급여를 받을 권리는 3년간 행사하지 않으면 시효로 말미암아 소멸하고, 동법 §113에 의하면, 위 소멸시효는 수급권자의 보험급여 청구로 중단된다.

판례[22]는 위 보험급여 청구는 민법상의 시효중단 사유와는 별도의 고유한 시효중단 사유를 정한 것인데, 시효중단제도의 취지에 비추어 볼 때 시효중단 사유인 보험급여 청구에 대한 근로복지공단의 결정이 있을 때까지는 청구의 효력이 계속된다고 보아야 한다고 한다. 따라서 보험급여 청구에 따른 시효중단은 근로복지공단의 결정이 있은 때 중단사유가 종료되어 새로이 3년의 시효기간이 진행된다고 한다.

군인연금법 §8 Ⅵ은 "이 법에 따른 기여금과 환수금, 그 밖의 징수금의 납입 고지 및 독촉과 급여의 지급 청구 또는 과납금 등의 반환 청구는 소멸시효 중단의 효력을 가진다."고 규정하고 있으므로, 군인연금법에 기하여 추상적 연금지급청구권을 행사할 때에는 그에 대한 국방부장관의 결정이 있을 때까지 시효가 중단되다가 그 후 새로이 시효가 진행한다. 한편, 또한 동조 제7항에 의하면, 납입 고지 및 독촉에 따라 중단된 소멸시효는 납입의 고지 또는 독촉에 따른 납입기간이 지난 때부터 새로 진행한다. 공무원연금법도 §88 Ⅳ에서 "이 법에 따른 기여금, 환수금 및 그 밖의 징수금 등의 납입 고지 및 독촉과 급여의 지급 또는 과납금 등의 반환 청구는 소멸시효 중단의 효력을 가진다." 고 규정하고, 동조 제5항에서 "제4항에 따라 중단된 소멸시효는 납입의 고지 또는 독촉에 따른 납입기간이 지난 때부터 새로 진행한다."고 규정하여 군인연금법와 유사한 규정들을 두고 있다.

한편 국세기본법 §28 Ⅰ 각호에 의하면, 국세징수권의 소멸시효는 '납세고지', '독촉 또는 납부최고(납부최고)', '교부청구', '압류'의 사유로 중단되는데, 동조 제2항 각호에 의하면 위와 같이 중단된 소멸시효는 '고지한 납부기간', '독촉이나 납부최고에 의한 납부기간', '교부청구 중의 기간', '압류해제까지의 기간'이 지난 때부터 새로 진행한다.

[오 영 준]

---

22) 대판 19.4.25, 2015두39897(공 19상, 1181).

제179조(제한능력자의 시효정지)

　　소멸시효의 기간만료 전 6개월 내에 제한능력자에게 법정대
리인이 없는 경우에는 그가 능력자가 되거나 법정대리인이
취임한 때부터 6개월 내에는 시효가 완성되지 아니한다.

Ⅰ. 시효정지제도

1. 의　　의

　　민법은 §179부터 §182까지 시효의 정지에 관한 규정을 두고 있다. 소멸시효의 정지(Hemmung)는 그 효과를 중심으로 개시정지, 완성정지, 계속정지로 구분된다.[1]

　　개시정지(Anlaufhemmung)는 청구권의 발생 시부터 소멸시효의 진행이 저지되는 것으로, 이러한 사유가 없어져야 비로소 소멸시효가 진행될 수 있다. 가령 혼인관계가 존속하는 동안에 부부 사이의 청구권에 대하여 소멸시효가 진행하지 않도록 하는 규정이 있는 경우, 이는 개시정지에 해당한다.

　　완성정지 또는 완성유예(Ablaufhemmung)는 소멸시효 기간이 이미 경과되었다 하더라도 권리추급의 장애로 말미암아 시효기간의 만료가 일정기간 동안 유예되는 것을 말한다. 예컨대, 행위무능력자에게 법정대리인이 없어서 권리행사를 하지 못했던 경우, 이러한 장애가 소멸된 시점으로부터 일정기간 동안 소멸시효가 완성하지 아니하는 것이 그 예이다.

　　계속정지(Fortlaufhemmung)는 권리행사를 곤란 또는 불가능하게 하는 일정한 사실의 존재에 의하여 시효기간의 진행을 일시적으로 멈추게 하는 것을 말하고, 그 방해사유의 발생 이전에 경과된 기간을 무효로 하지 않은 점에서

---

[1] 이하의 구분은 안경희, "독일민법상 교섭으로 인한 소멸시효의 정지", 중앙법학 11-2, 2009, 103.

중단과 구별된다.

민법 §179부터 §182까지 규정된 시효의 정지는, 시효완성의 즈음에 일정한 사유가 발생한 경우에 한하여 그 사유가 존재하는 기간 중 및 그 사유가 소멸된 후 법정기간 내에 시효의 완성을 방해하는 제도, 즉 완성정지 또는 완성유예이다. 시효기간의 진행 중에 권리행사를 곤란 또는 불가능하게 하는 일정한 사실이 존재한 경우 그 기간만큼 시효의 진행을 정지시키는 것으로 볼 수 있는지 문제될 수 있으나, 시효의 계속정지 규정을 두지 않고 시효의 완성정지 또는 완성유예 규정만을 둔 민법의 해석론으로는 부정적으로 보아야 할 것이다.

한편, 국세기본법 §28 Ⅲ은 국세징수권의 소멸시효는 '세법에 의한 분납기간·징수유예 기간·체납처분 유예기간·연부연납기간 또는 세무공무원이 국세징수법 §30의 규정에 따른 사해행위취소의 소를 제기하여 그 소송이 진행 중인 기간' 동안에는 진행하지 아니한다고 규정하고 있는데, 이는 '계속정지'를 규정한 것으로 볼 수 있다. 판례[2]는 국세기본법상 열거된 국세징수권의 소멸시효 정지사유 가운데 '과세전 적부심사 청구에 따른 심리기간'이 규정되어 있지 아니하고, 민법에도 그와 같은 취지의 규정이 없는 점 등에 비추어 보면, 납세의무자가 과세전 적부심사를 청구함에 따라 적부심의 심리가 진행 중이라고 하여도 국세징수권의 소멸시효는 진행한다고 한다.

2. 제척기간과 시효정지 규정의 유추적용

제척기간에 시효정지 규정을 유추적용할 수 있는지 문제된다. 이에 대하여는 '[소멸시효과 대비되는 제도] 중 Ⅰ.9.(1)' 참조.

Ⅱ. 본조의 의의

본조는 제한능력자에게 법정대리인이 없는 경우를 시효의 정지사유로 하고 있다. 제한능력자가 법정대리인이 없어 단독으로 재판상의 청구 등과 같이 시효를 중단시킬 수 있는 조치를 취할 수 없는 경우에는, 제한능력자를 보호할

---

2) 대판 16.12.1, 2014두8650(공 17상, 159).

필요가 있기 때문이다.[3]

Ⅲ. 요   건

본조에 해당하기 위해서는 제한능력자에게 법정대리인이 없는 경우라야 한다. 여기서 제한능력자라 함은 미성년자, 피성년후견인, 피한정후견인을 말하나, 이들에 대하여 항시 본조의 적용이 있는 것은 아니다. 이들은 법률의 규정 및 가정법원의 정함에 따라 행위능력의 범위가 달라질 수 있기 때문이다.

미성년자라도 법정대리인으로부터 영업의 허락을 받은 경우에는 그 영업에 관하여 성년자와 동일한 행위능력이 있으므로($\S^8_1$), 이때에는 본조의 적용이 없다.

피성년후견인은 가정법원이 달리 정하지 않는 한 원칙적으로 종국적·확정적으로 유효한 법률행위를 할 수 없고, 그의 법률행위는 취소할 수 있으므로,[4] 가정법원이 달리 정하지 않는 한 본조의 적용을 받는다($\S\S^9_{10}$).

피한정후견인은 원칙적으로 행위능력을 보유하여 종국적·확정적으로 유효한 법률행위를 할 수 있고, 다만 가정법원이 한정후견의 심판에서 일정 법률행위를 할 때에는 한정후견인의 동의를 받도록 정한 경우에 한하여 한정후견인의 동의 없이 한 피한정후견인의 법률행위를 취소할 수 있으므로($\S\S^{12}_{13}$),[5] 가정법원이 달리 정하지 않는 한 본조의 적용이 없다.

특정피후견인의 경우에는 행위능력에 아무런 제한이 없고, 특정 법률행위를 위해 특정후견인이 선임되고 그에게 법정대리권이 이미 부여되었다 하더라도 당해 법률행위와 관련된 피특정후견인의 행위능력에는 아무런 제한이 없으므로($\S_{14-2}$),[6] 본조의 적용이 없다.

한편, 법정대리인을 필요로 하는 제한능력자에게 법정대리인이 있다 하더라도 법정대리인이 법률상 대리권을 행사할 수 없는 경우에는 본조의 적용을 받는다. 그러나 법정대리인이 사실상 대리권을 행사할 수 없는 경우에는 본조

3) 구주해(3), 345(윤진수).
4) 김형석, "민법 개정안에 따른 성년후견법제", 가연 24-2, 2010, 116-117.
5) 김형석(주 4), 118-119.
6) 김형석(주 4), 122; 김판기, "2011년 민법개정과 향후 과제: 제한능력자제도로의 전환을 중심으로", 법학연구 19-2, 2호, 2011, 56.

가 적용되지 않는다.

　법정대리인이 없는지 여부를 가리는 시점은 소멸시효 기간만료 전 6월이다. 6월 이내에 법정대리인이 없게 된 때에는 본조가 적용됨은 물론이고, 6월 이전부터 법정대리인이 없는 때에도 본조에 해당한다.[7]

　한편, 판례[8]는 본조는 법원으로부터 금치산선고 등을 받아 심신상실의 상태 등이 공적으로 확인된 사람을 보호하고자 하는 것으로서 그 선고를 받지 아니한 사람에게 쉽사리 준용 또는 유추적용할 것은 아니라고 한다. 다만 그러한 사람을 보호할 이익 자체는 법적으로 시인되므로, 권리를 행사할 수 없게 하는 여러 장애사유 중 권리자의 심신상실상태에 대하여는 특별한 법적 고려를 베풀 필요가 있다고 한다. 그리하여 교통사고로 심신상실의 상태에 빠진 갑이 을 보험회사를 상대로 교통사고 발생일로부터 2년이 경과한 시점에 보험계약에 기한 보험금의 청구를 내용으로 하는 소를 제기한 사안에서, 보험금청구권에 대하여는 2년이라는 매우 짧은 소멸시효기간이 정해져 있으므로 보험자 스스로 보험금청구권자의 사정에 성실하게 배려할 필요가 있다는 점, 권리를 행사할 수 없게 하는 여러 장애사유 중 권리자의 심신상실상태에 대하여는 특별한 법적 고려를 베풀 필요가 있다는 점, 갑이 보험사고로 인하여 의식불명의 상태에 있다는 사실을 그 사고 직후부터 명확하게 알고 있던 을 보험회사는 갑의 사실상 대리인에게 보험금 중 일부를 지급하여 법원으로부터 금치산선고를 받지 아니하고도 보험금을 수령할 수 있다고 믿게 하는 데 일정한 기여를 한 점 등을 종합하여 보면, 을 보험회사가 주장하는 소멸시효 완성의 항변을 받아들이는 것은 신의성실의 원칙에 반하여 허용되지 아니한다고 한다. 이는 소멸시효기간 중 채권자가 심신상실 상태에 빠졌으나 금치산선고를 받지 아니한 경우 본조를 유추적용하는 방식을 택하지 않고, 권리자의 심신상실 상태에 대하여 특별히 법적으로 고려할 필요성이 있다는 점과 그 밖의 채무자 측의 채권자 측에 대한 신뢰 부여 등 여러 사정을 종합하여 채무자의 소멸시효 항변이 신의성실의 원칙에 반한다는 논리구성을 취한 점에 특색이 있다.

---

7) 구주해(3), 345(윤진수); 주석 총칙(3), 660(제4판/이연갑).
8) 대판 10.5.27, 2009다44327(공 10하, 1233).

Ⅳ. 효　　과

　　본조에 해당하면, 제한능력자가 능력자가 되거나 법정대리인이 취임한 때로부터 6월이 경과하여야 시효가 완성한다. 그 때까지 얼마나 긴 기간이 경과하였는지는 묻지 않는다.

　　본조는 제한능력자를 보호하기 위한 것이므로, 시효의 완성으로 제한능력자에게 불이익이 돌아가는 경우에만 본조가 적용된다. 제한능력자의 권리가 소멸시효에 걸리거나 타인이 제한능력자의 권리를 시효취득의 대상이 되는 경우가 그것이다.[9] 이와 달리 제한능력자가 시효의 이익을 받게 되는 경우에는 본조가 적용되지 아니한다.[10]

[오　영　준]

제 180 조(재산관리자에 대한 제한능력자의 권리, 부부 사이의 권리와 시효정지)

　　① 재산을 관리하는 아버지, 어머니 또는 후견인에 대한 제한능력자의 권리는 그가 능력자가 되거나 후임 법정대리인이 취임한 때부터 6개월 내에는 소멸시효가 완성되지 아니한다.

　　② 부부 중 한쪽이 다른 쪽에 대하여 가지는 권리는 혼인관계가 종료된 때부터 6개월 내에는 소멸시효가 완성되지 아니한다.

---

9) 注解 判例民法 民法總則, 642(初版/平岡建樹).
10) 구주해(3), 345-346(윤진수); 주석 총칙(3), 660(제4판/이연갑).

I. 본조 제 1 항의 의의 및 요건

1. 의　　의

본조 제1항은 제한능력자를 보호하기 위하여 민법 § 179를 보완하는 규정이다. 본조 제1항은 제한능력자가 그 재산을 관리하는 부, 모 또는 후견인에 대하여 갖는 권리를 행사하는 경우에는 그 자가 능력자가 되거나 후임의 법정대리인이 취임한 때로부터 6월내에는 소멸시효가 완성하지 않는 것으로 정하고 있다. 이는 제한능력자의 재산을 관리하여야 할 법정대리인이 자기에 대하여 시효중단을 취하는 것을 기대할 수 없기 때문이다.

2. 요　　건

본조 제1항에 의하여 시효가 정지되는 대상은 제한능력자가 그 재산을 관리하는 부, 모 또는 후견인에 대하여 가지는 권리이다. 본조는 제한능력자의 보호를 위한 규정이기 때문에, 본조에 의하여 정지되는 시효는 제한능력자에게 불이익한 것에 한한다.[1] 따라서 제한능력자가 그 재산을 관리하는 부, 모 또는 후견인에 대하여 갖는 권리가 소멸시효에 걸리는 경우뿐만 아니라, 부, 모 또는 법정대리인이 제한능력자의 재산을 시효에 의하여 취득하는 경우도 포함된다고 해석된다.[2]

여기서 재산을 관리하는 부, 모라고 한정한 것은 친권자라 하여도 재산의 관리권이 없는 경우가 있고($\S\S_{927.}^{925.}$), 법정대리인으로서 관리하지 못하는 재산도 있기 때문($\S\S_{925.}^{918.}$)이다.[3]

II. 본조 제 2 항의 의의 및 요건

1. 의　　의

본조 제2항은 부부간의 권리는 혼인계속 중에 상대방에 대한 권리의 보

---

1) 注解 判例民法 民法總則, 647(初版/平岡建樹).
2) 구주해(3), 547(윤진수); 日注解 財産法 1, 民法總則, 1989, 739(竹內俊雄); 注解 判例民法 民法總則, 647(初版/平岡建樹).
3) 구주해(3), 547(윤진수); 주석 총칙(3), 661(제4판/이연갑).

전을 위하여 시효중단을 위한 조치를 취하여야 한다면 가정의 평화가 유지되기기 어려우므로 이를 방지하기 위한 규정이다.[4] 본조 제2항의 규정에 따라 부부간의 권리는 혼인계속 중에도 시효는 진행하나 혼인관계가 종료한 때로부터 6월이 경과하지 아니하면 시효가 완성하지 아니한다.

2. 요 건

본조 제2항에 의하여 시효가 정지되는 대상은 부부의 일방이 타방에 대하여 가지는 권리이다. 부부간의 권리이면 종류와 내용을 묻지 않고, 혼인관계에 기하여 발생한 권리뿐만 아니라 혼인 전부터 가지는 권리도 포함된다.

여기서 부부라 함은 법률상의 부부만을 말하고, 사실혼부부는 포함되지 아니한다.[5] 혼인관계의 종료라 함은 부부 일방의 사망, 이혼, 혼인의 취소 등에 의한 혼인의 해소 및 실종선고 등을 말한다.

본조 제2항은 소멸시효 뿐만 아니라 취득시효에도 적용된다.[6]

[오 영 준]

第181條(相續財産에 關한 權利와 時效停止)

相續財産에 屬한 權利나 相續財産에 對한 權利는 相續人의 確定, 管理人의 選任 또는 破産宣告가 있는 때로부터 6月內에는 消滅時效가 完成하지 아니한다.

---

4) 구주해(3), 548-549(윤진수).
5) 구주해(3), 548(윤진수); 주석 총칙(3), 662(제4판/이연갑).
6) 日注解 財産法 1, 民法總則, 1989, 740(初版/竹內俊雄); 注解 判例民法 民法總則, 648(初版/平岡建樹).

I. 의   의

상속인이 없거나 불분명한 경우 시효가 정지되지 아니하면, 상속재산에 속한 권리는 상속인이 확정되지 아니한 기간 또는 상속인, 관리인, 파산관재인 등이 알지 못하는 기간에도 시효에 의하여 소멸하게 된다. 다른 한편, 상속재산에 대하여 권리를 가지는 자도 소를 제기할 상대방이 없거나 상대방을 알지 못함으로써 시효중단의 방법을 강구할 수 없게 된다. 그리하여 본조는 상속재산에 관한 권리에 시효의 정지를 규정하여 권리의무관계의 당사자가 이러한 상황에 대비할 수 있도록 하고 있다.[1]

이러한 규정 취지에 비추어 보면, 상속인에게 유리한 시효만 정지되는 것이 아니라 상속재산에 대한 권리의 소멸시효와 같이 상속재산에 불리한 시효도 정지된다.[2]

II. 요   건

본조에 의하여 시효가 정지되는 대상은 '상속재산에 속(屬)한 권리'나 '상속재산에 대(對)한 권리'이다.

본조에서 말하는 상속인의 확정이라 함은 상속인의 존부 불명 내지 소재나 생사불명의 경우 및 상속의 승인 여부가 확정되지 아니하다가 상속의 승인에 의하여 상속의 효과가 확정된 경우($\S^{1025}_{이하}$)까지 포함한다.[3]

본조에서 말하는 상속재산의 관리인이 선임되는 경우로는 상속인의 존부가 분명하지 아니하여 상속재산관리인이 선임되는 경우($\S_{1053}$), 상속재산이 분리되는 경우($\S_{1047}$) 및 상속인의 소재 내지 생사가 불분명하여 부재자재산관리인이 선임되는 경우($\S_{22}$)가 있다. 그 밖에 상속재산으로써 상속채권자 및 수유자에 대한 채무를 완제할 수 없는 때에는 상속인, 상속채권자, 수증자 등은 일정기간 내에 상속재산에 대하여 파산신청을 할 수 있고, 이 경우 법원은 파산선고와 동시에 파산관재인을 선임하여야 하는데($\S^{300,}_{312\ 1}$), 이 파산관재인이 재

---

1) 구주해(3), 549(윤진수); 주석 총칙(3), 662-663(제4판/이연갑).

2) 주석 총칙(3), 663(제4판/이연갑); 日注解 財産法 1, 民法總則, 1989, 741(初版/竹內俊雄); 注解 判例民法 民法總則, 648(初版/平岡建樹).

3) 구주해(3), 549(윤진수); 주석 총칙(3), 663(제4판/이연갑).

산관리인이 되므로 이 경우도 상속재산의 관리인이 선임되는 경우에 해당한다.

국가 공무원 갑의 직무수행 중 불법행위로 인하여 피해자 을이 1977. 10.12. 납북된 후 그 가족들에 의하여 피해자 을에 대한 실종선고심판이 확정되고, 그 가족들이 국가를 상대로 손해배상청구권을 청구한 사안에서, 다음과 같은 선례가 있다. 항소심[4]은 피해자 을은 자신이 납북된 날 손해 및 가해자를 알았다고 할 것이므로, 그때부터 3년이 경과한 때에 단기소멸시효가 완성되었지만 피해자 을이 국가를 상대로 손해배상청구를 하는 등 시효중단 조치를 취하기는 사실상 불가능하므로 민법 §182를 적용 또는 유추적용하여 피해자 을이나 그 상속인들이 시효중단조치를 취하는 것이 가능하게 된 때부터 1개월 내에는 소멸시효가 완성되지 않고 또한 본조에 의하여 상속인의 확정 등이 있는 때부터 6개월 내에는 소멸시효가 완성되지 않는다고 판단하였다. 그리하여 항소심은 피해자 을에 대한 실종선고심판의 확정으로 상속인인 원고들이 상속채권을 행사할 수 있게 된 때부터 1개월 및 실종선고심판 확정일부터 3개월의 숙려기간이 지난 후 6개월을 경과한 때에 소멸시효가 완성되었다고 판단하였다.

그러나 대법원은 위와 같은 판단이 잘못되었다며 항소심판결을 파기하였다.[5] 먼저 피해자 을의 손해배상청구권의 시효에 관하여는, 남북교류의 현실과 거주·이전 및 통신의 자유가 제한된 북한 사회의 비민주성이나 폐쇄성 등을 고려하여 볼 때, 다른 특별한 사정이 없는 한 북한에 납북된 사람이 피고인 국가를 상대로 대한민국 법원에 소장을 제출하는 등으로 그 권리를 행사하는 것은 객관적으로도 불가능하므로, 남북상태가 지속되는 동안은 소멸시효가 진행하지 않고, 다만 납북자에 대한 실종선고심판이 확정되게 되면 상속인들에 의한 상속채권의 행사가 가능해질 뿐이라고 판단하였다. 다음, 피해자 을의 가족들 자신의 손해배상청구권에 관하여는, 피해자 을의 처이자 그 자녀인 나머지 원고들의 법정대리인 원고 병이 1977.10.13.경 국가 공무원의 불법행위로 인한 손해 및 가해자를 알았으므로 그때부터 3년이 경과한 때에 소멸시효가 완성되었다고 판단하였다.

---

4) 부산고판 09.4.22, 2008나15216(정보).
5) 대판 12.4.13, 2009다33754(공 12상, 759).

Ⅲ. 효　과

본조의 적용 대상이 되는 권리는 상속인의 확정, 관리인의 선임 또는 파산선고가 있은 때로부터 6월내에는 시효가 완성하지 아니한다.

본조는 시효완성 6개월 전에 상속인이 확정되고 또는 상속재산관리인이 선임된 경우 등에만 적용되는 것이 아니다. 시효완성 후에 상속인이 확정되는 경우 또는 상속재산관리인이 선임된 경우에도 본조가 적용되어 그 후 6개월 내에는 시효가 완성되지 아니한다.[6]

본조는 취득시효에도 적용이 있다.[7]

[오 영 준]

第182條(天災 其他 事變과 時效停止)

天災 其他 事變으로 因하여 消滅時效를 中斷할 수 없을 때에는 그 事由가 終了한 때로부터 1月內에는 時效가 完成하지 아니한다.

Ⅰ. 의　　의

본조는 천재(天災) 기타 사변(事變)의 경우에 시효의 정지를 인정하는 규정이다. 권리자가 천재 기타 사변으로 인하여 객관적으로 시효의 중단조치를 취할 수 없는데도 소멸시효기간의 도과로 권리가 소멸하였다고 보는 것은 부당하기 때문에 그러한 사유가 종료한 때로부터 1월의 시효정지를 인정한 것이

6) 주석 총칙(3), 663(제4판/이연갑).
7) 日注解 財産法 1, 民法總則, 1989, 741(初版/竹內俊雄); 日最判 1960(昭 35).9.2, 民集 14-11, 2094.

본조의 입법취지이다.

Ⅱ. 요   건

객관적으로 천재 기타 사변으로 인하여 소멸시효의 중단 조치를 취할 수 없었어야 한다. 천재라 함은 폭설, 홍수, 지진 등을 말하고, 사변이라 함은 천재에 비할 수 있는 전란, 교통두절, 재판업무의 마비 등을 말한다. 당사자의 착오, 부재, 질별 등 주관적인 사정은 여기에 포함되지 않고, 그러한 사유가 당사자에게 책임질 수 없는 사유라 하더라도 마찬가지이다.

시기적으로 위와 같은 사유가 소멸시효기간이 만료하는 때에 존재하고 있어야 한다. 위와 같은 사유가 소멸시효기간 진행 중에 발생하더라도 그와 같은 사유가 종료된 후 당사자가 얼마든지 소멸시효의 중단조치를 취할 수 있는 경우에는 굳이 시효정지를 인정할 필요가 없기 때문이다. 여기서 천재 기타 사변과 같은 사유는 본조가 그 사유 종료일로부터 1개월이 지나면 다시 시효가 완성할 수 있도록 규정하고 있음에 비추어, 소멸시효기간이 만료하는 때로부터 1개월 내에는 존재하고 있어야 할 것이다. 천재 기타 사변과 같은 사유가 소멸시효기간 만료일로부터 1월 이전에 존재하고 있다면, 1개월이 지난 후 원래대로 소멸시효기간이 만료하는 데 아무런 영향을 미칠 수 없기 때문이다.[1]

한편, 국가 공무원 갑의 직무수행 중 불법행위로 인하여 피해자 을이 1977. 10.12. 납북된 후 그 가족들에 의하여 피해자 을에 대한 실종선고심판이 확정되고, 그 가족들이 국가를 상대로 손해배상청구권을 청구한 사안에서, 다음과 같은 선례가 있다. 항소심[2]은 피해자 을은 자신이 납북된 날 손해 및 가해자를 알았다고 할 것이므로, 그때부터 3년이 경과한 때에 단기소멸시효가 완성되었지만 피해자 을이 국가를 상대로 손해배상청구를 하는 등 시효중단 조치를 취하기는 사실상 불가능하므로 본조를 적용 또는 유추적용하여 피해자 을이나 그 상속인들이 시효중단조치를 취하는 것이 가능하게 된 때부터 1개월 내에는 소멸시효가 완성되지 않고 또한 민법 §181에 의하여 상속인의 확정 등이 있는 때부터 6개월 내에는 소멸시효가 완성되지 않는다고 판단하였다.

---

1) 구주해(3), 551(윤진수).
2) 부산고판 09.4.22, 2008나15216(정보).

그리하여 항소심은 피해자 을에 대한 실종선고심판의 확정으로 상속인인 원고들이 상속채권을 행사할 수 있게 된 때부터 1개월 및 실종선고심판 확정일부터 3개월의 숙려기간이 지난 후 6개월을 경과한 때에 소멸시효가 완성되었다고 판단하였다.

　그러나 대법원은 위와 같은 판단이 잘못되었다며 항소심 판결을 파기하였다.[3] 먼저 피해자 을의 손해배상청구권의 시효에 관하여는, 남북교류의 현실과 거주·이전 및 통신의 자유가 제한된 북한 사회의 비민주성이나 폐쇄성 등을 고려하여 볼 때, 다른 특별한 사정이 없는 한 북한에 납북된 사람이 피고인 국가를 상대로 대한민국 법원에 소장을 제출하는 등으로 그 권리를 행사하는 것은 객관적으로도 불가능하므로, 남북상태가 지속되는 동안은 소멸시효가 진행하지 않고, 다만 납북자에 대한 실종선고심판이 확정되게 되면 상속인들에 의한 상속채권의 행사가 가능해질 뿐이라고 판단하였다. 다음, 피해자 을의 가족들 자신의 손해배상청구권에 관하여는, 피해자 을의 처이자 그 자녀인 나머지 원고들의 법정대리인 원고 병이 1977.10.13.경 국가 공무원의 불법행위로 인한 손해 및 가해자를 알았으므로 그때부터 3년이 경과한 때에 소멸시효가 완성되었다고 판단하였다.

Ⅲ. 효　　과

　위와 같은 객관적 요건 및 시기적 요건이 모두 갖추어진 경우 천재 기타 사변이 종료한 때로부터 1월 내에는 시효가 완성하지 아니한다.

[오 영 준]

---

3) 대판 12.4.13, 2009다33754(공 12상, 759).

第 183 條(從屬된 權利에 對한 消滅時效의 效力)
　　主된 權利의 消滅時效가 完成한 때에는 從屬된 權利에 그 效
力이 미친다.

　　본조는 주된 권리의 소멸시효완성은 종속된 권리에도 그 효력이 미친다고
규정하고 있다. 여기서 '종속된 권리'는 이자, 지연손해금, 과실 등을 말한다.
저당권의 경우 피담보채권이 시효의 완성으로 소멸한 때에는 저당권도 소멸한
다는 별도의 규정이 있다($\S_{369}$).
　　또한 여기서 "그 효력이 미친다."고 함은 종속된 권리의 소멸시효도 완성
된 것으로 본다는 의미이다. 이는 소멸시효의 소급효와 관련이 있다($\S_{167}$). 원본
채권이 시효소멸하면 기산일에 소급하여 존재하지 않았던 것이 되므로, 일단
기산일 이후에 발생한 이자나 지연손해금채권도 그 결과로서 당연히 발생하지
않았던 것이 되기 때문이다.[1]
　　이러한 점에 비추어 볼 때, 본조의 실질적 의의는 주된 권리의 시효가 완
성되었으나 종된 권리는 아직 그 시효가 완성되지 않은 경우에 있다.
　　판례[2]는 채무불이행으로 인한 손해배상채권은 본래의 채권이 확장된 것이
거나 본래의 채권의 내용이 변경된 것이어서 본래의 채권과 동일성을 가지므
로, 본래의 채권이 시효로 소멸한 때에는 손해배상채권도 함께 소멸한다고 한다.
　　판례[3]는 하나의 금전채권의 원금 중 일부가 변제된 후 나머지 원금에 대
하여 소멸시효가 완성된 경우, 가분채권인 금전채권의 성질상 변제로 소멸한
원금 부분과 소멸시효 완성으로 소멸한 원금 부분을 구분하는 것이 가능하고,
이 경우 원금에 종속된 권리인 이자 또는 지연손해금 역시 변제로 소멸한 원
금 부분에서 발생한 것과 시효완성으로 소멸된 원금 부분에서 발생한 것으로
구분하는 것이 가능하다고 한다. 그리하여 소멸시효 완성의 효력은 소멸시효
가 완성된 원금 부분으로부터 그 완성 전에 발생한 이자 또는 지연손해금에는
미치나, 변제로 소멸한 원금 부분으로부터 그 변제 전에 발생한 이자 또는 지
연손해금에는 미치지 않는다고 한다.[4]

---

1) 日大判 1920(大 9).5.25, 民錄 26, 759.
2) 대판 18.2.28, 2016다45779(공 18상, 632).
3) 대판 08.3.14, 2006다2940(공 08상, 580).
4) 금전채무에 대한 변제기 이후의 지연손해금은 금전채무의 이행을 지체함으로 인한 손해
　의 배상으로 지급되는 것이므로, 원본에 대한 지연손해금채권의 소멸시효기간은 원본채권

第 184 條(時效의 利益의 抛棄 其他)

① 消滅時效의 利益은 미리 抛棄하지 못한다.

② 消滅時效는 法律行爲에 依하여 이를 排除, 延長 또는 加重할 수 없으나 이를 短縮 또는 輕減할 수 있다.

I. 소멸시효 완성 전의 포기

본조 제1항은 "소멸시효의 이익은 미리 포기하지 못한다."고 규정하여 시효이익의 사전포기를 금지하고 있다. 민법이 시효이익의 사전포기를 금지하고 있는 이유는, 첫째, 시효제도가 공익을 위한 제도이므로 당사자가 그 적용을 임의로 배제하는 것은 허용될 수 없고, 둘째, 채권자가 우월한 지위를 이용하여 채무자로 하여금 시효이익을 포기하도록 할 우려가 있으므로 이를 방지하여야 하며, 셋째, 채권자가 상당한 주의를 기울이면 용이하게 시효완성을 방지할 수 있음에도 이를 태만히 한 경우에도 시효이익의 사전 포기를 통하여 아무런 불이익을 입지 않도록 하는 것은 시효제도를 설계한 취지에 반하기 때문이라고 한다.[1]

의 그것과 같고, 이자에 대한 지연손해금채권의 소멸시효기간도 이자채권의 그것과 같다 [대판 10.9.9, 2010다28031(공 10하, 1895)].

1) 注解 判例民法 民法總則, 602(平岡建樹).

학설은 시효이익의 사전포기를 금지하는 취지에 비추어, 시효기간을 연장하는 합의, 시효의 기산점을 늦추는 특약, 시효의 중단사유 및 정지사유를 추가하는 특약 등 시효의 완성을 곤란하게 하는 특약은 무효라고 보는 한편, 반대로 시효기간을 단축하는 특약 등 시효의 완성을 용이하게 하는 특약은 원칙적으로 유효하다고 해석한다.[2]

다만, 사전의 시효이익 포기가 시효완성 전의 채무승인에 해당하여 취득시효의 중단사유가 되는 경우가 있음을 유의하여야 한다.[3]

판례[4]는 보험금 지급기한 유예의 합의는 보험금 지급청구권에 관한 소멸시효의 이익을 미리 포기한 것으로 볼 수 없다고 한다.

II. 소멸시효 완성 후의 포기

1. 의　　의

본조 제1항의 반대해석에 비추어, 시효완성 후의 시효이익의 포기가 허용된다는 점에 대하여는 이론이 없다.

시효이익의 포기에 대하여 우리나라의 통설은 이를 '시효의 완성으로 인한 법적인 이익을 받지 않겠다고 하는 의사표시'라고 하며, 그중에서도 상대방 있는 단독행위라고 한다.

소멸시효의 완성효과에 관하여 상대적 소멸설을 취하는 입장에서는, 일단 발생한 권리의 부인권 내지 시효원용권의 포기라고 보고, 절대적 소멸설을 취하는 입장에서는 시효이익의 포기를 이유로 시효완성의 효과가 복멸되는 것은 위와 같이 소멸시효의 이익을 받지 않겠다는 의사표시에 기한 법률행위적 효과라고 한다.[5]

소멸시효이익의 포기가 처분행위인가 의무부담행위인가가 문제된다. 절대적 소멸설 및 상대적 소멸설은 대부분 이를 처분행위로 보고 있다. 그러나 절대적 소멸설을 취하면 시효이익포기는 권리를 소멸시키는 소멸행위가 아니라 의무부담행위로 보아야 하므로 시효이익의 포기를 처분행위로 보는 것은 상호

---

2) 民法注解 財産法 民法總則 1(初版), 701(山崎敏彦).

3) 대판 97.6.27, 96다49735, 49742(공 97, 2326).

4) 대판 81.10.6, 80다2699(집 29-3, 103).

5) 양창수, "시효이익의 포기와 보증관계", 민법연구 3, 1995, 361.

모순된다며 비판하는 견해6)가 있다. 이러한 견해에 대하여 절대적 소멸설은
소멸시효이익의 포기는 소멸된 권리를 복구하는 의사표시라는 측면에서 권리
의 처분행위에 속한다고 반박한다.7)

한편, 소멸시효이익의 포기를 처분행위로 본다면, 제척기간 도과의 이익을
포기하는 것도 자연스럽게 설명할 수 있다는 견해가 있다. 즉 제척기간이 비록
법원의 직권조사사항으로서 당사자의 원용이 없더라도 당연히 고려되어야 할
사항이기는 하지만, 이는 주로 채무자의 법적 지위의 안정을 도모하는 것을 주
된 목적으로 하는 것이기 때문에, 채무자는 제척기간 도과에 의한 이익을 처분
행위의 일환으로 포기할 수 있다는 것이다.8) 그러나 '출소기간'과 같이 '소송
요건'으로서의 성질을 갖는 제척기간이나 그 밖에 공익적 요소가 있는 제척기
간에 대하여까지 명문의 규정9)이 없이도 당사자의 자유로운 처분권을 인정할
수 있을지는 의문이다.

2. 시효이익의 포기의 요건

(1) 주체 및 상대방

시효완성의 이익 포기의 의사표시를 할 수 있는 자는 시효완성의 이익을
받을 당사자 또는 대리인에 한한다. 그 외 제3자가 시효완성의 이익 포기의
의사표시를 하였다 하더라도 이는 시효완성의 이익을 받을 자에 대한 관계에
서 아무 효력이 없다.10) 따라서 물상보증인이 채무를 승인하거나11) 채무자가
유체동산 가압류를 하는 집행관에 대하여 채무를 승인하더라도 시효이익의 포
기에 해당하지 않는다.

또한 시효이익의 포기는 그 의사표시로 인하여 권리에 직접적인 영향을
받는 상대방에게 하여야 한다.

시효이익의 포기는 상대방 있는 단독행위이므로 상대방의 동의를 요하지

---

6) 이은영, 민법총칙(제4판), 2005, 780.
7) 주석 총칙(3), 667(제4판/이연갑).
8) 注解 判例民法 民法總則, 602(初版/平岡建樹).
9) 상법 §814 Ⅰ은 "운송인의 송하인 또는 수하인에 대한 채권 및 채무는 그 청구원인의
   여하에 불구하고 운송인이 수하인에게 운송물을 인도한 날 또는 인도할 날부터 1년 이내
   에 재판상 청구가 없으면 소멸한다. 다만, 이 기간은 당사자의 합의에 의하여 연장할 수
   있다."고 규정하고 있다.
10) 대판 98.2.27, 97다53366(공 98상, 901); 대판 12.10.25, 2012다45566(공 12하, 1921);
    대판 14.1.23, 2013다64793(공 14상, 473).
11) 日最判 1987(昭 62).9.3, 判時 1316, 91; 日東京高判 1982(昭 57).10.27, 判時 1060, 81.

아니한다.

(2) 처분능력 및 권한의 유무

시효이익의 포기는 처분행위이므로 포기자에게 처분능력과 처분권한이 있어야 한다.[12] 시효이익의 포기행위는 소멸하였던 채무가 소멸하지 않았던 것으로 되어 결과적으로 채무자가 부담하지 않아도 되는 채무를 새롭게 부담하게 되는 것이므로 채권자취소권의 대상인 사해행위가 될 수 있다.[13]

(3) 채무의 존재의 인식

시효이익의 포기가 유효하려면, 시효완성으로 인한 법적인 이익을 받지 않겠다는 효과의사의 전제사실로서, 채권자에 대하여 부담하는 채무의 존재에 대한 채무자의 인식이 있어야 한다.

(4) 시효완성 사실의 인식

시효이익의 포기가 유효하려면 시효이익을 받는 채무자가 시효의 완성으로 인한 법적인 이익을 받지 않겠다는 효과의사가 필요하므로, 채무자는 시효완성의 사실을 알고 포기하여야 한다.[14]

(5) 포기의 효과의사

시효이익을 받는 채무자가 시효의 완성으로 인한 법적인 이익을 받지 않겠다는 효과의사가 필요하다.[15] 시효완성 후의 시효이익의 포기는 상대방 있는 단독행위로서 그러한 의사표시는 방법에 아무런 제한이 없으므로 명시적으로뿐만 아니라 묵시적으로도 할 수 있다. 또 재판상으로뿐만 아니라 재판 외에서도 할 수 있다. 그리하여 시효이익의 포기가 있었는지 여부는 결국은 법률행위 해석의 문제로 귀착된다.[16]

(6) 포기의 의사표시의 도달

시효이익의 포기와 같은 상대방 있는 단독행위는 그 의사표시로 인하여 권리에 직접적인 영향을 받는 상대방에게 도달하는 때에 효력이 발생한다. 그

---

12) 日大判 1919(大 8).5.12, 民錄 25, 851.

13) 대결 13.5.31, 2012마712(공 13하, 1115).

14) 대판 13.7.25, 2011다56187, 56194(공 13하, 1583); 양창수, "시효이익의 포기와 보증관계", 민법연구 3(2006), 364.

15) 대판 13.2.28, 2011다21556(공 13상, 547); 대판 13.7.25, 2011다56187, 56194(공 13하, 1583); 대판 17.7.11, 2014다32458(공 17하, 1610).

16) 대판 13.2.28, 2011다21556(공 13상, 547); 대판 13.7.25, 2011다56187, 56194(공 13하, 1583).

리하여 판례[17]는 취득시효이익의 포기는 달리 특별한 사정이 없는 한 시효취
득자가 취득시효완성 당시의 진정한 소유자에 대하여 하여야 그 효력이 발생
하는 것이지 원인무효인 등기의 등기부상 소유명의자에게 그와 같은 의사를
표시하였다고 하여 그 효력이 발생하는 것은 아니라고 한다.

3. 시효 중단사유인 승인과의 대비

시효 중단사유로서의 승인[§§ 168(iii), 247]이란 시효의 이익을 받을 당사자가 시효
에 의하여 권리를 잃게 될 자 또는 그 대리인에 대하여 상대방의 권리 또는
자신의 채무가 있음을 알고 있다는 뜻을 표시하는 행위이다.[18] 그 법률적 성질
은 관념의 통지이고, 시효가 중단된다는 점에 대한 인식 내지 효과의사를 필요
로 하지 아니한다.[19]

그러나 시효이익의 포기는 단독행위라는 점에서, 관념의 통지인 시효 중단
사유로서의 승인과 구별된다.[20] 또한 시효이익의 포기의 경우에는 이를 포기
하는 자가 처분의 능력 내지 권한이 있어야 한다는 점에서 처분의 능력이나
권한 있음을 요하지 아니하는 시효 중단사유로서의 승인($\frac{\S}{177}$)과 구별된다.[21]

이와 같이 시효이익의 포기는 효과의사를 가지고 있어야 하고 처분능력이
나 권한이 있음을 필요로 한다는 점에서 이를 요하지 아니하는 시효 중단사유
로서의 승인보다 강한 당사자의 의지의 표현이라 할 수 있고,[22] 시효완성 후 소
멸시효 중단사유에 해당하는 채무의 승인이 있었다 하더라도 그것만으로는 곧바
로 소멸시효 이익의 포기라는 의사표시가 있었다고 단정해서는 아니된다.[23]

4. 시효완성 후의 채무승인[24]

채무자가 시효 완성 후에 채무승인 등의 일정한 행위를 하였으나 시효 완
성 사실을 알았는지가 불분명하거나, 시효 완성사실을 모르고 위와 같은 행위

---

17) 대판 94.12.23, 94다40734(공 95, 642).
18) 대판 00.4.25, 98다63193(공 00, 1258); 대판 05.2.17, 2004다59959(미간행); 대판
    14.1.23, 2013다64793(공 14상, 473).
19) 대판 13.2.28, 2011다21556(공 13상, 547).
20) 구주해(3), 556(윤진수).
21) 대판 13.2.28, 2011다21556(공 13상, 547); 구주해(3), 554(윤진수).
22) 김희태, "국유재산 대부계약의 체결과 취득시효완성이익의 포기", 해설 22, 1995, 59.
23) 대판 13.2.28, 2011다21556(공 13상, 547); 구주해(3), 554(윤진수).
24) 이에 관한 글로는 양창수(주 5), 365 이하; 김세진, "시효이익의 포기에 관한 판례 분석
    과 그 이론구성에 관한 시론", 재판과 판례 5, 1996, 30 이하.

를 한 경우 시효이익의 포기로 인정할 수 있는지 여부가 문제된다.

(1) 판　　례

㈎ 대법원판례　　　대법원판례[25]는 "채권이 법정기간의 경과로 인하여 소멸시효로 소멸된다는 것은 보통 일반적으로 아는 것이라고 인정할 수 있는 것이므로, 채무자가 시효완성 후에 채무의 승인을 한 때에는 일응 시효완성의 사실을 알고 그 이익을 포기한 것이라고 추정할 수 있다."라는 이른바 '의사표시 추정 이론'을 통하여 시효이익의 포기라는 결론을 도출한다. 이러한 의사표시의 추정은 '채무자가 시효완성 후에 채무의 승인을 한 사실'로부터 '시효완성의 사실을 알았다는 점' 및 '시효완성의 이익을 포기하였다는 점' 두 가지를 모두 추정하는 점에 특색이 있다.

그러나 실제로 채무를 승인한 사안에서 채무자가 시효완성 사실을 알지 못하고 채무를 승인한 것이라는 주장·입증에 성공하여 위 추정의 번복이 인정된 사례는 찾아볼 수 없다.

최근 대법원판례[26]는 "시효완성 후 시효이익의 포기가 인정되려면 시효이익을 받는 채무자가 시효의 완성으로 인한 법적인 이익을 받지 않겠다는 효과의사가 필요하기 때문에 시효완성 후 소멸시효 중단사유에 해당하는 채무의 승인이 있었다 하더라도 그것만으로는 곧바로 소멸시효 이익의 포기라는 의사표시가 있었다고 단정할 수 없다."고 설시하여 '추정'할 수 있다는 종전 판시와는 사뭇 다른 판시를 하고 있다. 그리고 이를 바탕으로 "소송에서의 상계항변은 일반적으로 소송상의 공격방어방법으로 피고의 금전지급의무가 인정되는 경우 자동채권으로 상계를 한다는 예비적 항변의 성격을 갖는다. 따라서 상계항변이 먼저 이루어지고 그 후 대여금채권의 소멸을 주장하는 소멸시효항변이 있었던 경우에, 상계항변 당시 채무자인 피고에게 수동채권인 대여금채권의 시효이익을 포기하려는 효과의사가 있었다고 단정할 수 없다."고 한다. 나아가 "이 사건 대여금채권의 소멸시효가 완성된 후 피고가 상계항변을 하였다는 점을 들어 원고로 하여금 피고가 더 이상 시효를 원용하지 않을 것이라는 합리적인 기대 내지 신뢰를 가지게 하였다고 볼 수 없으므로, 상계항변을 한 후 소멸시효의 항변을 한 것이 신의칙에 반한다고 볼 수도 없다."고 한다. 이는 '의

---

25) 대판 67.2.7, 66다2173(집 15-1, 89); 대판 92.3.27, 91다44872(공 92, 1393); 대판 92.5.22, 92다4796(공 92, 1980); 대판 13.5.23, 2013다12464(공 13하, 1110).
26) 대판 13.2.28, 2011다21556(공 13상, 547).

사표시 추정 이론'에서 벗어나 '신의칙적 관점'에서 시효이익의 포기를 인정할 것인지의 관점을 시사하는 것으로 평가된다.[27]

　　㈏ 일본의 판례　　일본 최고재판소는 종래 "시효이익의 포기가 있었다고 하기 위해서는 채무자가 시효완성의 사실을 알고 있었다는 사실이 필요한 것이지만, 이러한 경우에는 채무자가 시효완성의 사실을 알고 있었다고 추정하여야 하고, 따라서 채무자인 상고인이 변제를 함에 있어 시효완성 사실을 몰랐다는 점을 주장·입증하지 못하는 한 시효이익을 포기하였다고 봄이 상당하다"고 판시하여[28] 대법원판례와 같은 입장을 취하고 있었다.

　　그러나 학계로부터 시효완성 후에 채무를 승인한 자가 나중에 시효를 원용하는 것은 그가 시효완성을 모르고 채무를 승인하였기 때문이라고 보는 것이 오히려 경험칙에 부합하고, 이와 달리 그 반대의 추정을 하는 것은 부당하다는 비판이 쏟아지자 위 입장을 변경하였다.

　　즉 일본 최고재판소는 "채무자가 소멸시효가 완성된 후에 채무를 승인한 경우 그 시효완성의 사실을 알고 있는 것이 오히려 이례에 속하고 알지 못한 것이 통상이라고 할 수 있기 때문에, 채무자가 소멸시효 완성 후에 당해 채무를 승인한 사실로부터 그 승인이 시효가 완성되었다는 사실을 알고 승인한 것이라고 추정할 수는 없다. 그러나 채무자는 자기가 부담하는 채무에 대한 시효가 완성한 후 채권자에 대하여 채무를 승인한 이상, 시효완성의 사실을 몰랐다고 하더라도 그 후 그 채무에 대하여 그 완성된 소멸시효를 원용하는 것은 허용되지 않는다. 시효완성 후 채무자가 채무를 승인하는 것은 시효에 의한 채무소멸의 주장과 서로 어울리지 않는 행위로서, 상대방으로서도 채무자가 시효를 원용하지 않는다는 취지로 생각할 것이기 때문에 그 후에 있어서는 채무자가 시효를 원용할 수 없다고 봄이 신의칙에 부합하기 때문이다."라고 판시하였다.[29] 이는 '의사표시 추정 이론'에 대한 학계의 비판을 수용하되, 그 이론 구성만을 변경하여 종래 판례의 결론과 같은 입장을 유지한 것으로

---

27) 우성엽, "소멸시효 완성 후 채무를 승인한 경우 시효이익의 포기 여부", 재판과 판례 23, 2015, 190. 다만 위 판결 선고 후의 대판 13.5.23, 2013다12464(공 13하, 1110)는 여전히 종래의 의사표시 추정 이론을 채용하고 있어 판례가 실질적으로 변경되었다고 볼 수 있는지는 의문이다.

28) 日最判 1960(昭 35).6.23, 民集 14-8, 1498.

29) 日最裁 1966(昭 41).4.20, 民集 20, 702. 이에 대한 평석으로는 遠藤厚之助, "時效完成後の債務の承認と時效利益の放棄", 民法判例百選 Ⅰ(第3版), 1989, 96 이하.

평가된다.[30)]

일본의 판례가 채택한 시효완성 후 채무승인 행위에 대한 '신의칙 제한 이론'에 의하면, 채권자가 '채무자가 시효완성 후 채무를 승인한 사실'만을 입증한 상태에서, ① 이에 더하여 채권자가 '채무자가 위 채무승인 당시 시효완성 사실을 알았던 사실'을 입증한 경우에는, 시효이익의 포기로 인정되어 소멸시효 항변이 배척되고, ② 채권자가 '채무자가 위 채무승인 당시 시효완성 사실을 알았던 사실'을 추가로 입증하지 못하는 경우에는 원칙적으로 신의칙 위반 이론에 의하여 채무자의 소멸시효 항변의 원용권이 부정되며, ③ 채무자가 이를 번복하기 위해서는 '채무승인이 있었더라도 채권자로 하여금 채무자가 더 이상 시효를 원용하지 않을 것이라는 신뢰를 주지 않았다'는 특별한 사정이 있음을 입증해야 한다.[31)]

(2) 학설의 입장

대법원판례를 지지하는 학설[32)]은, 일정한 기간이 지나면 채무가 시효로 소멸한다는 것은 일반적으로 널리 알려져 있고, 시효가 완성된 후에는 채무자가 더 이상 약자의 지위에 있지 아니하므로 시효이익의 포기를 넓게 인정한다 하더라도 공익에 반하거나 채무자를 해할 우려가 적은 반면, 시효가 완성된 후에는 오히려 선량한 채권자를 보호할 필요성이 크고, 채무를 성실히 이행하지 않고 회피하려는 당사자가 적지 아니한 거래현실 등 여러 가지 측면을 종합적으로 고려하면 판례의 입장이 타당하다고 한다.

그러나 "당사자가 시효완성 후에 채무를 승인한 경우에는 시효완성 사실을 모르고 한 것이 통상적일 것이고 시효완성을 알면서도 승인한다는 것은 이례적이라고 보아야 하므로 위와 같은 판례의 태도는 경험칙에 어긋난다"고 하여 위 의사표시 추정 이론에 기초한 대법원 판례에 비판적인 입장이 다수이다.[33)] 이러한 학설은 앞서 본 일본의 판례에서 채택한 신의칙 이론과 동일하거나 이와 유사한 방식에 의한 해결에 찬성한다.[34)]

독일의 학설도 채무자가 시효완성 후에 채무의 일부를 이행하거나 이행

---

30) 이 판결에 대한 일본 학계의 평가에 대하여는, 김세진, "시효이익의 포기에 관한 판례 분석과 그 이론구성에 관한 시론", 재판과 판례 5, 1996, 32-33.
31) 우성엽(주 27), 188-189.
32) 강일원, "근저당권의 실행과 시효이익의 포기", 해설 36, 30.
33) 구주해(3), 555(윤진수).
34) 우성엽(주 27), 188-189.

기한의 연장을 요청하는 등으로 스스로 채무를 승인하였는데 후에 시효소멸을 주장하는 것은 특히 부당하며 도덕적으로 용인될 수 없고, 이는 설사 채무자가 시효완성의 사실을 알지 못하였다고 하여 다를 바 없다고 한다. 중요한 것은 채무자가 그러한 채무승인으로써 채권자로 하여금 채무자가 시효소멸의 주장을 하지 않을 것이라는 정당한 기대를 불러 일으켰다는 점으로, 이와 같이 시효완성 후의 채무승인의 경우에 시효소멸을 주장하는 것은 권리남용으로서 허용되지 않는다고 한다. 그리고 이러한 법리는 신의칙의 한 내용인 실효(Verwirkung)의 법리가 적용되는 것으로 이해할 수 있다고 한다.[35]

5. 시효이익 포기의 효과

(1) 일반적 효과 및 소멸시효 기간의 재진행 여부

시효이익을 포기한 채무자는 이후 시효소멸을 주장할 수 없음은 당연하다.

그런데 채무승인에 의하여 소멸시효의 이익을 포기한 경우 새로운 소멸시효 기간이 진행하는지에 관하여는 긍정설[36]과 부정설,[37] 절충설[38]이 대립한다. 부정설은 채무자의 시효 완성 후 채무승인에 의하여 소멸시효 원용권을 '포기'한 이상 더는 소멸시효의 완성을 주장하지 못하고 다시 새로운 시효가 진행한다고 볼 여지는 없다고 한다. 절충설은 소멸시효의 이익을 '포기'한 것으로 보게 되는 경우에는 다시 새로운 시효가 진행한다고 볼 여지는 없지만, 신의칙에 의하여 소멸시효의 항변이 제한되는 경우에는 구체적 개별적 사정을 검토하여 채무자의 채무승인 이후 상당한 기간이 경과하여 채권자의 신뢰가 소멸하였거나 보호할 가치가 없다면 신의칙의 적용 없이 채무자의 소멸시효 항변을 받아들이는 구성이 타당하다고 주장한다.

대법원판례는 "채무자가 소멸시효 완성 후에 채권자에 대하여 채무를 승인함으로써 그 시효의 이익을 포기한 경우에는 그때부터 새로이 소멸시효가

---

35) H. Lehmann, Das Anerkenntnis der verjahrten Forderungen, JW 1937, S. 2169f; Regelsberger, DogmJ(=Jahrtucher fur die Dogmatik des heutigen romischen Rechts und deutschen Privatrechts) 41, 339. 그러나 MunchKomm / von Feldmann, § 222 Rd. 6(Bd. 1, 2. Aufl., 1984, S. 1576)은, 서면에 의하지 아니한 채무승인계약이 있는 후에 시효소멸을 주장하는 것이 일반적으로 권리남용에 해당한다는 데 반대한다. 양창수, "시효이익의 포기와 보증관계", 민법연구 3, 1995, 366~367에서 재인용.

36) 주석 총칙(3), 674(이연갑/제4판).

37) 구주해(3), 558(윤진수).

38) 이정민, "소멸시효 이익의 포기와 소멸시효 중단사유로서 소송고지", 민판연 32, 2010, 221.

진행한다"고 하여 긍정설을 취하고 있다.[39] 일본의 판례도 시효이익의 포기 후
다시 시효기간이 경과한 후에는 시효소멸을 주장할 수 있다는 입장이다.[40]

(2) 물적범위

시효이익의 포기는 포기한 채권에 관하여 발생한다. 그 범위에 관하여는
뒤에서 자세히 다룬다.

(3) 인적 범위

⑺ 시효이익 포기의 상대효　　　시효이익의 포기의 효과는 상대적이다.
시효의 이익을 포기할 수 있는 자가 수인인 경우에 그중 1인이 포기하더라도
그 효과는 그에게만 발생하고 다른 자에게는 영향이 없다. 따라서 포기를 하지
아니한 다른 소멸시효의 이익이 있는 자에게 미치지 아니한다.[41]

판례[42]는 "소멸시효를 원용할 수 있는 사람은 권리의 소멸에 의하여 직접
이익을 받는 사람에 한정되는바, … 이와 같은 직접수익자의 소멸시효 원용권
은 채무자의 소멸시효 원용권에 기초한 것이 아닌 독자적인 것으로서 채무자
를 대위하여서만 시효이익을 원용할 수 있는 것은 아니며, 가사 채무자가 이미
그 가등기에 기한 본등기를 경료하여 시효이익을 포기한 것으로 볼 수 있다고
하더라도 그 시효이익의 포기는 상대적 효과가 있음에 지나지 아니하므로 채
무자 이외의 이해관계자에 해당하는 담보 부동산의 양수인으로서는 여전히 독
자적으로 소멸시효를 원용할 수 있다"고 한다.

이와 같이 시효이익의 포기는 상대적 효과가 있음에 지나지 않으므로, 주
채무자가 포기하여도 보증인,[43] 연대채무자,[44] 물상보증인,[45] 저당부동산의
제3취득자[46]에게는 영향이 없고 이들은 주채무의 시효소멸을 원용할 수 있다.

⑻ 시효이익을 이미 포기한 자와 법률관계를 형성한 자　　　판례[47]는
"소멸시효 이익의 포기 당시에는 권리의 소멸에 의하여 직접 이익을 받을 수

---

39) 대판 09.7.9, 2009다14340(공 09하, 1287); 대판 13.5.23, 2013다12464(공 13하,
　　1110).
40) 日最判 1960(昭 45).5.21, 民集 24-5, 393.
41) 비교법적 검토에 관하여는 위계찬, "소멸시효 이익의 포기의 상대효 제한", 비교 23-3,
　　869-906 참조.
42) 대판 95.7.11, 95다12446(공 95, 2761). 이에 대하여는 안영률, "소멸시효의 원용권자의
　　범위", 해설 24, 18-28 참조.
43) 대판 91.1.29, 89다카1114(집 39-1, 83). 이에 대하여는 양창수(주 5), 361-371 참조.
44) 日大判 1931(昭 6).6.2, 民集 10, 401.
45) 日最判 1967(昭 42).10.27, 民集 21-8, 2110.
46) 대판 95.7.11, 95다12446(공 95, 2761); 대판 10.3.11, 2009다100098(정보).
47) 대판 15.6.11, 2015다200227(공 15하, 976).

있는 이해관계를 맺은 적이 없다가 나중에 시효이익을 이미 포기한 자와의 법
률관계를 통하여 비로소 시효이익을 원용할 이해관계를 형성한 자는 이미 이
루어진 시효이익 포기의 효력을 부정할 수 없다."고 한다. 그. 이유로 "시효이
익의 포기에 대하여 상대적인 효과만을 부여하는 이유는 포기 당시에 시효이
익을 원용할 다수의 이해관계인이 존재하는 경우 그들의 의사와는 무관하게
채무자 등 어느 일방의 포기 의사만으로 시효이익을 원용할 권리를 박탈당하
게 되는 부당한 결과의 발생을 막으려는 데 있는 것이지, 시효이익을 이미 포
기한 자와의 법률관계를 통하여 비로소 시효이익을 원용할 이해관계를 형성한
자에게 이미 이루어진 시효이익 포기의 효력을 부정할 수 있게 하여 시효완성
을 둘러싼 법률관계를 사후에 불안정하게 만들자는 데 있는 것은 아니기 때문
이다."라고 한다.

　　이에 대하여는 "시효이익의 포기는 각자의 시효원용권을 포기하는 것이고,
따라서 시효의 원용이 그 권리자 각자에게 상대적인 것과 마찬가지로 그 이익
의 포기도 상대적인 것이다. 저당부동산의 제3취득자는 그 부동산을 피담보채
무의 채무자가 시효이익을 포기한 후에 취득하였는지 여부에 관계없이 피담보
채무의 시효소멸을 원용할 권리를 가지는 이상, 자신이 가지는 그 권리의 포기
도 일반적으로 그의 자유로운 의사에 좇아 할 수 있고, 그가 저당부동산을 다
른 시효원용권자의 시효이익 포기 후에 그 자와의 법률관계를 통하여 취득하
였다고 해서 이제는 그 포기에 구속되어야 할 이유가 없다."고 하면서, 판례를
비판하는 학설[48]이 있다.

　　다른 견해는 법률관계의 조속한 안정이라는 목적과 권리자 및 제3자의 이
익 형량 및 민법 § 169의 유추적용 가능성을 근거로 판례의 입장에 찬성한
다.[49] 담보권의 피담보채무의 운명은 그것이 시효중단의 국면이든 소멸시효
이익의 포기의 국면이든 채권자와 채무자의 관계에서 확정되어야 하고, 제3취
득자는 이에 따라야 한다는 점을 들어 판례를 지지하는 견해도 있다.[50] 그중
보다 설득력 있는 전자의 논거를 구체적으로 보면, 첫째, 저당권자(채권자)는

---

　48) 양창수, "채무자의 시효이익 포기는 그 후의 저당 부동산 제3취득자에 대하여도 효력
　　　미치는가", 신문 4338호, 2015. 11 참조.

　49) 정진아, "시효이익 포기 후의 제3취득자", 청연논총, 2017, 122-125.

　50) 위계찬, "소멸시효 이익의 포기의 상대효 제한—대법원 2015.6.11. 선고 2015다200227
　　　판결을 중심으로—", 비교 23-3(통권 74), 2016, 900-901. 이 글의 논지 중 채무자에 대
　　　한 시효중단의 효력이 절대효가 있다는 점은 타당하지만(민 § 169 부분 참조), 시효완성
　　　후 채무자의 시효이익의 포기는 상대효만 있다는 점에서 그 논거가 적절한지 의문이 있다.

채무자의 시효이익 포기에 의하여 그 부동산에 대하여 담보권의 한도 내에서 우선변제를 받을 수 있으리라는 강한 기대를 갖게 되었는데, 일단 시효이익을 포기한 채무자가 제3자와 새로운 법률행위를 하여 다른 시효원용권자를 양산해 내는 것은 불합리하고, 그러한 제3자를 보호할 가치는 현저히 낮으며, 둘째, 일단 시효이익을 포기한 이해관계인이 다른 사람과 새로운 법률행위를 하여 또 다른 시효원용권자를 양산해 내는 것은, 권리자의 입장에서 그 새로운 시효원용권자에 대해 자신의 권리를 지킬 아무런 조치도 할 수 없다는 점에서도 불합리하며, 셋째, 시효이익 포기 후 그 채무를 피담보채무로 하는 저당권이 설정된 부동산의 제3취득자는 민법 §169의 '승계인'과 유사한 지위에 있는 것을 보아, 동조의 유추적용에 의하여 시효이익 포기자의 승계인에게 시효이익 포기의 효력이 미치는 것이 타당하다는 것이다.

　　㈐ 보증·물상보증 관계　　　대법판례[51]는 주채무에 대한 소멸시효가 완성되어 소멸한 경우 보증채무의 부종성에 따라 보증채무 역시 당연히 소멸된다고 한다. 그리하여 대법원판례[52]는 주채무에 대한 소멸시효가 완성되어 보증채무가 소멸된 상태에서 보증인이 보증채무를 이행하거나 승인하였다고 하더라도, 주채무자가 아닌 보증인의 행위에 의하여 주채무에 대한 소멸시효이익의 포기 효과가 발생된다고 할 수 없고, '주채무의 시효소멸에도 불구하고 보증채무를 이행하겠다는 의사를 표시한 경우 등과 같이 부종성을 부정하여야 할 다른 특별한 사정이 없는 한' 보증인은 여전히 주채무의 시효소멸을 이유로 보증채무의 소멸을 주장할 수 있다고 한다.[53]

　　한편, 일본의 판례[54]도 물상보증인이 피담보채무를 승인한 것으로 간주되는 행위를 한 사안에서, 이로써 채무자가 부담하는 피담보채무의 소멸시효가 중단된다고 할 수 없고, 소멸시효가 완성된 뒤 물상보증인이 시효원용권을 행사하더라도 신의칙에 위배되지 않는다고 한다. 이와 관련된 논거를 보다 구체

---

　51) 대판 02.5.14, 2000다62476(공 02하, 1389).
　52) 대판 12.7.12, 2010다51192(공 12하, 1406).
　53) 이에 대한 반대 견해로는 박영복, "주채무자 또는 보증인에 관하여 생긴 사유의 효력", 외법논집 30, 2008, 184. 이 견해는, "보증인은 주채무에 대한 시효이익을 포기한 것에 의해 부종성에 의한 보증채무의 소멸이 부정되는 것의 위험을 인수하여야 한다. 주채무자의 행위에 의거 주채무에 대한 선행행위(=자기의 의사에 기하여 시효이익의 포기)와 모순하는 태도(=주채무가 소멸하였다는 주장)를 취하는 것은 정당화될 수 없다. 따라서 보증인이 주채무자의 원용에 의한 주채무의 시효소멸과, 그 결과로서의 부종성에 의한 보증채무의 소멸을 주장하는 것은 신의칙에 비추어 허용되지 않는다."고 한다.
　54) 日最判 1987(昭 62).9.3, 判時 1316, 9.

적으로 제시한 일본의 판례[55]는 "(i) 보증인에 의한 주채무의 승인만으로 채권자와 주채무자 사이에서는 물론 채권자와 보증인 사이에서도 주채무에 관한 시효중단의 효력은 발생하지 않고, 주채무의 소멸시효는 보증인의 채무승인이 있어도 진행하며, 주채무의 소멸시효가 완성하면 보증채무는 주채무에 부종하여 소멸한다. (ii) 주채무의 시효완성 전에 보증인이 보증채무를 이행하였다는 사정만으로 보증인이 장래 주채무의 시효가 완성된 경우에도 시효를 원용하지 않고 보증채무를 이행하겠다고 하는 확정적인 의사표시를 했다고 할 수 없으므로, 보증인이 시효완성 전에 채무를 변제하였다고 하더라도 특별한 사정이 없는 한 그 시효원용권은 제한되지 않는다. (iii) 주채무의 시효완성 후 보증인이 보증채무를 이행한 경우, 주채무의 시효소멸 여부와 관계없이 보증채무를 이행하겠다는 취지를 표시한 경우가 아니라면, 보증인은 주채무의 시효를 원용할 권리를 잃지 않는다."고 한다.

한편 다른 일본의 판례[56]는 주채무의 소멸시효완성 후에 주채무자가 채무를 승인하고, 연대보증인이 '주채무자의 채무승인 사실을 알면서' 보증채무를 승인한 경우에는 그 후에 그 연대보증인이 주채무의 소멸시효를 원용하는 것은 신의칙상 허용되지 아니한다고 한다.

6. 구체적 사례

(1) 소멸시효

⑺ 채무의 일부 변제와 소멸시효 이익 포기의 표시

ⓐ 1개의 가분채무의 일부 변제: '액수에 다툼이 없는 한' 시효이익 포기 판례[57]는 "채무자가 소멸시효 완성 후 채무를 일부 변제한 때에는 그 액수에 관하여 다툼이 없는 한 그 채무 전체를 묵시적으로 승인한 것으로 보아야 하고, 이 경우 시효완성의 사실을 알고 그 이익을 포기한 것으로 추정되므로, 소멸시효가 완성된 채무를 피담보채무로 하는 근저당권이 실행되어 채무자 소유의 부동산이 경락되고 그 대금이 배당되어 채무의 일부 변제에 충당될 때까지 채무자가 아무런 이의를 제기하지 아니하였다면, 경매절차의 진행을 채무자가 알지 못하였다는 등 다른 특별한 사정이 없는 한, 채무자는 시효

---

55) 日東京高判 1995(平 7).2.14, 判時 1526, 102.

56) 日最判 1969(昭 44).3.20, 判時 557, 237.

57) 대판 01.6.12, 2001다3580(집 49-1, 461); 대판 02.2.26, 2000다25484(집 50-1, 171); 대판 10.5.13, 2010다6345(공 10상, 1120); 대판 12.5.10, 2011다109500(공 12상, 995).

완성의 사실을 알고 그 채무를 묵시적으로 승인하여 시효의 이익을 포기한 것
으로 보아야 한다"고 한다. 이러한 경우에는 시효 완성 후 근저당권에 의한 경
매절차가 개시되어 배당절차에까지 이르러 채무자 소유 부동산이 처분되고 그
대가가 채무의 일부 변제에 충당되도록 채무자가 아무런 이의를 제기하지 아
니하였다면, 이는 채무자가 스스로 채무를 일부 변제하는 것과 실질적으로 차
이가 없으며, 통상 경매절차에서 부동산이 시가보다 저렴한 가격으로 경락되
어 채무자에게 불리하다는 점을 감안한다면, 채무의 일부변제보다 오히려 더
욱 강력하게 자신의 채무를 승인하는 것으로 볼 수 있기 때문이라는 견해가
있다.[58]

또한 판례[59]는, 원금채무에 관하여는 소멸시효가 완성되지 아니하였으나
이자채무에 관하여는 소멸시효가 완성된 상태에서 채무자가 채무를 일부 변
제한 때에는 그 액수에 관하여 다툼이 없는 한 그 원금채무에 관하여 묵시적
으로 승인하는 한편 그 이자채무에 관하여 시효완성의 사실을 알고 그 이익을
포기한 것으로 추정된다고 한다.

(b) 계속적 거래로 인한 동종의 수개 채무부담 시 일부 변제: '특정 채무를
지정하지 않고, 액수에 다툼이 없는 한' 잔존 채무에 대하여 채무 승인   판
례[60]는 "동일 당사자 사이의 계속적인 거래로 인하여 같은 종류를 목적으로
하는 수개의 채권관계가 성립되어 있는 경우 채무자가 특정채무를 지정하지
아니하고 그 일부의 변제를 한 때에는 다른 특별한 사정이 없다면 잔존채무에
대하여도 승인을 한 것으로 보아야 할 것이기는 하나, 이는 어디까지나 채무자
가 채무의 존재 및 액수를 인식하고 있음을 전제로 그 일부 변제가 상대방으
로 하여금 채무자가 잔존채무를 인식하고 있음을 추단할 수 있게 하였음을 논
리적 근거로 하는 것이니, 채무자가 채무의 수액을 다투고 있는 경우에는 일부
를 변제한다고 하여 나머지 잔액 전부에 대하여 채무의 존재를 인정하는 것으
로 해석할 수는 없다"고 한다.

---

58) 이에 대하여는 강일원, "근저당권의 실행과 시효이익의 포기", 해설 36, 2001, 34-35.
　　그런데 이 글 33-34은 일본 하급심판결[福岡高判 1963(昭 38).6.1, 下民集 4-6, 805; 東
　　京地判 1997(平 11).6.27, 金融商事 1036, 39]은 이와 같은 경우 대체로 시효이익의 포기
　　를 부정하는 입장에 서 있다고 하고, 일본의 학설도 원칙적으로 시효이익의 포기에 해당
　　하지 아니한다고 보는 견해가 유력하다고 한다.
59) 대판 13.5.23, 2013다12464(공 13하, 1110).
60) 대판 05.11.25, 2005다52337(미간행); 대판 11.10.27, 2011다52031(정보).

(c) 변제 내지 일부 변제가 소멸시효 이익의 포기가 아니라고 본 사례

(ⅰ) 집행 등을 피하기 위한 부득이한 변제   판례61)는 "조세의 부과처분의 이행을 거부하는 경우에는 국세징수법 소정의 체납처분 절차에 따라 재산 등이 공매되어 회복할 수 없는 손해를 입게 되는 경우가 많으므로, 가사 원고가 이 사건 상속세 등의 부과처분이 소멸시효가 완성된 후에 부과된 당연무효의 처분임을 알고 이를 납부하였다 하더라도 이를 들어 바로 시효이익을 포기하였다고 할 수는 없다."고 한다.

(ⅱ) 채무 액수에 다툼이 있는 경우   채권자가 채무 일부를 지급받았다고 주장할 무렵 채무의 존재 및 액수에 대하여 당사자 사이에 다툼이 있는 경우에는, 채무자가 채무를 일부 변제하여 채무 전체를 묵시적으로 승인함으로써 시효완성의 이익을 포기하였다고 볼 수 없다.

(ⅲ) 일부 채권에 한하여 시효이익을 포기하려는 의사가 추단되는 경우

(ㄱ) 수개의 독립적인 채권 중 일부 채권에 기한 가압류를 해제하거나 일부 채권을 담보하는 저당권을 소멸시키기 위하여 변제한 경우   판례62)는 "동일 당사자 간에 계속적인 거래로 같은 종류를 목적으로 하는 수개의 채권관계가 성립되어 있는 경우라 하더라도, 그 채무가 별개로 성립되어 독립성을 갖고 있고, 채무자가 가압류 목적물에 대한 가압류를 해제받을 목적으로 피보전채권을 변제하는 경우에는 특별한 사정이 없는 한 피보전채권으로 적시되지 아니한 별개의 채무에 대하여서까지 소멸시효의 이익을 포기한 것이라고 볼 수는 없다."고 한다.

또한 판례63)는 동일 당사자 간에 계속적인 거래로 같은 종류를 목적으로 하는 수개의 채권관계가 성립되어 있는 경우라 하더라도, 그 채무가 별개로 성립되어 독립성을 갖고 있고, 특히 채무자가 근저당권설정등기를 말소하기 위하여 피담보채무를 변제하는 경우에는 특별한 사정이 없는 한 피담보채무가 아닌 별개의 채무에 대하여서까지 채무를 승인하거나 소멸시효의 이익을 포기한 것이라고 볼 수는 없다.

(ㄴ) 시효완성 후 손해배상채무의 일부 범위 안에서의 배상 제의   판례64)는 "피고가 소멸시효가 완성된 이후에 두 차례에 걸쳐 원고에 대하여 손

61) 대판 88.1.19, 87다카70(집 36-1, 1).
62) 대판 93.10.26, 93다14936(공 93, 3177).
63) 대판 14.1.23, 2013다64793(공 14상, 473).
64) 대판 87.6.23, 86다카2107(집 35-2, 173).

해배상채무를 원고가 주장하는 손해금액의 20퍼센트 범위 안에서는 이를 인정하고 그 배상을 제의하였다면 피고는 그 범위 안에서는 그 채무를 승인하여 완성한 소멸시효이익을 포기한 것이라 할 것이고 이러한 시효이익의 포기는 가분채무의 일부에 국한된 의사표시로 보인다."고 한다. 이는 피고가 배상 제의한 원고 주장 손해금액의 20퍼센트를 넘는 부분에 대하여는 그 배상채무의 존재에 관하여 다툼이 있는 사안에 관한 것이다.

(ㄷ) 채권의 일부에 대한 전부명령과 그에 따른 전부금의 변제   판례[65]의 사안은 다음과 같다. 전부채권자 갑이 채무자 을의 제3채무자 병에 대한 매매대금반환채권 중 일부에 관하여 매매계약 해제일로부터 상사 소멸시효 기간이 지난 후에 전부명령을 받았고, 이를 토대로 제기한 전부금 등 청구소송에서 조정에 갈음하는 결정이 내려져 확정되었다. 제3채무자 병은 그 결정에 따라 전부된 매매대금반환채무 중 일부를 변제하였는데, 그 후 채무자 을이 제3채무자 병은 위 일부 변제로 채무 전체에 대한 소멸시효 이익을 포기한 것이라고 주장하며 전부되지 않은 나머지 매매대금반환채권 중 일부에 대한 이행을 청구하였다. 판례는 전부된 매매대금반환채권과 전부되지 않은 나머지 매매대금반환채권은 서로 별개의 독립된 분할채권인 점과 그 밖의 변제 경위 및 동기 등 여러 사정을 종합하여, 제3채무자 병이 조정에 갈음하는 결정에 따라 전부채권자 갑에게 매매대금반환채무 중 일부를 변제한 사정만으로는 전부되지 않은 나머지 매매대금반환채무에 대한 소멸시효 이익을 포기하는 의사를 표시하였다고 단정할 수 없다고 한다.

(나) 그 밖에 소멸시효이익의 포기라고 본 사례   판례는 시효완성 후 변제기한의 유예 요청,[66] 시효기간 도과 후 피고가 원고의 피고에 대한 채권을 소외인에게 양도한다는 내용의 채권양도서에 입회인으로 서명·날인한 경우,[67] 환지 전 토지의 매매계약에 기한 소유권이전등기청구권의 소멸시효가 완성된 이후 매도인이 매수인의 형에게 "위 환지된 토지 등은 자신과 관계가 없는 것이니까 조카들에게 주어 청산금을 납부하고 해결하도록 하라"고 하면서 위 환지 확정으로 인한 청산금고지서에 해당하는 청산금조서를 건네주어 매수인의 아들이 이를 소지한 경우,[68] 소유권이전등기청구권의 소멸시효기간이 지난 후

---

65) 대판 13.7.25, 2011다56187, 56194(공 13하, 1583).
66) 대판 91.1.29, 89다카1114(집 39-1, 83).
67) 대판 92.5.22, 92다4796(공 92, 1980).
68) 대판 92.3.27, 91다44872(공 92, 1393).

등기의무자가 소유권이전등기를 해 주기로 약정한 경우[69] 소멸시효 이익의 포기에 해당한다고 본다.

또한 판례[70]는 보험자와 운송인 간에 손해배상에 관한 협상을 하면서 화물의 인도시점부터 합의서 일자까지 경과된 시간에 대한 프리스크립션(prescription)의 이익을 포기하고 추가 6개월간의 프리스크립션 기간이 시작되기로 하는 내용의 합의를 한 경우, 위 합의는 소멸시효이익의 포기와 제소기간의 연장 모두를 포함한다고 본다.

시효완성 후의 채권양도에 대한 승낙이 양도채권에 대한 시효이익의 포기라고 본 일본의 판례[71]가 있으나, 채권양도에 대한 승낙은 채무자가 채권양도 사실에 관한 인식을 표명하는 것으로서 관념의 통지에 해당하므로,[72] 그러한 사실 인식의 표명에 시효이익을 포기하는 효과의사까지 포함되어 있다고 볼 수 있는지는 의문이다.[73] 이를 인정하기 위해서는 포기의 효과의사를 추단할 수 있는 추가적인 사정이 있어야 할 것이다.

㈐ 그 밖에 소멸시효이익의 포기가 아니라고 본 사례   판례[74]는 소송에서의 상계항변은 일반적으로 소송상의 공격방어방법으로 피고의 금전지급의무가 인정되는 경우 자동채권으로 상계를 한다는 예비적 항변의 성격을 갖는다는 이유로, 상계항변이 먼저 이루어지고 그 후 대여금채권의 소멸을 주장하는 소멸시효항변이 있었던 경우, 상계항변 당시 채무자인 피고에게 수동채권인 대여금채권의 시효이익을 포기하려는 효과의사가 있었다고 단정할 수 없고, 제1심에서 공격방어방법으로 상계항변이 먼저 이루어지고 그 후 항소심에서 소멸시효항변이 이루어진 경우라 하더라도 다르지 않다고 한다.

또한 판례[75]는 채무자가 소멸시효가 완성된 이후에 여러 차례에 걸쳐 채권자의 해상운송인의 책임에 관한 제소기간 연장요청에 동의한 바 있다 하더라도 그 동의는 그 연장된 기간까지는 언제든지 원고가 제소하더라도 이의가 없다는 취지에 불과한 것이지 완성한 소멸시효이익을 포기하는 의사표시까지

---

69) 대판 93.5.11, 93다12824(공 93, 1691).
70) 대판 00.6.13, 98다35389(공 00, 1643).
71) 日大阪地判 1966(昭 41).6.13, 判時 471, 46.
72) 대판 13.6.28, 2011다83110(공 13하, 1323).
73) 대판 13.2.28, 2011다21556(공 13상, 547); 대판 17.7.11, 2014다32458(공 17하, 1610).
74) 대판 13.2.28, 2011다21556(공 13상, 547).
75) 대판 87.6.23, 86다카2107(집 35-2, 173).

함축하고 있는 것이라고 볼 수 없다고 한다. 채무자가 채권자로부터 소멸시효
가 완성된 연대보증채무의 이행청구를 받고 그 채무액의 일부를 지급하고 사
건을 종결하자는 내용의 합의안을 제의하였다가 거절당한 사안에서, 합의안
제의의 배경 등 제반 사정에 비추어 채무자가 위 합의안을 제의한 사실만으로
채권자에게 연대보증채무를 부담하고 있다는 채무승인의 뜻을 확정적으로 표
시한 것이라고 해석하기 어렵다고 한 판례[76]도 있다.

삼청교육과 관련하여 제기된 국가배상청구 사건에서 판례[77]는 "헌법상
국가원수이자 행정부의 수반인 대통령이 국가의 불법적인 공권력 행사로 인
하여 피해를 입은 사람들에게 피해보상을 하겠다는 취지를 밝혔다고 하더라
도, 그것이 그 피해자들에 대한 사법상의 법률효과를 염두에 두고 한 것이 아
니라 단순히 정치적으로 대통령으로서의 시정방침을 밝히면서 일반 국민들
의 이해와 협조를 구한 것에 불과하다면, 그와 같은 행위로써 사법상으로 그
피해자들에 대한 국가배상채무를 승인하거나 소멸시효이익을 포기한 것으로
볼 수는 없다"고 전제한 다음, "삼청교육으로 인한 피해와 관련하여 대통령이
1988.11.26. 발표한 담화는 그 발표 경위와 취지 및 내용 등에 비추어 보면 그
것은 사법상의 법률효과를 염두에 둔 것이 아니라 단순히 정치적으로 대통령
으로서의 시정방침을 밝히면서 일반 국민들의 이해와 협조를 구한 것에 불과
하므로 이로써 사법상으로 삼청교육 관련 피해자들에 대한 국가배상채무를 승
인하였다거나 또는 시효이익을 포기한 것으로 볼 수는 없고, 대통령에 이어 국
방부장관이 1988.12.3. 대통령의 그와 같은 시정방침을 알리는 한편 그에 따
른 보상대책을 수립하기 위한 기초자료를 수집할 목적으로 피해자 및 유족들
에게 일정 기간 내에 신고할 것을 공고하는 담화를 발표하고 실제 신고를 받
기까지 하였다고 해서 그 결론이 달라지는 것은 아니다."라고 한다.

한편, 판례[78]는 개인회생절차에서 개인회생채권자 목록을 제출한 경우 시
효중단의 효력이 있으나, 통상 채무자는 강제집행을 중지시키거나 일정 기간
담보권 실행을 못하게 하는 한편 변제계획에 따른 변제를 완료하여 궁극적으
로 채무에 대한 면책을 받으려는 목적으로 개인회생절차를 밟게 되는 점 등에
비추어 볼 때, 채무자가 개인회생신청을 하면서 채권자목록에 소멸시효기간이

---

76) 대판 08.7.24, 2008다25299(공 08하, 1239).
77) 대판(전) 96.12.19, 94다22927(집 44-2, 392).
78) 대판 17.7.11, 2014다32458(공 17하, 1610).

완성된 피고의 근저당권부 채권을 기재하였다고 하여 그 시효이익을 포기하려
는 효과의사까지 있었다 볼 수 없다고 한다. 또한 채무자가 배당절차에서 위
근저당권부 채권에 대한 배당에 대하여 이의를 제기하지 아니하였다고 하더라
도 채무자의 다른 채권자가 이의를 제기하고 '채무자를 대위하여' 소멸시효 완
성의 주장을 원용하였다면, 시효의 이익을 묵시적으로 포기한 것으로 볼 수 없
다고 한다.

(2) 취득시효

⑦ 시효이익의 포기로 본 사례   판례는, 토지에 관한 취득시효완성
후의 토지침범에 관하여 경계선 확인 측량을 하고, 공동비용으로 벽 등을 축조
하기로 합의한 경우,[79] 피고가 원고 소유의 토지에 대한 취득시효 완성 후 원
고가 점유하던 피고 소유의 토지와 계쟁토지를 교환하기로 약정하여 그 등기
까지 마친 다음 그 후 피고의 요청에 따라 위 교환계약을 합의해제하여 각 그
등기를 말소한 경우,[80] 원고의 토지에 대한 취득시효 기간이 완성된 후 원고가
지적복구측량 시에 그 토지를 피고에게 매도한 것임을 인정하고 그 점유를 피
고에게 넘겨 준 경우[81]는 시효이익의 포기로 본다.

한편, 판례[82]는 "국유재산을 점유하여 취득시효가 완성된 후 국가와 국유
재산 대부계약을 체결하고 대부료를 납부한 사실만으로는 취득시효 완성의 이
익을 포기하는 적극적인 의사표시를 한 것으로 보기 어려우나, 그러한 대부계
약이 아무런 하자 없이 여러 차례에 걸쳐 체결되었다거나 단순히 대부계약의
체결에 그치지 않고 그 계약 전에 밀린 점용료를 변상금이란 명목으로 납부하
는 데까지 나아갔다면, 그러한 대부계약 체결이나 변상금 납부는 국가의 소유
권을 인정하고 취득시효 완성의 이익을 포기한다는 적극적인 의사표시를 한
것으로 봄이 상당하다."고 한다.

또한 판례[83]는 시효완성 후 시효취득자가 대부기간이 만료되거나 계약이
해지될 경우에는 지정한 기간 내에 원상으로 회복하기로 하고, 아울러 토지에
관한 연고권을 인정하지 아니한다는 특약을 부가하여 국유재산대부계약을 체

---

79) 대판 61.12.21, 4294민상297(미간행).
80) 대판 91.8.13, 91다16976, 91다16983(공 91, 2355).
81) 대판 73.6.22, 72다2107(정보).
82) 대판 94.11.22, 94다32511(공 95, 77).
83) 대판 94.10.25, 94다30966(공 94, 3105); 대판 94.11.22, 94다32511(공 95, 77); 대판
    98.3.10, 97다53304(공 98, 991); 대판 98.5.22, 96다24101(공 98, 1702).

결하고 그간의 점유에 대한 변상금 및 대부료 등을 납부한 경우에는 취득시효
완성의 이익을 포기하는 적극적인 의사표시를 한 것으로 본다.

　　(나) 시효이익의 포기로 볼 수 없다고 한 사례　　　판례는 점유자가 취득
시효기간이 경과한 다음에 상대방에게 토지의 매수제의를 한 일이 있다 하더
라도 일반적으로 점유자는 취득시효가 완성한 후에도 소유권자와의 분쟁을 간
편히 해결하기 위하여 매수를 시도하는 사례가 허다함에 비추어 이와 같은 매
수제의를 가지고 점유자가 시효의 이익을 포기한다는 의사표시로 볼 수 없다
고 한다.[84] 점유자가 국가 소유의 토지에 관하여 취득시효기간이 완성된 후 국
가와 국유재산 대부계약을 체결하고 나아가 그 매수를 제의한 경우에도 마찬
가지로 본다.[85]

　　또한 판례는 피고 시가 원고 소유의 토지를 소유의 의사로 점유하고 토지
구획정리사업을 하면서, 그 토지에 대하여 수익자부담금 및 청산금의 부과처
분을 한 경우,[86] 건물 일부의 철거 요구에 대하여 건물의 대지경계 침범사실
을 부인하면서 인근 토지 소유자의 입회하에 정확한 측량을 한 후 침범되었다
면 철거하고 대지를 반환하겠다고 한 경우,[87] 토지에 대한 취득시효기간이 완
성된 후 점유자가 그 지상의 건물을 도시계획시행청에 매도하고 소제기시까지
계속 그 건물에 거주하다가 도로공사의 시행이 임박하여 건물을 비워달라는
시행청의 요구를 받고서야 토지에 대한 점유를 이전하여 줌으로써 점유를 상
실한 경우[88] 등에도 시효이익을 포기하였다고 볼 수 없다고 한다.

III. 법률행위에 의한 소멸시효의 변경

1. 배제, 연장 또는 가중의 경우

　　소멸시효의 사전포기가 허용되지 않는 것과 마찬가지로, 법률행위에 의하
여 소멸시효를 배제하거나 연장 또는 가중하는 것은 허용되지 않는다.[89] 따라

---

84) 대판 80.8.26, 79다1(공 80, 13108); 대판 89.4.11, 88다카5843, 5850(공 89, 745); 대
　　판 91.2.22, 90다12977(공 91, 1050); 대판 92.9.1, 92다26543(공 92, 2766).
85) 대판 94.9.27, 94다22309(공 94, 2813).
86) 대판 74.1.29, 73다1686, 1687(미간행).
87) 대판 92.10.27, 91다41064,41071(공 92, 3247).
88) 대판 95.2.24, 94다18195(공 95, 1427).
89) 대판 87.6.23, 86다카2107(집 35-2, 173).

서 시효기간을 연장하는 특약, 시효의 기산점을 뒤로 늦추는 특약, 중단사유 및 정지사유를 추가하는 약정 등 시효의 완성을 곤란하게 하는 특약은 모두 무효이다.

　한편, 2002.1.1. 시행된 독일민법은 법률행위에 의하여 소멸시효기간을 배제·연장 또는 가중할 수 없도록 한 구법($\frac{\S}{225}$)의 태도를 버리고 원칙적으로[90] 당사자의 약정에 의한 소멸시효의 가중을 허용하고 있다($\frac{\S}{202}$). 그와 같은 약정은 청구권의 발생 전후에 모두 가능하다. 구법상 당사자의 합의($\frac{\S 202에 \ 따른}{급부의 \ 유예}$)가 있는 경우 소멸시효의 진행을 정지시킬 수 있었고, 일방적 행위($\frac{\S 208에}{의한 \ 승인}$)에 의하더라도 소멸시효기간을 연장할 수 있었다. 당사자가 소멸시효의 완성을 주장할 것인지 여부 혹은 소멸시효의 완성을 주장한다면 어느 시점에 할 것인지의 여부에 관하여도 스스로 결정할 수도 있었다. 또한 담보책임법에서는 기간의 연장을 명시적으로 허용하고 있고, 소멸시효는 제척기간과 달리 직권조사 사항이 아닌 것으로 이해되고 있었다. 그럼에도 당사자의 합의에 의하여 소멸시효기간을 연장·가중할 수 없도록 한 구법의 태도가 과연 타당한지에 관하여는 종래 의문 및 비판이 제기되었었다. 소멸시효제도의 취지는 입증곤란으로부터 의무자를 구제하고, 처분의 자유를 보호하며 동시에 그에 의하여 법적 안정성을 보장하는 데 있는데, 당사자가 법정소멸시효기간보다 장기의 소멸시효기간에 합의하였다면, 당사자들은 필시 장기의 계약적 구속력을 예견할 수 있었을 것이므로, 증거자료도 더 오랫동안 보존할 것이라는 지적도 있었다. 독일의 민법 개정은 이와 같은 거래계의 요구에 부응하고 아울러 당사자의 사적 자치의 원칙을 존중하기 위하여 이루어진 것이다.[91] 소멸시효의 합의의 대상이 되는 것은 독일민법 § 194 이하에 규정된 모든 경우가 포함된다. 즉 소멸시효의 기간뿐 아니라, 특히 시효의 기산점, 시효정지, 시효완성의 정지, 시효중단, 시효재진행 또는 시효의 포기 등이 합의의 대상이 된다.[92]

---

90) 다만 일반 소멸시효법에서는 고의에 기한 책임에 대한 소멸시효는 사전에 법률행위에 의하여 경감될 수 없고(§ 202 Ⅰ), 또 법률로 정하여진 기산점으로부터 30년의 소멸시효 기간을 초과하는 합의(§ 202 Ⅱ)나 청구권을 소멸시효에 걸리지 않도록 하는 합의 및 법률상 소멸시효에 걸리지 않는 청구권을 소멸시효에 걸리도록 하는 합의는 허용되지 않는다. 그 밖에도 일정 법률관계에 대하여는 또 다른 제약이 가해진다. 가령 소비재매매 (Verbrauchsguterkauf)에 관하여 독일민법 § 437의 청구권의 소멸시효를 경감하는 것은 § 475 Ⅰ에 의하여 제한된다.

91) 김진우, "소멸시효와 제척기간", 재산 25-3, 2009, 191-192.

92) Palandt-Heinrichs, 62. Aufl., 2003, Rdn. 2 zu § 225 참조. 다만 § 202 Ⅰ에 의하여 사전에 고의책임에 대한 소멸시효의 단축에 관한 합의는 허용되지 않고, 이러한 합의

2. 단축 또는 경감의 경우

소멸시효 기간을 단축하는 특약, 시효의 기산점을 앞으로 당기는 특약, 중단 및 정지의 사유 중 일부만을 인정하기로 하는 약정 등 소멸시효의 완성을 용이하게 하는 특약은 채무자에게 불이익하지 아니하므로 원칙적으로 유효하다. 그러나 경우에 따라서 신의칙 또는 약관의 규제에 관한 법률에 의하여 그러한 합의의 효력이 제한되거나 무효로 되는 경우가 있을 수 있다.

[오 영 준]

는 §134에 의하여 무효이다. 또한 법률행위에 의하여 소멸시효의 법정시기(gesetzlicher Verjahrungsbeginn)로부터 30년의 소멸시효기간 이상으로 소멸시효기간을 가중할 수 없다(임건면, "소멸시효제도의 목적과 개정 독일민법상의 통상의 소멸시효: 독일 민법 제195조와 제199조를 중심으로", 비교 9-2, 2002, 218).

사항색인

제 2 판

민법주해 Ⅳ - 총칙(4)

제 2 판발행　　2022년 3월 30일

편집대표　　양창수
펴낸이　　　안종만 · 안상준

편 집　　　　장유나
기획/마케팅　조성호
표지디자인　이수빈
제 작　　　　고철민 · 조영환

펴낸곳　　　(주) **박영사**
　　　　　　서울특별시 금천구 가산디지털2로 53, 210호(가산동, 한라시그마밸리)
　　　　　　등록 1959. 3. 11. 제300-1959-1호(倫)
전 화　　　02)733-6771
f a x　　　02)736-4818
e-mail　　　pys@pybook.co.kr
homepage　www.pybook.co.kr
ISBN　　　979-11-303-3733-3　94360
　　　　　　979-11-303-3730-2　94360(세트)

정 가　　　70,000원